中国资本市场法制发展报告

— 2015 —

中国证券监督管理委员会

法律出版社
LAW PRESS CHINA

内容说明

本《报告》总结了2015年我国资本市场法制建设的主要成果，并力图反映我国资本市场法制发展的整体状况、发展水平和所处阶段。《报告》在编辑体例和内容上，主要包括以下内容：

第一部分为重要文献，收录重要文献1篇。

第二部分为法律法规，主要收录了2015年颁布的与资本市场发展相关的法律法规，包括法律修改决定3件、法律调整适用文件1件、司法解释3件、行政法规和法规性文件30部和规章12件，以及规范性文件62件的目录。

第三部分为监管执法实践，主要根据2015年行政许可、行政处罚、监管措施、行政复议等执法活动类型，分别收录了公开发布的各项决定文书目录，以及选编了一些较有典型性且有较强指导意义的案例。

第四部分为市场自律法治，主要收录了各自律组织及相关机构的自律措施决定目录及自律规则目录，并选编一些具有代表性和指导意义的自律管理案例。

第五部分为司法案例，收录了证券刑事、行政、民事案件司法文书。

第六部分为法律意见书选编，收录了较有代表性的法律意见书。

目 录

第一部分 重要文献

第二部分 法律法规

一、法律文件

第三部分　监管执法实践

第四部分　市场自律法治

十二、中国基金业协会

第五部分　司法案例

第六部分　法律意见书选编

一、非公开发行类

二、境内发行上市类

三、境外发行上市类

第一部分　重要文献

关于对违法失信上市公司相关责任主体实施联合惩戒的合作备忘录

为了贯彻党的十八届三中、四中全会精神，落实《国务院关于促进市场公平竞争维护市场正常秩序的若干意见》（国发〔2014〕20号）、《国务院关于印发社会信用体系建设规划纲要（2014－2020年）的通知》（国发〔2014〕21号）、《国务院办公厅关于进一步加强资本市场中小投资者合法权益保护工作的意见》（国办发〔2013〕110号）等文件关于"褒扬诚信、惩戒失信"的总体要求，发展改革委、证监会、人民银行、中央文明办、最高人民法院、工业和信息化部、公安部、财政部、环境保护部、交通运输部、商务部、国资委、海关总署、税务总局、工商总局、质检总局、食品药品监管总局、国家网信办、银监会、保监会、外汇局、全国总工会等部门依据有关法律法规、规章及规范性文件等规定，就针对违法失信的上市公司及相关机构和人员实施联合惩戒措施达成如下一致意见：

一、联合惩戒对象

联合惩戒对象为被中国证监会及其派出机构依法予以行政处罚、市场禁入的上市公司及相关机构和人员等责任主体（以下简称违法失信当事人），包括：(1)上市公司；(2)上市公司的董事、监事、高级管理人员等责任人员；(3)上市公司控股股东、实际控制人、持股5%以上的股东及其董事、监事、高级管理人员等责任人员；(4)上市公司收购人、上市公司重大资产重组或者发行股份购买资产的交易各方（含一致行动人）及其董事、监事、高级管理人员等责任人员。其中，以违法失信的上市公司控股股东、实际控制人、董事、监事、高级管理人员等责任人员为主。

二、信息共享与联合惩戒的实施方式

（一）关于中国证监会提供的上市公司相关主体违法失信信息

中国证监会及其派出机构依照《证券法》、《公司法》、《证券市场禁入规定》等法律法规及规章，依法处理上市公司及相关机构和人员的违法失信行为，作出行政处罚、市场禁入决定，并依法公开违法失信当事人的行政处罚和市场禁入决定信息，记入证券期货市场诚信档案。中国证监会在作出行政处罚和市场禁入决定后，及时通过全国统一的信用信息共享交换平台、光盘传递或者网络专线等方式向各单位通报违法失信当事人的上述失信信息。根据执法工作的需要，各单位也可以向证监会书面查询特定机构或者人员的违法失信信息。

各单位将证监会提供的信息作为依法履职的重要参考，对失信主体依法实施行政管理，也可以视违法失信行为情节的轻重，依法对违法失信的当事人实施惩戒。对于失信主体主动纠正违法行为，消除违法后果的，根据有关法律法规、规章及规范性文件的规定，各单位可酌情处理。各单位实施惩戒后，定期将有关惩戒结果反馈中国证监会和国家发展改革委。

（二）关于各单位提供的上市公司相关主体违法失信信息

中国证监会定期向备忘录各签署单位报送属于联合惩戒对象范围的相关机构和人员的身份基

本信息,各单位根据上述基本信息将对相关机构或者人员作出的行政处罚信息汇总提供给中国证监会。中国证监会也可以在行政许可等监管执法工作中根据监管工作需要书面查询各单位对特定机构或者人员作出的行政处罚信息以及人民法院被执行人和失信执行人信息。

中国证监会在行政许可审核、日常监管检查以及行政处罚、市场禁入的情节认定等工作中,根据各单位提供的失信信息实施失信惩戒或者重点监管,定期将失信信息使用情况和惩戒结果反馈各单位,并汇总后反馈国家发展改革委。

三、惩戒措施

(一)限制发行企业债券

对违法失信当事人,特别是上市公司控股股东、实际控制人,在一定期限内限制其发行债券。

(二)限制在银行间市场发行债券

对违法失信当事人,特别是上市公司控股股东、实际控制人,在一定期限内限制其在银行间市场发行债券。

(三)禁止参加政府采购活动

对违法失信当事人,特别是上市公司控股股东、实际控制人及各机构相关责任人员,在一定期限内禁止作为供应商参加政府采购活动。

(四)设立商业银行或者分行、代表处以及参股、收购商业银行审批参考

对违法失信当事人,特别是上市公司控股股东、实际控制人及各机构相关责任人员,将其违法失信记录作为设立商业银行或者分行、代表处以及参股、收购商业银行的审批参考。

(五)设立证券公司、基金管理公司、期货公司审批参考

对违法失信当事人,特别是上市公司控股股东、实际控制人及各机构相关责任人员,将其违法失信记录作为设立证券公司、基金管理公司、期货公司审批的依据或者参考。

(六)设立保险公司审批参考

对违法失信当事人,特别是上市公司控股股东、实际控制人及各机构相关责任人员,将其违法失信记录作为设立保险公司审批的依据或者参考。

(七)限制境内上市公司实行股权激励计划或者限制成为股权激励对象

对违法失信的境内上市公司,限制其实行股权激励计划;对违法失信的境内上市公司董事、监事、高级管理人员等责任人员,限制其成为股权激励对象。

(八)外汇管理行政审批参考

在合格境外机构投资者(QFII、RQFII)、合格境内机构投资者(QDII)等额度审批和管理中,将失信状况作为参考依据。

(九)限制补贴性资金支持

对违法失信当事人,特别是上市公司控股股东、实际控制人及各机构相关责任人员,限制补贴性资金支持。

(十)限制成为海关认证企业

当事人申请适用海关认证企业管理的,海关不予通过认证。

(十一)加强日常监管检查

对违法失信当事人,特别是上市公司控股股东、实际控制人及各机构董事、监事、高级管理人员等相关责任人员,相关单位可在市场监管、公共服务、现场检查等工作中予以参考。

(十二)在国有独资公司董事、监事的任免及国有资本控股或者参股公司董事、监事的建议任免工作中予以参考

对违法失信机构相关责任人员,在国有独资公司董事、监事的任免及国有资本控股或者参股公司董事、监事的建议任免工作中予以参考。

（十三）通过"信用中国"网站和企业信用信息公示系统向社会公布

将违法失信信息通过"信用中国"网站、企业信用信息公示系统向社会公布。

（十四）通过主要新闻网站向社会公布

中国证监会在门户网站公布违法失信信息的同时，通知国家互联网信息办公室协调相关互联网新闻信息服务单位向社会公布。

（十五）金融机构融资授信参考

各金融机构将当事人诚信状况作为融资授信的参考。

（十六）其他措施

对违法失信当事人，特别是控股股东、实际控制人及其相关责任人员，相关市场监管部门和社会组织在强制性产品认证等方面予以参考，进行必要的限制或者禁止，一律不授予先进荣誉。

四、共享信息的持续管理

根据《证券期货市场诚信监督管理暂行办法》的规定，因证券期货违法行为被行政处罚、市场禁入等的信息效力期限为5年，自处罚执行完毕或者禁入期满之日起算；纪律处分措施和法律、行政法规、规章规定的监督管理措施，效力期限为3年，自纪律处分和监管措施决定作出之日起算。中国证监会在向各单位通报违法失信当事人的违法失信信息时应注明决定作出日期及效力期限，有关部门根据各自的法定职责，按照法律法规和有关规定实施惩戒或解除惩戒。超过效力期限的，不再实施联合惩戒。

备忘录各签署单位作出的行政处罚、市场禁入等决定，被行政复议机关变更、撤销或者确认违法，或者被司法机关裁判为无效或者撤销的，各单位应在复议决定、司法判决生效之日起5个工作日内撤回违法失信信息，同时将该情况向有关部门予以通报。

五、其他事宜

公司债券发行人、拟上市公司、非上市公众公司、境外上市公司、拟境外上市公司等违反证券期货法律、行政法规、规章，被中国证监会及其派出机构采取行政处罚、市场禁入措施的，参照本备忘录关于违法失信上市公司及相关机构和人员的联合惩戒措施办理。

法律、行政法规、规章规定的监督管理措施和证券期货交易所、协会等组织实施的纪律处分措施作为失信信息，中国证监会一并向各单位通报，供各单位参考。

各单位应密切协作，积极落实本备忘录，制定违法失信信息的使用、管理、监督的相关实施细则和操作流程，确保2016年正式实现上市公司违法失信信息的推送，依法依职权对其实施联合惩戒，确保工作质量和效果。

本备忘录实施过程中的具体操作问题，由各部门另行协商解决。

本《备忘录》签署单位：

发展改革委、证监会、人民银行、中央文明办、国家网信办、最高人民法院、工业和信息化部、公安部、财政部、环境保护部、交通运输部、商务部、国资委、海关总署、税务总局、工商总局、质检总局、食品药品监管总局、银监会、保监会、外汇局、全国总工会

2015年12月24日

附录

惩戒措施	法律及政策依据	实施单位
(一)限制发行企业债券	1.《国家发展改革委关于推进企业债券市场发展、简化发行核准程序有关事项的通知》(发改财金〔2008〕7号)第二条: **第二条** 企业公开发行企业债券应符合下列条件: (1)股份有限公司的净资产不低于人民币3000万元,有限责任公司和其他类型企业的净资产不低于人民币6000万元; (2)累计债券余额不超过企业净资产(不包括少数股东权益)的40%; (3)最近三年可分配利润(净利润)足以支付企业债券一年的利息; (4)筹集资金的投向符合国家产业政策和行业发展方向,所需相关手续齐全。用于固定资产投资项目的,应符合固定资产投资项目资本金制度的要求,原则上累计发行额不得超过该项目总投资的60%。用于收购产权(股权)的,比照该比例执行。用于调整债务结构的,不受该比例限制,但企业应提供银行同意以债还贷的证明;用于补充营运资金的,不超过发债总额的20%; (5)债券的利率由企业根据市场情况确定,但不得超过国务院限定的利率水平; (6)已发行的企业债券或者其他债务未处于违约或者延迟支付本息的状态; (7)最近三年没有重大违法违规行为。 2.《国家发展改革委人民银行中央编办关于在行政管理事项中使用信用记录和信用报告的若干意见》(发改财金〔2013〕920号)第二条、第三条、第五条: **第二条** 切实发挥在行政管理事项中使用信用记录和信用报告的作用 各级政府、各相关部门应将相关市场主体所提供的信用记录或信用报告作为其实施行政管理的重要参考。对守信者,应探索实行优先办理、简化程序、"绿色通道"和重点支持等激励政策;对失信者,应结合失信类别和程度,严格落实失信惩戒制度。 对食品药品安全、环境保护、产品质量、医疗卫生、工程建设、教育科研、电子商务、股权投资、融资担保等关系到人民群众切身利益、经济健康发展和社会和谐稳定的重点领域,各级政府、各相关部门应率先推进在行政管理事项中使用相关市场主体的信用记录和信用报告。 **第三条** 探索完善在行政管理事项中使用信用记录和信用报告的制度规范 各级政府、各相关部门应结合地方和部门实际,在政府采购、招标投标、行政审批、市场准入、资质审核等行政管理事项中依法要求相关市场主体提供由第三方信用服务机构出具的信用记录或信用报告。 各级政府、各相关部门应根据履职需要,研究明确信用记录或信用报告的主要内容和运用规范。 **第五条** 不断健全全社会守信激励和失信惩戒的联动机制 各级政府、各相关部门要树立大局意识,把在行政管理事项中使用信用记录和信用报告工作纳入重要工作日程。要加强协同配合,推动形成信用记录和信用报告跨部门、跨区域应用的联动机制。要通过信用记录和信用报告在行政管理事项中的联合应用,逐步建立健全全社会守信激励和失信惩戒联动机制。	发改委

续表

惩戒措施	法律及政策依据	实施单位
(二)限制在银行间市场发行债券	《全国银行间债券市场金融债券发行管理办法》第七条、第八条、第十一条: **第七条** 商业银行发行金融债券应具备以下条件: (1)具有良好的公司治理机制; (2)核心资本充足率不低于4%; (3)最近三年连续盈利; (4)贷款损失准备计提充足; (5)风险监管指标符合监管机构的有关规定; (6)最近三年没有重大违法、违规行为; (7)中国人民银行要求的其他条件。 根据商业银行的申请,中国人民银行可以豁免前款所规定的个别条件。 **第八条** 企业集团财务公司发行金融债券应具备以下条件: (1)具有良好的公司治理机制; (2)资本充足率不低于10%; (3)风险监管指标符合监管机构的有关规定; (4)最近三年没有重大违法、违规行为; (5)中国人民银行要求的其他条件。 **第十一条** 政策性银行发行金融债券应向中国人民银行报送下列文件: (1)金融债券发行申请报告; (2)发行人近三年经审计的财务报告及审计报告; (3)金融债券发行办法; (4)承销协议; (5)中国人民银行要求的其他文件。	人民银行
(三)禁止参加政府采购活动	1.《中华人民共和国政府采购法》第二十二条: **第二十二条** 供应商参加政府采购活动应当具备下列条件: (1)具有独立承担民事责任的能力; (2)具有良好的商业信誉和健全的财务会计制度; (3)具有履行合同所必需的设备和专业技术能力; (4)有依法缴纳税收和社会保障资金的良好记录; (5)参加政府采购活动前三年内,在经营活动中没有重大违法记录; (6)法律、行政法规规定的其他条件。 2.《社会信用体系建设规划纲要(2014-2020年)》第二部分第(一)、(二)条 (一)加快推进政务诚信建设 发挥政府诚信建设示范作用。各级人民政府首先要加强自身诚信建设,以政府的诚信施政,带动全社会诚信意识的树立和诚信水平的提高。在行政许可、政府采购、招标投标、劳动就业、社会保障、科研管理、干部选拔任用和管理监督、申请政府资金支持等领域,率先使用信用信息和信用产品,培育信用服务市场发展。 (二)深入推进商务诚信建设 政府采购领域信用建设。加强政府采购信用管理,强化联动惩戒,保护政府采购当事人的合法权益。制定供应商、评审专家、政府采购代理机构以及相关从业人员的信用记录标准。依法建立政府采购供应商不良行为记录名单,对列入不良行为记录名单的供应商,在一定期限内禁止参加政府采购活动。完善政府采购市场的准入和退出机制,充分利用工商、税务、金融、检察等其他部门提供的信用信息,加强对政府采购当事人和相关人员的信用管理。加快建设全国统一的政府采购管理交易系统,提高政府采购活动透明度,实现信用信息的统一发布和共享。	财政部

续表

惩戒措施	法律及政策依据	实施单位
	招标投标领域信用建设。扩大招标投标信用信息公开和共享范围,建立涵盖招标投标情况的信用评价指标和评价标准体系,健全招标投标信用信息公开和共享制度。进一步贯彻落实招标投标违法行为记录公告制度,推动完善奖惩联动机制。依托电子招标投标系统及其公共服务平台,实现招标投标和合同履行等信用信息的互联互通、实时交换和整合共享。鼓励市场主体运用基本信用信息和第三方信用评价结果,并将其作为投标人资格审查、评标、定标和合同签订的重要依据。	
(四)设立商业银行或者分行、代表处以及参股、收购商业银行审批参考	1.《中华人民共和国商业银行法》第十二条: **第十二条** 设立商业银行,应当具备下列条件: (1)有符合本法和《中华人民共和国公司法》规定的章程; (2)有符合本法规定的注册资本最低限额; (3)有具备任职专业知识和业务工作经验的董事、高级管理人员; (4)有健全的组织机构和管理制度; (5)有符合要求的营业场所、安全防范措施和与业务有关的其他设施。 设立商业银行,还应当符合其他审慎性条件。 2.《中华人民共和国外资银行管理条例》第九条: **第九条** 拟设外商独资银行、中外合资银行的股东或者拟设分行、代表处的外国银行应当具备下列条件: (1)具有持续盈利能力,信誉良好,无重大违法违规记录; (2)拟设外商独资银行的股东、中外合资银行的外方股东或者拟设分行、代表处的外国银行具有从事国际金融活动的经验; (3)具有有效的反洗钱制度; (4)拟设外商独资银行的股东、中外合资银行的外方股东或者拟设分行、代表处的外国银行受到所在国家或者地区金融监管当局的有效监管,并且其申请经所在国家或者地区金融监管当局同意; (5)国务院银行业监督管理机构规定的其他审慎性条件。 拟设外商独资银行的股东、中外合资银行的外方股东或者拟设分行、代表处的外国银行所在国家或者地区应当具有完善的金融监督管理制度,并且其金融监管当局已经与国务院银行业监督管理机构建立良好的监督管理合作机制。	银监会
(五)设立证券公司、基金管理公司、期货公司审批参考	1.《证券法》第一百二十四条: **第一百二十四条** 设立证券公司,应当具备下列条件: (1)有符合法律、行政法规规定的公司章程; (2)主要股东具有持续盈利能力,信誉良好,最近三年无重大违法违规记录,净资产不低于人民币二亿元; (3)有符合本法规定的注册资本; (4)董事、监事、高级管理人员具备任职资格,从业人员具有证券从业资格; (5)有完善的风险管理与内部控制制度; (6)有合格的经营场所和业务设施; (7)法律、行政法规规定的和经国务院批准的国务院证券监督管理机构规定的其他条件。 2.《中华人民共和国证券投资基金法》第十三条: **第十三条** 设立基金管理公司,应当具备下列条件,并经国务院证券监督管理机构批准: (1)有符合本法和《中华人民共和国公司法》规定的章程; (2)注册资本不低于一亿元人民币,且必须为实缴货币资本;	证监会

续表

惩戒措施	法律及政策依据	实施单位
	(3)主要股东具有经营金融业务或者管理金融机构的良好业绩、良好的财务状况和社会信誉,资产规模达到国务院规定的标准,最近三年没有违法记录; (4)取得基金从业资格的人员达到法定人数; (5)有符合要求的营业场所、安全防范设施和与基金管理业务有关的其他设施; (6)有完善的内部稽核监控制度和风险控制制度; (7)法律、行政法规规定的和经国务院批准的国务院证券监督管理机构规定的其他条件。 3.《期货交易管理条例》第十六条: **第十六条** 申请设立期货公司,应当符合《中华人民共和国公司法》的规定,并具备下列条件: (1)注册资本最低限额为人民币3000万元; (2)董事、监事、高级管理人员具备任职资格,从业人员具有期货从业资格; (3)有符合法律、行政法规规定的公司章程; (4)主要股东以及实际控制人具有持续盈利能力,信誉良好,最近3年无重大违法违规记录; (5)有合格的经营场所和业务设施; (6)有健全的风险管理和内部控制制度; (7)国务院期货监督管理机构规定的其他条件。 国务院期货监督管理机构根据审慎监管原则和各项业务的风险程度,可以提高注册资本最低限额。注册资本应当是实缴资本。股东应当以货币或者期货公司经营必需的非货币财产出资,货币出资比例不得低于85%。 国务院期货监督管理机构应当在受理期货公司设立申请之日起6个月内,根据审慎监管原则进行审查,作出批准或者不批准的决定。	证监会
(六)设立保险公司审批参考	《保险法》第六十八条: **第六十八条** 设立保险公司应当具备下列条件: (1)主要股东具有持续盈利能力,信誉良好,最近三年内无重大违法违规记录,净资产不低于人民币二亿元; (2)有符合本法和《中华人民共和国公司法》规定的章程; (3)有符合本法规定的注册资本; (4)有具备任职专业知识和业务工作经验的董事、监事和高级管理人员; (5)有健全的组织机构和管理制度; (6)有符合要求的营业场所和与经营业务有关的其他设施; (7)法律、行政法规和国务院保险监督管理机构规定的其他条件。	保监会
(七)限制境内上市公司实行股权激励计划或限制成为股权激励对象	《国有控股上市公司(境内)实施股权激励试行办法》第五条: **第五条** 实施股权激励的上市公司应具备以下条件: (1)公司治理结构规范,股东会、董事会、经理层组织健全,职责明确。外部董事(含独立董事,下同)占董事会成员半数以上; (2)薪酬委员会由外部董事构成,且薪酬委员会制度健全,议事规则完善,运行规范; (3)内部控制制度和绩效考核体系健全,基础管理制度规范,建立了符合市场经济和现代企业制度要求的劳动用工、薪酬福利制度及绩效考核体系; (4)发展战略明确,资产质量和财务状况良好,经营业绩稳健;近三年无财务违法违规行为和不良记录; (5)证券监管部门规定的其他条件。	国资委、财政部

续表

惩戒措施	法律及政策依据	实施单位
	《上市公司股权激励管理办法》(证监公司字〔2005〕151号)第七条、第八条: **第七条** 上市公司具有下列情形之一的,不得实行股权激励计划: (1)一个会计年度财务会计报告被注册会计师出具否定意见或者无法表示意见的审计报告; (2)一年内因重大违法违规行为被中国证监会予以行政处罚; (3)中国证监会认定的其他情形。 **第八条** 股权激励计划的激励对象可以包括上市公司的董事、监事、高级管理人员、核心技术(业务)人员,以及公司认为应当激励的其他员工,但不应当包括独立董事,下列人员不得成为激励对象: (1)被证券交易所公开谴责或宣布为不适当人选的; (2)因重大违法违规行为被中国证监会予以行政处罚的; (3)具有《中华人民共和国公司法》规定的不得担任公司董事、监事、高级管理人员情形的。 股权激励计划经董事会审议通过后,上市公司监事会应当对激励对象名单予以核实,并将核实情况在股东会上予以说明。	证监会
(八)外汇管理行政审批参考	1.《合格境外机构投资者境内证券投资管理办法》第六条: **第六条** 申请合格投资者资格,应当具备下列条件: (1)申请人的财务稳健,资信良好,达到中国证监会规定的资产规模等条件; (2)申请人的业务人员符合所在国家或地区的有关从业资格的要求; (3)申请人有健全的治理结构和完善的内控制度,经营行为规范,近3年未受到监管机构的重大处罚; (4)申请人所在国家或者地区有完善的法律和监管制度,其证券监管机构已与中国证监会签订监管合作谅解备忘录,并保持着有效的监管合作关系; (5)中国证监会根据审慎监管原则规定的其他条件。 2.《人民币合格境外机构投资者境内证券投资试点办法》第五条: **第五条** 申请人民币合格投资者资格,应当具备下列条件: (1)财务稳健,资信良好,注册地、业务资格等符合中国证监会的规定; (2) 公司治理和内部控制有效,从业人员符合所在国家或地区的有关从业资格要求; (3) 经营行为规范,最近3年或者自成立起未受到所在地监管部门的重大处罚; (4)中国证监会根据审慎监管原则规定的其他条件。 3.《合格境内机构投资者境外证券投资管理试行办法》第五条: **第五条** 申请境内机构投资者资格,应当具备下列条件: (1)申请人的财务稳健,资信良好,资产管理规模、经营年限等符合中国证监会的规定; (2)拥有符合规定的具有境外投资管理相关经验的人员; (3)拥有健全的治理结构和完善的内控制度,经营行为规范; (4)最近3年没有收到监管机构的重大处罚,没有重大事正在接受司法部门、监管机构的立案调查; (5)中国证监会根据审慎监管原则规定的其他条件。	国家外汇管理局

续表

惩戒措施	法律及政策依据	实施单位
(九)限制补贴性资金支持	《社会信用体系建设规划纲要(2014－2020年)》第二部分第(一)条 (一)加快推进政务诚信建设 发挥政府诚信建设示范作用。各级人民政府首先要加强自身诚信建设,以政府的诚信施政,带动全社会诚信意识的树立和诚信水平的提高。在行政许可、政府采购、招标投标、劳动就业、社会保障、科研管理、干部选拔任用和管理监督、申请政府资金支持等领域,率先使用信用信息和信用产品,培育信用服务市场发展。	发改委、财政部、国资委
(十)限制成为海关认证企业	1.《中华人民共和国海关企业信用管理暂行办法》第九条、第十六条、第十七条: **第九条**　认证企业应当符合《海关认证企业标准》。 《海关认证企业标准》分为一般认证企业标准和高级认证企业标准,由海关总署制定并对外公布。 **第十六条**　一般认证企业适用下列管理原则和措施: (1)较低进出口货物查验率; (2)简化进出口货物单证审核; (3)优先办理进出口货物通关手续; (4)海关总署规定的其他管理原则和措施。 **第十七条**　高级认证企业除适用一般认证企业管理原则和措施外,还适用下列管理措施: (1)在确定进出口货物的商品归类、海关估价、原产地或者办结其他海关手续前先行办理验放手续; (2)海关为企业设立协调员; (3)对从事加工贸易的企业,不实行银行保证金台账制度; (4)AEO互认国家或者地区海关提供的通关便利措施。 2.《海关认证企业标准》(一般认证)第(九)项、《海关认证企业标准》(高级认证)第(九)项: **《海关认证企业标准》(一般认证)第(九)项:** 未有不良外部信用:企业或者其企业法定代表人(负责人)、负责关务的高级管理人员、财务负责人连续1年在工商、商务、税务、银行、外汇、检验检疫、公安、检察院、法院等部门未被列入经营异常名录、失信企业或者人员名单、黑名单企业、人员。 **《海关认证企业标准》(高级认证)第(九)项:** 未有不良外部信用:企业或者其企业法定代表人(负责人)、负责关务的高级管理人员、财务负责人连续1年在工商、商务、税务、银行、外汇、检验检疫、公安、检察院、法院等部门未被列入经营异常名录、失信企业或者人员名单、黑名单企业、人员。	海关总署
(十一)加强日常监管检查	《社会信用体系建设规划纲要(2014－2020年)》第五部分第一条: 五、完善以奖惩制度为重点的社会信用体系运行机制 运行机制是保障社会信用体系各系统协调运行的制度基础。其中,守信激励和失信惩戒机制直接作用于各个社会主体信用行为,是社会信用体系运行的核心机制。 (一)构建守信激励和失信惩戒机制。 加强对守信主体的奖励和激励。加大对守信行为的表彰和宣传力度。按规定对诚信企业和模范个人给予表彰,通过新闻媒体广泛宣传,营造守信光荣的舆论氛围。发展改革、财政、金融、环境保护、住房城乡建设、交通运输、商务、工商、税务、质检、安全监管、海关、知识产权等部门,在市场监管和公共服务过程中,要深化信用信息和信用产品的应用,对诚实守信者实行优先办理、简化程序等“绿色通道”支持激励政策。	各单位

续表

惩戒措施	法律及政策依据	实施单位
	加强对失信主体的约束和惩戒。强化行政监管性约束和惩戒。在现有行政处罚措施的基础上,健全失信惩戒制度,建立各行业黑名单制度和市场退出机制。推动各级人民政府在市场监管和公共服务的市场准入、资质认定、行政审批、政策扶持等方面实施信用分类监管,结合监管对象的失信类别和程度,使失信者受到惩戒。逐步建立行政许可申请人信用承诺制度,并开展申请人信用审查,确保申请人在政府推荐的征信机构中有信用记录,配合征信机构开展信用信息采集工作。推动形成市场性约束和惩戒。制定信用基准性评价指标体系和评价方法,完善失信信息记录和披露制度,使失信者在市场交易中受到制约。推动形成行业性约束和惩戒。通过行业协会制定行业自律规则并监督会员遵守。对违规的失信者,按照情节轻重,对机构会员和个人会员实行警告、行业内通报批评、公开谴责等惩戒措施。推动形成社会性约束和惩戒。完善社会舆论监督机制,加强对失信行为的披露和曝光,发挥群众评议讨论、批评报道等作用,通过社会的道德谴责,形成社会震慑力,约束社会成员的失信行为。 建立失信行为有奖举报制度。切实落实对举报人的奖励,保护举报人的合法权益。 建立多部门、跨地区信用联合奖惩机制。通过信用信息交换共享,实现多部门、跨地区信用奖惩联动,使守信者处处受益、失信者寸步难行。	
(十二)在国有独资公司董事、监事的任免及国有资本控股或者参股公司董事、监事的建议任免工作中予以参考	《中华人民共和国企业国有资产法》第二十三条: **第二十三条**　履行出资人职责的机构任命或者建议任命的董事、监事、高级管理人员,应当具备下列条件: (1)有良好的品行; (2)有符合职位要求的专业知识和工作能力; (3)有能够正常履行职责的身体条件; (4)法律、行政法规规定的其他条件。 董事、监事、高级管理人员在任职期间出现不符合前款规定情形或者出现《中华人民共和国公司法》规定的不得担任公司董事、监事、高级管理人员情形的,履行出资人职责的机构应当依法予以免职或者提出免职建议。	国资委
(十三)通过"信用中国"网站和企业信用信息公示系统向社会公布	1.《国务院办公厅关于运用大数据加强对市场主体服务和监管的若干意见》第十九条: **第十九条**　大力推进市场主体信息公示。严格执行《企业信息公示暂行条例》,加快实施经营异常名录制度和严重违法失信企业名单制度。建设国家企业信用信息公示系统,依法对企业注册登记、行政许可、行政处罚等基本信用信息以及企业年度报告、经营异常名录和严重违法失信企业名单进行公示,提高市场透明度,并与国家统一的信用信息共享交换平台实现有机对接和信息共享。支持探索开展社会化的信用信息公示服务。建设"信用中国"网站,归集整合各地区、各部门掌握的应向社会公开的信用信息,实现信用信息一站式查询,方便社会了解市场主体信用状况。各级政府及其部门网站要与"信用中国"网站连接,并将本单位政务公开信息和相关市场主体违法违规信息在"信用中国"网站公开。 2.《企业信息公示暂行条例》第七条: **第七条**　工商行政管理部门以外的其他政府部门(以下简称其他政府部门)应当公示其在履行职责过程中产生的下列企业信息: (1)行政许可准予、变更、延续信息; (2)行政处罚信息;	发改委、工商总局

续表

惩戒措施	法律及政策依据	实施单位
	(3)其他依法应当公示的信息。 其他政府部门可以通过企业信用信息公示系统,也可以通过其他系统公示前款规定的企业信息。工商行政管理部门和其他政府部门应当按照国家社会信用信息平台建设的总体要求,实现企业信息的互联共享。	
(十四)通过主要新闻网站向社会公布	1.《中华人民共和国政府信息公开条例》第九条: **第九条** 行政机关对符合下列基本要求之一的政府信息应当主动公开: (1)涉及公民、法人或者其他组织切身利益的; (2)需要社会公众广泛知晓或者参与的; (3)反映本行政机关机构设置、职能、办事程序等情况的; (4)其他依照法律、法规和国家有关规定应当主动公开的。 2.《互联网新闻信息服务管理规定》第三条: **第三条** 互联网新闻信息服务单位从事互联网新闻信息服务,应当遵守宪法、法律和法规,坚持为人民服务、为社会主义服务的方向,坚持正确的舆论导向,维护国家利益和公共利益。 国家鼓励互联网新闻信息服务单位传播有益于提高民族素质、推动经济发展、促进社会进步的健康、文明的新闻信息。	互联网信息办
(十五)金融机构融资授信参考	1.《征信业管理条例》第十三条、第二十一条: **第十三条** 采集个人信息应当经信息主体本人同意,未经本人同意不得采集。但是,依照法律、行政法规规定公开的信息除外。企业的董事、监事、高级管理人员与其履行职务相关的信息,不作为个人信息。 **第二十一条** 征信机构可以通过信息主体、企业交易对方、行业协会提供信息,政府有关部门依法已公开的信息,人民法院依法公布的判决、裁定等渠道,采集企业信息。征信机构不得采集法律、行政法规禁止采集的企业信息。 2.《贷款通则》第十七条、第二十二条: **第十七条** 借款人申请贷款,应当具备产品有市场、生产经营有效益、不挤占挪用信贷资金、恪守信用等基本条件,并且应当符合以下要求: (1)有按期还本付息的能力,原应付贷款利息和到期贷款已清偿;没有清偿的,已经做了贷款人认可的偿还计划。 (2)除自然人和不需要经工商部门核准登记的事业法人外,应当经过工商部门办理年检手续。 (3)已开立基本账户或一般存款账户。 (4)除国务院规定外,有限责任公司和股份有限公司对外股本权益性投资累计额未超过其净资产总额的50%。 (5)借款人的资产负债率符合贷款人的要求。 (6)申请中期、长期贷款的,新建项目的企业法人所有者权益与项目所需总投资的比例不低于国家规定的投资项目的资本金比例。 **第二十二条** 贷款人的权利 根据贷款条件和贷款程序自主审查和决定贷款,除国务院批准的特定贷款外,有权拒绝任何单位和个人强令其发放贷款或者提供担保。 (1)要求借款人提供与借款有关的资料; (2)根据借款人的条件,决定贷与不贷、贷款金额、期限和利率等; (3)了解借款人的生产经营活动和财务活动; (4)依合同约定从借款人账户上划收贷款本金和利息; (5)借款人未能履行借款合同规定义务的,贷款人有权依合同约定要求借款人提前归还贷款或停止支付借款人尚未使用的贷款; (6)在贷款将受或已受损失时,可依据合同规定,采取使贷款免受损失的措施。	人民银行、银监会

续表

惩戒措施	法律及政策依据	实施单位
	3.《社会信用体系建设规划纲要(2014－2020年)》第二部分第(一)条 (一)加快推进政务诚信建设 发挥政府诚信建设示范作用。各级人民政府首先要加强自身诚信建设,以政府的诚信施政,带动全社会诚信意识的树立和诚信水平的提高。在行政许可、政府采购、招标投标、劳动就业、社会保障、科研管理、干部选拔任用和管理监督、申请政府资金支持等领域,率先使用信用信息和信用产品,培育信用服务市场发展。	
(十六)其他措施	《国务院关于促进市场公平竞争维护市场正常秩序的若干意见》第四条第(十五)项 四、夯实监管信用基础 (十五)建立健全守信激励和失信惩戒机制。将市场主体的信用信息作为实施行政管理的重要参考。根据市场主体信用状况实行分类分级、动态监管,建立健全经营异常名录制度,对违背市场竞争原则和侵犯消费者、劳动者合法权益的市场主体建立“黑名单”制度。(工商总局牵头负责)对守信主体予以支持和激励,对失信主体在经营、投融资、取得政府供应土地、进出口、出入境、注册新公司、工程招投标、政府采购、获得荣誉、安全许可、生产许可、从业任职资格、资质审核等方面依法予以限制或禁止,对严重违法失信主体实行市场禁入制度。(各相关市场监管部门按职责分工分别负责)	各单位

第二部分 法律法规

一、法律文件

(一)法 律

全国人民代表大会常务委员会关于修改《中华人民共和国港口法》等七部法律的决定

(2015年4月24日第十二届全国人民代表大会常务委员会第十四次会议通过)

第十二届全国人民代表大会常务委员会第十四次会议决定,对下列法律中有关行政审批的规定作出修改:

一、对《中华人民共和国港口法》作出修改

将第三十七条第二款修改为:"不得在港口进行可能危及港口安全的采掘、爆破等活动;因工程建设等确需进行的,必须采取相应的安全保护措施,并报经港口行政管理部门批准。港口行政管理部门应当将审批情况及时通报海事管理机构,海事管理机构不再依照有关水上交通安全的法律、行政法规的规定进行审批。"

二、对《中华人民共和国税收征收管理法》作出修改

将第三十三条修改为:"纳税人依照法律、行政法规的规定办理减税、免税。

"地方各级人民政府、各级人民政府主管部门、单位和个人违反法律、行政法规规定,擅自作出的减税、免税决定无效,税务机关不得执行,并向上级税务机关报告。"

三、对《中华人民共和国固体废物污染环境防治法》作出修改

将第二十五条第一款和第二款中的"自动许可进口"修改为"非限制进口"。

删去第三款中的"进口列入自动许可进口目录的固体废物,应当依法办理自动许可手续。"

四、对《中华人民共和国枪支管理法》作出修改

将第七条第一款修改为:"配备公务用枪,由国务院公安部门或者省级人民政府公安机关审批。"

五、对《中华人民共和国防洪法》作出修改

(一)将第二十五条修改为:"护堤护岸的林木,由河道、湖泊管理机构组织营造和管理。护堤护岸林木,不得任意砍伐。采伐护堤护岸林木的,应当依法办理采伐许可手续,并完成规定的更新补种任务。"

(二)将第三十四条第三款修改为:"城市

建设不得擅自填堵原有河道沟叉、贮水湖塘洼淀和废除原有防洪围堤。确需填堵或者废除的,应当经城市人民政府批准。"

六、对《中华人民共和国证券投资基金法》作出修改

删去第十七条。

七、对《中华人民共和国城乡规划法》作出修改

将第二十四条第二款第二项修改为:"(二)有规定数量的经相关行业协会注册的规划师"。

删去第三款。

本决定自公布之日起施行。

《中华人民共和国港口法》、《中华人民共和国税收征收管理法》、《中华人民共和国固体废物污染环境防治法》、《中华人民共和国枪支管理法》、《中华人民共和国防洪法》、《中华人民共和国证券投资基金法》、《中华人民共和国城乡规划法》根据本决定作相应修改,重新公布。

全国人民代表大会常务委员会关于修改《中华人民共和国计量法》等五部法律的决定

(2015年4月24日第十二届全国人民代表大会常务委员会第十四次会议通过)

第十二届全国人民代表大会常务委员会第十四次会议决定,对下列法律中有关行政审批、工商登记前置审批或者价格管理的规定作出修改:

一、对《中华人民共和国计量法》作出修改

(一)删去第十二条第二款。

(二)删去第十六条。

(三)将第十八条改为第十七条,第二款修改为:"制造、修理计量器具的个体工商户,必须经县级人民政府计量行政部门考核合格,发给《制造计量器具许可证》或者《修理计量器具许可证》。"

二、对《中华人民共和国烟草专卖法》作出修改

(一)将第九条第二款修改为:"烟草公司或者其委托单位应当与烟叶种植者签订烟叶收购合同。烟叶收购合同应当约定烟叶种植面积、烟叶收购价格。"

删去第三款。

(二)删去第十条第一款中的"价格"。

将第二款中的"国家规定的标准分等定价"修改为"合同约定的收购价格"。

(三)删去第十七条。

(四)删去第二十九条。

(五)将第三十条改为第二十八条,修改为:"违反本法规定擅自收购烟叶的,由烟草专卖行政主管部门处以罚款,并按照查获地省级烟草专卖行政主管部门出具的上年度烟叶平均收购价格的百分之七十收购违法收购的烟叶;数量巨大的,没收违法收购的烟叶和违法所得。"

(六)将第三十一条改为第二十九条,第一款修改为:"无准运证或者超过准运证规定的数量托运或者自运烟草专卖品的,由烟草专卖行政主管部门处以罚款,可以按照查获地省级烟草专卖行政主管部门出具的上年度烟叶平均收购价格的百分之七十收购违法运输的烟叶,按照市场批发价格的百分之七十收购违法运输的除烟叶外的其他烟草专卖品;情节严重的,没收违法运输的烟草专卖品和违法所得。"

(七)删去第三十四条。

三、对《中华人民共和国保险法》作出修改

(一)删去第七十九条中的"代表机构"。

（二）将第一百一十一条修改为："保险公司从事保险销售的人员应当品行良好，具有保险销售所需的专业能力。保险销售人员的行为规范和管理办法，由国务院保险监督管理机构规定。"

（三）删去第一百一十六条第八项中的"或者个人"。

（四）删去第一百一十九条第二款、第三款。

（五）将第一百二十二条修改为："个人保险代理人、保险代理机构的代理从业人员、保险经纪人的经纪从业人员，应当品行良好，具有从事保险代理业务或者保险经纪业务所需的专业能力。"

（六）删去第一百二十四条中的"未经保险监督管理机构批准，保险代理机构、保险经纪人不得动用保证金。"

（七）删去第一百三十条中的"具有合法资格的"。

（八）删去第一百三十二条。

（九）将第一百六十五条改为第一百六十四条，并删去第六项中的"或者代表机构"。

（十）删去第一百六十八条。

（十一）将第一百六十九条改为第一百六十七条，并删去其中的"从业资格"。

（十二）将第一百七十三条改为第一百七十一条，修改为："保险公司、保险资产管理公司、保险专业代理机构、保险经纪人违反本法规定的，保险监督管理机构除分别依照本法第一百六十条至第一百七十条的规定对该单位给予处罚外，对其直接负责的主管人员和其他直接责任人员给予警告，并处一万元以上十万元以下的罚款；情节严重的，撤销任职资格。"

（十三）将第一百七十四条改为第一百七十二条，并删去第一款中的"并可以吊销其资格证书"和第二款。

四、对《中华人民共和国民用航空法》作出修改

（一）删去第六十八条中的"会同国务院财政部门、物价主管部门"。

（二）将第九十二条修改为："企业从事公共航空运输，应当向国务院民用航空主管部门申请领取经营许可证。"

（三）将第九十三条中的"设立公共航空运输企业"修改为"取得公共航空运输经营许可"。

（四）将第九十七条第三款修改为："国际航空运输运价的制定按照中华人民共和国政府与外国政府签订的协定、协议的规定执行；没有协定、协议的，参照国际航空运输市场价格确定。"

（五）删去第二百一十一条中的"对被吊销经营许可证的，工商行政管理部门应吊销其营业执照。"

五、对《中华人民共和国畜牧法》作出修改

（一）删去第二十二条第一款中的"申请人持种畜禽生产经营许可证依法办理工商登记，取得营业执照后，方可从事生产经营活动。"

（二）将第二十四条第一款修改为："申请取得生产家畜卵子、冷冻精液、胚胎等遗传材料的生产经营许可证，应当向省级人民政府畜牧兽医行政主管部门提出申请。受理申请的畜牧兽医行政主管部门应当自收到申请之日起六十个工作日内依法决定是否发给生产经营许可证。"

（三）删去第七十一条。

本决定自公布之日起施行。

《中华人民共和国计量法》、《中华人民共和国烟草专卖法》、《中华人民共和国保险法》、《中华人民共和国民用航空法》、《中华人民共和国畜牧法》根据本决定作相应修改，重新公布。

全国人民代表大会常务委员会关于修改《中华人民共和国商业银行法》的决定

(2015年8月29日第十二届全国人民代表大会常务委员会第十六次会议通过)

第十二届全国人民代表大会常务委员会第十六次会议决定对《中华人民共和国商业银行法》作如下修改:

一、删去第三十九条第一款第二项。

二、删去第七十五条第三项中的“存贷比例”。

本决定自2015年10月1日起施行。

《中华人民共和国商业银行法》根据本决定作相应修改,重新公布。

全国人民代表大会常务委员会关于授权国务院在实施股票发行注册制改革中调整适用《中华人民共和国证券法》有关规定的决定

(2015年12月27日第十二届全国人民代表大会常务委员会第十八次会议通过)

为了实施股票发行注册制改革,进一步发挥资本市场服务实体经济的基础功能,第十二届全国人民代表大会常务委员会第十八次会议决定:授权国务院对拟在上海证券交易所、深圳证券交易所上市交易的股票的公开发行,调整适用《中华人民共和国证券法》关于股票公开发行核准制度的有关规定,实行注册制度,具体实施方案由国务院作出规定,报全国人民代表大会常务委员会备案。

本决定的实施期限为二年。国务院要加强对股票发行注册制改革工作的组织领导,并就本决定实施情况向全国人民代表大会常务委员会作出中期报告。国务院证券监督管理机构要会同有关部门加强事中事后监管,防范和化解风险,切实保护投资者合法权益。

本决定自2016年3月1日起施行。

（二）司法解释

最高人民法院关于适用《中华人民共和国民事诉讼法》的解释

（2015年1月30日　法释〔2015〕5号）

2012年8月31日，第十一届全国人民代表大会常务委员会第二十八次会议审议通过了《关于修改〈中华人民共和国民事诉讼法〉的决定》。根据修改后的民事诉讼法，结合人民法院民事审判和执行工作实际，制定本解释。

一、管　　辖

第一条　民事诉讼法第十八条第一项规定的重大涉外案件，包括争议标的额大的案件、案情复杂的案件，或者一方当事人人数众多等具有重大影响的案件。

第二条　专利纠纷案件由知识产权法院、最高人民法院确定的中级人民法院和基层人民法院管辖。

海事、海商案件由海事法院管辖。

第三条　公民的住所地是指公民的户籍所在地，法人或者其他组织的住所地是指法人或者其他组织的主要办事机构所在地。

法人或者其他组织的主要办事机构所在地不能确定的，法人或者其他组织的注册地或者登记地为住所地。

第四条　公民的经常居住地是指公民离开住所地至起诉时已连续居住一年以上的地方，但公民住院就医的地方除外。

第五条　对没有办事机构的个人合伙、合伙型联营体提起的诉讼，由被告注册登记地人民法院管辖。没有注册登记，几个被告又不在同一辖区的，被告住所地的人民法院都有管辖权。

第六条　被告被注销户籍的，依照民事诉讼法第二十二条规定确定管辖；原告、被告均被注销户籍的，由被告居住地人民法院管辖。

第七条　当事人的户籍迁出后尚未落户，有经常居住地的，由该地人民法院管辖；没有经常居住地的，由其原户籍所在地人民法院管辖。

第八条　双方当事人都被监禁或者被采取强制性教育措施的，由被告原住所地人民法院管辖。被告被监禁或者被采取强制性教育措施一年以上的，由被告被监禁地或者被采取强制性教育措施地人民法院管辖。

第九条　追索赡养费、抚育费、扶养费案件的几个被告住所地不在同一辖区的，可以由原告住所地人民法院管辖。

第十条　不服指定监护或者变更监护关系的案件，可以由被监护人住所地人民法院管辖。

第十一条　双方当事人均为军人或者军队单位的民事案件由军事法院管辖。

第十二条　夫妻一方离开住所地超过一年，另一方起诉离婚的案件，可以由原告住所地人民法院管辖。

夫妻双方离开住所地超过一年，一方起诉离婚的案件，由被告经常居住地人民法院管辖；没有经常居住地的，由原告起诉时被告居住地人民法院管辖。

第十三条　在国内结婚并定居国外的华侨，如定居国法院以离婚诉讼须由婚姻缔结地法院管辖为由不予受理，当事人向人民法院提出离婚诉讼的，由婚姻缔结地或者一方在国内的最后居住地人民法院管辖。

第十四条　在国外结婚并定居国外的华侨，如定居国法院以离婚诉讼须由国籍所属国法院管辖为由不予受理，当事人向人民法院提出离婚诉讼的，由一方原住所地或者在国内的最后居住地人民法院管辖。

第十五条　中国公民一方居住在国外，一方居住在国内，不论哪一方向人民法院提起离婚诉讼，国内一方住所地人民法院都有权管辖。国外一方在居住国法院起诉，国内一方向人民法院起诉的，受诉人民法院有权管辖。

第十六条　中国公民双方在国外但未定居，一方向人民法院起诉离婚的，应由原告或者被告原住所地人民法院管辖。

第十七条　已经离婚的中国公民，双方均定居国外，仅就国内财产分割提起诉讼的，由主要财产所在地人民法院管辖。

第十八条　合同约定履行地点的，以约定的履行地点为合同履行地。

合同对履行地点没有约定或者约定不明确，争议标的为给付货币的，接收货币一方所在地为合同履行地；交付不动产的，不动产所在地为合同履行地；其他标的，履行义务一方所在地为合同履行地。即时结清的合同，交易行为地为合同履行地。

合同没有实际履行，当事人双方住所地都不在合同约定的履行地的，由被告住所地人民法院管辖。

第十九条　财产租赁合同、融资租赁合同以租赁物使用地为合同履行地。合同对履行地有约定的，从其约定。

第二十条　以信息网络方式订立的买卖合同，通过信息网络交付标的的，以买受人住所地为合同履行地；通过其他方式交付标的的，收货地为合同履行地。合同对履行地有约定的，从其约定。

第二十一条　因财产保险合同纠纷提起的诉讼，如果保险标的物是运输工具或者运输中的货物，可以由运输工具登记注册地、运输目的地、保险事故发生地人民法院管辖。

因人身保险合同纠纷提起的诉讼，可以由被保险人住所地人民法院管辖。

第二十二条　因股东名册记载、请求变更公司登记、股东知情权、公司决议、公司合并、公司分立、公司减资、公司增资等纠纷提起的诉讼，依照民事诉讼法第二十六条规定确定管辖。

第二十三条　债权人申请支付令，适用民事诉讼法第二十一条规定，由债务人住所地基层人民法院管辖。

第二十四条　民事诉讼法第二十八条规定的侵权行为地，包括侵权行为实施地、侵权结果发生地。

第二十五条　信息网络侵权行为实施地包括实施被诉侵权行为的计算机等信息设备所在地，侵权结果发生地包括被侵权人住所地。

第二十六条　因产品、服务质量不合格造成他人财产、人身损害提起的诉讼，产品制造地、产品销售地、服务提供地、侵权行为地和被告住所地人民法院都有管辖权。

第二十七条　当事人申请诉前保全后没有在法定期间起诉或者申请仲裁，给被申请人、利害关系人造成损失引起的诉讼，由采取保全措施的人民法院管辖。

当事人申请诉前保全后在法定期间内起诉或者申请仲裁，被申请人、利害关系人因保全受到损失提起的诉讼，由受理起诉的人民法院或者采取保全措施的人民法院管辖。

第二十八条　民事诉讼法第三十三条第一项规定的不动产纠纷是指因不动产的权利确认、分割、相邻关系等引起的物权纠纷。

农村土地承包经营合同纠纷、房屋租赁合同纠纷、建设工程施工合同纠纷、政策性房屋买卖合同纠纷，按照不动产纠纷确定管辖。

不动产已登记的，以不动产登记簿记载的所在地为不动产所在地；不动产未登记的，以不动产实际所在地为不动产所在地。

第二十九条　民事诉讼法第三十四条规定的书面协议，包括书面合同中的协议管辖条款或者诉讼前以书面形式达成的选择管辖的协议。

第三十条　根据管辖协议，起诉时能够确定管辖法院的，从其约定；不能确定的，依照民事诉讼法的相关规定确定管辖。

管辖协议约定两个以上与争议有实际联系的地点的人民法院管辖，原告可以向其中一个人民法院起诉。

第三十一条　经营者使用格式条款与消费者订立管辖协议，未采取合理方式提请消费者注意，消费者主张管辖协议无效的，人民法院应予支持。

第三十二条　管辖协议约定由一方当事人

住所地人民法院管辖，协议签订后当事人住所地变更的，由签订管辖协议时的住所地人民法院管辖，但当事人另有约定的除外。

第三十三条　合同转让的，合同的管辖协议对合同受让人有效，但转让时受让人不知道有管辖协议，或者转让协议另有约定且原合同相对人同意的除外。

第三十四条　当事人因同居或者在解除婚姻、收养关系后发生财产争议，约定管辖的，可以适用民事诉讼法第三十四条规定确定管辖。

第三十五条　当事人在答辩期间届满后未应诉答辩，人民法院在一审开庭前，发现案件不属于本院管辖的，应当裁定移送有管辖权的人民法院。

第三十六条　两个以上人民法院都有管辖权的诉讼，先立案的人民法院不得将案件移送给另一个有管辖权的人民法院。人民法院在立案前发现其他有管辖权的人民法院已先立案的，不得重复立案；立案后发现其他有管辖权的人民法院已先立案的，裁定将案件移送给先立案的人民法院。

第三十七条　案件受理后，受诉人民法院的管辖权不受当事人住所地、经常居住地变更的影响。

第三十八条　有管辖权的人民法院受理案件后，不得以行政区域变更为由，将案件移送给变更后有管辖权的人民法院。判决后的上诉案件和依审判监督程序提审的案件，由原审人民法院的上级人民法院进行审判；上级人民法院指令再审、发回重审的案件，由原审人民法院再审或者重审。

第三十九条　人民法院对管辖异议审查后确定有管辖权的，不因当事人提起反诉、增加或者变更诉讼请求等改变管辖，但违反级别管辖、专属管辖规定的除外。

人民法院发回重审或者按第一审程序再审的案件，当事人提出管辖异议的，人民法院不予审查。

第四十条　依照民事诉讼法第三十七条第二款规定，发生管辖权争议的两个人民法院因协商不成报请它们的共同上级人民法院指定管辖时，双方为同属一个地、市辖区的基层人民法院的，由该地、市的中级人民法院及时指定管辖；同属一个省、自治区、直辖市的两个人民法院的，由该省、自治区、直辖市的高级人民法院及时指定管辖；双方为跨省、自治区、直辖市的人民法院，高级人民法院协商不成的，由最高人民法院及时指定管辖。

依照前款规定报请上级人民法院指定管辖时，应当逐级进行。

第四十一条　人民法院依照民事诉讼法第三十七条第二款规定指定管辖的，应当作出裁定。

对报请上级人民法院指定管辖的案件，下级人民法院应当中止审理。指定管辖裁定作出前，下级人民法院对案件作出判决、裁定的，上级人民法院应当在裁定指定管辖的同时，一并撤销下级人民法院的判决、裁定。

第四十二条　下列第一审民事案件，人民法院依照民事诉讼法第三十八条第一款规定，可以在开庭前交下级人民法院审理：

（一）破产程序中有关债务人的诉讼案件；

（二）当事人人数众多且不方便诉讼的案件；

（三）最高人民法院确定的其他类型案件。

人民法院交下级人民法院审理前，应当报请其上级人民法院批准。上级人民法院批准后，人民法院应当裁定将案件交下级人民法院审理。

二、回　　避

第四十三条　审判人员有下列情形之一的，应当自行回避，当事人有权申请其回避：

（一）是本案当事人或者当事人近亲属的；

（二）本人或者其近亲属与本案有利害关系的；

（三）担任过本案的证人、鉴定人、辩护人、诉讼代理人、翻译人员的；

（四）是本案诉讼代理人近亲属的；

（五）本人或者其近亲属持有本案非上市公司当事人的股份或者股权的；

（六）与本案当事人或者诉讼代理人有其他利害关系，可能影响公正审理的。

第四十四条　审判人员有下列情形之一的，当事人有权申请其回避：

（一）接受本案当事人及其受托人宴请，或者参加由其支付费用的活动的；

(二)索取、接受本案当事人及其受托人财物或者其他利益的;

(三)违反规定会见本案当事人、诉讼代理人的;

(四)为本案当事人推荐、介绍诉讼代理人,或者为律师、其他人员介绍代理本案的;

(五)向本案当事人及其受托人借用款物的;

(六)有其他不正当行为,可能影响公正审理的。

第四十五条　在一个审判程序中参与过本案审判工作的审判人员,不得再参与该案其他程序的审判。

发回重审的案件,在一审法院作出裁判后又进入第二审程序的,原第二审程序中合议庭组成人员不受前款规定的限制。

第四十六条　审判人员有应当回避的情形,没有自行回避,当事人也没有申请其回避的,由院长或者审判委员会决定其回避。

第四十七条　人民法院应当依法告知当事人对合议庭组成人员、独任审判员和书记员等人员有申请回避的权利。

第四十八条　民事诉讼法第四十四条所称的审判人员,包括参与本案审理的人民法院院长、副院长、审判委员会委员、庭长、副庭长、审判员、助理审判员和人民陪审员。

第四十九条　书记员和执行员适用审判人员回避的有关规定。

三、诉讼参加人

第五十条　法人的法定代表人以依法登记的为准,但法律另有规定的除外。依法不需要办理登记的法人,以其正职负责人为法定代表人;没有正职负责人的,以其主持工作的副职负责人为法定代表人。

法定代表人已经变更,但未完成登记,变更后的法定代表人要求代表法人参加诉讼的,人民法院可以准许。

其他组织,以其主要负责人为代表人。

第五十一条　在诉讼中,法人的法定代表人变更的,由新的法定代表人继续进行诉讼,并应向人民法院提交新的法定代表人身份证明书。原法定代表人进行的诉讼行为有效。

前款规定,适用于其他组织参加的诉讼。

第五十二条　民事诉讼法第四十八条规定的其他组织是指合法成立、有一定的组织机构和财产,但又不具备法人资格的组织,包括:

(一)依法登记领取营业执照的个人独资企业;

(二)依法登记领取营业执照的合伙企业;

(三)依法登记领取我国营业执照的中外合作经营企业、外资企业;

(四)依法成立的社会团体的分支机构、代表机构;

(五)依法设立并领取营业执照的法人的分支机构;

(六)依法设立并领取营业执照的商业银行、政策性银行和非银行金融机构的分支机构;

(七)经依法登记领取营业执照的乡镇企业、街道企业;

(八)其他符合本条规定条件的组织。

第五十三条　法人非依法设立的分支机构,或者虽依法设立,但没有领取营业执照的分支机构,以设立该分支机构的法人为当事人。

第五十四条　以挂靠形式从事民事活动,当事人请求由挂靠人和被挂靠人依法承担民事责任的,该挂靠人和被挂靠人为共同诉讼人。

第五十五条　在诉讼中,一方当事人死亡,需要等待继承人表明是否参加诉讼的,裁定中止诉讼。人民法院应当及时通知继承人作为当事人承担诉讼,被继承人已经进行的诉讼行为对承担诉讼的继承人有效。

第五十六条　法人或者其他组织的工作人员执行工作任务造成他人损害的,该法人或者其他组织为当事人。

第五十七条　提供劳务一方因劳务造成他人损害,受害人提起诉讼的,以接受劳务一方为被告。

第五十八条　在劳务派遣期间,被派遣的工作人员因执行工作任务造成他人损害的,以接受劳务派遣的用工单位为当事人。当事人主张劳务派遣单位承担责任的,该劳务派遣单位为共同被告。

第五十九条　在诉讼中,个体工商户以营业执照上登记的经营者为当事人。有字号的,以营业执照上登记的字号为当事人,但应同时注明该字号经营者的基本信息。

营业执照上登记的经营者与实际经营者不一致的，以登记的经营者和实际经营者为共同诉讼人。

第六十条 在诉讼中，未依法登记领取营业执照的个人合伙的全体合伙人为共同诉讼人。个人合伙有依法核准登记的字号的，应在法律文书中注明登记的字号。全体合伙人可以推选代表人；被推选的代表人，应由全体合伙人出具推选书。

第六十一条 当事人之间的纠纷经人民调解委员会调解达成协议后，一方当事人不履行调解协议，另一方当事人向人民法院提起诉讼的，应以对方当事人为被告。

第六十二条 下列情形，以行为人为当事人：

（一）法人或者其他组织应登记而未登记，行为人即以该法人或者其他组织名义进行民事活动的；

（二）行为人没有代理权、超越代理权或者代理权终止后以被代理人名义进行民事活动的，但相对人有理由相信行为人有代理权的除外；

（三）法人或者其他组织依法终止后，行为人仍以其名义进行民事活动的。

第六十三条 企业法人合并的，因合并前的民事活动发生的纠纷，以合并后的企业为当事人；企业法人分立的，因分立前的民事活动发生的纠纷，以分立后的企业为共同诉讼人。

第六十四条 企业法人解散的，依法清算并注销前，以该企业法人为当事人；未依法清算即被注销的，以该企业法人的股东、发起人或者出资人为当事人。

第六十五条 借用业务介绍信、合同专用章、盖章的空白合同书或者银行账户的，出借单位和借用人为共同诉讼人。

第六十六条 因保证合同纠纷提起的诉讼，债权人向保证人和被保证人一并主张权利的，人民法院应当将保证人和被保证人列为共同被告。保证合同约定为一般保证，债权人仅起诉保证人的，人民法院应当通知被保证人作为共同被告参加诉讼；债权人仅起诉被保证人的，可以只列被保证人为被告。

第六十七条 无民事行为能力人、限制民事行为能力人造成他人损害的，无民事行为能力人、限制民事行为能力人和其监护人为共同被告。

第六十八条 村民委员会或者村民小组与他人发生民事纠纷的，村民委员会或者有独立财产的村民小组为当事人。

第六十九条 对侵害死者遗体、遗骨以及姓名、肖像、名誉、荣誉、隐私等行为提起诉讼的，死者的近亲属为当事人。

第七十条 在继承遗产的诉讼中，部分继承人起诉的，人民法院应通知其他继承人作为共同原告参加诉讼；被通知的继承人不愿意参加诉讼又未明确表示放弃实体权利的，人民法院仍应将其列为共同原告。

第七十一条 原告起诉被代理人和代理人，要求承担连带责任的，被代理人和代理人为共同被告。

第七十二条 共有财产权受到他人侵害，部分共有权人起诉的，其他共有权人为共同诉讼人。

第七十三条 必须共同进行诉讼的当事人没有参加诉讼的，人民法院应当依照民事诉讼法第一百三十二条的规定，通知其参加；当事人也可以向人民法院申请追加。人民法院对当事人提出的申请，应当进行审查，申请理由不成立的，裁定驳回；申请理由成立的，书面通知被追加的当事人参加诉讼。

第七十四条 人民法院追加共同诉讼的当事人时，应当通知其他当事人。应当追加的原告，已明确表示放弃实体权利的，可不予追加；既不愿意参加诉讼，又不放弃实体权利的，仍应追加为共同原告，其不参加诉讼，不影响人民法院对案件的审理和依法作出判决。

第七十五条 民事诉讼法第五十三条、第五十四条和第一百九十九条规定的人数众多，一般指十人以上。

第七十六条 依照民事诉讼法第五十三条规定，当事人一方人数众多在起诉时确定的，可以由全体当事人推选共同的代表人，也可以由部分当事人推选自己的代表人；推选不出代表人的当事人，在必要的共同诉讼中可以自己参加诉讼，在普通的共同诉讼中可以另行起诉。

第七十七条 根据民事诉讼法第五十四条规定，当事人一方人数众多在起诉时不确定的，由当事人推选代表人。当事人推选不出的，可以由人民法院提出人选与当事人协商;协商不成的,也可以由人民法院在起诉的当事人中指定代表人。

第七十八条 民事诉讼法第五十三条和第五十四条规定的代表人为二至五人,每位代表人可以委托一至二人作为诉讼代理人。

第七十九条 依照民事诉讼法第五十四条规定受理的案件,人民法院可以发出公告,通知权利人向人民法院登记。公告期间根据案件的具体情况确定,但不得少于三十日。

第八十条 根据民事诉讼法第五十四条规定向人民法院登记的权利人,应当证明其与对方当事人的法律关系和所受到的损害。证明不了的,不予登记,权利人可以另行起诉。人民法院的裁判在登记的范围内执行。未参加登记的权利人提起诉讼,人民法院认定其请求成立的,裁定适用人民法院已作出的判决、裁定。

第八十一条 根据民事诉讼法第五十六条的规定,有独立请求权的第三人有权向人民法院提出诉讼请求和事实、理由,成为当事人;无独立请求权的第三人,可以申请或者由人民法院通知参加诉讼。

第一审程序中未参加诉讼的第三人,申请参加第二审程序的,人民法院可以准许。

第八十二条 在一审诉讼中,无独立请求权的第三人无权提出管辖异议,无权放弃、变更诉讼请求或者申请撤诉,被判决承担民事责任的,有权提起上诉。

第八十三条 在诉讼中,无民事行为能力人、限制民事行为能力人的监护人是他的法定代理人。事先没有确定监护人的,可以由有监护资格的人协商确定;协商不成的,由人民法院在他们之中指定诉讼中的法定代理人。当事人没有民法通则第十六条第一款、第二款或者第十七条第一款规定的监护人的,可以指定该法第十六条第四款或者第十七条第三款规定的有关组织担任诉讼中的法定代理人。

第八十四条 无民事行为能力人、限制民事行为能力人以及其他依法不能作为诉讼代理人的,当事人不得委托其作为诉讼代理人。

第八十五条 根据民事诉讼法第五十八条第二款第二项规定,与当事人有夫妻、直系血亲、三代以内旁系血亲、近姻亲关系以及其他有抚养、赡养关系的亲属,可以当事人近亲属的名义作为诉讼代理人。

第八十六条 根据民事诉讼法第五十八条第二款第二项规定,与当事人有合法劳动人事关系的职工,可以当事人工作人员的名义作为诉讼代理人。

第八十七条 根据民事诉讼法第五十八条第二款第三项规定,有关社会团体推荐公民担任诉讼代理人的,应当符合下列条件:

(一)社会团体属于依法登记设立或者依法免予登记设立的非营利性法人组织;

(二)被代理人属于该社会团体的成员,或者当事人一方住所地位于该社会团体的活动地域;

(三)代理事务属于该社会团体章程载明的业务范围;

(四)被推荐的公民是该社会团体的负责人或者与该社会团体有合法劳动人事关系的工作人员。

专利代理人经中华全国专利代理人协会推荐,可以在专利纠纷案件中担任诉讼代理人。

第八十八条 诉讼代理人除根据民事诉讼法第五十九条规定提交授权委托书外,还应当按照下列规定向人民法院提交相关材料:

(一)律师应当提交律师执业证、律师事务所证明材料;

(二)基层法律服务工作者应当提交法律服务工作者执业证、基层法律服务所出具的介绍信以及当事人一方位于本辖区内的证明材料;

(三)当事人的近亲属应当提交身份证件和与委托人有近亲属关系的证明材料;

(四)当事人的工作人员应当提交身份证件和与当事人有合法劳动人事关系的证明材料;

(五)当事人所在社区、单位推荐的公民应当提交身份证件、推荐材料和当事人属于该社区、单位的证明材料;

(六)有关社会团体推荐的公民应当提交身份证件和符合本解释第八十七条规定条件的证明材料。

第八十九条 当事人向人民法院提交的授权委托书,应当在开庭审理前送交人民法院。授权委托书仅写"全权代理"而无具体授权的,诉讼代理人无权代为承认、放弃、变更诉讼请求，进行和解，提出反诉或者提起上诉。

适用简易程序审理的案件，双方当事人同时到庭并径行开庭审理的，可以当场口头委托诉讼代理人，由人民法院记入笔录。

四、证　　据

第九十条 当事人对自己提出的诉讼请求所依据的事实或者反驳对方诉讼请求所依据的事实，应当提供证据加以证明，但法律另有规定的除外。

在作出判决前，当事人未能提供证据或者证据不足以证明其事实主张的，由负有举证证明责任的当事人承担不利的后果。

第九十一条 人民法院应当依照下列原则确定举证证明责任的承担，但法律另有规定的除外：

（一）主张法律关系存在的当事人，应当对产生该法律关系的基本事实承担举证证明责任；

（二）主张法律关系变更、消灭或者权利受到妨害的当事人，应当对该法律关系变更、消灭或者权利受到妨害的基本事实承担举证证明责任。

第九十二条 一方当事人在法庭审理中，或者在起诉状、答辩状、代理词等书面材料中，对于己不利的事实明确表示承认的，另一方当事人无需举证证明。

对于涉及身份关系、国家利益、社会公共利益等应当由人民法院依职权调查的事实，不适用前款自认的规定。

自认的事实与查明的事实不符的，人民法院不予确认。

第九十三条 下列事实，当事人无须举证证明：

（一）自然规律以及定理、定律；

（二）众所周知的事实；

（三）根据法律规定推定的事实；

（四）根据已知的事实和日常生活经验法则推定出的另一事实；

（五）已为人民法院发生法律效力的裁判所确认的事实；

（六）已为仲裁机构生效裁决所确认的事实；

（七）已为有效公证文书所证明的事实。

前款第二项至第四项规定的事实，当事人有相反证据足以反驳的除外；第五项至第七项规定的事实，当事人有相反证据足以推翻的除外。

第九十四条 民事诉讼法第六十四条第二款规定的当事人及其诉讼代理人因客观原因不能自行收集的证据包括：

（一）证据由国家有关部门保存，当事人及其诉讼代理人无权查阅调取的；

（二）涉及国家秘密、商业秘密或者个人隐私的；

（三）当事人及其诉讼代理人因客观原因不能自行收集的其他证据。

当事人及其诉讼代理人因客观原因不能自行收集的证据，可以在举证期限届满前书面申请人民法院调查收集。

第九十五条 当事人申请调查收集的证据，与待证事实无关联、对证明待证事实无意义或者其他无调查收集必要的，人民法院不予准许。

第九十六条 民事诉讼法第六十四条第二款规定的人民法院认为审理案件需要的证据包括：

（一）涉及可能损害国家利益、社会公共利益的；

（二）涉及身份关系的；

（三）涉及民事诉讼法第五十五条规定诉讼的；

（四）当事人有恶意串通损害他人合法权益可能的；

（五）涉及依职权追加当事人、中止诉讼、终结诉讼、回避等程序性事项的。

除前款规定外，人民法院调查收集证据，应当依照当事人的申请进行。

第九十七条 人民法院调查收集证据，应当由两人以上共同进行。调查材料要由调查人、被调查人、记录人签名、捺印或者盖章。

第九十八条 当事人根据民事诉讼法第八十一条第一款规定申请证据保全的，可以在举证期限届满前书面提出。

证据保全可能对他人造成损失的，人民法院应当责令申请人提供相应的担保。

第九十九条 人民法院应当在审理前的准

备阶段确定当事人的举证期限。举证期限可以由当事人协商,并经人民法院准许。

人民法院确定举证期限,第一审普通程序案件不得少于十五日,当事人提供新的证据的第二审案件不得少于十日。

举证期限届满后,当事人对已经提供的证据,申请提供反驳证据或者对证据来源、形式等方面的瑕疵进行补正的,人民法院可以酌情再次确定举证期限,该期限不受前款规定的限制。

第一百条　当事人申请延长举证期限的,应当在举证期限届满前向人民法院提出书面申请。

申请理由成立的,人民法院应当准许,适当延长举证期限,并通知其他当事人。延长的举证期限适用于其他当事人。

申请理由不成立的,人民法院不予准许,并通知申请人。

第一百零一条　当事人逾期提供证据的,人民法院应当责令其说明理由,必要时可以要求其提供相应的证据。

当事人因客观原因逾期提供证据,或者对方当事人对逾期提供证据未提出异议的,视为未逾期。

第一百零二条　当事人因故意或者重大过失逾期提供的证据,人民法院不予采纳。但该证据与案件基本事实有关的,人民法院应当采纳,并依照民事诉讼法第六十五条、第一百一十五条第一款的规定予以训诫、罚款。

当事人非因故意或者重大过失逾期提供的证据,人民法院应当采纳,并对当事人予以训诫。

当事人一方要求另一方赔偿因逾期提供证据致使其增加的交通、住宿、就餐、误工、证人出庭作证等必要费用的,人民法院可予支持。

第一百零三条　证据应当在法庭上出示,由当事人互相质证。未经当事人质证的证据,不得作为认定案件事实的根据。

当事人在审理前的准备阶段认可的证据,经审判人员在庭审中说明后,视为质证过的证据。

涉及国家秘密、商业秘密、个人隐私或者法律规定应当保密的证据,不得公开质证。

第一百零四条　人民法院应当组织当事人围绕证据的真实性、合法性以及与待证事实的关联性进行质证,并针对证据有无证明力和证明力大小进行说明和辩论。

能够反映案件真实情况、与待证事实相关联、来源和形式符合法律规定的证据,应当作为认定案件事实的根据。

第一百零五条　人民法院应当按照法定程序,全面、客观地审核证据,依照法律规定,运用逻辑推理和日常生活经验法则,对证据有无证明力和证明力大小进行判断,并公开判断的理由和结果。

第一百零六条　对以严重侵害他人合法权益、违反法律禁止性规定或者严重违背公序良俗的方法形成或者获取的证据,不得作为认定案件事实的根据。

第一百零七条　在诉讼中,当事人为达成调解协议或者和解协议作出妥协而认可的事实,不得在后续的诉讼中作为对其不利的根据,但法律另有规定或者当事人均同意的除外。

第一百零八条　对负有举证证明责任的当事人提供的证据,人民法院经审查并结合相关事实,确信待证事实的存在具有高度可能性的,应当认定该事实存在。

对一方当事人为反驳负有举证证明责任的当事人所主张事实而提供的证据,人民法院经审查并结合相关事实,认为待证事实真伪不明的,应当认定该事实不存在。

法律对于待证事实所应达到的证明标准另有规定的,从其规定。

第一百零九条　当事人对欺诈、胁迫、恶意串通事实的证明,以及对口头遗嘱或者赠与事实的证明,人民法院确信该待证事实存在的可能性能够排除合理怀疑的,应当认定该事实存在。

第一百一十条　人民法院认为有必要的,可以要求当事人本人到庭,就案件有关事实接受询问。在询问当事人之前,可以要求其签署保证书。

保证书应当载明据实陈述、如有虚假陈述愿意接受处罚等内容。当事人应当在保证书上签名或者捺印。

负有举证证明责任的当事人拒绝到庭、拒绝接受询问或者拒绝签署保证书,待证事实又欠缺其他证据证明的,人民法院对其主张的事实不予认定。

第一百一十一条　民事诉讼法第七十条规定的提交书证原件确有困难，包括下列情形：

（一）书证原件遗失、灭失或者毁损的；

（二）原件在对方当事人控制之下，经合法通知提交而拒不提交的；

（三）原件在他人控制之下，而其有权不提交的；

（四）原件因篇幅或者体积过大而不便提交的；

（五）承担举证证明责任的当事人通过申请人民法院调查收集或者其他方式无法获得书证原件的。

前款规定情形，人民法院应当结合其他证据和案件具体情况，审查判断书证复制品等能否作为认定案件事实的根据。

第一百一十二条　书证在对方当事人控制之下的，承担举证证明责任的当事人可以在举证期限届满前书面申请人民法院责令对方当事人提交。

申请理由成立的，人民法院应当责令对方当事人提交，因提交书证所产生的费用，由申请人负担。对方当事人无正当理由拒不提交的，人民法院可以认定申请人所主张的书证内容为真实。

第一百一十三条　持有书证的当事人以妨碍对方当事人使用为目的，毁灭有关书证或者实施其他致使书证不能使用行为的，人民法院可以依照民事诉讼法第一百一十一条规定，对其处以罚款、拘留。

第一百一十四条　国家机关或者其他依法具有社会管理职能的组织，在其职权范围内制作的文书所记载的事项推定为真实，但有相反证据足以推翻的除外。必要时，人民法院可以要求制作文书的机关或者组织对文书的真实性予以说明。

第一百一十五条　单位向人民法院提出的证明材料，应当由单位负责人及制作证明材料的人员签名或者盖章，并加盖单位印章。人民法院就单位出具的证明材料，可以向单位及制作证明材料的人员进行调查核实。必要时，可以要求制作证明材料的人员出庭作证。

单位及制作证明材料的人员拒绝人民法院调查核实，或者制作证明材料的人员无正当理由拒绝出庭作证的，该证明材料不得作为认定案件事实的根据。

第一百一十六条　视听资料包括录音资料和影像资料。

电子数据是指通过电子邮件、电子数据交换、网上聊天记录、博客、微博客、手机短信、电子签名、域名等形成或者存储在电子介质中的信息。

存储在电子介质中的录音资料和影像资料，适用电子数据的规定。

第一百一十七条　当事人申请证人出庭作证的，应当在举证期限届满前提出。

符合本解释第九十六条第一款规定情形的，人民法院可以依职权通知证人出庭作证。

未经人民法院通知，证人不得出庭作证，但双方当事人同意并经人民法院准许的除外。

第一百一十八条　民事诉讼法第七十四条规定的证人因履行出庭作证义务而支出的交通、住宿、就餐等必要费用，按照机关事业单位工作人员差旅费用和补贴标准计算；误工损失按照国家上年度职工日平均工资标准计算。

人民法院准许证人出庭作证申请的，应当通知申请人预缴证人出庭作证费用。

第一百一十九条　人民法院在证人出庭作证前应当告知其如实作证的义务以及作伪证的法律后果，并责令其签署保证书，但无民事行为能力人和限制民事行为能力人除外。

证人签署保证书适用本解释关于当事人签署保证书的规定。

第一百二十条　证人拒绝签署保证书的，不得作证，并自行承担相关费用。

第一百二十一条　当事人申请鉴定，可以在举证期限届满前提出。申请鉴定的事项与待证事实无关联，或者对证明待证事实无意义的，人民法院不予准许。

人民法院准许当事人鉴定申请的，应当组织双方当事人协商确定具备相应资格的鉴定人。当事人协商不成的，由人民法院指定。

符合依职权调查收集证据条件的，人民法院应当依职权委托鉴定，在询问当事人的意见后，指定具备相应资格的鉴定人。

第一百二十二条　当事人可以依照民事诉讼法第七十九条的规定，在举证期限届满前申请一至二名具有专门知识的人出庭，代表当事人对鉴定意见进行质证，或者对案件事实所涉及的专业问题提出意见。

具有专门知识的人在法庭上就专业问题提出的意见,视为当事人的陈述。

人民法院准许当事人申请的,相关费用由提出申请的当事人负担。

第一百二十三条 人民法院可以对出庭的具有专门知识的人进行询问。经法庭准许,当事人可以对出庭的具有专门知识的人进行询问,当事人各自申请的具有专门知识的人可以就案件中的有关问题进行对质。

具有专门知识的人不得参与专业问题之外的法庭审理活动。

第一百二十四条 人民法院认为有必要的,可以根据当事人的申请或者依职权对物证或者现场进行勘验。勘验时应当保护他人的隐私和尊严。

人民法院可以要求鉴定人参与勘验。必要时,可以要求鉴定人在勘验中进行鉴定。

五、期间和送达

第一百二十五条 依照民事诉讼法第八十二条第二款规定,民事诉讼中以时起算的期间从次时起算;以日、月、年计算的期间从次日起算。

第一百二十六条 民事诉讼法第一百二十三条规定的立案期限,因起诉状内容欠缺通知原告补正的,从补正后交人民法院的次日起算。由上级人民法院转交下级人民法院立案的案件,从受诉人民法院收到起诉状的次日起算。

第一百二十七条 民事诉讼法第五十六条第三款、第二百零五条以及本解释第三百七十四条、第三百八十四条、第四百零一条、第四百二十二条、第四百二十三条规定的六个月,民事诉讼法第二百二十三条规定的一年,为不变期间,不适用诉讼时效中止、中断、延长的规定。

第一百二十八条 再审案件按照第一审程序或者第二审程序审理的,适用民事诉讼法第一百四十九条、第一百七十六条规定的审限。审限自再审立案的次日起算。

第一百二十九条 对申请再审案件,人民法院应当自受理之日起三个月内审查完毕,但公告期间、当事人和解期间等不计入审查期限。有特殊情况需要延长的,由本院院长批准。

第一百三十条 向法人或者其他组织送达诉讼文书,应当由法人的法定代表人、该组织的主要负责人或者办公室、收发室、值班室等负责收件的人签收或者盖章,拒绝签收或者盖章的,适用留置送达。

民事诉讼法第八十六条规定的有关基层组织和所在单位的代表,可以是受送达人住所地的居民委员会、村民委员会的工作人员以及受送达人所在单位的工作人员。

第一百三十一条 人民法院直接送达诉讼文书的,可以通知当事人到人民法院领取。当事人到达人民法院,拒绝签署送达回证的,视为送达。审判人员、书记员应当在送达回证上注明送达情况并签名。

人民法院可以在当事人住所地以外向当事人直接送达诉讼文书。当事人拒绝签署送达回证的,采用拍照、录像等方式记录送达过程即视为送达。审判人员、书记员应当在送达回证上注明送达情况并签名。

第一百三十二条 受送达人有诉讼代理人的,人民法院既可以向受送达人送达,也可以向其诉讼代理人送达。受送达人指定诉讼代理人为代收人的,向诉讼代理人送达时,适用留置送达。

第一百三十三条 调解书应当直接送达当事人本人,不适用留置送达。当事人本人因故不能签收的,可由其指定的代收人签收。

第一百三十四条 依照民事诉讼法第八十八条规定,委托其他人民法院代为送达的,委托法院应当出具委托函,并附需要送达的诉讼文书和送达回证,以受送达人在送达回证上签收的日期为送达日期。

委托送达的,受委托人民法院应当自收到委托函及相关诉讼文书之日起十日内代为送达。

第一百三十五条 电子送达可以采用传真、电子邮件、移动通信等即时收悉的特定系统作为送达媒介。

民事诉讼法第八十七条第二款规定的到达受送达人特定系统的日期,为人民法院对应系统显示发送成功的日期,但受送达人证明到达其特定系统的日期与人民法院对应系统显示发送成功的日期不一致的,以受送达人证明到达其特定系统的日期为准。

第一百三十六条 受送达人同意采用电子方式送达的，应当在送达地址确认书中予以确认。

第一百三十七条 当事人在提起上诉、申请再审、申请执行时未书面变更送达地址的，其在第一审程序中确认的送达地址可以作为第二审程序、审判监督程序、执行程序的送达地址。

第一百三十八条 公告送达可以在法院的公告栏和受送达人住所地张贴公告，也可以在报纸、信息网络等媒体上刊登公告，发出公告日期以最后张贴或者刊登的日期为准。对公告送达方式有特殊要求的，应当按要求的方式进行。公告期满，即视为送达。

人民法院在受送达人住所地张贴公告的，应当采取拍照、录像等方式记录张贴过程。

第一百三十九条 公告送达应当说明公告送达的原因；公告送达起诉状或者上诉状副本的，应当说明起诉或者上诉要点，受送达人答辩期限及逾期不答辩的法律后果；公告送达传票，应当说明出庭的时间和地点及逾期不出庭的法律后果；公告送达判决书、裁定书的，应当说明裁判主要内容，当事人有权上诉的，还应当说明上诉权利、上诉期限和上诉的人民法院。

第一百四十条 适用简易程序的案件，不适用公告送达。

第一百四十一条 人民法院在定期宣判时，当事人拒不签收判决书、裁定书的，应视为送达，并在宣判笔录中记明。

六、调　　解

第一百四十二条 人民法院受理案件后，经审查，认为法律关系明确、事实清楚，在征得当事人双方同意后，可以径行调解。

第一百四十三条 适用特别程序、督促程序、公示催告程序的案件，婚姻等身份关系确认案件以及其他根据案件性质不能进行调解的案件，不得调解。

第一百四十四条 人民法院审理民事案件，发现当事人之间恶意串通，企图通过和解、调解方式侵害他人合法权益的，应当依照民事诉讼法第一百一十二条的规定处理。

第一百四十五条 人民法院审理民事案件，应当根据自愿、合法的原则进行调解。当事人一方或者双方坚持不愿调解的，应当及时裁判。

人民法院审理离婚案件，应当进行调解，但不应久调不决。

第一百四十六条 人民法院审理民事案件，调解过程不公开，但当事人同意公开的除外。

调解协议内容不公开，但为保护国家利益、社会公共利益、他人合法权益，人民法院认为确有必要公开的除外。

主持调解以及参与调解的人员，对调解过程以及调解过程中获悉的国家秘密、商业秘密、个人隐私和其他不宜公开的信息，应当保守秘密，但为保护国家利益、社会公共利益、他人合法权益的除外。

第一百四十七条 人民法院调解案件时，当事人不能出庭的，经其特别授权，可由其委托代理人参加调解，达成的调解协议，可由委托代理人签名。

离婚案件当事人确因特殊情况无法出庭参加调解的，除本人不能表达意志的以外，应当出具书面意见。

第一百四十八条 当事人自行和解或者调解达成协议后，请求人民法院按照和解协议或者调解协议的内容制作判决书的，人民法院不予准许。

无民事行为能力人的离婚案件，由其法定代理人进行诉讼。法定代理人与对方达成协议要求发给判决书的，可根据协议内容制作判决书。

第一百四十九条 调解书需经当事人签收后才发生法律效力的，应当以最后收到调解书的当事人签收的日期为调解书生效日期。

第一百五十条 人民法院调解民事案件，需由无独立请求权的第三人承担责任的，应当经其同意。该第三人在调解书送达前反悔的，人民法院应当及时裁判。

第一百五十一条 根据民事诉讼法第九十八条第一款第四项规定，当事人各方同意在调解协议上签名或者盖章后即发生法律效力的，经人民法院审查确认后，应当记入笔录或者将调解协议附卷，并由当事人、审判人员、书记员签名或者盖章后即具有法律效力。

前款规定情形，当事人请求制作调解书的，

人民法院审查确认后可以制作调解书送交当事人。当事人拒收调解书的,不影响调解协议的效力。

七、保全和先予执行

第一百五十二条 人民法院依照民事诉讼法第一百条、第一百零一条规定,在采取诉前保全、诉讼保全措施时,责令利害关系人或者当事人提供担保的,应当书面通知。

利害关系人申请诉前保全的,应当提供担保。申请诉前财产保全的,应当提供相当于请求保全数额的担保;情况特殊的,人民法院可以酌情处理。申请诉前行为保全的,担保的数额由人民法院根据案件的具体情况决定。

在诉讼中,人民法院依申请或者依职权采取保全措施的,应当根据案件的具体情况,决定当事人是否应当提供担保以及担保的数额。

第一百五十三条 人民法院对季节性商品、鲜活、易腐烂变质以及其他不宜长期保存的物品采取保全措施时,可以责令当事人及时处理,由人民法院保存价款;必要时,人民法院可予以变卖,保存价款。

第一百五十四条 人民法院在财产保全中采取查封、扣押、冻结财产措施时,应当妥善保管被查封、扣押、冻结的财产。不宜由人民法院保管的,人民法院可以指定被保全人负责保管;不宜由被保全人保管的,可以委托他人或者申请保全人保管。

查封、扣押、冻结担保物权人占有的担保财产,一般由担保物权人保管;由人民法院保管的,质权、留置权不因采取保全措施而消灭。

第一百五十五条 由人民法院指定被保全人保管的财产,如果继续使用对该财产的价值无重大影响,可以允许被保全人继续使用;由人民法院保管或者委托他人、申请保全人保管的财产,人民法院和其他保管人不得使用。

第一百五十六条 人民法院采取财产保全的方法和措施,依照执行程序相关规定办理。

第一百五十七条 人民法院对抵押物、质押物、留置物可以采取财产保全措施,但不影响抵押权人、质权人、留置权人的优先受偿权。

第一百五十八条 人民法院对债务人到期应得的收益,可以采取财产保全措施,限制其支取,通知有关单位协助执行。

第一百五十九条 债务人的财产不能满足保全请求,但对他人有到期债权的,人民法院可以依债权人的申请裁定该他人不得对本案债务人清偿。该他人要求偿付的,由人民法院提存财物或者价款。

第一百六十条 当事人向采取诉前保全措施以外的其他有管辖权的人民法院起诉的,采取诉前保全措施的人民法院应当将保全手续移送受理案件的人民法院。诉前保全的裁定视为受移送人民法院作出的裁定。

第一百六十一条 对当事人不服一审判决提起上诉的案件,在第二审人民法院接到报送的案件之前,当事人有转移、隐匿、出卖或者毁损财产等行为,必须采取保全措施的,由第一审人民法院依当事人申请或者依职权采取。第一审人民法院的保全裁定,应当及时报送第二审人民法院。

第一百六十二条 第二审人民法院裁定对第一审人民法院采取的保全措施予以续保或者采取新的保全措施的,可以自行实施,也可以委托第一审人民法院实施。

再审人民法院裁定对原保全措施予以续保或者采取新的保全措施的,可以自行实施,也可以委托原审人民法院或者执行法院实施。

第一百六十三条 法律文书生效后,进入执行程序前,债权人因对方当事人转移财产等紧急情况,不申请保全将可能导致生效法律文书不能执行或者难以执行的,可以向执行法院申请采取保全措施。债权人在法律文书指定的履行期间届满后五日内不申请执行的,人民法院应当解除保全。

第一百六十四条 对申请保全人或者他人提供的担保财产,人民法院应当依法办理查封、扣押、冻结等手续。

第一百六十五条 人民法院裁定采取保全措施后,除作出保全裁定的人民法院自行解除或者其上级人民法院决定解除外,在保全期限内,任何单位不得解除保全措施。

第一百六十六条 裁定采取保全措施后,有下列情形之一的,人民法院应当作出解除保全裁定:

(一)保全错误的;

(二)申请人撤回保全申请的;

（三）申请人的起诉或者诉讼请求被生效裁判驳回的；

（四）人民法院认为应当解除保全的其他情形。

解除以登记方式实施的保全措施的，应当向登记机关发出协助执行通知书。

第一百六十七条　财产保全的被保全人提供其他等值担保财产且有利于执行的，人民法院可以裁定变更保全标的物为被保全人提供的担保财产。

第一百六十八条　保全裁定未经人民法院依法撤销或者解除，进入执行程序后，自动转为执行中的查封、扣押、冻结措施，期限连续计算，执行法院无需重新制作裁定书，但查封、扣押、冻结期限届满的除外。

第一百六十九条　民事诉讼法规定的先予执行，人民法院应当在受理案件后终审判决作出前采取。先予执行应当限于当事人诉讼请求的范围，并以当事人的生活、生产经营的急需为限。

第一百七十条　民事诉讼法第一百零六条第三项规定的情况紧急，包括：

（一）需要立即停止侵害、排除妨碍的；

（二）需要立即制止某项行为的；

（三）追索恢复生产、经营急需的保险理赔费的；

（四）需要立即返还社会保险金、社会救助资金的；

（五）不立即返还款项，将严重影响权利人生活和生产经营的。

第一百七十一条　当事人对保全或者先予执行裁定不服的，可以自收到裁定书之日起五日内向作出裁定的人民法院申请复议。人民法院应当在收到复议申请后十日内审查。裁定正确的，驳回当事人的申请；裁定不当的，变更或者撤销原裁定。

第一百七十二条　利害关系人对保全或者先予执行的裁定不服申请复议的，由作出裁定的人民法院依照民事诉讼法第一百零八条规定处理。

第一百七十三条　人民法院先予执行后，根据发生法律效力的判决，申请人应当返还因先予执行所取得的利益的，适用民事诉讼法第二百三十三条的规定。

八、对妨害民事诉讼的强制措施

第一百七十四条　民事诉讼法第一百零九条规定的必须到庭的被告，是指负有赡养、抚育、扶养义务和不到庭就无法查清案情的被告。

人民法院对必须到庭才能查清案件基本事实的原告，经两次传票传唤，无正当理由拒不到庭的，可以拘传。

第一百七十五条　拘传必须用拘传票，并直接送达被拘传人；在拘传前，应当向被拘传人说明拒不到庭的后果，经批评教育仍拒不到庭的，可以拘传其到庭。

第一百七十六条　诉讼参与人或者其他人有下列行为之一的，人民法院可以适用民事诉讼法第一百一十条规定处理：

（一）未经准许进行录音、录像、摄影的；

（二）未经准许以移动通信等方式现场传播审判活动的；

（三）其他扰乱法庭秩序，妨害审判活动进行的。

有前款规定情形的，人民法院可以暂扣诉讼参与人或者其他人进行录音、录像、摄影、传播审判活动的器材，并责令其删除有关内容；拒不删除的，人民法院可以采取必要手段强制删除。

第一百七十七条　训诫、责令退出法庭由合议庭或者独任审判员决定。训诫的内容、被责令退出法庭者的违法事实应当记入庭审笔录。

第一百七十八条　人民法院依照民事诉讼法第一百一十条至第一百一十四条的规定采取拘留措施的，应经院长批准，作出拘留决定书，由司法警察将被拘留人送交当地公安机关看管。

第一百七十九条　被拘留人不在本辖区的，作出拘留决定的人民法院应当派员到被拘留人所在地的人民法院，请该院协助执行，受委托的人民法院应当及时派员协助执行。被拘留人申请复议或者在拘留期间承认并改正错误，需要提前解除拘留的，受委托人民法院应当向委托人民法院转达或者提出建议，由委托人民法院审查决定。

第一百八十条　人民法院对被拘留人采取

拘留措施后,应当在二十四小时内通知其家属;确实无法按时通知或者通知不到的,应当记录在案。

第一百八十一条 因哄闹、冲击法庭,用暴力、威胁等方法抗拒执行公务等紧急情况,必须立即采取拘留措施的,可在拘留后,立即报告院长补办批准手续。院长认为拘留不当的,应当解除拘留。

第一百八十二条 被拘留人在拘留期间认错悔改的,可以责令其具结悔过,提前解除拘留。提前解除拘留,应报经院长批准,并作出提前解除拘留决定书,交负责看管的公安机关执行。

第一百八十三条 民事诉讼法第一百一十条至第一百一十三条规定的罚款、拘留可以单独适用,也可以合并适用。

第一百八十四条 对同一妨害民事诉讼行为的罚款、拘留不得连续适用。发生新的妨害民事诉讼行为的,人民法院可以重新予以罚款、拘留。

第一百八十五条 被罚款、拘留的人不服罚款、拘留决定申请复议的,应当自收到决定书之日起三日内提出。上级人民法院应当在收到复议申请后五日内作出决定,并将复议结果通知下级人民法院和当事人。

第一百八十六条 上级人民法院复议时认为强制措施不当的,应当制作决定书,撤销或者变更下级人民法院作出的拘留、罚款决定。情况紧急的,可以在口头通知后三日内发出决定书。

第一百八十七条 民事诉讼法第一百一十一条第一款第五项规定的以暴力、威胁或者其他方法阻碍司法工作人员执行职务的行为,包括:

(一)在人民法院哄闹、滞留,不听从司法工作人员劝阻的;

(二)故意毁损、抢夺人民法院法律文书、查封标志的;

(三)哄闹、冲击执行公务现场,围困、扣押执行或者协助执行公务人员的;

(四)毁损、抢夺、扣留案件材料、执行公务车辆、其他执行公务器械、执行公务人员服装和执行公务证件的;

(五)以暴力、威胁或者其他方法阻碍司法工作人员查询、查封、扣押、冻结、划拨、拍卖、变卖财产的;

(六)以暴力、威胁或者其他方法阻碍司法工作人员执行职务的其他行为。

第一百八十八条 民事诉讼法第一百一十一条第一款第六项规定的拒不履行人民法院已经发生法律效力的判决、裁定的行为,包括:

(一)在法律文书发生法律效力后隐藏、转移、变卖、毁损财产或者无偿转让财产、以明显不合理的价格交易财产、放弃到期债权、无偿为他人提供担保等,致使人民法院无法执行的;

(二)隐藏、转移、毁损或者未经人民法院允许处分已向人民法院提供担保的财产的;

(三)违反人民法院限制高消费令进行消费的;

(四)有履行能力而拒不按照人民法院执行通知履行生效法律文书确定的义务的;

(五)有义务协助执行的个人接到人民法院协助执行通知书后,拒不协助执行的。

第一百八十九条 诉讼参与人或者其他人有下列行为之一的,人民法院可以适用民事诉讼法第一百一十一条的规定处理:

(一)冒充他人提起诉讼或者参加诉讼的;

(二)证人签署保证书后作虚假证言,妨碍人民法院审理案件的;

(三)伪造、隐藏、毁灭或者拒绝交出有关被执行人履行能力的重要证据,妨碍人民法院查明被执行人财产状况的;

(四)擅自解冻已被人民法院冻结的财产的;

(五)接到人民法院协助执行通知书后,给当事人通风报信,协助其转移、隐匿财产的。

第一百九十条 民事诉讼法第一百一十二条规定的他人合法权益,包括案外人的合法权益、国家利益、社会公共利益。

第三人根据民事诉讼法第五十六条第三款规定提起撤销之诉,经审查,原案当事人之间恶意串通进行虚假诉讼的,适用民事诉讼法第一百一十二条规定处理。

第一百九十一条 单位有民事诉讼法第一百一十二条或者第一百一十三条规定行为的,人民法院应当对该单位进行罚款,并可以对其主要负责人或者直接责任人员予以罚款、拘留;构成犯罪的,依法追究刑事责任。

第一百九十二条　有关单位接到人民法院协助执行通知书后，有下列行为之一的，人民法院可以适用民事诉讼法第一百一十四条规定处理：

（一）允许被执行人高消费的；

（二）允许被执行人出境的；

（三）拒不停止办理有关财产权证照转移手续、权属变更登记、规划审批等手续的；

（四）以需要内部请示、内部审批，有内部规定等为由拖延办理的。

第一百九十三条　人民法院对个人或者单位采取罚款措施时，应当根据其实施妨害民事诉讼行为的性质、情节、后果，当地的经济发展水平，以及诉讼标的额等因素，在民事诉讼法第一百一十五条第一款规定的限额内确定相应的罚款金额。

九、诉 讼 费 用

第一百九十四条　依照民事诉讼法第五十四条审理的案件不预交案件受理费，结案后按照诉讼标的额由败诉方交纳。

第一百九十五条　支付令失效后转入诉讼程序的，债权人应当按照《诉讼费用交纳办法》补交案件受理费。

支付令被撤销后，债权人另行起诉的，按照《诉讼费用交纳办法》交纳诉讼费用。

第一百九十六条　人民法院改变原判决、裁定、调解结果的，应当在裁判文书中对原审诉讼费用的负担一并作出处理。

第一百九十七条　诉讼标的物是证券的，按照证券交易规则并根据当事人起诉之日前最后一个交易日的收盘价、当日的市场价或者其载明的金额计算诉讼标的金额。

第一百九十八条　诉讼标的物是房屋、土地、林木、车辆、船舶、文物等特定物或者知识产权，起诉时价值难以确定的，人民法院应当向原告释明主张过高或者过低的诉讼风险，以原告主张的价值确定诉讼标的金额。

第一百九十九条　适用简易程序审理的案件转为普通程序的，原告自接到人民法院交纳诉讼费用通知之日起七日内补交案件受理费。

原告无正当理由未按期足额补交的，按撤诉处理，已经收取的诉讼费用退还一半。

第二百条　破产程序中有关债务人的民事诉讼案件，按照财产案件标准交纳诉讼费，但劳动争议案件除外。

第二百零一条　既有财产性诉讼请求，又有非财产性诉讼请求的，按照财产性诉讼请求的标准交纳诉讼费。

有多个财产性诉讼请求的，合并计算交纳诉讼费；诉讼请求中有多个非财产性诉讼请求的，按一件交纳诉讼费。

第二百零二条　原告、被告、第三人分别上诉的，按照上诉请求分别预交二审案件受理费。

同一方多人共同上诉的，只预交一份二审案件受理费；分别上诉的，按照上诉请求分别预交二审案件受理费。

第二百零三条　承担连带责任的当事人败诉的，应当共同负担诉讼费用。

第二百零四条　实现担保物权案件，人民法院裁定拍卖、变卖担保财产的，申请费由债务人、担保人负担；人民法院裁定驳回申请的，申请费由申请人负担。

申请人另行起诉的，其已经交纳的申请费可以从案件受理费中扣除。

第二百零五条　拍卖、变卖担保财产的裁定作出后，人民法院强制执行的，按照执行金额收取执行申请费。

第二百零六条　人民法院决定减半收取案件受理费的，只能减半一次。

第二百零七条　判决生效后，胜诉方预交但不应负担的诉讼费用，人民法院应当退还，由败诉方向人民法院交纳，但胜诉方自愿承担或者同意败诉方直接向其支付的除外。

当事人拒不交纳诉讼费用的，人民法院可以强制执行。

十、第一审普通程序

第二百零八条　人民法院接到当事人提交的民事起诉状时，对符合民事诉讼法第一百一十九条的规定，且不属于第一百二十四条规定情形的，应当登记立案；对当场不能判定是否符合起诉条件的，应当接收起诉材料，并出具注明收到日期的书面凭证。

需要补充必要相关材料的，人民法院应当及时告知当事人。在补齐相关材料后，应当在七日内决定是否立案。

立案后发现不符合起诉条件或者属于民事诉讼法第一百二十四条规定情形的，裁定驳回起诉。

第二百零九条 原告提供被告的姓名或者名称、住所等信息具体明确，足以使被告与他人相区别的，可以认定为有明确的被告。

起诉状列写被告信息不足以认定明确的被告的，人民法院可以告知原告补正。原告补正后仍不能确定明确的被告的，人民法院裁定不予受理。

第二百一十条 原告在起诉状中有谩骂和人身攻击之辞的，人民法院应当告知其修改后提起诉讼。

第二百一十一条 对本院没有管辖权的案件，告知原告向有管辖权的人民法院起诉；原告坚持起诉的，裁定不予受理；立案后发现本院没有管辖权的，应当将案件移送有管辖权的人民法院。

第二百一十二条 裁定不予受理、驳回起诉的案件，原告再次起诉，符合起诉条件且不属于民事诉讼法第一百二十四条规定情形的，人民法院应予受理。

第二百一十三条 原告应当预交而未预交案件受理费，人民法院应当通知其预交，通知后仍不预交或者申请减、缓、免未获批准而仍不预交的，裁定按撤诉处理。

第二百一十四条 原告撤诉或者人民法院按撤诉处理后，原告以同一诉讼请求再次起诉的，人民法院应予受理。

原告撤诉或者按撤诉处理的离婚案件，没有新情况、新理由，六个月内又起诉的，比照民事诉讼法第一百二十四条第七项的规定不予受理。

第二百一十五条 依照民事诉讼法第一百二十四条第二项的规定，当事人在书面合同中订有仲裁条款，或者在发生纠纷后达成书面仲裁协议，一方向人民法院起诉的，人民法院应当告知原告向仲裁机构申请仲裁，其坚持起诉的，裁定不予受理，但仲裁条款或者仲裁协议不成立、无效、失效、内容不明确无法执行的除外。

第二百一十六条 在人民法院首次开庭前，被告以有书面仲裁协议为由对受理民事案件提出异议的，人民法院应当进行审查。

经审查符合下列情形之一的，人民法院应当裁定驳回起诉：

（一）仲裁机构或者人民法院已经确认仲裁协议有效的；

（二）当事人没有在仲裁庭首次开庭前对仲裁协议的效力提出异议的；

（三）仲裁协议符合仲裁法第十六条规定且不具有仲裁法第十七条规定情形的。

第二百一十七条 夫妻一方下落不明，另一方诉至人民法院，只要求离婚，不申请宣告下落不明人失踪或者死亡的案件，人民法院应当受理，对下落不明人公告送达诉讼文书。

第二百一十八条 赡养费、扶养费、抚育费案件，裁判发生法律效力后，因新情况、新理由，一方当事人再行起诉要求增加或者减少费用的，人民法院应作为新案受理。

第二百一十九条 当事人超过诉讼时效期间起诉的，人民法院应予受理。受理后对方当事人提出诉讼时效抗辩，人民法院经审理认为抗辩事由成立的，判决驳回原告的诉讼请求。

第二百二十条 民事诉讼法第六十八条、第一百三十四条、第一百五十六条规定的商业秘密，是指生产工艺、配方、贸易联系、购销渠道等当事人不愿公开的技术秘密、商业情报及信息。

第二百二十一条 基于同一事实发生的纠纷，当事人分别向同一人民法院起诉的，人民法院可以合并审理。

第二百二十二条 原告在起诉状中直接列写第三人的，视为其申请人民法院追加该第三人参加诉讼。是否通知第三人参加诉讼，由人民法院审查决定。

第二百二十三条 当事人在提交答辩状期间提出管辖异议，又针对起诉状的内容进行答辩的，人民法院应当依照民事诉讼法第一百二十七条第一款的规定，对管辖异议进行审查。

当事人未提出管辖异议，就案件实体内容进行答辩、陈述或者反诉的，可以认定为民事诉讼法第一百二十七条第二款规定的应诉答辩。

第二百二十四条 依照民事诉讼法第一百三十三条第四项规定，人民法院可以在答辩期届满后，通过组织证据交换、召集庭前会议等方式，作好审理前的准备。

第二百二十五条 根据案件具体情况，庭前会议可以包括下列内容：

（一）明确原告的诉讼请求和被告的答辩意见；

（二）审查处理当事人增加、变更诉讼请求的申请和提出的反诉，以及第三人提出的与本案有关的诉讼请求；

（三）根据当事人的申请决定调查收集证据，委托鉴定，要求当事人提供证据，进行勘验，进行证据保全；

（四）组织交换证据；

（五）归纳争议焦点；

（六）进行调解。

第二百二十六条　人民法院应当根据当事人的诉讼请求、答辩意见以及证据交换的情况，归纳争议焦点，并就归纳的争议焦点征求当事人的意见。

第二百二十七条　人民法院适用普通程序审理案件，应当在开庭三日前用传票传唤当事人。对诉讼代理人、证人、鉴定人、勘验人、翻译人员应当用通知书通知其到庭。当事人或者其他诉讼参与人在外地的，应当留有必要的在途时间。

第二百二十八条　法庭审理应当围绕当事人争议的事实、证据和法律适用等焦点问题进行。

第二百二十九条　当事人在庭审中对其在审理前的准备阶段认可的事实和证据提出不同意见的，人民法院应当责令其说明理由。必要时，可以责令其提供相应证据。人民法院应当结合当事人的诉讼能力、证据和案件的具体情况进行审查。理由成立的，可以列入争议焦点进行审理。

第二百三十条　人民法院根据案件具体情况并征得当事人同意，可以将法庭调查和法庭辩论合并进行。

第二百三十一条　当事人在法庭上提出新的证据的，人民法院应当依照民事诉讼法第六十五条第二款规定和本解释相关规定处理。

第二百三十二条　在案件受理后，法庭辩论结束前，原告增加诉讼请求，被告提出反诉，第三人提出与本案有关的诉讼请求，可以合并审理的，人民法院应当合并审理。

第二百三十三条　反诉的当事人应当限于本诉的当事人的范围。

反诉与本诉的诉讼请求基于相同法律关系、诉讼请求之间具有因果关系，或者反诉与本诉的诉讼请求基于相同事实的，人民法院应当合并审理。

反诉应由其他人民法院专属管辖，或者与本诉的诉讼标的及诉讼请求所依据的事实、理由无关联的，裁定不予受理，告知另行起诉。

第二百三十四条　无民事行为能力人的离婚诉讼，当事人的法定代理人应当到庭；法定代理人不能到庭的，人民法院应当在查清事实的基础上，依法作出判决。

第二百三十五条　无民事行为能力的当事人的法定代理人，经传票传唤无正当理由拒不到庭，属于原告方的，比照民事诉讼法第一百四十三条的规定，按撤诉处理；属于被告方的，比照民事诉讼法第一百四十四条的规定，缺席判决。必要时，人民法院可以拘传其到庭。

第二百三十六条　有独立请求权的第三人经人民法院传票传唤，无正当理由拒不到庭的，或者未经法庭许可中途退庭的，比照民事诉讼法第一百四十三条的规定，按撤诉处理。

第二百三十七条　有独立请求权的第三人参加诉讼后，原告申请撤诉，人民法院在准许原告撤诉后，有独立请求权的第三人作为另案原告，原案原告、被告作为另案被告，诉讼继续进行。

第二百三十八条　当事人申请撤诉或者依法可以按撤诉处理的案件，如果当事人有违反法律的行为需要依法处理的，人民法院可以不准许撤诉或者不按撤诉处理。

法庭辩论终结后原告申请撤诉，被告不同意的，人民法院可以不予准许。

第二百三十九条　人民法院准许本诉原告撤诉的，应当对反诉继续审理；被告申请撤回反诉的，人民法院应予准许。

第二百四十条　无独立请求权的第三人经人民法院传票传唤，无正当理由拒不到庭，或者未经法庭许可中途退庭的，不影响案件的审理。

第二百四十一条　被告经传票传唤无正当理由拒不到庭，或者未经法庭许可中途退庭的，人民法院应当按期开庭或者继续开庭审理，对到庭的当事人诉讼请求、双方的诉辩理由以及已经提交的证据及其他诉讼材料进行审理后，可以依法缺席判决。

第二百四十二条　一审宣判后,原审人民法院发现判决有错误,当事人在上诉期内提出上诉的,原审人民法院可以提出原判决有错误的意见,报送第二审人民法院,由第二审人民法院按照第二审程序进行审理;当事人不上诉的,按照审判监督程序处理。

第二百四十三条　民事诉讼法第一百四十九条规定的审限,是指从立案之日起至裁判宣告、调解书送达之日止的期间,但公告期间、鉴定期间、双方当事人和解期间、审理当事人提出的管辖异议以及处理人民法院之间的管辖争议期间不应计算在内。

第二百四十四条　可以上诉的判决书、裁定书不能同时送达双方当事人的,上诉期从各自收到判决书、裁定书之日计算。

第二百四十五条　民事诉讼法第一百五十四条第一款第七项规定的笔误是指法律文书误写、误算,诉讼费用漏写、误算和其他笔误。

第二百四十六条　裁定中止诉讼的原因消除,恢复诉讼程序时,不必撤销原裁定,从人民法院通知或者准许当事人双方继续进行诉讼时起,中止诉讼的裁定即失去效力。

第二百四十七条　当事人就已经提起诉讼的事项在诉讼过程中或者裁判生效后再次起诉,同时符合下列条件的,构成重复起诉:

(一)后诉与前诉的当事人相同;

(二)后诉与前诉的诉讼标的相同;

(三)后诉与前诉的诉讼请求相同,或者后诉的诉讼请求实质上否定前诉裁判结果。

当事人重复起诉的,裁定不予受理;已经受理的,裁定驳回起诉,但法律、司法解释另有规定的除外。

第二百四十八条　裁判发生法律效力后,发生新的事实,当事人再次提起诉讼的,人民法院应当依法受理。

第二百四十九条　在诉讼中,争议的民事权利义务转移的,不影响当事人的诉讼主体资格和诉讼地位。人民法院作出的发生法律效力的判决、裁定对受让人具有拘束力。

受让人申请以无独立请求权的第三人身份参加诉讼的,人民法院可予准许。受让人申请替代当事人承担诉讼的,人民法院可以根据案件的具体情况决定是否准许;不予准许的,可以追加其为无独立请求权的第三人。

第二百五十条　依照本解释第二百四十九条规定,人民法院准许受让人替代当事人承担诉讼的,裁定变更当事人。

变更当事人后,诉讼程序以受让人为当事人继续进行,原当事人应当退出诉讼。原当事人已经完成的诉讼行为对受让人具有拘束力。

第二百五十一条　二审裁定撤销一审判决发回重审的案件,当事人申请变更、增加诉讼请求或者提出反诉,第三人提出与本案有关的诉讼请求的,依照民事诉讼法第一百四十条规定处理。

第二百五十二条　再审裁定撤销原判决、裁定发回重审的案件,当事人申请变更、增加诉讼请求或者提出反诉,符合下列情形之一的,人民法院应当准许:

(一)原审未合法传唤缺席判决,影响当事人行使诉讼权利的;

(二)追加新的诉讼当事人的;

(三)诉讼标的物灭失或者发生变化致使原诉讼请求无法实现的;

(四)当事人申请变更、增加的诉讼请求或者提出的反诉,无法通过另诉解决的。

第二百五十三条　当庭宣判的案件,除当事人当庭要求邮寄发送裁判文书的外,人民法院应当告知当事人或者诉讼代理人领取裁判文书的时间和地点以及逾期不领取的法律后果。上述情况,应当记入笔录。

第二百五十四条　公民、法人或者其他组织申请查阅发生法律效力的判决书、裁定书的,应当向作出该生效裁判的人民法院提出。申请应当以书面形式提出,并提供具体的案号或者当事人姓名、名称。

第二百五十五条　对于查阅判决书、裁定书的申请,人民法院根据下列情形分别处理:

(一)判决书、裁定书已经通过信息网络向社会公开的,应当引导申请人自行查阅;

(二)判决书、裁定书未通过信息网络向社会公开,且申请符合要求的,应当及时提供便捷的查阅服务;

(三)判决书、裁定书尚未发生法律效力,或者已失去法律效力的,不提供查阅并告知申请人;

(四)发生法律效力的判决书、裁定书不是本院作出的,应当告知申请人向作出生效裁判的人民法院申请查阅；

（五）申请查阅的内容涉及国家秘密、商业秘密、个人隐私的，不予准许并告知申请人。

十一、简易程序

第二百五十六条 民事诉讼法第一百五十七条规定的简单民事案件中的事实清楚，是指当事人对争议的事实陈述基本一致，并能提供相应的证据，无须人民法院调查收集证据即可查明事实；权利义务关系明确是指能明确区分谁是责任的承担者，谁是权利的享有者；争议不大是指当事人对案件的是非、责任承担以及诉讼标的争执无原则分歧。

第二百五十七条 下列案件，不适用简易程序：

（一）起诉时被告下落不明的；

（二）发回重审的；

（三）当事人一方人数众多的；

（四）适用审判监督程序的；

（五）涉及国家利益、社会公共利益的；

（六）第三人起诉请求改变或者撤销生效判决、裁定、调解书的；

（七）其他不宜适用简易程序的案件。

第二百五十八条 适用简易程序审理的案件，审理期限到期后，双方当事人同意继续适用简易程序的，由本院院长批准，可以延长审理期限。延长后的审理期限累计不得超过六个月。

人民法院发现案情复杂，需要转为普通程序审理的，应当在审理期限届满前作出裁定并将合议庭组成人员及相关事项书面通知双方当事人。

案件转为普通程序审理的，审理期限自人民法院立案之日计算。

第二百五十九条 当事人双方可就开庭方式向人民法院提出申请，由人民法院决定是否准许。经当事人双方同意，可以采用视听传输技术等方式开庭。

第二百六十条 已经按照普通程序审理的案件，在开庭后不得转为简易程序审理。

第二百六十一条 适用简易程序审理案件，人民法院可以采取捎口信、电话、短信、传真、电子邮件等简便方式传唤双方当事人、通知证人和送达裁判文书以外的诉讼文书。

以简便方式送达的开庭通知，未经当事人确认或者没有其他证据证明当事人已经收到的，人民法院不得缺席判决。

适用简易程序审理案件，由审判员独任审判，书记员担任记录。

第二百六十二条 人民法庭制作的判决书、裁定书、调解书，必须加盖基层人民法院印章，不得用人民法庭的印章代替基层人民法院的印章。

第二百六十三条 适用简易程序审理案件，卷宗中应当具备以下材料：

（一）起诉状或者口头起诉笔录；

（二）答辩状或者口头答辩笔录；

（三）当事人身份证明材料；

（四）委托他人代理诉讼的授权委托书或者口头委托笔录；

（五）证据；

（六）询问当事人笔录；

（七）审理（包括调解）笔录；

（八）判决书、裁定书、调解书或者调解协议；

（九）送达和宣判笔录；

（十）执行情况；

（十一）诉讼费收据；

（十二）适用民事诉讼法第一百六十二条规定审理的，有关程序适用的书面告知。

第二百六十四条 当事人双方根据民事诉讼法第一百五十七条第二款规定约定适用简易程序的，应当在开庭前提出。口头提出的，记入笔录，由双方当事人签名或者捺印确认。

本解释第二百五十七条规定的案件，当事人约定适用简易程序的，人民法院不予准许。

第二百六十五条 原告口头起诉的，人民法院应当将当事人的姓名、性别、工作单位、住所、联系方式等基本信息，诉讼请求，事实及理由等准确记入笔录，由原告核对无误后签名或者捺印。对当事人提交的证据材料，应当出具收据。

第二百六十六条 适用简易程序案件的举证期限由人民法院确定，也可以由当事人协商一致并经人民法院准许，但不得超过十五日。被告要求书面答辩的，人民法院可在征得其同意的基础上，合理确定答辩期间。

人民法院应当将举证期限和开庭日期告知

双方当事人,并向当事人说明逾期举证以及拒不到庭的法律后果,由双方当事人在笔录和开庭传票的送达回证上签名或者捺印。

当事人双方均表示不需要举证期限、答辩期间的,人民法院可以立即开庭审理或者确定开庭日期。

第二百六十七条 适用简易程序审理案件,可以简便方式进行审理前的准备。

第二百六十八条 对没有委托律师、基层法律服务工作者代理诉讼的当事人,人民法院在庭审过程中可以对回避、自认、举证证明责任等相关内容向其作必要的解释或者说明,并在庭审过程中适当提示当事人正确行使诉讼权利、履行诉讼义务。

第二百六十九条 当事人就案件适用简易程序提出异议,人民法院经审查,异议成立的,裁定转为普通程序;异议不成立的,口头告知当事人,并记入笔录。

转为普通程序的,人民法院应当将合议庭组成人员及相关事项以书面形式通知双方当事人。

转为普通程序前,双方当事人已确认的事实,可以不再进行举证、质证。

第二百七十条 适用简易程序审理的案件,有下列情形之一的,人民法院在制作判决书、裁定书、调解书时,对认定事实或者裁判理由部分可以适当简化:

(一)当事人达成调解协议并需要制作民事调解书的;

(二)一方当事人明确表示承认对方全部或者部分诉讼请求的;

(三)涉及商业秘密、个人隐私的案件,当事人一方要求简化裁判文书中的相关内容,人民法院认为理由正当的;

(四)当事人双方同意简化的。

十二、简易程序中的小额诉讼

第二百七十一条 人民法院审理小额诉讼案件,适用民事诉讼法第一百六十二条的规定,实行一审终审。

第二百七十二条 民事诉讼法第一百六十二条规定的各省、自治区、直辖市上年度就业人员年平均工资,是指已经公布的各省、自治区、直辖市上一年度就业人员年平均工资。在上一年度就业人员年平均工资公布前,以已经公布的最近年度就业人员年平均工资为准。

第二百七十三条 海事法院可以审理海事、海商小额诉讼案件。案件标的额应当以实际受理案件的海事法院或者其派出法庭所在的省、自治区、直辖市上年度就业人员年平均工资百分之三十为限。

第二百七十四条 下列金钱给付的案件,适用小额诉讼程序审理:

(一)买卖合同、借款合同、租赁合同纠纷;

(二)身份关系清楚,仅在给付的数额、时间、方式上存在争议的赡养费、抚育费、扶养费纠纷;

(三)责任明确,仅在给付的数额、时间、方式上存在争议的交通事故损害赔偿和其他人身损害赔偿纠纷;

(四)供用水、电、气、热力合同纠纷;

(五)银行卡纠纷;

(六)劳动关系清楚,仅在劳动报酬、工伤医疗费、经济补偿金或者赔偿金给付数额、时间、方式上存在争议的劳动合同纠纷;

(七)劳务关系清楚,仅在劳务报酬给付数额、时间、方式上存在争议的劳务合同纠纷;

(八)物业、电信等服务合同纠纷;

(九)其他金钱给付纠纷。

第二百七十五条 下列案件,不适用小额诉讼程序审理:

(一)人身关系、财产确权纠纷;

(二)涉外民事纠纷;

(三)知识产权纠纷;

(四)需要评估、鉴定或者对诉前评估、鉴定结果有异议的纠纷;

(五)其他不宜适用一审终审的纠纷。

第二百七十六条 人民法院受理小额诉讼案件,应当向当事人告知该类案件的审判组织、一审终审、审理期限、诉讼费用交纳标准等相关事项。

第二百七十七条 小额诉讼案件的举证期限由人民法院确定,也可以由当事人协商一致并经人民法院准许,但一般不超过七日。

被告要求书面答辩的,人民法院可以在征得其同意的基础上合理确定答辩期间,但最长不得超过十五日。

当事人到庭后表示不需要举证期限和答辩期间的，人民法院可立即开庭审理。

第二百七十八条　当事人对小额诉讼案件提出管辖异议的，人民法院应当作出裁定。裁定一经作出即生效。

第二百七十九条　人民法院受理小额诉讼案件后，发现起诉不符合民事诉讼法第一百一十九条规定的起诉条件的，裁定驳回起诉。裁定一经作出即生效。

第二百八十条　因当事人申请增加或者变更诉讼请求、提出反诉、追加当事人等，致使案件不符合小额诉讼案件条件的，应当适用简易程序的其他规定审理。

前款规定案件，应当适用普通程序审理的，裁定转为普通程序。

适用简易程序的其他规定或者普通程序审理前，双方当事人已确认的事实，可以不再进行举证、质证。

第二百八十一条　当事人对按照小额诉讼案件审理有异议的，应当在开庭前提出。人民法院经审查，异议成立的，适用简易程序的其他规定审理；异议不成立的，告知当事人，并记入笔录。

第二百八十二条　小额诉讼案件的裁判文书可以简化，主要记载当事人基本信息、诉讼请求、裁判主文等内容。

第二百八十三条　人民法院审理小额诉讼案件，本解释没有规定的，适用简易程序的其他规定。

十三、公 益 诉 讼

第二百八十四条　环境保护法、消费者权益保护法等法律规定的机关和有关组织对污染环境、侵害众多消费者合法权益等损害社会公共利益的行为，根据民事诉讼法第五十五条规定提起公益诉讼，符合下列条件的，人民法院应当受理：

（一）有明确的被告；

（二）有具体的诉讼请求；

（三）有社会公共利益受到损害的初步证据；

（四）属于人民法院受理民事诉讼的范围和受诉人民法院管辖。

第二百八十五条　公益诉讼案件由侵权行为地或者被告住所地中级人民法院管辖，但法律、司法解释另有规定的除外。

因污染海洋环境提起的公益诉讼，由污染发生地、损害结果地或者采取预防污染措施地海事法院管辖。

对同一侵权行为分别向两个以上人民法院提起公益诉讼的，由最先立案的人民法院管辖，必要时由它们的共同上级人民法院指定管辖。

第二百八十六条　人民法院受理公益诉讼案件后，应当在十日内书面告知相关行政主管部门。

第二百八十七条　人民法院受理公益诉讼案件后，依法可以提起诉讼的其他机关和有关组织，可以在开庭前向人民法院申请参加诉讼。人民法院准许参加诉讼的，列为共同原告。

第二百八十八条　人民法院受理公益诉讼案件，不影响同一侵权行为的受害人根据民事诉讼法第一百一十九条规定提起诉讼。

第二百八十九条　对公益诉讼案件，当事人可以和解，人民法院可以调解。

当事人达成和解或者调解协议后，人民法院应当将和解或者调解协议进行公告。公告期间不得少于三十日。

公告期满后，人民法院经审查，和解或者调解协议不违反社会公共利益的，应当出具调解书；和解或者调解协议违反社会公共利益的，不予出具调解书，继续对案件进行审理并依法作出裁判。

第二百九十条　公益诉讼案件的原告在法庭辩论终结后申请撤诉的，人民法院不予准许。

第二百九十一条　公益诉讼案件的裁判发生法律效力后，其他依法具有原告资格的机关和有关组织就同一侵权行为另行提起公益诉讼的，人民法院裁定不予受理，但法律、司法解释另有规定的除外。

十四、第三人撤销之诉

第二百九十二条　第三人对已经发生法律效力的判决、裁定、调解书提起撤销之诉的，应当自知道或者应当知道其民事权益受到损害之日起六个月内，向作出生效判决、裁定、调解书的人民法院提出，并应当提供存在下列情形的

证据材料:

(一)因不能归责于本人的事由未参加诉讼;

(二)发生法律效力的判决、裁定、调解书的全部或者部分内容错误;

(三)发生法律效力的判决、裁定、调解书内容错误损害其民事权益。

第二百九十三条　人民法院应当在收到起诉状和证据材料之日起五日内送交对方当事人,对方当事人可以自收到起诉状之日起十日内提出书面意见。

人民法院应当对第三人提交的起诉状、证据材料以及对方当事人的书面意见进行审查。必要时,可以询问双方当事人。

经审查,符合起诉条件的,人民法院应当在收到起诉状之日起三十日内立案。不符合起诉条件的,应当在收到起诉状之日起三十日内裁定不予受理。

第二百九十四条　人民法院对第三人撤销之诉案件,应当组成合议庭开庭审理。

第二百九十五条　民事诉讼法第五十六条第三款规定的因不能归责于本人的事由未参加诉讼,是指没有被列为生效判决、裁定、调解书当事人,且无过错或者无明显过错的情形。包括:

(一)不知道诉讼而未参加的;

(二)申请参加未获准许的;

(三)知道诉讼,但因客观原因无法参加的;

(四)因其他不能归责于本人的事由未参加诉讼的。

第二百九十六条　民事诉讼法第五十六条第三款规定的判决、裁定、调解书的部分或者全部内容,是指判决、裁定的主文,调解书中处理当事人民事权利义务的结果。

第二百九十七条　对下列情形提起第三人撤销之诉的,人民法院不予受理:

(一)适用特别程序、督促程序、公示催告程序、破产程序等非讼程序处理的案件;

(二)婚姻无效、撤销或者解除婚姻关系等判决、裁定、调解书中涉及身份关系的内容;

(三)民事诉讼法第五十四条规定的未参加登记的权利人对代表人诉讼案件的生效裁判;

(四)民事诉讼法第五十五条规定的损害社会公共利益行为的受害人对公益诉讼案件的生效裁判。

第二百九十八条　第三人提起撤销之诉,人民法院应当将该第三人列为原告,生效判决、裁定、调解书的当事人列为被告,但生效判决、裁定、调解书中没有承担责任的无独立请求权的第三人列为第三人。

第二百九十九条　受理第三人撤销之诉案件后,原告提供相应担保,请求中止执行的,人民法院可以准许。

第三百条　对第三人撤销或者部分撤销发生法律效力的判决、裁定、调解书内容的请求,人民法院经审理,按下列情形分别处理:

(一)请求成立且确认其民事权利的主张全部或部分成立的,改变原判决、裁定、调解书内容的错误部分;

(二)请求成立,但确认其全部或部分民事权利的主张不成立,或者未提出确认其民事权利请求的,撤销原判决、裁定、调解书内容的错误部分;

(三)请求不成立的,驳回诉讼请求。

对前款规定裁判不服的,当事人可以上诉。

原判决、裁定、调解书的内容未改变或者未撤销的部分继续有效。

第三百零一条　第三人撤销之诉案件审理期间,人民法院对生效判决、裁定、调解书裁定再审的,受理第三人撤销之诉的人民法院应当裁定将第三人的诉讼请求并入再审程序。但有证据证明原审当事人之间恶意串通损害第三人合法权益的,人民法院应当先行审理第三人撤销之诉案件,裁定中止再审诉讼。

第三百零二条　第三人诉讼请求并入再审程序审理的,按照下列情形分别处理:

(一)按照第一审程序审理的,人民法院应当对第三人的诉讼请求一并审理,所作的判决可以上诉;

(二)按照第二审程序审理的,人民法院可以调解,调解达不成协议的,应当裁定撤销原判决、裁定、调解书,发回一审法院重审,重审时应当列明第三人。

第三百零三条　第三人提起撤销之诉后,未中止生效判决、裁定、调解书执行的,执行法院对第三人依照民事诉讼法第二百二十七条规定提出的执行异议，应予审查。第三人不服驳回执行异议裁定，申请对原判决、裁定、调解书再审的，人民法院不予受理。

案外人对人民法院驳回其执行异议裁定不服，认为原判决、裁定、调解书内容错误损害其合法权益的，应当根据民事诉讼法第二百二十七条规定申请再审，提起第三人撤销之诉的，人民法院不予受理。

十五、执行异议之诉

第三百零四条　根据民事诉讼法第二百二十七条规定，案外人、当事人对执行异议裁定不服，自裁定送达之日起十五日内向人民法院提起执行异议之诉的，由执行法院管辖。

第三百零五条　案外人提起执行异议之诉，除符合民事诉讼法第一百一十九条规定外，还应当具备下列条件：

（一）案外人的执行异议申请已经被人民法院裁定驳回；

（二）有明确的排除对执行标的执行的诉讼请求，且诉讼请求与原判决、裁定无关；

（三）自执行异议裁定送达之日起十五日内提起。

人民法院应当在收到起诉状之日起十五日内决定是否立案。

第三百零六条　申请执行人提起执行异议之诉，除符合民事诉讼法第一百一十九条规定外，还应当具备下列条件：

（一）依案外人执行异议申请，人民法院裁定中止执行；

（二）有明确的对执行标的继续执行的诉讼请求，且诉讼请求与原判决、裁定无关；

（三）自执行异议裁定送达之日起十五日内提起。

人民法院应当在收到起诉状之日起十五日内决定是否立案。

第三百零七条　案外人提起执行异议之诉的，以申请执行人为被告。被执行人反对案外人异议的，被执行人为共同被告；被执行人不反对案外人异议的，可以列被执行人为第三人。

第三百零八条　申请执行人提起执行异议之诉的，以案外人为被告。被执行人反对申请执行人主张的，以案外人和被执行人为共同被告；被执行人不反对申请执行人主张的，可以列被执行人为第三人。

第三百零九条　申请执行人对中止执行裁定未提起执行异议之诉，被执行人提起执行异议之诉的，人民法院告知其另行起诉。

第三百一十条　人民法院审理执行异议之诉案件，适用普通程序。

第三百一十一条　案外人或者申请执行人提起执行异议之诉的，案外人应当就其对执行标的享有足以排除强制执行的民事权益承担举证证明责任。

第三百一十二条　对案外人提起的执行异议之诉，人民法院经审理，按照下列情形分别处理：

（一）案外人就执行标的享有足以排除强制执行的民事权益的，判决不得执行该执行标的；

（二）案外人就执行标的不享有足以排除强制执行的民事权益的，判决驳回诉讼请求。

案外人同时提出确认其权利的诉讼请求的，人民法院可以在判决中一并作出裁判。

第三百一十三条　对申请执行人提起的执行异议之诉，人民法院经审理，按照下列情形分别处理：

（一）案外人就执行标的不享有足以排除强制执行的民事权益的，判决准许执行该执行标的；

（二）案外人就执行标的享有足以排除强制执行的民事权益的，判决驳回诉讼请求。

第三百一十四条　对案外人执行异议之诉，人民法院判决不得对执行标的执行的，执行异议裁定失效。

对申请执行人执行异议之诉，人民法院判决准许对该执行标的执行的，执行异议裁定失效，执行法院可以根据申请执行人的申请或者依职权恢复执行。

第三百一十五条　案外人执行异议之诉审理期间，人民法院不得对执行标的进行处分。申请执行人请求人民法院继续执行并提供相应担保的，人民法院可以准许。

被执行人与案外人恶意串通，通过执行异议、执行异议之诉妨害执行的，人民法院应当依照民事诉讼法第一百一十三条规定处理。申请执行人因此受到损害的，可以提起诉讼要求被执行人、案外人赔偿。

第三百一十六条 人民法院对执行标的裁定中止执行后,申请执行人在法律规定的期间内未提起执行异议之诉的,人民法院应当自起诉期限届满之日起七日内解除对该执行标的采取的执行措施。

十六、第二审程序

第三百一十七条 双方当事人和第三人都提起上诉的,均列为上诉人。人民法院可以依职权确定第二审程序中当事人的诉讼地位。

第三百一十八条 民事诉讼法第一百六十六条、第一百六十七条规定的对方当事人包括被上诉人和原审其他当事人。

第三百一十九条 必要共同诉讼人的一人或者部分人提起上诉的,按下列情形分别处理:

(一)上诉仅对与对方当事人之间权利义务分担有意见,不涉及其他共同诉讼人利益的,对方当事人为被上诉人,未上诉的同一方当事人依原审诉讼地位列明;

(二)上诉仅对共同诉讼人之间权利义务分担有意见,不涉及对方当事人利益的,未上诉的同一方当事人为被上诉人,对方当事人依原审诉讼地位列明;

(三)上诉对双方当事人之间以及共同诉讼人之间权利义务承担有意见的,未提起上诉的其他当事人均为被上诉人。

第三百二十条 一审宣判时或者判决书、裁定书送达时,当事人口头表示上诉的,人民法院应告知其必须在法定上诉期间内递交上诉状。未在法定上诉期间内递交上诉状的,视为未提起上诉。虽递交上诉状,但未在指定的期限内交纳上诉费的,按自动撤回上诉处理。

第三百二十一条 无民事行为能力人、限制民事行为能力人的法定代理人,可以代理当事人提起上诉。

第三百二十二条 上诉案件的当事人死亡或者终止的,人民法院依法通知其权利义务承继者参加诉讼。

需要终结诉讼的,适用民事诉讼法第一百五十一条规定。

第三百二十三条 第二审人民法院应当围绕当事人的上诉请求进行审理。

当事人没有提出请求的,不予审理,但一审判决违反法律禁止性规定,或者损害国家利益、社会公共利益、他人合法权益的除外。

第三百二十四条 开庭审理的上诉案件,第二审人民法院可以依照民事诉讼法第一百三十三条第四项规定进行审理前的准备。

第三百二十五条 下列情形,可以认定为民事诉讼法第一百七十条第一款第四项规定的严重违反法定程序:

(一)审判组织的组成不合法的;

(二)应当回避的审判人员未回避的;

(三)无诉讼行为能力人未经法定代理人代为诉讼的;

(四)违法剥夺当事人辩论权利的。

第三百二十六条 对当事人在第一审程序中已经提出的诉讼请求,原审人民法院未作审理、判决的,第二审人民法院可以根据当事人自愿的原则进行调解;调解不成的,发回重审。

第三百二十七条 必须参加诉讼的当事人或者有独立请求权的第三人,在第一审程序中未参加诉讼,第二审人民法院可以根据当事人自愿的原则予以调解;调解不成的,发回重审。

第三百二十八条 在第二审程序中,原审原告增加独立的诉讼请求或者原审被告提出反诉的,第二审人民法院可以根据当事人自愿的原则就新增加的诉讼请求或者反诉进行调解;调解不成的,告知当事人另行起诉。

双方当事人同意由第二审人民法院一并审理的,第二审人民法院可以一并裁判。

第三百二十九条 一审判决不准离婚的案件,上诉后,第二审人民法院认为应当判决离婚的,可以根据当事人自愿的原则,与子女抚养、财产问题一并调解;调解不成的,发回重审。

双方当事人同意由第二审人民法院一并审理的,第二审人民法院可以一并裁判。

第三百三十条 人民法院依照第二审程序审理案件,认为依法不应由人民法院受理的,可以由第二审人民法院直接裁定撤销原裁判,驳回起诉。

第三百三十一条 人民法院依照第二审程序审理案件,认为第一审人民法院受理案件违反专属管辖规定的,应当裁定撤销原裁判并移送有管辖权的人民法院。

第三百三十二条 第二审人民法院查明第

一审人民法院作出的不予受理裁定有错误的，应当在撤销原裁定的同时，指令第一审人民法院立案受理；查明第一审人民法院作出的驳回起诉裁定有错误的，应当在撤销原裁定的同时，指令第一审人民法院审理。

第三百三十三条　第二审人民法院对下列上诉案件，依照民事诉讼法第一百六十九条规定可以不开庭审理：

（一）不服不予受理、管辖权异议和驳回起诉裁定的；

（二）当事人提出的上诉请求明显不能成立的；

（三）原判决、裁定认定事实清楚，但适用法律错误的；

（四）原判决严重违反法定程序，需要发回重审的。

第三百三十四条　原判决、裁定认定事实或者适用法律虽有瑕疵，但裁判结果正确的，第二审人民法院可以在判决、裁定中纠正瑕疵后，依照民事诉讼法第一百七十条第一款第一项规定予以维持。

第三百三十五条　民事诉讼法第一百七十条第一款第三项规定的基本事实，是指用以确定当事人主体资格、案件性质、民事权利义务等对原判决、裁定的结果有实质性影响的事实。

第三百三十六条　在第二审程序中，作为当事人的法人或者其他组织分立的，人民法院可以直接将分立后的法人或者其他组织列为共同诉讼人；合并的，将合并后的法人或者其他组织列为当事人。

第三百三十七条　在第二审程序中，当事人申请撤回上诉，人民法院经审查认为一审判决确有错误，或者当事人之间恶意串通损害国家利益、社会公共利益、他人合法权益的，不应准许。

第三百三十八条　在第二审程序中，原审原告申请撤回起诉，经其他当事人同意，且不损害国家利益、社会公共利益、他人合法权益的，人民法院可以准许。准许撤诉的，应当一并裁定撤销一审裁判。

原审原告在第二审程序中撤回起诉后重复起诉的，人民法院不予受理。

第三百三十九条　当事人在第二审程序中达成和解协议的，人民法院可以根据当事人的请求，对双方达成的和解协议进行审查并制作调解书送达当事人；因和解而申请撤诉，经审查符合撤诉条件的，人民法院应予准许。

第三百四十条　第二审人民法院宣告判决可以自行宣判，也可以委托原审人民法院或者当事人所在地人民法院代行宣判。

第三百四十一条　人民法院审理对裁定的上诉案件，应当在第二审立案之日起三十日内作出终审裁定。有特殊情况需要延长审限的，由本院院长批准。

第三百四十二条　当事人在第一审程序中实施的诉讼行为，在第二审程序中对该当事人仍具有拘束力。

当事人推翻其在第一审程序中实施的诉讼行为时，人民法院应当责令其说明理由。理由不成立的，不予支持。

十七、特别程序

第三百四十三条　宣告失踪或者宣告死亡案件，人民法院可以根据申请人的请求，清理下落不明人的财产，并指定案件审理期间的财产管理人。公告期满后，人民法院判决宣告失踪的，应当同时依照民法通则第二十一条第一款的规定指定失踪人的财产代管人。

第三百四十四条　失踪人的财产代管人经人民法院指定后，代管人申请变更代管的，比照民事诉讼法特别程序的有关规定进行审理。申请理由成立的，裁定撤销申请人的代管人身份，同时另行指定财产代管人；申请理由不成立的，裁定驳回申请。

失踪人的其他利害关系人申请变更代管的，人民法院应当告知其以原指定的代管人为被告起诉，并按普通程序进行审理。

第三百四十五条　人民法院判决宣告公民失踪后，利害关系人向人民法院申请宣告失踪人死亡，自失踪之日起满四年的，人民法院应当受理，宣告失踪的判决即是该公民失踪的证明，审理中仍应依照民事诉讼法第一百八十五条规定进行公告。

第三百四十六条　符合法律规定的多个利害关系人提出宣告失踪、宣告死亡申请的，列为共同申请人。

第三百四十七条　寻找下落不明人的公告

应当记载下列内容：

(一)被申请人应当在规定期间内向受理法院申报其具体地址及其联系方式。否则,被申请人将被宣告失踪、宣告死亡;

(二)凡知悉被申请人生存现状的人,应当在公告期间内将其所知道情况向受理法院报告。

第三百四十八条　人民法院受理宣告失踪、宣告死亡案件后,作出判决前,申请人撤回申请的,人民法院应当裁定终结案件,但其他符合法律规定的利害关系人加入程序要求继续审理的除外。

第三百四十九条　在诉讼中,当事人的利害关系人提出该当事人患有精神病,要求宣告该当事人无民事行为能力或者限制民事行为能力的,应由利害关系人向人民法院提出申请,由受诉人民法院按照特别程序立案审理,原诉讼中止。

第三百五十条　认定财产无主案件,公告期间有人对财产提出请求的,人民法院应当裁定终结特别程序,告知申请人另行起诉,适用普通程序审理。

第三百五十一条　被指定的监护人不服指定,应当自接到通知之日起三十日内向人民法院提出异议。经审理,认为指定并无不当的,裁定驳回异议;指定不当的,判决撤销指定,同时另行指定监护人。判决书应当送达异议人、原指定单位及判决指定的监护人。

第三百五十二条　申请认定公民无民事行为能力或者限制民事行为能力的案件,被申请人没有近亲属的,人民法院可以指定其他亲属为代理人。被申请人没有亲属的,人民法院可以指定经被申请人所在单位或者住所地的居民委员会、村民委员会同意,且愿意担任代理人的关系密切的朋友为代理人。

没有前款规定的代理人的,由被申请人所在单位或者住所地的居民委员会、村民委员会或者民政部门担任代理人。

代理人可以是一人,也可以是同一顺序中的两人。

第三百五十三条　申请司法确认调解协议的,双方当事人应当本人或者由符合民事诉讼法第五十八条规定的代理人向调解组织所在地基层人民法院或者人民法庭提出申请。

第三百五十四条　两个以上调解组织参与调解的,各调解组织所在地基层人民法院均有管辖权。

双方当事人可以共同向其中一个调解组织所在地基层人民法院提出申请;双方当事人共同向两个以上调解组织所在地基层人民法院提出申请的,由最先立案的人民法院管辖。

第三百五十五条　当事人申请司法确认调解协议,可以采用书面形式或者口头形式。当事人口头申请的,人民法院应当记入笔录,并由当事人签名、捺印或者盖章。

第三百五十六条　当事人申请司法确认调解协议,应当向人民法院提交调解协议、调解组织主持调解的证明,以及与调解协议相关的财产权利证明等材料,并提供双方当事人的身份、住所、联系方式等基本信息。

当事人未提交上述材料的,人民法院应当要求当事人限期补交。

第三百五十七条　当事人申请司法确认调解协议,有下列情形之一的,人民法院裁定不予受理:

(一)不属于人民法院受理范围的;

(二)不属于收到申请的人民法院管辖的;

(三)申请确认婚姻关系、亲子关系、收养关系等身份关系无效、有效或者解除的;

(四)涉及适用其他特别程序、公示催告程序、破产程序审理的;

(五)调解协议内容涉及物权、知识产权确权的。

人民法院受理申请后,发现有上述不予受理情形的,应当裁定驳回当事人的申请。

第三百五十八条　人民法院审查相关情况时,应当通知双方当事人共同到场对案件进行核实。

人民法院经审查,认为当事人的陈述或者提供的证明材料不充分、不完备或者有疑义的,可以要求当事人限期补充陈述或者补充证明材料。必要时,人民法院可以向调解组织核实有关情况。

第三百五十九条　确认调解协议的裁定作出前,当事人撤回申请的,人民法院可以裁定准许。

当事人无正当理由未在限期内补充陈述、补充证明材料或者拒不接受询问的,人民法院可以按撤回申请处理。

第三百六十条　经审查，调解协议有下列情形之一的，人民法院应当裁定驳回申请：

（一）违反法律强制性规定的；

（二）损害国家利益、社会公共利益、他人合法权益的；

（三）违背公序良俗的；

（四）违反自愿原则的；

（五）内容不明确的；

（六）其他不能进行司法确认的情形。

第三百六十一条　民事诉讼法第一百九十六条规定的担保物权人，包括抵押权人、质权人、留置权人；其他有权请求实现担保物权的人，包括抵押人、出质人、财产被留置的债务人或者所有权人等。

第三百六十二条　实现票据、仓单、提单等有权利凭证的权利质权案件，可以由权利凭证持有人住所地人民法院管辖；无权利凭证的权利质权，由出质登记地人民法院管辖。

第三百六十三条　实现担保物权案件属于海事法院等专门人民法院管辖的，由专门人民法院管辖。

第三百六十四条　同一债权的担保物有多个且所在地不同，申请人分别向有管辖权的人民法院申请实现担保物权的，人民法院应当依法受理。

第三百六十五条　依照物权法第一百七十六条的规定，被担保的债权既有物的担保又有人的担保，当事人对实现担保物权的顺序有约定，实现担保物权的申请违反该约定的，人民法院裁定不予受理；没有约定或者约定不明的，人民法院应当受理。

第三百六十六条　同一财产上设立多个担保物权，登记在先的担保物权尚未实现的，不影响后顺位的担保物权人向人民法院申请实现担保物权。

第三百六十七条　申请实现担保物权，应当提交下列材料：

（一）申请书。申请书应当记明申请人、被申请人的姓名或者名称、联系方式等基本信息，具体的请求和事实、理由；

（二）证明担保物权存在的材料，包括主合同、担保合同、抵押登记证明或者他项权利证书，权利质权的权利凭证或者质权出质登记证明等；

（三）证明实现担保物权条件成就的材料；

（四）担保财产现状的说明；

（五）人民法院认为需要提交的其他材料。

第三百六十八条　人民法院受理申请后，应当在五日内向被申请人送达申请书副本、异议权利告知书等文书。

被申请人有异议的，应当在收到人民法院通知后的五日内向人民法院提出，同时说明理由并提供相应的证据材料。

第三百六十九条　实现担保物权案件可以由审判员一人独任审查。担保财产标的额超过基层人民法院管辖范围的，应当组成合议庭进行审查。

第三百七十条　人民法院审查实现担保物权案件，可以询问申请人、被申请人、利害关系人，必要时可以依职权调查相关事实。

第三百七十一条　人民法院应当就主合同的效力、期限、履行情况，担保物权是否有效设立、担保财产的范围、被担保的债权范围、被担保的债权是否已届清偿期等担保物权实现的条件，以及是否损害他人合法权益等内容进行审查。

被申请人或者利害关系人提出异议的，人民法院应当一并审查。

第三百七十二条　人民法院审查后，按下列情形分别处理：

（一）当事人对实现担保物权无实质性争议且实现担保物权条件成就的，裁定准许拍卖、变卖担保财产；

（二）当事人对实现担保物权有部分实质性争议的，可以就无争议部分裁定准许拍卖、变卖担保财产；

（三）当事人对实现担保物权有实质性争议的，裁定驳回申请，并告知申请人向人民法院提起诉讼。

第三百七十三条　人民法院受理申请后，申请人对担保财产提出保全申请的，可以按照民事诉讼法关于诉讼保全的规定办理。

第三百七十四条　适用特别程序作出的判决、裁定，当事人、利害关系人认为有错误的，可以向作出该判决、裁定的人民法院提出异议。人民法院经审查，异议成立或者部分成立的，作出新的判决、裁定撤销或者改变原判决、裁定；

异议不成立的，裁定驳回。

对人民法院作出的确认调解协议、准许实现担保物权的裁定，当事人有异议的，应当自收到裁定之日起十五日内提出；利害关系人有异议的，自知道或者应当知道其民事权益受到侵害之日起六个月内提出。

十八、审判监督程序

第三百七十五条　当事人死亡或者终止的，其权利义务承继者可以根据民事诉讼法第一百九十九条、第二百零一条的规定申请再审。

判决、调解书生效后，当事人将判决、调解书确认的债权转让，债权受让人对该判决、调解书不服申请再审的，人民法院不予受理。

第三百七十六条　民事诉讼法第一百九十九条规定的人数众多的一方当事人，包括公民、法人和其他组织。

民事诉讼法第一百九十九条规定的当事人双方为公民的案件，是指原告和被告均为公民的案件。

第三百七十七条　当事人申请再审，应当提交下列材料：

（一）再审申请书，并按照被申请人和原审其他当事人的人数提交副本；

（二）再审申请人是自然人的，应当提交身份证明；再审申请人是法人或者其他组织的，应当提交营业执照、组织机构代码证书、法定代表人或者主要负责人身份证明书。委托他人代为申请的，应当提交授权委托书和代理人身份证明；

（三）原审判决书、裁定书、调解书；

（四）反映案件基本事实的主要证据及其他材料。

前款第二项、第三项、第四项规定的材料可以是与原件核对无异的复印件。

第三百七十八条　再审申请书应当记明下列事项：

（一）再审申请人与被申请人及原审其他当事人的基本信息；

（二）原审人民法院的名称，原审裁判文书案号；

（三）具体的再审请求；

（四）申请再审的法定情形及具体事实、理由。

再审申请书应当明确申请再审的人民法院，并由再审申请人签名、捺印或者盖章。

第三百七十九条　当事人一方人数众多或者当事人双方为公民的案件，当事人分别向原审人民法院和上一级人民法院申请再审且不能协商一致的，由原审人民法院受理。

第三百八十条　适用特别程序、督促程序、公示催告程序、破产程序等非讼程序审理的案件，当事人不得申请再审。

第三百八十一条　当事人认为发生法律效力的不予受理、驳回起诉的裁定错误的，可以申请再审。

第三百八十二条　当事人就离婚案件中的财产分割问题申请再审，如涉及判决中已分割的财产，人民法院应当依照民事诉讼法第二百条的规定进行审查，符合再审条件的，应当裁定再审；如涉及判决中未作处理的夫妻共同财产，应当告知当事人另行起诉。

第三百八十三条　当事人申请再审，有下列情形之一的，人民法院不予受理：

（一）再审申请被驳回后再次提出申请的；

（二）对再审判决、裁定提出申请的；

（三）在人民检察院对当事人的申请作出不予提出再审检察建议或者抗诉决定后又提出申请的。

前款第一项、第二项规定情形，人民法院应当告知当事人可以向人民检察院申请再审检察建议或者抗诉，但因人民检察院提出再审检察建议或者抗诉而再审作出的判决、裁定除外。

第三百八十四条　当事人对已经发生法律效力的调解书申请再审，应当在调解书发生法律效力后六个月内提出。

第三百八十五条　人民法院应当自收到符合条件的再审申请书等材料之日起五日内向再审申请人发送受理通知书，并向被申请人及原审其他当事人发送应诉通知书、再审申请书副本等材料。

第三百八十六条　人民法院受理申请再审案件后，应当依照民事诉讼法第二百条、第二百零一条、第二百零四条等规定，对当事人主张的再审事由进行审查。

第三百八十七条　再审申请人提供的新的证据，能够证明原判决、裁定认定基本事实或者裁判结果错误的，应当认定为民事诉讼法第二百条第一项规定的情形。

对于符合前款规定的证据，人民法院应当责令再审申请人说明其逾期提供该证据的理由；拒不说明理由或者理由不成立的，依照民事诉讼法第六十五条第二款和本解释第一百零二条的规定处理。

第三百八十八条　再审申请人证明其提交的新的证据符合下列情形之一的，可以认定逾期提供证据的理由成立：

（一）在原审庭审结束前已经存在，因客观原因于庭审结束后才发现的；

（二）在原审庭审结束前已经发现，但因客观原因无法取得或者在规定的期限内不能提供的；

（三）在原审庭审结束后形成，无法据此另行提起诉讼的。

再审申请人提交的证据在原审中已经提供，原审人民法院未组织质证且未作为裁判根据的，视为逾期提供证据的理由成立，但原审人民法院依照民事诉讼法第六十五条规定不予采纳的除外。

第三百八十九条　当事人对原判决、裁定认定事实的主要证据在原审中拒绝发表质证意见或者质证中未对证据发表质证意见的，不属于民事诉讼法第二百条第四项规定的未经质证的情形。

第三百九十条　有下列情形之一，导致判决、裁定结果错误的，应当认定为民事诉讼法第二百条第六项规定的原判决、裁定适用法律确有错误：

（一）适用的法律与案件性质明显不符的；

（二）确定民事责任明显违背当事人约定或者法律规定的；

（三）适用已经失效或者尚未施行的法律的；

（四）违反法律溯及力规定的；

（五）违反法律适用规则的；

（六）明显违背立法原意的。

第三百九十一条　原审开庭过程中有下列情形之一的，应当认定为民事诉讼法第二百条第九项规定的剥夺当事人辩论权利：

（一）不允许当事人发表辩论意见的；

（二）应当开庭审理而未开庭审理的；

（三）违反法律规定送达起诉状副本或者上诉状副本，致使当事人无法行使辩论权利的；

（四）违法剥夺当事人辩论权利的其他情形。

第三百九十二条　民事诉讼法第二百条第十一项规定的诉讼请求，包括一审诉讼请求、二审上诉请求，但当事人未对一审判决、裁定遗漏或者超出诉讼请求提起上诉的除外。

第三百九十三条　民事诉讼法第二百条第十二项规定的法律文书包括：

（一）发生法律效力的判决书、裁定书、调解书；

（二）发生法律效力的仲裁裁决书；

（三）具有强制执行效力的公证债权文书。

第三百九十四条　民事诉讼法第二百条第十三项规定的审判人员审理该案件时有贪污受贿、徇私舞弊、枉法裁判行为，是指已经由生效刑事法律文书或者纪律处分决定所确认的行为。

第三百九十五条　当事人主张的再审事由成立，且符合民事诉讼法和本解释规定的申请再审条件的，人民法院应当裁定再审。

当事人主张的再审事由不成立，或者当事人申请再审超过法定申请再审期限、超出法定再审事由范围等不符合民事诉讼法和本解释规定的申请再审条件的，人民法院应当裁定驳回再审申请。

第三百九十六条　人民法院对已经发生法律效力的判决、裁定、调解书依法决定再审，依照民事诉讼法第二百零六条规定，需要中止执行的，应当在再审裁定中同时写明中止原判决、裁定、调解书的执行；情况紧急的，可以将中止执行裁定口头通知负责执行的人民法院，并在通知后十日内发出裁定书。

第三百九十七条　人民法院根据审查案件的需要决定是否询问当事人。新的证据可能推翻原判决、裁定的，人民法院应当询问当事人。

第三百九十八条　审查再审申请期间，被申请人及原审其他当事人依法提出再审申请的，人民法院应当将其列为再审申请人，对其再审事由一并审查，审查期限重新计算。经审查，其中一方再审申请人主张的再审事由成立的，应当裁定再审。各方再审申请人主张的再审事由均不成立的，一并裁定驳回再审申请。

第三百九十九条 审查再审申请期间,再审申请人申请人民法院委托鉴定、勘验的,人民法院不予准许。

第四百条 审查再审申请期间,再审申请人撤回再审申请的,是否准许,由人民法院裁定。

再审申请人经传票传唤,无正当理由拒不接受询问的,可以按撤回再审申请处理。

第四百零一条 人民法院准许撤回再审申请或者按撤回再审申请处理后,再审申请人再次申请再审的,不予受理,但有民事诉讼法第二百条第一项、第三项、第十二项、第十三项规定情形,自知道或者应当知道之日起六个月内提出的除外。

第四百零二条 再审申请审查期间,有下列情形之一的,裁定终结审查:

(一)再审申请人死亡或者终止,无权利义务承继者或者权利义务承继者声明放弃再审申请的;

(二)在给付之诉中,负有给付义务的被申请人死亡或者终止,无可供执行的财产,也没有应当承担义务的人的;

(三)当事人达成和解协议且已履行完毕的,但当事人在和解协议中声明不放弃申请再审权利的除外;

(四)他人未经授权以当事人名义申请再审的;

(五)原审或者上一级人民法院已经裁定再审的;

(六)有本解释第三百八十三条第一款规定情形的。

第四百零三条 人民法院审理再审案件应当组成合议庭开庭审理,但按照第二审程序审理,有特殊情况或者双方当事人已经通过其他方式充分表达意见,且书面同意不开庭审理的除外。

符合缺席判决条件的,可以缺席判决。

第四百零四条 人民法院开庭审理再审案件,应当按照下列情形分别进行:

(一)因当事人申请再审的,先由再审申请人陈述再审请求及理由,后由被申请人答辩、其他原审当事人发表意见;

(二)因抗诉再审的,先由抗诉机关宣读抗诉书,再由申请抗诉的当事人陈述,后由被申请人答辩、其他原审当事人发表意见;

(三)人民法院依职权再审,有申诉人的,先由申诉人陈述再审请求及理由,后由被申诉人答辩、其他原审当事人发表意见;

(四)人民法院依职权再审,没有申诉人的,先由原审原告或者原审上诉人陈述,后由原审其他当事人发表意见。

对前款第一项至第三项规定的情形,人民法院应当要求当事人明确其再审请求。

第四百零五条 人民法院审理再审案件应当围绕再审请求进行。当事人的再审请求超出原审诉讼请求的,不予审理;符合另案诉讼条件的,告知当事人可以另行起诉。

被申请人及原审其他当事人在庭审辩论结束前提出的再审请求,符合民事诉讼法第二百零五条规定的,人民法院应当一并审理。

人民法院经再审,发现已经发生法律效力的判决、裁定损害国家利益、社会公共利益、他人合法权益的,应当一并审理。

第四百零六条 再审审理期间,有下列情形之一的,可以裁定终结再审程序:

(一)再审申请人在再审期间撤回再审请求,人民法院准许的;

(二)再审申请人经传票传唤,无正当理由拒不到庭的,或者未经法庭许可中途退庭,按撤回再审请求处理的;

(三)人民检察院撤回抗诉的;

(四)有本解释第四百零二条第一项至第四项规定情形的。

因人民检察院提出抗诉裁定再审的案件,申请抗诉的当事人有前款规定的情形,且不损害国家利益、社会公共利益或者他人合法权益的,人民法院应当裁定终结再审程序。

再审程序终结后,人民法院裁定中止执行的原生效判决自动恢复执行。

第四百零七条 人民法院经再审审理认为,原判决、裁定认定事实清楚、适用法律正确的,应予维持;原判决、裁定认定事实、适用法律虽有瑕疵,但裁判结果正确的,应当在再审判决、裁定中纠正瑕疵后予以维持。

原判决、裁定认定事实、适用法律错误,导致裁判结果错误的,应当依法改判、撤销或者变更。

第四百零八条 按照第二审程序再审的案

件，人民法院经审理认为不符合民事诉讼法规定的起诉条件或者符合民事诉讼法第一百二十四条规定不予受理情形的，应当裁定撤销一、二审判决，驳回起诉。

第四百零九条　人民法院对调解书裁定再审后，按照下列情形分别处理：

（一）当事人提出的调解违反自愿原则的事由不成立，且调解书的内容不违反法律强制性规定的，裁定驳回再审申请；

（二）人民检察院抗诉或者再审检察建议所主张的损害国家利益、社会公共利益的理由不成立的，裁定终结再审程序。

前款规定情形，人民法院裁定中止执行的调解书需要继续执行的，自动恢复执行。

第四百一十条　一审原告在再审审理程序中申请撤回起诉，经其他当事人同意，且不损害国家利益、社会公共利益、他人合法权益的，人民法院可以准许。裁定准许撤诉的，应当一并撤销原判决。

一审原告在再审审理程序中撤回起诉后重复起诉的，人民法院不予受理。

第四百一十一条　当事人提交新的证据致使再审改判，因再审申请人或者申请检察监督当事人的过错未能在原审程序中及时举证，被申请人等当事人请求补偿其增加的交通、住宿、就餐、误工等必要费用的，人民法院应予支持。

第四百一十二条　部分当事人到庭并达成调解协议，其他当事人未作出书面表示的，人民法院应当在判决中对该事实作出表述；调解协议内容不违反法律规定，且不损害其他当事人合法权益的，可以在判决主文中予以确认。

第四百一十三条　人民检察院依法对损害国家利益、社会公共利益的发生法律效力的判决、裁定、调解书提出抗诉，或者经人民检察院检察委员会讨论决定提出再审检察建议的，人民法院应予受理。

第四百一十四条　人民检察院对已经发生法律效力的判决以及不予受理、驳回起诉的裁定依法提出抗诉的，人民法院应予受理，但适用特别程序、督促程序、公示催告程序、破产程序以及解除婚姻关系的判决、裁定等不适用审判监督程序的判决、裁定除外。

第四百一十五条　人民检察院依照民事诉讼法第二百零九条第一款第三项规定对有明显错误的再审判决、裁定提出抗诉或者再审检察建议的，人民法院应予受理。

第四百一十六条　地方各级人民检察院依当事人的申请对生效判决、裁定向同级人民法院提出再审检察建议，符合下列条件的，应予受理：

（一）再审检察建议书和原审当事人申请书及相关证据材料已经提交；

（二）建议再审的对象为依照民事诉讼法和本解释规定可以进行再审的判决、裁定；

（三）再审检察建议书列明该判决、裁定有民事诉讼法第二百零八条第二款规定情形；

（四）符合民事诉讼法第二百零九条第一款第一项、第二项规定情形；

（五）再审检察建议经该人民检察院检察委员会讨论决定。

不符合前款规定的，人民法院可以建议人民检察院予以补正或者撤回；不予补正或者撤回的，应当函告人民检察院不予受理。

第四百一十七条　人民检察院依当事人的申请对生效判决、裁定提出抗诉，符合下列条件的，人民法院应当在三十日内裁定再审：

（一）抗诉书和原审当事人申请书及相关证据材料已经提交；

（二）抗诉对象为依照民事诉讼法和本解释规定可以进行再审的判决、裁定；

（三）抗诉书列明该判决、裁定有民事诉讼法第二百零八条第一款规定情形；

（四）符合民事诉讼法第二百零九条第一款第一项、第二项规定情形。

不符合前款规定的，人民法院可以建议人民检察院予以补正或者撤回；不予补正或者撤回的，人民法院可以裁定不予受理。

第四百一十八条　当事人的再审申请被上级人民法院裁定驳回后，人民检察院对原判决、裁定、调解书提出抗诉，抗诉事由符合民事诉讼法第二百条第一项至第五项规定情形之一的，受理抗诉的人民法院可以交由下一级人民法院再审。

第四百一十九条　人民法院收到再审检察建议后，应当组成合议庭，在三个月内进行审查，发现原判决、裁定、调解书确有错误，需要再审的，依照民事诉讼法第一百九十八条规定裁定再审，并通知当事人；经审查，决定不予再审的,应当书面回复人民检察院。

第四百二十条　人民法院审理因人民检察院抗诉或者检察建议裁定再审的案件,不受此前已经作出的驳回当事人再审申请裁定的影响。

第四百二十一条　人民法院开庭审理抗诉案件,应当在开庭三日前通知人民检察院、当事人和其他诉讼参与人。同级人民检察院或者提出抗诉的人民检察院应当派员出庭。

人民检察院因履行法律监督职责向当事人或者案外人调查核实的情况,应当向法庭提交并予以说明,由双方当事人进行质证。

第四百二十二条　必须共同进行诉讼的当事人因不能归责于本人或者其诉讼代理人的事由未参加诉讼的,可以根据民事诉讼法第二百条第八项规定,自知道或者应当知道之日起六个月内申请再审,但符合本解释第四百二十三条规定情形的除外。

人民法院因前款规定的当事人申请而裁定再审,按照第一审程序再审的,应当追加其为当事人,作出新的判决、裁定;按照第二审程序再审,经调解不能达成协议的,应当撤销原判决、裁定,发回重审,重审时应追加其为当事人。

第四百二十三条　根据民事诉讼法第二百二十七条规定,案外人对驳回其执行异议的裁定不服,认为原判决、裁定、调解书内容错误损害其民事权益的,可以自执行异议裁定送达之日起六个月内,向作出原判决、裁定、调解书的人民法院申请再审。

第四百二十四条　根据民事诉讼法第二百二十七条规定,人民法院裁定再审后,案外人属于必要的共同诉讼当事人的,依照本解释第四百二十二条第二款规定处理。

案外人不是必要的共同诉讼当事人的,人民法院仅审理原判决、裁定、调解书对其民事权益造成损害的内容。经审理,再审请求成立的,撤销或者改变原判决、裁定、调解书;再审请求不成立的,维持原判决、裁定、调解书。

第四百二十五条　本解释第三百四十条规定适用于审判监督程序。

第四百二十六条　对小额诉讼案件的判决、裁定,当事人以民事诉讼法第二百条规定的事由向原审人民法院申请再审的,人民法院应当受理。申请再审事由成立的,应当裁定再审,组成合议庭进行审理。作出的再审判决、裁定,当事人不得上诉。

当事人以不应按小额诉讼案件审理为由向原审人民法院申请再审的,人民法院应当受理。理由成立的,应当裁定再审,组成合议庭审理。作出的再审判决、裁定,当事人可以上诉。

十九、督 促 程 序

第四百二十七条　两个以上人民法院都有管辖权的,债权人可以向其中一个基层人民法院申请支付令。

债权人向两个以上有管辖权的基层人民法院申请支付令的,由最先立案的人民法院管辖。

第四百二十八条　人民法院收到债权人的支付令申请书后,认为申请书不符合要求的,可以通知债权人限期补正。人民法院应当自收到补正材料之日起五日内通知债权人是否受理。

第四百二十九条　债权人申请支付令,符合下列条件的,基层人民法院应当受理,并在收到支付令申请书后五日内通知债权人:

(一)请求给付金钱或者汇票、本票、支票、股票、债券、国库券、可转让的存款单等有价证券;

(二)请求给付的金钱或者有价证券已到期且数额确定,并写明了请求所根据的事实、证据;

(三)债权人没有对待给付义务;

(四)债务人在我国境内且未下落不明;

(五)支付令能够送达债务人;

(六)收到申请书的人民法院有管辖权;

(七)债权人未向人民法院申请诉前保全。

不符合前款规定的,人民法院应当在收到支付令申请书后五日内通知债权人不予受理。

基层人民法院受理申请支付令案件,不受债权金额的限制。

第四百三十条　人民法院受理申请后,由审判员一人进行审查。经审查,有下列情形之一的,裁定驳回申请:

(一)申请人不具备当事人资格的;

(二)给付金钱或者有价证券的证明文件没有约定逾期给付利息或者违约金、赔偿金,债权人坚持要求给付利息或者违约金、赔偿金的;

(三)要求给付的金钱或者有价证券属于

违法所得的；

（四）要求给付的金钱或者有价证券尚未到期或者数额不确定的。

人民法院受理支付令申请后，发现不符合本解释规定的受理条件的，应当在受理之日起十五日内裁定驳回申请。

第四百三十一条　向债务人本人送达支付令，债务人拒绝接收的，人民法院可以留置送达。

第四百三十二条　有下列情形之一的，人民法院应当裁定终结督促程序，已发出支付令的，支付令自行失效：

（一）人民法院受理支付令申请后，债权人就同一债权债务关系又提起诉讼的；

（二）人民法院发出支付令之日起三十日内无法送达债务人的；

（三）债务人收到支付令前，债权人撤回申请的。

第四百三十三条　债务人在收到支付令后，未在法定期间提出书面异议，而向其他人民法院起诉的，不影响支付令的效力。

债务人超过法定期间提出异议的，视为未提出异议。

第四百三十四条　债权人基于同一债权债务关系，在同一支付令申请中向债务人提出多项支付请求，债务人仅就其中一项或者几项请求提出异议的，不影响其他各项请求的效力。

第四百三十五条　债权人基于同一债权债务关系，就可分之债向多个债务人提出支付请求，多个债务人中的一人或者几人提出异议的，不影响其他请求的效力。

第四百三十六条　对设有担保的债务的主债务人发出的支付令，对担保人没有拘束力。

债权人就担保关系单独提起诉讼的，支付令自人民法院受理案件之日起失效。

第四百三十七条　经形式审查，债务人提出的书面异议有下列情形之一的，应当认定异议成立，裁定终结督促程序，支付令自行失效：

（一）本解释规定的不予受理申请情形的；

（二）本解释规定的裁定驳回申请情形的；

（三）本解释规定的应当裁定终结督促程序情形的；

（四）人民法院对是否符合发出支付令条件产生合理怀疑的。

第四百三十八条　债务人对债务本身没有异议，只是提出缺乏清偿能力、延缓债务清偿期限、变更债务清偿方式等异议的，不影响支付令的效力。

人民法院经审查认为异议不成立的，裁定驳回。

债务人的口头异议无效。

第四百三十九条　人民法院作出终结督促程序或者驳回异议裁定前，债务人请求撤回异议的，应当裁定准许。

债务人对撤回异议反悔的，人民法院不予支持。

第四百四十条　支付令失效后，申请支付令的一方当事人不同意提起诉讼的，应当自收到终结督促程序裁定之日起七日内向受理申请的人民法院提出。

申请支付令的一方当事人不同意提起诉讼的，不影响其向其他有管辖权的人民法院提起诉讼。

第四百四十一条　支付令失效后，申请支付令的一方当事人自收到终结督促程序裁定之日起七日内未向受理申请的人民法院表明不同意提起诉讼的，视为向受理申请的人民法院起诉。

债权人提出支付令申请的时间，即为向人民法院起诉的时间。

第四百四十二条　债权人向人民法院申请执行支付令的期间，适用民事诉讼法第二百三十九条的规定。

第四百四十三条　人民法院院长发现本院已经发生法律效力的支付令确有错误，认为需要撤销的，应当提交本院审判委员会讨论决定后，裁定撤销支付令，驳回债权人的申请。

二十、公示催告程序

第四百四十四条　民事诉讼法第二百一十八条规定的票据持有人，是指票据被盗、遗失或者灭失前的最后持有人。

第四百四十五条　人民法院收到公示催告的申请后，应当立即审查，并决定是否受理。经审查认为符合受理条件的，通知予以受理，并同时通知支付人停止支付；认为不符合受理条件的，七日内裁定驳回申请。

第四百四十六条　因票据丧失，申请公示催告的，人民法院应结合票据存根、丧失票据的复印件、出票人关于签发票据的证明、申请人合法取得票据的证明、银行挂失止付通知书、报案证明等证据，决定是否受理。

第四百四十七条　人民法院依照民事诉讼法第二百一十九条规定发出的受理申请的公告，应当写明下列内容：

（一）公示催告申请人的姓名或者名称；

（二）票据的种类、号码、票面金额、出票人、背书人、持票人、付款期限等事项以及其他可以申请公示催告的权利凭证的种类、号码、权利范围、权利人、义务人、行权日期等事项；

（三）申报权利的期间；

（四）在公示催告期间转让票据等权利凭证，利害关系人不申报的法律后果。

第四百四十八条　公告应当在有关报纸或者其他媒体上刊登，并于同日公布于人民法院公告栏内。人民法院所在地有证券交易所的，还应当同日在该交易所公布。

第四百四十九条　公告期间不得少于六十日，且公示催告期间届满日不得早于票据付款日后十五日。

第四百五十条　在申报期届满后、判决作出之前，利害关系人申报权利的，应当适用民事诉讼法第二百二十一条第二款、第三款规定处理。

第四百五十一条　利害关系人申报权利，人民法院应当通知其向法院出示票据，并通知公示催告申请人在指定的期间查看该票据。公示催告申请人申请公示催告的票据与利害关系人出示的票据不一致的，应当裁定驳回利害关系人的申报。

第四百五十二条　在申报权利的期间无人申报权利，或者申报被驳回的，申请人应当自公示催告期间届满之日起一个月内申请作出判决。逾期不申请判决的，终结公示催告程序。

裁定终结公示催告程序的，应当通知申请人和支付人。

第四百五十三条　判决公告之日起，公示催告申请人有权依据判决向付款人请求付款。

付款人拒绝付款，申请人向人民法院起诉，符合民事诉讼法第一百一十九条规定的起诉条件的，人民法院应予受理。

第四百五十四条　适用公示催告程序审理案件，可由审判员一人独任审理；判决宣告票据无效的，应当组成合议庭审理。

第四百五十五条　公示催告申请人撤回申请，应在公示催告前提出；公示催告期间申请撤回的，人民法院可以径行裁定终结公示催告程序。

第四百五十六条　人民法院依照民事诉讼法第二百二十条规定通知支付人停止支付，应当符合有关财产保全的规定。支付人收到停止支付通知后拒不止付的，除可依照民事诉讼法第一百一十一条、第一百一十四条规定采取强制措施外，在判决后，支付人仍应承担付款义务。

第四百五十七条　人民法院依照民事诉讼法第二百二十一条规定终结公示催告程序后，公示催告申请人或者申报人向人民法院提起诉讼，因票据权利纠纷提起的，由票据支付地或者被告住所地人民法院管辖；因非票据权利纠纷提起的，由被告住所地人民法院管辖。

第四百五十八条　依照民事诉讼法第二百二十一条规定制作的终结公示催告程序的裁定书，由审判员、书记员署名，加盖人民法院印章。

第四百五十九条　依照民事诉讼法第二百二十三条的规定，利害关系人向人民法院起诉的，人民法院可按票据纠纷适用普通程序审理。

第四百六十条　民事诉讼法第二百二十三条规定的正当理由，包括：

（一）因发生意外事件或者不可抗力致使利害关系人无法知道公告事实的；

（二）利害关系人因被限制人身自由而无法知道公告事实，或者虽然知道公告事实，但无法自己或者委托他人代为申报权利的；

（三）不属于法定申请公示催告情形的；

（四）未予公告或者未按法定方式公告的；

（五）其他导致利害关系人在判决作出前未能向人民法院申报权利的客观事由。

第四百六十一条　根据民事诉讼法第二百二十三条的规定，利害关系人请求人民法院撤销除权判决的，应当将申请人列为被告。

利害关系人仅诉请确认其为合法持票人的，人民法院应当在裁判文书中写明，确认利害关系人为票据权利人的判决作出后，除权判决即被撤销。

二十一、执行程序

第四百六十二条 发生法律效力的实现担保物权裁定、确认调解协议裁定、支付令,由作出裁定、支付令的人民法院或者与其同级的被执行财产所在地的人民法院执行。

认定财产无主的判决,由作出判决的人民法院将无主财产收归国家或者集体所有。

第四百六十三条 当事人申请人民法院执行的生效法律文书应当具备下列条件:

(一)权利义务主体明确;

(二)给付内容明确。

法律文书确定继续履行合同的,应当明确继续履行的具体内容。

第四百六十四条 根据民事诉讼法第二百二十七条规定,案外人对执行标的提出异议的,应当在该执行标的执行程序终结前提出。

第四百六十五条 案外人对执行标的提出的异议,经审查,按照下列情形分别处理:

(一)案外人对执行标的不享有足以排除强制执行的权益的,裁定驳回其异议;

(二)案外人对执行标的享有足以排除强制执行的权益的,裁定中止执行。

驳回案外人执行异议裁定送达案外人之日起十五日内,人民法院不得对执行标的进行处分。

第四百六十六条 申请执行人与被执行人达成和解协议后请求中止执行或者撤回执行申请的,人民法院可以裁定中止执行或者终结执行。

第四百六十七条 一方当事人不履行或者不完全履行在执行中双方自愿达成的和解协议,对方当事人申请执行原生效法律文书的,人民法院应当恢复执行,但和解协议已履行的部分应当扣除。和解协议已经履行完毕的,人民法院不予恢复执行。

第四百六十八条 申请恢复执行原生效法律文书,适用民事诉讼法第二百三十九条申请执行期间的规定。申请执行期间因达成执行中的和解协议而中断,其期间自和解协议约定履行期限的最后一日起重新计算。

第四百六十九条 人民法院依照民事诉讼法第二百三十一条规定决定暂缓执行的,如果担保是有期限的,暂缓执行的期限应当与担保期限一致,但最长不得超过一年。被执行人或者担保人对担保的财产在暂缓执行期间有转移、隐藏、变卖、毁损等行为的,人民法院可以恢复强制执行。

第四百七十条 根据民事诉讼法第二百三十一条规定向人民法院提供执行担保的,可以由被执行人或者他人提供财产担保,也可以由他人提供保证。担保人应当具有代为履行或者代为承担赔偿责任的能力。

他人提供执行保证的,应当向执行法院出具保证书,并将保证书副本送交申请执行人。被执行人或者他人提供财产担保的,应当参照物权法、担保法的有关规定办理相应手续。

第四百七十一条 被执行人在人民法院决定暂缓执行的期限届满后仍不履行义务的,人民法院可以直接执行担保财产,或者裁定执行担保人的财产,但执行担保人的财产以担保人应当履行义务部分的财产为限。

第四百七十二条 依照民事诉讼法第二百三十二条规定,执行中作为被执行人的法人或者其他组织分立、合并的,人民法院可以裁定变更后的法人或者其他组织为被执行人;被注销的,如果依照有关实体法的规定有权利义务承受人的,可以裁定该权利义务承受人为被执行人。

第四百七十三条 其他组织在执行中不能履行法律文书确定的义务的,人民法院可以裁定执行对该其他组织依法承担义务的法人或者公民个人的财产。

第四百七十四条 在执行中,作为被执行人的法人或者其他组织名称变更的,人民法院可以裁定变更后的法人或者其他组织为被执行人。

第四百七十五条 作为被执行人的公民死亡,其遗产继承人没有放弃继承的,人民法院可以裁定变更被执行人,由该继承人在遗产的范围内偿还债务。继承人放弃继承的,人民法院可以直接执行被执行人的遗产。

第四百七十六条 法律规定由人民法院执行的其他法律文书执行完毕后,该法律文书被有关机关或者组织依法撤销的,经当事人申请,适用民事诉讼法第二百三十三条规定。

第四百七十七条 仲裁机构裁决的事项,

部分有民事诉讼法第二百三十七条第二款、第三款规定情形的,人民法院应当裁定对该部分不予执行。

应当不予执行部分与其他部分不可分的,人民法院应当裁定不予执行仲裁裁决。

第四百七十八条　依照民事诉讼法第二百三十七条第二款、第三款规定,人民法院裁定不予执行仲裁裁决后,当事人对该裁定提出执行异议或者复议的,人民法院不予受理。当事人可以就该民事纠纷重新达成书面仲裁协议申请仲裁,也可以向人民法院起诉。

第四百七十九条　在执行中,被执行人通过仲裁程序将人民法院查封、扣押、冻结的财产确权或者分割给案外人的,不影响人民法院执行程序的进行。

案外人不服的,可以根据民事诉讼法第二百二十七条规定提出异议。

第四百八十条　有下列情形之一的,可以认定为民事诉讼法第二百三十八条第二款规定的公证债权文书确有错误:

(一)公证债权文书属于不得赋予强制执行效力的债权文书的;

(二)被执行人一方未亲自或者未委托代理人到场公证等严重违反法律规定的公证程序的;

(三)公证债权文书的内容与事实不符或者违反法律强制性规定的;

(四)公证债权文书未载明被执行人不履行义务或者不完全履行义务时同意接受强制执行的。

人民法院认定执行该公证债权文书违背社会公共利益的,裁定不予执行。

公证债权文书被裁定不予执行后,当事人、公证事项的利害关系人可以就债权争议提起诉讼。

第四百八十一条　当事人请求不予执行仲裁裁决或者公证债权文书的,应当在执行终结前向执行法院提出。

第四百八十二条　人民法院应当在收到申请执行书或者移交执行书后十日内发出执行通知。

执行通知中除应责令被执行人履行法律文书确定的义务外,还应通知其承担民事诉讼法第二百五十三条规定的迟延履行利息或者迟延履行金。

第四百八十三条　申请执行人超过申请执行时效期间向人民法院申请强制执行的,人民法院应予受理。被执行人对申请执行时效期间提出异议,人民法院经审查异议成立的,裁定不予执行。

被执行人履行全部或者部分义务后,又以不知道申请执行时效期间届满为由请求执行回转的,人民法院不予支持。

第四百八十四条　对必须接受调查询问的被执行人、被执行人的法定代表人、负责人或者实际控制人,经依法传唤无正当理由拒不到场的,人民法院可以拘传其到场。

人民法院应当及时对被拘传人进行调查询问,调查询问的时间不得超过八小时;情况复杂,依法可能采取拘留措施的,调查询问的时间不得超过二十四小时。

人民法院在本辖区以外采取拘传措施时,可以将被拘传人拘传到当地人民法院,当地人民法院应予协助。

第四百八十五条　人民法院有权查询被执行人的身份信息与财产信息,掌握相关信息的单位和个人必须按照协助执行通知书办理。

第四百八十六条　对被执行的财产,人民法院非经查封、扣押、冻结不得处分。对银行存款等各类可以直接扣划的财产,人民法院的扣划裁定同时具有冻结的法律效力。

第四百八十七条　人民法院冻结被执行人的银行存款的期限不得超过一年,查封、扣押动产的期限不得超过两年,查封不动产、冻结其他财产权的期限不得超过三年。

申请执行人申请延长期限的,人民法院应当在查封、扣押、冻结期限届满前办理续行查封、扣押、冻结手续,续行期限不得超过前款规定的期限。

人民法院也可以依职权办理续行查封、扣押、冻结手续。

第四百八十八条　依照民事诉讼法第二百四十七条规定,人民法院在执行中需要拍卖被执行人财产的,可以由人民法院自行组织拍卖,也可以交由具备相应资质的拍卖机构拍卖。

交拍卖机构拍卖的,人民法院应当对拍卖活动进行监督。

第四百八十九条　拍卖评估需要对现场进

行检查、勘验的，人民法院应当责令被执行人、协助义务人予以配合。被执行人、协助义务人不予配合的，人民法院可以强制进行。

第四百九十条 人民法院在执行中需要变卖被执行人财产的，可以交有关单位变卖，也可以由人民法院直接变卖。

对变卖的财产，人民法院或者其工作人员不得买受。

第四百九十一条 经申请执行人和被执行人同意，且不损害其他债权人合法权益和社会公共利益的，人民法院可以不经拍卖、变卖，直接将被执行人的财产作价交申请执行人抵偿债务。对剩余债务，被执行人应当继续清偿。

第四百九十二条 被执行人的财产无法拍卖或者变卖的，经申请执行人同意，且不损害其他债权人合法权益和社会公共利益的，人民法院可以将该项财产作价后交付申请执行人抵偿债务，或者交付申请执行人管理；申请执行人拒绝接收或者管理的，退回被执行人。

第四百九十三条 拍卖成交或者依法定程序裁定以物抵债的，标的物所有权自拍卖成交裁定或者抵债裁定送达买受人或者接受抵债物的债权人时转移。

第四百九十四条 执行标的物为特定物的，应当执行原物。原物确已毁损或者灭失的，经双方当事人同意，可以折价赔偿。

双方当事人对折价赔偿不能协商一致的，人民法院应当终结执行程序。申请执行人可以另行起诉。

第四百九十五条 他人持有法律文书指定交付的财物或者票证，人民法院依照民事诉讼法第二百四十九条第二款、第三款规定发出协助执行通知后，拒不转交的，可以强制执行，并可依照民事诉讼法第一百一十四条、第一百一十五条规定处理。

他人持有期间财物或者票证毁损、灭失的，参照本解释第四百九十四条规定处理。

他人主张合法持有财物或者票证的，可以根据民事诉讼法第二百二十七条规定提出执行异议。

第四百九十六条 在执行中，被执行人隐匿财产、会计账簿等资料的，人民法院除可依照民事诉讼法第一百一十一条第一款第六项规定对其处理外，还应责令被执行人交出隐匿的财产、会计账簿等资料。被执行人拒不交出的，人民法院可以采取搜查措施。

第四百九十七条 搜查人员应当按规定着装并出示搜查令和工作证件。

第四百九十八条 人民法院搜查时禁止无关人员进入搜查现场；搜查对象是公民的，应当通知被执行人或者他的成年家属以及基层组织派员到场；搜查对象是法人或者其他组织的，应当通知法定代表人或者主要负责人到场。拒不到场的，不影响搜查。

搜查妇女身体，应当由女执行人员进行。

第四百九十九条 搜查中发现应当依法采取查封、扣押措施的财产，依照民事诉讼法第二百四十五条第二款和第二百四十七条规定办理。

第五百条 搜查应当制作搜查笔录，由搜查人员、被搜查人及其他在场人签名、捺印或者盖章。拒绝签名、捺印或者盖章的，应当记入搜查笔录。

第五百零一条 人民法院执行被执行人对他人的到期债权，可以作出冻结债权的裁定，并通知该他人向申请执行人履行。

该他人对到期债权有异议，申请执行人请求对异议部分强制执行的，人民法院不予支持。利害关系人对到期债权有异议的，人民法院应当按照民事诉讼法第二百二十七条规定处理。

对生效法律文书确定的到期债权，该他人予以否认的，人民法院不予支持。

第五百零二条 人民法院在执行中需要办理房产证、土地证、林权证、专利证书、商标证书、车船执照等有关财产权证照转移手续的，可以依照民事诉讼法第二百五十一条规定办理。

第五百零三条 被执行人不履行生效法律文书确定的行为义务，该义务可由他人完成的，人民法院可以选定代履行人；法律、行政法规对履行该行为义务有资格限制的，应当从有资格的人中选定。必要时，可以通过招标的方式确定代履行人。

申请执行人可以在符合条件的人中推荐代履行人，也可以申请自己代为履行，是否准许，由人民法院决定。

第五百零四条 代履行费用的数额由人民法院根据案件具体情况确定，并由被执行人在指定期限内预先支付。被执行人未预付的，人民法院可以对该费用强制执行。

代履行结束后，被执行人可以查阅、复制费用清单以及主要凭证。

第五百零五条 被执行人不履行法律文书指定的行为，且该项行为只能由被执行人完成的，人民法院可以依照民事诉讼法第一百一十一条第一款第六项规定处理。

被执行人在人民法院确定的履行期间内仍不履行的，人民法院可以依照民事诉讼法第一百一十一条第一款第六项规定再次处理。

第五百零六条 被执行人迟延履行的，迟延履行期间的利息或者迟延履行金自判决、裁定和其他法律文书指定的履行期间届满之日起计算。

第五百零七条 被执行人未按判决、裁定和其他法律文书指定的期间履行非金钱给付义务的，无论是否已给申请执行人造成损失，都应当支付迟延履行金。已经造成损失的，双倍补偿申请执行人已经受到的损失；没有造成损失的，迟延履行金可以由人民法院根据具体案件情况决定。

第五百零八条 被执行人为公民或者其他组织，在执行程序开始后，被执行人的其他已经取得执行依据的债权人发现被执行人的财产不能清偿所有债权的，可以向人民法院申请参与分配。

对人民法院查封、扣押、冻结的财产有优先权、担保物权的债权人，可以直接申请参与分配，主张优先受偿权。

第五百零九条 申请参与分配，申请人应当提交申请书。申请书应当写明参与分配和被执行人不能清偿所有债权的事实、理由，并附有执行依据。

参与分配申请应当在执行程序开始后，被执行人的财产执行终结前提出。

第五百一十条 参与分配执行中，执行所得价款扣除执行费用，并清偿应当优先受偿的债权后，对于普通债权，原则上按照其占全部申请参与分配债权数额的比例受偿。清偿后的剩余债务，被执行人应当继续清偿。债权人发现被执行人有其他财产的，可以随时请求人民法院执行。

第五百一十一条 多个债权人对执行财产申请参与分配的，执行法院应当制作财产分配方案，并送达各债权人和被执行人。债权人或者被执行人对分配方案有异议的，应当自收到分配方案之日起十五日内向执行法院提出书面异议。

第五百一十二条 债权人或者被执行人对分配方案提出书面异议的，执行法院应当通知未提出异议的债权人、被执行人。未提出异议的债权人、被执行人自收到通知之日起十五日内未提出反对意见的，执行法院依异议人的意见对分配方案审查修正后进行分配；提出反对意见的，应当通知异议人。异议人可以自收到通知之日起十五日内，以提出反对意见的债权人、被执行人为被告，向执行法院提起诉讼；异议人逾期未提起诉讼的，执行法院按照原分配方案进行分配。

诉讼期间进行分配的，执行法院应当提存与争议债权数额相应的款项。

第五百一十三条 在执行中，作为被执行人的企业法人符合企业破产法第二条第一款规定情形的，执行法院经申请执行人之一或者被执行人同意，应当裁定中止对该被执行人的执行，将执行案件相关材料移送被执行人住所地人民法院。

第五百一十四条 被执行人住所地人民法院应当自收到执行案件相关材料之日起三十日内，将是否受理破产案件的裁定告知执行法院。不予受理的，应当将相关案件材料退回执行法院。

第五百一十五条 被执行人住所地人民法院裁定受理破产案件的，执行法院应当解除对被执行人财产的保全措施。被执行人住所地人民法院裁定宣告被执行人破产的，执行法院应当裁定终结对该被执行人的执行。

被执行人住所地人民法院不受理破产案件的，执行法院应当恢复执行。

第五百一十六条 当事人不同意移送破产或者被执行人住所地人民法院不受理破产案件的，执行法院就执行变价所得财产，在扣除执行费用及清偿优先受偿的债权后，对于普通债权，按照财产保全和执行中查封、扣押、冻结财产的先后顺序清偿。

第五百一十七条 债权人根据民事诉讼法第二百五十四条规定请求人民法院继续执行的，不受民事诉讼法第二百三十九条规定申请执行时效期间的限制。

第五百一十八条 被执行人不履行法律文书确定的义务的，人民法院除对被执行人予以处罚外，还可以根据情节将其纳入失信被执行人名单，将被执行人不履行或者不完全履行义务的信息向其所在单位、征信机构以及其他相关机构通报。

第五百一十九条 经过财产调查未发现可供执行的财产，在申请执行人签字确认或者执行法院组成合议庭审查核实并经院长批准后，可以裁定终结本次执行程序。

依照前款规定终结执行后，申请执行人发现被执行人有可供执行财产的，可以再次申请执行。再次申请不受申请执行时效期间的限制。

第五百二十条 因撤销申请而终结执行后，当事人在民事诉讼法第二百三十九条规定的申请执行时效期间内再次申请执行的，人民法院应当受理。

第五百二十一条 在执行终结六个月内，被执行人或者其他人对已执行的标的有妨害行为的，人民法院可以依申请排除妨害，并可以依照民事诉讼法第一百一十一条规定进行处罚。因妨害行为给执行债权人或者其他人造成损失的，受害人可以另行起诉。

二十二、涉外民事诉讼程序的特别规定

第五百二十二条 有下列情形之一，人民法院可以认定为涉外民事案件：

（一）当事人一方或者双方是外国人、无国籍人、外国企业或者组织的；

（二）当事人一方或者双方的经常居所地在中华人民共和国领域外的；

（三）标的物在中华人民共和国领域外的；

（四）产生、变更或者消灭民事关系的法律事实发生在中华人民共和国领域外的；

（五）可以认定为涉外民事案件的其他情形。

第五百二十三条 外国人参加诉讼，应当向人民法院提交护照等用以证明自己身份的证件。

外国企业或者组织参加诉讼，向人民法院提交的身份证明文件，应当经所在国公证机关公证，并经中华人民共和国驻该国使领馆认证，或者履行中华人民共和国与该所在国订立的有关条约中规定的证明手续。

代表外国企业或者组织参加诉讼的人，应当向人民法院提交其有权作为代表人参加诉讼的证明，该证明应当经所在国公证机关公证，并经中华人民共和国驻该国使领馆认证，或者履行中华人民共和国与该所在国订立的有关条约中规定的证明手续。

本条所称的"所在国"，是指外国企业或者组织的设立登记地国，也可以是办理了营业登记手续的第三国。

第五百二十四条 依照民事诉讼法第二百六十四条以及本解释第五百二十三条规定，需要办理公证、认证手续，而外国当事人所在国与中华人民共和国没有建立外交关系的，可以经该国公证机关公证，经与中华人民共和国有外交关系的第三国驻该国使领馆认证，再转由中华人民共和国驻该第三国使领馆认证。

第五百二十五条 外国人、外国企业或者组织的代表人在人民法院法官的见证下签署授权委托书，委托代理人进行民事诉讼的，人民法院应予认可。

第五百二十六条 外国人、外国企业或者组织的代表人在中华人民共和国境内签署授权委托书，委托代理人进行民事诉讼，经中华人民共和国公证机构公证的，人民法院应予认可。

第五百二十七条 当事人向人民法院提交的书面材料是外文的，应当同时向人民法院提交中文翻译件。

当事人对中文翻译件有异议的，应当共同委托翻译机构提供翻译文本；当事人对翻译机构的选择不能达成一致的，由人民法院确定。

第五百二十八条 涉外民事诉讼中的外籍当事人，可以委托本国人为诉讼代理人，也可以委托本国律师以非律师身份担任诉讼代理人；外国驻华使领馆官员，受本国公民的委托，可以以个人名义担任诉讼代理人，但在诉讼中不享有外交或者领事特权和豁免。

第五百二十九条 涉外民事诉讼中，外国驻华使领馆授权其本馆官员，在作为当事人的本国国民不在中华人民共和国领域内的情况下，可以以外交代表身份为其本国国民在中华

人民共和国聘请中华人民共和国律师或者中华人民共和国公民代理民事诉讼。

第五百三十条　涉外民事诉讼中,经调解双方达成协议,应当制发调解书。当事人要求发给判决书的,可以依协议的内容制作判决书送达当事人。

第五百三十一条　涉外合同或者其他财产权益纠纷的当事人,可以书面协议选择被告住所地、合同履行地、合同签订地、原告住所地、标的物所在地、侵权行为地等与争议有实际联系地点的外国法院管辖。

根据民事诉讼法第三十三条和第二百六十六条规定,属于中华人民共和国法院专属管辖的案件,当事人不得协议选择外国法院管辖,但协议选择仲裁的除外。

第五百三十二条　涉外民事案件同时符合下列情形的,人民法院可以裁定驳回原告的起诉,告知其向更方便的外国法院提起诉讼:

(一)被告提出案件应由更方便外国法院管辖的请求,或者提出管辖异议;

(二)当事人之间不存在选择中华人民共和国法院管辖的协议;

(三)案件不属于中华人民共和国法院专属管辖;

(四)案件不涉及中华人民共和国国家、公民、法人或者其他组织的利益;

(五)案件争议的主要事实不是发生在中华人民共和国境内,且案件不适用中华人民共和国法律,人民法院审理案件在认定事实和适用法律方面存在重大困难;

(六)外国法院对案件享有管辖权,且审理该案件更加方便。

第五百三十三条　中华人民共和国法院和外国法院都有管辖权的案件,一方当事人向外国法院起诉,而另一方当事人向中华人民共和国法院起诉的,人民法院可予受理。判决后,外国法院申请或者当事人请求人民法院承认和执行外国法院对本案作出的判决、裁定的,不予准许;但双方共同缔结或者参加的国际条约另有规定的除外。

外国法院判决、裁定已经被人民法院承认,当事人就同一争议向人民法院起诉的,人民法院不予受理。

第五百三十四条　对在中华人民共和国领域内没有住所的当事人,经用公告方式送达诉讼文书,公告期满不应诉,人民法院缺席判决后,仍应当将裁判文书依照民事诉讼法第二百六十七条第八项规定公告送达。自公告送达裁判文书满三个月之日起,经过三十日的上诉期当事人没有上诉的,一审判决即发生法律效力。

第五百三十五条　外国人或者外国企业、组织的代表人、主要负责人在中华人民共和国领域内的,人民法院可以向该自然人或者外国企业、组织的代表人、主要负责人送达。

外国企业、组织的主要负责人包括该企业、组织的董事、监事、高级管理人员等。

第五百三十六条　受送达人所在国允许邮寄送达的,人民法院可以邮寄送达。

邮寄送达时应当附有送达回证。受送达人未在送达回证上签收但在邮件回执上签收的,视为送达,签收日期为送达日期。

自邮寄之日起满三个月,如果未收到送达的证明文件,且根据各种情况不足以认定已经送达的,视为不能用邮寄方式送达。

第五百三十七条　人民法院一审时采取公告方式向当事人送达诉讼文书的,二审时可径行采取公告方式向其送达诉讼文书,但人民法院能够采取公告方式之外的其他方式送达的除外。

第五百三十八条　不服第一审人民法院判决、裁定的上诉期,对在中华人民共和国领域内有住所的当事人,适用民事诉讼法第一百六十四条规定的期限;对在中华人民共和国领域内没有住所的当事人,适用民事诉讼法第二百六十九条规定的期限。当事人的上诉期均已届满没有上诉的,第一审人民法院的判决、裁定即发生法律效力。

第五百三十九条　人民法院对涉外民事案件的当事人申请再审进行审查的期间,不受民事诉讼法第二百零四条规定的限制。

第五百四十条　申请人向人民法院申请执行中华人民共和国涉外仲裁机构的裁决,应当提出书面申请,并附裁决书正本。如申请人为外国当事人,其申请书应当用中文文本提出。

第五百四十一条　人民法院强制执行涉外仲裁机构的仲裁裁决时,被执行人以有民事诉讼法第二百七十四条第一款规定的情形为由提出抗辩的,人民法院应当对被执行人的抗辩进行审查，并根据审查结果裁定执行或者不予执行。

第五百四十二条　依照民事诉讼法第二百七十二条规定，中华人民共和国涉外仲裁机构将当事人的保全申请提交人民法院裁定的，人民法院可以进行审查，裁定是否进行保全。裁定保全的，应当责令申请人提供担保，申请人不提供担保的，裁定驳回申请。

当事人申请证据保全，人民法院经审查认为无需提供担保的，申请人可以不提供担保。

第五百四十三条　申请人向人民法院申请承认和执行外国法院作出的发生法律效力的判决、裁定，应当提交申请书，并附外国法院作出的发生法律效力的判决、裁定正本或者经证明无误的副本以及中文译本。外国法院判决、裁定为缺席判决、裁定的，申请人应当同时提交该外国法院已经合法传唤的证明文件，但判决、裁定已经对此予以明确说明的除外。

中华人民共和国缔结或者参加的国际条约对提交文件有规定的，按照规定办理。

第五百四十四条　当事人向中华人民共和国有管辖权的中级人民法院申请承认和执行外国法院作出的发生法律效力的判决、裁定的，如果该法院所在国与中华人民共和国没有缔结或者共同参加国际条约，也没有互惠关系的，裁定驳回申请，但当事人向人民法院申请承认外国法院作出的发生法律效力的离婚判决的除外。

承认和执行申请被裁定驳回的，当事人可以向人民法院起诉。

第五百四十五条　对临时仲裁庭在中华人民共和国领域外作出的仲裁裁决，一方当事人向人民法院申请承认和执行的，人民法院应当依照民事诉讼法第二百八十三条规定处理。

第五百四十六条　对外国法院作出的发生法律效力的判决、裁定或者外国仲裁裁决，需要中华人民共和国法院执行的，当事人应当先向人民法院申请承认。人民法院经审查，裁定承认后，再根据民事诉讼法第三编的规定予以执行。

当事人仅申请承认而未同时申请执行的，人民法院仅对应否承认进行审查并作出裁定。

第五百四十七条　当事人申请承认和执行外国法院作出的发生法律效力的判决、裁定或者外国仲裁裁决的期间，适用民事诉讼法第二百三十九条的规定。

当事人仅申请承认而未同时申请执行的，申请执行的期间自人民法院对承认申请作出的裁定生效之日起重新计算。

第五百四十八条　承认和执行外国法院作出的发生法律效力的判决、裁定或者外国仲裁裁决的案件，人民法院应当组成合议庭进行审查。

人民法院应当将申请书送达被申请人。被申请人可以陈述意见。

人民法院经审查作出的裁定，一经送达即发生法律效力。

第五百四十九条　与中华人民共和国没有司法协助条约又无互惠关系的国家的法院，未通过外交途径，直接请求人民法院提供司法协助的，人民法院应予退回，并说明理由。

第五百五十条　当事人在中华人民共和国领域外使用中华人民共和国法院的判决书、裁定书，要求中华人民共和国法院证明其法律效力的，或者外国法院要求中华人民共和国法院证明判决书、裁定书的法律效力的，作出判决、裁定的中华人民共和国法院，可以本法院的名义出具证明。

第五百五十一条　人民法院审理涉及香港、澳门特别行政区和台湾地区的民事诉讼案件，可以参照适用涉外民事诉讼程序的特别规定。

二十三、附　　则

第五百五十二条　本解释公布施行后，最高人民法院于1992年7月14日发布的《关于适用〈中华人民共和国民事诉讼法〉若干问题的意见》同时废止；最高人民法院以前发布的司法解释与本解释不一致的，不再适用。

最高人民法院关于适用《中华人民共和国行政诉讼法》的解释

(2015年4月22日　法释〔2015〕9号)

为正确适用第十二届全国人民代表大会常务委员会第十一次会议决定修改的《中华人民共和国行政诉讼法》,结合人民法院行政审判工作实际,现就有关条款的适用问题解释如下:

第一条　人民法院对符合起诉条件的案件应当立案,依法保障当事人行使诉讼权利。

对当事人依法提起的诉讼,人民法院应当根据行政诉讼法第五十一条的规定,一律接收起诉状。能够判断符合起诉条件的,应当当场登记立案;当场不能判断是否符合起诉条件的,应当在接收起诉状后七日内决定是否立案;七日内仍不能作出判断的,应当先予立案。

起诉状内容或者材料欠缺的,人民法院应当一次性全面告知当事人需要补正的内容、补充的材料及期限。在指定期限内补正并符合起诉条件的,应当登记立案。当事人拒绝补正或者经补正仍不符合起诉条件的,裁定不予立案,并载明不予立案的理由。

当事人对不予立案裁定不服的,可以提起上诉。

第二条　行政诉讼法第四十九条第三项规定的"有具体的诉讼请求"是指:

(一)请求判决撤销或者变更行政行为;

(二)请求判决行政机关履行法定职责或者给付义务;

(三)请求判决确认行政行为违法;

(四)请求判决确认行政行为无效;

(五)请求判决行政机关予以赔偿或者补偿;

(六)请求解决行政协议争议;

(七)请求一并审查规章以下规范性文件;

(八)请求一并解决相关民事争议;

(九)其他诉讼请求。

当事人未能正确表达诉讼请求的,人民法院应当予以释明。

第三条　有下列情形之一,已经立案的,应当裁定驳回起诉:

(一)不符合行政诉讼法第四十九条规定的;

(二)超过法定起诉期限且无正当理由的;

(三)错列被告且拒绝变更的;

(四)未按照法律规定由法定代理人、指定代理人、代表人为诉讼行为的;

(五)未按照法律、法规规定先向行政机关申请复议的;

(六)重复起诉的;

(七)撤回起诉后无正当理由再行起诉的;

(八)行政行为对其合法权益明显不产生实际影响的;

(九)诉讼标的已为生效裁判所羁束的;

(十)不符合其他法定起诉条件的。

人民法院经过阅卷、调查和询问当事人,认为不需要开庭审理的,可以迳行裁定驳回起诉。

第四条　公民、法人或者其他组织依照行政诉讼法第四十七条第一款的规定,对行政机关不履行法定职责提起诉讼的,应当在行政机关履行法定职责期限届满之日起六个月内提出。

第五条　行政诉讼法第三条第三款规定的"行政机关负责人",包括行政机关的正职和副职负责人。行政机关负责人出庭应诉的,可以另行委托一至二名诉讼代理人。

第六条　行政诉讼法第二十六条第二款规定的"复议机关决定维持原行政行为",包括复议机关驳回复议申请或者复议请求的情形,但以复议申请不符合受理条件为由驳回的除外。

行政诉讼法第二十六条第二款规定的"复议机关改变原行政行为",是指复议机关改变原行政行为的处理结果。

第七条 复议机关决定维持原行政行为的，作出原行政行为的行政机关和复议机关是共同被告。原告只起诉作出原行政行为的行政机关或者复议机关的，人民法院应当告知原告追加被告。原告不同意追加的，人民法院应当将另一机关列为共同被告。

第八条 作出原行政行为的行政机关和复议机关为共同被告的，以作出原行政行为的行政机关确定案件的级别管辖。

第九条 复议机关决定维持原行政行为的，人民法院应当在审查原行政行为合法性的同时，一并审查复议程序的合法性。

作出原行政行为的行政机关和复议机关对原行政行为合法性共同承担举证责任，可以由其中一个机关实施举证行为。复议机关对复议程序的合法性承担举证责任。

第十条 人民法院对原行政行为作出判决的同时，应当对复议决定一并作出相应判决。

人民法院判决撤销原行政行为和复议决定的，可以判决作出原行政行为的行政机关重新作出行政行为。

人民法院判决作出原行政行为的行政机关履行法定职责或者给付义务的，应当同时判决撤销复议决定。

原行政行为合法、复议决定违反法定程序的，应当判决确认复议决定违法，同时判决驳回原告针对原行政行为的诉讼请求。

原行政行为被撤销、确认违法或者无效，给原告造成损失的，应当由作出原行政行为的行政机关承担赔偿责任；因复议程序违法给原告造成损失的，由复议机关承担赔偿责任。

第十一条 行政机关为实现公共利益或者行政管理目标，在法定职责范围内，与公民、法人或者其他组织协商订立的具有行政法上权利义务内容的协议，属于行政诉讼法第十二条第一款第十一项规定的行政协议。

公民、法人或者其他组织就下列行政协议提起行政诉讼的，人民法院应当依法受理：

（一）政府特许经营协议；

（二）土地、房屋等征收征用补偿协议；

（三）其他行政协议。

第十二条 公民、法人或者其他组织对行政机关不依法履行、未按照约定履行协议提起诉讼的，参照民事法律规范关于诉讼时效的规定；对行政机关单方变更、解除协议等行为提起诉讼的，适用行政诉讼法及其司法解释关于起诉期限的规定。

第十三条 对行政协议提起诉讼的案件，适用行政诉讼法及其司法解释的规定确定管辖法院。

第十四条 人民法院审查行政机关是否依法履行、按照约定履行协议或者单方变更、解除协议是否合法，在适用行政法律规范的同时，可以适用不违反行政法和行政诉讼法强制性规定的民事法律规范。

第十五条 原告主张被告不依法履行、未按照约定履行协议或者单方变更、解除协议违法，理由成立的，人民法院可以根据原告的诉讼请求判决确认协议有效、判决被告继续履行协议，并明确继续履行的具体内容；被告无法继续履行或者继续履行已无实际意义的，判决被告采取相应的补救措施；给原告造成损失的，判决被告予以赔偿。

原告请求解除协议或者确认协议无效，理由成立的，判决解除协议或者确认协议无效，并根据合同法等相关法律规定作出处理。

被告因公共利益需要或者其他法定理由单方变更、解除协议，给原告造成损失的，判决被告予以补偿。

第十六条 对行政机关不依法履行、未按照约定履行协议提起诉讼的，诉讼费用准用民事案件交纳标准；对行政机关单方变更、解除协议等行为提起诉讼的，诉讼费用适用行政案件交纳标准。

第十七条 公民、法人或者其他组织请求一并审理行政诉讼法第六十一条规定的相关民事争议，应当在第一审开庭审理前提出；有正当理由的，也可以在法庭调查中提出。

有下列情形之一的，人民法院应当作出不予准许一并审理民事争议的决定，并告知当事人可以依法通过其他渠道主张权利：

（一）法律规定应当由行政机关先行处理的；

（二）违反民事诉讼法专属管辖规定或者协议管辖约定的；

（三）已经申请仲裁或者提起民事诉讼的；

（四）其他不宜一并审理的民事争议。

对不予准许的决定可以申请复议一次。

第十八条　人民法院在行政诉讼中一并审理相关民事争议的,民事争议应当单独立案,由同一审判组织审理。

审理行政机关对民事争议所作裁决的案件,一并审理民事争议的,不另行立案。

第十九条　人民法院一并审理相关民事争议,适用民事法律规范的相关规定,法律另有规定的除外。

当事人在调解中对民事权益的处分,不能作为审查被诉行政行为合法性的根据。

行政争议和民事争议应当分别裁判。当事人仅对行政裁判或者民事裁判提出上诉的,未上诉的裁判在上诉期满后即发生法律效力。第一审人民法院应当将全部案卷一并移送第二审人民法院,由行政审判庭审理。第二审人民法院发现未上诉的生效裁判确有错误的,应当按照审判监督程序再审。

第二十条　公民、法人或者其他组织请求人民法院一并审查行政诉讼法第五十三条规定的规范性文件,应当在第一审开庭审理前提出;有正当理由的,也可以在法庭调查中提出。

第二十一条　规范性文件不合法的,人民法院不作为认定行政行为合法的依据,并在裁判理由中予以阐明。作出生效裁判的人民法院应当向规范性文件的制定机关提出处理建议,并可以抄送制定机关的同级人民政府或者上一级行政机关。

第二十二条　原告请求被告履行法定职责的理由成立,被告违法拒绝履行或者无正当理由逾期不予答复的,人民法院可以根据行政诉讼法第七十二条的规定,判决被告在一定期限内依法履行原告请求的法定职责;尚需被告调查或者裁量的,应当判决被告针对原告的请求重新作出处理。

第二十三条　原告申请被告依法履行支付抚恤金、最低生活保障待遇或者社会保险待遇等给付义务的理由成立,被告依法负有给付义务而拒绝或者拖延履行义务且无正当理由的,人民法院可以根据行政诉讼法第七十三条的规定,判决被告在一定期限内履行相应的给付义务。

第二十四条　当事人向上一级人民法院申请再审,应当在判决、裁定或者调解书发生法律效力后六个月内提出。有下列情形之一的,自知道或者应当知道之日起六个月内提出:

(一)有新的证据,足以推翻原判决、裁定的;

(二)原判决、裁定认定事实的主要证据是伪造的;

(三)据以作出原判决、裁定的法律文书被撤销或者变更的;

(四)审判人员审理该案件时有贪污受贿、徇私舞弊、枉法裁判行为的。

第二十五条　有下列情形之一的,当事人可以向人民检察院申请抗诉或者检察建议:

(一)人民法院驳回再审申请的;

(二)人民法院逾期未对再审申请作出裁定的;

(三)再审判决、裁定有明显错误的。

人民法院基于抗诉或者检察建议作出再审判决、裁定后,当事人申请再审的,人民法院不予立案。

第二十六条　2015 年 5 月 1 日前起诉期限尚未届满的,适用修改后的行政诉讼法关于起诉期限的规定。

2015 年 5 月 1 日前尚未审结案件的审理期限,适用修改前的行政诉讼法关于审理期限的规定。依照修改前的行政诉讼法已经完成的程序事项,仍然有效。

对 2015 年 5 月 1 日前发生法律效力的判决、裁定或者行政赔偿调解书不服申请再审,或者人民法院依照审判监督程序再审的,程序性规定适用修改后的行政诉讼法的规定。

第二十七条　最高人民法院以前发布的司法解释与本解释不一致的,以本解释为准。

最高人民法院关于审理民间借贷案件适用法律若干问题的规定

（2015 年 8 月 6 日　法释〔2015〕18 号）

为正确审理民间借贷纠纷案件，根据《中华人民共和国民法通则》《中华人民共和国物权法》《中华人民共和国担保法》《中华人民共和国合同法》《中华人民共和国民事诉讼法》《中华人民共和国刑事诉讼法》等相关法律之规定，结合审判实践，制定本规定。

第一条　本规定所称的民间借贷，是指自然人、法人、其他组织之间及其相互之间进行资金融通的行为。

经金融监管部门批准设立的从事贷款业务的金融机构及其分支机构，因发放贷款等相关金融业务引发的纠纷，不适用本规定。

第二条　出借人向人民法院起诉时，应当提供借据、收据、欠条等债权凭证以及其他能够证明借贷法律关系存在的证据。

当事人持有的借据、收据、欠条等债权凭证没有载明债权人，持有债权凭证的当事人提起民间借贷诉讼的，人民法院应予受理。被告对原告的债权人资格提出有事实依据的抗辩，人民法院经审理认为原告不具有债权人资格的，裁定驳回起诉。

第三条　借贷双方就合同履行地未约定或者约定不明确，事后未达成补充协议，按照合同有关条款或者交易习惯仍不能确定的，以接受货币一方所在地为合同履行地。

第四条　保证人为借款人提供连带责任保证，出借人仅起诉借款人的，人民法院可以不追加保证人为共同被告；出借人仅起诉保证人的，人民法院可以追加借款人为共同被告。

保证人为借款人提供一般保证，出借人仅起诉保证人的，人民法院应当追加借款人为共同被告；出借人仅起诉借款人的，人民法院可以不追加保证人为共同被告。

第五条　人民法院立案后，发现民间借贷行为本身涉嫌非法集资犯罪的，应当裁定驳回起诉，并将涉嫌非法集资犯罪的线索、材料移送公安或者检察机关。

公安或者检察机关不予立案，或者立案侦查后撤销案件，或者检察机关作出不起诉决定，或者经人民法院生效判决认定不构成非法集资犯罪，当事人又以同一事实向人民法院提起诉讼的，人民法院应予受理。

第六条　人民法院立案后，发现与民间借贷纠纷案件虽有关联但不是同一事实的涉嫌非法集资等犯罪的线索、材料的，人民法院应当继续审理民间借贷纠纷案件，并将涉嫌非法集资等犯罪的线索、材料移送公安或者检察机关。

第七条　民间借贷的基本案件事实必须以刑事案件审理结果为依据，而该刑事案件尚未审结的，人民法院应当裁定中止诉讼。

第八条　借款人涉嫌犯罪或者生效判决认定其有罪，出借人起诉请求担保人承担民事责任的，人民法院应予受理。

第九条　具有下列情形之一，可以视为具备合同法第二百一十条关于自然人之间借款合同的生效要件：

（一）以现金支付的，自借款人收到借款时；

（二）以银行转账、网上电子汇款或者通过网络贷款平台等形式支付的，自资金到达借款人账户时；

（三）以票据交付的，自借款人依法取得票据权利时；

（四）出借人将特定资金账户支配权授权给借款人的，自借款人取得对该账户实际支配权时；

（五）出借人以与借款人约定的其他方式提供借款并实际履行完成时。

第十条　除自然人之间的借款合同外，当事人主张民间借贷合同自合同成立时生效的,人民法院应予支持,但当事人另有约定或者法律、行政法规另有规定的除外。

第十一条 法人之间、其他组织之间以及它们相互之间为生产、经营需要订立的民间借贷合同,除存在合同法第五十二条、本规定第十四条规定的情形外,当事人主张民间借贷合同有效的,人民法院应予支持。

第十二条 法人或者其他组织在本单位内部通过借款形式向职工筹集资金,用于本单位生产、经营,且不存在合同法第五十二条、本规定第十四条规定的情形,当事人主张民间借贷合同有效的,人民法院应予支持。

第十三条 借款人或者出借人的借贷行为涉嫌犯罪,或者已经生效的判决认定构成犯罪,当事人提起民事诉讼的,民间借贷合同并不当然无效。人民法院应当根据合同法第五十二条、本规定第十四条之规定,认定民间借贷合同的效力。

担保人以借款人或者出借人的借贷行为涉嫌犯罪或者已经生效的判决认定构成犯罪为由,主张不承担民事责任的,人民法院应当依据民间借贷合同与担保合同的效力、当事人的过错程度,依法确定担保人的民事责任。

第十四条 具有下列情形之一,人民法院应当认定民间借贷合同无效:

(一)套取金融机构信贷资金又高利转贷给借款人,且借款人事先知道或者应当知道的;

(二)以向其他企业借贷或者向本单位职工集资取得的资金又转贷给借款人牟利,且借款人事先知道或者应当知道的;

(三)出借人事先知道或者应当知道借款人借款用于违法犯罪活动仍然提供借款的;

(四)违背社会公序良俗的;

(五)其他违反法律、行政法规效力性强制性规定的。

第十五条 原告以借据、收据、欠条等债权凭证为依据提起民间借贷诉讼,被告依据基础法律关系提出抗辩或者反诉,并提供证据证明债权纠纷非民间借贷行为引起的,人民法院应当依据查明的案件事实,按照基础法律关系审理。

当事人通过调解、和解或者清算达成的债权债务协议,不适用前款规定。

第十六条 原告仅依据借据、收据、欠条等债权凭证提起民间借贷诉讼,被告抗辩已经偿还借款,被告应当对其主张提供证据证明。被告提供相应证据证明其主张后,原告仍应就借贷关系的成立承担举证证明责任。

被告抗辩借贷行为尚未实际发生并能作出合理说明,人民法院应当结合借贷金额、款项交付、当事人的经济能力、当地或者当事人之间的交易方式、交易习惯、当事人财产变动情况以及证人证言等事实和因素,综合判断查证借贷事实是否发生。

第十七条 原告仅依据金融机构的转账凭证提起民间借贷诉讼,被告抗辩转账系偿还双方之前借款或其他债务,被告应当对其主张提供证据证明。被告提供相应证据证明其主张后,原告仍应就借贷关系的成立承担举证证明责任。

第十八条 根据《关于适用〈中华人民共和国民事诉讼法〉的解释》第一百七十四条第二款之规定,负有举证证明责任的原告无正当理由拒不到庭,经审查现有证据无法确认借贷行为、借贷金额、支付方式等案件主要事实,人民法院对其主张的事实不予认定。

第十九条 人民法院审理民间借贷纠纷案件时发现有下列情形,应当严格审查借贷发生的原因、时间、地点、款项来源、交付方式、款项流向以及借贷双方的关系、经济状况等事实,综合判断是否属于虚假民事诉讼:

(一)出借人明显不具备出借能力;

(二)出借人起诉所依据的事实和理由明显不符合常理;

(三)出借人不能提交债权凭证或者提交的债权凭证存在伪造的可能;

(四)当事人双方在一定期间内多次参加民间借贷诉讼;

(五)当事人一方或者双方无正当理由拒不到庭参加诉讼,委托代理人对借贷事实陈述不清或者陈述前后矛盾;

(六)当事人双方对借贷事实的发生没有任何争议或者诉辩明显不符合常理;

(七)借款人的配偶或合伙人、案外人的其他债权人提出有事实依据的异议;

(八)当事人在其他纠纷中存在低价转让财产的情形;

(九)当事人不正当放弃权利;

(十)其他可能存在虚假民间借贷诉讼的

情形。

第二十条 经查明属于虚假民间借贷诉讼,原告申请撤诉的,人民法院不予准许,并应当根据民事诉讼法第一百一十二条之规定,判决驳回其请求。

诉讼参与人或者其他人恶意制造、参与虚假诉讼,人民法院应当依照民事诉讼法第一百一十一条、第一百一十二条和第一百一十三条之规定,依法予以罚款、拘留;构成犯罪的,应当移送有管辖权的司法机关追究刑事责任。

单位恶意制造、参与虚假诉讼的,人民法院应当对该单位进行罚款,并可以对其主要负责人或者直接责任人员予以罚款、拘留;构成犯罪的,应当移送有管辖权的司法机关追究刑事责任。

第二十一条 他人在借据、收据、欠条等债权凭证或者借款合同上签字或者盖章,但未表明其保证人身份或者承担保证责任,或者通过其他事实不能推定其为保证人,出借人请求其承担保证责任的,人民法院不予支持。

第二十二条 借贷双方通过网络贷款平台形成借贷关系,网络贷款平台的提供者仅提供媒介服务,当事人请求其承担担保责任的,人民法院不予支持。

网络贷款平台的提供者通过网页、广告或者其他媒介明示或者有其他证据证明其为借贷提供担保,出借人请求网络贷款平台的提供者承担担保责任的,人民法院应予支持。

第二十三条 企业法定代表人或负责人以企业名义与出借人签订民间借贷合同,出借人、企业或者其股东能够证明所借款项用于企业法定代表人或负责人个人使用,出借人请求将企业法定代表人或负责人列为共同被告或者第三人的,人民法院应予准许。

企业法定代表人或负责人以个人名义与出借人签订民间借贷合同,所借款项用于企业生产经营,出借人请求企业与个人共同承担责任的,人民法院应予支持。

第二十四条 当事人以签订买卖合同作为民间借贷合同的担保,借款到期后借款人不能还款,出借人请求履行买卖合同的,人民法院应当按照民间借贷法律关系审理,并向当事人释明变更诉讼请求。当事人拒绝变更的,人民法院裁定驳回起诉。

按照民间借贷法律关系审理作出的判决生效后,借款人不履行生效判决确定的金钱债务,出借人可以申请拍卖买卖合同标的物,以偿还债务。就拍卖所得的价款与应偿还借款本息之间的差额,借款人或者出借人有权主张返还或补偿。

第二十五条 借贷双方没有约定利息,出借人主张支付借期内利息的,人民法院不予支持。

自然人之间借贷对利息约定不明,出借人主张支付利息的,人民法院不予支持。除自然人之间借贷的外,借贷双方对借贷利息约定不明,出借人主张利息的,人民法院应当结合民间借贷合同的内容,并根据当地或者当事人的交易方式、交易习惯、市场利率等因素确定利息。

第二十六条 借贷双方约定的利率未超过年利率24%,出借人请求借款人按照约定的利率支付利息的,人民法院应予支持。

借贷双方约定的利率超过年利率36%,超过部分的利息约定无效。借款人请求出借人返还已支付的超过年利率36%部分的利息的,人民法院应予支持。

第二十七条 借据、收据、欠条等债权凭证载明的借款金额,一般认定为本金。预先在本金中扣除利息的,人民法院应当将实际出借的金额认定为本金。

第二十八条 借贷双方对前期借款本息结算后将利息计入后期借款本金并重新出具债权凭证,如果前期利率没有超过年利率24%,重新出具的债权凭证载明的金额可认定为后期借款本金;超过部分的利息不能计入后期借款本金。约定的利率超过年利率24%,当事人主张超过部分的利息不能计入后期借款本金的,人民法院应予支持。

按前款计算,借款人在借款期间届满后应当支付的本息之和,不能超过最初借款本金与以最初借款本金为基数,以年利率24%计算的整个借款期间的利息之和。出借人请求借款人支付超过部分的,人民法院不予支持。

第二十九条 借贷双方对逾期利率有约定的,从其约定,但以不超过年利率24%为限。

未约定逾期利率或者约定不明的,人民法院可以区分不同情况处理:

(一)既未约定借期内的利率,也未约定逾期利率,出借人主张借款人自逾期还款之日起按照年利率6%支付资金占用期间利息的,人民法院应予支持;

(二)约定了借期内的利率但未约定逾期利率,出借人主张借款人自逾期还款之日起按照借期内的利率支付资金占用期间利息的,人民法院应予支持。

第三十条 出借人与借款人既约定了逾期利率,又约定了违约金或者其他费用,出借人可以选择主张逾期利息、违约金或者其他费用,也可以一并主张,但总计超过年利率24%的部分,人民法院不予支持。

第三十一条 没有约定利息但借款人自愿支付,或者超过约定的利率自愿支付利息或违约金,且没有损害国家、集体和第三人利益,借款人又以不当得利为由要求出借人返还的,人民法院不予支持,但借款人要求返还超过年利率36%部分的利息除外。

第三十二条 借款人可以提前偿还借款,但当事人另有约定的除外。

借款人提前偿还借款并主张按照实际借款期间计算利息的,人民法院应予支持。

第三十三条 本规定公布施行后,最高人民法院于1991年8月13日发布的《关于人民法院审理借贷案件的若干意见》同时废止;最高人民法院以前发布的司法解释与本规定不一致的,不再适用。

(三)行政法规、法规性文件

国务院关于促进云计算创新发展培育信息产业新业态的意见(节录)

(2015年1月6日 国发〔2015〕5号)

各省、自治区、直辖市人民政府,国务院各部委、各直属机构:

云计算是推动信息技术能力实现按需供给、促进信息技术和数据资源充分利用的全新业态,是信息化发展的重大变革和必然趋势。发展云计算,有利于分享信息知识和创新资源,降低全社会创业成本,培育形成新产业和新消费热点,对稳增长、调结构、惠民生和建设创新型国家具有重要意义。当前,全球云计算处于发展初期,我国面临难得的机遇,但也存在服务能力较薄弱、核心技术差距较大、信息资源开放共享不够、信息安全挑战突出等问题,重建设轻应用、数据中心无序发展苗头初步显现。为促进我国云计算创新发展,积极培育信息产业新业态,现提出以下意见。

一、指导思想、基本原则和发展目标

(一)指导思想。

适应推进新型工业化、信息化、城镇化、农业现代化和国家治理能力现代化的需要,以全面深化改革为动力,以提升能力、深化应用为主线,完善发展环境,培育骨干企业,创新服务模式,扩展应用领域,强化技术支撑,保障信息安全,优化设施布局,促进云计算创新发展,培育信息产业新业态,使信息资源得到高效利用,为促进创业兴业、释放创新活力提供有力支持,为经济社会持续健康发展注入新的动力。

(二)基本原则。

市场主导。发挥市场在资源配置中的决定性作用,完善市场准入制度,减少行政干预,鼓励企业根据市场需求丰富服务种类,提升服务能力,对接应用市场。建立公平开放透明的市场规则,完善监管政策,维护良好市场秩序。

统筹协调。以需求为牵引,加强分类指导,推进重点领域的应用、服务和产品协同发展。引导地方根据实际需求合理确定云计算发展定位,避免政府资金盲目投资建设数据中心和相关园区。加强信息技术资源整合,避免行业信

息化系统成为信息孤岛。优化云计算基础设施布局,促进区域协调发展。

创新驱动。以企业为主体,加强产学研用合作,强化云计算关键技术和服务模式创新,提升自主创新能力。积极探索加强国际合作,推动云计算开放式创新和国际化发展。加强管理创新,鼓励新业态发展。

保障安全。在现有信息安全保障体系基础上,结合云计算特点完善相关信息安全制度,强化安全管理和数据隐私保护,增强安全技术支撑和服务能力,建立健全安全防护体系,切实保障云计算信息安全。充分运用云计算的大数据处理能力,带动相关安全技术和服务发展。

(三)发展目标。

到2017年,云计算在重点领域的应用得到深化,产业链条基本健全,初步形成安全保障有力,服务创新、技术创新和管理创新协同推进的云计算发展格局,带动相关产业快速发展。

服务能力大幅提升。形成若干具有较强创新能力的公共云计算骨干服务企业。面向中小微企业和个人的云计算服务种类丰富,实现规模化运营。云计算系统集成能力显著提升。

创新能力明显增强。增强原始创新和基础创新能力,突破云计算平台软件、艾字节(EB,约为2^{60}字节)级云存储系统、大数据挖掘分析等一批关键技术与产品,云计算技术接近国际先进水平,云计算标准体系基本建立。服务创新对技术创新的带动作用显著增强,产学研用协同发展水平大幅提高。

应用示范成效显著。在社会效益明显、产业带动性强、示范作用突出的若干重点领域推动公共数据开放、信息技术资源整合和政府采购服务改革,充分利用公共云计算服务资源开展百项云计算和大数据应用示范工程,在降低创业门槛、服务民生、培育新业态、探索电子政务建设新模式等方面取得积极成效,政府自建数据中心数量减少5%以上。

基础设施不断优化。云计算数据中心区域布局初步优化,新建大型云计算数据中心能源利用效率(PUE)值优于1.5。宽带发展政策环境逐步完善,初步建成满足云计算发展需求的宽带网络基础设施。

安全保障基本健全。初步建立适应云计算发展需求的信息安全监管制度和标准规范体系,云计算安全关键技术产品的产业化水平和网络安全防护能力明显提升,云计算发展环境更加安全可靠。

到2020年,云计算应用基本普及,云计算服务能力达到国际先进水平,掌握云计算关键技术,形成若干具有较强国际竞争力的云计算骨干企业。云计算信息安全监管体系和法规体系健全。大数据挖掘分析能力显著提升。云计算成为我国信息化重要形态和建设网络强国的重要支撑,推动经济社会各领域信息化水平大幅提高。

三、保障措施

(四)完善投融资政策。

引导设立一批云计算创业投资基金。加快建立包括财政出资和社会资金投入在内的多层次担保体系,加大对云计算企业的融资担保支持力度。推动金融机构对技术先进、带动支撑作用强的重大云计算项目给予信贷支持。积极支持符合条件的云计算企业在资本市场直接融资。

国务院关于规范国务院部门行政审批行为改进行政审批有关工作的通知

(2015年1月19日 国发〔2015〕6号)

国务院各部委、各直属机构:

为深化行政审批制度改革,规范行政审批行为,改进行政审批工作,解决审批环节多、时间长、随意性大、公开透明度不够等问题,进一步提高政府工作效率和为人民群众服务水平，现就有关工作通知如下：

一、总体要求

以邓小平理论、“三个代表”重要思想、科学发展观为指导，认真贯彻落实党的十八大、十八届二中、三中、四中全会精神和党中央、国务院决策部署，加快转变政府职能，坚持依法行政，推进简政放权、放管结合，规范行政审批行为、提高审批效率，激发市场社会活力、营造公平竞争环境，减少权力寻租空间、消除滋生腐败土壤，确保行政审批在法治轨道运行，进一步提升政府公信力和执行力，建设创新政府、廉洁政府和法治政府。

——坚持依法审批。严格落实行政许可法和有关法律法规，规范行政审批受理、审查、决定、送达等各环节，确保行政审批全过程依法有序进行。

——坚持公开公正。依法全面公开行政审批信息，切实保障申请人知情权，规范行政裁量权，实行“阳光审批”。

——坚持便民高效。减少审批环节，简化审批程序，优化审批流程，依法限时办结，进一步缩短办理时间，加快审批进程，提高审批效率。

——坚持严格问责。加强对行政审批行为的监管，建立健全监督机制，严肃查处违法违纪审批行为，严格责任追究。

二、规范行政审批行为

(一)全面实行“一个窗口”受理。承担行政审批职能的部门要将审批事项集中到“一个窗口”受理，申请量大的要安排专门场所，积极推行网上集中预受理和预审查，创造条件推进网上审批。选派业务骨干或职能处室负责人承担窗口受理工作，制定服务规范并张贴在醒目处，对窗口人员仪容举止、工作纪律、文明用语等作出要求，不断提升窗口服务质量。

(二)推行受理单制度。各有关部门对申请材料符合规定的，要予以受理并出具受理单；对申请材料不齐全或者不符合法定形式的，要当场或者在五个工作日内一次性书面告知申请人需要补正的全部内容。依法应当先经下级行政机关审查后报国务院部门决定的行政审批，不得要求申请人重复提供申请材料。

(三)实行办理时限承诺制。各有关部门要依法依规明确办理时限，在法定期限内对申请事项作出决定，不得以任何理由自行延长审批时限；依法可延长审批时限的，要按程序办理。建立审批时限预警制，针对审批事项办理进度，实行分级预警提醒。提高审批效率，对政府鼓励的事项建立“绿色通道”，进一步压缩审批时限。对批准的事项，要在法定期限内向申请人送达批准文书；不予批准的，要在法定期限内出具书面决定并告知理由。

(四)编制服务指南。各有关部门要对承担的每项行政审批事项编制服务指南，列明设定依据、申请条件、申请材料、基本流程、审批时限、收费依据及标准、审批决定证件、年检要求、注意事项等内容，并附示范文本以及常见错误示例，做到具体翔实、一目了然，内容发生变更时要及时修订。服务指南摆放要方便申请人取用，并在部门网站显著位置公布，提供电子文档下载服务。

(五)制定审查工作细则。各有关部门要对承担的审批事项制定审查工作细则，逐项细化明确审查环节、审查内容、审查标准、审查要点、注意事项及不当行为需要承担的后果等，严格规范行政裁量权。审查人员要遵守行政审批规定，严格按细则办事，不得擅自增设或减少审批条件、随意抬高或降低审批门槛。

(六)探索改进跨部门审批等工作。对于多部门共同审批事项，进行流程再造，明确一个牵头部门，实行“一个窗口”受理、“一站式”审批；相关部门收到牵头部门的征求意见函后，应当及时研究，按时答复。确需实行并联审批的，不得互为前置条件。探索构建国务院部门网上统一监控和查询平台，推进国务院部门间、中央与地方间信息资源共享，加快实现网上受理、审批、公示、查询、投诉等。探索实行行政审批绩效管理，健全规范审批行为相关考核制度，定期对经办人员进行培训、考核、检查和评定。探索优化内部审批流程，减少审查环节，有条件的部门要将分散在多个内设机构的审批事项相对集中，将一般事项审批权限下放给窗口审查人员，提高窗口办结率。对国务院部门审批事项，法律法规未明确需由地方初审或审核的，逐步由国务院部门直接受理。

三、强化监督问责

（一）主动公开行政审批信息。除涉及国家秘密、商业秘密或个人隐私外，各有关部门要主动公开本部门行政审批事项目录及有关信息，及时、准确公开行政审批的受理、进展情况和结果等，实行“阳光审批”。

（二）依法保障申请人知情权。各有关部门要切实履行告知义务，通过设立咨询台、在线应询、热线电话、电子邮箱等方式，及时提供全程咨询服务，确保申请人知情权。对申请人提出的是否受理、进展情况、未予批准原因等问题，要有问必答、耐心说明；难以即时答复的，要明确答复期限；未予批准的，要在决定书中告知申请人依法享有申请行政复议或提起行政诉讼的权利。

（三）强化监督检查。建立健全内部监督机制，明确各层级监督责任，重点检查申请人知情权落实情况、审批时限执行情况、违规操作及不当行为情况等。建立健全申请人评议制度，向社会公布本部门举报投诉电话、电子邮箱等，主动接受社会监督。

（四）严格责任追究。对违反行政审批相关规定、失职渎职的经办人员，依法依纪严肃处理，并追究有关负责人的责任；造成重大损失或影响的，追究部门负责人的责任。涉嫌犯罪的，移送司法机关查处。

四、加强组织领导

（一）高度重视。规范行政审批行为、改进行政审批工作，是简政放权、推进政府职能转变的重要内容，是转变政风、密切联系群众的重要举措。各有关部门要把这项工作列入重要议事日程，主要负责同志亲自负责、专题研究，精心组织、扎实推进，以实实在在的改革成效取信于民。

（二）建立机制。各有关部门要建立相应工作机制，制定工作计划，明确责任分工，形成工作合力。国务院审改办要加强与部门的沟通联系，做好指导协调和服务工作，及时跟踪了解进展情况，定期向国务院报告。

（三）狠抓落实。各有关部门要在2015年6月底前将本部门制定的行政审批事项服务指南、审查工作细则及受理单样表等送国务院审改办备案。每季度初，各有关部门将上季度行政审批事项按时办结情况书面送国务院审改办。每年1月底前，各有关部门将上年度工作落实情况书面送国务院审改办，报国务院同意后予以通报。对各有关部门落实情况，国务院将适时组织督查。

各省、自治区、直辖市人民政府可参照本通知要求，结合实际，研究制定本地区规范行政审批行为、改进行政审批工作的意见或办法。

国务院关于加快发展服务贸易的若干意见（节录）

（2015年1月28日　国发〔2015〕8号）

各省、自治区、直辖市人民政府，国务院各部委、各直属机构：

近年来，我国服务贸易发展较快，但总体上国际竞争力相对不足，仍是对外贸易“短板”。大力发展服务贸易，是扩大开放、拓展发展空间的重要着力点，有利于稳定和增加就业、调整经济结构、提高发展质量效率、培育新的增长点。为适应经济新常态，加快发展服务贸易，现提出以下意见：

一、总体要求

（一）指导思想。深入贯彻党的十八大和十八届二中、三中、四中全会精神，以深化改革、扩大开放、鼓励创新为动力，着力构建公平竞争的市场环境，促进服务领域相互投资，完善服务贸易政策支持体系，加快服务贸易自由化和便利化,推动扩大服务贸易规模,优化服务贸易结构,增强服务出口能力,培育"中国服务"的国际竞争力。

(二)基本原则。

深化改革,扩大开放。深化服务业改革,放宽服务领域投资准入,减少行政审批事项,打破地区封锁和行业垄断,破除制约服务业发展的体制机制障碍;坚持有序推进服务业开放,以开放促改革、促发展、促创新。

市场竞争,政府引导。发挥市场在服务贸易领域资源配置中的决定性作用,着力激发各类市场主体发展新活力;强化政府在制度建设、宏观指导、营造环境、政策支持等方面的职责,更好发挥政府引导作用。

产业支撑,创新发展。注重产业与贸易、货物贸易与服务贸易协调发展。依托制造业优势发展服务贸易,带动中国服务"走出去";发挥服务贸易的支撑作用,提升货物贸易附加值。夯实服务贸易发展基础,增强服务业的国际竞争力。

(三)发展目标。服务业开放水平进一步提高,服务业利用外资和对外投资范围逐步扩大、质量和水平逐步提升。服务贸易规模日益扩大,到2020年,服务进出口额超过1万亿美元,服务贸易占对外贸易的比重进一步提升,服务贸易的全球占比逐年提高。服务贸易结构日趋优化,新兴服务领域占比逐年提高,国际市场布局逐步均衡,"一带一路"沿线国家在我国服务出口中的占比稳步提升。

三、政策措施

(十三)创新金融服务。加强金融服务体系建设,鼓励金融机构在风险可控的前提下创新金融产品和服务,开展供应链融资、海外并购融资、应收账款质押贷款、仓单质押贷款、融资租赁等业务。鼓励政策性金融机构在现有业务范围内加大对服务贸易企业开拓国际市场、开展国际并购等业务的支持力度,支持服务贸易重点项目建设。鼓励保险机构创新保险品种和保险业务,探索研究推出更多、更便捷的外贸汇率避险险种,在风险可控的前提下采取灵活承保政策,简化投保手续。引导服务贸易企业积极运用金融、保险等多种政策工具开拓国际市场,拓展融资渠道。推动小微企业融资担保体系建设,积极推进小微企业综合信息共享。加大多层次资本市场对服务贸易企业的支持力度,支持符合条件的服务贸易企业在交易所市场上市、在全国中小企业股份转让系统挂牌、发行公司债和中小企业私募债等。

附件:重点任务分工及进度安排表(节录)

附件

重点任务分工及进度安排表(节录)

序号	工作任务	负责部门	时间进度
15	加大多层次资本市场对服务贸易企业的支持力度,支持符合条件的服务贸易企业在交易所市场上市、在全国中小企业股份转让系统挂牌、发行公司债和中小企业私募债等	证监会、发展改革委	持续实施

存款保险条例

（2015 年 2 月 17 日　国务院令第 660 号）

第一条　为了建立和规范存款保险制度，依法保护存款人的合法权益，及时防范和化解金融风险，维护金融稳定，制定本条例。

第二条　在中华人民共和国境内设立的商业银行、农村合作银行、农村信用合作社等吸收存款的银行业金融机构（以下统称投保机构），应当依照本条例的规定投保存款保险。

投保机构在中华人民共和国境外设立的分支机构，以及外国银行在中华人民共和国境内设立的分支机构不适用前款规定。但是，中华人民共和国与其他国家或者地区之间对存款保险制度另有安排的除外。

第三条　本条例所称存款保险，是指投保机构向存款保险基金管理机构交纳保费，形成存款保险基金，存款保险基金管理机构依照本条例的规定向存款人偿付被保险存款，并采取必要措施维护存款以及存款保险基金安全的制度。

第四条　被保险存款包括投保机构吸收的人民币存款和外币存款。但是，金融机构同业存款、投保机构的高级管理人员在本投保机构的存款以及存款保险基金管理机构规定不予保险的其他存款除外。

第五条　存款保险实行限额偿付，最高偿付限额为人民币 50 万元。中国人民银行会同国务院有关部门可以根据经济发展、存款结构变化、金融风险状况等因素调整最高偿付限额，报国务院批准后公布执行。

同一存款人在同一家投保机构所有被保险存款账户的存款本金和利息合并计算的资金数额在最高偿付限额以内的，实行全额偿付；超出最高偿付限额的部分，依法从投保机构清算财产中受偿。

存款保险基金管理机构偿付存款人的被保险存款后，即在偿付金额范围内取得该存款人对投保机构相同清偿顺序的债权。

社会保险基金、住房公积金存款的偿付办法由中国人民银行会同国务院有关部门另行制定，报国务院批准。

第六条　存款保险基金的来源包括：

（一）投保机构交纳的保费；

（二）在投保机构清算中分配的财产；

（三）存款保险基金管理机构运用存款保险基金获得的收益；

（四）其他合法收入。

第七条　存款保险基金管理机构履行下列职责：

（一）制定并发布与其履行职责有关的规则；

（二）制定和调整存款保险费率标准，报国务院批准；

（三）确定各投保机构的适用费率；

（四）归集保费；

（五）管理和运用存款保险基金；

（六）依照本条例的规定采取早期纠正措施和风险处置措施；

（七）在本条例规定的限额内及时偿付存款人的被保险存款；

（八）国务院批准的其他职责。

存款保险基金管理机构由国务院决定。

第八条　本条例施行前已开业的吸收存款的银行业金融机构，应当在存款保险基金管理机构规定的期限内办理投保手续。

本条例施行后开业的吸收存款的银行业金融机构，应当自工商行政管理部门颁发营业执照之日起 6 个月内，按照存款保险基金管理机构的规定办理投保手续。

第九条　存款保险费率由基准费率和风险差别费率构成。费率标准由存款保险基金管理机构根据经济金融发展状况、存款结构情况以及存款保险基金的累积水平等因素制定和调整,报国务院批准后执行。

各投保机构的适用费率,由存款保险基金管理机构根据投保机构的经营管理状况和风险状况等因素确定。

第十条　投保机构应当交纳的保费,按照本投保机构的被保险存款和存款保险基金管理机构确定的适用费率计算,具体办法由存款保险基金管理机构规定。

投保机构应当按照存款保险基金管理机构的要求定期报送被保险存款余额、存款结构情况以及与确定适用费率、核算保费、偿付存款相关的其他必要资料。

投保机构应当按照存款保险基金管理机构的规定,每6个月交纳一次保费。

第十一条　存款保险基金的运用,应当遵循安全、流动、保值增值的原则,限于下列形式:

(一)存放在中国人民银行;

(二)投资政府债券、中央银行票据、信用等级较高的金融债券以及其他高等级债券;

(三)国务院批准的其他资金运用形式。

第十二条　存款保险基金管理机构应当自每一会计年度结束之日起3个月内编制存款保险基金收支的财务会计报告、报表,并编制年度报告,按照国家有关规定予以公布。

存款保险基金的收支应当遵守国家统一的财务会计制度,并依法接受审计机关的审计监督。

第十三条　存款保险基金管理机构履行职责,发现有下列情形之一的,可以进行核查:

(一)投保机构风险状况发生变化,可能需要调整适用费率的,对涉及费率计算的相关情况进行核查;

(二)投保机构保费交纳基数可能存在问题的,对其存款的规模、结构以及真实性进行核查;

(三)对投保机构报送的信息、资料的真实性进行核查。

对核查中发现的重大问题,应当告知银行业监督管理机构。

第十四条　存款保险基金管理机构参加金融监督管理协调机制,并与中国人民银行、银行业监督管理机构等金融管理部门、机构建立信息共享机制。

存款保险基金管理机构应当通过信息共享机制获取有关投保机构的风险状况、检查报告和评级情况等监督管理信息。

前款规定的信息不能满足控制存款保险基金风险、保证及时偿付、确定差别费率等需要的,存款保险基金管理机构可以要求投保机构及时报送其他相关信息。

第十五条　存款保险基金管理机构发现投保机构存在资本不足等影响存款安全以及存款保险基金安全的情形的,可以对其提出风险警示。

第十六条　投保机构因重大资产损失等原因导致资本充足率大幅度下降,严重危及存款安全以及存款保险基金安全的,投保机构应当按照存款保险基金管理机构、中国人民银行、银行业监督管理机构的要求及时采取补充资本、控制资产增长、控制重大交易授信、降低杠杆率等措施。

投保机构有前款规定情形,且在存款保险基金管理机构规定的期限内未改进的,存款保险基金管理机构可以提高其适用费率。

第十七条　存款保险基金管理机构发现投保机构有《中华人民共和国银行业监督管理法》第三十八条、第三十九条规定情形的,可以建议银行业监督管理机构依法采取相应措施。

第十八条　存款保险基金管理机构可以选择下列方式使用存款保险基金,保护存款人利益:

(一)在本条例规定的限额内直接偿付被保险存款;

(二)委托其他合格投保机构在本条例规定的限额内代为偿付被保险存款;

(三)为其他合格投保机构提供担保、损失分摊或者资金支持,以促成其收购或者承担被接管、被撤销或者申请破产的投保机构的全部或者部分业务、资产、负债。

存款保险基金管理机构在拟订存款保险基金使用方案选择前款规定方式时,应当遵循基金使用成本最小的原则。

第十九条　有下列情形之一的,存款人有权要求存款保险基金管理机构在本条例规定的限额内,使用存款保险基金偿付存款人的被保险存款:

(一)存款保险基金管理机构担任投保机

构的接管组织；

（二）存款保险基金管理机构实施被撤销投保机构的清算；

（三）人民法院裁定受理对投保机构的破产申请；

（四）经国务院批准的其他情形。

存款保险基金管理机构应当依照本条例的规定，在前款规定情形发生之日起7个工作日内足额偿付存款。

第二十条 存款保险基金管理机构的工作人员有下列行为之一的，依法给予处分：

（一）违反规定收取保费；

（二）违反规定使用、运用存款保险基金；

（三）违反规定不及时、足额偿付存款。

存款保险基金管理机构的工作人员滥用职权、玩忽职守、泄露国家秘密或者所知悉的商业秘密的，依法给予处分；构成犯罪的，依法追究刑事责任。

第二十一条 投保机构有下列情形之一的，由存款保险基金管理机构责令限期改正；逾期不改正或者情节严重的，予以记录并作为调整该投保机构的适用费率的依据：

（一）未依法投保；

（二）未依法及时、足额交纳保费；

（三）未按照规定报送信息、资料或者报送虚假的信息、资料；

（四）拒绝或者妨碍存款保险基金管理机构依法进行的核查；

（五）妨碍存款保险基金管理机构实施存款保险基金使用方案。

投保机构有前款规定情形的，存款保险基金管理机构可以对投保机构的主管人员和直接责任人员予以公示。投保机构有前款第二项规定情形的，存款保险基金管理机构还可以按日加收未交纳保费部分0.05%的滞纳金。

第二十二条 本条例施行前，已被国务院银行业监督管理机构依法决定接管、撤销或者人民法院已受理破产申请的吸收存款的银行业金融机构，不适用本条例。

第二十三条 本条例自2015年5月1日起施行。

国务院关于取消和调整一批行政审批项目等事项的决定（节录）

（2015年2月24日 国发〔2015〕11号）

各省、自治区、直辖市人民政府，国务院各部委、各直属机构：

经研究论证，国务院决定，取消和下放90项行政审批项目，取消67项职业资格许可和认定事项，取消10项评比达标表彰项目，将21项工商登记前置审批事项改为后置审批，保留34项工商登记前置审批事项。同时，建议取消和下放18项依据有关法律设立的行政审批和职业资格许可认定事项，将5项依据有关法律设立的工商登记前置审批事项改为后置审批，国务院将依照法定程序提请全国人民代表大会常务委员会修订相关法律规定。《国务院关于取消和下放一批行政审批项目的决定》（国发〔2014〕5号）中提出的涉及修改法律的行政审批事项，有4项国务院已按照法定程序提请全国人民代表大会常务委员会修改了相关法律，现一并予以公布。

各地区、各部门要继续坚定不移推进行政审批制度改革，加大简政放权力度，健全监督制约机制，加强对行政审批权运行的监督，不断提高政府管理科学化规范化水平。要认真落实工商登记改革成果，除法律另有规定和国务院决定保留的工商登记前置审批事项外，其他事项一律不得作为工商登记前置审批。企业设立后进行变更登记、注销登记，依法需要前置审批的，继续按有关规定执行。

附件:1. 国务院决定取消和下放管理层级的行政审批项目目录(共计94项)(节录)
2. 国务院决定取消的职业资格许可和认定事项目录(共计67项)(节录)
3. 国务院决定取消的评比达标表彰项目目录(共计10项)(略)
4. 国务院决定改为后置审批的工商登记前置审批事项目录(共计21项)(节录)
5. 国务院决定保留的工商登记前置审批事项目录(共计34项)(节录)

附件1

国务院决定取消和下放管理层级的行政审批项目目录(节录)
(共计94项)

序号	项目名称	审批部门	其他共同审批部门	设定依据	处理决定	备注
2	期货交易场所上市、修改或者终止合约审批	证监会	无	《期货交易管理条例》(国务院令第627号)	取消	
3	期货交易场所变更住所或者营业场所审批	证监会	无	《期货交易管理条例》(国务院令第627号)	取消	
4	期货交易场所合并、分立或者解散审批	证监会	无	《期货交易管理条例》(国务院令第627号)	取消	
5	全国中小企业股份转让系统公司新增股东或原股东转让所持股份审批	证监会	无	《全国中小企业股份转让系统有限责任公司管理暂行办法》(证监会令第89号)	取消	
6	证券交易所、证券登记结算收费审批	证监会	无	《中华人民共和国证券法》 《证券交易所管理办法》(证监会令第4号) 《证券登记结算管理办法》(证监会令第65号)	取消	
7	证券交易所风险基金、证券结算风险基金使用审批	证监会	无	《中华人民共和国证券法》 《证券交易所风险基金管理暂行办法》(证监发〔2000〕22号) 《证券结算风险基金管理办法》(证监发〔2006〕65号)	取消	
8	证券交易所上市新的交易品种审批	证监会	无	《证券交易所管理办法》(证监会令第4号)	取消	
9	全国中小企业股份转让系统上市新的交易品种审批	证监会	无	《全国中小企业股份转让系统有限责任公司管理暂行办法》(证监会令第89号)	取消	
10	上市公司收购报告书审核	证监会	无	《中华人民共和国证券法》	取消	
22	豁免国有创业投资机构和国有创业投资引导基金国有股转持义务审核	财政部	无	《财政部　国资委　证监会　社保基金会关于豁免国有创业投资机构和国有创业投资引导基金国有股转持义务有关问题的通知》(财企〔2010〕278号)	取消	

附件 2

国务院决定取消的职业资格许可和认定事项目录(节录)
(共计 67 项)

一、取消的专业技术人员职业资格许可和认定事项(共计 28 项,其中准入类 4 项,水平评价类 24 项)

序号	项目名称	实施部门(单位)	资格类别	设定依据	处理决定	备注
4	期货公司董事、监事和高级管理人员任职资格核准	证监会	准入类	《期货交易管理条例》(国务院令第 627 号)	取消	

附件 4

国务院决定改为后置审批的工商登记前置审批事项目录(节录)
(共计 21 项)

序号	项目名称	实施机关	设定依据
17	期货公司设立审批	证监会	《期货交易管理条例》(国务院令第 627 号)
18	公募基金管理公司设立审批	证监会	《中华人民共和国证券投资基金法》
19	证券金融公司设立审批	证监会	《证券公司监督管理条例》(国务院令第 522 号) 《转融通业务监督管理试行办法》(证监会令第 75 号)

附件 5

国务院决定保留的工商登记前置审批事项目录(节录)
(共计 34 项)

序号	项目名称	实施机关	设定依据
27	外国证券类机构设立驻华代表机构核准	证监会	《国务院对确需保留的行政审批项目设定行政许可的决定》(国务院令第 412 号) 《国务院关于管理外国企业常驻代表机构的暂行规定》(国发〔1980〕272 号)
28	设立期货专门结算机构审批	证监会	《期货交易管理条例》(国务院令第 627 号)
29	设立期货交易场所审批	证监会	《期货交易管理条例》(国务院令第 627 号)
30	证券交易所设立审核、证券登记结算机构设立审批	证监会	《中华人民共和国证券法》

国务院办公厅关于发展众创空间推进大众创新创业的指导意见(节录)

(2015 年 3 月 2 日　国办发〔2015〕9 号)

各省、自治区、直辖市人民政府,国务院各部委、各直属机构:

为加快实施创新驱动发展战略,适应和引领经济发展新常态,顺应网络时代大众创业、万众创新的新趋势,加快发展众创空间等新型创业服务平台,营造良好的创新创业生态环境,激发亿万群众创造活力,打造经济发展新引擎,经国务院同意,现提出以下意见。

一、总体要求

(一)指导思想。全面落实党的十八大和十八届二中、三中、四中全会精神,按照党中央、国务院决策部署,以营造良好创新创业生态环境为目标,以激发全社会创新创业活力为主线,以构建众创空间等创业服务平台为载体,有效整合资源,集成落实政策,完善服务模式,培育创新文化,加快形成大众创业、万众创新的生动局面。

(二)基本原则。

坚持市场导向。充分发挥市场配置资源的决定性作用,以社会力量为主构建市场化的众创空间,以满足个性化多样化消费需求和用户体验为出发点,促进创新创意与市场需求和社会资本有效对接。

加强政策集成。进一步加大简政放权力度,优化市场竞争环境。完善创新创业政策体系,加大政策落实力度,降低创新创业成本,壮大创新创业群体。完善股权激励和利益分配机制,保障创新创业者的合法权益。

强化开放共享。充分运用互联网和开源技术,构建开放创新创业平台,促进更多创业者加入和集聚。加强跨区域、跨国技术转移,整合利用全球创新资源。推动产学研协同创新,促进科技资源开放共享。

创新服务模式。通过市场化机制、专业化服务和资本化途径,有效集成创业服务资源,提供全链条增值服务。强化创业辅导,培育企业家精神,发挥资本推力作用,提高创新创业效率。

(三)发展目标。到 2020 年,形成一批有效满足大众创新创业需求、具有较强专业化服务能力的众创空间等新型创业服务平台;培育一批天使投资人和创业投资机构,投融资渠道更加畅通;孵化培育一大批创新型小微企业,并从中成长出能够引领未来经济发展的骨干企业,形成新的产业业态和经济增长点;创业群体高度活跃,以创业促进就业,提供更多高质量就业岗位;创新创业政策体系更加健全,服务体系更加完善,全社会创新创业文化氛围更加浓厚。

二、重点任务

(六)完善创业投融资机制。发挥多层次资本市场作用,为创新型企业提供综合金融服务。开展互联网股权众筹融资试点,增强众筹对大众创新创业的服务能力。规范和发展服务小微企业的区域性股权市场,促进科技初创企业融资,完善创业投资、天使投资退出和流转机制。鼓励银行业金融机构新设或改造部分分(支)行,作为从事科技型中小企业金融服务的专业或特色分(支)行,提供科技融资担保、知识产权质押、股权质押等方式的金融服务。

国务院关于印发中国(广东)自由贸易试验区总体方案的通知(节录)

(2015年4月8日 国发〔2015〕18号)

各省、自治区、直辖市人民政府,国务院各部委、各直属机构:

国务院批准《中国(广东)自由贸易试验区总体方案》(以下简称《方案》),现予印发。

一、建立中国(广东)自由贸易试验区(以下简称自贸试验区),是党中央、国务院作出的重大决策,是在新形势下推进改革开放和促进内地与港澳深度合作的重要举措,对加快政府职能转变、积极探索管理模式创新、促进贸易和投资便利化,为全面深化改革和扩大开放探索新途径、积累新经验,具有重要意义。

二、自贸试验区要当好改革开放排头兵、创新发展先行者,以制度创新为核心,贯彻"一带一路"建设等国家战略,在构建开放型经济新体制、探索粤港澳经济合作新模式、建设法治化营商环境等方面,率先挖掘改革潜力,破解改革难题。要积极探索外商投资准入前国民待遇加负面清单管理模式,深化行政管理体制改革,提高行政管理效能,提升事中事后监管能力和水平。

三、广东省人民政府和有关部门要解放思想、改革创新,大胆实践、积极探索,统筹谋划、加强协调,支持自贸试验区先行先试。要加强组织领导,明确责任主体,精心组织好《方案》实施工作,有效防控各类风险。要及时总结评估试点实施效果,形成可复制可推广的改革经验,发挥示范带动、服务全国的积极作用。

四、根据《全国人民代表大会常务委员会关于授权国务院在中国(广东)自由贸易试验区、中国(天津)自由贸易试验区、中国(福建)自由贸易试验区以及中国(上海)自由贸易试验区扩展区域暂时调整有关法律规定的行政审批的决定》,相应暂时调整有关行政法规和国务院文件的部分规定。具体由国务院另行印发。

五、《方案》实施中的重大问题,广东省人民政府要及时向国务院请示报告。

中国(广东)自由贸易试验区总体方案(节录)

建立中国(广东)自由贸易试验区(以下简称自贸试验区)是党中央、国务院作出的重大决策,是新形势下全面深化改革、扩大开放和促进内地与港澳深度合作的重大举措。为全面有效推进自贸试验区建设,制定本方案。

一、总体要求

(一)指导思想。

全面贯彻落实党的十八大和十八届二中、三中、四中全会精神,按照党中央、国务院决策部署,紧紧围绕国家战略,进一步解放思想,先行先试,以开放促改革、促发展,以制度创新为核心,促进内地与港澳经济深度合作,为全面深化改革和扩大开放探索新途径、积累新经验,发挥示范带动、服务全国的积极作用。

(二)战略定位。

依托港澳、服务内地、面向世界,将自贸试验区建设成为粤港澳深度合作示范区、21世纪海上丝绸之路重要枢纽和全国新一轮改革开放先行地。

(三)发展目标。

经过三至五年改革试验,营造国际化、市场

化、法治化营商环境，构建开放型经济新体制，实现粤港澳深度合作，形成国际经济合作竞争新优势，力争建成符合国际高标准的法制环境规范、投资贸易便利、辐射带动功能突出、监管安全高效的自由贸易园区。

三、主要任务和措施

（四）深化金融领域开放创新。

8. 推动跨境人民币业务创新发展。推动人民币作为自贸试验区与港澳地区及国外跨境大额贸易和投资计价、结算的主要货币。推动自贸试验区与港澳地区开展双向人民币融资。在总结其他地区相关试点经验、完善宏观审慎管理机制基础上，研究适时允许自贸试验区企业在一定范围内进行跨境人民币融资、允许自贸试验区银行业金融机构与港澳同业机构开展跨境人民币借款等业务。支持粤港澳三地机构在自贸试验区共同设立人民币海外投贷基金。允许自贸试验区金融机构和企业从港澳及国外借用人民币资金。支持自贸试验区内港澳资企业的境外母公司按规定在境内资本市场发行人民币债券。研究探索自贸试验区企业在香港股票市场发行人民币股票，放宽区内企业在境外发行本外币债券的审批和规模限制，所筹资金根据需要可调回区内使用。支持符合条件的港澳金融机构在自贸试验区以人民币进行新设、增资或参股自贸试验区内金融机构等直接投资活动。在《安排》框架下，研究探索自贸试验区金融机构与港澳地区同业开展跨境人民币信贷资产转让业务。允许自贸试验区证券公司、基金管理公司、期货公司、保险公司等非银行金融机构开展与港澳地区跨境人民币业务。支持与港澳地区开展个人跨境人民币业务创新。

9. 推动适应粤港澳服务贸易自由化的金融创新。在《安排》框架下，完善金融业负面清单准入模式，简化金融机构准入方式，推动自贸试验区金融服务业对港澳地区进一步开放。允许符合条件的外国金融机构设立外商独资银行，符合条件的外国金融机构与中国公司、企业出资共同设立中外合资银行。在条件具备时，适时在自贸试验区内试点设立有限牌照银行。降低港澳资保险公司进入自贸试验区的门槛，支持符合条件的港澳保险公司在自贸试验区设立分支机构，对进入自贸试验区的港澳保险公司分支机构视同内地保险机构，适用相同或相近的监管法规。支持符合条件的港澳保险中介机构进入自贸试验区，适用与内地保险中介机构相同或相近的准入标准和监管法规。在自贸试验区建立与粤港澳商贸、旅游、物流、信息等服务贸易自由化相适应的金融服务体系。积极推动个人本外币兑换特许机构、外汇代兑点发展和银行卡使用，便利港元、澳门元在自贸试验区兑换使用。在完善相关管理办法、加强有效监管前提下，支持商业银行在自贸试验区内设立机构开展外币离岸业务，允许自贸试验区内符合条件的中资银行试点开办外币离岸业务。允许外资股权投资管理机构、外资创业投资管理机构在自贸试验区发起管理人民币股权投资和创业投资基金。建立健全全口径外债宏观审慎管理框架，探索外债管理新模式。在《安排》框架下，推动自贸试验区公共服务领域的支付服务向粤港澳三地银行业开放，允许自贸试验区内注册设立的、拟从事支付服务的港澳资非金融机构，在符合支付服务市场发展政策导向以及《非金融机构支付服务管理办法》规定资质条件的前提下，依法从事第三方支付业务。支持符合条件的内地和港澳地区机构在自贸试验区设立金融租赁公司、融资租赁公司，开展飞机、船舶和海洋工程设备等融资租赁业务。统一内外资融资租赁企业准入标准、审批流程和事中事后监管，允许注册在自贸试验区内由广东省商务主管部门准入的内资融资租赁企业享受与现行内资融资租赁试点企业同等待遇。支持商业保理业务发展，探索适合商业保理发展的外汇管理模式。稳妥推进外商投资典当行试点。创新知识产权投融资及保险、风险投资、信托等金融服务，推动建立知识产权质物处置机制。发展与港澳地区保险服务贸易，探索与港澳地区保险产品互认、资金互通、市场互联的机制。支持自贸试验区内符合互认条件的基金产品参与内地与香港基金产品互认。允许自贸试验区在符合国家规定前提下开展贵金属（除黄金外）跨境现货交易。允许境内期货交易所在自贸试验区内的海关特殊监管区域设立大宗商品期货保税交割仓库，支持港澳地区企业参与商品期货交易。

10. 推动投融资便利化。探索实行本外币账户管理新模式，在账户设置、账户业务范围、资金划转和流动监测机制方面进行创新。探索通过自由贸易账户和其他风险可控的方式，开展跨境投融资创新业务。在风险可控前提下，开展以资本项目可兑换为重点的外汇管理改革试点。支持自贸试验区金融机构与港澳地区同业合作开展跨境担保业务。允许在自贸试验区注册的机构在宏观审慎框架下从境外融入本外币资金和境外发行本外币债券。深化外汇管理改革，将直接投资外汇登记下放银行办理，外商直接投资项下外汇资本金可意愿结汇，进一步提高对外放款比例。提高投融资便利化水平，统一内外资企业外债政策，建立健全外债宏观审慎管理制度。区内试行资本项目限额内可兑换，符合条件的区内机构在限额内自主开展直接投资、并购、债务工具、金融类投资等交易。构建个人跨境投资权益保护制度，严格投资者适当性管理。建立健全对区内个人投资的资金流动监测预警和风险防范机制。深化跨国公司本外币资金集中运营管理改革试点。研究探索自贸试验区与港澳地区和21世纪海上丝绸之路沿线国家按照规定开展符合条件的跨境金融资产交易。按照国家规定设立面向港澳和国际的新型要素交易平台，引入港澳投资者参与自贸试验区要素交易平台，逐步提高港澳投资者参与自贸试验区要素平台交易的便利化水平。研究设立以碳排放为首个品种的创新型期货交易所。

11. 建立健全自贸试验区金融风险防控体系。构建自贸试验区金融宏观审慎管理体系，建立金融监管协调机制，完善跨行业、跨市场的金融风险监测评估机制，加强对重大风险的识别和系统性金融风险的防范。探索建立本外币一体化管理机制。综合利用金融机构及企业主体的本外币数据信息，对企业、个人跨境收支进行全面监测、评价并实施分类管理。根据宏观审慎管理需要，加强对跨境资金流动、套利金融交易的监测和管理。做好反洗钱、反恐怖融资工作，防范非法资金跨境、跨区流动。完善粤港澳反洗钱和反恐怖融资监管合作和信息共享机制。探索在自贸试验区建立粤港澳金融消费者权益保护协作机制以及和解、专业调解、仲裁等金融纠纷司法替代性解决机制，鼓励金融行业协会、自律组织独立或者联合依法开展专业调解，建立调解与仲裁、诉讼的对接机制，加大金融消费者维权支持力度，依法维护金融消费者合法权益。支持建立健全金融消费者教育服务体系，积极创新自贸试验区特色的多元化金融消费者教育产品和方式。

国务院关于印发中国（天津）自由贸易试验区总体方案的通知（节录）

（2015年4月8日　国发〔2015〕19号）

各省、自治区、直辖市人民政府，国务院各部委、各直属机构：

国务院批准《中国（天津）自由贸易试验区总体方案》（以下简称《方案》），现予印发。

一、建立中国（天津）自由贸易试验区（以下简称自贸试验区），是党中央、国务院作出的重大决策，是在新形势下推进改革开放和加快实施京津冀协同发展战略的重要举措，对加快政府职能转变、积极探索管理模式创新、促进贸易和投资便利化，为全面深化改革和扩大开放探索新途径、积累新经验，具有重要意义。

二、自贸试验区要当好改革开放排头兵、创新发展先行者，以制度创新为核心，贯彻京津冀协同发展等国家战略，在构建开放型经济新体制、探索区域经济合作新模式、建设法治化营商环境等方面，率先挖掘改革潜力，破解改革难题。要积极探索外商投资准入前国民待遇加负面清单管理模式，深化行政管理体制改革，提升事中事后监管能力和水平。

三、天津市人民政府和有关部门要解放思

想、改革创新,大胆实践、积极探索,统筹谋划、加强协调,支持自贸试验区先行先试。要加强组织领导,明确责任主体,精心组织好《方案》实施工作,有效防控各类风险。要及时总结评估试点实施效果,形成可复制可推广的改革经验,发挥示范带动、服务全国的积极作用。

四、根据《全国人民代表大会常务委员会关于授权国务院在中国(广东)自由贸易试验区、中国(天津)自由贸易试验区、中国(福建)自由贸易试验区以及中国(上海)自由贸易试验区扩展区域暂时调整有关法律规定的行政审批的决定》,相应暂时调整有关行政法规和国务院文件的部分规定。具体由国务院另行印发。

五、《方案》实施中的重大问题,天津市人民政府要及时向国务院请示报告。

中国(天津)自由贸易试验区总体方案(节录)

建立中国(天津)自由贸易试验区(以下简称自贸试验区)是党中央、国务院作出的重大决策,是新形势下全面深化改革、扩大开放和加快推进京津冀协同发展战略的重大举措。为全面有效推进自贸试验区建设,制定本方案。

一、总体要求

(一)指导思想。

全面贯彻落实党的十八大和十八届二中、三中、四中全会精神,按照党中央、国务院决策部署,紧紧围绕国家战略,以开放促改革、促发展、促转型,以制度创新为核心,发挥市场在资源配置中的决定性作用,探索转变政府职能新途径,探索扩大开放新模式,努力打造京津冀协同发展对外开放新引擎,着力营造国际化、市场化、法治化营商环境,为我国全面深化改革和扩大开放探索新途径、积累新经验,发挥示范带动、服务全国的积极作用。

(二)战略定位。

以制度创新为核心任务,以可复制可推广为基本要求,努力成为京津冀协同发展高水平对外开放平台、全国改革开放先行区和制度创新试验田、面向世界的高水平自由贸易园区。

(三)总体目标。

经过三至五年改革探索,将自贸试验区建设成为贸易自由、投资便利、高端产业集聚、金融服务完善、法制环境规范、监管高效便捷、辐射带动效应明显的国际一流自由贸易园区,在京津冀协同发展和我国经济转型发展中发挥示范引领作用。

三、主要任务和措施

(四)深化金融领域开放创新。

深化金融体制改革,实施业务模式创新,培育新型金融市场,加强风险控制,推进投融资便利化、利率市场化和人民币跨境使用,做大做强融资租赁业,服务实体经济发展。

9. 推进金融制度创新。开展利率市场化和人民币资本项目可兑换试点。将自贸试验区内符合条件的金融机构纳入优先发行大额可转让存单的机构范围,在自贸试验区内开展大额可转让存单发行试点。区内试行资本项目限额内可兑换,符合条件的区内机构在限额内自主开展直接投资、并购、债务工具、金融类投资等交易。深化外汇管理改革,将直接投资外汇登记下放银行办理,外商直接投资项下外汇资本金可意愿结汇,进一步提高对外放款比例。提高投融资便利化水平,解决自贸试验区内企业特别是中小企业融资难、融资贵问题,统一内外资企业外债政策,建立健全外债宏观审慎管理制度。放宽区内企业在境外发行本外币债券的审批和规模限制,所筹资金根据需要可调回区内使用。

推动跨境人民币业务创新发展,鼓励在人民币跨境使用方面先行先试,鼓励企业充分利用境内外两种资源、两个市场,实现跨境融资自由化。支持跨国公司本外币资金集中运营管理。支持自贸试验区内符合条件的单位和个人按照规定双向投资于境内外证券期货市场。支持通过自由贸易账户或其他风险可控的方式,促进跨境投融资便利化和资本项目可兑换的先行先试。

探索在自贸试验区内建立金融消费者权益保护协作机制以及和解、专业调解、仲裁等金融纠纷司法替代性解决机制，鼓励金融行业协会、自律组织独立或者联合依法开展专业调解，建立调解与仲裁、诉讼的对接机制，加大金融消费者维权支持力度，依法维护金融消费者合法权益。支持建立健全证券投资消费者教育服务体系，积极创新自贸试验区特色的多元化证券投资消费者教育产品和方式。

10. 增强金融服务功能。推动金融服务业对符合条件的民营资本全面开放，在加强监管前提下，允许具备条件的民间资本依法发起设立中小型银行等金融机构。支持在自贸试验区内设立外资银行和中外合资银行。条件具备时适时在自贸试验区内试点设立有限牌照银行。对中小型金融机构实行差别化管理。在完善相关管理办法，加强有效监管前提下，允许自贸试验区内符合条件的中资银行试点开办外币离岸业务。鼓励金融机构积极开展动产融资业务，利用动产融资统一登记平台，服务中小企业发展。支持商业保理业务发展，探索适合商业保理发展的外汇管理模式。开展人民币跨境再保险业务，培育发展再保险市场。支持在自贸试验区内设立专业机构，开展巨灾保险试点工作。逐步允许境外企业参与商品期货交易。

12. 建立健全金融风险防控体系。建立金融监管协调机制，完善跨行业、跨市场的金融风险监测评估机制，加强对重大风险的识别和系统性金融风险的防范。完善对持有各类牌照金融机构的分类监管机制，加强金融监管协调与合作。探索建立跨境资金流动风险监管机制，对企业跨境收支进行全面监测评价，实施分类管理。强化外汇风险防控，实施主体监管，建立合规评价体系，以大数据为依托开展事中事后管理。做好反洗钱、反恐怖融资工作，防范非法资金跨境、跨区流动。

（五）推动实施京津冀协同发展战略。

15. 推动区域金融市场一体化。探索京津冀金融改革创新试验，开展金融监管、金融产品和服务方面的创新。加强区域金融监管协作，破除地域限制。在遵守国家规定前提下，京津冀三地产权交易市场、技术交易市场、排污权交易市场和碳排放权交易市场可在自贸试验区内开展合作，促进区域排污权指标有偿分配使用。支持金融服务外包企业发展。鼓励和引导互联网金融业健康发展。鼓励自贸试验区金融机构探索与京津冀协同发展相适应的产品创新和管理模式创新，优化京津冀地区金融资源配置。

国务院关于印发中国（福建）自由贸易试验区总体方案的通知（节录）

（2015年4月8日　国发〔2015〕20号）

各省、自治区、直辖市人民政府，国务院各部委、各直属机构：

国务院批准《中国（福建）自由贸易试验区总体方案》（以下简称《方案》），现予印发。

一、建立中国（福建）自由贸易试验区（以下简称自贸试验区），是党中央、国务院作出的重大决策，是在新形势下推进改革开放和深化两岸经济合作的重要举措，对加快政府职能转变、积极探索管理模式创新、促进贸易和投资便利化，为全面深化改革和扩大开放探索新途径、积累新经验，具有重要意义。

二、自贸试验区要当好改革开放排头兵、创新发展先行者，以制度创新为核心，贯彻“一带一路”建设等国家战略，在构建开放型经济新体制、探索闽台经济合作新模式、建设法治化营商环境等方面，率先挖掘改革潜力，破解改革难题。要积极探索外商投资准入前国民待遇加负面清单管理模式，深化行政管理体制改革，提升事中事后监管能力和水平。

三、福建省人民政府和有关部门要解放思

想、改革创新,大胆实践、积极探索,统筹谋划、加强协调,支持自贸试验区先行先试。要加强组织领导,明确责任主体,精心组织好《方案》实施工作,有效防控各类风险。要及时总结评估试点实施效果,形成可复制可推广的改革经验,发挥示范带动、服务全国的积极作用。

四、根据《全国人民代表大会常务委员会关于授权国务院在中国(广东)自由贸易试验区、中国(天津)自由贸易试验区、中国(福建)自由贸易试验区以及中国(上海)自由贸易试验区扩展区域暂时调整有关法律规定的行政审批的决定》,相应暂时调整有关行政法规和国务院文件的部分规定。具体由国务院另行印发。

五、《方案》实施中的重大问题,福建省人民政府要及时向国务院请示报告。

中国(福建)自由贸易试验区总体方案(节录)

建立中国(福建)自由贸易试验区(以下简称自贸试验区)是党中央、国务院作出的重大决策,是新形势下全面深化改革、扩大开放和深化两岸经济合作采取的重大举措。为全面有效推进自贸试验区建设,制定本方案。

一、总体要求

(一)指导思想。

全面贯彻落实党的十八大和十八届二中、三中、四中全会精神,按照党中央、国务院决策部署,紧紧围绕国家战略,立足于深化两岸经济合作,立足于体制机制创新,进一步解放思想,先行先试,为深化两岸经济合作探索新模式,为加强与21世纪海上丝绸之路沿线国家和地区的交流合作拓展新途径,为我国全面深化改革和扩大开放积累新经验,发挥示范带动、服务全国的积极作用。

(二)战略定位。

围绕立足两岸、服务全国、面向世界的战略要求,充分发挥改革先行优势,营造国际化、市场化、法治化营商环境,把自贸试验区建设成为改革创新试验田;充分发挥对台优势,率先推进与台湾地区投资贸易自由化进程,把自贸试验区建设成为深化两岸经济合作的示范区;充分发挥对外开放前沿优势,建设21世纪海上丝绸之路核心区,打造面向21世纪海上丝绸之路沿线国家和地区开放合作新高地。

(三)发展目标。

坚持扩大开放与深化改革相结合、功能培育与制度创新相结合,加快政府职能转变,建立与国际投资贸易规则相适应的新体制。创新两岸合作机制,推动货物、服务、资金、人员等各类要素自由流动,增强闽台经济关联度。加快形成更高水平的对外开放新格局,拓展与21世纪海上丝绸之路沿线国家和地区交流合作的深度和广度。经过三至五年改革探索,力争建成投资贸易便利、金融创新功能突出、服务体系健全、监管高效便捷、法制环境规范的自由贸易园区。

三、主要任务和措施

(五)推进金融领域开放创新。

11. 扩大金融对外开放。建立与自贸试验区相适应的账户管理体系。完善人民币涉外账户管理模式,简化人民币涉外账户分类,促进跨境贸易、投融资结算便利化。自贸试验区内试行资本项目限额内可兑换,符合条件的自贸试验区内机构在限额内自主开展直接投资、并购、债务工具、金融类投资等交易。深化外汇管理改革,将直接投资外汇登记下放银行办理,外商直接投资项下外汇资本金可意愿结汇,进一步提高对外放款比例。提高投融资便利化水平,统一内外资企业外债政策,建立健全外债宏观审慎管理制度。允许自贸试验区内企业、银行从境外借入本外币资金,企业借入的外币资金可结汇使用。探索建立境外融资与跨境资金流动宏观审慎管理政策框架,支持企业开展国际商业贷款等各类境外融资活动。放宽自贸试验区内法人金融机构和企业在境外发行人民币和外币债券的审批和规模限制,所筹资金可根据需要调回自贸试验区内使用。支持跨国公司本外币资金集中运营管理。探索在自贸试验区内设立单独领取牌照的专业金融托管服务机构,允许自贸试验区内银行和支付机构、托管机构与境外银行和支付机构开展跨境支付合作。构建跨境个人投资者保护制度，严格投资者适当性管理。强化风险防控，实施主体监管，建立合规评价体系，以大数据为依托开展事中事后管理。

12. 拓展金融服务功能。推进利率市场化，允许符合条件的金融机构试点发行企业和个人大额可转让存单。研究探索自贸试验区内金融机构（含准金融机构）向境外转让人民币资产、销售人民币理财产品，多渠道探索跨境资金流动。推动开展跨境人民币业务创新，推进自贸试验区内企业和个人跨境贸易与投资人民币结算业务。在完善相关管理办法、加强有效监管前提下，允许自贸试验区内符合条件的中资银行试点开办外币离岸业务。支持自贸试验区内法人银行按有关规定开展资产证券化业务。创新知识产权投融资及保险、风险投资、信托等金融服务，推动建立知识产权质物处置机制。经相关部门许可，拓展自贸试验区内融资租赁业务经营范围、融资渠道，简化涉外业务办理流程。统一内外资融资租赁企业准入标准、设立审批和事中事后监管，允许注册在自贸试验区内由福建省有关主管部门准入的内资融资租赁企业享受与现行内资试点企业同等待遇。支持自贸试验区内设立多币种的产业投资基金，研究设立多币种的土地信托基金等。支持符合条件的自贸试验区内机构按照规定双向投资于境内外证券期货市场。在合法合规、风险可控前提下，逐步开展商品场外衍生品交易。支持厦门两岸区域性金融服务中心建设。支持境内期货交易所根据需要在平潭设立期货交割仓库。

13. 推动两岸金融合作先行先试。在对台小额贸易市场设立外币兑换机构。允许自贸试验区银行业金融机构与台湾同业开展跨境人民币借款等业务。支持台湾地区的银行向自贸试验区内企业或项目发放跨境人民币贷款。对自贸试验区内的台湾金融机构向母行（公司）借用中长期外债实行外债指标单列，并按余额进行管理。在框架协议下，研究探索自贸试验区金融服务业对台资进一步开放，降低台资金融机构准入和业务门槛，适度提高参股大陆金融机构持股比例，并参照大陆金融机构监管。按照国家区域发展规划，为自贸试验区内台资法人金融机构在大陆设立分支机构开设绿色通道。支持在自贸试验区设立两岸合资银行等金融机构。探索允许台湾地区的银行及其在大陆设立的法人银行在福建省设立的分行参照大陆关于申请设立支行的规定，申请在自贸试验区内设立异地（不同于分行所在城市）支行。台湾地区的银行在大陆的营业性机构经营台资企业人民币业务时，服务对象可包括被认定为视同台湾投资者的第三地投资者在自贸试验区设立的企业。在符合相关规定前提下，支持两岸银行业在自贸试验区内进行相关股权投资合作。研究探索台湾地区的银行在自贸试验区内设立的营业性机构一经开业即可经营人民币业务。在框架协议下，允许自贸试验区内大陆的商业银行从事代客境外理财业务时，可以投资符合条件的台湾金融产品；允许台资金融机构以人民币合格境外机构投资者方式投资自贸试验区内资本市场。研究探索放宽符合条件的台资金融机构参股自贸试验区证券基金机构股权比例限制。研究探索允许符合条件的台资金融机构按照大陆有关规定在自贸试验区内设立合资基金管理公司，台资持股比例可达50%以上。研究探索允许符合设立外资参股证券公司条件的台资金融机构按照大陆有关规定在自贸试验区内新设立2家两岸合资的全牌照证券公司，大陆股东不限于证券公司，其中一家台资合并持股比例最高可达51%，另一家台资合并持股比例不超过49%、且取消大陆单一股东须持股49%的限制。支持符合条件的台资保险公司到自贸试验区设立经营机构。支持福建省股权交易场所拓展业务范围，为台资企业提供综合金融服务。加强两岸在金融纠纷调解、仲裁、诉讼及金融消费者维权支持方面的合作，健全多元化纠纷解决渠道。

国务院办公厅关于印发自由贸易试验区外商投资准入特别管理措施(负面清单)的通知(节录)

(2015 年 4 月 8 日　国办发〔2015〕23 号)

各省、自治区、直辖市人民政府,国务院各部委、各直属机构:

《自由贸易试验区外商投资准入特别管理措施(负面清单)》已经国务院同意,现印发给你们,请认真执行。实施中的重大问题,要及时向国务院请示报告。

自由贸易试验区外商投资准入特别管理措施(负面清单)

说　明

一、《自由贸易试验区外商投资准入特别管理措施(负面清单)》(以下简称《自贸试验区负面清单》)依据现行有关法律法规制定,已经国务院批准,现予以发布。负面清单列明了不符合国民待遇等原则的外商投资准入特别管理措施,适用于上海、广东、天津、福建四个自由贸易试验区(以下统称自贸试验区)。

二、《自贸试验区负面清单》依据《国民经济行业分类》(GB/T4754—2011)划分为 15 个门类、50 个条目、122 项特别管理措施。其中特别管理措施包括具体行业措施和适用于所有行业的水平措施。

三、《自贸试验区负面清单》中未列出的与国家安全、公共秩序、公共文化、金融审慎、政府采购、补贴、特殊手续和税收相关的特别管理措施,按照现行规定执行。自贸试验区内的外商投资涉及国家安全的,须按照《自由贸易试验区外商投资国家安全审查试行办法》进行安全审查。

四、《自贸试验区负面清单》之外的领域,在自贸试验区内按照内外资一致原则实施管理,并由所在地省级人民政府发布实施指南,做好相关引导工作。

五、香港特别行政区、澳门特别行政区、台湾地区投资者在自贸试验区内投资参照《自贸试验区负面清单》执行。内地与香港特别行政区、澳门特别行政区关于建立更紧密经贸关系的安排及其补充协议,《海峡两岸经济合作框架协议》,我国签署的自贸协定中适用于自贸试验区并对符合条件的投资者有更优惠的开放措施的,按照相关协议或协定的规定执行。

六、《自贸试验区负面清单》自印发之日起 30 日后实施,并适时调整。

自由贸易试验区外商投资准入特别管理措施(负面清单)(节录)

序号	领域	特别管理措施
八、金融业		
(二十七)	银行业股东机构类型要求	64. 境外投资者投资银行业金融机构,应为金融机构或特定类型机构。具体要求: (1)外商独资银行股东、中外合资银行外方股东应为金融机构,且外方唯一或者控股/主要股东应为商业银行; (2)投资中资商业银行、信托公司的应为金融机构; (3)投资农村商业银行、农村合作银行、农村信用(合作)联社、村镇银行的应为境外银行; (4)投资金融租赁公司的应为金融机构或融资租赁公司; (5)消费金融公司的主要出资人应为金融机构; (6)投资货币经纪公司的应为货币经纪公司; (7)投资金融资产管理公司的应为金融机构,且不得参与发起设立金融资产管理公司; (8)法律法规未明确的应为金融机构。
(二十八)	银行业资质要求	65. 境外投资者投资银行业金融机构须符合一定数额的总资产要求,具体包括: (1)外资法人银行外方唯一或者控股/主要股东、外国银行分行的母行; (2)中资商业银行、农村商业银行、农村合作银行、农村信用(合作)联社、村镇银行、信托公司、金融租赁公司、贷款公司、金融资产管理公司的境外投资者; (3)法律法规未明确不适用的其他银行业金融机构的境外投资者。 66. 境外投资者投资货币经纪公司须满足相关业务年限、全球机构网络和资讯通信网络等特定条件。
(二十九)	银行业股比要求	67. 境外投资者入股中资商业银行、农村商业银行、农村合作银行、农村信用(合作)联社、金融资产管理公司等银行业金融机构受单一股东和合计持股比例限制。
(三十)	外资银行	68. 除符合股东机构类型要求和资质要求外,外资银行还受限于以下条件: (1)外国银行分行不可从事《中华人民共和国商业银行法》允许经营的"代理发行、代理兑付、承销政府债券"、"代理收付款项"、"从事银行卡业务",除可以吸收中国境内公民每笔不少于100万元人民币的定期存款外,外国银行分行不得经营对中国境内公民的人民币业务; (2)外国银行分行应当由总行无偿拨付营运资金,营运资金的一部分应以特定形式存在并符合相应管理要求; (3)外国银行分行须满足人民币营运资金充足性(8%)要求; (4)外资银行获准经营人民币业务须满足最低开业时间要求。
(三十一)	期货公司	69. 期货公司属于限制类,须由中方控股。

续表

序号	领域	特别管理措施
(三十二)	证券公司	70. 证券公司属于限制类,外资比例不超过49%。 71. 单个境外投资者持有(包括直接持有和间接控制)上市内资证券公司股份的比例不超过20%;全部境外投资者持有(包括直接持有和间接控制)上市内资证券公司股份的比例不超过25%。
(三十三)	证券投资基金管理公司	72. 证券投资基金管理公司属于限制类,外资比例不超过49%。
(三十四)	证券和期货交易	73. 不得成为证券交易所的普通会员和期货交易所的会员。 74. 不得申请开立A股证券账户以及期货账户。
(三十五)	保险机构设立	75. 保险公司属于限制类(寿险公司外资比例不超过50%),境内保险公司合计持有保险资产管理公司的股份不低于75%。 76. 申请设立外资保险公司的外国保险公司,以及投资入股保险公司的境外金融机构(通过证券交易所购买上市保险公司股票的除外),须符合中国保险监管部门规定的经营年限、总资产等条件。
(三十六)	保险业务	77. 非经中国保险监管部门批准,外资保险公司不得与其关联企业从事再保险的分出或者分入业务。

国务院办公厅关于印发自由贸易试验区外商投资国家安全审查试行办法的通知(节录)

(2015年4月8日　国办发〔2015〕24号)

各省、自治区、直辖市人民政府,国务院各部委、各直属机构:

《自由贸易试验区外商投资国家安全审查试行办法》已经国务院同意,现印发给你们,请认真贯彻执行。

自由贸易试验区外商投资国家安全审查试行办法(节录)

为做好中国(上海)自由贸易试验区、中国(广东)自由贸易试验区、中国(天津)自由贸易试验区、中国(福建)自由贸易试验区等自由贸易试验区(以下统称自贸试验区)对外开放工作,试点实施与负面清单管理模式相适应的外商投资国家安全审查(以下简称安全审查)措施,引导外商投资有序发展,维护国家安全,制定本办法。

一、审查范围

(三)外国投资者取得所投资企业的实际控制权,包括下列情形:

1. 外国投资者及其关联投资者持有企业股份总额在50%以上。

2. 数个外国投资者持有企业股份总额合计在50%以上。

3. 外国投资者及其关联投资者、数个外国投资者持有企业股份总额不超过50%,但所享有的表决权已足以对股东会或股东大会、董事会的决议产生重大影响。

4. 其他导致外国投资者对企业的经营决策、人事、财务、技术等产生重大影响的情形。

国务院关于进一步做好新形势下就业创业工作的意见(节录)

(2015年4月27日　国发〔2015〕23号)

各省、自治区、直辖市人民政府,国务院各部委、各直属机构:

就业事关经济发展和民生改善大局。党中央、国务院高度重视,坚持把稳定和扩大就业作为宏观调控的重要目标,大力实施就业优先战略,积极深化行政审批制度和商事制度改革,推动大众创业、万众创新,创业带动就业倍增效应进一步释放,就业局势总体稳定。但也要看到,随着我国经济发展进入新常态,就业总量压力依然存在,结构性矛盾更加凸显。大众创业、万众创新是富民之道、强国之举,有利于产业、企业、分配等多方面结构优化。面对就业压力加大形势,必须着力培育大众创业、万众创新的新引擎,实施更加积极的就业政策,把创业和就业结合起来,以创业创新带动就业,催生经济社会发展新动力,为促进民生改善、经济结构调整和社会和谐稳定提供新动能。现就进一步做好就业创业工作提出以下意见:

二、积极推进创业带动就业

(七)拓宽创业投融资渠道。运用财税政策,支持风险投资、创业投资、天使投资等发展。运用市场机制,引导社会资金和金融资本支持创业活动,壮大创业投资规模。按照政府引导、市场化运作、专业化管理的原则,加快设立国家中小企业发展基金和国家新兴产业创业投资引导基金,带动社会资本共同加大对中小企业创业创新的投入,促进初创期科技型中小企业成长,支持新兴产业领域早中期、初创期企业发展。鼓励地方设立创业投资引导等基金。发挥多层次资本市场作用,加快创业板等资本市场改革,强化全国中小企业股份转让系统融资、交易等功能,规范发展服务小微企业的区域性股权市场。开展股权众筹融资试点,推动多渠道股权融资,积极探索和规范发展互联网金融,发展新型金融机构和融资服务机构,促进大众创业。

(八)支持创业担保贷款发展。将小额担保贷款调整为创业担保贷款,针对有创业要求、具备一定创业条件但缺乏创业资金的就业重点群体和困难人员,提高其金融服务可获得性,明确支持对象、标准和条件,贷款最高额度由针对不同群体的5万元、8万元、10万元不等统一调整为10万元。鼓励金融机构参照贷款基础利率,结合风险分担情况,合理确定贷款利率水平,对个人发放的创业担保贷款,在贷款基础利率基础上上浮3个百分点以内的,由财政给予贴息。简化程序,细化措施,健全贷款发放考核办法和财政贴息资金规范管理约束机制,提高代偿效率,完善担保基金呆坏账核销办法。

国务院关于大力发展电子商务加快培育经济新动力的意见(节录)

(2015年5月4日　国发〔2015〕24号)

各省、自治区、直辖市人民政府,国务院各部委、各直属机构:

近年来我国电子商务发展迅猛,不仅创造了新的消费需求,引发了新的投资热潮,开辟了就业增收新渠道,为大众创业、万众创新提供了新空间,而且电子商务正加速与制造业融合,推动服务业转型升级,催生新兴业态,成为提供公共产品、公共服务的新力量,成为经济发展新的原动力。与此同时,电子商务发展面临管理方式不适应、诚信体系不健全、市场秩序不规范等问题,亟需采取措施予以解决。当前,我国已进入全面建成小康社会的决定性阶段,为减少束缚电子商务发展的机制体制障碍,进一步发挥电子商务在培育经济新动力,打造"双引擎"、实现"双目标"等方面的重要作用,现提出以下意见:

一、指导思想、基本原则和主要目标

(一)指导思想。全面贯彻党的十八大和十八届二中、三中、四中全会精神,按照党中央、国务院决策部署,坚持依靠改革推动科学发展,主动适应和引领经济发展新常态,着力解决电子商务发展中的深层次矛盾和重大问题,大力推进政策创新、管理创新和服务创新,加快建立开放、规范、诚信、安全的电子商务发展环境,进一步激发电子商务创新动力、创造潜力、创业活力,加速推动经济结构战略性调整,实现经济提质增效升级。

(二)基本原则。一是积极推动。主动作为、支持发展。积极协调解决电子商务发展中的各种矛盾与问题。在政府资源开放、网络安全保障、投融资支持、基础设施和诚信体系建设等方面加大服务力度。推进电子商务企业税费合理化,减轻企业负担。进一步释放电子商务发展潜力,提升电子商务创新发展水平。二是逐步规范。简政放权、放管结合。法无禁止的市场主体即可为,法未授权的政府部门不能为,最大限度减少对电子商务市场的行政干预。在放宽市场准入的同时,要在发展中逐步规范市场秩序,营造公平竞争的创业发展环境,进一步激发社会创业活力,拓宽电子商务创新发展领域。三是加强引导。把握趋势、因势利导。加强对电子商务发展中前瞻性、苗头性、倾向性问题的研究,及时在商业模式创新、关键技术研发、国际市场开拓等方面加大对企业的支持引导力度,引领电子商务向打造"双引擎"、实现"双目标"发展,进一步增强企业的创新动力,加速电子商务创新发展步伐。

(三)主要目标。到2020年,统一开放、竞争有序、诚信守法、安全可靠的电子商务大市场基本建成。电子商务与其他产业深度融合,成为促进创业、稳定就业、改善民生服务的重要平台,对工业化、信息化、城镇化、农业现代化同步发展起到关键性作用。

二、营造宽松发展环境

(四)降低准入门槛。全面清理电子商务领域现有前置审批事项,无法律法规依据的一律取消,严禁违法设定行政许可、增加行政许可条件和程序。(国务院审改办,有关部门按职责分工分别负责)进一步简化注册资本登记,深入推进电子商务领域由"先证后照"改为"先照后证"改革。(工商总局、中央编办)落实《注册资本登记制度改革方案》,放宽电子商务市场主体住所(经营场所)登记条件,完善相关管理措施。(省级人民政府)推进对快递企业设立非法人快递末端网点实施备案制管理。(邮政局)简化境内电子商务企业海外上市审批流程，鼓励电子商务领域的跨境人民币直接投资。（发展改革委、商务部、外汇局、证监会、人民银行）放开外商投资电子商务业务的外方持股比例限制。（工业和信息化部、发展改革委、商务部）探索建立能源、铁路、公共事业等行业电子商务服务的市场化机制。（有关部门按职责分工分别负责）

（六）加大金融服务支持。建立健全适应电子商务发展的多元化、多渠道投融资机制。（有关部门按职责分工分别负责）研究鼓励符合条件的互联网企业在境内上市等相关政策。（证监会）支持商业银行、担保存货管理机构及电子商务企业开展无形资产、动产质押等多种形式的融资服务。鼓励商业银行、商业保理机构、电子商务企业开展供应链金融、商业保理服务，进一步拓展电子商务企业融资渠道。（人民银行、商务部）引导和推动创业投资基金，加大对电子商务初创企业的支持。（发展改革委）

四、推动转型升级

（十六）规范网络化金融服务新产品。鼓励证券、保险、公募基金等企业和机构依法进行网络化创新，完善互联网保险产品审核和信息披露制度，探索建立适应互联网证券、保险、公募基金产品销售等互联网金融活动的新型监管方式。（人民银行、证监会、保监会）规范保险业电子商务平台建设，研究制定电子商务涉及的信用保证保险的相关扶持政策，鼓励发展小微企业信贷信用保险、个人消费履约保证保险等新业务，扩大信用保险保单融资范围。完善在线旅游服务企业投保办法。（保监会、银监会、旅游局按职责分工分别负责）

六、提升对外开放水平

（二十二）推动电子商务走出去。抓紧研究制定促进跨境电子商务发展的指导意见。（商务部、发展改革委、海关总署、工业和信息化部、财政部、人民银行、税务总局、工商总局、质检总局、外汇局）鼓励国家政策性银行在业务范围内加大对电子商务企业境外投资并购的贷款支持，研究制定针对电子商务企业境外上市的规范管理政策。（人民银行、证监会、商务部、发展改革委、工业和信息化部）简化电子商务企业境外直接投资外汇登记手续，拓宽其境外直接投资外汇登记及变更登记业务办理渠道。（外汇局）支持电子商务企业建立海外营销渠道，创立自有品牌。各驻外机构应加大对电子商务企业走出去的服务力度。进一步开放面向港澳台地区的电子商务市场，推动设立海峡两岸电子商务经济合作实验区。鼓励发展面向“一带一路”沿线国家的电子商务合作，扩大跨境电子商务综合试点，建立政府、企业、专家等各个层面的对话机制，发起和主导电子商务多边合作。（有关部门按职责分工分别负责）

国务院关于取消非行政许可审批事项的决定（节录）

（2015年5月10日 国发〔2015〕27号）

各省、自治区、直辖市人民政府，国务院各部委、各直属机构：

经研究论证，国务院决定，在前期大幅减少部门非行政许可审批事项的基础上，再取消49项非行政许可审批事项，将84项非行政许可审批事项调整为政府内部审批事项。今后不再保留“非行政许可审批”这一审批类别。

各地区、各有关部门要认真做好取消事项的落实工作，加强事中事后监管，防止出现管理真空，且不得以任何形式变相审批。调整为政府内部审批的事项，不得面向公民、法人和其他社会组织实施审批；审批部门要严格规范审批行为,明确政府内部审批的权限、范围、条件、程序、时限等,严格限制自由裁量权,优化审批流程,提高审批效率。要进一步深化行政体制改革,深入推进简政放权、放管结合,加快政府职能转变,不断提高政府管理科学化、规范化、法治化水平。

附件:1. 国务院决定取消的非行政许可审批事项目录(节录)

2. 国务院决定调整为政府内部审批的事项目录(略)

附件 1

国务院决定取消的非行政许可审批事项目录(节录)
(共 49 个大项以及其他 8 项中的 17 个子项)

序号	项目名称	审批部门	其他共同审批部门	设定依据	备注
60	境外证券交易所驻华代表机构审批	证监会	无	《境外证券交易所驻华代表机构管理办法》(证监会令第 44 号)	
61	证券交易所与境外机构重大合作项目、证券登记结算机构重大国际合作与交流活动、涉港澳台重大事项审批	证监会	无	《国务院办公厅关于保留部分非行政许可审批项目的通知》(国办发〔2004〕62 号) 《证券登记结算管理办法》(证监会令第 65 号)	

国务院办公厅转发财政部人民银行银监会关于妥善解决地方政府融资平台公司在建项目后续融资问题意见的通知(节录)

(2015 年 5 月 11 日　国办发〔2015〕40 号)

各省、自治区、直辖市人民政府,国务院各部委、各直属机构:

财政部、人民银行、银监会《关于妥善解决地方政府融资平台公司在建项目后续融资问题的意见》已经国务院同意,现转发给你们,请认真贯彻执行。

关于妥善解决地方政府融资平台公司在建项目后续融资问题的意见（节录）

为全面落实《国务院关于加强地方政府性债务管理的意见》（国发〔2014〕43号）要求，依法合规积极支持融资平台公司在建项目后续融资，确保在建项目有序推进，切实满足实体经济的合理融资需求，有效防范和化解财政金融风险，现就妥善解决地方政府融资平台公司在建项目后续融资问题提出以下意见。

一、总体要求和适用范围

（一）总体要求。地方各级政府和银行业金融机构要妥善处理融资平台公司在建项目后续融资问题，区分存量和增量实施分类管理，依法合规进行融资，切实满足促进经济发展和防范财政金融风险的需要。

（二）适用范围。融资平台公司是指由地方政府及其部门和机构等通过财政拨款或注入土地、股权等资产设立，承担政府投资项目融资功能，并拥有独立法人资格的经济实体。在建项目是指在国发〔2014〕43号文件成文日期（2014年9月21日）之前，经相关投资主管部门依照有关规定完成审批、核准或备案手续，并已开工建设的项目。

二、重点任务

（三）支持在建项目的存量融资需求。地方各级政府和银行业金融机构要按照总量控制、区别对待的原则，支持融资平台公司在建项目的存量融资需求，确保在建项目有序推进。对于在2014年12月31日前已签订具有法律效力的借款合同并已放款，但合同尚未到期的融资平台公司在建项目贷款，银行业金融机构要在全面把控风险、落实信贷条件的前提下，继续按照合同约定发放贷款，不得盲目抽贷、压贷、停贷。对于在2014年12月31日前已签订具有法律效力的借款合同，且合同到期的融资平台公司在建项目贷款，如果项目自身运营收入不足以还本付息，银行业金融机构可与地方政府、融资平台公司协商，在后续借款与前期借款合同约定的责任一致，且确保借款合同金额不增加的前提下，重新修订借款合同，合理确定贷款期限，补充合格有效抵质押品。

（四）规范实施在建项目的增量融资。地方各级政府要密切关注融资平台公司在建项目中应由财政支持的增量融资需求，在依法合规、规范管理的前提下，统筹财政资金和社会资本等各类资金，保障在建项目续建和收尾。对于已签合同贷款额不能满足建设需要，且适宜采取政府和社会资本合作模式的融资平台公司在建项目，优先采取政府和社会资本合作模式，弥补在建项目增量融资需求。对于已签合同贷款额不能满足建设需要，且符合国家有关规定并确实没有其他建设资金来源，但又暂时不宜转为政府和社会资本合作模式的融资平台公司在建项目，增量融资需求纳入政府预算管理，由地方政府按法律要求和有关规定发行政府债券解决。

（五）切实做好在建项目后续融资管理工作。银行业金融机构要兼顾促发展和防风险，严格规范信贷管理，切实加强风险识别和风险控制。对于融资平台公司在建项目贷款，银行业金融机构要在审慎测算融资平台公司还款能力和在建项目收益、综合考虑地方政府偿债能力的基础上，自主决策、自担风险，切实做好后续融资管理工作。银行业金融机构要认真审查贷款投向，重点支持农田水利设施、保障性安居工程、城市轨道交通等领域的融资平台公司在建项目，确保贷款符合产业发展需要和产业园区发展规划。

（六）完善配套措施。对地方政府按法律要求和有关规定发行政府债券解决的在建项目后续融资，在保障财政支出需要的前提下，对于有相应政府债券发行额度，且本地区国库库款余额超过一个半月库款支付保障水平的地区，允许地方财政部门在政府债券发行额度内，加大盘活以前年度存量财政资金力度，利用超出部分的国库库款用于政府债券发行之前的资金周转，以解决在建项目融资与政府债券发行之间的时间差问题。地方财政部门在动用国库库款用于资金周转前,须报经本级人民政府批准,并抄送同级人大有关机构和有关单位。地方财政部门在完成政府债券发行之后,要及时将资金全部收回国库。财政部、发展改革委、人民银行、银监会等有关部门要加强地方政府性债务信息共享,密切监测债务变化。

三、组织实施

(七)加强组织领导。地方各级人民政府、各有关部门要从大局出发,充分认识做好融资平台公司在建项目后续融资工作的重要性,统一思想,加强领导,结合本地区、本部门实际认真抓好落实。

(八)密切协同推进。财政部、人民银行要加强财政政策和货币政策的协调配合,为地方政府发行债券创造良好的市场环境。财政部要制定出台地方政府债券配套管理办法,加强对地方政府债券发行和使用工作的组织领导。银监会要加强监管、正确引导,推动银行业金融机构在依法合规、有效防范风险的前提下,做好融资平台公司在建项目后续融资工作,并将本意见传达至各银行业金融机构。各有关部门要切实履行职责,强化政策协同,共同做好融资平台公司在建项目后续融资相关工作,确保政策及时落实到位。

(九)关于地方政府融资平台公司在建项目后续融资问题,国务院另有规定的,从其规定。

国务院办公厅转发财政部发展改革委人民银行关于在公共服务领域推广政府和社会资本合作模式指导意见的通知(节录)

(2015 年 5 月 19 日　国办发〔2015〕42 号)

各省、自治区、直辖市人民政府,国务院各部委、各直属机构:

财政部、发展改革委、人民银行《关于在公共服务领域推广政府和社会资本合作模式的指导意见》已经国务院同意,现转发给你们,请认真贯彻执行。

在公共服务领域推广政府和社会资本合作模式,是转变政府职能、激发市场活力、打造经济新增长点的重要改革举措。围绕增加公共产品和公共服务供给,在能源、交通运输、水利、环境保护、农业、林业、科技、保障性安居工程、医疗、卫生、养老、教育、文化等公共服务领域,广泛采用政府和社会资本合作模式,对统筹做好稳增长、促改革、调结构、惠民生、防风险工作具有战略意义。

各地区、各部门要按照简政放权、放管结合、优化服务的要求,简化行政审批程序,推进立法工作,进一步完善制度,规范流程,加强监管,多措并举,在财税、价格、土地、金融等方面加大支持力度,保证社会资本和公众共同受益,通过资本市场和开发性、政策性金融等多元融资渠道,吸引社会资本参与公共产品和公共服务项目的投资、运营管理,提高公共产品和公共服务供给能力与效率。

各地区、各部门要高度重视,精心组织实施,加强协调配合,形成工作合力,切实履行职责,共同抓好落实。

关于在公共服务领域推广政府和社会资本合作模式的指导意见(节录)

为打造大众创业、万众创新和增加公共产品、公共服务"双引擎",让广大人民群众享受到优质高效的公共服务,在改善民生中培育经济增长新动力,现就改革创新公共服务供给机制,大力推广政府和社会资本合作(Public - Private Partnership,PPP)模式,提出以下意见:

一、充分认识推广政府和社会资本合作模式的重大意义

政府和社会资本合作模式是公共服务供给机制的重大创新,即政府采取竞争性方式择优选择具有投资、运营管理能力的社会资本,双方按照平等协商原则订立合同,明确责权利关系,由社会资本提供公共服务,政府依据公共服务绩效评价结果向社会资本支付相应对价,保证社会资本获得合理收益。政府和社会资本合作模式有利于充分发挥市场机制作用,提升公共服务的供给质量和效率,实现公共利益最大化。

(一)有利于加快转变政府职能,实现政企分开、政事分开。作为社会资本的境内外企业、社会组织和中介机构承担公共服务涉及的设计、建设、投资、融资、运营和维护等责任,政府作为监督者和合作者,减少对微观事务的直接参与,加强发展战略制定、社会管理、市场监管、绩效考核等职责,有助于解决政府职能错位、越位和缺位的问题,深化投融资体制改革,推进国家治理体系和治理能力现代化。

(二)有利于打破行业准入限制,激发经济活力和创造力。政府和社会资本合作模式可以有效打破社会资本进入公共服务领域的各种不合理限制,鼓励国有控股企业、民营企业、混合所有制企业等各类型企业积极参与提供公共服务,给予中小企业更多参与机会,大幅拓展社会资本特别是民营资本的发展空间,激发市场主体活力和发展潜力,有利于盘活社会存量资本,形成多元化、可持续的公共服务资金投入渠道,打造新的经济增长点,增强经济增长动力。

(三)有利于完善财政投入和管理方式,提高财政资金使用效益。在政府和社会资本合作模式下,政府以运营补贴等作为社会资本提供公共服务的对价,以绩效评价结果作为对价支付依据,并纳入预算管理、财政中期规划和政府财务报告,能够在当代人和后代人之间公平地分担公共资金投入,符合代际公平原则,有效弥补当期财政投入不足,有利于减轻当期财政支出压力,平滑年度间财政支出波动,防范和化解政府性债务风险。

二、总体要求

(四)指导思想。贯彻落实党的十八大和十八届二中、三中、四中全会精神,按照党中央、国务院决策部署,借鉴国际成熟经验,立足国内实际情况,改革创新公共服务供给机制和投入方式,发挥市场在资源配置中的决定性作用,更好发挥政府作用,引导和鼓励社会资本积极参与公共服务供给,为广大人民群众提供优质高效的公共服务。

(五)基本原则。

依法合规。将政府和社会资本合作纳入法制化轨道,建立健全制度体系,保护参与各方的合法权益,明确全生命周期管理要求,确保项目规范实施。

重诺履约。政府和社会资本法律地位平等、权利义务对等,必须树立契约理念,坚持平等协商、互利互惠、诚实守信、严格履约。

公开透明。实行阳光化运作,依法充分披露政府和社会资本合作项目重要信息,保障公众知情权,对参与各方形成有效监督和约束。

公众受益。加强政府监管,将政府的政策目标、社会目标和社会资本的运营效率、技术进步有机结合,促进社会资本竞争和创新,确保公共利益最大化。

积极稳妥。鼓励地方各级人民政府和行业主管部门因地制宜,探索符合当地实际和行业特点的做法,总结提炼经验,形成适合我国国情的发展模式。坚持必要、合理、可持续的财政投入原则,有序推进项目实施,控制项目的政府支付责任,防止政府支付责任过重加剧财政收支

矛盾,带来支出压力。

(六)发展目标。立足于加强和改善公共服务,形成有效促进政府和社会资本合作模式规范健康发展的制度体系,培育统一规范、公开透明、竞争有序、监管有力的政府和社会资本合作市场。着力化解地方政府性债务风险,积极引进社会资本参与地方融资平台公司存量项目改造,争取通过政府和社会资本合作模式减少地方政府性债务。在新建公共服务项目中,逐步增加使用政府和社会资本合作模式的比例。

五、政策保障

(二十二)做好金融服务。金融机构应创新符合政府和社会资本合作模式特点的金融服务,优化信贷评审方式,积极为政府和社会资本合作项目提供融资支持。鼓励开发性金融机构发挥中长期贷款优势,参与改造政府和社会资本合作项目,引导商业性金融机构拓宽项目融资渠道。鼓励符合条件的项目运营主体在资本市场通过发行公司债券、企业债券、中期票据、定向票据等市场化方式进行融资。鼓励项目公司发行项目收益债券、项目收益票据、资产支持票据等。鼓励社保资金和保险资金按照市场化原则,创新运用债权投资计划、股权投资计划、项目资产支持计划等多种方式参与项目。对符合条件的"走出去"项目,鼓励政策性金融机构给予中长期信贷支持。依托各类产权、股权交易市场,为社会资本提供多元化、规范化、市场化的退出渠道。金融监管部门应加强监督管理,引导金融机构正确识别、计量和控制风险,按照风险可控、商业可持续原则支持政府和社会资本合作项目融资。

国务院关于大力推进大众创业万众创新若干政策措施的意见(节录)

(2015 年 6 月 11 日　国发〔2015〕32 号)

各省、自治区、直辖市人民政府,国务院各部委、各直属机构:

推进大众创业、万众创新,是发展的动力之源,也是富民之道、公平之计、强国之策,对于推动经济结构调整、打造发展新引擎、增强发展新动力、走创新驱动发展道路具有重要意义,是稳增长、扩就业、激发亿万群众智慧和创造力,促进社会纵向流动、公平正义的重大举措。根据 2015 年《政府工作报告》部署,为改革完善相关体制机制,构建普惠性政策扶持体系,推动资金链引导创业创新链、创业创新链支持产业链、产业链带动就业链,现提出以下意见。

一、充分认识推进大众创业、万众创新的重要意义

——推进大众创业、万众创新,是培育和催生经济社会发展新动力的必然选择。随着我国资源环境约束日益强化,要素的规模驱动力逐步减弱,传统的高投入、高消耗、粗放式发展方式难以为继,经济发展进入新常态,需要从要素驱动、投资驱动转向创新驱动。推进大众创业、万众创新,就是要通过结构性改革、体制机制创新,消除不利于创业创新发展的各种制度束缚和桎梏,支持各类市场主体不断开办新企业、开发新产品、开拓新市场,培育新兴产业,形成小企业"铺天盖地"、大企业"顶天立地"的发展格局,实现创新驱动发展,打造新引擎、形成新动力。

——推进大众创业、万众创新,是扩大就业、实现富民之道的根本举措。我国有 13 亿多人口、9 亿多劳动力,每年高校毕业生、农村转移劳动力、城镇困难人员、退役军人数量较大,人力资源转化为人力资本的潜力巨大,但就业总量压力较大,结构性矛盾凸显。推进大众创业、万众创新,就是要通过转变政府职能、建设服务型政府,营造公平竞争的创业环境,使有梦想、有意愿、有能力的科技人员、高校毕业生、农民工、退役军人、失业人员等各类市场创业主体“如鱼得水”，通过创业增加收入，让更多的人富起来，促进收入分配结构调整，实现创新支持创业、创业带动就业的良性互动发展。

——推进大众创业、万众创新，是激发全社会创新潜能和创业活力的有效途径。目前，我国创业创新理念还没有深入人心，创业教育培训体系还不健全，善于创造、勇于创业的能力不足，鼓励创新、宽容失败的良好环境尚未形成。推进大众创业、万众创新，就是要通过加强全社会以创新为核心的创业教育，弘扬“敢为人先、追求创新、百折不挠”的创业精神，厚植创新文化，不断增强创业创新意识，使创业创新成为全社会共同的价值追求和行为习惯。

二、总体思路

按照“四个全面”战略布局，坚持改革推动，加快实施创新驱动发展战略，充分发挥市场在资源配置中的决定性作用和更好发挥政府作用，加大简政放权力度，放宽政策、放开市场、放活主体，形成有利于创业创新的良好氛围，让千千万万创业者活跃起来，汇聚成经济社会发展的巨大动能。不断完善体制机制、健全普惠性政策措施，加强统筹协调，构建有利于大众创业、万众创新蓬勃发展的政策环境、制度环境和公共服务体系，以创业带动就业、创新促进发展。

——坚持深化改革，营造创业环境。通过结构性改革和创新，进一步简政放权、放管结合、优化服务，增强创业创新制度供给，完善相关法律法规、扶持政策和激励措施，营造均等普惠环境，推动社会纵向流动。

——坚持需求导向，释放创业活力。尊重创业创新规律，坚持以人为本，切实解决创业者面临的资金需求、市场信息、政策扶持、技术支撑、公共服务等瓶颈问题，最大限度释放各类市场主体创业创新活力，开辟就业新空间，拓展发展新天地，解放和发展生产力。

——坚持政策协同，实现落地生根。加强创业、创新、就业等各类政策统筹，部门与地方政策联动，确保创业扶持政策可操作、能落地。鼓励有条件的地区先行先试，探索形成可复制、可推广的创业创新经验。

——坚持开放共享，推动模式创新。加强创业创新公共服务资源开放共享，整合利用全球创业创新资源，实现人才等创业创新要素跨地区、跨行业自由流动。依托“互联网+”、大数据等，推动各行业创新商业模式，建立和完善线上与线下、境内与境外、政府与市场开放合作等创业创新机制。

五、搞活金融市场，实现便捷融资

（八）优化资本市场。支持符合条件的创业企业上市或发行票据融资，并鼓励创业企业通过债券市场筹集资金。积极研究尚未盈利的互联网和高新技术企业到创业板发行上市制度，推动在上海证券交易所建立战略新兴产业板。加快推进全国中小企业股份转让系统向创业板转板试点。研究解决特殊股权结构类创业企业在境内上市的制度性障碍，完善资本市场规则。规范发展服务于中小微企业的区域性股权市场，推动建立工商登记部门与区域性股权市场的股权登记对接机制，支持股权质押融资。支持符合条件的发行主体发行小微企业增信集合债等企业债券创新品种。

（九）创新银行支持方式。鼓励银行提高针对创业创新企业的金融服务专业化水平，不断创新组织架构、管理方式和金融产品。推动银行与其他金融机构加强合作，对创业创新活动给予有针对性的股权和债权融资支持。鼓励银行业金融机构向创业企业提供结算、融资、理财、咨询等一站式系统化的金融服务。

（十）丰富创业融资新模式。支持互联网金融发展，引导和鼓励众筹融资平台规范发展，开展公开、小额股权众筹融资试点，加强风险控制和规范管理。丰富完善创业担保贷款政策。支持保险资金参与创业创新，发展相互保险等新业务。完善知识产权估值、质押和流转体系，依法合规推动知识产权质押融资、专利许可费收益权证券化、专利保险等服务常态化、规模化发展，支持知识产权金融发展。

六、扩大创业投资，支持创业起步成长

（十一）建立和完善创业投资引导机制。不断扩大社会资本参与新兴产业创投计划参股基金规模，做大直接融资平台，引导创业投资更多向创业企业起步成长的前端延伸。不断完善

新兴产业创业投资政策体系、制度体系、融资体系、监管和预警体系,加快建立考核评价体系。加快设立国家新兴产业创业投资引导基金和国家中小企业发展基金,逐步建立支持创业创新和新兴产业发展的市场化长效运行机制。发展联合投资等新模式,探索建立风险补偿机制。鼓励各地方政府建立和完善创业投资引导基金。加强创业投资立法,完善促进天使投资的政策法规。促进国家新兴产业创业投资引导基金、科技型中小企业创业投资引导基金、国家科技成果转化引导基金、国家中小企业发展基金等协同联动。推进创业投资行业协会建设,加强行业自律。

(十二)拓宽创业投资资金供给渠道。加快实施新兴产业"双创"三年行动计划,建立一批新兴产业"双创"示范基地,引导社会资金支持大众创业。推动商业银行在依法合规、风险隔离的前提下,与创业投资机构建立市场化长期性合作。进一步降低商业保险资金进入创业投资的门槛。推动发展投贷联动、投保联动、投债联动等新模式,不断加大对创业创新企业的融资支持。

(十三)发展国有资本创业投资。研究制定鼓励国有资本参与创业投资的系统性政策措施,完善国有创业投资机构激励约束机制、监督管理机制。引导和鼓励中央企业和其他国有企业参与新兴产业创业投资基金、设立国有资本创业投资基金等,充分发挥国有资本在创业创新中的作用。研究完善国有创业投资机构国有股转持豁免政策。

(十四)推动创业投资"引进来"与"走出去"。抓紧修订外商投资创业投资企业相关管理规定,按照内外资一致的管理原则,放宽外商投资准入,完善外资创业投资机构管理制度,简化管理流程,鼓励外资开展创业投资业务。放宽对外资创业投资基金投资限制,鼓励中外合资创业投资机构发展。引导和鼓励创业投资机构加大对境外高端研发项目的投资,积极分享境外高端技术成果。按投资领域、用途、募集资金规模,完善创业投资境外投资管理。

国务院关于积极推进"互联网+"行动的指导意见(节录)

(2015年7月1日 国发〔2015〕40号)

各省、自治区、直辖市人民政府,国务院各部委、各直属机构:

"互联网+"是把互联网的创新成果与经济社会各领域深度融合,推动技术进步、效率提升和组织变革,提升实体经济创新力和生产力,形成更广泛的以互联网为基础设施和创新要素的经济社会发展新形态。在全球新一轮科技革命和产业变革中,互联网与各领域的融合发展具有广阔前景和无限潜力,已成为不可阻挡的时代潮流,正对各国经济社会发展产生着战略性和全局性的影响。积极发挥我国互联网已经形成的比较优势,把握机遇,增强信心,加快推进"互联网+"发展,有利于重塑创新体系、激发创新活力、培育新兴业态和创新公共服务模式,对打造大众创业、万众创新和增加公共产品、公共服务"双引擎",主动适应和引领经济发展新常态,形成经济发展新动能,实现中国经济提质增效升级具有重要意义。

近年来,我国在互联网技术、产业、应用以及跨界融合等方面取得了积极进展,已具备加快推进"互联网+"发展的坚实基础,但也存在传统企业运用互联网的意识和能力不足、互联网企业对传统产业理解不够深入、新业态发展面临体制机制障碍、跨界融合型人才严重匮乏等问题,亟待加以解决。为加快推动互联网与各领域深入融合和创新发展,充分发挥"互联网+"对稳增长、促改革、调结构、惠民生、防风险的重要作用,现就积极推进"互联网+"行动提出以下意见。

一、行动要求

（一）总体思路。

顺应世界“互联网＋”发展趋势，充分发挥我国互联网的规模优势和应用优势，推动互联网由消费领域向生产领域拓展，加速提升产业发展水平，增强各行业创新能力，构筑经济社会发展新优势和新动能。坚持改革创新和市场需求导向，突出企业的主体作用，大力拓展互联网与经济社会各领域融合的广度和深度。着力深化体制机制改革，释放发展潜力和活力；着力做优存量，推动经济提质增效和转型升级；着力做大增量，培育新兴业态，打造新的增长点；着力创新政府服务模式，夯实网络发展基础，营造安全网络环境，提升公共服务水平。

（二）基本原则。

坚持开放共享。营造开放包容的发展环境，将互联网作为生产生活要素共享的重要平台，最大限度优化资源配置，加快形成以开放、共享为特征的经济社会运行新模式。

坚持融合创新。鼓励传统产业树立互联网思维，积极与“互联网＋”相结合。推动互联网向经济社会各领域加速渗透，以融合促创新，最大程度汇聚各类市场要素的创新力量，推动融合性新兴产业成为经济发展新动力和新支柱。

坚持变革转型。充分发挥互联网在促进产业升级以及信息化和工业化深度融合中的平台作用，引导要素资源向实体经济集聚，推动生产方式和发展模式变革。创新网络化公共服务模式，大幅提升公共服务能力。

坚持引领跨越。巩固提升我国互联网发展优势，加强重点领域前瞻性布局，以互联网融合创新为突破口，培育壮大新兴产业，引领新一轮科技革命和产业变革，实现跨越式发展。

坚持安全有序。完善互联网融合标准规范和法律法规，增强安全意识，强化安全管理和防护，保障网络安全。建立科学有效的市场监管方式，促进市场有序发展，保护公平竞争，防止形成行业垄断和市场壁垒。

（三）发展目标。

到2018年，互联网与经济社会各领域的融合发展进一步深化，基于互联网的新业态成为新的经济增长动力，互联网支撑大众创业、万众创新的作用进一步增强，互联网成为提供公共服务的重要手段，网络经济与实体经济协同互动的发展格局基本形成。

——经济发展进一步提质增效。互联网在促进制造业、农业、能源、环保等产业转型升级方面取得积极成效，劳动生产率进一步提高。基于互联网的新兴业态不断涌现，电子商务、互联网金融快速发展，对经济提质增效的促进作用更加凸显。

——社会服务进一步便捷普惠。健康医疗、教育、交通等民生领域互联网应用更加丰富，公共服务更加多元，线上线下结合更加紧密。社会服务资源配置不断优化，公众享受到更加公平、高效、优质、便捷的服务。

——基础支撑进一步夯实提升。网络设施和产业基础得到有效巩固加强，应用支撑和安全保障能力明显增强。固定宽带网络、新一代移动通信网和下一代互联网加快发展，物联网、云计算等新型基础设施更加完备。人工智能等技术及其产业化能力显著增强。

——发展环境进一步开放包容。全社会对互联网融合创新的认识不断深入，互联网融合发展面临的体制机制障碍有效破除，公共数据资源开放取得实质性进展，相关标准规范、信用体系和法律法规逐步完善。

到2025年，网络化、智能化、服务化、协同化的“互联网＋”产业生态体系基本完善，“互联网＋”新经济形态初步形成，“互联网＋”成为经济社会创新发展的重要驱动力量。

二、重点行动

（五）“互联网＋”普惠金融。

促进互联网金融健康发展，全面提升互联网金融服务能力和普惠水平，鼓励互联网与银行、证券、保险、基金的融合创新，为大众提供丰富、安全、便捷的金融产品和服务，更好满足不同层次实体经济的投融资需求，培育一批具有行业影响力的互联网金融创新型企业。（人民银行、银监会、证监会、保监会、发展改革委、工业和信息化部、网信办等负责）

1. 探索推进互联网金融云服务平台建设。探索互联网企业构建互联网金融云服务平台。在保证技术成熟和业务安全的基础上，支持金融企业与云计算技术提供商合作开展金融公共云服务，提供多样化、个性化、精准化的金融产品。支持银行、证券、保险企业稳妥实施系统架构转型,鼓励探索利用云服务平台开展金融核心业务,提供基于金融云服务平台的信用、认证、接口等公共服务。

2. 鼓励金融机构利用互联网拓宽服务覆盖面。鼓励各金融机构利用云计算、移动互联网、大数据等技术手段,加快金融产品和服务创新,在更广泛地区提供便利的存贷款、支付结算、信用中介平台等金融服务,拓宽普惠金融服务范围,为实体经济发展提供有效支撑。支持金融机构和互联网企业依法合规开展网络借贷、网络证券、网络保险、互联网基金销售等业务。扩大专业互联网保险公司试点,充分发挥保险业在防范互联网金融风险中的作用。推动金融集成电路卡(IC卡)全面应用,提升电子现金的使用率和便捷性。发挥移动金融安全可信公共服务平台(MTPS)的作用,积极推动商业银行开展移动金融创新应用,促进移动金融在电子商务、公共服务等领域的规模应用。支持银行业金融机构借助互联网技术发展消费信贷业务,支持金融租赁公司利用互联网技术开展金融租赁业务。

3. 积极拓展互联网金融服务创新的深度和广度。鼓励互联网企业依法合规提供创新金融产品和服务,更好满足中小微企业、创新型企业和个人的投融资需求。规范发展网络借贷和互联网消费信贷业务,探索互联网金融服务创新。积极引导风险投资基金、私募股权投资基金和产业投资基金投资于互联网金融企业。利用大数据发展市场化个人征信业务,加快网络征信和信用评价体系建设。加强互联网金融消费权益保护和投资者保护,建立多元化金融消费纠纷解决机制。改进和完善互联网金融监管,提高金融服务安全性,有效防范互联网金融风险及其外溢效应。

三、保障支撑

(三)营造宽松环境。

2. 完善信用支撑体系。加快社会征信体系建设,推进各类信用信息平台无缝对接,打破信息孤岛。加强信用记录、风险预警、违法失信行为等信息资源在线披露和共享,为经营者提供信用信息查询、企业网上身份认证等服务。充分利用互联网积累的信用数据,对现有征信体系和评测体系进行补充和完善,为经济调节、市场监管、社会管理和公共服务提供有力支撑。(发展改革委、人民银行、工商总局、质检总局、网信办等负责)

(六)加强引导支持。

3. 完善融资服务。积极发挥天使投资、风险投资基金等对"互联网+"的投资引领作用。开展股权众筹等互联网金融创新试点,支持小微企业发展。支持国家出资设立的有关基金投向"互联网+",鼓励社会资本加大对相关创新型企业的投资。积极发展知识产权质押融资、信用保险保单融资增信等服务,鼓励通过债券融资方式支持"互联网+"发展,支持符合条件的"互联网+"企业发行公司债券。开展产融结合创新试点,探索股权和债权相结合的融资服务。降低创新型、成长型互联网企业的上市准入门槛,结合证券法修订和股票发行注册制改革,支持处于特定成长阶段、发展前景好但尚未盈利的互联网企业在创业板上市。推动银行业金融机构创新信贷产品与金融服务,加大贷款投放力度。鼓励开发性金融机构为"互联网+"重点项目建设提供有效融资支持。(人民银行、发展改革委、银监会、证监会、保监会、网信办、开发银行等负责)

国务院办公厅关于促进进出口稳定增长的若干意见

(2015年7月22日　国办发〔2015〕55号)

各省、自治区、直辖市人民政府,国务院各部委、各直属机构:

推进新一轮更高水平对外开放,是经济提质增效升级的重要支撑。要进一步推动对外贸易便利化，改善营商环境，为外贸企业减负助力，促进进出口稳定增长，培育国际竞争新优势。为此，经国务院同意，现提出如下意见：

一、坚决清理和规范进出口环节收费。深入开展全国范围内的涉企收费集中整治专项行动。对依法合规设立的进出口环节行政事业性收费、政府性基金以及实施政府定价或指导价的经营服务性收费实行目录清单管理，未列入清单的一律按乱收费查处。加大对取消收费项目落实情况的督查力度，形成外贸企业松绑减负长效机制，防止乱收费问题反弹。增强口岸查验针对性和有效性，对查验没有问题的免除企业吊装、移位、仓储等费用，此类费用由中央财政负担；对有问题的企业依法加大处罚力度。（发展改革委、工业和信息化部、财政部、交通运输部根据各自职责分别牵头）

二、保持人民币汇率在合理均衡水平上基本稳定。完善人民币汇率市场化形成机制，扩大人民币汇率双向浮动区间。进一步提高跨境贸易人民币结算的便利化水平，扩大结算规模。研究推出更多避险产品，帮助企业规避汇率风险，减少汇兑损失。（人民银行、外汇局负责）

三、加大出口信用保险支持力度。进一步扩大短期出口信用保险规模，加大对中小微企业及新兴市场开拓的支持力度。实现大型成套设备出口融资保险应保尽保，进一步简化程序。（财政部、商务部、进出口银行、中国出口信用保险公司负责）

四、加快推进外贸新型商业模式发展。抓紧落实《国务院办公厅关于促进跨境电子商务健康快速发展的指导意见》（国办发〔2015〕46号）。积极推进中国（杭州）跨境电子商务综合试验区建设。抓紧启动扩大市场采购贸易方式试点工作，将江苏海门叠石桥国际家纺城、浙江海宁皮革城列入试点范围。制订支持外贸综合服务企业发展的政策措施。2015年底前提出进一步扩大相关试点范围和推广外贸新型商业模式的方案，于2016年初开始实施。（商务部、发展改革委、财政部、海关总署、税务总局、工商总局、质检总局、外汇局负责）

五、继续加强进口工作。扩大优惠利率进口信贷覆盖面，将《鼓励进口技术和产品目录》纳入支持范围。2015年7月底前调整出台《鼓励进口技术和产品目录》，相应调整进口贴息政策支持范围，促进国内产业升级。完善消费品进口相关政策，对部分国内需求较大的日用消费品开展降低进口关税试点，适度增设口岸进境免税店，合理扩大免税品种，增加一定数量的免税购物额，丰富国内消费者购物选择。（商务部、发展改革委、财政部、工业和信息化部、海关总署、税务总局、质检总局、进出口银行负责）

六、进一步提高贸易便利化水平。进一步简政放权，提高服务效率。进一步落实出口退税企业分类管理办法，加快出口退税进度，确保及时足额退税。提高口岸通关效率，强化跨部门、跨地区通关协作，加快推进形成全国一体化通关管理格局。加快复制推广自由贸易试验区的贸易便利化措施，在沿海各口岸开展国际贸易“单一窗口”试点。（海关总署、税务总局、质检总局、商务部、财政部、交通运输部、外汇局负责）

七、切实改善融资服务。加大对有订单、有效益企业的融资支持。鼓励采取银团贷款、混合贷款、项目融资等方式支持企业开拓国际市场，开展国际产能合作，推动中国装备“走出去”。支持金融机构开展出口退税账户托管贷款等融资业务。鼓励商业银行按照风险可控、商业可持续原则开展出口信用保险保单融资业务。大力拓展外汇储备委托贷款平台业务，继续扩大外汇储备委托贷款规模和覆盖范围，进一步推进外汇储备多元化运用。在宏观和微观审慎管理框架下，稳步放宽境内企业人民币境外债务融资，进一步便利跨国企业开展人民币双向资金池业务。（人民银行、银监会、财政部、商务部、外汇局、进出口银行、中国出口信用保险公司负责）

各地区、各部门要进一步提高认识，更加重视外贸工作，加强组织领导，顾全大局，增强工作主动性、针对性和有效性。要深化与“一带一路”沿线国家的经贸合作，突出创新驱动，切实加大稳增长政策落实力度，共同推动对外贸易平稳健康发展。各地区要结合实际主动作为，多措并举，促进本地区对外贸易稳定增长和转型升级。各部门要根据本意见制订具体工作方案，并进一步在简化手续、减免收费等方面加力增效，用便利和稳定增长的进出口助力经济发展。商务部要加强指导、督促检查，确保各项政策措施落实到位。

国务院办公厅关于推广随机抽查规范事中事后监管的通知

(2015 年 7 月 29 日　国办发〔2015〕58 号)

各省、自治区、直辖市人民政府,国务院各部委、各直属机构:

为贯彻落实党中央、国务院关于深化行政体制改革,加快转变政府职能,进一步推进简政放权、放管结合、优化服务的部署和要求,创新政府管理方式,规范市场执法行为,切实解决当前一些领域存在的检查任性和执法扰民、执法不公、执法不严等问题,营造公平竞争的发展环境,推动大众创业、万众创新,经国务院同意,现就推广随机抽查、规范事中事后监管通知如下:

一、总体要求

认真贯彻落实党的十八大和十八届二中、三中、四中全会精神,按照《国务院关于印发2015 年推进简政放权放管结合转变政府职能工作方案的通知》(国发〔2015〕29 号)部署,大力推广随机抽查,规范监管行为,创新管理方式,强化市场主体自律和社会监督,着力解决群众反映强烈的突出问题,提高监管效能,激发市场活力。

——坚持依法监管。严格执行有关法律法规,规范事中事后监管,落实监管责任,确保事中事后监管依法有序进行,推进随机抽查制度化、规范化。

——坚持公正高效。规范行政权力运行,切实做到严格规范公正文明执法,提升监管效能,减轻市场主体负担,优化市场环境。

——坚持公开透明。实施随机抽查事项公开、程序公开、结果公开,实行“阳光执法”,保障市场主体权利平等、机会平等、规则平等。

——坚持协同推进。在事中事后监管领域建立健全随机抽查机制,形成统一的市场监管信息平台,探索推进跨部门跨行业联合随机抽查。

二、大力推广随机抽查监管

(一)制定随机抽查事项清单。法律法规规章没有规定的,一律不得擅自开展检查。对法律法规规章规定的检查事项,要大力推广随机抽查,不断提高随机抽查在检查工作中的比重。要制定随机抽查事项清单,明确抽查依据、抽查主体、抽查内容、抽查方式等。随机抽查事项清单根据法律法规规章修订情况和工作实际进行动态调整,及时向社会公布。

(二)建立“双随机”抽查机制。要建立随机抽取检查对象、随机选派执法检查人员的“双随机”抽查机制,严格限制监管部门自由裁量权。建立健全市场主体名录库和执法检查人员名录库,通过摇号等方式,从市场主体名录库中随机抽取检查对象,从执法检查人员名录库中随机选派执法检查人员。推广运用电子化手段,对“双随机”抽查做到全程留痕,实现责任可追溯。

(三)合理确定随机抽查的比例和频次。要根据当地经济社会发展和监管领域实际情况,合理确定随机抽查的比例和频次,既要保证必要的抽查覆盖面和工作力度,又要防止检查过多和执法扰民。对投诉举报多、列入经营异常名录或有严重违法违规记录等情况的市场主体,要加大随机抽查力度。

(四)加强抽查结果运用。对抽查发现的违法违规行为,要依法依规加大惩处力度,形成有效震慑,增强市场主体守法的自觉性。抽查情况及查处结果要及时向社会公布,接受社会监督。

三、加快配套制度机制建设

(一)抓紧建立统一的市场监管信息平台。

加快政府部门之间、上下之间监管信息的互联互通，依托全国企业信用信息公示系统，整合形成统一的市场监管信息平台，及时公开监管信息，形成监管合力。

（二）推进随机抽查与社会信用体系相衔接。建立健全市场主体诚信档案、失信联合惩戒和黑名单制度。在随机抽查工作中，要根据市场主体的信用情况，采取针对性强的监督检查方式，将随机抽查结果纳入市场主体的社会信用记录，让失信者一处违规、处处受限。

（三）探索开展联合抽查。县级以上地方人民政府要结合本地实际，协调组织相关部门开展联合抽查。按照“双随机”要求，制定并实施联合抽查计划，对同一市场主体的多个检查事项，原则上应一次性完成，提高执法效能，降低市场主体成本。

四、工作要求

（一）加强组织领导。推广随机抽查是简政放权、放管结合、优化服务的重要举措。各有关部门要加强对随机抽查工作的指导和督促。县级以上地方人民政府要加强对本地区随机抽查监管的统筹协调，建立健全相应工作机制，充实并合理调配一线执法检查力量，加强跨部门协同配合，不断提高检查水平，切实把随机抽查监管落到实处。

（二）严格落实责任。各地区、各有关部门要进一步增强责任意识，大力推广随机抽查，公平、有效、透明地进行事中事后监管，切实履行法定监管职责。对监管工作中失职渎职的，依法依规严肃处理。

（三）加强宣传培训。随机抽查是事中事后监管方式的探索和创新，各地区、各有关部门要加大宣传力度，加强执法人员培训，转变执法理念，探索完善随机抽查监管办法，不断提高执法能力。

随机抽查不仅要在市场监管领域推广，也要在各部门的检查工作中广泛运用。各部门要根据本通知要求，抓紧制定实施方案，细化在本部门、本领域推广随机抽查的任务安排和时间进度要求，于2015年9月底前报国务院推进职能转变协调小组。国务院推进职能转变协调小组办公室要加强统筹协调，抓好督促落实，总结交流经验，务求推广随机抽查工作取得实效，把简政放权改革向纵深推进，为经济社会发展营造公平竞争的市场环境。

国务院关于促进融资担保行业加快发展的意见

（2015年8月7日　国发〔2015〕43号）

各省、自治区、直辖市人民政府，国务院各部委、各直属机构：

融资担保是破解小微企业和“三农”融资难融资贵问题的重要手段和关键环节，对于稳增长、调结构、惠民生具有重要作用。为主动适应融资担保行业改革转型要求，促进行业加快发展，更好地服务经济社会发展大局，现提出以下意见：

一、总体要求

（一）指导思想。全面贯彻党的十八大和十八届二中、三中、四中全会精神，认真落实党中央、国务院决策部署，以缓解小微企业和“三农”融资难融资贵为导向，以大力发展政府支持的融资担保和再担保机构为基础，以有针对性地加大对融资担保业的政策扶持力度为抓手，加快发展主要为小微企业和“三农”服务的新型融资担保行业，促进大众创业、万众创新。

（二）基本原则。一是坚持政策扶持与市场主导相结合。对于服务小微企业和“三农”等普惠领域、关系经济社会发展大局的融资担保业务，尊重其准公共产品属性，政府给予大力扶持；对于其他融资担保业务，鼓励其按照市场规律积极创新发展，发挥市场在资源配置中的决定性作用。二是坚持发展与规范并重。加快行业法治建设，推进科学监管，促进融资担保机构合规经营，在严守风险底线的同时为发展预留空间；坚持发展导向，以规范促发展，把握好规范经营与创新发展的平衡。

（三）发展目标。推进融资担保机构“减量增质”、做精做强，培育一批有较强实力和影响力的融资担保机构，基本形成数量适中、结构合理、竞争有序、稳健运行的机构体系；省级再担保机构三年内基本实现全覆盖，研究设立国家融资担保基金，完善银担合作模式，建立健全融资担保业务风险分散机制；小微企业和“三农”融资担保业务较快增长、融资担保费率保持较低水平，小微企业和“三农”融资担保在保户数占比五年内达到不低于60%的目标；出台《融资担保公司管理条例》及配套细则，基本形成适合行业特点的监管制度体系；持续加大政策扶持力度，形成以小微企业和“三农”融资担保业务为导向的政策扶持体系。

二、发挥政府支持作用，提高融资担保机构服务能力

（四）大力发展政府支持的融资担保机构。以省级、地市级为重点，科学布局，通过新设、控股、参股等方式，发展一批政府出资为主、主业突出、经营规范、实力较强、信誉较好、影响力较大的政府性融资担保机构，作为服务小微企业和“三农”的主力军，支撑行业发展；支持专注服务小微企业和“三农”、有实力的融资担保机构开展兼并重组，发挥资本、人才、风险管理、业务经验、品牌等方面的优势，做精做强，引领行业发展；以开展小微企业和“三农”融资担保业务为标准，加大扶持力度，支持融资担保机构扩大业务规模。

（五）加强融资担保机构自身能力建设。融资担保机构是行业发展的基础和关键，要加强自身能力建设，按照信用中介的内在要求，经营好信用、管理好风险、承担好责任，提升实力和信誉，做精风险管理；坚守融资担保主业，发展普惠金融，适应互联网金融等新型金融业态发展趋势，大胆创新，积极探索，为小微企业和“三农”提供丰富产品和优质服务，促进大众创业、万众创新；发挥“接地气”优势和“放大器”作用，为客户提供增值服务，提升客户价值，形成独特核心竞争力。

三、发挥政府主导作用，推进再担保体系建设

（六）加快再担保机构发展。研究设立国家融资担保基金，推进政府主导的省级再担保机构基本实现全覆盖，构建国家融资担保基金、省级再担保机构、辖内融资担保机构的三层组织体系，有效分散融资担保机构风险，发挥再担保“稳定器”作用。

（七）完善再担保机制。发挥政府政策导向作用，研究论证国家融资担保基金通过股权投资、技术支持等方式，支持省级再担保机构发展。各省（区、市）人民政府要按照政府主导、专业管理、市场运作的原则，推动省级再担保机构以股权投资和再担保业务为纽带，构建统一的融资担保体系；完善再担保机制，提升辖内融资担保机构的管理水平和抗风险能力，统一管理要求和服务标准，扩大小微企业和“三农”融资担保业务规模。

（八）改进完善对政府性融资担保和省级再担保机构的考核机制。对政府性融资担保机构，地方各级人民政府要结合当地实际降低或取消盈利要求，重点考核小微企业和“三农”融资担保业务规模、服务情况；对省级再担保机构，坚持保本微利经营原则，不以盈利为目的，在可持续经营前提下，着力降低融资担保和再担保业务收费标准。

四、政银担三方共同参与，构建可持续银担商业合作模式

（九）建立政银担三方共同参与的合作模式。各省（区、市）人民政府要发挥作用，加大投入，积极探索适合本地区实际的政银担合作机制，鼓励有条件的地方设立政府性担保基金，实现小微企业和“三农”融资担保风险在政府、银行业金融机构和融资担保机构之间的合理分担；推动以省级再担保机构为平台与银行业金融机构开展合作，对银行业金融机构担保贷款发生的风险进行合理补偿，推动建立可持续银担商业合作模式。

（十）完善银担合作政策。银行业金融机构要根据政策导向，按照商业可持续、风险可防控原则，主动对接，简化手续，积极扩大、深化银

担合作；在与省级再担保机构达成的合作框架下，对合作的融资担保机构，按照市场化原则，提供风险分担、不收或少收保证金、提高放大倍数、控制贷款利率上浮幅度等优惠条件；改进绩效考核和风险问责机制，提高对小微企业和“三农”融资担保贷款的风险容忍度。对银行业金融机构不承担风险或者只承担部分风险的小微企业和“三农”融资担保贷款，可以适当下调风险权重。

（十一）优化银担合作环境。中国融资担保业协会、中国银行业协会要在有关部门指导下，加快开展融资担保机构信用记录工作；银行业金融机构、再担保机构要根据信用记录，对合作的融资担保机构进行差异化管理，提高风险控制水平；银行业金融机构、再担保机构、融资担保机构要充分利用企业信用信息公示系统，促进银担合作稳健发展。

五、有效履行监管职责，守住风险底线

（十二）加快监管法治建设。融资性担保业务监管部际联席会议要加强制度建设，推动《融资担保公司管理条例》尽快出台，完善融资担保监管法规体系；加大监管指导和监督力度，切实维护监管法规政策的统一性、权威性，确保有法必依、执法必严、违法必究；加强行业基础设施建设，建立统一的行业信息报送和监测系统，加强对重点地区和领域风险的监测和预警；对监管部门履职情况进行评价，指导地方人民政府及时妥善处置风险事件；对失信、违法的融资担保机构建立部门动态联合惩戒机制。

（十三）明晰地方监管责任。各省（区、市）人民政府作为监管责任主体，要重视监管工作，加强人力、物力、财力等监管资源配备；处理好发展与监管的关系，一手抓发展，一手抓监管，两手都要硬。地方监管部门要创新监管机制和手段，积极探索实施分类监管，推进监管信息化建设，加强部门间信息互联共享和监管协同，提高监管有效性；对于辖内融资担保重大风险事件，要及时上报，妥善处置，坚决守住不发生区域性系统性风险的底线。

（十四）加强行业自律和人才建设。中国融资担保业协会要加强行业自律建设，积极承担部分行业管理职能，在行业统计、机构信用记录管理、行业人才培养和文化建设等方面发挥重要作用，为行业监管提供有效补充；制订科学合理的人才培养、储备和使用的战略规划，研究制定从业人员管理制度，提高人员素质，推进队伍建设。

六、加强协作，共同支持融资担保行业发展

（十五）落实财税支持政策。落实好融资担保机构免征营业税和准备金税前扣除等相关政策。综合运用资本投入、代偿补偿等方式，加大对主要服务小微企业和“三农”的融资担保机构的财政支持力度。

（十六）营造支持发展的良好环境。进一步研究完善相关企业会计准则，保证融资担保行业会计信息质量；健全融资担保机构信用记录，并纳入国家统一的信用信息共享交换平台；规范、有序地将融资担保机构接入金融信用信息基础数据库，加强信用管理；依法为融资担保机构进行抵（质）押登记，并为其债权保护和追偿提供必要协助，维护融资担保机构合法权益。各省（区、市）人民政府要继续开展对非融资担保公司的清理规范，加强管理，建立长效机制。

各地区、各有关部门要充分认识促进融资担保行业加快发展的重要意义，加强协调，形成合力。各有关部门要根据本意见要求，按照职责分工，抓紧制定相关配套措施，确保各项政策措施落实到位。各省（区、市）人民政府要制定促进本地区融资担保行业发展的具体方案并尽快组织实施。

国务院关于印发《基本养老保险基金投资管理办法》的通知

(2015 年 8 月 17 日　国发〔2015〕48 号)

各省、自治区、直辖市人民政府,国务院各部委、各直属机构:

现将《基本养老保险基金投资管理办法》印发给你们,请认真贯彻执行。

基本养老保险基金投资管理办法

第一章　总　　则

第一条　为了规范基本养老保险基金投资管理行为,保护基金委托人及相关当事人的合法权益,根据社会保险法、劳动法、证券投资基金法、信托法、合同法等法律法规和国务院有关规定,制定本办法。

第二条　本办法所称基本养老保险基金(以下简称养老基金),包括企业职工、机关事业单位工作人员和城乡居民养老基金。

第三条　各省、自治区、直辖市养老基金结余额,可按照本办法规定,预留一定支付费用后,确定具体投资额度,委托给国务院授权的机构进行投资运营。委托投资的资金额度、划出和划回等事项,要向人力资源社会保障部、财政部报告。

第四条　养老基金投资应当坚持市场化、多元化、专业化的原则,确保资产安全,实现保值增值。

第五条　养老基金投资委托人(以下简称委托人)与养老基金投资受托机构(以下简称受托机构)签订委托投资合同,受托机构与养老基金托管机构(以下简称托管机构)签订托管合同、与养老基金投资管理机构(以下简称投资管理机构)签订投资管理合同。

委托人、受托机构、托管机构、投资管理机构的权利义务,依照本办法在养老基金委托投资合同、托管合同和投资管理合同中约定。

第六条　养老基金资产独立于委托人、受托机构、托管机构、投资管理机构的固有财产及其管理的其他财产。委托人、受托机构、托管机构、投资管理机构不得将养老基金资产归入其固有财产。

第七条　委托人、受托机构、托管机构、投资管理机构因养老基金资产的管理、运营或者其他情形取得的财产和收益归入养老基金资产,权益归养老基金所有。

第八条　受托机构、托管机构、投资管理机构和其他为养老基金投资管理提供服务的法人或者其他组织因依法解散、被依法撤销或者被依法宣告破产等原因进行清算的,基金资产不属于其清算财产。

第九条　养老基金资产的债权,不得与委托人、受托机构、托管机构、投资管理机构和其他为养老基金投资管理提供服务的自然人、法人或者其他组织固有财产的债务相互抵销;养老基金不同投资组合基金资产的债权债务,不得相互抵销。

第十条　养老基金资产的债务由基金资产本身承担。非因养老基金资产本身承担的债务,不得对基金资产强制执行。

第十一条　养老基金投资按照国家规定享受税收优惠。具体办法由财政部会同有关部门另行制定。

第十二条　国家对养老基金投资实行严格

监管。养老基金投资应当严格遵守相关法律法规,严禁从事内幕交易、利用未公开信息交易、操纵市场等违法行为,严禁通过关联交易等损害养老基金及他人利益、获取不正当利益。任何组织和个人不得贪污、侵占、挪用投资运营的养老基金。

第二章　委　托　人

第十三条　省、自治区、直辖市人民政府作为养老基金委托投资的委托人,可指定省级社会保险行政部门、财政部门承办具体事务。

第十四条　委托人应当履行下列职责:

(一)制定养老基金归集办法,将投资运营的养老基金归集到省级社会保障基金财政专户。

(二)与受托机构签订养老基金委托投资合同。

(三)向受托机构划拨委托投资资金;向受托机构下达划回委托投资资金的指令,接收划回的投资资金。

(四)根据受托机构提交的养老基金收益率,进行养老基金的记账、结算和收益分配。

(五)定期汇总养老基金投资管理情况,并以适当方式向社会公布。

(六)国家规定和合同约定的其他职责。

第三章　受托机构

第十五条　本办法所称受托机构,是指国家设立、国务院授权的养老基金管理机构。

第十六条　受托机构应当履行下列职责:

(一)建立健全养老基金受托投资内部管理制度、风险管理制度和绩效评估办法。

(二)选择、监督、更换托管机构、投资管理机构。

(三)制定养老基金投资运营策略并组织实施。

(四)根据委托投资合同接收委托人划拨的委托投资资金;根据委托人通知划出委托投资资金。

(五)接受委托人查询,定期向委托人提交养老基金管理和财务会计报告;发生重大事件时,及时向委托人和有关监管部门报告;定期向国务院有关主管部门提交开展养老基金受托管理业务情况的报告;定期向社会公布养老基金投资情况。

(六)根据托管合同、投资管理合同对养老基金托管、投资情况进行监督。

(七)按照国家规定保存养老基金受托业务活动记录、账册、报表和其他相关资料。

(八)国家规定和合同约定的其他职责。

第十七条　受托机构应当将养老基金单独管理、集中运营、独立核算,可对部分养老基金资产进行直接投资,其他养老基金资产委托其他专业机构投资。

同一个养老基金投资组合,托管机构与投资管理机构不得为同一机构。

第十八条　申请养老基金托管业务、投资管理业务的机构,需向受托机构提交申请。受托机构成立专家评审委员会,参照公开招标的原则对具备条件的养老基金托管业务、投资管理业务申请人进行评审。评审办法及评审结果报国务院有关主管部门备案。

建立健全受托机构、托管机构和投资管理机构竞争机制,不断优化治理结构,提升养老基金投资运营水平。

第十九条　受托机构及其董事(理事)、监事、管理人员和其他从业人员不得有下列行为:

(一)违反与委托人合同约定。

(二)利用养老基金资产或者职务之便谋取不正当利益。

(三)侵占、挪用受托管理的养老基金资产。

(四)泄露因职务便利获取的未公开信息,或者利用该信息从事或明示、暗示他人进行相关的交易活动。

(五)法律、行政法规和国务院有关主管部门规定禁止的其他行为。

第四章　托管机构

第二十条　本办法所称托管机构,是指接受养老基金受托机构委托,具有全国社会保障基金、企业年金基金托管经验,或者具有良好的基金托管业绩和社会信誉,负责安全保管养老基金资产的商业银行。

第二十一条　托管机构应当履行下列

职责:

(一)安全保管养老基金资产。

(二)以养老基金名义开设基金资产的资金账户、证券账户和期货账户等。

(三)及时办理清算、交割事宜。

(四)负责养老基金会计核算和估值,复核、审查和确认投资管理机构计算的基金资产净值。

(五)按照规定监督投资管理机构的投资活动,并定期向受托机构报告监督情况。

(六)定期向受托机构提交养老基金托管和财务会计报告;定期向国务院有关主管部门提交开展养老基金托管业务情况的报告。

(七)按照国家规定保存养老基金托管业务活动记录、账册、报表和其他相关资料。

(八)国家规定和合同约定的其他职责。

第二十二条　托管机构发现投资管理机构依据交易程序尚未成立的投资指令违反法律、行政法规、其他有关规定或者合同约定的,应当拒绝执行,立即通知投资管理机构,并及时向受托机构和国务院有关主管部门报告。

托管机构发现投资管理机构依据交易程序已经成立的投资指令违反法律、行政法规、其他有关规定或者合同约定的,应当立即通知投资管理机构,并及时向受托机构和国务院有关主管部门报告。

第二十三条　有下列情形之一的,托管机构职责终止:

(一)违反与受托机构合同约定,情节严重的。

(二)利用养老基金资产为其谋取不正当利益,或者为他人谋取不正当利益的。

(三)依法解散、被依法撤销、被依法宣告破产或者被依法接管的。

(四)受托机构有充分理由认为托管机构应当被终止职责的。

(五)国务院有关主管部门有充分理由和依据认为托管机构应当被终止职责的。

(六)国务院有关主管部门规定和合同约定的其他情形。

第二十四条　托管机构职责终止的,应当妥善保管养老基金托管业务资料,在45日内办理基金托管业务移交手续,新的托管机构应当接收并行使相应职责。

第二十五条　托管机构及其董事、监事、管理人员和其他从业人员不得有下列行为:

(一)将托管的养老基金资产与其固有财产混合管理。

(二)将托管的养老基金资产与托管的其他财产混合管理。

(三)将托管的不同养老基金资产混合管理。

(四)侵占、挪用托管的养老基金资产。

(五)利用养老基金资产或者职务之便为他人谋取不正当利益。

(六)泄露因职务便利获取的未公开信息,或者利用该信息从事或明示、暗示他人进行相关的交易活动。

(七)法律、行政法规和国务院有关主管部门规定禁止的其他行为。

第五章　投资管理机构

第二十六条　本办法所称投资管理机构,是指接受受托机构委托,具有全国社会保障基金、企业年金基金投资管理经验,或者具有良好的资产管理业绩、财务状况和社会信誉,负责养老基金资产投资运营的专业机构。

第二十七条　投资管理机构应当建立良好的内部治理结构,明确股东会、董事会、监事会和高级管理人员的职责权限,确保独立投资运营;应当健全资产配置、风险管理和绩效评估等制度。

投资管理机构及其股东、董事、监事、管理人员和其他从业人员不得从事损害养老基金资产和受托机构利益的证券交易及其他活动;在行使权利或者履行职责时,应当遵循回避原则。

第二十八条　投资管理机构应当履行下列职责:

(一)按照投资管理合同,管理养老基金投资组合和项目。

(二)对所管理的不同养老基金资产分别管理、分别记账。

(三)及时与托管机构核对养老基金会计核算和估值结果。

(四)进行养老基金会计核算,编制养老基金财务会计报告。

(五)按照国家规定保存养老基金投资业

务活动记录、账册、报表和其他相关资料。

（六）国家规定和合同约定的其他职责。

第二十九条　投资管理机构从当期收取的管理费中，提取20%作为风险准备金，专项用于弥补委托投资资产出现的投资损失。

第三十条　有下列情形之一的，投资管理机构应当及时向受托机构和国务院有关主管部门报告：

（一）养老基金资产市场价值大幅度波动。

（二）有可能使养老基金资产的价值受到重大影响的其他事项。

（三）国务院有关主管部门规定或者合同约定的其他报告事项。

第三十一条　有下列情形之一的，投资管理机构职责终止：

（一）违反与受托机构合同约定，情节严重的。

（二）利用养老基金资产为其谋取不正当利益，或者为他人谋取不正当利益的。

（三）依法解散、被依法撤销、被依法宣告破产或者被依法接管的。

（四）受托机构有充分理由认为投资管理机构应当被终止职责的。

（五）国务院有关主管部门有充分理由和依据认为投资管理机构应当被终止职责的。

（六）国务院有关主管部门规定和合同约定的其他情形。

第三十二条　投资管理机构职责终止的，应当妥善保管养老基金投资运营业务资料，在45日内办理基金投资运营业务移交手续，新的投资管理机构应当接收并行使相应职责。

第三十三条　投资管理机构及其董事、监事、管理人员和其他从业人员不得有下列行为：

（一）将其固有财产或者他人财产混同于养老基金资产从事证券投资。

（二）不公平对待养老基金资产与其管理的其他财产。

（三）不公平对待其管理的不同养老基金资产。

（四）利用养老基金资产或者职务之便为他人谋取不正当利益。

（五）向受托机构违规承诺收益或者承担损失。

（六）侵占、挪用养老基金资产。

（七）泄露因职务便利获取的未公开信息，或者利用该信息从事或明示、暗示他人进行相关的交易活动。

（八）从事可能使养老基金资产承担无限责任的投资。

（九）法律、行政法规和国务院有关主管部门规定禁止的其他行为。

第六章　养老基金投资

第三十四条　养老基金限于境内投资。投资范围包括：银行存款，中央银行票据，同业存单；国债，政策性、开发性银行债券，信用等级在投资级以上的金融债、企业（公司）债、地方政府债券、可转换债（含分离交易可转换债）、短期融资券、中期票据、资产支持证券，债券回购；养老金产品，上市流通的证券投资基金，股票，股权，股指期货，国债期货。

第三十五条　国家重大工程和重大项目建设，养老基金可以通过适当方式参与投资。

第三十六条　国有重点企业改制、上市，养老基金可以进行股权投资。范围限定为中央企业及其一级子公司，以及地方具有核心竞争力的行业龙头企业，包括省级财政部门、国有资产管理部门出资的国有或国有控股企业。

第三十七条　养老基金投资比例，按照公允价值计算应当符合下列规定：

（一）投资银行活期存款，一年期以内（含一年）的定期存款，中央银行票据，剩余期限在一年期以内（含一年）的国债，债券回购，货币型养老金产品，货币市场基金的比例，合计不得低于养老基金资产净值的5%。清算备付金、证券清算款以及一级市场证券申购资金视为流动性资产。

（二）投资一年期以上的银行定期存款、协议存款、同业存单，剩余期限在一年期以上的国债，政策性、开发性银行债券，金融债，企业（公司）债，地方政府债券，可转换债（含分离交易可转换债），短期融资券，中期票据，资产支持证券，固定收益型养老金产品，混合型养老金产品，债券基金的比例，合计不得高于养老基金资产净值的135%。其中，债券正回购的资金余额在每个交易日均不得高于养老基金资产净值的40%。

(三)投资股票、股票基金、混合基金、股票型养老金产品的比例,合计不得高于养老基金资产净值的30%。

养老基金不得用于向他人贷款和提供担保,不得直接投资于权证,但因投资股票、分离交易可转换债等投资品种而衍生获得的权证,应当在权证上市交易之日起10个交易日内卖出。

(四)投资国家重大项目和重点企业股权的比例,合计不得高于养老基金资产净值的20%。

由于市场涨跌、资金划拨等原因出现被动投资比例超标的,养老基金投资比例调整应当在合同规定的交易日内完成。

第三十八条 养老基金资产参与股指期货、国债期货交易,只能以套期保值为目的,并按照中国金融期货交易所套期保值管理的有关规定执行;在任何交易日日终,所持有的卖出股指期货、国债期货合约价值,不得超过其对冲标的的账面价值。

第三十九条 根据金融市场变化和投资运营情况,国务院有关主管部门适时报请国务院对养老基金投资范围和比例进行调整。

第七章 估值和费用

第四十条 受托机构根据《企业会计准则第22号——金融工具确认和计量》、《证券投资基金会计核算业务指引》等规定,对养老基金进行会计核算和估值。

当月发生的委托投资资金划入、划出和投资收益分配,以上月末的估值结果作为核算依据。

第四十一条 托管机构提取的托管费年费率不高于托管养老基金资产净值的0.05%。

第四十二条 投资管理机构提取的投资管理费年费率不高于投资管理养老基金资产净值的0.5%。

受托机构应当在投资管理合同中规定投资管理机构的业绩基准,制定绩效考核办法。

第四十三条 根据养老基金管理情况,国务院有关主管部门适时对托管费、投资管理费率进行调整。

第四十四条 受托机构按照养老基金年度净收益的1%提取风险准备金,专项用于弥补养老基金投资发生的亏损。余额达到养老基金资产净值5%时可不再提取。

风险准备金与本金一起投资运营,单独记账,归委托人所有。

第八章 报告制度

第四十五条 受托机构、托管机构、投资管理机构应当按照本办法的规定报告养老基金投资运营的情况,保证报告内容没有虚假记载、误导性陈述或者重大遗漏,并对报告内容的真实性、完整性负责。

第四十六条 受托机构要按下列要求进行信息披露和报告有关事项:

(一)每年一次向社会公布养老基金资产、收益等财务状况。

(二)向委托人和国务院有关主管部门每季度提交养老基金财务会计报告、投资资产、收益等情况报告。

(三)向委托人和国务院有关主管部门、经济综合部门报送养老基金资产年度审计报告。

(四)养老基金发生重大事件的,应立即报告委托人和国务院有关主管部门,并编制临时报告书,经核准后予以公告。

第四十七条 托管机构应当按照托管合同和受托机构的要求,向受托机构提交养老基金托管月度报告、季度报告和年度报告;如发生特殊情况,还应当提供临时报告或者进行重大信息披露。托管机构应当对投资管理机构编制报告的有关内容进行复核,并根据需要出具复核意见。

第四十八条 投资管理机构应当按照投资管理合同及受托机构的要求,向受托机构提交养老基金投资运营月度报告、季度报告和年度报告;如发生特殊情况,还应当提供临时报告或者进行重大信息披露。

第四十九条 托管机构、投资管理机构应当向国务院有关主管部门提交养老基金季度报告和年度报告。

第五十条 有下列情形之一的,托管机构、投资管理机构应当及时向受托机构和国务院有关主管部门报告:

(一)减资、合并、分立、依法解散、被依法撤销、决定申请破产或者被申请破产的。

（二）涉及重大诉讼或者仲裁的。

（三）董事长、总经理及其他高级管理人员发生变动的。

（四）托管合同、投资管理合同规定的其他报告事项。

第五十一条　受托机构应当将委托管理合同、托管合同、投资管理合同报国务院有关主管部门备案。

第九章　监督检查

第五十二条　人力资源社会保障部、财政部依法对受托机构、托管机构、投资管理机构及相关主体开展养老基金投资管理业务情况实施监管，加强投资风险防范。

人民银行、银监会、证监会、保监会按照各自职责，对托管机构、投资管理机构的经营活动进行监督。

相关部门在监督过程中应加强沟通与信息共享。

第五十三条　人力资源社会保障部、财政部开展调查或者检查应当由两人以上进行，并出示有效证件，承担下列义务：

（一）依法履行职责，秉公执法，不得利用职务之便谋取私利。

（二）保守在调查或者检查时知悉的商业秘密。

（三）为举报人保密。

第五十四条　受托机构、托管机构、投资管理机构和其他为养老基金投资管理提供服务的自然人、法人或者其他组织应当积极配合监督检查，如实提供有关文件和资料，不得拒绝、阻挠或者逃避检查，不得谎报、隐匿或者销毁相关证据材料。

第五十五条　受托机构、托管机构、投资管理机构管理运营养老基金资产，其他自然人、法人或者组织为养老基金投资运营提供服务，应当严格遵守相关职业准则和行业规范，履行诚实信用、谨慎勤勉的义务。

第五十六条　养老基金投资管理从业人员应当遵守法律、行政法规和相关规章制度，恪守职业道德和行为规范。

第五十七条　养老基金投资运营情况应当通过报刊、网站等媒体定期向社会公布，保障公众知情权，接受社会监督。

任何组织和个人有权对违法违规行为进行举报、投诉，有关主管部门应当认真调查处理。

第十章　法律责任

第五十八条　受托机构及其董事（理事）、监事、管理人员和其他从业人员有本办法第十九条所列行为之一的，责令改正，给予警告，有违法所得的，没收违法所得。对直接负责的主管人员和其他直接责任人员给予相应处分，由所在机构暂停或者撤销其养老基金投资管理职务。

第五十九条　托管机构、投资管理机构及其董事、监事、管理人员和其他从业人员有本办法第二十五条和第三十三条所列行为之一的，责令改正，给予警告，并可暂停其接收新的养老基金托管或者投资管理业务。有违法所得的，没收违法所得，处以托管机构、投资管理机构违法所得1倍以上5倍以下管理费扣减；没有违法所得的，处以托管机构、投资管理机构50万元以下管理费扣减；情节严重的，可处以50万元以上、100万元以下管理费扣减。对直接负责的主管人员和其他直接责任人员给予警告，由所在机构暂停或者撤销其养老基金投资管理职务。

第六十条　投资管理机构违反本办法第三十七条和第三十八条规定，超出投资范围或者违反投资比例规定进行投资的，责令改正，给予警告，并可暂停其接收新的养老基金投资管理业务，同时处以50万元以下管理费扣减。对直接负责的主管人员和其他直接责任人员给予警告，由所在机构暂停或者撤销其养老基金投资管理职务。

第六十一条　托管机构、投资管理机构未能按照规定提供报告或者提供报告有虚假记载、误导性陈述、重大遗漏的，责令限期改正；逾期不改正的，给予警告，并处以10万元以下管理费扣减。

第六十二条　托管机构、投资管理机构违反本办法其他有关规定的，责令限期改正。逾期不改正的，给予警告，并可暂停其接收新的养老基金托管或者投资管理业务。

第六十三条　托管机构、投资管理机构受到3次以上警告的,由受托机构终止其养老基金托管或者投资管理职责,3年内不得再次申请。

第六十四条　受托机构、托管机构、投资管理机构及其董事(理事)、监事、管理和从业人员侵占、挪用养老基金资产取得的财产和收益,归入基金资产。

第六十五条　托管机构、投资管理机构违反本办法规定,给养老基金资产或者委托人造成损失的,应当分别对各自的行为依法承担赔偿责任;因共同行为给养老基金资产或者委托人造成损失的,应当承担连带赔偿责任;除依法给予处罚外,由受托机构终止其养老基金托管或者投资管理职责,5年内不得再次申请。

第六十六条　会计师事务所等服务机构出具的文件有虚假记载、误导性陈述或者重大遗漏的,责令限期改正,没收业务收入,并依法处以业务收入1倍以上5倍以下的罚款;对直接负责的主管人员和其他直接责任人员给予警告。

第六十七条　国家工作人员在养老基金投资管理、监督工作中滥用职权、玩忽职守、徇私舞弊的,依法追究责任。

第六十八条　本办法规定的处罚,由人力资源社会保障部、财政部或者人民银行、银监会、证监会、保监会按照各自职责作出决定。对违反本办法规定的同一行为,不得给予两次以上的处罚。

第六十九条　对违反本办法规定进行养老基金投资运营的相关单位和责任人,记入信用记录并纳入全国统一信用信息共享交换平台。

第七十条　违反本办法规定,情节严重,构成犯罪的,依法追究刑事责任。

第十一章　附　　则

第七十一条　本办法由人力资源社会保障部、财政部会同有关部门负责组织实施。

第七十二条　本办法自印发之日起施行。

中共中央、国务院关于深化国有企业改革的指导意见

(2015年8月24日)

国有企业属于全民所有,是推进国家现代化、保障人民共同利益的重要力量,是我们党和国家事业发展的重要物质基础和政治基础。改革开放以来,国有企业改革发展不断取得重大进展,总体上已经同市场经济相融合,运行质量和效益明显提升,在国际国内市场竞争中涌现出一批具有核心竞争力的骨干企业,为推动经济社会发展、保障和改善民生、开拓国际市场、增强我国综合实力作出了重大贡献,国有企业经营管理者队伍总体上是好的,广大职工付出了不懈努力,成就是突出的。但也要看到,国有企业仍然存在一些亟待解决的突出矛盾和问题,一些企业市场主体地位尚未真正确立,现代企业制度还不健全,国有资产监管体制有待完善,国有资本运行效率需进一步提高;一些企业管理混乱,内部人控制、利益输送、国有资产流失等问题突出,企业办社会职能和历史遗留问题还未完全解决;一些企业党组织管党治党责任不落实、作用被弱化。面向未来,国有企业面临日益激烈的国际竞争和转型升级的巨大挑战。在推动我国经济保持中高速增长和迈向中高端水平、完善和发展中国特色社会主义制度、实现中华民族伟大复兴中国梦的进程中,国有企业肩负着重大历史使命和责任。要认真贯彻落实党中央、国务院战略决策,按照“四个全面”战略布局的要求,以经济建设为中心,坚持问题导向,继续推进国有企业改革,切实破除体制机制障碍,坚定不移做强做优做大国有企业。为此,提出以下意见。

一、总体要求

（一）指导思想

高举中国特色社会主义伟大旗帜，认真贯彻落实党的十八大和十八届三中、四中全会精神，深入学习贯彻习近平总书记系列重要讲话精神，坚持和完善基本经济制度，坚持社会主义市场经济改革方向，适应市场化、现代化、国际化新形势，以解放和发展社会生产力为标准，以提高国有资本效率、增强国有企业活力为中心，完善产权清晰、权责明确、政企分开、管理科学的现代企业制度，完善国有资产监管体制，防止国有资产流失，全面推进依法治企，加强和改进党对国有企业的领导，做强做优做大国有企业，不断增强国有经济活力、控制力、影响力、抗风险能力，主动适应和引领经济发展新常态，为促进经济社会持续健康发展、实现中华民族伟大复兴中国梦作出积极贡献。

（二）基本原则

——坚持和完善基本经济制度。这是深化国有企业改革必须把握的根本要求。必须毫不动摇巩固和发展公有制经济，毫不动摇鼓励、支持、引导非公有制经济发展。坚持公有制主体地位，发挥国有经济主导作用，积极促进国有资本、集体资本、非公有资本等交叉持股、相互融合，推动各种所有制资本取长补短、相互促进、共同发展。

——坚持社会主义市场经济改革方向。这是深化国有企业改革必须遵循的基本规律。国有企业改革要遵循市场经济规律和企业发展规律，坚持政企分开、政资分开、所有权与经营权分离，坚持权利、义务、责任相统一，坚持激励机制和约束机制相结合，促使国有企业真正成为依法自主经营、自负盈亏、自担风险、自我约束、自我发展的独立市场主体。社会主义市场经济条件下的国有企业，要成为自觉履行社会责任的表率。

——坚持增强活力和强化监管相结合。这是深化国有企业改革必须把握的重要关系。增强活力是搞好国有企业的本质要求，加强监管是搞好国有企业的重要保障，要切实做到两者的有机统一。继续推进简政放权，依法落实企业法人财产权和经营自主权，进一步激发企业活力、创造力和市场竞争力。进一步完善国有企业监管制度，切实防止国有资产流失，确保国有资产保值增值。

——坚持党对国有企业的领导。这是深化国有企业改革必须坚守的政治方向、政治原则。要贯彻全面从严治党方针，充分发挥企业党组织政治核心作用，加强企业领导班子建设，创新基层党建工作，深入开展党风廉政建设，坚持全心全意依靠工人阶级，维护职工合法权益，为国有企业改革发展提供坚强有力的政治保证、组织保证和人才支撑。

——坚持积极稳妥统筹推进。这是深化国有企业改革必须采用的科学方法。要正确处理推进改革和坚持法治的关系，正确处理改革发展稳定关系，正确处理搞好顶层设计和尊重基层首创精神的关系，突出问题导向，坚持分类推进，把握好改革的次序、节奏、力度，确保改革扎实推进、务求实效。

（三）主要目标

到2020年，在国有企业改革重要领域和关键环节取得决定性成果，形成更加符合我国基本经济制度和社会主义市场经济发展要求的国有资产管理体制、现代企业制度、市场化经营机制，国有资本布局结构更趋合理，造就一大批德才兼备、善于经营、充满活力的优秀企业家，培育一大批具有创新能力和国际竞争力的国有骨干企业，国有经济活力、控制力、影响力、抗风险能力明显增强。

——国有企业公司制改革基本完成，发展混合所有制经济取得积极进展，法人治理结构更加健全，优胜劣汰、经营自主灵活、内部管理人员能上能下、员工能进能出、收入能增能减的市场化机制更加完善。

——国有资产监管制度更加成熟，相关法律法规更加健全，监管手段和方式不断优化，监管的科学性、针对性、有效性进一步提高，经营性国有资产实现集中统一监管，国有资产保值增值责任全面落实。

——国有资本配置效率显著提高，国有经济布局结构不断优化、主导作用有效发挥，国有企业在提升自主创新能力、保护资源环境、加快转型升级、履行社会责任中的引领和表率作用充分发挥。

——企业党的建设全面加强，反腐倡廉制度体系、工作体系更加完善，国有企业党组织在公司治理中的法定地位更加巩固,政治核心作用充分发挥。

二、分类推进国有企业改革

(四)划分国有企业不同类别。根据国有资本的战略定位和发展目标,结合不同国有企业在经济社会发展中的作用、现状和发展需要,将国有企业分为商业类和公益类。通过界定功能、划分类别,实行分类改革、分类发展、分类监管、分类定责、分类考核,提高改革的针对性、监管的有效性、考核评价的科学性,推动国有企业同市场经济深入融合,促进国有企业经济效益和社会效益有机统一。按照谁出资谁分类的原则,由履行出资人职责的机构负责制定所出资企业的功能界定和分类方案,报本级政府批准。各地区可结合实际,划分并动态调整本地区国有企业功能类别。

(五)推进商业类国有企业改革。商业类国有企业按照市场化要求实行商业化运作,以增强国有经济活力、放大国有资本功能、实现国有资产保值增值为主要目标,依法独立自主开展生产经营活动,实现优胜劣汰、有序进退。

主业处于充分竞争行业和领域的商业类国有企业,原则上都要实行公司制股份制改革,积极引入其他国有资本或各类非国有资本实现股权多元化,国有资本可以绝对控股、相对控股,也可以参股,并着力推进整体上市。对这些国有企业,重点考核经营业绩指标、国有资产保值增值和市场竞争能力。

主业处于关系国家安全、国民经济命脉的重要行业和关键领域、主要承担重大专项任务的商业类国有企业,要保持国有资本控股地位,支持非国有资本参股。对自然垄断行业,实行以政企分开、政资分开、特许经营、政府监管为主要内容的改革,根据不同行业特点实行网运分开、放开竞争性业务,促进公共资源配置市场化;对需要实行国有全资的企业,也要积极引入其他国有资本实行股权多元化;对特殊业务和竞争性业务实行业务板块有效分离,独立运作、独立核算。对这些国有企业,在考核经营业绩指标和国有资产保值增值情况的同时,加强对服务国家战略、保障国家安全和国民经济运行、发展前瞻性战略性产业以及完成特殊任务的考核。

(六)推进公益类国有企业改革。公益类国有企业以保障民生、服务社会、提供公共产品和服务为主要目标,引入市场机制,提高公共服务效率和能力。这类企业可以采取国有独资形式,具备条件的也可以推行投资主体多元化,还可以通过购买服务、特许经营、委托代理等方式,鼓励非国有企业参与经营。对公益类国有企业,重点考核成本控制、产品服务质量、营运效率和保障能力,根据企业不同特点有区别地考核经营业绩指标和国有资产保值增值情况,考核中要引入社会评价。

三、完善现代企业制度

(七)推进公司制股份制改革。加大集团层面公司制改革力度,积极引入各类投资者实现股权多元化,大力推动国有企业改制上市,创造条件实现集团公司整体上市。根据不同企业的功能定位,逐步调整国有股权比例,形成股权结构多元、股东行为规范、内部约束有效、运行高效灵活的经营机制。允许将部分国有资本转化为优先股,在少数特定领域探索建立国家特殊管理股制度。

(八)健全公司法人治理结构。重点是推进董事会建设,建立健全权责对等、运转协调、有效制衡的决策执行监督机制,规范董事长、总经理行权行为,充分发挥董事会的决策作用、监事会的监督作用、经理层的经营管理作用、党组织的政治核心作用,切实解决一些企业董事会形同虚设、"一把手"说了算的问题,实现规范的公司治理。要切实落实和维护董事会依法行使重大决策、选人用人、薪酬分配等权利,保障经理层经营自主权,法无授权任何政府部门和机构不得干预。加强董事会内部的制衡约束,国有独资、全资公司的董事会和监事会均应有职工代表,董事会外部董事应占多数,落实一人一票表决制度,董事对董事会决议承担责任。改进董事会和董事评价办法,强化对董事的考核评价和管理,对重大决策失误负有直接责任的要及时调整或解聘,并依法追究责任。进一步加强外部董事队伍建设,拓宽来源渠道。

(九)建立国有企业领导人员分类分层管理制度。坚持党管干部原则与董事会依法产生、董事会依法选择经营管理者、经营管理者依法行使用人权相结合,不断创新有效实现形式。

上级党组织和国有资产监管机构按照管理权限加强对国有企业领导人员的管理，广开推荐渠道，依规考察提名，严格履行选用程序。根据不同企业类别和层级，实行选任制、委任制、聘任制等不同选人用人方式。推行职业经理人制度，实行内部培养和外部引进相结合，畅通现有经营管理者与职业经理人身份转换通道，董事会按市场化方式选聘和管理职业经理人，合理增加市场化选聘比例，加快建立退出机制。推行企业经理层成员任期制和契约化管理，明确责任、权利、义务，严格任期管理和目标考核。

（十）实行与社会主义市场经济相适应的企业薪酬分配制度。企业内部的薪酬分配权是企业的法定权利，由企业依法依规自主决定，完善既有激励又有约束、既讲效率又讲公平、既符合企业一般规律又体现国有企业特点的分配机制。建立健全与劳动力市场基本适应、与企业经济效益和劳动生产率挂钩的工资决定和正常增长机制。推进全员绩效考核，以业绩为导向，科学评价不同岗位员工的贡献，合理拉开收入分配差距，切实做到收入能增能减和奖惩分明，充分调动广大职工积极性。对国有企业领导人员实行与选任方式相匹配、与企业功能性质相适应、与经营业绩相挂钩的差异化薪酬分配办法。对党中央、国务院和地方党委、政府及其部门任命的国有企业领导人员，合理确定基本年薪、绩效年薪和任期激励收入。对市场化选聘的职业经理人实行市场化薪酬分配机制，可以采取多种方式探索完善中长期激励机制。健全与激励机制相对称的经济责任审计、信息披露、延期支付、追索扣回等约束机制。严格规范履职待遇、业务支出，严禁将公款用于个人支出。

（十一）深化企业内部用人制度改革。建立健全企业各类管理人员公开招聘、竞争上岗等制度，对特殊管理人员可以通过委托人才中介机构推荐等方式，拓宽选人用人视野和渠道。建立分级分类的企业员工市场化公开招聘制度，切实做到信息公开、过程公开、结果公开。构建和谐劳动关系，依法规范企业各类用工管理，建立健全以合同管理为核心、以岗位管理为基础的市场化用工制度，真正形成企业各类管理人员能上能下、员工能进能出的合理流动机制。

四、完善国有资产管理体制

（十二）以管资本为主推进国有资产监管机构职能转变。国有资产监管机构要准确把握依法履行出资人职责的定位，科学界定国有资产出资人监管的边界，建立监管权力清单和责任清单，实现以管企业为主向以管资本为主的转变。该管的要科学管理、决不缺位，重点管好国有资本布局、规范资本运作、提高资本回报、维护资本安全；不该管的要依法放权、决不越位，将依法应由企业自主经营决策的事项归位于企业，将延伸到子企业的管理事项原则上归位于一级企业，将配合承担的公共管理职能归位于相关政府部门和单位。大力推进依法监管，着力创新监管方式和手段，改变行政化管理方式，改进考核体系和办法，提高监管的科学性、有效性。

（十三）以管资本为主改革国有资本授权经营体制。改组组建国有资本投资、运营公司，探索有效的运营模式，通过开展投资融资、产业培育、资本整合，推动产业集聚和转型升级，优化国有资本布局结构；通过股权运作、价值管理、有序进退，促进国有资本合理流动，实现保值增值。科学界定国有资本所有权和经营权的边界，国有资产监管机构依法对国有资本投资、运营公司和其他直接监管的企业履行出资人职责，并授权国有资本投资、运营公司对授权范围内的国有资本履行出资人职责。国有资本投资、运营公司作为国有资本市场化运作的专业平台，依法自主开展国有资本运作，对所出资企业行使股东职责，按照责权对应原则切实承担起国有资产保值增值责任。开展政府直接授权国有资本投资、运营公司履行出资人职责的试点。

（十四）以管资本为主推动国有资本合理流动优化配置。坚持以市场为导向、以企业为主体，有进有退、有所为有所不为，优化国有资本布局结构，增强国有经济整体功能和效率。紧紧围绕服务国家战略，落实国家产业政策和重点产业布局调整总体要求，优化国有资本重点投资方向和领域，推动国有资本向关系国家安全、国民经济命脉和国计民生的重要行业和关键领域、重点基础设施集中，向前瞻性战略性产业集中，向具有核心竞争力的优势企业集中。

发挥国有资本投资、运营公司的作用,清理退出一批、重组整合一批、创新发展一批国有企业。建立健全优胜劣汰市场化退出机制,充分发挥失业救济和再就业培训等的作用,解决好职工安置问题,切实保障退出企业依法实现关闭或破产,加快处置低效无效资产,淘汰落后产能。支持企业依法合规通过证券交易、产权交易等资本市场,以市场公允价格处置企业资产,实现国有资本形态转换,变现的国有资本用于更需要的领域和行业。推动国有企业加快管理创新、商业模式创新,合理限定法人层级,有效压缩管理层级。发挥国有企业在实施创新驱动发展战略和制造强国战略中的骨干和表率作用,强化企业在技术创新中的主体地位,重视培养科研人才和高技能人才。支持国有企业开展国际化经营,鼓励国有企业之间以及与其他所有制企业以资本为纽带,强强联合、优势互补,加快培育一批具有世界一流水平的跨国公司。

(十五)以管资本为主推进经营性国有资产集中统一监管。稳步将党政机关、事业单位所属企业的国有资本纳入经营性国有资产集中统一监管体系,具备条件的进入国有资本投资、运营公司。加强国有资产基础管理,按照统一制度规范、统一工作体系的原则,抓紧制定企业国有资产基础管理条例。建立覆盖全部国有企业、分级管理的国有资本经营预算管理制度,提高国有资本收益上缴公共财政比例,2020 年提高到 30%,更多用于保障和改善民生。划转部分国有资本充实社会保障基金。

五、发展混合所有制经济

(十六)推进国有企业混合所有制改革。以促进国有企业转换经营机制,放大国有资本功能,提高国有资本配置和运行效率,实现各种所有制资本取长补短、相互促进、共同发展为目标,稳妥推动国有企业发展混合所有制经济。对通过实行股份制、上市等途径已经实行混合所有制的国有企业,要着力在完善现代企业制度、提高资本运行效率上下功夫;对于适宜继续推进混合所有制改革的国有企业,要充分发挥市场机制作用,坚持因地施策、因业施策、因企施策,宜独则独、宜控则控、宜参则参,不搞拉郎配,不搞全覆盖,不设时间表,成熟一个推进一个。改革要依法依规、严格程序、公开公正,切实保护混合所有制企业各类出资人的产权权益,杜绝国有资产流失。

(十七)引入非国有资本参与国有企业改革。鼓励非国有资本投资主体通过出资入股、收购股权、认购可转债、股权置换等多种方式,参与国有企业改制重组或国有控股上市公司增资扩股以及企业经营管理。实行同股同权,切实维护各类股东合法权益。在石油、天然气、电力、铁路、电信、资源开发、公用事业等领域,向非国有资本推出符合产业政策、有利于转型升级的项目。依照外商投资产业指导目录和相关安全审查规定,完善外资安全审查工作机制。开展多类型政府和社会资本合作试点,逐步推广政府和社会资本合作模式。

(十八)鼓励国有资本以多种方式入股非国有企业。充分发挥国有资本投资、运营公司的资本运作平台作用,通过市场化方式,以公共服务、高新技术、生态环保、战略性产业为重点领域,对发展潜力大、成长性强的非国有企业进行股权投资。鼓励国有企业通过投资入股、联合投资、重组等多种方式,与非国有企业进行股权融合、战略合作、资源整合。

(十九)探索实行混合所有制企业员工持股。坚持试点先行,在取得经验基础上稳妥有序推进,通过实行员工持股建立激励约束长效机制。优先支持人才资本和技术要素贡献占比较高的转制科研院所、高新技术企业、科技服务型企业开展员工持股试点,支持对企业经营业绩和持续发展有直接或较大影响的科研人员、经营管理人员和业务骨干等持股。员工持股主要采取增资扩股、出资新设等方式。完善相关政策,健全审核程序,规范操作流程,严格资产评估,建立健全股权流转和退出机制,确保员工持股公开透明,严禁暗箱操作,防止利益输送。

六、强化监督防止国有资产流失

(二十)强化企业内部监督。完善企业内部监督体系,明确监事会、审计、纪检监察、巡视以及法律、财务等部门的监督职责,完善监督制度,增强制度执行力。强化对权力集中、资金密集、资源富集、资产聚集的部门和岗位的监督,实行分事行权、分岗设权、分级授权,定期轮岗,强化内部流程控制,防止权力滥用。建立审计部门向董事会负责的工作机制。落实企业内部监事会对董事、经理和其他高级管理人员的监督。进一步发挥企业总法律顾问在经营管理中的法律审核把关作用，推进企业依法经营、合规管理。集团公司要依法依规、尽职尽责加强对子企业的管理和监督。大力推进厂务公开，健全以职工代表大会为基本形式的企业民主管理制度，加强企业职工民主监督。

（二十一）建立健全高效协同的外部监督机制。强化出资人监督，加快国有企业行为规范法律法规制度建设，加强对企业关键业务、改革重点领域、国有资本运营重要环节以及境外国有资产的监督，规范操作流程，强化专业检查，开展总会计师由履行出资人职责机构委派的试点。加强和改进外派监事会制度，明确职责定位，强化与有关专业监督机构的协作，加强当期和事中监督，强化监督成果运用，建立健全核查、移交和整改机制。健全国有资本审计监督体系和制度，实行企业国有资产审计监督全覆盖，建立对企业国有资本的经常性审计制度。加强纪检监察监督和巡视工作，强化对企业领导人员廉洁从业、行使权力等的监督，加大大案要案查处力度，狠抓对存在问题的整改落实。整合出资人监管、外派监事会监督和审计、纪检监察、巡视等监督力量，建立监督工作会商机制，加强统筹，创新方式，共享资源，减少重复检查，提高监督效能。建立健全监督意见反馈整改机制，形成监督工作的闭环。

（二十二）实施信息公开加强社会监督。完善国有资产和国有企业信息公开制度，设立统一的信息公开网络平台，依法依规、及时准确披露国有资本整体运营和监管、国有企业公司治理以及管理架构、经营情况、财务状况、关联交易、企业负责人薪酬等信息，建设阳光国企。认真处理人民群众关于国有资产流失等问题的来信、来访和检举，及时回应社会关切。充分发挥媒体舆论监督作用，有效保障社会公众对企业国有资产运营的知情权和监督权。

（二十三）严格责任追究。建立健全国有企业重大决策失误和失职、渎职责任追究倒查机制，建立和完善重大决策评估、决策事项履职记录、决策过错认定标准等配套制度，严厉查处侵吞、贪污、输送、挥霍国有资产和逃废金融债务的行为。建立健全企业国有资产的监督问责机制，对企业重大违法违纪问题敷衍不追、隐匿不报、查处不力的，严格追究有关人员失职渎职责任，视不同情形给予纪律处分或行政处分，构成犯罪的，由司法机关依法追究刑事责任。

七、加强和改进党对国有企业的领导

（二十四）充分发挥国有企业党组织政治核心作用。把加强党的领导和完善公司治理统一起来，将党建工作总体要求纳入国有企业章程，明确国有企业党组织在公司法人治理结构中的法定地位，创新国有企业党组织发挥政治核心作用的途径和方式。在国有企业改革中坚持党的建设同步谋划、党的组织及工作机构同步设置、党组织负责人及党务工作人员同步配备、党的工作同步开展，保证党组织工作机构健全、党务工作者队伍稳定、党组织和党员作用得到有效发挥。坚持和完善双向进入、交叉任职的领导体制，符合条件的党组织领导班子成员可以通过法定程序进入董事会、监事会、经理层，董事会、监事会、经理层成员中符合条件的党员可以依照有关规定和程序进入党组织领导班子；经理层成员与党组织领导班子成员适度交叉任职；董事长、总经理原则上分设，党组织书记、董事长一般由一人担任。

国有企业党组织要切实承担好、落实好从严管党治党责任。坚持从严治党、思想建党、制度治党，增强管党治党意识，建立健全党建工作责任制，聚精会神抓好党建工作，做到守土有责、守土负责、守土尽责。党组织书记要切实履行党建工作第一责任人职责，党组织班子其他成员要切实履行“一岗双责”，结合业务分工抓好党建工作。中央企业党组织书记同时担任企业其他主要领导职务的，应当设立1名专职抓企业党建工作的副书记。加强国有企业基层党组织建设和党员队伍建设，强化国有企业基层党建工作的基础保障，充分发挥基层党组织战斗堡垒作用、共产党员先锋模范作用。加强企业党组织对群众工作的领导，发挥好工会、共青团等群团组织的作用，深入细致做好职工群众的思想政治工作。把建立党的组织、开展党的工作，作为国有企业推进混合所有制改革的必要前提，根据不同类型混合所有制企业特点，科学确定党组织的设置方式、职责定位、管理模式。

（二十五）进一步加强国有企业领导班子

建设和人才队伍建设。根据企业改革发展需要,明确选人用人标准和程序,创新选人用人方式。强化党组织在企业领导人员选拔任用、培养教育、管理监督中的责任,支持董事会依法选择经营管理者、经营管理者依法行使用人权,坚决防止和整治选人用人中的不正之风。加强对国有企业领导人员尤其是主要领导人员的日常监督管理和综合考核评价,及时调整不胜任、不称职的领导人员,切实解决企业领导人员能上不能下的问题。以强化忠诚意识、拓展世界眼光、提高战略思维、增强创新精神、锻造优秀品行为重点,加强企业家队伍建设,充分发挥企业家作用。大力实施人才强企战略,加快建立健全国有企业集聚人才的体制机制。

(二十六)切实落实国有企业反腐倡廉"两个责任"。国有企业党组织要切实履行好主体责任,纪检机构要履行好监督责任。加强党性教育、法治教育、警示教育,引导国有企业领导人员坚定理想信念,自觉践行"三严三实"要求,正确履职行权。建立切实可行的责任追究制度,与企业考核等挂钩,实行"一案双查"。推动国有企业纪律检查工作双重领导体制具体化、程序化、制度化,强化上级纪委对下级纪委的领导。加强和改进国有企业巡视工作,强化对权力运行的监督和制约。坚持运用法治思维和法治方式反腐败,完善反腐倡廉制度体系,严格落实反"四风"规定,努力构筑企业领导人员不敢腐、不能腐、不想腐的有效机制。

八、为国有企业改革创造良好环境条件

(二十七)完善相关法律法规和配套政策。加强国有企业相关法律法规立改废释工作,确保重大改革于法有据。切实转变政府职能,减少审批、优化制度、简化手续、提高效率。完善公共服务体系,推进政府购买服务,加快建立稳定可靠、补偿合理、公开透明的企业公共服务支出补偿机制。完善和落实国有企业重组整合涉及的资产评估增值、土地变更登记和国有资产无偿划转等方面税收优惠政策。完善国有企业退出的相关政策,依法妥善处理劳动关系调整、社会保险关系接续等问题。

(二十八)加快剥离企业办社会职能和解决历史遗留问题。完善相关政策,建立政府和国有企业合理分担成本的机制,多渠道筹措资金,采取分离移交、重组改制、关闭撤销等方式,剥离国有企业职工家属区"三供一业"和所办医院、学校、社区等公共服务机构,继续推进厂办大集体改革,对国有企业退休人员实施社会化管理,妥善解决国有企业历史遗留问题,为国有企业公平参与市场竞争创造条件。

(二十九)形成鼓励改革创新的氛围。坚持解放思想、实事求是,鼓励探索、实践、创新。全面准确评价国有企业,大力宣传中央关于全面深化国有企业改革的方针政策,宣传改革的典型案例和经验,营造有利于国有企业改革的良好舆论环境。

(三十)加强对国有企业改革的组织领导。各级党委和政府要统一思想,以高度的政治责任感和历史使命感,切实履行对深化国有企业改革的领导责任。要根据本指导意见,结合实际制定实施意见,加强统筹协调、明确责任分工、细化目标任务、强化督促落实,确保深化国有企业改革顺利推进,取得实效。金融、文化等国有企业的改革,中央另有规定的依其规定执行。

国务院办公厅关于加快融资租赁业发展的指导意见

(2015 年 8 月 31 日　国办发〔2015〕68 号)

各省、自治区、直辖市人民政府,国务院各部委、各直属机构:

近年来,我国融资租赁业取得长足发展,市场规模和企业竞争力显著提高,在推动产业创新升级、拓宽中小微企业融资渠道、带动新兴产业发展和促进经济结构调整等方面发挥着重要作用。但总体上看，融资租赁对国民经济各行业的覆盖面和市场渗透率远低于发达国家水平，行业发展还存在管理体制不适应、法律法规不健全、发展环境不完善等突出问题。为进一步加快融资租赁业发展，更好地发挥融资租赁服务实体经济发展、促进经济稳定增长和转型升级的作用，经国务院同意，现提出以下意见。

一、总体要求

（一）指导思想。深入贯彻党的十八大和十八届二中、三中、四中全会精神，认真落实党中央、国务院的决策部署，充分发挥市场在资源配置中的决定性作用，完善法律法规和政策扶持体系，建立健全事中事后监管机制，转变发展方式，建立专业高效、配套完善、竞争有序、稳健规范、具有国际竞争力的现代融资租赁体系，引导融资租赁企业服务实体经济发展、中小微企业创业创新、产业转型升级和产能转移等，为打造中国经济升级版贡献力量。

（二）基本原则。坚持市场主导与政府支持相结合，着力完善发展环境，充分激发市场主体活力；坚持发展与规范相结合，引导企业依法合规、有序发展；坚持融资与融物相结合，提高专业化水平，服务实体经济发展；坚持国内与国外相结合，在服务国内市场的同时，大力拓展海外市场。

（三）发展目标。到 2020 年，融资租赁业务领域覆盖面不断扩大，融资租赁市场渗透率显著提高，成为企业设备投资和技术更新的重要手段；一批专业优势突出、管理先进、国际竞争力强的龙头企业基本形成，统一、规范、有效的事中事后监管体系基本建立，法律法规和政策扶持体系初步形成，融资租赁业市场规模和竞争力水平位居世界前列。

二、主要任务

（四）改革制约融资租赁发展的体制机制。

加快推进简政放权。进一步转变管理方式，简化工作流程，促进内外资融资租赁公司协同发展。支持自由贸易试验区在融资租赁方面积极探索、先行先试。对融资租赁公司设立子公司，不设最低注册资本限制。允许融资租赁公司兼营与主营业务有关的商业保理业务。

理顺行业管理体制。加强行业统筹管理，建立内外资统一的融资租赁业管理制度和事中事后监管体系，实现经营范围、交易规则、监管指标、信息报送、监督检查等方面的统一。引导和规范各类社会资本进入融资租赁业，支持民间资本发起设立融资租赁公司，支持独立第三方服务机构投资设立融资租赁公司，促进投资主体多元化。

完善相关领域管理制度。简化相关行业资质管理，减少对融资租赁发展的制约。进口租赁物涉及配额、许可证、自动进口许可证等管理的，在承租人已具备相关配额、许可证、自动进口许可证的前提下，不再另行对融资租赁公司提出购买资质要求。根据融资租赁特点，便利融资租赁公司申请医疗器械经营许可或办理备案。除法律法规另有规定外，承租人通过融资租赁方式获得设备与自行购买设备在资质认定时享受同等待遇。支持融资租赁公司依法办理融资租赁交易相关担保物抵（质）押登记。完善和创新管理措施，支持融资租赁业务开展。规范机动车交易和登记管理，简化交易登记流程，便利融资租赁双方当事人办理业务。完善船舶登记制度，进一步简化船舶出入境备案手续，便利融资租赁公司开展船舶租赁业务。对注册在中国（广东）自由贸易试验区、中国（天津）自由贸易试验区海关特殊监管区域内的融资租赁企业进出口飞机、船舶和海洋工程结构物等大型设备涉及跨关区的，在确保有效监管和执行现行相关税收政策的前提下，按物流实际需要，实行海关异地委托监管。按照相关规定，将有接入意愿且具备接入条件的融资租赁公司纳入金融信用信息基础数据库，实现融资租赁业务的信用信息报送及查询。

（五）加快重点领域融资租赁发展。

积极推动产业转型升级。鼓励融资租赁公司积极服务"一带一路"、京津冀协同发展、长江经济带、"中国制造 2025"和新型城镇化建设等国家重大战略。鼓励融资租赁公司在飞机、船舶、工程机械等传统领域做大做强，积极拓展新一代信息技术、高端装备制造、新能源、节能环保和生物等战略性新兴产业市场，拓宽文化产业投融资渠道。鼓励融资租赁公司参与城乡公用事业、污水垃圾处理、环境治理、广播通信、农田水利等基础设施建设。在公交车、出租车、公务用车等领域鼓励通过融资租赁发展新能源汽车及配套设施。鼓励融资租赁公司支持现代农业发展,积极开展面向种粮大户、家庭农场、农业合作社等新型农业经营主体的融资租赁业务,解决农业大型机械、生产设备、加工设备购置更新资金不足问题。积极稳妥发展居民家庭消费品租赁市场,发展家用轿车、家用信息设备、耐用消费品等融资租赁,扩大国内消费。

加快发展中小微企业融资租赁服务。鼓励融资租赁公司发挥融资便利、期限灵活、财务优化等优势,提供适合中小微企业特点的产品和服务。支持设立专门面向中小微企业的融资租赁公司。探索发展面向个人创业者的融资租赁服务,推动大众创业、万众创新。推进融资租赁公司与创业园区、科技企业孵化器、中小企业公共服务平台等合作,加大对科技型、创新型和创业型中小微企业的支持力度,拓宽中小微企业融资渠道。

大力发展跨境租赁。鼓励工程机械、铁路、电力、民用飞机、船舶、海洋工程装备及其他大型成套设备制造企业采用融资租赁方式开拓国际市场,发展跨境租赁。支持通过融资租赁方式引进国外先进设备,扩大高端设备进口,提升国内技术装备水平。引导融资租赁公司加强与海外施工企业合作,开展施工设备的海外租赁业务,积极参与重大跨国基础设施项目建设。鼓励境外工程承包企业通过融资租赁优化资金、设备等资源配置,创新工程设备利用方式。探索在援外工程建设中引入工程设备融资租赁模式。鼓励融资租赁公司"走出去"发展,积极拓展海外租赁市场。鼓励融资租赁公司开展跨境人民币业务。支持有实力的融资租赁公司开展跨境兼并,培育跨国融资租赁企业集团,充分发挥融资租赁对我国企业开拓国际市场的支持和带动作用。

(六)支持融资租赁创新发展。

推动创新经营模式。支持融资租赁公司与互联网融合发展,加强与银行、保险、信托、基金等金融机构合作,创新商业模式。借鉴发达国家经验,引导融资租赁公司加快业务创新,不断优化产品组合、交易结构、租金安排、风险控制等设计,提升服务水平。在风险可控前提下,稳步探索将租赁物范围扩大到生物资产等新领域。支持融资租赁公司在自由贸易试验区、海关特殊监管区域设立专业子公司和特殊项目公司开展融资租赁业务。探索融资租赁与政府和社会资本合作(PPP)融资模式相结合。

加快发展配套产业。加快建立标准化、规范化、高效运转的租赁物与二手设备流通市场,支持建立融资租赁公司租赁资产登记流转平台,完善融资租赁资产退出机制,盘活存量租赁资产。支持设立融资租赁相关中介服务机构,加快发展为融资租赁公司服务的专业咨询、技术服务、评估鉴定、资产管理、资产处置等相关产业。

提高企业核心竞争力。引导融资租赁公司明确市场定位,集中力量发展具有比较优势的特定领域,实现专业化、特色化、差异化发展。支持各类融资租赁公司加强合作,实现优势互补。鼓励企业兼并重组。鼓励融资租赁公司依托适宜的租赁物开展业务,坚持融资与融物相结合,提高融资租赁全产业链经营和资产管理能力。指导融资租赁公司加强风险控制体系和内控管理制度建设,积极运用互联网、物联网、大数据、云计算等现代科学技术提升经营管理水平,建立健全客户风险评估机制,稳妥发展售后回租业务,严格控制经营风险。

(七)加强融资租赁事中事后监管。

完善行业监管机制。落实省级人民政府属地监管责任。建立监管指标体系和监管评级制度,鼓励融资租赁公司进行信用评级。加强行业风险防范,利用现场与非现场结合的监管手段,强化对重点环节及融资租赁公司吸收存款、发放贷款等违法违规行为的监督,对违法违规融资租赁公司及时要求整改或进行处罚,加强风险监测、分析和预警,切实防范区域性、系统性金融风险。建立企业报送信息异常名录和黑名单制度,加强融资租赁公司信息报送管理,要求融资租赁公司通过全国融资租赁企业管理信息系统及时、准确报送信息,利用信息化手段加强事中事后监管。建立部门间工作沟通协调机制,加强信息共享与监管协作。

发挥行业组织自律作用。加快全国性行业自律组织建设,履行协调、维权、自律、服务职能,鼓励融资租赁公司加入行业自律组织。加强行业自我约束机制建设,鼓励企业积极承担社会责任,大力提升行业的国际影响力。

三、政策措施

（八）建设法治化营商环境。积极推进融资租赁立法工作，提高立法层级。研究出台融资租赁行业专门立法，建立健全融资租赁公司监管体系，完善租赁物物权保护制度。研究建立规范的融资租赁物登记制度，发挥租赁物登记的风险防范作用。规范融资租赁行业市场秩序，营造公平竞争的良好环境。推动行业诚信体系建设，引导企业诚实守信、依法经营。

（九）完善财税政策。为鼓励企业采用融资租赁方式进行技术改造和设备购置提供公平的政策环境。加大政府采购支持力度，鼓励各级政府在提供公共服务、推进基础设施建设和运营中购买融资租赁服务。通过融资租赁方式获得农机的实际使用者可享受农机购置补贴。鼓励地方政府探索通过风险补偿、奖励、贴息等政策工具，引导融资租赁公司加大对中小微企业的融资支持力度。落实融资租赁相关税收政策，促进行业健康发展。对开展融资租赁业务（含融资性售后回租）签订的融资租赁合同，按照其所载明的租金总额比照“借款合同”税目计税贴花。鼓励保险机构开发融资租赁保险品种，扩大融资租赁出口信用保险规模和覆盖面。

（十）拓宽融资渠道。鼓励银行、保险、信托、基金等各类金融机构在风险可控前提下加大对融资租赁公司的支持力度。积极鼓励融资租赁公司通过债券市场募集资金，支持符合条件的融资租赁公司通过发行股票和资产证券化等方式筹措资金。支持内资融资租赁公司利用外债，调整内资融资租赁公司外债管理政策。简化程序，放开回流限制，支持内资融资租赁公司发行外债试行登记制管理。支持融资租赁公司开展人民币跨境融资业务。支持融资租赁公司利用外汇进口先进技术设备，鼓励商业银行利用外汇储备委托贷款支持跨境融资租赁项目。研究保险资金投资融资租赁资产。支持设立融资租赁产业基金，引导民间资本加大投入。

（十一）完善公共服务。逐步建立统一、规范、全面的融资租赁业统计制度和评价指标体系，完善融资租赁统计方法，提高统计数据的准确性和及时性。依托企业信用信息公示系统等建立信息共享机制，加强统计信息交流。建立融资租赁业标准化体系，制订融资租赁交易等方面的标准，加强标准实施和宣传贯彻，提高融资租赁业标准化、规范化水平。研究制定我国融资租赁行业景气指数，定期发布行业发展报告，引导行业健康发展。

（十二）加强人才队伍建设。加强融资租赁从业人员职业能力建设，支持有条件的高校自主设置融资租赁相关专业。支持企业组织从业人员开展相关培训，采取措施提高从业人员综合素质，培养一批具有国际视野和专业能力的融资租赁人才。支持行业协会开展培训、教材编写、水平评测、经验推广、业务交流等工作。加大对融资租赁理念和知识的宣传与普及力度，不断提高融资租赁业的社会影响力和认知度，为行业发展营造良好的社会氛围。

各地区、各有关部门要充分认识加快融资租赁业发展的重要意义，加强组织领导，健全工作机制，强化部门协同和上下联动，协调推动融资租赁业发展。各地区要根据本意见，结合地方实际研究制定具体实施方案，细化政策措施，确保各项任务落到实处。有关部门要抓紧研究制定配套政策和落实分工任务的具体措施，为融资租赁业发展营造良好环境。商务部与银监会等相关部门要加强协调，密切配合，共同做好风险防范工作。商务部要做好融资租赁行业管理工作，会同相关部门对本意见的落实情况进行跟踪分析和督促指导，重大事项及时向国务院报告。

国务院办公厅关于促进金融租赁行业健康发展的指导意见

(2015 年 9 月 1 日　国办发〔2015〕69 号)

各省、自治区、直辖市人民政府,国务院各部委、各直属机构:

金融租赁是与实体经济紧密结合的一种投融资方式,是推动产业创新升级、促进社会投资和经济结构调整的积极力量。近年来,我国金融租赁行业取得长足发展,综合实力显著提升,行业贡献与社会价值逐步体现。但总体上看,金融租赁行业对国民经济的渗透率和行业覆盖率仍然较低,外部环境不够完善,行业竞争力有待提高。为进一步促进金融租赁行业健康发展,创新金融服务,支持产业升级,拓宽中小微企业融资渠道,有效服务实体经济,经国务院同意,现提出以下意见。

一、加快金融租赁行业发展,发挥其对促进国民经济转型升级的重要作用

金融租赁公司是为具有一定生产技术和管理经验但生产资料不足的企业和个人提供融资融物服务的金融机构。通过设备租赁,可以直接降低企业资产负债率;通过实物转租,可以直接促进产能转移、企业重组和生产资料更新换代升级;通过回购返租,可以直接提高资金使用效率。

要充分认识金融租赁服务实体经济的重要作用,把金融租赁放在国民经济发展整体战略中统筹考虑。加快建设金融租赁行业发展长效机制,积极营造有利于行业发展的外部环境,进一步转变行业发展方式,力争形成安全稳健、专业高效、充满活力、配套完善、具有国际竞争力的现代金融租赁体系。充分发挥金融租赁提高资源配置效率、增强产业竞争能力和推动产能结构调整的引擎作用,努力将其打造成为优化资源配置、促进经济转型升级的有效工具。

二、突出金融租赁特色,增强公司核心竞争力

深化体制机制改革,引导各类社会资本进入金融租赁行业,支持民间资本发起设立风险自担的金融租赁公司,扩大服务覆盖面。引导金融租赁公司明确市场定位,突出融资和融物相结合的特色,根据自身发展战略、企业规模、财务实力以及管理能力,深耕具有比较优势的特定领域,实现专业化、特色化、差异化发展。支持金融租赁公司顺应“互联网 +”发展趋势,利用物联网、云计算、大数据等技术,提升金融服务水平。建立完善的公司治理结构和内部控制体系,推动有条件的金融租赁公司依法合规推进混合所有制改革,优化激励约束机制,形成权责明晰、制衡有效、激励科学、运转高效的内部治理体系。在风险可控前提下,鼓励金融租赁公司自主创新发展,加快专业化人才队伍培养,积极培育核心竞争力。

三、发挥产融协作优势,支持产业结构优化调整

鼓励金融租赁公司发挥扩大设备投资、支持技术进步、促进产品销售、增加服务集成等作用,创新业务协作和价值创造模式,积极服务“一带一路”、京津冀协同发展、长江经济带、“中国制造 2025”等国家重大战略,推动大众创业、万众创新。积极支持新一代信息技术、高端装备制造、新能源、新材料、节能环保和生物等战略性新兴产业发展。加大对教育、文化、医药卫生等民生领域支持力度。在飞机、船舶、工程机械等传统领域培育一批具有国际竞争力的金融租赁公司。在公交车、出租车、公务用车等领域鼓励通过金融租赁发展新能源汽车及其配套设施。鼓励金融租赁公司利用境内综合保税区、自由贸易试验区现行税收政策和境外优惠政策,设立专业子公司开展金融租赁业务,提升专业化经营服务水平。支持金融租赁公司开拓国际市场,为国际产能和装备制造合作提供配套服务。鼓励通过金融租赁引入国外先进设备,提升国内技术装备水平,同时要注重支持使用国产设备。

四、提升金融租赁服务水平,加大对薄弱环节支持力度

支持设立面向"三农"、中小微企业的金融租赁公司。鼓励金融租赁公司发挥融资便利、期限灵活、财务优化等优势,开发适合"三农"特点、价格公允的产品和服务,积极开展大型农机具金融租赁试点,支持农业大型机械、生产设施、加工设备更新。探索将生物资产作为租赁物的可行性。允许符合条件的金融租赁公司享受财政贴息和财政奖励。允许租赁农机等设备的实际使用人按规定享受农机购置补贴。加大对科技型、创新型、创业型中小微企业支持力度。允许金融租赁公司使用地方人民政府建立的中小微企业信贷风险补偿基金,参与中小微企业信用体系建设。鼓励地方人民政府通过奖励、风险补偿等方式,引导金融租赁公司加大对"三农"、中小微企业融资支持力度。支持符合条件的金融租赁公司发行"三农"、小微企业金融债券。适当提高中小微企业金融租赁业务不良资产容忍度。

五、加强基础设施建设,夯实行业发展基础

逐步完善金融租赁行业法律法规,研究建立具有法律效力的租赁物登记制度,发挥租赁物的风险保障作用,维护金融租赁公司的合法权益。落实金融租赁税收政策,切实促进行业健康发展。推动建设租赁物二手流通市场,拓宽租赁物处置渠道,丰富金融租赁公司盈利模式。加大政府采购支持力度,鼓励各级人民政府在提供公共服务、推进基础设施建设和运营中购买金融租赁服务。将通过金融租赁方式进行的企业技术改造和设备购置纳入鼓励政策适用范围。

六、完善配套政策体系,增强持续发展动力

允许符合条件的金融租赁公司上市和发行优先股、次级债,丰富金融租赁公司资本补充渠道。允许符合条件的金融租赁公司通过发行债券和资产证券化等方式多渠道筹措资金。研究保险资金投资金融租赁资产。适度放开外债额度管理要求,简化外债资金审批程序。支持金融租赁公司开展跨境人民币业务,给予金融租赁公司跨境人民币融资额度。积极运用外汇储备委托贷款等多种方式,加大对符合条件金融租赁公司的支持力度。建立形式多样的租赁产业基金,为金融租赁公司提供长期稳定资金来源。规范机动车交易和登记管理,简化交易登记流程,便利金融租赁公司办理业务。完善船舶登记制度,促进船舶金融租赁业务健康发展。

七、加强行业自律,优化行业发展环境

加强金融租赁行业自律组织建设,履行协调、维权、自律、服务职能,建立健全行业自我约束机制,积极承担社会责任,维护行业整体形象。加强对金融租赁理念、知识的宣传和普及,提升公众和企业认知度。强化信息披露,定期发布金融租赁行业数据。积极与高等院校等开展合作,培育专业化金融租赁人才。支持金融租赁行业共同组建市场化的金融租赁登记流转平台,为各类市场主体自愿参与提供服务,活跃金融租赁资产的交易转让,盘活存量金融租赁资产,更好服务实体经济。

八、完善监管体系,增强风险管理能力

全面加强金融租赁公司风险管理,强化实物资产处置能力。建立健全风险监测预警机制,深入排查各类风险隐患,完善风险应急预案。完善资产分类和拨备管理,增强风险抵御能力。加强合规体系建设,增强金融租赁行业合规经营意识,建立健全合规管理长效机制。落实简政放权、放管结合、优化服务工作要求,着力加强事中事后监管,优化监管资源配置,加强行业顶层制度建设。有关部门要加强协调配合,防止风险交叉传染。完善以风险为本、资本监管为核心,适合行业特点的监管体系,在风险可控前提下,促进金融租赁行业健康发展,守住不发生系统性区域性金融风险底线。

国务院关于国有企业发展混合所有制经济的意见

(2015 年 9 月 23 日　国发〔2015〕54 号)

各省、自治区、直辖市人民政府,国务院各部委、各直属机构:

发展混合所有制经济,是深化国有企业改革的重要举措。为贯彻党的十八大和十八届三中、四中全会精神,按照“四个全面”战略布局要求,落实党中央、国务院决策部署,推进国有企业混合所有制改革,促进各种所有制经济共同发展,现提出以下意见。

一、总体要求

(一)改革出发点和落脚点。国有资本、集体资本、非公有资本等交叉持股、相互融合的混合所有制经济,是基本经济制度的重要实现形式。多年来,一批国有企业通过改制发展成为混合所有制企业,但治理机制和监管体制还需要进一步完善;还有许多国有企业为转换经营机制、提高运行效率,正在积极探索混合所有制改革。当前,应对日益激烈的国际竞争和挑战,推动我国经济保持中高速增长、迈向中高端水平,需要通过深化国有企业混合所有制改革,推动完善现代企业制度,健全企业法人治理结构;提高国有资本配置和运行效率,优化国有经济布局,增强国有经济活力、控制力、影响力和抗风险能力,主动适应和引领经济发展新常态;促进国有企业转换经营机制,放大国有资本功能,实现国有资产保值增值,实现各种所有制资本取长补短、相互促进、共同发展,夯实社会主义基本经济制度的微观基础。在国有企业混合所有制改革中,要坚决防止因监管不到位、改革不彻底导致国有资产流失。

(二)基本原则。

——政府引导,市场运作。尊重市场经济规律和企业发展规律,以企业为主体,充分发挥市场机制作用,把引资本与转机制结合起来,把产权多元化与完善企业法人治理结构结合起来,探索国有企业混合所有制改革的有效途径。

——完善制度,保护产权。以保护产权、维护契约、统一市场、平等交换、公平竞争、有效监管为基本导向,切实保护混合所有制企业各类出资人的产权权益,调动各类资本参与发展混合所有制经济的积极性。

——严格程序,规范操作。坚持依法依规,进一步健全国有资产交易规则,科学评估国有资产价值,完善市场定价机制,切实做到规则公开、过程公开、结果公开。强化交易主体和交易过程监管,防止暗箱操作、低价贱卖、利益输送、化公为私、逃废债务,杜绝国有资产流失。

——宜改则改,稳妥推进。对通过实行股份制、上市等途径已经实行混合所有制的国有企业,要着力在完善现代企业制度、提高资本运行效率上下功夫;对适宜继续推进混合所有制改革的国有企业,要充分发挥市场机制作用,坚持因地施策、因业施策、因企施策,宜独则独、宜控则控、宜参则参,不搞拉郎配,不搞全覆盖,不设时间表,一企一策,成熟一个推进一个,确保改革规范有序进行。尊重基层创新实践,形成一批可复制、可推广的成功做法。

二、分类推进国有企业混合所有制改革

(三)稳妥推进主业处于充分竞争行业和领域的商业类国有企业混合所有制改革。按照市场化、国际化要求,以增强国有经济活力、放大国有资本功能、实现国有资产保值增值为主要目标,以提高经济效益和创新商业模式为导向,充分运用整体上市等方式,积极引入其他国有资本或各类非国有资本实现股权多元化。坚持以资本为纽带完善混合所有制企业治理结构和管理方式,国有资本出资人和各类非国有资本出资人以股东身份履行权利和职责,使混合所有制企业成为真正的市场主体。

（四）有效探索主业处于重要行业和关键领域的商业类国有企业混合所有制改革。对主业处于关系国家安全、国民经济命脉的重要行业和关键领域、主要承担重大专项任务的商业类国有企业，要保持国有资本控股地位，支持非国有资本参股。对自然垄断行业，实行以政企分开、政资分开、特许经营、政府监管为主要内容的改革，根据不同行业特点实行网运分开、放开竞争性业务，促进公共资源配置市场化，同时加强分类依法监管，规范营利模式。

——重要通信基础设施、枢纽型交通基础设施、重要江河流域控制性水利水电航电枢纽、跨流域调水工程等领域，实行国有独资或控股，允许符合条件的非国有企业依法通过特许经营、政府购买服务等方式参与建设和运营。

——重要水资源、森林资源、战略性矿产资源等开发利用，实行国有独资或绝对控股，在强化环境、质量、安全监管的基础上，允许非国有资本进入，依法依规有序参与开发经营。

——江河主干渠道、石油天然气主干管网、电网等，根据不同行业领域特点实行网运分开、主辅分离，除对自然垄断环节的管网实行国有独资或绝对控股外，放开竞争性业务，允许非国有资本平等进入。

——核电、重要公共技术平台、气象测绘水文等基础数据采集利用等领域，实行国有独资或绝对控股，支持非国有企业投资参股以及参与特许经营和政府采购。粮食、石油、天然气等战略物资国家储备领域保持国有独资或控股。

——国防军工等特殊产业，从事战略武器装备科研生产、关系国家战略安全和涉及国家核心机密的核心军工能力领域，实行国有独资或绝对控股。其他军工领域，分类逐步放宽市场准入，建立竞争性采购体制机制，支持非国有企业参与武器装备科研生产、维修服务和竞争性采购。

——对其他服务国家战略目标、重要前瞻性战略性产业、生态环境保护、共用技术平台等重要行业和关键领域，加大国有资本投资力度，发挥国有资本引导和带动作用。

（五）引导公益类国有企业规范开展混合所有制改革。在水电气热、公共交通、公共设施等提供公共产品和服务的行业和领域，根据不同业务特点，加强分类指导，推进具备条件的企业实现投资主体多元化。通过购买服务、特许经营、委托代理等方式，鼓励非国有企业参与经营。政府要加强对价格水平、成本控制、服务质量、安全标准、信息披露、营运效率、保障能力等方面的监管，根据企业不同特点有区别地考核其经营业绩指标和国有资产保值增值情况，考核中要引入社会评价。

三、分层推进国有企业混合所有制改革

（六）引导在子公司层面有序推进混合所有制改革。对国有企业集团公司二级及以下企业，以研发创新、生产服务等实体企业为重点，引入非国有资本，加快技术创新、管理创新、商业模式创新，合理限定法人层级，有效压缩管理层级。明确股东的法律地位和股东在资本收益、企业重大决策、选择管理者等方面的权利，股东依法按出资比例和公司章程规定行权履职。

（七）探索在集团公司层面推进混合所有制改革。在国家有明确规定的特定领域，坚持国有资本控股，形成合理的治理结构和市场化经营机制；在其他领域，鼓励通过整体上市、并购重组、发行可转债等方式，逐步调整国有股权比例，积极引入各类投资者，形成股权结构多元、股东行为规范、内部约束有效、运行高效灵活的经营机制。

（八）鼓励地方从实际出发推进混合所有制改革。各地区要认真贯彻落实中央要求，区分不同情况，制定完善改革方案和相关配套措施，指导国有企业稳妥开展混合所有制改革，确保改革依法合规、有序推进。

四、鼓励各类资本参与国有企业混合所有制改革

（九）鼓励非公有资本参与国有企业混合所有制改革。非公有资本投资主体可通过出资入股、收购股权、认购可转债、股权置换等多种方式，参与国有企业改制重组或国有控股上市公司增资扩股以及企业经营管理。非公有资本投资主体可以货币出资，或以实物、股权、土地使用权等法律法规允许的方式出资。企业国有产权或国有股权转让时，除国家另有规定外，一般不在意向受让人资质条件中对民间投资主体单独设置附加条件。

（十）支持集体资本参与国有企业混合所有制改革。明晰集体资产产权，发展股权多元化、经营产业化、管理规范化的经济实体。允许经确权认定的集体资本、资产和其他生产要素作价入股，参与国有企业混合所有制改革。研究制定股份合作经济（企业）管理办法。

（十一）有序吸收外资参与国有企业混合所有制改革。引入外资参与国有企业改制重组、合资合作，鼓励通过海外并购、投融资合作、离岸金融等方式，充分利用国际市场、技术、人才等资源和要素，发展混合所有制经济，深度参与国际竞争和全球产业分工，提高资源全球化配置能力。按照扩大开放与加强监管同步的要求，依照外商投资产业指导目录和相关安全审查规定，完善外资安全审查工作机制，切实加强风险防范。

（十二）推广政府和社会资本合作（PPP）模式。优化政府投资方式，通过投资补助、基金注资、担保补贴、贷款贴息等，优先支持引入社会资本的项目。以项目运营绩效评价结果为依据，适时对价格和补贴进行调整。组合引入保险资金、社保基金等长期投资者参与国家重点工程投资。鼓励社会资本投资或参股基础设施、公用事业、公共服务等领域项目，使投资者在平等竞争中获取合理收益。加强信息公开和项目储备，建立综合信息服务平台。

（十三）鼓励国有资本以多种方式入股非国有企业。在公共服务、高新技术、生态环境保护和战略性产业等重点领域，以市场选择为前提，以资本为纽带，充分发挥国有资本投资、运营公司的资本运作平台作用，对发展潜力大、成长性强的非国有企业进行股权投资。鼓励国有企业通过投资入股、联合投资、并购重组等多种方式，与非国有企业进行股权融合、战略合作、资源整合，发展混合所有制经济。支持国有资本与非国有资本共同设立股权投资基金，参与企业改制重组。

（十四）探索完善优先股和国家特殊管理股方式。国有资本参股非国有企业或国有企业引入非国有资本时，允许将部分国有资本转化为优先股。在少数特定领域探索建立国家特殊管理股制度，依照相关法律法规和公司章程规定，行使特定事项否决权，保证国有资本在特定领域的控制力。

（十五）探索实行混合所有制企业员工持股。坚持激励和约束相结合的原则，通过试点稳妥推进员工持股。员工持股主要采取增资扩股、出资新设等方式，优先支持人才资本和技术要素贡献占比较高的转制科研院所、高新技术企业和科技服务型企业开展试点，支持对企业经营业绩和持续发展有直接或较大影响的科研人员、经营管理人员和业务骨干等持股。完善相关政策，健全审核程序，规范操作流程，严格资产评估，建立健全股权流转和退出机制，确保员工持股公开透明，严禁暗箱操作，防止利益输送。混合所有制企业实行员工持股，要按照混合所有制企业实行员工持股试点的有关工作要求组织实施。

五、建立健全混合所有制企业治理机制

（十六）进一步确立和落实企业市场主体地位。政府不得干预企业自主经营，股东不得干预企业日常运营，确保企业治理规范、激励约束机制到位。落实董事会对经理层成员等高级经营管理人员选聘、业绩考核和薪酬管理等职权，维护企业真正的市场主体地位。

（十七）健全混合所有制企业法人治理结构。混合所有制企业要建立健全现代企业制度，明晰产权，同股同权，依法保护各类股东权益。规范企业股东（大）会、董事会、经理层、监事会和党组织的权责关系，按章程行权，对资本监管，靠市场选人，依规则运行，形成定位清晰、权责对等、运转协调、制衡有效的法人治理结构。

（十八）推行混合所有制企业职业经理人制度。按照现代企业制度要求，建立市场导向的选人用人和激励约束机制，通过市场化方式选聘职业经理人依法负责企业经营管理，畅通现有经营管理者与职业经理人的身份转换通道。职业经理人实行任期制和契约化管理，按照市场化原则决定薪酬，可以采取多种方式探索中长期激励机制。严格职业经理人任期管理和绩效考核，加快建立退出机制。

六、建立依法合规的操作规则

（十九）严格规范操作流程和审批程序。在组建和注册混合所有制企业时，要依据相关法律法规，规范国有资产授权经营和产权交易等行为，健全清产核资、评估定价、转让交易、登

记确权等国有产权流转程序。国有企业产权和股权转让、增资扩股、上市公司增发等，应在产权、股权、证券市场公开披露信息，公开择优确定投资人，达成交易意向后应及时公示交易对象、交易价格、关联交易等信息，防止利益输送。国有企业实施混合所有制改革前，应依据本意见制定方案，报同级国有资产监管机构批准；重要国有企业改制后国有资本不再控股的，报同级人民政府批准。国有资产监管机构要按照本意见要求，明确国有企业混合所有制改革的操作流程。方案审批时，应加强对社会资本质量、合作方诚信与操守、债权债务关系等内容的审核。要充分保障企业职工对国有企业混合所有制改革的知情权和参与权，涉及职工切身利益的要做好评估工作，职工安置方案要经过职工代表大会或者职工大会审议通过。

（二十）健全国有资产定价机制。按照公开公平公正原则，完善国有资产交易方式，严格规范国有资产登记、转让、清算、退出等程序和交易行为。通过产权、股权、证券市场发现和合理确定资产价格，发挥专业化中介机构作用，借助多种市场化定价手段，完善资产定价机制，实施信息公开，加强社会监督，防止出现内部人控制、利益输送造成国有资产流失。

（二十一）切实加强监管。政府有关部门要加强对国有企业混合所有制改革的监管，完善国有产权交易规则和监管制度。国有资产监管机构对改革中出现的违法转让和侵吞国有资产、化公为私、利益输送、暗箱操作、逃废债务等行为，要依法严肃处理。审计部门要依法履行审计监督职能，加强对改制企业原国有企业法定代表人的离任审计。充分发挥第三方机构在清产核资、财务审计、资产定价、股权托管等方面的作用。加强企业职工内部监督。进一步做好信息公开，自觉接受社会监督。

七、营造国有企业混合所有制改革的良好环境

（二十二）加强产权保护。健全严格的产权占有、使用、收益、处分等完整保护制度，依法保护混合所有制企业各类出资人的产权和知识产权权益。在立法、司法和行政执法过程中，坚持对各种所有制经济产权和合法利益给予同等法律保护。

（二十三）健全多层次资本市场。加快建立规则统一、交易规范的场外市场，促进非上市股份公司股权交易，完善股权、债权、物权、知识产权及信托、融资租赁、产业投资基金等产品交易机制。建立规范的区域性股权市场，为企业提供融资服务，促进资产证券化和资本流动，健全股权登记、托管、做市商等第三方服务体系。以具备条件的区域性股权、产权市场为载体，探索建立统一结算制度，完善股权公开转让和报价机制。制定场外市场交易规则和规范监管制度，明确监管主体，实行属地化、专业化监管。

（二十四）完善支持国有企业混合所有制改革的政策。进一步简政放权，最大限度取消涉及企业依法自主经营的行政许可审批事项。凡是市场主体基于自愿的投资经营和民事行为，只要不属于法律法规禁止进入的领域，且不危害国家安全、社会公共利益和第三方合法权益，不得限制进入。完善工商登记、财税管理、土地管理、金融服务等政策。依法妥善解决混合所有制改革涉及的国有企业职工劳动关系调整、社会保险关系接续等问题，确保企业职工队伍稳定。加快剥离国有企业办社会职能，妥善解决历史遗留问题。完善统计制度，加强监测分析。

（二十五）加快建立健全法律法规制度。健全混合所有制经济相关法律法规和规章，加大法律法规立、改、废、释工作力度，确保改革于法有据。根据改革需要抓紧对合同法、物权法、公司法、企业国有资产法、企业破产法中有关法律制度进行研究，依照法定程序及时提请修改。推动加快制定有关产权保护、市场准入和退出、交易规则、公平竞争等方面法律法规。

八、组织实施

（二十六）建立工作协调机制。国有企业混合所有制改革涉及面广、政策性强、社会关注度高。各地区、各有关部门和单位要高度重视，精心组织，严守规范，明确责任。各级政府及相关职能部门要加强对国有企业混合所有制改革的组织领导，做好把关定向、配套落实、审核批准、纠偏提醒等工作。各级国有资产监管机构要及时跟踪改革进展，加强改革协调，评估改革成效，推广改革经验，重大问题及时向同级人民政府报告。各级工商联要充分发挥广泛联系非

公有制企业的组织优势,参与做好沟通政企、凝聚共识、决策咨询、政策评估、典型宣传等方面工作。

(二十七)加强混合所有制企业党建工作。坚持党的建设与企业改革同步谋划、同步开展,根据企业组织形式变化,同步设置或调整党的组织,理顺党组织隶属关系,同步选配好党组织负责人,健全党的工作机构,配强党务工作者队伍,保障党组织工作经费,有效开展党的工作,发挥好党组织政治核心作用和党员先锋模范作用。

(二十八)开展不同领域混合所有制改革试点示范。结合电力、石油、天然气、铁路、民航、电信、军工等领域改革,开展放开竞争性业务、推进混合所有制改革试点示范。在基础设施和公共服务领域选择有代表性的政府投融资项目,开展多种形式的政府和社会资本合作试点,加快形成可复制、可推广的模式和经验。

(二十九)营造良好的舆论氛围。以坚持"两个毫不动摇"(毫不动摇巩固和发展公有制经济,毫不动摇鼓励、支持、引导非公有制经济发展)为导向,加强国有企业混合所有制改革舆论宣传,做好政策解读,阐释目标方向和重要意义,宣传成功经验,正确引导舆论,回应社会关切,使广大人民群众了解和支持改革。

各级政府要加强对国有企业混合所有制改革的领导,根据本意见,结合实际推动改革。

金融、文化等国有企业的改革,中央另有规定的依其规定执行。

国务院关于实行市场准入负面清单制度的意见

(2015 年 10 月 2 日　国发〔2015〕55 号)

各省、自治区、直辖市人民政府,国务院各部委、各直属机构:

按照《中共中央关于全面深化改革若干重大问题的决定》要求和国务院决策部署,现就实行市场准入负面清单制度提出以下意见。

一、重大意义

(一)市场准入负面清单制度的定位。

市场准入负面清单制度,是指国务院以清单方式明确列出在中华人民共和国境内禁止和限制投资经营的行业、领域、业务等,各级政府依法采取相应管理措施的一系列制度安排。市场准入负面清单以外的行业、领域、业务等,各类市场主体皆可依法平等进入。

(二)实行市场准入负面清单制度是发挥市场在资源配置中的决定性作用的重要基础。

通过实行市场准入负面清单制度,赋予市场主体更多的主动权,有利于落实市场主体自主权和激发市场活力,有利于形成各类市场主体依法平等使用生产要素、公开公平公正参与竞争的市场环境,有利于形成统一开放、竞争有序的现代市场体系,将为发挥市场在资源配置中的决定性作用提供更大空间。

(三)实行市场准入负面清单制度是更好发挥政府作用的内在要求。

通过实行市场准入负面清单制度,明确政府发挥作用的职责边界,有利于进一步深化行政审批制度改革,大幅收缩政府审批范围、创新政府监管方式,促进投资贸易便利化,不断提高行政管理的效率和效能,有利于促进政府运用法治思维和法治方式加强市场监管,推进市场监管制度化、规范化、程序化,从根本上促进政府职能转变。

(四)实行市场准入负面清单制度是构建开放型经济新体制的必要措施。

实施市场准入负面清单和外商投资负面清单制度,有利于加快建立与国际通行规则接轨的现代市场体系,有利于营造法治化的营商环境,促进国际国内要素有序自由流动、资源高效配置、市场深度融合,不断提升我国国际竞争力，是以开放促改革、建设更高水平市场经济体制的有效途径。

二、总体要求和适用条件

（五）总体要求。

坚持社会主义市场经济改革方向，把发挥市场在资源配置中的决定性作用与更好发挥政府作用统一起来，把转变政府职能与创新管理方式结合起来，把激发市场活力与加强市场监管统筹起来，放宽和规范市场准入，精简和优化行政审批，强化和创新市场监管，加快构建市场开放公平、规范有序，企业自主决策、平等竞争，政府权责清晰、监管有力的市场准入管理新体制。

各地区各部门要认真落实市场准入负面清单制度。对各类市场主体基于自愿的投资经营行为，凡涉及市场准入的领域和环节，都要建立和实行负面清单制度；条件成熟时，将采取目录式管理的现行市场准入事项统一纳入市场准入负面清单。

（六）类别。

市场准入负面清单包括禁止准入类和限制准入类，适用于各类市场主体基于自愿的初始投资、扩大投资、并购投资等投资经营行为及其他市场进入行为。对禁止准入事项，市场主体不得进入，行政机关不予审批、核准，不得办理有关手续；对限制准入事项，或由市场主体提出申请，行政机关依法依规作出是否予以准入的决定，或由市场主体依照政府规定的准入条件和准入方式合规进入；对市场准入负面清单以外的行业、领域、业务等，各类市场主体皆可依法平等进入。

（七）适用条件。

对各类市场主体涉及以下领域的投资经营行为及其他市场进入行为，依照法律、行政法规和国务院决定的有关规定，可以采取禁止进入或限制市场主体资质、股权比例、经营范围、经营业态、商业模式、空间布局、国土空间开发保护等管理措施：涉及人民生命财产安全、政治安全、国土安全、军事安全、经济安全、金融安全、文化安全、社会安全、科技安全、信息安全、生态安全、资源安全、核安全和新型领域安全等国家安全的有关行业、领域、业务等；涉及全国重大生产力布局、战略性资源开发和重大公共利益的有关行业、领域、业务等；依法可以设定行政许可且涉及市场主体投资经营行为的有关行业、领域、业务等；法律、行政法规和国务院决定规定的其他情形。

（八）负面清单的主要类型和适用对象。

负面清单主要包括市场准入负面清单和外商投资负面清单。市场准入负面清单是适用于境内外投资者的一致性管理措施，是对各类市场主体市场准入管理的统一要求；外商投资负面清单适用于境外投资者在华投资经营行为，是针对外商投资准入的特别管理措施。制定外商投资负面清单要与投资议题对外谈判统筹考虑，有关工作另行规定。我国签署的双多边协议（协定）另有规定的，按照相关协议（协定）的规定执行。

三、制定、实施和调整程序

（九）制定原则。

法治原则。制定市场准入负面清单要全面落实依法治国的基本方略。法律、行政法规和国务院决定未作规定但确需纳入市场准入负面清单的新设事项，应在科学评估的基础上，依照法定程序提请制定或修订法律、行政法规或国务院决定。涉及全国经济社会发展的重大事项以及专业性较强的事项，要履行公众参与、专家论证、风险评估、合法性审查和集体讨论决定等决策程序。

安全原则。制定和实施市场准入负面清单，必须坚持总体国家安全观，遵循维护国家安全的法律法规和国家关于各领域安全的制度体系。要以保障经济安全为重点，维护国家基本经济制度和社会主义市场经济秩序，健全预防和化解经济安全风险的制度机制，保障关系国民经济命脉的重要行业和关键领域、重点产业、重大基础设施和重大建设项目以及其他重大经济利益安全。

渐进原则。制定和实施市场准入负面清单，要立足国情、循序渐进、整体规划、分步实施，取得可复制、可推广的经验后全面推开。对市场上出现的新技术、新产品、新业态、新商业模式等，要本着鼓励创新、降低创业门槛的原则，加强制度供给，寓监管于服务，不急于纳入市场准入负面清单管理。

必要原则。列入市场准入负面清单的事项

应当尽量简化、确属必要。不能把法律、行政法规和国务院决定中的禁止类、限制类事项简单纳入市场准入负面清单。不能把现行禁止、限制市场主体投资经营的行业、领域、业务等简单照搬至市场准入负面清单。不能把非市场准入事项和准入后监管措施,混同于市场准入管理措施。不能把对市场主体普遍采取的注册登记、信息收集、用地审批等措施纳入市场准入负面清单。不能机械套用市场准入负面清单的适用条件,把不适于实行负面清单管理的事项纳入市场准入负面清单。

公开原则。市场准入负面清单的制定和调整要体现公开公平公正的原则,形成稳定、透明、可预期的制度安排,保障公众的知情权和参与权。除依法应当保密的外,制定和调整市场准入负面清单的事项、依据和结果都要向社会公开,方便公众查阅。

(十)制定程序。

市场准入负面清单由国务院统一制定发布;地方政府需进行调整的,由省级人民政府报国务院批准。凡负有市场准入管理职责的部门和单位,都要全面梳理禁止和限制市场主体投资经营的行业、领域、业务等,按照《国民经济行业分类》的统一分类标准(需适用于《国民经济行业分类》多个门类的,以及《国民经济行业分类》未列明的新业态,另作说明),提出本部门、本单位市场准入负面清单草案;发展改革委、商务部牵头汇总、审查形成统一的市场准入负面清单,报国务院批准后实施。

对依据法律、行政法规和国务院决定设定的市场准入管理措施,要进行合法性审查,并按照发挥市场在资源配置中的决定性作用的要求进行合理性、可行性和可控性评估。依据部门规章、规范性文件等设定的市场准入管理措施,确需纳入市场准入负面清单的,应依照法定程序制定或修订法律、行政法规,或依照本意见明确的程序,经认真论证后报国务院决定。

制定市场准入负面清单要充分考虑地区发展的差异性,增强操作性、针对性。允许省级人民政府在全国统一的市场准入负面清单基础上,根据本地区资源要素禀赋、主体功能定位、产业比较优势、生产协作关系、物流营销网络、生态环境影响等因素,提出调整市场准入负面清单的建议,报国务院批准后实施。未经国务院授权,各地区各部门不得自行发布市场准入负面清单,不得擅自增减市场准入负面清单条目。

制定市场准入负面清单时,有关部门要健全公众参与、专家论证和政府决定相结合的决策机制,充分听取各地区各部门意见,组织专家进行必要性和可行性论证,并向社会公开征求意见。涉及国家安全的,应事先报经中央国家安全委员会审查。

(十一)实施步骤。

按照先行先试、逐步推开的原则,从2015年12月1日至2017年12月31日,在部分地区试行市场准入负面清单制度,积累经验、逐步完善,探索形成全国统一的市场准入负面清单及相应的体制机制,从2018年起正式实行全国统一的市场准入负面清单制度。发展改革委、商务部牵头提出市场准入负面清单草案和拟开展试点的地区,报经党中央、国务院批准后,组织开展试点工作。试点地区省级人民政府根据市场准入负面清单草案,提出拟试行市场准入负面清单制度的方案,报国务院批准后实施。涉及暂停有关法律、行政法规或其相关条款实施的,按法定程序办理。

试点地区省级人民政府要按照《关于开展市场准入负面清单制度改革试点的工作方案》(见附件)的要求,加强组织领导和统筹协调,完善流程管理、预警预报、信息反馈、动态绩效考核等工作机制,确保改革取得实质性进展。有关部门要加强与试点地区的工作对接,将优化市场准入管理的改革措施放到试点地区先行先试。发展改革委、商务部等部门要加强指导和督促检查,及时发现、解决改革过程中的各种问题,重大事项及时报告国务院。

(十二)调整程序。

市场准入负面清单制度实施后,要按照简政放权、放管结合、优化服务的原则,根据改革总体进展、经济结构调整、法律法规修订等情况,适时调整市场准入负面清单。经国务院授权,发展改革委、商务部要牵头建立跨部门的议事协调机制,负责市场准入负面清单制度实施的日常工作,并组织开展第三方评估。涉及重大条目调整和增加市场准入管理措施的,报国务院批准。依据法律、行政法规和国务院决定的有关规定调整市场准入管理措施,或涉及技术性、表述性等非实质性内容调整和减少市场准入管理措施的，由相关部门提出调整建议，经议事协调机制审查确定后，报国务院备案。涉及国家安全的，应事先报经中央国家安全委员会审查。

四、确认方式及与现行制度的衔接

（十三）做好市场准入负面清单与行政审批事项清单的衔接。

制定市场准入负面清单要与行政审批事项清单相衔接，行政审批事项清单中对市场主体投资经营的行业、领域、业务等限制性措施，原则上都要纳入市场准入负面清单。对未列入《国务院各部门行政审批事项汇总清单》、已经取消的涉及市场准入的事项，不得纳入市场准入负面清单，其余经审查合格的市场准入负面清单事项，在市场准入负面清单中逐条列出。今后，国务院决定取消、新设或调整行政审批事项的，市场准入负面清单直接与之衔接。

（十四）做好市场准入负面清单与《产业结构调整指导目录》的衔接。

对《产业结构调整指导目录》中的淘汰类项目和限制类新建项目，根据《国务院关于发布实施〈促进产业结构调整暂行规定〉的决定》（国发〔2005〕40号）关于"对淘汰类项目，禁止投资"、"对属于限制类的新建项目，禁止投资"的要求，在禁止准入类清单中直接引用，不再逐条列出。有关部门要适应产业结构调整和新产品、新技术层出不穷、千变万化的新形势，及时修订《产业结构调整指导目录》。今后，《产业结构调整指导目录》作出修订的，市场准入负面清单直接与之衔接。

（十五）做好市场准入负面清单与《政府核准的投资项目目录》的衔接。

对《政府核准的投资项目目录》明确实行核准制的项目（专门针对外商投资和境外投资的除外，另行规定），在限制准入类清单中直接引用，不再逐条列出。有关部门要按照全面深化改革的总体部署，加快研究制定深化投融资体制改革的决定、政府核准和备案投资项目管理条例，适时调整《政府核准的投资项目目录》。今后，国务院决定修订《政府核准的投资项目目录》的，市场准入负面清单与修订后的《政府核准的投资项目目录》直接衔接。

（十六）做好市场准入负面清单与依据法律、行政法规、国务院决定设定的市场准入管理事项的衔接。

对依据法律、行政法规和国务院决定设定的市场准入管理措施，经审查后分类纳入禁止准入类清单和限制准入类清单。有关部门要根据法律、行政法规制修订和国务院文件清理等情况，及时对市场准入负面清单作出相应调整。其中，法律、行政法规、国务院决定没有明确规定为前置条件的，一律不再作为前置审批；法律、行政法规、国务院决定明确规定为前置条件的，除确有必要保留外，都要通过修改法律、行政法规、国务院决定，不再作为前置审批。

五、保障措施

（十七）建立健全与市场准入负面清单制度相适应的准入机制。

对市场准入负面清单以外的行业、领域、业务等，各类市场主体皆可依法平等进入，政府不再审批。对应该放给企业的权力要松开手、放到位，做到市场准入负面清单以外的事项由市场主体依法自主决定。要坚持放管结合，有关部门要统筹考虑国家安全、生态环境、群众利益、安全生产等方面的因素，完善综合考量指标体系，落实企业首负责任，依法加强监管，建立安全审查监管追责机制，形成政府监管、企业自治、行业自律、社会监督的新格局。对属于市场准入负面清单的事项，可以区分不同情况探索实行承诺式准入等方式，进一步强化落实告知性备案、准入信息公示等配套措施。承诺式准入，是指各类市场主体承诺履行法定义务、承担社会责任、践行社会诚信并向有关部门提交书面承诺书后，即可准入；告知性备案，是指各类市场主体投资经营行为发生后，即向有关部门履行告知性备案义务；准入信息公示，是指各类市场主体要依法履行《企业信息公示暂行条例》规定的义务。

（十八）完善与市场准入负面清单制度相适应的审批体制。

对限制准入事项，各级政府及其有关部门要根据审批权限，规范审批权责和标准，按照《国务院关于规范国务院部门行政审批行为改进行政审批有关工作的通知》（国发〔2015〕6号）和《国务院办公厅关于印发精简审批事项规范中介服务实行企业投资项目网上并联核准制度工作方案的通知》(国办发〔2014〕59号)要求,精简前置审批,实现审批流程优化、程序规范、公开透明、权责清晰。其中,涉及国家安全、安全生产等环节的前置性审批,要依法规范和加强。鼓励各地区在省、市、县三级政府推行市场准入事项(限制类)行政审批清单,明确审批事项名称、设定依据、适用范围、实施主体、办理条件、申请材料清单及要求、办理程序及时限等。要加快建立"统一规范、并联运行,信息共享、高效便捷,阳光操作、全程监督"的网上联合审批监管平台,实现所有审批事项"一网告知、一网受理、一网办结、一网监管"。

(十九)建立健全与市场准入负面清单制度相适应的监管机制。

各地区各部门要按照各司其职、依法监管的原则,加强对市场主体投资经营行为的事中事后监管。要按照简政放权、依法监管、公正透明、权责一致、社会共治原则,转变监管理念,创新监管方式,提升监管效能,优化对准入后市场行为的监管,确保市场准入负面清单以外的事项放得开、管得住。有关部门要强化发展战略、发展规划、产业政策和标准规范等的制定、调整和管理,严格依法设定"红线",加强事中事后监管。鼓励各地区在省、市、县三级政府推行监管清单,明确监管事项、监管依据、监管主体、监管权限、监管内容、监管方法、监管程序和处罚措施,构建法律约束、行政监督、行业规范、公众参与和企业诚信自律有机结合的监管格局。推动行业协会商会建立健全行业经营自律规范、自律公约和职业道德准则,建立健全与市场准入负面清单制度相适应的行业自律机制。

(二十)建立健全与市场准入负面清单制度相适应的社会信用体系和激励惩戒机制。

要健全社会信用体系,完善企业信用信息公示系统,将市场主体信用记录纳入"信用中国"网站和全国统一的信用信息共享交换平台,作为各类市场主体从事生产、投资、流通、消费等经济活动的重要依据。推动建立市场主体准入前信用承诺制,要求其向社会作出公开承诺,若违法失信经营将自愿接受惩戒和限制。信用承诺纳入市场主体信用记录。健全守信激励和失信惩戒机制,根据市场主体信用状况实行分类、动态管理,对守信主体予以支持和激励,对失信主体在投融资、土地供应、招投标、财政性资金安排等方面依法依规予以限制。将严重违反市场竞争原则、扰乱市场经济秩序和侵犯消费者、劳动者、其他经营者合法权益的市场主体列入"黑名单",对严重违法失信者依法实行市场禁入。

(二十一)建立健全与市场准入负面清单制度相适应的信息公示制度和信息共享制度。

要依托企业信用信息公示系统,完善企业年报及即时信息公示、公示信息抽查、经营异常名录和严重违法企业名单等制度。企业从事生产经营活动过程中形成的信息,以及政府部门在履行职责过程中产生的能够反映企业状况的信息,要按照《企业信息公示暂行条例》等有关规定及时公示。对不按时公示或隐瞒情况、弄虚作假的企业采取信用约束措施,在政府采购、工程招投标、国有土地出让等方面依法予以限制或禁入。各地区各部门要按照国家总体要求,推动本行政区域和本领域的信用信息系统建设,并通过全国统一的信用信息共享交换平台实现信息互联共享。

(二十二)完善与市场准入负面清单制度相应的法律法规体系。

实行市场准入负面清单制度,要坚持改"旧法"与立"新法"并重。有关部门要依照法定程序全面清理涉及市场准入、投资经营的法律、法规、规章、规范性文件以及各类行政审批,应当修改、废止的及时加以修改、废止或提出修改、废止的建议。对未纳入市场准入负面清单的事项,要及时废止或修改设定依据。涉及突破现行法律的,由国务院提请全国人大或其常委会修改或者暂停实施相关法律后,再向社会公布;涉及突破现行行政法规的,由国务院修改或者暂停实施相关行政法规后,再向社会公布。同时,要加快与市场准入负面清单制度相适应的相关立法,确保市场准入管理措施职权法定、事中事后监管有法可依。

六、加快相关体制改革和制度建设

(二十三)建立与市场准入负面清单制度相适应的投资体制。

企业投资项目,除关系国家安全和生态安全、涉及全国重大生产力布局、战略性资源开发和重大公共利益等项目外,一律由企业依法依规自主决策，政府不再审批。发展改革委要按照国务院要求，改革企业投资项目核准制，适时按程序修订和发布实施《政府核准的投资项目目录》，最大限度地缩小企业投资项目的核准范围，实现项目核准网上并联办理。要加强规划、国土资源、环保、技术、安全监管等部门的联动和监管，通过环境保护、资源节约、技术、安全标准等实行准入控制。外商投资企业投资建设固定资产投资项目，按照国民待遇原则与内资企业适用相同的核准或备案程序。

（二十四）建立与市场准入负面清单制度相适应的商事登记制度。

要深化商事制度改革，加快实施“三证合一”、“一照一码”，推行法人和其他组织统一社会信用代码制度。要精简前置性审批事项，削减资质认定事项，凡是市场主体基于自愿的投资经营行为，只要不属于法律、行政法规和国务院决定禁止和限制的领域，不得限制进入。要清理现有涉及市场准入的管理措施，没有法律、行政法规和国务院决定依据的，一律取消。

（二十五）建立与市场准入负面清单制度相适应的外商投资管理体制。

有关部门要按照准入前国民待遇加负面清单管理模式，抓紧制定外商投资负面清单。按照规范化、便利化的要求，逐步简化外商投资领域的许可手续，探索实行一站式审批，减少许可环节。根据维护国家安全的需要，抓紧完善规范严格的外商投资安全审查制度。外商投资涉及国家安全的，按照国家安全审查制度和有关办法进行安全审查。加强事中事后监管，建立外商投资信息报告制度和外商投资信息公示制度，形成政府部门间信息共享、协同监管，社会公众参与监督的外商投资全程监管体系。

（二十六）营造与市场准入负面清单制度相适应的公平交易平等竞争的市场环境。

有关部门要按要求清理和废除制约市场在资源配置中发挥决定性作用、妨碍全国统一市场和公平竞争的各种规定和做法，严禁和惩处各类违法实行优惠政策行为，反对地方保护，反对垄断和不正当竞争，防止相关政策妨碍全国统一市场和公平竞争。完善产权界定、运营、保护的一系列体制机制，依法保护物权、债权、股权和知识产权等各类财产权。坚持权利平等、机会平等、规则平等，废除对非公有制经济各种形式的不合理规定，消除各种隐性壁垒，制定保障各类市场主体依法平等进入自然垄断、特许经营领域的具体办法。

各地区各部门要从推进国家治理体系和治理能力现代化的高度，充分认识实行市场准入负面清单制度的重要性和紧迫性，做好市场准入负面清单的制定和实施工作，加快推进相关改革和配套制度建设，及时发现并解决苗头性、倾向性、潜在性问题，确保这项改革取得实效。

附件：关于开展市场准入负面清单制度改革试点的工作方案

附件

关于开展市场准入负面清单制度改革试点的工作方案

第一条　按照《中共中央关于全面深化改革若干重大问题的决定》关于“实行统一的市场准入制度，在制定负面清单基础上，各类市场主体可依法平等进入清单之外领域”和《国务院关于促进市场公平竞争维护市场正常秩序的若干意见》（国发〔2014〕20号）关于“改革市场准入制度”的要求，国务院决定选择部分地区开展市场准入负面清单制度试点。为正确、有序、协调地推进这项改革，现制定本方案。

第二条　市场准入负面清单制度，是指国务院以清单方式明确列出在中华人民共和国境内禁止和限制投资经营的行业、领域、业务等，各级政府依法采取相应管理措施的一系列制度安排。市场准入负面清单以外的行业、领域、业务等，各类市场主体皆可依法平等进入。

第三条　本方案适用于国务院批准的开展

市场准入负面清单制度改革试点的地区。未纳入试点的地区,仍然实行现行管理模式。

第四条　试点应当遵循简政放权、依法监管、公正透明、权责一致、社会共治的原则,处理好政府和市场的关系,使市场在资源配置中起决定性作用和更好发挥政府作用。制定市场准入负面清单,应当遵循法治、安全、渐进、必要、公开的原则。

试点地区要把制度创新作为核心任务,把形成可复制、可推广的制度性经验作为基本要求。

第五条　试点地区省级人民政府根据发展改革委、商务部牵头汇总、审查形成的市场准入负面清单草案(试行版),提出拟试行市场准入负面清单制度的方案,报国务院批准后实施。

试点地区在探索市场准入负面清单的制定、实施和调整程序的同时,要不断深化相关改革,建立健全与市场准入负面清单制度相适应的准入机制、审批机制、监管机制、社会信用体系和激励惩戒机制、信息公示制度和信息共享制度、投资体制、商事登记制度、外商投资管理体制,营造公平交易平等竞争的市场环境,对完善与市场准入负面清单制度相应的法律法规体系提出建议。

试点期间,各类市场主体不得投资经营禁止准入类清单所列的行业、领域、业务等;各类市场主体投资经营限制准入类清单所列的行业、领域、业务等,按照法律、行政法规和国务院决定的有关规定,经过审批或其他方式的行政确认后方可进入。负面清单以外的行业、领域、业务等,各类市场主体皆可依法平等进入,政府不再审批。要坚持放管结合,有关部门要统筹考虑国家安全、生态环境、群众利益、安全生产等方面的因素,完善综合考量指标体系,落实企业首负责任,依法加强监管,建立安全审查监管追责机制,形成政府监管、企业自治、行业自律、社会监督的新格局。对属于市场准入负面清单的事项,可以区分不同情况探索实行承诺式准入等方式,进一步强化落实告知性备案、准入信息公示等配套措施。

试点期间,试点地区省级人民政府要根据改革进展情况和各类市场主体反映的突出问题,提出调整市场准入负面清单的建议,报国务院批准后实施。

第六条　试点期间,试点地区省级人民政府可以根据实行市场准入负面清单制度的需要,经国务院授权或同意后,暂时调整《产业结构调整指导目录》、《政府核准的投资项目目录》等有关规定。涉及暂停有关法律、行政法规或其相关条款实施的,按法定程序办理。

第七条　试点地区省级人民政府要加强组织领导和统筹安排,建立流程管理、预警预报、信息反馈、动态绩效考核等工作机制,完善配套政策措施,确保改革取得实质性进展。

第八条　发展改革委、商务部牵头负责市场准入负面清单制度改革试点的指导、协调、督促、评估等工作,重大情况和重要问题及时报告国务院。有关部门要加强与试点地区的工作对接,将优化市场准入管理的改革措施放到试点地区先行先试。

第九条　试点地区要及时总结经验,善于发现苗头性、倾向性、潜在性问题,及时纠正偏差、完善政策,扎实推进工作,确保按期完成改革任务。

试点地区省级人民政府应当定期向国务院提交改革试点情况报告。中期评估报告应在改革试点满一年之日起一个月内提交;总结报告应在改革试点期满之日起两个月内提交。

试点期间,发展改革委、商务部要牵头组织开展第三方评估,对改革执行情况、实施效果、取得的经验、存在的问题、影响因素等进行客观调查和综合评价,提出完善和改进的意见。试点地区在中期评估、总结评估时,应当优先采用第三方评估方式。

第十条　本方案由发展改革委、商务部负责解释。

第十一条　本方案自2015年12月1日起施行,有效期至2017年12月31日。

国务院关于“先照后证”改革后加强事中事后监管的意见(节录)

(2015年10月13日 国发〔2015〕62号)

各省、自治区、直辖市人民政府,国务院各部委、各直属机构:

为深化商事制度改革,强化“先照后证”改革后的事中事后监管,提出以下意见。

一、总体要求

(一)指导思想。

全面贯彻党的十八大和十八届二中、三中、四中全会精神,认真落实党中央、国务院决策部署,深化商事制度改革,转变市场监管理念,明确监管职责,创新监管方式,构建权责明确、透明高效的事中事后监管机制,正确处理政府和市场的关系,维护公平竞争的市场秩序。

(二)基本原则。

职责法定。坚持权责法定、依法行政,谁审批、谁监管,谁主管、谁监管,按照法律、行政法规、国务院决定,厘清各部门市场监管职责,推进市场监管法治化、制度化、规范化、程序化。

信用约束。加快推进全国统一的信用信息共享交换平台和企业信用信息公示系统建设,推进政府部门、行业协会、社会组织信用信息共享共用,强化信用对市场主体的约束作用,构建以信息归集共享为基础,以信息公示为手段,以信用监管为核心的监管制度,让失信主体“一处违法,处处受限”。

协同监管。建立健全登记注册、行政审批、行业主管相互衔接的市场监管机制,实现各部门间依法履职信息的互联互通、联动响应,形成分工明确、沟通顺畅、齐抓共管的监管格局,切实增强监管合力,提升监管效能。

社会共治。推进以法治为基础的社会多元治理,健全社会监督机制,切实保障市场主体和社会公众的知情权、参与权、监督权,构建市场主体自治、行业自律、社会监督、政府监管的社会共治格局。

二、严格行政审批事项管理

各地区各部门要切实落实“先照后证”改革,按照法定条件和法定程序规范审批行为,实现审批行为的公开便利。

(三)实行行政审批事项目录管理。

工商总局负责公布工商登记前置审批事项目录。法律、行政法规、国务院决定新增前置审批事项、取消行政审批事项、将前置审批事项改为后置审批事项的,实施审批的国务院相关部门应当及时通知工商总局对目录进行更新,并向社会公布,方便企业、群众办事和监督。除法律、行政法规和国务院决定外,一律不得设定工商登记前置审批事项,也不得通过备案等方式实施变相前置审批。

经营者从事工商登记前置审批事项目录中事项的,应当依法报经相关审批部门审批后,凭许可文件、证件向工商部门申请登记注册,工商部门依法核发营业执照。经营者从事工商登记前置审批事项目录外事项的,直接向工商部门申请登记注册,工商部门依法核发营业执照。

省级人民政府应当于2015年底前依法制定工商登记后置审批事项目录,并向社会公布。

(四)确保审批行为严格依法、公开透明。

各审批部门要严格按照法定条件和法定程序,逐项制定审批标准并予以公示。取消重复性、形式化的审批手续,推行网上审批,对审批标准和受理、审查、批准等审批信息通过互联网向社会公示,及时发现和纠正违规审批行为。

各地区各部门要健全对行政审批的监督制约机制,不断提高政府管理科学化规范化水平。

三、厘清市场监管职责

按照谁审批、谁监管,谁主管、谁监管的原则切实履行市场监管职责,加强"先照后证"改革后的事中事后监管,防止出现监管真空。

(五)工商部门履行"双告知"职责。

在办理登记注册时,工商部门要根据省级人民政府公布的工商登记后置审批事项目录告知申请人需要申请审批的经营项目和相应的审批部门,并由申请人书面承诺在取得审批前不擅自从事相关经营活动。

在办理登记注册后,工商部门要运用信息化手段,对经营项目的审批部门明确的,将市场主体登记注册信息及时告知同级相关审批部门;对经营项目的审批部门不明确或不涉及审批的,将市场主体登记注册信息及时在企业信息共享平台上发布,相关审批部门或行业主管部门应及时查询,根据职责做好后续监管工作。

(六)明确市场监管责任。

法律法规明确市场监管部门和监管职责的,严格依法执行。

法律法规没有规定市场监管部门和监管职责或规定不明确的,工商部门、审批部门和行业主管部门要按照分工履行好市场监管职责,及时发现和查处问题。审批部门或行业主管部门在发现违法违规行为后,有专门执法力量的,由其牵头负责查处;没有专门执法力量或执法力量不足的,应充分发挥工商部门市场监管骨干作用,审批部门或行业主管部门可依法提请工商部门牵头共同予以查处。工商部门在执法过程中,发现违法违规行为线索,属于其他部门监管职责的,应及时告知相关部门。省级人民政府可根据这一原则并结合当地实际确定市场监管部门及监管职责,作出具体规定,确保事有人管、责有人负,实现无缝衔接。积极支持已出台加强事中事后监管文件的地方继续探索。

四、完善协同监管机制

各地区各部门要严格依法履行职责,按照有利于综合执法、重心下沉、强化地方监管责任的原则,在推进政府职能转变、深化商事制度改革中积极探索,创新市场监管体制机制,加强信息互联共享,完善信用监管机制,提高监管效能。

(七)做好信息公示工作。

大力建设企业信用信息公示"全国一张网"。工商部门要通过企业信用信息公示系统,认真履行公示市场主体信息的法定职责,督促市场主体履行信息公示义务。其他政府部门要通过企业信用信息公示系统、"信用中国"网站向社会公示行政许可、行政处罚等信息。2016 年底前,地方政府要初步实现归集各政府部门在履行职责过程中产生的行政许可、行政处罚以及其他依法应当公示的企业信息。

(八)建立信息互联共享机制。

2016 年底前,地方政府要初步实现工商部门、审批部门、行业主管部门及其他部门之间的信息实时传递和无障碍交换。区分涉密信息和非涉密信息,依法实施对企业信息在采集、共享、使用等环节的分类管理,依法予以公示,并将有关信息记于相对应企业名下。通过构建双向告知机制、数据比对机制,把握监管风险点,将证照衔接、监管联动、执法协作等方面的制度措施有机贯通,支撑事中事后监管。各部门要建立健全与同级人民法院、人民检察院等司法机关之间的信息共享和协调合作机制,有效形成工作合力。

(九)加强监管风险监测研判。

工商部门、审批部门、行业主管部门要按照法定职责牵头组织有关部门加强研判分析,充分运用大数据、物联网等现代信息技术,整合抽查抽检、网络市场定向监测、违法失信、投诉举报等相关信息,掌握相关领域违法活动特征,提高发现问题和防范化解区域性、行业性及系统性风险的能力,做到早发现、早预警。要建立健全网络市场监管分工协作机制,强化线上线下一体化监管。

(十)防范化解风险。

工商部门、审批部门、行业主管部门要通过信息公示、抽查、抽检等方式,综合运用提醒、约谈、告诫等手段,强化对市场主体及有关人员的事中监管,及时化解市场风险。要针对存在违法违规行为的市场主体强化事后监管,依法及时认定违法违规行为的种类和性质,组织有关部门依据各自职能共同参与处置。普遍推广随机抽取检查对象、随机选派执法检查人员的"双随机"抽查机制,建立健全市场主体名录库和执法检查人员名录库,通过摇号等方式,从市场主体名录库中随机抽取检查对象，从执法检查人员名录库中随机选派执法检查人员。

（十一）建立健全联合惩戒机制。

对违法市场主体加大行政处罚和信用约束力度，依法实施吊销营业执照、吊销注销撤销许可证、列入经营异常名录和黑名单等惩戒措施。2016年底前，要建立健全跨部门联动响应机制和失信惩戒机制，在经营、投融资、取得政府供应土地、进出口、出入境、注册新公司、招投标、政府采购、获得荣誉、安全许可、生产经营许可、从业任职资格、资质审核等工作中，将信用信息作为重要考量因素，对被列入经营异常名录、严重违法失信企业名单、重大税收违法案件当事人名单、失信被执行人名单、行贿犯罪档案等失信主体依法予以限制或禁入，形成"一处违法，处处受限"的联合惩戒机制。

（十二）探索综合执法模式。

探索推进统一市场监管和综合执法模式，按照减少层次、整合队伍、提高效率的原则，配置执法力量。大幅减少市县两级政府执法队伍种类。加强执法联动，形成监管合力。

2015年底前，已经建立综合执法机构的地方，要充分发挥执法力量整合优势，通过企业信用信息公示系统和"信用中国"网站公示市场主体登记注册、行政许可、行政处罚等信息，实现联合惩戒。

五、构建社会共治格局

维护市场正常秩序是全社会的共同责任。各地区各部门要在依法履行市场监管职责的同时，充分发挥法律法规的规范作用、行业组织的自律作用以及市场专业化服务组织、公众和舆论的监督作用，促进市场主体自我约束、诚信经营。积极稳妥地推进政府向社会力量购买服务，支持社会力量在市场监管中发挥作用。

（十三）引导市场主体自治。

各地区各部门要采取守信激励和失信惩戒措施，促使市场主体强化主体责任，在安全生产、质量管理、营销宣传、售后服务、信息公示等各方面切实履行法定义务。引导市场主体充分认识信用状况对自身发展的关键作用，主动接受社会监督，提高诚信自治水平。鼓励支持市场主体通过互联网为交易当事人提供公平、公正的信用评价服务，客观公正记录、公开交易评价和消费评价信息。

（十四）推进行业自律。

各地区各部门要高度重视并切实创造有利条件，充分发挥行业协会商会对促进行业规范发展的重要作用。将行业协会商会的意见建议作为制定法规、重大政策及评估执行效果的重要参考。建立政府与行业协会商会间的信用信息互联共享机制。在事中事后监管的各个环节建立行业协会商会的参与机制。发挥和借重行业协会商会在权益保护、资质认定、纠纷处理、失信惩戒等方面的作用。支持行业协会商会开展行业信用评价工作，建立健全企业信用档案，完善行业信用体系。通过政府购买服务等方式，委托行业协会商会开展信用评价、咨询服务、法律培训、监管效果评估，推进监管执法和行业自律的良性互动。

（十五）鼓励社会监督。

各地区各部门要充分发挥市场专业化服务组织的监督作用。大力依靠消费者协会等社会组织，及时了解市场监管领域的突出问题，有针对性地加强监督检查。积极发挥会计师事务所、律师事务所、公证机构、检验检测认证机构等专业服务机构的监督作用。支持仲裁机构、调解组织等通过裁决、调解等方式解决市场主体之间的争议。积极构建第三方评估机制，培育、发展社会信用评价机构，支持开展信用评级，提供客观公正的市场主体资信信息。支持探索开展社会化的信用信息公示服务。各地区各部门要充分发挥社会舆论的监督作用，健全公众参与监督的激励机制，形成消费者"用脚投票"的倒逼机制，创造条件鼓励群众积极举报违法经营行为，充分利用新媒体等手段及时收集社会反映的问题。

六、加强组织实施

实行"先照后证"改革，加强事中事后监管，涉及的部门多、范围广、情况复杂，是一项系统工程。各地区各部门要高度重视、精心组织、周密部署、狠抓落实、强化问责。

（十六）加强组织协调。

地方各级人民政府要高度重视，建立健全政府主导、部门主抓、社会参与、统筹推进的工作机制，强化组织保障、机制保障、经费保障。省级人民政府要加强本行政区域内相关改革的统筹推进,市县级政府要强化执行力度,切实解决改革中遇到的具体问题,确保改革措施有序推进、落实到位。各部门要及时掌握和研究改革过程中遇到的新情况、新问题,加强指导,鼓励探索,协调推进。

(十七)加强宣传引导。

各地区各部门要通过多种途径、采取多种形式宣传事中事后监管各部门职责、措施、工作进展情况和成效,鼓励和引导全社会参与,形成理解、关心、支持改革的良好氛围和舆论监督环境。

(十八)强化督促检查。

工商总局会同有关部门负责对本意见落实工作的统筹协调、跟踪了解、督促检查,确保改革各项工作平稳有序。审计部门要加强对政策落实情况的跟踪审计,加大对设置许可项目、履行法定监管职责等方面的审计力度。

附件:法律法规明确规定监管部门和监管职责的“先照后证”改革相关审批项目(节录)

附件

法律法规明确规定监管部门和监管职责的“先照后证”改革相关审批项目(节录)

(共计 186 项)

序号	项目名称	审批部门	设定依据	监管部门	对未经审批从事经营活动的监管依据	备注
23	会计师事务所从事证券、期货相关业务资格审批	财政部、证监会	《中华人民共和国证券法》 第一百六十九条:投资咨询机构、财务顾问机构、资信评级机构、资产评估机构、会计师事务所从事证券服务业务,必须经国务院证券监督管理机构和有关主管部门批准。 投资咨询机构、财务顾问机构、资信评级机构、资产评估机构、会计师事务所从事证券服务业务的审批管理办法,由国务院证券监督管理机构和有关主管部门制定。 《国务院对确需保留的行政审批项目设定行政许可的决定》(国务院令第 412 号) 附件第 82 项明确会计师事务所从事证券、期货相关业务审批的实施机关为财政部、证监会。	省级以上人民政府财政部门、证券监督管理机构	《中华人民共和国注册会计师法》 第四十条:对未经批准承办本法第十四条规定的注册会计师业务的单位,由省级以上人民政府财政部门责令其停止违法活动,没收违法所得,可以并处违法所得一倍以上五倍以下的罚款。 《中华人民共和国证券法》 第二百二十六条第一款、第二款:未经国务院证券监督管理机构批准,擅自设立证券登记结算机构的,由证券监督管理机构予以取缔,没收违法所得,并处以违法所得一倍以上五倍以下的罚款。 投资咨询机构、财务顾问机构、资信评级机构、资产评估机构、会计师事务所未经批准,擅自从事证券服务业务的,责令改正,没收违法所得,并处以违法所得一倍以上五倍以下的罚款。 《国务院办公厅转发财政部关于加快发展我国注册会计师行业若干意见的通知》(国办发〔2009〕56 号)	《国务院关于取消和调整一批行政审批项目等事项的决定》(国发〔2014〕50 号)明确为后置审批

续表

序号	项目名称	审批部门	设定依据	监管部门	对未经审批从事经营活动的监管依据	备注
24					六、严格注册会计师行业行政监管和自律约束 （一）加强行政许可，严格市场准入。财政部和各省级财政部门要根据注册会计师法、行政许可法的要求和设立会计师事务所的规定，按照公开、公平、公正、便民、高效的原则，依照法定程序严格审批会计师事务所。未持有中国注册会计师证书的人员、不在会计师事务所专职执业人员、在申请设立会计师事务所前3年内因执业行为受到行政处罚的人员，不得担任会计师事务所的合伙人（股东）。在执业活动中受到行政处罚、刑事处罚，自处罚决定生效之日起不满3年的会计师事务所，不得申请设立证券期货资格会计师事务所。要及时跟踪了解会计师事务所有关信息和动态，监督会计师事务所业务活动，防止出现重审批、轻监管等现象。会计师事务所之外的其他中介机构和个人不得承办注册会计师审计业务。不具备证券期货资格的会计师事务所，不得承接证券期货相关业务。禁止会计师事务所一所多章分头签发业务报告等行为。	
24	资产评估机构从事证券服务业务资格审批	财政部、证监会	《中华人民共和国证券法》 第一百六十九条：投资咨询机构、财务顾问机构、资信评级机构、资产评估机构、会计师事务所从事证券服务业务，必须经国务院证券监督管理机构和有关主管部门批准。 投资咨询机构、财务顾问机构、资信评级机构、资产评估机构、会计师事务所从事证券服务业务的审批管理办法，由国务院证券监督管理机构和有关主管部门制定。 《国务院对确需保留的行政审批项目设定行政许可的决定》（国务院令第412号）附件第83项明确资产评估机构从事证券业务资格审批的实施机关为财政部、证监会。	证券监督管理机构	《中华人民共和国证券法》 第二百二十六条第一款、第二款： 未经国务院证券监督管理机构批准，擅自设立证券登记结算机构的，由证券监督管理机构予以取缔，没收违法所得，并处以违法所得一倍以上五倍以下的罚款。 投资咨询机构、财务顾问机构、资信评级机构、资产评估机构、会计师事务所未经批准，擅自从事证券服务业务的，责令改正，没收违法所得，并处以违法所得一倍以上五倍以下的罚款。	《国务院关于取消和调整一批行政审批项目等事项的决定》（国发〔2014〕50号）明确为后置审批

续表

序号	项目名称	审批部门	设定依据	监管部门	对未经审批从事经营活动的监管依据	备注
149	投资咨询机构、财务顾问机构、资信评级机构从事证券服务业务审批	证监会	《中华人民共和国证券法》 第一百六十九条：投资咨询机构、财务顾问机构、资信评级机构、资产评估机构、会计师事务所从事证券服务业务，必须经国务院证券监督管理机构和有关主管部门批准。 投资咨询机构、财务顾问机构、资信评级机构、资产评估机构、会计师事务所从事证券服务业务的审批管理办法，由国务院证券监督管理机构和有关主管部门制定。	证券监督管理机构	《中华人民共和国证券法》 第二百二十六条：未经国务院证券监督管理机构批准，擅自设立证券登记结算机构的，由证券监督管理机构予以取缔，没收违法所得，并处以违法所得一倍以上五倍以下的罚款。 投资咨询机构、财务顾问机构、资信评级机构、资产评估机构、会计师事务所未经批准，擅自从事证券服务业务的，责令改正，没收违法所得，并处以违法所得一倍以上五倍以下的罚款。 证券登记结算机构、证券服务机构违反本法规定或者依法制定的业务规则的，由证券监督管理机构责令改正，没收违法所得，并处以违法所得一倍以上五倍以下的罚款；没有违法所得或者违法所得不足十万元的，处以十万元以上三十万元以下的罚款；情节严重的，责令关闭或者撤销证券服务业务许可。	《国务院关于取消和调整一批行政审批项目等事项的决定》（国发〔2014〕50号）改为后置审批
150	证券公司设立审批	证监会	《中华人民共和国证券法》 第一百二十二条：设立证券公司，必须经国务院证券监督管理机构审查批准。未经国务院证券监督管理机构批准，任何单位和个人不得经营证券业务。 第一百二十八条第二款：证券公司设立申请获得批准的，申请人应当在规定的期限内向公司登记机关申请设立登记，领取营业执照。	证券监督管理机构	《中华人民共和国证券法》 第一百九十七条：未经批准，擅自设立证券公司或者非法经营证券业务的，由证券监督管理机构予以取缔，没收违法所得，并处以违法所得一倍以上五倍以下的罚款；没有违法所得或者违法所得不足三十万元的，处以三十万元以上六十万元以下的罚款。对直接负责的主管人员和其他直接责任人员给予警告，并处以三万元以上三十万元以下的罚款。	法律明确的工商登记前置审批事项
151	期货公司设立审批	证监会	《期货交易管理条例》 第十五条第一款：期货公司是依照《中华人民共和国公司法》和本条例规定设立的经营期货业务的金融机构。设立期货公司，应当经国务院期货监督管理机构批准，并在公司登记机关登记注册。	期货监督管理机构	《期货交易管理条例》 第七十五条第二款：非法设立期货公司及其他期货经营机构，或者擅自从事期货业务的，予以取缔，没收违法所得，并处违法所得1倍以上5倍以下的罚款；没有违法所得或者违法所得不满20万元的，处20万元以上100万元以下的罚款。对单位直接负责的主管人员和其他直接责任人员给予警告，并处1万元以上10万元以下的罚款。	《国务院关于取消和调整一批行政审批项目等事项的决定》（国发〔2015〕11号）改为后置审批

续表

序号	项目名称	审批部门	设定依据	监管部门	对未经审批从事经营活动的监管依据	备注
152	公募基金管理公司设立审批	证监会	《中华人民共和国证券投资基金法》 第十三条：设立管理公开募集基金的基金管理公司，应当具备下列条件，并经国务院证券监督管理机构批准： （一）有符合本法和《中华人民共和国公司法》规定的章程； （二）注册资本不低于一亿元人民币，且必须为实缴货币资本； （三）主要股东应当具有经营金融业务或者管理金融机构的良好业绩、良好的财务状况和社会信誉，资产规模达到国务院规定的标准，最近三年没有违法记录； （四）取得基金从业资格的人员达到法定人数； （五）董事、监事、高级管理人员具备相应的任职条件； （六）有符合要求的营业场所、安全防范设施和与基金管理业务有关的其他设施； （七）有良好的内部治理结构、完善的内部稽核监控制度、风险控制制度； （八）法律、行政法规规定的和经国务院批准的国务院证券监督管理机构规定的其他条件。	证券监督管理机构	《中华人民共和国证券投资基金法》 第一百二十条第一款：违反本法规定，未经批准擅自设立基金管理公司或者未经核准从事公开募集基金管理业务的，由证券监督管理机构予以取缔或者责令改正，没收违法所得，并处违法所得一倍以上五倍以下罚款；没有违法所得或者违法所得不足一百万元的，并处十万元以上一百万元以下罚款。对直接负责的主管人员和其他直接责任人员给予警告，并处三万元以上三十万元以下罚款。	《国务院关于取消和调整一批行政审批项目等事项的决定》（国发〔2015〕11号）改为后置审批

续表

序号	项目名称	审批部门	设定依据	监管部门	对未经审批从事经营活动的监管依据	备注
153	设立期货专门结算机构审批	证监会	《期货交易管理条例》 第八十三条:国务院期货监督管理机构可以批准设立期货专门结算机构,专门履行期货交易所的结算以及相关职责,并承担相应法律责任。	期货监督管理机构	《期货交易管理条例》 第七十五条:非法设立期货交易场所或者以其他形式组织期货交易活动的,由所在地县级以上地方人民政府予以取缔,没收违法所得,并处违法所得1倍以上5倍以下的罚款;没有违法所得或者违法所得不满20万元的,处20万元以上100万元以下的罚款。对单位直接负责的主管人员和其他直接责任人员给予警告,并处1万元以上10万元以下的罚款。 非法设立期货公司及其他期货经营机构,或者擅自从事期货业务的,予以取缔,没收违法所得,并处违法所得1倍以上5倍以下的罚款;没有违法所得或者违法所得不满20万元的,处20万元以上100万元以下的罚款。对单位直接负责的主管人员和其他直接责任人员给予警告,并处1万元以上10万元以下的罚款。	《国务院关于取消和调整一批行政审批项目等事项的决定》(国发〔2015〕11号)确定为前置审批
154	设立期货交易场所审批	证监会	《期货交易管理条例》 第四条第一款:期货交易应当在依照本条例第六条第一款规定设立的期货交易所、国务院批准的或者国务院期货监督管理机构批准的其他交易场所进行。 第六条:设立期货交易所,由国务院期货监督管理机构审批。 未经国务院批准或者国务院期货监督管理机构批准,任何单位或者个人不得设立期货交易场所或者以任何形式组织期货交易及其相关活动。	期货监督管理机构	《期货交易管理条例》 第七十五条第一款:非法设立期货交易场所或者以其他形式组织期货交易活动的,由所在地县级以上地方人民政府予以取缔,没收违法所得,并处违法所得1倍以上5倍以下的罚款;没有违法所得或者违法所得不满20万元的,处20万元以上100万元以下的罚款。对单位直接负责的主管人员和其他直接责任人员给予警告,并处1万元以上10万元以下的罚款。	《国务院关于取消和调整一批行政审批项目等事项的决定》(国发〔2015〕11号)确定为前置审批

续表

序号	项目名称	审批部门	设定依据	监管部门	对未经审批从事经营活动的监管依据	备注
155	证券交易所设立审核、证券登记结算机构设立和解散审批	证监会	《中华人民共和国证券法》 第一百五十五条第二款：设立证券登记结算机构必须经国务院证券监督管理机构批准。 第一百六十五条：证券登记结算机构申请解散，应当经国务院证券监督管理机构批准。	证券监督管理机构	《中华人民共和国证券法》 第一百九十六条：非法开设证券交易场所的，由县级以上人民政府予以取缔，没收违法所得，并处以违法所得一倍以上五倍以下的罚款；没有违法所得或者违法所得不足十万元的，处以十万元以上五十万元以下的罚款。对直接负责的主管人员和其他直接责任人员给予警告，并处以三万元以上三十万元以下的罚款。 第二百二十六条：未经国务院证券监督管理机构批准，擅自设立证券登记结算机构的，由证券监督管理机构予以取缔，没收违法所得，并处以违法所得一倍以上五倍以下的罚款。 投资咨询机构、财务顾问机构、资信评级机构、资产评估机构、会计师事务所未经批准，擅自从事证券服务业务的，责令改正，没收违法所得，并处以违法所得一倍以上五倍以下的罚款。 证券登记结算机构、证券服务机构违反本法规定或者依法制定的业务规则的，由证券监督管理机构责令改正，没收违法所得，并处以违法所得一倍以上五倍以下的罚款；没有违法所得或者违法所得不足十万元的，处以十万元以上三十万元以下的罚款；情节严重的，责令关闭或者撤销证券服务业务许可。	《国务院关于取消和调整一批行政审批项目等事项的决定》（国发〔2015〕11号）确定为前置审批（仅设立）

续表

序号	项目名称	审批部门	设定依据	监管部门	对未经审批从事经营活动的监管依据	备注
155	证券金融公司设立审批	证监会	《证券公司监督管理条例》 第五十六条：证券公司从事融资融券业务，自有资金或者证券不足的，可以向证券金融公司借入。证券金融公司的设立和解散由国务院决定。 《转融通业务监督管理试行办法》（证监会令第75号） 第六条：证券金融公司根据国务院的决定设立。证监会根据国务院的决定，履行审批程序。	证监会	《转融通业务监督管理试行办法》（证监会令第75号） 第五条：中国证券监督管理委员会（以下简称证监会）依法对证券金融公司及其相关业务活动进行监督管理。 第五十二条：证券金融公司或者证券公司违反本办法规定的，由证监会视具体情形，采取责令改正、出具警示函、责令公开说明、责令定期报告等监管措施；应当给予行政处罚的，由证监会对公司及其有关责任人员单处或者并处警告、罚款。	《国务院关于取消和调整一批行政审批项目等事项的决定》（国发〔2015〕11号）改为后置审批
157	外国证券类机构设立驻华代表机构核准	证监会	《国务院关于管理外国企业常驻代表机构的暂行规定》 第四条：外国企业设立常驻代表机构的申请，分别由下列机关批准： 一、贸易商、制造厂商、货运代理商，报请中华人民共和国对外贸易部批准； 二、金融业、保险业，报请中国人民银行批准； 三、海运业、海运代理商，报请中华人民共和国交通部批准； 四、航空运输业，报请中国民用航空总局批准； 五、其他行业，按照业务性质，报请中华人民共和国政府的主管委、部、局批准。 第五条：外国企业设立常驻代表机构的申请获得批准后，应当在批准之日起三十天内，持批准证件向中华人民共和国工商行政管理总局办理登记手续，填写登记表，缴纳登记费，领取登记证。逾期没有办理登记手续的，应当缴回原批准证件。 第七条：常驻代表机构要求变更机构名称、负责人员、	证券监督管理机构	《中华人民共和国证券法》 第一百九十七条：未经批准，擅自设立证券公司或者非法经营证券业务的，由证券监督管理机构予以取缔，没收违法所得，并处以违法所得一倍以上五倍以下的罚款；没有违法所得或者违法所得不足三十万元的，处以三十万元以上六十万元以下的罚款。对直接负责的主管人员和其他直接责任人员给予警告，并处以三万元以上三十万元以下的罚款。	《国务院关于取消和调整一批行政审批项目等事项的决定》（国发〔2015〕11号）确定为前置审批

续表

序号	项目名称	审批部门	设定依据	监管部门	对未经审批从事经营活动的监管依据	备注
			业务范围、驻在期限、驻在地点时，应当向原批准机关提出申请，获得批准后，持批准证件向中华人民共和国工商行政管理总局办理变更登记手续，缴纳变更登记费，并向当地公安机关申请办理居留证件的变更手续。 《国务院对确需保留的行政审批项目设定行政许可的决定》（国务院令第412号）附件第392项、第393项明确外国证券类机构设立驻华代表机构核准、外国证券类机构驻华代表机构名称变更核准的实施机关为证监会。			
159	保险资产管理公司及其分支机构设立和终止（解散、破产和分支机构撤销）审批	保监会	《国务院对确需保留的行政审批项目设定行政许可的决定》（国务院令第412号） 附件第403项明确保险资产管理公司及其分支机构设立和终止（解散、破产和分支机构撤销）审批的实施机关为保监会（会同证监会）。 《国务院关于第六批取消和调整行政审批项目的决定》（国发〔2012〕52号） 附件2《国务院决定调整的行政审批项目目录》（二）减少审批部门的行政审批项目第9项明确保险资产管理公司及其分支机构设立和终止（解散、破产和分支机构撤销）审批的调整后审批部门为保监会。	保险监督管理机构	《中华人民共和国保险法》 第一百五十八条：违反本法规定，擅自设立保险公司、保险资产管理公司或者非法经营商业保险业务的，由保险监督管理机构予以取缔，没收违法所得，并处违法所得一倍以上五倍以下的罚款；没有违法所得或者违法所得不足二十万元的，处二十万元以上一百万元以下的罚款。 第一百六十四条：违反本法规定，有下列行为之一的，由保险监督管理机构责令改正，处五万元以上三十万元以下的罚款；情节严重的，可以限制其业务范围、责令停止接受新业务或者吊销业务许可证： （一）未按照规定提存保证金或者违反规定动用保证金的； （二）未按照规定提取或者结转各项责任准备金的； （三）未按照规定缴纳保险保障基金或者提取公积金的； （四）未按照规定办理再保险的； （五）未按照规定运用保险公司资金的； （六）未经批准设立分支机构或者代表机构的 （七）未按照规定申请批准保险条款、保险费率的。	《国务院关于取消和调整一批行政审批项目等事项的决定》（国发〔2015〕11号）改为后置审批（保险资产管理公司及其分支机构设立审批）

国务院办公厅关于加强金融消费者权益保护工作的指导意见

(2015 年 11 月 4 日　国办发〔2015〕81 号)

各省、自治区、直辖市人民政府,国务院各部委、各直属机构:

金融消费者是金融市场的重要参与者,也是金融业持续健康发展的推动者。加强金融消费者权益保护工作,是防范和化解金融风险的重要内容,对提升金融消费者信心、维护金融安全与稳定、促进社会公平正义和社会和谐具有积极意义。随着我国金融市场改革发展不断深化,金融产品与服务日趋丰富,在为金融消费者带来便利的同时,也存在提供金融产品与服务的行为不规范,金融消费纠纷频发,金融消费者权益保护意识不强、识别风险能力亟待提高等问题。为规范和引导金融机构提供金融产品和服务的行为,构建公平、公正的市场环境,加强金融消费者权益保护工作,经国务院同意,现提出如下意见:

一、指导思想

以党的十八大和十八届三中、四中、五中全会精神为指导,认真落实党中央、国务院决策部署,坚持市场化和法治化原则,坚持审慎监管与行为监管相结合,建立健全金融消费者权益保护监管机制和保障机制,规范金融机构行为,培育公平竞争和诚信的市场环境,切实保护金融消费者合法权益,防范和化解金融风险,促进金融业持续健康发展。

二、工作要求

(一)人民银行、银监会、证监会、保监会(以下统称金融管理部门)要按照职责分工,密切配合,切实做好金融消费者权益保护工作。金融管理部门和地方人民政府要加强合作,探索建立中央和地方人民政府金融消费者权益保护协调机制。

(二)银行业机构、证券业机构、保险业机构以及其他从事金融或与金融相关业务的机构(以下统称金融机构)应当遵循平等自愿、诚实守信等原则,充分尊重并自觉保障金融消费者的财产安全权、知情权、自主选择权、公平交易权、依法求偿权、受教育权、受尊重权、信息安全权等基本权利,依法、合规开展经营活动。

(三)金融领域相关社会组织应当发挥自身优势,积极参与金融消费者权益保护工作,协助金融消费者依法维权,推动金融知识普及,在金融消费者权益保护中发挥重要作用。

三、规范金融机构行为

(一)健全金融消费者权益保护机制。金融机构应当将保护金融消费者合法权益纳入公司治理、企业文化建设和经营发展战略中统筹规划,落实人员配备和经费预算,完善金融消费者权益保护工作机制。

(二)建立金融消费者适当性制度。金融机构应当对金融产品和服务的风险及专业复杂程度进行评估并实施分级动态管理,完善金融消费者风险偏好、风险认知和风险承受能力测评制度,将合适的金融产品和服务提供给适当的金融消费者。

(三)保障金融消费者财产安全权。金融机构应当依法保障金融消费者在购买金融产品和接受金融服务过程中的财产安全。金融机构应当审慎经营,采取严格的内控措施和科学的技术监控手段,严格区分机构自身资产与客户资产,不得挪用、占用客户资金。

(四)保障金融消费者知情权。金融机构应当以通俗易懂的语言,及时、真实、准确、全面地向金融消费者披露可能影响其决策的信息,充分提示风险,不得发布夸大产品收益、掩饰产品风险等欺诈信息,不得作虚假或引人误解的宣传。

（五）保障金融消费者自主选择权。金融机构应当在法律法规和监管规定允许范围内，充分尊重金融消费者意愿，由消费者自主选择、自行决定是否购买金融产品或接受金融服务，不得强买强卖，不得违背金融消费者意愿搭售产品和服务，不得附加其他不合理条件，不得采用引人误解的手段诱使金融消费者购买其他产品。

（六）保障金融消费者公平交易权。金融机构不得设置违反公平原则的交易条件，在格式合同中不得加重金融消费者责任、限制或者排除金融消费者合法权利，不得限制金融消费者寻求法律救济途径，不得减轻、免除本机构损害金融消费者合法权益应当承担的民事责任。

（七）保障金融消费者依法求偿权。金融机构应当切实履行金融消费者投诉处理主体责任，在机构内部建立多层级投诉处理机制，完善投诉处理程序，建立投诉办理情况查询系统，提高金融消费者投诉处理质量和效率，接受社会监督。

（八）保障金融消费者受教育权。金融机构应当进一步强化金融消费者教育，积极组织或参与金融知识普及活动，开展广泛、持续的日常性金融消费者教育，帮助金融消费者提高对金融产品和服务的认知能力及自我保护能力，提升金融消费者金融素养和诚实守信意识。

（九）保障金融消费者受尊重权。金融机构应当尊重金融消费者的人格尊严和民族风俗习惯，不得因金融消费者性别、年龄、种族、民族或国籍等不同进行歧视性差别对待。

（十）保障金融消费者信息安全权。金融机构应当采取有效措施加强对第三方合作机构的管理，明确双方权利义务关系，严格防控金融消费者信息泄露风险，保障金融消费者信息安全。

四、完善监督管理机制

（一）完善金融消费者权益保护法律法规和规章制度。金融管理部门要推动及时修订与金融消费者权益保护相关的行政法规，积极推进金融消费者权益保护相关立法的基础性工作，研究探索金融消费者权益保护特别立法；逐步建立完善金融消费者权益保护规章制度，明确监管目标、原则、标准、措施和程序，指导建立金融消费者权益保护业务标准。

（二）加强金融消费者权益保护监督管理。金融管理部门要促进审慎监管与行为监管形成合力，依法加强监督检查，及时查处侵害金融消费者合法权益的行为；创新非现场监管方式，合理运用评估等手段，进一步提高非现场监管有效性；建立健全金融消费者投诉处理机制，有效督办、处理金融消费者投诉案件；完善风险提示和信息披露机制，加强创新型金融产品风险识别、监测和预警，防范风险扩散，加大对非法金融活动的惩处力度，维护金融市场有序运行。

（三）健全金融消费者权益保护工作机制。金融管理部门要健全机构设置，强化责任落实和人员保障；加强金融消费者权益保护协调机制建设，建立跨领域的金融消费者教育、金融消费争议处理和监管执法合作机制，加强信息共享，协调解决金融消费者权益保护领域的重大问题，形成监管合力；强化国际监管合作与交流，推动金融消费者权益跨境监管和保护。

（四）促进金融市场公平竞争。金融管理部门要有效运用市场约束手段防止金融机构不正当竞争行为，鼓励金融机构以提高客户满意度为中心开发更多适应金融消费者需要的金融产品和服务，提升服务水平，公平参与市场竞争。

五、建立健全保障机制

（一）提升金融消费者权益保护水平。有关部门和地方人民政府要在各自职责范围内积极支持和配合金融消费者权益保护工作，健全全方位、多领域的金融消费者权益保护工作保障机制，依法打击各类金融违法犯罪活动，有效保护金融消费者合法权益。

（二）建立重大突发事件协作机制。对于涉及金融消费者权益保护的重大突发事件，地方人民政府负责协调本行政区域内各方力量做好应急处置工作。金融管理部门要积极协同配合，协调相关金融机构做好应急响应及处置工作。

（三）建立金融知识普及长效机制。金融管理部门、金融机构、相关社会组织要加强研究，综合运用多种方式，推动金融消费者宣传教育工作深入开展。教育部要将金融知识普及教育纳入国民教育体系，切实提高国民金融素养。

（四）建立金融消费纠纷多元化解决机制。金融管理部门、金融机构要建立和完善金融消费投诉处理机制，畅通投诉受理和处理渠道，建立金融消费纠纷第三方调解、仲裁机制，形成包括自行和解、外部调解、仲裁和诉讼在内的金融消费纠纷多元化解决机制,及时有效解决金融消费争议。

(五)促进普惠金融发展。金融管理部门要根据国家发展普惠金融有关要求,扩大普惠金融覆盖面,提高渗透率。金融机构应当重视金融消费者需求的多元性与差异性,积极支持欠发达地区和低收入群体等获得必要、及时的基本金融产品和服务。

(六)优化金融发展环境。建立以政府为主导、社会广泛参与的金融发展环境优化机制,加强社会信用体系建设,增强金融机构、金融消费者契约精神和信用意识,推动金融消费者权益保护环境评估工作,为保护金融消费者合法权益创造良好金融发展环境。

各地区、各有关部门要按照党中央、国务院决策部署,加强组织领导,注重沟通协调,强化组织和能力建设,在人力、财力、物力等方面给予充分支持。各有关部门要结合实际,抓紧研究制定具体实施办法,采取有效措施,切实承担起金融消费者权益保护监管职责,保护金融消费者合法权益,共同营造良好社会氛围,促进金融业持续健康发展,为实现全面建成小康社会的宏伟目标作出贡献。

国务院办公厅关于印发国务院部门权力和责任清单编制试点方案的通知

(2015年12月28日　国办发〔2015〕92号)

国务院各部委、各直属机构:

《国务院部门权力和责任清单编制试点方案》已经党中央、国务院同意,现印发给你们,请认真贯彻执行。

国务院部门权力和责任清单编制试点方案

推行政府部门权力和责任清单制度是党的十八届三中、四中全会部署的重要改革任务,是国家治理体系和治理能力现代化建设的重要举措,对于深化行政体制改革,建设法治政府、创新政府、廉洁政府和服务型政府具有重要意义。根据党中央、国务院的部署和要求,现就开展国务院部门权力和责任清单编制试点工作,制定以下方案。

一、基本要求

(一)工作目标。

按照简政放权、放管结合、优化服务和转变政府职能要求,以清单形式列明试点部门的行政权责及其依据、行使主体、运行流程等,推进行政权责依法公开,强化行政权力监督和制约,防止出现权力真空和监管缺失,加快形成边界清晰、分工合理、权责一致、运转高效、依法保障的政府职能体系。要把加强党的领导、依法全面正确履行政府职能作为试点工作的基本遵循。通过开展试点,为全面推进国务院部门权力和责任清单编制工作探索经验。

(二)试点范围。

根据部门职责特点,确定在国家发展改革委、民政部、司法部、文化部、海关总署、税务总局、证监会开展试点。未列入试点范围的部门,可参照本方案先行做好本部门权责事项梳理,为下一步开展权责清单编制工作做好准备。

二、试点任务

(三)全面梳理部门现有权责事项。

各试点部门可将权力和责任事项结合起来,并参照行政许可、行政处罚、行政强制、行政征收、行政给付、行政检查、行政确认、行政奖励、行政裁决和其他类别的分类方式，对行政权责事项进行全面梳理并逐项列明设定依据；可根据实际履职情况，将规划制定等宏观管理职责及标准拟订等权责事项一并进行梳理分类汇总。

（四）清理规范权责事项。

在全面梳理基础上，对权责事项逐项提出取消、下放和保留的意见，需要对有关法律、行政法规进行立改废的，同时提出建议。对没有法定依据的，原则上予以取消，确有必要保留的，按程序办理。试点部门在依法审核清理规范基础上，形成部门基础权责清单，列明权责事项名称、类型、设定依据、调整意见以及追责情形等内容，于2016年6月底前报送中央编办。

（五）审核权责清单。

中央编办、国务院法制办会同有关方面对部门基础权责清单进行研究审核。审核过程中，对于拟取消和下放的权责事项，要建立第三方评估机制，并充分听取有关部门、地方党委和政府的意见。要逐项确认审核结果，需要对有关法律、行政法规进行立改废的，依照法定程序办理。

（六）优化权力运行流程。

对保留的行政权责事项，试点部门要按照透明、高效、便捷的原则，制定行政权力运行流程图，切实减少工作环节，规范行政裁量权，明确每个环节的承办主体、办理标准、办理程序、办理时限、监督方式等，提高行政权力运行的科学化、规范化水平。

根据研究审核情况，对于社会关注度高、群众反映强烈、能够很快显现效果的重点领域或事项，可优先编制专项权责清单。

三、组织实施

（七）加强组织领导。

各部门要认真贯彻落实党中央、国务院关于建立权力和责任清单制度的各项决策部署和要求，积极稳妥有序开展试点工作。中央编办、国务院法制办要会同有关方面加强对试点工作的组织指导，及时研究解决试点中的困难和问题，重大事项按程序请示报告。

（八）强化部门责任。

试点部门要切实负起本单位试点工作的领导责任，周密部署、扎实推进。对于试点中出现的新情况、新问题，要创新思路、积极探索，创造性开展工作，重大问题及时报告。试点部门设在地方具有行政职权的机构，其权力和责任清单由试点部门进行合法性、合理性和必要性审核确认，明确标准规范，并做好本系统各地机构清单之间的衔接。

（九）加强统筹协调。

试点工作要与简政放权、放管结合、优化服务和推动政府职能转变等相关改革任务结合起来，统筹考虑、协调推进，着力解决社会反映强烈的突出问题，让公众切身感受到改革成效。

（十）做好总结评估。

试点工作要在2016年12月底前完成。中央编办、国务院法制办会同有关方面组织对试点情况进行跟踪和评估，总结经验，在此基础上研究提出全面开展国务院部门权力和责任清单编制工作的意见。

（四）中国证监会规章

股票期权交易试点管理办法

（2015年1月9日　证监会令第112号）

第一条　为了规范股票期权交易试点，维护股票期权市场秩序，防范市场风险，保护股票期权交易各方的合法权益,促进资本市场健康发展,根据《证券法》、《期货交易管理条例》、《证券公司监督管理条例》等有关法律法规,制定本办法。

第二条　任何单位和个人从事股票期权交易及其相关活动,应当遵守本办法。

本办法所称股票期权交易,是指采用公开的集中交易方式或者中国证券监督管理委员会(以下简称中国证监会)批准的其他方式进行的以股票期权合约为交易标的的交易活动。

本办法所称股票期权合约,是指由证券交易所统一制定的、规定买方有权在将来特定时间按照特定价格买入或者卖出约定股票、跟踪股票指数的交易型开放式指数基金等标的证券的标准化合约。

第三条　从事股票期权交易活动,应当遵循公开、公平、公正和诚实信用的原则。禁止欺诈、内幕交易、操纵股票期权市场以及利用股票期权交易从事跨市场操纵、内幕交易等违法行为。

第四条　中国证监会对股票期权市场实行集中统一的监督管理。

证券交易所、证券登记结算机构、相关行业协会按照章程及业务规则,分别对股票期权交易活动及经营机构实行自律管理。

第五条　证券交易所经中国证监会批准可以开展股票期权交易。

股票期权交易品种的上市、中止、取消或者恢复应当经中国证监会批准。

股票期权交易品种应当具有充分的现货交易基础,市场竞争充分,可供交割量充足等,适于进行股票期权交易。

第六条　证券登记结算机构经中国证监会批准可以履行在证券交易所开展的股票期权交易的结算职能,并承担相应法律责任。

证券登记结算机构作为股票期权结算参与人(以下简称结算参与人)的共同对手方,为股票期权业务提供多边净额结算服务,并按照货银对付原则实施期权行权结算。

第七条　证券公司可以从事股票期权经纪业务、自营业务、做市业务,期货公司可以从事股票期权经纪业务、与股票期权备兑开仓以及行权相关的证券现货经纪业务。

证券公司、期货公司等股票期权经营机构(以下简称经营机构)依法从事前款规定的股票期权相关业务,应当遵守法律、行政法规以及中国证监会的相关规定,具体办法由中国证监会另行制定。

第八条　股票期权交易可以实行做市商制度。

股票期权做市商(以下简称做市商)应当依据证券交易所的相关业务规则,承担为股票期权合约提供双边报价等义务,并享有相应的权利。

做市商从事做市业务,应当严格遵守法律法规、行政规章和证券交易所有关规定;建立健全信息隔离制度,防范做市业务与其他业务之间的利益冲突;不得利用从事做市业务的机会,进行内幕交易、市场操纵等违法违规行为,或者谋取其他不正当利益。

第九条　中国证券投资者保护基金公司、中国期货保证金监控中心作为保证金安全存管监控机构,依照有关规定分别负责对证券公司、期货公司开展股票期权业务涉及的投资者资金安全存管实施监控。

第十条　证券交易所、证券登记结算机构应当根据各自职责,分别制定股票期权交易、结算规则及相应实施细则。交易规则和结算规则的制定或者修改应当报中国证监会批准。实施细则的制定或者修改应当征求中国证监会意见,并在正式发布实施前,报告中国证监会。

经营机构、结算参与人、投资者以及其他股票期权交易参与主体应当遵守证券交易所、证券登记结算机构及保证金安全存管监控机构的业务规则。

第十一条　股票期权交易实行投资者适当性制度。

证券交易所应当制定股票期权投资者的具体标准和实施指引。

投资者参与股票期权交易,应当对股票期权产品及市场环境的变化自主承担风险。

第十二条　经营机构应当按照证券交易所投资者适当性管理要求对投资者的身份和风险承受能力进行审慎评估,根据投资者的风险承受和风险识别能力决定是否推荐其参与股票期权交易,并应当事先对产品、服务以及可能影响投资者权利义务的信息进行恰当说明,充分揭示风险,经投资者签署风险揭示书后,与投资者签订经纪合同，不得误导、欺诈投资者。

经纪合同中应当包括经营机构对投资者采取的风险管理措施、投资者出现交收违约或者保证金不足情形的处理方式以及强行平仓和行权操作等事项。

经营机构应当对投资者与其发生纠纷时的处理规则和程序、投资者投诉的方式和渠道以及投资者权益保障等事项进行说明和公示。

第十三条 经营机构从事股票期权经纪业务，接受投资者委托，以自己的名义为投资者进行股票期权交易，交易结果由投资者承担。

第十四条 证券登记结算机构负责投资者衍生品合约账户的统一管理。经营机构应当根据投资者的申请，按照证券登记结算机构业务规则为投资者开立衍生品合约账户。

证券登记结算机构负责统一为经营机构分配、发放投资者衍生品合约账户号码。

经营机构应当明确提示投资者如实提供开户信息。投资者应当如实申报开户材料，不得采用虚假申报等手段规避投资者适当性制度要求。投资者衍生品合约账户应当与其人民币普通股票账户的相关注册信息一致。

第十五条 股票期权买方应当支付权利金。股票期权卖方收取权利金，并应当根据证券交易所、证券登记结算机构的规定交纳保证金。

保证金以现金、证券交易所及证券登记结算机构认可的证券方式交纳。

经营机构向投资者收取的保证金以及投资者存放于经营机构的权利金、行权资金，属于投资者所有，除按照相关规定可划转的情形外，严禁挪作他用。

第十六条 证券公司应当在存管银行开设投资者股票期权保证金账户，用于存放投资者股票期权交易的权利金、行权资金、以现金形式提交的保证金。

期货公司应当将投资者股票期权交易的权利金、行权资金、以现金形式提交的保证金存放于期货保证金账户。期货公司开展与股票期权备兑开仓以及行权相关的证券现货经纪业务的，还应当在存管银行单独开立相关现货资金账户。

经营机构应当对向投资者收取的资金实行分账管理，妥善记载单个投资者的资金明细数据，并且与经营机构自有资金、证券现货交易结算资金实行分户管理，相关资金的划转应当符合中国证监会相关规定。

第十七条 结算参与人应当根据相关业务规则的规定，在证券登记结算机构开立股票期权资金保证金账户，用于存放结算参与人股票期权交易的权利金、行权资金、以现金形式提交的保证金。证券登记结算机构应当对结算参与人存放的投资者股票期权交易的权利金、行权资金、以现金形式提交的保证金与结算参与人存放的自有资金实行分户管理。

结算参与人可以根据相关业务规则的规定，在证券登记结算机构开立股票期权证券保证金账户，用于存放以证券形式提交的保证金，具体事宜由证券交易所、证券登记结算机构另行规定。

第十八条 股票期权买方有权决定在合约规定期间内是否行权。股票期权买方提出行权时，股票期权卖方应当按照有关规定履行相应义务。

投资者可以根据证券交易所业务规则的规定，采用自有资金、证券或依法借入的资金、证券进行行权结算。

经营机构可以在经纪合同中与投资者约定为其提供协议行权服务。提供协议行权服务的，经营机构应当在经纪合同中对触发条件、行权数量、操作流程以及该项服务可能产生的风险等内容进行详细约定并向投资者作充分说明，经营机构还应当对该项服务的实际操作流程进行记录，相关记录保存期限不得少于20年。

股票期权合约到期前，经营机构应当采取网络、电话、短信、电子邮件或者其他适当方式中的至少一种提醒投资者妥善处理股票期权交易持仓，并对提醒情况进行记录，相关记录保存期限不得少于20年。

第十九条 股票期权交易实行当日无负债结算制度。

证券登记结算机构应当在当日及时将结算结果通知结算参与人，结算参与人据此对投资者进行结算，并应当将结算结果按照与投资者约定的方式及时通知投资者。

投资者应当及时查询并妥善处理自己的交易持仓。

第二十条　结算参与人出现保证金不足、交收违约情形的,证券登记结算机构有权按照业务规则的规定,对其采取直接扣款,处置结算参与人期权保证金,暂不交付并处置其应收证券、资金或者担保证券,扣划其自营证券,收取违约金等措施。

投资者出现保证金不足、交收违约情形的,经营机构可以根据相关业务规则及经纪合同的规定,对其采取处置投资者期权保证金,暂不交付并处置其应收证券、资金或者担保证券,收取违约金等措施。

结算参与人可以委托证券登记结算机构将暂不交付给投资者的证券划付至结算参与人的证券处置账户内进行处置。

第二十一条　证券交易所开展股票期权交易活动,应当建立保证金、涨跌停板、持仓限额、大户持仓报告、风险准备金、风险警示制度以及中国证监会规定的其他风险管理制度,并在业务规则中明确上市公司董事、监事、高级管理人员以及持股达到一定比例的股东等相关主体从事股票期权交易的规范要求。

证券登记结算机构开展股票期权交易活动,应当建立保证金、当日无负债结算、强行平仓、结算担保金、风险准备金以及中国证监会规定的其他风险管理制度。

证券交易所、证券登记结算机构建立相同的风险管理制度的,应当在业务规则中明确各自的职责分工。

经营机构应当遵守中国证监会、证券交易所、证券登记结算机构以及行业自律组织规定的风险管理制度,建立健全并严格执行股票期权业务合规管理及风险管理制度,保障投资者保证金的存管安全,按照规定提取、管理和使用风险准备金,按照证券交易所的规定,向其报告大户名单、交易情况。

第二十二条　结算参与人的保证金不足且未在证券登记结算机构规定时间内追加保证金或者自行平仓的,证券登记结算机构应当按照《期货交易管理条例》以及业务规则的规定将该结算参与人负责结算的合约强行平仓。

投资者保证金不足且未在经营机构规定时间内追加保证金或者自行平仓的,经营机构应当按照《期货交易管理条例》、相关业务规则以及经纪合同的规定将该投资者的合约强行平仓。

因强行平仓发生的有关费用和损失由相关主体根据相关业务规则、经纪合同的规定承担。

第二十三条　当出现不可抗力、市场操纵、技术系统故障等异常情况,影响股票期权交易正常秩序时,证券交易所可以按照业务规则规定的权限和程序,决定采取下列紧急措施:

(一)调整保证金;

(二)调整涨跌停板幅度;

(三)调整经营机构或者投资者的持仓限额;

(四)限制经营机构或投资者开仓,或要求其限期平仓;

(五)暂时停止股票期权合约的交易;

(六)其他紧急措施。

出现前款所述情形,导致或者可能导致股票期权重大结算风险时,证券登记结算机构可以按照业务规则规定的权限和程序,决定采取限制出金或入金、强行平仓或其他紧急措施。

证券交易所、证券登记结算机构根据本条规定采取上述措施,应当立即报告中国证监会、向市场公告,并积极协助、配合对方履行相应职责。因采取上述措施发生的有关费用、损失,由相关主体根据相关业务规则、经纪合同的规定承担。

第二十四条　证券交易所、证券登记结算机构、保证金安全存管监控机构应当根据各自职责,建立股票期权市场与其他证券、期货等相关市场以及监管机构之间的信息共享、市场监测、风险控制、打击违法违规等协作机制。

证券交易所、证券登记结算机构、保证金安全存管监控机构发现股票期权交易活动中存在违法违规行为的,应当及时向中国证监会报告,并按照有关规定通报派出机构。

第二十五条　任何单位或者个人不得编造、传播有关股票期权交易的虚假信息扰乱市场秩序,不得通过《期货交易管理条例》第七十一条规定的手段以及操纵相关标的证券市场等手段操纵股票期权市场,不得利用《期货交易管理条例》第八十二条第(十一)项规定的内幕信息、相关标的证券市场的内幕信息以及其他未公开信息从事股票期权交易,或者向他人泄露上述信息、使他人利用上述信息从事股票期权交易。

任何单位或者个人不得通过操纵股票期权市场等手段操纵相关标的证券市场，不得利用股票期权市场的内幕信息从事相关标的证券交易，或者向他人泄露上述信息、使他人利用上述信息从事相关标的证券交易。

第二十六条 证券交易所、证券登记结算机构开展股票期权交易与结算业务时，相关业务活动依照《期货交易管理条例》关于期货交易所开展期货交易的有关监管要求和法律责任执行。

除法律法规及中国证监会另有规定外，证券公司从事股票期权经纪业务时，相关业务活动参照适用期货公司从事期货经纪业务的有关监管要求和法律责任；期货公司从事与股票期权备兑开仓以及行权相关的证券现货经纪业务时，相关业务活动参照适用证券公司从事证券经纪业务的有关监管要求和法律责任。

第二十七条 任何单位或者个人违反期货法律、法规、规章以及本办法，中国证监会及其派出机构按照《期货交易管理条例》以及中国证监会的相关规定对其采取责令改正、监管谈话、出具警示函等监管措施；应当给予处罚的，按照《期货交易管理条例》以及中国证监会的相关规定进行处罚；涉嫌犯罪的，依法移送司法机关追究刑事责任。

任何单位或者个人违反本办法第二十五条第二款的规定，操纵相关标的证券市场或者进行相关标的证券内幕交易的，中国证监会及其派出机构按照《证券法》以及中国证监会的相关规定对其采取责令改正、监管谈话、出具警示函等监管措施；应当给予处罚的，按照《证券法》以及中国证监会的相关规定进行处罚；涉嫌犯罪的，依法移送司法机关追究刑事责任。

任何单位或者个人违反本办法以及《期货交易管理条例》的规定，在股票期权交易中从事违法违规行为，给投资者造成损失的，应当依法承担赔偿责任。

第二十八条 本办法下列用语具有如下含义：

（一）保证金安全存管监控机构，是指中国证券投资者保护基金公司、中国期货保证金监控中心或者中国证监会批准的其他保证金安全存管监控机构。

（二）股票期权经营机构，是指经中国证监会批准经营股票期权业务的证券公司、期货公司等金融机构。

（三）股票期权结算参与人，是指具有证券登记结算机构股票期权结算业务结算参与人资格的机构。

（四）做市商，是指经证券交易所认可、为其上市交易的股票期权合约提供双边持续报价或者双边回应报价等服务的机构。

（五）权利金，是指股票期权买方向卖方支付的用于购买股票期权合约的资金。

（六）保证金，是指用于结算和保证股票期权合约履行的现金或者证券。

（七）衍生品合约账户，是指经营机构按照证券登记结算机构业务规则，为投资者开立的用于股票期权合约交易、行权申报及记录投资者持有的股票期权合约及其变动情况的账户。

（八）股票期权买方，是指持有股票期权合约权利仓的投资者。权利仓指股票期权合约买入开仓形成的持仓头寸。

（九）股票期权卖方，是指持有股票期权合约义务仓的投资者。义务仓指股票期权合约卖出开仓形成的持仓头寸。

（十）行权，是指股票期权合约买方按照规定行使权利，以行权价格买入或者卖出约定标的证券，或者按照规定结算价格进行现金差价结算。

（十一）协议行权，是指经营机构根据合同约定为投资者提供的行权申报及相关服务，具体服务内容和各自权利义务由经营机构与投资者在经纪合同中进行约定。

（十二）行权价格，是指股票期权合约中约定的在行权时买入、卖出约定标的证券或者用于计算行权价差的价格。

（十三）结算，包括对股票期权交易双方的日常交易结算和行权结算。日常交易结算是指股票期权日常交易的资金清算与交收，行权结算是指股票期权行权的资金清算与交收以及标的证券的清算与交割。股票期权日常交易结算与行权结算中的资金交收与标的证券交割统称为交收。

（十四）备兑开仓，是指投资者事先交存足额合约标的作为将来行权结算所应交付的证券，并据此卖出相应数量的认购期权。

（十五）认购期权，是指买方有权在将来特

定时间以特定价格买入约定数量合约标的的期权合约。

(十六)认沽期权,是指买方有权在将来特定时间以特定价格卖出约定数量合约标的的期权合约。

(十七)其他未公开信息:是指除标的证券市场内幕信息以外、对标的证券的市场价格有重大影响且尚未公开的下列信息:

1. 证券交易场所、存管银行、证券资产托管机构、证券登记结算机构、依法设立的证券市场监测监控机构在经营、监控过程中形成或获取的证券交易、证券持有状况、资金数量等相关信息;

2. 证券期货经营机构、公募基金管理人、商业银行、保险公司、信托公司、社保基金、私募证券投资基金等金融机构的证券投资相关信息;

3. 政府主管部门、监管机构或者有关单位,制定或作出的可能对证券交易价格发生重大影响的政策或者决定;

4. 中国证监会认定的其他信息。

第二十九条　其他交易场所经中国证监会批准可以开展股票期权交易,具体业务规范参照本办法的有关规定执行。

第三十条　本办法自公布之日起施行。

公司债券发行与交易管理办法

(2015 年 1 月 15 日　证监会令第 113 号)

第一章　总　　则

第一条　为了规范公司债券的发行、交易或转让行为,保护投资者的合法权益和社会公共利益,根据《证券法》、《公司法》和其他相关法律法规,制定本办法。

第二条　在中华人民共和国境内,公开发行公司债券并在证券交易所、全国中小企业股份转让系统交易或转让,非公开发行公司债券并按照本办法规定承销或自行销售,或在证券交易所、全国中小企业股份转让系统、机构间私募产品报价与服务系统、证券公司柜台转让的,适用本办法。

法律法规和中国证券监督管理委员会(以下简称中国证监会)另有规定的,从其规定。

本办法所称公司债券,是指公司依照法定程序发行、约定在一定期限还本付息的有价证券。

第三条　公司债券可以公开发行,也可以非公开发行。

第四条　发行人及其他信息披露义务人应当及时、公平地履行披露义务,所披露或者报送的信息必须真实、准确、完整,不得有虚假记载、误导性陈述或者重大遗漏。

第五条　发行人及其控股股东、实际控制人应当诚实守信,发行人的董事、监事、高级管理人员应当勤勉尽责,维护债券持有人享有的法定权利和债券募集说明书约定的权利。

第六条　债券募集说明书及其他信息披露文件所引用的审计报告、资产评估报告、评级报告,应当由具有从事证券服务业务资格的机构出具。

债券募集说明书所引用的法律意见书,应当由律师事务所出具,并由两名执业律师和所在律师事务所负责人签署。

第七条　为公司债券发行提供服务的承销机构、资信评级机构、受托管理人、会计师事务所、资产评估机构、律师事务所等专业机构和人员应当勤勉尽责,严格遵守执业规范和监管规则,按规定和约定履行义务。

第八条　发行人、承销机构及其相关工作人员在发行定价和配售过程中,不得有违反公平竞争、进行利益输送、直接或间接谋取不正当利益以及其他破坏市场秩序的行为。

第九条　中国证监会对公司债券发行的核

准或者中国证券业协会按照本办法对公司债券发行的备案,不表明其对发行人的经营风险、偿债风险、诉讼风险以及公司债券的投资风险或收益等作出判断或者保证。公司债券的投资风险,由投资者自行承担。

第十条　中国证监会依法对公司债券的公开发行、非公开发行及其交易或转让活动进行监督管理。

证券自律组织可依照相关规定对公司债券的上市交易或转让、非公开发行及转让、承销、尽职调查、信用评级、受托管理及增信等进行自律管理。

证券自律组织应当制定相关业务规则,明确公司债券承销、备案、上市交易或转让、信息披露、投资者适当性管理、持有人会议及受托管理等具体规定,报中国证监会批准。

第二章　发行和交易转让

第一节　一般规定

第十一条　发行公司债券,发行人应当依照《公司法》或者公司章程相关规定对以下事项作出决议:

(一)发行债券的数量;

(二)发行方式;

(三)债券期限;

(四)募集资金的用途;

(五)决议的有效期;

(六)其他按照法律法规及公司章程规定需要明确的事项。

发行公司债券,如果对增信机制、偿债保障措施作出安排的,也应当在决议事项中载明。

第十二条　上市公司、股票公开转让的非上市公众公司发行的公司债券,可以附认股权、可转换成相关股票等条款。上市公司、股票公开转让的非上市公众公司股东可以发行附可交换成上市公司或非上市公众公司股票条款的公司债券。商业银行等金融机构可以按照有关规定发行附减记条款的公司债券。

上市公司发行附认股权、可转换成股票条款的公司债券,应当符合《上市公司证券发行管理办法》、《创业板上市公司证券发行管理暂行办法》的相关规定。

股票公开转让的非上市公众公司发行附认股权、可转换成股票条款的公司债券,由中国证监会另行规定。

第十三条　发行人全体董事、监事、高级管理人员应当在债券募集说明书上签字,承诺不存在虚假记载、误导性陈述或者重大遗漏,并承担相应的法律责任,但是能够证明自己没有过错的除外。

第十四条　本办法所称合格投资者,应当具备相应的风险识别和承担能力,知悉并自行承担公司债券的投资风险,并符合下列资质条件:

(一)经有关金融监管部门批准设立的金融机构,包括证券公司、基金管理公司及其子公司、期货公司、商业银行、保险公司和信托公司等,以及经中国证券投资基金业协会(以下简称基金业协会)登记的私募基金管理人;

(二)上述金融机构面向投资者发行的理财产品,包括但不限于证券公司资产管理产品、基金及基金子公司产品、期货公司资产管理产品、银行理财产品、保险产品、信托产品以及经基金业协会备案的私募基金;

(三)净资产不低于人民币一千万元的企事业单位法人、合伙企业;

(四)合格境外机构投资者(QFII)、人民币合格境外机构投资者(RQFII);

(五)社会保障基金、企业年金等养老基金,慈善基金等社会公益基金;

(六)名下金融资产不低于人民币三百万元的个人投资者;

(七)经中国证监会认可的其他合格投资者。

前款所称金融资产包括银行存款、股票、债券、基金份额、资产管理计划、银行理财产品、信托计划、保险产品、期货权益等;理财产品、合伙企业拟将主要资产投向单一债券,需要穿透核查最终投资者是否为合格投资者并合并计算投资者人数,具体标准由基金业协会规定。

证券自律组织可以在本办法规定的基础上,设定更为严格的合格投资者资质条件。

第十五条　公开发行公司债券,募集资金应当用于核准的用途;非公开发行公司债券,募集资金应当用于约定的用途。除金融类企业外,募集资金不得转借他人。

发行人应当指定专项账户,用于公司债券募集资金的接收、存储、划转与本息偿付。

第二节 公开发行及交易

第十六条 公开发行公司债券,应当符合《证券法》、《公司法》的相关规定,经中国证监会核准。

第十七条 存在下列情形之一的,不得公开发行公司债券:

(一)最近三十六个月内公司财务会计文件存在虚假记载,或公司存在其他重大违法行为;

(二)本次发行申请文件存在虚假记载、误导性陈述或者重大遗漏;

(三)对已发行的公司债券或者其他债务有违约或者迟延支付本息的事实,仍处于继续状态;

(四)严重损害投资者合法权益和社会公共利益的其他情形。

第十八条 资信状况符合以下标准的公司债券可以向公众投资者公开发行,也可以自主选择仅面向合格投资者公开发行:

(一)发行人最近三年无债务违约或者迟延支付本息的事实;

(二)发行人最近三个会计年度实现的年均可分配利润不少于债券一年利息的1.5倍;

(三)债券信用评级达到AAA级;

(四)中国证监会根据投资者保护的需要规定的其他条件。

未达到前款规定标准的公司债券公开发行应当面向合格投资者;仅面向合格投资者公开发行的,中国证监会简化核准程序。

第十九条 公开发行公司债券,应当委托具有从事证券服务业务资格的资信评级机构进行信用评级。

第二十条 发行人应当按照中国证监会信息披露内容与格式的有关规定编制和报送公开发行公司债券的申请文件。

第二十一条 中国证监会受理申请文件后,依法审核公开发行公司债券的申请,自受理发行申请文件之日起三个月内,作出是否核准的决定,并出具相关文件。

发行申请核准后,公司债券发行结束前,发行人发生重大事项,导致可能不再符合发行条件的,应当暂缓或者暂停发行,并及时报告中国证监会。影响发行条件的,应当重新履行核准程序。

承销机构应当勤勉履行核查义务,发现发行人存在前款规定情形的,应当立即停止承销,并督促发行人及时履行报告义务。

第二十二条 公开发行公司债券,可以申请一次核准,分期发行。自中国证监会核准发行之日起,发行人应当在十二个月内完成首期发行,剩余数量应当在二十四个月内发行完毕。

公开发行公司债券的募集说明书自最后签署之日起六个月内有效。采用分期发行方式的,发行人应当在后续发行中及时披露更新后的债券募集说明书,并在每期发行完成后五个工作日内报中国证监会备案。

第二十三条 公开发行的公司债券,应当在依法设立的证券交易所上市交易,或在全国中小企业股份转让系统或者国务院批准的其他证券交易场所转让。

第二十四条 证券交易所、全国中小企业股份转让系统应当对公开发行公司债券的上市交易或转让实施分类管理,实行差异化的交易机制,建立相应的投资者适当性管理制度,健全风险控制机制。

证券交易所、全国中小企业股份转让系统应当根据债券资信状况的变化及时调整交易机制和投资者适当性安排。

第二十五条 公开发行公司债券申请上市交易或转让的,应当在发行前根据证券交易所、全国中小企业股份转让系统的相关规则,明确交易机制和交易环节投资者适当性安排。发行环节和交易环节的投资者适当性要求应当保持一致。

第三节 非公开发行及转让

第二十六条 非公开发行的公司债券应当向合格投资者发行,不得采用广告、公开劝诱和变相公开方式,每次发行对象不得超过二百人。

第二十七条 发行人、承销机构应当按照中国证监会、证券自律组织规定的投资者适当性制度,了解和评估投资者对非公开发行公司债券的风险识别和承担能力,确认参与非公开发行公司债券认购的投资者为合格投资者，并充分揭示风险。

第二十八条　非公开发行公司债券是否进行信用评级由发行人确定，并在债券募集说明书中披露。

第二十九条　非公开发行公司债券，承销机构或依照本办法第三十三条规定自行销售的发行人应当在每次发行完成后五个工作日内向中国证券业协会备案。

中国证券业协会在材料齐备时应当及时予以备案。备案不代表中国证券业协会实行合规性审查，不构成市场准入，也不豁免相关主体的违规责任。

第三十条　非公开发行公司债券，可以申请在证券交易所、全国中小企业股份转让系统、机构间私募产品报价与服务系统、证券公司柜台转让。

第三十一条　非公开发行的公司债券仅限于合格投资者范围内转让。转让后，持有同次发行债券的合格投资者合计不得超过二百人。

第三十二条　发行人的董事、监事、高级管理人员及持股比例超过百分之五的股东，可以参与本公司非公开发行公司债券的认购与转让，不受本办法第十四条关于合格投资者资质条件的限制。

第四节　发行与承销管理

第三十三条　发行公司债券应当由具有证券承销业务资格的证券公司承销。

取得证券承销业务资格的证券公司、中国证券金融股份有限公司及中国证监会认可的其他机构非公开发行公司债券可以自行销售。

第三十四条　承销机构承销公司债券，应当依据本办法以及中国证监会、中国证券业协会有关尽职调查、风险控制和内部控制等相关规定，制定严格的风险管理制度和内部控制制度，加强定价和配售过程管理。

第三十五条　承销机构承销公司债券，应当依照《证券法》相关规定采用包销或者代销方式。

第三十六条　发行人和主承销商应当签订承销协议，在承销协议中界定双方的权利义务关系，约定明确的承销基数。采用包销方式的，应当明确包销责任。

公开发行公司债券，依照法律、行政法规的规定应由承销团承销的，组成承销团的承销机构应当签订承销团协议，由主承销商负责组织承销工作。公司债券发行由两家以上承销机构联合主承销的，所有担任主承销商的承销机构应当共同承担主承销责任，履行相关义务。承销团由三家以上承销机构组成的，可以设副主承销商，协助主承销商组织承销活动。

承销团成员应当按照承销团协议及承销协议的约定进行承销活动，不得进行虚假承销。

第三十七条　公司债券公开发行的价格或利率以询价或公开招标等市场化方式确定。

发行人和主承销商应当协商确定公开发行的定价与配售方案并予公告，明确价格或利率确定原则、发行定价流程和配售规则等内容。

第三十八条　发行人和承销机构不得操纵发行定价、暗箱操作；不得以代持、信托等方式谋取不正当利益或向其他相关利益主体输送利益；不得直接或通过其利益相关方向参与认购的投资者提供财务资助；不得有其他违反公平竞争、破坏市场秩序等行为。

第三十九条　公开发行公司债券的，发行人和主承销商应当聘请律师事务所对发行过程、配售行为、参与认购的投资者资质条件、资金划拨等事项进行见证，并出具专项法律意见书。公开发行的公司债券上市后十个工作日内，主承销商应当将专项法律意见随同承销总结报告等文件一并报中国证监会。

第四十条　发行人和承销机构在推介过程中不得夸大宣传，或以虚假广告等不正当手段诱导、误导投资者，不得披露除债券募集说明书等信息以外的发行人其他信息。

承销机构应当保留推介、定价、配售等承销过程中的相关资料，并按相关法律法规规定存档备查，包括推介宣传材料、路演现场录音等，如实、全面反映询价、定价和配售过程。相关推介、定价、配售等的备查资料应当按中国证券业协会的规定制作并妥善保管。

第四十一条　中国证券业协会应当制定非公开发行公司债券承销业务的风险控制管理规定，根据市场风险状况对承销业务范围进行限制并动态调整。

第三章　信息披露

第四十二条　发行人及其他信息披露义务人应当按照中国证监会及证券自律组织的相关规定履行信息披露义务。

第四十三条　公开发行公司债券的发行人应当按照规定及时披露债券募集说明书,并在债券存续期内披露中期报告和经具有从事证券服务业务资格的会计师事务所审计的年度报告。

非公开发行公司债券的发行人信息披露的时点、内容,应当按照募集说明书的约定履行,相关信息披露文件应当由受托管理人向中国证券业协会备案。

第四十四条　公司债券募集资金的用途应当在债券募集说明书中披露。

发行人应当在定期报告中披露公开发行公司债券募集资金的使用情况。

非公开发行公司债券的,应当在债券募集说明书中约定募集资金使用情况的披露事宜。

第四十五条　公开发行公司债券的发行人应当及时披露债券存续期内发生可能影响其偿债能力或债券价格的重大事项。重大事项包括:

(一)发行人经营方针、经营范围或生产经营外部条件等发生重大变化;

(二)债券信用评级发生变化;

(三)发行人主要资产被查封、扣押、冻结;

(四)发行人发生未能清偿到期债务的违约情况;

(五)发行人当年累计新增借款或对外提供担保超过上年末净资产的百分之二十;

(六)发行人放弃债权或财产,超过上年末净资产的百分之十;

(七)发行人发生超过上年末净资产百分之十的重大损失;

(八)发行人作出减资、合并、分立、解散及申请破产的决定;

(九)发行人涉及重大诉讼、仲裁事项或受到重大行政处罚;

(十)保证人、担保物或者其他偿债保障措施发生重大变化;

(十一)发行人情况发生重大变化导致可能不符合公司债券上市条件;

(十二)发行人涉嫌犯罪被司法机关立案调查,发行人董事、监事、高级管理人员涉嫌犯罪被司法机关采取强制措施;

(十三)其他对投资者作出投资决策有重大影响的事项。

第四十六条　资信评级机构为公开发行公司债券进行信用评级,应当符合以下规定:

(一)按照规定或约定将评级信息告知发行人,并及时向市场公布首次评级报告、定期和不定期跟踪评级报告;

(二)在债券有效存续期间,应当每年至少向市场公布一次定期跟踪评级报告;

(三)应充分关注可能影响评级对象信用等级的所有重大因素,及时向市场公布信用等级调整及其他与评级相关的信息变动情况,并向证券交易所或其他证券交易场所报告。

第四十七条　公开发行公司债券的发行人及其他信息披露义务人应当将披露的信息刊登在其债券交易场所的互联网网站,同时将披露的信息或信息摘要刊登在至少一种中国证监会指定的报刊,供公众查阅。

第四章　债券持有人权益保护

第四十八条　发行公司债券的,发行人应当为债券持有人聘请债券受托管理人,并订立债券受托管理协议;在债券存续期限内,由债券受托管理人按照规定或协议的约定维护债券持有人的利益。

发行人应当在债券募集说明书中约定,投资者认购或持有本期公司债券视作同意债券受托管理协议、债券持有人会议规则及债券募集说明书中其他有关发行人、债券持有人权利义务的相关约定。

第四十九条　债券受托管理人由本次发行的承销机构或其他经中国证监会认可的机构担任。债券受托管理人应当为中国证券业协会会员。为本次发行提供担保的机构不得担任本次债券发行的受托管理人。

债券受托管理人应当勤勉尽责,公正履行受托管理职责,不得损害债券持有人利益。

对于债券受托管理人在履行受托管理职责时可能存在的利益冲突情形及相关风险防范、

解决机制,发行人应当在债券募集说明书及债券存续期间的信息披露文件中予以充分披露,并同时在债券受托管理协议中载明。

第五十条　公开发行公司债券的受托管理人应当履行下列职责:

(一)持续关注发行人和保证人的资信状况、担保物状况、增信措施及偿债保障措施的实施情况,出现可能影响债券持有人重大权益的事项时,召集债券持有人会议;

(二)在债券存续期内监督发行人募集资金的使用情况;

(三)对发行人的偿债能力和增信措施的有效性进行全面调查和持续关注,并至少每年向市场公告一次受托管理事务报告;

(四)在债券存续期内持续督导发行人履行信息披露义务;

(五)预计发行人不能偿还债务时,要求发行人追加担保,并可以依法申请法定机关采取财产保全措施;

(六)在债券存续期内勤勉处理债券持有人与发行人之间的谈判或者诉讼事务;

(七)发行人为债券设定担保的,债券受托管理协议可以约定担保财产为信托财产,债券受托管理人应在债券发行前或债券募集说明书约定的时间内取得担保的权利证明或其他有关文件,并在担保期间妥善保管;

(八)发行人不能偿还债务时,可以接受全部或部分债券持有人的委托,以自己名义代表债券持有人提起民事诉讼、参与重组或者破产的法律程序。

第五十一条　受托管理人因涉嫌债券承销活动中违法违规正在接受中国证监会调查或出现中国证监会认定的其他不再适合担任受托管理人情形的,在依据本办法第五十五条第(三)项变更受托管理人之前,中国证监会可以临时指定中证中小投资者服务中心有限责任公司承担受托管理职责,直至债券持有人会议选任出新的受托管理人为止。

第五十二条　非公开发行公司债券的,债券受托管理人应当按照债券受托管理协议的约定履行职责。

第五十三条　受托管理人为履行受托管理职责,有权代表债券持有人查询债券持有人名册及相关登记信息、专项账户中募集资金的存储与划转情况。证券登记结算机构应当予以配合。

第五十四条　发行公司债券,应当在债券募集说明书中约定债券持有人会议规则。债券持有人会议规则应当公平、合理。

债券持有人会议规则应当明确债券持有人通过债券持有人会议行使权利的范围,债券持有人会议的召集、通知、决策机制和其他重要事项。

债券持有人会议按照本办法的规定及会议规则的程序要求所形成的决议对全体债券持有人有约束力。

第五十五条　存在下列情形的,债券受托管理人应当召集债券持有人会议:

(一)拟变更债券募集说明书的约定;

(二)拟修改债券持有人会议规则;

(三)拟变更债券受托管理人或受托管理协议的主要内容;

(四)发行人不能按期支付本息;

(五)发行人减资、合并、分立、解散或者申请破产;

(六)保证人、担保物或者其他偿债保障措施发生重大变化;

(七)发行人、单独或合计持有本期债券总额百分之十以上的债券持有人书面提议召开;

(八)发行人管理层不能正常履行职责,导致发行人债务清偿能力面临严重不确定性,需要依法采取行动的;

(九)发行人提出债务重组方案的;

(十)发生其他对债券持有人权益有重大影响的事项。

在债券受托管理人应当召集而未召集债券持有人会议时,单独或合计持有本期债券总额百分之十以上的债券持有人有权自行召集债券持有人会议。

第五十六条　发行人可采取内外部增信机制、偿债保障措施,提高偿债能力,控制公司债券风险。

内外部增信机制、偿债保障措施包括但不限于下列方式:

(一)第三方担保;

(二)商业保险;

(三)资产抵押、质押担保;

(四)限制发行人债务及对外担保规模;

(五)限制发行人对外投资规模；

(六)限制发行人向第三方出售或抵押主要资产；

(七)设置债券回售条款。

公司债券增信机构可以成为中国证券业协会会员。

第五十七条　发行人应当在债券募集说明书中约定构成债券违约的情形、违约责任及其承担方式以及公司债券发生违约后的诉讼、仲裁或其他争议解决机制。

第五章　监督管理和法律责任

第五十八条　对违反法律法规及本办法规定的机构和人员，中国证监会可采取责令改正、监管谈话、出具警示函、责令公开说明、责令参加培训、责令定期报告、认定为不适当人选、暂不受理与行政许可有关的文件等相关监管措施；依法应予行政处罚的，依照《证券法》、《行政处罚法》等法律法规和中国证监会的有关规定进行处罚；涉嫌犯罪的，依法移送司法机关，追究其刑事责任。

第五十九条　发行人、承销机构向不符合规定条件的投资者发行公司债券的，中国证监会可以对发行人、承销机构及其直接负责的主管人员和其他直接责任人员采取本办法第五十八条规定的相关监管措施；情节严重的，处以警告、罚款。

第六十条　非公开发行公司债券，发行人违反本办法第十五条规定的，中国证监会可以对发行人及其直接负责的主管人员和其他直接责任人员采取本办法第五十八条规定的相关监管措施；情节严重的，处以警告、罚款。

第六十一条　承销机构承销未经核准擅自公开发行的公司债券的，中国证监会可以采取十二至三十六个月暂不受理其证券承销业务有关文件等监管措施；对其直接负责的主管人员和其他直接责任人员，可以采取本办法第五十八条规定的相关监管措施。

第六十二条　除中国证监会另有规定外，承销或自行销售非公开发行公司债券未按规定进行备案的，中国证监会可以对承销机构及其直接负责的主管人员和其他直接责任人员采取本办法第五十八条规定的相关监管措施；情节严重的，处以警告、罚款。

第六十三条　承销机构在承销公司债券过程中，有下列行为之一的，中国证监会可以对承销机构及其直接负责的主管人员和其他直接责任人员采取本办法第五十八条规定的相关监管措施；情节严重的，可以对承销机构采取三至十二个月暂不受理其证券承销业务有关文件的监管措施：

(一)以不正当竞争手段招揽承销业务；

(二)从事本办法第三十八条规定禁止的行为；

(三)从事本办法第四十条规定禁止的行为；

(四)未按本办法及相关规定要求披露有关文件；

(五)未按照事先披露的原则和方式配售公司债券，或其他未依照披露文件实施的行为；

(六)未按照本办法及相关规定要求保留推介、定价、配售等承销过程中相关资料；

(七)其他违反承销业务规定的行为。

第六十四条　发行人有下列行为之一的，中国证监会可以对发行人及其直接负责的主管人员和其他直接责任人员采取本办法第五十八条规定的相关监管措施：

(一)从事本办法第三十八条规定禁止的行为；

(二)从事本办法第四十条规定禁止的行为；

(三)其他违反承销业务规定的行为。

第六十五条　非公开发行公司债券，发行人及其他信息披露义务人未按规定披露信息，或者所披露的信息存在虚假记载、误导性陈述或者重大遗漏的，依照《证券法》和中国证监会有关规定处理，对发行人、其他信息披露义务人及其直接负责的主管人员和其他直接责任人员可以采取本办法第五十八条规定的相关监管措施；情节严重的，处以警告、罚款。

第六十六条　发行人、债券受托管理人等违反本办法规定，损害债券持有人权益的，中国证监会可以对发行人、受托管理人及其直接负责的主管人员和其他直接责任人员采取本办法第五十八条规定的相关监管措施；情节严重的，处以警告、罚款。

第六十七条　发行人的控股股东滥用公司

法人独立地位和股东有限责任，损害债券持有人利益的，应当依法对公司债务承担连带责任。

第六章　附　　则

第六十八条　公开发行公司债券，应当由中国证券登记结算有限责任公司统一登记。

公开发行公司债券的结算业务及非公开发行公司债券的登记结算业务，应当由中国证券登记结算有限责任公司或中国证监会认可的其他机构办理。

其他机构办理公司债券登记结算业务的，应当将登记、结算数据报送中国证券登记结算有限责任公司。

第六十九条　本办法规定的发行人不包括地方政府融资平台公司。

第七十条　证券公司和其他金融机构次级债券的发行、交易或转让，适用本办法。境外注册公司在中国证监会监管的债券交易场所的债券发行、交易或转让，参照适用本办法。

第七十一条　本办法所称证券自律组织包括证券交易所、全国中小企业股份转让系统、中国证券业协会以及中国证监会认定的其他自律组织。

第七十二条　在区域性股权交易市场非公开发行与转让公司债券的管理办法，由中国证监会另行规定。

第七十三条　本办法自公布之日起施行。《证券公司债券管理暂行办法》（证监会令第15号）、《关于修订〈证券公司债券管理暂行办法〉的决定》（证监会令第25号）、《关于发布〈证券公司债券管理暂行办法〉五个配套文件的通知》（证监发行字〔2003〕106号）、《公司债券发行试点办法》（证监会令第49号）、《关于实施〈公司债券发行试点办法〉有关事项的通知》（证监发〔2007〕112号）、《关于创业板上市公司非公开发行债券有关事项的公告》（证监会公告〔2011〕29号）同时废止。

行政和解试点实施办法

（2015年2月17日　证监会令第114号）

第一章　总　　则

第一条　为了试点开展证券期货领域行政和解工作，规范行政和解实施行为，保护投资者的合法权益，根据有关法律、行政法规的规定，制定本办法。

第二条　本办法所称行政和解，是指中国证券监督管理委员会（以下简称中国证监会）在对公民、法人或者其他组织（以下简称行政相对人）涉嫌违反证券期货法律、行政法规和相关监管规定行为进行调查执法过程中，根据行政相对人的申请，与其就改正涉嫌违法行为，消除涉嫌违法行为不良后果，交纳行政和解金补偿投资者损失等进行协商达成行政和解协议，并据此终止调查执法程序的行为。

第三条　实施行政和解，应当依照本办法规定的条件、程序和期限。

第四条　实施行政和解，应当遵循公平、自愿、协商、效能原则。中国证监会不得向行政相对人主动或者变相主动提出行政和解建议，或者强制行政相对人进行行政和解。

第五条　行政和解协议的订立和履行，不得损害国家和社会公共利益，不得损害他人合法权益。

第二章　行政和解的适用范围与条件

第六条　行政相对人涉嫌实施虚假陈述、内幕交易、操纵市场或者欺诈客户等违反证券

期货法律、行政法规和相关监管规定的行为,案件符合下列情形的,可以适用行政和解程序:

(一)中国证监会已经正式立案,且经过了必要调查程序,但案件事实或者法律关系尚难完全明确;

(二)采取行政和解方式执法有利于实现监管目的,减少争议,稳定和明确市场预期,恢复市场秩序,保护投资者合法权益;

(三)行政相对人愿意采取有效措施补偿因其涉嫌违法行为受到损失的投资者;

(四)以行政和解方式结案不违反法律、行政法规的禁止性规定,不损害社会公共利益和他人合法权益。

中国证监会派出机构负责查处的案件,试点期间不适用行政和解程序。

第七条　案件有下列情形之一的,中国证监会不得与行政相对人进行行政和解:

(一)行政相对人违法行为的事实清楚,证据充分,法律适用明确,依法应当给予行政处罚的;

(二)行政相对人涉嫌犯罪,依法应当移送司法机关处理的;

(三)中国证监会基于审慎监管原则认定不适宜行政和解的。

第三章　行政和解的实施程序

第一节　申请与受理

第八条　中国证监会实施行政和解,由专门的行政和解实施部门(以下简称和解实施部门)负责,与中国证监会的案件调查部门(以下简称案件调查部门)、案件审理部门(以下简称案件审理部门)相互独立。

第九条　行政相对人自收到中国证监会送达的案件调查通知书之日起,至中国证监会作出行政处罚决定前,可以向中国证监会提出行政和解申请。

第十条　行政相对人提出行政和解申请的,应当提交申请书及相关申请材料。申请书应当载明以下事项:

(一)申请人的基本情况;

(二)申请行政和解的主要事实和理由;

(三)申请人就其涉嫌违法行为提出改正或者减轻、消除危害后果的方案;

(四)中国证监会要求载明的其他事项。

行政相对人为法人或者其他组织的,应当提交其依据《中华人民共和国公司法》、《中华人民共和国合伙企业法》等法律、行政法规以及公司章程、合伙协议规定所作出的关于申请行政和解的内部决定。

第十一条　行政相对人申请行政和解,应当如实向中国证监会提交有关材料,并对其申请材料的真实性、准确性负责。

第十二条　对于行政相对人提交的行政和解申请书及相关申请材料,和解实施部门应当办理登记手续,并向行政相对人出具行政和解申请接收凭证。需要行政相对人补正申请材料的,申请人应当按照和解实施部门要求提交全部补正材料,和解实施部门在申请人提交全部补正材料后出具行政和解申请接收凭证。

第十三条　和解实施部门应当在出具行政和解申请接收凭证之日起5个工作日内就案件是否符合本办法第六条规定的条件、是否存在本办法第七条规定的情形等书面征求案件调查部门的意见。

第十四条　案件调查部门应当自收到和解实施部门征求意见书面材料之日起20个工作日内书面反馈意见。反馈意见应当包括以下内容及相关材料:

(一)案件是否符合本办法第六条规定条件、是否存在本办法第七条规定情形的明确意见;

(二)截至反馈意见时,案件调查的具体情况以及是否掌握行政相对人涉嫌违法的部分证据或者证据线索的材料;

(三)其他需要提交的材料。

案件调查部门在向和解实施部门书面反馈意见后,行政和解申请受理前,发现新的事实、证据,认为案件不再符合行政和解受理条件的,应当及时告知和解实施部门。

第十五条　行政相对人在案件移送案件审理部门后,作出行政处罚决定前提出行政和解申请的,和解实施部门除依照本办法第十三条的规定征求案件调查部门意见外,还应当按照相同程序和时限征求案件审理部门的意见。

第十六条　案件审理部门应当在收到和解实施部门征求意见书面材料之日起20个工作

日内书面反馈意见。反馈意见应当包括以下内容及相关材料：

（一）案件是否符合本办法第六条规定条件、是否存在本办法第七条规定情形的明确意见；

（二）截至反馈意见时，案件审理的具体情况；

（三）其他需要提交的材料。

第十七条 行政相对人的行政和解申请符合本办法第六条规定条件的，由和解实施部门自向行政相对人出具行政和解申请接收凭证之日起40个工作日内向行政相对人出具受理通知，并抄送案件调查部门、案件审理部门、行政和解金管理机构。

不符合本办法第六条规定条件，或者存在本办法第七条规定情形的，由和解实施部门自向行政相对人出具行政和解申请接收凭证之日起40个工作日内向行政相对人出具不予受理通知，并抄送案件调查部门、案件审理部门。

第十八条 立案调查不满3个月的案件，行政相对人提出行政和解申请的，不予受理，但有特殊情况经中国证监会主要负责人批准的除外。

第十九条 中国证监会受理行政和解申请后，在与行政相对人达成行政和解协议之前，不中止对行政相对人所涉案件的调查工作。受理的行政和解申请案件已经移送案件审理部门审理的，案件审理部门应当中止对案件的审理。

第二十条 行政相对人在提交行政和解申请后，中国证监会正式受理前，可以申请撤回行政和解申请。

第二节 和解协商

第二十一条 和解实施部门自作出受理行政和解申请决定之日起，可以与行政相对人就以下事项进行沟通和协商：

（一）行政相对人涉嫌违法行为的情况；

（二）行政相对人涉嫌违法行为可能给社会造成的危害、给投资者造成的损失；

（三）行政相对人愿意承担的行政和解金数额及交纳时限；

（四）行政相对人可以采取的其他纠正涉嫌违法行为以及积极消除、减轻涉嫌违法行为危害后果的措施；

（五）行政和解协议的具体内容；

（六）行政和解协议的执行保障措施；

（七）其他事项。

第二十二条 行政和解协商应当以当面协商的形式进行。中国证监会进行协商的工作人员不得少于两人，并应当向行政相对人出示执法证件。

第二十三条 和解实施部门与行政相对人进行行政和解协商的期限为三个月。经中国证监会主要负责人批准，可以延期。

第二十四条 行政和解协商实行回避制度。实施行政和解的工作人员有下列情形之一的，应当回避：

（一）是行政相对人的配偶、父母、子女等近亲属；

（二）与案件有利害关系；

（三）与行政相对人或者案件有其他关系，可能影响案件的公正处理。

行政相对人有权通过口头或者书面方式申请上述工作人员回避。

第二十五条 中国证监会在与行政相对人进行行政和解协商过程中，可以就所涉及的专业问题征求证券交易所、期货交易所、登记结算机构等相关机构或者有关专家学者的意见。

第三节 行政和解协议的签订和执行

第二十六条 中国证监会与行政相对人就涉嫌违法行为的处理进行沟通、协商，达成一致的，签订行政和解协议。行政和解协议应当载明以下事项：

（一）行政和解的事由；

（二）行政相对人交纳行政和解金的数额、方式；

（三）行政相对人对涉嫌违法行为进行整改以及消除、减轻涉嫌违法行为所造成危害后果的其他具体措施；

（四）行政相对人履行行政和解协议的期限；

（五）需要载明的其他事项。

行政相对人为法人或者其他组织的，其关于签订行政和解协议的决定，应当履行《中华人民共和国公司法》、《中华人民共和国合伙企业法》等相关法律、行政法规规定及公司章程、合伙协议规定的决策程序。

第二十七条 行政和解金数额的确定应当考虑下列情形：

(一)行政相对人涉嫌违法行为如被查实依法可处以罚款或者没收违法所得的金额；

(二)行政相对人因涉嫌违法行为所获收益、所避免的损失；

(三)其他人因涉案违法行为所遭受的损失；

(四)需要考虑的其他情形。

中国证监会在就行政和解金的数额与行政相对人进行协商的过程中,可以采取适当方式,就投资者损失情况听取投资者的意见。

第二十八条 中国证监会应当依照规定公开行政和解协议的主要内容。

达成行政和解协议的行政相对人为上市公司、非上市公众公司及其董事、监事、高级管理人员、控股股东、实际控制人的,应当按照中国证监会及证券交易场所的相关规定履行信息披露义务。

第二十九条 行政和解协议达成后,由和解实施部门监督行政相对人在协议规定的时限内履行协议规定的义务。

和解实施部门应当在行政和解协议达成后2个工作日内将达成行政和解协议的情况书面告知案件调查部门、案件审理部门、行政和解金管理机构。案件调查部门在收到书面告知后应当中止案件调查。

行政相对人履行全部义务后,和解实施部门应当向行政相对人出具行政和解结案通知,并抄送案件调查部门、案件审理部门、行政和解金管理机构。案件调查部门、案件审理部门应当依照规定终止案件的调查、审理。

第四节 行政和解程序的终止

第三十条 有下列情形之一的,中国证监会应当终止行政和解程序：

(一)中国证监会在受理行政相对人的行政和解申请后,达成行政和解协议前,经调查发现新的事实、证据,认为案件不再符合行政和解受理条件的；

(二)未能在本办法第二十三条规定的期限内达成行政和解协议的；

(三)行政和解协议达成后,行政相对人不履行行政和解协议的；

(四)中国证监会在受理行政相对人的行政和解申请后,行政和解协议执行完毕前,发现行政相对人存在所提供的行政和解材料有虚假记载或者重大遗漏等情形的；

(五)中国证监会基于审慎监管原则认为有必要终止行政和解程序的。

有前款规定情形的,和解实施部门应当向行政相对人出具行政和解程序终止通知,并抄送案件调查部门、案件审理部门、行政和解金管理机构。已中止调查、审理的案件,案件调查部门、案件审理部门应当及时恢复调查、审理程序。

第三十一条 行政和解协议达成后,行政相对人不履行行政和解协议的,行政和解协议无效。

第三十二条 行政相对人未能在规定期限内与中国证监会达成行政和解协议的,中国证监会在继续调查、恢复审理时不得再次适用行政和解程序;行政相对人未按照约定履行行政和解协议的,中国证监会在恢复调查、审理后不得再次适用行政和解程序。

第三十三条 中国证监会在向行政相对人出具行政和解结案通知后,发现行政相对人存在所提供的行政和解材料有虚假记载或者重大遗漏等情形的,重新启动案件调查、审理程序。行政相对人已根据行政和解协议交纳的行政和解金,不予返还。

出现前款所规定情形的,和解实施部门应当及时告知行政相对人。

第四章 行政和解金的管理和使用

第三十四条 行政相对人交纳的行政和解金由行政和解金管理机构进行专户管理。

第三十五条 行政相对人因其涉嫌违法行为造成投资者损失的,投资者可以向行政和解金管理机构申请补偿。

投资者可以通过行政和解金补偿程序获得补偿,或者按照《中华人民共和国民事诉讼法》的规定对行政相对人提起民事损害赔偿诉讼请求赔偿。但投资者已通过行政和解金补偿程序获得补偿的，不应就已获得补偿部分再行请求民事损害赔偿。

第三十六条　行政和解金管理和使用的具体办法由中国证监会会同财政部另行制定。

第五章　附　　则

第三十七条　中国证监会及其工作人员应当对行政和解工作情况严格保密，但法律、行政法规和本办法另有规定的除外。

第三十八条　中国证监会的工作人员违反本办法相关规定，滥用职权，玩忽职守，利用职务便利牟取不正当利益，泄露所知悉的有关单位或者个人的秘密，或者主动、变相主动提出行政和解、违反程序实施行政和解的，根据情节轻重，给予处分；构成犯罪的，依法追究刑事责任。

第三十九条　本办法自2015年3月29日起施行。

证券市场禁入规定

（2015年5月18日　证监会令第115号）

第一条　为了维护证券市场秩序，保护投资者合法权益和社会公众利益，促进证券市场健康稳定发展，根据《中华人民共和国证券法》等法律、行政法规，制定本规定。

第二条　中国证券监督管理委员会（以下简称中国证监会）对违反法律、行政法规或者中国证监会有关规定的有关责任人员采取证券市场禁入措施，以事实为依据，遵循公开、公平、公正的原则。

第三条　下列人员违反法律、行政法规或者中国证监会有关规定，情节严重的，中国证监会可以根据情节严重的程度，采取证券市场禁入措施：

（一）发行人、上市公司、非上市公众公司的董事、监事、高级管理人员，其他信息披露义务人或者其他信息披露义务人的董事、监事、高级管理人员；

（二）发行人、上市公司、非上市公众公司的控股股东、实际控制人，或者发行人、上市公司、非上市公众公司控股股东、实际控制人的董事、监事、高级管理人员；

（三）证券公司的董事、监事、高级管理人员及其内设业务部门负责人、分支机构负责人或者其他证券从业人员；

（四）证券公司的控股股东、实际控制人或者证券公司控股股东、实际控制人的董事、监事、高级管理人员；

（五）证券服务机构的董事、监事、高级管理人员等从事证券服务业务的人员和证券服务机构的实际控制人或者证券服务机构实际控制人的董事、监事、高级管理人员；

（六）证券投资基金管理人、证券投资基金托管人的董事、监事、高级管理人员及其内设业务部门、分支机构负责人或者其他证券投资基金从业人员；

（七）中国证监会认定的其他违反法律、行政法规或者中国证监会有关规定的有关责任人员。

第四条　被中国证监会采取证券市场禁入措施的人员，在禁入期间内，除不得继续在原机构从事证券业务或者担任原上市公司、非上市公众公司董事、监事、高级管理人员职务外，也不得在其他任何机构中从事证券业务或者担任其他上市公司、非上市公众公司董事、监事、高级管理人员职务。

被采取证券市场禁入措施的人员，应当在收到中国证监会作出的证券市场禁入决定后立即停止从事证券业务或者停止履行上市公司、非上市公众公司董事、监事、高级管理人员职务，并由其所在机构按规定的程序解除其被禁止担任的职务。

第五条　违反法律、行政法规或者中国证监会有关规定,情节严重的,可以对有关责任人员采取3至5年的证券市场禁入措施;行为恶劣、严重扰乱证券市场秩序、严重损害投资者利益或者在重大违法活动中起主要作用等情节较为严重的,可以对有关责任人员采取5至10年的证券市场禁入措施;有下列情形之一的,可以对有关责任人员采取终身的证券市场禁入措施:

(一)严重违反法律、行政法规或者中国证监会有关规定,构成犯罪的;

(二)从事保荐、承销、资产管理、融资融券等证券业务及其他证券服务业务,负有法定职责的人员,故意不履行法律、行政法规或者中国证监会规定的义务,并造成特别严重后果的;

(三)违反法律、行政法规或者中国证监会有关规定,采取隐瞒、编造重要事实等特别恶劣手段,或者涉案数额特别巨大的;

(四)违反法律、行政法规或者中国证监会有关规定,从事欺诈发行、内幕交易、操纵市场等违法行为,严重扰乱证券、期货市场秩序并造成严重社会影响,或者获取违法所得等不当利益数额特别巨大,或者致使投资者利益遭受特别严重损害的;

(五)违反法律、行政法规或者中国证监会有关规定,情节严重,应当采取证券市场禁入措施,且存在故意出具虚假重要证据,隐瞒、毁损重要证据等阻碍、抗拒证券监督管理机构及其工作人员依法行使监督检查、调查职权行为的;

(六)因违反法律、行政法规或者中国证监会有关规定,5年内被中国证监会给予除警告之外的行政处罚3次以上,或者5年内曾经被采取证券市场禁入措施的;

(七)组织、策划、领导或者实施重大违反法律、行政法规或者中国证监会有关规定的活动的;

(八)其他违反法律、行政法规或者中国证监会有关规定,情节特别严重的。

第六条　违反法律、行政法规或者中国证监会有关规定,情节严重的,可以单独对有关责任人员采取证券市场禁入措施,或者一并依法进行行政处罚;涉嫌犯罪的,依法移送公安机关、人民检察院,并可同时采取证券市场禁入措施。

第七条　有下列情形之一的,可以对有关责任人员从轻、减轻或者免予采取证券市场禁入措施:

(一)主动消除或者减轻违法行为危害后果的;

(二)配合查处违法行为有立功表现的;

(三)受他人指使、胁迫有违法行为,且能主动交待违法行为的;

(四)其他可以从轻、减轻或者免予采取证券市场禁入措施的。

第八条　共同违反法律、行政法规或者中国证监会有关规定,需要采取证券市场禁入措施的,对负次要责任的人员,可以比照应负主要责任的人员,适当从轻、减轻或者免予采取证券市场禁入措施。

第九条　中国证监会采取证券市场禁入措施前,应当告知当事人采取证券市场禁入措施的事实、理由及依据,并告知当事人有陈述、申辩和要求举行听证的权利。

第十条　被采取证券市场禁入措施者因同一违法行为同时被认定有罪或者进行行政处罚的,如果对其所作有罪认定或行政处罚决定被依法撤销或者变更,并因此影响证券市场禁入措施的事实基础或者合法性、适当性的,依法撤销或者变更证券市场禁入措施。

第十一条　被中国证监会采取证券市场禁入措施的人员,中国证监会将通过中国证监会网站或指定媒体向社会公布,并记入被认定为证券市场禁入者的诚信档案。

第十二条　中国证监会依法宣布个人或者单位的直接责任人员为期货市场禁止进入者的,可以参照本规定执行。

第十三条　本规定自2006年7月10日起施行。1997年3月3日中国证监会发布施行的《证券市场禁入暂行规定》(证监〔1997〕7号)同时废止。

境外交易者和境外经纪机构从事境内特定品种期货交易管理暂行办法

（2015年6月26日 证监会令第116号）

第一条 为了促进期货市场创新发展和对外开放，加强对境外交易者和境外经纪机构从事境内特定品种期货交易的管理，维护期货市场秩序，保护交易者合法权益，根据《期货交易管理条例》及有关法律法规，制定本办法。

第二条 境外交易者、境外经纪机构从事我国境内特定品种期货交易及其相关业务活动，应当遵守本办法。

本办法所称境外交易者，是指从事期货交易并承担交易结果，在中华人民共和国境外依法成立的法人、其他经济组织，或者依法拥有境外公民身份的自然人。

本办法所称境外经纪机构，是指在中华人民共和国境外依法设立、具有所在国（地区）期货监管机构认可的可以接受交易者资金和交易指令并以自己名义为交易者进行期货交易资质的金融机构。

本办法所称境内特定品种由中国证券监督管理委员会（以下简称中国证监会）确定并公布。

第三条 中国证监会及其派出机构依法对境外交易者和境外经纪机构从事境内特定品种期货交易实行监督管理。

期货交易所依据自律规则对境内特定品种期货交易及相关业务活动实行自律管理。

中国期货业协会依据自律规则对境内特定品种期货交易及相关业务活动实行行业自律管理。

中国期货市场监控中心有限责任公司依法对境内特定品种期货交易及相关业务活动实施监测监控。

第四条 境外交易者和境外经纪机构应当遵守中华人民共和国法律法规和本办法，并履行反洗钱、反恐融资、反逃税等义务。

第五条 境外交易者可以委托境内期货公司（以下简称期货公司）或者境外经纪机构参与境内特定品种期货交易。

经期货交易所批准，符合条件的境外交易者可以直接在期货交易所从事境内特定品种期货交易。

前款所述直接入场交易的境外交易者应当具备下列条件：

（一）所在国（地区）具有完善的法律和监管制度；

（二）财务稳健，资信良好，具备充足的流动资本；

（三）具有健全的治理结构和完善的内部控制制度，经营行为规范；

（四）期货交易所规定的其他条件。

第六条 境外经纪机构在接受境外交易者委托后，可以委托期货公司进行境内特定品种期货交易。期货公司接受委托后，以自己的名义为该境外经纪机构进行交易。

经期货交易所批准，符合条件的境外经纪机构可以接受境外交易者委托，直接在期货交易所以自己的名义为境外交易者进行境内特定品种期货交易。

前款所述直接入场交易的境外经纪机构应当符合本办法第五条第三款的规定，且其所在国（地区）期货监管机构已与中国证监会签署监管合作谅解备忘录。

第七条 境外经纪机构不得接受境内交易者和《期货交易管理条例》第二十六条规定的单位和个人的委托，为其进行境内期货交易。

第八条 对直接入场交易的境外交易者和境外经纪机构，期货交易所应当规定其资格取得与终止的条件和程序，明确其权利和义务。

第九条 境外交易者从事境内特定品种期

货交易,应当遵守期货交易所的自律规则,遵守"买卖自愿、风险自担、盈亏自负"的原则,承担期货交易的履约责任和交易结果。

第十条 境外交易者应当以真实合法身份办理开户,如实提供境外公民身份证明、境外法人资格或者其他经济组织资格的合法有效证明文件。境外交易者的身份证明文件及要求由中国期货市场监控中心有限责任公司另行规定。

第十一条 境外经纪机构接受境外交易者委托进行境内特定品种期货交易的,应当按照《期货市场客户开户管理规定》和中国期货市场监控中心有限责任公司的业务规则,为境外交易者办理账户开立等手续,并为每个境外交易者单独申请交易编码,不得进行混码交易。

接受境外经纪机构委托的期货公司,应当按照中国期货市场监控中心有限责任公司的业务规则,为境外经纪机构办理前款所述手续提供必要的协助。

直接入场交易的境外交易者应当向期货交易所办理账户开立等手续并申请交易编码,期货交易所应当在其开始交易之前将有关材料报中国期货市场监控中心有限责任公司备案。

第十二条 境内特定品种期货交易实行交易者适当性制度。期货交易所、期货公司和境外经纪机构应当执行交易者适当性制度。境外交易者应当遵守交易者适当性制度。

第十三条 境外经纪机构接受境外交易者委托的,应当事先向境外交易者出示风险说明书,与境外交易者签订书面合同,不得未经境外交易者委托或者不按照境外交易者委托内容,擅自进行期货交易,不得隐瞒重要事项或者使用其他不正当手段诱骗境外交易者发出交易指令。

第十四条 直接入场交易的境外经纪机构应当建立健全并严格执行业务管理规则、风险管理制度,遵守信息披露制度,保障境外交易者保证金的存管安全。

第十五条 承担结算职能的期货交易所作为中央对手方,统一组织境内特定品种期货交易的结算。境外交易者、境外经纪机构应当根据期货交易所的规定委托具有结算资格的期货公司或者其他机构进行结算,并适用《期货交易管理条例》第二十九条、第三十四条、第三十五条、第三十七条对客户和期货公司的规定。

前款所称中央对手方,是指期货交易达成后介入期货交易双方,成为所有买方的卖方和所有卖方的买方,以净额方式结算,为期货交易提供集中履约保障的法人。

第十六条 直接入场交易的境外交易者和境外经纪机构,以及委托期货公司进行境内特定品种期货交易的境外交易者和境外经纪机构,应当在境内开立符合条件的银行账户,并将其设定为期货结算账户。

第十七条 境外交易者和境外经纪机构应当遵守中国证监会关于保证金安全存管的规定。

期货公司应当将向委托其结算的境外交易者和境外经纪机构收取的保证金存放在期货公司的保证金专用账户。期货公司应当将来源于境内和境外的保证金按币种分账户管理。

期货交易所、期货公司、本办法第十六条所指的境外交易者和境外经纪机构之间的境内账户资金划转,应当通过专用结算账户、保证金专用账户和期货结算账户进行。

第十八条 境外交易者和境外经纪机构持仓达到期货交易所规定的持仓报告标准的,境外交易者和境外经纪机构应当向期货交易所报告。境外交易者未报告的,受托交易的期货公司、境外经纪机构应当向期货交易所报告。

第十九条 保证金只能用于担保期货合约或者期权合约的履行,除法定情形外,严禁挪作他用。

境外交易者和境外经纪机构被接管、破产或者清算的,其保证金均应当优先用于履行在期货交易所未了结的期货合约或期权合约。

第二十条 期货市场出现《期货交易所管理办法》第八十五条、第八十七条规定情形的,期货交易所可以按照对客户和会员的规定,对境外交易者和境外经纪机构采取措施。

第二十一条 期货公司与境外交易者或者境外经纪机构发生期货业务纠纷的,可以提请中国期货业协会、期货交易所以及其他调解组织调解处理。

第二十二条 期货公司应当在月度、年度报告中报送接受境外交易者和境外经纪机构委托进行境内特定品种期货交易的情况。

期货公司首席风险官应当负责对本公司境内特定品种期货交易相关业务活动进行监督和

检查,并履行督促整改和报告等义务。

第二十三条　中国证监会及其派出机构可以根据监管职责要求期货公司、境外交易者和境外经纪机构提供下列信息或者书面资料,并进行必要的询问和检查:

(一)境外交易者和境外经纪机构的账户、所有子账户的最终受益人姓名(名称)、国籍、有效身份证件(号码)、联系方式及相关信息、资金来源等;

(二)境外交易者和境外经纪机构的账户、所有子账户的指令下达人姓名、国籍、有效身份证件(号码)、联系方式及相关信息等;

(三)境外交易者和境外经纪机构的账户、所有子账户资金划拨、使用的明细资料;

(四)境外交易者和境外经纪机构的账户、所有子账户交易的明细资料;

(五)中国证监会根据审慎监管原则要求的其他材料。

第二十四条　发生下列重大情形之一的,期货公司应当在知情后5个工作日内或者按照规定向其住所地的中国证监会派出机构报告:

(一)境外交易者或者境外经纪机构发生违规、被接管、破产或者其他风险事件;

(二)发生涉及境外交易者或者境外经纪机构的期货纠纷、仲裁或者诉讼;

(三)其他影响境外交易者或者境外经纪机构从事境内特定品种期货交易的情形。

期货公司的报告应当包括事件的起因、目前的状态、可能发生的后果以及应对方案或者措施等内容。

第二十五条　期货公司及其从业人员违反本办法的,依照《期货交易管理条例》的有关规定,采取责令限期整改、监管谈话、责令更换有关责任人员等监管措施,并记入诚信档案。

第二十六条　直接入场交易的境外交易者和境外经纪机构的交易结算软件,应当满足期货交易所风险管理以及中国证监会有关保证金安全存管监控规定的要求。不符合要求的,中国证监会有权要求直接入场交易的境外交易者和境外经纪机构予以改进或者更换。

中国证监会可以要求直接入场交易的境外交易者和境外经纪机构的交易软件、结算软件的供应商提供该软件的相关资料,供应商应当予以配合。中国证监会对供应商提供的相关资料负有保密义务。

第二十七条　中国证监会及其派出机构可以根据监管职责对境外交易者或者境外经纪机构进行境内特定品种期货交易及相关业务活动进行定期或者不定期现场检查。

第二十八条　期货交易所违反规定接纳直接入场交易的境外交易者或者境外经纪机构的,依照《期货交易管理条例》第六十五条的规定处罚、处分。

期货交易所允许直接入场交易的境外交易者或者境外经纪机构在保证金不足的情况下进行期货交易的,依照《期货交易管理条例》第六十六条的规定处罚、处分。

第二十九条　境外经纪机构有《期货交易管理条例》第六十七条第一款第一项、第二项至第九项、第十一项、第十四项至第十六项所列行为之一的,依照《期货交易管理条例》第六十七条第一款规定处罚。

境外经纪机构有《期货交易管理条例》第六十八条第一款所列欺诈行为的,依照《期货交易管理条例》第六十八条第一款的规定处罚。

第三十条　直接入场交易的境外交易者或者境外经纪机构的交易软件、结算软件供应商拒不配合中国证监会及其派出机构调查,或者未按照规定向中国证监会及其派出机构提供相关软件资料,或者提供的软件资料有虚假、重大遗漏的,依照《期货交易管理条例》第七十六条的规定处罚。

第三十一条　期货交易所、期货公司、境外交易者或者境外经纪机构违法经营或者出现重大经营风险,严重危害中国期货市场秩序、损害交易者合法权益,依法应予以行政处罚的,依照《期货交易管理条例》进行处罚;涉嫌犯罪的,依法移送司法机关,追究刑事责任。

第三十二条　境外交易者或者境外经纪机构违反《期货交易管理条例》和中国证监会有关规定的,中国证监会依法进行查处。需要境外交易者或者境外经纪机构所在地监管机构协助的,中国证监会可以根据与其签署的双边或者多边监管合作谅解备忘录等跨境监管合作机制进行跨境监管合作。

第三十三条　在中国证监会批准的其他期货交易场所从事境内特定品种期货交易及相关

业务活动的,适用本办法。

第三十四条　香港、澳门特别行政区和台湾地区设立的法人、其他经济组织,或者拥有香港、澳门特别行政区和台湾地区居民身份的自然人从事境内特定品种期货交易的,适用本办法。

第三十五条　本办法自2015年8月1日起施行。

证券公司融资融券业务管理办法

(2015年7月1日　证监会令第117号)

第一章　总　　则

第一条　为了规范证券公司融资融券业务活动,完善证券交易机制,防范证券公司的风险,保护证券投资者的合法权益和社会公共利益,促进证券市场平稳健康发展,制定本办法。

第二条　证券公司开展融资融券业务,应当遵守法律、行政法规和本办法的规定,加强内部控制,严格防范和控制风险,切实维护客户合法权益。

本办法所称融资融券业务,是指向客户出借资金供其买入证券或者出借证券供其卖出,并收取担保物的经营活动。

第三条　证券公司开展融资融券业务,必须经中国证券监督管理委员会(以下简称证监会)批准。未经证监会批准,任何证券公司不得向客户融资、融券,也不得为客户与客户、客户与他人之间的融资融券活动提供任何便利和服务。

第四条　证券公司经营融资融券业务不得有以下行为:

(一)诱导不适当的客户开展融资融券业务;

(二)未向客户充分揭示风险;

(三)违规挪用客户担保物;

(四)进行利益输送和商业贿赂;

(五)为客户进行内幕交易、操纵市场、规避信息披露义务及其他不正当交易活动提供便利;

(六)法律、行政法规和证监会规定禁止的其他行为。

第五条　证监会及其派出机构依照法律、行政法规和本办法的规定,对证券公司融资融券业务活动进行监督管理。

中国证券业协会、证券交易所、证券登记结算机构按照本机构的章程和规则,对证券公司融资融券业务活动进行自律管理。中国证券金融公司对证券公司融资融券业务和客户融资融券交易情况进行监测监控。

第六条　证监会建立健全融资融券业务的逆周期调节机制,对融资融券业务实施宏观审慎管理。

证券交易所建立融资融券业务风险控制指标浮动管理机制,对融资融券业务实施逆周期调节。

第二章　业务许可

第七条　证券公司申请融资融券业务资格,应当具备下列条件:

(一)具有证券经纪业务资格;

(二)公司治理健全,内部控制有效,能有效识别、控制和防范业务经营风险和内部管理风险;

(三)公司最近2年内不存在因涉嫌违法违规正被证监会立案调查或者正处于整改期间的情形;

(四)财务状况良好,最近2年各项风险控制指标持续符合规定,注册资本和净资本符合增加融资融券业务后的规定;

（五）客户资产安全、完整，客户交易结算资金第三方存管有效实施，客户资料完整真实；

（六）已建立完善的客户投诉处理机制，能够及时、妥善处理与客户之间的纠纷；

（七）已建立符合监管规定和自律要求的客户适当性制度，实现客户与产品的适当性匹配管理；

（八）信息系统安全稳定运行，最近1年未发生因公司管理问题导致的重大事件，融资融券业务技术系统已通过证券交易所、证券登记结算机构组织的测试；

（九）有拟负责融资融券业务的高级管理人员和适当数量的专业人员；

（十）证监会规定的其他条件。

第八条 证券公司申请融资融券业务资格，应当向证监会提交下列材料，同时抄报住所地证监会派出机构：

（一）融资融券业务资格申请书；

（二）股东会（股东大会）关于经营融资融券业务的决议；

（三）融资融券业务方案、内部管理制度文本和按照本办法第十二条制定的选择客户的标准；

（四）负责融资融券业务的高级管理人员与业务人员的名册及资格证明文件；

（五）证券交易所、证券登记结算机构出具的关于融资融券业务技术系统已通过测试的证明文件；

（六）证监会要求提交的其他文件。

证券公司的法定代表人和经营管理的主要负责人应当在融资融券业务资格申请书上签字，承诺申请材料的内容真实、准确、完整，并对申请材料中存在的虚假记载、误导性陈述和重大遗漏承担相应的法律责任。

第九条 获得批准的证券公司应当按照规定，向公司登记机关申请业务范围变更登记，向证监会申请换发《经营证券业务许可证》。

取得证监会换发的《经营证券业务许可证》后，证券公司方可开展融资融券业务。

第三章 业务规则

第十条 证券公司经营融资融券业务，应当以自己的名义，在证券登记结算机构分别开立融券专用证券账户、客户信用交易担保证券账户、信用交易证券交收账户和信用交易资金交收账户。

融券专用证券账户用于记录证券公司持有的拟向客户融出的证券和客户归还的证券，不得用于证券买卖；客户信用交易担保证券账户用于记录客户委托证券公司持有、担保证券公司因向客户融资融券所生债权的证券；信用交易证券交收账户用于客户融资融券交易的证券结算；信用交易资金交收账户用于客户融资融券交易的资金结算。

第十一条 证券公司经营融资融券业务，应当以自己的名义，在商业银行分别开立融资专用资金账户和客户信用交易担保资金账户。

融资专用资金账户用于存放证券公司拟向客户融出的资金及客户归还的资金；客户信用交易担保资金账户用于存放客户交存的、担保证券公司因向客户融资融券所生债权的资金。

第十二条 证券公司在向客户融资、融券前，应当办理客户征信，了解客户的身份、财产与收入状况、证券投资经验和风险偏好、诚信合规记录等情况，做好客户适当性管理工作，并以书面或者电子方式予以记载、保存。

对未按照要求提供有关情况、从事证券交易时间不足半年、缺乏风险承担能力、最近20个交易日日均证券类资产低于50万元或者有重大违约记录的客户，以及本公司的股东、关联人，证券公司不得为其开立信用账户。

专业机构投资者参与融资、融券，可不受前款从事证券交易时间、证券类资产的条件限制。

本条第二款所称股东，不包括仅持有上市证券公司5%以下流通股份的股东。

证券公司应当按照适当性制度要求，制定符合本条规定的选择客户的具体标准。

第十三条 证券公司在向客户融资、融券前，应当与其签订载有中国证券业协会规定的必备条款的融资融券合同，明确约定下列事项：

（一）融资、融券的额度、期限、利率（费率）、利息（费用）的计算方式；

（二）保证金比例、维持担保比例、可充抵保证金的证券的种类及折算率、担保债权范围；

（三）追加保证金的通知方式、追加保证金的期限；

(四)客户清偿债务的方式及证券公司对担保物的处分权利;

(五)融资买入证券和融券卖出证券的权益处理;

(六)违约责任;

(七)纠纷解决途径;

(八)其他有关事项。

第十四条 融资融券合同应当约定,证券公司客户信用交易担保证券账户内的证券和客户信用交易担保资金账户内的资金,为担保证券公司因融资融券所生对客户债权的信托财产。

证券公司与客户约定的融资、融券期限不得超过证券交易所规定的期限;融资利率、融券费率由证券公司与客户自主商定。

合约到期前,证券公司可以根据客户的申请为客户办理展期,每次展期期限不得超过证券交易所规定的期限。

证券公司在为客户办理合约展期前,应当对客户的信用状况、负债情况、维持担保比例水平等进行评估。

第十五条 证券公司与客户签订融资融券合同前,应当采用适当的方式向客户讲解业务规则和合同内容,明确告知客户权利、义务及风险,特别是关于违约处置的风险控制安排,并将融资融券交易风险揭示书交由客户书面确认。

第十六条 证券公司与客户签订融资融券合同后,应当根据客户的申请,按照证券登记结算机构的规定,为其开立实名信用证券账户。客户信用证券账户与其普通证券账户的开户人姓名或者名称应当一致。

客户信用证券账户是证券公司客户信用交易担保证券账户的二级账户,用于记载客户委托证券公司持有的担保证券的明细数据。

证券公司应当委托证券登记结算机构根据清算、交收结果等,对客户信用证券账户内的数据进行变更。

第十七条 证券公司应当参照客户交易结算资金第三方存管的方式,与其客户及商业银行签订客户信用资金存管协议。

证券公司在与客户签订融资融券合同后,应当通知商业银行根据客户的申请,为其开立实名信用资金账户。

客户信用资金账户是证券公司客户信用交易担保资金账户的二级账户,用于记载客户交存的担保资金的明细数据。

商业银行根据证券公司提供的清算、交收结果等,对客户信用资金账户内的数据进行变更。

第十八条 证券公司向客户融资,只能使用融资专用资金账户内的资金;向客户融券,只能使用融券专用证券账户内的证券。

客户融资买入、融券卖出的证券,不得超出证券交易所规定的范围。

客户在融券期间卖出其持有的、与所融入证券相同的证券的,应当符合证券交易所的规定,不得以违反规定卖出该证券的方式操纵市场。

第十九条 证券公司经营融资融券业务,按照客户委托发出证券交易、证券划转指令的,应当保证指令真实、准确。因证券公司的过错导致指令错误,造成客户损失的,客户可以依法要求证券公司赔偿,但不影响证券交易所、证券登记结算机构正在执行或者已经完成的业务操作。

第二十条 证券公司融资融券的金额不得超过其净资本的4倍。

证券公司向单一客户或者单一证券的融资、融券的金额占其净资本的比例等风险控制指标,应当符合证监会和证券交易所的规定。

第二十一条 客户融资买入证券的,应当以卖券还款或者直接还款的方式偿还向证券公司融入的资金。

客户融券卖出的,应当以买券还券或者直接还券的方式偿还向证券公司融入的证券。

客户融券卖出的证券暂停交易的,可以按照约定以现金等方式偿还向证券公司融入的证券。

第二十二条 客户融资买入或者融券卖出的证券暂停交易,且交易恢复日在融资融券债务到期日之后的,融资融券的期限顺延。融资融券合同另有约定的,从其约定。

第二十三条 客户融资买入或者融券卖出的证券预定终止交易,且最后交易日在融资融券债务到期日之前的,融资融券的期限缩短至最后交易日的前一交易日。融资融券合同另有约定的,从其约定。

第四章 债权担保

第二十四条 证券公司向客户融资、融券，应当向客户收取一定比例的保证金。保证金可以证券充抵。

第二十五条 证券公司应当将收取的保证金以及客户融资买入的全部证券和融券卖出所得全部价款，分别存放在客户信用交易担保证券账户和客户信用交易担保资金账户，作为对该客户融资融券所生债权的担保物。

第二十六条 证券公司应当在符合证券交易所规定的前提下，根据客户信用状况、担保物质量等情况，与客户约定最低维持担保比例、补足担保物的期限以及违约处置方式等。

证券公司应当逐日计算客户交存的担保物价值与其所欠债务的比例。当该比例低于约定的维持担保比例时，应当通知客户在约定的期限内补交担保物，客户经证券公司认可后，可以提交除可充抵保证金证券以外的其他证券、不动产、股权等资产。

客户未能按期交足担保物或者到期未偿还债务的，证券公司可以按照约定处分其担保物。

第二十七条 本办法第二十四条规定的保证金比例和可充抵保证金的证券的种类、折算率，第二十六条规定的最低维持担保比例和客户补交担保物的期限，由证券交易所规定。

证券交易所应当对可充抵保证金的各类证券制定不同的折算率要求。

证券公司在符合证券交易所规定的前提下，应当对可充抵保证金的证券折算率实行动态管理和差异化控制。

第二十八条 除下列情形外，任何人不得动用证券公司客户信用交易担保证券账户内的证券和客户信用交易担保资金账户内的资金：

（一）为客户进行融资融券交易的结算；

（二）收取客户应当归还的资金、证券；

（三）收取客户应当支付的利息、费用、税款；

（四）按照本办法的规定以及与客户的约定处分担保物；

（五）收取客户应当支付的违约金；

（六）客户提取还本付息、支付税费及违约金后的剩余证券和资金；

（七）法律、行政法规和本办法规定的其他情形。

第二十九条 客户交存的担保物价值与其债务的比例，超过证券交易所规定水平的，客户可以按照证券交易所的规定和融资融券合同的约定，提取担保物。

第三十条 司法机关依法对客户信用证券账户或者信用资金账户记载的权益采取财产保全或者强制执行措施的，证券公司应当处分担保物，实现因向客户融资融券所生债权，并协助司法机关执行。

第五章 权益处理

第三十一条 证券登记结算机构依据证券公司客户信用交易担保证券账户内的记录，确认证券公司受托持有证券的事实，并以证券公司为名义持有人，登记于证券持有人名册。

第三十二条 对客户信用交易担保证券账户记录的证券，由证券公司以自己的名义，为客户的利益，行使对证券发行人的权利。证券公司行使对证券发行人的权利，应当事先征求客户的意见，并按照其意见办理。客户未表达意见的，证券公司不得行使对发行人的权利。

前款所称对证券发行人的权利，是指请求召开证券持有人会议、参加证券持有人会议、提案、表决、配售股份的认购、请求分配投资收益等因持有证券而产生的权利。

第三十三条 证券登记结算机构受证券发行人委托以证券形式分派投资收益的，应当将分派的证券记录在证券公司客户信用交易担保证券账户内，并相应变更客户信用证券账户的明细数据。

证券登记结算机构受证券发行人委托以现金形式分派投资收益的，应当将分派的资金划入证券公司信用交易资金交收账户。证券公司应当在资金到账后，通知商业银行对客户信用资金账户的明细数据进行变更。

第三十四条 客户融入证券后、归还证券前，证券发行人分配投资收益、向证券持有人配售或者无偿派发证券、发行证券持有人有优先认购权的证券的，客户应当按照融资融券合同的约定，在偿还债务时，向证券公司支付与所融入证券可得利益相等的证券或者资金。

第三十五条 证券公司通过客户信用交易担保证券账户持有的股票不计入其自有股票，证券公司无须因该账户内股票数量的变动而履行相应的信息报告、披露或者要约收购义务。

客户及其一致行动人通过普通证券账户和信用证券账户合计持有一家上市公司股票及其权益的数量或者其增减变动达到规定的比例时，应当依法履行相应的信息报告、披露或者要约收购义务。

第六章 监督管理

第三十六条 证券交易所应当根据市场发展情况，对融资融券业务保证金比例、标的证券范围、可充抵保证金的证券种类及折算率、最低维持担保比例等进行动态调整，实施逆周期调节。

证券交易所可以对单一证券的市场融资买入量、融券卖出量和担保物持有量占其市场流通量的比例、融券卖出的价格作出限制性规定。

证券公司应当在符合监管要求的前提下，根据市场情况、客户和自身风险承受能力，对融资融券业务保证金比例、标的证券范围、可充抵保证金的证券种类及折算率、最低维持担保比例和业务集中度等进行动态调整和差异化控制。

业务集中度包括：向全体客户融资、融券的金额占净资本的比例，单一证券的融资、融券的金额占净资本的比例，接受单只担保证券的市值占该证券总市值的比例，单一客户提交单只担保证券的市值占该客户担保物市值的比例等。

第三十七条 证券公司开展融资融券业务，应当建立完备的管理制度、操作流程和风险识别、评估与控制体系，确保风险可测、可控、可承受。

证券公司应当对融资融券业务实行集中统一管理。融资融券业务的决策和主要管理职责应当由证券公司总部承担。

证券公司应当建立健全融资融券业务压力测试机制，定期、不定期对融资融券业务的流动性风险、信用风险、市场风险、技术系统风险等进行压力测试，根据压力测试结果对本办法第三十六条第三款所规定的本公司相关指标进行优化和调整。

第三十八条 证券交易所应当按照业务规则，采取措施，对融资融券交易的指令进行前端检查，对买卖证券的种类、融券卖出的价格等违反规定的交易指令，予以拒绝。

单一证券的市场融资买入量、融券卖出量或者担保物持有量占其市场流通量的比例达到规定的最高限制比例的，证券交易所可以暂停接受该种证券的融资买入指令或者融券卖出指令。

第三十九条 融资融券交易活动出现异常，已经或者可能危及市场稳定，有必要暂停交易的，证券交易所应当按照业务规则的规定，暂停部分或者全部证券的融资融券交易并公告。

第四十条 证券登记结算机构应当按照业务规则，对与融资融券交易有关的证券划转和证券公司信用交易资金交收账户内的资金划转情况进行监督。对违反规定的证券和资金划转指令，予以拒绝；发现异常情况的，应当要求证券公司作出说明，并向证监会及该公司住所地证监会派出机构报告。

第四十一条 中国证券金融公司应当按照业务规则，要求证券公司及时、准确、真实、完整报送融资融券业务有关数据信息；对证券公司融资融券数据进行统计分析，编制定期报告和专项报告，报送证监会；监测监控融资融券业务风险，对发现的重大业务风险情况，及时报告证监会。

第四十二条 证券公司融资融券业务涉及的客户信用交易资金应当纳入证券市场交易结算资金监控系统，证券公司、存管银行、登记结算机构等应当按要求向中国证券投资者保护基金公司报送相关数据信息。

第四十三条 负责客户信用资金存管的商业银行应当按照客户信用资金存管协议的约定，对证券公司违反规定的资金划拨指令予以拒绝；发现异常情况的，应当要求证券公司作出说明，并向证监会及该公司住所地证监会派出机构报告。

第四十四条 证券公司应当按照融资融券合同约定的方式，向客户送交对账单，并为其提供信用证券账户和信用资金账户内数据的查询服务。

证券登记结算机构应当为客户提供其信用

证券账户内数据的查询服务。负责客户信用资金存管的商业银行应当按照客户信用资金存管协议的约定，为客户提供其信用资金账户内数据的查询服务。

第四十五条 证券公司应当通过有效的途径，及时告知客户融资、融券的收费标准及其变动情况。

第四十六条 证券公司应当按照证券交易所的规定，在每日收市后向其报告当日客户融资融券交易的有关信息。证券交易所应当对证券公司报送的信息进行汇总、统计，并在次一交易日开市前予以公告。

第四十七条 证监会及其派出机构、中国证券业协会、证券交易所、证券登记结算机构、中国证券金融公司依照规定履行证券公司融资融券业务监管、自律或者监测分析职责，可以要求证券公司提供与融资融券业务有关的信息、资料。

第四十八条 证监会派出机构按照辖区监管责任制的要求，依法对证券公司及其分支机构的融资融券业务活动中涉及的客户选择、合同签订、授信额度的确定、担保物的收取和管理、补交担保物的通知，以及处分担保物等事项进行非现场检查和现场检查。

第四十九条 对违反本办法规定的证券公司或者其分支机构，证监会或者其派出机构可采取责令改正、监管谈话、出具警示函、责令公开说明、责令参加培训、责令定期报告、暂不受理与行政许可有关的文件、暂停部分或者全部业务、撤销业务许可等相关监管措施；依法应予行政处罚的，依照《证券法》、《行政处罚法》等法律法规和证监会的有关规定进行处罚；涉嫌犯罪的，依法移送司法机关，追究其刑事责任。

第七章 附 则

第五十条 负责客户信用资金存管的商业银行，应当是按照规定可以存管证券公司客户交易结算资金的商业银行。

第五十一条 本办法所称专业机构投资者是指：经国家金融监管部门批准设立的金融机构，包括商业银行、证券公司、基金管理公司、期货公司、信托公司和保险公司等；上述金融机构管理的金融产品；经证监会或者其授权机构登记备案的私募基金管理机构及其管理的私募基金产品；证监会认可的其他投资者。

第五十二条 证券交易所、证券登记结算机构和中国证券业协会依照本办法的规定，制定融资融券的业务规则和自律规则，报证监会批准后实施。

第五十三条 本办法自公布之日起施行。2011 年 10 月 26 日发布的《证券公司融资融券业务管理办法》（证监会公告〔2011〕31 号）同时废止。

中国证监会派出机构监管职责规定

（2015 年 10 月 29 日 证监会令第 118 号）

第一章 总 则

第一条 为了明确中国证券监督管理委员会派出机构（以下简称派出机构）监管职责，完善证券期货监管，根据《中华人民共和国证券法》、《中华人民共和国证券投资基金法》、《期货交易管理条例》、《证券公司监督管理条例》、《证券公司风险处置条例》等法律、行政法规，制定本规定。

第二条 派出机构受中国证券监督管理委员会（以下简称中国证监会）垂直领导，依法以自己的名义履行监管职责。

第三条 派出机构负责证券期货市场一线监管工作，切实维护资本市场公开、公平、公正，维护投资者特别是中小投资者合法权益,防范和依法处置辖区市场风险,促进辖区资本市场稳定健康发展。

第四条　派出机构监管职责的确立和履行,遵循职权法定、依法授权、权责统一、公开透明、公平公正的原则。

派出机构履行的监管职责,除法律、行政法规明确规定外,由中国证监会规章授权。

监管职责事项涉及中国证监会职能部门、派出机构、证券期货交易场所、证券登记结算机构、行业协会等的协调配合,需要做出具体安排的,由中国证监会制定工作规程。

第五条　派出机构按照规定履行下列监管职责:

(一)对辖区有关市场主体实施日常监管;

(二)防范和处置辖区有关市场风险;

(三)对证券期货违法违规行为实施调查、作出行政处罚;

(四)证券期货投资者教育和保护;

(五)法律、行政法规规定和中国证监会授权的其他职责。

第六条　派出机构在其职责范围内,按照中国证监会规定建立健全与证券期货交易场所、证券登记结算机构、行业协会等自律组织、相关会管单位及其他派出机构之间的信息共享和监管合作机制。

第七条　派出机构应当与辖区地方人民政府相关部门、其他金融监管机构的派出机构建立健全监管协作机制,构建综合监管体系,优化监管执法环境,促进辖区资本市场规范运行和健康发展,协同做好区域内金融风险防范和处置工作。

第二章　日 常 监 管

第八条　派出机构负责根据法律、行政法规规定以及中国证监会的授权实施行政许可事项。

派出机构进行初步审查、中国证监会复审并作出决定的行政许可,由派出机构按照规定受理,出具初步审查意见。

中国证监会相关职能部门办理行政许可,需要派出机构检查、核查相关事项或者出具监管意见的,派出机构应当提供协助。

第九条　派出机构负责对下列市场主体实施检查:

(一)证券发行人、上市公司、非上市公众公司及其控股股东、实际控制人、收购人等信息披露义务人;

(二)证券公司、公募基金管理人、期货公司及其子公司、分支机构,以及其控股股东、实际控制人;

(三)公司债券受托管理人、公募基金托管人、客户交易结算资金存管银行等机构;

(四)公募基金销售、销售支付、份额登记、估值、投资顾问、评价等服务机构;

(五)私募基金管理人、私募基金托管人及其他相关私募基金服务机构;

(六)证券期货投资咨询机构及其分支机构;

(七)从事证券期货业务的会计师事务所、资产评估机构、资信评级机构、律师事务所及其分支机构;

(八)从事证券期货业务的财务顾问机构;

(九)股权众筹融资服务机构、融资者等股权众筹融资活动相关主体;

(十)证券期货业信息技术系统服务机构;

(十一)境外证券类机构驻华代表机构;

(十二)法律、行政法规和中国证监会规定的其他市场主体。

第十条　检查的事项可以包括市场主体的信息披露、治理情况、内部控制、经营规范、执业活动等,具体检查事项由派出机构依照法律、行政法规和中国证监会规定予以确定。

市场主体取得行政许可或者按照规定进行备案,依法应当持续符合法定条件的,派出机构按规定对其持续符合法定条件的情况进行检查。

第十一条　派出机构根据中国证监会制定的有关检查办法和规程,结合辖区实际情况,制定具体检查方案,对本规定第九条所列市场主体实施检查。

第十二条　派出机构负责按照规定接收第九条所列市场主体依法报送的业务、财务等备案、报告材料,进行审阅分析。

第十三条　派出机构实施检查或者其他日常监管活动,发现有违反法律、行政法规和规章规定情形的,或者发现重大风险和问题的,应当依法采取监管措施、进行立案查处或者移送司法机关及其他相关部门;没有处理权限的,应当及时报告中国证监会或者按照规定转送其他职能部门、单位。

第三章 风险防范与处置

第十四条 派出机构应当根据市场风险防范的需要,结合辖区实际情况,按照规定以风险和问题为导向开展市场信息的搜集和分析工作,加强对市场的动态监测监控,督促市场主体提高防范和化解风险的能力。

第十五条 派出机构负责按照规定对证券公司、公募基金管理人、期货公司的风险指标实施监管。

派出机构根据审慎监管原则,要求证券公司、公募基金管理人、期货公司按照规定编制并报送风险监管报表。

第十六条 证券公司、公募基金管理人、期货公司的风险管理指标达到预警标准的,或者不符合规定标准的,派出机构按照规定采取相关措施。

第十七条 派出机构负责督促辖区证券公司、公募基金管理人、期货公司、证券期货服务机构等落实行业信息安全管理规定、技术标准,及时、完整、准确地向监管部门报送规定的数据,开展信息安全应急演练。

派出机构负责对信息安全应急演练情况进行核查,并按照规定调查处理信息安全事件。

第十八条 派出机构负责对中国证券投资者保护基金公司、中国期货市场监控中心、有关行业协会等机构发出的相关预警信息所涉事宜进行核查;发现问题的,及时采取相应的措施,督促有关市场主体整改,保障客户交易结算资金、客户保证金的安全。

第十九条 证券公司、公募基金管理人、期货公司违法经营或者出现重大风险,严重危害证券市场秩序、损害投资者利益的,派出机构可以依法对该机构及其直接负责的董事、监事、高级管理人员、其他直接责任人员采取相关措施。

派出机构负责与地方人民政府相关部门建立证券公司、公募基金管理人、期货公司以及私募基金管理人风险处置的协作机制。

第二十条 派出机构负责持续跟踪了解可能被强制退市的上市公司情况,按照规定制定上市公司风险应急处置预案。

派出机构负责与证券交易场所、地方人民政府相关部门建立信息通报、共享机制,对于可能被强制退市的上市公司,应当提前将有关情况报告地方人民政府。

派出机构负责配合地方人民政府相关部门对辖区上市公司实施托管,处置有关上市公司风险,建立健全上市公司退市工作协调机制。

第二十一条 派出机构负责协助、配合地方人民政府相关部门开展非上市公众公司风险处置工作。

第二十二条 派出机构按照规定负责公司债券违约事件的处置工作。

第二十三条 派出机构负责配合地方人民政府相关部门开展辖区各类交易场所清理整顿工作,推动建立健全相关交易场所长效管理机制。

派出机构负责与地方人民政府相关部门建立区域性股权市场监管协作机制,与其互通互报与区域性股权市场有关的信息,对地方人民政府相关部门开展区域性股权市场监管工作进行业务指导、协调和监督,对可能出现的金融风险进行预警提示和处置督导。

第二十四条 派出机构负责完善和强化外部协作机制,支持地方人民政府在有关非法证券期货活动案件查处和善后处理中发挥主导作用。

地方人民政府相关部门开展打击非法证券期货活动需要协助、配合的,派出机构可以协助、配合。派出机构应当按照规定及时移送发现的案件线索,并根据公安、司法机关等的请求,出具有关非法证券期货活动案件性质认定意见或者提供政策解释。

派出机构负责对辖区媒体有关非法证券期货活动信息收集、整理,并及时协调处理。

第四章 案件调查与行政处罚

第二十五条 派出机构负责对辖区内证券期货违法违规案件以及中国证监会相关职能部门交办的案件或者事项进行调查。

前款所称中国证监会相关职能部门交办的案件或者事项,包括中国证监会相关职能部门交办的境外机构请求协助调查的案件或事项。

第二十六条　派出机构负责办理中国证监会稽查总队、中国证监会证券监管专员办事处以及其他派出机构等请求协助调查的事项。

第二十七条　对达到刑事案件立案追诉标准的案件,派出机构应当按照规定自行或者报中国证监会向公安机关履行移送程序。

第二十八条　案件调查过程中,依法采取冻结、查封、限制被调查事件当事人证券买卖等强制措施的,派出机构按照规定负责实施。

第二十九条　派出机构负责本单位立案调查的证券期货违法违规案件的审理工作,依法对证券期货违法违规当事人实施行政处罚。但是,按照规定由其他派出机构或者中国证监会相关职能部门负责审理的除外。

派出机构可以按照规定审理中国证监会交办的其他派出机构立案调查的案件以及中国证监会相关职能部门负责调查的案件。

第三十条　派出机构对有关案件作出行政处罚决定的,由该派出机构负责行政处罚执行工作,按规定送达法律文书,督促被处罚对象履行行政处罚决定,依法申请并配合人民法院做好行政处罚强制执行工作。

第三十一条　派出机构负责按照规定做好中国证监会、其他派出机构所委托的行政处罚案件法律文书送达、处罚执行等相关工作。

第五章　投资者教育与保护

第三十二条　派出机构负责督促辖区证券期货经营机构落实投资者适当性管理制度。

派出机构应当宣传和推动辖区市场主体完善基础设施和各项制度,优化投资回报机制,畅通与投资者沟通渠道,保障中小投资者的知情权,便利中小投资者行使参与权和监督权。

第三十三条　派出机构负责在辖区组织开展投资者教育活动,督促、引导辖区上市公司、非上市公众公司、证券期货经营机构等市场主体开展投资者教育工作。

派出机构负责在中国证监会统一部署下,联合地方人民政府相关部门、教育机构、新闻媒体等单位,推动将投资者教育纳入国民教育体系,做好资本市场知识普及工作。

第三十四条　派出机构负责建立常态化投资者意见征求机制,按照规定组织或配合开展辖区证券期货投资者调查和权益评估评价,及时了解、分析投资者状况和政策制度的实施效果。

第三十五条　派出机构负责建立辖区中小投资者合法权益保障检查制度,按照本规定第二章的要求组织或配合开展投资者保护专项检查和日常检查。

第三十六条　派出机构负责建立健全投诉处理登记备案管理制度,督促有关辖区市场主体落实投资者投诉处理首要责任。

派出机构负责按照中国证监会的统一部署,支持辖区自律组织等发挥纠纷调解作用,并与辖区司法机关、仲裁、调解等组织加强联系,推动建立完善多元化纠纷解决机制。

第六章　其 他 职 责

第三十七条　派出机构负责支持、配合资本市场全面深化改革以及创新业务试点工作,开展辖区资本市场深化改革和创新业务研究。

第三十八条　派出机构负责按照规定开展辖区证券期货市场统计调查工作。

第三十九条　派出机构负责按照资本市场诚信建设统一规划部署,做好辖区资本市场诚信信息管理、诚信激励约束、失信联合惩戒、诚信宣传教育等诚信建设工作。

第四十条　派出机构负责按照规定做好辖区内信访、举报事项处理工作。

第四十一条　派出机构负责依法主动公开或者依申请公开有关监管信息。

第四十二条　派出机构负责组织开展以证券期货法律、行政法规和规章、规范性文件为重点的法制宣传活动。

第四十三条　派出机构负责以本单位为被申请人的行政复议答复工作、以本单位为被告的行政诉讼应诉工作。

派出机构负责协助中国证监会办理辖区内行政复议申请人及第三人的行政复议法律文书送达、执行工作;协助中国证监会做好涉及本单位工作的以中国证监会为被告的行政诉讼案件应诉工作。

第四十四条　派出机构负责向中国证监会报告发生在辖区以及由辖区司法机关、仲裁机构管辖的行政诉讼、证券期货民事赔偿、证券期货犯罪等与证券期货市场相关的重大行政、民事、刑事典型案件。

第四十五条　派出机构负责协助、配合地方人民政府相关部门、其他国务院金融监督管理机构的派出机构，按照规定开展地方金融改革、反洗钱监管及其他相关工作。

第四十六条　派出机构应当在监管职责范围内与辖区司法机关及其他国家机关建立监管协助机制，依法处理涉及辖区司法机关来访、来函等协助执法事项。

派出机构负责与辖区公安机关建立、完善行政执法与刑事司法衔接协作配合机制，按照规定向公安机关通报证券期货违法犯罪线索，商请公安机关配合开展调查工作。

除前两款规定的职责外，派出机构可以对辖区其他行政执法机关、司法机关等提出的与派出机构监管职责有关的证券期货法律问题提供咨询。

第四十七条　派出机构应当建立健全与辖区新闻媒体管理部门的日常监测和协作监管机制，通报证券期货类节目和产品广告有关情况，配合做好参与广播电视证券节目的机构和人员资质审查和证券信息类产品广告的管理工作。

派出机构负责监测本派出机构和辖区市场相关的舆情信息，并视情况开展后续处理。

第四十八条　派出机构依照法律、行政法规对辖区证券期货行业协会等行业自律组织进行指导和监督。

第七章　附　　则

第四十九条　本规定所称派出机构，是指中国证监会派驻各省、自治区、直辖市和计划单列市监管局。

中国证监会证券监管专员办事处的职责，另行制定。

第五十条　本规定所称证券期货经营机构，包括证券公司、公募基金管理人、期货公司及其子公司、分支机构，私募基金管理人、证券期货投资咨询机构以及其他经营证券期货相关业务的机构。

第五十一条　本规定自2015年12月1日起施行。中国证监会《关于印发〈派出机构监管工作职责〉的通知》（证监发〔2003〕86号）同时废止。

中国证券监督管理委员会行政处罚听证规则

（2015年11月2日　证监会令第119号）

第一条　为了规范证券期货违法案件的行政处罚听证程序，保障和监督中国证券监督管理委员会（以下简称中国证监会）及其派出机构依法实施行政处罚，维护公民、法人和其他组织的合法权益，根据《中华人民共和国行政处罚法》、《中华人民共和国证券法》、《中华人民共和国证券投资基金法》和《期货交易管理条例》等法律、行政法规有关规定，制定本规则。

第二条　中国证监会及其派出机构作出行政处罚决定前组织的听证，适用本规则。

第三条　中国证监会及其派出机构组织听证，应当遵循公正、公开的原则，保障当事人的各项权利。

第四条　听证依法实行回避制度。

听证主持人、听证员认为自己与本案有利害关系或者有其他关系可能影响案件公正处理的，应当自行回避。当事人认为听证主持人、听证员与本案有利害关系或者有其他关系可能影响案件公正处理的，有权以口头或者书面形式申请听证主持人、听证员回避。

当事人提出回避申请，应当说明理由，在听证开始前提出；回避事由在听证开始后知道的，也可以在听证辩论终结前提出。被申请回避的人员在决定作出前，应当暂停参与案件听证工作,但案件需要采取紧急措施的除外。

听证主持人、听证员的回避,由中国证监会负责组织听证部门的负责人或者派出机构的负责人决定;其他人员的回避,由听证主持人决定。

本条规定适用于书记员、翻译人员、鉴定人。

第五条　中国证监会或其派出机构拟对当事人作出以下一项或者一项以上行政处罚的,应当在向当事人送达的《行政处罚事先告知书》中载明当事人享有要求听证的权利:

(一)责令停止发行证券;

(二)责令停业整顿;

(三)暂停、撤销或者吊销证券、期货、基金相关业务许可;

(四)暂停或者撤销任职资格、从业资格;

(五)对个人没收业务收入、没收违法所得、罚款,单独或者合计5万元以上;

(六)对单位没收业务收入、没收违法所得、罚款,单独或者合计30万元以上;

(七)法律、行政法规和规章规定或者中国证监会及其派出机构认为可以听证的其他情形。

第六条　除下列情况外,听证公开举行:

(一)案件涉及国家秘密、商业秘密或者个人隐私;

(二)案件涉及可能对证券、期货交易价格产生重大影响的尚未公开的信息;

(三)法律规定的其他情况。

第七条　当事人要求听证的,应当在《行政处罚事先告知书》送达后3日内提出听证要求。当事人逾期未提出听证要求的,视为放弃听证权利。

行政处罚涉及多个当事人,部分当事人放弃听证权利的,不影响其他当事人要求听证。

第八条　同一案件中,符合本规则第五条规定情形的当事人要求听证的,其他当事人可以在《行政处罚事先告知书》送达后3日内提出一并参加听证的申请,是否准许,由中国证监会或其派出机构决定。

第九条　中国证监会或其派出机构应当及时组织听证,并在举行听证7日前向当事人送达《听证通知书》。

《听证通知书》应当载明以下事项:

(一)举行听证的时间、地点;

(二)听证主持人、听证员和书记员名单;

(三)当事人在听证中的权利和义务;

(四)举行听证的程序;

(五)中国证监会或其派出机构指定的听证联系人和联系方式;

(六)其他应当载明的事项。

第十条　当事人具有正当理由的,应当在收到《听证通知书》后3日内以书面形式提出延期举行听证的申请,是否准许,由中国证监会或其派出机构决定。

第十一条　当事人在听证程序中享有以下权利:

(一)亲自参加听证,或者委托1至2名代理人参加听证;

(二)在听证召开前书面撤回听证申请;

(三)在听证召开前向中国证监会或其派出机构申请查阅拟对其作出行政处罚决定所依据的证据;

(四)根据本规则第四条的规定申请相关人员回避;

(五)根据本规则第十条的规定申请延期举行听证;

(六)带相关人员作为证人到听证现场为其作证;

(七)对案件事实认定、法律适用、处罚幅度等进行陈述和申辩;

(八)对案件调查人员提出的证据进行质证,并提出新的证据;

(九)与案件调查人员进行辩论和作最后陈述;

(十)法律、行政法规和规章规定的其他权利。

第十二条　中国证监会或其派出机构同意当事人查阅证据申请的,当事人及其代理人可以按照规定查阅涉及本人行政处罚事项的证据,但涉及国家秘密、商业秘密和个人隐私的内容除外。

第十三条　当事人在听证程序中应当履行以下义务:

(一)按时出席或者委托代理人出席听证;

(二)如实陈述案件事实和回答提问,举证客观、真实;

(三)遵守听证纪律,服从听证主持人的

要求；

（四）听证结束后，在确认无误的听证笔录上签名或者盖章；

（五）对获知的国家秘密、商业秘密和个人隐私应予保密；

（六）法律、行政法规和规章规定的其他义务。

第十四条　听证前，当事人及其代理人可以向中国证监会或其派出机构提交陈述申辩意见和证据。

第十五条　中国证监会及其派出机构应当保障当事人充分行使在听证中的各项权利，履行下列职责：

（一）组织召开听证；

（二）向当事人送达《听证通知书》；

（三）对当事人查阅证据申请作出决定；

（四）决定回避、延期举行听证、中止听证、终止听证等程序事项；

（五）接收并复核当事人及其代理人提交的陈述申辩意见和证据；

（六）法律、行政法规和规章规定应当履行的其他职责。

第十六条　听证按照以下程序进行：

（一）听证开始前，由书记员查明当事人及其代理人、案件调查人员等听证参加人是否到场，并宣布听证纪律；

（二）听证主持人核对听证参加人，宣布出席听证的听证员、书记员名单，告知听证参加人在听证中的权利义务，询问当事人及其代理人是否申请回避；

（三）听证主持人宣布听证开始，宣布案由；

（四）案件调查人员提出当事人违法的具体事实、证据和行政处罚建议；

（五）当事人及其代理人进行陈述和申辩，并可以提出相关事实、理由和证据；

（六）当事人及其代理人和案件调查人员双方对有关证据进行质证。经听证主持人允许，双方可以向证人、鉴定人发问；

（七）当事人及其代理人和案件调查人员双方进行辩论，经听证主持人允许，双方可以相互发问；

（八）当事人及其代理人作最后陈述；

（九）听证主持人宣布听证结束。

听证过程中，听证主持人、听证员可以向案件调查人员、当事人及其代理人、证人、鉴定人等提问，有关人员应当如实回答。

第十七条　有下列情形之一的，延期举行听证：

（一）因不可抗力致使听证无法按期举行的；

（二）当事人及其代理人听证开始时申请回避理由成立，且因无法即时更换被申请回避人员致使听证无法按期举行的；

（三）当事人及其代理人申请延期举行听证，并有正当理由的；

（四）中国证监会或其派出机构认为需要延期举行听证的其他情形。

除当事人及其代理人申请延期举行听证并经同意的以外，中国证监会或其派出机构应当将延期举行听证的理由及时告知当事人。

延期举行听证的情形消除后，中国证监会或其派出机构应当及时组织听证。

第十八条　有下列情形之一的，中止听证：

（一）当事人及其代理人在听证过程中提出的回避申请理由成立，且因无法即时更换被申请回避人员致使听证无法继续举行的；

（二）当事人及其代理人因不可抗拒的事由，无法继续参加听证的；

（三）因不可抗拒的事由，致使听证无法继续举行的；

（四）其他应当中止听证的情形。

中止听证的情形消除后，中国证监会或其派出机构应当及时组织听证。

第十九条　当事人及其代理人有下列情形之一的，中国证监会或其派出机构可以终止听证，并将相关情形记录在案：

（一）书面撤回听证申请的；

（二）无正当理由不出席听证的；

（三）未经听证主持人允许中途退场的；

（四）严重违反听证纪律，被听证主持人责令退场的；

（五）其他符合终止听证的情形。

部分当事人及其代理人因上述情形被终止听证的，不影响其他当事人及其代理人继续行使听证权利。

第二十条　在听证过程中，听证参加人、旁听人员等应当遵守听证纪律，保证听证有序举行。

听证主持人对违反听证纪律、妨碍听证秩序的人员，有权予以制止、口头警告，情节严重的，可以责令其退场。

第二十一条　听证应当制作笔录。听证笔录应当当场交由当事人及其代理人、证人及其他有关人员确认无误后签名或者盖章。相关人员认为对自己陈述的记录有遗漏或者差错的，有权要求补正。相关人员拒绝签名或者盖章的，中国证监会或其派出机构应当在听证笔录中予以注明。

第二十二条　听证结束，当事人及其代理人应当将陈述申辩意见和有关证据提交中国证监会或其派出机构。

第二十三条　听证结束后，中国证监会或其派出机构应当对当事人提出的事实、理由和证据进行复核，当事人提出的事实和理由成立的，应当采纳。

中国证监会或其派出机构应当根据听证复核情况，依据《中华人民共和国行政处罚法》第三十八条的规定，对当事人作出相应的处理决定。

中国证监会或其派出机构不得因当事人申辩和听证而加重处罚。

第二十四条　中国证监会及其派出机构举行听证，不向当事人收取费用。

当事人委托代理人、证人出席听证等所产生的费用以及其他己方支出，由当事人自行承担。

第二十五条　中国证监会及其派出机构拟对当事人采取市场禁入措施的，当事人可以要求举行听证，听证程序参照本规则的规定执行。

中国证监会及其派出机构在对当事人采取注销业务许可、关闭分支机构等重大监管措施之前，认为需要组织听证或者根据当事人申请决定听证的，听证程序参照本规则的规定执行。

第二十六条　本规则规定的期间以日计算。期间开始当日，不计算在期间内。

期间届满的最后一日是节假日的，以节假日后的第一日为期间届满的日期。

第二十七条　本规则自2015年12月4日起施行。《中国证券监督管理委员会行政处罚听证规则》(证监法律字〔2007〕8号)同时废止。

货币市场基金监督管理办法

(2015年12月17日　证监会令第120号)

第一章　总　　则

第一条　为了促进公开募集证券投资基金(以下简称基金)的发展，规范货币市场基金的募集、运作及相关活动，保护投资人及相关当事人的合法权益，根据《证券投资基金法》及其他有关法律、行政法规，制定本办法。

第二条　本办法所称货币市场基金是指仅投资于货币市场工具，每个交易日可办理基金份额申购、赎回的基金。

在基金名称中使用"货币"、"现金"、"流动"等类似字样的基金视为货币市场基金，适用本办法。

基金管理人可以按照本办法的规定，根据市场与投资者需求，开发设计不同风险收益特征的货币市场基金产品，拓展货币市场基金作为现金管理工具的各项基础功能。

第三条　中国证监会、中国人民银行依照法律、行政法规、本办法的规定和审慎监管原则，对货币市场基金运作活动实施监督管理。

第二章　投资范围与投资限制

第四条　货币市场基金应当投资于以下金

融工具：

（一）现金；

（二）期限在1年以内（含1年）的银行存款、债券回购、中央银行票据、同业存单；

（三）剩余期限在397天以内（含397天）的债券、非金融企业债务融资工具、资产支持证券；

（四）中国证监会、中国人民银行认可的其他具有良好流动性的货币市场工具。

第五条 货币市场基金不得投资于以下金融工具：

（一）股票；

（二）可转换债券、可交换债券；

（三）以定期存款利率为基准利率的浮动利率债券，已进入最后一个利率调整期的除外；

（四）信用等级在AA+以下的债券与非金融企业债务融资工具；

（五）中国证监会、中国人民银行禁止投资的其他金融工具。

第六条 货币市场基金投资于相关金融工具的比例应当符合下列规定：

（一）同一机构发行的债券、非金融企业债务融资工具及其作为原始权益人的资产支持证券占基金资产净值的比例合计不得超过10%，国债、中央银行票据、政策性金融债券除外；

（二）货币市场基金投资于有固定期限银行存款的比例，不得超过基金资产净值的30%，但投资于有存款期限，根据协议可提前支取的银行存款不受上述比例限制；货币市场基金投资于具有基金托管人资格的同一商业银行的银行存款、同业存单占基金资产净值的比例合计不得超过20%，投资于不具有基金托管人资格的同一商业银行的银行存款、同业存单占基金资产净值的比例合计不得超过5%。

第七条 货币市场基金应当保持足够比例的流动性资产以应对潜在的赎回要求，其投资组合应当符合下列规定：

（一）现金、国债、中央银行票据、政策性金融债券占基金资产净值的比例合计不得低于5%；

（二）现金、国债、中央银行票据、政策性金融债券以及五个交易日内到期的其他金融工具占基金资产净值的比例合计不得低于10%；

（三）到期日在10个交易日以上的逆回购、银行定期存款等流动性受限资产投资占基金资产净值的比例合计不得超过30%；

（四）除发生巨额赎回、连续3个交易日累计赎回20%以上或者连续5个交易日累计赎回30%以上的情形外，债券正回购的资金余额占基金资产净值的比例不得超过20%。

第八条 因市场波动、基金规模变动等基金管理人之外的因素致使货币市场基金投资不符合本办法第六条及第七条第（二）、（三）、（四）项规定的比例或者基金合同约定的投资比例的，基金管理人应当在10个交易日内进行调整，但中国证监会规定的特殊情形除外。

第九条 货币市场基金投资组合的平均剩余期限不得超过120天，平均剩余存续期不得超过240天。

第三章 基金份额净值计价与申购赎回

第十条 对于每日按照面值进行报价的货币市场基金，可以在基金合同中将收益分配的方式约定为红利再投资，并应当每日进行收益分配。

第十一条 货币市场基金应当采取稳健、适当的会计核算和估值方法。在确保基金资产净值能够公允地反映基金投资组合价值的前提下，可采用摊余成本法对持有的投资组合进行会计核算，但应当在基金合同、基金招募说明书中披露该核算方法及其可能对基金净值波动带来的影响。

前款规定的基金估值核算方法在特殊情形下不能公允反映基金价值的，货币市场基金可以采用其他估值方法。该特殊情形及该估值方法应当在基金合同中约定。

第十二条 对于采用摊余成本法进行核算的货币市场基金，应当采用影子定价的风险控制手段，对摊余成本法计算的基金资产净值的公允性进行评估。

当影子定价确定的基金资产净值与摊余成本法计算的基金资产净值的负偏离度绝对值达到0.25%时，基金管理人应当在5个交易日内将负偏离度绝对值调整到0.25%以内。当正偏离度绝对值达到0.5%时，基金管理人应当暂停接受申购并在5个交易日内将正偏离度绝对值调整到0.5%以内。当负偏离度绝对值达到0.5%时,基金管理人应当使用风险准备金或者固有资金弥补潜在资产损失,将负偏离度绝对值控制在0.5%以内。当负偏离度绝对值连续两个交易日超过0.5%时,基金管理人应当采用公允价值估值方法对持有投资组合的账面价值进行调整,或者采取暂停接受所有赎回申请并终止基金合同进行财产清算等措施。

前述情形及处理方法应当事先在基金合同中约定并履行信息披露义务。

第十三条　对于不收取申购、赎回费的货币市场基金,可以按照不高于0.25%的比例从基金资产计提一定的费用,专门用于本基金的销售与基金持有人服务。基金年度报告应当对该项费用的列支情况作专项说明。

第十四条　为了保护基金份额持有人的合法权益,基金管理人可以依照相关法律法规以及基金合同的约定,在特定市场条件下暂停或者拒绝接受一定金额以上的资金申购。

第十五条　当日申购的基金份额应当自下一个交易日起享有基金的分配权益;当日赎回的基金份额自下一个交易日起不享有基金的分配权益,但中国证监会认定的特殊货币市场基金品种除外。

第十六条　货币市场基金的基金份额可以在依法设立的交易场所进行交易,或者按照法律法规和合同约定进行协议转让。

第十七条　基金管理人应当建立健全内部流动性风险控制制度,细化流动性风险管理措施。在满足相关流动性风险管理要求的前提下,当货币市场基金持有的现金、国债、中央银行票据、政策性金融债券以及5个交易日内到期的其他金融工具占基金资产净值的比例合计低于5%且偏离度为负时,为确保基金平稳运作,避免诱发系统性风险,基金管理人应当对当日单个基金份额持有人申请赎回基金份额超过基金总份额1%以上的赎回申请征收1%的强制赎回费用,并将上述赎回费用全额计入基金财产。基金管理人与基金托管人协商确认上述做法无益于基金利益最大化的情形除外。前述情形及处理方法应当事先在基金合同中约定。

为公平对待不同类别基金份额持有人的合法权益,货币市场基金应当在基金合同中约定,单个基金份额持有人在单个开放日申请赎回基金份额超过基金总份额10%的,基金管理人可以采取延期办理部分赎回申请或者延缓支付赎回款项的措施。

第四章　宣传推介与信息披露

第十八条　基金管理人应当在货币市场基金的招募说明书及宣传推介材料的显著位置列明,投资者购买货币市场基金并不等于将资金作为存款存放在银行或者存款类金融机构,基金管理人不保证基金一定盈利,也不保证最低收益。

第十九条　基金管理人、基金销售机构在从事货币市场基金销售活动过程中,应当按照有关法律法规规定制作宣传推介材料,严格规范宣传推介行为,充分揭示投资风险,不得承诺收益,不得使用与货币市场基金风险收益特征不相匹配的表述,不得夸大或者片面宣传货币市场基金的投资收益或者过往业绩。

除基金管理人、基金销售机构外,其他机构或者个人不得擅自制作或者发放与货币市场基金相关的宣传推介材料;登载货币市场基金宣传推介材料的,不得片面引用或者修改其内容。

第二十条　基金销售支付结算机构等相关机构开展与货币市场基金相关的业务推广活动,应当事先征得合作基金管理人或者基金销售机构的同意,严格遵守相关法律法规的规定,不得混同、比较货币市场基金与银行存款及其他产品的投资收益,不得以宣传理财账户或者服务平台等名义变相从事货币市场基金的宣传推介活动。

第二十一条　基金管理人、基金销售机构独立或者与互联网机构等其他机构合作开展货币市场基金互联网销售业务时,应当采取显著方式向投资人揭示提供基金销售服务的主体、投资风险以及销售的货币市场基金名称,不得以理财账户或者服务平台的名义代替基金名称,并对合作业务范围、法律关系界定、信息安全保障、客户信息保密、合规经营义务、应急处置机制、防范非法证券活动、合作终止时的业务处理方案、违约责任承担和投资人权益保护等进行明确约定。

第二十二条　基金管理人、基金销售机构与互联网机构等其他机构合作开展货币市场基金销售业务，不得有以下情形：

（一）未经中国证监会注册取得基金销售业务资格，擅自从事基金宣传推介、份额发售与申购赎回等相关业务；

（二）侵占或者挪用基金销售结算资金；

（三）欺诈误导投资人；

（四）未向投资人充分揭示投资风险；

（五）泄露投资人客户资料、交易信息等非公开信息；

（六）从事违法违规经营活动；

（七）法律法规及中国证监会规定的其他情形。

第二十三条　基金管理人、基金销售机构、基金销售支付结算机构以及互联网机构在从事或者参与货币市场基金销售过程中，向投资人提供快速赎回等增值服务的，应当充分揭示增值服务的业务规则，并采取有效方式披露增值服务的内容、范围、权利义务、费用及限制条件等信息，不得片面强调增值服务便利性，不得使用夸大或者虚假用语宣传增值服务。

从事基金销售支付结算业务的非银行支付机构应当严格按照《支付机构客户备付金存管办法》有关要求存放、使用、划转客户备付金，不得将客户备付金用于基金赎回垫支。

第二十四条　基金管理人应当严格按照有关基金信息披露法律法规要求履行货币市场基金的信息披露义务，鼓励基金管理人结合自身条件，自愿增加货币市场基金信息披露的频率和内容，提高货币市场基金的透明度。

第五章　风险控制

第二十五条　基金管理人从事货币市场基金投资管理活动，应当坚持组合管理、分散投资的基本原则，严格按照本办法规定和基金合同约定的投资范围与比例限制进行资产配置，构建与货币市场基金风险收益特征相匹配的投资组合。

第二十六条　基金管理人应当建立健全货币市场基金相关投资管理制度、风险控制系统与信息技术系统，加强对流动性风险、利率风险、信用风险、交易对手风险、道德风险等各类风险的管理与控制。

第二十七条　基金管理人应当注重货币市场基金操作风险的防控，针对货币市场基金申购赎回、交易清算、估值核算、信息披露等环节制定相关业务操作指引并建立风险识别与管理制度，提高从业人员的风险防范意识与业务操作能力。

第二十八条　基金管理人应当加强货币市场基金从事逆回购交易的流动性风险和交易对手风险的管理，合理分散逆回购交易到期日和交易对手的集中度，加强逆回购交易质押品资质和质押品期限的控制，质押品按公允价值计算应当足额。

第二十九条　基金管理人应当加强对货币市场基金投资银行存款风险的评估与研究，严格测算与控制投资银行存款的风险敞口，针对不同类型存款银行建立相关投资限制制度，投资各类银行存款所形成的潜在利息损失应当与基金管理人的风险准备金规模相匹配。如果出现因提前支取而导致利息损失的情形，基金管理人应当使用风险准备金予以弥补，风险准备金不足的，应当使用固有资金予以弥补。

第三十条　基金管理人应当建立和完善货币市场基金债券投资的内部信用评级制度，综合运用外部信用评级与内部信用评级结果，按照审慎原则具体限定不同信用等级金融工具的投资限制。基金管理人应当对货币市场基金已投资的信用类金融工具建立内部评级跟踪制度与估值风险防范机制，并保留相关资料备查。

第三十一条　基金管理人应当将压力测试作为货币市场基金风险管理的重要手段，建立科学审慎、全面有效的压力测试制度，结合自身风险管理水平与市场情况定期或者不定期开展压力测试，并针对压力测试结果及时采取防范措施，同时将最近一个年度的压力测试工作底稿留存备查。

第三十二条　货币市场基金遇到下列极端风险情形之一的，基金管理人及其股东在履行内部程序后，可以使用固有资金从货币市场基金购买金融工具：

（一）货币市场基金持有的金融工具出现兑付风险；

（二）货币市场基金发生巨额赎回，且持有资产的流动性难以满足赎回要求；

（三）货币市场基金负偏离度绝对值超过0.25%时，需要从货币市场基金购买风险资产。

基金管理人及其股东购买相关金融工具的价格不得低于该金融工具的账面价值。

前述事项发生后,基金管理人应当在两个交易日内向中国证监会报告,并依法履行信息披露义务,其中涉及到银行间市场的,应当遵守中国人民银行有关规定,向相关部门备案。

第三十三条 基金管理人应当坚持稳健经营理念,其货币市场基金管理规模应当与自身的人员储备、投研和客服能力、风险管理和内部控制水平相匹配,杜绝片面追求收益率和基金规模,不得以收益率作为基金经理考核评价的唯一标准,不得通过交易上的安排规避本办法对投资范围、投资比例、平均剩余期限及存续期的相关规定,不得违规从事或者参与债券代持交易。

第三十四条 基金托管人应当切实履行共同受托职责,严格按照本办法规定对所托管的货币市场基金的日常投资运作活动实施监督,与基金管理人共同做好货币市场基金的风险管理工作,可以根据市场情况及业务发展的需要,对货币市场基金提供流动性支持服务。

第六章 监督管理与法律责任

第三十五条 货币市场基金的份额净值计价、募集、申购、赎回、投资、信息披露、宣传推介等活动,应当遵守有关法律法规和本办法的规定。

第三十六条 货币市场基金在全国银行间市场的交易、结算等市场行为,应当遵守中国人民银行关于全国银行间市场的管理规定,并接受中国人民银行的监管和动态检查。

第三十七条 基金管理人、基金托管人在管理与托管货币市场基金过程中,因违反法律法规或者基金合同约定导致基金财产或者基金份额持有人损失的,应当分别对各自的行为依法承担赔偿责任;因共同行为导致基金财产或者基金份额持有人损失的,应当承担连带赔偿责任。

第三十八条 基金管理人违反本办法规定的,中国证监会可以采取责令改正、监管谈话、出具警示函,整改期间暂停受理及审查基金产品募集申请或者其他业务申请等行政监管措施,记入诚信档案;对直接负责的主管人员和其他直接责任人员,可以依法采取监管谈话、出具警示函、认定为不适当人选等行政监管措施,记入诚信档案;情节严重的,可以对基金管理人及其直接负责的主管人员和其他直接责任人员单处或者并处警告、3 万元以下罚款;涉嫌犯罪的,依法移送司法机关,追究刑事责任。

第三十九条 基金管理人在管理货币市场基金过程中,由于风险管理不善而发生重大风险事件或者存在重大违法违规行为的,中国证监会可以责令基金管理人提高风险准备金的计提比例或者一次性补足一定金额的风险准备金;情节严重的,可以根据《证券投资基金法》有关规定,对基金管理人采取责令停业整顿、指定其他机构托管、接管、取消基金管理资格或者撤销等监管措施。

第四十条 基金托管人未按照本办法规定履行货币市场基金托管职责的,中国证监会可以依据《证券投资基金托管业务管理办法》有关规定采取行政监管措施。

第四十一条 基金销售机构、基金销售支付机构及互联网机构等相关机构或者个人在从事或者参与货币市场基金的销售、宣传推介等活动过程中,违反本办法规定的,中国证监会可以依据《证券投资基金销售管理办法》等有关规定采取行政监管措施。

第七章 附 则

第四十二条 本办法由中国证监会、中国人民银行负责解释。

第四十三条 本办法自 2016 年 2 月 1 日起施行。《货币市场基金暂行规定》(证监发〔2004〕78 号)、《关于货币市场基金投资等相关问题的通知》(证监基金字〔2005〕41 号)、《关于货币市场基金投资短期融资券有关问题的通知》(证监基金字〔2005〕163 号)、《关于货币市场基金投资银行存款有关问题的通知》(证监发〔2005〕190 号)、《关于加强货币市场基金风险控制有关问题的通知》(基金部通知〔2011〕41 号)等文件同时废止。

证券发行与承销管理办法

（2015年12月30日　证监会令第121号）

第一章　总　　则

第一条　为规范证券发行与承销行为，保护投资者合法权益，根据《证券法》和《公司法》，制定本办法。

第二条　发行人在境内发行股票或者可转换公司债券（以下统称证券）、证券公司在境内承销证券以及投资者认购境内发行的证券，适用本办法。

首次公开发行股票时公司股东公开发售其所持股份（以下简称老股转让）的，还应当符合中国证券监督管理委员会（以下简称中国证监会）的相关规定。

第三条　中国证监会依法对证券发行与承销行为进行监督管理。证券交易所、证券登记结算机构和中国证券业协会应当制定相关业务规则（以下简称相关规则），规范证券发行与承销行为。证券公司承销证券，应当依据本办法以及中国证监会有关风险控制和内部控制等相关规定，制定严格的风险管理制度和内部控制制度，加强定价和配售过程管理，落实承销责任。

为证券发行出具相关文件的证券服务机构和人员，应当按照本行业公认的业务标准和道德规范，严格履行法定职责，对其所出具文件的真实性、准确性和完整性承担责任。

第二章　定价与配售

第四条　首次公开发行股票，可以通过向网下投资者询价的方式确定股票发行价格，也可以通过发行人与主承销商自主协商直接定价等其他合法可行的方式确定发行价格。公开发行股票数量在2000万股（含）以下且无老股转让计划的，应当通过直接定价的方式确定发行价格。发行人和主承销商应当在招股意向书（或招股说明书，下同）和发行公告中披露本次发行股票的定价方式。上市公司发行证券的定价，应当符合中国证监会关于上市公司证券发行的有关规定。

第五条　首次公开发行股票，网下投资者须具备丰富的投资经验和良好的定价能力，应当接受中国证券业协会的自律管理，遵守中国证券业协会的自律规则。

网下投资者参与报价时，应当持有一定金额的非限售股份。发行人和主承销商可以根据自律规则，设置网下投资者的具体条件，并在发行公告中预先披露。主承销商应当对网下投资者是否符合预先披露的条件进行核查，对不符合条件的投资者，应当拒绝或剔除其报价。

第六条　首次公开发行股票采用询价方式定价的，符合条件的网下机构和个人投资者可以自主决定是否报价，主承销商无正当理由不得拒绝。网下投资者应当遵循独立、客观、诚信的原则合理报价，不得协商报价或者故意压低、抬高价格。

网下投资者报价应当包含每股价格和该价格对应的拟申购股数，且只能有一个报价。非个人投资者应当以机构为单位进行报价。首次公开发行股票价格（或发行价格区间）确定后，提供有效报价的投资者方可参与申购。

第七条　首次公开发行股票采用询价方式的，网下投资者报价后，发行人和主承销商应当剔除拟申购总量中报价最高的部分，剔除部分不得低于所有网下投资者拟申购总量的10%，然后根据剩余报价及拟申购数量协商确定发行价格。剔除部分不得参与网下申购。

公开发行股票数量在4亿股（含）以下的，

有效报价投资者的数量不少于10家;公开发行股票数量在4亿股以上的,有效报价投资者的数量不少于20家。剔除最高报价部分后有效报价投资者数量不足的,应当中止发行。

第八条 首次公开发行股票时,发行人和主承销商可以自主协商确定参与网下询价投资者的条件、有效报价条件、配售原则和配售方式,并按照事先确定的配售原则在有效申购的网下投资者中选择配售股票的对象。

第九条 首次公开发行股票采用直接定价方式的,全部向网上投资者发行,不进行网下询价和配售。

首次公开发行股票采用询价方式的,公开发行股票后总股本4亿股(含)以下的,网下初始发行比例不低于本次公开发行股票数量的60%;发行后总股本超过4亿股的,网下初始发行比例不低于本次公开发行股票数量的70%。其中,应当安排不低于本次网下发行股票数量的40%优先向通过公开募集方式设立的证券投资基金(以下简称公募基金)和由社保基金投资管理人管理的社会保障基金(以下简称社保基金)配售,安排一定比例的股票向根据《企业年金基金管理办法》设立的企业年金基金和符合《保险资金运用管理暂行办法》等相关规定的保险资金(以下简称保险资金)配售。公募基金、社保基金、企业年金基金和保险资金有效申购不足安排数量的,发行人和主承销商可以向其他符合条件的网下投资者配售剩余部分。

对网下投资者进行分类配售的,同类投资者获得配售的比例应当相同。公募基金、社保基金、企业年金基金和保险资金的配售比例应当不低于其他投资者。

安排向战略投资者配售股票的,应当扣除向战略投资者配售部分后确定网下网上发行比例。

网下投资者可与发行人和主承销商自主约定网下配售股票的持有期限并公开披露。

第十条 首次公开发行股票网下投资者申购数量低于网下初始发行量的,发行人和主承销商不得将网下发行部分向网上回拨,应当中止发行。

网上投资者有效申购倍数超过50倍、低于100倍(含)的,应当从网下向网上回拨,回拨比例为本次公开发行股票数量的20%;网上投资者有效申购倍数超过100倍的,回拨比例为本次公开发行股票数量的40%;网上投资者有效申购倍数超过150倍的,回拨后网下发行比例不超过本次公开发行股票数量的10%。本款所指公开发行股票数量应按照扣除设定12个月及以上限售期的股票数量计算。

网上投资者申购数量不足网上初始发行量的,可回拨给网下投资者。

除本办法第七条和本条第一款规定的中止发行情形外,发行人和主承销商还可以约定中止发行的其他具体情形并事先披露。中止发行后,在核准文件有效期内,经向中国证监会备案,可重新启动发行。

第十一条 首次公开发行股票,持有一定数量非限售股份的投资者才能参与网上申购。网上投资者应当自主表达申购意向,不得全权委托证券公司进行新股申购。采用其他方式进行网上申购和配售的,应当符合中国证监会的有关规定。

第十二条 首次公开发行股票的网下发行应和网上发行同时进行,网下和网上投资者在申购时无需缴付申购资金。投资者应当自行选择参与网下或网上发行,不得同时参与。

发行人股东拟进行老股转让的,发行人和主承销商应于网下网上申购前协商确定发行价格、发行数量和老股转让数量。采用询价方式且无老股转让计划的,发行人和主承销商可以通过网下询价确定发行价格或发行价格区间。网上投资者申购时仅公告发行价格区间、未确定发行价格的,主承销商应当安排投资者按价格区间上限申购。

第十三条 网下和网上投资者获得配售后,应当按时足额缴付认购资金。网上投资者连续12个月内累计出现3次中签后未足额缴款的情形时,6个月内不得参与新股申购。

网下和网上投资者缴款认购的股份数量合计不足本次公开发行数量的70%时,可以中止发行。

第十四条 首次公开发行股票数量在4亿股以上的,可以向战略投资者配售股票。发行人应当与战略投资者事先签署配售协议。

发行人和主承销商应当在发行公告中披露战略投资者的选择标准、向战略投资者配售的股票总量、占本次发行股票的比例以及持有期限等。

战略投资者不参与网下询价，且应当承诺获得本次配售的股票持有期限不少于12个月，持有期自本次公开发行的股票上市之日起计算。

第十五条 首次公开发行股票数量在4亿股以上的，发行人和主承销商可以在发行方案中采用超额配售选择权。超额配售选择权的实施应当遵守中国证监会、证券交易所、证券登记结算机构和中国证券业协会的规定。

第十六条 首次公开发行股票网下配售时，发行人和主承销商不得向下列对象配售股票：

（一）发行人及其股东、实际控制人、董事、监事、高级管理人员和其他员工；发行人及其股东、实际控制人、董事、监事、高级管理人员能够直接或间接实施控制、共同控制或施加重大影响的公司，以及该公司控股股东、控股子公司和控股股东控制的其他子公司；

（二）主承销商及其持股比例5%以上的股东，主承销商的董事、监事、高级管理人员和其他员工；主承销商及其持股比例5%以上的股东、董事、监事、高级管理人员能够直接或间接实施控制、共同控制或施加重大影响的公司，以及该公司控股股东、控股子公司和控股股东控制的其他子公司；

（三）承销商及其控股股东、董事、监事、高级管理人员和其他员工；

（四）本条第（一）、（二）、（三）项所述人士的关系密切的家庭成员，包括配偶、子女及其配偶、父母及配偶的父母、兄弟姐妹及其配偶、配偶的兄弟姐妹、子女配偶的父母；

（五）过去6个月内与主承销商存在保荐、承销业务关系的公司及其持股5%以上的股东、实际控制人、董事、监事、高级管理人员，或已与主承销商签署保荐、承销业务合同或达成相关意向的公司及其持股5%以上的股东、实际控制人、董事、监事、高级管理人员；

（六）通过配售可能导致不当行为或不正当利益的其他自然人、法人和组织。

本条第（二）、（三）项规定的禁止配售对象管理的公募基金不受前款规定的限制，但应符合中国证监会的有关规定。

第十七条 发行人和承销商及相关人员不得泄露询价和定价信息；不得以任何方式操纵发行定价；不得劝诱网下投资者抬高报价，不得干扰网下投资者正常报价和申购；不得以提供透支、回扣或者中国证监会认定的其他不正当手段诱使他人申购股票；不得以代持、信托持股等方式谋取不正当利益或向其他相关利益主体输送利益；不得直接或通过其利益相关方向参与认购的投资者提供财务资助或者补偿；不得以自有资金或者变相通过自有资金参与网下配售；不得与网下投资者互相串通，协商报价和配售；不得收取网下投资者回扣或其他相关利益。

第十八条 上市公司发行证券，存在利润分配方案、公积金转增股本方案尚未提交股东大会表决或者虽经股东大会表决通过但未实施的，应当在方案实施后发行。相关方案实施前，主承销商不得承销上市公司发行的证券。

第十九条 上市公司向原股东配售股票（以下简称配股），应当向股权登记日登记在册的股东配售，且配售比例应当相同。

上市公司向不特定对象公开募集股份（以下简称增发）或者发行可转换公司债券，可以全部或者部分向原股东优先配售，优先配售比例应当在发行公告中披露。

第二十条 上市公司增发或者发行可转换公司债券，主承销商可以对参与网下配售的机构投资者进行分类，对不同类别的机构投资者设定不同的配售比例，对同一类别的机构投资者应当按相同的比例进行配售。主承销商应当在发行公告中明确机构投资者的分类标准。

主承销商未对机构投资者进行分类的，应当在网下配售和网上发行之间建立回拨机制，回拨后两者的获配比例应当一致。

第二十一条 上市公司非公开发行证券的，发行对象及其数量的选择应当符合中国证监会关于上市公司证券发行的相关规定。

第三章 证券承销

第二十二条 发行人和主承销商应当签订承销协议，在承销协议中界定双方的权利义务关系，约定明确的承销基数。采用包销方式的，应当明确包销责任；采用代销方式的，应当约定发行失败后的处理措施。

证券发行依照法律、行政法规的规定应由承销团承销的,组成承销团的承销商应当签订承销团协议,由主承销商负责组织承销工作。证券发行由两家以上证券公司联合主承销的,所有担任主承销商的证券公司应当共同承担主承销责任,履行相关义务。承销团由 3 家以上承销商组成的,可以设副主承销商,协助主承销商组织承销活动。

承销团成员应当按照承销团协议及承销协议的规定进行承销活动,不得进行虚假承销。

第二十三条 证券公司承销证券,应当依照《证券法》第二十八条的规定采用包销或者代销方式。上市公司非公开发行股票未采用自行销售方式或者上市公司配股的,应当采用代销方式。

第二十四条 股票发行采用代销方式的,应当在发行公告(或认购邀请书)中披露发行失败后的处理措施。股票发行失败后,主承销商应当协助发行人按照发行价并加算银行同期存款利息返还股票认购人。

第二十五条 证券公司实施承销前,应当向中国证监会报送发行与承销方案。

第二十六条 上市公司发行证券期间相关证券的停复牌安排,应当遵守证券交易所的相关规则。

主承销商应当按有关规定及时划付申购资金冻结利息。

第二十七条 投资者申购缴款结束后,发行人和主承销商应当聘请具有证券、期货相关业务资格的会计师事务所对申购和募集资金进行验证,并出具验资报告;还应当聘请律师事务所对网下发行过程、配售行为、参与定价和配售的投资者资质条件及其与发行人和承销商的关联关系、资金划拨等事项进行见证,并出具专项法律意见书。证券上市后 10 日内,主承销商应当将验资报告、专项法律意见随同承销总结报告等文件一并报中国证监会。

第四章 信息披露

第二十八条 发行人和主承销商在发行过程中,应当按照中国证监会规定的要求编制信息披露文件,履行信息披露义务。发行人和承销商在发行过程中披露的信息,应当真实、准确、完整、及时,不得有虚假记载、误导性陈述或者重大遗漏。

第二十九条 首次公开发行股票申请文件受理后至发行人发行申请经中国证监会核准、依法刊登招股意向书前,发行人及与本次发行有关的当事人不得采取任何公开方式或变相公开方式进行与股票发行相关的推介活动,也不得通过其他利益关联方或委托他人等方式进行相关活动。

第三十条 首次公开发行股票招股意向书刊登后,发行人和主承销商可以向网下投资者进行推介和询价,并通过互联网等方式向公众投资者进行推介。

发行人和主承销商向公众投资者进行推介时,向公众投资者提供的发行人信息的内容及完整性应与向网下投资者提供的信息保持一致。

第三十一条 发行人和主承销商在推介过程中不得夸大宣传,或以虚假广告等不正当手段诱导、误导投资者,不得披露除招股意向书等公开信息以外的发行人其他信息。

承销商应当保留推介、定价、配售等承销过程中的相关资料至少三年并存档备查,包括推介宣传材料、路演现场录音等,如实、全面反映询价、定价和配售过程。

第三十二条 发行人和主承销商应当将发行过程中披露的信息刊登在至少一种中国证监会指定的报刊,同时将其刊登在中国证监会指定的互联网网站,并置备于中国证监会指定的场所,供公众查阅。

第三十三条 发行人披露的招股意向书除不含发行价格、筹资金额以外,其内容与格式应当与招股说明书一致,并与招股说明书具有同等法律效力。

第三十四条 首次公开发行股票的发行人和主承销商应当在发行和承销过程中公开披露以下信息:

(一)招股意向书刊登首日在发行公告中披露发行定价方式、定价程序、参与网下询价投资者条件、股票配售原则、配售方式、有效报价的确定方式、中止发行安排、发行时间安排和路演推介相关安排等信息;发行人股东拟老股转让的,还应披露预计老股转让的数量上限,老股转让股东名称及各自转让老股数量,并明确新股发行与老股转让数量的调整机制。

（二）网上申购前披露每位网下投资者的详细报价情况，包括投资者名称、申购价格及对应的拟申购数量；剔除最高报价有关情况；剔除最高报价部分后网下投资者报价的中位数和加权平均数以及公募基金报价的中位数和加权平均数；有效报价和发行价格（或发行价格区间）的确定过程；发行价格（或发行价格区间）及对应的市盈率；网下网上的发行方式和发行数量；回拨机制；中止发行安排；申购缴款要求等。已公告老股转让方案的，还应披露老股转让和新股发行的确定数量，老股转让股东名称及各自转让老股数量，并应提示投资者关注，发行人将不会获得老股转让部分所得资金。按照发行价格计算的预计募集资金总额低于拟以本次募集资金投资的项目金额的，还应披露相关投资风险。

（三）如公告的发行价格（或发行价格区间上限）市盈率高于同行业上市公司二级市场平均市盈率，发行人和主承销商应当在披露发行价格的同时，在投资风险特别公告中明示该定价可能存在估值过高给投资者带来损失的风险，提醒投资者关注。内容至少包括：

1. 比较分析发行人与同行业上市公司的差异及该差异对估值的影响；提请投资者关注发行价格与网下投资者报价之间存在的差异。

2. 提请投资者关注投资风险，审慎研判发行定价的合理性，理性做出投资决策。

（四）在发行结果公告中披露获配机构投资者名称、个人投资者个人信息以及每个获配投资者的报价、申购数量和获配数量等，并明确说明自主配售的结果是否符合事先公布的配售原则；对于提供有效报价但未参与申购，或实际申购数量明显少于报价时拟申购量的投资者应列表公示并着重说明；缴款后的发行结果公告中披露网上、网下投资者获配未缴款金额以及主承销商的包销比例，列表公示获得配售但未足额缴款的网下投资者；发行后还应披露保荐费用、承销费用、其他中介费用等发行费用信息。

（五）向战略投资者配售股票的，应当在网下配售结果公告中披露战略投资者的名称、认购数量及持有期限等情况。

第三十五条 发行人和主承销商在披露发行市盈率时，应同时披露发行市盈率的计算方式。在进行行业市盈率比较分析时，应当按照中国证监会有关上市公司行业分类指引中制定的行业分类标准确定发行人行业归属，并分析说明行业归属的依据。存在多个市盈率口径时，应当充分列示可供选择的比较基准，并应当按照审慎、充分提示风险的原则选取和披露行业平均市盈率。发行人还可以同时披露市净率等反映发行人所在行业特点的估值指标。

第五章 监管和处罚

第三十六条 中国证监会对证券发行承销过程实施事中事后监管，发现涉嫌违法违规或者存在异常情形的，可责令发行人和承销商暂停或中止发行，对相关事项进行调查处理。

第三十七条 中国证券业协会应当建立对承销商询价、定价、配售行为和网下投资者报价行为的日常监管制度，加强相关行为的监督检查，发现违规情形的，应当及时采取自律监管措施。中国证券业协会还应当建立对网下投资者和承销商的跟踪分析和评价体系，并根据评价结果采取奖惩措施。

第三十八条 发行人、证券公司、证券服务机构、投资者及其直接负责的主管人员和其他直接责任人员有失诚信、违反法律、行政法规或者本办法规定的，中国证监会可以视情节轻重采取责令改正、监管谈话、出具警示函、责令公开说明、认定为不适当人选等监管措施，或者采取市场禁入措施，并记入诚信档案；依法应予行政处罚的，依照有关规定进行处罚；涉嫌犯罪的，依法移送司法机关，追究其刑事责任。

第三十九条 证券公司承销未经核准擅自公开发行的证券的，依照《证券法》第一百九十条的规定处罚。

证券公司承销证券有前款所述情形的，中国证监会可以采取12至36个月暂不受理其证券承销业务有关文件的监管措施。

第四十条 证券公司及其直接负责的主管人员和其他直接责任人员在承销证券过程中，有下列行为之一的，中国证监会可以采取本办法第三十八条规定的监管措施；情节比较严重的，还可以采取3至12个月暂不受理其证券承销业务有关文件的监管措施；依法应予行政处

罚的,依照《证券法》第一百九十一条的规定予以处罚:

(一)夸大宣传,或以虚假广告等不正当手段诱导、误导投资者;

(二)以不正当竞争手段招揽承销业务;

(三)从事本办法第十七条规定禁止的行为;

(四)向不符合本办法第五条规定的网下投资者配售股票,或向本办法第十六条规定禁止配售的对象配售股票;

(五)未按本办法要求披露有关文件;

(六)未按照事先披露的原则和方式配售股票,或其他未依照披露文件实施的行为;

(七)向投资者提供除招股意向书等公开信息以外的发行人其他信息;

(八)未按照本办法要求保留推介、定价、配售等承销过程中相关资料;

(九)其他违反证券承销业务规定的行为。

第四十一条　发行人及其直接负责的主管人员和其他直接责任人员有下列行为之一的,中国证监会可以采取本办法第三十八条规定的监管措施;构成违反《证券法》相关规定的,依法进行行政处罚:

(一)从事本办法第十七条规定禁止的行为;

(二)夸大宣传,或以虚假广告等不正当手段诱导、误导投资者;

(三)向投资者提供除招股意向书等公开信息以外的发行人信息;

(四)中国证监会认定的其他情形。

第六章　附　　则

第四十二条　其他证券的发行与承销比照本办法执行。中国证监会另有规定的,从其规定。

第四十三条　本办法自2013年12月13日起施行。2006年9月17日发布并于2010年10月11日、2012年5月18日修改的《证券发行与承销管理办法》同时废止。

首次公开发行股票并上市管理办法

(2015年12月30日　证监会令第122号)

第一章　总　　则

第一条　为了规范首次公开发行股票并上市的行为,保护投资者的合法权益和社会公共利益,根据《证券法》、《公司法》,制定本办法。

第二条　在中华人民共和国境内首次公开发行股票并上市,适用本办法。

境内公司股票以外币认购和交易的,不适用本办法。

第三条　首次公开发行股票并上市,应当符合《证券法》、《公司法》和本办法规定的发行条件。

第四条　发行人依法披露的信息,必须真实、准确、完整,不得有虚假记载、误导性陈述或者重大遗漏。

第五条　保荐人及其保荐代表人应当遵循勤勉尽责、诚实守信的原则,认真履行审慎核查和辅导义务,并对其所出具的发行保荐书的真实性、准确性、完整性负责。

第六条　为证券发行出具有关文件的证券服务机构和人员,应当按照本行业公认的业务标准和道德规范,严格履行法定职责,并对其所出具文件的真实性、准确性和完整性负责。

第七条　中国证券监督管理委员会(以下简称"中国证监会")对发行人首次公开发行股票的核准,不表明其对该股票的投资价值或者投资者的收益作出实质性判断或者保证。股票依法发行后,因发行人经营与收益的变化引致的投资风险，由投资者自行负责。

第二章 发行条件

第一节 主体资格

第八条 发行人应当是依法设立且合法存续的股份有限公司。

经国务院批准，有限责任公司在依法变更为股份有限公司时，可以采取募集设立方式公开发行股票。

第九条 发行人自股份有限公司成立后，持续经营时间应当在3年以上，但经国务院批准的除外。

有限责任公司按原账面净资产值折股整体变更为股份有限公司的，持续经营时间可以从有限责任公司成立之日起计算。

第十条 发行人的注册资本已足额缴纳，发起人或者股东用作出资的资产的财产权转移手续已办理完毕，发行人的主要资产不存在重大权属纠纷。

第十一条 发行人的生产经营符合法律、行政法规和公司章程的规定，符合国家产业政策。

第十二条 发行人最近3年内主营业务和董事、高级管理人员没有发生重大变化，实际控制人没有发生变更。

第十三条 发行人的股权清晰，控股股东和受控股股东、实际控制人支配的股东持有的发行人股份不存在重大权属纠纷。

第二节 规范运行

第十四条 发行人已经依法建立健全股东大会、董事会、监事会、独立董事、董事会秘书制度，相关机构和人员能够依法履行职责。

第十五条 发行人的董事、监事和高级管理人员已经了解与股票发行上市有关的法律法规，知悉上市公司及其董事、监事和高级管理人员的法定义务和责任。

第十六条 发行人的董事、监事和高级管理人员符合法律、行政法规和规章规定的任职资格，且不得有下列情形：

（一）被中国证监会采取证券市场禁入措施尚在禁入期的；

（二）最近36个月内受到中国证监会行政处罚，或者最近12个月内受到证券交易所公开谴责；

（三）因涉嫌犯罪被司法机关立案侦查或者涉嫌违法违规被中国证监会立案调查，尚未有明确结论意见。

第十七条 发行人的内部控制制度健全且被有效执行，能够合理保证财务报告的可靠性、生产经营的合法性、营运的效率与效果。

第十八条 发行人不得有下列情形：

（一）最近36个月内未经法定机关核准，擅自公开或者变相公开发行过证券；或者有关违法行为虽然发生在36个月前，但目前仍处于持续状态；

（二）最近36个月内违反工商、税收、土地、环保、海关以及其他法律、行政法规，受到行政处罚，且情节严重；

（三）最近36个月内曾向中国证监会提出发行申请，但报送的发行申请文件有虚假记载、误导性陈述或重大遗漏；或者不符合发行条件以欺骗手段骗取发行核准；或者以不正当手段干扰中国证监会及其发行审核委员会审核工作；或者伪造、变造发行人或其董事、监事、高级管理人员的签字、盖章；

（四）本次报送的发行申请文件有虚假记载、误导性陈述或者重大遗漏；

（五）涉嫌犯罪被司法机关立案侦查，尚未有明确结论意见；

（六）严重损害投资者合法权益和社会公共利益的其他情形。

第十九条 发行人的公司章程中已明确对外担保的审批权限和审议程序，不存在为控股股东、实际控制人及其控制的其他企业进行违规担保的情形。

第二十条 发行人有严格的资金管理制度，不得有资金被控股股东、实际控制人及其控制的其他企业以借款、代偿债务、代垫款项或者其他方式占用的情形。

第三节 财务与会计

第二十一条 发行人资产质量良好，资产负债结构合理，盈利能力较强，现金流量正常。

第二十二条 发行人的内部控制在所有重大方面是有效的,并由注册会计师出具了无保留结论的内部控制鉴证报告。

第二十三条 发行人会计基础工作规范,财务报表的编制符合企业会计准则和相关会计制度的规定,在所有重大方面公允地反映了发行人的财务状况、经营成果和现金流量,并由注册会计师出具了无保留意见的审计报告。

第二十四条 发行人编制财务报表应以实际发生的交易或者事项为依据;在进行会计确认、计量和报告时应当保持应有的谨慎;对相同或者相似的经济业务,应选用一致的会计政策,不得随意变更。

第二十五条 发行人应完整披露关联方关系并按重要性原则恰当披露关联交易。关联交易价格公允,不存在通过关联交易操纵利润的情形。

第二十六条 发行人应当符合下列条件:

(一)最近3个会计年度净利润均为正数且累计超过人民币3000万元,净利润以扣除非经常性损益前后较低者为计算依据;

(二)最近3个会计年度经营活动产生的现金流量净额累计超过人民币5000万元;或者最近3个会计年度营业收入累计超过人民币3亿元;

(三)发行前股本总额不少于人民币3000万元;

(四)最近一期末无形资产(扣除土地使用权、水面养殖权和采矿权等后)占净资产的比例不高于20%;

(五)最近一期末不存在未弥补亏损。

第二十七条 发行人依法纳税,各项税收优惠符合相关法律法规的规定。发行人的经营成果对税收优惠不存在严重依赖。

第二十八条 发行人不存在重大偿债风险,不存在影响持续经营的担保、诉讼以及仲裁等重大或有事项。

第二十九条 发行人申报文件中不得有下列情形:

(一)故意遗漏或虚构交易、事项或者其他重要信息;

(二)滥用会计政策或者会计估计;

(三)操纵、伪造或篡改编制财务报表所依据的会计记录或者相关凭证。

第三十条 发行人不得有下列影响持续盈利能力的情形:

(一)发行人的经营模式、产品或服务的品种结构已经或者将发生重大变化,并对发行人的持续盈利能力构成重大不利影响;

(二)发行人的行业地位或发行人所处行业的经营环境已经或者将发生重大变化,并对发行人的持续盈利能力构成重大不利影响;

(三)发行人最近1个会计年度的营业收入或净利润对关联方或者存在重大不确定性的客户存在重大依赖;

(四)发行人最近1个会计年度的净利润主要来自合并财务报表范围以外的投资收益;

(五)发行人在用的商标、专利、专有技术以及特许经营权等重要资产或技术的取得或者使用存在重大不利变化的风险;

(六)其他可能对发行人持续盈利能力构成重大不利影响的情形。

第三章 发行程序

第三十一条 发行人董事会应当依法就本次股票发行的具体方案、本次募集资金使用的可行性及其他必须明确的事项作出决议,并提请股东大会批准。

第三十二条 发行人股东大会就本次发行股票作出的决议,至少应当包括下列事项:

(一)本次发行股票的种类和数量;

(二)发行对象;

(三)价格区间或者定价方式;

(四)募集资金用途;

(五)发行前滚存利润的分配方案;

(六)决议的有效期;

(七)对董事会办理本次发行具体事宜的授权;

(八)其他必须明确的事项。

第三十三条 发行人应当按照中国证监会的有关规定制作申请文件,由保荐人保荐并向中国证监会申报。

特定行业的发行人应当提供管理部门的相关意见。

第三十四条 中国证监会收到申请文件后,在5个工作日内作出是否受理的决定。

第三十五条 中国证监会受理申请文件

后，由相关职能部门对发行人的申请文件进行初审，并由发行审核委员会审核。

第三十六条 中国证监会在初审过程中，将征求发行人注册地省级人民政府是否同意发行人发行股票的意见。

第三十七条 中国证监会依照法定条件对发行人的发行申请作出予以核准或者不予核准的决定，并出具相关文件。

自中国证监会核准发行之日起，发行人应在6个月内发行股票；超过6个月未发行的，核准文件失效，须重新经中国证监会核准后方可发行。

第三十八条 发行申请核准后、股票发行结束前，发行人发生重大事项的，应当暂缓或者暂停发行，并及时报告中国证监会，同时履行信息披露义务。影响发行条件的，应当重新履行核准程序。

第三十九条 股票发行申请未获核准的，自中国证监会作出不予核准决定之日起6个月后，发行人可再次提出股票发行申请。

第四章 信息披露

第四十条 发行人应当按照中国证监会的有关规定编制和披露招股说明书。

第四十一条 招股说明书内容与格式准则是信息披露的最低要求。不论准则是否有明确规定，凡是对投资者作出投资决策有重大影响的信息，均应当予以披露。

第四十二条 发行人应当在招股说明书中披露已达到发行监管对公司独立性的基本要求。

第四十三条 发行人及其全体董事、监事和高级管理人员应当在招股说明书上签字、盖章，保证招股说明书的内容真实、准确、完整。保荐人及其保荐代表人应当对招股说明书的真实性、准确性、完整性进行核查，并在核查意见上签字、盖章。

第四十四条 招股说明书中引用的财务报表在其最近一期截止日后6个月内有效。特别情况下发行人可申请适当延长，但至多不超过1个月。财务报表应当以年度末、半年度末或者季度末为截止日。

第四十五条 招股说明书的有效期为6个月，自中国证监会核准发行申请前招股说明书最后一次签署之日起计算。

第四十六条 申请文件受理后、发行审核委员会审核前，发行人应当将招股说明书（申报稿）在中国证监会网站（www. csrc. gov. cn）预先披露。发行人可以将招股说明书（申报稿）刊登于其企业网站，但披露内容应当完全一致，且不得早于在中国证监会网站的披露时间。

第四十七条 发行人及其全体董事、监事和高级管理人员应当保证预先披露的招股说明书（申报稿）的内容真实、准确、完整。

第四十八条 预先披露的招股说明书（申报稿）不是发行人发行股票的正式文件，不能含有价格信息，发行人不得据此发行股票。

发行人应当在预先披露的招股说明书（申报稿）的显要位置声明："本公司的发行申请尚未得到中国证监会核准。本招股说明书（申报稿）不具有据以发行股票的法律效力，仅供预先披露之用。投资者应当以正式公告的招股说明书全文作为作出投资决定的依据。"

第四十九条 发行人应当在发行前将招股说明书摘要刊登于至少一种中国证监会指定的报刊，同时将招股说明书全文刊登于中国证监会指定的网站，并将招股说明书全文置备于发行人住所、拟上市证券交易所、保荐人、主承销商和其他承销机构的住所，以备公众查阅。

第五十条 保荐人出具的发行保荐书、证券服务机构出具的有关文件应当作为招股说明书的备查文件，在中国证监会指定的网站上披露，并置备于发行人住所、拟上市证券交易所、保荐人、主承销商和其他承销机构的住所，以备公众查阅。

第五十一条 发行人可以将招股说明书摘要、招股说明书全文、有关备查文件刊登于其他报刊和网站，但披露内容应当完全一致，且不得早于在中国证监会指定报刊和网站的披露时间。

第五章 监管和处罚

第五十二条 发行人向中国证监会报送的发行申请文件有虚假记载、误导性陈述或者重大遗漏的，发行人不符合发行条件以欺骗手段骗取发行核准的,发行人以不正当手段干扰中国证监会及其发行审核委员会审核工作的,发行人或其董事、监事、高级管理人员的签字、盖章系伪造或者变造的,除依照《证券法》的有关规定处罚外,中国证监会将采取终止审核并在36个月内不受理发行人的股票发行申请的监管措施。

第五十三条　保荐人出具有虚假记载、误导性陈述或者重大遗漏的发行保荐书,保荐人以不正当手段干扰中国证监会及其发行审核委员会审核工作的,保荐人或其相关签字人员的签字、盖章系伪造或变造的,或者不履行其他法定职责的,依照《证券法》和保荐制度的有关规定处理。

第五十四条　证券服务机构未勤勉尽责,所制作、出具的文件有虚假记载、误导性陈述或者重大遗漏的,除依照《证券法》及其他相关法律、行政法规和规章的规定处罚外,中国证监会将采取12个月内不接受相关机构出具的证券发行专项文件,36个月内不接受相关签字人员出具的证券发行专项文件的监管措施。

第五十五条　发行人、保荐人或证券服务机构制作或者出具的文件不符合要求,擅自改动已提交的文件,或者拒绝答复中国证监会审核中提出的相关问题的,中国证监会将视情节轻重,对相关机构和责任人员采取监管谈话、责令改正等监管措施,记入诚信档案并公布;情节特别严重的,给予警告。

第五十六条　发行人披露盈利预测的,利润实现数如未达到盈利预测的80%,除因不可抗力外,其法定代表人、盈利预测审核报告签字注册会计师应当在股东大会及中国证监会指定报刊上公开作出解释并道歉;中国证监会可以对法定代表人处以警告。

利润实现数未达到盈利预测的50%的,除因不可抗力外,中国证监会在36个月内不受理该公司的公开发行证券申请。

第六章　附　　则

第五十七条　在中华人民共和国境内,首次公开发行股票且不上市的管理办法,由中国证监会另行规定。

第五十八条　本办法自2006年5月18日起施行。《关于股票发行工作若干规定的通知》(证监〔1996〕12号)、《关于做好1997年股票发行工作的通知》(证监〔1997〕13号)、《关于股票发行工作若干问题的补充通知》(证监〔1998〕8号)、《关于对拟发行上市企业改制情况进行调查的通知》(证监发字〔1998〕259号)、《关于对拟公开发行股票公司改制运行情况进行调查的通知》(证监发〔1999〕4号)、《关于拟发行股票公司聘请审计机构等问题的通知》(证监发行字〔2000〕131号)和《关于进一步规范股票首次发行上市有关工作的通知》(证监发行字〔2003〕116号)同时废止。

首次公开发行股票并在创业板上市管理办法

(2015年12月30日　证监会令第123号)

第一章　总　　则

第一条　为了规范首次公开发行股票并在创业板上市的行为,促进自主创新企业及其他成长型创业企业的发展,保护投资者的合法权益,维护社会公共利益,根据《证券法》、《公司法》,制定本办法。

第二条　在中华人民共和国境内首次公开发行股票并在创业板上市,适用本办法。

第三条　发行人申请首次公开发行股票并在创业板上市,应当符合《证券法》、《公司法》和本办法规定的发行条件。

第四条 发行人依法披露的信息，必须真实、准确、完整、及时，不得有虚假记载、误导性陈述或者重大遗漏。

发行人作为信息披露第一责任人，应当及时向保荐人、证券服务机构提供真实、准确、完整的财务会计资料和其他资料，全面配合保荐人、证券服务机构开展尽职调查。

第五条 发行人的控股股东、实际控制人、董事、监事、高级管理人员等责任主体应当诚实守信，全面履行公开承诺事项，不得在发行上市中损害投资者的合法权益。

第六条 保荐人及其保荐代表人应当严格履行法定职责，遵守业务规则和行业规范，对发行人的申请文件和信息披露资料进行审慎核查，督导发行人规范运行，对证券服务机构出具的专业意见进行核查，对发行人是否具备持续盈利能力、是否符合法定发行条件作出专业判断，并确保发行人的申请文件和招股说明书等信息披露资料真实、准确、完整、及时。

第七条 为股票发行出具文件的证券服务机构和人员，应当严格履行法定职责，遵守本行业的业务标准和执业规范，对发行人的相关业务资料进行核查验证，确保所出具的相关专业文件真实、准确、完整、及时。

第八条 中国证券监督管理委员会(以下简称中国证监会)依法对发行人申请文件的合法合规性进行审核，依法核准发行人的首次公开发行股票申请，并对发行人股票发行进行监督管理。

证券交易所依法制定业务规则，创造公开、公平、公正的市场环境，保障创业板市场的正常运行。

第九条 中国证监会依据发行人提供的申请文件核准发行人首次公开发行股票申请，不对发行人的盈利能力、投资价值或者投资者的收益作出实质性判断或者保证。

投资者自主判断发行人的投资价值，自主作出投资决策，自行承担股票依法发行后因发行人经营与收益变化或者股票价格变动引致的投资风险。

第十条 创业板市场应当建立健全与投资者风险承受能力相适应的投资者准入制度，向投资者充分提示投资风险，注重投资者需求，切实保护投资者特别是中小投资者的合法权益。

第二章 发行条件

第十一条 发行人申请首次公开发行股票应当符合下列条件：

(一)发行人是依法设立且持续经营三年以上的股份有限公司。有限责任公司按原账面净资产值折股整体变更为股份有限公司的，持续经营时间可以从有限责任公司成立之日起计算；

(二)最近两年连续盈利，最近两年净利润累计不少于一千万元；或者最近一年盈利，最近一年营业收入不少于五千万元。净利润以扣除非经常性损益前后孰低者为计算依据；

(三)最近一期末净资产不少于二千万元，且不存在未弥补亏损；

(四)发行后股本总额不少于三千万元。

第十二条 发行人的注册资本已足额缴纳，发起人或者股东用作出资的资产的财产权转移手续已办理完毕。发行人的主要资产不存在重大权属纠纷。

第十三条 发行人应当主要经营一种业务，其生产经营活动符合法律、行政法规和公司章程的规定，符合国家产业政策及环境保护政策。

第十四条 发行人最近两年内主营业务和董事、高级管理人员均没有发生重大变化，实际控制人没有发生变更。

第十五条 发行人的股权清晰，控股股东和受控股股东、实际控制人支配的股东所持发行人的股份不存在重大权属纠纷。

第十六条 发行人具有完善的公司治理结构，依法建立健全股东大会、董事会、监事会以及独立董事、董事会秘书、审计委员会制度，相关机构和人员能够依法履行职责。

发行人应当建立健全股东投票计票制度，建立发行人与股东之间的多元化纠纷解决机制，切实保障投资者依法行使收益权、知情权、参与权、监督权、求偿权等股东权利。

第十七条 发行人会计基础工作规范，财务报表的编制和披露符合企业会计准则和相关信息披露规则的规定，在所有重大方面公允地反映了发行人的财务状况、经营成果和现金流量，并由注册会计师出具无保留意见的审计报告。

第十八条　发行人内部控制制度健全且被有效执行,能够合理保证公司运行效率、合法合规和财务报告的可靠性,并由注册会计师出具无保留结论的内部控制鉴证报告。

第十九条　发行人的董事、监事和高级管理人员应当忠实、勤勉,具备法律、行政法规和规章规定的资格,且不存在下列情形:

(一)被中国证监会采取证券市场禁入措施尚在禁入期的;

(二)最近三年内受到中国证监会行政处罚,或者最近一年内受到证券交易所公开谴责的;

(三)因涉嫌犯罪被司法机关立案侦查或者涉嫌违法违规被中国证监会立案调查,尚未有明确结论意见的。

第二十条　发行人及其控股股东、实际控制人最近三年内不存在损害投资者合法权益和社会公共利益的重大违法行为。

发行人及其控股股东、实际控制人最近三年内不存在未经法定机关核准,擅自公开或者变相公开发行证券,或者有关违法行为虽然发生在三年前,但目前仍处于持续状态的情形。

第三章　发行程序

第二十一条　发行人董事会应当依法就本次发行股票的具体方案、本次募集资金使用的可行性及其他必须明确的事项作出决议,并提请股东大会批准。

本次发行股票时发行人股东公开发售股份的,发行人董事会还应当依法合理制定股东公开发售股份的具体方案并提请股东大会批准。

第二十二条　发行人股东大会应当就本次发行股票作出决议,决议至少应当包括下列事项:

(一)股票的种类和数量;

(二)发行对象;

(三)发行方式;

(四)价格区间或者定价方式;

(五)募集资金用途;

(六)发行前滚存利润的分配方案;

(七)决议的有效期;

(八)对董事会办理本次发行具体事宜的授权;

(九)其他必须明确的事项。

第二十三条　发行人应当按照中国证监会有关规定制作申请文件,由保荐人保荐并向中国证监会申报。

第二十四条　保荐人保荐发行人发行股票并在创业板上市,应当对发行人的成长性进行尽职调查和审慎判断并出具专项意见。发行人为自主创新企业的,还应当在专项意见中说明发行人的自主创新能力,并分析其对成长性的影响。

第二十五条　中国证监会收到申请文件后,在五个工作日内作出是否受理的决定。

第二十六条　中国证监会受理申请文件后,由相关职能部门对发行人的申请文件进行初审,由创业板发行审核委员会审核,并建立健全对保荐人、证券服务机构工作底稿的检查制度。

第二十七条　中国证监会自申请文件受理之日起三个月内,依法对发行人的发行申请作出予以核准、中止审核、终止审核、不予核准的决定,并出具相关文件。发行人根据要求补充、修改发行申请文件的时间不计算在内。

发行人应当自中国证监会核准之日起十二个月内发行股票,发行时点由发行人自主选择;超过十二个月未发行的,核准文件失效,须重新经中国证监会核准后方可发行。

第二十八条　发行申请核准后至股票发行结束前,发行人应当及时更新信息披露文件内容,财务报表过期的,发行人还应当补充财务会计报告等文件;保荐人及证券服务机构应当持续履行尽职调查职责;其间发生重大事项的,发行人应当暂缓或者暂停发行,并及时报告中国证监会,同时履行信息披露义务;出现不符合发行条件事项的,中国证监会撤回核准决定。

第二十九条　股票发行申请未获核准的,发行人可自中国证监会作出不予核准决定之日起六个月后再次提出股票发行申请。

第四章　信息披露

第三十条　发行人应当以投资者的决策需要为导向,按照中国证监会的有关规定编制和披露招股说明书,内容简明易懂,语言浅白平实，便于中小投资者阅读。

第三十一条 中国证监会制定的创业板招股说明书内容与格式准则是信息披露的最低要求。不论准则是否有明确规定，凡是对投资者作出投资决策有重大影响的信息，均应当予以披露。

第三十二条 发行人应当在招股说明书显要位置作如下提示："本次股票发行后拟在创业板市场上市，该市场具有较高的投资风险。创业板公司具有业绩不稳定、经营风险高、退市风险大等特点，投资者面临较大的市场风险。投资者应充分了解创业板市场的投资风险及本公司所披露的风险因素，审慎作出投资决定。"

第三十三条 发行人应当在招股说明书中分析并完整披露对其持续盈利能力产生重大不利影响的所有因素，充分揭示相关风险，并披露保荐人对发行人是否具备持续盈利能力的核查结论意见。

第三十四条 发行人应当在招股说明书中披露已达到发行监管对公司独立性的基本要求。

第三十五条 发行人应当在招股说明书中披露相关责任主体以及保荐人、证券服务机构及相关人员作出的承诺事项、承诺履行情况以及对未能履行承诺采取的约束措施，包括但不限于：

（一）本次发行前股东所持股份的限售安排、自愿锁定股份、延长锁定期限或者相关股东减持意向的承诺；

（二）稳定股价预案；

（三）依法承担赔偿或者补偿责任的承诺；

（四）填补被摊薄即期回报的措施及承诺；

（五）利润分配政策（包括现金分红政策）的安排及承诺。

第三十六条 发行人及其全体董事、监事和高级管理人员应当在招股说明书上签名、盖章，保证招股说明书内容真实、准确、完整、及时。保荐人及其保荐代表人应当对招股说明书的真实性、准确性、完整性、及时性进行核查，并在核查意见上签名、盖章。

发行人的控股股东、实际控制人应当对招股说明书出具确认意见，并签名、盖章。

第三十七条 招股说明书引用的财务报表在其最近一期截止日后六个月内有效。特别情况下发行人可申请适当延长，但至多不超过一个月。财务报表应当以年度末、半年度末或者季度末为截止日。

第三十八条 招股说明书的有效期为六个月，自公开发行前招股说明书最后一次签署之日起计算。

第三十九条 发行人申请文件受理后，应当及时在中国证监会网站预先披露招股说明书（申报稿）。发行人可在公司网站刊登招股说明书（申报稿），所披露的内容应当一致，且不得早于在中国证监会网站披露的时间。

第四十条 发行人及保荐人应当对预先披露的招股说明书（申报稿）负责，一经申报及预披露，不得随意更改，并确保不存在故意隐瞒及重大差错。

第四十一条 预先披露的招股说明书（申报稿）不能含有股票发行价格信息。

发行人应当在预先披露的招股说明书（申报稿）的显要位置作如下声明："本公司的发行申请尚未得到中国证监会核准。本招股说明书（申报稿）不具有据以发行股票的法律效力，仅供预先披露之用。投资者应当以正式公告的招股说明书作为投资决定的依据。"

第四十二条 发行人及其全体董事、监事和高级管理人员应当保证预先披露的招股说明书（申报稿）的内容真实、准确、完整、及时。

第四十三条 发行人股票发行前应当在中国证监会指定网站全文刊登招股说明书，同时在中国证监会指定报刊刊登提示性公告，告知投资者网上刊登的地址及获取文件的途径。

发行人应当将招股说明书披露于公司网站，时间不得早于前款规定的刊登时间。

第四十四条 保荐人出具的发行保荐书、证券服务机构出具的文件及其他与发行有关的重要文件应当作为招股说明书备查文件，在中国证监会指定网站和公司网站披露。

第四十五条 发行人应当将招股说明书及备查文件置备于发行人、拟上市证券交易所、保荐人、主承销商和其他承销机构的住所，以备公众查阅。

第四十六条 申请文件受理后至发行人发行申请经中国证监会核准、依法刊登招股说明书前，发行人及与本次发行有关的当事人不得以广告、说明会等方式为公开发行股票进行宣传。

第五章　监督管理和法律责任

第四十七条　证券交易所应当建立适合创业板特点的上市、交易、退市等制度,加强对相关当事人履行公开承诺行为的监督和约束,督促保荐人履行持续督导义务,对违反有关法律、法规、交易所业务规则以及不履行承诺的行为,及时采取相应的监管措施。

第四十八条　证券交易所应当建立适合创业板特点的市场风险警示及投资者持续教育的制度,督促发行人建立健全保护投资者合法权益的制度以及防范和纠正违法违规行为的内部控制体系。

第四十九条　自申请文件受理之日起,发行人及其控股股东、实际控制人、董事、监事、高级管理人员以及保荐人、证券服务机构及相关人员即对发行申请文件的真实性、准确性、完整性、及时性承担相应的法律责任。

发行人的发行申请文件和信息披露文件存在自相矛盾或者同一事实表述不一致且有实质性差异的,中国证监会将中止审核并自确认之日起十二个月内不受理相关保荐代表人推荐的发行申请。

第五十条　发行人向中国证监会报送的发行申请文件有虚假记载、误导性陈述或者重大遗漏的,中国证监会将终止审核并自确认之日起三十六个月内不受理发行人的发行申请,并依照《证券法》的有关规定进行处罚;致使投资者在证券交易中遭受损失的,发行人及其控股股东、实际控制人、董事、监事、高级管理人员以及保荐人、证券服务机构应当依法承担赔偿责任。

第五十一条　发行人不符合发行条件以欺骗手段骗取发行核准的,发行人以不正当手段干扰中国证监会及其发行审核委员会审核工作的,发行人或其董事、监事、高级管理人员、控股股东、实际控制人的签名、盖章系伪造或者变造的,发行人及与本次发行有关的当事人违反本办法规定为公开发行股票进行宣传的,中国证监会将终止审核并自确认之日起三十六个月内不受理发行人的发行申请,并依照《证券法》的有关规定进行处罚。

第五十二条　保荐人出具有虚假记载、误导性陈述或者重大遗漏的发行保荐书的,保荐人以不正当手段干扰中国证监会及其发行审核委员会审核工作的,保荐人或其相关签名人员的签名、盖章系伪造或变造的,或者不履行其他法定职责的,依照《证券法》和保荐制度的有关规定处理。

第五十三条　证券服务机构未勤勉尽责,所制作、出具的文件有虚假记载、误导性陈述或者重大遗漏的,中国证监会将自确认之日起十二个月内不接受相关机构出具的证券发行专项文件,三十六个月内不接受相关签名人员出具的证券发行专项文件,并依照《证券法》及其他相关法律、行政法规和规章的规定进行处罚;给他人造成损失的,应当依法承担赔偿责任。

第五十四条　发行人、保荐人或证券服务机构制作或者出具文件不符合要求,擅自改动招股说明书或者其他已提交文件的,或者拒绝答复中国证监会审核提出的相关问题的,中国证监会将视情节轻重,对相关机构和责任人员采取监管谈话、责令改正等监管措施,记入诚信档案并公布;情节严重的,给予警告等行政处罚。

第五十五条　发行人披露盈利预测,利润实现数如未达到盈利预测的百分之八十的,除因不可抗力外,其法定代表人、财务负责人应当在股东大会及中国证监会指定网站、报刊上公开作出解释并道歉;情节严重的,中国证监会给予警告等行政处罚。

利润实现数未达到盈利预测的百分之五十的,除因不可抗力外,中国证监会还可以自确认之日起三十六个月内不受理该公司的公开发行证券申请。

注册会计师为上述盈利预测出具审核报告的过程中未勤勉尽责的,中国证监会将视情节轻重,对相关机构和责任人员采取监管谈话等监管措施,记入诚信档案并公布;情节严重的,给予警告等行政处罚。

第六章　附　　则

第五十六条　本办法自公布之日起施行。

《首次公开发行股票并在创业板上市管理暂行办法》(证监会令第61号)、《关于进一步做好创业板推荐工作的指引》(证监会公告〔2010〕8号)同时废止。

附件一：

中国证监会规范性文件目录

1. 证券期货经营机构参与股票期权交易试点指引(2015年1月9日　证监会公告〔2015〕1号)

2. 公开发行证券的公司信息披露内容与格式准则第23号——公开发行公司债券募集说明书(2015年修订)(2015年3月2日　证监会公告〔2015〕2号)

3. 公开发行证券的公司信息披露内容与格式准则第24号——公开发行公司债券申请文件(2015年修订)(2015年3月2日　证监会公告〔2015〕3号)

4. 行政和解金管理暂行办法(2015年2月28日　证监会公告〔2015〕4号)

5. 公开募集证券投资基金参与沪港通交易指引(2015年3月27日　证监会公告〔2015〕5号)

6. 中国证监会决定取消、调整的备案类事项目录(共计155项)(2015年4月10日　证监会公告〔2015〕8号)

7. 关于废止部分证券期货规章的决定(第十三批)(2015年4月20日　证监会公告〔2015〕9号)

8.《上市公司重大资产重组管理办法》第十四条、第四十四条的适用意见——证券期货法律适用意见第12号(2015年4月24日　证监会公告〔2015〕10号)

9. 关于《国务院关于取消和调整一批行政审批项目等事项的决定》有关事项的公告(2015年4月28日　证监会公告〔2015〕11号)

10. 香港互认基金管理暂行规定(2015年5月14日　证监会公告〔2015〕12号)

11. 关于加强非上市公众公司监管工作的指导意见(2015年5月15日　证监会公告〔2015〕13号)

12. 关于废止部分部门通知、函、指引等文件有关事项的公告(2015年5月22日　证监会公告〔2015〕14号)

13. 境外交易者和境外经纪机构可以参与原油期货交易(2015年6月26日　证监会公告〔2015〕16号)①

14. 中国人民银行对中国证券金融股份有限公司提供流动性持(2015年7月5日　证监会公告〔2015〕17号)②

15. 限制大股东、高管减持(2015年7月5日　证监会公告〔2015〕18号)③

16. 关于清理整顿违法从事证券业务活动的意见(2015年7月12日　证监会公告〔2015〕19号)

17. 关于落实注册资本登记制度改革修改相关规定的决定(2015年7月31日　证监会公告〔2015〕20号)

18.《关于加强证券期货投资者教育基地建设的指导意见》及《首批投资者教育基地申报工作指引》(2015年9月8日　证监会公告〔2015〕23号)

19. 公开发行证券的公司信息披露内容与格式准则第2号——年度报告的内容与格式(2015年修订)(2015年11月9日　证监会公告〔2015〕24号)

20. 中国证监会随机抽查事项清单(2015年11月10日　证监会公告〔2015〕25号)

21. 中国证监会关于进一步推进全国中小企业股份转让系统发展的若干意见(2015年11月16日　证监会公告〔2015〕26号)

22. 关于进一步规范发行审核权力运行的

---

① 原文仅为“公告”,具体名称为编者所加。

② 原文仅为“公告”,具体名称为编者所加。

③ 原文仅为“公告”,具体名称为编者所加。

若干意见(2015 年 11 月 24 日　证监会公告〔2015〕27 号)

23.《关于加强发行审核工作人员履职回避管理的规定》和《关于加强发审委委员履职回避管理的规定》(2015 年 11 月 24 日　证监会公告〔2015〕28 号)

24. 中国证监会稽查办案十项禁令(2015 年 12 月 11 日　证监会公告〔2015〕29 号)

25. 关于实施《货币市场基金监督管理办法》有关问题的规定(2015 年 12 月 17 日　证监会公告〔2015〕30 号)

26. 关于首发及再融资、重大资产重组摊薄即期回报有关事项的指导意见(2015 年 12 月 30 日　证监会公告〔2015〕31 号)

27. 公开发行证券的公司信息披露内容与格式准则第 1 号——招股说明书(2015 年修订)(2015 年 12 月 30 日　证监会公告〔2015〕32 号)

28. 公开发行证券的公司信息披露内容与格式准则第 28 号——创业板公司招股说明书(2015 年修订)(2015 年 12 月 30 日　证监会公告〔2015〕33 号)

附件二:

其他部委发布的与资本市场相关的规范性文件目录

1. 财政部、国家税务总局关于金融企业涉农贷款和中小企业贷款损失准备金税前扣除有关问题的通知(2015 年 1 月 15 日　财税〔2015〕3 号)

2. 财政部、国家税务总局关于金融企业贷款损失准备金企业所得税税前扣除有关政策的通知(2015 年 1 月 15 日　财税〔2015〕9 号)

3. 财政部、国家发展改革委关于重新发布中国证券监督管理委员会行政事业性收费项目的通知(2015 年 1 月 27 日　财税〔2015〕20 号)

4. 财政部、国家税务总局关于企业改制重组有关土地增值税政策的通知(2015 年 2 月 2 日　财税〔2015〕5 号)

5. 财政部关于印发《地方政府一般债券发行管理暂行办法》的通知(2015 年 3 月 12 日　财库〔2015〕64 号)

6. 国家发展改革委办公厅关于印发《战略性新兴产业专项债券发行指引》的通知(2015 年 3 月 31 日　发改办财金〔2015〕756 号)

7. 财政部、国家税务总局关于进一步支持企业事业单位改制重组有关契税政策的通知(2015 年 3 月 31 日　财税〔2015〕37 号)

8. 财政部关于印发《地方政府专项债券发行管理暂行办法》的通知(2015 年 4 月 2 日　财库〔2015〕83 号)

9. 国家发展改革委办公厅关于印发《养老产业专项债券发行指引》的通知(2015 年 4 月 7 日　发改办财金〔2015〕817 号)

10. 国家发展改革委办公厅关于印发《城市停车场建设专项债券发行指引》的通知(2015 年 4 月 7 日　发改办财金〔2015〕818 号)

11. 财政部、国家税务总局关于原油和铁矿石期货保税交割业务增值税政策的通知(2015 年 4 月 8 日　财税〔2015〕35 号)

12. 中国人民银行公告〔2015〕第 9 号(2015 年 5 月 9 日　中国人民银行公告〔2015〕第 9 号)

13. 国家发展改革委办公厅关于充分发挥企业债券融资功能支持重点项目建设促进经济平稳较快发展的通知(2015 年 5 月 25 日　发改办财金〔2015〕1327 号)

14. 国家税务总局关于资产(股权)划转企业所得税征收管理若干问题的公告(2015 年 5 月 27 日　国家税务总局公告 2015 年第 40 号)

15. 国家税务总局关于企业重组业务企业所得税征收管理若干问题的公告(2015 年 5 月 27 日　国家税务总局公告 2015 年第 48 号)

16. 中国保监会关于提高保险资金投资蓝

筹股票监管比例有关事项的通知(2015年7月8日　保监发〔2015〕64号)

17. 中国保监会关于保险资产管理产品参与融资融券债权收益权业务有关问题的通知(2015年7月9日　保监资金〔2015〕114号)

18. 中国人民银行关于境内原油期货交易跨境结算管理工作有关事宜的公告(2015年7月20日　中国人民银行公告〔2015〕第19号)

19. 国家外汇管理局关于境外交易者和境外经纪机构从事境内特定品种期货交易外汇管理有关问题的通知(2015年7月29日　汇发〔2015〕35号)

20. 海关总署关于开展原油期货保税交割业务的公告(2015年8月20日　海关总署公告2015年第40号)

21. 中国保监会关于印发《资产支持计划业务管理暂行办法》的通知(2015年8月25日　保监发〔2015〕85号)

22. 中国保监会关于设立保险私募基金有关事项的通知(2015年9月10日　保监发〔2015〕89号)

23. 国家发展改革委关于推进企业发行外债备案登记制管理改革的通知(2015年9月14日　发改外资〔2015〕2044号)

24. 国家税务总局关于两项证券(股票)交易印花税非行政许可审批取消后有关管理问题的公告(2015年9月14日　国家税务总局公告2015年第63号)

25. 财政部关于印发《企业会计准则解释第7号》的通知(2015年11月4日　财会〔2015〕19号)

26. 财政部关于印发《政府性投资基金暂行管理办法》的通知(2015年11月12日　财预〔2015〕210号)

27. 国家税务总局关于股权奖励和转增股本个人所得税征管问题的公告(2015年11月16日　国家税务总局公告2015年第80号)

28. 财政部关于印发《商品期货套期业务会计处理暂行规定》的通知(2015年11月26日　财会〔2015〕18号)

29. 国家发展改革委办公厅关于简化企业债券审报程序加强风险防范和改革监管方式的意见(2015年11月30日　发改办财金〔2015〕3127号)

30. 中国保监会关于印发《保险资金运用内部控制指引》及应用指引的通知(2015年12月7日　保监发〔2015〕114号)

31. 中国人民银行关于在银行间债券市场发行绿色金融债券有关事宜的公告(2015年12月15日　中国人民银行公告〔2015〕第39号)

32. 财政部关于印发《企业会计准则解释第8号》的通知(2015年12月16日　财会〔2015〕23号)

33. 国家发展改革委、中国科协关于共同推动大众创业万众创新工作的意见(2015年12月24日　发改高技〔2015〕3065号)

34. 财政部关于财政资金注资政府投资基金支持产业发展的指导意见(2015年12月25日　财建〔2015〕1062号)

二、法律文件说明

《股票期权交易试点管理办法》起草说明

为落实《国务院关于进一步促进资本市场健康发展的若干意见》(国发〔2014〕17号)关于"强化证券交易所市场的主导地位,壮大主板,创新交易机制,丰富交易品种"和"建设金融期货市场,平稳有序发展金融衍生产品,逐步丰富股票期权品种"的要求,规范股票期权市场秩序,中国证监会起草了《股票期权交易试点管理办法(征求意见稿)》(以下简称"《办法》”),现就相关情况说明如下。

一、起草背景

股票期权是指交易双方关于未来买卖单只股票或交易型开放式指数基金(以下简称ETF)的权利达成的合约,包括个股期权(合约标的为单只股票)和ETF期权(合约标的为ETF)两类,是国际资本市场成熟的基础金融衍生产品。在我国证券交易所开展股票期权交易试点,有利于提高资本市场配置资源的能力,为投资者提供更为精细化的风险管理工具和丰富证券交易所的交易品种和交易工具,强化证券交易所的主导地位。同时,推出股票期权交易试点对推动证券期货经营机构创新发展,提升行业竞争力也具有积极意义。

二、起草原则

由于《期货交易管理条例》(以下简称《条例》)已对期权业务作出了较为全面的规范,并且股票期权是资本市场重大创新产品,相关规范需要在审慎试点基础上逐步完善,因此《办法》遵循“统一、规范、概括”的起草原则,对证券交易所,证券登记结算机构,证券公司和期货公司参与股票期权业务的资格和基本业务规范作出规定。对《条例》已有明确规定的事项,不再重复;对具体业务细节,则授权证券交易所和证券登记结算机构通过业务规则予以规定。

三、《办法》体例结构及主要内容

在体例结构上,《办法》参照《条例》的体例,按照“总则—市场主体—业务规范—监督管理—法律责任”的逻辑作出规定。由于内容较为精简,仅三十个条文,故未再单设章节,主要内容包括“股票期权交易场所和结算机构”、“证券公司和期货公司与股票期权相关的业务资格”、“投资者保护”、“股票期权风控措施”及“其他规定”等五个方面。

(一)明确证券交易所和证券登记结算机构分别作为股票期权交易场所和结算结构

一是根据《条例》第四条和第八十五条授权,规定证券交易所作为股票期权交易场所,依法组织开展股票期权业务,并要求其应当遵循《条例》的相关规定,按照期货交易的基本原理,构建相应的股票期权交易与风控制度。同时,为与《条例》规定严格一致,《办法》最后规定其他交易场所经我会批准可参照《办法》规定开展股票期权交易。

二是根据《条例》第八十三条授权,规定证券登记结算机构作为股票期权结算机构,办理证券交易所股票期权交易的结算业务。

(二)对证券公司和期货公司从事股票期权相关业务的资格进行了规定

《办法》明确证券公司可以从事股票期权经纪业务、做市业务和自营业务,但不扩展至其他期货、期权品种的经纪业务。具有金融期货资格的期货公司可以从事股票期权经纪业务以及与股票期权行权交割相关的有限范围的证券现货经纪业务,包括允许投资者通过期货公司向证券登记结算机构申请开设证券账户、允许期货公司从事与股票期权备兑开仓和行权相关的标的证券经纪业务。具体资格要求和业务规范由我会配套指引另行规定。

(三)高度重视投资者保护

一是规定股票期权交易实行投资者适当性管理制度。股票期权作为金融衍生品种,交易方式相对复杂,不适合中小投资者参与,境外成熟市场均从资产状况、知识结构和交易经验等各方面对参与股票期权交易的投资者的资格作出了限定。综合以上考虑,《办法》规定股票期权试点实行投资者适当性制度,并要求证券交易所制定具体标准和实施指引。

二是明确规定了证券期货经营机构的投资者保护义务,要求期权经营机构审慎判断投资者风险承担能力,主动提示投资者如实提供开户资料,并在期权合约到期前要提醒投资者妥善处理交易持仓;同时投资者也要自主承担股票期权交易的相关风险,不得通过申报虚假开户资料等手段规避投资者适当性制度。

三是建立纠纷处理机制,要求期权经营机构对与投资者发生纠纷时的处理规则和程序、投资者投诉的方式和渠道以及投资者权益保障等内容进行公示和说明。

四是规定证券期货经营机构可以与投资者约定为其提供“协议行权”服务,以更好保障投资者合法权益。

五是要求证券交易所、证券登记结算机构、保证金安全存管监控机构建立跨市场信息共享和监测协作机制,提高打击跨市场违法违规行为的协同性，切实保障投资者合法权益。

（四）针对性建立股票期权风控措施

《办法》既注重促进股票期权市场发展，更注重规范股票期权市场秩序，防范市场风险，相关风控制度安排包括：一是明确将跨市场操纵和内幕交易行为列为违法违规行为予以打击，《办法》除禁止通过期权市场操纵期权合约价格以及通过期权市场内幕信息进行内幕交易外，还明确禁止通过操纵期权合约标的价格的方式操纵期权合约自身价格以及禁止利用合约标的市场的内幕信息或其他未公开信息进行期权合约交易。二是对股票期权合约标的提出明确要求，为防止期权市场被爆炒以及合约被操纵，要求交易所上市期权合约时，应选择抗操纵性强、透明度高、流动性好的标的物。三是允许证券交易所建立做市商制度，为市场提供流动性，提高期权合约定价的合理性，同时对做市商提出了明确的业务规范要求。四是要求证券交易所在业务规则中明确上市公司董事、监事、高级管理人员及持股达到一定比例的股东从事股票期权交易的规范要求。五是注重发挥证券交易所、证券登记结算机构、保证金安全存管监控机构、行业协会等市场组织者和自律组织的一线监管职能，要求前述机构切实承担起维护市场交易结算秩序的职责，建立相应的风控措施，并且发现问题要及时报告我会并向市场公告。

此外，鉴于股票期权市场与其他市场相关性高，《办法》除禁止通过操纵其他市场和利用其他市场内幕信息及未公开信息操纵股票期权市场或从事股票期权交易外，还明确禁止通过操纵股票期权市场和利用股票期权市场内幕信息从事其他市场的交易。

（五）其他内容

1. 关于保证金安全存管监控机构：由于目前证券投资者保护基金公司（以下简称“投保公司”）和期货保证金监控中心（以下简称“期保中心”）分别负责证券公司和期货公司资金业务的监控，基于减少中介机构多头报送数据、避免系统重复开发和维护各机构现有职责不变等考虑，《办法》明确规定投保公司和期保中心作为保证金安全存管监控机构，分别负责证券公司、期货公司从事期权业务时的保证金监控工作。

2. 关于证券交易所和证券登记结算机构的职责分工：由于我国缺乏开展期权交易的经验，因此《办法》对所司在风险管理这一环节的分工做了初步界定，具体职责分工则由所司通过业务规则的形式予以明确。

3. 关于期货公司从事相关现货经纪业务时的资金存管模式：《办法》按照“期、现隔离”原则要求期货公司从事与备兑开仓和行权相关的现货经纪业务时需为投资者单独开立相关现货资金账户。

4. 关于配套指引：为进一步明确证券公司、期货公司和基金管理公司等证券期货经营机构参与股票期权业务的具体规范，我会将根据《办法》同步出台《证券期货经营机构参与股票期权交易试点指引》，对证券公司、期货公司和基金管理公司等证券期货经营机构参与股票期权业务的资格要求、资金存管、风控指标计算及投资行为规范等问题作出具体规定。

此外，证券公司、期货公司从事股票期权业务或者与期权相关现货经纪业务发生重大风险时，可以按照《证券投资者保护基金管理办法》和《期货投资者保障基金管理暂行办法》的规定动用相关基金。证券公司、证券交易所从事股票期权业务无需另外缴纳期货投资者保障基金，期货公司从事相关证券现货经纪业务时也无需另行缴纳证券投资者保护基金。

《公司债券发行与交易管理办法》修订说明

2007年8月，中国证监会发布《公司债券发行试点办法》（以下简称《试点办法》），启动公司债券发行试点，确立了公司债券发行监管的基本制度，服务实体经济的功能初步发挥。

试点至今,《试点办法》部分规定已经不能满足实体经济需求和市场发展需要,及时进行修订对于规范发展债券市场,提高直接融资比重,缓解融资难、融资贵问题,支持经济稳增长、调结构具有重要作用,市场需求急迫。

本次修订的指导思想是:按照党的十八届三中全会决定和国务院《关于进一步促进资本市场健康发展的若干意见》(国发〔2014〕17号)关于规范发展债券市场的总体目标,体现新一届政府简政放权、宽进严管的政府职能转变要求,适应债券市场改革发展的新形势,推动债券市场监管转型,提升债券市场服务实体经济的能力,同时加强市场监管,强化投资者保护。

修订后的《试点办法》更名为《公司债券发行与交易管理办法》(以下简称《管理办法》),共六章七十三条。现就主要修订内容说明如下:

一、扩大发行主体范围

为进一步提高公司债券市场支持服务实体经济的能力,在《公司法》、《证券法》的框架下,《管理办法》将原来限于境内证券交易所上市公司、发行境外上市外资股的境内股份有限公司、证券公司的发行范围扩大至所有公司制法人。依照《国务院关于加强地方政府性债务管理的意见》(国发〔2014〕43号)等有关规定,《管理办法》附则中规定发债主体不包括地方政府融资平台公司。

二、丰富债券发行方式

非公开发行公司债券融资方式灵活,创新空间较大,可作为下一步债券市场发展的重点领域。《管理办法》在总结中小企业私募债试点经验的基础上,对非公开发行以专门章节作出规定,全面建立非公开发行制度。

三、增加债券交易场所

《管理办法》将公开发行公司债券的交易场所由上海、深圳证券交易所拓展至全国中小企业股份转让系统;非公开发行公司债券的交易场所由上海、深圳证券交易所拓展至全国中小企业股份转让系统、机构间私募产品报价与服务系统和证券公司柜台。

四、简化发行审核流程

《试点办法》在公司债券的试点阶段,引进了股票发行的保荐制度、发审委制度。根据市场发展情况和监管转型的要求,《管理办法》取消了公司债券公开发行的保荐制和发审委制度,以简化审核流程,体现债券特性。

五、实施分类管理

对公司债券公开发行建立了投资者适当性制度,高信用等级的公司债券向公众发行,也可自主选择向合格投资者发行;其他债券向合格投资者发行。

证券交易场所对公开发行公司债券的上市交易或转让实施分类管理,实行差异化的交易机制,并根据债券资信状况动态调整。

六、加强债券市场监管

一是加强信息披露监管。《管理办法》以专章对信息披露作出规定,对公司债券公开发行涉及的重大事项提出强制披露要求,同时明确非公开发行应按照规定和约定披露信息。

二是将非公开发行纳入监管。《管理办法》引入了私募债的监管规定,将非公开发行公司债券虚假陈述等损害投资者合法权益的行为纳入监管,在规章层面对私募债的行政监管作出安排。

三是完善承销行为监管。《管理办法》对债券承销进行系统规范,防范利益输送。

四是完善募集资金使用的监管。《管理办法》规定发行人须指定专项账户,用于公司债券募集资金的接收、存储、划转与本息偿付。

五是提高评级信息透明度。《管理办法》进一步明确了评级机构的信息披露义务。

七、强化持有人权益保护

一是完善债券受托管理人制度,进一步明确债券受托管理人职责,以及其在债券持有人权益保护中的重要地位。

二是完善债券持有人会议制度,细化债券持有人会议规则,明确决议的约束力。

三是完善债券增信机制。《管理办法》对增信措施作出引导性规定,明确发行人可以采取相关内外部增信措施，并规定增信机构可以成为中国证券业协会会员。

《管理办法》注重在原有基础上，进一步利用债券契约设计灵活，市场自治空间较大的特点，通过债券受托人制度、持有人会议制度和债券契约条款三重制度的引导性规范，引导发行人、债券持有人对财务限制、债务重组、集体行动等偿债保障事项事前作出约定，同时发挥受托管理人的专业化服务职能，进一步探索市场化、法治化的债券违约处理机制。

《中国证监会行政和解试点实施办法》起草说明

一、起草背景

有效查处和惩治各类市场违法失信行为，并对因违法违规行为给投资者造成的经济损失及时、充分地予以补偿，是保护投资者尤其是中小投资者合法权益的实质举措，也是维护资本市场公开、公平、公正的市场环境和运行秩序，实现资本市场功能作用的基本保障。为了实现上述执法目标，境外一些国家或地区在执法实践中逐步建立了行政和解这一新的执法方式，行政机关在对行政相对人涉嫌违法违规行为调查过程中，通过与行政相对人就停止、纠正涉嫌违法违规行为，消除不良后果，交纳行政和解金补偿受害人损失等进行协商，达成和解协议的方式，让违法违规者付出经济代价，直接实现制裁和惩戒的目的，并对受害人的经济损失作出补偿，从而及时化解社会矛盾，稳定市场预期。行政和解是一种兼顾对违法违规者经济制裁和对利益受损投资者经济补偿的执法方式。

2013 年，国务院办公厅发布《国务院办公厅关于进一步加强资本市场中小投资者合法权益保护工作的意见》（国办发〔2013〕110 号），提出“探索建立证券期货领域行政和解制度，开展行政和解试点”。为落实这一工作要求，中国证监会就在证券期货领域开展行政和解试点工作进行了认真研究，并与全国人大常委会法工委、最高人民法院和国务院法制办等相关单位进行了专门论证，于 2014 年正式向国务院请示，在证券期货领域进行行政和解试点。近日，国务院批准了中国证监会的请示。根据国务院的相关要求，中国证监会在全国人大常委会法工委、最高人民法院、国务院法制办的指导下，会同有关部门经过深入调查研究、广泛征求意见，研究起草了《中国证监会行政和解试点实施办法（征求意见稿）》（以下简称征求意见稿）。

二、征求意见稿的主要内容

征求意见稿共 5 章 40 条，分别为总则、行政和解的适用范围与条件、行政和解的实施程序、行政和解金的管理和使用、附则。现将主要内容说明如下：

（一）行政和解的适用范围与条件

行政和解是指中国证监会在对公民、法人或者其他组织等行政相对人涉嫌违反证券期货法律、行政法规和相关监管规定行为进行调查执法过程中，根据行政相对人的申请，与其就改正涉嫌违法违规行为，消除涉嫌违法违规行为不良后果，交纳行政和解金补偿投资者损失等进行协商达成行政和解协议，并据此终止调查执法程序的行为（第二条）。从试点阶段审慎起步，严格限制适用范围的角度，征求意见稿规定，只有行政相对人涉嫌实施虚假陈述、内幕交易、操纵市场或欺诈客户等违法行为，并符合以下全部条件的，才可以适用行政和解程序：中国证监会已经正式立案，且经过了必要的调查程序，但案件事实或法律关系尚难完全明确；采取行政和解方式执法有利于减少争议，稳定和明确市场预期，恢复市场秩序；行政相对人愿意采取有效措施补偿因其涉嫌违法违规行为受到损失的投资者；以行政和解方式结案不违反法律、行政法规的禁止性规定，不损害社会公共利益和他人合法权益（第六条）。

此外，征求意见稿从反面规定，行政相对人

涉嫌违法违规行为的事实清楚,证据充分,法律适用明确,依法应当给予行政处罚的,行政相对人涉嫌犯罪,依法应当移送司法机关处理的,中国证监会基于审慎监管原则认定不适宜行政和解的,以及中国证监会派出机构负责查处的案件,不得适用行政和解程序(第六条第二款,第七条)。

(二)行政和解的实施程序

征求意见稿将行政和解的实施程序分为申请、受理、行政和解协议的协商、行政和解协议的签订与执行等几个环节。

行政相对人自收到中国证监会送达的案件调查通知书之日起三个月后,至中国证监会作出行政处罚决定前,可以向中国证监会提出行政和解申请,中国证监会不得向行政相对人主动或者变相主动提出行政和解建议,或者强制行政相对人进行行政和解(第四条,第九条)。

中国证监会实施行政和解,由专门的行政和解实施部门(以下简称和解实施部门)负责,与中国证监会的案件调查部门(以下简称案件调查部门)、案件审理部门(以下简称案件审理部门)相互独立(第八条)。和解实施部门收到行政相对人提交的申请书及相关申请材料后,应当征求案件调查部门意见(第十三条)。行政相对人在案件移送案件审理部门后,作出行政处罚决定前提出行政和解申请的,和解实施部门除征求案件调查部门意见外,还应当征求案件审理部门的意见(第十五条)。和解实施部门综合案件调查部门、案件审理部门的意见对行政相对人的申请进行审查,认为行政相对人的行政和解申请符合条件的,向行政相对人出具受理通知(第十四条,第十六条至第十八条)。

行政和解申请受理后,至中国证监会与行政相对人达成行政和解协议前,中国证监会对案件的调查工作不中止。案件调查部门发现新的事实、证据,认为案件不再符合行政和解受理条件的,和解实施部门应当终止行政和解程序。但对于已经移送案件审理部门审理的行政和解案件,案件受理后,审理部门应当中止对案件的审理(第十九条)。

和解实施部门自作出受理行政和解申请决定之日起,可以就行政相对人涉嫌违法违规行为的情况、行政相对人将要交纳的行政和解金数额、行政相对人将要采取的纠正涉嫌违法违规行为的措施等问题,与行政相对人进行沟通和协商(第二十条)。行政和解协商的期限为3个月,经中国证监会主要负责人批准,可以延长1个月,未能在期限内达成行政和解协议的,行政和解程序终止(第二十二条)。行政和解的协商过程适用回避制度、保密制度(第二十三条,第二十四条)。

中国证监会与行政相对人就涉嫌违法违规行为的处理进行协商、沟通,达成一致的,签订行政和解协议。行政和解协议应当载明行政和解的事由,行政相对人交纳行政和解金的数额、方式,行政相对人对涉嫌违法违规行为进行整改以及消除、减轻涉嫌违法违规行为所造成危害后果的其他具体措施,行政相对人履行行政和解协议的期限以及需要载明的其他事项(第二十六条)。中国证监会应当依照规定公开行政和解协议的主要内容、结果,但涉及行政相对人在行政和解过程中作出的自认、承诺,国家秘密,行政相对人商业秘密和个人隐私情形及法律、行政法规或者中国证监会另有规定的除外(第二十八条第一款)。

行政和解协议达成后,中国证监会应当中止对案件的调查工作,并监督行政相对人在协议规定的时限内履行协议规定的义务。行政相对人履行完全部义务后,中国证监会应当作出终止案件调查、审理的决定。行政相对人因同一涉嫌违法违规行为被采取相关限制性措施的,一并停止执行(第二十九条)。

行政和解协议达成后,行政相对人不履行行政和解协议的,中国证监会有权终止和解程序,且应当及时恢复对行政相对人涉嫌违法违规行为的调查、审理工作,并告知行政相对人。同时,行政和解协议无效,但行政相对人交纳的行政和解金已由行政和解金管理机构依法补偿投资者的除外(第三十条)。

对于行政相对人未能在规定期限内与中国证监会达成行政和解协议的案件,中国证监会在继续调查、恢复审理时不得再次适用行政和解程序;对于行政相对人未按照约定履行行政和解协议的案件,中国证监会在恢复调查、审理后不得再次适用行政和解程序(第三十一条)。

中国证监会在与行政相对人进行行政和解的过程中,或者行政和解协议达成后,发现行政相对人存在所提供的材料有虚假记载或者重大遗漏等欺诈情形的，应当终止行政和解程序，恢复调查、审理程序（第三十二条）。

行政相对人不履行行政和解协议，或者提供材料存在虚假记载或重大遗漏的，由和解实施部门负责记入诚信档案（第三十四条）。

（三）行政和解金的确定、管理和使用原则

行政和解是一种兼顾市场秩序的整体维护与对投资者进行个体救济的新型执法方式，运用行政相对人交纳的行政和解金及时有效地弥补投资者因行政相对人涉嫌违法违规行为受到的损失，是行政和解制度的核心价值体现。据此，征求意见稿规定，行政和解金数额的确定应当综合考虑行政相对人涉嫌违法违规行为被查实后依法可处以罚款或者没收违法所得的金额，行政相对人因涉嫌违法违规行为所获收益、所避免的损失，其他人因涉嫌违法违规行为所遭受的损失等因素（第二十七条第一款）。

根据国务院批准的工作安排，有关行政和解金的具体管理和使用办法，由中国证监会和财政部共同研究制定。征求意见稿仅在第4章对行政和解金的管理和使用作了原则规定，包括：行政和解金由行政和解金管理机构专户管理（第三十六条）；行政相对人因行政和解协议所涉行为造成投资者损失的，投资者可以向行政和解金管理机构申请补偿（第三十七条第一款）。

（四）投资者通过行政和解金获得补偿与通过民事诉讼获得赔偿的关系

行政和解金补偿与民事赔偿是投资者寻求损失救济的两种不同机制。和解程序不影响投资者提起民事诉讼的权利。受害投资者既可以申请行政和解金补偿，也可以提起民事诉讼请求赔偿。但另一方面，行政和解金制度在功能上体现出一定的补偿性，与民事赔偿制度功能有相似之处，需要处理好行政和解金补偿与民事赔偿的衔接问题。对已经通过行政和解金获得补偿的投资者再就同一行为提起诉讼主张赔偿的，要作出专门安排，防止出现有的投资者同时利用行政和解金补偿与民事诉讼赔偿两种不同救济机制获得优于其他投资者的重复救济。因此，征求意见稿规定，投资者可以通过行政和解金补偿程序获得补偿，或者按照《中华人民共和国民事诉讼法》的规定对行政相对人提起民事损害赔偿诉讼请求赔偿。但投资者已通过行政和解金补偿程序获得补偿的，不应就已获得补偿部分再行提起民事损害赔偿诉讼（第三十七条第二款）。

《证券市场禁入规定》起草说明

一、起草背景

1997年，我会制定了《证券市场禁入暂行规定》，开始建立并实施证券市场禁入制度。其中，对于违法行为“情节特别严重的”责任人员，规定“永久性不得从事任何证券业务”或者“永久性不得担任任何上市公司和从事证券业务机构的高级管理人员职务。”2005年，全国人大常委会修订《证券法》，对证券市场禁入制度做了专门规定。对于违反法律、行政法规或者中国证监会有关规定的，可以采取一定期限直至终身的市场禁入措施。根据《证券法》的规定，我会在总结《证券市场禁入暂行规定》制度内容以及执法实践经验的基础上，于2006年发布实施了《证券市场禁入规定》。其中，对采取终身市场禁入措施的“情节特别严重”适用情形做了进一步规定。主要为四类情形：1. 构成犯罪；2. 行为特别恶劣，严重扰乱证券市场秩序并造成严重社会影响，或者致使投资者利益遭受特别严重损害；3. 组织、策划、领导或者实施重大违反法律、行政法规或者我会有关规定的活动；4. 其他情节特别严重的情形。

《证券市场禁入规定》发布实施以来，有关终身市场禁入的规定得到了相应的执行，据统计，自2006年至2014年，我会共对50余名证券违法行为责任人员采取终身证券市场禁入措施,涵盖了上市公司信息披露违法、市场操纵、欺诈发行、利用未公开信息交易证券等主要违法案件种类,在实践中发挥了积极作用。但是,随着资本市场不断推进改革发展,为了适应新形势下加大执法力度、深化市场改革和保护广大投资者合法权益的需要,为实行股票注册制和健全多层次资本市场体系等改革举措提供配套执法保障,进一步推进依法治市,有必要在总结近来执法实践经验的基础上,对终身市场禁入的适用情形作进一步补充和完善,以便在执法中准确把握和适用。我会启动对《证券市场禁入规定》的修改程序后,先后多次在证监会系统内征求意见,并召开专题会议讨论,研究起草了《修改〈证券市场禁入规定〉的决定》(征求意见稿)。

二、主要修改内容

从执法实践反映的突出问题和执法需要出发,重点修改四个方面:一是修改《证券市场禁入规定》第五条第(二)项规定,明确从事保荐、承销、资产管理、融资融券等证券业务及其他证券服务业务,故意不履行法定义务并造成特别严重后果的适用情形;明确采取隐瞒和编造重要事实等特别恶劣手段,或者涉案数额特别巨大的适用情形;明确从事欺诈发行、内幕交易和操纵市场等违法行为,严重扰乱市场秩序、投资者利益遭受特别严重损害的适用情形,并兼顾了对跨市场违法行为的适用。二是针对我会执法实践中遇到的违法人员阻碍、抗拒执法的问题,增加当事人违法行为情节严重,应当采取市场禁入措施,且存在故意出具虚假重要证据,隐瞒、毁损重要证据等严重故意不配合执法的适用情形规定。三是针对多次违法、屡罚不改的问题,增加"累犯"的适用情形规定。四是将《证券市场禁入规定》的适用范围从发行人、上市公司扩大到非上市公众公司的相关责任人员。主要修改考虑和内容如下:

一是将《证券市场禁入规定》第五条第(二)项拆分成三项,即"(二)从事保荐、承销、资产管理、融资融券等证券业务及其他证券服务业务,负有法定职责的人员,故意不履行法律、行政法规或者中国证监会规定的义务,并造成特别严重后果的;(三)违反法律、行政法规或者中国证监会有关规定,采取隐瞒、编造重要事实等特别恶劣手段,或者涉案数额特别巨大的;(四)违反法律、行政法规或者中国证监会有关规定,从事欺诈发行、内幕交易、操纵市场等违法行为,严重扰乱证券、期货市场秩序并造成严重社会影响,或者获取违法所得等不当利益数额特别巨大,或者致使投资者利益遭受特别严重损害的。"其主要考虑为:修改后的(二)项,主要从违法故意方面进行规定,重点明确保荐代表人、证券发行承销人员等证券业务人员及从事证券服务业务的会计师、律师等人员严重不作为的终身禁入适用情形;(三)项主要从违法手段方面进行规定,重点明确违法行为中采取隐瞒编造重要事实等特别恶劣手段以及涉案数额特别巨大的终身禁入适用情形;(四)项则主要从违法后果方面进行规定,重点明确欺诈发行、内幕交易、操纵市场等严重扰乱市场秩序,严重损害投资者利益适用终身禁入措施。同时,考虑到实践中已出现具有跨市场特点的违法案例,对违法后果适用情形的表述进行调整以尽可能涵盖此类违法行为。

二是增加当事人抗拒调查的适用情形。即增加规定"(五)违反法律、行政法规或者中国证监会有关规定,情节严重,应当采取证券市场禁入措施,且存在故意出具虚假重要证据,隐瞒、毁损重要证据等阻碍、抗拒证券监督管理机构及其工作人员依法行使监督检查、调查职权行为的"。增加这一规定的主要考虑是,要维护监管执法的严肃性,同时也要对不配合执法调查违法人员适用终身禁入区分情节,重点对其中情节特别严重的予以终身禁入,一是要明确该类违法人员违法行为已经达到应当采取市场禁入措施的程度;二是同时又具有出具虚假重要证据,隐瞒、毁损重要证据等抗拒、阻碍执法的故意严重的不配合调查行为。

三是增加"累犯"适用情形。即增加规定"(六)因违反法律、行政法规或者中国证监会有关规定,五年内被中国证监会给予除警告之外的行政处罚三次以上,或者五年内曾经被采取证券市场禁入措施的"。违法人员在规定年限内屡罚不改达到一定次数,或者曾被市场禁入过,再次违法时对其采取终身市场禁入措施,符合行政处罚原则。信用是资本市场赖于存在和正常运行的基础,屡罚屡犯意味着责任人员诚信的严重缺失,为了维护市场秩序,保护广大投资者，应当坚决把这类严重失信人员从市场清除出去。这既是资本市场作为诚信市场的内在必然要求，也符合资本市场作为法治市场的依法治市原则和精神。为此，规定了五年内被我会给予除警告之外行政处罚三次以上或者曾经被采取证券市场禁入措施的，可以采取终身市场禁入措施。

四是证券市场禁入措施适用范围从发行人、上市公司扩大到非上市公众公司。考虑到非上市公众公司的数量越来越多，将逐渐发展为证券市场的主体力量之一，为了适应资本市场改革的需要，为规范多层次市场提供配套执法保障，将非上市公众公司董事、监事、高级管理人员纳入证券市场禁入的适用范围。

《境外交易者和境外经纪机构从事境内特定品种期货交易管理暂行办法》起草说明

一、起草背景

我国已成为世界第二大经济体，是多种大宗商品的生产国、消费国和贸易国。满足国民经济发展需要，为实体经济发展提供优质高效的价格发现和风险管理服务，有必要引入境外交易者和境外经纪机构参与我国期货市场交易，以提高我国期货市场的国际化程度和定价能力。我会已批准上海期货交易所在其国际能源交易中心开展原油期货交易。原油期货作为我国第一个国际化的期货品种，将建设国际化交易结算平台，全面引入境外交易者和境外经纪机构。为此，有必要专门制定引入境外交易者和境外经纪机构从事境内特定品种期货交易的管理办法。

二、起草依据

2012年10月24日国务院公布了修订《期货交易管理条例》（以下简称《条例》）的决定，增加了第二十四条第二款："符合规定条件的境外机构，可以在期货交易所从事特定品种的期货交易。具体办法由国务院期货监督管理机构制定"的规定。根据《条例》第五条第一款"国务院期货监督管理机构对期货市场实行集中统一的监督管理"和第二十四条第二款的授权，中国证监会起草了《境外交易者和境外经纪机构从事境内特定品种期货交易管理暂行办法（征求意见稿）》（以下简称《办法》），对境外交易者和境外经纪机构从事境内特定品种期货交易的条件、参与规则、监督管理等事项进行规定。

三、《办法》的主要内容

《办法》是专门规定境外交易者和境外经纪机构从事境内特定品种期货交易的规范，共35条，按照"总则—参与模式—基本交易规则—监督管理—法律责任"的逻辑作出规定。对于《条例》规定的期货交易基本规则、监督管理等事项，《办法》作为部门规章按《条例》有关规定执行；《期货交易所管理办法》、《期货公司监督管理办法》中在市场监管和公司监管方面的有关未尽事宜，《办法》进行了补充性规定。

（一）境内特定品种的确定

从我国商品现货和期货市场的发展实际出发，期货市场对外开放遵循循序渐进的原则，统筹考虑人民币资本项目开放进程、实体企业及金融机构参与程度，期货市场的风险控制能力等诸多因素，稳步有序推进期货品种的国际化步伐，并在实践中不断积累监管经验。原油期货是我会确定的第一个允许境外交易者和境外经纪机构参与期货交易的特定品种。

（二）规范境外交易者和境外经纪机构的多种参与模式

境外交易者可以根据自身情况和业务需要，选择通过以下模式参与：通过境内期货公司或者境外经纪机构从事境内特定品种期货交易；符合条件的境外交易者经期货交易所批准，可以直接在期货交易所从事境内特定品种期货交易。

境外经纪机构可以根据情况，选择通过以

下模式参与:境外经纪机构在接受境外交易者委托后,委托境内期货公司进行境内特定品种期货交易;符合条件的境外经纪机构经期货交易所批准,可以接受境外交易者委托,直接在期货交易所进行境内特定品种期货交易。

此外,为引导期货市场的有序良性发展,境外经纪机构仅能接受境外交易者委托进行境内特定品种期货交易。

(三)明确基本交易规则及监督管理

《办法》主要明确了境内特定品种期货交易涉及的主要业务环节,包括开户、运营要求、结算安排、保证金收取及存管要求、大户报告、强行平仓、违约处理、纠纷调解处理等。

《办法》还明确了我会对境外交易者、境外经纪机构从事境内特定品种期货交易及相关业务活动的现场检查、违法违规查处和跨境执法等监督管理职责。这些规定是在梳理《条例》和《期货交易所管理办法》对期货交易所会员的监管要求的基础上,将有关条款引入《办法》,规范境外交易者和境外经纪机构。此外,《条例》中针对客户的相关条款,在《办法》中也明确同样适用境外交易者。

(四)跨境监管协作

《条例》第六十三条第二款已经授权我会可以和其他国家或者地区的期货监管机构建立监管合作机制,实施跨境监督管理,《办法》据此作出规定。

《证券公司融资融券业务管理办法》修订说明

为落实我会《关于进一步推进证券经营机构创新发展的意见》,促进证券公司融资融券业务持续健康发展,我会对《证券公司融资融券业务管理办法》(证监会公告〔2011〕31 号,以下简称《管理办法》)进行了修订,并拟上升至证监会部门规章。现将有关情况说明如下:

一、修订背景

2006 年 6 月,证监会制定发布《证券公司融资融券业务试点管理办法》(证监发〔2006〕69 号);2010 年 3 月,融资融券业务试点推出;2011 年 10 月,《管理办法》修订后,融资融券业务转入常规。此后,该业务取得了长足发展。

在业务快速发展的同时,证券公司开展融资融券业务也存在一些需进一步规范的行为和预防的风险。同时,现有《管理办法》中的部分规定已不能适应市场和业务发展的实际。因此,有必要对《管理办法》进行修改完善,促进证券公司融资融券业务持续健康发展。

二、修订原则

(一)保持原有框架不变

现行的融资融券业务法律法规体系较为完整,相关业务规则在督促证券公司加强融资融券业务风险管理、保护证券投资者合法权益、促进融资融券业务发展等方面发挥了积极作用,整体框架和主要控制措施安排较为合理有效。因此,本次修订维持总体框架不变,对部分条款进行修改完善。

(二)完善监管机制,促进融资融券业务持续健康发展

根据监管实践,进一步完善融资融券业务的监管机制,建立健全融资融券业务的逆周期调节、监测监控、风险防范等监管机制,明确监管底线要求。同时,兼顾业务发展需要,修改完善与市场和业务发展不适应的规定。

(三)继续强化投资者权益保护

从加强客户适当性管理、强化风险揭示、保障客户自主选择权、提高客户收益等方面,进一步强化投资者权益保护措施。

三、主要修改内容

(一)提升《管理办法》法律层级

鉴于融资融券业务已开展五年有余,《管理办法》的基本框架和监管要求总体上合理有效。因此,在对《管理办法》进一步修改完善的

基础上，提升其效力，由证监会公告上升至部门规章。

（二）建立逆周期调节机制

境外市场普遍采用调整客户保证金比例、标的证券范围等工具对融资融券业务规模进行调整，达到宏观审慎管理的目的。结合我国融资融券业务快速发展现状，借鉴境外市场经验，在《管理办法》中，建立健全融资融券业务的逆周期调节机制：一是增加一条作为第六条，规定“证监会建立健全融资融券业务的逆周期调节机制，对融资融券业务实施宏观审慎管理。证券交易所建立融资融券业务风险控制指标浮动管理机制，对融资融券业务实施逆周期调节”。二是在原第二十六条中增加“证券交易所应当对可充抵保证金的各类证券制定不同的折算率要求”的规定，明确调整可充抵保证金证券折算率的方法。同时，要求证券公司在符合证券交易所规定的前提下，应当对可充抵保证金的证券折算率实行动态管理与差异化控制。三是对证券交易所通过融资融券业务进行宏观审慎管理的机制予以明确，在原第三十五条中增加“证券交易所可以根据市场发展情况，对融资融券业务保证金比例、标的证券范围、可充抵保证金证券范围和折算率等进行动态调整，实施逆周期调节”的规定。四是增加“证券公司应当在符合监管要求的前提下，根据市场情况、客户和自身风险承受能力，对融资融券业务保证金比例、标的证券范围、可充抵保证金证券的范围和折算率、最低维持担保比例和业务集中度等进行动态调整和差异化控制”的规定。

（三）完善融资融券业务监测监控机制

一是建立客户信用交易资金的第三方监控机制。目前，融资融券客户信用交易资金尚未明确监控机制，仅依靠证券公司的自我约束和存管银行的监督。为保护融资融券客户信用资金账户资金安全，建立对证券公司融资融券客户信用交易资金的第三方监控机制，由投资者保护基金公司对客户信用交易资金进行监控。

二是明确中证金融监测监控职责。在《管理办法》中进一步明确中证金融的监测监控职责，同时规定其应当切实履行职责，定期向证监会报告监测监控情况。

（四）明确监管底线要求

实践中，证券公司开展融资融券业务存在一些不规范行为，为促进融资融券业务持续健康发展，有必要进一步明确融资融券业务的底线性要求。因此，在《管理办法》第一章总则中，增加一条监管底线要求，“证券公司经营融资融券业务不得有以下行为：一是诱导不适当的客户开展融资融券业务；二是未向客户充分揭示风险；三是违规挪用客户担保品；四是进行利益输送和商业贿赂；五是为客户进行内幕交易、操纵市场、规避信息披露义务及其他不正当交易活动提供便利；六是法律、行政法规和证监会规定禁止的其他行为”。

（五）合理确定融资融券业务规模

在《管理办法》原第十九条中增加规定，“证券公司融资融券的金额不得超过其净资本的4倍”，要求证券公司的融资融券业务规模与公司的净资本相匹配，对于不符合上述规定的证券公司，可维持现有业务规模，但不得再新增融资融券合约。

（六）进一步加强投资者权益保护

为进一步加强投资者权益保护，增设投资者保护的有关规定，完善客户适当性管理要求：一是要求证券公司必须建立健全客户适当性管理制度，在证券公司申请融资融券业务资格条件中，增加“已建立符合监管规定和自律要求的投资者适当性制度，实现投资者与产品的适当性匹配管理”的规定；二是要求证券公司按照适当性制度要求，制定符合规定的选择客户的具体标准，在向客户开展融资融券业务前，明确告知投资者权利、义务及风险，特别是关于强制平仓的风险控制安排；三是增加证券公司关于融资融券业务信息披露义务的相关规定；四是要求证券公司在与客户签订的合同中，明确约定违约责任、纠纷解决途径等内容；五是进一步明确参与融资融券业务客户的最低证券资产要求，在原第十一条中增加规定，证券公司不得向最近20个交易日日均证券类资产低于50万元的客户融资融券。对已低于50万元的客户，原有合约可不作改变。

（七）完善客户参与融资融券业务条件

《管理办法》第十一条规定，证券公司不得向“在本公司及与本公司具有控制关系的其他证券公司从事证券交易的时间连续计算不足半年、交易结算资金未纳入第三方存管”的客户融资融券。随着业务的发展，上述规定的制订背景已发生较大变化,对客户自主选择权和业务发展形成一定制约,需要修改:一是取消“在本公司及与本公司具有控制关系的其他证券公司连续交易”的规定;二是明确专业机构投资者参与融资融券业务不受“从事证券交易时间满半年”和“最近20个交易日的日均证券类资产低于50万元”约束;三是取消公募基金、证券公司资产管理计划等专业机构投资者关于“交易结算资金未纳入第三方存管”的要求。

专业机构投资者范围包括:一是经国家金融监管部门批准设立的商业银行、证券公司、基金管理公司、信托公司和保险公司等金融机构;二是上述金融机构管理的金融产品;三是经证监会或者其授权机构登记备案的私募基金管理机构及其管理的私募基金产品;四是证监会认可的其他投资者。

(八)适应市场需要,允许融资融券合约合理展期

《管理办法》要求融资融券合约不得展期,沪深证券交易所业务规则要求融资融券合约期限最长不得超过六个月。随着业务发展,六个月的最长合约期限已不能满足客户长期投资的需要,合约到期后客户平仓再重新建仓,增加了客户交易成本。从境外市场经验来看,融资融券合约期限普遍较灵活。因此,为满足投资者长期投资需求,《管理办法》第十三条规定的“且不得展期”修改为“合约到期前,证券公司可以根据客户的申请为其办理展期,每次展期期限不得超过证券交易所规定的期限”,允许证券公司对融资融券合约进行展期,且展期次数由证券公司根据市场情况、担保物情况以及客户信用状况,自主确定。

(九)优化融资融券客户担保物违约处置标准和方式

《管理办法》中对客户违约条件规定较严,证券公司对担保物的处置方式仅有强制平仓一种方式,不利于投资者权益保护、证券公司自主管理业务风险和市场的稳定发展。因此,本次修订将优化客户担保物违约处置方式,将《管理办法》第二十五条修改为“证券公司应当在符合证券交易所规定的前提下,根据客户信用状况、担保物质量等情况,与客户约定最低维持担保比例、补足担保物期限以及违约处置方式等。证券公司应当逐日计算客户交存的担保物价值与其所欠债务的比例。当该比例低于约定的维持担保比例时,应当通知客户在约定的期限内补交担保物。客户未能按期交足担保物或者到期未偿还债务的,证券公司可以按照约定处分其担保物”。

《中国证监会派出机构监管职责规定》起草说明

为进一步明确派出机构监管工作职责,全面推动派出机构监管转型,结合近年来的监管实践,我们对2003年发布的《派出机构监管工作职责》(证监发〔2003〕86号)进行了全面修订,形成《中国证监会派出机构监管职责规定(征求意见稿)》(以下简称《监管职责规定》)。现就有关情况说明如下:

一、修订背景

2003年,我会发布《派出机构监管工作职责》,确立了派出机构职责的框架内容,既原则划分其工作职责边界,也在一定程度上就相关单位、部门之间的联动、协作加以规范,总体上适应了监管的要求,有利于充分发挥集中统一监管体制的优势,增强监管合力,提高监管效率。然而,随着法律法规依据的调整变化,行政审批制度改革的不断推进,我会有关业务领域规章、规范性文件的陆续制定或修改,以及私募基金、非上市公众公司等市场创新发展,10余年前发布的《派出机构监管工作职责》已与监管实际存在一定程度的脱节,不能充分适应资本市场监管所面临的新形势,派出机构实际履职过程中出现了职责边界不明确、职责内容不饱满等问题。

为进一步贯彻落实党中央、国务院在新时期提出的加快转变政府职能、深化行政体制改革等重大决策，大力推进我会监管转型，有效实现从事前管制到加强事中事后监管的监管重心转变，切实解决监管实践中存在的现实问题，有必要对《派出机构监管工作职责》进行全面修订，调整派出机构职责配置模式，明确派出机构核心职责，从而更好地整合监管资源，发挥派出机构监管作用，提高证券期货市场监管的整体效能。

二、《监管职责规定》的主要内容

《监管职责规定》共七章、五十一条，分别为总则、日常监管、风险防范与处置、案件调查与行政处罚、投资者教育与保护、其他职责、附则。现将主要内容说明如下：

（一）总则。明确派出机构在法律、行政法规和中国证监会授权范围内，依法以自己的名义履行证券期货市场一线监管工作职责（第二条、第三条、第五条）。其职责的确立和履行，遵循职权法定、依法授权、权责统一、公开透明、公平公正的原则。除法律、行政法规明确规定外，由中国证监会规章授权。监管职责事项涉及中国证监会职能部门、派出机构、证券期货交易场所、证券登记结算机构、行业协会等的协调配合，需要做出具体安排的，由中国证监会制定工作规程（第四条）。此外，原则规定派出机构在履职过程中应与中国证监会其他派出机构、自律组织、地方人民政府相关部门、其他金融监管机构的派出机构等建立沟通协作机制（第六条至第七条）。

（二）日常监管。明确派出机构根据法律、行政法规规定以及中国证监会的授权开展行政许可相关工作（第八条）。同时，突出以信息披露为核心，以问题和风险为导向，形成对不同性质主体从事同一性质行为的统一监管，强化对各类市场主体的差异化检查，进一步提升检查的功能性。具体而言，规定派出机构对资本市场相关市场主体实施检查，检查的事项可以包括市场主体的信息披露、治理情况、内部控制、经营规范、执业活动等，具体检查事项由派出机构依照法律、行政法规和中国证监会规定予以确定（第九条、第十条）。派出机构根据中国证监会发布的有关办法和规程，结合辖区实际情况，制定具体检查方案并实施（第十一条）。明确派出机构负责按照规定接收相关市场主体报送的业务、财务等备案、报告材料，进行审阅分析（第十二条）。此外，对采取监管措施、立案查处或移送司法机关等情形作了衔接规定（第十三条）。

（三）风险防范与处置。规定派出机构以风险和问题为导向开展信息的搜集和分析工作，加强对市场的动态监测监控，督促市场主体提高防范和化解风险的能力（第十四条）。按照《证券法》、《证券投资基金法》、《期货交易管理条例》、《证券公司监督管理条例》、《证券公司风险处置条例》等法律、行政法规，以及国务院有关规定，明确派出机构在证券期货经营机构、上市公司、非上市公众公司、债券违约、区域性股权市场、非法证券期货活动等风险防范和处置方面的监管职责（第十五条至第二十四条）。以风险防范与处置为有效手段，切实维护资本市场公开、公平、公正，维护投资者特别是中小投资者合法权益，促进辖区资本市场健康发展。

（四）案件调查与行政处罚。以对违法违规行为零容忍为原则，扩展派出机构立案调查和协查工作职责，完善案件调查工作机制。明确派出机构负责管辖范围内案件的审理、听证工作等，提高监管的权威性和震慑力（第二十五条、第二十六条、第二十九条）。对达到刑事案件立案追诉标准的案件，派出机构应当按照规定自行或者报中国证监会向公安机关履行移送程序（第二十七条）。案件调查过程中，依法采取冻结、查封、限制被调查事件当事人证券买卖等强制措施的，派出机构按照规定负责实施（第二十八条）。派出机构负责按照规定实施有关行政处罚案件法律文书送达、处罚执行等工作（第三十条、第三十一条）。

（五）投资者教育与保护。规定派出机构负责督促证券期货经营机构落实投资者适当性管理制度（第三十二条）。派出机构负责组织、推动投资者教育相关工作，并建立常态化投资者意见征求机制（第三十三条至第三十四条）。派出机构还负责建立辖区投资者合法权益保障检查机制，开展投诉处理相关工作以及推动建立完善多元化纠纷解决机制（第三十五条至第三十六条）。

(六)其他职责。派出机构负责按照规定履行发展创新、统计调查、诚信建设、信访举报事项处理、信息公开、法律事务、舆情监测等职责(第三十七条至第四十五条、第四十七条、第四十八条)。派出机构还应当与公安、司法机关等国家机关建立监管协助机制(第四十六条)。

(七)附则。明确本规定所称派出机构,是指中国证监会派驻各省、自治区、直辖市和计划单列市的监管局。中国证监会证券监管专员办事处的职责,另行制定(第四十九条)。

三、需要说明的几个问题

(一)关于《监管职责规定》的定位

《监管职责规定》首要定位于派出机构落实辖区监管责任制、做好一线监管工作的重要基础性文件,突出对派出机构授权的基本要求,集中解决派出机构"做什么"的问题。对于"怎么做"的问题,应按照《监管职责规定》确立的原则和框架,在不突破实体法规范的前提下,由中国证监会出台相应的工作规程及其他指引性文件,对派出机构履职的程序、方法等具体事项作进一步规定,从而构建分工有序、层次分明的派出机构监管职责文件体系。第二,《监管职责规定》是对实体规范规定的派出机构现有职责的综合和归纳,是对同一类型监管职责的抽象提炼,其立足于更好地落实实体法规定,并不解决实体规范问题,不对实体法进行扩张或限缩。第三,《监管职责规定》侧重于原则性、指导性,既要尽可能明确现有职责,又要在当前监管转型不断推进的形势下保持一定的包容性和前瞻性,为今后派出机构职责调整预留合理的空间。

(二)关于职责配置的基本原则和路径选择

中国证监会监管职责来源于法律、行政法规的赋权,中国证监会派出机构的职责配置除少数是由行政法规的相关条款直接配置外,法律、行政法规授权中国证监会进行规定。对派出机构职责配置的现行模式是以监管对象和业务领域为导向,即以某一类主体或领域的许可、核查、日常监管等措施笼统设置为一条职责。从职责配置的规律特点看,还有以监管行为类型为导向的配置模式,即主要按照对不同监管对象和市场主体的检查监督、风险防范与处置、调查、处罚等行政行为,配置派出机构的职责。在对上述两种配置模式进行综合分析、权衡利弊的基础上,考虑到以监管行为类型为导向配置职责更能适应资本市场主体类型和数量增加、业务和结构复杂、交易品种和方式多元、跨市场交易便捷、创新发展快的趋势,有利于从机制上体现派出机构对新情况新问题行使监管职责的包容性和适应性,切实将监管模式从碎片化、分割式监管向共享式、功能型监管转变,提高监管效能,推动监管目标整体实现,本次修订将派出机构职责配置模式由以监管对象类型为导向调整为以监管行为类型为导向。

《中国证券监督管理委员会行政处罚听证规则》修订说明

现行《中国证券监督管理委员会行政处罚听证规则》(证监法律字〔2007〕8 号,以下简称《规则》)于 2007 年 4 月 18 日发布并实施。《规则》施行以来,对规范证券期货市场的处罚听证程序发挥了重大作用。为进一步适应资本市场改革发展的新形势,深化行政执法体制改革,以制度化、规范化、程序化的规则体系保障公正文明执法,我会在总结执法实践有益经验的基础上,启动了对《规则》的修订程序,并拟将其上升为证监会规章。此次修订的总体思路是在法律框架内规范和完善听证程序,以更充分地保障行政相对人各项合法权益,提高证券期货执法规范化水平。现将修订的主要内容说明如下:

一、扩大《规则》适用范围

现行《规则》仅适用于证监会会机关组织召开的处罚听证。鉴于2013年10月后证监会派出机构也开始实施部分证券期货案件的行政处罚，从统一执法标准角度，本次修订拟将证监会派出机构组织召开的处罚听证也一并纳入《规则》适用范围。

同时，现行《规则》规定市场禁入措施的听证参照适用本规则。为充分保障行政相对人合法权益，本次修订拟将采取注销业务许可等重大监管措施之前的听证纳入参照适用范围。

需说明的是，与扩大《规则》适用范围相适应，本次修订删除了不涉及行政相对人权利义务的部分内部管理规定，以便于证监会及其不同的派出机构根据自身情况合理安排组织听证。

二、扩大听证范围

本次修订拟通过三种方式扩大听证范围：

（一）新增可要求听证的处罚种类（修订后第五条）

因2012年后修订的《证券投资基金法》、《期货交易管理条例》新增了部分处罚种类，本次修订将新增处罚种类中涉及当事人重大权益部分纳入可以要求听证的范围，具体包括5类，即：责令停止基金业务、暂停或者撤销基金从业资格、没收业务收入（一定金额以上）、吊销期货业务许可证、暂停或者撤销期货从业资格等5类。

（二）调整可要求听证的罚没金额统计方法（修订后第五条）

判定“罚没类”或者说“经济制裁类”行政处罚是否有听证权利，现行《规则》采用的是“单项分别判定”思路，即将罚款类和没收类分开统计，二者之一达到相应数额标准（个人5万元、单位30万元），当事人方有听证权利。在特定情况下，这一统计方法可能导致不合理情况的发生，比如在同一案件中，甲单位违法所得29万元，罚款29万元，没有听证权利；乙单位没有违法所得，罚款30万元，有听证权利。为解决特定情况下的不合理情形，本次修订采用了“合并判定”的思路，即规定罚款、没收违法所得、没收业务收入等经济制裁合计超过特定金额，即享有听证权利。

（三）新增当事人申请参加听证制度（修订后第八条）

听证主要适用于对行政相对人权益影响较大的行政处罚。《规则》以专门条文列举了听证范围。但考虑到实践中的特定情形，本次修订新增了一项例外规定，即在同一案件中，若符合听证条件的当事人要求听证的，其他不符合条件的当事人也可一并提出参加听证申请。

三、加强对当事人听证权利的保护

为更充分地保障当事人合法权益，本次修订新增以下内容。

（一）以独立条文列举当事人的权利（修订后第十一条）

本次修订将当事人在听证中的权利事项进行了归纳，形成独立的当事人权利条文，改变了现行《规则》将当事人权利条款分散在不同条文的做法。同时，拟新增赋予当事人“申请查阅证据”、“申请延期听证”两项权利。

本次修订新增“申请查阅证据”权利，在证券期货执法史上尚属首次，体现了我会保障当事人权益以及公开执法、阳光执法的理念。

（二）增加《听证通知书》告知事项（修订后第九条）

《行政处罚法》仅规定执法机关在听证前应书面通知当事人举行听证的时间、地点，而未涉及通知当事人其他事项，如听证的程序、当事人的权利和义务、听证员名单等。为保证当事人有效行使相关权利，本次修订借鉴司法机关做法，直接将听证中的涉及当事人的各类事项一并纳入《听证通知书》，包括听证时间、地点、程序、当事人权利义务、听证员名单等。

四、完善部分听证程序

根据执法实践经验，本次修订拟新增规定延期听证制度（修订后第十条、第十七条）、中止听证制度（修订后第十八条）和终止听证制度（修订后第十九条），即：当事人有正当理由可申请延期听证、听证开始前有不可抗力或意外事件可延期听证；听证现场有不可抗力或意外事件可中止听证；听证现场当事人撤回申请、不出席、中途违规退场或被责令退场的，可终止听证。

此外,本次修订还对涉及公开听证(修订后第六条)、当事人义务(修订后第十三条)、当事人听证前提交申辩材料(修订后第十四条)、证监会职责(修订后第十五条)、期间定义(修订后第二十七条)等进行了规定,并对个别条文表述进行了调整。

《货币市场基金监督管理办法》起草说明

一、起草背景

货币市场基金作为重要的现金管理工具,主要投资于短期债券、同业存单、债券回购等货币市场工具,具有资本安全性高、流动性好、投资成本低的特点。该类基金的快速发展,对投资者、基金行业、货币市场及资本市场均具有积极意义。2013 年下半年以来,由于互联网平台的介入与推广,货币市场基金的规模得以快速增长,由 2013 年 6 月底的 3042 亿元迅速增长到 2015 年 4 月底的 24989 亿元,为广大投资者特别是中小投资者提供了新型投资理财渠道。

但在极端市场条件下,货币市场基金会面临利率风险、信用风险和流动性风险,甚至由于货币市场基金大规模集中赎回引发系统性风险。此外,在货币市场基金与互联网融合发展的过程中,也出现了一些新问题,引发社会各界的广泛关注。为此,我会根据国务院对互联网金融监管工作的统一部署,启动了此次修订工作。

我会一直非常重视货币市场基金的监管与风险防范。2004 年 8 月,我会和中国人民银行共同发布了《货币市场基金管理暂行规定》,对于货币市场基金运作等事项作出了规定,构建了货币市场基金的基础法律框架。2005 年以来,根据市场情况变化和监管实践,针对货币市场基金投资中出现的一些问题,我会陆续发布了一系列规范性文件,对于防范货币市场基金相关风险起到了积极作用,促进了货币市场基金规范、公平、透明运作。

但是,基于对我国以往货币市场基金风险的原因分析,以及与国外货币市场基金监管改革实践的比较,目前我国货币市场基金制度仍存在以下问题:

一是当前货币市场基金投资组合及比例限制要求在极端市场条件下仍存较大利率风险、信用风险及流动性风险。由于货币市场基金自身产品属性与运作机制的原因,在极端市场情况下,采取摊余成本法估值的货币市场基金可能面临"净值高估—投资者赎回—被迫集中卖券或者流动性缺失—净值下跌甚至跌破面值—巨额赎回"的风险,且这种个体风险具有一定的传染性,容易诱发其他货币市场基金竞相赎回的连锁反应,并对货币市场、债券市场和商业银行的流动性产生一定冲击,甚至可能引发系统性风险。鉴于此,从长远发展看,有必要统筹兼顾发展与风险控制的关系,在充分研究借鉴境外货币市场基金发展经验与教训的基础上,结合我国基金行业发展与监管实际,进一步完善货币市场基金投资组合及比例限制要求。

二是当前货币市场基金监管法规体系对基金管理人的投资管理及风险控制责任约束不足,有必要在进一步规范货币市场基金投资运作规则的基础上,强化基金管理人对货币市场基金的风险管理责任。我国货币市场基金发展历史中发生的若干风险事件虽然主要源于外部市场环境的突然变化,但也暴露出部分基金管理人对货币市场基金风险管理不善等行业内在问题,主要表现在:一是过度追求货币市场基金收益率,忽视对货币市场基金的日常流动性风险管理工作;二是盲目追求基金规模,致使货币市场基金投资者结构不够合理;三是在风险事件处理过程中风险应对能力和经验不足的问题比较突出。截至目前,行业货币市场基金已超过 2 万亿,占行业总规模接近 1/2,货币市场基金的规范运作与风险管理对基金行业的整体稳健发展具有重要意义,基金管理人应在其中发挥并承担最主要的职责,有必要在货币市场基金监管法规中对基金管理人的风险管理责任提出更加明确有效的要求。

三是2013年下半年以来,货币市场基金与以“余额宝”业务为代表的互联网业务融合发展,有必要针对行业发展新业态做出针对性规定,促进货币市场基金创新业务规范发展。2013年下半年以来,由于互联网平台的介入与推广,货币市场基金的规模得以快速增长,为投资者特别是中小投资者提供了较好的低风险投资渠道。但同时也存在部分基金管理人、基金销售机构在基金宣传推介中存在片面强调收益性和便利性,对货币市场基金的风险管理重视不够,对投资者风险揭示不足等问题。根据国务院对互联网金融监管工作的统一部署,我会应对货币市场基金创新发展过程中出现的新问题做出相应制度安排,促进新业态健康发展。

二、《货币市场基金监督管理办法》的主要内容

此次《货币市场基金监督管理办法》(以下简称《办法》)的起草,是在2004年我会与中国人民银行联合发布的原《货币市场基金管理暂行规定》基础上,总结梳理了10年来与货币市场基金相关的多个法规文件的主要内容与监管实践,充分借鉴境外市场货币市场基金改革的最新实践,同时针对目前货币市场基金与互联网融合发展的新业态做出针对性规定,重在处理好货币市场基金创新发展与防范风险的关系。相对于现有法规,《办法》的主要内容如下:

(一)鼓励货币市场基金在风险可控的前提下进一步创新发展。一是积极拓展货币市场基金的可投资范围,不断改善货币市场基金投资运作的金融市场环境,为货币市场基金的持续发展提供足够的基础市场空间,允许货币市场基金投资同业存单等货币市场金融工具;二是在不影响货币市场基金运作的情况下,鼓励支持货币市场基金份额进行上市交易或者协议转让。通过投资人之间以交易或转让方式增加货币市场基金的流动性,为货币市场基金份额持有人实现多样化的赎回机制;三是鼓励基金管理人进行货币市场基金产品创新,进一步拓展货币市场基金的现金功能与支付功能。

(二)重新梳理界定了货币市场基金投资范围、期限及比例要求,有利于货币市场基金投资组合的风险控制。为防范利率风险,《办法》对货币市场基金投资组合平均剩余期限提出了更为严格的要求,从180天降至120天,进一步降低久期风险;同时增加了货币市场基金投资组合平均剩余存续期不得超过240天的规定,限制货币市场基金过多投资于剩余存续期较长的浮动利率债券。为保证货币市场基金组合投资的分散性原则,降低投资标的过度集中所引发的信用风险与流动性风险,《办法》对货币市场基金投资各类金融工具的比例限制进行了明确规定。对货币市场基金投资各类金融工具的比例提出相应要求:一是对投资同一机构主体发行的债券、各类债务融资工具以及其作为原始权益人的资产支持证券做出了10%的上限规定,主要为防范投资标的过于集中于单一机构主体所引发的信用风险;二是为了防范当前货币市场基金投资银行定期存款的集中性风险与流动性风险,对于货币市场基金投资有固定期限银行存款的总体比例、单一银行存款投资比例以及利息损失的风险控制均做出了针对性规定。

(三)对加强货币市场基金的流动性管理做出系统性的制度安排,有利于行业流动性风险的自我管控。由于货币市场基金自身产品属性与运作机制的原因,在极端市场情况下,货币市场基金容易发生流动性危机进而引发行业系统性风险。鉴于此,《办法》在充分研究借鉴境外货币市场基金发展经验与教训的基础上,结合我国基金行业发展与监管实际,对加强货币市场基金的流动性管理做出了系统性的制度安排。一是采取国际上常用的流动性资产分层次设限的做法,对货币市场基金每日、每周到期的流动性资产比例限制以及流动受限资产比例上限作出明确规定,同时规定在出现巨额赎回情形下,货币市场基金可以通过适度放大回购交易以获取流动性;二是借鉴美国关于加强货币市场基金流动性管理的最新改革实践,补充完善了货币市场基金的现有赎回制度,规定当货币市场基金流动性资产低于法定比例时,为确保基金平稳运作、防范系统性风险,基金管理人从基金利益最大化角度出发需收取一定比例的强制赎回费用;三是允许在特殊情形下基金管理人及股东与货币市场基金进行交易,有利于在极端市场情况下为货币市场基金提供必要的流动性支持。《办法》对我国货币市场基金原有关联交易限制规定进行了修订,允许在货币市场基金遇到某些极端风险情形时,基金管理人及其股东在履行相关程序后,从货币市场基金购买金融工具特别是风险资产,并履行相关披露义务,便于在极端市场情况下,使货币市场基金获得一定的流动性支持。

(四)对摊余成本法下的货币市场基金影价偏离度风险实施严格控制,分别针对不同的偏离度情形设定了相应监管要求。按现行我会文件要求,当货币市场基金影子定价偏离度绝对值达到或超过 0.25% 时,管理人应根据风险控制的需要调整组合,达到或超过 0.5% 时需要披露临时报告。从实际执行情况来看,部分货币市场基金在负偏离度达到或超过 -0.25% 时,由于市场条件的持续恶化,使偏离度进一步扩大,不利于风险控制。在极端市场情形下个别货币市场基金在负偏离超过 -0.5% 时进行临时公告,容易引发行业流动性危机,形成系统性风险。为此,《办法》对货币市场基金在使用摊余成本法下的影价偏离度的风险控制提出了更高要求,规定当负偏离度绝对值达到或超过 0.25% 时,管理人应在五个交易日内调整到 0.25% 以内。当正偏离度的绝对值达到或超过 0.5% 时,管理人应采用暂停申购措施并公告,防止套利资金申购损害存量持有人权益。此外,为防范极端市场条件下,部分货币市场基金负偏离加大而引发流动性危机的情况,《办法》对负偏离度绝对值超过 0.5% 情形采取了严格的监管要求,规定当负偏离度绝对值达到或超过 0.5% 时,基金管理人应该使用风险准备金或自有资金弥补潜在资产损失,对负偏离过大风险予以纠正与防控。同时针对极端市场条件下个别货币市场基金负偏离持续扩大且不能自救的情形,《办法》规定在货币市场基金连续两个交易日出现负偏离超过 0.5% 时,基金管理人应采用公允价值估值方法对持有投资组合的账面价值进行调整,或者采取暂停所有赎回申请并采取终止基金合同进行财产清算等方式进行风险隔离,以免发生风险传导进而引发行业系统性风险。

(五)弱化货币市场基金对外部评级的依赖,强化了基金管理人对内部评级管理、压力测试的要求。根据"国九条"的要求,《办法》弱化了货币市场基金债券投资的外部信用评级限制,仅对债券投资外部信用评级应用做出底线规定,将"合格债券"的评价权交给基金管理人,要求基金管理人建立完善内部信用评级制度,通过内部评级甄选合格债券。同时《办法》增加了货币市场基金进行压力测试的规定,要求基金管理人将压力测试作为货币市场基金风险管理的重要手段,建立相关内部制度,结合自身风险管理水平与市场情况,针对货币市场基金跌破面值风险、债券信用风险以及不同情景下的流动性冲击等,定期或不定期的开展压力测试,并针对压力测试结果及时采取防范措施,同时规定压力测试工作底稿要留存备查。

(六)根据货币市场基金与互联网深度融合发展的新业态,对货币市场基金的销售活动与信息披露提出了针对性的要求。2013 年下半年以来,由于互联网平台的介入与推广,货币市场基金的规模得以快速增长,为投资者特别是中小投资者提供了较好的低风险投资渠道。但同时也存在部分基金管理人、基金销售机构及基金销售支付结算机构在基金宣传推介中存在片面强调收益性和便利性,对货币市场基金的风险管理重视不够,对投资者风险揭示不足等问题。针对上述问题,《办法》分别针对基金管理人、基金销售机构、基金销售支付结算机构以及互联网机构等其他机构在从事货币市场基金有关的销售推介及业务推广过程中的行为进行了规范,明确了各机构主体的行为边界与禁止行为情形。此外,《办法》强化了货币市场基金的信息披露要求,后续将启动《货币市场基金信息披露特别规定》的修订工作与之衔接,对货币市场基金的收益公告、临时报告与定期报告的内容与格式根据《办法》的相关规定进行修订调整,同时鼓励基金管理人在法规要求的基础上自主增加货币市场基金的信息披露。

三、实施规定的主要内容

为做好《办法》的实施工作,我们拟与《办法》配套发布《关于实施〈货币市场基金监督管理办法〉有关问题的规定》(以下简称《实施规定》),对《办法》的实施工作做出具体规定,主要包括：对于货币市场基金投资组合及比例的规定，给予一年的调整期；对货币市场基金投资组合的流动性资产比例的规定，给予三个月的调整期；其他新开展的投资，应自实施之日起执行该规定。此外，《实施规定》对《办法》中的部分专业词语及指标计算方法进行了补充性解释说明。

《证券发行与承销管理办法》修订说明

为进一步规范证券发行与承销行为，保护投资者合法权益，我会拟对《证券发行与承销管理办法》（以下简称《办法》）进行修订。修订后，《办法》共43条，其中，新增1条，修改6条。现就修订情况说明如下：

一、为消除巨额资金打新现象，在目前网上按市值申购的基础上，对新股发行流程进行调整，取消原《办法》中关于参与申购的投资者应当全额缴付申购资金的规定，将申购时预先缴款改为确定配售数量后再进行缴款。

二、为降低中小企业发行成本，提高发行效率，明确规定公开发行股票数量在2000万股（含）以下且无老股转让计划的，应通过直接定价的方式确定发行价格，全部向网上投资者发行，不进行网下询价和配售。

三、为便于承销商管理承销风险，规定网上和网下投资者缴款认购的股份数量合计不足本次公开发行数量的70%时可以中止发行。

四、强调新股申购应为投资者自主决策、自担风险、自负盈亏的真实行为，增加网上投资者应自主表达申购意向，不得全权委托证券公司进行新股申购的规定。

五、建立网上投资者申购约束机制，规定网上投资者连续12个月内累计出现3次中签后未足额缴款的情形时，6个月内不允许参与新股申购。

《首次公开发行股票并上市管理办法》修订说明

为推进股票发行注册制改革，落实以信息披露为中心的审核理念，我会拟对《首次公开发行股票并上市管理办法》（以下简称“《首发办法》”）进行修订。现将有关修订情况说明如下：

一、修订背景

自2006年5月18日发布实施以来，《首发办法》对规范首次公开发行股票并上市行为，保护投资者合法权益和社会公共利益，支持实体经济发展，发挥了积极作用。然而，随着资本市场深化改革，部分发行条件的设置带有明显的历史烙印，亟需在推进股票发行注册制改革的进程中进行调整。

二、修订的总体思路和主要内容

《首发办法》修订的总体思路是：进一步落实以信息披露为中心的审核理念，简化发行条件，方便企业融资，强化信息披露监管，提高信息披露质量。

本次修订《首发办法》修订后总体架构不变，仍分为总则、发行条件、发行程序、信息披露、监管和处罚、附则6章，共57条。其中，删除第二章独立性和募集资金使用两节共13条。主要修改内容如下：

（一）调整独立性条件为信息披露要求

为解决历史上国有企业部分改制上市带来的大股东通过关联交易和同业竞争损害上市公

司利益问题,我会要求企业发行上市要做到“三分开”、“五独立”,不允许存在较多关联交易和同业竞争问题的企业发行上市。经过多年以来的实践,独立性带来的问题和矛盾已经基本解决,不需要再作为发行上市的门槛,拟采用披露方式对同业竞争和关联交易问题进行监管。

(二)调整募集资金使用条件为信息披露要求

长期以来,我会对募集资金使用问题进行严格监管,要求募集资金原则上用于主营业务、筹资额不能超过投资项目的资金需求额、投资项目应当符合国家产业政策、投资管理、环境保护、土地管理的规定,同时还要就募集资金投资项目是否符合国家产业政策和审批程序征求国家发改委意见,从实际运行效果看,事前把关的做法极大地增加了发行人的成本,降低了行政审批的效率。从境外成熟市场的做法看,募集资金使用是企业的财务安排,事前只需要进行充分的信息披露。为降低企业融资成本,提高行政许可效率,支持实体经济发展,拟取消募集资金使用方面的门槛,改为信息披露要求。

特此说明。

《首次公开发行股票并在创业板上市管理办法》起草说明

为贯彻党的十七大提出的“提高自主创新能力,建设创新型国家”的精神,落实国务院《关于推进资本市场改革开放和稳定发展的若干意见》关于建立多层次资本市场体系、优化资本市场结构的要求,根据《公司法》、《证券法》有关规定,在总结我国主板市场首次公开发行股票并上市工作实践的基础上,借鉴海外创业板市场经验教训,中国证监会制订了《首次公开发行股票并在创业板上市管理办法(征求意见稿)》(以下简称《管理办法》)。现就《管理办法》说明如下:

一、起草《管理办法》的指导思想

设立创业板市场,是落实自主创新国家战略和多渠道提高直接融资比重的重要举措。在中小板之外建立独立的创业板,有利于突出对高成长型创业企业的吸引力,实行更加适应创业企业投融资需求和风险管理要求的制度安排,形成创业板市场特色。

创业板定位于服务成长型创业企业,重点支持具有自主创新能力的企业。针对创业型公司自主创新能力强、业务模式新、规模较小、业绩不确定性大、经营风险高等特点,《管理办法》遵循以下原则:

一是立足我国实际情况,借鉴境外市场经验。一方面要借鉴境外市场经验教训,吸引成长型创业企业充分利用创业板市场;又要考虑国内诚信法制建设环境、市场约束机制的现状,设计合适的发行监管制度。

二是遵循现有法律规定,适度降低准入门槛。在现有《公司法》和《证券法》的框架之内设计有关制度,保持法规的一致性和连续性;适应不同类型创业企业的需求,在整体风险基本可控的前提下,适度降低准入门槛,促进高成长型特别是具备自主创新能力创业企业的发展。

三是强调市场化运作,同时突出风险控制。建立投资者风险自担、充分发挥保荐人等中介机构作用的市场化运作机制,并通过改进发行审核、单独设立创业板发审委、实施网站信息披露等方式,突出创业板市场特色;同时通过加强信息披露,强化市场各方责任,防范市场风险。

二、《管理办法》的主要内容及特点

《管理办法》对首次公开发行股票并在创业板上市的行为作出有关规定,共计六章五十七条,具体包括总则、发行条件、发行程序、信息披露、监管与处罚、附则等内容。

《管理办法》有以下特点:一是在发行条件方面针对创业企业实际情况制定相应的定量标准与定性规范要求;二是强化保荐人责任,要求保荐人对公司成长性、自主创新能力作尽职调查和审慎判断,并出具专项意见;三是设立单独的创业板发审委;四是实行网站为主的信息披露方式,增加创业板市场风险特别提示;五是在公司治理方面从严要求,强化控股股东责任;六是加强交易所监管职能,充分发挥一线监管作用。主要内容如下:

(一)发行人应当具备一定的盈利能力

为使在创业板上市的公司具有相对固定的盈利模式,降低市场整体风险,《管理办法》要求企业具有一定的盈利能力。考虑到不同类型创业企业的需求,设计了两套标准。具体规定为要求发行人最近两年连续盈利,最近两年净利润累计不少于一千万元,且持续增长;或者最近一年盈利,且净利润不少于五百万元,最近一年营业收入不少于五千万元,最近两年营业收入增长率均不低于百分之三十。

《证券法》第十三条规定公司公开发行新股应当"具有持续盈利能力"。《管理办法》规定了发行人不得有影响持续盈利能力的若干种情形。

(二)发行人应当具有一定规模和存续时间

根据《证券法》第五十条关于申请股票上市的公司股本总额应不少于三千万元的规定,同时为使在创业板上市的公司已经发展到一定规模,从而控制市场风险,《管理办法》要求发行人具备一定的资产规模,具体规定发行前净资产不少于二千万元,发行后股本不少于三千万元。

《管理办法》规定发行人应具有一定的持续经营记录,具体要求发行人应当是依法设立且持续经营三年以上的股份有限公司,有限责任公司按原账面净资产值折股整体变更为股份有限公司的,持续经营时间可以从有限责任公司成立之日起计算。

(三)发行人应当主营业务突出

创业企业规模小,且处于成长发展阶段,如果盲目多元化经营,业务范围过于分散,缺乏核心业务,既不利于有效控制风险,也不利于形成核心竞争力。因此,《管理办法》要求发行人集中有限的资源主要经营一种业务,并强调符合国家产业政策和环境保护政策。同时,要求募集资金只能用于发展主营业务。

(四)对发行人公司治理提出从严要求

根据创业板公司特点,在公司治理方面参照主板上市公司从严要求,要求董事会下设审计委员会,并强化独立董事履职和控股股东责任。

发行人应当保持业务、管理层和实际控制人的持续稳定,规定发行人最近两年内主营业务和董事、高级管理人员均没有发生重大变化,实际控制人没有发生变更。

发行人应当资产完整,业务及人员、财务、机构独立,具有完整的业务体系和直接面向市场独立经营的能力。发行人与控股股东、实际控制人及其控制的其他企业间不存在同业竞争,以及严重影响公司独立性或者显失公允的关联交易。

发行人及其股东最近三年内不存在未经法定机关核准,擅自公开或者变相公开发行证券,或者有关违法行为虽然发生在三年前,但目前仍处于持续状态的情形。

此外,要求发行人的控股股东对招股说明书签署确认意见。

(五)改进发行信息披露,增加创业企业透明度

对于招股说明书,按照实质重于形式的原则,在内容上突出创业企业特点。《管理办法》要求发行人在申请文件受理后、发行审核委员会审核前,将招股说明书申报稿在中国证监会指定网站预先披露;同时明确规定申请文件受理后至发行人发行申请经中国证监会核准、依法刊登招股说明书前,发行人及其与本次发行有关的当事人不得以广告、说明会等方式为公开发行股票进行宣传。

在披露形式上,为降低发行成本,要求发行人在中国证监会指定网站、公司网站披露招股说明书全文,同时在中国证监会指定报刊刊登提示性公告,告知投资者网上刊登的地址及获取文件的途径,不要求发行人编制招股说明书摘要,即网站披露全文、报刊公告网址。

(六)加强风险警示与投资者教育

创业企业经营风险相对较高,创业板市场整体的投资风险也要高于主板。为此,创业板加强对投资者尤其是个人投资者的风险警示和教育,建立投资者风险自担的市场约束机制。《管理办法》要求发行人在招股说明书显要位

置提示创业板特有的市场风险,采用统一文字格式,其内容为“本次股票发行后拟在创业板市场上市,该市场具有较高的投资风险。创业板公司具有业绩不稳定、经营风险高等特点,投资者面临较大的市场波动风险,投资者应充分了解创业板市场的投资风险及本公司所披露的风险因素,审慎作出投资决定”。

同时,《管理办法》规定交易所应当建立符合创业板特点的市场风险警示及投资者持续教育的制度,督促发行人建立健全维护投资者权益的制度以及防止和纠正违法违规行为的内部控制体系。

三、需要说明的问题

(一)关于发行审核委员会

考虑到创业企业规模小、风险大、创新特点强,在发行审核委员会设置上,专门设置创业板发行审核委员会,在发行初审基础上审议公司公开发行股票的申请。创业板发审委人数较主板发审委适当增加,并加大行业专家委员的比例,委员与主板发审委委员不互相兼任。相关内容将在修订后的《中国证券监督管理委员会发行审核委员会办法》中得到体现。

(二)关于发行上市保荐制度

创业板进一步突出保荐人的作用,加大市场约束。强化保荐人的尽职调查和审慎推荐作用,在企业成长性、自主创新方面,要求保荐人出具专项意见;在持续督导方面,要求保荐人督促企业合规运作,真实、准确、完整、及时地披露信息,督导发行人持续履行各项承诺,并要求保荐人对发行人发布的定期公告撰写跟踪报告。对于创业板企业的保荐期限,要求保荐人在发行人上市后三个会计年度内履行持续督导责任。相关要求将纳入修订后的证券发行上市保荐业务管理办法及交易所对创业板保荐人的相关管理规则。

第三部分　监管执法实践

一、行 政 许 可

（一）2015 年证监会作出的行政许可决定书目录

发文字号	标题
证监许可〔2015〕0001 号	关于准予中信建投凤凰货币市场基金注册的批复
证监许可〔2015〕0002 号	关于准予天弘增益宝货币市场基金注册的批复
证监许可〔2015〕0003 号	关于准予上投摩根安全战略股票型证券投资基金注册的批复
证监许可〔2015〕0004 号	关于准予中银新动力股票型证券投资基金注册的批复
证监许可〔2015〕0005 号	关于准予中欧明睿新起点混合型证券投资基金注册的批复
证监许可〔2015〕0006 号	关于准予中海合鑫灵活配置混合型证券投资基金注册的批复
证监许可〔2015〕0007 号	关于准予南方双元债券型证券投资基金注册的批复
证监许可〔2015〕0008 号	关于准予诺安中小板等权重交易型开放式指数证券投资基金联接基金变更注册的批复
证监许可〔2015〕0009 号	关于准予泰达宏利活期友货币市场基金注册的批复
证监许可〔2015〕0010 号	关于核准华东医药股份有限公司公开发行公司债券的批复
证监许可〔2015〕0011 号	关于核准腾达建设集团股份有限公司非公开发行股票的批复
证监许可〔2015〕0012 号	关于核准富贵鸟股份有限公司公开发行公司债券的批复
证监许可〔2015〕0013 号	关于核准厦门合兴包装印刷股份有限公司非公开发行股票的批复
证监许可〔2015〕0014 号	关于核准棕榈园林股份有限公司非公开发行股票的批复
证监许可〔2015〕0015 号	关于核准上海晨光文具股份有限公司首次公开发行股票的批复
证监许可〔2015〕0016 号	关于核准北京昆仑万维科技股份有限公司首次公开发行股票的批复
证监许可〔2015〕0017 号	关于核准北京浩丰创源科技股份有限公司首次公开发行股票的批复
证监许可〔2015〕0018 号	关于核准广东伊之密精密机械股份有限公司首次公开发行股票的批复
证监许可〔2015〕0019 号	关于核准佛山市南华仪器股份有限公司首次公开发行股票的批复
证监许可〔2015〕0020 号	关于核准浙江诺力机械股份有限公司首次公开发行股票的批复
证监许可〔2015〕0021 号	关于核准重庆再升科技股份有限公司首次公开发行股票的批复

续表

发文字号	标题
证监许可〔2015〕0022 号	关于核准利民化工股份有限公司首次公开发行股票的批复
证监许可〔2015〕0023 号	关于核准北京中文在线数字出版股份有限公司首次公开发行股票的批复
证监许可〔2015〕0024 号	关于核准万达电影院线股份有限公司首次公开发行股票的批复
证监许可〔2015〕0025 号	关于核准福建火炬电子科技股份有限公司首次公开发行股票的批复
证监许可〔2015〕0026 号	关于核准航天长征化学工程股份有限公司首次公开发行股票的批复
证监许可〔2015〕0027 号	关于核准浙江健盛集团股份有限公司首次公开发行股票的批复
证监许可〔2015〕0028 号	关于核准深圳市爱迪尔珠宝股份有限公司首次公开发行股票的批复
证监许可〔2015〕0029 号	关于核准快乐购物股份有限公司首次公开发行股票的批复
证监许可〔2015〕0030 号	关于核准福建龙马环卫装备股份有限公司首次公开发行股票的批复
证监许可〔2015〕0031 号	关于核准西部黄金股份有限公司首次公开发行股票的批复
证监许可〔2015〕0032 号	关于核准浙江华友钴业股份有限公司首次公开发行股票的批复
证监许可〔2015〕0033 号	关于核准苏州苏试试验仪器股份有限公司首次公开发行股票的批复
证监许可〔2015〕0034 号	关于核准浙江永艺家具股份有限公司首次公开发行股票的批复
证监许可〔2015〕0035 号	关于核准豁免陈亚妹要约收购深圳市实益达科技股份有限公司股份义务的批复
证监许可〔2015〕0036 号	关于核准中文天地出版传媒股份有限公司向孝昌枫杰投资中心(有限合伙)等发行股份购买资产并募集配套资金的批复
证监许可〔2015〕0037 号	关于核准瑞银韩亚资产运用株式会社人民币合格境外机构投资者资格的批复
证监许可〔2015〕0038 号	关于核准 CSAM 资产管理有限公司人民币合格境外机构投资者资格的批复
证监许可〔2015〕0039 号	关于核准东亚联丰投资管理有限公司人民币合格境外机构投资者资格的批复
证监许可〔2015〕0040 号	关于核准宾夕法尼亚大学校董会合格境外机构投资者资格的批复
证监许可〔2015〕0041 号	关于核准深圳翰宇药业股份有限公司向张有平等发行股份购买资产并募集配套资金的批复
证监许可〔2015〕0042 号	关于准予华泰柏瑞量化绝对收益策略定期开放混合型发起式证券投资基金注册的批复
证监许可〔2015〕0043 号	关于准予易方达添盈分级债券型证券投资基金注册的批复
证监许可〔2015〕0044 号	关于准予诺安裕鑫收益两年定期开放债券型证券投资基金注册的批复
证监许可〔2015〕0045 号	关于核准安信基金管理有限责任公司乔江晖基金行业高级管理人员任职资格的批复
证监许可〔2015〕0046 号	关于不予核准北京北斗星通导航技术股份有限公司发行股份购买资产并募集配套资金的决定
证监许可〔2015〕0047 号	关于核准烟台正海磁性材料股份有限公司向明绚新能源技术(上海)有限公司等发行股份购买资产并募集配套资金的批复
证监许可〔2015〕0049 号	关于准予工银瑞信国企改革主题股票型证券投资基金注册的批复
证监许可〔2015〕0050 号	关于准予农银汇理主题轮动股票型证券投资基金变更注册的批复

续表

发文字号	标题
证监许可〔2015〕0051 号	关于核准中信期货有限公司在香港特别行政区设立中证期货国际（香港）有限公司的批复
证监许可〔2015〕0052 号	关于准予易方达增金宝货币市场基金注册的批复
证监许可〔2015〕0053 号	关于准予鹏华金盈宝货币市场基金注册的批复
证监许可〔2015〕0054 号	关于准予泰达宏利改革动力量化策略灵活配置混合型证券投资基金注册的批复
证监许可〔2015〕0055 号	关于准予易方达新经济灵活配置混合型证券投资基金注册的批复
证监许可〔2015〕0056 号	关于核准忠利投资亚洲有限公司人民币合格境外机构投资者资格的批复
证监许可〔2015〕0057 号	关于核准广发资产管理（香港）有限公司合格境外机构投资者资格的批复
证监许可〔2015〕0058 号	关于核准广东宝利来投资股份有限公司向王志全等发行股份购买资产并募集配套资金的批复
证监许可〔2015〕0059 号	关于核准徐州海伦哲专用车辆股份有限公司向印叶君等发行股份购买资产并募集配套资金的批复
证监许可〔2015〕0060 号	关于核准宜华地产股份有限公司向林正刚等发行股份购买资产并募集配套资金的批复
证监许可〔2015〕0061 号	关于准予国投瑞银锐意改革灵活配置混合型证券投资基金注册的批复
证监许可〔2015〕0062 号	关于核准宏信证券有限责任公司保荐机构资格的批复
证监许可〔2015〕0063 号	关于准予中融融安保本混合型证券投资基金注册的批复
证监许可〔2015〕0064 号	关于准予前海开源中证大农业指数增强型证券投资基金注册的批复
证监许可〔2015〕0065 号	关于准予长信利富债券型证券投资基金注册的批复
证监许可〔2015〕0066 号	关于准予新华策略精选股票型证券投资基金注册的批复
证监许可〔2015〕0067 号	关于核准东兴证券股份有限公司公开募集证券投资基金管理业务资格的批复
证监许可〔2015〕0068 号	关于核准琼中黎族苗族自治县农村信用合作联社股份有限公司定向发行股票的批复
证监许可〔2015〕0069 号	关于核准安徽全柴动力股份有限公司非公开发行股票的批复
证监许可〔2015〕0070 号	关于核准北京金一文化发展股份有限公司公开发行公司债券的批复
证监许可〔2015〕0072 号	关于核准内蒙古兴业矿业股份有限公司公开发行公司债券的批复
证监许可〔2015〕0073 号	关于核准同方股份有限公司非公开发行股票的批复
证监许可〔2015〕0074 号	关于核准深圳市得润电子股份有限公司非公开发行股票的批复
证监许可〔2015〕0075 号	关于核准湘潭电机股份有限公司非公开发行股票的批复
证监许可〔2015〕0076 号	关于核准广东雪莱特光电科技股份有限公司向陈建顺等发行股份购买资产并募集配套资金的批复
证监许可〔2015〕0077 号	关于核准安徽江淮汽车股份有限公司吸收合并安徽江淮汽车集团有限公司的批复
证监许可〔2015〕0078 号	关于准予华安物联网主题股票型证券投资基金注册的批复
证监许可〔2015〕0079 号	关于准予国投瑞银新动力灵活配置混合型证券投资基金注册的批复

续表

发文字号	标题
证监许可〔2015〕0080 号	关于准予华富旺财保本混合型证券投资基金注册的批复
证监许可〔2015〕0081 号	关于核准麦趣尔集团股份有限公司非公开发行股票的批复
证监许可〔2015〕0082 号	关于核准浙江康盛股份有限公司非公开发行股票的批复
证监许可〔2015〕0083 号	关于核准华数传媒控股股份有限公司非公开发行股票的批复
证监许可〔2015〕0084 号	关于核准上海电气集团股份有限公司公开发行可转换公司债券的批复
证监许可〔2015〕0085 号	关于核准海南海药股份有限公司非公开发行股票的批复
证监许可〔2015〕0086 号	关于核准齐鲁证券有限公司发行债券的批复
证监许可〔2015〕0087 号	关于核准山东瑞康医药股份有限公司非公开发行股票的批复
证监许可〔2015〕0088 号	关于核准浙商证券股份有限公司发行债券的批复
证监许可〔2015〕0089 号	关于准予嘉实先进制造股票型证券投资基金注册的批复
证监许可〔2015〕0090 号	关于准予天弘云端生活优选灵活配置混合型证券投资基金注册的批复
证监许可〔2015〕0091 号	关于准予中银恒利半年定期开放债券型证券投资基金注册的批复
证监许可〔2015〕0092 号	关于准予博时产业债纯债债券型证券投资基金注册的批复
证监许可〔2015〕0093 号	关于准予富国新兴产业股票型证券投资基金注册的批复
证监许可〔2015〕0094 号	关于核准北京神州绿盟信息安全科技股份有限公司向阮晓迅等发行股份购买资产并募集配套资金的批复
证监许可〔2015〕0095 号	关于核准设立申万宏源证券有限公司及其 2 家子公司的批复
证监许可〔2015〕0096 号	关于准予工银瑞信美丽城镇主题股票型证券投资基金注册的批复
证监许可〔2015〕0097 号	关于准予嘉实企业变革股票型证券投资基金注册的批复
证监许可〔2015〕0098 号	关于准予华夏领先股票型证券投资基金注册的批复
证监许可〔2015〕0099 号	关于准予广发纳斯达克生物科技指数型发起式证券投资基金注册的批复
证监许可〔2015〕0100 号	关于准予北信瑞丰健康生活主题灵活配置混合型证券投资基金注册的批复
证监许可〔2015〕0101 号	关于准予光大保德信国企改革主题股票型证券投资基金注册的批复
证监许可〔2015〕0102 号	关于核准中辉期货经纪有限公司变更股权的批复
证监许可〔2015〕0103 号	关于核准新加坡政府投资有限公司人民币合格境外机构投资者资格的批复
证监许可〔2015〕0104 号	关于核准纽伯格伯曼新加坡人民币合格境外机构投资者资格的批复
证监许可〔2015〕0105 号	关于核准 Truston 资产管理有限公司人民币合格境外机构投资者资格的批复
证监许可〔2015〕0106 号	关于核准大信资产运用株式会社人民币合格境外机构投资者资格的批复
证监许可〔2015〕0107 号	关于核准三星资产运用株式会社人民币合格境外机构投资者资格的批复
证监许可〔2015〕0108 号	关于核准麦盛资产管理(亚洲)有限公司合格境外机构投资者资格的批复
证监许可〔2015〕0109 号	关于核准韩国投资信托运用株式会社人民币合格境外机构投资者资格的批复
证监许可〔2015〕0110 号	关于准予华夏可转债增强债券型证券投资基金注册的批复
证监许可〔2015〕0111 号	关于准予嘉实新消费股票型证券投资基金注册的批复

续表

发文字号	标题
证监许可〔2015〕0112 号	关于准予南方创新经济灵活配置混合型证券投资基金注册的批复
证监许可〔2015〕0113 号	关于准予华夏中证 500 交易型开放式指数证券投资基金及联接基金注册的批复
证监许可〔2015〕0114 号	关于准予华夏上证 50 交易型开放式指数证券投资基金联接基金注册的批复
证监许可〔2015〕0115 号	关于准予工银瑞信新金融股票型证券投资基金注册的批复
证监许可〔2015〕0116 号	关于准予银河现代服务主题灵活配置混合型证券投资基金注册的批复
证监许可〔2015〕0117 号	关于准予汇添富成长多因子量化策略股票型证券投资基金注册的批复
证监许可〔2015〕0118 号	关于准予浦银安盛增长动力灵活配置混合型证券投资基金注册的批复
证监许可〔2015〕0119 号	关于准予信达澳银转型创新股票型证券投资基金注册的批复
证监许可〔2015〕0120 号	关于准予东方睿鑫热点挖掘灵活配置混合型证券投资基金注册的批复
证监许可〔2015〕0121 号	关于准予建信信息产业股票型证券投资基金注册的批复
证监许可〔2015〕0122 号	关于核准豁免上海现代建筑设计(集团)有限公司要约收购上海棱光实业股份有限公司股份义务的批复
证监许可〔2015〕0123 号	关于核准招商证券股份有限公司设立资产管理子公司的批复
证监许可〔2015〕0124 号	关于核准万达信息股份有限公司向李诗定等发行股份购买资产并募集配套资金的批复
证监许可〔2015〕0125 号	关于核准中国宝安集团股份有限公司向深圳市金华瑞投资有限公司等发行股份购买资产的批复
证监许可〔2015〕0126 号	关于核准安徽皖维高新材料股份有限公司向安徽皖维集团有限责任公司发行股份购买资产并募集配套资金的批复
证监许可〔2015〕0127 号	关于核准深圳市奋达科技股份有限公司向新余深业投资合伙企业(有限合伙)发行股份购买资产并募集配套资金的批复
证监许可〔2015〕0128 号	关于核准北京金一文化发展股份有限公司向陈宝芳等发行股份购买资产并募集配套资金的批复
证监许可〔2015〕0129 号	关于核准深圳市联建光电股份有限公司向杨再飞等发行股份购买资产并募集配套资金的批复
证监许可〔2015〕0130 号	关于核准广东世荣兆业股份有限公司向梁家荣发行股份购买资产的批复
证监许可〔2015〕0131 号	关于准予博时证金宝货币市场基金注册的批复
证监许可〔2015〕0132 号	关于准予华融新锐灵活配置混合型证券投资基金注册的批复
证监许可〔2015〕0133 号	关于准予前海开源高端装备制造灵活配置混合型证券投资基金注册的批复
证监许可〔2015〕0134 号	关于核准赤峰吉隆黄金矿业股份有限公司向谭雄玉等发行股份购买资产并募集配套资金的批复
证监许可〔2015〕0135 号	关于核准浙江巨龙管业股份有限公司向日照义聚股权投资中心(有限合伙)等发行股份购买资产并募集配套资金的批复
证监许可〔2015〕0136 号	关于核准豁免冀东发展集团有限责任公司要约收购唐山冀东装备工程股份有限公司股份义务的批复
证监许可〔2015〕0139 号	关于准予前海开源中证健康产业指数分级证券投资基金注册的批复
证监许可〔2015〕0140 号	关于准予前海开源中航军工指数分级证券投资基金注册的批复

续表

发文字号	标题
证监许可〔2015〕0141 号	关于核准兴业基金管理有限公司张银华基金行业高级管理人员任职资格的批复
证监许可〔2015〕0142 号	关于核准富国基金管理有限公司薛爱东基金行业任职资格的批复
证监许可〔2015〕0143 号	关于准予易方达汇盈分级债券型证券投资基金注册的批复
证监许可〔2015〕0144 号	关于准予中金绝对收益策略定期开放混合型发起式证券投资基金注册的批复
证监许可〔2015〕0145 号	关于核准烟台万润精细化工股份有限公司非公开发行股票的批复
证监许可〔2015〕0146 号	关于核准兰州佛慈制药股份有限公司非公开发行股票的批复
证监许可〔2015〕0147 号	关于核准金字火腿股份有限公司非公开发行股票的批复
证监许可〔2015〕0148 号	关于核准柳州两面针股份有限公司非公开发行股票的批复
证监许可〔2015〕0149 号	关于核准深圳市兴森快捷电路科技股份有限公司非公开发行股票的批复
证监许可〔2015〕0150 号	关于核准广东冠豪高新技术股份有限公司非公开发行股票的批复
证监许可〔2015〕0151 号	关于核准 TCL 集团股份有限公司非公开发行股票的批复
证监许可〔2015〕0152 号	关于核准上海昊海生物科技股份有限公司发行境外上市外资股的批复
证监许可〔2015〕0153 号	关于核准海通证券股份有限公司股票期权做市业务资格的批复
证监许可〔2015〕0154 号	关于核准国泰君安证券股份有限公司股票期权做市业务资格的批复
证监许可〔2015〕0155 号	关于核准申万宏源证券有限公司股票期权做市业务资格的批复
证监许可〔2015〕0156 号	关于核准中信建投证券股份有限公司股票期权做市业务资格的批复
证监许可〔2015〕0157 号	关于核准招商证券股份有限公司股票期权做市业务资格的批复
证监许可〔2015〕0158 号	关于核准中信证券股份有限公司股票期权做市业务资格的批复
证监许可〔2015〕0159 号	关于核准广发证券股份有限公司股票期权做市业务资格的批复
证监许可〔2015〕0160 号	关于核准长江证券股份有限公司股票期权做市业务资格的批复
证监许可〔2015〕0161 号	关于核准齐鲁证券有限公司股票期权做市业务资格的批复
证监许可〔2015〕0162 号	关于核准华泰证券股份有限公司股票期权做市业务资格的批复
证监许可〔2015〕0163 号	关于核准东方证券股份有限公司股票期权做市业务资格的批复
证监许可〔2015〕0164 号	关于核准光大证券股份有限公司股票期权做市业务资格的批复
证监许可〔2015〕0165 号	关于核准江苏连云港港口股份有限公司公开发行公司债券的批复
证监许可〔2015〕0166 号	关于核准浙江菲达环保科技股份有限公司非公开发行股票的批复
证监许可〔2015〕0167 号	关于核准新华联不动产股份有限公司非公开发行股票的批复
证监许可〔2015〕0168 号	关于核准东莞劲胜精密组件股份有限公司非公开发行股票的批复
证监许可〔2015〕0169 号	关于核准深圳市振业(集团)股份有限公司公开发行公司债券的批复
证监许可〔2015〕0170 号	关于核准山东太阳纸业股份有限公司非公开发行股票的批复
证监许可〔2015〕0171 号	关于核准深圳市中金岭南有色金属股份有限公司非公开发行股票的批复
证监许可〔2015〕0172 号	关于核准东方金钰股份有限公司非公开发行股票的批复

续表

发文字号	标题
证监许可〔2015〕0173 号	关于核准深圳市特力（集团）股份有限公司非公开发行股票的批复
证监许可〔2015〕0174 号	关于核准重庆三圣特种建材股份有限公司首次公开发行股票的批复
证监许可〔2015〕0175 号	关于核准广州好莱客创意家居股份有限公司首次公开发行股票的批复
证监许可〔2015〕0176 号	关于核准广西博世科环保科技股份有限公司首次公开发行股票的批复
证监许可〔2015〕0177 号	关于核准宁波弘讯科技股份有限公司首次公开发行股票的批复
证监许可〔2015〕0178 号	关于核准四川环能德美科技股份有限公司首次公开发行股票的批复
证监许可〔2015〕0179 号	关于核准厦门红相电力设备股份有限公司首次公开发行股票的批复
证监许可〔2015〕0180 号	关于核准深圳市共进电子股份有限公司首次公开发行股票的批复
证监许可〔2015〕0181 号	关于核准宁波继峰汽车零部件股份有限公司首次公开发行股票的批复
证监许可〔2015〕0182 号	关于核准浙江唐德影视股份有限公司首次公开发行股票的批复
证监许可〔2015〕0183 号	关于核准苏州天孚光通信股份有限公司首次公开发行股票的批复
证监许可〔2015〕0184 号	关于核准江苏力星通用钢球股份有限公司首次公开发行股票的批复
证监许可〔2015〕0185 号	关于核准山东鲁亿通智能电气股份有限公司首次公开发行股票的批复
证监许可〔2015〕0186 号	关于核准徐州五洋科技股份有限公司首次公开发行股票的批复
证监许可〔2015〕0187 号	关于核准浙江济民制药股份有限公司首次公开发行股票的批复
证监许可〔2015〕0188 号	关于核准杭州电缆股份有限公司首次公开发行股票的批复
证监许可〔2015〕0189 号	关于核准山东仙坛股份有限公司首次公开发行股票的批复
证监许可〔2015〕0190 号	关于核准益丰大药房连锁股份有限公司首次公开发行股票的批复
证监许可〔2015〕0191 号	关于核准东兴证券股份有限公司首次公开发行股票的批复
证监许可〔2015〕0192 号	关于核准苏州柯利达装饰股份有限公司首次公开发行股票的批复
证监许可〔2015〕0193 号	关于核准木林森股份有限公司首次公开发行股票的批复
证监许可〔2015〕0194 号	关于核准安徽富煌钢构股份有限公司首次公开发行股票的批复
证监许可〔2015〕0195 号	关于核准天津银龙预应力材料股份有限公司首次公开发行股票的批复
证监许可〔2015〕0196 号	关于核准广东光华科技股份有限公司首次公开发行股票的批复
证监许可〔2015〕0197 号	关于核准广州维力医疗器械股份有限公司首次公开发行股票的批复
证监许可〔2015〕0198 号	关于核准西安通源石油科技股份有限公司向张国桉等发行股份购买资产的批复
证监许可〔2015〕0199 号	关于核准中纺投资发展股份有限公司向国家开发投资公司等发行股份购买资产并募集配套资金的批复
证监许可〔2015〕0200 号	关于核准浙江众合机电股份有限公司向楼洪海等发行股份购买资产并募集配套资金的批复
证监许可〔2015〕0201 号	关于核准财通证券股份有限公司发行债券的批复
证监许可〔2015〕0202 号	关于核准华融证券股份有限公司发行债券的批复

续表

发文字号	标题
证监许可〔2015〕0203 号	关于不予核准广东威华股份有限公司重大资产重组及向赣州稀土集团有限公司发行股份购买资产并募集配套资金的决定
证监许可〔2015〕0204 号	关于准予南方中国中小盘股票指数证券投资基金(LOF)变更注册的批复
证监许可〔2015〕0205 号	关于准予宝盈转型动力灵活配置混合型证券投资基金注册的批复
证监许可〔2015〕0206 号	关于准予易方达改革红利混合型证券投资基金注册的批复
证监许可〔2015〕0207 号	关于准予华安智能装备主题股票型证券投资基金注册的批复
证监许可〔2015〕0208 号	关于准予易方达蓝筹优选混合型证券投资基金注册的批复
证监许可〔2015〕0209 号	关于准予华宝兴业国策导向混合型证券投资基金注册的批复
证监许可〔2015〕0210 号	关于准予华泰柏瑞量化驱动灵活配置混合型证券投资基金注册的批复
证监许可〔2015〕0211 号	关于准予银华惠添益货币市场基金注册的批复
证监许可〔2015〕0212 号	关于准予华安媒体互联网混合型证券投资基金注册的批复
证监许可〔2015〕0213 号	关于核准景顺投资管理有限公司人民币合格境外机构投资者资格的批复
证监许可〔2015〕0214 号	关于核准 MY Asset 投资管理有限公司人民币合格境外机构投资者资格的批复
证监许可〔2015〕0215 号	关于核准西南证券股份有限公司股票期权做市业务资格的批复
证监许可〔2015〕0216 号	关于核准国信证券股份有限公司股票期权做市业务资格的批复
证监许可〔2015〕0217 号	关于核准鹏华基金管理有限公司高永杰基金行业高级管理人员任职资格的批复
证监许可〔2015〕0218 号	关于核准泰康资产管理有限责任公司公开募集证券投资基金管理业务资格的批复
证监许可〔2015〕0219 号	关于核准中信建投证券股份有限公司证券投资基金托管资格的批复
证监许可〔2015〕0220 号	关于准予华富恒利债券型证券投资基金注册的批复
证监许可〔2015〕0221 号	关于准予鹏华弘盛灵活配置混合型证券投资基金注册的批复
证监许可〔2015〕0222 号	关于准予华商信用增强债券型证券投资基金注册的批复
证监许可〔2015〕0224 号	关于准予嘉实标普 500 指数证券投资基金注册的批复
证监许可〔2015〕0225 号	关于准予工银瑞信瑞利两年封闭式债券型证券投资基金注册的批复
证监许可〔2015〕0226 号	关于准予国寿安保聚宝盆货币市场基金注册的批复
证监许可〔2015〕0227 号	关于核准德意志资产及财富管理投资有限公司人民币合格境外机构投资者资格的批复
证监许可〔2015〕0228 号	关于核准西部证券股份有限公司非公开发行股票的批复
证监许可〔2015〕0229 号	关于核准天津红日药业股份有限公司非公开发行股票的批复
证监许可〔2015〕0230 号	关于不予核准武汉中博生物股份有限公司首次公开发行股票申请的决定
证监许可〔2015〕0231 号	关于核准兴业期货有限公司变更股权的批复
证监许可〔2015〕0232 号	关于准予东方红中国优势灵活配置混合型证券投资基金注册的批复

续表

发文字号	标题
证监许可〔2015〕0233 号	关于核准茂硕电源科技股份有限公司向方笑求等发行股份购买资产并募集配套资金的批复
证监许可〔2015〕0234 号	关于核准青海贤成矿业股份有限公司重大资产重组及向西藏荣恩科技有限公司等发行股份购买资产的批复
证监许可〔2015〕0238 号	关于核准北京光线传媒股份有限公司非公开发行股票的批复
证监许可〔2015〕0239 号	关于核准广州中海达卫星导航技术股份有限公司非公开发行股票的批复
证监许可〔2015〕0240 号	关于核准深圳市长盈精密技术股份有限公司非公开发行股票的批复
证监许可〔2015〕0241 号	关于核准重庆路桥股份有限公司公开发行公司债券的批复
证监许可〔2015〕0242 号	关于不予核准浙江赞宇科技股份有限公司非公开发行股票申请的决定
证监许可〔2015〕0243 号	关于核准北海银河产业投资股份有限公司非公开发行股票的批复
证监许可〔2015〕0244 号	关于核准广东精艺金属股份有限公司非公开发行股票的批复
证监许可〔2015〕0245 号	关于核准芜湖长信科技股份有限公司非公开发行股票的批复
证监许可〔2015〕0246 号	关于准予富国中证全指证券公司指数分级证券投资基金注册的批复
证监许可〔2015〕0247 号	关于准予东吴鼎兴分级债券型发起式证券投资基金注册的批复
证监许可〔2015〕0248 号	关于核准长安基金管理有限公司变更注册资本和股权的批复
证监许可〔2015〕0249 号	关于准予华宝兴业事件驱动混合型证券投资基金注册的批复
证监许可〔2015〕0250 号	关于准予华泰柏瑞积极优选股票型证券投资基金注册的批复
证监许可〔2015〕0251 号	关于准予博时互联网主题灵活配置混合型证券投资基金注册的批复
证监许可〔2015〕0252 号	关于准予国投瑞银新丝路灵活配置混合型证券投资基金（LOF）注册的批复
证监许可〔2015〕0253 号	关于核准深圳市拓日新能源科技股份有限公司非公开发行股票的批复
证监许可〔2015〕0254 号	关于核准北汽福田汽车股份有限公司非公开发行股票的批复
证监许可〔2015〕0255 号	关于核准华油惠博普科技股份有限公司非公开发行股票的批复
证监许可〔2015〕0256 号	关于核准万家基金管理有限公司方一天基金行业高级管理人员任职资格的批复
证监许可〔2015〕0257 号	关于核准太平洋证券股份有限公司公开发行公司债券的批复
证监许可〔2015〕0258 号	关于核准设立弘德基金管理有限公司的批复
证监许可〔2015〕0259 号	关于核准中加基金管理有限公司在香港特别行政区设立中加国际资产管理有限公司的批复
证监许可〔2015〕0260 号	关于核准华福基金管理有限责任公司设立子公司的批复
证监许可〔2015〕0261 号	关于核准上海石化石油化工股份有限公司增发境外上市外资股的批复
证监许可〔2015〕0262 号	关于核准华泰长城期货有限公司在美国设立华泰（美国）期货有限公司的批复
证监许可〔2015〕0263 号	关于核准东兴证券股份有限公司在香港特别行政区设立东兴证券（香港）金融控股有限公司的批复
证监许可〔2015〕0264 号	关于核准瑞银期货有限责任公司金融期货经纪业务资格的批复
证监许可〔2015〕0265 号	关于核准民生期货有限公司变更股权的批复

续表

发文字号	标题
证监许可〔2015〕0266 号	关于核准江苏常铝铝业股份有限公司向上海朗诣实业发展有限公司等发行股份购买资产并募集配套资金的批复
证监许可〔2015〕0267 号	关于核准嘉合基金管理有限公司高明基金行业高级管理人员任职资格的批复
证监许可〔2015〕0268 号	关于准予华安安盈分级债券型证券投资基金注册的批复
证监许可〔2015〕0269 号	关于准予富国中证新能源汽车指数分级证券投资基金注册的批复
证监许可〔2015〕0270 号	关于核准北京合众思壮科技股份有限公司向李彤等发行股份购买资产并募集配套资金的批复
证监许可〔2015〕0271 号	关于核准长春百货大楼集团股份有限公司重大资产重组及向青岛中泰博天投资咨询有限公司等发行股份购买资产并募集配套资金的批复
证监许可〔2015〕0272 号	关于核准新韩金融投资人民币合格境外机构投资者资格的批复
证监许可〔2015〕0273 号	关于核准凯思博投资管理（香港）有限公司人民币合格境外机构投资者资格的批复
证监许可〔2015〕0274 号	关于核准兴国资产管理人民币合格境外机构投资者资格的批复
证监许可〔2015〕0275 号	关于准予广发纳斯达克 100 交易型开放式指数证券投资基金注册的批复
证监许可〔2015〕0276 号	关于准予前海开源国家比较优势灵活配置混合型证券投资基金注册的批复
证监许可〔2015〕0277 号	关于准予广发聚安混合型证券投资基金注册的批复
证监许可〔2015〕0278 号	关于准予华商量化进取灵活配置混合型证券投资基金注册的批复
证监许可〔2015〕0279 号	关于准予南方大数据 100 指数证券投资基金注册的批复
证监许可〔2015〕0280 号	关于准予融通增益债券型证券投资基金注册的批复
证监许可〔2015〕0281 号	关于准予易方达中证海外中国互联网 50 交易型开放式指数证券投资基金及联接基金注册的批复
证监许可〔2015〕0282 号	关于准予中欧瑾泉灵活配置混合型证券投资基金注册的批复
证监许可〔2015〕0283 号	关于核准江苏辉丰农化股份有限公司配股的批复
证监许可〔2015〕0284 号	关于准予华安新丝路主题股票型证券投资基金注册的批复
证监许可〔2015〕0285 号	关于准予建信精工制造指数增强型证券投资基金注册的批复
证监许可〔2015〕0286 号	关于准予国投瑞银新回报灵活配置混合型证券投资基金注册的批复
证监许可〔2015〕0287 号	关于准予华商健康生活灵活配置混合型证券投资基金注册的批复
证监许可〔2015〕0288 号	关于核准英杰华投资亚洲私人有限公司人民币合格境外机构投资者资格的批复
证监许可〔2015〕0289 号	关于核准中国建设银行（伦敦）有限公司人民币合格境外机构投资者资格的批复
证监许可〔2015〕0290 号	关于准予前海开源工业革命 4.0 灵活配置混合型证券投资基金注册的批复
证监许可〔2015〕0291 号	关于核准江苏中达新材料集团股份有限公司重大资产重组及向庄敏等发行股份购买资产的批复
证监许可〔2015〕0292 号	关于核准光大保德信基金管理有限公司李常青基金行业高级管理人员任职资格的批复
证监许可〔2015〕0293 号	关于核准上投摩根基金管理有限公司设立子公司的批复

续表

发文字号	标题
证监许可〔2015〕0294 号	关于核准浙江大东南股份有限公司向姜仲杨等发行股份购买资产并募集配套资金的批复
证监许可〔2015〕0295 号	关于核准福耀玻璃工业集团股份有限公司发行境外上市外资股的批复
证监许可〔2015〕0296 号	关于核准中融基金管理有限公司王瑶基金行业任职资格的批复
证监许可〔2015〕0297 号	关于核准富安达基金管理有限公司张丽珉基金行业高级管理人员任职资格的批复
证监许可〔2015〕0298 号	关于核准河北福成五丰食品股份有限公司向福成投资集团有限公司发行股份购买资产的批复
证监许可〔2015〕0299 号	关于核准杭州中泰深冷技术股份有限公司首次公开发行股票的批复
证监许可〔2015〕0300 号	关于核准南京埃斯顿自动化股份有限公司首次公开发行股票的批复
证监许可〔2015〕0301 号	关于核准绵阳富临精工机械股份有限公司首次公开发行股票的批复
证监许可〔2015〕0302 号	关于不予核准上海现代制药股份有限公司非公开发行股票申请的决定
证监许可〔2015〕0303 号	关于不予核准黑龙江国中水务股份有限公司非公开发行股票申请的决定
证监许可〔2015〕0304 号	关于核准爱普香料集团股份有限公司首次公开发行股票的批复
证监许可〔2015〕0305 号	关于核准东方证券股份有限公司首次公开发行股票的批复
证监许可〔2015〕0306 号	关于核准四川国光农化股份有限公司首次公开发行股票的批复
证监许可〔2015〕0307 号	关于核准北部湾旅游股份有限公司首次公开发行股票的批复
证监许可〔2015〕0308 号	关于核准常州腾龙汽车零部件股份有限公司首次公开发行股票的批复
证监许可〔2015〕0309 号	关于核准安徽九华山旅游发展股份有限公司首次公开发行股票的批复
证监许可〔2015〕0310 号	关于核准上海龙韵广告传播股份有限公司首次公开发行股票的批复
证监许可〔2015〕0311 号	关于核准江苏立霸实业股份有限公司首次公开发行股票的批复
证监许可〔2015〕0312 号	关于核准广东松发陶瓷股份有限公司首次公开发行股票的批复
证监许可〔2015〕0313 号	关于核准上海创力集团股份有限公司首次公开发行股票的批复
证监许可〔2015〕0314 号	关于核准浙江鼎力机械股份有限公司首次公开发行股票的批复
证监许可〔2015〕0315 号	关于核准玉山商业银行股份有限公司合格境外机构投资者资格的批复
证监许可〔2015〕0316 号	关于核准汇添富资产管理（香港）有限公司合格境外机构投资者资格的批复
证监许可〔2015〕0317 号	关于核准达杰资金管理有限公司人民币合格境外机构投资者资格的批复
证监许可〔2015〕0318 号	关于准予中欧精选灵活配置定期开放混合型发起式证券投资基金注册的批复
证监许可〔2015〕0319 号	关于准予易方达上证 50 指数分级证券投资基金注册的批复
证监许可〔2015〕0320 号	关于核准河北四通新型金属材料股份有限公司首次公开发行股票的批复
证监许可〔2015〕0321 号	关于核准江西世龙实业股份有限公司首次公开发行股票的批复
证监许可〔2015〕0322 号	关于核准上海全筑建筑装饰集团股份有限公司首次公开发行股票的批复
证监许可〔2015〕0323 号	关于核准宁波拓普集团股份有限公司首次公开发行股票的批复
证监许可〔2015〕0324 号	关于核准北京恒通创新赛木科技股份有限公司首次公开发行股票的批复

续表

发文字号	标题
证监许可〔2015〕0325 号	关于核准常州强力电子新材料股份有限公司首次公开发行股票的批复
证监许可〔2015〕0326 号	关于核准北京暴风科技股份有限公司首次公开发行股票的批复
证监许可〔2015〕0327 号	关于核准昆明龙津药业股份有限公司首次公开发行股票的批复
证监许可〔2015〕0328 号	关于核准蓝思科技股份有限公司首次公开发行股票的批复
证监许可〔2015〕0329 号	关于核准北京诚益通控制工程科技股份有限公司首次公开发行股票的批复
证监许可〔2015〕0330 号	关于核准广州广船国际股份有限公司向中国船舶工业集团公司等发行股份购买资产并募集配套资金的批复
证监许可〔2015〕0331 号	关于不予核准浙江万好万家实业股份有限公司向拉萨兆讯投资管理有限公司等发行股份购买资产并募集配套资金的决定
证监许可〔2015〕0332 号	关于不予核准广东群兴玩具股份有限公司发行股份购买资产并募集配套资金的决定
证监许可〔2015〕0333 号	关于不予核准安徽丰原药业股份有限公司向四川省宜宾普什集团有限公司发行股份购买资产并募集配套资金的决定
证监许可〔2015〕0334 号	关于核准豁免大新华航空有限公司要约收购海南航空股份有限公司股份义务的批复
证监许可〔2015〕0335 号	关于准予中银宏观策略灵活配置混合型证券投资基金注册的批复
证监许可〔2015〕0336 号	关于准予上投摩根卓越制造股票型证券投资基金注册的批复
证监许可〔2015〕0337 号	关于准予鹏华弘利灵活配置混合型证券投资基金注册的批复
证监许可〔2015〕0338 号	关于核准财富证券有限责任公司保荐机构资格的批复
证监许可〔2015〕0339 号	关于核准信达澳银基金管理有限公司变更股权的批复
证监许可〔2015〕0340 号	关于核准 KKR 新加坡有限公司人民币合格境外机构投资者资格的批复
证监许可〔2015〕0341 号	关于核准领航投资澳洲有限公司人民币合格境外机构投资者资格的批复
证监许可〔2015〕0342 号	关于准予国投瑞银岁丰利一年期定期开放债券型证券投资基金注册的批复
证监许可〔2015〕0343 号	关于准予北信瑞丰平安中国主题灵活配置混合型证券投资基金注册的批复
证监许可〔2015〕0344 号	关于准予易方达裕如灵活配置混合型证券投资基金注册的批复
证监许可〔2015〕0345 号	关于准予融通互联网传媒灵活配置混合型证券投资基金注册的批复
证监许可〔2015〕0346 号	关于准予工银瑞信总回报灵活配置混合型证券投资基金注册的批复
证监许可〔2015〕0347 号	关于核准广发证券股份有限公司发行境外上市外资股的批复
证监许可〔2015〕0348 号	关于核准湖南辰州矿业股份有限公司向湖南黄金集团有限责任公司发行股份购买资产的批复
证监许可〔2015〕0349 号	关于核准兴元投资管理有限公司人民币合格境外机构投资者资格的批复
证监许可〔2015〕0350 号	关于核准华福基金管理有限责任公司张力基金行业高级管理人员任职资格的批复
证监许可〔2015〕0351 号	关于核准大华资产管理有限公司人民币合格境外机构投资者资格的批复
证监许可〔2015〕0352 号	关于准予大成互联网思维混合型证券投资基金注册的批复
证监许可〔2015〕0353 号	关于准予融通新区域新经济灵活配置混合型证券投资基金注册的批复

续表

发文字号	标题
证监许可〔2015〕0354 号	关于核准北京众信国际旅行社股份有限公司向郭洪斌等发行股份购买资产并募集配套资金的批复
证监许可〔2015〕0355 号	关于核准青海金瑞矿业发展股份有限公司向王敬春等发行股份购买资产并募集配套资金的批复
证监许可〔2015〕0356 号	关于核准蓝盾信息安全技术股份有限公司向张远鹏等发行股份购买资产并募集配套资金的批复
证监许可〔2015〕0357 号	关于核准凯撒(中国)股份有限公司向黄种溪等发行股份购买资产的批复
证监许可〔2015〕0358 号	关于核准江苏南大苏富特科技股份有限公司增发境外上市外资股的批复
证监许可〔2015〕0359 号	关于准予华安新动力灵活配置混合型证券投资基金注册的批复
证监许可〔2015〕0360 号	关于准予招商月月盈理财债券型证券投资基金注册的批复
证监许可〔2015〕0361 号	关于准予宝盈新兴产业灵活配置混合型证券投资基金注册的批复
证监许可〔2015〕0362 号	关于准予益民品质升级灵活配置混合型证券投资基金注册的批复
证监许可〔2015〕0363 号	关于准予华润元大中创 100 交易型开放式指数证券投资基金注册的批复
证监许可〔2015〕0364 号	关于准予大成中证 100 交易型开放式指数证券投资基金联接基金(LOF)注册的批复
证监许可〔2015〕0365 号	关于核准新华联不动产股份有限公司公开发行公司债券的批复
证监许可〔2015〕0366 号	关于核准永辉超市股份有限公司非公开发行股票的批复
证监许可〔2015〕0367 号	关于核准招金矿业股份有限公司公开发行公司债券的批复
证监许可〔2015〕0368 号	关于核准辽宁成大股份有限公司非公开发行股票的批复
证监许可〔2015〕0369 号	关于核准北京昊华能源股份有限公司公开发行公司债券的批复
证监许可〔2015〕0370 号	关于核准南通富士通微电子股份有限公司非公开发行股票的批复
证监许可〔2015〕0371 号	关于核准四川九洲电器股份有限公司非公开发行股票的批复
证监许可〔2015〕0372 号	关于核准人福医药集团股份公司非公开发行股票的批复
证监许可〔2015〕0373 号	关于核准苏州东山精密制造股份有限公司非公开发行股票的批复
证监许可〔2015〕0374 号	关于核准浙江银轮机械股份有限公司非公开发行股票的批复
证监许可〔2015〕0375 号	关于核准上海实业发展股份有限公司公开发行公司债券的批复
证监许可〔2015〕0376 号	关于核准天士力制药集团股份有限公司非公开发行股票的批复
证监许可〔2015〕0377 号	关于核准深圳世联行地产顾问股份有限公司非公开发行股票的批复
证监许可〔2015〕0378 号	关于核准宁波三星电气股份有限公司非公开发行股票的批复
证监许可〔2015〕0379 号	关于准予申万菱信多策略灵活配置混合型证券投资基金注册的批复
证监许可〔2015〕0380 号	关于准予中欧瑾源灵活配置混合型证券投资基金注册的批复
证监许可〔2015〕0381 号	关于准予工银瑞信新材料新能源行业股票型证券投资基金注册的批复
证监许可〔2015〕0382 号	关于核准天泽信息产业股份有限公司向上海途乐投资管理中心(有限合伙)发行股份购买资产的批复
证监许可〔2015〕0383 号	关于准予博时中证 800 证券保险指数分级证券投资基金注册的批复

续表

发文字号	标题
证监许可〔2015〕0384 号	关于准予方正富邦富利分级债券型证券投资基金注册的批复
证监许可〔2015〕0385 号	关于准予建信目标收益一年期债券型证券投资基金注册的批复
证监许可〔2015〕0386 号	关于核准中航国际控股股份有限公司增发境外上市外资股的批复
证监许可〔2015〕0387 号	关于核准上海复星医药(集团)股份有限公司增发境外上市外资股的批复
证监许可〔2015〕0388 号	关于准予国联安睿祺灵活配置混合型证券投资基金注册的批复
证监许可〔2015〕0389 号	关于准予银河泽利保本混合型证券投资基金注册的批复
证监许可〔2015〕0390 号	关于准予申万菱信新能源汽车主题灵活配置混合型证券投资基金注册的批复
证监许可〔2015〕0391 号	关于准予中海安鑫宝 1 号保本混合型证券投资基金注册的批复
证监许可〔2015〕0392 号	关于准予东方永润 18 个月定期开放债券型证券投资基金注册的批复
证监许可〔2015〕0393 号	关于准予博时中证淘金大数据 100 指数型证券投资基金注册的批复
证监许可〔2015〕0394 号	关于核准新湖期货有限公司在香港设立新湖期货(香港)有限公司的批复
证监许可〔2015〕0395 号	关于核准浙商基金管理有限公司肖风基金行业任职资格的批复
证监许可〔2015〕0396 号	关于准予金鹰科技创新股票型证券投资基金注册的批复
证监许可〔2015〕0397 号	关于准予中欧琪和灵活配置混合型证券投资基金注册的批复
证监许可〔2015〕0398 号	关于准予国投瑞银新价值灵活配置混合型证券投资基金注册的批复
证监许可〔2015〕0399 号	关于准予大成景秀灵活配置混合型证券投资基金注册的批复
证监许可〔2015〕0400 号	关于准予金鹰元泰精选信用债债券型证券投资基金变更注册的批复
证监许可〔2015〕0401 号	关于准予博时深证 100 交易型开放式指数证券投资基金及联接基金注册的批复
证监许可〔2015〕0402 号	关于准予银华中国梦 30 股票型证券投资基金注册的批复
证监许可〔2015〕0403 号	关于准予建信环保产业股票型证券投资基金注册的批复
证监许可〔2015〕0404 号	关于准予国投瑞银优选收益灵活配置混合型证券投资基金注册的批复
证监许可〔2015〕0405 号	关于准予前海开源优势蓝筹股票型证券投资基金注册的批复
证监许可〔2015〕0406 号	关于准予浦银安盛医疗健康灵活配置混合型证券投资基金注册的批复
证监许可〔2015〕0407 号	关于核准四川迪康科技药业股份有限公司向四川蓝光实业集团有限公司等发行股份购买资产并募集配套资金的批复
证监许可〔2015〕0408 号	关于核准浙江海亮股份有限公司向海亮集团有限公司等发行股份购买资产的批复
证监许可〔2015〕0409 号	关于核准宝盈基金管理有限公司李文众基金行业任职资格的批复
证监许可〔2015〕0410 号	关于准予鹏华弘泽灵活配置混合型证券投资基金注册的批复
证监许可〔2015〕0411 号	关于准予鹏华改革红利股票型证券投资基金注册的批复
证监许可〔2015〕0412 号	关于准予易方达新常态灵活配置混合型证券投资基金注册的批复
证监许可〔2015〕0413 号	关于准予泰达宏利复兴伟业灵活配置混合型证券投资基金注册的批复
证监许可〔2015〕0414 号	关于准予山西证券日日添利货币市场基金注册的批复

续表

发文字号	标题
证监许可〔2015〕0415 号	关于准予富国文体健康股票型证券投资基金注册的批复
证监许可〔2015〕0416 号	关于准予工银瑞信养老产业股票型证券投资基金注册的批复
证监许可〔2015〕0417 号	关于准予中欧瑾和灵活配置混合型证券投资基金注册的批复
证监许可〔2015〕0418 号	关于核准武汉钢铁股份有限公司公开发行公司债券的批复
证监许可〔2015〕0419 号	关于核准山东索力得焊材股份有限公司股票在全国中小企业股份转让系统公开转让的批复
证监许可〔2015〕0420 号	关于核准湖北京山轻工机械股份有限公司向王伟等发行股份购买资产并募集配套资金的批复
证监许可〔2015〕0421 号	关于核准深圳市长方半导体照明股份有限公司向李迪初等发行股份购买资产并募集配套资金的批复
证监许可〔2015〕0422 号	关于核准易方达基金管理有限公司在香港设立易方达国际控股有限公司的批复
证监许可〔2015〕0423 号	关于核准宁波公运集团股份有限公司股票在全国中小企业股份转让系统公开转让的批复
证监许可〔2015〕0424 号	关于核准江信基金管理有限公司严命有基金行业高级管理人员任职资格的批复
证监许可〔2015〕0425 号	关于准予富国绝对收益多策略定期开放混合型发起式证券投资基金注册的批复
证监许可〔2015〕0426 号	关于准予前海开源一带一路主题精选灵活配置混合型证券投资基金注册的批复
证监许可〔2015〕0427 号	关于准予德邦大健康灵活配置混合型证券投资基金注册的批复
证监许可〔2015〕0428 号	关于准予东方央视财经 50 指数增强型证券投资基金变更注册的批复
证监许可〔2015〕0429 号	关于准予交银施罗德中证海外中国互联网指数型证券投资基金(LOF)注册的批复
证监许可〔2015〕0430 号	关于准予工银瑞信农业产业股票型证券投资基金注册的批复
证监许可〔2015〕0431 号	关于准予银河鑫利灵活配置混合型证券投资基金注册的批复
证监许可〔2015〕0432 号	关于准予华润元大稳健收益债券型证券投资基金注册的批复
证监许可〔2015〕0433 号	关于准予易方达安心回馈混合型证券投资基金注册的批复
证监许可〔2015〕0434 号	关于准予博时丝路主题股票型证券投资基金注册的批复
证监许可〔2015〕0435 号	关于准予中金消费升级股票型证券投资基金注册的批复
证监许可〔2015〕0436 号	关于准予招商丰泰灵活配置混合型证券投资基金(LOF)注册的批复
证监许可〔2015〕0437 号	关于准予前海开源再融资主题精选股票型证券投资基金注册的批复
证监许可〔2015〕0438 号	关于准予鹏华弘润灵活配置混合型证券投资基金注册的批复
证监许可〔2015〕0439 号	关于准予华泰柏瑞量化智慧灵活配置混合型证券投资基金注册的批复
证监许可〔2015〕0440 号	关于准予南方改革机遇灵活配置混合型证券投资基金注册的批复
证监许可〔2015〕0441 号	关于准予银河转型增长主题灵活配置混合型证券投资基金注册的批复
证监许可〔2015〕0442 号	关于准予安信动态策略灵活配置混合型证券投资基金注册的批复

续表

发文字号	标题
证监许可〔2015〕0443 号	关于准予南方利淘灵活配置混合型证券投资基金注册的批复
证监许可〔2015〕0444 号	关于准予上投摩根整合驱动灵活配置混合型证券投资基金注册的批复
证监许可〔2015〕0445 号	关于核准苏尔斯英国服务有限公司人民币合格境外机构投资者资格的批复
证监许可〔2015〕0446 号	关于核准加利福尼亚大学校董会合格境外机构投资者资格的批复
证监许可〔2015〕0447 号	关于核准领先资产管理人民币合格境外机构投资者资格的批复
证监许可〔2015〕0448 号	关于核准大宇证券(株)人民币合格境外机构投资者资格的批复
证监许可〔2015〕0449 号	关于准予广发聚宝混合型证券投资基金注册的批复
证监许可〔2015〕0450 号	关于准予大成深证成份交易型开放式指数证券投资基金注册的批复
证监许可〔2015〕0451 号	关于核准豁免浙江省综合资产经营有限公司要约收购物产中拓股份有限公司股份义务的批复
证监许可〔2015〕0452 号	关于核准广东猛狮电源科技股份有限公司非公开发行股票的批复
证监许可〔2015〕0453 号	关于核准湖北凯乐科技股份有限公司向上海卓凡投资有限公司等发行股份购买资产并募集配套资金的批复
证监许可〔2015〕0454 号	关于核准岭南园林股份有限公司公开发行公司债券的批复
证监许可〔2015〕0455 号	关于不予核准深圳市沃尔核材股份有限公司配股申请的决定
证监许可〔2015〕0456 号	关于核准桂林莱茵生物科技股份有限公司非公开发行股票的批复
证监许可〔2015〕0457 号	关于核准湖北能源集团股份有限公司公开发行公司债券的批复
证监许可〔2015〕0458 号	关于核准苏州新区高新技术产业股份有限公司非公开发行股票的批复
证监许可〔2015〕0459 号	关于核准湖南科力远新能源股份有限公司非公开发行股票的批复
证监许可〔2015〕0460 号	关于核准四川和邦股份有限公司非公开发行股票的批复
证监许可〔2015〕0461 号	关于核准安徽鑫科新材料股份有限公司非公开发行股票的批复
证监许可〔2015〕0462 号	关于核准湖南新五丰股份有限公司非公开发行股票的批复
证监许可〔2015〕0463 号	关于核准深圳市科陆电子科技股份有限公司非公开发行股票的批复
证监许可〔2015〕0464 号	关于核准西安国际医学投资股份有限公司非公开发行股票的批复
证监许可〔2015〕0465 号	关于核准上海科华生物工程股份有限公司非公开发行股票的批复
证监许可〔2015〕0466 号	关于核准江苏大港股份有限公司非公开发行股票的批复
证监许可〔2015〕0467 号	关于核准恒康医疗集团股份有限公司非公开发行股票的批复
证监许可〔2015〕0468 号	关于核准浙江康恩贝制药股份有限公司非公开发行股票的批复
证监许可〔2015〕0469 号	关于核准石家庄常山纺织股份有限公司向北京北明伟业控股有限公司等发行股份购买资产并募集配套资金的批复
证监许可〔2015〕0470 号	关于核准深圳市芭田生态工程股份有限公司向邓祖科等发行股份购买资产并募集配套资金的批复
证监许可〔2015〕0471 号	关于准予广发聚惠灵活配置混合型证券投资基金注册的批复
证监许可〔2015〕0472 号	关于准予创金合信聚利债券型证券投资基金注册的批复

续表

发文字号	标题
证监许可〔2015〕0473 号	关于准予东方稳定增利债券型证券投资基金注册的批复
证监许可〔2015〕0474 号	关于准予建信稳健回报灵活配置混合型证券投资基金注册的批复
证监许可〔2015〕0475 号	关于准予诺安低碳经济股票型证券投资基金注册的批复
证监许可〔2015〕0476 号	关于准予中欧滚钱宝发起式货币市场基金注册的批复
证监许可〔2015〕0477 号	关于准予申万菱信安鑫回报灵活配置混合型证券投资基金注册的批复
证监许可〔2015〕0478 号	关于准予国投瑞银瑞盈灵活配置混合型证券投资基金注册的批复
证监许可〔2015〕0479 号	关于准予天弘互联网灵活配置混合型证券投资基金注册的批复
证监许可〔2015〕0480 号	关于准予博时沪港深优质企业灵活配置混合型证券投资基金注册的批复
证监许可〔2015〕0481 号	关于准予华福双月理财债券型证券投资基金注册的批复
证监许可〔2015〕0482 号	关于准予兴业收益增强债券型证券投资基金注册的批复
证监许可〔2015〕0483 号	关于准予景顺长城稳健回报灵活配置混合型证券投资基金注册的批复
证监许可〔2015〕0484 号	关于准予东方鼎新灵活配置混合型证券投资基金注册的批复
证监许可〔2015〕0485 号	关于准予国寿安保中证 500 交易型开放式指数证券投资基金及联接基金注册的批复
证监许可〔2015〕0486 号	关于准予东方红稳健精选混合型证券投资基金注册的批复
证监许可〔2015〕0487 号	关于准予上投摩根动态多因子策略灵活配置混合型证券投资基金注册的批复
证监许可〔2015〕0488 号	关于准予东方红领先精选灵活配置混合型证券投资基金注册的批复
证监许可〔2015〕0489 号	关于准予长盛转型升级主题灵活配置混合型证券投资基金注册的批复
证监许可〔2015〕048 号	关于准予建信睿盈灵活配置混合型证券投资基金注册的批复
证监许可〔2015〕0490 号	关于准予东方惠新灵活配置证券投资基金注册的批复
证监许可〔2015〕0491 号	关于核准陕西秦岭水泥(集团)股份有限公司重大资产重组及向中国再生资源开发有限公司等发行股份购买资产的批复
证监许可〔2015〕0492 号	关于核准新疆天康畜牧生物技术股份有限公司吸收合并新疆天康控股(集团)有限公司的批复
证监许可〔2015〕0493 号	关于核准万家基金管理有限公司兰剑基金行业高级管理人员任职资格的批复
证监许可〔2015〕0494 号	关于核准华润元大基金管理有限公司林瑞源基金行业高级管理人员任职资格的批复
证监许可〔2015〕0495 号	关于核准招商基金管理有限公司金旭基金行业高级管理人员任职资格的批复
证监许可〔2015〕0496 号	关于核准信诚基金管理有限公司吕涛基金行业高级管理人员任职资格的批复
证监许可〔2015〕0497 号	关于核准诺德基金管理有限公司变更股权的批复
证监许可〔2015〕0498 号	关于准予申万菱信申银万国传媒行业投资指数分级证券投资基金注册的批复
证监许可〔2015〕0499 号	关于准予富国中证银行指数分级证券投资基金注册的批复
证监许可〔2015〕0500 号	关于准予鹏华中证银行指数分级证券投资基金注册的批复
证监许可〔2015〕0501 号	关于准予鹏华中证医药卫生指数分级证券投资基金注册的批复

续表

发文字号	标题
证监许可〔2015〕0502 号	关于准予鹏华中证移动互联网指数分级证券投资基金注册的批复
证监许可〔2015〕0503 号	关于准予鹏华中证酒指数分级证券投资基金注册的批复
证监许可〔2015〕0504 号	关于准予鹏华创业板指数分级证券投资基金注册的批复
证监许可〔2015〕0505 号	关于准予鹏华中证全指证券公司指数分级证券投资基金注册的批复
证监许可〔2015〕0506 号	关于准予鹏华中证环保产业指数分级证券投资基金注册的批复
证监许可〔2015〕0507 号	关于准予申万菱信申银万国电子行业投资指数分级证券投资基金注册的批复
证监许可〔2015〕0508 号	关于准予华泰柏瑞中证 500 交易型开放式指数证券投资基金及联接基金注册的批复
证监许可〔2015〕0509 号	关于准予博时上证 50 交易型开放式指数证券投资基金及联接基金注册的批复
证监许可〔2015〕0510 号	关于准予交银施罗德沪深 300 行业分层等权重指数证券投资基金变更注册的批复
证监许可〔2015〕0511 号	关于准予九泰锐智定增灵活配置混合型证券投资基金注册的批复
证监许可〔2015〕0512 号	关于核准招商证券股份有限公司公开发行公司债券的批复
证监许可〔2015〕0513 号	关于核准昆明百货大楼(集团)股份有限公司非公开发行股票的批复
证监许可〔2015〕0514 号	关于核准广东超华科技股份有限公司非公开发行股票的批复
证监许可〔2015〕0515 号	关于核准西安隆基硅材料股份有限公司非公开发行股票的批复
证监许可〔2015〕0516 号	关于核准吉林亚泰(集团)股份有限公司非公开发行股票的批复
证监许可〔2015〕0517 号	关于核准荣安地产股份有限公司公开发行公司债券的批复
证监许可〔2015〕0518 号	关于核准江苏联环药业股份有限公司非公开发行股票的批复
证监许可〔2015〕0519 号	关于核准珠海恒基达鑫国际化工仓储股份有限公司非公开发行股票的批复
证监许可〔2015〕0520 号	关于核准成都高新发展股份有限公司非公开发行股票的批复
证监许可〔2015〕0521 号	关于核准四川禾嘉股份有限公司非公开发行股票的批复
证监许可〔2015〕0522 号	关于核准国海证券股份有限公司公开发行公司债券的批复
证监许可〔2015〕0523 号	关于核准雏鹰农牧集团股份有限公司非公开发行股票的批复
证监许可〔2015〕0524 号	关于核准信诚资产管理(新加坡)有限公司人民币合格境外机构投资者资格的批复
证监许可〔2015〕0525 号	关于核准三星生命保险(株)人民币合格境外机构投资者资格的批复
证监许可〔2015〕0526 号	关于核准云南水务投资股份有限公司发行境外上市外资股的批复
证监许可〔2015〕0527 号	关于核准浙江天洁环境科技股份有限公司发行境外上市外资股的批复
证监许可〔2015〕0528 号	关于不予核准河南通达电缆股份有限公司向常正卿等发行股份购买资产并募集配套资金的决定
证监许可〔2015〕0529 号	关于不予核准北京利德曼生化股份有限公司向成都力鼎银科股权投资基金中心(有限合伙)等发行股份购买资产的决定
证监许可〔2015〕0530 号	关于不予核准浙江永贵电器股份有限公司向陈丙玉等发行股份购买资产并募集配套资金的决定

续表

发文字号	标题
证监许可〔2015〕0531 号	关于核准豁免湖南有色金属控股集团有限公司要约收购中钨高新材料股份有限公司股份义务的批复
证监许可〔2015〕0532 号	关于核准北京汉邦高科数字技术股份有限公司首次公开发行股票的批复
证监许可〔2015〕0533 号	关于核准广州鹏辉能源科技股份有限公司首次公开发行股票的批复
证监许可〔2015〕0534 号	关于核准南京全信传输科技股份有限公司首次公开发行股票的批复
证监许可〔2015〕0535 号	关于核准山东莱芜金雷风电科技股份有限公司首次公开发行股票的批复
证监许可〔2015〕0536 号	关于核准广州市浩云安防科技股份有限公司首次公开发行股票的批复
证监许可〔2015〕0537 号	关于核准福建广生堂药业股份有限公司首次公开发行股票的批复
证监许可〔2015〕0538 号	关于核准山东华鹏玻璃股份有限公司首次公开发行股票的批复
证监许可〔2015〕0539 号	关于核准广州博济医药生物技术股份有限公司首次公开发行股票的批复
证监许可〔2015〕0540 号	关于核准河南清水源科技股份有限公司首次公开发行股票的批复
证监许可〔2015〕0541 号	关于核准深圳歌力思服饰股份有限公司首次公开发行股票的批复
证监许可〔2015〕0542 号	关于核准北京大豪科技股份有限公司首次公开发行股票的批复
证监许可〔2015〕0543 号	关于核准辽宁福鞍重工股份有限公司首次公开发行股票的批复
证监许可〔2015〕0544 号	关于核准宁波美康生物科技股份有限公司首次公开发行股票的批复
证监许可〔2015〕0545 号	关于核准四川金石东方新材料设备股份有限公司首次公开发行股票的批复
证监许可〔2015〕0546 号	关于核准宁波鲍斯能源装备股份有限公司首次公开发行股票的批复
证监许可〔2015〕0547 号	关于核准黑龙江珍宝岛药业股份有限公司首次公开发行股票的批复
证监许可〔2015〕0548 号	关于核准老百姓大药房连锁股份有限公司首次公开发行股票的批复
证监许可〔2015〕0549 号	关于核准江苏省广电有线信息网络股份有限公司首次公开发行股票的批复
证监许可〔2015〕0550 号	关于核准上海普丽盛包装股份有限公司首次公开发行股票的批复
证监许可〔2015〕0551 号	关于核准保定乐凯新材料股份有限公司首次公开发行股票的批复
证监许可〔2015〕0552 号	关于核准星光农机股份有限公司首次公开发行股票的批复
证监许可〔2015〕0553 号	关于核准成都运达科技股份有限公司首次公开发行股票的批复
证监许可〔2015〕0554 号	关于核准曲美家具集团股份有限公司首次公开发行股票的批复
证监许可〔2015〕0555 号	关于核准大连派思燃气系统股份有限公司首次公开发行股票的批复
证监许可〔2015〕0556 号	关于核准深圳市易尚展示股份有限公司首次公开发行股票的批复
证监许可〔2015〕0557 号	关于核准广州航新航空科技股份有限公司首次公开发行股票的批复
证监许可〔2015〕0558 号	关于核准浙江盛洋科技股份有限公司首次公开发行股票的批复
证监许可〔2015〕0559 号	关于核准北京康斯特仪表科技股份有限公司首次公开发行股票的批复
证监许可〔2015〕0560 号	关于核准昇兴集团股份有限公司首次公开发行股票的批复
证监许可〔2015〕0561 号	关于核准北京双杰电气股份有限公司首次公开发行股票的批复

续表

发文字号	标题
证监许可〔2015〕0562 号	关于核准交银施罗德基金管理有限公司阮红基金行业高级管理人员任职资格的批复
证监许可〔2015〕0563 号	关于准予中小板 300 成长交易型开放式指数证券投资基金变更注册的批复
证监许可〔2015〕0564 号	关于核准万达期货股份有限公司变更股权的批复
证监许可〔2015〕0565 号	关于核准农银汇理基金管理有限公司合格境内机构投资者资格的批复
证监许可〔2015〕0566 号	关于核准教保安盛资产运用(株)人民币合格境外机构投资者资格的批复
证监许可〔2015〕0567 号	关于准予鹏华外延成长灵活配置混合型证券投资基金注册的批复
证监许可〔2015〕0568 号	关于准予长盛国企改革主题灵活配置混合型证券投资基金注册的批复
证监许可〔2015〕0569 号	关于准予民生加银研究精选灵活配置混合型证券投资基金注册的批复
证监许可〔2015〕0570 号	关于准予泰达宏利蓝筹价值混合型证券投资基金注册的批复
证监许可〔2015〕0571 号	关于准予嘉合货币市场基金注册的批复
证监许可〔2015〕0572 号	关于准予中邮新思路灵活配置混合型证券投资基金注册的批复
证监许可〔2015〕0573 号	关于准予中邮趋势精选灵活配置混合型证券投资基金注册的批复
证监许可〔2015〕0574 号	关于准予鹏华文化传媒娱乐股票型证券投资基金注册的批复
证监许可〔2015〕0575 号	关于准予国投瑞银精选收益灵活配置混合型证券投资基金注册的批复
证监许可〔2015〕0576 号	关于准予德邦福鑫灵活配置混合型证券投资基金注册的批复
证监许可〔2015〕0577 号	关于准予中邮稳健添利灵活配置混合型证券投资基金注册的批复
证监许可〔2015〕0578 号	关于准予易方达新收益灵活配置混合型证券投资基金注册的批复
证监许可〔2015〕0579 号	关于准予鹏华医药科技股票型证券投资基金注册的批复
证监许可〔2015〕0580 号	关于准予国金通用众赢货币市场证券投资基金注册的批复
证监许可〔2015〕0581 号	关于准予中邮信息产业灵活配置混合型证券投资基金注册的批复
证监许可〔2015〕0582 号	关于准予万家城市建设主题纯债债券型证券投资基金变更注册的批复
证监许可〔2015〕0583 号	关于核准长城国瑞证券有限公司融资融券业务资格的批复
证监许可〔2015〕0584 号	关于准予国联安鑫享灵活配置混合型证券投资基金注册的批复
证监许可〔2015〕0585 号	关于准予国联安鑫富混合型证券投资基金注册的批复
证监许可〔2015〕0586 号	关于准予银华泰利灵活配置混合型证券投资基金注册的批复
证监许可〔2015〕0587 号	关于准予工银瑞信生态环境行业股票型证券投资基金注册的批复
证监许可〔2015〕0588 号	关于准予中银国有企业债债券型证券投资基金注册的批复
证监许可〔2015〕0589 号	关于核准摩根大通期货有限公司变更股权的批复
证监许可〔2015〕0590 号	关于核准迈睿思资产管理股份公司人民币合格境外机构投资者资格的批复
证监许可〔2015〕0591 号	关于核准德盛安联资产管理新加坡有限公司人民币合格境外机构投资者资格的批复
证监许可〔2015〕0592 号	关于核准富国资产管理(香港)有限公司合格境外机构投资者资格的批复

续表

发文字号	标题
证监许可〔2015〕0593 号	关于核准方圆投资管理(香港)有限公司人民币合格境外机构投资者资格的批复
证监许可〔2015〕0594 号	关于准予国金通用上证 50 指数分级证券投资基金注册的批复
证监许可〔2015〕0595 号	关于准予工银瑞信中证传媒指数分级证券投资基金注册的批复
证监许可〔2015〕0596 号	关于准予华宝兴业中证医疗指数分级证券投资基金注册的批复
证监许可〔2015〕0597 号	关于核准摩根士丹利华鑫基金管理有限公司高潮生基金行业高级管理人员任职资格的批复
证监许可〔2015〕0598 号	关于核准北部湾港股份有限公司非公开发行股票的批复
证监许可〔2015〕0599 号	关于核准深圳万润科技股份有限公司非公开发行股票的批复
证监许可〔2015〕0600 号	关于不予核准索通发展股份有限公司首次公开发行股票申请的决定
证监许可〔2015〕0601 号	关于核准深圳市怡亚通供应链股份有限公司非公开发行股票的批复
证监许可〔2015〕0602 号	关于不予核准深圳诺普信农化股份有限公司非公开发行股票申请的决定
证监许可〔2015〕0603 号	关于准予博时招财一号大数据保本混合型证券投资基金注册的批复
证监许可〔2015〕0604 号	关于核准万和证券有限责任公司融资融券业务资格的批复
证监许可〔2015〕0605 号	关于核准广博集团股份有限公司向任杭中等发行股份购买资产并募集配套资金的批复
证监许可〔2015〕0606 号	关于核准富春通信股份有限公司向上海力珩投资中心(有限合伙)等发行股份购买资产并募集配套资金的批复
证监许可〔2015〕0607 号	关于核准佛山佛塑科技集团股份有限公司向广州华南理工大学科技园有限公司等发行股份购买资产并募集配套资金的批复
证监许可〔2015〕0608 号	关于核准雅致集成房屋(集团)股份有限公司向中国南山开发(集团)股份有限公司等发行股份购买资产并募集配套资金的批复
证监许可〔2015〕0609 号	关于准予华福长乐半年定期开放债券型证券投资基金注册的批复
证监许可〔2015〕0610 号	关于准予南方中证 1000 指数证券投资基金注册的批复
证监许可〔2015〕0611 号	关于准予鑫元双债增强债券型证券投资基金注册的批复
证监许可〔2015〕0612 号	关于核准西南药业股份有限公司重大资产重组及向左洪波等发行股份购买资产并募集配套资金的批复
证监许可〔2015〕0613 号	关于准予交银施罗德国企改革灵活配置混合型证券投资基金注册的批复
证监许可〔2015〕0614 号	关于核准厦门金龙汽车集团股份有限公司非公开发行股票的批复
证监许可〔2015〕0615 号	关于核准上海汉钟精机股份有限公司非公开发行股票的批复
证监许可〔2015〕0616 号	关于核准张家港富瑞特种装备股份有限公司非公开发行股票的批复
证监许可〔2015〕0617 号	关于核准当代东方投资股份有限公司非公开发行股票的批复
证监许可〔2015〕0618 号	关于核准苏州新区高新技术产业股份有限公司公开发行公司债券的批复
证监许可〔2015〕0619 号	关于核准江苏林洋电子股份有限公司非公开发行股票的批复
证监许可〔2015〕0620 号	关于核准上海三爱富新材料股份有限公司非公开发行股票的批复
证监许可〔2015〕0621 号	关于核准江苏亨通光电股份有限公司公开发行公司债券的批复

续表

发文字号	标题
证监许可〔2015〕0622 号	关于核准华远地产股份有限公司公开发行公司债券的批复
证监许可〔2015〕0623 号	关于核准航天晨光股份有限公司非公开发行股票的批复
证监许可〔2015〕0624 号	关于核准南宁糖业股份有限公司非公开发行股票的批复
证监许可〔2015〕0625 号	关于核准福建圣农发展股份有限公司非公开发行股票的批复
证监许可〔2015〕0626 号	关于准予东方嘉利分级债券型证券投资基金注册的批复
证监许可〔2015〕0627 号	关于核准福安药业(集团)股份有限公司向中拓时代投资有限公司等发行股份购买资产的批复
证监许可〔2015〕0628 号	关于核准福建省南纸股份有限公司重大资产重组及向福建省投资开发集团有限责任公司等发行股份购买资产并募集配套资金的批复
证监许可〔2015〕0629 号	关于准予华泰柏瑞新利灵活配置混合型证券投资基金注册的批复
证监许可〔2015〕0630 号	关于准予天弘新活力灵活配置混合型发起式证券投资基金注册的批复
证监许可〔2015〕0631 号	关于准予国泰兴益灵活配置混合型证券投资基金注册的批复
证监许可〔2015〕0632 号	关于核准山东赛特电工股份有限公司股票在全国中小企业股份转让系统公开转让的批复
证监许可〔2015〕0633 号	关于准予易方达新利灵活配置混合型证券投资基金注册的批复
证监许可〔2015〕0634 号	关于不予核准北京神州泰岳软件股份有限公司向北京市天元伟业科技有限公司等发行股份购买资产的决定
证监许可〔2015〕0635 号	关于核准东旭光电科技股份有限公司公开发行公司债券的批复
证监许可〔2015〕0636 号	关于核准福建发展高速公路股份有限公司公开发行公司债券的批复
证监许可〔2015〕0637 号	关于核准天津天保基建股份有限公司公开发行公司债券的批复
证监许可〔2015〕0638 号	关于核准北京首航艾启威节能技术股份有限公司非公开发行股票的批复
证监许可〔2015〕0639 号	关于核准西南证券股份有限公司公开发行公司债券的批复
证监许可〔2015〕0640 号	关于核准百视通新媒体股份有限公司向上海文化广播影视集团有限公司等发行股份购买资产并募集配套资金及吸收合并上海东方明珠(集团)股份有限公司的批复
证监许可〔2015〕0641 号	关于不予核准天津广宇发展股份有限公司向鲁能集团有限公司等发行股份购买资产并募集配套资金的决定
证监许可〔2015〕0642 号	关于核准烽火通信科技股份有限公司向拉萨行动电子科技有限公司发行股份购买资产并募集配套资金的批复
证监许可〔2015〕0643 号	关于不予核准宁波圣莱达电器股份有限公司重大资产重组及向祥云县腾龙投资有限公司等发行股份购买资产的决定
证监许可〔2015〕0644 号	关于核准上海永利带业股份有限公司向黄晓东等发行股份购买资产的批复
证监许可〔2015〕0645 号	关于不予核准深圳浩宁达仪表股份有限公司向朱继中等发行股份购买资产并募集配套资金的决定
证监许可〔2015〕0646 号	关于准予长城改革红利灵活配置混合型证券投资基金注册的批复
证监许可〔2015〕0647 号	关于准予中海进取收益灵活配置混合型证券投资基金注册的批复
证监许可〔2015〕0648 号	关于准予泰达宏利新起点灵活配置混合型证券投资基金注册的批复

续表

发文字号	标题
证监许可〔2015〕0649 号	关于准予泓德优选成长混合型证券投资基金注册的批复
证监许可〔2015〕0650 号	关于准予建信回报灵活配置混合型证券投资基金注册的批复
证监许可〔2015〕0651 号	关于准予德邦鑫星稳健灵活配置混合型证券投资基金注册的批复
证监许可〔2015〕0652 号	关于准予广发安心回报混合型证券投资基金注册的批复
证监许可〔2015〕0653 号	关于准予建信新经济灵活配置混合型证券投资基金注册的批复
证监许可〔2015〕0654 号	关于准予银华恒利灵活配置混合型证券投资基金注册的批复
证监许可〔2015〕0655 号	关于准予国投瑞银招财保本混合型证券投资基金注册的批复
证监许可〔2015〕0656 号	关于核准三星证券株式会社人民币合格境外机构投资者资格的批复
证监许可〔2015〕0657 号	关于核准 GAM 国际管理有限公司人民币合格境外机构投资者资格的批复
证监许可〔2015〕0658 号	关于准予大成景明灵活配置混合型证券投资基金注册的批复
证监许可〔2015〕0659 号	关于准予万家岁得利定期开放债券型发起式证券投资基金变更注册的批复
证监许可〔2015〕0660 号	关于准予富国国家安全主题混合型证券投资基金注册的批复
证监许可〔2015〕0661 号	关于核准豁免中国恒天集团有限公司要约收购恒天海龙股份有限公司股份义务的批复
证监许可〔2015〕0662 号	关于核准江苏东源电器集团股份有限公司向珠海国轩贸易有限责任公司等发行股份购买资产并募集配套资金的批复
证监许可〔2015〕0663 号	关于核准联讯证券有限公司保荐机构资格的批复
证监许可〔2015〕0664 号	关于准予华宝兴业中证 1000 指数分级证券投资基金注册的批复
证监许可〔2015〕0665 号	关于准予招商中证银行指数分级证券投资基金注册的批复
证监许可〔2015〕0666 号	关于准予招商中证白酒指数分级证券投资基金注册的批复
证监许可〔2015〕0667 号	关于准予招商中证煤炭等权指数分级证券投资基金注册的批复
证监许可〔2015〕0668 号	关于准予招商国证生物医药指数分级证券投资基金注册的批复
证监许可〔2015〕0669 号	关于准予前海开源中证大农业指数分级证券投资基金注册的批复
证监许可〔2015〕0670 号	关于准予易方达证券公司指数分级证券投资基金注册的批复
证监许可〔2015〕0671 号	关于准予易方达国企改革指数分级证券投资基金注册的批复
证监许可〔2015〕0672 号	关于准予易方达军工指数分级证券投资基金注册的批复
证监许可〔2015〕0673 号	关于准予易方达银行指数分级证券投资基金注册的批复
证监许可〔2015〕0674 号	关于准予易方达并购重组指数分级证券投资基金注册的批复
证监许可〔2015〕0675 号	关于准予易方达生物科技指数分级证券投资基金注册的批复
证监许可〔2015〕0676 号	关于核准联想控股股份有限公司发行境外上市外资股的批复
证监许可〔2015〕0677 号	关于不予核准佳化化学股份有限公司首次公开发行股票申请的决定
证监许可〔2015〕0678 号	关于准予交银施罗德新回报灵活配置混合型证券投资基金注册的批复
证监许可〔2015〕0679 号	关于准予民生加银新动力灵活配置定期开放混合型证券投资基金注册的批复

续表

发文字号	标题
证监许可〔2015〕0680 号	关于准予兴业聚利灵活配置混合型证券投资基金注册的批复
证监许可〔2015〕0681 号	关于准予大成景穗灵活配置混合型证券投资基金注册的批复
证监许可〔2015〕0682 号	关于准予中邮创新优势灵活配置混合型证券投资基金注册的批复
证监许可〔2015〕0683 号	关于准予万家双引擎灵活配置混合型证券投资基金变更注册的批复
证监许可〔2015〕0684 号	关于核准中国铝业股份有限公司非公开发行股票的批复
证监许可〔2015〕0685 号	关于核准华泰证券股份有限公司发行境外上市外资股的批复
证监许可〔2015〕0686 号	关于核准豁免珠海投资控股有限公司要约收购格力地产股份有限公司股份义务的批复
证监许可〔2015〕0687 号	关于准予英大灵活配置混合型发起式证券投资基金注册的批复
证监许可〔2015〕0688 号	关于准予长安鑫利优选灵活配置混合型证券投资基金注册的批复
证监许可〔2015〕0689 号	关于准予鹏华弘益灵活配置混合型证券投资基金注册的批复
证监许可〔2015〕0690 号	关于准予中融新机遇灵活配置混合型证券投资基金注册的批复
证监许可〔2015〕0691 号	关于准予博时国企改革主题股票型证券投资基金注册的批复
证监许可〔2015〕0692 号	关于准予前海开源清洁能源主题精选灵活配置混合型证券投资基金注册的批复
证监许可〔2015〕0693 号	关于准予中海积极增利灵活配置混合型证券投资基金注册的批复
证监许可〔2015〕0694 号	关于准予银华聚利灵活配置混合型证券投资基金注册的批复
证监许可〔2015〕0695 号	关于核准中国南车股份有限公司增发境外上市外资股的批复
证监许可〔2015〕0696 号	关于核准上海市北高新股份有限公司向上海市北高新(集团)有限公司发行股份购买资产并募集配套资金的批复
证监许可〔2015〕0697 号	关于核准平安银行股份有限公司非公开发行股票的批复
证监许可〔2015〕0698 号	关于核准乐凯胶片股份有限公司非公开发行股票的批复
证监许可〔2015〕0699 号	关于核准北京首都开发股份有限公司公开发行公司债券的批复
证监许可〔2015〕0700 号	关于核准湖北新洋丰肥业股份有限公司非公开发行股票的批复
证监许可〔2015〕0701 号	关于核准唐山港集团股份有限公司非公开发行股票的批复
证监许可〔2015〕0702 号	关于核准山东威高骨科材料股份有限公司发行境外上市外资股的批复
证监许可〔2015〕0703 号	关于核准浙江金科过氧化物股份有限公司首次公开发行股票的批复
证监许可〔2015〕0704 号	关于核准湖南艾华集团股份有限公司首次公开发行股票的批复
证监许可〔2015〕0705 号	关于核准浙江红蜻蜓鞋业股份有限公司首次公开发行股票的批复
证监许可〔2015〕0706 号	关于核准普莱柯生物工程股份有限公司首次公开发行股票的批复
证监许可〔2015〕0707 号	关于核准安徽广信农化股份有限公司首次公开发行股票的批复
证监许可〔2015〕0708 号	关于核准浙江金海环境技术股份有限公司首次公开发行股票的批复
证监许可〔2015〕0709 号	关于核准莱克电气股份有限公司首次公开发行股票的批复
证监许可〔2015〕0710 号	关于核准上海海利生物技术股份有限公司首次公开发行股票的批复

续表

发文字号	标题
证监许可〔2015〕0711 号	关于核准四川中光防雷科技股份有限公司首次公开发行股票的批复
证监许可〔2015〕0712 号	关于核准广东惠伦晶体科技股份有限公司首次公开发行股票的批复
证监许可〔2015〕0713 号	关于核准安徽山河药用辅料股份有限公司首次公开发行股票的批复
证监许可〔2015〕0714 号	关于核准北京耐威科技股份有限公司首次公开发行股票的批复
证监许可〔2015〕0715 号	关于核准浙江田中精机股份有限公司首次公开发行股票的批复
证监许可〔2015〕0716 号	关于核准南通醋酸化工股份有限公司首次公开发行股票的批复
证监许可〔2015〕0717 号	关于核准上海新通联包装股份有限公司首次公开发行股票的批复
证监许可〔2015〕0718 号	关于核准山西永东化工股份有限公司首次公开发行股票的批复
证监许可〔2015〕0719 号	关于核准江西三鑫医疗科技股份有限公司首次公开发行股票的批复
证监许可〔2015〕071 号	关于核准广东德联集团股份有限公司非公开发行股票的批复
证监许可〔2015〕0720 号	关于核准永兴特种不锈钢股份有限公司首次公开发行股票的批复
证监许可〔2015〕0721 号	关于核准北京东方新星石化工程股份有限公司首次公开发行股票的批复
证监许可〔2015〕0722 号	关于核准新疆雪峰科技（集团）股份有限公司首次公开发行股票的批复
证监许可〔2015〕0723 号	关于核准创业软件股份有限公司首次公开发行股票的批复
证监许可〔2015〕0724 号	关于核准珠海全志科技股份有限公司首次公开发行股票的批复
证监许可〔2015〕0725 号	关于核准北京康拓红外技术股份有限公司首次公开发行股票的批复
证监许可〔2015〕0726 号	关于核准深圳市赢合科技股份有限公司首次公开发行股票的批复
证监许可〔2015〕0727 号	关于核准无锡先导自动化设备股份有限公司首次公开发行股票的批复
证监许可〔2015〕0728 号	关于准予安信优势增长灵活配置混合型证券投资基金注册的批复
证监许可〔2015〕0729 号	关于准予天弘普惠养老保本混合型证券投资基金注册的批复
证监许可〔2015〕0730 号	关于准予新华战略新兴产业灵活配置混合型证券投资基金注册的批复
证监许可〔2015〕0731 号	关于核准河南省西峡汽车水泵股份有限公司非公开发行股票的批复
证监许可〔2015〕0732 号	关于核准云南铝业股份有限公司非公开发行股票的批复
证监许可〔2015〕0733 号	关于核准鸿达兴业股份有限公司非公开发行股票的批复
证监许可〔2015〕0734 号	关于核准株洲千金药业股份有限公司非公开发行股票的批复
证监许可〔2015〕0735 号	关于核准厦门日上车轮集团股份有限公司非公开发行股票的批复
证监许可〔2015〕0736 号	关于准予兴业添利债券型证券投资基金注册的批复
证监许可〔2015〕0737 号	关于准予摩根士丹利华鑫量化多策略股票型证券投资基金注册的批复
证监许可〔2015〕0738 号	关于准予大成景润灵活配置混合型证券投资基金注册的批复
证监许可〔2015〕0739 号	关于准予易方达新鑫灵活配置混合型证券投资基金注册的批复
证监许可〔2015〕0740 号	关于准予长城转型成长灵活配置混合型证券投资基金注册的批复
证监许可〔2015〕0741 号	关于准予华安新机遇保本混合型证券投资基金注册的批复

续表

发文字号	标题
证监许可〔2015〕0742 号	关于准予长信量化多策略股票型证券投资基金注册的批复
证监许可〔2015〕0743 号	关于准予银华汇利灵活配置混合型证券投资基金注册的批复
证监许可〔2015〕0744 号	关于准予大成景润灵活配置混合型证券投资基金注册的批复
证监许可〔2015〕0745 号	关于准予广发安泰回报混合型证券投资基金注册的批复
证监许可〔2015〕0746 号	关于准予国联安睿诚定期开放混合型证券投资基金注册的批复
证监许可〔2015〕0747 号	关于准予平安大华智慧中国灵活配置混合型证券投资基金注册的批复
证监许可〔2015〕0748 号	关于核准中国南车股份有限公司吸收合并中国北车股份有限公司的批复
证监许可〔2015〕0749 号	关于核准中国银河证券股份有限公司增发境外上市外资股的批复
证监许可〔2015〕0750 号	关于核准浙商期货有限公司在香港特别行政区设立浙商期货(香港)有限公司的批复
证监许可〔2015〕0752 号	关于核准弘业期货股份有限公司在香港收购弘苏期货(香港)有限公司的批复
证监许可〔2015〕0753 号	关于核准海富通基金管理有限公司刘颂基金行业高级管理人员任职资格的批复
证监许可〔2015〕0754 号	关于核准国盛证券有限责任公司设立资产管理子公司的批复
证监许可〔2015〕0755 号	关于核准前海开源基金管理有限公司变更股权的批复
证监许可〔2015〕0756 号	关于准予申万菱信中证申万医药生物指数分级证券投资基金注册的批复
证监许可〔2015〕0757 号	关于准予博时中证银行指数分级证券投资基金注册的批复
证监许可〔2015〕0758 号	关于准予长盛中证申万一带一路主题指数分级证券投资基金注册的批复
证监许可〔2015〕0759 号	关于准予长盛中证金融地产指数分级证券投资基金注册的批复
证监许可〔2015〕0760 号	关于准予中融中证一带一路主题指数分级证券投资基金注册的批复
证监许可〔2015〕0761 号	关于核准济南圣泉集团股份有限公司定向发行股票的批复
证监许可〔2015〕0762 号	关于核准江苏金飞达服装股份有限公司向北京天佑投资有限公司等发行股份购买资产并募集配套资金的批复
证监许可〔2015〕0763 号	关于准予国寿安保中证养老产业指数分级证券投资基金注册的批复
证监许可〔2015〕0764 号	关于准予东吴新趋势价值线灵活配置混合型证券投资基金注册的批复
证监许可〔2015〕0765 号	关于准予鹏华国证钢铁行业指数分级证券投资基金注册的批复
证监许可〔2015〕0766 号	关于准予鹏华新丝路指数分级证券投资基金注册的批复
证监许可〔2015〕0767 号	关于准予鹏华中证高铁产业指数分级证券投资基金注册的批复
证监许可〔2015〕0768 号	关于准予鹏华中证新能源指数分级证券投资基金注册的批复
证监许可〔2015〕0769 号	关于准予鹏华中证一带一路主题指数分级证券投资基金注册的批复
证监许可〔2015〕0770 号	关于准予安信中证一带一路主题指数分级证券投资基金注册的批复
证监许可〔2015〕0771 号	关于核准郑州华晶金刚石股份有限公司非公开发行股票的批复
证监许可〔2015〕0772 号	关于核准内蒙古包钢钢联股份有限公司非公开发行股票的批复
证监许可〔2015〕0773 号	关于核准苏交科集团股份有限公司非公开发行股票的批复

续表

发文字号	标题
证监许可〔2015〕0774 号	关于核准江苏澳洋顺昌股份有限公司公开发行可转换公司债券的批复
证监许可〔2015〕0775 号	关于核准国金证券股份有限公司非公开发行股票的批复
证监许可〔2015〕0776 号	关于核准上海国际港务(集团)股份有限公司非公开发行股票的批复
证监许可〔2015〕0777 号	关于核准金瑞新材料科技股份有限公司非公开发行股票的批复
证监许可〔2015〕0778 号	关于核准瀚华金控股份有限公司公开发行公司债券的批复
证监许可〔2015〕0779 号	关于核准内蒙古福瑞医疗科技股份有限公司非公开发行股票的批复
证监许可〔2015〕0780 号	关于核准江汉石油钻探股份有限公司非公开发行股票的批复
证监许可〔2015〕0781 号	关于准予前海开源金银珠宝主题精选灵活配置混合型证券投资基金注册的批复
证监许可〔2015〕0782 号	关于准予九泰天富改革新动力灵活配置混合型证券投资基金注册的批复
证监许可〔2015〕0783 号	关于准予东方红睿逸定期开放混合型发起式证券投资基金注册的批复
证监许可〔2015〕0784 号	关于准予大成睿景灵活配置混合型证券投资基金注册的批复
证监许可〔2015〕0785 号	关于准予农银汇理信息传媒主题股票型证券投资基金注册的批复
证监许可〔2015〕0786 号	关于准予大成景鹏灵活配置混合型证券投资基金注册的批复
证监许可〔2015〕0787 号	关于准予华泰柏瑞行业竞争优势灵活配置混合型证券投资基金注册的批复
证监许可〔2015〕0788 号	关于准予江信汇福定期开放债券型证券投资基金注册的批复
证监许可〔2015〕0789 号	关于准予银华稳利灵活配置混合型证券投资基金注册的批复
证监许可〔2015〕0790 号	关于准予建信鑫安回报灵活配置混合型证券投资基金注册的批复
证监许可〔2015〕0791 号	关于准予天治稳定收益债券型证券投资基金变更注册的批复
证监许可〔2015〕0792 号	关于准予上投摩根智慧互联股票型证券投资基金注册的批复
证监许可〔2015〕0793 号	关于准予安信稳健增值灵活配置混合型证券投资基金注册的批复
证监许可〔2015〕0794 号	关于准予兴业聚优灵活配置混合型证券投资基金注册的批复
证监许可〔2015〕0795 号	关于准予东吴移动互联灵活配置混合型证券投资基金注册的批复
证监许可〔2015〕0796 号	关于准予东方新策略灵活配置混合型证券投资基金注册的批复
证监许可〔2015〕0797 号	关于准予东方赢家保本混合型证券投资基金注册的批复
证监许可〔2015〕0798 号	关于准予中欧永裕混合型证券投资基金注册的批复
证监许可〔2015〕0799 号	关于准予华宝兴业新价值灵活配置混合型证券投资基金注册的批复
证监许可〔2015〕0800 号	关于准予金鹰民族新兴灵活配置混合型证券投资基金注册的批复
证监许可〔2015〕0801 号	关于准予华宝兴业新机遇灵活配置混合型证券投资基金(LOF)注册的批复
证监许可〔2015〕0802 号	关于准予华安新回报灵活配置混合型证券投资基金注册的批复
证监许可〔2015〕0803 号	关于准予景顺长城四季金利纯债债券型证券投资基金变更注册的批复
证监许可〔2015〕0804 号	关于准予工银瑞信丰盈回报灵活配置混合型证券投资基金注册的批复
证监许可〔2015〕0805 号	关于准予长城久惠保本混合型证券投资基金注册的批复

续表

发文字号	标题
证监许可〔2015〕0806 号	关于准予华安新优选灵活配置混合型证券投资基金注册的批复
证监许可〔2015〕0807 号	关于准予易方达新益灵活配置混合型证券投资基金注册的批复
证监许可〔2015〕0808 号	关于核准深圳新宙邦科技股份有限公司向王陈锋等发行股份购买资产并募集配套资金的批复
证监许可〔2015〕0809 号	关于核准豁免中国航空汽车系统控股有限公司要约收购贵州贵航汽车零部件股份有限公司股份义务的批复
证监许可〔2015〕0810 号	关于不予核准天壕节能科技股份有限公司向西藏瑞嘉创新投资有限公司等发行股份购买资产并募集配套资金的决定
证监许可〔2015〕0811 号	关于核准海通证券股份有限公司增发境外上市外资股的批复
证监许可〔2015〕0812 号	关于核准博时基金管理有限公司变更股权的批复
证监许可〔2015〕0813 号	关于核准建信基金管理有限责任公司许会斌基金行业任职资格的批复
证监许可〔2015〕0814 号	关于准予中融中证煤炭指数分级证券投资基金注册的批复
证监许可〔2015〕0815 号	关于准予中融中证白酒指数分级证券投资基金注册的批复
证监许可〔2015〕0816 号	关于准予中融国证钢铁行业指数分级证券投资基金注册的批复
证监许可〔2015〕0817 号	关于准予中融中证银行指数分级证券投资基金注册的批复
证监许可〔2015〕0818 号	关于核准上海爱建股份有限公司公开发行公司债券的批复
证监许可〔2015〕0819 号	关于核准华宜资产运用株式会社人民币合格境外机构投资者资格的批复
证监许可〔2015〕0820 号	关于核准华侨银行有限公司人民币合格境外机构投资者资格的批复
证监许可〔2015〕0821 号	关于核准嘉实国际资产管理(英国)有限公司人民币合格境外机构投资者资格的批复
证监许可〔2015〕0822 号	关于核准红星美凯龙家居集团股份有限公司发行境外上市外资股的批复
证监许可〔2015〕0823 号	关于核准文莱投资局合格境外机构投资者资格的批复
证监许可〔2015〕0824 号	关于核准山东石大胜华化工集团股份有限公司首次公开发行股票的批复
证监许可〔2015〕0825 号	关于核准上海华铭智能终端设备股份有限公司首次公开发行股票的批复
证监许可〔2015〕0826 号	关于核准东莞市南兴家具装备制造股份有限公司首次公开发行股票的批复
证监许可〔2015〕0827 号	关于核准浙江伟明环保股份有限公司首次公开发行股票的批复
证监许可〔2015〕0828 号	关于核准灵康药业集团股份有限公司首次公开发行股票的批复
证监许可〔2015〕0829 号	关于核准赛摩电气股份有限公司首次公开发行股票的批复
证监许可〔2015〕0830 号	关于核准四川迅游网络科技股份有限公司首次公开发行股票的批复
证监许可〔2015〕0831 号	关于核准引力传媒股份有限公司首次公开发行股票的批复
证监许可〔2015〕0832 号	关于核准哈尔滨威帝电子股份有限公司首次公开发行股票的批复
证监许可〔2015〕0833 号	关于核准高伟达软件股份有限公司首次公开发行股票的批复
证监许可〔2015〕0834 号	关于核准四川迈克生物科技股份有限公司首次公开发行股票的批复
证监许可〔2015〕0835 号	关于核准上海吉祥航空股份有限公司首次公开发行股票的批复

续表

发文字号	标题
证监许可〔2015〕0836 号	关于核准安徽迎驾贡酒股份有限公司首次公开发行股票的批复
证监许可〔2015〕0837 号	关于核准广东天际电器股份有限公司首次公开发行股票的请示
证监许可〔2015〕0838 号	关于核准浙江华通医药股份有限公司首次公开发行股票的批复
证监许可〔2015〕0839 号	关于核准上海金桥信息股份有限公司首次公开发行股票的批复
证监许可〔2015〕0840 号	关于核准深圳四方精创资讯股份有限公司首次公开发行股票的批复
证监许可〔2015〕0841 号	关于核准浙江华铁建筑安全科技股份有限公司首次公开发行股票的批复
证监许可〔2015〕0842 号	关于核准上海润达医疗科技股份有限公司首次公开发行股票的批复
证监许可〔2015〕0843 号	关于核准杭州永创智能设备股份有限公司首次公开发行股票的批复
证监许可〔2015〕0844 号	关于核准上海金桥出口加工区开发股份有限公司非公开发行股票的批复
证监许可〔2015〕0845 号	关于核准银江股份有限公司非公开发行股票的批复
证监许可〔2015〕0846 号	关于核准天士力控股集团有限公司公开发行可交换公司债券的批复
证监许可〔2015〕0847 号	关于核准洛阳隆华传热节能股份有限公司非公开发行股票的批复
证监许可〔2015〕0848 号	关于核准深圳市铁汉生态环境股份有限公司非公开发行股票的批复
证监许可〔2015〕0849 号	关于核准北方国际合作股份有限公司非公开发行股票的批复
证监许可〔2015〕0850 号	关于核准林州重机集团股份有限公司公开发行公司债券的批复
证监许可〔2015〕0851 号	关于核准上海界龙实业集团股份有限公司非公开发行股票的批复
证监许可〔2015〕0852 号	关于核准路翔股份有限公司非公开发行股票的批复
证监许可〔2015〕0853 号	关于核准广州市香雪制药股份有限公司配股的批复
证监许可〔2015〕0854 号	关于核准道明光学股份有限公司非公开发行股票的批复
证监许可〔2015〕0855 号	关于不予核准黑龙江京蓝科技股份有限公司非公开发行股票申请的决定
证监许可〔2015〕0856 号	关于核准混沌天成期货有限公司在香港收购英美商品期货有限公司的批复
证监许可〔2015〕0857 号	关于核准东吴证券股份有限公司在新加坡设立东吴证券中新（新加坡）有限公司的批复
证监许可〔2015〕0858 号	关于准予南方利众灵活配置混合型证券投资基金注册的批复
证监许可〔2015〕0859 号	关于准予南方利鑫灵活配置混合型证券投资基金注册的批复
证监许可〔2015〕0860 号	关于准予兴业稳固收益一年理财债券型证券投资基金注册的批复
证监许可〔2015〕0861 号	关于准予兴业稳固收益两年理财债券型证券投资基金注册的批复
证监许可〔2015〕0862 号	关于准予富国新收益灵活配置混合型证券投资基金注册的批复
证监许可〔2015〕0863 号	关于准予易方达沪深 300 医药卫生交易型开放式指数证券投资基金联接基金注册的批复
证监许可〔2015〕0864 号	关于准予宝盈祥泰养老混合型证券投资基金注册的批复
证监许可〔2015〕0865 号	关于准予民生加银新战略灵活配置混合型证券投资基金注册的批复
证监许可〔2015〕0866 号	关于准予富国改革动力混合型证券投资基金注册的批复

续表

发文字号	标题
证监许可〔2015〕0867 号	关于准予景顺长城交易型货币市场基金注册的批复
证监许可〔2015〕0868 号	关于准予大成正向回报灵活配置混合型证券投资基金注册的批复
证监许可〔2015〕0869 号	关于准予国联安添鑫灵活配置混合型证券投资基金注册的批复
证监许可〔2015〕0870 号	关于准予广发聚泰混合型证券投资基金注册的批复
证监许可〔2015〕0871 号	关于准予宝盈鸿利收益证券投资基金变更注册的批复
证监许可〔2015〕0872 号	关于准予易方达新享灵活配置混合型证券投资基金注册的批复
证监许可〔2015〕0873 号	关于准予交银施罗德多策略回报灵活配置混合型证券投资基金注册的批复
证监许可〔2015〕0874 号	关于准予金鹰产业整合灵活配置混合型证券投资基金注册的批复
证监许可〔2015〕0875 号	关于准予广发聚康混合型证券投资基金注册的批复
证监许可〔2015〕0876 号	关于准予招商移动互联网产业股票型证券投资基金注册的批复
证监许可〔2015〕0877 号	关于准予富国沪港深价值精选灵活配置混合型证券投资基金注册的批复
证监许可〔2015〕0878 号	关于准予华福鼎新灵活配置混合型证券投资基金注册的批复
证监许可〔2015〕0879 号	关于准予交银施罗德荣和保本混合型证券投资基金注册的批复
证监许可〔2015〕0880 号	关于准予招商国企改革主题混合型证券投资基金注册的批复
证监许可〔2015〕0881 号	关于准予华泰柏瑞惠利灵活配置混合型证券投资基金注册的批复
证监许可〔2015〕0882 号	关于准予德邦新添利灵活配置混合型证券投资基金注册的批复
证监许可〔2015〕0883 号	关于准予泓德泓富灵活配置混合型证券投资基金注册的批复
证监许可〔2015〕0884 号	关于准予摩根士丹利华鑫新机遇灵活配置混合型证券投资基金注册的批复
证监许可〔2015〕0885 号	关于准予南方中证高铁产业指数分级证券投资基金注册的批复
证监许可〔2015〕0886 号	关于准予南方中证国有企业改革指数分级证券投资基金注册的批复
证监许可〔2015〕0887 号	关于准予南方中证互联网指数分级证券投资基金注册的批复
证监许可〔2015〕0888 号	关于准予富国中证体育产业指数分级证券投资基金注册的批复
证监许可〔2015〕0889 号	关于准予富国中证工业 4.0 指数分级证券投资基金注册的批复
证监许可〔2015〕0890 号	关于核准华金证券有限责任公司保荐机构资格的批复
证监许可〔2015〕0891 号	关于准予信诚中证智能家居指数分级证券投资基金注册的批复
证监许可〔2015〕0892 号	关于准予信诚中证基建工程指数分级证券投资基金注册的批复
证监许可〔2015〕0893 号	关于准予信诚中证信息安全指数分级证券投资基金注册的批复
证监许可〔2015〕0894 号	关于准予西部利得成长精选灵活配置混合型证券投资基金注册的批复
证监许可〔2015〕0895 号	关于准予鹏华弘信灵活配置混合型证券投资基金注册的批复
证监许可〔2015〕0896 号	关于核准首创置业股份有限公司公开发行公司债券的批复
证监许可〔2015〕0897 号	关于核准河南中原高速公路股份有限公司非公开发行优先股的批复
证监许可〔2015〕0898 号	关于核准舟山港集团有限公司向合格投资者公开发行公司债券的批复

续表

发文字号	标题
证监许可〔2015〕0899 号	关于准予景顺长城中证 500 交易型开放式指数证券投资基金联接基金注册的批复
证监许可〔2015〕0900 号	关于准予景顺长城中证医药卫生交易型开放式指数证券投资基金联接基金注册的批复
证监许可〔2015〕0901 号	关于准予景顺长城中证 TMT 150 交易型开放式指数证券投资基金联接基金注册的批复
证监许可〔2015〕0902 号	关于准予德邦如意货币市场基金注册的批复
证监许可〔2015〕0903 号	关于准予景顺长城领先回报灵活配置混合型证券投资基金注册的批复
证监许可〔2015〕0904 号	关于准予中邮双动力混合型证券投资基金变更注册的批复
证监许可〔2015〕0905 号	关于准予鹏华弘实灵活配置混合型证券投资基金注册的批复
证监许可〔2015〕0906 号	关于准予中融新产业灵活配置混合型证券投资基金注册的批复
证监许可〔2015〕0907 号	关于准予鹏华弘华灵活配置混合型证券投资基金注册的批复
证监许可〔2015〕0908 号	关于准予中银新趋势灵活配置混合型证券投资基金注册的批复
证监许可〔2015〕0909 号	关于准予国金通用国鑫灵活配置混合型发起式证券投资基金变更注册的批复
证监许可〔2015〕0910 号	关于准予鹏华弘和灵活配置混合型证券投资基金注册的批复
证监许可〔2015〕0911 号	关于准予华安中证全指证券公司指数分级证券投资基金注册的批复
证监许可〔2015〕0912 号	关于准予华安创业板 50 指数分级证券投资基金注册的批复
证监许可〔2015〕0913 号	关于准予华安中证银行指数分级证券投资基金注册的批复
证监许可〔2015〕0914 号	关于核准宁夏盈谷实业股份有限公司定向发行股票的批复
证监许可〔2015〕0915 号	关于核准北京沃捷文化传媒股份有限公司定向发行股票的批复
证监许可〔2015〕0916 号	关于核准上海银橙文化传媒股份有限公司定向发行股票的批复
证监许可〔2015〕0917 号	关于准予易方达新丝路灵活配置混合型证券投资基金注册的批复
证监许可〔2015〕0918 号	关于核准红塔红土基金管理有限公司李凌基金行业高级管理人员任职资格的批复
证监许可〔2015〕0919 号	关于准予长信利盈灵活配置混合型证券投资基金注册的批复
证监许可〔2015〕0920 号	关于准予华泰柏瑞健康生活灵活配置混合型证券投资基金注册的批复
证监许可〔2015〕0921 号	关于准予泓德远见回报混合型证券投资基金注册的批复
证监许可〔2015〕0922 号	关于准予易方达互联网经济混合型证券投资基金注册的批复
证监许可〔2015〕0923 号	关于准予天弘弘运宝货币市场基金注册的批复
证监许可〔2015〕0924 号	关于准予安信鑫安得利灵活配置混合型证券投资基金注册的批复
证监许可〔2015〕0925 号	关于准予东方新思路灵活配置混合型证券投资基金注册的批复
证监许可〔2015〕0926 号	关于准予易方达国企改革混合型证券投资基金注册的批复
证监许可〔2015〕0927 号	关于准予中融新优势灵活配置混合型证券投资基金注册的批复
证监许可〔2015〕0928 号	关于准予国金通用鑫新灵活配置混合型证券投资基金(LOF)注册的批复

续表

发文字号	标题
证监许可〔2015〕0929 号	关于准予博时新趋势灵活配置混合型证券投资基金注册的批复
证监许可〔2015〕0930 号	关于准予建信互联网 + 产业升级股票型证券投资基金注册的批复
证监许可〔2015〕0931 号	关于准予富国中证煤炭指数分级证券投资基金注册的批复
证监许可〔2015〕0932 号	关于准予中海中证高铁产业指数分级证券投资基金注册的批复
证监许可〔2015〕0933 号	关于准予国寿安保尊丰分级债券型证券投资基金注册的批复
证监许可〔2015〕0934 号	关于核准鲁证期货股份有限公司发行境外上市外资股的批复
证监许可〔2015〕0935 号	关于准予中融新经济灵活配置混合型证券投资基金注册的批复
证监许可〔2015〕0936 号	关于核准中信证券股份有限公司增发境外上市外资股的批复
证监许可〔2015〕0937 号	关于准予富兰克林国海金融地产灵活配置混合型证券投资基金注册的批复
证监许可〔2015〕0938 号	关于准予大成绝对收益策略混合型发起式证券投资基金注册的批复
证监许可〔2015〕0939 号	关于核准苏州天弘激光股份有限公司定向发行股票的批复
证监许可〔2015〕0940 号	关于准予交银施罗德中证环境治理指数分级证券投资基金注册的批复
证监许可〔2015〕0941 号	关于准予交银施罗德中证互联网金融指数分级证券投资基金注册的批复
证监许可〔2015〕0942 号	关于核准大盛微电科技股份有限公司定向发行股票的批复
证监许可〔2015〕0943 号	关于核准北京联飞翔科技股份有限公司定向发行股票的批复
证监许可〔2015〕0944 号	关于准予财通多策略精选混合型证券投资基金注册的批复
证监许可〔2015〕0945 号	关于准予泰达宏利增利灵活配置定期开放混合型证券投资基金注册的批复
证监许可〔2015〕0946 号	关于准予信诚新选回报灵活配置混合型证券投资基金注册的批复
证监许可〔2015〕0947 号	关于准予东方红策略精选灵活配置混合型发起式证券投资基金注册的批复
证监许可〔2015〕0948 号	关于核准安徽聚隆传动科技股份有限公司首次公开发行股票的批复
证监许可〔2015〕0949 号	关于核准胜宏科技(惠州)股份有限公司首次公开发行股票的批复
证监许可〔2015〕0950 号	关于核准广西绿城水务股份有限公司首次公开发行股票的批复
证监许可〔2015〕0951 号	关于核准北京万向新元科技股份有限公司首次公开发行股票的批复
证监许可〔2015〕0952 号	关于核准北京韩建河山管业股份有限公司首次公开发行股票的批复
证监许可〔2015〕0953 号	关于核准中国核能电力股份有限公司首次公开发行股票的批复
证监许可〔2015〕0954 号	关于核准四川日机密封件股份有限公司首次公开发行股票的批复
证监许可〔2015〕0955 号	关于准予华宝兴业标普美国品质消费股票指数证券投资基金(LOF)注册的批复
证监许可〔2015〕0956 号	关于核准山东神思电子技术股份有限公司首次公开发行股票的批复
证监许可〔2015〕0957 号	关于核准杭州高新橡塑材料股份有限公司首次公开发行股票的批复
证监许可〔2015〕0958 号	关于核准上海中信信息发展股份有限公司首次公开发行股票的批复
证监许可〔2015〕0959 号	关于核准北京合纵科技股份有限公司首次公开发行股票的批复
证监许可〔2015〕0960 号	关于核准多喜爱家纺股份有限公司首次公开发行股票的批复

续表

发文字号	标题
证监许可〔2015〕0961 号	关于核准广东星徽精密制造股份有限公司首次公开发行股票的批复
证监许可〔2015〕0962 号	关于核准南京音飞储存设备股份有限公司首次公开发行股票的批复
证监许可〔2015〕0963 号	关于核准深圳汇洁集团股份有限公司首次公开发行股票的批复
证监许可〔2015〕0964 号	关于核准上海宝钢包装股份有限公司首次公开发行股票的批复
证监许可〔2015〕0965 号	关于核准金发拉比妇婴童用品股份有限公司首次公开发行股票的批复
证监许可〔2015〕0966 号	关于核准阜新德尔汽车部件股份有限公司首次公开发行股票的批复
证监许可〔2015〕0967 号	关于核准成都华气厚普机电设备股份有限公司首次公开发行股票的批复
证监许可〔2015〕0968 号	关于核准重庆蓝黛动力传动机械股份有限公司首次公开发行股票的批复
证监许可〔2015〕0969 号	关于核准安徽省凤形耐磨材料股份有限公司首次公开发行股票的批复
证监许可〔2015〕0970 号	关于核准深圳市索菱实业股份有限公司首次公开发行股票的批复
证监许可〔2015〕0971 号	关于核准杭州先锋电子技术股份有限公司首次公开发行股票的批复
证监许可〔2015〕0972 号	关于核准淡水泉(香港)投资管理有限公司合格境外机构投资者资格的批复
证监许可〔2015〕0973 号	关于核准东方汇理资产管理香港有限公司人民币合格境外机构投资者资格的批复
证监许可〔2015〕0974 号	关于核准台湾银行股份有限公司合格境外机构投资者资格的批复
证监许可〔2015〕0975 号	关于核准 Insight 投资管理(环球)有限公司人民币合格境外机构投资者资格的批复
证监许可〔2015〕0976 号	关于核准德盛安联证券投资信托股份有限公司合格境外机构投资者资格的批复
证监许可〔2015〕0977 号	关于核准苏州普滤得净化股份有限公司定向发行股票的批复
证监许可〔2015〕0978 号	关于核准齐鲁银行股份有限公司定向发行股票并在全国中小企业股份转让系统公开转让的批复
证监许可〔2015〕0979 号	关于准予国投瑞银白银期货证券投资基金(LOF)注册的批复
证监许可〔2015〕0980 号	关于核准农银汇理基金管理有限公司许金超基金行业高级管理人员任职资格的批复
证监许可〔2015〕0981 号	关于核准上海百润香精香料股份有限公司向刘晓东等发行股份购买资产的批复
证监许可〔2015〕0982 号	关于核准南证期货有限责任公司变更股权的批复
证监许可〔2015〕0983 号	关于核准中国电力建设股份有限公司向中国电力建设集团有限公司发行股份购买资产并募集配套资金的批复
证监许可〔2015〕0984 号	关于准予信达澳银新能源产业股票型证券投资基金注册的批复
证监许可〔2015〕0985 号	关于准予广发沪深 300 交易型开放式指数证券投资基金注册的批复
证监许可〔2015〕0986 号	关于准予长信利广灵活配置混合型证券投资基金注册的批复
证监许可〔2015〕0987 号	关于准予信诚新旺回报灵活配置混合型证券投资基金(LOF)注册的批复
证监许可〔2015〕0988 号	关于准予建信鑫丰回报灵活配置混合型证券投资基金注册的批复

续表

发文字号	标题
证监许可〔2015〕0989 号	关于核准北京东土科技股份有限公司向常青等发行股份购买资产并募集配套资金的批复
证监许可〔2015〕0990 号	关于不予核准中公高科养护科技股份有限公司首次公开发行股票申请的决定
证监许可〔2015〕0991 号	关于不予核准鑫广绿环再生资源股份有限公司首次公开发行股票申请的决定
证监许可〔2015〕0992 号	关于核准软控股份有限公司非公开发行股票的批复
证监许可〔2015〕0993 号	关于核准天津鹏翎胶管股份有限公司非公开发行股票的批复
证监许可〔2015〕0994 号	关于核准黄山旅游发展股份有限公司非公开发行股票的批复
证监许可〔2015〕0995 号	关于核准林州重机集团股份有限公司非公开发行股票的批复
证监许可〔2015〕0996 号	关于核准荣科科技股份有限公司非公开发行股票的批复
证监许可〔2015〕0997 号	关于核准航天信息股份有限公司公开发行可转换公司债券的批复
证监许可〔2015〕0998 号	关于核准盛和资源控股股份有限公司非公开发行股票的批复
证监许可〔2015〕0999 号	关于核准深圳市金证科技股份有限公司非公开发行股票的批复
证监许可〔2015〕1000 号	关于核准江苏恩华药业股份有限公司非公开发行股票的批复
证监许可〔2015〕1001 号	关于核准安徽水利开发股份有限公司非公开发行股票的批复
证监许可〔2015〕1002 号	关于核准南京银行股份有限公司非公开发行股票的批复
证监许可〔2015〕1003 号	关于核准深圳市聚飞光电股份有限公司非公开发行股票的批复
证监许可〔2015〕1004 号	关于核准神州学人集团股份有限公司向中国航天科工防御技术研究院等发行股份购买资产并募集配套资金的批复
证监许可〔2015〕1005 号	关于核准江苏常发制冷股份有限公司向北京理工资产经营有限公司等发行股份购买资产并募集配套资金的批复
证监许可〔2015〕1006 号	关于核准北京捷成世纪科技股份有限公司向熊诚等发行股份购买资产并募集配套资金的批复
证监许可〔2015〕1007 号	关于核准楚天科技股份有限公司向马庆华等发行股份购买资产并募集配套资金的批复
证监许可〔2015〕1008 号	关于核准西安宝德自动化股份有限公司向重庆中新融创投资有限公司发行股份购买资产并募集配套资金的批复
证监许可〔2015〕1009 号	关于核准东海证券股份有限公司在香港特别行政区设立东海国际金融控股有限公司的批复
证监许可〔2015〕1010 号	关于核准东华软件股份公司向章云芳等发行股份购买资产并募集配套资金的批复
证监许可〔2015〕1011 号	关于不予核准沈阳远大压缩机股份有限公司首次公开发行股票申请的决定
证监许可〔2015〕1012 号	关于核准武汉凯迪电力股份有限公司向阳光凯迪新能源集团有限公司等发行股份购买资产并募集配套资金的批复
证监许可〔2015〕1013 号	关于准予泰达宏利新思路灵活配置混合型证券投资基金注册的批复
证监许可〔2015〕1014 号	关于准予中邮乐享收益灵活配置混合型证券投资基金注册的批复
证监许可〔2015〕1015 号	关于准予国金通用鑫运灵活配置混合型证券投资基金注册的批复
证监许可〔2015〕1016 号	关于核准珠海和佳医疗设备股份有限公司非公开发行股票的批复

续表

发文字号	标题
证监许可〔2015〕1017 号	关于核准福建雪人股份有限公司非公开发行股票的批复
证监许可〔2015〕1018 号	关于核准广州海鸥卫浴用品股份有限公司非公开发行股票的批复
证监许可〔2015〕1019 号	关于核准汕头万顺包装材料股份有限公司非公开发行股票的批复
证监许可〔2015〕1020 号	关于准予易方达瑞选灵活配置混合型证券投资基金注册的批复
证监许可〔2015〕1021 号	关于准予信诚新锐回报灵活配置混合型证券投资基金注册的批复
证监许可〔2015〕1022 号	关于准予易方达瑞景灵活配置混合型证券投资基金注册的批复
证监许可〔2015〕1023 号	关于核准中国工商银行股份有限公司非公开发行优先股的批复
证监许可〔2015〕1024 号	关于核准国联证券股份有限公司发行境外上市外资股的批复
证监许可〔2015〕1025 号	关于核准锦州银行股份有限公司发行境外上市外资股的批复
证监许可〔2015〕1026 号	关于准予诺安创新驱动灵活配置混合型证券投资基金注册的批复
证监许可〔2015〕1027 号	关于准予工银瑞信互联网加股票型证券投资基金注册的批复
证监许可〔2015〕1028 号	关于准予广发集享回报两年封闭式债券型证券投资基金注册的批复
证监许可〔2015〕1029 号	关于准予鹏华弘鑫灵活配置混合型证券投资基金注册的批复
证监许可〔2015〕1030 号	关于准予华福丰盈灵活配置混合型证券投资基金注册的批复
证监许可〔2015〕1031 号	关于核准北京博晖创新光电技术股份有限公司向杜江涛等发行股份购买资产的批复
证监许可〔2015〕1032 号	关于准予建信大安全战略精选股票型证券投资基金注册的批复
证监许可〔2015〕1033 号	关于准予广发中证全指主要消费交易型开放式指数证券投资基金发起式联接基金注册的批复
证监许可〔2015〕1034 号	关于准予长信富民纯债一年定期开放债券型证券投资基金注册的批复
证监许可〔2015〕1035 号	关于准予招商丰泽灵活配置混合型证券投资基金注册的批复
证监许可〔2015〕1036 号	关于准予中融新动力灵活配置混合型证券投资基金注册的批复
证监许可〔2015〕1037 号	关于准予泰达宏利创益灵活配置混合型证券投资基金注册的批复
证监许可〔2015〕1038 号	关于准予南方量化成长股票型证券投资基金注册的批复
证监许可〔2015〕1039 号	关于准予天弘惠利灵活配置混合型证券投资基金注册的批复
证监许可〔2015〕1040 号	关于准予易方达瑞丰灵活配置混合型证券投资基金注册的批复
证监许可〔2015〕1041 号	关于准予易方达瑞享灵活配置混合型证券投资基金注册的批复
证监许可〔2015〕1042 号	关于准予易方达瑞鑫灵活配置混合型证券投资基金注册的批复
证监许可〔2015〕1043 号	关于准予华商双驱优选灵活配置混合型证券投资基金注册的批复
证监许可〔2015〕1044 号	关于准予易方达瑞安灵活配置混合型证券投资基金注册的批复
证监许可〔2015〕1045 号	关于准予广发中证全指能源交易型开放式指数证券投资基金发起式联接基金注册的批复
证监许可〔2015〕1046 号	关于准予华商双翼平衡混合型证券投资基金注册的批复
证监许可〔2015〕1047 号	关于准予德邦鑫星价值灵活配置混合型证券投资基金注册的批复

续表

发文字号	标题
证监许可〔2015〕1048 号	关于准予易方达瑞信灵活配置混合型证券投资基金注册的批复
证监许可〔2015〕1049 号	关于准予博时新起点灵活配置混合型证券投资基金注册的批复
证监许可〔2015〕1050 号	关于准予广发中证全指金融地产交易型开放式指数证券投资基金发起式联接基金注册的批复
证监许可〔2015〕1051 号	关于准予南方大数据 300 指数证券投资基金注册的批复
证监许可〔2015〕1052 号	关于准予汇添富医疗服务灵活配置混合型证券投资基金注册的批复
证监许可〔2015〕1053 号	关于准予方正富邦优选灵活配置混合型证券投资基金注册的批复
证监许可〔2015〕1054 号	关于核准北京津宇嘉信科技股份有限公司定向发行股票的批复
证监许可〔2015〕1055 号	关于核准安徽美佳新材料股份有限公司定向发行股票的批复
证监许可〔2015〕1056 号	关于准予易方达瑞泽灵活配置混合型证券投资基金注册的批复
证监许可〔2015〕1057 号	关于准予华安国企改革主题灵活配置混合型证券投资基金注册的批复
证监许可〔2015〕1058 号	关于准予博时新财富混合型证券投资基金注册的批复
证监许可〔2015〕1059 号	关于准予天弘新价值灵活配置混合型证券投资基金注册的批复
证监许可〔2015〕1060 号	关于准予华泰柏瑞中国制造 2025 灵活配置混合型证券投资基金注册的批复
证监许可〔2015〕1061 号	关于核准潍坊联兴新材料科技股份有限公司定向发行股票的批复
证监许可〔2015〕1062 号	关于核准潍坊联兴新材料科技股份有限公司定向发行股票的批复
证监许可〔2015〕1063 号	关于准予融通新能源灵活配置混合型证券投资基金注册的批复
证监许可〔2015〕1064 号	关于准予嘉实事件驱动股票型证券投资基金注册的批复
证监许可〔2015〕1065 号	关于准予天弘喜利灵活配置混合型证券投资基金注册的批复
证监许可〔2015〕1066 号	关于准予华商新常态灵活配置混合型证券投资基金注册的批复
证监许可〔2015〕1067 号	关于准予广发中证全指原材料交易型开放式指数证券投资基金发起式联接基金注册的批复
证监许可〔2015〕1068 号	关于准予景顺长城安享回报灵活配置混合型证券投资基金注册的批复
证监许可〔2015〕1069 号	关于准予长信多利灵活配置混合型证券投资基金注册的批复
证监许可〔2015〕1070 号	关于准予上投摩根新兴服务股票型证券投资基金注册的批复
证监许可〔2015〕1071 号	关于准予建信事件驱动股票型证券投资基金注册的批复
证监许可〔2015〕1072 号	关于核准天津中新药业集团股份有限公司非公开发行股票的批复
证监许可〔2015〕1073 号	关于准予金鹰中证技术领先指数增强型证券投资基金变更注册的批复
证监许可〔2015〕1074 号	关于准予银河鸿利灵活配置混合型证券投资基金注册的批复
证监许可〔2015〕1075 号	关于核准佛山星期六鞋业股份有限公司非公开发行股票的批复
证监许可〔2015〕1076 号	关于核准福建龙洲运输股份有限公司配股的批复
证监许可〔2015〕1077 号	关于核准京投银泰股份有限公司公开发行公司债券的批复
证监许可〔2015〕1078 号	关于核准江苏金智科技股份有限公司非公开发行股票的批复

续表

发文字号	标题
证监许可〔2015〕1079 号	关于核准深圳市飞马国际供应链股份有限公司非公开发行股票的批复
证监许可〔2015〕1080 号	关于核准中利科技集团股份有限公司公开发行公司债券的批复
证监许可〔2015〕1081 号	关于核准濮阳濮耐高温材料(集团)股份有限公司公开发行公司债券的批复
证监许可〔2015〕1082 号	关于核准安源煤业集团股份有限公司公开发行公司债券的批复
证监许可〔2015〕1083 号	关于核准威海广泰空港设备股份有限公司非公开发行股票的批复
证监许可〔2015〕1084 号	关于核准佛山市国星光电股份有限公司非公开发行股票的批复
证监许可〔2015〕1085 号	关于核准西陇化工股份有限公司非公开发行股票的批复
证监许可〔2015〕1086 号	关于核准河南银鸽实业投资股份有限公司非公开发行股票的批复
证监许可〔2015〕1087 号	关于核准浙江尤夫高新纤维股份有限公司非公开发行股票的批复
证监许可〔2015〕1088 号	关于核准浙江科马摩擦材料股份有限公司定向发行股票的批复
证监许可〔2015〕1089 号	关于准予融通通鑫灵活配置混合型证券投资基金注册的批复
证监许可〔2015〕1090 号	关于准予易方达国防军工混合型证券投资基金注册的批复
证监许可〔2015〕1091 号	关于准予中邮风格轮动灵活配置混合型证券投资基金注册的批复
证监许可〔2015〕1092 号	关于准予国寿安保成长优选股票型证券投资基金注册的批复
证监许可〔2015〕1093 号	关于核准瑞茂通供应链管理股份有限公司非公开发行股票的批复
证监许可〔2015〕1094 号	关于核准江苏吴通通讯股份有限公司向谭思亮等发行股份购买资产并募集配套资金的批复
证监许可〔2015〕1095 号	关于核准厦门三维丝环保股份有限公司向刘明辉等发行股份购买资产并募集配套资金的批复
证监许可〔2015〕1096 号	关于核准山东联创节能新材料股份有限公司向齐海莹等发行股份购买资产并募集配套资金的批复
证监许可〔2015〕1097 号	关于核准常州光洋轴承股份有限公司向天津天海同步集团有限公司等发行股份购买资产并募集配套资金的批复
证监许可〔2015〕1098 号	关于核准江苏澳洋科技股份有限公司向澳洋集团有限公司等发行股份购买资产并募集配套资金的批复
证监许可〔2015〕1099 号	关于准予广发改革先锋灵活配置混合型证券投资基金注册的批复
证监许可〔2015〕1100 号	关于准予泰康薪意保货币市场基金注册的批复
证监许可〔2015〕1101 号	关于准予华富永鑫灵活配置混合型证券投资基金注册的批复
证监许可〔2015〕1102 号	关于准予天弘鑫安宝保本混合型证券投资基金注册的批复
证监许可〔2015〕1103 号	关于准予工银瑞信中证新能源指数分级证券投资基金注册的批复
证监许可〔2015〕1104 号	关于准予工银瑞信中证环保产业指数分级证券投资基金注册的批复
证监许可〔2015〕1105 号	关于准予工银瑞信中证高铁产业指数分级证券投资基金注册的批复
证监许可〔2015〕1106 号	关于核准安信资产管理(香港)有限公司合格境外机构投资者资格的批复
证监许可〔2015〕1107 号	关于准予方正富邦中证保险主题指数分级证券投资基金注册的批复
证监许可〔2015〕1108 号	关于准予工银瑞信聚焦 30 股票型证券投资基金注册的批复

续表

发文字号	标题
证监许可〔2015〕1109 号	关于准予中银智能制造股票型证券投资基金注册的批复
证监许可〔2015〕1110 号	关于准予光大保德信鼎鑫灵活配置混合型证券投资基金注册的批复
证监许可〔2015〕1111 号	关于准予光大保德信一带一路战略主题混合型证券投资基金注册的批复
证监许可〔2015〕1112 号	关于准予鹏华弘锐灵活配置混合型证券投资基金注册的批复
证监许可〔2015〕1113 号	关于准予东方新价值混合型证券投资基金注册的批复
证监许可〔2015〕1114 号	关于核准湖北银丰棉花股份有限公司定向发行股票的批复
证监许可〔2015〕1115 号	关于准予国泰生益灵活配置混合型证券投资基金注册的批复
证监许可〔2015〕1116 号	关于准予汇添富国企创新增长股票型证券投资基金注册的批复
证监许可〔2015〕1117 号	关于准予国投瑞银新增长灵活配置混合型证券投资基金注册的批复
证监许可〔2015〕1118 号	关于准予国投瑞银研究精选股票型证券投资基金注册的批复
证监许可〔2015〕1119 号	关于准予宝盈优势产业灵活配置混合型证券投资基金注册的批复
证监许可〔2015〕1120 号	关于核准广誉远中药股份有限公司非公开发行股票的批复
证监许可〔2015〕1121 号	关于核准三一重工股份有限公司公开发行可转换公司债券的批复
证监许可〔2015〕1122 号	关于核准北京北斗星通导航技术股份有限公司向王春华等发行股份购买资产并募集配套资金的批复
证监许可〔2015〕1123 号	关于核准美罗药业股份有限公司重大资产重组及向新疆广汇实业投资(集团)有限责任公司等发行股份购买资产并募集配套资金的批复
证监许可〔2015〕1124 号	关于核准美盛文化创意股份有限公司非公开发行股票的批复
证监许可〔2015〕1125 号	关于准予景顺长城景瑞收益定期开放债券型证券投资基金注册的批复
证监许可〔2015〕1126 号	关于核准桂林五洲旅游股份有限公司股票在全国中小企业股份转让系统公开转让的批复
证监许可〔2015〕1127 号	关于准予长盛中证全指证券公司指数分级证券投资基金注册的批复
证监许可〔2015〕1128 号	关于准予长盛上证 50 指数分级证券投资基金注册的批复
证监许可〔2015〕1129 号	关于准予财通成长优选混合型证券投资基金注册的批复
证监许可〔2015〕1130 号	关于准予西部利得中证新能源汽车指数分级证券投资基金注册的批复
证监许可〔2015〕1131 号	关于准予西部利得中证医疗指数分级证券投资基金注册的批复
证监许可〔2015〕1132 号	关于准予建信中证申万有色金属指数分级发起式证券投资基金注册的批复
证监许可〔2015〕1133 号	关于准予建信中证互联网金融指数分级发起式证券投资基金注册的批复
证监许可〔2015〕1134 号	关于准予九泰锐富事件驱动混合型发起式证券投资基金注册的批复
证监许可〔2015〕1135 号	关于核准中欧基金管理有限公司变更股权的批复
证监许可〔2015〕1136 号	关于准予信诚新鑫回报灵活配置混合型证券投资基金注册的批复
证监许可〔2015〕1137 号	关于准予泰信鑫益定期开放债券型证券投资基金变更注册的批复
证监许可〔2015〕1138 号	关于准予万家瑞丰灵活配置混合型证券投资基金注册的批复
证监许可〔2015〕1139 号	关于准予兴全稳益债券型证券投资基金注册的批复

续表

发文字号	标题
证监许可〔2015〕1140 号	关于准予华安添颐养老混合型发起式证券投资基金注册的批复
证监许可〔2015〕1141 号	关于准予兴全新视野灵活配置定期开放混合型发起式证券投资基金注册的批复
证监许可〔2015〕1142 号	关于核准兰州庄园牧场股份有限公司发行境外上市外资股的批复
证监许可〔2015〕1143 号	关于核准中信建投基金管理有限公司设立子公司的批复
证监许可〔2015〕1144 号	关于核准瑞士再保险股份有限公司人民币合格境外机构投资者资格的批复
证监许可〔2015〕1145 号	关于核准日盛证券投资信托股份有限公司合格境外机构投资者资格的批复
证监许可〔2015〕1146 号	关于核准无锡顺达智能自动化工程股份有限公司定向发行股票的批复
证监许可〔2015〕1147 号	关于准予万家瑞兴灵活配置混合型证券投资基金注册的批复
证监许可〔2015〕1148 号	关于准予大成强化收益债券型证券投资基金变更注册的批复
证监许可〔2015〕1149 号	关于准予英大中证中小盘医疗指数分级证券投资基金注册的批复
证监许可〔2015〕1150 号	关于准予融通中证全指证券公司指数分级证券投资基金注册的批复
证监许可〔2015〕1151 号	关于准予融通中证军工指数分级证券投资基金注册的批复
证监许可〔2015〕1152 号	关于核准九州证券有限公司保荐机构资格的批复
证监许可〔2015〕1153 号	关于核准国金通用基金管理有限公司变更股权的批复
证监许可〔2015〕1154 号	关于准予大成中证互联网金融指数分级证券投资基金注册的批复
证监许可〔2015〕1155 号	关于准予富国新动力灵活配置混合型证券投资基金注册的批复
证监许可〔2015〕1156 号	关于准予招商丰裕灵活配置混合型证券投资基金注册的批复
证监许可〔2015〕1157 号	关于准予建信鑫荣回报灵活配置混合型证券投资基金注册的批复
证监许可〔2015〕1158 号	关于准予泓德泓业灵活配置混合型证券投资基金注册的批复
证监许可〔2015〕1159 号	关于准予建信鑫裕回报灵活配置混合型证券投资基金注册的批复
证监许可〔2015〕1160 号	关于准予大成景裕灵活配置混合型证券投资基金注册的批复
证监许可〔2015〕1161 号	关于准予景顺长城泰和回报灵活配置混合型证券投资基金注册的批复
证监许可〔2015〕1162 号	关于准予易方达信息产业混合型证券投资基金注册的批复
证监许可〔2015〕1163 号	关于准予易方达中债 3－5 年期国债指数证券投资基金注册的批复
证监许可〔2015〕1164 号	关于准予长信睿进灵活配置混合型证券投资基金注册的批复
证监许可〔2015〕1165 号	关于核准新湖中宝股份有限公司非公开发行股票的批复
证监许可〔2015〕1166 号	关于准予鹏华前海万科 REITs 封闭式混合型发起式证券投资基金注册的批复
证监许可〔2015〕1167 号	关于核准北京卡联科技股份有限公司定向发行股票的批复
证监许可〔2015〕1168 号	关于核准河北古城香业集团股份有限公司定向发行股票的批复
证监许可〔2015〕1169 号	关于核准美的集团股份有限公司非公开发行股票的批复
证监许可〔2015〕1170 号	关于核准沈阳新松机器人自动化股份有限公司非公开发行股票的批复
证监许可〔2015〕1171 号	关于核准江苏九鼎新材料股份有限公司非公开发行股票的批复

续表

发文字号	标题
证监许可〔2015〕1172 号	关于核准用友网络科技股份有限公司非公开发行股票的批复
证监许可〔2015〕1173 号	关于核准安信信托股份有限公司非公开发行股票的批复
证监许可〔2015〕1174 号	关于核准中房地产股份有限公司公开发行公司债券的批复
证监许可〔2015〕1175 号	关于核准郑州光力科技股份有限公司首次公开发行股票的批复
证监许可〔2015〕1176 号	关于核准北京赛升药业股份有限公司首次公开发行股票的批复
证监许可〔2015〕1177 号	关于核准西安蓝晓科技新材料股份有限公司首次公开发行股票的批复
证监许可〔2015〕1178 号	关于核准深圳文科园林股份有限公司首次公开发行股票的批复
证监许可〔2015〕1179 号	关于核准哈尔滨中飞新技术股份有限公司首次公开发行股票的批复
证监许可〔2015〕1180 号	关于核准广州万孚生物技术股份有限公司首次公开发行股票的批复
证监许可〔2015〕1181 号	关于核准上海沃施园艺股份有限公司首次公开发行股票的批复
证监许可〔2015〕1182 号	关于核准金诚信矿业管理股份有限公司首次公开发行股票的批复
证监许可〔2015〕1183 号	关于核准天水众兴菌业科技股份有限公司首次公开发行股票的批复
证监许可〔2015〕1184 号	关于核准濮阳惠成电子材料股份有限公司首次公开发行股票的批复
证监许可〔2015〕1185 号	关于核准新疆城建(集团)股份有限公司配股的批复
证监许可〔2015〕1186 号	关于核准恒锋工具股份有限公司首次公开发行股票的批复
证监许可〔2015〕1187 号	关于核准国泰君安证券股份有限公司首次公开发行股票的批复
证监许可〔2015〕1188 号	关于核准恒通物流股份有限公司首次公开发行股票的批复
证监许可〔2015〕1189 号	关于核准河南科迪乳业股份有限公司首次公开发行股票的批复
证监许可〔2015〕1190 号	关于核准安徽口子酒业股份有限公司首次公开发行股票的批复
证监许可〔2015〕1191 号	关于核准江苏万林现代物流股份有限公司首次公开发行股票的批复
证监许可〔2015〕1192 号	关于核准青岛国恩科技股份有限公司首次公开发行股票的批复
证监许可〔2015〕1193 号	关于核准北京真视通科技股份有限公司首次公开发行股票的批复
证监许可〔2015〕1194 号	关于核准广东柏堡龙股份有限公司首次公开发行股票的批复
证监许可〔2015〕1195 号	关于核准浙江天成自控股份有限公司首次公开发行股票的批复
证监许可〔2015〕1196 号	关于核准深圳市普路通供应链管理股份有限公司首次公开发行股票的批复
证监许可〔2015〕1197 号	关于核准广东四通集团股份有限公司首次公开发行股票的批复
证监许可〔2015〕1198 号	关于核准成都康弘药业集团股份有限公司首次公开发行股票的批复
证监许可〔2015〕1199 号	关于核准山西东杰智能物流装备股份有限公司首次公开发行股票的批复
证监许可〔2015〕1200 号	关于核准湖南黄金股份有限公司向合格投资者公开发行公司债券的批复
证监许可〔2015〕1201 号	关于核准荣盛房地产发展股份有限公司向合格投资者公开发行公司债券的批复
证监许可〔2015〕1202 号	关于核准盛屯矿业集团股份有限公司向合格投资者公开发行公司债券的批复

续表

发文字号	标题
证监许可〔2015〕1203 号	关于核准长江精工钢结构(集团)股份有限公司向合格投资者公开发行公司债券的批复
证监许可〔2015〕1204 号	关于核准北京城建投资发展股份有限公司向合格投资者公开发行公司债券的批复
证监许可〔2015〕1205 号	关于核准北京城乡贸易中心股份有限公司向合格投资者公开发行公司债券的批复
证监许可〔2015〕1206 号	关于核准北京巴士传媒股份有限公司向合格投资者公开发行公司债券的批复
证监许可〔2015〕1207 号	关于核准美都能源股份有限公司向合格投资者公开发行公司债券的批复
证监许可〔2015〕1208 号	关于核准广东省宜华木业股份有限公司向合格投资者公开发行公司债券的批复
证监许可〔2015〕1209 号	关于核准义乌市水务建设集团有限公司向合格投资者公开发行公司债券的批复
证监许可〔2015〕1210 号	关于核准恒大地产集团有限公司向合格投资者公开发行公司债券的批复
证监许可〔2015〕1211 号	关于核准东吴证券股份有限公司向合格投资者公开发行公司债券的批复
证监许可〔2015〕1212 号	关于准予长信中证一带一路主题指数分级证券投资基金注册的批复
证监许可〔2015〕1213 号	关于核准青岛东软载波科技股份有限公司向青岛海尔创业投资有限责任公司等发行股份购买资产的批复
证监许可〔2015〕1214 号	关于核准中国中铁股份有限公司向合格投资者公开发行公司债券的批复
证监许可〔2015〕1215 号	关于核准中信证券股份有限公司向合格投资者公开发行公司债券的批复
证监许可〔2015〕1216 号	关于核准重庆市迪马实业股份有限公司向合格投资者公开发行公司债券的批复
证监许可〔2015〕1217 号	关于准予中银保本二号混合型证券投资基金变更注册的批复
证监许可〔2015〕1218 号	关于准予华泰柏瑞中国军工主题股票型证券投资基金注册的批复
证监许可〔2015〕1219 号	关于准予博时新策略灵活配置混合型证券投资基金注册的批复
证监许可〔2015〕1220 号	关于核准福建卫东实业股份有限公司定向发行股票的批复
证监许可〔2015〕1221 号	关于核准苏州工业园区凌志软件股份有限公司定向发行股票的批复
证监许可〔2015〕1222 号	关于核准豁免北京汽车集团有限公司要约收购山东滨州渤海活塞股份有限公司股份义务的批复
证监许可〔2015〕1223 号	关于核准豁免青岛出版集团有限公司及一致行动人要约收购青岛碱业股份有限公司股份义务的批复
证监许可〔2015〕1224 号	关于核准麦克奥迪(厦门)电气股份有限公司向香港协励行有限公司等发行股份购买资产的批复
证监许可〔2015〕1225 号	关于核准太原双塔刚玉股份有限公司向横店集团控股有限公司等发行股份购买资产并募集配套资金的批复
证监许可〔2015〕1226 号	关于核准上海金丰投资股份有限公司重大资产重组及向上海地产(集团)有限公司等发行股份购买资产的批复
证监许可〔2015〕1227 号	关于核准江西赣锋锂业股份有限公司向李万春等发行股份购买资产并募集配套资金的批复

续表

发文字号	标题
证监许可〔2015〕1228 号	关于核准深圳万讯自控股份有限公司向熊伟等发行股份购买资产并募集配套资金的批复
证监许可〔2015〕1229 号	关于核准广州凯路仕自行车运动时尚产业股份有限公司定向发行股票的批复
证监许可〔2015〕1230 号	关于核准视觉(中国)文化发展股份有限公司非公开发行股票的批复
证监许可〔2015〕1231 号	关于核准浙江佐力药业股份有限公司非公开发行股票的批复
证监许可〔2015〕1232 号	关于核准新疆金风科技股份有限公司非公开发行股票的批复
证监许可〔2015〕1233 号	关于核准泰豪科技股份有限公司非公开发行股票的批复
证监许可〔2015〕1234 号	关于核准厦门国贸集团股份有限公司公开发行可转换公司债券的批复
证监许可〔2015〕1235 号	关于核准昆明制药集团股份有限公司公开发行公司债券的批复
证监许可〔2015〕1236 号	关于核准浙江水晶光电科技股份有限公司非公开发行股票的批复
证监许可〔2015〕1237 号	关于核准苏州安洁科技股份有限公司非公开发行股票的批复
证监许可〔2015〕1238 号	关于核准四川丹甫制冷压缩机股份有限公司重大资产重组及向烟台市台海集团有限公司等发行股份购买资产并募集配套资金的批复
证监许可〔2015〕1239 号	关于核准中国光大银行股份有限公司非公开发行优先股的批复
证监许可〔2015〕1240 号	关于准予宝盈新锐灵活配置混合型证券投资基金注册的批复
证监许可〔2015〕1241 号	关于准予中欧瑾通灵活配置混合型证券投资基金注册的批复
证监许可〔2015〕1242 号	关于准予华宝兴业德国 DAX 指数证券投资基金(LOF)注册的批复
证监许可〔2015〕1243 号	关于准予嘉合磐石混合型证券投资基金注册的批复
证监许可〔2015〕1244 号	关于准予浙商汇金转型驱动灵活配置混合型证券投资基金注册的批复
证监许可〔2015〕1245 号	关于准予诺安先进制造股票型证券投资基金注册的批复
证监许可〔2015〕1246 号	关于准予鑫元安鑫宝货币市场基金注册的批复
证监许可〔2015〕1247 号	关于准予南方君选灵活配置混合型证券投资基金注册的批复
证监许可〔2015〕1248 号	关于准予安信新常态沪港深精选股票型证券投资基金注册的批复
证监许可〔2015〕1249 号	关于准予东方福瑞养老混合型证券投资基金注册的批复
证监许可〔2015〕1250 号	关于准予华泰柏瑞爱利灵活配置混合型证券投资基金注册的批复
证监许可〔2015〕1251 号	关于准予博时裕嘉纯债债券型证券投资基金注册的批复
证监许可〔2015〕1252 号	关于准予博时裕盈纯债债券型证券投资基金注册的批复
证监许可〔2015〕1253 号	关于准予中海混改红利主题精选灵活配置混合型证券投资基金注册的批复
证监许可〔2015〕1254 号	关于准予天弘云商宝货币市场基金注册的批复
证监许可〔2015〕1255 号	关于准予银河睿利灵活配置混合型证券投资基金注册的批复
证监许可〔2015〕1256 号	关于准予鹏华行业成长证券投资基金变更注册的批复
证监许可〔2015〕1257 号	关于准予嘉实中证金融地产交易型开放式指数证券投资基金联接基金注册的批复
证监许可〔2015〕1258 号	关于准予华安文体健康主题灵活配置混合型证券投资基金注册的批复

续表

发文字号	标题
证监许可〔2015〕1259 号	关于准予上投摩根科技前沿灵活配置混合型证券投资基金注册的批复
证监许可〔2015〕1260 号	关于准予景顺长城改革机遇灵活配置混合型证券投资基金注册的批复
证监许可〔2015〕1261 号	关于准予易方达瑞和灵活配置混合型证券投资基金注册的批复
证监许可〔2015〕1262 号	关于准予万家瑞富灵活配置混合型证券投资基金注册的批复
证监许可〔2015〕1263 号	关于核准深圳市麦捷微电子科技股份有限公司向深圳市华新投中艺有限公司等发行股份购买资产并募集配套资金的批复
证监许可〔2015〕1264 号	关于核准国海证券股份有限公司非公开发行股票的批复
证监许可〔2015〕1265 号	关于核准中茵股份有限公司公开发行公司债券的批复
证监许可〔2015〕1266 号	关于准予广发中证医疗指数分级证券投资基金注册的批复
证监许可〔2015〕1267 号	关于准予国投瑞银沪深 300 基建主题指数分级证券投资基金注册的批复
证监许可〔2015〕1268 号	关于核准东莞市凯昶德电子科技股份有限公司定向发行股票的批复
证监许可〔2015〕1269 号	关于核准苏州巨峰电气绝缘系统股份有限公司定向发行股票的批复
证监许可〔2015〕1270 号	关于准予中加改革红利灵活配置混合型证券投资基金注册的批复
证监许可〔2015〕1271 号	关于核准中国中投证券有限责任公司向公众投资者公开发行公司债券的批复
证监许可〔2015〕1272 号	关于核准安信基金管理有限责任公司变更股权的批复
证监许可〔2015〕1273 号	关于准予永赢量化混合型发起式证券投资基金注册的批复
证监许可〔2015〕1274 号	关于准予兴业聚惠灵活配置混合型证券投资基金注册的批复
证监许可〔2015〕1275 号	关于准予东方红京东大数据灵活配置混合型证券投资基金注册的批复
证监许可〔2015〕1276 号	关于准予德邦纯债 18 个月定期开放债券型证券投资基金注册的批复
证监许可〔2015〕1277 号	关于准予招商安益保本混合型证券投资基金注册的批复
证监许可〔2015〕1278 号	关于准予天弘上证 50 指数型发起式证券投资基金注册的批复
证监许可〔2015〕1279 号	关于准予华福稳健债券型证券投资基金注册的批复
证监许可〔2015〕1280 号	关于准予汇添富民营新动力股票型证券投资基金注册的批复
证监许可〔2015〕1281 号	关于准予博时裕瑞纯债债券型证券投资基金注册的批复
证监许可〔2015〕1282 号	关于准予天弘中证全指运输指数型发起式证券投资基金注册的批复
证监许可〔2015〕1283 号	关于准予天弘中证医药 100 指数型发起式证券投资基金注册的批复
证监许可〔2015〕1284 号	关于准予东方区域发展混合型证券投资基金注册的批复
证监许可〔2015〕1285 号	关于准予南方利达灵活配置混合型证券投资基金注册的批复
证监许可〔2015〕1286 号	关于准予华安沪港深通精选灵活配置混合型证券投资基金注册的批复
证监许可〔2015〕1287 号	关于准予华福颖新灵活配置混合型证券投资基金注册的批复
证监许可〔2015〕1288 号	关于准予华富健康文娱灵活配置混合型证券投资基金注册的批复
证监许可〔2015〕1289 号	关于准予兴业添天盈货币市场基金注册的批复
证监许可〔2015〕1290 号	关于准予泰信国策驱动灵活配置混合型证券投资基金注册的批复

续表

发文字号	标题
证监许可〔2015〕1291 号	关于准予博时理财 30 天债券型证券投资基金变更注册的批复
证监许可〔2015〕1292 号	关于准予华宝兴业万物互联灵活配置混合型证券投资基金注册的批复
证监许可〔2015〕1293 号	关于准予国泰大健康股票型证券投资基金注册的批复
证监许可〔2015〕1294 号	关于准予国泰互联网 + 股票型证券投资基金注册的批复
证监许可〔2015〕1295 号	关于准予鑫元鑫新收益灵活配置混合型证券投资基金注册的批复
证监许可〔2015〕1296 号	关于准予天弘中证全指房地产指数型发起式证券投资基金注册的批复
证监许可〔2015〕1297 号	关于准予天弘中证大宗商品股票指数型发起式证券投资基金注册的批复
证监许可〔2015〕1298 号	关于准予中欧睿尚定期开放混合型发起式证券投资基金注册的批复
证监许可〔2015〕1299 号	关于准予天弘中证证券保险指数型发起式证券投资基金注册的批复
证监许可〔2015〕1300 号	关于准予国泰智能装备股票型证券投资基金注册的批复
证监许可〔2015〕1301 号	关于准予天弘创业板指数型发起式证券投资基金注册的批复
证监许可〔2015〕1302 号	关于准予南方利安灵活配置混合型证券投资基金注册的批复
证监许可〔2015〕1303 号	关于准予国泰大农业股票型证券投资基金注册的批复
证监许可〔2015〕1304 号	关于准予南方互联网 + 灵活配置混合型证券投资基金注册的批复
证监许可〔2015〕1305 号	关于准予农银汇理工业 4.0 灵活配置混合型证券投资基金注册的批复
证监许可〔2015〕1306 号	关于准予天弘中证移动互联网指数型发起式证券投资基金注册的批复
证监许可〔2015〕1307 号	关于准予长城久恒平衡型证券投资基金变更注册的批复
证监许可〔2015〕1308 号	关于准予大成恒丰宝货币市场基金注册的批复
证监许可〔2015〕1309 号	关于准予大成景辉灵活配置混合型证券投资基金注册的批复
证监许可〔2015〕1310 号	关于不予核准广州复大医疗股份有限公司首次公开发行股票申请的决定
证监许可〔2015〕1311 号	关于核准九州通医药集团股份有限公司公开发行可转换公司债券的批复
证监许可〔2015〕1312 号	关于核准中国中铁股份有限公司非公开发行股票的批复
证监许可〔2015〕1313 号	关于核准浙江力诺流体控制科技股份有限公司定向发行股票的批复
证监许可〔2015〕1314 号	关于核准四川格纳斯光电科技股份有限公司定向发行股票的批复
证监许可〔2015〕1315 号	关于核准设立金信基金管理有限公司的批复
证监许可〔2015〕1316 号	关于核准泉州汇鑫小额贷款股份有限公司发行境外上市外资股的批复
证监许可〔2015〕1317 号	关于核准云南省能源投资集团有限公司向合格投资者公开发行公司债券的批复
证监许可〔2015〕1318 号	关于核准重庆龙湖企业拓展有限公司向合格投资者公开发行公司债券的批复
证监许可〔2015〕1319 号	关于核准广州市时代地产集团有限公司向合格投资者公开发行公司债券的批复
证监许可〔2015〕1320 号	关于核准际华集团股份有限公司向合格投资者公开发行公司债券的批复
证监许可〔2015〕1321 号	关于核准宝信国际融资租赁有限公司向合格投资者公开发行公司债券的批复

续表

发文字号	标题
证监许可〔2015〕1322 号	关于核准广州富力地产股份有限公司向合格投资者公开发行公司债券的批复
证监许可〔2015〕1323 号	关于核准江苏华灿电讯股份有限公司定向发行股票的批复
证监许可〔2015〕1324 号	关于核准环宇建工设计股份有限公司定向发行股票的批复
证监许可〔2015〕1325 号	关于核准哈尔滨均信投资担保股份有限公司定向发行股票的批复
证监许可〔2015〕1326 号	关于核准华泰证券股份有限公司向合格投资者公开发行公司债券的批复
证监许可〔2015〕1327 号	关于核准中国交通建设股份有限公司增发境外上市外资股的批复
证监许可〔2015〕1328 号	关于准予国投瑞银新活力灵活配置混合型证券投资基金注册的批复
证监许可〔2015〕1329 号	关于准予新华鑫锐灵活配置混合型证券投资基金注册的批复
证监许可〔2015〕1330 号	关于准予平安大华鑫享混合型证券投资基金注册的批复
证监许可〔2015〕1331 号	关于准予天弘中证 100 指数型发起式证券投资基金注册的批复
证监许可〔2015〕1332 号	关于准予招商丰融灵活配置混合型证券投资基金注册的批复
证监许可〔2015〕1333 号	关于准予易方达安盈回报混合型证券投资基金注册的批复
证监许可〔2015〕1334 号	关于准予英大策略优选混合型证券投资基金注册的批复
证监许可〔2015〕1335 号	关于准予农银汇理中国优势灵活配置混合型证券投资基金注册的批复
证监许可〔2015〕1336 号	关于准予天弘中证高端装备制造指数型发起式证券投资基金注册的批复
证监许可〔2015〕1337 号	关于准予天弘中证环保产业指数型发起式证券投资基金注册的批复
证监许可〔2015〕1338 号	关于准予富兰克林国海沪港深成长精选股票型证券投资基金注册的批复
证监许可〔2015〕1339 号	关于准予天弘中证 800 指数型发起式证券投资基金注册的批复
证监许可〔2015〕1340 号	关于准予信诚新泽回报灵活配置混合型证券投资基金注册的批复
证监许可〔2015〕1341 号	关于准予嘉实低价策略股票型证券投资基金注册的批复
证监许可〔2015〕1342 号	关于准予融通新优选灵活配置混合型证券投资基金注册的批复
证监许可〔2015〕1343 号	关于准予浙商汇金转型升级灵活配置混合型证券投资基金注册的批复
证监许可〔2015〕1344 号	关于准予天弘中证银行指数型发起式证券投资基金注册的批复
证监许可〔2015〕1345 号	关于核准北京蓝色光标品牌管理顾问股份有限公司发行可转换公司债券的批复
证监许可〔2015〕1346 号	关于核准浙江富春江环保热电股份有限公司非公开发行股票的批复
证监许可〔2015〕1347 号	关于核准松辽汽车股份有限公司非公开发行股票的批复
证监许可〔2015〕1348 号	关于核准中国交通建设股份有限公司非公开发行优先股的批复
证监许可〔2015〕1349 号	关于核准江苏红豆实业股份有限公司非公开发行股票的批复
证监许可〔2015〕1350 号	关于核准科大讯飞股份有限公司非公开发行股票的批复
证监许可〔2015〕1351 号	关于核准甘肃电投能源发展股份有限公司公开发行公司债券的批复
证监许可〔2015〕1352 号	关于核准石家庄通合电子科技股份有限公司首次公开发行股票的批复
证监许可〔2015〕1353 号	关于核准深圳市银宝山新科技股份有限公司首次公开发行股票的批复

续表

发文字号	标题
证监许可〔2015〕1354 号	关于核准博敏电子股份有限公司首次公开发行股票的批复
证监许可〔2015〕1355 号	关于核准北京三夫户外用品股份有限公司首次公开发行股票的批复
证监许可〔2015〕1356 号	关于核准深圳可立克科技股份有限公司首次公开发行股票的批复
证监许可〔2015〕1357 号	关于核准四川山鼎建筑工程设计股份有限公司首次公开发行股票的批复
证监许可〔2015〕1358 号	关于核准江苏美尚生态景观股份有限公司首次公开发行股票的批复
证监许可〔2015〕1359 号	关于核准安记食品股份有限公司首次公开发行股票的批复
证监许可〔2015〕1360 号	关于核准华自科技股份有限公司首次公开发行股票的批复
证监许可〔2015〕1361 号	关于核准上海润欣科技股份有限公司首次公开发行股票的批复
证监许可〔2015〕1362 号	关于核准厦门万里石股份有限公司首次公开发行股票的批复
证监许可〔2015〕1363 号	关于核准中新科技集团股份有限公司首次公开发行股票的批复
证监许可〔2015〕1364 号	关于核准江苏井神盐化股份有限公司首次公开发行股票的批复
证监许可〔2015〕1365 号	关于核准湖北盛天网络技术股份有限公司首次公开发行股票的批复
证监许可〔2015〕1366 号	关于核准湖北凯龙化工集团股份有限公司首次公开发行股票的批复
证监许可〔2015〕1367 号	关于核准苏州道森钻采设备股份有限公司首次公开发行股票的批复
证监许可〔2015〕1368 号	关于核准浙江中坚科技股份有限公司首次公开发行股票的批复
证监许可〔2015〕1369 号	关于核准苏州华源包装股份有限公司首次公开发行股票的批复
证监许可〔2015〕1370 号	关于核准江西富祥药业股份有限公司首次公开发行股票的批复
证监许可〔2015〕1371 号	关于核准江苏高科石化股份有限公司首次公开发行股票的批复
证监许可〔2015〕1372 号	关于核准中科创达软件股份有限公司首次公开发行股票的批复
证监许可〔2015〕1373 号	关于核准北京乾景园林股份有限公司首次公开发行股票的批复
证监许可〔2015〕1374 号	关于核准四川久远银海软件股份有限公司首次公开发行股票的批复
证监许可〔2015〕1375 号	关于核准深圳市奇信建设集团股份有限公司首次公开发行股票的批复
证监许可〔2015〕1376 号	关于核准广东邦宝益智玩具股份有限公司首次公开发行股票的批复
证监许可〔2015〕1377 号	关于核准读者出版传媒股份有限公司首次公开发行股票的批复
证监许可〔2015〕1378 号	关于核准河南思维自动化设备股份有限公司首次公开发行股票的批复
证监许可〔2015〕1379 号	关于核准沈阳桃李面包股份有限公司首次公开发行股票的批复
证监许可〔2015〕137 号	关于核准武汉道博股份有限公司向游建鸣等发行股份购买资产并募集配套资金的批复
证监许可〔2015〕1380 号	关于核准豁免中电海康集团有限公司要约收购凤凰光学股份有限公司股份义务的批复
证监许可〔2015〕1381 号	关于核准武汉景弘环保科技股份有限公司定向发行股票的批复
证监许可〔2015〕1382 号	关于核准杭州先临三维科技股份有限公司定向发行股票的批复
证监许可〔2015〕1383 号	关于准予长城久祥保本混合型证券投资基金注册的批复

续表

发文字号	标题
证监许可〔2015〕1384 号	关于准予天弘中证休闲娱乐指数型发起式证券投资基金注册的批复
证监许可〔2015〕1385 号	关于准予嘉实环保低碳股票型证券投资基金注册的批复
证监许可〔2015〕1386 号	关于准予工银瑞信新价值灵活配置混合型证券投资基金注册的批复
证监许可〔2015〕1387 号	关于准予国投瑞银进宝保本混合型证券投资基金注册的批复
证监许可〔2015〕1388 号	关于准予嘉实腾讯自选股大数据策略股票型证券投资基金注册的批复
证监许可〔2015〕1389 号	关于准予嘉实新常态灵活配置混合型证券投资基金注册的批复
证监许可〔2015〕138 号	关于核准河南太龙药业股份有限公司向吴澜等发行股份购买资产并募集配套资金的批复
证监许可〔2015〕1390 号	关于准予万家瑞祥灵活配置混合型证券投资基金注册的批复
证监许可〔2015〕1391 号	关于准予工银瑞信工业 4.0 股票型证券投资基金注册的批复
证监许可〔2015〕1392 号	关于准予天弘中证食品饮料指数型发起式证券投资基金注册的批复
证监许可〔2015〕1393 号	关于准予嘉实新机遇灵活配置混合型证券投资基金注册的批复
证监许可〔2015〕1394 号	关于准予兴业国企改革灵活配置混合型证券投资基金注册的批复
证监许可〔2015〕1395 号	关于准予长信富海纯债一年定期开放债券型证券投资基金注册的批复
证监许可〔2015〕1396 号	关于准予天弘中证电子指数型发起式证券投资基金注册的批复
证监许可〔2015〕1397 号	关于准予天弘中证计算机指数型发起式证券投资基金注册的批复
证监许可〔2015〕1398 号	关于准予国泰央企改革股票型证券投资基金注册的批复
证监许可〔2015〕1399 号	关于准予招商体育文化休闲股票型证券投资基金注册的批复
证监许可〔2015〕1400 号	关于核准湖南信达智能股份有限公司定向发行股票的批复
证监许可〔2015〕1401 号	关于核准湖南泰谷生物科技股份有限公司定向发行股票的批复
证监许可〔2015〕1402 号	关于核准湖南泰谷生物科技股份有限公司定向发行股票的批复
证监许可〔2015〕1403 号	关于核准北京立思辰科技股份有限公司向林亚琳等发行股份购买资产并募集配套资金的批复
证监许可〔2015〕1404 号	关于核准新疆准东石油技术股份有限公司非公开发行股票的批复
证监许可〔2015〕1405 号	关于核准山西仟源医药集团股份有限公司非公开发行股票的批复
证监许可〔2015〕1406 号	关于核准天津中环半导体股份有限公司公开发行公司债券的批复
证监许可〔2015〕1407 号	关于核准中航飞机股份有限公司非公开发行股票的批复
证监许可〔2015〕1408 号	关于核准财富期货有限公司变更股权的批复
证监许可〔2015〕1409 号	关于核准豁免贾全臣及一致行动人要约收购青岛市恒顺众昇集团股份有限公司股份义务的批复
证监许可〔2015〕1410 号	关于不予核准广东壮丽彩印股份有限公司首次公开发行股票申请的决定
证监许可〔2015〕1411 号	关于核准浙江星星瑞金科技股份有限公司向 NEW POPULAR TECHNOLOGY CO.，LTD. 等发行股份购买资产并募集配套资金的批复
证监许可〔2015〕1412 号	关于核准中国铁建股份有限公司非公开发行股票的批复

续表

发文字号	标题
证监许可〔2015〕1413 号	关于核准西安民生集团股份有限公司向海航商业控股有限公司等发行股份购买资产并募集配套资金的批复
证监许可〔2015〕1414 号	关于核准深圳市华鹏飞现代物流股份有限公司向杨阳等发行股份购买资产并募集配套资金的批复
证监许可〔2015〕1415 号	关于核准上海棱光实业股份有限公司重大资产重组及向上海现代建筑设计(集团)有限公司发行股份购买资产的批复
证监许可〔2015〕1416 号	关于核准深圳市信维通信股份有限公司向深圳市亚力盛投资有限公司等发行股份购买资产并募集配套资金的批复
证监许可〔2015〕1417 号	关于核准新开普电子股份有限公司向刘永春等发行股份购买资产并募集配套资金的批复
证监许可〔2015〕1418 号	关于核准上海延华智能科技(集团)股份有限公司向廖邦富等发行股份购买资产并募集配套资金的批复
证监许可〔2015〕1419 号	关于核准蓝海资产管理公司人民币合格境外机构投资者资格的批复
证监许可〔2015〕1420 号	关于核准东部证券股份有限公司人民币合格境外机构投资者资格的批复
证监许可〔2015〕1421 号	关于核准大唐华银电力股份有限公司向中国大唐集团公司等发行股份购买资产并募集配套资金的批复
证监许可〔2015〕1422 号	关于核准贵州威门药业股份有限公司定向发行股票的批复
证监许可〔2015〕1423 号	关于核准中银国际证券有限责任公司向合格投资者公开发行公司债券的批复
证监许可〔2015〕1424 号	关于核准北京天恒置业集团有限公司向合格投资者公开发行公司债券的批复
证监许可〔2015〕1425 号	关于核准江苏永鼎股份有限公司向永鼎集团有限公司等发行股份购买资产并募集配套资金的批复
证监许可〔2015〕1426 号	关于核准武汉力源信息技术股份有限公司向侯红亮等发行股份购买资产的批复
证监许可〔2015〕1427 号	关于准予摩根士丹利华鑫多元收益 18 个月定期开放债券型证券投资基金注册的批复
证监许可〔2015〕1428 号	关于准予长城互联网灵活配置混合型证券投资基金注册的批复
证监许可〔2015〕1429 号	关于准予工银瑞信丰收回报灵活配置混合型证券投资基金注册的批复
证监许可〔2015〕1430 号	关于准予万家瑞益灵活配置混合型证券投资基金注册的批复
证监许可〔2015〕1431 号	关于核准西部证券股份有限公司股票期权做市业务资格的批复
证监许可〔2015〕1432 号	关于核准北信瑞丰基金管理有限公司设立上海北信瑞丰资产管理有限公司的批复
证监许可〔2015〕1433 号	关于核准爱斯普乐基金管理公司人民币合格境外机构投资者资格的批复
证监许可〔2015〕1434 号	关于核准 KB 资产运用有限公司人民币合格境外机构投资者资格的批复
证监许可〔2015〕1435 号	关于核准华泰期货有限公司在香港设立华泰(香港)期货有限公司的批复
证监许可〔2015〕1436 号	关于核准韩国产业银行人民币合格境外机构投资者资格的批复
证监许可〔2015〕1437 号	关于核准瑞银环球资产管理(新加坡)有限公司人民币合格境外机构投资者资格的批复
证监许可〔2015〕1438 号	关于核准 CI 投资管理公司人民币合格境外机构投资者资格的批复

续表

发文字号	标题
证监许可〔2015〕1439号	关于核准泛亚投资管理有限公司合格境外机构投资者资格的批复
证监许可〔2015〕1440号	关于核准山西美锦能源股份有限公司向美锦能源集团有限公司发行股份购买资产并募集配套资金的批复
证监许可〔2015〕1441号	关于核准中国国际金融股份有限公司证券投资基金托管资格的批复
证监许可〔2015〕1442号	关于准予工银瑞信新蓝筹股票型证券投资基金注册的批复
证监许可〔2015〕1443号	关于准予富安达行业轮动灵活配置混合型证券投资基金注册的批复
证监许可〔2015〕1444号	关于准予嘉实智能汽车股票型证券投资基金注册的批复
证监许可〔2015〕1445号	关于准予泰达宏利高票息定期开放债券型证券投资基金变更注册的批复
证监许可〔2015〕1446号	关于准予浦银安盛睿智精选灵活配置混合型证券投资基金注册的批复
证监许可〔2015〕1447号	关于准予广发中证全指工业交易型开放式指数证券投资基金及联接基金注册的批复
证监许可〔2015〕1448号	关于准予博时沪港深成长企业混合型证券投资基金注册的批复
证监许可〔2015〕1449号	关于准予汇丰晋信智造先锋股票型证券投资基金注册的批复
证监许可〔2015〕1450号	关于准予天弘聚利灵活配置混合型证券投资基金注册的批复
证监许可〔2015〕1451号	关于准予建信现代服务业股票型证券投资基金注册的批复
证监许可〔2015〕1452号	关于核准利亚德光电股份有限公司向周利鹤等发行股份购买资产并募集配套资金的批复
证监许可〔2015〕1453号	关于核准豁免济南市人民政府国有资产监督管理委员会要约收购中国重汽集团济南卡车股份有限公司股份义务的批复
证监许可〔2015〕1454号	关于核准浙江三花股份有限公司向浙江三花钱江汽车部件集团有限公司发行股份购买资产并募集配套资金的批复
证监许可〔2015〕1455号	关于核准北京利德曼生化股份有限公司向成都力鼎银科股权投资基金中心（有限合伙）等发行股份购买资产的批复
证监许可〔2015〕1456号	关于核准株洲天桥起重机股份有限公司向华电电力科学研究院等发行股份购买资产并募集配套资金的批复
证监许可〔2015〕1457号	关于核准青岛碱业股份有限公司重大资产重组及向青岛出版集团有限公司等发行股份购买资产并募集配套资金的批复
证监许可〔2015〕1458号	关于核准神雾环保技术股份有限公司向北京神雾环境能源科技集团股份有限公司发行股份购买资产的批复
证监许可〔2015〕1459号	关于核准上海海博股份有限公司重大资产重组及向光明食品（集团）有限公司等发行股份购买资产并募集配套资金的批复
证监许可〔2015〕1460号	关于核准北京维珍创意科技股份有限公司定向发行股票的批复
证监许可〔2015〕1461号	关于核准比亚迪股份有限公司向合格投资者公开发行公司债券的批复
证监许可〔2015〕1462号	关于核准IG Markets Limited公司设立上海代表处的批复
证监许可〔2015〕1463号	关于核准中喜生态产业股份有限公司定向发行股票的批复
证监许可〔2015〕1464号	关于准予长安鑫富领先灵活配置混合型证券投资基金注册的批复
证监许可〔2015〕1465号	关于准予鹏华添利宝货币市场基金注册的批复

续表

发文字号	标题
证监许可〔2015〕1466 号	关于准予广发鑫惠灵活配置混合型证券投资基金注册的批复
证监许可〔2015〕1467 号	关于准予红塔红土优质成长灵活配置混合型发起式证券投资基金注册的批复
证监许可〔2015〕1468 号	关于准予华泰柏瑞富利灵活配置混合型证券投资基金注册的批复
证监许可〔2015〕1469 号	关于准予国寿安保智慧生活股票型证券投资基金注册的批复
证监许可〔2015〕1470 号	关于准予银河智联主题灵活配置混合型证券投资基金注册的批复
证监许可〔2015〕1471 号	关于准予广发鑫利灵活配置混合型证券投资基金注册的批复
证监许可〔2015〕1472 号	关于准予工银瑞信文体产业股票型证券投资基金注册的批复
证监许可〔2015〕1473 号	关于准予易方达沪深港价值优势股票型证券投资基金注册的批复
证监许可〔2015〕1474 号	关于准予中银互联网 + 股票型证券投资基金注册的批复
证监许可〔2015〕1475 号	关于准予富安达新动力灵活配置混合型证券投资基金注册的批复
证监许可〔2015〕1476 号	关于准予平安大华鑫安混合型证券投资基金注册的批复
证监许可〔2015〕1477 号	关于准予创金合信沪港深研究精选灵活配置混合型证券投资基金注册的批复
证监许可〔2015〕1478 号	关于准予汇添富全球移动互联灵活配置混合型证券投资基金注册的批复
证监许可〔2015〕1479 号	关于核准深圳市国际企业股份有限公司非公开发行股票的批复
证监许可〔2015〕1480 号	关于核准山东钢铁股份有限公司非公开发行股票的批复
证监许可〔2015〕1481 号	关于核准广州海格通信集团股份有限公司非公开发行股票的批复
证监许可〔2015〕1482 号	关于核准国元证券股份有限公司非公开发行股票的批复
证监许可〔2015〕1483 号	关于核准黑牛食品股份有限公司非公开发行股票的批复
证监许可〔2015〕1484 号	关于核准四川成渝高速公路股份有限公司向公众投资者公开发行公司债券的批复
证监许可〔2015〕1485 号	关于核准江西江铃底盘股份有限公司发行境外上市外资股的批复
证监许可〔2015〕1486 号	关于核准重庆峻岭能源股份有限公司定向发行股票的批复
证监许可〔2015〕1487 号	关于准予西部利得行业主题优选灵活配置混合型证券投资基金注册的批复
证监许可〔2015〕1488 号	关于准予长盛盛利灵活配置混合型证券投资基金注册的批复
证监许可〔2015〕1489 号	关于准予工银瑞信新焦点灵活配置混合型证券投资基金注册的批复
证监许可〔2015〕1490 号	关于准予兴业聚盛灵活配置混合型证券投资基金注册的批复
证监许可〔2015〕1491 号	关于准予国投瑞银新收益灵活配置混合型证券投资基金注册的批复
证监许可〔2015〕1492 号	关于准予大成国企改革灵活配置混合型证券投资基金注册的批复
证监许可〔2015〕1493 号	关于准予新华积极价值灵活配置混合型证券投资基金注册的批复
证监许可〔2015〕1494 号	关于准予长城新策略灵活配置混合型证券投资基金注册的批复
证监许可〔2015〕1495 号	关于准予工银瑞信新趋势灵活配置混合型证券投资基金注册的批复
证监许可〔2015〕1496 号	关于准予江信同福灵活配置混合型证券投资基金注册的批复
证监许可〔2015〕1497 号	关于准予嘉实创业板交易型开放式指数证券投资基金注册的批复

续表

发文字号	标题
证监许可〔2015〕1498 号	关于准予汇添富理财 21 天债券型发起式证券投资基金变更注册的批复
证监许可〔2015〕1499 号	关于准予华泰柏瑞国企改革主题灵活配置混合型证券投资基金注册的批复
证监许可〔2015〕1500 号	关于核准江西金达莱环保股份有限公司定向发行股票的批复
证监许可〔2015〕1501 号	关于准予东方白马奔腾混合型证券投资基金注册的批复
证监许可〔2015〕1502 号	关于核准豁免宜昌交通旅游产业发展集团有限公司要约收购湖北宜昌交运集团股份有限公司股份义务的批复
证监许可〔2015〕1503 号	关于核准豁免北京中邮资产管理有限公司要约收购湖南湘邮科技股份有限公司股份义务的批复
证监许可〔2015〕1504 号	关于核准哇棒（北京）移动传媒股份有限公司定向发行股票的批复
证监许可〔2015〕1505 号	关于准予南方转型增长灵活配置混合型证券投资基金注册的批复
证监许可〔2015〕1506 号	关于核准北京星和众工设备技术股份有限公司定向发行股票的批复
证监许可〔2015〕1507 号	关于核准物产中拓股份有限公司非公开发行股票的批复
证监许可〔2015〕1508 号	关于核准广东省公路建设有限公司向合格投资者公开发行公司债券的批复
证监许可〔2015〕1509 号	关于核准广州证券股份有限公司向合格投资者公开发行公司债券的批复
证监许可〔2015〕1510 号	关于准予融通中证大农业指数分级证券投资基金注册的批复
证监许可〔2015〕1511 号	关于准予新华中证中小国企改革指数分级证券投资基金注册的批复
证监许可〔2015〕1512 号	关于准予新华中证证券保险指数分级证券投资基金注册的批复
证监许可〔2015〕1513 号	关于准予中海中证互联网金融指数分级证券投资基金注册的批复
证监许可〔2015〕1514 号	关于准予安信新动力灵活配置混合型证券投资基金注册的批复
证监许可〔2015〕1515 号	关于准予南方国策动力股票型证券投资基金注册的批复
证监许可〔2015〕1516 号	关于准予中金新安灵活配置混合型证券投资基金注册的批复
证监许可〔2015〕1517 号	关于准予南方智造未来股票型证券投资基金注册的批复
证监许可〔2015〕1518 号	关于准予浦银安盛经济带崛起灵活配置混合型证券投资基金注册的批复
证监许可〔2015〕1519 号	关于准予英大国企改革主题股票型证券投资基金注册的批复
证监许可〔2015〕1520 号	关于准予中欧琪丰灵活配置混合型证券投资基金注册的批复
证监许可〔2015〕1521 号	关于准予信诚新悦回报灵活配置混合型证券投资基金注册的批复
证监许可〔2015〕1522 号	关于准予天弘安盈灵活配置混合型证券投资基金注册的批复
证监许可〔2015〕1523 号	关于准予嘉实新优选灵活配置混合型证券投资基金注册的批复
证监许可〔2015〕1524 号	关于准予南方香港成长灵活配置混合型证券投资基金注册的批复
证监许可〔2015〕1525 号	关于准予西部利得多策略优选灵活配置混合型证券投资基金注册的批复
证监许可〔2015〕1526 号	关于准予建信多因子量化股票型证券投资基金注册的批复
证监许可〔2015〕1527 号	关于准予泰达宏利创富灵活配置混合型证券投资基金注册的批复
证监许可〔2015〕1528 号	关于准予汇添富新价值股票型证券投资基金注册的批复

续表

发文字号	标题
证监许可〔2015〕1529 号	关于准予诺安积极回报灵活配置混合型证券投资基金注册的批复
证监许可〔2015〕1530 号	关于准予诺安高端制造股票型证券投资基金注册的批复
证监许可〔2015〕1531 号	关于准予华宝兴业中国互联网股票型证券投资基金注册的批复
证监许可〔2015〕1532 号	关于准予安信新成长灵活配置混合型证券投资基金注册的批复
证监许可〔2015〕1533 号	关于准予东方创新科技混合型证券投资基金注册的批复
证监许可〔2015〕1534 号	关于准予华泰柏瑞激励动力灵活配置混合型证券投资基金注册的批复
证监许可〔2015〕1535 号	关于准予工银瑞信银和利混合型证券投资基金注册的批复
证监许可〔2015〕1536 号	关于准予工银瑞信新增益混合型证券投资基金注册的批复
证监许可〔2015〕1537 号	关于准予景顺长城量化新动力股票型证券投资基金注册的批复
证监许可〔2015〕1538 号	关于准予东方互联网嘉混合型证券投资基金注册的批复
证监许可〔2015〕1539 号	关于准予汇添富创业成长股票型证券投资基金注册的批复
证监许可〔2015〕1540 号	关于准予汇添富互联网金融股票型证券投资基金注册的批复
证监许可〔2015〕1541 号	关于准予前海开源中国稀缺资产灵活配置混合型证券投资基金注册的批复
证监许可〔2015〕1542 号	关于准予泰达宏利中证海外中国互联网指数证券投资基金注册的批复
证监许可〔2015〕1543 号	关于准予嘉实新趋势灵活配置混合型证券投资基金注册的批复
证监许可〔2015〕1544 号	关于准予广发百发大数据策略价值灵活配置混合型证券投资基金注册的批复
证监许可〔2015〕1545 号	关于准予汇添富新兴消费股票型证券投资基金注册的批复
证监许可〔2015〕1546 号	关于准予嘉实中证可选消费交易型开放式指数证券投资基金联接基金注册的批复
证监许可〔2015〕1547 号	关于准予九泰久利灵活配置混合型证券投资基金注册的批复
证监许可〔2015〕1548 号	关于准予安信新趋势灵活配置混合型证券投资基金注册的批复
证监许可〔2015〕1549 号	关于准予广发百发大数据策略成长灵活配置混合型证券投资基金注册的批复
证监许可〔2015〕1550 号	关于准予新华鑫回报混合型证券投资基金注册的批复
证监许可〔2015〕1551 号	关于准予天弘天盈灵活配置混合型证券投资基金注册的批复
证监许可〔2015〕1552 号	关于准予中银战略新兴产业股票型证券投资基金注册的批复
证监许可〔2015〕1553 号	关于准予嘉实中证能源交易型开放式指数证券投资基金联接基金注册的批复
证监许可〔2015〕1554 号	关于准予工银瑞信国家战略主题股票型证券投资基金注册的批复
证监许可〔2015〕1555 号	关于准予东方网络变革灵活配置混合型证券投资基金注册的批复
证监许可〔2015〕1556 号	关于准予工银瑞信前沿医疗股票型证券投资基金注册的批复
证监许可〔2015〕1557 号	关于核准东电创新(北京)科技发展股份有限公司定向发行股票的批复
证监许可〔2015〕1558 号	关于核准沈阳麟龙科技股份有限公司定向发行股票的批复
证监许可〔2015〕1559 号	关于核准北京中科国信科技股份有限公司定向发行股票的批复
证监许可〔2015〕1560 号	关于准予银华中证国防安全指数分级证券投资基金注册的批复

续表

发文字号	标题
证监许可〔2015〕1561 号	关于准予银华中证一带一路主题指数分级证券投资基金注册的批复
证监许可〔2015〕1562 号	关于准予银河中证体育产业指数分级证券投资基金注册的批复
证监许可〔2015〕1563 号	关于准予嘉实中证互联网指数分级证券投资基金注册的批复
证监许可〔2015〕1564 号	关于核准大同新成新材料股份有限公司定向发行股票的批复
证监许可〔2015〕1565 号	关于核准东北证券股份有限公司设立资产管理子公司的批复
证监许可〔2015〕1566 号	关于准予工银瑞信深证成份指数证券投资基金(LOF)注册的批复
证监许可〔2015〕1567 号	关于准予富兰克林国海新增长灵活配置混合型证券投资基金注册的批复
证监许可〔2015〕1568 号	关于准予中银新财富灵活配置混合型证券投资基金注册的批复
证监许可〔2015〕1569 号	关于核准中信证券股份有限公司吸收合并中信证券(浙江)有限责任公司的批复
证监许可〔2015〕1570 号	关于核准上海行悦信息科技股份有限公司定向发行股票的批复
证监许可〔2015〕1571 号	关于核准汉镒资产管理股份有限公司定向发行股票的批复
证监许可〔2015〕1572 号	关于准予建信鑫盛回报灵活配置混合型证券投资基金注册的批复
证监许可〔2015〕1573 号	关于准予长信利泰灵活配置混合型证券投资基金注册的批复
证监许可〔2015〕1574 号	关于准予长信利信灵活配置混合型证券投资基金注册的批复
证监许可〔2015〕1575 号	关于准予东方红优势精选灵活配置混合型发起式证券投资基金注册的批复
证监许可〔2015〕1576 号	关于准予银华沪港深增长股票型证券投资基金注册的批复
证监许可〔2015〕1577 号	关于准予泰达宏利量化增强股票型证券投资基金注册的批复
证监许可〔2015〕1578 号	关于准予浙商聚潮灵活配置混合型证券投资基金注册的批复
证监许可〔2015〕1579 号	关于准予华润元大中创 100 交易型开放式指数证券投资基金联接基金注册的批复
证监许可〔2015〕1580 号	关于准予德邦稳盈增长灵活配置混合型证券投资基金注册的批复
证监许可〔2015〕1581 号	关于准予华安沪港深外延增长灵活配置混合型证券投资基金注册的批复
证监许可〔2015〕1582 号	关于准予泓德战略转型股票型证券投资基金注册的批复
证监许可〔2015〕1583 号	关于准予华夏新经济灵活配置混合型发起式证券投资基金注册的批复
证监许可〔2015〕1584 号	关于准予嘉实新机遇灵活配置混合型证券投资基金变更注册的批复
证监许可〔2015〕1585 号	关于准予嘉实新起航灵活配置混合型证券投资基金注册的批复
证监许可〔2015〕1586 号	关于准予中融产业升级灵活配置混合型证券投资基金注册的批复
证监许可〔2015〕1587 号	关于准予富兰克林国海新收益灵活配置混合型证券投资基金注册的批复
证监许可〔2015〕1588 号	关于准予工银瑞信新得利混合型证券投资基金注册的批复
证监许可〔2015〕1589 号	关于准予东兴改革精选灵活配置混合型证券投资基金注册的批复
证监许可〔2015〕1590 号	关于准予嘉实新财富灵活配置混合型证券投资基金注册的批复
证监许可〔2015〕1591 号	关于准予银河犇利灵活配置混合型证券投资基金注册的批复

续表

发文字号	标题
证监许可〔2015〕1592 号	关于准予信达澳银新目标灵活配置混合型证券投资基金注册的批复
证监许可〔2015〕1593 号	关于准予华泰柏瑞盛利灵活配置混合型证券投资基金注册的批复
证监许可〔2015〕1594 号	关于准予信诚新丰回报灵活配置混合型证券投资基金注册的批复
证监许可〔2015〕1595 号	关于准予工银瑞信新增利混合型证券投资基金注册的批复
证监许可〔2015〕1596 号	关于准予中银新机遇灵活配置混合型证券投资基金注册的批复
证监许可〔2015〕1597 号	关于准予泰信鑫选灵活配置混合型证券投资基金注册的批复
证监许可〔2015〕1598 号	关于准予中加心享灵活配置混合型证券投资基金注册的批复
证监许可〔2015〕1599 号	关于核准山东中磁视讯股份有限公司定向发行股票的批复
证监许可〔2015〕1600 号	关于核准武汉璟泓万方堂医药科技股份有限公司定向发行股票的批复
证监许可〔2015〕1601 号	关于核准湖北鄂信钻石科技股份有限公司定向发行股票的批复
证监许可〔2015〕1602 号	关于核准福建求实智能股份有限公司定向发行股票的批复
证监许可〔2015〕1603 号	关于核准东华能源股份有限公司向合格投资者公开发行公司债券的批复
证监许可〔2015〕1604 号	关于核准东莞证券股份有限公司向合格投资者公开发行公司债券的批复
证监许可〔2015〕1605 号	关于核准冀中能源股份有限公司向合格投资者公开发行公司债券的批复
证监许可〔2015〕1606 号	关于核准江苏润邦重工股份有限公司非公开发行股票的批复
证监许可〔2015〕1607 号	关于核准镇江东方电热科技股份有限公司非公开发行股票的批复
证监许可〔2015〕1608 号	关于核准北京碧水源科技股份有限公司非公开发行股票的批复
证监许可〔2015〕1609 号	关于核准广东粤运交通股份有限公司公开发行公司债券的批复
证监许可〔2015〕1610 号	关于不予核准合肥东方节能科技股份有限公司首次公开发行股票申请的决定
证监许可〔2015〕1611 号	关于准予工银瑞信物流产业股票型证券投资基金注册的批复
证监许可〔2015〕1612 号	关于准予华福顺新灵活配置混合型证券投资基金注册的批复
证监许可〔2015〕1613 号	关于准予东方大健康混合型证券投资基金注册的批复
证监许可〔2015〕1614 号	关于准予安信工业 4.0 主题沪港深精选灵活配置混合型证券投资基金注册的批复
证监许可〔2015〕1615 号	关于准予华福大健康灵活配置混合型证券投资基金注册的批复
证监许可〔2015〕1616 号	关于准予鹏华优势企业股票型证券投资基金注册的批复
证监许可〔2015〕1617 号	关于准予德邦多元回报灵活配置混合型证券投资基金注册的批复
证监许可〔2015〕1618 号	关于准予华商新动力灵活配置混合型证券投资基金注册的批复
证监许可〔2015〕1619 号	关于准予西部利得新富灵活配置混合型证券投资基金注册的批复
证监许可〔2015〕1620 号	关于准予西部利得新润灵活配置混合型证券投资基金注册的批复
证监许可〔2015〕1621 号	关于准予华富物联世界灵活配置混合型证券投资基金注册的批复
证监许可〔2015〕1622 号	关于准予景顺长城环保优势股票型证券投资基金注册的批复
证监许可〔2015〕1623 号	关于准予富兰克林国海新机遇灵活配置混合型证券投资基金注册的批复

续表

发文字号	标题
证监许可〔2015〕1624 号	关于准予招商中国机遇股票型证券投资基金注册的批复
证监许可〔2015〕1625 号	关于准予红土创新新兴产业灵活配置混合型证券投资基金注册的批复
证监许可〔2015〕1626 号	关于核准长园集团股份有限公司向吴启权等发行股份购买资产并募集配套资金的批复
证监许可〔2015〕1627 号	关于核准重庆博腾制药科技股份有限公司向丁尚琴等发行股份购买资产并募集配套资金的批复
证监许可〔2015〕1628 号	关于核准中欧基金管理有限公司设立子公司的批复
证监许可〔2015〕1629 号	关于核准广东中盈盛达融资担保投资股份有限公司发行境外上市外资股的批复
证监许可〔2015〕1630 号	关于核准中国铁路通信信号股份有限公司发行境外上市外资股的批复
证监许可〔2015〕1631 号	关于核准兴业证券股份有限公司配股的批复
证监许可〔2015〕1632 号	关于核准广州东凌粮油股份有限公司向中国农业生产资料集团公司等发行股份购买资产并募集配套资金的批复
证监许可〔2015〕1633 号	关于核准浙江禾欣实业集团股份有限公司重大资产重组及向马中骏等发行股份购买资产的批复
证监许可〔2015〕1634 号	关于核准安徽桑乐金股份有限公司向韩道虎等发行股份购买资产并募集配套资金的批复
证监许可〔2015〕1635 号	关于准予鹏华沪深港互联网股票型证券投资基金注册的批复
证监许可〔2015〕1636 号	关于准予博时中证申万白酒行业指数分级证券投资基金注册的批复
证监许可〔2015〕1637 号	关于准予博时中证申万高铁主题指数分级证券投资基金注册的批复
证监许可〔2015〕1638 号	关于准予光大保德信中证移动互联网指数分级证券投资基金注册的批复
证监许可〔2015〕1639 号	关于准予融通中证环保产业指数分级证券投资基金注册的批复
证监许可〔2015〕1640 号	关于准予融通中证传媒指数分级证券投资基金注册的批复
证监许可〔2015〕1641 号	关于准予银华战略新兴灵活配置定期开放混合型发起式证券投资基金注册的批复
证监许可〔2015〕1642 号	关于准予融通中证银行指数分级证券投资基金注册的批复
证监许可〔2015〕1643 号	关于准予融通中证医药卫生指数分级证券投资基金注册的批复
证监许可〔2015〕1644 号	关于准予创金合信鑫回报灵活配置混合型证券投资基金注册的批复
证监许可〔2015〕1645 号	关于准予国投瑞银能源革新股票型证券投资基金注册的批复
证监许可〔2015〕1646 号	关于核准交通银行股份有限公司境外发行优先股的批复
证监许可〔2015〕1647 号	关于准予泰信行业精选混合型证券投资基金变更注册的批复
证监许可〔2015〕1648 号	关于准予上投摩根医疗健康股票型证券投资基金注册的批复
证监许可〔2015〕1649 号	关于准予工银瑞信新得润混合型证券投资基金注册的批复
证监许可〔2015〕1650 号	关于准予汇添富中国高端制造股票型证券投资基金注册的批复
证监许可〔2015〕1651 号	关于核准浙江吉利控股集团有限公司向合格投资者公开发行公司债券的批复
证监许可〔2015〕1652 号	关于核准中信建投证券股份有限公司向合格投资者公开发行公司债券的批复

续表

发文字号	标题
证监许可〔2015〕1653 号	关于核准浙江海正药业股份有限公司向合格投资者公开发行公司债券的批复
证监许可〔2015〕1654 号	关于核准新湖中宝股份有限公司向合格投资者公开发行公司债券的批复
证监许可〔2015〕1655 号	关于核准永清环保股份有限公司非公开发行股票的批复
证监许可〔2015〕1656 号	关于核准北京三聚环保新材料股份有限公司非公开发行股票的批复
证监许可〔2015〕1657 号	关于核准江苏华西村股份有限公司非公开发行股票的批复
证监许可〔2015〕1658 号	关于核准成都市新都化工股份有限公司非公开发行股票的批复
证监许可〔2015〕1659 号	关于核准江苏华昌化工股份有限公司非公开发行股票的批复
证监许可〔2015〕1660 号	关于核准江西三川水表股份有限公司非公开发行股票的批复
证监许可〔2015〕1661 号	关于核准四川海特高新技术股份有限公司非公开发行股票的批复
证监许可〔2015〕1662 号	关于核准招商局能源运输股份有限公司非公开发行股票的批复
证监许可〔2015〕1663 号	关于核准盛和资源控股股份有限公司向合格投资者公开发行公司债券的批复
证监许可〔2015〕1664 号	关于核准哈尔滨好民居建设投资发展有限公司向合格投资者公开发行公司债券的批复
证监许可〔2015〕1665 号	关于核准增城市碧桂园物业发展有限公司向合格投资者公开发行公司债券的批复
证监许可〔2015〕1666 号	关于准予国金通用中证智能家居指数分级证券投资基金注册的批复
证监许可〔2015〕1667 号	关于核准江信基金管理有限公司变更股权的批复
证监许可〔2015〕1668 号	关于准予中海中证银行指数分级发起式证券投资基金注册的批复
证监许可〔2015〕1669 号	关于核准新华基金管理有限公司变更股权的批复
证监许可〔2015〕1670 号	关于准予银华逆向投资灵活配置定期开放混合型发起式证券投资基金注册的批复
证监许可〔2015〕1671 号	关于准予南方上证 50 指数分级证券投资基金注册的批复
证监许可〔2015〕1672 号	关于核准北京利尔高温材料股份有限公司向合格投资者公开发行公司债券的批复
证监许可〔2015〕1673 号	关于准予嘉实研究增强灵活配置混合型证券投资基金注册的批复
证监许可〔2015〕1674 号	关于准予工银瑞信新生利混合型证券投资基金注册的批复
证监许可〔2015〕1675 号	关于准予嘉实策略优选灵活配置混合型证券投资基金注册的批复
证监许可〔2015〕1676 号	关于准予嘉实主题增强灵活配置混合型证券投资基金注册的批复
证监许可〔2015〕1677 号	关于准予嘉实成长增强灵活配置混合型证券投资基金注册的批复
证监许可〔2015〕1678 号	关于准予大成双月利理财债券型证券投资基金注册的批复
证监许可〔2015〕1679 号	关于准予工银瑞信新得益混合型证券投资基金注册的批复
证监许可〔2015〕1680 号	关于准予嘉实新思路灵活配置混合型证券投资基金注册的批复
证监许可〔2015〕1681 号	关于准予光大保德信中国制造 2025 灵活配置混合型证券投资基金注册的批复
证监许可〔2015〕1682 号	关于准予易方达瑞富灵活配置混合型证券投资基金注册的批复

续表

发文字号	标题
证监许可〔2015〕1683 号	关于准予大成一带一路灵活配置混合型证券投资基金注册的批复
证监许可〔2015〕1684 号	关于准予摩根士丹利华鑫沪港深新价值灵活配置混合型证券投资基金注册的批复
证监许可〔2015〕1685 号	关于准予创金合信鑫优选灵活配置混合型证券投资基金注册的批复
证监许可〔2015〕1686 号	关于准予兴业聚宝灵活配置混合型证券投资基金注册的批复
证监许可〔2015〕1687 号	关于准予摩根士丹利华鑫新趋势灵活配置混合型证券投资基金注册的批复
证监许可〔2015〕1688 号	关于准予创金合信鑫收益灵活配置混合型证券投资基金注册的批复
证监许可〔2015〕1689 号	关于准予国寿安保稳健回报混合型证券投资基金注册的批复
证监许可〔2015〕1690 号	关于准予易方达瑞祺灵活配置混合型证券投资基金注册的批复
证监许可〔2015〕1691 号	关于准予西部利得新盈灵活配置混合型证券投资基金注册的批复
证监许可〔2015〕1692 号	关于准予南方荣光灵活配置混合型证券投资基金注册的批复
证监许可〔2015〕1693 号	关于核准五洋建设集团股份有限公司向合格投资者公开发行公司债券的批复
证监许可〔2015〕1694 号	关于核准天风证券股份有限公司向合格投资者公开发行公司债券的批复
证监许可〔2015〕1695 号	关于核准江苏箭鹿毛纺股份有限公司定向发行股票的批复
证监许可〔2015〕1696 号	关于核准郑州威科姆科技股份有限公司定向发行股票的批复
证监许可〔2015〕1697 号	关于准予国泰智能汽车股票型证券投资基金注册的批复
证监许可〔2015〕1698 号	关于准予圆信永丰优加生活股票型证券投资基金注册的批复
证监许可〔2015〕1699 号	关于准予广发百发大数据策略精选灵活配置混合型证券投资基金注册的批复
证监许可〔2015〕1700 号	关于准予永赢量化灵活配置混合型发起式证券投资基金注册的批复
证监许可〔2015〕1701 号	关于核准浙江万好万家实业股份有限公司向四川省联尔投资有限责任公司等发行股份购买资产并募集配套资金的批复
证监许可〔2015〕1702 号	关于核准科大智能科技股份有限公司向任建福等发行股份购买资产的批复
证监许可〔2015〕1703 号	关于核准南京新街口百货商店股份有限公司向三胞集团有限公司发行股份购买资产并募集配套资金的批复
证监许可〔2015〕1704 号	关于核准广东江粉磁材股份有限公司向陈国狮等发行股份购买资产并募集配套资金的批复
证监许可〔2015〕1705 号	关于核准江苏新宁现代物流股份有限公司向曾卓等发行股份购买资产并募集配套资金的批复
证监许可〔2015〕1706 号	关于不予核准江西 3L 医用制品集团股份有限公司首次公开发行股票申请的决定
证监许可〔2015〕1707 号	关于核准江苏中联电气股份有限公司重大资产重组及向拉萨瑞鸿投资管理有限公司等发行股份购买资产的批复
证监许可〔2015〕1708 号	关于核准深圳市英唐智能控制股份有限公司向钟勇斌等发行股份购买资产并募集配套资金的批复
证监许可〔2015〕1709 号	关于核准烟台冰轮股份有限公司向烟台冰轮集团有限公司等发行股份购买资产并募集配套资金的批复
证监许可〔2015〕1710 号	关于核准物美控股集团有限公司向合格投资者公开发行公司债券的批复

续表

发文字号	标题
证监许可〔2015〕1711 号	关于核准齐鲁证券有限公司向合格投资者公开发行公司债券的批复
证监许可〔2015〕1712 号	关于核准天津市房地产发展(集团)股份有限公司向合格投资者公开发行公司债券的批复
证监许可〔2015〕1713 号	关于核准梅花生物科技集团股份有限公司向合格投资者公开发行公司债券的批复
证监许可〔2015〕1714 号	关于核准山东焦化集团有限公司向合格投资者公开发行公司债券的批复
证监许可〔2015〕1715 号	关于核准东旭集团有限公司向合格投资者公开发行公司债券的批复
证监许可〔2015〕1716 号	关于核准温州康宁医院股份有限公司发行境外上市外资股的批复
证监许可〔2015〕1717 号	关于核准荣信电力电子股份有限公司向余文胜等发行股份购买资产并募集配套资金的批复
证监许可〔2015〕1718 号	关于核准江苏三友集团股份有限公司重大资产重组及向上海天亿投资(集团)有限公司等发行股份购买资产并募集配套资金的批复
证监许可〔2015〕1719 号	关于核准北京北信源软件股份有限公司向田秋桂等发行股份购买资产的批复
证监许可〔2015〕1720 号	关于核准信雅达系统工程股份有限公司向刁建敏等发行股份购买资产并募集配套资金的批复
证监许可〔2015〕1721 号	关于核准双钱集团股份有限公司向上海华谊(集团)公司发行股份购买资产并募集配套资金的批复
证监许可〔2015〕1722 号	关于核准皇氏集团股份有限公司向徐蕾蕾等发行股份购买资产并募集配套资金的批复
证监许可〔2015〕1723 号	关于核准江苏汇鸿股份有限公司吸收合并江苏汇鸿国际集团有限公司并募集配套资金的批复
证监许可〔2015〕1724 号	关于核准宁波理工监测科技股份有限公司向朱林生等发行股份购买资产并募集配套资金的批复
证监许可〔2015〕1725 号	关于核准宋城演艺发展股份有限公司向刘岩等发行股份购买资产并募集配套资金的批复
证监许可〔2015〕1726 号	关于核准安徽鑫龙电器股份有限公司向瞿洪桂等发行股份购买资产并募集配套资金的批复
证监许可〔2015〕1727 号	关于核准中大期货有限公司在香港设立中大(香港)期货有限公司的批复
证监许可〔2015〕1728 号	关于核准中原证券股份有限公司增发境外上市外资股的批复
证监许可〔2015〕1729 号	关于核准淄博齐翔腾达化工股份有限公司向高步良等发行股份购买资产并募集配套资金的批复
证监许可〔2015〕1730 号	关于核准广州阳普医疗科技股份有限公司向高育林等发行股份购买资产并募集配套资金的批复
证监许可〔2015〕1731 号	关于核准福建星网锐捷通讯股份有限公司向丁俊明等发行股份购买资产的批复
证监许可〔2015〕1732 号	关于核准上海海立(集团)股份有限公司向杭州富生控股有限公司等发行股份购买资产并募集配套资金的批复
证监许可〔2015〕1733 号	关于核准安徽国通高新管业股份有限公司向合肥通用机械研究院发行股份购买资产的批复
证监许可〔2015〕1734 号	关于核准深圳英飞拓科技股份有限公司向李文德等发行股份购买资产的批复

续表

发文字号	标题
证监许可〔2015〕1735 号	关于不予核准博深工具股份有限公司非公开发行股票申请的决定
证监许可〔2015〕1736 号	关于核准西部证券股份有限公司变更 5% 以上股权实际控制人并豁免陕西能源集团有限公司要约收购西部证券股份有限公司股份义务的批复
证监许可〔2015〕1737 号	关于不予核准上海嘉麟杰纺织品股份有限公司非公开发行股票申请的决定
证监许可〔2015〕1738 号	关于核准奥园集团有限公司向合格投资者公开发行公司债券的批复
证监许可〔2015〕1739 号	关于核准北京华业资本控股股份有限公司向合格投资者公开发行公司债券的批复
证监许可〔2015〕1740 号	关于核准阳光城集团股份有限公司向合格投资者公开发行公司债券的批复
证监许可〔2015〕1741 号	关于准予国金通用鑫金灵活配置混合型证券投资基金注册的批复
证监许可〔2015〕1742 号	关于准予创金合信港股通香港内地股 50 指数证券投资基金注册的批复
证监许可〔2015〕1743 号	关于准予诺安优选回报灵活配置混合型证券投资基金注册的批复
证监许可〔2015〕1744 号	关于准予交银施罗德领先回报灵活配置混合型证券投资基金注册的批复
证监许可〔2015〕1745 号	关于准予东方盛世灵活配置混合型证券投资基金注册的批复
证监许可〔2015〕1746 号	关于准予广发安宏回报灵活配置混合型证券投资基金注册的批复
证监许可〔2015〕1747 号	关于准予中融融安二号保本混合型证券投资基金注册的批复
证监许可〔2015〕1748 号	关于核准中国东方航空股份有限公司增发境外上市外资股的批复
证监许可〔2015〕1749 号	关于核准中国国际海运集装箱(集团)股份有限公司增发境外上市外资股的批复
证监许可〔2015〕1750 号	关于核准北京中科联众科技股份有限公司定向发行股票的批复
证监许可〔2015〕1751 号	关于准予华商智能生活灵活配置混合型证券投资基金注册的批复
证监许可〔2015〕1752 号	关于准予南方量化灵活配置混合型证券投资基金注册的批复
证监许可〔2015〕1753 号	关于准予诺安进取回报灵活配置混合型证券投资基金注册的批复
证监许可〔2015〕1754 号	关于核准时空客新传媒(大连)股份有限公司定向发行股票的批复
证监许可〔2015〕1755 号	关于准予广发沪港深新机遇股票型证券投资基金注册的批复
证监许可〔2015〕1756 号	关于准予南方恒生交易型开放式指数证券投资基金联接基金注册的批复
证监许可〔2015〕1757 号	关于准予富兰克林国海新价值灵活配置混合型证券投资基金注册的批复
证监许可〔2015〕1758 号	关于准予前海开源嘉鑫灵活配置混合型证券投资基金注册的批复
证监许可〔2015〕1759 号	关于准予广发多策略灵活配置混合型证券投资基金注册的批复
证监许可〔2015〕1760 号	关于准予国寿安保稳定回报混合型证券投资基金注册的批复
证监许可〔2015〕1761 号	关于准予国寿安保稳健增利灵活配置混合型证券投资基金注册的批复
证监许可〔2015〕1762 号	关于准予嘉实创新成长灵活配置混合型证券投资基金注册的批复
证监许可〔2015〕1763 号	关于核准长春希迈气象科技股份有限公司定向发行股票的批复
证监许可〔2015〕1764 号	关于核准前海开源基金管理有限公司合格境内机构投资者资格的批复

续表

发文字号	标题
证监许可〔2015〕1765 号	关于核准新疆天润乳业股份有限公司向新疆生产建设兵团乳业集团有限责任公司发行股份购买资产并募集配套资金的批复
证监许可〔2015〕1766 号	关于核准惠州亿纬锂能股份有限公司非公开发行股票的批复
证监许可〔2015〕1767 号	关于核准博爱新开源制药股份有限公司向方华生等发行股份购买资产并募集配套资金的批复
证监许可〔2015〕1768 号	关于核准天壕节能科技股份有限公司向西藏瑞嘉创新投资有限公司等发行股份购买资产并募集配套资金的批复
证监许可〔2015〕1769 号	关于核准广西贵糖(集团)股份有限公司向云浮广业硫铁矿集团有限公司等发行股份购买资产并募集配套资金的批复
证监许可〔2015〕1770 号	关于核准蓝星化工新材料股份有限公司向中国蓝星(集团)股份有限公司发行股份购买资产并募集配套资金的批复
证监许可〔2015〕1771 号	关于核准辽宁时代万恒股份有限公司向黄年山等发行股份购买资产的批复
证监许可〔2015〕1772 号	关于核准德国商业银行股份有限公司设立北京代表处的批复
证监许可〔2015〕1773 号	关于核准福莱特玻璃集团股份有限公司发行境外上市外资股的批复
证监许可〔2015〕1774 号	关于核准深圳中冠纺织印染股份有限公司重大资产重组及向陈略等发行股份购买资产并募集配套资金的批复
证监许可〔2015〕1775 号	关于核准北京掌上通网络技术股份有限公司定向发行股票的批复
证监许可〔2015〕1776 号	关于核准上海伊禾农产品科技发展股份有限公司定向发行股票的批复
证监许可〔2015〕1777 号	关于核准包头东宝生物技术股份有限公司非公开发行股票的批复
证监许可〔2015〕1778 号	关于核准雅本化学股份有限公司非公开发行股票的批复
证监许可〔2015〕1779 号	关于核准安徽省司尔特肥业股份有限公司非公开发行股票的批复
证监许可〔2015〕1780 号	关于核准华谊兄弟传媒股份有限公司非公开发行股票的批复
证监许可〔2015〕1781 号	关于核准国兴融达地产股份有限公司非公开发行股票的批复
证监许可〔2015〕1782 号	关于核准荣盛房地产发展股份有限公司非公开发行股票的批复
证监许可〔2015〕1783 号	关于核准厦门乾照光电股份有限公司非公开发行股票的批复
证监许可〔2015〕1784 号	关于核准中通客车控股股份有限公司非公开发行股票的批复
证监许可〔2015〕1785 号	关于核准海亮集团有限公司向合格投资者公开发行公司债券的批复
证监许可〔2015〕1786 号	关于核准广州东华实业股份有限公司向广州粤泰集团有限公司等发行股份购买资产并募集配套资金的批复
证监许可〔2015〕1787 号	关于准予中欧兴利债券型证券投资基金注册的批复
证监许可〔2015〕1788 号	关于准予国投瑞银新成长灵活配置混合型证券投资基金注册的批复
证监许可〔2015〕1789 号	关于准予华福朝阳债券型证券投资基金注册的批复
证监许可〔2015〕1790 号	关于准予诺安改革趋势灵活配置混合型证券投资基金注册的批复
证监许可〔2015〕1791 号	关于准予天弘裕利灵活配置混合型证券投资基金注册的批复
证监许可〔2015〕1792 号	关于核准北京中讯四方科技股份有限公司定向发行股票的批复
证监许可〔2015〕1793 号	关于准予交银施罗德卓越回报灵活配置混合型证券投资基金注册的批复

续表

发文字号	标题
证监许可〔2015〕1794 号	关于准予南方消费活力灵活配置混合型发起式证券投资基金注册的批复
证监许可〔2015〕1795 号	关于准予招商丰庆灵活配置混合型发起式证券投资基金注册的批复
证监许可〔2015〕1796 号	关于准予易方达瑞惠灵活配置混合型发起式证券投资基金注册的批复
证监许可〔2015〕1797 号	关于核准元大证券韩国有限公司人民币合格境外机构投资者资格的批复
证监许可〔2015〕1798 号	关于核准 UBI 资产管理公司人民币合格境外机构投资者资格的批复
证监许可〔2015〕1799 号	关于核准天弘基金管理有限公司合格境内机构投资者资格的批复
证监许可〔2015〕1800 号	关于核准韩华资产运用株式会社人民币合格境外机构投资者资格的批复
证监许可〔2015〕1801 号	关于核准大信证券（株）人民币合格境外机构投资者资格的批复
证监许可〔2015〕1802 号	关于核准建银国际资产管理有限公司合格境外机构投资者资格的批复
证监许可〔2015〕1803 号	关于核准红豆集团有限公司向合格投资者公开发行公司债券的批复
证监许可〔2015〕1804 号	关于核准上海城开（集团）有限公司向合格投资者公开发行公司债券的批复
证监许可〔2015〕1805 号	关于核准凯德自控技术长沙股份有限公司定向发行股票的批复
证监许可〔2015〕1806 号	关于准予金鹰智慧生活灵活配置混合型证券投资基金注册的批复
证监许可〔2015〕1807 号	关于准予大成互联网金融服务灵活配置混合型证券投资基金注册的批复
证监许可〔2015〕1808 号	关于准予泰康新回报灵活配置混合型证券投资基金注册的批复
证监许可〔2015〕1809 号	关于准予国联安鑫禧灵活配置混合型证券投资基金注册的批复
证监许可〔2015〕1810 号	关于准予国泰信益灵活配置混合型证券投资基金注册的批复
证监许可〔2015〕1811 号	关于准予德邦稳盈精选灵活配置混合型证券投资基金注册的批复
证监许可〔2015〕1812 号	关于核准泰禾集团股份有限公司非公开发行股票的批复
证监许可〔2015〕1813 号	关于核准重庆市涪陵国有资产投资经营集团有限公司向合格投资者公开发行公司债券的批复
证监许可〔2015〕1814 号	关于核准宁夏上陵牧业股份有限公司定向发行股票的批复
证监许可〔2015〕1815 号	关于核准中国华融资产管理股份有限公司发行境外上市外资股的批复
证监许可〔2015〕1816 号	关于核准中国国际金融股份有限公司发行境外上市外资股的批复
证监许可〔2015〕1817 号	关于准予九泰久益灵活配置混合型证券投资基金注册的批复
证监许可〔2015〕1818 号	关于准予工银瑞信新机遇灵活配置混合型证券投资基金注册的批复
证监许可〔2015〕1819 号	关于准予国泰量化收益灵活配置混合型证券投资基金注册的批复
证监许可〔2015〕1820 号	关于准予招商一带一路灵活配置混合型证券投资基金注册的批复
证监许可〔2015〕1821 号	关于准予融通跨界成长灵活配置混合型证券投资基金注册的批复
证监许可〔2015〕1822 号	关于准予国联安鑫悦灵活配置混合型证券投资基金注册的批复
证监许可〔2015〕1823 号	关于准予汇丰晋信 2026 生命周期证券投资基金变更注册的批复
证监许可〔2015〕1824 号	关于准予广发鑫富灵活配置混合型证券投资基金注册的批复
证监许可〔2015〕1825 号	关于准予长盛新兴成长主题灵活配置混合型证券投资基金注册的批复

续表

发文字号	标题
证监许可〔2015〕1826 号	关于准予中欧骏盈货币市场基金注册的批复
证监许可〔2015〕1827 号	关于准予华泰柏瑞睿利灵活配置混合型证券投资基金注册的批复
证监许可〔2015〕1828 号	关于准予中融稳健添利债券型证券投资基金注册的批复
证监许可〔2015〕1829 号	关于核准三安光电股份有限公司非公开发行股票的批复
证监许可〔2015〕1830 号	关于核准山东天业恒基股份有限公司非公开发行股票的批复
证监许可〔2015〕1831 号	关于核准义乌华鼎锦纶股份有限公司非公开发行股票的批复
证监许可〔2015〕1832 号	关于核准宁波均胜电子股份有限公司非公开发行股票的批复
证监许可〔2015〕1833 号	关于核准光大证券股份有限公司非公开发行股票的批复
证监许可〔2015〕1834 号	关于核准多氟多化工股份有限公司非公开发行股票的批复
证监许可〔2015〕1835 号	关于核准中核华原钛白股份有限公司非公开发行股票的批复
证监许可〔2015〕1836 号	关于核准深圳珈伟光伏照明股份有限公司向振发能源集团有限公司等发行股份购买资产的批复
证监许可〔2015〕1837 号	关于核准科达集团股份有限公司向北京百仕成投资管理中心(普通合伙)等发行股份购买资产并募集配套资金的批复
证监许可〔2015〕1838 号	关于核准金科地产集团股份有限公司公开发行公司债券的批复
证监许可〔2015〕1839 号	关于核准深圳市聚飞光电股份有限公司非公开发行股票的批复
证监许可〔2015〕1840 号	关于核准山东宏达矿业股份有限公司非公开发行股票的批复
证监许可〔2015〕1841 号	关于核准上海自动化仪表股份有限公司重大资产重组及向上海临港经济发展集团资产管理有限公司等发行股份购买资产并募集配套资金的批复
证监许可〔2015〕1842 号	关于核准设立新疆前海联合基金管理有限公司的批复
证监许可〔2015〕1843 号	关于核准华安证券股份有限公司向合格投资者公开发行公司债券的批复
证监许可〔2015〕1844 号	关于核准祥源控股集团有限责任公司向合格投资者公开发行公司债券的批复
证监许可〔2015〕1845 号	关于核准大唐高鸿数据网络技术股份有限公司向合格投资者公开发行公司债券的批复
证监许可〔2015〕1846 号	关于核准兰州亚成生物科技股份有限公司定向发行股票的批复
证监许可〔2015〕1847 号	关于核准北京首都在线科技股份有限公司定向发行股票的批复
证监许可〔2015〕1848 号	关于核准苏州胜利精密制造科技股份有限公司向王汉仓等发行股份购买资产并募集配套资金的批复
证监许可〔2015〕1849 号	关于核准陕西建设机械股份有限公司向柴昭一等发行股份购买资产并募集配套资金的批复
证监许可〔2015〕1850 号	关于核准江苏亚威机床股份有限公司向朱正强等发行股份购买资产并募集配套资金的批复
证监许可〔2015〕1851 号	关于核准北京同创九鼎投资管理股份有限公司定向发行股票的批复
证监许可〔2015〕1852 号	关于核准西藏珠峰工业股份有限公司向新疆塔城国际资源有限公司等发行股份购买资产的批复
证监许可〔2015〕1853 号	关于核准淄博万昌科技股份有限公司向北京北大未名生物工程集团有限公司等发行股份购买资产的批复

续表

发文字号	标题
证监许可〔2015〕1854号	关于核准武汉银都文化传媒股份有限公司定向发行股票的批复
证监许可〔2015〕1855号	关于核准北京当升材料科技股份有限公司向姚福来等发行股份购买资产并募集配套资金的批复
证监许可〔2015〕1856号	关于核准江苏润和软件股份有限公司向宁波宏创股权投资合伙企业(有限合伙)发行股份购买资产并募集配套资金的批复
证监许可〔2015〕1857号	关于核准广州普邦园林股份有限公司向谢非等发行股份购买资产并募集配套资金的批复
证监许可〔2015〕1858号	关于核准浙江上风实业股份有限公司向深圳市权策管理咨询有限公司等发行股份购买资产并募集配套资金的批复
证监许可〔2015〕1859号	关于核准武汉银都文化传媒股份有限公司定向发行股票的批复
证监许可〔2015〕1860号	关于核准北京胜龙科技股份有限公司定向发行股票的批复
证监许可〔2015〕1861号	关于核准广东伯朗特智能装备股份有限公司定向发行股票的批复
证监许可〔2015〕1862号	关于核准苏州高新区鑫庄农村小额贷款股份有限公司定向发行股票的批复
证监许可〔2015〕1863号	关于核准深圳市元征科技股份有限公司增发境外上市外资股的批复
证监许可〔2015〕1864号	关于核准华电国际电力股份有限公司非公开发行股票的批复
证监许可〔2015〕1865号	关于核准甘肃省敦煌种业股份有限公司非公开发行股票的批复
证监许可〔2015〕1866号	关于核准陕西西北新技术实业股份有限公司增发境外上市外资股的批复
证监许可〔2015〕1867号	关于核准设立新沃基金管理有限公司的批复
证监许可〔2015〕1868号	关于不予核准北京龙软科技股份有限公司首次公开发行股票申请的决定
证监许可〔2015〕1869号	关于核准北京北陆药业股份有限公司非公开发行股票的批复
证监许可〔2015〕1870号	关于核准重庆莱美药业股份有限公司非公开发行股票的批复
证监许可〔2015〕1871号	关于核准锦州新华龙钼业股份有限公司非公开发行股票的批复
证监许可〔2015〕1872号	关于准予兴全天添益货币市场基金注册的批复
证监许可〔2015〕1873号	关于准予易方达瑞智灵活配置混合型证券投资基金注册的批复
证监许可〔2015〕1874号	关于准予华福丰润灵活配置混合型证券投资基金注册的批复
证监许可〔2015〕1875号	关于准予华福荣茂灵活配置混合型证券投资基金注册的批复
证监许可〔2015〕1876号	关于准予富兰克林国海国策导向(沪港深)灵活配置混合型证券投资基金注册的批复
证监许可〔2015〕1877号	关于准予广发聚盛灵活配置混合型证券投资基金注册的批复
证监许可〔2015〕1878号	关于准予广发鑫裕灵活配置混合型证券投资基金注册的批复
证监许可〔2015〕1879号	关于准予上投摩根文体休闲灵活配置混合型证券投资基金注册的批复
证监许可〔2015〕1880号	关于准予华商新兴活力灵活配置混合型证券投资基金注册的批复
证监许可〔2015〕1881号	关于准予广发鑫益灵活配置混合型证券投资基金注册的批复
证监许可〔2015〕1882号	关于准予国泰福益灵活配置混合型证券投资基金注册的批复
证监许可〔2015〕1883号	关于准予汇添富安鑫智选灵活配置混合型证券投资基金注册的批复

续表

发文字号	标题
证监许可〔2015〕1884 号	关于准予华泰柏瑞享利灵活配置混合型证券投资基金注册的批复
证监许可〔2015〕1885 号	关于准予天弘金明灵活配置混合型证券投资基金注册的批复
证监许可〔2015〕1886 号	关于核准北京九恒星科技股份有限公司定向发行股票的批复
证监许可〔2015〕1887 号	关于核准中粮地产(集团)股份有限公司向合格投资者公开发行公司债券的批复
证监许可〔2015〕1888 号	关于准予鹏华健康环保灵活配置混合型证券投资基金注册的批复
证监许可〔2015〕1889 号	关于核准湖北清能地产集团有限公司向合格投资者公开发行公司债券的批复
证监许可〔2015〕1890 号	关于核准宁波三星电气股份有限公司向合格投资者公开发行公司债券的批复
证监许可〔2015〕1891 号	关于核准湖北兴发化工集团股份有限公司向合格投资者公开发行公司债券的批复
证监许可〔2015〕1892 号	关于核准天津融创置地有限公司向合格投资者公开发行公司债券的批复
证监许可〔2015〕1893 号	关于核准南京中生联合股份有限公司增发境外上市外资股的批复
证监许可〔2015〕1894 号	关于核准杭州市实业投资集团有限公司向合格投资者公开发行公司债券的批复
证监许可〔2015〕1895 号	关于准予易方达瑞财灵活配置混合型证券投资基金注册的批复
证监许可〔2015〕1896 号	关于准予中欧明睿新常态混合型证券投资基金注册的批复
证监许可〔2015〕1897 号	关于准予中欧潜力价值灵活配置混合型证券投资基金注册的批复
证监许可〔2015〕1898 号	关于准予汇添富达欣灵活配置混合型证券投资基金注册的批复
证监许可〔2015〕1899 号	关于准予华安新乐享保本混合型证券投资基金注册的批复
证监许可〔2015〕1900 号	关于准予中信建投智信物联网灵活配置混合型证券投资基金注册的批复
证监许可〔2015〕1901 号	关于准予广发鑫隆灵活配置混合型证券投资基金注册的批复
证监许可〔2015〕1902 号	关于准予银华互联网主题灵活配置混合型证券投资基金注册的批复
证监许可〔2015〕1903 号	关于核准北京安控科技股份有限公司向林悦等发行股份购买资产并募集配套资金的批复
证监许可〔2015〕1904 号	关于核准海通期货有限公司在香港设立海通期货(香港)有限公司的批复
证监许可〔2015〕1905 号	关于核准北京易华录信息技术股份有限公司非公开发行股票的批复
证监许可〔2015〕1906 号	关于准予易方达瑞益灵活配置混合型证券投资基金注册的批复
证监许可〔2015〕1907 号	关于准予华融新利灵活配置混合型证券投资基金注册的批复
证监许可〔2015〕1908 号	关于核准湖南尔康制药股份有限公司非公开发行股票的批复
证监许可〔2015〕1909 号	关于核准鞍山森远路桥股份有限公司非公开发行股票的批复
证监许可〔2015〕1910 号	关于核准北京高华证券有限责任公司公开募集证券投资基金管理业务资格的批复
证监许可〔2015〕1911 号	关于核准通裕重工股份有限公司非公开发行公司债券的批复
证监许可〔2015〕1912 号	关于核准新特能源股份有限公司发行境外上市外资股的批复

续表

发文字号	标题
证监许可〔2015〕1913 号	关于核准任子行网络技术股份有限公司向丁伟国等发行股份购买资产并募集配套资金的批复
证监许可〔2015〕1914 号	关于核准新疆友好(集团)股份有限公司向合格投资者公开发行公司债券的批复
证监许可〔2015〕1915 号	关于核准万科企业股份有限公司向合格投资者公开发行公司债券的批复
证监许可〔2015〕1916 号	关于准予汇添富新睿精选灵活配置混合型证券投资基金注册的批复
证监许可〔2015〕1917 号	关于准予嘉实价值增强灵活配置混合型证券投资基金注册的批复
证监许可〔2015〕1918 号	关于准予新华阿鑫二号保本混合型证券投资基金注册的批复
证监许可〔2015〕1919 号	关于准予鑫元鑫趋势灵活配置混合型证券投资基金注册的批复
证监许可〔2015〕1920 号	关于核准广西金融投资集团有限公司向合格投资者公开发行公司债券的批复
证监许可〔2015〕1921 号	关于核准清华控股有限公司向公众投资者公开发行可交换公司债券的批复
证监许可〔2015〕1922 号	关于核准上海国有资产经营有限公司向公众投资者公开发行可交换公司债券的批复
证监许可〔2015〕1923 号	关于核准 IBK 投资证券株式会社人民币合格境外机构投资者资格的批复
证监许可〔2015〕1924 号	关于核准韩国投资证券株式会社人民币合格境外机构投资者资格的批复
证监许可〔2015〕1925 号	关于准予富兰克林国海新活力灵活配置混合型证券投资基金注册的批复
证监许可〔2015〕1926 号	关于准予广发安悦回报灵活配置混合型证券投资基金注册的批复
证监许可〔2015〕1927 号	关于准予广发安盈灵活配置混合型证券投资基金注册的批复
证监许可〔2015〕1928 号	关于准予广发安享灵活配置混合型证券投资基金注册的批复
证监许可〔2015〕1929 号	关于准予广发鑫享灵活配置混合型证券投资基金注册的批复
证监许可〔2015〕1930 号	关于准予万家新兴蓝筹灵活配置混合型证券投资基金注册的批复
证监许可〔2015〕1931 号	关于准予易方达瑞兴灵活配置混合型证券投资基金注册的批复
证监许可〔2015〕1932 号	关于准予鹏华丰益债券型证券投资基金注册的批复
证监许可〔2015〕1933 号	关于准予创金合信鑫价值灵活配置混合型证券投资基金注册的批复
证监许可〔2015〕1934 号	关于核准光大保德信基金管理有限公司设立子公司的批复
证监许可〔2015〕1935 号	关于核准九泰基金管理有限公司设立子公司的批复
证监许可〔2015〕1936 号	关于核准万家基金管理有限公司设立子公司的批复
证监许可〔2015〕1937 号	关于核准设立中科沃土基金管理有限公司的批复
证监许可〔2015〕1938 号	关于核准西部证券股份有限公司向合格投资者公开发行公司债券的批复
证监许可〔2015〕1939 号	关于核准江西长运股份有限公司向合格投资者公开发行公司债券的批复
证监许可〔2015〕1940 号	关于核准中油金鸿能源投资股份有限公司向合格投资者公开发行公司债券的批复
证监许可〔2015〕1941 号	关于核准冠城大通股份有限公司向合格投资者公开发行公司债券的批复
证监许可〔2015〕1942 号	关于核准深圳市优凯思投资顾问有限公司向合格投资者公开发行公司债券的批复

续表

发文字号	标题
证监许可〔2015〕1943 号	关于核准远洋地产有限公司向合格投资者公开发行公司债券的批复
证监许可〔2015〕1944 号	关于核准金融街控股股份有限公司向合格投资者公开发行公司债券的批复
证监许可〔2015〕1945 号	关于准予建信中国制造 2025 股票型证券投资基金注册的批复
证监许可〔2015〕1946 号	关于准予广发新常态灵活配置混合型证券投资基金注册的批复
证监许可〔2015〕1947 号	关于准予国泰安益灵活配置混合型证券投资基金注册的批复
证监许可〔2015〕1948 号	关于准予博时新收益灵活配置混合型证券投资基金注册的批复
证监许可〔2015〕1949 号	关于准予工银瑞信香港中小盘股票型证券投资基金(QDII)注册的批复
证监许可〔2015〕1950 号	关于准予九泰久兴灵活配置混合型证券投资基金注册的批复
证监许可〔2015〕1951 号	关于准予富国研究优选沪港深灵活配置混合型证券投资基金注册的批复
证监许可〔2015〕1952 号	关于准予国寿安保增金宝货币市场基金注册的批复
证监许可〔2015〕1953 号	关于准予北信瑞丰中国智造主题灵活配置混合型证券投资基金注册的批复
证监许可〔2015〕1954 号	关于准予招商制造业转型灵活配置混合型证券投资基金注册的批复
证监许可〔2015〕1955 号	关于核准北京同创九鼎投资管理股份有限公司向合格投资者公开发行公司债券的批复
证监许可〔2015〕1956 号	关于核准华映科技(集团)股份有限公司向合格投资者公开发行公司债券的批复
证监许可〔2015〕1957 号	关于准予万家瑞和灵活配置混合型证券投资基金注册的批复
证监许可〔2015〕1958 号	关于准予华福瑞景灵活配置混合型证券投资基金注册的批复
证监许可〔2015〕1959 号	关于准予万家瑞盈灵活配置混合型证券投资基金注册的批复
证监许可〔2015〕1960 号	关于准予万家瑞旭灵活配置混合型证券投资基金注册的批复
证监许可〔2015〕1961 号	关于准予东方红收益增强债券型证券投资基金注册的批复
证监许可〔2015〕1962 号	关于核准华能新能源股份有限公司增发境外上市外资股的批复
证监许可〔2015〕1963 号	关于核准弘业期货股份有限公司发行境外上市外资股的批复
证监许可〔2015〕1964 号	关于核准中国再保险(集团)股份有限公司发行境外上市外资股的批复
证监许可〔2015〕1965 号	关于核准奇瑞徽银汽车金融股份有限公司发行境外上市外资股的批复
证监许可〔2015〕1966 号	关于核准新纪元期货有限公司变更股权的批复
证监许可〔2015〕1967 号	关于核准湖北回天新材料股份有限公司非公开发行股票的批复
证监许可〔2015〕1968 号	关于准予易方达瑞恒灵活配置混合型证券投资基金注册的批复
证监许可〔2015〕1969 号	关于准予大成工业 4.0 灵活配置混合型证券投资基金注册的批复
证监许可〔2015〕1970 号	关于核准有友食品股份有限公司定向发行股票的批复
证监许可〔2015〕1971 号	关于不予核准杭州纵横通信股份有限公司首次公开发行股票并在创业板上市申请的决定
证监许可〔2015〕1972 号	关于核准中银国际证券有限责任公司公开募集证券投资基金管理业务资格的批复

续表

发文字号	标题
证监许可〔2015〕1973 号	关于核准中交疏浚(集团)股份有限公司发行境外上市外资股的批复
证监许可〔2015〕1974 号	关于核准河南平高电气股份有限公司向合格投资者公开发行公司债券的批复
证监许可〔2015〕1975 号	关于核准绿城房地产集团有限公司向合格投资者公开发行公司债券的批复
证监许可〔2015〕1976 号	关于核准大连万达商业地产股份有限公司向合格投资者公开发行公司债券的批复
证监许可〔2015〕1977 号	关于核准金地(集团)股份有限公司向合格投资者公开发行公司债券的批复
证监许可〔2015〕1978 号	关于核准豁免泸州市国有资产监督管理委员会要约收购四川泸天化股份有限公司股份义务的批复
证监许可〔2015〕1979 号	关于核准豁免中国北方机车车辆工业集团公司要约收购株洲时代新材料科技股份有限公司股份义务的批复
证监许可〔2015〕1980 号	关于核准豁免中国北方机车车辆工业集团公司要约收购南方汇通股份有限公司股份义务的批复
证监许可〔2015〕1981 号	关于核准豁免中国北方机车车辆工业集团公司要约收购中国中车股份有限公司股份义务的批复
证监许可〔2015〕1982 号	关于准予广发安富回报灵活配置混合型证券投资基金注册的批复
证监许可〔2015〕1983 号	关于准予国投瑞银国家安全灵活配置混合型证券投资基金注册的批复
证监许可〔2015〕1984 号	关于准予招商丰享灵活配置混合型证券投资基金注册的批复
证监许可〔2015〕1985 号	关于准予国投瑞银中国价值发现股票型证券投资基金(LOF)注册的批复
证监许可〔2015〕1986 号	关于准予前海开源沪港深蓝筹精选灵活配置混合型证券投资基金注册的批复
证监许可〔2015〕1987 号	关于准予易方达瑞祥灵活配置混合型证券投资基金注册的批复
证监许可〔2015〕1988 号	关于准予易方达保本一号混合型证券投资基金变更注册的批复
证监许可〔2015〕1989 号	关于准予长盛盛世灵活配置混合型证券投资基金注册的批复
证监许可〔2015〕1990 号	关于核准上海医药集团股份有限公司增发境外上市外资股的批复
证监许可〔2015〕1991 号	关于核准恒泰证券股份有限公司证券投资基金托管资格的批复
证监许可〔2015〕1992 号	关于核准豁免海航实业集团有限公司及一致行动人要约收购海南海岛建设股份有限公司股份义务的批复
证监许可〔2015〕1993 号	关于核准豁免洪爱金要约收购杭州初灵信息技术股份有限公司股份义务的批复
证监许可〔2015〕1994 号	关于准予中海魅力长三角灵活配置混合型证券投资基金注册的批复
证监许可〔2015〕1995 号	关于准予宝盈国家安全战略沪港深股票型证券投资基金注册的批复
证监许可〔2015〕1996 号	关于准予华宝兴业新起点灵活配置混合型证券投资基金注册的批复
证监许可〔2015〕1997 号	关于准予万家瑞隆灵活配置混合型证券投资基金注册的批复
证监许可〔2015〕1998 号	关于准予西部利得天添利货币市场基金注册的批复
证监许可〔2015〕1999 号	关于准予长盛互联网 + 主题灵活配置混合型证券投资基金注册的批复
证监许可〔2015〕2000 号	关于准予易方达环保主题灵活配置混合型证券投资基金注册的批复
证监许可〔2015〕2001 号	关于准予华商民营活力灵活配置混合型证券投资基金注册的批复

续表

发文字号	标题
证监许可〔2015〕2002 号	关于核准中国泛海控股集团有限公司向合格投资者公开发行公司债券的批复
证监许可〔2015〕2003 号	关于核准东方基金管理有限责任公司合格境内机构投资者资格的批复
证监许可〔2015〕2004 号	关于准予九泰日添金货币市场基金注册的批复
证监许可〔2015〕2005 号	关于核准西安建工(集团)有限责任公司向合格投资者公开发行公司债券的批复
证监许可〔2015〕2006 号	关于核准广州越秀集团有限公司向合格投资者公开发行公司债券的批复
证监许可〔2015〕2007 号	关于核准云南锡业股份有限公司向云南锡业集团(控股)有限责任公司等发行股份购买资产的批复
证监许可〔2015〕2008 号	关于核准鄂尔多斯市乌兰煤炭(集团)有限责任公司向合格投资者公开发行公司债券的批复
证监许可〔2015〕2009 号	关于核准联发集团有限公司向合格投资者公开发行公司债券的批复
证监许可〔2015〕2010 号	关于准予工银瑞信中国制造 2025 股票型证券投资基金注册的批复
证监许可〔2015〕2011 号	关于准予北信瑞丰新成长灵活配置混合型证券投资基金注册的批复
证监许可〔2015〕2012 号	关于核准上海世茂建设有限公司向合格投资者公开发行公司债券的批复
证监许可〔2015〕2013 号	关于核准厦门三五互联科技股份有限公司向龚正伟等发行股份购买资产并募集配套资金的批复
证监许可〔2015〕2014 号	关于核准青海华鼎实业股份有限公司非公开发行股票的批复
证监许可〔2015〕2015 号	关于核准内蒙古伊泰煤炭股份有限公司非公开发行优先股的批复
证监许可〔2015〕2016 号	关于准予摩根士丹利华鑫纯债稳定增值 18 个月定期开放债券型证券投资基金注册的批复
证监许可〔2015〕2017 号	关于准予东方岳灵活配置混合型证券投资基金注册的批复
证监许可〔2015〕2018 号	关于准予长安鑫益增强混合型证券投资基金注册的批复
证监许可〔2015〕2019 号	关于准予易方达现代服务业灵活配置混合型证券投资基金注册的批复
证监许可〔2015〕2020 号	关于准予华商改革创新灵活配置混合型证券投资基金注册的批复
证监许可〔2015〕2021 号	关于核准九泰基金管理有限公司变更股权的批复
证监许可〔2015〕2022 号	关于核准三星火灾海上保险公司人民币合格境外机构投资者资格的批复
证监许可〔2015〕2023 号	关于核准东方汇理资产管理新加坡有限公司人民币合格境外机构投资者资格的批复
证监许可〔2015〕2024 号	关于核准韩国产业银行资产管理有限公司人民币合格境外机构投资者资格的批复
证监许可〔2015〕2025 号	关于忠诚保险有限公司合格境外机构投资者资格的批复
证监许可〔2015〕2026 号	关于核准未来资产证券株式会社人民币合格境外机构投资者资格的批复
证监许可〔2015〕2027 号	关于核准 Hermes 投资管理有限公司人民币合格境外机构投资者资格的批复
证监许可〔2015〕2028 号	关于核准渤海租赁股份有限公司向合格投资者公开发行公司债券的批复
证监许可〔2015〕2029 号	关于核准深圳市中洲投资控股股份有限公司向合格投资者公开发行公司债券的批复

续表

发文字号	标题
证监许可〔2015〕2030 号	关于核准海南矿业股份有限公司向合格投资者公开发行公司债券的批复
证监许可〔2015〕2031 号	关于核准南京证券股份有限公司向合格投资者公开发行公司债券的批复
证监许可〔2015〕2032 号	关于核准西藏城市发展投资股份有限公司向合格投资者公开发行公司债券的批复
证监许可〔2015〕2033 号	关于核准正奇安徽金融控股有限公司向合格投资者公开发行公司债券的批复
证监许可〔2015〕2034 号	关于核准山东金茂纺织化工集团有限公司向合格投资者公开发行公司债券的批复
证监许可〔2015〕2035 号	关于核准深圳市证通电子股份有限公司向合格投资者公开发行公司债券的批复
证监许可〔2015〕2036 号	关于核准广东太安堂药业股份有限公司非公开发行股票的批复
证监许可〔2015〕2037 号	关于核准青岛特锐德电气股份有限公司非公开发行股票的批复
证监许可〔2015〕2038 号	关于核准深圳广田装饰集团股份有限公司非公开发行股票的批复
证监许可〔2015〕2039 号	关于核准浙江南洋科技股份有限公司非公开发行股票的批复
证监许可〔2015〕2040 号	关于准予德邦优化配置股票型证券投资基金变更注册的批复
证监许可〔2015〕2041 号	关于准予富安达健康人生灵活配置混合型证券投资基金注册的批复
证监许可〔2015〕2042 号	关于准予前海开源强势共识 100 强等权重股票型证券投资基金注册的批复
证监许可〔2015〕2043 号	关于准予嘉实沪港深精选股票型证券投资基金注册的批复
证监许可〔2015〕2044 号	关于准予华福扬帆灵活配置混合型证券投资基金注册的批复
证监许可〔2015〕2045 号	关于准予华福兴盛灵活配置混合型证券投资基金注册的批复
证监许可〔2015〕2046 号	关于准予兴业聚盈灵活配置混合型证券投资基金注册的批复
证监许可〔2015〕2047 号	关于准予大成恒生综合中小型股指数证券投资基金（QDII – LOF）注册的批复
证监许可〔2015〕2048 号	关于准予长城创新动力灵活配置混合型证券投资基金注册的批复
证监许可〔2015〕2049 号	关于准予融通中国风 1 号灵活配置混合型证券投资基金注册的批复
证监许可〔2015〕2050 号	关于核准中邮创业基金管理股份有限公司在香港特别行政区设立中邮创业国际资产管理有限公司的批复
证监许可〔2015〕2051 号	关于准予华安新希望灵活配置混合型证券投资基金注册的批复
证监许可〔2015〕2052 号	关于核准新疆金融投资有限公司向合格投资者公开发行公司债券的批复
证监许可〔2015〕2053 号	关于核准广宇集团股份有限公司向合格投资者公开发行公司债券的批复
证监许可〔2015〕2054 号	关于准予景顺长城景颐增利债券型证券投资基金注册的批复
证监许可〔2015〕2055 号	关于准予中融强国制造灵活配置混合型证券投资基金注册的批复
证监许可〔2015〕2056 号	关于不予核准湖南千山制药机械股份有限公司非公开发行股票申请的决定
证监许可〔2015〕2057 号	关于不予核准上海中技投资控股股份有限公司非公开发行股票申请的决定
证监许可〔2015〕2058 号	关于不予核准沈阳博林特电梯集团股份有限公司非公开发行股票申请的决定
证监许可〔2015〕2059 号	关于准予银河文体娱乐主题灵活配置混合型证券投资基金注册的批复

续表

发文字号	标题
证监许可〔2015〕2060 号	关于准予博时战略新兴产业混合型证券投资基金注册的批复
证监许可〔2015〕2061 号	关于准予华福现金增利货币市场基金注册的批复
证监许可〔2015〕2062 号	关于准予长城中国智造灵活配置混合型证券投资基金注册的批复
证监许可〔2015〕2063 号	关于准予银河大国智造主题灵活配置混合型证券投资基金注册的批复
证监许可〔2015〕2064 号	关于准予建信安心保本二号混合型证券投资基金注册的批复
证监许可〔2015〕2065 号	关于核准保利协鑫有限公司向合格投资者公开发行公司债券的批复
证监许可〔2015〕2066 号	关于准予华安新财富灵活配置混合型证券投资基金注册的批复
证监许可〔2015〕2067 号	关于准予国投瑞银瑞盛灵活配置混合型证券投资基金注册的批复
证监许可〔2015〕2068 号	关于核准花样年集团(中国)有限公司向合格投资者公开发行公司债券的批复
证监许可〔2015〕2069 号	关于核准赛轮金宇集团股份有限公司向合格投资者公开发行公司债券的批复
证监许可〔2015〕2070 号	关于核准融信租赁股份有限公司定向发行股票的批复
证监许可〔2015〕2071 号	关于核准北京世贸天阶生物科技股份有限公司定向发行股票的批复
证监许可〔2015〕2072 号	关于核准沈阳化工股份有限公司向中国蓝星(集团)股份有限公司发行股份购买资产的批复
证监许可〔2015〕2073 号	关于核准中国五矿股份有限公司向公众投资者公开发行公司债券的批复
证监许可〔2015〕2074 号	关于准予南方金融主题灵活配置混合型证券投资基金注册的批复
证监许可〔2015〕2075 号	关于准予农银汇理现代农业加灵活配置混合型证券投资基金注册的批复
证监许可〔2015〕2076 号	关于核准福建省永安林业(集团)股份有限公司向苏加旭等发行股份购买资产并募集配套资金的批复
证监许可〔2015〕2077 号	关于核准烟台东诚药业集团股份有限公司向由守谊等发行股份购买资产并募集配套资金的批复
证监许可〔2015〕2078 号	关于准予国联安科技动力股票型证券投资基金注册的批复
证监许可〔2015〕2079 号	关于准予鹏华弘安灵活配置混合型证券投资基金注册的批复
证监许可〔2015〕2080 号	关于准予前海开源现金增利货币市场基金注册的批复
证监许可〔2015〕2081 号	关于准予建信稳定丰利债券型证券投资基金注册的批复
证监许可〔2015〕2082 号	关于核准云南盐化股份有限公司非公开发行股票的批复
证监许可〔2015〕2083 号	关于核准西藏天路股份有限公司非公开发行股票的批复
证监许可〔2015〕2084 号	关于核准江苏吴中实业股份有限公司非公开发行股票的批复
证监许可〔2015〕2085 号	关于核准恒逸石化股份有限公司非公开发行股票的批复
证监许可〔2015〕2086 号	关于核准大连天宝绿色食品股份有限公司非公开发行股票的批复
证监许可〔2015〕2087 号	关于核准山西省国新能源股份有限公司非公开发行股票的批复
证监许可〔2015〕2088 号	关于核准昆明制药集团股份有限公司非公开发行股票的批复
证监许可〔2015〕2089 号	关于核准恒泰证券股份有限公司发行境外上市外资股的批复
证监许可〔2015〕2090 号	关于准予富国天源平衡混合型证券投资基金变更注册的批复

续表

发文字号	标题
证监许可〔2015〕2091 号	关于核准珠海格力房产有限公司向合格投资者公开发行公司债券的批复
证监许可〔2015〕2092 号	关于核准英大基金管理有限公司设立子公司的批复
证监许可〔2015〕2093 号	关于核准山东开泰石化股份有限公司定向发行股票的批复
证监许可〔2015〕2094 号	关于核准中国铁建房地产集团有限公司向合格投资者公开发行公司债券的批复
证监许可〔2015〕2095 号	关于核准国泰君安证券股份有限公司向合格投资者公开发行公司债券的批复
证监许可〔2015〕2096 号	关于核准浙江仙琚制药股份有限公司非公开发行股票的批复
证监许可〔2015〕2097 号	关于核准广州天赐高新材料股份有限公司非公开发行股票的批复
证监许可〔2015〕2098 号	关于准予前海开源沪港深价值精选灵活配置混合型证券投资基金注册的批复
证监许可〔2015〕2099 号	关于准予创金合信鑫动力灵活配置混合型证券投资基金注册的批复
证监许可〔2015〕2100 号	关于准予博时军工主题股票型证券投资基金注册的批复
证监许可〔2015〕2101 号	关于准予前海开源沪港深优势精选灵活配置混合型证券投资基金注册的批复
证监许可〔2015〕2102 号	关于准予兴业鑫天盈货币市场基金注册的批复
证监许可〔2015〕2103 号	关于准予广发新兴成长灵活配置混合型证券投资基金注册的批复
证监许可〔2015〕2104 号	关于准予新华鑫动力灵活配置混合型证券投资基金注册的批复
证监许可〔2015〕2105 号	关于准予华商乐享互联灵活配置混合型证券投资基金注册的批复
证监许可〔2015〕2106 号	关于准予江信瑞福灵活配置混合型证券投资基金注册的批复
证监许可〔2015〕2107 号	关于核准豁免江苏瀚瑞投资控股有限公司要约收购江苏大港股份有限公司股份义务的批复
证监许可〔2015〕2108 号	关于核准武汉中元华电科技股份有限公司向徐福轩等发行股份购买资产的批复
证监许可〔2015〕2109 号	关于不予核准恒信移动商务股份有限公司向无锡曦杰股权投资合伙企业（有限合伙）等发行股份购买资产并募集配套资金的决定
证监许可〔2015〕2110 号	关于准予广发新兴产业精选灵活配置混合型证券投资基金注册的批复
证监许可〔2015〕2111 号	关于核准浙江航民实业集团有限公司向合格投资者公开发行公司债券的批复
证监许可〔2015〕2112 号	关于核准众成证券有限责任公司融资融券业务资格的批复
证监许可〔2015〕2113 号	关于核准中电投先融期货有限公司变更股权的批复
证监许可〔2015〕2114 号	关于核准龙源电力集团股份有限公司向合格投资者公开发行公司债券的批复
证监许可〔2015〕2115 号	关于核准内蒙古双欣能源化工有限公司向合格投资者公开发行公司债券的批复
证监许可〔2015〕2116 号	关于核准厦门住宅建设集团有限公司向合格投资者公开发行公司债券的批复
证监许可〔2015〕2117 号	关于核准天瑞集团水泥有限公司向合格投资者公开发行公司债券的批复
证监许可〔2015〕2118 号	关于准予国投瑞银量化成长精选股票型证券投资基金注册的批复
证监许可〔2015〕2119 号	关于准予长盛盛鑫灵活配置混合型证券投资基金注册的批复
证监许可〔2015〕2120 号	关于核准中润油新能源股份有限公司定向发行股票的批复

续表

发文字号	标题
证监许可〔2015〕2121 号	关于核准大连亿达发展有限公司向合格投资者公开发行公司债券的批复
证监许可〔2015〕2122 号	关于核准东北证券股份有限公司向合格投资者公开发行公司债券的批复
证监许可〔2015〕2123 号	关于核准中天钢铁集团有限公司向合格投资者公开发行公司债券的批复
证监许可〔2015〕2124 号	关于核准珠海艾派克科技股份有限公司向珠海赛纳打印科技股份有限公司发行股份购买资产并募集配套资金的批复
证监许可〔2015〕2125 号	关于核准浙江物产中大元通集团股份有限公司吸收合并浙江省物产集团有限公司及向煌迅投资有限公司发行股份购买资产并募集配套资金的批复
证监许可〔2015〕2126 号	关于核准中农发种业集团股份有限公司向郭文江等发行股份购买资产并募集配套资金的批复
证监许可〔2015〕2127 号	关于核准隆鑫通用动力股份有限公司向广东超能投资集团有限公司发行股份购买资产的批复
证监许可〔2015〕2128 号	关于核准山东南山铝业股份有限公司向合格投资者公开发行公司债券的批复
证监许可〔2015〕2129 号	关于核准河北省新合作控股集团有限公司向合格投资者公开发行公司债券的批复
证监许可〔2015〕2130 号	关于核准山东晨鸣纸业集团股份有限公司非公开发行优先股的批复
证监许可〔2015〕2131 号	关于核准内蒙古和信园蒙草抗旱绿化股份有限公司非公开发行股票的批复
证监许可〔2015〕2132 号	关于核准南京红太阳股份有限公司非公开发行股票的批复
证监许可〔2015〕2133 号	关于核准浙江华策影视股份有限公司非公开发行股票的批复
证监许可〔2015〕2134 号	关于核准北京大北农科技集团股份有限公司非公开发行股票的批复
证监许可〔2015〕2135 号	关于核准深圳市爱施德股份有限公司公开发行公司债券的批复
证监许可〔2015〕2136 号	关于核准东方汇理人民币合格境外机构投资者资格的批复
证监许可〔2015〕2137 号	关于核准南京钢铁股份有限公司非公开发行股票的批复
证监许可〔2015〕2138 号	关于核准上海宝信软件股份有限公司非公开发行股票的批复
证监许可〔2015〕2139 号	关于核准湖北金环股份有限公司向京汉控股集团有限公司等发行股份购买资产的批复
证监许可〔2015〕2140 号	关于核准辽宁红阳能源投资股份有限公司向沈阳煤业(集团)有限责任公司等发行股份购买资产并募集配套资金的批复
证监许可〔2015〕2141 号	关于核准广东天龙油墨集团股份有限公司向程宇等发行股份购买资产并募集配套资金的批复
证监许可〔2015〕2142 号	关于核准深圳香江控股股份有限公司向深圳市金海马实业股份有限公司发行股份购买资产并募集配套资金的批复
证监许可〔2015〕2143 号	关于核准江西特种电机股份有限公司向丁阿伟等发行股份购买资产并募集配套资金的批复
证监许可〔2015〕2144 号	关于核准新城控股集团股份有限公司吸收合并江苏新城地产股份有限公司的批复
证监许可〔2015〕2145 号	关于核准北京梅泰诺通信技术股份有限公司向江西日月同辉投资管理有限公司等发行股份购买资产并募集配套资金的批复
证监许可〔2015〕2146 号	关于核准合力泰科技股份有限公司向比亚迪股份有限公司等发行股份购买资产并募集配套资金的批复

续表

发文字号	标题
证监许可〔2015〕2147 号	关于核准易食集团股份有限公司向海航旅游集团有限公司等发行股份购买资产并募集配套资金的批复
证监许可〔2015〕2148 号	关于核准苏州海陆重工股份有限公司向钱仁清等发行股份购买资产并募集配套资金的批复
证监许可〔2015〕2149 号	关于核准月星集团有限公司向合格投资者公开发行公司债券的批复
证监许可〔2015〕2150 号	关于核准新光控股集团有限公司向合格投资者公开发行公司债券的批复
证监许可〔2015〕2151 号	关于核准厦门建发集团有限公司向合格投资者公开发行公司债券的批复
证监许可〔2015〕2152 号	关于核准海天建设集团有限公司向合格投资者公开发行公司债券的批复
证监许可〔2015〕2153 号	关于核准骅威科技股份有限公司向汤攀晶等发行股份购买资产并募集配套资金的批复
证监许可〔2015〕2154 号	关于核准重庆市涪陵榨菜集团股份有限公司向王爱萍等发行股份购买资产并募集配套资金的批复
证监许可〔2015〕2155 号	关于准予金鹰改革红利灵活配置混合型证券投资基金注册的批复
证监许可〔2015〕2156 号	关于准予华安安益保本混合型证券投资基金注册的批复
证监许可〔2015〕2157 号	关于准予广发沪港深新起点股票型证券投资基金注册的批复
证监许可〔2015〕2158 号	关于准予东海中证社会发展安全产业主题指数型证券投资基金注册的批复
证监许可〔2015〕2159 号	关于准予易方达大健康主题灵活配置混合型证券投资基金注册的批复
证监许可〔2015〕2160 号	关于准予宝盈医疗健康沪港深股票型证券投资基金注册的批复
证监许可〔2015〕2161 号	关于准予国寿安保鑫钱包货币市场基金注册的批复
证监许可〔2015〕2162 号	关于准予诺安沪港深精选灵活配置混合型证券投资基金注册的批复
证监许可〔2015〕2163 号	关于准予信达澳银新财富灵活配置混合型证券投资基金注册的批复
证监许可〔2015〕2164 号	关于准予银华生态环保主题灵活配置混合型证券投资基金注册的批复
证监许可〔2015〕2165 号	关于准予前海开源沪港深隆鑫灵活配置混合型证券投资基金注册的批复
证监许可〔2015〕2166 号	关于准予国寿安保沪深 300 交易型开放式指数证券投资基金注册的批复
证监许可〔2015〕2167 号	关于准予光大保德信欣鑫灵活配置混合型证券投资基金注册的批复
证监许可〔2015〕2168 号	关于准予东方红纯债债券型发起式证券投资基金注册的批复
证监许可〔2015〕2169 号	关于准予博时富时中国 A 股指数证券投资基金注册的批复
证监许可〔2015〕2170 号	关于准予博时裕恒纯债债券型证券投资基金注册的批复
证监许可〔2015〕2171 号	关于准予九泰久盛量化先锋灵活配置混合型证券投资基金注册的批复
证监许可〔2015〕2172 号	关于准予博时文体娱乐主题混合型证券投资基金注册的批复
证监许可〔2015〕2173 号	关于核准泰州三福重工集团有限公司向合格投资者公开发行公司债券的批复
证监许可〔2015〕2174 号	关于核准大唐环境产业集团股份有限公司发行境外上市外资股的批复
证监许可〔2015〕2175 号	关于核准北京康辰药业股份有限公司公开发行境外上市外资股的批复
证监许可〔2015〕2176 号	关于核准中国铁建高新装备股份有限公司发行境外上市外资股的批复

续表

发文字号	标题
证监许可〔2015〕2177 号	关于核准天风证券股份有限公司在香港特别行政区收购证星国际财富管理有限公司、证星国际期货有限公司的批复
证监许可〔2015〕2178 号	关于核准徽商期货有限责任公司在香港特别行政区设立徽商期货国际(香港)有限公司的批复
证监许可〔2015〕2179 号	关于核准旭辉集团股份有限公司向合格投资者公开发行公司债券的批复
证监许可〔2015〕2180 号	关于准予博时外延增长主题灵活配置混合型证券投资基金注册的批复
证监许可〔2015〕2181 号	关于核准海航投资集团股份有限公司向合格投资者公开发行公司债券的批复
证监许可〔2015〕2182 号	关于核准浙江省国有资本运营有限公司向合格投资者公开发行公司债券的批复
证监许可〔2015〕2183 号	关于核准 Kiwoom 投资资产管理有限公司人民币合格境外机构投资者资格的批复
证监许可〔2015〕2184 号	关于核准华夏幸福基业股份有限公司向合格投资者公开发行公司债券的批复
证监许可〔2015〕2185 号	关于核准宁夏伊品生物科技股份有限公司向合格投资者公开发行公司债券的批复
证监许可〔2015〕2186 号	关于核准财通证券股份有限公司向合格投资者公开发行公司债券的批复
证监许可〔2015〕2187 号	关于核准湖南盈德气体有限公司向合格投资者公开发行公司债券的批复
证监许可〔2015〕2188 号	关于核准山东如意科技集团有限公司向合格投资者公开发行公司债券的批复
证监许可〔2015〕2189 号	关于核准河北海伟交通设施集团有限公司向合格投资者公开发行公司债券的批复
证监许可〔2015〕2190 号	关于核准豁免中国电子科技网络信息安全有限公司要约收购成都卫士通信息产业股份有限公司股份义务的批复
证监许可〔2015〕2191 号	关于核准宜昌东阳光长江药业股份有限公司发行境外上市外资股的批复
证监许可〔2015〕2192 号	关于准予汇添富添富通货币市场基金变更注册的批复
证监许可〔2015〕2193 号	关于核准广西万通房地产有限公司向合格投资者公开发行公司债券的批复
证监许可〔2015〕2194 号	关于核准中国能源建设股份有限公司发行境外上市外资股的批复
证监许可〔2015〕2195 号	关于核准青岛银行股份有限公司发行境外上市外资股的批复
证监许可〔2015〕2196 号	关于核准福建省能源集团有限责任公司向合格投资者公开发行公司债券的批复
证监许可〔2015〕2197 号	关于准予大成景沛灵活配置混合型证券投资基金注册的批复
证监许可〔2015〕2198 号	关于准予南方转型驱动灵活配置混合型证券投资基金注册的批复
证监许可〔2015〕2199 号	关于准予万家上证 380 交易型开放式指数证券投资基金变更注册的批复
证监许可〔2015〕2200 号	关于准予国投瑞银境煊保本混合型证券投资基金注册的批复
证监许可〔2015〕2201 号	关于准予中欧强势多策略定期开放债券型证券投资基金注册的批复
证监许可〔2015〕2202 号	关于准予易方达互联网加灵活配置混合型证券投资基金注册的批复
证监许可〔2015〕2203 号	关于准予国泰添益灵活配置混合型证券投资基金注册的批复
证监许可〔2015〕2204 号	关于核准哈尔滨秋林集团股份有限公司向天津嘉颐实业有限公司发行股份购买资产并募集配套资金的批复

续表

发文字号	标题
证监许可〔2015〕2205 号	关于核准哈尔滨投资集团有限责任公司向合格投资者公开发行公司债券的批复
证监许可〔2015〕2206 号	关于核准海宁市资产经营公司向合格投资者公开发行公司债券的批复
证监许可〔2015〕2207 号	关于准予华泰柏瑞价值精选 30 灵活配置混合型证券投资基金注册的批复
证监许可〔2015〕2208 号	关于准予泰康新机遇灵活配置混合型证券投资基金注册的批复
证监许可〔2015〕2209 号	关于准予圆信永丰兴利债券型证券投资基金注册的批复
证监许可〔2015〕2210 号	关于准予招商量化精选股票型发起式证券投资基金注册的批复
证监许可〔2015〕2211 号	关于准予长信利保债券型证券投资基金注册的批复
证监许可〔2015〕2212 号	关于准予东方红信用债债券型证券投资基金注册的批复
证监许可〔2015〕2213 号	关于核准恒泰证券股份有限公司发行债券的批复
证监许可〔2015〕2214 号	关于准予华夏国企改革灵活配置混合型证券投资基金注册的批复
证监许可〔2015〕2215 号	关于准予中欧养老产业混合型证券投资基金注册的批复
证监许可〔2015〕2216 号	关于核准青岛特锐德电气股份有限公司向川开实业集团有限公司等发行股份购买资产并募集配套资金的批复
证监许可〔2015〕2217 号	关于核准广东温氏食品集团股份有限公司吸收合并广东大华农动物保健品股份有限公司的批复
证监许可〔2015〕2218 号	关于准予创金合信货币市场基金注册的批复
证监许可〔2015〕2219 号	关于核准深圳华强实业股份有限公司向杨林等发行股份购买资产并募集配套资金的批复
证监许可〔2015〕2220 号	关于核准大连天神娱乐股份有限公司向左力志等发行股份购买资产并募集配套资金的批复
证监许可〔2015〕2221 号	关于准予天弘金利灵活配置混合型证券投资基金注册的批复
证监许可〔2015〕2222 号	关于核准黑牡丹(集团)股份有限公司非公开发行股票的批复
证监许可〔2015〕2223 号	关于核准兄弟科技股份有限公司非公开发行股票的批复
证监许可〔2015〕2224 号	关于核准上海红星美凯龙投资有限公司向合格投资者公开发行公司债券的批复
证监许可〔2015〕2225 号	关于核准山东三星集团有限公司向合格投资者公开发行公司债券的批复
证监许可〔2015〕2226 号	关于核准大连港股份有限公司增发境外上市外资股的批复
证监许可〔2015〕2227 号	关于核准中茵股份有限公司向拉萨经济技术开发区闻天下投资有限公司发行股份购买资产的批复
证监许可〔2015〕2228 号	关于核准广州智光电气股份有限公司向广州市金誉实业投资集团有限公司等发行股份购买资产并募集配套资金的批复
证监许可〔2015〕2229 号	关于核准北京深华新股份有限公司向王仁年等发行股份购买资产并募集配套资金的批复
证监许可〔2015〕2230 号	关于核准游族网络股份有限公司向陈钢强等发行股份购买资产并募集配套资金的批复
证监许可〔2015〕2231 号	关于核准北京华宇软件股份有限公司向陈京念等发行股份购买资产并募集配套资金的批复

续表

发文字号	标题
证监许可〔2015〕2232 号	关于核准湖北蓝鼎控股股份有限公司向于平等发行股份购买资产并募集配套资金的批复
证监许可〔2015〕2233 号	关于准予嘉合磐通债券型证券投资基金注册的批复
证监许可〔2015〕2234 号	关于准予前海开源沪港深汇鑫灵活配置混合型证券投资基金注册的批复
证监许可〔2015〕2235 号	关于准予光大保德信睿鑫灵活配置混合型证券投资基金注册的批复
证监许可〔2015〕2236 号	关于核准同益实业集团有限公司向合格投资者公开发行公司债券的批复
证监许可〔2015〕2237 号	关于准予华泰柏瑞量化创优灵活配置混合型证券投资基金注册的批复
证监许可〔2015〕2238 号	关于准予创金合信量化多因子股票型证券投资基金注册的批复
证监许可〔2015〕2239 号	关于核准唐人神集团股份有限公司非公开发行股票的批复
证监许可〔2015〕223 号	关于准予国投瑞银添利宝货币市场基金注册的批复
证监许可〔2015〕2240 号	关于不予核准广西慧球科技股份有限公司非公开发行股票申请的决定
证监许可〔2015〕2241 号	关于核准北矿磁材科技股份有限公司非公开发行股票的批复
证监许可〔2015〕2242 号	关于核准成都三泰控股集团股份有限公司非公开发行股票的批复
证监许可〔2015〕2243 号	关于核准西王食品股份有限公司非公开发行股票的批复
证监许可〔2015〕2244 号	关于准予华夏收益宝货币市场基金注册的批复
证监许可〔2015〕2245 号	关于准予中欧时代先锋股票型发起式证券投资基金注册的批复
证监许可〔2015〕2246 号	关于准予博时新价值灵活配置混合型证券投资基金注册的批复
证监许可〔2015〕2247 号	关于准予浙商汇金中证转型成长指数型证券投资基金注册的批复
证监许可〔2015〕2248 号	关于准予创金合信国企活力混合型证券投资基金注册的批复
证监许可〔2015〕2249 号	关于准予华宝兴业转型升级灵活配置混合型证券投资基金注册的批复
证监许可〔2015〕2250 号	关于准予国寿安保保本混合型证券投资基金注册的批复
证监许可〔2015〕2251 号	关于准予博时中证银联智惠大数据 100 指数型证券投资基金注册的批复
证监许可〔2015〕2252 号	关于准予国泰全球绝对收益型基金优选证券投资基金注册的批复
证监许可〔2015〕2253 号	关于准予新沃通宝货币市场基金注册的批复
证监许可〔2015〕2254 号	关于准予国泰新目标收益保本混合型证券投资基金注册的批复
证监许可〔2015〕2255 号	关于准予博时招财二号大数据保本混合型证券投资基金注册的批复
证监许可〔2015〕2256 号	关于准予中信建投稳利保本 2 号混合型证券投资基金注册的批复
证监许可〔2015〕2257 号	关于准予华夏消费升级灵活配置混合型证券投资基金注册的批复
证监许可〔2015〕2258 号	关于核准基康仪器股份有限公司定向发行股票的批复
证监许可〔2015〕2259 号	关于准予景顺长城睿成灵活配置混合型证券投资基金注册的批复
证监许可〔2015〕2260 号	关于核准深圳市同洲电子股份有限公司非公开发行股票的批复
证监许可〔2015〕2261 号	关于核准浙江万盛股份有限公司向龚卫良等发行股份购买资产并募集配套资金的批复

续表

发文字号	标题
证监许可〔2015〕2262 号	关于核准中山公用事业集团股份有限公司非公开发行股票的批复
证监许可〔2015〕2263 号	关于核准现代投资公司(株)人民币合格境外机构投资者资格的批复
证监许可〔2015〕2264 号	关于不予核准株洲飞鹿高新材料技术股份有限公司首次公开发行股票并在创业板上市申请的决定
证监许可〔2015〕2265 号	关于准予红塔红土稳健回报灵活配置混合型发起式证券投资基金注册的批复
证监许可〔2015〕2266 号	关于准予景顺长城景颐宏利债券型证券投资基金注册的批复
证监许可〔2015〕2267 号	关于准予交银施罗德丰硕收益债券型证券投资基金注册的批复
证监许可〔2015〕2268 号	关于核准深圳市特发信息股份有限公司向陈传荣等发行股份购买资产并募集配套资金的批复
证监许可〔2015〕2269 号	关于核准高新兴科技集团股份有限公司向王云兰等发行股份购买资产并募集配套资金的批复
证监许可〔2015〕2270 号	关于核准东旭光电科技股份有限公司非公开发行股票的批复
证监许可〔2015〕2271 号	关于核准格林美股份有限公司非公开发行股票的批复
证监许可〔2015〕2272 号	关于核准英大期货有限公司变更股权的批复
证监许可〔2015〕2273 号	关于核准中储发展股份有限公司非公开发行股票的批复
证监许可〔2015〕2274 号	关于核准挚信投资顾问(香港)有限公司合格境外机构投资者资格的批复
证监许可〔2015〕2275 号	关于核准沧州会友线缆股份有限公司定向发行股票的批复
证监许可〔2015〕2276 号	关于核准银建期货经纪有限责任公司变更股权的批复
证监许可〔2015〕2277 号	关于核准北京京能清洁能源电力股份有限公司增发境外上市外资股的批复
证监许可〔2015〕2278 号	关于准予华安沪港深机会灵活配置混合型证券投资基金注册的批复
证监许可〔2015〕2279 号	关于准予上投摩根安鑫回报混合型证券投资基金注册的批复
证监许可〔2015〕2280 号	关于准予融通七天理财债券型证券投资基金变更注册的批复
证监许可〔2015〕2281 号	关于准予光大保德信尊尚一年定期开放债券型证券投资基金注册的批复
证监许可〔2015〕2282 号	关于准予前海开源沪港深智慧医疗灵活配置混合型证券投资基金注册的批复
证监许可〔2015〕2283 号	关于准予工银瑞信沪港深股票型证券投资基金注册的批复
证监许可〔2015〕2284 号	关于准予融通新趋势灵活配置混合型证券投资基金注册的批复
证监许可〔2015〕2285 号	关于准予融通新动力灵活配置混合型证券投资基金注册的批复
证监许可〔2015〕2286 号	关于准予大成线上线下互联(O2O)主题灵活配置混合型证券投资基金注册的批复
证监许可〔2015〕2287 号	关于准予鹏华中证银联智策消费大数据指数型证券投资基金注册的批复
证监许可〔2015〕2288 号	关于核准四川环能德美科技股份有限公司向吴志明等发行股份购买资产并募集配套资金的批复
证监许可〔2015〕2289 号	关于核准中国中材国际工程股份有限公司向徐席东等发行股份购买资产并募集配套资金的批复
证监许可〔2015〕2290 号	关于准予融通新机遇灵活配置混合型证券投资基金注册的批复

续表

发文字号	标题
证监许可〔2015〕2291号	关于核准沈阳特种环保设备制造股份有限公司定向发行股票的批复
证监许可〔2015〕2292号	关于核准厦门中骏集团有限公司向合格投资者公开发行公司债券的批复
证监许可〔2015〕2293号	关于核准中海地产集团有限公司向合格投资者公开发行公司债券的批复
证监许可〔2015〕2294号	关于核准上海大名城企业股份有限公司向合格投资者公开发行公司债券的批复
证监许可〔2015〕2295号	关于核准郑州银行股份有限公司发行境外上市外资股的批复
证监许可〔2015〕2296号	关于核准山东海洋投资有限公司向合格投资者公开发行公司债券的批复
证监许可〔2015〕2297号	关于核准武汉同济现代医药科技股份有限公司定向发行股票的批复
证监许可〔2015〕2298号	关于核准福建省投资开发集团有限责任公司向合格投资者公开发行公司债券的批复
证监许可〔2015〕2299号	关于核准保利协鑫(苏州)新能源有限公司向合格投资者公开发行公司债券的批复
证监许可〔2015〕2300号	关于核准景德镇市国有资产经营管理有限公司向合格投资者公开发行公司债券的批复
证监许可〔2015〕2301号	关于核准南京旭建新型建材股份有限公司定向发行股票的批复
证监许可〔2015〕2302号	关于准予南方沪港深价值主题灵活配置混合型证券投资基金注册的批复
证监许可〔2015〕2303号	关于核准山东玉皇化工有限公司向合格投资者公开发行公司债券的批复
证监许可〔2015〕2304号	关于核准山东海源达国际贸易股份有限公司定向发行股票的批复
证监许可〔2015〕2305号	关于核准财达证券有限责任公司向合格投资者公开发行公司债券的批复
证监许可〔2015〕2306号	关于核准广州开发区工业发展集团有限公司向合格投资者公开发行公司债券的批复
证监许可〔2015〕2307号	关于核准河南黄河旋风股份有限公司向陈俊等发行股份购买资产并募集配套资金的批复
证监许可〔2015〕2308号	关于核准广东明家科技股份有限公司向李佳宇等发行股份购买资产并募集配套资金的批复
证监许可〔2015〕2309号	关于准予长盛中国制造主题灵活配置混合型证券投资基金注册的批复
证监许可〔2015〕2310号	关于准予长信富安纯债一年定期开放债券型证券投资基金注册的批复
证监许可〔2015〕2311号	关于准予光大保德信尊盈半年定期开放债券型证券投资基金注册的批复
证监许可〔2015〕2312号	关于准予兴业聚鑫灵活配置混合型证券投资基金注册的批复
证监许可〔2015〕2313号	关于准予兴业聚源灵活配置混合型证券投资基金注册的批复
证监许可〔2015〕2314号	关于准予兴业聚全灵活配置混合型证券投资基金注册的批复
证监许可〔2015〕2315号	关于准予中欧天禧纯债债券型证券投资基金注册的批复
证监许可〔2015〕2316号	关于准予华福瑞益纯债债券型证券投资基金注册的批复
证监许可〔2015〕2317号	关于准予德邦新回报灵活配置混合型证券投资基金注册的批复
证监许可〔2015〕2318号	关于准予圆信永丰兴源灵活配置混合型证券投资基金注册的批复
证监许可〔2015〕2319号	关于准予华商润丰灵活配置混合型证券投资基金注册的批复

续表

发文字号	标题
证监许可〔2015〕2320 号	关于准予博时裕荣纯债债券型证券投资基金注册的批复
证监许可〔2015〕2321 号	关于准予国泰安心回报混合型证券投资基金注册的批复
证监许可〔2015〕2322 号	关于准予嘉实新起点灵活配置混合型证券投资基金注册的批复
证监许可〔2015〕2323 号	关于准予中融大消费主题灵活配置混合型发起式证券投资基金(LOF)注册的批复
证监许可〔2015〕2324 号	关于核准新疆机械研究院股份有限公司向韩华等发行股份购买资产并募集配套资金的批复
证监许可〔2015〕2325 号	关于核准安徽神剑新材料股份有限公司向徐昭等发行股份购买资产的批复
证监许可〔2015〕2326 号	关于核准天津膜天膜科技股份有限公司非公开发行股票的批复
证监许可〔2015〕2327 号	关于核准新疆广汇实业投资(集团)有限责任公司向合格投资者公开发行公司债券的批复
证监许可〔2015〕2328 号	关于核准中国外运股份有限公司向合格投资者公开发行公司债券的批复
证监许可〔2015〕2329 号	关于核准南通汽运实业集团有限公司向合格投资者公开发行公司债券的批复
证监许可〔2015〕2330 号	关于核准内蒙古阜丰生物科技有限公司向合格投资者公开发行公司债券的批复
证监许可〔2015〕2331 号	关于核准丰汇租赁有限公司向合格投资者公开发行公司债券的批复
证监许可〔2015〕2332 号	关于核准宁波银行股份有限公司非公开发行优先股的批复
证监许可〔2015〕2333 号	关于核准华鑫证券有限责任公司向合格投资者公开发行公司债券的批复
证监许可〔2015〕2334 号	关于核准北京指南针科技发展股份有限公司定向发行股票的批复
证监许可〔2015〕2335 号	关于核准四川川大智胜软件股份有限公司非公开发行股票的批复
证监许可〔2015〕2336 号	关于核准北京金隅股份有限公司非公开发行股票的批复
证监许可〔2015〕2337 号	关于中福海峡(平潭)发展股份有限公司非公开发行股票的批复
证监许可〔2015〕2338 号	关于核准天津中环半导体股份有限公司非公开发行股票的批复
证监许可〔2015〕2339 号	关于核准深圳市天健(集团)股份有限公司非公开发行股票的批复
证监许可〔2015〕2340 号	关于核准河南明泰铝业股份有限公司非公开发行股票的批复
证监许可〔2015〕2341 号	关于核准中化岩土工程股份有限公司非公开发行股票的批复
证监许可〔2015〕2342 号	关于核准上海金仕达卫宁软件股份有限公司非公开发行股票的批复
证监许可〔2015〕2343 号	关于核准华仪电气股份有限公司非公开发行股票的批复
证监许可〔2015〕2344 号	关于核准凌源钢铁股份有限公司非公开发行股票的批复
证监许可〔2015〕2345 号	关于核准新疆华凌工贸(集团)有限公司向合格投资者公开发行公司债券的批复
证监许可〔2015〕2346 号	关于核准重庆对外经贸(集团)有限公司向合格投资者公开发行公司债券的批复
证监许可〔2015〕2347 号	关于核准郑州宇通集团有限公司向合格投资者公开发行公司债券的批复
证监许可〔2015〕2348 号	关于核准常熟市发展投资有限公司向合格投资者公开发行公司债券的批复

续表

发文字号	标题
证监许可〔2015〕2349 号	关于核准新城控股集团股份有限公司向合格投资者公开发行公司债券的批复
证监许可〔2015〕2350 号	关于核准安徽九华山旅游(集团)有限公司向合格投资者公开发行公司债券的批复
证监许可〔2015〕2351 号	关于核准武汉当代科技产业集团股份有限公司向合格投资者公开发行公司债券的批复
证监许可〔2015〕2352 号	关于核准山东东方海洋科技股份有限公司非公开发行股票的批复
证监许可〔2015〕2353 号	关于核准闽西兴杭国有资产投资经营有限公司向合格投资者公开发行公司债券的批复
证监许可〔2015〕2354 号	关于核准浙江新嘉联电子股份有限公司向巴士在线控股有限公司等发行股份购买资产并募集配套资金的批复
证监许可〔2015〕2355 号	关于核准北京旋极信息技术股份有限公司向白巍等发行股份购买资产并募集配套资金的批复
证监许可〔2015〕2356 号	关于核准江苏华宏科技股份有限公司向周经成等发行股份购买资产并募集配套资金的批复
证监许可〔2015〕2357 号	关于核准上海创远仪器技术股份有限公司定向发行股票的批复
证监许可〔2015〕2358 号	关于核准深圳市立业集团有限公司向合格投资者公开发行公司债券的批复
证监许可〔2015〕2359 号	关于核准华宝投资有限公司向合格投资者公开发行公司债券的批复
证监许可〔2015〕235 号	关于核准珠海欧比特控制工程股份有限公司向李小明等发行股份购买资产并募集配套资金的批复
证监许可〔2015〕2360 号	关于核准汕头花园集团有限公司向合格投资者公开发行公司债券的批复
证监许可〔2015〕2361 号	关于核准北京优炫软件股份有限公司定向发行股票的批复
证监许可〔2015〕2362 号	关于核准上海国有资产经营有限公司向公众投资者公开发行公司债券的批复
证监许可〔2015〕2363 号	关于准予大成慧成货币市场基金注册的批复
证监许可〔2015〕2364 号	关于准予大成标普美国中概股 50 指数证券投资基金(QDII - LOF)注册的批复
证监许可〔2015〕2365 号	关于准予泰信互联网 + 主题灵活配置混合型证券投资基金注册的批复
证监许可〔2015〕2366 号	关于准予中欧中证银联智策大数据 100 指数型证券投资基金注册的批复
证监许可〔2015〕2367 号	关于核准西王集团有限公司向合格投资者公开发行公司债券的批复
证监许可〔2015〕2368 号	关于核准苏州元禾控股有限公司向合格投资者公开发行公司债券的批复
证监许可〔2015〕2369 号	关于核准鲁能集团有限公司向合格投资者公开发行公司债券的批复
证监许可〔2015〕236 号	关于核准株洲旗滨集团股份有限公司非公开发行股票的批复
证监许可〔2015〕2370 号	关于核准远洲集团股份有限公司向合格投资者公开发行公司债券的批复
证监许可〔2015〕2371 号	关于准予华福瑞盈纯债债券型证券投资基金注册的批复
证监许可〔2015〕2372 号	关于准予前海开源沪港深智慧生活优选灵活配置混合型证券投资基金注册的批复
证监许可〔2015〕2373 号	关于核准山东泰阳实业有限公司向合格投资者公开发行公司债券的批复

续表

发文字号	标题
证监许可〔2015〕2374号	关于核准贵州省公路工程集团有限公司向合格投资者公开发行公司债券的批复
证监许可〔2015〕2375号	关于准予南方纯元债券型证券投资基金注册的批复
证监许可〔2015〕2376号	关于准予光大保德信耀钱包货币市场基金注册的批复
证监许可〔2015〕2377号	关于准予华福现金添利货币市场基金注册的批复
证监许可〔2015〕2378号	关于准予富国信用增强债券型证券投资基金变更注册的批复
证监许可〔2015〕2379号	关于准予华福瑞福纯债债券型证券投资基金注册的批复
证监许可〔2015〕237号	关于核准浙江龙盛集团股份有限公司非公开发行股票的批复
证监许可〔2015〕2380号	关于准予嘉实中小企业量化活力灵活配置混合型证券投资基金注册的批复
证监许可〔2015〕2381号	关于准予农银汇理天天利货币市场基金注册的批复
证监许可〔2015〕2382号	关于核准北京京运通科技股份有限公司非公开发行股票的批复
证监许可〔2015〕2383号	关于核准湖南红宇耐磨新材料股份有限公司非公开发行股票的批复
证监许可〔2015〕2384号	关于核准华天酒店集团股份有限公司非公开发行股票的批复
证监许可〔2015〕2385号	关于核准北京荣之联科技股份有限公司非公开发行股票的批复
证监许可〔2015〕2386号	关于核准海南瑞泽新型建材股份有限公司向三亚大兴集团有限公司等发行股份购买资产并募集配套资金的批复
证监许可〔2015〕2387号	关于核准云南驰宏锌锗股份有限公司向苏庭宝发行股份购买资产并募集配套资金的批复
证监许可〔2015〕2388号	关于核准东方网力科技股份有限公司向无锡乾创投资发展有限责任公司等发行股份购买资产并募集配套资金的批复
证监许可〔2015〕2389号	关于核准潍坊北大青鸟华光科技股份有限公司重大资产重组及向李洁等发行股份购买资产并募集配套资金的批复
证监许可〔2015〕2390号	关于核准广东风华高新科技股份有限公司向珠海绿水青山投资有限公司等发行股份购买资产并募集配套资金的批复
证监许可〔2015〕2391号	关于核准深圳市实益达科技股份有限公司向张伟等发行股份购买资产并募集配套资金的批复
证监许可〔2015〕2392号	关于核准上海汉得信息技术股份有限公司向赵旭民等发行股份购买资产的批复
证监许可〔2015〕2393号	关于核准新疆天山畜牧生物工程股份有限公司向呼图壁县天山农业发展有限公司等发行股份购买资产并募集配套资金的批复
证监许可〔2015〕2394号	关于核准中航资本控股股份有限公司向中国航空技术国际控股有限公司等发行股份购买资产并募集配套资金的批复
证监许可〔2015〕2395号	关于核准利欧集团股份有限公司向徐先明等发行股份购买资产并募集配套资金的批复
证监许可〔2015〕2396号	关于核准河北汇金机电股份有限公司向彭建文等发行股份购买资产并募集配套资金的批复
证监许可〔2015〕2397号	关于核准浙江传化股份有限公司向传化集团有限公司等发行股份购买资产并募集配套资金的批复

续表

发文字号	标题
证监许可〔2015〕2398 号	关于核准南通科技投资集团股份有限公司重大资产重组及向中航高科技发展有限公司等发行股份购买资产并募集配套资金的批复
证监许可〔2015〕2399 号	关于核准广东全通教育股份有限公司向朱敏等发行股份购买资产并募集配套资金的批复
证监许可〔2015〕2400 号	关于核准江苏中天科技股份有限公司向中天科技集团有限公司等发行股份购买资产并募集配套资金的批复
证监许可〔2015〕2401 号	关于核准江苏长电科技股份有限公司向江苏新潮科技集团有限公司等发行股份购买资产并募集配套资金的批复
证监许可〔2015〕2402 号	关于核准烟台新潮实业股份有限公司向北京隆德开元创业投资中心(有限合伙)等发行股份购买资产并募集配套资金的批复
证监许可〔2015〕2403 号	关于核准金叶珠宝股份有限公司向中融(北京)资产管理有限公司等发行股份购买资产并募集配套资金的批复
证监许可〔2015〕2404 号	关于核准天津红日药业股份有限公司向刘树海等发行股份购买资产的批复
证监许可〔2015〕2405 号	关于核准北京光线传媒股份有限公司向合格投资者公开发行公司债券的批复
证监许可〔2015〕2406 号	关于核准东方证券股份有限公司向公众投资者公开发行公司债券的批复
证监许可〔2015〕2407 号	关于核准上海国盛(集团)有限公司向公众投资者公开发行可交换公司债券的批复
证监许可〔2015〕2408 号	关于不予核准盛屯矿业集团股份有限公司非公开发行股票申请的决定
证监许可〔2015〕2409 号	关于核准吉林紫鑫药业股份有限公司非公开发行股票的批复
证监许可〔2015〕2410 号	关于核准江苏凤凰置业投资股份有限公司非公开发行股票的批复
证监许可〔2015〕2411 号	关于核准天水华天科技股份有限公司非公开发行股票的批复
证监许可〔2015〕2412 号	关于核准江苏康得新复合材料股份有限公司非公开发行股票的批复
证监许可〔2015〕2413 号	关于核准北京首都开发控股(集团)有限公司向合格投资者公开发行公司债券的批复
证监许可〔2015〕2414 号	关于核准华海期货有限公司变更股权的批复
证监许可〔2015〕2415 号	关于核准中国信达资产管理股份有限公司增发境外上市外资股的批复
证监许可〔2015〕2416 号	关于核准上海世茂股份有限公司向合格投资者公开发行公司债券的批复
证监许可〔2015〕2417 号	关于核准宁波天邦股份有限公司非公开发行股票的批复
证监许可〔2015〕2418 号	关于核准中国中铁股份有限公司增发境外上市外资股的批复
证监许可〔2015〕2419 号	关于核准创美药业股份有限公司发行境外上市外资股的批复
证监许可〔2015〕2420 号	关于核准巨匠建设集团股份有限公司发行境外上市外资股的批复
证监许可〔2015〕2421 号	关于核准上海新眼光医疗器械股份有限公司定向发行股票的批复
证监许可〔2015〕2422 号	关于准予上投摩根智慧生活灵活配置混合型证券投资基金注册的批复
证监许可〔2015〕2423 号	关于准予中欧数据挖掘多因子灵活配置混合型证券投资基金注册的批复
证监许可〔2015〕2424 号	关于准予建信鑫和回报灵活配置混合型证券投资基金注册的批复
证监许可〔2015〕2425 号	关于准予前海开源人工智能主题灵活配置混合型证券投资基金注册的批复

续表

发文字号	标题
证监许可〔2015〕2426 号	关于准予南方上证 50 交易型开放式指数证券投资基金注册的批复
证监许可〔2015〕2427 号	关于准予长盛产业新趋势灵活配置混合型证券投资基金注册的批复
证监许可〔2015〕2428 号	关于核准华能国际电力股份有限公司增发境外上市外资股的批复
证监许可〔2015〕2429 号	关于核准浙江东南网架股份有限公司非公开发行股票的批复
证监许可〔2015〕2430 号	关于准予创金合信聚财保本混合型证券投资基金注册的批复
证监许可〔2015〕2431 号	关于核准东旭集团有限公司向合格投资者公开发行公司债券的批复
证监许可〔2015〕2432 号	关于准予博时安誉 18 个月定期开放债券型证券投资基金注册的批复
证监许可〔2015〕2433 号	关于准予富国低碳新经济混合型证券投资基金注册的批复
证监许可〔2015〕2434 号	关于准予易方达香港恒生综合小型股指数证券投资基金(LOF)注册的批复
证监许可〔2015〕2435 号	关于准予中邮低碳经济灵活配置混合型证券投资基金注册的批复
证监许可〔2015〕2436 号	关于核准远东国际租赁有限公司向合格投资者公开发行公司债券的批复
证监许可〔2015〕2437 号	关于准予国金鑫瑞灵活配置混合型证券投资基金注册的批复
证监许可〔2015〕2438 号	关于核准万达电影院线股份有限公司向张龙等发行股份购买资产并募集配套资金的批复
证监许可〔2015〕2439 号	关于核准中国武夷实业股份有限公司向合格投资者公开发行公司债券的批复
证监许可〔2015〕2440 号	关于准予博时安荣 18 个月定期开放债券型证券投资基金注册的批复
证监许可〔2015〕2441 号	关于准予东方金元宝货币市场基金注册的批复
证监许可〔2015〕2442 号	关于准予博时裕泰纯债债券型证券投资基金注册的批复
证监许可〔2015〕2443 号	关于准予博时新兴消费主题混合型证券投资基金注册的批复
证监许可〔2015〕2444 号	关于准予广发鑫源灵活配置混合型证券投资基金注册的批复
证监许可〔2015〕2445 号	关于准予富国收益宝交易型货币市场基金注册的批复
证监许可〔2015〕2446 号	关于核准红星美凯龙家居集团股份有限公司向合格投资者公开发行公司债券的批复
证监许可〔2015〕2447 号	关于核准创智信息科技股份有限公司定向发行股票的批复
证监许可〔2015〕2448 号	关于核准株洲百货股份有限公司股票在全国中小企业股份转让系统公开转让的批复
证监许可〔2015〕2449 号	关于核准聚信国际租赁股份有限公司向合格投资者公开发行公司债券的批复
证监许可〔2015〕2450 号	关于核准北京住总集团有限责任公司向合格投资者公开发行公司债券的批复
证监许可〔2015〕2451 号	关于核准中国工商银行(欧洲)有限公司人民币合格境外机构投资者资格的批复
证监许可〔2015〕2452 号	关于核准瀚亚证券投资信托股份有限公司合格境外机构投资者资格的批复
证监许可〔2015〕2453 号	关于核准新时代证券股份有限公司向合格投资者公开发行公司债券的批复
证监许可〔2015〕2454 号	关于核准苏宁环球股份有限公司非公开发行股票的批复
证监许可〔2015〕2455 号	关于核准珠海华发实业股份有限公司非公开发行股票的批复

续表

发文字号	标题
证监许可〔2015〕2456号	关于核准北京中长石基信息技术股份有限公司非公开发行股票的批复
证监许可〔2015〕2457号	关于核准浙江九洲药业股份有限公司非公开发行股票的批复
证监许可〔2015〕2458号	关于核准北京千方科技股份有限公司非公开发行股票的批复
证监许可〔2015〕2459号	关于核准精华制药集团股份有限公司向蔡炳洋等发行股份购买资产并募集配套资金的批复
证监许可〔2015〕2460号	关于不予核准通威股份有限公司发行股份购买资产并募集配套资金的决定
证监许可〔2015〕2461号	关于核准天广消防股份有限公司向邱茂国等发行股份购买资产并募集配套资金的批复
证监许可〔2015〕2462号	关于核准南方泵业股份有限公司向江苏金山环保工程集团有限公司等发行股份购买资产并募集配套资金的批复
证监许可〔2015〕2463号	关于核准中山达华智能科技股份有限公司向方江涛等发行股份购买资产并募集配套资金的批复
证监许可〔2015〕2464号	关于核准上海泰胜风能装备股份有限公司向窦建荣发行股份购买资产并募集配套资金的批复
证监许可〔2015〕2465号	关于核准深圳雷曼光电科技股份有限公司向柯志鹏等发行股份购买资产并募集配套资金的批复
证监许可〔2015〕2466号	关于核准上海鼎立科技发展(集团)股份有限公司向张朋起等发行股份购买资产并募集配套资金的批复
证监许可〔2015〕2467号	关于核准哈尔滨九洲电气股份有限公司向李文东等发行股份购买资产的批复
证监许可〔2015〕2468号	关于核准安徽安科生物工程(集团)股份有限公司向江苏苏豪国际集团股份有限公司等发行股份购买资产并募集配套资金的批复
证监许可〔2015〕2469号	关于核准深圳世纪星源股份有限公司向陈栩等发行股份购买资产并募集配套资金的批复
证监许可〔2015〕2470号	关于核准浙江方正电机股份有限公司向卓斌等发行股份购买资产并募集配套资金的批复
证监许可〔2015〕2471号	关于核准深圳达实智能股份有限公司向房志刚等发行股份购买资产并募集配套资金的批复
证监许可〔2015〕2472号	关于核准天奇自动化工程股份有限公司向无锡天奇投资控股有限公司等发行股份购买资产并募集配套资金的批复
证监许可〔2015〕2473号	关于核准四川创意信息技术股份有限公司向雷厉等发行股份购买资产并募集配套资金的批复
证监许可〔2015〕2474号	关于不予核准重庆渝开发股份有限公司向重庆新拓投资有限公司发行股份购买资产并募集配套资金的决定
证监许可〔2015〕2475号	关于核准北京歌华有线电视网络股份有限公司非公开发行股票的批复
证监许可〔2015〕2476号	关于核准罗牛山股份有限公司非公开发行股票的批复
证监许可〔2015〕2477号	关于核准山东美晨科技股份有限公司非公开发行股票的批复
证监许可〔2015〕2478号	关于核准凌云工业股份有限公司非公开发行股票的批复
证监许可〔2015〕2479号	关于核准浙江日发精密机械股份有限公司非公开发行股票的批复
证监许可〔2015〕2480号	关于核准阳光城集团股份有限公司非公开发行股票的批复

续表

发文字号	标题
证监许可〔2015〕2481 号	关于核准上海世茂股份有限公司非公开发行股票的批复
证监许可〔2015〕2482 号	关于核准深圳市中洲投资控股股份有限公司非公开发行股票的批复
证监许可〔2015〕2483 号	关于核准中国银行（卢森堡）有限公司人民币合格境外机构投资者资格的批复
证监许可〔2015〕2484 号	关于核准拓维信息系统股份有限公司向深圳市海云天投资控股有限公司等发行股份购买资产并募集配套资金的批复
证监许可〔2015〕2485 号	关于核准浙大网新科技股份有限公司向浙江浙大网新集团有限公司等发行股份购买资产并募集配套资金的批复
证监许可〔2015〕2486 号	关于核准苏州天华超净科技股份有限公司向冯忠等发行股份购买资产并募集配套资金的批复
证监许可〔2015〕2487 号	关于核准广东盛路通信科技股份有限公司向杨振锋等发行股份购买资产并募集配套资金的批复
证监许可〔2015〕2488 号	关于核准汉麻产业投资股份有限公司重大资产重组及向金冠国际有限公司等发行股份购买资产并募集配套资金的批复
证监许可〔2015〕2489 号	关于核准山东法因数控机械股份有限公司向上海华明电力设备集团有限公司等发行股份购买资产并募集配套资金的批复
证监许可〔2015〕2490 号	关于核准北京久其软件股份有限公司向栗军等发行股份购买资产并募集配套资金的批复
证监许可〔2015〕2491 号	关于核准泰亚鞋业股份有限公司重大资产重组及向王悦等发行股份购买资产并募集配套资金的批复
证监许可〔2015〕2492 号	关于核准未来资产环球投资有限公司设立北京代表处的批复
证监许可〔2015〕2493 号	关于不予核准西安启源机电装备股份有限公司向中国节能环保集团公司等发行股份购买资产的决定
证监许可〔2015〕2494 号	关于核准东方网力科技股份有限公司向合格投资者公开发行公司债券的批复
证监许可〔2015〕2495 号	关于核准大连港集团有限公司向合格投资者公开发行公司债券的批复
证监许可〔2015〕2496 号	关于准予信诚至诚灵活配置混合型证券投资基金注册的批复
证监许可〔2015〕2497 号	关于准予安信中国制造 2025 沪港深灵活配置混合型证券投资基金注册的批复
证监许可〔2015〕2498 号	关于准予博时安和 18 个月定期开放债券型证券投资基金注册的批复
证监许可〔2015〕2499 号	关于准予景顺长城景盛双息收益债券型证券投资基金注册的批复
证监许可〔2015〕2500 号	关于核准中国石油化工股份有限公司向合格投资者公开发行公司债券的批复
证监许可〔2015〕2501 号	关于准予博时裕康纯债债券型证券投资基金注册的批复
证监许可〔2015〕2502 号	关于准予博时裕晟纯债债券型证券投资基金注册的批复
证监许可〔2015〕2503 号	关于准予兴业聚丰灵活配置混合型证券投资基金注册的批复
证监许可〔2015〕2504 号	关于准予富兰克林国海恒益信用债券型证券投资基金注册的批复
证监许可〔2015〕2505 号	关于准予泰达宏利多元回报债券型证券投资基金注册的批复
证监许可〔2015〕2506 号	关于核准方大炭素新材料科技股份有限公司向合格投资者公开发行公司债券的批复
证监许可〔2015〕2507 号	关于准予圆信永丰兴融债券型证券投资基金注册的批复

续表

发文字号	标题
证监许可〔2015〕2508 号	关于准予东方安心收益保本混合型证券投资基金变更注册的批复
证监许可〔2015〕2509 号	关于准予泰达宏利同顺大数据量化优选灵活配置混合型证券投资基金注册的批复
证监许可〔2015〕2510 号	关于核准安徽山鹰纸业股份有限公司向合格投资者公开发行公司债券的批复
证监许可〔2015〕2511 号	关于核准复地(集团)股份有限公司向合格投资者公开发行公司债券的批复
证监许可〔2015〕2512 号	关于核准义乌市市场发展集团有限公司向合格投资者公开发行公司债券的批复
证监许可〔2015〕2513 号	关于核准安徽方兴科技股份有限公司向欧木兰等发行股份购买资产的批复
证监许可〔2015〕2514 号	关于核准上海联明机械股份有限公司向上海联明投资集团有限公司发行股份购买资产的批复
证监许可〔2015〕2515 号	关于核准重庆国信投资控股有限公司向合格投资者公开发行公司债券的批复
证监许可〔2015〕2516 号	关于核准华夏基金管理有限公司设立子公司的批复
证监许可〔2015〕2517 号	关于核准深圳市长亮科技股份有限公司向周岚等发行股份购买资产并募集配套资金的批复
证监许可〔2015〕2518 号	关于核准深圳市洲明科技股份有限公司向陆初东等发行股份购买资产并募集配套资金的批复
证监许可〔2015〕2519 号	关于核准航天通信控股集团股份有限公司向邹永杭等发行股份购买资产并募集配套资金的批复
证监许可〔2015〕2520 号	关于核准华润双鹤药业股份有限公司向北京医药集团有限责任公司发行股份购买资产的批复
证监许可〔2015〕2521 号	关于核准上海华燕房盟网络科技股份有限公司定向发行股票的批复
证监许可〔2015〕2522 号	关于核准国创高科实业集团有限公司向合格投资者公开发行公司债券的批复
证监许可〔2015〕2523 号	关于准予华富产业升级灵活配置混合型证券投资基金注册的批复
证监许可〔2015〕2524 号	关于准予泰康稳健增利债券型证券投资基金注册的批复
证监许可〔2015〕2525 号	关于准予博时裕坤纯债债券型证券投资基金注册的批复
证监许可〔2015〕2526 号	关于准予华宝兴业核心优势灵活配置混合型证券投资基金注册的批复
证监许可〔2015〕2527 号	关于准予诺安精选回报灵活配置混合型证券投资基金注册的批复
证监许可〔2015〕2528 号	关于准予博时裕昂纯债债券型证券投资基金注册的批复
证监许可〔2015〕2529 号	关于准予华福瑞禧纯债债券型证券投资基金注册的批复
证监许可〔2015〕2530 号	关于准予银华万物互联灵活配置混合型证券投资基金注册的批复
证监许可〔2015〕2531 号	关于准予北信瑞丰外延增长主题灵活配置混合型发起式证券投资基金注册的批复
证监许可〔2015〕2532 号	关于准予博时裕乾纯债债券型证券投资基金注册的批复
证监许可〔2015〕2533 号	关于准予博时裕和纯债债券型证券投资基金注册的批复
证监许可〔2015〕2534 号	关于准予国泰睿信平衡混合型证券投资基金注册的批复
证监许可〔2015〕2535 号	关于核准苏州新建元控股集团有限公司向合格投资者公开发行公司债券的批复

续表

发文字号	标题
证监许可〔2015〕2536 号	关于核准荣盛石化股份有限公司非公开发行股票的批复
证监许可〔2015〕2537 号	关于核准安徽楚江科技新材料股份有限公司向湖南顶立汇智投资有限公司等发行股份购买资产并募集配套资金的批复
证监许可〔2015〕2538 号	关于核准陕西省国际信托股份有限公司非公开发行股票的批复
证监许可〔2015〕2539 号	关于核准山东恒邦冶炼股份有限公司非公开发行股票的批复
证监许可〔2015〕2540 号	关于核准山东黄金矿业股份有限公司向山东黄金集团有限公司等发行股份购买资产并募集配套资金的批复
证监许可〔2015〕2541 号	关于不予核准万鸿集团股份有限公司重大资产重组及发行股份购买资产并募集配套资金的决定
证监许可〔2015〕2542 号	关于核准亚宝药业集团股份有限公司非公开发行股票的批复
证监许可〔2015〕2543 号	关于核准瑞达期货股份有限公司在香港收购运筹国际投资控股（香港）有限公司的批复
证监许可〔2015〕2544 号	关于核准海通开元投资有限公司向合格投资者公开发行公司债券的批复
证监许可〔2015〕2545 号	关于核准广东省高速公路有限公司向合格投资者公开发行公司债券的批复
证监许可〔2015〕2546 号	关于核准厦门象屿股份有限公司非公开发行股票的批复
证监许可〔2015〕2547 号	关于不予核准大洲兴业控股股份有限公司非公开发行股票申请的决定
证监许可〔2015〕2548 号	关于核准华域汽车系统股份有限公司非公开发行股票的批复
证监许可〔2015〕2549 号	关于核准青海盐湖工业股份有限公司非公开发行股票的批复
证监许可〔2015〕2550 号	关于核准浙江京新药业股份有限公司向张雄等发行股份购买资产并募集配套资金的批复
证监许可〔2015〕2551 号	关于核准辽宁忠旺集团有限公司向合格投资者公开发行公司债券的批复
证监许可〔2015〕2552 号	关于准予诺安景鑫保本混合型证券投资基金注册的批复
证监许可〔2015〕2553 号	关于准予国金鑫享交易型货币市场证券投资基金注册的批复
证监许可〔2015〕2554 号	关于准予诺安利鑫保本混合型证券投资基金注册的批复
证监许可〔2015〕2555 号	关于核准大连智云自动化装备股份有限公司向师利全等发行股份购买资产并募集配套资金的批复
证监许可〔2015〕2556 号	关于准予平安大华智能生活灵活配置混合型证券投资基金注册的批复
证监许可〔2015〕2557 号	关于准予中银移动互联灵活配置混合型证券投资基金注册的批复
证监许可〔2015〕2558 号	关于准予博时裕诚纯债债券型证券投资基金注册的批复
证监许可〔2015〕2559 号	关于准予国泰鑫保本混合型证券投资基金注册的批复
证监许可〔2015〕2560 号	关于准予广发沪深 300 指数证券投资基金变更注册的批复
证监许可〔2015〕2561 号	关于准予浙商日添利货币市场基金注册的批复
证监许可〔2015〕2562 号	关于准予博时裕达纯债债券型证券投资基金注册的批复
证监许可〔2015〕2563 号	关于准予招商康泰养老灵活配置混合型证券投资基金注册的批复
证监许可〔2015〕2564 号	关于准予汇丰晋信大盘波动精选股票型证券投资基金注册的批复

续表

发文字号	标题
证监许可〔2015〕2565 号	关于准予中融日日盈交易型货币市场基金注册的批复
证监许可〔2015〕2566 号	关于准予博时裕丰纯债债券型证券投资基金注册的批复
证监许可〔2015〕2567 号	关于核准福建浔兴拉链科技股份有限公司非公开发行股票的批复
证监许可〔2015〕2568 号	关于核准广汇能源股份有限公司向合格投资者公开发行公司债券的批复
证监许可〔2015〕2569 号	关于核准宁波水表股份有限公司股票在全国中小企业股份转让系统公开转让的批复
证监许可〔2015〕2570 号	关于核准保利房地产(集团)股份有限公司向合格投资者公开发行公司债券的批复
证监许可〔2015〕2571 号	关于核准中国航空技术国际控股有限公司向合格投资者公开发行公司债券的批复
证监许可〔2015〕2572 号	关于核准重庆康达环保产业(集团)有限公司向合格投资者公开发行公司债券的批复
证监许可〔2015〕2573 号	关于核准杭州滨江房产集团股份有限公司向合格投资者公开发行公司债券的批复
证监许可〔2015〕2574 号	关于准予东吴国企改革主题灵活配置混合型证券投资基金注册的批复
证监许可〔2015〕2575 号	关于准予泓德裕泰债券型证券投资基金注册的批复
证监许可〔2015〕2576 号	关于准予德邦增利货币市场基金注册的批复
证监许可〔2015〕2577 号	关于准予国都创新驱动灵活配置混合型证券投资基金注册的批复
证监许可〔2015〕2578 号	关于准予农银汇理新能源主题灵活配置混合型证券投资基金注册的批复
证监许可〔2015〕2579 号	关于准予华润元大沪深 300 交易型开放式指数证券投资基金注册的批复
证监许可〔2015〕2580 号	关于核准厦门禹洲鸿图地产开发有限公司向合格投资者公开发行公司债券的批复
证监许可〔2015〕2581 号	关于核准中国南方航空股份有限公司向合格投资者公开发行公司债券的批复
证监许可〔2015〕2582 号	关于核准北京纳通科技集团有限公司向合格投资者公开发行公司债券的批复
证监许可〔2015〕2583 号	关于核准广东省广新控股集团有限公司向合格投资者公开发行公司债券的批复
证监许可〔2015〕2584 号	关于核准星辉互动娱乐股份有限公司向合格投资者公开发行公司债券的批复
证监许可〔2015〕2585 号	关于核准漳州市九龙江集团有限公司向合格投资者公开发行公司债券的批复
证监许可〔2015〕2586 号	关于核准新奥生态控股股份有限公司向合格投资者公开发行公司债券的批复
证监许可〔2015〕2587 号	关于核准二六三网络通信股份有限公司非公开发行股票的批复
证监许可〔2015〕2588 号	关于核准飞亚达(集团)股份有限公司非公开发行股票的批复
证监许可〔2015〕2589 号	关于核准国投中谷期货有限公司吸收合并安信期货有限责任公司的批复
证监许可〔2015〕2590 号	关于核准南宁八菱科技股份有限公司非公开发行股票的批复
证监许可〔2015〕2591 号	关于核准包头明天科技股份有限公司非公开发行股票的批复
证监许可〔2015〕2592 号	关于核准杭萧钢构股份有限公司非公开发行股票的批复
证监许可〔2015〕2593 号	关于准予中海中鑫灵活配置混合型证券投资基金注册的批复

续表

发文字号	标题
证监许可〔2015〕2594 号	关于准予永赢稳益债券型证券投资基金注册的批复
证监许可〔2015〕2595 号	关于核准广州合景房地产开发有限公司向合格投资者公开发行公司债券的批复
证监许可〔2015〕2596 号	关于核准山西国际电力集团有限公司向合格投资者公开发行公司债券的批复
证监许可〔2015〕2597 号	关于核准云南省能源投资集团有限公司向合格投资者公开发行公司债券的批复
证监许可〔2015〕2598 号	关于核准银亿房地产股份有限公司向合格投资者公开发行公司债券的批复
证监许可〔2015〕2599 号	关于核准世纪金源投资集团有限公司向合格投资者公开发行公司债券的批复
证监许可〔2015〕2600 号	关于准予农银汇理物联网主题灵活配置混合型证券投资基金注册的批复
证监许可〔2015〕2601 号	关于核准大有期货有限公司在香港设立大有期货（香港）有限公司的批复
证监许可〔2015〕2602 号	关于准予农银汇理国企改革灵活配置混合型证券投资基金注册的批复
证监许可〔2015〕2603 号	关于准予华安安润灵活配置混合型证券投资基金注册的批复
证监许可〔2015〕2604 号	关于核准吉峰农机连锁股份有限公司向成都力鼎银科股权投资基金中心（有限合伙）等发行股份购买资产的批复
证监许可〔2015〕2605 号	关于核准深圳市金新农饲料股份有限公司向蔡长兴等发行股份购买资产并募集配套资金的批复
证监许可〔2015〕2606 号	关于核准重庆市水利投资（集团）有限公司向合格投资者公开发行公司债券的批复
证监许可〔2015〕2607 号	关于核准北京汽车投资有限公司向合格投资者公开发行公司债券的批复
证监许可〔2015〕2608 号	关于核准宜华企业（集团）有限公司向合格投资者公开发行公司债券的批复
证监许可〔2015〕2609 号	关于核准河南众品食业股份有限公司向合格投资者公开发行公司债券的批复
证监许可〔2015〕2610 号	关于核准南山集团有限公司向合格投资者公开发行公司债券的批复
证监许可〔2015〕2611 号	关于核准青岛国信发展（集团）有限责任公司向合格投资者公开发行公司债券的批复
证监许可〔2015〕2612 号	关于核准珠海华发实业股份有限公司向合格投资者公开发行公司债券的批复
证监许可〔2015〕2613 号	关于核准云南省公路开发投资有限责任公司向合格投资者公开发行公司债券的批复
证监许可〔2015〕2614 号	关于核准上海中环投资开发（集团）有限公司向合格投资者公开发行公司债券的批复
证监许可〔2015〕2615 号	关于核准中国江苏国际经济技术合作集团有限公司向合格投资者公开发行公司债券的批复
证监许可〔2015〕2616 号	关于核准内蒙古和信园蒙草抗旱绿化股份有限公司向合格投资者公开发行公司债券的批复
证监许可〔2015〕2617 号	关于准予长信富泰纯债一年定期开放债券型证券投资基金注册的批复
证监许可〔2015〕2618 号	关于准予前海开源盈鑫灵活配置混合型证券投资基金注册的批复
证监许可〔2015〕2619 号	关于准予信诚至信灵活配置混合型证券投资基金注册的批复
证监许可〔2015〕2620 号	关于核准河北润农节水科技股份有限公司定向发行股票的批复

续表

发文字号	标题
证监许可〔2015〕2621号	关于核准天域生态园林股份有限公司向合格投资者公开发行公司债券的批复
证监许可〔2015〕2622号	关于核准江苏华西村股份有限公司向合格投资者公开发行公司债券的批复
证监许可〔2015〕2623号	关于核准广东省粤科金融集团有限公司向合格投资者公开发行公司债券的批复
证监许可〔2015〕2624号	关于核准江苏连云港港口股份有限公司向合格投资者公开发行公司债券的批复
证监许可〔2015〕2625号	关于核准泛海控股股份有限公司向合格投资者公开发行公司债券的批复
证监许可〔2015〕2626号	关于核准洛娃科技实业集团有限公司向合格投资者公开发行公司债券的批复
证监许可〔2015〕2627号	关于核准浦银安盛基金管理有限公司合格境内机构投资者资格的批复
证监许可〔2015〕2628号	关于核准北京万邦达环保技术股份有限公司非公开发行股票的批复
证监许可〔2015〕2629号	关于核准长城国瑞证券有限公司保荐机构资格的批复
证监许可〔2015〕2630号	关于核准河北衡水老白干酒业股份有限公司非公开发行股票的批复
证监许可〔2015〕2631号	关于核准兴业基金管理有限公司合格境内机构投资者资格的批复
证监许可〔2015〕2632号	关于核准内蒙古君正能源化工集团股份有限公司非公开发行股票的批复
证监许可〔2015〕2633号	关于核准广西桂冠电力股份有限公司向中国大唐集团公司等发行股份购买资产并募集配套资金的批复
证监许可〔2015〕2634号	关于核准江西博雅生物制药股份有限公司向上海高特佳懿康投资合伙企业(有限合伙)发行股份购买资产并募集配套资金的批复
证监许可〔2015〕2635号	关于核准上海仪电电子股份有限公司向云赛信息(集团)有限公司等发行股份购买资产的批复
证监许可〔2015〕2636号	关于核准通化金马药业集团股份有限公司向北京晋商联盟投资管理有限公司等发行股份购买资产并募集配套资金的批复
证监许可〔2015〕2637号	关于核准江苏神通阀门股份有限公司向许建平等发行股份购买资产的批复
证监许可〔2015〕2638号	关于准予鹏华沪深港新兴成长灵活配置混合型证券投资基金注册的批复
证监许可〔2015〕2639号	关于准予国投瑞银岁赢利一年期定期开放债券型证券投资基金注册的批复
证监许可〔2015〕2640号	关于准予天治双动力灵活配置混合型证券投资基金注册的批复
证监许可〔2015〕2641号	关于准予兴业成长动力灵活配置混合型证券投资基金注册的批复
证监许可〔2015〕2642号	关于准予天弘策略精选灵活配置混合型发起式证券投资基金注册的批复
证监许可〔2015〕2643号	关于准予长盛沪港深优势精选灵活配置混合型证券投资基金注册的批复
证监许可〔2015〕2644号	关于准予大成中证360互联网+大数据100指数型证券投资基金注册的批复
证监许可〔2015〕2645号	关于准予北信瑞丰稳定增强偏债混合型证券投资基金注册的批复
证监许可〔2015〕2646号	关于核准广夏(银川)实业股份有限公司向宁夏国有资本运营集团有限责任公司等发行股份购买资产的批复
证监许可〔2015〕2647号	关于核准徐州五洋科技股份有限公司向林伟通等发行股份购买资产并募集配套资金的批复
证监许可〔2015〕2648号	关于核准杭州钢铁股份有限公司向杭州钢铁集团公司发行股份购买资产并募集配套资金的批复

续表

发文字号	标题
证监许可〔2015〕2649 号	关于准予鹏华丰华债券型证券投资基金注册的批复
证监许可〔2015〕2650 号	关于准予泓德泓利货币市场基金注册的批复
证监许可〔2015〕2651 号	关于准予中银机构现金管理货币市场基金注册的批复
证监许可〔2015〕2652 号	关于准予东方金证通货币市场基金注册的批复
证监许可〔2015〕2653 号	关于核准上海复星科技(集团)有限公司向合格投资者公开发行公司债券的批复
证监许可〔2015〕2654 号	关于核准浙江南都电源动力股份有限公司向合格投资者公开发行公司债券的批复
证监许可〔2015〕2655 号	关于核准桂林福达股份有限公司非公开发行股票的批复
证监许可〔2015〕2656 号	关于核准华邦生命健康股份有限公司非公开发行股票的批复
证监许可〔2015〕2657 号	关于核准上海国际港务(集团)股份有限公司向合格投资者公开发行公司债券的批复
证监许可〔2015〕2658 号	关于核准绿地控股集团有限公司向合格投资者公开发行公司债券的批复
证监许可〔2015〕2659 号	关于核准南昌市政公用投资控股有限责任公司向合格投资者公开发行公司债券的批复
证监许可〔2015〕2660 号	关于核准浙江永利实业集团有限公司向合格投资者公开发行公司债券的批复
证监许可〔2015〕2661 号	关于核准邢台钢铁有限责任公司向合格投资者公开发行公司债券的批复
证监许可〔2015〕2662 号	关于核准新疆投资发展(集团)有限责任公司向合格投资者公开发行公司债券的批复
证监许可〔2015〕2663 号	关于准予前海开源沪港深大消费主题精选灵活配置混合型证券投资基金注册的批复
证监许可〔2015〕2664 号	关于准予南方顺康保本混合型证券投资基金注册的批复
证监许可〔2015〕2665 号	关于准予南方顺元债券型证券投资基金注册的批复
证监许可〔2015〕2666 号	关于准予东方红沪港深灵活配置混合型证券投资基金注册的批复
证监许可〔2015〕2667 号	关于准予东兴蓝海财富灵活配置混合型证券投资基金注册的批复
证监许可〔2015〕2668 号	关于准予华安事件驱动量化策略混合型证券投资基金注册的批复
证监许可〔2015〕2669 号	关于准予景顺长城低碳科技主题灵活配置混合型证券投资基金注册的批复
证监许可〔2015〕2670 号	关于准予华安大安全主题灵活配置混合型证券投资基金注册的批复
证监许可〔2015〕2671 号	关于准予长城新视野混合型证券投资基金注册的批复
证监许可〔2015〕2672 号	关于准予长城新优选混合型证券投资基金注册的批复
证监许可〔2015〕2673 号	关于核准东莞劲胜精密组件股份有限公司向夏军等发行股份购买资产并募集配套资金的批复
证监许可〔2015〕2674 号	关于核准广东省联泰集团有限公司向合格投资者公开发行公司债券的批复
证监许可〔2015〕2675 号	关于核准河南瑞贝卡发制品股份有限公司向合格投资者公开发行公司债券的批复
证监许可〔2015〕2676 号	关于核准江苏伟驰建设发展有限公司向合格投资者公开发行公司债券的批复

续表

发文字号	标题
证监许可〔2015〕2677 号	关于核准上海浦东发展银行股份有限公司向上海国际集团有限公司等发行股份购买资产的批复
证监许可〔2015〕2678 号	关于核准无锡市交通产业集团有限公司向合格投资者公开发行公司债券的批复
证监许可〔2015〕2679 号	关于核准广西铁路投资集团有限公司向合格投资者公开发行公司债券的批复
证监许可〔2015〕2680 号	关于核准北京华美乔戈里实业发展有限公司向合格投资者公开发行公司债券的批复
证监许可〔2015〕2681 号	关于准予银华大数据灵活配置定期开放混合型发起式证券投资基金注册的批复
证监许可〔2015〕2682 号	关于准予南方卓享绝对收益策略定期开放混合型发起式证券投资基金注册的批复
证监许可〔2015〕2683 号	关于准予中邮绝对收益策略定期开放混合型发起式证券投资基金注册的批复
证监许可〔2015〕2684 号	关于准予安信稳健阿尔法定期开放混合型发起式证券投资基金注册的批复
证监许可〔2015〕2685 号	关于准予中邮尊享一年定期开放灵活配置混合型发起式证券投资基金注册的批复
证监许可〔2015〕2686 号	关于准予汇添富信用债债券型证券投资基金变更注册的批复
证监许可〔2015〕2687 号	关于核准豁免泸天化(集团)有限责任公司要约收购四川泸天化股份有限公司股份义务的批复
证监许可〔2015〕2688 号	关于不予核准贵州赤天化股份有限公司非公开发行股票申请的决定
证监许可〔2015〕2689 号	关于核准江苏蓝丰生物化工股份有限公司向王宇等发行股份购买资产并募集配套资金的批复
证监许可〔2015〕2690 号	关于核准长飞光纤光缆股份有限公司增发境外上市外资股的批复
证监许可〔2015〕2691 号	关于核准远东智慧能源股份有限公司向蔡道国等发行股份购买资产并募集配套资金的批复
证监许可〔2015〕2692 号	关于核准广东溢多利生物科技股份有限公司向刘喜荣等发行股份购买资产并募集配套资金的批复
证监许可〔2015〕2693 号	关于核准金山开发建设股份有限公司向江苏美乐投资有限公司发行股份购买资产的批复
证监许可〔2015〕2695 号	关于准予南方安享绝对收益策略定期开放混合型发起式证券投资基金注册的批复
证监许可〔2015〕2696 号	关于核准千足珍珠集团股份有限公司向上海康瀚投资管理中心(有限合伙)等发行股份购买资产并募集配套资金的批复
证监许可〔2015〕2697 号	关于核准北京联飞翔科技股份有限公司定向发行股票的批复
证监许可〔2015〕2698 号	关于准予申万菱信安鑫优选混合型证券投资基金注册的批复
证监许可〔2015〕2699 号	关于准予南方弘利定期开放债券型发起式证券投资基金注册的批复
证监许可〔2015〕2700 号	关于准予泰信天天收益开放式证券投资基金变更注册的批复
证监许可〔2015〕2701 号	关于准予长信中证上海改革发展主题指数型证券投资基金(LOF)注册的批复
证监许可〔2015〕2702 号	关于准予银河智慧主题灵活配置混合型证券投资基金注册的批复
证监许可〔2015〕2703 号	关于准予长信中证能源互联网主题指数型证券投资基金(LOF)注册的批复

续表

发文字号	标题
证监许可〔2015〕2704 号	关于准予信诚互联网家灵活配置混合型证券投资基金注册的批复
证监许可〔2015〕2705 号	关于准予博时工业 4.0 主题股票型证券投资基金注册的批复
证监许可〔2015〕2706 号	关于准予南方瑞利保本混合型证券投资基金注册的批复
证监许可〔2015〕2707 号	关于准予鑫元兴利债券型证券投资基金注册的批复
证监许可〔2015〕2708 号	关于准予鹏华香港精选股票型证券投资基金(LOF)注册的批复
证监许可〔2015〕2709 号	关于准予申万菱信安鑫精选混合型证券投资基金注册的批复
证监许可〔2015〕2710 号	关于准予华福瑞辰纯债债券型证券投资基金注册的批复
证监许可〔2015〕2711 号	关于核准广东蓉胜超微线材股份有限公司非公开发行股票的批复
证监许可〔2015〕2712 号	关于核准柏瑞证券投资信托股份有限公司合格境外机构投资者资格的批复
证监许可〔2015〕2713 号	关于核准农银国际资产管理有限公司合格境外机构投资者资格的批复
证监许可〔2015〕2715 号	关于核准北京兆泰集团股份有限公司向合格投资者公开发行公司债券的批复
证监许可〔2015〕2717 号	关于核准国机汽车股份有限公司向合格投资者公开发行公司债券的批复
证监许可〔2015〕2718 号	关于核准浙江桐昆控股集团有限公司向合格投资者公开发行公司债券的批复
证监许可〔2015〕2719 号	关于核准华电国际电力股份有限公司增发境外上市外资股的批复
证监许可〔2015〕2720 号	关于核准北京银行股份有限公司非公开发行优先股的批复
证监许可〔2015〕2721 号	关于核准广州迪森热能技术股份有限公司非公开发行股票的批复
证监许可〔2015〕2722 号	关于核准兰州兰石重型装备股份有限公司非公开发行股票的批复
证监许可〔2015〕2723 号	关于核准株洲时代新材料科技股份有限公司非公开发行股票的批复
证监许可〔2015〕2724 号	关于核准北京合康亿盛变频科技股份有限公司向何天涛等发行股份购买资产的批复
证监许可〔2015〕2725 号	关于核准万银证券有限公司设立深圳代表处的批复
证监许可〔2015〕2726 号	关于核准豁免河南机械装备投资集团有限责任公司要约收购郑州煤矿机械集团股份有限公司股份义务的批复
证监许可〔2015〕2727 号	关于核准陕西必康制药集团控股有限公司向合格投资者公开发行公司债券的批复
证监许可〔2015〕2729 号	关于北京威卡威汽车零部件股份有限公司向合格投资者公开发行公司债券的批复
证监许可〔2015〕2730 号	关于核准江苏高能时代在线股份有限公司定向发行股票的批复
证监许可〔2015〕2735 号	关于准予博时境源保本混合型证券投资基金注册的批复
证监许可〔2015〕2736 号	关于准予南方和元债券型证券投资基金注册的批复
证监许可〔2015〕2737 号	关于准予鹏华策略回报灵活配置混合型证券投资基金注册的批复
证监许可〔2015〕2738 号	关于准予长盛量化多策略灵活配置混合型证券投资基金注册的批复
证监许可〔2015〕2739 号	关于准予长盛医疗行业量化配置股票型证券投资基金注册的批复
证监许可〔2015〕2740 号	关于准予汇添富中证精准医疗主题指数型发起式证券投资基金(LOF)注册的批复

续表

发文字号	标题
证监许可〔2015〕2741 号	关于准予海富通改革驱动灵活配置混合型证券投资基金注册的批复
证监许可〔2015〕2742 号	关于准予华夏新趋势灵活配置混合型证券投资基金注册的批复
证监许可〔2015〕2743 号	关于准予兴业丰利债券型证券投资基金注册的批复
证监许可〔2015〕2744 号	关于准予华夏大中华企业精选灵活配置混合型证券投资基金(QDII)注册的批复
证监许可〔2015〕2745 号	关于准予中海沪港深价值优选灵活配置混合型证券投资基金注册的批复
证监许可〔2015〕2746 号	关于准予易方达量化策略精选灵活配置混合型证券投资基金注册的批复
证监许可〔2015〕2747 号	关于准予博时鑫泽灵活配置混合型证券投资基金注册的批复
证监许可〔2015〕2748 号	关于准予大成恒生指数证券投资基金(LOF)注册的批复
证监许可〔2015〕2749 号	关于核准九芝堂股份有限公司向李振国等发行股份购买资产的批复
证监许可〔2015〕2751 号	关于核准上海浦东发展(集团)有限公司向合格投资者公开发行公司债券的批复
证监许可〔2015〕2755 号	关于准予招商招益一年定期开放债券型证券投资基金注册的批复
证监许可〔2015〕2756 号	关于准予中海顺鑫保本混合型证券投资基金注册的批复
证监许可〔2015〕2757 号	关于准予华夏经济转型股票型证券投资基金注册的批复
证监许可〔2015〕2758 号	关于准予长盛事件驱动量化策略灵活配置混合型证券投资基金注册的批复
证监许可〔2015〕2759 号	关于核准金世旗国际控股股份有限公司向合格投资者公开发行公司债券的批复
证监许可〔2015〕2760 号	关于核准长影集团有限责任公司向合格投资者公开发行公司债券的批复
证监许可〔2015〕2761 号	关于核准中山大洋电机股份有限公司向西藏升安能实业有限公司等发行股份购买资产并募集配套资金的批复
证监许可〔2015〕2762 号	关于核准北京掌趣科技股份有限公司向刘惠城等发行股份购买资产并募集配套资金的批复
证监许可〔2015〕2763 号	关于深圳市桑达实业股份有限公司向中国中电国际信息服务有限公司等发行股份购买资产的批复
证监许可〔2015〕2764 号	关于核准宁波韵升股份有限公司向汇源(香港)有限公司等发行股份购买资产的批复
证监许可〔2015〕2765 号	关于核准连云港黄海机械股份有限公司重大资产重组及向高俊芳等发行股份购买资产并募集配套资金的批复
证监许可〔2015〕2766 号	关于核准招商局蛇口工业区控股股份有限公司吸收合并招商局地产控股股份有限公司并募集配套资金申请的批复
证监许可〔2015〕2767 号	关于核准广东爱得威建设(集团)股份有限公司发行境外上市外资股的批复
证监许可〔2015〕2768 号	关于核准融信(福建)投资集团有限公司向合格投资者公开发行公司债券的批复
证监许可〔2015〕2769 号	关于核准华泰集团有限公司向合格投资者公开发行公司债券的批复
证监许可〔2015〕2770 号	关于核准浙江金汇五金产业有限公司向合格投资者公开发行公司债券的批复
证监许可〔2015〕2771 号	关于核准中国南方电网有限责任公司向合格投资者公开发行公司债券的批复

续表

发文字号	标题
证监许可〔2015〕2772 号	关于准予长信富全纯债一年定期开放债券型证券投资基金注册的批复
证监许可〔2015〕2773 号	关于准予长信金葵纯债一年定期开放债券型证券投资基金注册的批复
证监许可〔2015〕2774 号	关于核准协鑫集成科技股份有限公司向上海其印投资管理有限公司等发行股份购买资产并募集配套资金的批复
证监许可〔2015〕2775 号	关于准予融通成长 30 灵活配置混合型证券投资基金注册的批复
证监许可〔2015〕2776 号	关于准予前海开源沪港深新机遇灵活配置混合型证券投资基金注册的批复
证监许可〔2015〕2777 号	关于准予国投瑞银瑞兴保本混合型证券投资基金注册的批复
证监许可〔2015〕2778 号	关于准予红土创新改革红利灵活配置混合型发起式证券投资基金注册的批复
证监许可〔2015〕2779 号	关于准予德邦环保新能源灵活配置混合型证券投资基金注册的批复
证监许可〔2015〕2780 号	关于准予华安乐惠保本混合型证券投资基金注册的批复
证监许可〔2015〕2781 号	关于准予万家现金宝货币市场证券投资基金变更注册的批复
证监许可〔2015〕2782 号	关于准予汇添富中证互联网医疗主题指数型发起式证券投资基金（LOF）注册的批复
证监许可〔2015〕2783 号	关于核准长春希迈气象科技股份有限公司定向发行股票的批复
证监许可〔2015〕2784 号	关于核准福建六建集团有限公司向合格投资者公开发行公司债券的批复
证监许可〔2015〕2785 号	关于核准徽商银行股份有限公司增发境外上市外资股的批复
证监许可〔2015〕2786 号	关于准予华福长禧半年定期开放债券型证券投资基金注册的批复
证监许可〔2015〕2787 号	关于准予长盛同裕纯债债券型证券投资基金注册的批复
证监许可〔2015〕2788 号	关于准予华福长兴半年定期开放债券型证券投资基金注册的批复
证监许可〔2015〕2789 号	关于准予华福长益半年定期开放债券型证券投资基金注册的批复
证监许可〔2015〕2790 号	关于准予兴业增益三年定期开放债券型证券投资基金注册的批复
证监许可〔2015〕2791 号	关于准予华夏军工安全灵活配置混合型证券投资基金注册的批复
证监许可〔2015〕2792 号	关于准予交银施罗德裕通纯债债券型证券投资基金注册的批复
证监许可〔2015〕2793 号	关于准予招商境远保本混合型证券投资基金注册的批复
证监许可〔2015〕2794 号	关于准予南方益和保本混合型证券投资基金注册的批复
证监许可〔2015〕2795 号	关于准予东吴安盈量化灵活配置混合型证券投资基金注册的批复
证监许可〔2015〕2796 号	关于准予长盛信息安全量化策略灵活配置混合型证券投资基金注册的批复
证监许可〔2015〕2797 号	关于准予中银宝利灵活配置混合型证券投资基金注册的批复
证监许可〔2015〕2798 号	关于准予华福瑞利纯债债券型证券投资基金注册的批复
证监许可〔2015〕2799 号	关于准予富国中证智能汽车指数证券投资基金（LOF）注册的批复
证监许可〔2015〕2800 号	关于准予新疆前海联合海盈货币市场基金注册的批复
证监许可〔2015〕2801 号	关于准予长信上证港股通指数型发起式证券投资基金注册的批复
证监许可〔2015〕2802 号	关于准予中信建投添鑫宝货币市场基金注册的批复

续表

发文字号	标题
证监许可〔2015〕2803 号	关于核准中国建设银行股份有限公司境外发行优先股的批复
证监许可〔2015〕2804 号	关于核准昆明产业开发投资有限责任公司面向合格投资者公开发行公司债券的批复
证监许可〔2015〕2805 号	关于核准上海华信国际集团有限公司向合格投资者公开发行公司债券的批复
证监许可〔2015〕2806 号	关于核准阳光凯迪新能源集体有限公司向合格投资者公开发行公司债券的批复
证监许可〔2015〕2807 号	关于核准湖北凯乐科技股份有限公司向合格投资者公开发行公司债券的批复
证监许可〔2015〕2808 号	关于核准浙富控股集团股份有限公司向合格投资者公开发行公司债券的批复
证监许可〔2015〕2810 号	关于核准东方财富信息股份有限公司向郑州宇通集团有限公司等发行股份购买资产并募集配套资金的批复
证监许可〔2015〕2811 号	关于核准北京飞利信科技股份有限公司向才泓冰等发行股份购买资产并募集配套资金的批复
证监许可〔2015〕2812 号	关于核准中信重工机械股份有限公司向许开成等发行股份购买资产并募集配套资金的批复
证监许可〔2015〕2813 号	关于核准洛阳玻璃股份有限公司向中国洛阳浮法玻璃集团有限责任公司发行股份购买资产并募集配套资金的批复
证监许可〔2015〕2814 号	关于核准贵州信邦制药股份有限公司向 UCPHARM COMPANY LIMITED 等发行股份购买资产并募集配套资金的批复
证监许可〔2015〕2815 号	关于核准金轮科创股份有限公司向朱善忠等发行股份购买资产并募集配套资金的批复
证监许可〔2015〕2816 号	关于核准信达投资有限公司向合格投资者公开发行公司债券的批复
证监许可〔2015〕2817 号	关于核准红楼集团有限公司向合格投资者公开发行公司债券的批复
证监许可〔2015〕2818 号	关于核准当代节能置业股份有限公司向合格投资者公开发行公司债券的批复
证监许可〔2015〕2819 号	关于核准厦门象屿集团有限公司向合格投资者公开发行公司债券的批复
证监许可〔2015〕2820 号	关于核准北京金泰集团有限公司向合格投资者公开发行公司债券的批复
证监许可〔2015〕2821 号	关于核准山东益生种畜禽股份有限公司非公开发行股票的批复
证监许可〔2015〕2822 号	关于核准蓝思科技股份有限公司非公开发行股票的批复
证监许可〔2015〕2823 号	关于核准天茂实业集团股份有限公司非公开发行股票的批复
证监许可〔2015〕2824 号	关于核准中节能风力发电股份有限公司非公开发行股票的批复
证监许可〔2015〕2825 号	关于核准浙江双环传动机械股份有限公司非公开发行股票的批复
证监许可〔2015〕2826 号	关于核准浙江万丰奥威汽轮股份有限公司非公开发行股票的批复
证监许可〔2015〕2827 号	关于核准江西正邦科技股份有限公司非公开发行股票的批复
证监许可〔2015〕2828 号	关于核准广东世荣兆业股份有限公司非公开发行股票的批复
证监许可〔2015〕2829 号	关于核准晨光生物科技集团股份有限公司非公开发行股票的批复
证监许可〔2015〕2830 号	关于核准安徽盛运环保(集团)股份有限公司非公开发行股票的批复
证监许可〔2015〕2831 号	关于核准中国巨石股份有限公司非公开发行股票的批复

续表

发文字号	标题
证监许可〔2015〕2832 号	关于核准南京银行股份有限公司非公开发行优先股的批复
证监许可〔2015〕2833 号	关于核准牧原食品股份有限公司非公开发行股票的批复
证监许可〔2015〕2834 号	关于核准泸州市工业投资集团有限公司向合格投资者公开发行公司债券的批复
证监许可〔2015〕2835 号	关于准予华福长盈半年定期开放债券型证券投资基金注册的批复
证监许可〔2015〕2836 号	关于核准新奥(中国)燃气投资有限公司向合格投资者公开发行公司债券的批复
证监许可〔2015〕2837 号	关于核准新疆生产建设兵团农八师天山铝业有限公司向合格投资者公开发行公司债券的批复
证监许可〔2015〕2838 号	关于核准新疆天富集团有限责任公司向合格投资者公开发行公司债券的批复
证监许可〔2015〕2839 号	关于准予华夏乐享健康灵活配置混合型证券投资基金注册的批复
证监许可〔2015〕2840 号	关于核准广东嘉达早教科技股份有限公司定向发行股票的批复
证监许可〔2015〕2841 号	关于核准启明星辰信息技术集团股份有限公司向于天荣等发行股份购买资产并募集配套资金的批复
证监许可〔2015〕2842 号	关于核准泸州市兴泸投资集团有限公司向合格投资者公开发行公司债券的批复
证监许可〔2015〕2843 号	关于核准北京盖特佳信息科技股份有限公司定向发行股票的批复
证监许可〔2015〕2844 号	关于准予中欧新蓝筹灵活配置混合型证券投资基金变更注册的批复
证监许可〔2015〕2845 号	关于准予广发稳安保本混合型证券投资基金注册的批复
证监许可〔2015〕2846 号	关于准予新华科技创新主题灵活配置混合型证券投资基金注册的批复
证监许可〔2015〕2847 号	关于准予中邮纯债聚利债券型证券投资基金注册的批复
证监许可〔2015〕2848 号	关于准予中邮纯债恒利债券型证券投资基金注册的批复
证监许可〔2015〕2849 号	关于准予兴业增益五年定期开放债券型证券投资基金注册的批复
证监许可〔2015〕2850 号	关于准予南方祥元债券型证券投资基金注册的批复
证监许可〔2015〕2851 号	关于核准江苏中南建设集团股份有限公司非公开发行股票的批复
证监许可〔2015〕2852 号	关于核准北京京西文化旅游股份有限公司非公开发行股票的批复
证监许可〔2015〕2853 号	关于核准河南华英农业发展股份有限公司非公开发行股票的批复
证监许可〔2015〕2854 号	关于核准北方光电股份有限公司非公开发行股票的批复
证监许可〔2015〕2855 号	关于核准佳都新太科技股份有限公司非公开发行股票的批复
证监许可〔2015〕2856 号	关于核准宝诚投资股份有限公司非公开发行股票的批复
证监许可〔2015〕2857 号	关于核准浙江沪杭甬高速公路股份有限公司增发境外上市外资股的批复
证监许可〔2015〕2858 号	关于核准沁和能源集团有限公司向合格投资者公开发行公司债券的批复
证监许可〔2015〕2859 号	关于核准中粮置业投资有限公司向合格投资者公开发行公司债券的批复
证监许可〔2015〕2860 号	关于核准常高新集团有限公司向合格投资者公开发行公司债券的批复
证监许可〔2015〕2861 号	关于核准国美电器有限公司向合格投资者公开发行公司债券的批复

续表

发文字号	标题
证监许可〔2015〕2862 号	关于核准中牧实业股份有限公司向合格投资者公开发行公司债券的批复
证监许可〔2015〕2863 号	关于核准广西北部湾国际港务集团有限公司向合格投资者公开发行公司债券的批复
证监许可〔2015〕2864 号	关于福星惠誉房地产有限公司向合格投资者公开发行公司债券的批复
证监许可〔2015〕2865 号	关于核准中国电建地产集团有限公司向合格投资者公开发行公司债券的批复
证监许可〔2015〕2866 号	关于核准珠海华发综合发展有限公司向合格投资者公开发行公司债券的批复
证监许可〔2015〕2867 号	关于准予兴业丰泰债券型证券投资基金注册的批复
证监许可〔2015〕2868 号	关于准予南方上证 50 交易型开放式指数证券投资基金联接基金注册的批复
证监许可〔2015〕2869 号	关于准予中邮稳健合赢债券型证券投资基金注册的批复
证监许可〔2015〕2870 号	关于核准甘肃电投能源发展股份有限公司非公开发行股票的批复
证监许可〔2015〕2871 号	关于核准广东宝丽华新能源股份有限公司非公开发行股票的批复
证监许可〔2015〕2872 号	关于核准湘潭电化科技股份有限公司非公开发行股票的批复
证监许可〔2015〕2873 号	关于核准山西证券股份有限公司非公开发行股票的批复
证监许可〔2015〕2874 号	关于核准北京空港科技园区股份有限公司非公开发行股票的批复
证监许可〔2015〕2875 号	关于核准顺发恒业股份有限公司非公开发行股票的批复
证监许可〔2015〕2876 号	关于核准天马微电子股份有限公司非公开发行股票的批复
证监许可〔2015〕2877 号	关于核准湖北福星科技股份有限公司非公开发行股票的批复
证监许可〔2015〕2878 号	关于核准海伦钢琴股份有限公司非公开发行股票的批复
证监许可〔2015〕2879 号	关于核准重庆银行股份有限公司增发境外上市外资股的批复
证监许可〔2015〕2880 号	关于核准深圳华侨城股份有限公司非公开发行股票的批复
证监许可〔2015〕2881 号	关于核准中合中小企业融资担保股份有限公司向合格投资者公开发行公司债券的批复
证监许可〔2015〕2882 号	关于核准武汉亿童文教股份有限公司定向发行股票的批复
证监许可〔2015〕2883 号	关于核准陕西省产业投资有限公司向合格投资者公开发行公司债券的批复
证监许可〔2015〕2884 号	关于核准上海宝龙实业发展有限公司向合格投资者公开发行公司债券的批复
证监许可〔2015〕2885 号	关于核准合肥合锻机床股份有限公司向段启掌等发行股份购买资产并募集配套资金的批复
证监许可〔2015〕2886 号	关于核准武汉力源信息技术股份有限公司向李文俊等发行股份购买资产并募集配套资金的批复
证监许可〔2015〕2887 号	关于核准神州高铁技术股份有限公司向王纯政等发行股份购买资产并募集配套资金的批复
证监许可〔2015〕2888 号	关于核准东兴证券股份有限公司向合格投资者公开发行公司债券的批复
证监许可〔2015〕2889 号	关于核准华夏幸福基业股份有限公司非公开发行股票的批复
证监许可〔2015〕2890 号	关于核准浙江双箭橡胶股份有限公司非公开发行股票的批复
证监许可〔2015〕2891 号	关于核准精工控股集团有限公司向合格投资者公开发行公司债券的批复

续表

发文字号	标题
证监许可〔2015〕2892 号	关于核准常州星宇车灯股份有限公司向合格投资者公开发行公司债券的批复
证监许可〔2015〕2893 号	关于核准上海医药集团股份有限公司向合格投资者公开发行公司债券的批复
证监许可〔2015〕2894 号	关于核准金辉集团股份有限公司向合格投资者公开发行公司债券的批复
证监许可〔2015〕2895 号	关于准予建信安心保本三号混合型证券投资基金注册的批复
证监许可〔2015〕2896 号	关于准予南方日添益货币市场基金注册的批复
证监许可〔2015〕2897 号	关于准予招商安弘保本混合型证券投资基金注册的批复
证监许可〔2015〕2898 号	关于准予天治品质优选混合型证券投资基金变更注册的批复
证监许可〔2015〕2899 号	关于准予中银稳进保本混合型证券投资基金注册的批复
证监许可〔2015〕2900 号	关于准予中银美元债债券型证券投资基金（QDII）注册的批复
证监许可〔2015〕2901 号	关于准予浙商惠盈纯债债券型证券投资基金注册的批复
证监许可〔2015〕2902 号	关于准予平安大华安享保本混合型证券投资基金注册的批复
证监许可〔2015〕2903 号	关于核准浙江盾安人工环境股份有限公司非公开发行股票的批复
证监许可〔2015〕2904 号	关于核准湖北能源集团股份有限公司非公开发行股票的批复
证监许可〔2015〕2905 号	关于核准厦门科华恒盛股份有限公司非公开发行股票的批复
证监许可〔2015〕2906 号	关于核准广发国际资产管理（英国）有限公司人民币合格境外机构投资者资格的批复
证监许可〔2015〕2907 号	关于核准远大医药（中国）有限公司向合格投资者公开发行公司债券的批复
证监许可〔2015〕2908 号	关于准予华富安享保本混合型证券投资基金注册的批复
证监许可〔2015〕2909 号	关于核准第一创业证券股份有限公司向合格投资者公开发行公司债券的批复
证监许可〔2015〕2910 号	关于核准龙光基业集团有限公司向合格投资者公开发行公司债券的批复
证监许可〔2015〕2911 号	关于核准九州证券有限公司融资融券业务资格的批复
证监许可〔2015〕2912 号	关于核准宁夏盈谷实业股份有限公司定向发行股票的批复
证监许可〔2015〕2913 号	关于核准中国银河证券股份有限公司向合格投资者公开发行公司债券的批复
证监许可〔2015〕2914 号	关于核准江苏九九久科技股份有限公司向新沂必康新医药产业综合体投资有限公司等发行股份购买资产并募集配套资金的批复
证监许可〔2015〕2915 号	关于核准广东星河生物科技股份有限公司向刘岳均等发行股份购买资产并募集配套资金的批复
证监许可〔2015〕2916 号	关于核准新华都购物广场股份有限公司向倪国涛等发行股份购买资产并募集配套资金的批复
证监许可〔2015〕2917 号	关于核准上海置信电气股份有限公司向国网电力科学研究院发行股份购买资产的批复
证监许可〔2015〕2918 号	关于核准沈阳金山能源股份有限公司向华电能源股份有限公司等发行股份购买资产的批复
证监许可〔2015〕2919 号	关于核准厦门市美亚柏科信息股份有限公司向韦玉荣等发行股份购买资产的批复
证监许可〔2015〕2920 号	关于核准杭州正才控股集团有限公司向合格投资者公开发行公司债券的批复

续表

发文字号	标题
证监许可〔2015〕2921 号	关于核准北京浩丰创源科技股份有限公司向李建民等发行股份购买资产并募集配套资金的批复
证监许可〔2015〕2922 号	关于核准内蒙古西水创业股份有限公司向北京绵世方达投资有限责任公司等发行股份购买资产并募集配套资金的批复
证监许可〔2015〕2923 号	关于核准重庆桐君阁股份有限公司重大资产重组及向中国节能环保集团公司等发行股份购买资产并募集配套资金的批复
证监许可〔2015〕2924 号	关于准予诺安益鑫保本混合型证券投资基金注册的批复
证监许可〔2015〕2925 号	关于准予诺安安鑫保本混合型证券投资基金注册的批复
证监许可〔2015〕2926 号	关于准予嘉实机构快线货币市场基金变更注册的批复
证监许可〔2015〕2927 号	关于准予广发货币市场基金变更注册的批复
证监许可〔2015〕2928 号	关于准予招商招福宝货币市场基金注册的批复
证监许可〔2015〕2929 号	关于准予汇丰晋信沪港深股票型证券投资基金注册的批复
证监许可〔2015〕2930 号	关于准予长城久安保本混合型证券投资基金注册的批复
证监许可〔2015〕2931 号	关于准予新华信用增强债券型证券投资基金注册的批复
证监许可〔2015〕2932 号	关于准予广发安泽回报灵活配置混合型证券投资基金注册的批复
证监许可〔2015〕2933 号	关于准予汇添富中证生物科技主题指数型发起式证券投资基金(LOF)注册的批复
证监许可〔2015〕2934 号	关于核准内蒙古圣牧高科牧业有限公司向合格投资者公开发行公司债券的批复
证监许可〔2015〕2935 号	关于核准国旅联合股份有限公司非公开发行股票的批复
证监许可〔2015〕2936 号	关于核准美都能源股份有限公司非公开发行股票的批复
证监许可〔2015〕2937 号	关于核准七喜控股股份有限公司重大资产重组及向 Media Management Hong Kong Limited 等发行股份购买资产并募集配套资金的批复
证监许可〔2015〕2938 号	关于核准中国葛洲坝集团股份有限公司向合格投资者公开发行公司债券的批复
证监许可〔2015〕2939 号	关于核准山东金茂纺织化工集团有限公司向合格投资者公开发行公司债券的批复
证监许可〔2015〕2940 号	关于核准中国石油天然气股份有限公司向合格投资者公开发行公司债券的批复
证监许可〔2015〕2941 号	关于核准芜湖顺荣三七互娱网络科技股份有限公司非公开发行股票的批复
证监许可〔2015〕2942 号	关于核准上海申华控股股份有限公司非公开发行股票的批复
证监许可〔2015〕2943 号	关于核准中国光大集团股份公司向合格投资者公开发行公司债券的批复
证监许可〔2015〕2944 号	关于核准深圳大通实业股份有限公司向曹林芳等发行股份购买资产并募集配套资金的批复
证监许可〔2015〕2945 号	关于核准中国供销集团有限公司向合格投资者公开发行公司债券的批复
证监许可〔2015〕2946 号	关于核准扬州市城建国有资产控股(集团)有限责任公司向合格投资者公开发行公司债券的批复
证监许可〔2015〕2947 号	关于鑫苑(中国)置业有限公司向合格投资者公开发行公司债券的批复

续表

发文字号	标题
证监许可〔2015〕2948 号	关于核准新锐英诚(北京)科技股份有限公司定向发行股票的批复
证监许可〔2015〕2949 号	关于核准广州金融控股集团有限公司向合格投资者公开发行公司债券的批复
证监许可〔2015〕2950 号	关于核准江阴中南重工股份有限公司向合格投资者公开发行公司债券的批复
证监许可〔2015〕2951 号	关于核准华峰集团有限公司向合格投资者公开发行公司债券的批复
证监许可〔2015〕2952 号	关于核准深圳市深信泰丰(集团)股份有限公司非公开发行股票及重大资产重组的批复
证监许可〔2015〕2953 号	关于核准石家庄东方能源股份有限公司非公开发行股票及重大资产重组的批复
证监许可〔2015〕2954 号	关于核准袁隆平农业高科技股份有限公司非公开发行股票的批复
证监许可〔2015〕2955 号	关于核准西子电梯集团有限公司向合格投资者公开发行公司债券的批复
证监许可〔2015〕2956 号	关于核准深圳市盐田港股份有限公司向合格投资者公开发行公司债券的批复
证监许可〔2015〕2957 号	关于核准绵阳科技城发展投资(集团)有限公司向合格投资者公开发行公司债券的批复
证监许可〔2015〕2958 号	关于核准厦门国贸控股有限公司向合格投资者公开发行公司债券的批复
证监许可〔2015〕2959 号	关于准予恒生中国 H 股指数基金注册的批复
证监许可〔2015〕2960 号	关于准予行健宏扬中国基金注册的批复
证监许可〔2015〕2961 号	关于准予摩根亚洲总收益债券基金注册的批复
证监许可〔2015〕2962 号	关于准予汇添富中证中药指数型发起式证券投资基金(LOF)注册的批复
证监许可〔2015〕2963 号	关于准予东方红睿轩沪港深灵活配置混合型证券投资基金注册的批复
证监许可〔2015〕2964 号	关于核准靖江港口发展有限公司向合格投资者公开发行公司债券的批复
证监许可〔2015〕2965 号	关于核准北京信威通信技术股份有限公司向合格投资者公开发行公司债券的批复
证监许可〔2015〕2966 号	关于核准河北旅游投资集团股份有限公司向合格投资者公开发行公司债券的批复
证监许可〔2015〕2967 号	关于核准北京捷成世纪科技股份有限公司向陈同刚等发行股份购买资产并募集配套资金的批复
证监许可〔2015〕2968 号	关于核准江苏新民纺织科技股份有限公司重大资产重组及向张玉祥等发行股份购买资产并募集配套资金的批复
证监许可〔2015〕2969 号	关于核准浙江日发控股集团有限公司向合格投资者公开发行公司债券的批复
证监许可〔2015〕2970 号	关于核准江苏洋河集团有限公司向合格投资者公开发行公司债券的批复
证监许可〔2015〕2971 号	关于核准湖北恒信德龙实业有限公司向合格投资者公开发行公司债券的批复
证监许可〔2015〕2972 号	关于核准巨轮智能装备股份有限公司向合格投资者公开发行公司债券的批复
证监许可〔2015〕2973 号	关于核准远洋地产有限公司向合格投资者公开发行公司债券的批复
证监许可〔2015〕2974 号	关于核准成都天保重型装备股份有限公司非公开发行股票的批复
证监许可〔2015〕2975 号	关于核准武汉南国置业股份有限公司非公开发行股票的批复
证监许可〔2015〕2976 号	关于核准中弘控股股份有限公司非公开发行股票的批复

续表

发文字号	标题
证监许可〔2015〕2977 号	关于核准中海(海南)海盛船务股份有限公司非公开发行股票的批复
证监许可〔2015〕2978 号	关于核准杭州巨星科技股份有限公司非公开发行股票的批复
证监许可〔2015〕2979 号	关于核准大禹节水集团股份有限公司非公开发行股票的批复
证监许可〔2015〕2980 号	关于不予核准浙江天达环保股份有限公司首次公开发行股票申请的决定
证监许可〔2015〕2981 号	关于准予兴业保本混合型证券投资基金注册的批复
证监许可〔2015〕2982 号	关于核准东吴期货有限公司变更股权的批复
证监许可〔2015〕2983 号	关于核准武汉武商集团股份有限公司非公开发行股票的批复
证监许可〔2015〕2984 号	关于核准甘肃刚泰控股(集团)股份有限公司非公开发行股票的批复
证监许可〔2015〕2985 号	关于核准美克国际家居用品股份有限公司非公开发行股票的批复
证监许可〔2015〕2986 号	关于核准山东丽鹏股份有限公司非公开发行股票的批复
证监许可〔2015〕2987 号	关于核准河北建投能源投资股份有限公司非公开发行股票的批复
证监许可〔2015〕2988 号	关于核准新疆西部牧业股份有限公司配股的批复
证监许可〔2015〕2989 号	关于核准上海实业发展股份有限公司非公开发行股票的批复
证监许可〔2015〕2990 号	关于核准浪潮电子信息产业股份有限公司非公开发行股票的批复
证监许可〔2015〕2991 号	关于核准众业达电气股份有限公司非公开发行股票的批复
证监许可〔2015〕2992 号	关于核准克明面业股份有限公司非公开发行股票的批复
证监许可〔2015〕2993 号	关于核准安大略退休金管理委员会人民币合格境外机构投资者资格的批复
证监许可〔2015〕2994 号	关于核准加拿大年金计划投资委员会人民币合格境外机构投资者资格的批复
证监许可〔2015〕2995 号	关于准予招商睿逸稳健配置混合型证券投资基金注册的批复
证监许可〔2015〕2996 号	关于准予银华合利债券型证券投资基金注册的批复
证监许可〔2015〕2997 号	关于准予平安大华安心保本混合型证券投资基金注册的批复
证监许可〔2015〕2998 号	关于准予银华双动力债券型证券投资基金注册的批复
证监许可〔2015〕2999 号	关于准予建信稳定鑫利债券型证券投资基金注册的批复
证监许可〔2015〕3000 号	关于核准中国国电集团公司向公众投资者公开发行公司债券的批复
证监许可〔2015〕3001 号	关于准予安信安盈保本混合型证券投资基金注册的批复
证监许可〔2015〕3002 号	关于准予博时保丰保本混合型证券投资基金注册的批复
证监许可〔2015〕3003 号	关于准予银华多元视野灵活配置混合型证券投资基金注册的批复
证监许可〔2015〕3004 号	关于准予光大保德信风格轮动混合型证券投资基金注册的批复
证监许可〔2015〕3005 号	关于准予兴业稳天盈货币市场基金注册的批复
证监许可〔2015〕3006 号	关于准予大成趋势回报灵活配置混合型证券投资基金注册的批复
证监许可〔2015〕3007 号	关于核准豁免四川省能源投资集团有限责任公司要约收购川化股份有限公司股份义务的批复

续表

发文字号	标题
证监许可〔2015〕3008号	关于核准北京海兰信数据科技股份有限公司向申万秋等发行股份购买资产的批复
证监许可〔2015〕3009号	关于核准黑龙江时代期货经纪有限公司金融期货经纪业务资格的批复
证监许可〔2015〕3010号	关于核准财通证券资产管理有限公司公开募集证券投资基金管理业务资格的批复
证监许可〔2015〕3011号	关于核准南京云海特种金属股份有限公司非公开发行股票的批复
证监许可〔2015〕3012号	关于核准山东胜利股份有限公司非公开发行股票的批复
证监许可〔2015〕3016号	关于核准济南海能仪器股份有限公司定向发行股票的批复
证监许可〔2015〕3021号	关于核准上海栋华石油化工股份有限公司增发境外上市外资股的批复
证监许可〔2015〕3022号	关于核准天马轴承集团股份有限公司非公开发行股票的批复
证监许可〔2015〕3023号	关于核准云南云维股份有限公司非公开发行股票的批复
证监许可〔2015〕3024号	关于核准深圳市彩虹精细化工股份有限公司非公开发行股票的批复
证监许可〔2015〕3025号	关于核准春秋航空股份有限公司非公开发行股票的批复
证监许可〔2015〕3026号	关于不予核准安徽三联交通技术股份有限公司首次公开发行股票申请的决定
证监许可〔2015〕3027号	关于核准深圳市尚荣医疗股份有限公司非公开发行股票的批复
证监许可〔2015〕3028号	关于核准北京首都开发股份有限公司非公开发行股票的批复
证监许可〔2015〕3029号	关于核准福建福日电子股份有限公司非公开发行股票的批复
证监许可〔2015〕3030号	关于核准大族激光科技产业集团股份有限公司非公开发行股票的批复
证监许可〔2015〕3031号	关于核准江西赣能股份有限公司非公开发行股票的批复
证监许可〔2015〕3032号	关于核准广西柳州医药股份有限公司非公开发行股票的批复
证监许可〔2015〕3033号	关于核准渤海租赁股份有限公司非公开发行股票的批复
证监许可〔2015〕3034号	关于核准广永期货有限公司变更注册资本和股权的批复
证监许可〔2015〕3035号	关于核准东吴证券股份有限公司非公开发行股票的批复
证监许可〔2015〕3036号	关于核准金河生物科技股份有限公司非公开发行股票的批复
证监许可〔2015〕3037号	关于核准中泰证券股份有限公司证券投资基金托管资格的批复
证监许可〔2015〕3038号	关于核准国贸期货有限公司在香港设立国贸期货(香港)有限公司的批复
证监许可〔2015〕3039号	关于核准广东开平春晖股份有限公司非公开发行股票的批复
证监许可〔2015〕3045号	关于准予创金合信沪深300指数增强型发起式证券投资基金注册的批复
证监许可〔2015〕3046号	关于准予鹏华添利交易型货币市场基金注册的批复
证监许可〔2015〕3047号	关于准予泰康安泰回报混合型证券投资基金注册的批复
证监许可〔2015〕3048号	关于准予博时睿远定增灵活配置混合型证券投资基金注册的批复
证监许可〔2015〕3049号	关于准予创金合信中证500指数增强型发起式证券投资基金注册的批复
证监许可〔2015〕3050号	关于核准汇添富基金管理股份有限公司变更股权的批复

续表

发文字号	标题
证监许可〔2015〕3051 号	关于核准开源证券股份有限公司保荐机构资格的批复
证监许可〔2015〕3054 号	关于核准成都国科海博信息技术股份有限公司定向发行股票的批复
证监许可〔2015〕3070 号	关于核准安泰科技股份有限公司向刁其合等发行股份购买资产并募集配套资金的批复
证监许可〔2015〕3074 号	关于准予博时裕腾纯债债券型证券投资基金注册的批复
证监许可〔2015〕3075 号	关于准予富国价值优势混合型证券投资基金注册的批复
证监许可〔2015〕3076 号	关于准予建信现金增利货币市场基金注册的批复
证监许可〔2015〕3077 号	关于准予创金合信尊享纯债债券型证券投资基金注册的批复
证监许可〔2015〕3078 号	关于准予创金合信尊盈纯债债券型证券投资基金注册的批复
证监许可〔2015〕3079 号	关于准予鑫元汇利债券型证券投资基金注册的批复
证监许可〔2015〕3080 号	关于准予华夏鼎新债券型证券投资基金注册的批复
证监许可〔2015〕3081 号	关于准予华夏鼎诚债券型证券投资基金注册的批复
证监许可〔2015〕3082 号	关于准予大成国家安全主题灵活配置混合型证券投资基金注册的批复
证监许可〔2015〕3083 号	关于准予海富通东财大数据灵活配置混合型证券投资基金注册的批复
证监许可〔2015〕3084 号	关于核准苏州制氧机股份有限公司股票在全国中小企业股份转让系统公开转让的批复
证监许可〔2015〕3085 号	关于核准北京七维航测科技股份有限公司定向发行股票的批复
证监许可〔2015〕3086 号	关于核准益善生物技术股份有限公司定向发行股票的批复
证监许可〔2015〕3087 号	关于准予博时睿利定增灵活配置混合型证券投资基金注册的批复
证监许可〔2015〕3088 号	关于准予国投瑞银瑞祥保本混合型证券投资基金注册的批复
证监许可〔2015〕3089 号	关于准予招商招瑞纯债债券型发起式证券投资基金注册的批复
证监许可〔2015〕3090 号	关于核准三一重工股份有限公司公开发行可转换公司债券的批复
证监许可〔2015〕3091 号	关于核准卧龙电气集团股份有限公司非公开发股行票批复的
证监许可〔2015〕3093 号	关于核准湖北济川药业股份有限公司非公开发行股票的批复
证监许可〔2015〕3094 号	关于核准广东东方精工科技股份有限公司非公开发行股票的批复
证监许可〔2015〕3096 号	关于核准杭州泰格医药科技股份有限公司非公开发行股票的批复
证监许可〔2015〕3097 号	关于核准维维食品饮料股份有限公司非公开发行股票的批复
证监许可〔2015〕3098 号	关于核准天津百利特精电气股份有限公司非公开发行股票的批复
证监许可〔2015〕3099 号	关于核准宝胜科技创新股份有限公司非公开发行股票的批复
证监许可〔2015〕3100 号	关于核准乐普(北京)医疗器械股份有限公司非公开发行股票的批复
证监许可〔2015〕3101 号	关于准予博时鑫瑞灵活配置混合型证券投资基金注册的批复
证监许可〔2015〕3102 号	关于准予博时鑫丰灵活配置混合型证券投资基金注册的批复
证监许可〔2015〕3103 号	关于核准豁免重庆德润环境有限公司要约收购重庆水务集团股份有限公司股份义务的批复

续表

发文字号	标题
证监许可〔2015〕3104 号	关于核准现代证券株式会社人民币合格境外机构投资者资格的批复
证监许可〔2015〕3105 号	关于核准浙江迪安诊断技术股份有限公司非公开发行股票的批复
证监许可〔2015〕3106 号	关于核准浙江开尔新材料股份有限公司非公开发行股票的批复
证监许可〔2015〕3107 号	关于核准内蒙古兰太实业股份有限公司非公开发行股票的批复
证监许可〔2015〕3108 号	关于核准广州市浪奇实业股份有限公司非公开发行股票的批复
证监许可〔2015〕3109 号	关于核准吉林利源精制股份有限公司非公开发行股票的批复
证监许可〔2015〕3110 号	关于核准嘉事堂药业股份有限公司非公开发行股票的批复
证监许可〔2015〕3111 号	关于核准江苏德威新材料股份有限公司非公开发行股票的批复
证监许可〔2015〕3112 号	关于核准浙江爱仕达电器股份有限公司非公开发行股票的批复
证监许可〔2015〕3113 号	关于核准泛海控股股份有限公司非公开发行股票的批复
证监许可〔2015〕3114 号	关于核准太平洋证券股份有限公司配股的批复
证监许可〔2015〕3115 号	关于核准龙元建设集团股份有限公司非公开发行股票的批复
证监许可〔2015〕3116 号	关于核准宁波杉杉股份有限公司非公开发行股票的批复
证监许可〔2015〕3117 号	关于核准厦门国贸集团股份有限公司公开发行可转换公司债券的批复
证监许可〔2015〕3118 号	关于核准设立富荣基金管理有限公司的批复
证监许可〔2015〕3119 号	关于核准沈阳公用发展股份有限公司增发境外上市外资股的批复
证监许可〔2015〕3120 号	关于准予申万菱信中证 500 指数增强型证券投资基金注册的批复
证监许可〔2015〕3121 号	关于准予财通多策略升级混合型证券投资基金注册的批复
证监许可〔2015〕3125 号	关于核准江苏爱康科技股份有限公司非公开发行股票的批复
证监许可〔2015〕3126 号	关于核准福建福能股份有限公司非公开发行股票的批复
证监许可〔2015〕3127 号	关于核准上海百联集团股份有限公司非公开发行股票的批复
证监许可〔2015〕3128 号	关于核准上海华峰超纤材料股份有限公司非公开发行股票的批复
证监许可〔2015〕3129 号	关于核准杭州联络互动信息科技股份有限公司非公开发行股票的批复
证监许可〔2015〕3130 号	关于核准云南云天化股份有限公司非公开发行股票的批复
证监许可〔2015〕3131 号	关于核准广州汽车集团股份有限公司公开发行可转换公司债券的批复
证监许可〔2015〕3132 号	关于核准华润万东医疗装备股份有限公司非公开发行股票的批复
证监许可〔2015〕3133 号	关于核准中天城投集团股份有限公司非公开发行股票的批复
证监许可〔2015〕3134 号	关于核准洛阳轴研科技股份有限公司非公开发行股票的批复
证监许可〔2015〕3135 号	关于核准广州广电运通金融电子股份有限公司非公开发行股票的批复
证监许可〔2015〕3136 号	关于核准北京中科金财科技股份有限公司非公开发行股票的批复
证监许可〔2015〕3137 号	关于核准大连冷冻机股份有限公司非公开发行股票的批复
证监许可〔2015〕3138 号	关于核准安徽国祯环保节能科技股份有限公司非公开发行股票的批复

续表

发文字号	标题
证监许可〔2015〕3139 号	关于核准长江精工钢结构(集团)股份有限公司公开发行可转换公司债券的批复
证监许可〔2015〕3140 号	关于核准上海二三四五网络控股集团股份有限公司非公开发行股票的批复
证监许可〔2015〕3141 号	关于核准广东道氏技术股份有限公司非公开发行股票的批复
证监许可〔2015〕3142 号	关于核准福建海源自动化机械股份有限公司非公开发行股票的批复
证监许可〔2015〕3143 号	关于核准浙江南都电源动力股份有限公司非公开发行股票的批复
证监许可〔2015〕3144 号	关于核准福建纳川管材科技股份有限公司非公开发行股票的批复
证监许可〔2015〕3145 号	关于核准利尔化学股份有限公司配股的批复
证监许可〔2015〕3146 号	关于核准曙光信息产业股份有限公司非公开发行股票的批复
证监许可〔2015〕3150 号	关于核准上海大众公用事业(集团)股份有限公司发行境外上市外资股的批复
证监许可〔2015〕3151 号	关于核准南京大树智能科技股份有限公司定向发行股票的批复
证监许可〔2015〕3156 号	关于准予华夏高端制造灵活配置混合型证券投资基金注册的批复
证监许可〔2015〕3158 号	关于准予鹏华丰尚定期开放债券型证券投资基金注册的批复
证监许可〔2015〕3172 号	关于核准武汉道博股份有限公司向蒋立章等发行股份购买资产并募集配套资金的批复
证监许可〔2015〕3173 号	关于核准福建实达集团股份有限公司向深圳市腾兴旺达有限公司等发行股份购买资产并募集配套资金的批复
证监许可〔2015〕3177 号	关于核准天津久日新材料股份有限公司定向发行股票的批复
证监许可〔2015〕3179 号	关于核准豁免浙江省海港投资运营集团有限公司要约收购宁波港股份有限公司股份义务的批复
证监许可〔2015〕3180 号	关于核准豁免浙江省交通投资集团有限公司要约收购物产中拓股份有限公司股份义务的批复
证监许可〔2015〕3181 号	关于核准长江证券股份有限公司变更持有 5% 以上股权的股东的批复

(二)2015 年派出机构作出的行政许可决定书目录

发文字号	标题
大证监发〔2015〕12 号	关于核准中国国际期货有限公司分支机构负责人任职资格的决定
大证监发〔2015〕21 号	关于核准王晓东英大期货有限公司营业部负责人任职资格的决定
大证监发〔2015〕28 号	关于核准胡志远同信久恒期货有限责任公司营业部负责人任职资格的决定
大证监发〔2015〕29 号	关于核准张振期货公司副总经理任职资格的决定
大证监发〔2015〕42 号	关于核准洪梅期货公司首席风险官任职资格的决定

续表

发文字号	标题
大证监发〔2015〕66号	关于贾文军任职资格的批复
大证监发〔2015〕86号	关于核准大通证券股份有限公司在辽宁等地设立7家证券营业部的决定
大证监发〔2015〕90号	关于核准大通证券股份有限公司变更持有5%以上股权的股东的决定
大证监发〔2015〕123号	关于核准渤海期货有限公司期货投资咨询业务资格的决定
大证监发〔2015〕137号	关于钟石证券公司董事任职资格的批复
大证监发〔2015〕150号	大通证券股份有限公司关于在四川等地设立1家分公司和2家证券营业部的批复
大证监发〔2015〕257号	关于核准大连网金金融信息服务有限公司证券投资基金销售业务资格的批复
大证监发〔2015〕251号	关于核准张炎证券公司经理层高级管理人员任职资格的决定
甘证监发字〔2015〕2号	关于核准李金浙江中大期货有限公司酒泉营业部负责人任职资格的批复
甘证监发字〔2015〕6号	关于核准雷智文浙江中大期货有限公司兰州营业部(筹)负责人任职资格的批复
甘证监发字〔2015〕18号	关于华龙证券股份有限公司郭伟等8人证券公司独立董事、董事、监事任职资格的批复
甘证监发字〔2015〕73号	关于核准华龙证券股份有限公司设立4家分支机构的批复
甘证监发字〔2015〕87号	关于华龙证券股份有限公司刘旺兴、胡海全证券公司董事、监事任职资格的批复
甘证监发字〔2015〕88号	关于核准华龙证券股份有限公司设立兰州新区分公司的批复
甘证监发字〔2015〕129号	关于核准华龙证券股份有限公司拟设新疆石河子市营业部延期开业的批复
吉证监许字〔2015〕1号	关于核准恒泰证券股份有限公司撤销吉林解放东路、蛟河民主街证券营业部的批复
吉证监许字〔2015〕2号	关于核准恒泰长财证券有限公司变更公司章程重要条款的批复
吉证监许字〔2015〕3号	关于核准东北证券股份有限公司撤销四平辽河农垦管理区东文明路证券营业部的批复
吉证监许字〔2015〕4号	关于核准东北证券股份有限公司设立五家分公司的批复
吉证监许字〔2015〕5号	关于核准董晨证券公司高级管理人员任职资格的批复
吉证监许字〔2015〕6号	关于核准东北证券股份有限公司设立两家分公司一家营业部的批复
吉证监许字〔2015〕7号	关于核准杜婕证券公司独立董事任职资格的批复
吉证监许字〔2015〕8号	关于核准吉林九台农村商业银行股份有限公司证券投资基金销售业务资格的批复
吉证监许字〔2015〕9号	关于核准李福春证券公司董事任职资格的批复
吉证监许字〔2015〕10号	关于核准李福春证券公司董事长类人员任职资格的批复
苏证监机构字〔2015〕17号	关于核准长城证券有限责任公司撤销高邮文游中路证券营业部的批复
苏证监机构字〔2015〕25号	关于周勇证券公司董事任职资格的批复
苏证监期货字〔2015〕26号	关于核准张朝武担任东海期货有限责任公司董事任职资格的批复
苏证监期货字〔2015〕28号	关于杨帆担任期货公司副总经理任职资格的批复

续表

发文字号	标题
苏证监期货字〔2015〕29 号	关于朱小平副总经理任职资格的批复
苏证监机构字〔2015〕33 号	关于核准东海证券股份有限公司在苏州撤销一家分支机构的批复
苏证监期货字〔2015〕35 号	关于核准牟存担任弘业期货股份有限公司常熟营业部负责人任职资格的批复
苏证监期货字〔2015〕36 号	关于核准倪晓红担任中国国际期货有线公司常熟营业部负责人任职资格的批复
苏证监机构字〔2015〕39 号	关于代士健证券公司董事任职资格的批复
苏证监期货字〔2015〕40 号	关于核准钱涛担任华泰长城期货有限公司苏州营业部负责人任职资格的批复
苏证监期货字〔2015〕41 号	关于核准童本初担任国联期货有限责任公司盐城营业部负责人任职资格的批复
苏证监机构字〔2015〕55 号	关于核准华泰证券有限责任公司变更公司章程重要条款的批复
苏证监机构字〔2015〕56 号	关于袁怀东担任东海期货有限责任公司董事董事任职资格的批复
苏证监机构字〔2015〕57 号	关于李建华担任东海期货有限责任公司董事董事任职资格的批复
苏证监机构字〔2015〕59 号	关于胡晨顺证券公司监事任职资格的批复
苏证监机构字〔2015〕65 号	关于核准国联证券股份有限公司变更公司章程重要条款的批复
苏证监机构字〔2015〕66 号	关于核准陈志颖证券公司管理层人员任职资格的批复
苏证监期货字〔2015〕79 号	关于核准芦刚担任国联期货有限责任公司南京营业部负责人任职资格的批复
苏证监机构字〔2015〕87 号	关于王巍证券公司独立董事任职资格的批复
苏证监机构字〔2015〕89 号	关于范仁鹤证券公司独立董事任职资格的批复
苏证监机构字〔2015〕112 号	关于李志明证券公司独立董事任职资格的批复
苏证监期货字〔2015〕115 号	关于核准道通期货经纪有限责任公司变更股权的批复
苏证监机构字〔2015〕128 号	关于核准国联证券有限公司设立 7 家分支机构的批复
苏证监机构字〔2015〕130 号	关于李明辉证券公司独立董事任职资格的批复
苏证监机构字〔2015〕132 号	关于核准东吴证券股份有限公司设立 3 家分支机构的批复
苏证监机构字〔2015〕142 号	关于核准华泰证券有限公司变更公司章程重要条款的批复
苏证监机构字〔2015〕143 号	关于核准东海证券股份有限公司变更 5% 以上股权股东的实际控制人资格的批复
苏证监机构字〔2015〕165 号	关于核准华英证券公司变更 5% 以上股权股东变更的批复
苏证监机构字〔2015〕175 号	关于核准东海证券有限公司在云南昆明市设立 1 家证券营业部的批复
苏证监机构字〔2015〕176 号	关于核准石卿永证券公司经理层管理人员任职资格的批复
苏证监机构字〔2015〕190 号	关于核准朱建根证券公司董事任职资格的批复
苏证监机构字〔2015〕184 号	关于核准东吴证券股份有限公司设立福建分公司的批复
苏证监机构字〔2015〕197 号	关于核准郭晋炜证券公司经理层高级管理人员任职资格的批复
苏证监机构字〔2015〕198 号	关于核准王一军证券公司经理层高级管理人员任职资格的批复
苏证监机构字〔2015〕199 号	关于朱剑证券公司董事任职资格的批复

续表

发文字号	标题
苏证监机构字〔2015〕208 号	关于核准大泰金石投资管理有限公司证券投资基金销售业务资格的批复
苏证监机构字〔2015〕214 号	关于核准巫兰证券公司经理层高级管理人员任职资格的批复
苏证监机构字〔2015〕226 号	关于核准江苏紫金农村商业银行股份有限公司证券投资基金销售业务资格的批复
苏证监机构字〔2015〕227 号	关于核准南京途牛金融信息服务有限公司证券投资基金销售业务资格的批复
苏证监机构字〔2015〕235 号	关于徐敏证券公司董事任职资格的批复
苏证监机构字〔2015〕238 号	关于刘志红证券公司监事任职资格的批复
苏证监机构字〔2015〕242 号	关于陈志斌证券公司独立董事任职资格的批复
苏证监机构字〔2015〕257 号	关于核准东海证券股份有限公司变更公司章程重要条款的批复
苏证监机构字〔2015〕299 号	关于南京证券股份有限公司变更公司章程重要条款的批复
苏证监机构字〔2015〕320 号	关于核准南京证券股份有限公司在江苏等地设立 6 家分支机构的批复
苏证监机构字〔2015〕323 号	关于核准弘业期货股份有限公司证券投资基金销售业务资格的批复
赣证监许可〔2015〕1 号	关于核准中信证券（浙江）有限责任公司撤销上饶县七六路证券营业部的批复
赣证监许可〔2015〕2 号	关于核准孟令凯期货公司营业部负责人任职资格的批复
赣证监许可〔2015〕3 号	关于核准吴春广期货公司营业部负责人任职资格的批复
赣证监许可〔2015〕4 号	关于核准国盛证券有限责任公司变更公司章程重要条款的批复
赣证监许可〔2015〕5 号	关于核准国盛证券有限责任公司设立 1 家分支机构的批复
赣证监许可〔2015〕6 号	关于核准王革文证券公司经理层高级管理人员任职资格的批复
赣证监许可〔2015〕7 号	关于核准中航证券有限公司设立 4 家分支机构的批复
赣证监许可〔2015〕8 号	关于核准许维鸿证券公司经理层高级管理人员任职资格的批复
赣证监许可〔2015〕9 号	关于核准胡振齐证券公司经理层高级管理人员任职资格的批复
赣证监许可〔2015〕10 号	关于核准中航证券有限公司变更持有 5% 以上股权股东的批复
赣证监许可〔2015〕11 号	关于核准国盛证券有限责任公司董事、独立董事任职资格的批复
赣证监许可〔2015〕12 号	关于核准刘元根证券公司经理层高级管理人员任职资格的批复
赣证监许可〔2015〕13 号	关于核准姜飞证券公司经理层高级管理人员任职资格的批复
赣证监许可〔2015〕14 号	关于核准国盛证券有限责任公司设立一家分支机构的批复
赣证监许可〔2015〕15 号	关于核准张昌生证券公司经理层高级管理人员任职资格的批复
赣证监许可〔2015〕16 号	关于核准中航证券有限公司设立 3 家分支机构的批复 2
赣证监许可〔2015〕17 号	关于核准孙桢磉证券公司经理层高级管理人员任职资格的批复
赣证监许可〔2015〕18 号	关于核准国盛证券有限责任公司变更持有 5% 以上股权股东的批复
沪证监许可〔2015〕1 号	关于核准谢荣证券公司经理层高级人员任职资格的批复
沪证监许可〔2015〕2 号	关于核准张培源期货公司首席风险官任职资格的批复
沪证监许可〔2015〕3 号	关于核准张志东期货公司副总经理任职资格的批复

续表

发文字号	标题
沪证监许可〔2015〕4 号	关于核准爱建证券有限责任公司设立 5 家证券营业部的批复
沪证监许可〔2015〕5 号	关于核准甘军强期货公司董事任职资格的批复
沪证监许可〔2015〕6 号	关于核准宇尔斌证券公司经理层高级管理人员任职资格的批复
沪证监许可〔2015〕7 号	关于核准吴晓东证券公司经理层高级管理人员任职资格的批复
沪证监许可〔2015〕8 号	关于核准爱建证券有限责任公司代销金融产品业务资格的批复
沪证监许可〔2015〕9 号	关于核准何满年期货公司董事任职资格的批复
沪证监许可〔2015〕10 号	关于核准姜杨证券公司监事任职资格的批复
沪证监许可〔2015〕11 号	关于核准郦锡文证券公司独立董事任职资格的批复
沪证监许可〔2015〕12 号	关于核准冯戎证券公司董事长类人员任职资格的批复
沪证监许可〔2015〕13 号	关于核准屈艳萍证券公司董事任职资格的批复
沪证监许可〔2015〕14 号	关于核准姜波证券公司董事任职资格的批复
沪证监许可〔2015〕15 号	关于核准齐大宏证券公司独立董事任职资格的批复
沪证监许可〔2015〕16 号	关于核准李梅证券公司董事任职资格的批复
沪证监许可〔2015〕17 号	关于核准龚波证券公司监事任职资格的批复
沪证监许可〔2015〕18 号	关于核准许奇证券公司监事任职资格的批复
沪证监许可〔2015〕19 号	关于核准史致金证券公司独立董事任职资格的批复
沪证监许可〔2015〕20 号	关于核准温锋证券公司监事任职资格的批复
沪证监许可〔2015〕21 号	关于核准李军证券公司董事任职资格的批复
沪证监许可〔2015〕22 号	关于核准陈春林同信久恒期货有限责任公司营业部负责人任职资格的批复
沪证监许可〔2015〕23 号	关于核准罗永迪期货公司副总经理任职资格的批复
沪证监许可〔2015〕24 号	关于核准郑石桥期货公司独立董事任职资格的批复
沪证监许可〔2015〕25 号	关于核准华金证券有限责任公司变更持有 5% 以上股权股东的批复
沪证监许可〔2015〕26 号	关于核准魏巍证券公司董事长类人员任职资格的批复
沪证监许可〔2015〕27 号	关于核准印传祥期货公司副总经理任职资格的批复
沪证监许可〔2015〕28 号	关于核准华金证券有限责任公司变更公司章程重要条款的批复
沪证监许可〔2015〕29 号	关于核准东方证券股份有限公司 设立 23 家证券营业部的批复
沪证监许可〔2015〕30 号	关于核准徐捷华安期货有限责任公司营业部负责人任职资格的批复
沪证监许可〔2015〕31 号	关于核准德邦证券股份有限公司变更公司章程重要条款的批复
沪证监许可〔2015〕32 号	关于核准张建新期货公司监事任职资格的批复
沪证监许可〔2015〕33 号	关于核准刘波期货公司董事任职资格的批复
沪证监许可〔2015〕34 号	关于核准齐鲁证券(上海)资产管理有限公司公司章程的批复
沪证监许可〔2015〕35 号	关于核准王祖民证券公司经理层高级管理人员任职资格的批复

续表

发文字号	标题
沪证监许可〔2015〕36 号	关于核准舒超海通期货有限公司营业部负责人任职资格的批复
沪证监许可〔2015〕37 号	关于核准申银万国期货有限公司证券投资基金销售业务资格的批复
沪证监许可〔2015〕38 号	关于核准傅帆证券公司董事任职资格的批复
沪证监许可〔2015〕39 号	关于核准上海基煜投资管理有限公司证券投资基金销售业务资格的批复
沪证监许可〔2015〕40 号	关于核准上海凯石财富投资管理有限公司证券投资基金销售业务资格的批复
沪证监许可〔2015〕41 号	关于核准李书江证券公司董事任职资格的批复
沪证监许可〔2015〕42 号	关于核准凌涛证券公司独立董事任职资格的批复
沪证监许可〔2015〕43 号	关于核准刘靖华长江期货有限公司营业部负责人任职资格的批复
沪证监许可〔2015〕44 号	关于核准刘玉珍证券公司独立董事任职资格的批复
沪证监许可〔2015〕45 号	关于核准王忠证券公司经理层高级管理人员任职资格的批复
沪证监许可〔2015〕46 号	关于核准黄正红证券公司经理层高级管理人员任职资格的批复
沪证监许可〔2015〕47 号	关于核准黄文卿证券公司经理层高级管理人员任职资格的批复
沪证监许可〔2015〕48 号	关于核准华金证券有限责任公司证券投资基金销售业务资格的批复
沪证监许可〔2015〕49 号	关于核准中银国际证券有限责任公司变更公司章程重要条款的批复
沪证监许可〔2015〕50 号	关于核准王海权证券公司董事任职资格的批复
沪证监许可〔2015〕51 号	关于核准东方证券股份有限公司变更公司章程重要条款的批复
沪证监许可〔2015〕52 号	关于核准田海林证券公司经理层高级管理人员任职资格的批复
沪证监许可〔2015〕53 号	关于核准上海利和财富投资管理有限公司证券投资基金销售业务资格的批复
沪证监许可〔2015〕54 号	关于核准胡伟东证券公司经理层高级管理人员任职资格的批复
沪证监许可〔2015〕55 号	关于核准潘凯证券公司经理层高级管理人员任职资格的批复
沪证监许可〔2015〕56 号	关于核准东方花旗证券有限公司变更公司章程重要条款的批复
沪证监许可〔2015〕57 号	关于核准上海中期期货有限公司变更股权和注册资本的批复
沪证监许可〔2015〕58 号	关于核准劳宏华证券公司经理层高级管理人员任职资格的批复
沪证监许可〔2015〕59 号	关于核准涂艳军证券公司经理层高级管理人员任职资格的批复
沪证监许可〔2015〕60 号	关于核准上海景谷资产管理有限公司证券投资基金销售业务资格的批复
沪证监许可〔2015〕61 号	关于核准上海东证期货有限公司证券投资基金销售业务资格的批复
沪证监许可〔2015〕62 号	关于核准李梅证券公司经理层高级管理人员任职资格的批复
沪证监许可〔2015〕63 号	关于核准上海通联期货有限公司变更股权的批复
沪证监许可〔2015〕64 号	关于核准吴凌翔证券公司经理层高级管理人员任职资格的批复
沪证监许可〔2015〕65 号	关于核准陈新华证券公司经理层高级管理人员任职资格的批复
沪证监许可〔2015〕66 号	关于核准沈铁冬证券公司董事任职资格的批复
沪证监许可〔2015〕67 号	关于核准余莉萍证券公司董事任职资格的批复

续表

发文字号	标题
沪证监许可〔2015〕68 号	关于核准杨斌证券公司经理层高级管理人员任职资格的批复
沪证监许可〔2015〕69 号	关于核准钟茂军证券公司董事任职资格的批复
沪证监许可〔2015〕70 号	关于核准郭昕炜证券公司经理层高级管理人员任职资格的批复
沪证监许可〔2015〕71 号	关于核准周磊证券公司董事任职资格的批复
沪证监许可〔2015〕72 号	关于核准潘飞证券公司独立董事任职资格的批复
沪证监许可〔2015〕73 号	关于核准恒泰期货有限公司变更股权和注册资本的批复
沪证监许可〔2015〕74 号	关于核准海通证券股份有限公司变更公司章程重要条款的批复
沪证监许可〔2015〕75 号	关于核准中辉期货有限公司期货投资咨询业务资格的批复
沪证监许可〔2015〕76 号	关于核准上海朝阳永续投资顾问有限公司证券投资基金销售业务资格的批复
沪证监许可〔2015〕77 号	关于核准汪成证券公司 经理层高级管理人员任职资格的批复
沪证监许可〔2015〕78 号	关于核准詹雁证券公司经理层高级管理人员任职资格的批复
沪证监许可〔2015〕79 号	关于核准马小寒证券公司经理层高级管理人员任职资格的批复
沪证监许可〔2015〕80 号	关于核准寿伟光证券公司董事长类人员任职资格的批复
沪证监许可〔2015〕81 号	关于核准宋世浩证券公司监事任职资格的批复
沪证监许可〔2015〕82 号	关于核准海通证券股份有限公司变更公司章程重要条款的批复
沪证监许可〔2015〕83 号	关于核准宋孜茵证券公司监事任职资格的批复
沪证监许可〔2015〕84 号	关于核准铜冠金源期货有限公司期货投资咨询业务资格的批复
沪证监许可〔2015〕85 号	关于核准上海中正达广投资管理有限公司证券投资基金销售业务资格的批复
沪证监许可〔2015〕86 号	关于核准东方花旗证券有限公司变更公司章程重要条款的批复
沪证监许可〔2015〕87 号	关于韩国农协投资证券公司变更上海代表处名称的批复
沪证监许可〔2015〕88 号	关于核准杨萍证券公司监事任职资格的批复
沪证监许可〔2015〕89 号	关于核准李虎证券公司监事任职资格的批复
沪证监许可〔2015〕90 号	关于核准上海攀赢金融信息服务有限公司证券投资基金销售业务资格的批复
沪证监许可〔2015〕91 号	关于核准陈明证券公司监事任职资格的批复
沪证监许可〔2015〕92 号	关于核准光大证券股份有限公司变更公司章程重要条款的批复
沪证监许可〔2015〕93 号	关于核准周代希证券公司经理层高级管理人员任职资格的批复
沪证监许可〔2015〕94 号	关于核准陈爱国证券公司董事任职资格的批复
沪证监许可〔2015〕95 号	关于核准德邦证券股份有限公司变更公司章程重要条款的批复
沪证监许可〔2015〕96 号	关于核准崔春证券公司经理层高级管理人员任职资格的批复
沪证监许可〔2015〕97 号	关于核准华金证券有限责任公司变更持有 5% 以上股权股东的批复
沪证监许可〔2015〕98 号	关于核准汪建证券公司经理层高级管理人员任职资格的批复
沪证监许可〔2015〕99 号	关于核准周文武证券公司监事任职资格的批复

续表

发文字号	标题
沪证监许可〔2015〕100 号	关于核准齐鲁证券(上海)资产管理有限公司变更注册资本的批复
沪证监许可〔2015〕101 号	关于核准杜卫华证券公司经理层高级管理人员任职资格的批复
沪证监许可〔2015〕102 号	关于核准上海陆金所资产管理有限公司证券投资基金销售业务资格的批复
沪证监许可〔2015〕103 号	关于核准郭海明证券公司经理层高级管理人员任职资格的批复
沪证监许可〔2015〕104 号	关于核准申万宏源证券有限公司设立 7 家证券分支机构的批复
沪证监许可〔2015〕105 号	关于核准国泰君安证券股份有限公司变更公司章程重要条款的批复
沪证监许可〔2015〕106 号	关于核准周诗宇证券公司经理层高级管理人员任职资格的批复
沪证监许可〔2015〕107 号	关于核准刘运宏证券公司经理层高级管理人员任职资格的批复
沪证监许可〔2015〕108 号	关于核准吴楠证券公司经理层高级管理人员任职资格的批复
沪证监许可〔2015〕109 号	关于元大证券股份有限公司变更上海代表处名称的批复
沪证监许可〔2015〕110 号	关于核准郑小芸证券公司监事任职资格的批复
沪证监许可〔2015〕111 号	关于核准潘飞证券公司独立董事任职资格的批复
沪证监许可〔2015〕112 号	关于核准章玉贵证券公司独立董事任职资格的批复
沪证监许可〔2015〕113 号	关于核准周远鸿证券公司董事任职资格的批复
沪证监许可〔2015〕114 号	关于核准永鑫保险销售服务有限公司证券投资基金销售业务资格的批复
沪证监许可〔2015〕115 号	关于核准德邦证券股份有限公司设立 1 家 分公司的批复
沪证监许可〔2015〕116 号	关于核准申万宏源证券有限公司 设立 2 家分公司的批复
沪证监许可〔2015〕117 号	关于核准商洪波证券公司 董事长类人员任职资格的批复
沪证监许可〔2015〕118 号	关于核准魏浣忠证券公司经理层高级管理人员任职资格的批复
沪证监许可〔2015〕119 号	关于核准上海东方期货经纪有限责任公司变更股权的批复
沪证监许可〔2015〕120 号	关于核准严韵辉证券公司监事任职资格的批复
沪证监许可〔2015〕121 号	关于核准中银国际证券有限责任公司设立 4 家证券分公司的批复
沪证监许可〔2015〕122 号	关于核准王亚娟证券公司监事任职资格的批复
沪证监许可〔2015〕123 号	关于核准上海爱建财富管理有限公司证券投资基金销售业务资格的批复
沪证监许可〔2015〕124 号	关于核准易金成证券公司经理层高级管理人员任职资格的批复
沪证监许可〔2015〕125 号	关于核准申万宏源证券有限公司章程的批复
沪证监许可〔2015〕126 号	关于核准上海证券有限责任公司变更持有 5% 以上股权股东的批复
沪证监许可〔2015〕127 号	关于核准刘跃证券公司经理层高级管理人员任职资格的批复
沪证监许可〔2015〕128 号	关于核准李俊杰证券公司 经理层高级管理人员任职资格的批复
沪证监许可〔2015〕129 号	关于核准陈晓升证券公司经理层高级管理人员任职资格的批复
沪证监许可〔2015〕130 号	关于核准谢华证券公司经理层高级管理人员任职资格的批复
沪证监许可〔2015〕131 号	关于核准吴佳证券公司经理层高级管理人员任职资格的批复

续表

发文字号	标题
沪证监许可〔2015〕132 号	关于核准王承军证券公司经理层高级管理人员任职资格的批复
沪证监许可〔2015〕133 号	关于核准华金证券有限责任公司设立 11 家证券分支机构的批复
沪证监许可〔2015〕134 号	关于核准上海证券有限责任公司设立 10 家证券分支机构的批复
沪证监许可〔2015〕135 号	关于核准爱建证券有限责任公司设立十四家证券营业部的批复
沪证监许可〔2015〕136 号	关于核准梅咏明证券公司董事任职资格的批复
沪证监许可〔2015〕137 号	关于核准通惠期货有限公司期货投资咨询业务资格的批复
沪证监许可〔2015〕138 号	关于核准薛金艳证券公司董事任职资格的批复
沪证监许可〔2015〕139 号	关于核准上海华信证券有限责任公司证券自营、证券资产管理业务资格的批复
深证局许可字〔2015〕1 号	关于核准杨敏任职资格的批复
深证局许可字〔2015〕2 号	关于核准孙志坤任职资格的批复
深证局许可字〔2015〕3 号	关于核准马红菊任职资格的批复
深证局许可字〔2015〕4 号	关于核准夏崇卫任职资格的批复
深证局许可字〔2015〕5 号	关于核准费丽萍任职资格的批复
深证局许可字〔2015〕6 号	关于核准郑霞任职资格的批复
深证局许可字〔2015〕7 号	关于核准周尚文证券公司经理层高级管理人员任职资格的批复
深证局许可字〔2015〕8 号	关于核准吴坤强证券公司董事任职资格的批复
深证局许可字〔2015〕9 号	关于核准宏信证券有限责任公司在深圳撤销 1 家分支机构的批复
深证局许可字〔2015〕10 号	关于核准柳星明证券公司经理层高级管理人员任职资格的批复
深证局许可字〔2015〕11 号	关于核准马刚证券公司经理层高级管理人员任职资格的批复
深证局许可字〔2015〕12 号	关于核准王占韦任职资格的批复
深证局许可字〔2015〕13 号	关于中投天琪期货有限公司证券投资基金销售业务资格的批复
深证局许可字〔2015〕14 号	关于核准华鑫证券有限责任公司设立 2 家分支机构的批复
深证局许可字〔2015〕15 号	关于核准中信证券股份有限公司设立 22 家分支机构的批复
深证局许可字〔2015〕16 号	关于核准张皓任职资格的批复
深证局许可字〔2015〕17 号	关于核准中信证券股份有限公司变更公司章程重要条款的批复
深证局许可字〔2015〕18 号	关于核准安信证券股份有限公司设立 15 家分支机构的批复
深证局许可字〔2015〕19 号	关于核准杨健晖任职资格的批复
深证局许可字〔2015〕20 号	关于核准世纪证券有限责任公司设立 18 家分支机构的批复
深证局许可字〔2015〕21 号	关于核准李宗平任职资格的批复
深证局许可字〔2015〕22 号	关于核准中国中投证券有限责任公司设立 6 家分支机构的批复
深证局许可字〔2015〕23 号	关于核准张礼卿证券公司独立董事任职资格的批复
深证局许可字〔2015〕24 号	关于核准吴坤强证券公司经理层高级管理人员任职资格的批复

续表

发文字号	标题
深证局许可字〔2015〕25 号	关于核准国信证券股份有限公司变更公司章程重要条款的批复
深证局许可字〔2015〕26 号	关于核准孔旺证券公司董事任职资格的批复
深证局许可字〔2015〕27 号	关于核准陈德贤证券公司董事任职资格的批复
深证局许可字〔2015〕28 号	关于核准众成证券经纪有限公司变更注册资本的批复
深证局许可字〔2015〕29 号	关于核准何盛华证券公司经理层高级管理人员任职资格的批复
深证局许可字〔2015〕30 号	关于核准银河金汇证券资产管理有限公司设立 1 家分支机构的批复
深证局许可字〔2015〕31 号	关于核准徐浙鸿证券公司经理层高级管理人员任职资格的批复
深证局许可字〔2015〕32 号	关于核准长城证券有限责任公司变更公司章程重要条款的批复
深证局许可字〔2015〕33 号	关于核准梁淑灵任职资格的批复
深证局许可字〔2015〕34 号	关于核准张国明任职资格的批复
深证局许可字〔2015〕35 号	关于核准孔旺证券公司经理层高级管理人员任职资格的批复
深证局许可字〔2015〕36 号	关于核准国信证券股份有限公司设立 24 家分支机构的批复
深证局许可字〔2015〕37 号	关于核准刘杰证券公司董事任职资格的批复
深证局许可字〔2015〕38 号	关于核准米爱东证券公司监事会主席任职资格的批复
深证局许可字〔2015〕39 号	关于核准金刚善证券公司董事任职资格的批复
深证局许可字〔2015〕40 号	关于核准吴光焰证券公司经理层高级管理人员任职资格的批复
深证局许可字〔2015〕41 号	关于核准熊志钢证券公司经理层高级管理人员任职资格的批复
深证局许可字〔2015〕42 号	关于核准第一创业证券股份有限公司设立 1 家分支机构的批复
深证局许可字〔2015〕43 号	关于核准徐鸿证券公司董事任职资格的批复
深证局许可字〔2015〕44 号	关于核准阮惠仙证券公司监事任职资格的批复
深证局许可字〔2015〕45 号	关于核准王冬证券公司监事任职资格的批复
深证局许可字〔2015〕46 号	关于核准童强证券公司监事任职资格的批复
深证局许可字〔2015〕47 号	关于核准中国中投证券有限责任公司设立 3 家分支机构的批复
深证局许可字〔2015〕48 号	关于核准华鑫证券有限责任公司变更公司章程重要条款的批复
深证局许可字〔2015〕49 号	关于核准混沌天成期货有限公司期货投资咨询业务资格的批复
深证局许可字〔2015〕50 号	关于核准孙晓雯证券公司董事任职资格的批复
深证局许可字〔2015〕51 号	关于核准蓝永强证券公司董事任职资格的批复
深证局许可字〔2015〕52 号	关于核准平安证券有限责任公司变更持有 5% 以上股权的股东和变更注册资本的批复
深证局许可字〔2015〕53 号	关于核准沙常明证券公司董事长类人员任职资格的批复
深证局许可字〔2015〕54 号	关于核准王玮证券公司董事任职资格的批复
深证局许可字〔2015〕55 号	关于核准银泰证券有限责任公司设立 10 家分支机构的批复
深证局许可字〔2015〕56 号	关于核准李宗军证券公司经理层高级管理人员任职资格的批复

续表

发文字号	标题
深证局许可字〔2015〕57 号	关于核准龚丽艳证券公司独立董事任职资格的批复
深证局许可字〔2015〕58 号	关于核准陈世敏证券公司独立董事任职资格的批复
深证局许可字〔2015〕59 号	关于核准杨海坤证券公司董事任职资格的批复
深证局许可字〔2015〕60 号	关于核准赵鹏证券公司董事任职资格的批复
深证局许可字〔2015〕61 号	关于核准戴金平证券公司独立董事任职资格的批复
深证局许可字〔2015〕62 号	关于核准中山证券有限责任公司变更公司章程重要条款的批复(中山证券有限责任公司)
深证局许可字〔2015〕63 号	关于核准招商证券股份有限公司设立 40 家分支机构的批复
深证局许可字〔2015〕64 号	关于核准华鑫证券有限责任公司设立 3 家分支机构的批复
深证局许可字〔2015〕65 号	关于核准众成证券经纪有限公司变更公司章程重要条款的批复
深证局许可字〔2015〕66 号	关于核准周朝晖证券公司监事任职资格的批复
深证局许可字〔2015〕67 号	关于核准杨志群证券公司经理层高级管理人员任职资格的批复
深证局许可字〔2015〕68 号	关于核准张鹏证券公司经理层高级管理人员任职资格的批复
深证局许可字〔2015〕69 号	关于核准雷宏业证券公司独立董事任职资格的批复
深证局许可字〔2015〕70 号	关于核准施洪祥证券公司董事任职资格的批复
深证局许可字〔2015〕71 号	关于核准深圳新华信通资产管理有限公司证券投资基金销售业务资格的批复
深证局许可字〔2015〕72 号	关于核准深圳前海京西票号投资管理有限公司证券投资基金销售业务资格的批复
深证局许可字〔2015〕73 号	关于核准祝建鑫证券公司董事任职资格的批复
深证局许可字〔2015〕74 号	关于核准第一创业证券股份有限公司设立 1 家分支机构的批复
深证局许可字〔2015〕75 号	关于核准黄青青证券公司监事任职资格的批复
深证局许可字〔2015〕76 号	关于核准付强证券公司经理层高级管理人员任职资格的批复
深证局许可字〔2015〕77 号	关于核准施洪祥证券公司董事长类人员任职资格的批复
深证局许可字〔2015〕78 号	关于核准深圳前海微众银行股份有限公司证券投资基金销售业务资格的批复
深证局许可字〔2015〕79 号	关于核准李晓霏证券公司监事任职资格的批复
深证局许可字〔2015〕80 号	关于核准中山证券有限责任公司变更公司章程重要条款的批复
深证局许可字〔2015〕81 号	关于核准车晓昕证券公司董事任职资格的批复
深证局许可字〔2015〕82 号	关于核准英大证券有限责任公司设立 7 家分支机构的批复
深证局许可字〔2015〕83 号	关于核准宋常证券公司独立董事任职资格的批复
深证局许可字〔2015〕84 号	关于核准张兴证券公司董事任职资格的批复
深证局许可字〔2015〕85 号	关于核准国信证券股份有限公司变更公司章程重要条款的批复
深证局许可字〔2015〕86 号	关于核准朱涛证券公司监事任职资格的批复
深证局许可字〔2015〕87 号	关于核准詹桂峰证券公司监事任职资格的批复

续表

发文字号	标题
深证局许可字〔2015〕88号	关于核准中国中投证券有限责任公司设立23家分支机构的批复
深证局许可字〔2015〕89号	关于核准赵斌证券公司董事任职资格的批复
深证局许可字〔2015〕90号	关于核准曲晓辉证券公司独立董事任职资格的批复
深证局许可字〔2015〕91号	关于核准蔡宁证券公司经理层高级管理人员任职资格的批复
深证局许可字〔2015〕92号	关于核准卜健证券公司经理层高级管理人员任职资格的批复
深证局许可字〔2015〕93号	关于核准裴晨艳证券公司经理层高级管理人员任职资格的批复
深证局许可字〔2015〕94号	关于核准宁敖证券公司经理层高级管理人员任职资格的批复
深证局许可字〔2015〕95号	关于核准江禹证券公司经理层高级管理人员任职资格的批复
深证局许可字〔2015〕96号	关于核准深圳富济财富管理有限公司证券投资基金销售业务资格的批复
深证局许可字〔2015〕97号	关于核准华泰联合证券有限责任公司变更公司章程重要条款的批复
深证局许可字〔2015〕98号	关于核准蓝永强证券公司董事长类人员任职资格的批复
深证局许可字〔2015〕99号	关于核准张汉玉证券公司经理层高级管理人员任职资格的批复
深证局许可字〔2015〕100号	关于核准众成证券有限责任公司证券资产管理业务资格的批复
深证局许可字〔2015〕101号	关于核准安信证券股份有限公司变更公司章程重要条款的批复
深证局许可字〔2015〕102号	关于核准元大宝来证券(香港)有限公司深圳代表处更名的批复
深证局许可字〔2015〕103号	关于核准何捷证券公司独立董事任职资格的批复
深证局许可字〔2015〕104号	关于核准蒋松涛证券公司董事长类人员任职资格的批复
深证局许可字〔2015〕105号	关于核准孙辰健证券公司经理层高级管理人员任职资格的批复
深证局许可字〔2015〕106号	关于核准中国中投证券有限责任公司设立8家分支机构的批复
深证局许可字〔2015〕107号	关于核准郑敏证券公司独立董事任职资格的批复
深证局许可字〔2015〕108号	关于核准樊玉雯证券公司董事任职资格的批复
深证局许可字〔2015〕109号	关于核准第一创业证券股份有限公司设立3家分支机构的批复
深证局许可字〔2015〕110号	关于核准英大证券有限责任公司设立4家分支机构的批复
深证局许可字〔2015〕111号	关于核准国信证券股份有限公司设立26家分支机构的批复
深证局许可字〔2015〕112号	关于核准孙学斌证券公司经理层高级管理人员任职资格的批复
深证局许可字〔2015〕113号	关于核准朱军证券公司经理层高级管理人员任职资格的批复
深证局许可字〔2015〕114号	关于核准刘世安证券公司经理层高级管理人员任职资格的批复
深证局许可字〔2015〕115号	关于核准深圳瑞龙期货有限公司变更股权的批复
深证局许可字〔2015〕116号	关于核准蔡新发证券公司经理层高级管理人员任职资格的批复
深证局许可字〔2015〕117号	关于核准祝函证券公司经理层高级管理人员任职资格的批复
深证局许可字〔2015〕118号	关于核准李双友证券公司董事任职资格的批复
深证局许可字〔2015〕119号	关于核准叶柏寿证券公司董事任职资格的批复

续表

发文字号	标题
深证局许可字〔2015〕120 号	关于核准饶劲松证券公司董事任职资格的批复
深证局许可字〔2015〕121 号	关于核准招商证券资产管理有限公司变更公司章程重要条款的批复
深证局许可字〔2015〕122 号	关于核准众成证券有限责任公司设立 10 家分支机构的批复
深证局许可字〔2015〕123 号	关于核准奕丰科技服务(深圳)前海有限公司证券投资基金销售业务资格的批复
深证局许可字〔2015〕124 号	关于核准高涛证券公司经理层高级管理人员任职资格的批复
深证局许可字〔2015〕125 号	关于核准众成证券有限责任公司设立 1 家分支机构的批复
深证局许可字〔2015〕126 号	关于核准中国中投证券有限责任公司设立 5 家分支机构的批复
深证局许可字〔2015〕127 号	关于核准中山证券有限责任公司设立 2 家分支机构的批复
深证局许可字〔2015〕128 号	关于核准深圳秋实惠智财富投资管理有限公司证券投资基金销售业务资格的批复
深证局许可字〔2015〕129 号	关于核准众成证券有限责任公司证券投资基金销售业务资格的批复
深证局许可字〔2015〕130 号	关于核准众成证券有限责任公司变更注册资本的批复
深证局许可字〔2015〕131 号	关于核准华鑫证券有限责任公司设立 1 家分支机构的批复
深证局许可字〔2015〕132 号	关于核准郭兴证券公司监事任职资格的批复
深证局许可字〔2015〕133 号	关于核准蔡向彤证券公司经理层高级管理人员任职资格的批复
深证局许可字〔2015〕134 号	关于核准张金顺证券公司董事任职资格的批复
深证局许可字〔2015〕135 号	关于核准赵斌证券公司经理层高级管理人员任职资格的批复
深证局许可字〔2015〕136 号	关于核准深圳市小牛投资咨询有限公司证券投资基金销售业务资格的批复
深证局许可字〔2015〕137 号	关于核准李奕光证券公司董事任职资格的批复
深证局许可字〔2015〕138 号	关于核准第一创业证券股份有限公司设立 3 家分支机构的批复
深证局许可字〔2015〕139 号	关于核准傅振刚证券公司董事任职资格的批复
深证局许可字〔2015〕140 号	关于核准邵珠海证券公司经理层高级管理人员任职资格的批复
深证局许可字〔2015〕141 号	关于核准彭小荣证券公司经理层高级管理人员任职资格的批复
深证局许可字〔2015〕142 号	关于核准时永坤证券公司董事任职资格的批复
深证局许可字〔2015〕143 号	关于核准胡映璐证券公司经理层高级管理人员任职资格的批复
深证局许可字〔2015〕144 号	关于核准曹宇证券公司董事任职资格的批复
深证局许可字〔2015〕145 号	关于核准英大证券有限责任公司设立 4 家分支机构的批复
湘证监机构字〔2015〕1 号	关于王泽建同志证券公司监事任职资格的批复
湘证监机构字〔2015〕4 号	关于韦俊民同志证券公司董事任职资格的批复
湘证监机构字〔2015〕5 号	关于叶林同志证券公司独立董事任职资格的批复
湘证监机构字〔2015〕6 号	关于黄卫平同志证券公司独立董事任职资格的批复
湘证监机构字〔2015〕7 号	关于赵志军同志证券公司独立董事任职资格的批复

续表

发文字号	标题
湘证监机构字〔2015〕8 号	关于陈晓龙同志证券公司董事任职资格的批复
湘证监机构字〔2015〕9 号	关于杨克森同志证券公司监事任职资格的批复
湘证监机构字〔2015〕10 号	关于核准王泽建同志证券公司董事长类人员任职资格的批复
湘证监机构字〔2015〕12 号	关于核准方正证券股份有限公司设立 5 家分支机构的批复
湘证监机构字〔2015〕14 号	关于核准湘财证券股份有限公司变更持有 5% 以上股权的股东的批复
湘证监机构字〔2015〕16 号	关于核准屈茂辉同志证券公司独立董事任职资格的批复
湘证监机构字〔2015〕17 号	关于核准方正证券股份有限公司设立 1 家分公司的批复
湘证监机构字〔2015〕18 号	关于核准方正证券股份有限公司设立 17 家分支机构的批复
湘证监机构字〔2015〕19 号	关于核准方正证券股份有限公司设立 39 家分支机构的批复
湘证监机构字〔2015〕21 号	关于核准冯征同志证券公司独立董事任职资格的批复
湘证监机构字〔2015〕23 号	关于核准方正证券股份有限公司设立 30 家分支机构的批复
湘证监机构字〔2015〕24 号	关于核准财富证券有限责任公司设立 21 家分支机构的批复
湘证监机构字〔2015〕25 号	关于核准方正证券股份有限公司设立 1 家分分支机构的批复
湘证监机构字〔2015〕26 号	关于核准赵亚男证券公司经理层高级管理人员任职资格的批复
湘证监机构字〔2015〕27 号	关于核准曾小龙同志证券公司经理层高级管理人员任职资格的批复
湘证监机构字〔2015〕28 号	关于核准仲凡证券公司董事任职资格的批复
湘证监机构字〔2015〕29 号	关于薛琳同志证券公司监事任职资格的批复
湘证监机构字〔2015〕30 号	关于核准仲凡证券公司经理层高级管理人员任职资格的批复
湘证监机构字〔2015〕32 号	关于核准吴姚东证券公司经理层高级管理人员任职资格的批复
湘证监机构字〔2015〕34 号	关于核准财富证券有限责任公司变更持有 5% 以上股权的股东的批复
湘证监机构字〔2015〕35 号	关于核准许慧同志证券公司独立董事任职资格的批复
湘期－行许－2015－1	关于核准谭健期货公司营业部负责人任职资格的批复与申请材料
湘期－行许－2015－2	关于核准丁波期货公司副总经理任职资格的批复与申请材料
湘期－行许－2015－3	关于核准黄丽娜期货公司副总经理任职资格的批复与申请材料
湘期－行许－2015－4	关于核准沈众辉期货公司总经理任职资格的批复与申请材料
湘期－行许－2015－5	关于核准罗耿期货公司营业部负责人任职资格的批复与申请材料
湘期－行许－2015－6	关于核准杨慧期货公司监事任职资格的批复与申请材料
湘期－行许－2015－7	关于核准曹莹期货公司营业部负责人任职资格的批复与申请材料
川证监期货〔2015〕1 号	关于核准赵池浩期货公司高级管理人员任职资格的批复
川证监期货〔2015〕2 号	关于核准张婧雅期货公司高级管理人员任职资格的批复
川证监机构〔2015〕1 号	关于刘景峰证券公司董事任职资格的批复
川证监机构〔2015〕2 号	关于杜航证券公司经理层高级管理人员任职资格的批复

续表

发文字号	标题
川证监机构〔2015〕4 号	关于核准德阳银行股份有限公司证券投资基金销售业务资格的批复
川证监机构〔2015〕5 号	关于核准成都万华源股权投资基金管理有限责任公司证券投资基金销售业务资格的批复
川证监机构〔2015〕6 号	关于曹远刚证券公司董事任职资格的批复
川证监机构〔2015〕7 号	关于核准国金证券股份有限公司设立 6 家证券营业部的批复
川证监机构〔2015〕8 号	关于核准国金证券股份有限公司设立 1 家证券营业部的批复
川证监机构〔2015〕9 号	关于核准宏信证券有限责任公司撤销 2 家分支机构的批复
川证监机构〔2015〕10 号	关于胡永庆证券公司监事任职资格的批复
川证监机构〔2015〕11 号	关于刘华证券公司董事任职资格的批复
川证监机构〔2015〕12 号	关于郑旭证券公司独立董事任职资格的批复
川证监机构〔2015〕13 号	关于核准宏信证券有限责任公司设立 2 家分支机构的批复
川证监机构〔2015〕14 号	关于核准华西证券股份有限公司设立 2 家证券营业部的批复
川证监机构〔2015〕15 号	关于核准宏信证券有限责任公司设立 1 家分支机构的批复
川证监机构〔2015〕16 号	关于核准宏信证券有限责任公司设立 5 家分支机构的批复
川证监机构〔2015〕17 号	关于核准川财证券有限责任公司设立 3 家分支机构的批复
川证监机构〔2015〕22 号	关于安旭源证券公司董事任职资格的批复
川证监机构〔2015〕23 号	关于章卫红证券公司监事任职资格的批复
川证监机构〔2015〕24 号	关于核准国金证券股份有限公司设立 3 家证券营业部的批复
川证监机构〔2015〕25 号	关于葛政证券公司经理层高级管理人员任职资格的批复
川证监机构〔2015〕26 号	关于张荣石证券公司经理层高级管理人员任职资格的批复
川证监机构〔2015〕27 号	关于蒲虎证券公司独立董事任职资格的批复
川证监机构〔2015〕28 号	关于邓晓春证券公司董事任职资格的批复
川证监机构〔2015〕29 号	关于核准川财证券有限责任公司代销金融产品业务资格的批复
川证监机构〔2015〕30 号	关于核准华西证券股份有限公司设立 1 家证券营业部的批复
川证监机构〔2015〕31 号	关于核准宏信证券有限责任公司撤销 3 家分支机构的批复
川证监机构〔2015〕32 号	关于核准国金证券股份有限公司撤销 2 家分支机构的批复
川证监机构〔2015〕33 号	关于田洪宝证券公司董事长类人员任职资格的批复
川证监机构〔2015〕34 号	关于胡德冰证券公司独立董事任职资格的批复
津证监许可字〔2015〕1 号	关于核准王颐霞期货公司副总经理任职资格的批复
津证监许可字〔2015〕2 号	关于核准郭爱文期货公司董事长任职资格的批复
津证监许可字〔2015〕3 号	关于核准祖会来财达期货公司董事任职资格的批复
津证监许可字〔2015〕4 号	关于核准宋松涛期货公司监事会主席任职资格的批复
津证监许可字〔2015〕5 号	关于王春丽证券公司监事任职资格的批复

续表

发文字号	标题
津证监许可字〔2015〕6号	关于核准姜伟浙商期货有限公司天津营业部负责人任职资格的批复
津证监许可字〔2015〕7号	关于核准渤海证券股份有限公司变更公司章程重要条款的批复
津证监许可字〔2015〕8号	关于核准徐永生、李颖证券公司经理层高级管理人员任职资格的批复
津证监许可字〔2015〕9号	关于核准渤海证券股份有限公司设立2家分支机构的批复
津证监许可字〔2015〕10号	关于核准国泰君安证券股份有限公司撤销天津静海县胜利北路证券营业部的批复
津证监许可字〔2015〕11号	关于核准白清海证券公司经理层高级管理人员任职资格的批复
津证监许可字〔2015〕12号	关于核准天津滨海农村商业银行股份有限公司证券投资基金销售业务资格的批复
津证监许可字〔2015〕13号	关于核准渤海证券股份有限公司设立1家分支机构的批复
津证监许可字〔2015〕14号	关于核准孙勇证券公司经理层高级管理人员任职资格的批复
津证监许可字〔2015〕15号	关于核准渤海证券股份有限公司变更注册资本的批复
藏证监发〔2015〕7号	关于核准钟阿康证券公司经理层高级管理人员任职资格的批复
藏证监发〔2015〕8号	关于核准王大勇证券公司经理层高级管理人员任职资格的批复
藏证监发〔2015〕9号	关于核准强巴云旦证券公司经理层高级管理人员任职资格的批复
藏证监发〔2015〕31号	关于核准西藏同信证券股份有限公司设立3家分支机构的批复
藏证监发〔2015〕34号	关于核准西藏同信证券股份有限公司设立3家分支机构的批复
藏证监发〔2015〕43号	关于核准西藏同信证券股份有限公司设立23家分支机构的批复
藏证监发〔2015〕65号	关于核准西藏同信证券股份有限公司变更持有5%以上股权的股东的批复
藏证监发〔2015〕123号	关于核准西藏同信证券股份有限公司设立1家营业部的批复
藏证监发〔2015〕124号	关于核准华林证券有限责任公司设立9家营业部的批复
新证监局〔2015〕6号	关于核准申万宏源证券承销保荐有限责任公司、申万宏源西部证券有限公司章程的批复
新证监局〔2015〕149号	关于核准申万宏源西部证券有限公司设立1家分公司的批复
新证监局〔2015〕8号	关于核准徐际国证券公司监事会主席任职资格的批复
新证监局〔2015〕9号	关于核准杨玉成证券公司监事会主席任职资格的批复
新证监局〔2015〕10号	关于核准赵玉华证券公司董事长任职资格的批复
新证监局〔2015〕11号	关于核准陈亮证券公司董事长任职资格的批复
新证监局〔2015〕15号	关于核准李季证券公司高级管理人员任职资格的批复
新证监局〔2015〕16号	关于核准唐卫江证券公司高级管理人员任职资格的批复
新证监局〔2015〕17号	关于核准吴晶证券公司高级管理人员任职资格的批复
新证监局〔2015〕18号	关于核准祁世群证券公司高级管理人员任职资格的批复
新证监局〔2015〕19号	关于核准樊炳清证券公司高级管理人员任职资格的批复
新证监局〔2015〕25号	关于核准张海群证券公司高级管理人员任职资格的批复

续表

发文字号	标题
新证监局〔2015〕30 号	关于核准蔡维君期货公司营业部负责人任职资格的批复
新证监局〔2015〕68 号	关于核准申克非证券公司高级管理人员任职资格的批复
新证监局〔2015〕71 号	关于核准韩志谦证券公司高级管理人员任职资格的批复
新证监局〔2015〕121 号	关于核准张艳证券公司高级管理人员任职资格的批复
皖证监函字〔2015〕26 号	关于许斌证券公司董事任职资格的批复
皖证监函字〔2015〕29 号	关于核准邓霞期货公司营业部负责人任职资格的批复
皖证监函字〔2015〕42 号	关于核准赵迪任职资格的批复
皖证监函字〔2015〕47 号	关于核准光亮期货公司营业部负责人任职资格的批复
皖证监函字〔2015〕49 号	关于核准高男期货公司营业部负责人任职资格的批复
皖证监函字〔2015〕54 号	关于核准方立彬证券公司经理层高级管理人员任职资格的批复
皖证监函字〔2015〕53 号	关于徐玉良证券公司监事任职资格的批复
皖证监函字〔2015〕173 号	关于赵春森证券公司监事任职资格的批复
皖证监函字〔2015〕182 号	关于核准张敞证券公司经理层高级管理人员任职资格的批复
皖证监函字〔2015〕244 号	关于许祥证券公司监事任职资格的批复
皖证监函字〔2015〕245 号	关于王烨证券公司独立董事任职资格的批复
京证监许可〔2015〕2 号	关于核准五矿期货有限公司呙微微营业部负责人任职资格的批复
京证监许可〔2015〕3 号	关于核准国都证券有限责任公司变更公司章程重要条款的批复
京证监许可〔2015〕4 号	关于核准北京微动利投资管理有限公司证券投资基金销售业务资格的批复
京证监许可〔2015〕5 号	关于核准北京富国大通投资管理有限责任公司证券投资基金销售业务资格的批复
京证监许可〔2015〕6 号	关于核准华林证券有限责任公司设立 8 家分支机构的批复
京证监许可〔2015〕7 号	关于核准李绍刚证券公司董事任职资格的批复
京证监许可〔2015〕8 号	关于核准瑞银证券有限责任公司变更公司章程重要条款的批复
京证监许可〔2015〕9 号	关于核准华融证券股份有限公司设立 1 家分支机构的批复
京证监许可〔2015〕10 号	关于核准民生证券股份有限公司设立 4 家分支机构的批复
京证监许可〔2015〕11 号	关于核准民生证券股份有限公司变更公司 章程重要条款的批复
京证监许可〔2015〕12 号	关于核准陆华隽证券公司董事长类人员任职资格的批复
京证监许可〔2015〕13 号	关于核准晟鑫期货经纪有限公司马艳俊营业部负责人任职资格的批复
京证监许可〔2015〕14 号	关于东兴证券股份有限公司变更公司章程重要条款的批复
京证监许可〔2015〕15 号	关于核准白俊杰证券公司董事任职资格的批复
京证监许可〔2015〕16 号	关于核准童玲证券公司董事任职资格的批复
京证监许可〔2015〕17 号	关于核准王戈证券公司监事任职资格的批复
京证监许可〔2015〕18 号	关于核准东兴征求股份有限公司设立 3 家分支机构的批复

续表

发文字号	标题
京证监许可〔2015〕19 号	关于核准威灵顿管理香港有限公司变更北京代表处的批复
京证监许可〔2015〕20 号	关于核准中国人寿保险股份有限公司证券投资基金销售业务资格的批复
京证监许可〔2015〕21 号	关于核准新时代证券有限责任公司设立 2 家分支机构的批复
京证监许可〔2015〕22 号	关于杨铭海证券公司经理层高级管理人员任职资格的批复
京证监许可〔2015〕23 号	关于核准赵竞证券公司董事任职资格的批复
京证监许可〔2015〕24 号	关于核准瑞信方正增加证券经纪业务的批复
京证监许可〔2015〕25 号	关于罗林证券公司独立董事任职资格的批复
京证监许可〔2015〕26 号	关于核准首创证券有限责任公司在北京等地设立 5 家分支机构的批复
京证监许可〔2015〕27 号	关于毕明建证券公司经理层高级管理人员任职资格的批复
京证监许可〔2015〕28 号	关于核准刘海峰证券公司董事任职资格的批复
京证监许可〔2015〕29 号	关于核准新时代证券有限责任公司设立 2 家分支机构的批复
京证监许可〔2015〕30 号	关于核准中信建投证券股份有限公司作为合格境内机构投资者从事境外证券投资管理业务的批复
京证监许可〔2015〕31 号	关于核准 edwin roca lim(林重庚)证券公司独立董事任职资格的批复
京证监许可〔2015〕32 号	关于丁学东证券公司董事长类人员任职资格的批复
京证监许可〔2015〕33 号	关于核准中国国际金融有限公司变更公司章程重要条款的批复
京证监许可〔2015〕34 号	关于核准何迪证券公司董事长任职资格的批复
京证监许可〔2015〕35 号	关于核准新时代证券有限责任公司设立 1 家分支机构的批复
京证监许可〔2015〕36 号	关于核准曹彤证券公司独立董事任职资格的批复
京证监许可〔2015〕37 号	关于核准瑞信方正证券有限责任公司变更公司章程重要条款的批复
京证监许可〔2015〕38 号	关于核准首创证券有限责任公司变更持有 5% 以上股权的股东的批复
京证监许可〔2015〕39 号	关于周忠惠证券公司独立董事任职资格的批复
京证监许可〔2015〕40 号	关于吴波证券公司经理层高级管理人员任职资格的批复
京证监许可〔2015〕41 号	关于孙冬青证券公司经理层高级管理人员任职资格的批复
京证监许可〔2015〕42 号	关于冯根福证券公司独立董事任职资格的批复
京证监许可〔2015〕43 号	关于核准李江鹏证券公司经理层高级管理人员任职资格的批复
京证监许可〔2015〕44 号	关于核准信达证券股份有限公司设立 2 家分支机构的批复
京证监许可〔2015〕45 号	关于核准刘浩凌证券公司监事任职资格的批复
京证监许可〔2015〕46 号	关于核准中国银河证券股份有限公司设立 30 家分支机构的批复
京证监许可〔2015〕47 号	关于李玲证券公司董事任职资格的批复
京证监许可〔2015〕48 号	关于王晓艳证券公司独立董事任职资格的批复
京证监许可〔2015〕49 号	关于核准杨玲证券公司监事任职资格的批复
京证监许可〔2015〕50 号	关于核准中国银河证券股份有限公司变更公司章程重要条款的批复

续表

发文字号	标题
京证监许可〔2015〕51 号	关于郑大刚证券公司董事任职资格的批复
京证监许可〔2015〕52 号	关于核准张连起证券公司独立董事任职资格的批复
京证监许可〔2015〕53 号	关于梁红证券公司经理层高级管理人员任职资格的批复
京证监许可〔2015〕54 号	关于萧伟强证券公司独立董事任职资格的批复
京证监许可〔2015〕55 号	关于黄海洲证券公司经理层高级管理人员任职资格的批复
京证监许可〔2015〕56 号	关于核准国开证券有限责任公司设立 12 家分支机构的批复
京证监许可〔2015〕57 号	关于核准徐可非证券公司经理层高级管理人员任职资格的批复
京证监许可〔2015〕58 号	关于核准中信建投股份有限公司变更公司章程重要条款的批复
京证监许可〔2015〕59 号	关于 MARK SCHWARTZ 证券公司董事任职资格的批复
京证监许可〔2015〕60 号	关于朱圣琴证券公司独立董事任职资格的批复
京证监许可〔2015〕61 号	关于核准新时代证券有限责任公司变更公司章程重要条款的批复
京证监许可〔2015〕62 号	关于迟福林证券公司独立董事任职资格的批复
京证监许可〔2015〕63 号	关于核准张志坚证券公司经理层高级管理人员任职资格的批复
京证监许可〔2015〕64 号	关于核准赵竞证券公司董事任职资格的批复
京证监许可〔2015〕65 号	关于黄朝晖证券公司经理层高级管理人员任职资格的批复
京证监许可〔2015〕66 号	关于宋常证券公司独立董事任职资格的批复
京证监许可〔2015〕67 号	关于郭雳证券公司独立董事任职资格的批复
京证监许可〔2015〕68 号	关于刘宝国证券公司独立董事任职资格的批复
京证监许可〔2015〕69 号	关于核准赉圣林证券公司独立董事任职资格的批复
京证监许可〔2015〕70 号	关于核准中国国际金融股份有限公司变更公司章程的批复
京证监许可〔2015〕71 号	关于核准萧伟强证券公司独立董事任职资格的批复
京证监许可〔2015〕72 号	关于核准华林证券有限责任公司变更公司章程重要条款的批复
京证监许可〔2015〕73 号	关于核准李朝阳证券公司董事任职资格的批复
京证监许可〔2015〕74 号	关于核准陈继江证券公司监事任职资格的批复
京证监许可〔2015〕75 号	关于核准金立佐证券公司监事任职资格的批复
京证监许可〔2015〕76 号	关于核准瑞银证券有限责任公司变更公司章程重要条款的批复
京证监许可〔2015〕77 号	关于核准新时代证券有限责任公司设立 4 家分支机构的批复
京证监许可〔2015〕78 号	关于核准华融证券股份有限公司设立 4 家分支机构的批复
京证监许可〔2015〕79 号	关于核准中航证券有限公司撤销北京资产管理分公司的批复
京证监许可〔2015〕80 号	关于核准中国国际金融股份有限公司设立 1 家分支机构的批复
京证监许可〔2015〕81 号	关于核准华融证券股份有限公司设立 2 家分支机构的批复
京证监许可〔2015〕82 号	关于核准北京恒宇天泽投资管理有限公司证券投资基金销售业务资格的批复

续表

发文字号	标题
京证监许可〔2015〕83 号	关于邓琪证券公司经理层高级管理人员任职资格的批复
京证监许可〔2015〕84 号	关于王晨阳证券公司董事任职资格的批复
京证监许可〔2015〕85 号	关于核准林鹤证券公司经理层高级管理人员任职资格的批复
京证监许可〔2015〕86 号	关于程强证券公司经理层高级管理人员任职资格的批复
京证监许可〔2015〕87 号	关于核准北京乐融多源咨询有限公司证券投资基金销售业务资格的批复
京证监许可〔2015〕88 号	关于段涛证券公司经理层高级管理人员任职资格的批复
京证监许可〔2015〕89 号	关于高歌证券公司经理层高级管理人员任职资格的批复
京证监许可〔2015〕90 号	关于张军证券公司经理层高级管理人员任职资格的批复
京证监许可〔2015〕91 号	关于核准王浩证券公司董事长类人员任职资格的批复
京证监许可〔2015〕92 号	关于吴京林证券公司董事任职资格的批复
京证监许可〔2015〕93 号	关于核准齐鲁证券有限公司撤销北京证券资产管理分公司的批复
京证监许可〔2015〕94 号	关于核准国开证券有限责任公司代销金融产品业务资格的批复
京证监许可〔2015〕95 号	关于核准和谐保险销售有限公司证券投资基金销售业务资格的批复
京证监许可〔2015〕96 号	关于核准陈飞证券公司经理层高级管理人员任职资格的批复
京证监许可〔2015〕97 号	关于核准邵仕珍证券公司经理层高级管理人员任职资格的批复
京证监许可〔2015〕98 号	关于美国科本资本市场公司北京代表处更名的批复
京证监许可〔2015〕99 号	关于元大证券股份有限公司北京代表处更名的批复
京证监许可〔2015〕100 号	关于核准中信建投证券股份有限公司设立 20 家分支机构的批复
京证监许可〔2015〕101 号	关于核准谢思敏证券公司独立董事任职资格的批复
京证监许可〔2015〕102 号	关于核准秦家文证券公司独立董事任职资格的批复
京证监许可〔2015〕103 号	关于核准李轩证券公司独立董事任职资格的批复
京证监许可〔2015〕104 号	关于核准吕旭证券公司经理层高级管理人员任职资格的批复
京证监许可〔2015〕105 号	关于核准牛晓莉证券公司监事任职资格的批复
京证监许可〔2015〕106 号	关于核准阿孜古丽证券公司监事任职资格的批复
京证监许可〔2015〕107 号	关于核准徐国华证券公司监事任职资格的批复
京证监许可〔2015〕108 号	关于核准徐建伟证券公司监事任职资格的批复
京证监许可〔2015〕109 号	关于核准银河期货有限公司证券投资基金销售业务资格的批复
京证监许可〔2015〕110 号	关于核准中证金牛（北京）投资咨询有限公司证券投资基金销售业务资格的批复
京证监许可〔2015〕111 号	关于核准北京懒猫金服有限公司证券投资基金销售业务资格的批复
京证监许可〔2015〕112 号	关于核准江厚强证券公司董事长类人员任职资格的批复
京证监许可〔2015〕113 号	关于张国基（Chong Kok Kee）证券公司经理层高级管理人员任职资格的批复
京证监许可〔2015〕114 号	关于核准瑞信方正有限责任公司设立 1 家分支机构的批复

续表

发文字号	标题
京证监许可〔2015〕115 号	关于核准华鑫证券有限责任公司撤销北京清河营业部的批复
京证监许可〔2015〕116 号	关于韩亚金融投资株式会社北京代表处更名的批复
京证监许可〔2015〕117 号	关于核准盛湘证券公司经理层高级管理人员任职资格的批复
京证监许可〔2015〕118 号	关于核准张工证券公司独立董事任职资格的批复
京证监许可〔2015〕119 号	关于核准东兴证券股份有限公司设立 7 家分支机构的批复
京证监许可〔2015〕120 号	关于核准袁晓懋证券公司经理层高级管理人员任职资格的批复
京证监许可〔2015〕121 号	关于核准牛晓莉证券公司董事长类人员任职资格的批复
京证监许可〔2015〕122 号	关于核准北京电盈投资咨询有限公司证券投资基金销售业务资格批复
京证监许可〔2015〕123 号	关于核准北京肯特瑞财富投资管理有限公司证券投资基金销售业务资格的批复
京证监许可〔2015〕124 号	关于核准新时代证券股份有限公司设立 6 家分支机构的批复
京证监许可〔2015〕125 号	关于核准陆芳证券公司经理层高级管理人员任职资格的批复
京证监许可〔2015〕126 号	关于核准中国民族证券有限责任公司变更公司章程重要条款的批复
京证监许可〔2015〕127 号	关于核准国都证券股份有限公司变更公司章程重要条款的批复
京证监许可〔2015〕128 号	关于核准尚智逢源(北京)投资管理有限公司证券投资基金销售业务资格的批复
闽证监许可〔2015〕1 号	关于核准华福证券有限责任公司在上海设立 1 家自营分公司的批复
闽证监许可〔2015〕2 号	关于核准陈洪生期货公司董事任职资格的批复
闽证监许可〔2015〕3 号	关于核准兴业证券股份有限公司变更公司章程重要条款的批复
闽证监许可〔2015〕4 号	关于廖薇期货公司营业部负责人任职资格的批复
闽证监许可〔2015〕5 号	关于王非证券公司董事任职资格的批复
闽证监许可〔2015〕6 号	关于核准华福证券有限责任公司设立 15 家分支机构的批复
闽证监许可〔2015〕7 号	关于核准兴业证券股份有限公司设立 16 家分公司的批复
闽证监许可〔2015〕8 号	关于核准兴业证券股份有限公司设立 1 家证券营业部的批复
闽证监许可〔2015〕9 号	关于核准兴业证券股份有限公司设立 1 家证券营业部的批复
闽证监许可〔2015〕10 号	关于核准杨松证券公司经理层高级管理人员任职资格的批复
闽证监许可〔2015〕11 号	关于核准周骥证券公司经理层高级管理人员任职资格的批复
闽证监许可〔2015〕12 号	关于核准张永钦证券公司监事任职资格的批复
闽证监许可〔2015〕13 号	关于核准耿勇证券公司董事任职资格的批复
闽证监许可〔2015〕14 号	关于核准张晖证券公司经理层高级管理人员任职资格的批复
闽证监许可〔2015〕15 号	关于核准邹建亮证券公司经理层高级管理人员任职资格的批复
闽证监许可〔2015〕16 号	关于核准张贵云证券公司经理层高级管理人员任职资格的批复
闽证监许可〔2015〕17 号	关于核准夏锦良证券公司经理层高级管理人员任职资格的批复

续表

发文字号	标题
闽证监许可〔2015〕18号	关于核准林强证券公司董事长类人员任职资格的批复
广东证监许可〔2015〕1号	关于核准朱凌依华泰长城期货有限公司东莞营业部负责人任职资格的批复
广东证监许可〔2015〕2号	关于核准肖彩贵华融期货有限责任公司佛山营业部负责人任职资格的批复
广东证监许可〔2015〕3号	关于核准广东南粤银行股份有限公司证券投资基金销售业务资格的批复
广东证监许可〔2015〕4号	关于核准开源证券有限责任公司撤销广东资产管理分公司的批复
广东证监许可〔2015〕5号	关于核准陈家乐证券公司独立董事任职资格的批复
广东证监许可〔2015〕6号	关于核准李硕天风期货有限公司广州营业部负责人任职资格的批复
广东证监许可〔2015〕7号	关于核准唐福文中辉期货经纪有限公司汕头营业部负责人任职资格的批复
广东证监许可〔2015〕8号	关于核准广发期货有限公司证券投资基金销售业务资格的批复
广东证监许可〔2015〕9号	关于核准联讯证券股份有限公司变更公司章程重要条款的批复
广东证监许可〔2015〕10号	关于核准周灵慧广州期货有限公司监事任职资格的批复
广东证监许可〔2015〕11号	关于核准郑建华新晟期货有限公司董事任职资格的批复
广东证监许可〔2015〕12号	关于核准东海证券股份有限公司撤销广州珠江东路证券营业部的批复
广东证监许可〔2015〕13号	关于核准广州证券股份有限公司在青海等地收购15家分支机构的批复
广东证监许可〔2015〕14号	关于核准陈宏志证券公司监事任职资格的批复
广东证监许可〔2015〕15号	关于核准广发证券股份有限公司设立2家证券营业部的批复
广东证监许可〔2015〕16号	关于核准广州证券股份有限公司在广州市增城区设立1家证券营业部的批复
广东证监许可〔2015〕17号	关于核准东莞证券股份有限公司变更公司章程重要条款的批复
广东证监许可〔2015〕18号	关于核准广发证券股份有限公司变更公司章程重要条款的批复
广东证监许可〔2015〕19号	关于核准许来仓中国国际期货有限公司分支机构负责人任职资格的批复
广东证监许可〔2015〕20号	关于核准屈光明中国国际期货有限公司分支机构负责人任职资格的批复
广东证监许可〔2015〕21号	关于核准苏声宏广州期货有限公司董事任职资格的批复
广东证监许可〔2015〕22号	关于核准吴玮颖证券公司经理层高级管理人员任职资格的批复
广东证监许可〔2015〕23号	关于核准郑国坚证券公司独立董事任职资格的批复
广东证监许可〔2015〕24号	关于核准陈锦德证券公司独立董事任职资格的批复
广东证监许可〔2015〕25号	关于核准华泰期货有限公司变更股权的批复
广东证监许可〔2015〕26号	关于核准广发证券股份有限公司设立4家证券营业部的批复
广东证监许可〔2015〕27号	关于核准联讯证券股份有限公司设立7家分支机构的批复
广东证监许可〔2015〕28号	关于核准东莞证券股份有限公司设立5家分支机构的批复
广东证监许可〔2015〕29号	关于核准东北证券股份有限公司撤销广东分公司的批复
广东证监许可〔2015〕30号	关于核准广州证券股份有限公司设立5家分支机构的批复
广东证监许可〔2015〕31号	关于核准万联证券有限责任公司设立3家证券营业部的批复

续表

发文字号	标题
广东证监许可〔2015〕32 号	关于核准徐信忠证券公司监事任职资格的批复
广东证监许可〔2015〕33 号	关于核准潘伟基证券公司董事任职资格的批复
广东证监许可〔2015〕34 号	关于核准广发证券股份有限公司设立海南分公司的批复
广东证监许可〔2015〕35 号	关于核准谭蓉娟证券公司独立董事任职资格的批复
广东证监许可〔2015〕36 号	关于核准广发证券股份有限公司设立 8 家证券营业部的批复
广东证监许可〔2015〕37 号	关于核准珠海盈米财富管理有限公司证券投资基金销售业务资格的批复
广东证监许可〔2015〕38 号	关于核准联讯证券股份有限公司设立 3 家分支机构的批复
广东证监许可〔2015〕39 号	关于陆光文同志证券公司监事任职资格的批复
广东证监许可〔2015〕40 号	关于朱琬瑜同志证券公司监事任职资格的批复
广东证监许可〔2015〕41 号	关于核准佛山农村商业银行股份有限公司证券投资基金销售业务资格的批复
广东证监许可〔2015〕42 号	关于核准康福华证券公司经理层高级管理人员任职资格的批复
广东证监许可〔2015〕43 号	关于核准东莞证券股份有限公司设立 4 家分支机构的批复
广东证监许可〔2015〕44 号	关于核准李春元证券公司董事任职资格的批复
广东证监许可〔2015〕45 号	关于核准朱晓昱证券公司经理层高级管理人员任职资格的批复
广东证监许可〔2015〕46 号	关于核准 SCOTT XINGONG CHANG(常新功)证券公司经理层高级管理人员任职资格的批复
广东证监许可〔2015〕47 号	关于核准联讯证券股份有限公司变更公司章程重要条款的批复
广东证监许可〔2015〕48 号	关于核准联讯证券股份有限公司设立 5 家分支机构的批复
黔证监发〔2015〕4 号	关于核准华创证券有限责任公司在上海浦江镇设立证券营业部的批复
黔证监发〔2015〕41 号	贵州证监局关于核准贵阳银行股份有限公司证券投资基金销售业务资格的批复
黔证监发〔2015〕46 号	关于核准华创证券有限责任公司在深圳设立分公司的批复
黔证监发〔2015〕51 号	关于核准华创证券有限责任公司在六盘水六枝特区设立证券营业部的批复
黔证监发〔2015〕100 号	关于李景恒证券公司监事任职资格的批复
黔证监发〔2015〕113 号	关于核准华创证券有限责任公司在金沙县设立证券营业部的批复
黔证监发〔2015〕140 号	关于核准邱健证券公司董事长类人员任职资格的批复
黔证监发〔2015〕141 号	关于核准华创证券有限责任公司在武汉市设立证券营业部的批复
黔证监发〔2015〕142 号	关于核准华创证券有限责任公司在北京市设立证券营业部的批复
海南证监许可〔2015〕1 号	关于核准吕航期货公司董事任职资格的批复
海南证监许可〔2015〕2 号	关于邓萍证券公司监事任职资格的批复
海南证监许可〔2015〕3 号	关于核准金元证券股份有限公司设立 1 家分支机构的批复
海南证监许可〔2015〕4 号	关于核准孙宏慧期货公司董事任职资格的批复
海南证监许可〔2015〕5 号	关于核准万和证券有限责任公司证券资产管理业务资格的批复

续表

发文字号	标题
海南证监许可〔2015〕6号	关于核准万和证券有限责任公司设立10家分支机构的批复
海南证监许可〔2015〕7号	关于核准金元证券股份有限公司设立3家分支机构的批复
海南证监许可〔2015〕8号	关于核准金元证券股份有限公司撤销三亚迎宾大道证券营业部的批复
海南证监许可〔2015〕9号	关于核准陈建瑜证券公司经理层高级管理人员任职资格的批复
海南证监许可〔2015〕10号	关于核准万和证券有限责任公司设立4家分支机构的批复
海南证监许可〔2015〕11号	关于核准金元证券股份有限公司设立1家分支机构的批复
海南证监许可〔2015〕12号	关于核准金元证券股份有限公司设立2家分支机构的批复
海南证监许可〔2015〕13号	关于核准万和证券有限责任公司证券承销业务、代销金融产品业务资格的批复
冀证监许可〔2015〕1号	关于核准李向辉期货公司营业部负责人任职资格的批复
冀证监许可〔2015〕2号	关于核准尚文彦证券公司经理层高级管理人员任职资格的批复
冀证监许可〔2015〕3号	关于徐伟亮证券公司监事任职资格的批复
冀证监许可〔2015〕4号	关于徐立果证券公司监事任职资格的批复
冀证监许可〔2015〕5号	关于核准李华素证券公司经理层高级管理人员任职资格的批复
豫证监发〔2015〕8号	关于核准长安期货有限公司郑州营业部负责人王珠任职资格的批复
豫证监发〔2015〕16号	关于核准中粮期货有限公司郑州营业部负责人高广任职资格的批复
豫证监发〔2015〕18号	关于核准陈亚各、龅夏等期货公司董事、监事任职资格的批复
豫证监发〔2015〕26号	关于核准迈科期货经纪有限公司郑州营业部负责人姜利轩任职资格的批复
豫证监发〔2015〕27号	关于核准中国国际期货有限公司河南分公司负责人杨宏任职资格的批复
豫证监发〔2015〕38号	关于核准刘学军期货公司董事任职资格的批复
豫证监发〔2015〕46号	关于核准宁金成证券公司独立董事任职资格的批复
豫证监发〔2015〕68号	关于核准中原证券股份有限公司设立4家分支机构的批复
豫证监发〔2015〕77号	关于核准中原证券股份有限公司变更章程重要条款的批复
豫证监发〔2015〕165号	关于核准袁顺兴证券公司董事任职资格的批复
豫证监发〔2015〕166号	关于核准张笑齐证券公司董事任职资格的批复
豫证监发〔2015〕172号	关于核准河南省诺宝企业管理咨询有限公司证券投资基金销售业务资格的批复
豫证监发〔2015〕174号	关于核准赖步连等人证券公司监事任职资格的批复
豫证监发〔2015〕175号	关于核准中原证券股份有限公司设立3家分支机构的批复
豫证监发〔2015〕210号	关于核准李洁英证券公司监事任职资格的批复
豫证监发〔2015〕211号	关于核准中原证券股份有限公司变更章程重要条款的批复
豫证监发〔2015〕220号	关于核准李兴佳证券公司董事任职资格的批复
豫证监发〔2015〕222号	关于核准中原证券股份有限公司设立7家分支机构的批复

续表

发文字号	标题
豫证监发〔2015〕233 号	关于核准中原银行股份有限公司证券投资基金销售业务资格的批复
豫证监发〔2015〕246 号	关于核准朱启本证券公司经理层高级管理人员任职资格的批复
豫证监发〔2015〕247 号	关于核准王恩裕证券公司经理层高级管理人员任职资格的批复
豫证监发〔2015〕259 号	关于核准于绪刚证券公司独立董事任职资格的批复
鄂证监许可〔2015〕1 号	湖北证监局关于核准长江证券股份有限公司设立 8 家证券营业部的批复
鄂证监许可〔2015〕2 号	湖北证监局关于天风证券股份有限公司独立董事任职资格的批复(黄孝武)
鄂证监许可〔2015〕3 号	湖北证监局关于核准天风证券股份有限公司设立 2 家证券营业部的批复
鄂证监许可〔2015〕4 号	湖北证监局关于核准翟晨曦证券公司经理层高级管理人员任职资格的批复
鄂证监许可〔2015〕5 号	湖北证监局关于天风证券股份有限公司独立董事任职资格的批复(陈波)
鄂证监许可〔2015〕6 号	湖北证监局关于天风证券股份有限公司独立董事任职资格的批复(潘敏)
鄂证监许可〔2015〕7 号	湖北证监局关于核准天风证券股份有限公司设立 4 家证券营业部的批复
鄂证监许可〔2015〕8 号	湖北证监局关于核准长江证券股份有限公司变更公司章程重要条款的批复
鄂证监许可〔2015〕9 号	湖北证监局关于核准长江证券股份有限公司设立 14 家证券营业部的批复
鄂证监许可〔2015〕10 号	湖北证监局关于核准长江证券股份有限公司变更公司章程重要条款的批复
鄂证监许可〔2015〕11 号	湖北证监局关于核准武汉市伯嘉资产管理有限公司证券投资基金销售业务资格的批复
鄂证监许可〔2015〕12 号	湖北证监局关于核准天风证券股份有限公司设立天津分公司的批复
鄂证监许可〔2015〕13 号	湖北证监局关于长江证券股份有限公司监事任职资格的批复
鄂证监许可〔2015〕14 号	湖北证监局关于核准洪琳证券公司经理层高级管理人员任职资格的批复
鄂证监许可〔2015〕15 号	湖北证监局关于核准天风证券股份有限公司设立 9 家分支机构的批复
鄂证监许可〔2015〕16 号	湖北证监局关于核准天风证券股份有限公司变更公司章程重要条款的批复
鄂证监许可〔2015〕17 号	湖北证监局关于核准长江证券股份有限公司设立 13 家分支机构的批复
黑证监许可字〔2015〕1 号	关于核准白德亮上海东证期货有限公司哈尔滨营业部负责人任职资格的批复
黑证监许可字〔2015〕2 号	关于核准江海证券有限公司变更注册资本的批复
黑证监许可字〔2015〕3 号	关于核准江海证券有限公司设立 1 家分支机构的批复
黑证监许可字〔2015〕4 号	关于核准徐桂英证券公司董事任职资格的批复
黑证监许可字〔2015〕5 号	关于核准华泰证券股份有限公司撤销牡丹江长安街证券营业部的批复
黑证监许可字〔2015〕6 号	关于核准金龙泉证券公司董事长类人员任职资格的批复
辽证监许可〔2015〕1 号	关于刘辉证券公司监事任职资格的批复
辽证监许可〔2015〕2 号	关于殷剑峰证券公司独立董事任职资格的批复
辽证监许可〔2015〕3 号	关于辽阳银行股份有限公司证券投资基金销售业务资格的批复
辽证监许可〔2015〕4 号	关于核准张东伟期货营业部负责人任职资格的批复
辽证监许可〔2015〕5 号	关于盛京银行股份有限公司证券投资基金销售业务资格的批复

续表

发文字号	标题
辽证监许可〔2015〕6号	关于核准沈文献证券公司经理层高级管理人员任职资格的批复
辽证监许可〔2015〕7号	关于耿留琪证券公司董事任职资格的批复
辽证监许可〔2015〕8号	关于张丽华证券公司监事任职资格的批复
辽证监许可〔2015〕9号	关于核准中天证券有限责任公司设立11家证券营业部的批复
辽证监许可〔2015〕10号	关于核准诚浩证券有限责任公司设立2家分公司的批复
辽证监许可〔2015〕11号	关于诚浩证券有限责任公司设立11家证券营业部的批复
辽证监许可〔2015〕12号	关于张松孝证券公司董事任职资格的批复
辽证监许可〔2015〕13号	关于核准诚浩证券有限责任公司变更公司章程重要条款的批复
辽证监许可〔2015〕14号	关于核准中天证券有限责任公司设立1家证券分公司及11家证券营业部的批复
辽证监许可〔2015〕15号	关于核准中天证券有限责任公司设立9家证券营业部的批复
辽证监许可〔2015〕16号	关于核准高平证券公司经理层高级管理人员任职资格的批复
辽证监许可〔2015〕17号	关于核准诚浩证券有限责任公司证券资产管理及证券承销业务资格的批复
辽证监许可〔2015〕18号	关于核准诚浩证券有限责任公司变更公司章程重要条款的批复
辽证监许可〔2015〕19号	关于刘平证券公司董事任职资格的批复
甬证监许可〔2015〕1号	关于核准王旭期货营业部负责人任职资格的批复
甬证监许可〔2015〕2号	关于核准朱剑锋期货营业部负责人任职资格的批复
甬证监许可〔2015〕3号	关于核准邓顺永期货公司财务负责人任职资格的批复
甬证监许可〔2015〕4号	关于核准宁波慈溪农村商业银行股份有限公司证券投资基金销售业务资格的批复
青证监许可〔2015〕1号	关于核准华泰长城期货有限公司青岛营业部负责人任职资格的批复
青证监许可〔2015〕2号	关于核准中信证券（山东）有限责任公司在山东省淄博市设立1家证券营业部的批复
青证监许可〔2015〕3号	关于核准中信证券（山东）有限责任公司新设一家证券分公司、五家证券营业部的批复
青证监许可〔2015〕4号	关于核准中信证券（山东）有限责任公司在河南省郑州市新设一家证券营业部的批复
青证监许可〔2015〕5号	关于核准青岛农村商业银行股份有限公司证券投资基金销售业务资格的批复
青证监许可〔2015〕6号	关于核准中信证券（山东）有限责任公司在山东省威海市设立1家证券营业部的批复
青证监许可〔2015〕7号	关于核准中信证券（山东）有限责任公司在山东省济宁市设立1家证券营业部的批复
青证监许可〔2015〕1号	关于王擎证券公司独立董事任职资格的批复
青证监许可〔2015〕2号	关于核准吴强证券公司董事长任职资格的批复
青证监许可〔2015〕3号	关于核准曲国辉证券公司经理层高级管理人员任职资格的批复
青证监许可〔2015〕4号	关于核准天源证券有限公司变更公司章程重要条款的批复

续表

发文字号	标题
青证监许可〔2015〕5 号	关于核准黄益建证券公司独立董事任职资格的批复
青证监许可〔2015〕6 号	关于核准九州证券有限公司证券承销、证券资产管理等而业务资格的批复
青证监许可〔2015〕7 号	关于核准财富期货有限公司周学韬期货公司总经理任职资格的批复
青证监许可〔2015〕8 号	关于核准财富期货有限公司周学韬期货公司董事任职资格的批复
青证监许可〔2015〕9 号	关于核准魏先锋证券公司经理层高级管理人员任职资格的批复
青证监许可〔2015〕10 号	关于核准九州证券有限公司设立 15 家证券分公司的批复
青证监许可〔2015〕11 号	关于核准吴世忠证券公司董事任职资格的批复
青证监许可〔2015〕12 号	关于核准九州证券有限公司变更持有 5% 以上股权的股东的批复
青证监许可〔2015〕13 号	关于核准张学政证券公司经理层高级管理人员任职资格的批复
青证监许可〔2015〕14 号	关于核准胡念华证券公司经理层高级管理人员任职资格的批复
青证监许可〔2015〕15 号	关于核准聂巧明证券公司监事任职资格的批复
青证监许可〔2015〕16 号	关于核准九州证券有限公司设立 19 家证券分支机构的批复
青证监许可〔2015〕17 号	关于核准韩开创证券公司经理层高级管理人员任职资格的批复
青证监许可〔2015〕18 号	关于核准九州证券有限公司变更公司章程重要条款的批复
青证监许可〔2015〕19 号	关于核准九州证券有限公司代销金融产品业务资格的批复
青证监许可〔2015〕20 号	关于核准王海航证券公司经理层高级管理人员任职资格的批复
鲁证监许可〔2015〕1 号	关于核准中信证券(山东)有限责任公司撤销安丘向阳路证券营业部的决定
鲁证监许可〔2015〕2 号	关于核准王祖民期货公司董事任职资格的决定
鲁证监许可〔2015〕3 号	关于核准中州期货有限公司变更股权的批复
鲁证监许可〔2015〕4 号	关于核准中信证券(山东)有限责任公司撤销昌邑北海路证券营业部的决定
鲁证监许可〔2015〕5 号	关于核准齐鲁证券有限公司设立重庆分公司和河南分公司的决定
鲁证监许可〔2015〕6 号	关于核准西藏同信证券股份有限公司撤销济南经十路证券营业部的决定
鲁证监许可〔2015〕7 号	关于核准齐鲁证券有限公司在北京市等地设立 2 家证券营业部的决定
鲁证监许可〔2015〕8 号	关于核准李帅东期货公司营业部负责人任职资格的决定
鲁证监许可〔2015〕9 号	关于核准王海然期货公司监事任职资格的决定
鲁证监许可〔2015〕10 号	关于核准胡俞越期货公司监事任职资格的决定
鲁证监许可〔2015〕11 号	关于核准李喜生期货公司监事任职资格的决定
鲁证监许可〔2015〕12 号	关于核准牟勇期货公司监事任职资格的决定
鲁证监许可〔2015〕13 号	关于核准齐鲁证券有限公司在广东省惠州市等地设立 4 家证券营业部的决定
鲁证监许可〔2015〕14 号	关于核准齐鲁证券有限公司在湖南省长沙市等地设立 4 家分公司的决定
鲁证监许可〔2015〕15 号	关于核准齐鲁证券有限公司撤销招远文体路证券营业部等 4 家证券营业部的决定
鲁证监许可〔2015〕16 号	关于核准齐鲁证券有限公司变更公司章程重要条款的决定

续表

发文字号	标题
鲁证监许可〔2015〕17 号	关于核准齐鲁证券有限公司在黑龙江省哈尔滨市等地设立 2 家分公司的决定
鲁证监许可〔2015〕18 号	关于核准齐鲁证券有限公司在深圳市设立 1 家证券营业部的决定
鲁证监许可〔2015〕19 号	关于核准王思远证券公司监事任职资格的决定
鲁证监许可〔2015〕20 号	关于核准王丽敏证券公司监事任职资格的决定
鲁证监许可〔2015〕21 号	关于核准王学德证券公司董事任职资格的决定
鲁证监许可〔2015〕22 号	关于核准时英证券公司独立董事任职资格的决定
鲁证监许可〔2015〕23 号	关于核准陈晓莉证券公司独立董事任职资格的决定
鲁证监许可〔2015〕24 号	关于核准徐亮天证券公司董事任职资格的决定
鲁证监许可〔2015〕25 号	关于核准郑伟证券公司独立董事任职资格的决定
鲁证监许可〔2015〕26 号	关于核准孔令伟证券公司监事任职资格的决定
鲁证监许可〔2015〕27 号	关于核准肖金明证券公司独立董事任职资格的决定
鲁证监许可〔2015〕28 号	关于核准刘锋证券公司董事任职资格的决定
鲁证监许可〔2015〕29 号	关于核准孟庆建证券公司董事任职资格的决定
鲁证监许可〔2015〕30 号	关于核准中信证券（山东）有限责任公司撤销禹城行政街证券营业部的决定
鲁证监许可〔2015〕31 号	关于核准齐鲁证券有限公司变更公司章程重要条款的决定
鲁证监许可〔2015〕32 号	关于核准德州银行股份有限公司证券投资基金销售业务资格的批复
鲁证监许可〔2015〕33 号	关于核准齐鲁证券有限公司在四川省成都市设立分公司的决定
鲁证监许可〔2015〕34 号	关于核准中泰证券股份有限公司在山东省滨州市等地设立 2 家证券营业部的决定
鲁证监许可〔2015〕35 号	关于核准中泰证券股份有限公司撤销济南建设路证券营业部等 2 家证券营业部的决定
晋证监许可字〔2015〕1 号	关于核准大同证券经纪有限责任公司变更公司章程重要条款的批复
晋证监许可字〔2015〕2 号	关于核准董晓娜同志期货公司营业部负责人任职资格的批复
晋证监许可字〔2015〕3 号	关于核准吴国杰同志期货公司营业部负责人任职资格的批复
晋证监许可字〔2015〕4 号	关于核准柴宏杰证券公司董事任职资格的批复
晋证监许可字〔2015〕5 号	关于核准朱海武证券公司独立董事任职资格的批复
晋证监许可字〔2015〕6 号	关于核准大同证券经纪有限责任公司变更公司章程重要条款的批复
晋证监许可字〔2015〕7 号	关于核准郭志宏等五人证券公司监事任职资格的批复
晋证监许可字〔2015〕8 号	关于核准山西证券股份有限公司撤销太原迎泽分公司的批复
晋证监许可字〔2015〕9 号	关于核准和合期货经纪有限公司变更股权的批复
晋证监许可字〔2015〕10 号	关于核准晋城银行股份有限公司证券投资基金销售业务资格的批复
晋证监许可字〔2015〕11 号	关于核准大同证券有限责任公司设立 3 家分支机构的批复
晋证监许可字〔2015〕12 号	关于核准大同证券有限责任公司变更注册资本的批复

续表

发文字号	标题
晋证监许可字〔2015〕13 号	关于核准大同证券有限责任公司设立 1 家分支机构的批复
晋证监许可字〔2015〕14 号	关于核准大同证券有限责任公司变更公司章程重要条款的批复
晋证监许可字〔2015〕15 号	关于核准大同证券有限责任公司证券承销业务资格的批复
陕证监许可字〔2015〕1 号	关于姬锋博期货公司营业部负责人任职资格的批复
陕证监许可字〔2015〕2 号	关于范江峰期货公司监事会主席任职资格的批复
陕证监许可字〔2015〕3 号	关于康宏军期货公司营业部负责人任职资格的批复
陕证监许可字〔2015〕4 号	关于吴文期货公司董事任职资格的批复
陕证监许可字〔2015〕5 号	关于石冰证券公司监事会主席任职资格的批复
陕证监许可字〔2015〕6 号	关于李盈斌证券公司董事任职资格的批复
陕证监许可字〔2015〕7 号	关于核准开源证券股份有限公司设立 3 家分支机构的批复
陕证监许可字〔2015〕8 号	关于核准西部证券股份有限公司新设甘肃分公司等七家分支机构的批复
陕证监许可字〔2015〕9 号	关于周宇纬期货公司营业部负责人任职资格的批复
陕证监许可字〔2015〕10 号	关于核准中邮证券有限责任公司在辽宁吉林等地设立 8 家分公司的批复
陕证监许可字〔2015〕11 号	关于核准开源证券股份有限公司变更公司章程重要条款的批复
陕证监许可字〔2015〕12 号	关于核准李刚证券公司高级管理人员任职资格的批复
陕证监许可字〔2015〕13 号	关于王晋勇证券公司独立董事任职资格的批复
陕证监许可字〔2015〕14 号	关于核准开源证券股份有限公司设立 5 家分支机构的批复
陕证监许可字〔2015〕15 号	关于陈江旭证券公司独立董事任职资格的批复
陕证监许可字〔2015〕16 号	关于崔天钧证券公司董事任职资格的批复
陕证监许可字〔2015〕17 号	关于核准迈科期货经纪有限公司期货投资咨询业务资格的批复
陕证监许可字〔2015〕18 号	关于核准开源证券股份有限公司设立三家分支机构的批复
陕证监许可字〔2015〕19 号	关于核准王锐证券公司经理层高级管理人员任职资格的批复
陕证监许可字〔2015〕20 号	关于核准中邮证券有限责任公司变更公司章程重要条款的批复
陕证监许可字〔2015〕21 号	关于核准开源证券股份有限公司设立 2 家分支机构的批复
陕证监许可字〔2015〕22 号	关于核准西部证券股份有限公司设立 4 家分支机构的批复
陕证监许可字〔2015〕23 号	关于核准开源证券股份有限公司设立 3 家分支机构的批复
陕证监许可字〔2015〕24 号	关于周乘东证券公司董事任职资格的批复
陕证监许可字〔2015〕25 号	关于核准宋英忠证券公司董事长类人员任职资格的批复
陕证监许可字〔2015〕26 号	关于核准中邮证券有限责任公司变更持有百分之五以上股权的股东的批复
陕证监许可字〔2015〕27 号	关于李伟证券公司监事任职资格的批复
陕证监许可字〔2015〕28 号	关于黄斌证券公司董事会秘书任职资格的批复
陕证监许可字〔2015〕29 号	关于范江峰证券公司经理层任职资格的批复

续表

发文字号	标题
陕证监许可字〔2015〕30 号	关于曲莉证券公司经理层高级管理人员任职资格的批复
陕证监许可字〔2015〕31 号	关于荆学亮证券公司监事任职资格的批复
陕证监许可字〔2015〕32 号	关于核准华鑫证券有限责任公司撤销西安朱雀南路证券营业部的批复
陕证监许可字〔2015〕33 号	关于核准中邮证券有限责任公司在黑龙江、上海等地设立五家分公司的批复
陕证监许可字〔2015〕34 号	关于核准西部证券股份有限公司设立内蒙古包头证券营业部的批复
陕证监许可字〔2015〕35 号	关于张驰证券公司董事任职资格的批复
陕证监许可字〔2015〕36 号	关于周晓红证券公司监事任职资格的批复
陕证监许可字〔2015〕37 号	关于张鹏证券公司董事任职资格的批复
厦证监许可〔2015〕1 号	厦门证监局关于王瑞瑶证券公司董事任职资格的批复
厦证监许可〔2015〕2 号	厦门证监局关于核准张敏芳期货公司首席风险官任职资格的批复
厦证监许可〔2015〕3 号	厦门证监局关于核准厦门证券有限公司变更公司章程重要条款的批复
厦证监许可〔2015〕4 号	厦门证监局关于核准长城国瑞证券有限公司设立 6 家分支机构的批复
厦证监许可〔2015〕5 号	厦门证监局关于张耀琨证券公司经理层高级管理人员任职资格的批复
厦证监许可〔2015〕6 号	厦门证监局关于李欢证券公司经理层高级管理人员任职资格的批复
厦证监许可〔2015〕7 号	厦门证监局关于王瑞瑶证券公司经理层高级管理人员任职资格的批复
厦证监许可〔2015〕8 号	厦门证监局关于核准金瑞期货有限公司陈芳溢期货营业部负责人任职资格的批复
厦证监许可〔2015〕9 号	厦门证监局关于核准长城国瑞证券有限公司证券自营业务资格的批复
厦证监许可〔2015〕10 号	厦门证监局关于吴真子证券公司监事会主席任职资格的批复
厦证监许可〔2015〕11 号	厦门证监局关于李鹏证券公司经理层高级管理人员任职资格的批复
厦证监许可〔2015〕12 号	厦门证监局关于阎坤证券公司监事任职资格的批复
厦证监许可〔2015〕13 号	厦门证监局关于核准长城国瑞证券有限公司证券承销业务资格的批复
厦证监许可〔2015〕14 号	厦门证监局关于核准长城国瑞证券有限公司变更公司章程重要条款的批复
云证监许可〔2015〕1 号	云南证监局关于核准红塔证券股份有限公司在重庆设立 1 家分支机构的批复
云证监许可〔2015〕2 号	云南证监局关于核准北京首创期货有限责任公司胡杰营业部负责人任职资格的批复
云证监许可〔2015〕3 号	云南证监局关于核准唐卫华证券公司经理层高级管理人员任职资格的批复
云证监许可〔2015〕4 号	云南证监局关于核准红塔期货有限责任公司苏志泉营业部负责人任职资格的批复
云证监许可〔2015〕5 号	云南证监局关于叶宗强证券公司董事任职资格的批复
云证监许可〔2015〕6 号	云南证监局关于核准王勋证券公司经理层高级管理人员任职资格的批复
云证监许可〔2015〕7 号	云南证监局关于核准太平洋证券股份有限公司变更公司章程重要条款的批复
云证监许可〔2015〕8 号	云南证监局关于核准太平洋证券股份有限公司在西安等地设立 8 家分支机构的批复

续表

发文字号	标题
云证监许可〔2015〕9 号	云南证监局关于周捷飞证券公司监事任职资格的批复
云证监许可〔2015〕10 号	云南证监局关于李双友证券公司董事任职资格的批复
云证监许可〔2015〕11 号	云南证监局关于左翔证券公司独立董事任职资格的批复
云证监许可〔2015〕12 号	云南证监局关于张彤证券公司独立董事任职资格的批复
云证监许可〔2015〕13 号	云南证监局关于核准红塔证券在深圳设立 1 家证券营业部的批复
云证监许可〔2015〕14 号	云南证监局关于核准太平洋证券股份有限公司在厦门等地设立 4 家分支机构的批复
云证监许可〔2015〕15 号	云南证监局关于核准红塔证券股份有限公司变更注册资本的批复
云证监许可〔2015〕16 号	云南证监局关于核准太平洋证券股份有限公司在青岛等地设立 7 家分支机构的批复
云证监许可〔2015〕17 号	云南证监局关于核准红塔证券股份有限公司变更持有 5% 以上股权股东的批复
浙证监许可〔2015〕1 号	关于核准浙江温州鹿城农村商业银行股份有限公司证券投资基金销售业务资格的批复
浙证监许可〔2015〕2 号	关于核准浙江中大期货有限公司证券投资基金销售业务资格的批复
浙证监许可〔2015〕3 号	关于核准周志远证券公司监事任职资格的批复
浙证监许可〔2015〕4 号	关于杨梅证券公司董事任职资格的批复
浙证监许可〔2015〕5 号	关于核准罗贵飞期货公司营业部负责人任职资格的批复
浙证监许可〔2015〕6 号	关于核准瑞银证券有限责任公司撤销杭州教工路证券营业部的批复
浙证监许可〔2015〕7 号	关于核准财通证券资产管理有限公司章程的批复
浙证监许可〔2015〕8 号	关于核准李晓娟期货公司营业部负责人任职资格的批复
浙证监许可〔2015〕9 号	关于核准鲁建兴期货公司营业部负责人任职资格的批复
浙证监许可〔2015〕10 号	关于核准王健卡期货公司营业部负责人任职资格的批复
浙证监许可〔2015〕11 号	关于核准王宝桐证券公司独立董事任职资格的批复
浙证监许可〔2015〕12 号	关于骆鉴湖证券公司董事任职资格的批复
浙证监许可〔2015〕13 号	关于核准何春梅期货公司董事任职资格的批复
浙证监许可〔2015〕14 号	关于核准财通证券资产管理有限公司设立上海分公司的批复
浙证监许可〔2015〕15 号	关于核准浙江乐清农村商业银行股份有限公司证券投资基金销售业务资格的批复
浙证监许可〔2015〕16 号	关于核准中信证券(浙江)有限责任公司设立 5 家分支机构的批复
浙证监许可〔2015〕17 号	关于核准温晓聪证券公司经理层高级管理人员任职资格的批复
浙证监许可〔2015〕18 号	关于核准吴俊毅证券公司副董事长任职资格的批复
浙证监许可〔2015〕19 号	关于核准浙商证券股份有限公司设立 2 家分支机构的批复
浙证监许可〔2015〕20 号	关于核准浙江临海农村商业银行股份有限公司证券投资基金销售业务资格的批复

续表

发文字号	标题
浙证监许可〔2015〕21 号	关于核准财通证券股份有限公司设立 4 家分支机构的批复
浙证监许可〔2015〕22 号	关于核准蒋洪证券公司董事任职资格的批复
浙证监许可〔2015〕23 号	关于核准中信证券(浙江)有限责任公司设立浙江分公司的批复
浙证监许可〔2015〕24 号	关于核准沈建林证券公司独立董事任职资格的批复
浙证监许可〔2015〕25 号	关于核准徐阳英证券公司监事任职资格的批复
浙证监许可〔2015〕26 号	关于核准赵明证券公司经理层高级管理人员任职资格的批复
浙证监许可〔2015〕27 号	关于核准汪炜证券公司独立董事任职资格的批复
浙证监许可〔2015〕28 号	关于核准中信证券(浙江)有限责任公司设立 7 家分支机构的批复
浙证监许可〔2015〕29 号	关于核准钱慧证券公司经理层高级管理人员任职资格的批复
浙证监许可〔2015〕30 号	关于核准浙江新昌农村商业银行股份有限公司证券投资基金销售业务资格的批复
浙证监许可〔2015〕31 号	关于核准何向东证券公司董事任职资格的批复
浙证监许可〔2015〕32 号	关于核准财通证券股份有限公司设立 3 家分支机构的批复
浙证监许可〔2015〕33 号	关于核准浙江义乌农村商业银行股份有限公司证券投资基金销售业务资格的批复
浙证监许可〔2015〕34 号	关于核准舒明证券公司独立董事任职资格的批复
浙证监许可〔2015〕35 号	关于核准浙江网商银行股份有限公司证券投资基金销售业务资格的批复
浙证监许可〔2015〕36 号	关于核准浙江杭州余杭农村商业银行股份有限公司证券投资基金销售业务资格的批复
浙证监许可〔2015〕37 号	关于核准财通证券股份有限公司在厦门市设立 1 家分支机构的批复
浙证监许可〔2015〕38 号	关于核准浙江德清农村商业银行股份有限公司证券投资基金销售业务资格的批复
浙证监许可〔2015〕39 号	关于核准永安期货股份有限公司证券投资基金销售业务资格的批复
浙证监许可〔2015〕40 号	关于核准李红芸证券公司经理层高级管理人员任职资格的批复
浙证监许可〔2015〕41 号	关于核准姚慧亮证券公司副董事长任职资格的批复
浙证监许可〔2015〕42 号	关于核准沈田丰证券公司独立董事任职资格的批复
浙证监许可〔2015〕43 号	关于核准永安期货股份有限公司变更注册资本和股权的批复
浙证监许可〔2015〕44 号	关于核准浙江萧山农村商业银行股份有限公司证券投资基金销售业务资格的批复
浙证监许可〔2015〕45 号	关于核准浙商证券股份有限公司设立 1 家分支机构的批复
渝证监许可〔2015〕1 号	关于核准娄岩期货公司营业部负责人任职资格的批复
渝证监许可〔2015〕2 号	关于核准李名芳期货公司营业部负责人任职资格的批复
渝证监许可〔2015〕3 号	西南证券新设营业部批复
渝证监许可〔2015〕4 号	关于核准蒲锐证券公司经理层高级管理人员任职资格的批复

续表

发文字号	标题
渝证监许可〔2015〕5 号	西南证券设立 8 家分公司的批复
渝证监许可〔2015〕6 号	关于核准华泰证券股份有限公司撤销重庆上清寺路证券营业部的批复
桂证监许可〔2015〕1 号	关于核准瑞达期货股份有限公司林勇任职资格的批复
桂证监许可〔2015〕2 号	关于核准中信期货有限公司周亚男任职资格的批复
桂证监许可〔2015〕3 号	关于核准国海证券股份有限公司设立 3 家分支机构的批复
桂证监许可〔2015〕4 号	关于核准中辉期货经纪有限公司唐许剑任职资格的批复
桂证监许可〔2015〕5 号	关于核准上海东证期货有限公司韦双柳任职资格的批复
桂证监许可〔2015〕6 号	关于核准东吴证券股份有限公司撤销 1 家分支机构的批复
桂证监许可〔2015〕7 号	广西证监局关于核准南证期货有限责任公司诸洁任职资格的批复
桂证监许可〔2015〕8 号	关于核准国海证券股份有限公司设立 1 家分支机构的批复
桂证监许可〔2015〕9 号	关于核准付春明证券公司经理层高级管理人员任职资格的批复
桂证监许可〔2015〕10 号	关于核准谭志华证券公司经理层高级管理人员任职资格的批复
桂证监许可〔2015〕11 号	关于核准国海证券股份有限公司设立 9 家分支机构的批复
桂证监许可〔2015〕12 号	关于核准桂林银行股份有限公司证券投资基金销售业务资格的批复
桂证监许可〔2015〕13 号	关于核准国海证券股份有限公司设立 1 家分支机构的批复
内证监许可〔2015〕1 号	关于核准裴晶晶证券公司监事任职资格的批复
内证监许可〔2015〕2 号	关于核准孙超证券公司董事任职资格的批复
内证监许可〔2015〕3 号	关于核准恒泰证券股份有限公司撤销呼和浩特昭乌达路证券营业部的批复
内证监许可〔2015〕4 号	关于核准恒泰证券股份有限公司在北京、上海设立证券营业部的批复
内证监许可〔2015〕5 号	关于核准恒泰证券股份有限公司作为合格境内机构投资者从事境外证券投资管理业务的批复
内证监许可〔2015〕6 号	关于核准周建军证券公司独立董事任职资格的批复
内证监许可〔2015〕7 号	关于核准林锡光证券公司独立董事任职资格的批复
内证监许可〔2015〕8 号	关于核准恒泰证券股份有限公司在北京、上海等城市设立 37 家证券营业部的批复
内证监许可〔2015〕9 号	关于核准日信证券有限责任公司在石家庄等城市设立 10 家证券营业部的批复
内证监许可〔2015〕10 号	关于核准恒泰证券股份有限公司在北京、上海等城市设立 16 家证券营业部的批复
内证监许可〔2015〕11 号	关于核准包强证券公司独立董事任职资格的批复
内证监许可〔2015〕12 号	关于核准恒泰证券股份有限公司在北京、深圳等城市设立 14 家证券营业部的批复
内证监许可〔2015〕13 号	关于核准恒泰证券股份有限公司变更公司章程重要条款的批复
内证监许可〔2015〕14 号	关于核准恒泰证券股份有限公司撤销通辽阿古拉大街证券营业部的批复
内证监许可〔2015〕15 号	关于核准恒泰证券股份有限公司经理层高级管理人员任职资格的批复

续表

发文字号	标题
内证监许可〔2015〕16 号	关于核准恒泰证券股份有限公司设立 42 家证券营业部的批复
内证监许可〔2015〕17 号	关于核准日信证券有限责任公司变更公司章程重要条款的批复

二、行 政 处 罚

（一）2015 年作出的行政处罚决定书目录

1. 处罚委作出的处罚决定书目录

关于苏彩龙、梁准违反证券法规的行政处罚决定书(〔2015〕1 号)
关于珠海中富实业股份有限公司、陈志俊、王玉玲等 4 名责任人违反证券法规的行政处罚决定书(〔2015〕2 号)
关于北京恒信德律资产评估有限公司、徐沛、陈志勇等 3 名责任人违反证券法规的行政处罚决定书(〔2015〕3 号)
关于赵罡违反证券法规的行政处罚决定书(〔2015〕4 号)
关于白洋违反证券法规的行政处罚决定书(〔2015〕5 号)
关于叶庆来、上海银沙创业投资有限公司违反证券法规的行政处罚决定书(〔2015〕6 号)
关于潍坊北大青鸟华光科技股份有限公司、周燕军、许振东等 15 名责任人违反证券法规的行政处罚决定书(〔2015〕7 号)
关于齐建湘违反证券法规的行政处罚决定书(〔2015〕8 号)
关于李黎明违反证券法规的行政处罚决定书(〔2015〕9 号)
关于上海超日太阳能科技股份有限公司、倪开禄、陶然等 10 名责任人违反证券法规的行政处罚决定书(〔2015〕10 号)
关于承德大路股份有限公司、陈荣、阎启忠等 7 名责任人违反证券法规的行政处罚决定书(〔2015〕11 号)
关于戴丽君、刘兴华违反证券法规的行政处罚决定书(〔2015〕12 号)
关于章志坚、王叔丹违反证券法规的行政处罚决定书(〔2015〕13 号)
关于宁夏大元化工股份有限公司、邓永新、洪金益等 5 名责任人违反证券法规的行政处罚决定书(〔2015〕14 号)
关于新疆奕飞股权投资有限公司、郭刚违反证券法规的行政处罚决定书(〔2015〕15 号)
关于李根、王艳强违反证券法规的行政处罚决定书(〔2015〕16 号)
关于杨君违反证券法规的行政处罚决定书(〔2015〕17 号)
关于方勇灵违反证券法规的行政处罚决定书(〔2015〕18 号)
关于深圳市金中和投资管理有限公司、曾军违反证券法规的行政处罚决定书(〔2015〕19 号)

续表

关于王之所违反证券法规的行政处罚决定书(〔2015〕20 号)
关于安徽皖江物流(集团)股份有限公司、汪晓秀、孔祥喜等 24 名责任人违反证券法规的行政处罚决定书(〔2015〕21 号)
关于高峰违反证券法规的行政处罚决定书(〔2015〕22 号)
关于张明芳违反证券法规的行政处罚决定书(〔2015〕23 号)
关于李如才违反证券法规的行政处罚决定书(〔2015〕24 号)
关于上海创兴资源开发股份有限公司、陈冠全、周清松等 10 名责任人违反证券法规的行政处罚决定书(〔2015〕25 号)
关于薛疆违反证券法规的行政处罚决定书(〔2015〕26 号)
关于李明违反证券法规的行政处罚决定书(〔2015〕27 号)
关于胡先林、罗雄飞、唐均违反证券法规的行政处罚决定书(〔2015〕28 号)
关于魏德善违反证券法规的行政处罚决定书(〔2015〕29 号)
关于吕建卫违反证券法规的行政处罚决定书(〔2015〕30 号)
关于姜为违反证券法规的行政处罚决定书(〔2015〕31 号)
关于北京赛迪传媒投资股份有限公司、周江军、董立冬等 10 名责任人违反证券法规的行政处罚决定书(〔2015〕32 号)
关于李军、张永东违反证券法规的行政处罚决定书(〔2015〕33 号)
关于唐汉博违反证券法规的行政处罚决定书(〔2015〕34 号)
关于梁伟违反证券法规的行政处罚决定书(〔2015〕36 号)
关于新筑投资集团有限公司、黄晓波违反证券法规的行政处罚决定书(〔2015〕39 号)
关于北京融达投资有限公司、郑俊、周孙明等 4 名责任人违反证券法规的行政处罚决定书(〔2015〕40 号)
关于孙屹峥、张菀违反证券法规的行政处罚决定书(〔2015〕41 号)
关于湖北化纤开发有限公司、刘新河违反证券法规的行政处罚决定书(〔2015〕42 号)
关于陈宏庆违反证券法规的行政处罚决定书(〔2015〕43 号)
关于郝忠违反证券法规的行政处罚决定书(〔2015〕44 号)
关于张益武、李介苗违反证券法规的行政处罚决定书(〔2015〕45 号)
关于深圳丹邦投资集团有限公司、刘萍违反证券法规的行政处罚决定书(〔2015〕46 号)
关于郭洪生违反证券法规的行政处罚决定书(〔2015〕47 号)
关于王传华违反证券法规的行政处罚决定书(〔2015〕48 号)
关于张田违反证券法规的行政处罚决定书(〔2015〕49 号)
关于王明旺违反证券法规的行政处罚决定书(〔2015〕50 号)
关于华仁世纪集团有限公司、董传文违反证券法规的行政处罚决定书(〔2015〕51 号)
关于东兆长泰投资集团有限公司、郭向英、周雅萍违反证券法规的行政处罚决定书(〔2015〕52 号)
关于王海鹏、王治军违反证券法规的行政处罚决定书(〔2015〕53 号)
关于天津中商联控股有限公司、应泽从、高海波违反证券法规的行政处罚决定书(〔2015〕54 号)

续表

关于宁波工业投资集团有限公司、王东升违反证券法规的行政处罚决定书(〔2015〕55 号)
关于吕美庆违反证券法规的行政处罚决定书(〔2015〕56 号)
关于重庆渝富资产经营管理集团有限公司、易丽琴违反证券法规的行政处罚决定书(〔2015〕57 号)
关于刘长鸿、冯文渊违反证券法规的行政处罚决定书(〔2015〕58 号)
关于陈斌违反证券法规的行政处罚决定书(〔2015〕59 号)
关于吴峰违反证券法规的行政处罚决定书(〔2015〕60 号)
关于相建康违反证券法规的行政处罚决定书(〔2015〕61 号)
关于吕奇伦违反证券法规的行政处罚决定书(〔2015〕62 号)
关于华锐风电科技(集团)股份有限公司、韩俊良、陶刚等 15 名责任人违反证券法规的行政处罚决定书(〔2015〕66 号)
关于利安达会计师事务所、温京辉、王伟违反证券法规的行政处罚决定书(〔2015〕67 号)
关于陈福成违反证券法规的行政处罚决定书(〔2015〕78 号)
关于杨子江违反证券法规的行政处罚决定书(〔2015〕79 号)
关于沈阳银基集团有限责任公司、林平违反证券法规的行政处罚决定书(〔2015〕80 号)
关于中科云网科技集团股份有限公司、孟凯、詹毓倩等 19 名责任人违反证券法规的行政处罚决定书(〔2015〕84 号)
关于任良成违反证券法规的行政处罚决定书(〔2015〕85 号)
关于吴香海、刘合军违反证券法规的行政处罚决定书(〔2015〕87 号)
关于涂忠华、王伟力、薛文聪等 5 名责任人违反证券法规的行政处罚决定书(〔2015〕89 号)
关于北京艾亿新融资本管理有限公司、张家林、张子恒违反证券法规的行政处罚决定书(〔2015〕90 号)
关于侯建芳违反证券法规的行政处罚决定书(〔2015〕92 号)
关于问泽鸿违反证券法规的行政处罚决定书(〔2015〕94 号)
关于香港东亚真空电镀厂有限公司、李焕义违反证券法规的行政处罚决定书(〔2015〕96 号)
关于潘国平违反证券法规的行政处罚决定书(〔2015〕97 号)
关于薛黎明违反证券法规的行政处罚决定书(〔2015〕98 号)
关于对马乐实施市场禁入的决定(〔2015〕1 号)
关于对周燕军、许振东、徐祗祥实施市场禁入的决定(〔2015〕2 号)
关于对李黎明实施市场禁入的决定(〔2015〕3 号)
关于对倪开禄、陶然、朱栋实施市场禁入的决定(〔2015〕4 号)
关于对戴丽君、刘兴华实施市场禁入的决定(〔2015〕5 号)
关于对邓永新实施市场禁入的决定(〔2015〕6 号)
关于对汪晓秀实施市场禁入的决定(〔2015〕7 号)
关于对韩俊良、陶刚、于建军等 5 名责任人员实施市场禁入的决定(〔2015〕9 号)
关于对温京辉、王伟实施市场禁入的决定(〔2015〕10 号)

2. 地方局作出的处罚决定书目录

	单位	名称	文号
1	北京证监局	关于关海龙违反证券法规的行政处罚决定书	(〔2015〕)1号
2	天津证监局	关于蒋政一违反证券法规的行政处罚决定书	(〔2015〕)1号
		关于樊瀚声违反证券法规的行政处罚决定书	(〔2015〕)2号
3	河北证监局	关于杨文芳违反证券法规的行政处罚决定书	(〔2015〕)1号
4	内蒙古证监局	关于蒋丽娜违反证券法规的行政处罚决定书	(〔2015〕)1号
5	辽宁证监局	关于杨泉违反证券法规的行政处罚决定书	(〔2015〕)1号
6	黑龙江证监局	关于姜健违反证券法规的行政处罚决定书	(〔2015〕)1号
7	上海证监局	关于上海神开石油化工装备股份有限公司、顾正、李芳英等13名责任人违反证券法规的行政处罚决定书	(〔2015〕)1号
		关于耿益民违反证券法规的行政处罚决定书	(〔2015〕)2号
		关于豫商集团有限公司、海银财富管理有限公司、韩宏伟等2名责任人违反证券法规的行政处罚决定书	(〔2015〕)3号
		关于上海家化联合股份有限公司、葛文耀、宣平等17名责任人违反证券法规的行政处罚决定书	(〔2015〕)4号
		关于上海物资贸易股份有限公司、孟杨、吴建华等19名责任人违反证券法规的行政处罚决定书	(〔2015〕)5号
		关于冯鸣违反证券法规的行政处罚决定书	(〔2015〕)6号
		关于北京沃航控股有限公司、武恒君违反证券法规的行政处罚决定书	(〔2015〕)7号
		关于匹凸匹(中国)有限公司违反证券法规的行政处罚决定书	(〔2015〕)8号
		关于唐红军违反证券法规的行政处罚决定书	(〔2015〕)9号
		关于寇玉亭违反证券法规的行政处罚决定书	(〔2015〕)10号
		关于耿毅英违反证券法规的行政处罚决定书	(〔2015〕)11号
8	江苏证监局	关于薛锋违反证券法规的行政处罚决定书	(〔2015〕)1号
		关于陈军违反证券法规的行政处罚决定书	(〔2015〕)2号
		关于刘金艳、陆君英违反证券法规的行政处罚决定书	(〔2015〕)3号
		关于葛晓云违反证券法规的行政处罚决定书	(〔2015〕)4号
		关于海润光伏科技股份有限公司、江苏紫金电子集团有限公司、江阴市九润管业有限公司及3名责任人违反证券法规的行政处罚决定书	(〔2015〕)5号
		关于东源(天津)股权投资基金管理有限公司(已更名为东源(天津)股权投资基金管理股份有限公司)、杨成义违反证券法规的行政处罚决定书	(〔2015〕)6号
9	浙江证监局	关于露笑科技股份有限公司、鲁小均、骆利英等5名责任人违反证券法规的行政处罚决定书	(〔2015〕)1号
		关于陈志刚违反证券法规的行政处罚决定书	(〔2015〕)2号

续表

	单位	名称	文号
9	浙江证监局	关于杭州天目山药业股份有限公司、胡新笠、杨宗昌等9名责任人违反证券法规的行政处罚决定书	（〔2015〕）3号
		关于桂国平违反证券法规的行政处罚决定书	（〔2015〕）4号
10	安徽证监局	关于徐文建、吴桂龙、温树宏等4名责任人违反证券法规的行政处罚决定书	（〔2015〕）1号
11	福建证监局	关于福建三木集团股份有限公司、兰隽、陈维辉等5名责任人违反证券法规的行政处罚决定书	（〔2015〕）1号
		关于隋笑峰违反证券法规的行政处罚决定书	（〔2015〕）2号
		关于章怡违反证券法规的行政处罚决定书	（〔2015〕）3号
		关于杨勇刚违反证券法规的行政处罚决定书	（〔2015〕）4号
12	江西证监局	关于中磊会计师事务所有限责任公司、李晓敏、熊建辉违反证券法规的行政处罚决定书	（〔2015〕）1号
13	山东证监局	关于山东齐星铁塔科技股份有限公司、赵长水、吕清明等6名责任人违反证券法规的行政处罚决定书	（〔2015〕）1号
14	河南证监局	关于风神轮胎股份有限公司、曹朝阳、王锋等8名责任人违反证券法规的行政处罚决定书	（〔2015〕）1号
15	湖北证监局	关于陈利红、张军祥违反证券法规的行政处罚决定书	（〔2015〕）1号
16	湖南证监局	关于恒立实业发展集团股份有限公司违反证券法规的行政处罚决定书	（〔2015〕）1号
		关于胡泽林违反证券法规的行政处罚决定书	（〔2015〕）2号
		关于北京沃航控股有限公司、汪丽违反证券法规的行政处罚决定书	（〔2015〕）3号
		关于王俊义违反证券法规的行政处罚决定书	（〔2015〕）4号
17	广东证监局	关于周灿鸿违反证券法规的行政处罚决定书	（〔2015〕）1号
		关于钟永雄违反证券法规的行政处罚决定书	（〔2015〕）2号
		关于廖议生违反证券法规的行政处罚决定书	（〔2015〕）3号
		关于东莞勤上光电股份有限公司、李旭亮，毛晓斌等4名责任人违反证券法规的行政处罚决定书	（〔2015〕）4号
		关于蔡小华违反证券法规的行政处罚决定书	（〔2015〕）5号
		关于蔡慈雄违反证券法规的行政处罚决定书	（〔2015〕）6号
		关于许汉群、许丽旋违反证券法规的行政处罚决定书	（〔2015〕）7号
		关于潘俊鸿违反证券法规的行政处罚决定书	（〔2015〕）8号
		关于田泽训违反证券法规的行政处罚决定书	（〔2015〕）9号
		关于罗双跃违反证券法规的行政处罚决定书	（〔2015〕）10号
		关于周翔违反证券法规的行政处罚决定书	（〔2015〕）11号
		关于张桂荣违反证券法规的行政处罚决定书	（〔2015〕）12号
		关于王巧华违反证券法规的行政处罚决定书	（〔2015〕）13号

续表

	单位	名称	文号
17	广东证监局	关于叶晓红违反证券法规的行政处罚决定书	(〔2015〕)14 号
		关于吕国忠违反证券法规的行政处罚决定书	(〔2015〕)15 号
18	广西证监局	关于方少瑜违反证券法规的行政处罚决定书	(〔2015〕)1 号
		关于广西五洲交通股份有限公司、何国纯、饶东平等 4 名责任人违反证券法规的行政处罚决定书	(〔2015〕)2 号
		关于柳州化工股份有限公司、廖能成、覃永强等 5 名责任人违反证券法规的行政处罚决定书	(〔2015〕)3 号
19	海南证监局	关于宋铁兵、王燕彬、宋铁农违反证券法规的行政处罚决定书	(〔2015〕)1 号
20	重庆证监局	关于常耿违反证券法规的行政处罚决定书	(〔2015〕)1 号
21	四川证监局	关于四川科伦药业股份有限公司、刘革新、程志鹏等 14 名责任人违反证券法规的行政处罚决定书	(〔2015〕)1 号
		关于江文、罗曾霞违反证券法规的行政处罚决定书	(〔2015〕)2 号
		关于孙文蓉违反证券法规的行政处罚决定书	(〔2015〕)3 号
		关于陈世宏违反证券法规的行政处罚决定书	(〔2015〕)4 号
		关于西藏山南神宇创业投资管理合伙企业(有限合伙)违反证券法规的行政处罚决定书	(〔2015〕)5 号
22	贵州证监局	关于贵州国创能源控股(集团)股份有限公司、周剑云、田盛为等 4 名责任人违反证券法规的行政处罚决定书	(〔2015〕)1 号
23	陕西证监局	关于上海市中科创财富管理有限公司、深圳市中科创财富通网络金融有限公司、张伟违反证券法规的行政处罚决定书	(〔2015〕)1 号
24	甘肃证监局	关于李康违反证券法规的行政处罚决定书	(〔2015〕)1 号
25	青海证监局	关于陈孟华、吴春江违反证券法规的行政处罚决定书	(〔2015〕)1 号
		关于田晓利违反证券法规的行政处罚决定书	(〔2015〕)2 号
26	宁夏证监局	关于上海宝银创赢投资管理有限公司、崔军违反证券法规的行政处罚决定书	(〔2015〕)1 号
27	深圳证监局	关于深圳键桥通讯技术股份有限公司、叶琼、David Xun Ge(葛迅)等 12 名责任人违反证券法规的行政处罚决定书	(〔2015〕)1 号
		关于夏玉山违法证券法规的行政处罚决定书	(〔2015〕)2 号
		关于刘榕违反证券法规的行政处罚决定书	(〔2015〕)3 号
		关于黄克波违反证券法规的行政处罚决定书	(〔2015〕)4 号
		关于成晓华违反证券法规的行政处罚决定书	(〔2015〕)5 号
28	大连证监局	关于新疆洹源股权投资管理有限公司、上海旭森世纪投资有限公司违反证券法规的行政处罚决定书	(〔2015〕)1 号
		关于上海易同科技股份有限公司违反证券法规的行政处罚决定书	(〔2015〕)2 号
		关于大连大显控股股份有限公司、代威违反证券法规的行政处罚决定书	(〔2015〕)3 号

续表

	单位	名称	文号
29	宁波证监局	关于王斌忠违反证券法规的行政处罚决定书	(〔2015〕)1号
		关于楼建峰违反证券法规的行政处罚决定书	(〔2015〕)2号

(二)典 型 案 例

上海某投资管理有限公司、崔某不服宁夏证监局行政处罚决定行政复议案

一、基本案情

申请人:上海某投资管理有限公司、崔某

被申请人:宁夏证监局

2015年6月2日,新华百货第二大股东上海某投资管理有限公司(以下简称上海某公司)在其官网及500倍基金网上发布《上海＊＊投资公司致新华百货全体股东的一封公开信》(以下简称《公开信》),向新华百货全体股东提出5项议案,包括由新华百货与上海某公司共同成立私募基金公司、由私募基金公司收购一家保险公司、要求新华百货承诺高比例转增股本、收购500倍基金网注入私募基金公司、改选新华百货董事会等事项,并表示将召开临时股东大会对上述议案进行表决。宁夏证监局认定,《公开信》所提议案具体明确,属于可能对新华百货股价产生较大影响的信息,上海某公司自行以《公开信》方式在非指定媒体上发布上述信息,违反《证券法》第七十条、《上市公司信息披露管理办法》(以下简称《信批办法》)第六条等规定,构成《证券法》第一百九十三条第一款规定的信息披露违法行为。上海某公司董事长崔某是对上述信息披露违法行为直接负责的主管人员。据此,宁夏证监局对上海某公司给予警告,并处以40万元罚款;对崔某给予警告,并处以10万元罚款。

申请人认为,上海某公司发布《公开信》的行为及《公开信》本身均不属于《证券法》、《信批办法》明文规定的应予披露的重大事件,并且《公开信》的发布亦未导致新华百货股价与上证指数明显偏离。上海某公司发布《公开信》的行为属于行使股东言论自由,依法对上市公司进行监督,防范上市公司被大股东或内部人操控。

复议机关认为,《公开信》提出的5项议案内容具体明确,涉及上市公司重大事件,属于应当披露的信息。上海某公司作为持有新华百货10%以上股份的第二大股东,能够对上市公司经营管理施加重要影响,应当审慎对待自己拟进行的可能对上市公司股价产生重大影响的行为,负有准确、完整、及时、公平披露相关信息的义务。本案中,上海某公司自行在非指定媒体上发布包含可能对上市股价产生重大影响内容的《公开信》,违反了《证券法》第七十条、《信披办法》第六条等规定,构成《证券法》第一百九十三条第一款规定的违法行为。崔某作为上海某公司董事长,属于对上述违法行为直接负责的主管人员。

二、焦点问题评析

本案争议焦点主要集中在法律适用方面:一是《公开信》的内容是否属于《证券法》第七十条规定的依法必须披露的信息;二是上海某公司是否属于《证券法》第一百九十三条第一款规定的其他信息披露义务人。

根据《证券法》第六十七条规定,凡是发生可能对上市公司股票交易价格产生较大影响的重大事件,投资者尚未得知时,都应当立即披露。《公开信》提出的5项议案具体明确,属于可能对上市公司股价产生较大影响的信息,依法必须披露。根据《证券法》第一百九十三条第一款规定,发行人、上市公司或者其他信息披露义务人未按规定披露信息,或者披露的信息存在虚假记载、误导性陈述或者重大遗漏的,构成信息披露违法。本案中,上海某公司虽然连续持股时间不足90日,但作为持有新华百货10%以上股份的第二大股东,能够对上市公司经营管理施加重要影响,没有履行必要前置程序,也未与上市公司充分沟通,即自行以《公开信》的方式提出召开临时股东大会,违反了《公司法》的相关规定。因此,从规范上市公司大股东有关信息披露行为、维护信息披露秩序、保障投资者合法权益的角度出发,可以认定本案中上海某公司作为新华百货第二大股东,属于"其他信息披露义务人"。

三、办案体会

随着监管执法力度加大、程度加深,实践中出现了许多新型疑难案件,对监管执法提出了挑战,本案即是一起典型的新型案件。《证券法》、我会《信批办法》均未明确规定"其他信息披露义务人"的范围,反映出了目前对"信息披露义务人"制度规定还不够明确、完备,容易造成监管执法法律适用的困惑,同时亦容易引起有关当事人的质疑。因此需要进一步研究、完善相应的制度规定,为加强监管执法提供更有力的依据。

三、行政复议与行政诉讼

(一)2015年作出的行政复议决定书目录

关于孟祥君不服举报投诉答复的行政复议决定书(〔2015〕1号)
关于孟祥君不服举报投诉答复的行政复议决定书(〔2015〕2号)
关于张长安不服举报投诉答复的行政复议决定书(〔2015〕3号)
关于王华不服行政处罚的行政复议决定书(〔2015〕4号)
关于王华不服市场禁入的行政复议决定书(〔2015〕5号)
关于石家庄市如果爱婚姻服务有限公司不服信息公开的行政复议决定书(〔2015〕6号)
关于欣龙控股(集团)股份有限公司、郭开铸、魏毅等13名责任人不服行政处罚的行政复议决定书(〔2015〕7号)
关于查传忠不服行政处罚的行政复议决定书(〔2015〕8号)
关于韩复龄不服行政处罚的行政复议决定书(〔2015〕9号)
关于王友亭不服行政处罚的行政复议决定书(〔2015〕10号)
关于柴磊不服行政处罚的行政复议决定书(〔2015〕11号)
关于张小平、纪爱勤不服举报投诉答复的行政复议决定书(〔2015〕12号)
关于谢晓蓉不服信息公开的行政复议决定书(〔2015〕13号)

续表

关于阮强不服行政处罚的行政复议决定书(〔2015〕14号)
关于朱平不服信息公开的行政复议决定书(〔2015〕15号)
关于郑宇不服信息公开的行政复议决定书(〔2015〕16号)
关于杨期能不服信息公开的行政复议决定书(〔2015〕17号)
关于王步胤不服举报投诉答复的行政复议决定书(〔2015〕18号)
关于蒋波不服举报投诉答复的行政复议决定书(〔2015〕19号)
关于蒋波不服举报投诉答复的行政复议决定书(〔2015〕20号)
关于邹慧楠不服信息公开的行政复议决定书(〔2015〕21号)
关于邹慧楠不服信息公开的行政复议决定书(〔2015〕22号)
关于徐冀芬不服信息公开的行政复议决定书(〔2015〕23号)
关于杨金柱不服信息公开的行政复议决定书(〔2015〕24号)
关于熊建辉、李晓敏不服行政处罚的行政复议决定书(〔2015〕25号)
关于韩法强不服行政处罚的行政复议决定书(〔2015〕26号)
关于马继红不服行政处罚的行政复议决定书(〔2015〕27号)
关于申玉生不服行政处罚的行政复议决定书(〔2015〕28号)
关于申洪亮不服行政处罚的行政复议决定书(〔2015〕29号)
关于荆新不服行政处罚的行政复议决定书(〔2015〕30号)
关于曹朝阳不服行政处罚的行政复议决定书(〔2015〕31号)
关于王锋不服行政处罚的行政复议决定书(〔2015〕32号)
关于风神轮胎股份有限公司不服行政处罚的行政复议决定书(〔2015〕33号)
关于聂延飞不服行政许可的行政复议决定书(〔2015〕34号)
关于杨金柱不服信息公开的行政复议决定书(〔2015〕35号)
关于杨金柱不服信息公开的行政复议决定书(〔2015〕36号)
关于杨金柱不服信息公开的行政复议决定书(〔2015〕37号)
关于余斌不服信息公开的行政复议决定书(〔2015〕38号)
关于杨期能不服信息公开的行政复议决定书(〔2015〕39号)
关于杨期能不服信息公开的行政复议决定书(〔2015〕40号)
关于何东不服行政监管措施的行政复议决定书(〔2015〕41号)
关于刘维不服行政处罚的行政复议决定书(〔2015〕42号)
关于陈荣不服行政处罚的行政复议决定书(〔2015〕43号)
关于李敏不服行政处罚的行政复议决定书(〔2015〕44号)
关于阎启忠不服行政处罚的行政复议决定书(〔2015〕45号)
关于葛文耀不服行政处罚的行政复议决定书(〔2015〕46号)

续表

关于王茁不服行政处罚的行政复议决定书(〔2015〕47 号)
关于苏勇不服行政处罚的行政复议决定书(〔2015〕48 号)
关于周勤业不服行政处罚的行政复议决定书(〔2015〕49 号)
关于管一民不服行政处罚的行政复议决定书(〔2015〕50 号)
关于张纯不服行政处罚的行政复议决定书(〔2015〕51 号)
关于方骅不服行政处罚的行政复议决定书(〔2015〕52 号)
关于童恺不服行政处罚的行政复议决定书(〔2015〕53 号)
关于朱平不服信息公开的行政复议决定书(〔2015〕54 号)
关于吴剑元不服举报投诉答复的行政复议决定书(〔2015〕55 号)

(二)典 型 案 例

蒋某不服上海证监局举报答复行政诉讼案

一、基本案情

申请人:蒋某

被申请人:上海证监局

2014 年 6 月,申请人向上海证监局举报,其于 2006 年在上海中期期货有限公司(以下简称上海中期)开户时,受该公司从业人员误导、欺诈,致使期货投资直接损失约 150 万元,要求上海证监局对上海中期进行查处,并责令上海中期赔偿其投资损失。接到举报后,上海证监局进一步核实了举报事实,查阅、复制了有关书面材料,询问了有关当事人。经核查,上海中期在申请人开户过程中履行了实名制审核、风险揭示及签订书面合同等法定义务,未发现上海中期及其从业人员存在误导、欺诈等违法违规行为。根据上述核查结果,上海证监局向申请人作出了书面答复。

申请人不服上海证监局举报答复,于 2014 年 9 月 3 日向我会申请行政复议。申请人认为,上海证监局举报答复认定事实不清、法律适用错误,复议请求撤销。经审查,针对申请人举报事项,上海证监局已采取相应措施进行核查,并及时告知申请人核查结果,履行了监管职责,决定复议维持上海证监局举报答复。

申请人仍不服,于 2015 年 1 月 29 日向浦东法院提起行政诉讼。2015 年 4 月 23 日,浦东法院作出判决,认定上海证监局举报答复认定事实清楚,适用法律正确,执法程序合法,已经充分履行了法定职责,驳回原告的诉讼请求。申请人不服一审判决,向上海市三中院提起上诉。2015 年 9 月 8 日,上海市三中院判决驳回上诉,维持原判。

二、焦点问题评析

本案争议焦点为,针对申请人举报事项,上海证监局是否履行了核查处理职责。

(一)上海证监局是否已经充分履行了法定职责?

蒋某认为上海证监局对其举报事项,调查不彻底,是“走过场”。上海证监局在行政复议、诉讼阶段,向我会及司法机关均详细说明了针对蒋波举报事项的调查过程,并在一审、和二审中都向法院详细陈述了其针对举报事项的调查过程，并提交了调查中取得的蒋某与上海中期签订的《期货经纪合同》、《期货交易风险说明书》、上海中期关于蒋某举报事项的说明、蒋某账户交易结算报告以及与原上海中期从业人员电话询问录音等证据材料，得到了两审法院的认可。浦东法院认为，“被告经过对被投诉人上海中期的调查，认为该公司接受原告委托为原告进行期货交易，事先已经履行了实名制审核、风险揭示及签订书面合同等法定义务，符合相关法律的规定，不存在原告投诉的违法行为，遂在规定的期限内对原告作出被诉答复函《答复函》并送达原告，认定事实清楚，适用法律正确，执法程序合法，被告已经充分履行了法定职责”。上海市三中院认为，“被上诉人所作答复函《信访答复函》符合相关法律法规的规定，并无不当”。

（二）上海证监局对蒋某的信访举报事项处理是否有法律依据及调查程序是否合法？

蒋某在一审庭审开庭过程中和上诉状中均提出，上海证监局应依据《行政处罚法》而非《信访条例》对其举报事项进行处理，且上海证监局对相关期货开户经办人当事人马某某进行调查取证时应当由两名工作人员当面进行，而非电话询问。针对蒋某上述质疑，上海证监局向两审法院作了详细向两审法院说明陈述了该问题。2005 年中国证监会下发《中国证券监督管理委员会信访工作规则（试行）》（证监发〔2005〕70 号），将举报类信访和其他类型信访通过统一窗口受理，并按照《信访条例》和上述工作规则要求的程序、时间答复举报信访人。上海证监局依据《期货交易管理条例》第四十七条的规定对蒋某举报事项进行了核查实，法律适用正确。上海证监局接到信访举报事项后，并不必然启动行政处罚程序。经过上述对蒋某投诉事项的核查，上海证监局并未发现蒋波举报事项构成违法违规线索的事实和证据，不满足够成启动立案程序的条件，无法依据《行政处罚法》对上海中期进行行政处罚。本案中，举报人蒋某一直无法提供被举报人姓名且无法提供任何相关证据，上海证监局在经过核查其他证据时了解到为蒋某办理开户手续的经办人为马某某，并对作为本案可能知情的马某某进行了电话询问，程序上并无不当。两审法院对上海证监局上述观点予以认可。

三、办案体会

本案发生后，上海证监局认真对举报投诉信访举报引起的行政诉讼案件进行了研究，通过分析这类案件的特点，对该类案件的应诉工作提出一些意见建议。

第一，做好信访举报人的沟通和疏导工作，从源头上减少此类案件的发生。在接待和处理投资者信访举报投诉时，应充分了解信访举报投诉相关情况，与投资者充分沟通，对因其自身投资决策导致投资损失的投资者进行正确的情绪疏导。明确告知监管部门的职权范围和对其举报事项的调查处理情况，尽力从源头上避免矛盾激化。

第二，严格履行行政程序，完整获取和保留证据材料。行政诉讼案件中法院主要关注监管机关对相关事项是否具有管辖权、对有管辖权事项是否按照程序规定履行了法定职责、对当事人违法事实的认定等是否有充分、明确的证据材料作为依据和基础。因此，作出行政行为的部门对相关证据的获取、保存、举证对行政应诉工作的成败起到至关重要的作用。

第三，建立完善的复议、应诉制度，形成工作合力对做好复议、应诉工作至关重要。上海证监局在办理蒋波except信访举报引起的不服举报答复行政诉讼案件中涉及到信访办、机构监管处室、稽查处室、法制处等多个处室部门，各处室之间明确的责任分工、密切地协同配合对完成应诉工作的完满完成起到重要作用。2013 年 3 月，我会下发《关于进一步完善证券期货行政应诉工作机制的通知》（证监办发〔2013〕29 号）（以下简称《应诉机制通知》）对行政应诉职责分工进行了调整，根据“谁作出、谁实施、谁应诉”的原则，由作出具体行政行为的部门负责办理行政应诉工作。上海证监局在蒋波案要求该局履行法定职责案中为贯彻《应诉机制通知》的规定做了一次过渡性尝试并取得较好的效果。该案结案后，上海证监局以此为契机及时总结经验，起草了《上海证监局行政复议和行政应诉工作规程》，细化职责分工、协调机制和工作流程等，为今后的行政复议和应诉工作能够更高效、更顺畅地开展，保证相关工作的质量和效果提供制度保障。

随着我会监管执法力度的加大、投资者公

民权利意识的增强以及新修订的《行政诉讼法》对行政诉讼受案条件的放宽,我会及派出机构系统行政应诉案件将呈现快速增长的趋势,本案仅是处理信访举报引起的行政诉讼案件的一次有效尝试。今后我们还将进一步完善体制机制,继续高质量、高水平地做好复议答复和行政应诉工作。

聂某某不服中国证监会行政复议决定行政诉讼案

一、基本案情

申请人:聂某某

被申请人:中国证券监督管理委员会(上市部)

2013年9月27日,我会核准浙江浙能电力股份有限公司(以下简称浙能电力)发行股份吸收合并上市公司浙江东南发电股份有限公司(以下简称东南电力)。2013年10月7日,东南电力普通投资者聂某某不服《关于核准浙江浙能电力股份有限公司发行股份吸收合并浙江东南发电股份有限公司的批复》(证监许可〔2013〕1253号),申请行政复议。

申请人认为,浙能电力吸收合并东南发电不符合法律规定,具体包括东南发电未按照《企业国有资产法》进行资产评估、换股价违反了同股同权和同股同利原则、浙能电力执行国家发改委"上大压小"政策损害东南发电利益、东南发电股东大会表决程序违反《上市公司股东大会规则》等。

复议机关认为,申请人作为东南发电普通投资者,并非被申请人核准浙能电力吸收合并东南发电批复的相对人,与被申请人作出的行政许可批复不具有利害关系,不符合行政复议受理条件,决定驳回申请人的行政复议申请。

申请人不服我会行政复议决定,于2015年8月11日向北京市一中院提起行政诉讼。2016年1月28日,北京市一中院判决认定,本案被复议行为是被告核准浙能电力吸收合并东南发电的批复,原告并非该批复相对人,与被复议行为不具有利害关系。原告以其购买相关股票主张与被复议行为存在法律上的利害关系,缺乏法律依据。

申请人对一审判决仍不服,向北京高院提起上诉。2016年6月8日,北京高院作出二审判决,驳回上诉,维持原判。

二、焦点问题评析

本案争议焦点为:申请人与我会行政许可批复是否具有利害关系,是否具备申请行政复议的资格。

根据《行政许可法》第二条的规定,行政许可是指行政机关根据公民、法人或者其他组织的申请,经依法审查,准予其从事特定活动的行为。行政机关和申请人是行政许可法律关系的主体。本案中,浙能电力和东南发电向我会申请许可浙能电力发行股份吸收合并东南发电,我会作出《批复》予以核准。浙能电力和东南发电是我会《批复》的行政相对人,与《批复》具有利害关系。

根据《公司法》第三条、第九十九条的规定,公司是企业法人,具有独立的主体地位,上市公司实施并购重组由股东大会决定,属于公司行为。申请人作为东南发电的普通投资者,根据《公司法》第九十八条、第一百零三条的规定,应通过出席股东大会参与审议合并吸收有关事项的表决来行使股东权利。若申请人对股东大会决议内容或召开程序存在异议,应根据《公司法》的规定通过公司内部救济渠道或民事诉讼途径解决,而非向我会申请行政复议。

三、办案体会

上市公司的普通投资者人数众多、范围不特定且随时变化,若任一普通投资者对公司治理存在异议,即将本应通过民事诉讼途径解决的争议诉诸复议程序，不仅与行政复议制度的主旨相悖，还会耗用大量监管资源，对监管执法产生不利影响。

杭某某不服证监会行政许可决定行政诉讼案

一、基本案情

原告杭某某不服我会作出的《关于核准江苏维尔利环保科技股份有限公司向蔡昌达等发行股份购买资产并募集配套资金的批复》（证监许可〔2014〕789号）中的第一项内容（以下简称被诉批复内容），向北京一中院提起行政诉讼。该批复内容中江苏维尔利环保科技股份有限公司向蔡昌达发行股份所购买的资产为蔡昌达所持杭州能源环境工程有限公司（以下简称杭能公司）的股权。原告主张，其系杭能公司原股东，持有杭能公司6%的股权。2012年8月，原告与蔡昌达签署《股权转让协议》，将其所持杭能公司6%的股权全部转让给蔡昌达，并办理了股权变更登记。同时，蔡昌达向原告出具了加盖杭能公司公章的《股权转让协议附带说明》，约定杭能公司的品牌及其他无形资产因无法估值不在转让范围内，今后如公司对外转让股权，原告可按原持有比例分享其产生的经济价值。据此，原告就其转让给蔡昌达的杭能公司股权仍然享有一定权利。在未征得原告同意的情况下，蔡昌达无权决定将相关股权转让给第三人。被诉批复内容核准蔡昌达将所持杭能公司股权转让给第三人，侵害了原告的合法权益，请求法院撤销被诉批复内容。

二、焦点问题评析

该案的焦点问题就是杭某某与我会的监管行为之间是否具有法律上的利害关系？北京一中院认为，原告认可在被诉批复内容作出前，其已将所持杭能公司股权全部转让给蔡昌达，并办理了股权变更登记。而被诉批复内容系被告同意蔡昌达等人将所持杭能公司股权转让给第三人所作。被诉批复内容未对原告的权利义务产生实质影响，原告与该批复内容之间不具有利害关系。原告提起的本案诉讼不符合法定起诉条件，裁定驳回原告起诉。

三、办案体会

《行政诉讼法》规定的行政行为的相对人以及其他与行政行为具有利害关系的公民、法人或者其他组织，有权提起行政诉讼。而关于如何判断当事人与具体行政行为之间的利害关系，相关法律法规没有具体规定，因此是否具有“利害关系”往往成为争议焦点。结合证券期货市场的特点，探讨投资者与我会监管行为之间是否具有利害关系也成了当前的重点问题。从我会监管工作的特殊性来看，根据《证券法》等相关规定，我会负责对全国证券市场实行集中统一监督管理，对证券期货市场享有比较广泛的监管职权，通过行政许可、审批、处罚、监管措施乃至制定相关规则等途径，规范证券期货市场秩序，进而实现对个人投资者权益的保护。但是，由于证券期货市场的一个特点是交易主体十分广泛，且具有很强的流动性，因此，我会对个人投资者权益的这种保护，一般并不是在履行职责的过程中，对某个或某些特定范围内的具体个人投资者权益的直接保护，而是通过对证券期货市场秩序的维护，为个人投资者提供公平的市场交易环境，而个人投资者基于这一公平的市场交易环境，通过自己对交易风险的评估判断和交易能力去获取合法利益。即通过对公共秩序的维持，反射到个人投资者身上，以实现对其个人权利的保护，投资者从中获得的是反射性利益。因此，很难说对上市公司的行政监管行为与个别公众股东之间具有特定的利害关系。

许某不服证监会行政许可决定行政诉讼案

一、基本案情

2015年6月25日，我会核准北京立思辰科技股份有限公司发行股份及支付现金购买林某某等6人持有的北京敏特昭阳科技发展有限公司的95%股权。7月2日，原告许某向我会提交行政复议申请，请求撤销上述行政许可。经审查，我会认为，根据《公司法》的规定，股东可以依法转让自己的股权。上市公司经我会批准收购的95%股权不涉及原告与被收购方存在权属争议股权，原告不是交易双方之一，亦非我会行政许可的相对人，因此与我会作出的行政许可不具有法律上的利害关系。原告提出的优先购买权受侵害等问题系其与公司其他股东之间的民事纠纷，与我会的行政许可行为无关。7月9日，我会作出《不予受理行政复议申请决定书》。许某不服，向法院提起行政诉讼。

二、焦点问题评析

在本案中，焦点问题就是判断原告许某与我会作出的行政许可是否具有法律上的利害关系，是否具有申请行政复议的资格。法院认为，根据《行政复议法实施条例》第二十八条第(二)项规定，行政复议申请人应与具体行政行为有利害关系。《公司法》第三十二条第二款规定，记载于股东名册的股东，可以依股东名册主张行使股东权利。本案中，原告并非交易重组标的公司敏特昭阳记载于股东名册的股东，其与案外人林某某的民事争议尚在诉讼过程中，其据此主张股东权利缺乏事实和法律依据，其与证监会作出的行政许可决定缺乏利害关系。其关于优先购买权受侵犯的诉讼主张缺乏事实和法律依据，法院不予支持。

三、办案体会

近年来，中小投资者对我会行政许可不服，申请行政复议乃至提起行政诉讼的情况比较普遍，其目的往往是为了通过行政复议、诉讼程序，促使行政机关帮助其解决其民事纠纷，甚至获取不当利益。因中小投资者一般并非我会行政许可的相对人，其与我会行政许可之间是否具有利害关系，往往成为行政复议、行政诉讼中的争议焦点。本案中，法院明确了关于利害关系的判断标准，对今后的复议诉讼案件办理具有一定的借鉴意义。

四、监 管 措 施

(一)2015年证监会作出的监管措施决定书目录

监管措施决定书文号	监管措施决定名称
行政监管措施〔2015〕1号	关于对中信证券股份有限公司采取责令暂停新开融资融券客户信用账户3个月措施的决定
行政监管措施〔2015〕2号	关于对海通证券股份有限公司采取责令暂停新开融资融券客户信用账户3个月措施的决定

续表

监管措施决定书文号	监管措施决定名称
行政监管措施〔2015〕3号	关于对国泰君安证券股份有限公司采取责令暂停新开融资融券客户信用账户3个月措施的决定
行政监管措施〔2015〕4号	关于对安信证券股份有限公司采取责令增加内部合规检查次数措施的决定
行政监管措施〔2015〕5号	关于对招商证券股份有限公司采取责令限期改正措施的决定
行政监管措施〔2015〕6号	关于对中国中投证券有限责任公司采取责令增加内部合规检查次数措施的决定
行政监管措施〔2015〕7号	关于对广发证券股份有限公司采取责令限期改正措施的决定
行政监管措施〔2015〕8号	关于对新时代证券有限责任公司采取警示措施的决定
行政监管措施〔2015〕9号	关于对齐鲁证券有限公司采取警示措施的决定
行政监管措施〔2015〕10号	关于对民生证券股份有限公司采取警示措施的决定
行政监管措施〔2015〕11号	关于对广州证券股份有限公司采取警示措施的决定
行政监管措施〔2015〕12号	关于对银河证券股份有限公司采取警示措施的决定
行政监管措施〔2015〕13号	关于对中信建投证券股份有限公司采取监管谈话措施的决定
行政监管措施〔2015〕14号	关于对中信证券股份有限公司采取监管谈话措施的决定
行政监管措施〔2015〕15号	关于对北京永拓会计师事务所(特殊普通合伙)采取责令改正措施的决定
行政监管措施〔2015〕16号	关于对中水致远资产评估有限公司及王宪林、刘健采取出具警示函措施的决定
行政监管措施〔2015〕17号	关于对李宏、吕润波采取出具警示函措施的决定
行政监管措施〔2015〕18号	关于对北京中企华资产评估有限责任公司及注册资产评估师郑晓芳、王爱柳采取监管谈话措施的决定
行政监管措施〔2015〕19号	关于对立信会计师事务所(特殊普通合伙)采取出具警示函措施的决定
行政监管措施〔2015〕20号	关于对注册会计师康吉言、童冰薇、戴定毅、骆毅、沈斌采取出具警示函措施的决定
行政监管措施〔2015〕21号	关于对注册会计师王雪霏、禹正凡采取出具警示函措施的决定
行政监管措施〔2015〕22号	关于对注册会计师祁涛、胡新采取出具警示函措施的决定
行政监管措施〔2015〕23号	关于对北京中证天通会计师事务所(特殊普通合伙)及注册会计师戴波、王主平采取出具警示函措施的决定
行政监管措施〔2015〕24号	关于对中威正信(北京)资产评估有限公司及注册资产评估师赵继平、王新华采取出具警示函措施的决定
行政监管措施〔2015〕25号	关于对北京中科华资产评估有限公司及注册资产评估师曹宇、张秀文采取出具警示函措施的决定
行政监管措施〔2015〕26号	关于对北京经纬东元资产评估有限公司及注册资产评估师赵慧奇、林祖福采取监管谈话措施的决定
行政监管措施〔2015〕27号	关于对安信证券股份有限公司采取暂停保荐机构资格3个月措施的决定
行政监管措施〔2015〕28号	关于对王铁铭、郑茂林、朱斌采取暂不受理与行政许可有关文件6个月措施的决定
行政监管措施〔2015〕29号	关于对瑞华会计师事务所(特殊普通合伙)采取出具警示函措施的决定

续表

监管措施决定书文号	监管措施决定名称
行政监管措施〔2015〕30 号	关于对赵金义、黄飞采取出具警示函措施的决定
行政监管措施〔2015〕31 号	关于对覃业庆、赵卫国采取出具警示函措施的决定
行政监管措施〔2015〕32 号	关于对中喜会计师事务所(特殊普通合伙)及注册会计师魏汝翔、张朝明采取出具警示函措施的决定
行政监管措施〔2015〕33 号	关于对上海申威资产评估有限公司及注册资产评估师庄跃琪、陆华采取监管谈话措施的决定
行政监管措施〔2015〕34 号	关于对大华会计师事务所(特殊普通合伙)及注册会计师周龙、杨洪武采取出具警示函措施的决定
行政监管措施〔2015〕35 号	关于对山东和信会计师事务所(特殊普通合伙)及注册会计师孙涌、卢雷采取出具警示函措施的决定
行政监管措施〔2015〕36 号	关于对中国工商银行股份有限公司采取责令改正措施的决定
行政监管措施〔2015〕37 号	关于对长城证券有限责任公司采取责令暂停新开融资融券客户信用账户 3 个月措施的决定
行政监管措施〔2015〕38 号	关于对华泰证券股份有限公司采取责令限期改正措施的决定
行政监管措施〔2015〕39 号	关于对国信证券股份有限公司采取责令增加内部合规检查次数措施的决定
行政监管措施〔2015〕40 号	关于对五矿证券有限公司采取警示措施的决定
行政监管措施〔2015〕41 号	关于对华西证券股份有限公司采取警示措施的决定
行政监管措施〔2015〕42 号	关于对中国国际金融有限责任公司采取警示措施的决定
行政监管措施〔2015〕43 号	关于对致同会计师事务所(特殊普通合伙)采取监管谈话措施的决定
行政监管措施〔2015〕44 号	关于对注册会计师陈广清、彭素红采取监管谈话措施的决定
行政监管措施〔2015〕45 号	关于对注册会计师高虹、赵娟娟采取监管谈话措施的决定
行政监管措施〔2015〕46 号	关于对广东中广信资产评估有限公司采取出具警示函措施的决定
行政监管措施〔2015〕47 号	关于对注册资产评估师汤锦东、林少坚采取出具警示函措施的决定
行政监管措施〔2015〕48 号	关于对注册资产评估师汤锦东、孙明杰采取出具警示函措施的决定
行政监管措施〔2015〕49 号	关于对注册资产评估师汤锦东、林少坚采取出具警示函措施的决定
行政监管措施〔2015〕50 号	关于对注册资产评估师汤锦东、杨子奇采取出具警示函措施的决定
行政监管措施〔2015〕51 号	关于对北京中天华资产评估有限公司及注册资产评估师姜影、刘丽婷采取出具警示函措施的决定
行政监管措施〔2015〕52 号	关于对立信中联会计师事务所(特殊普通合伙)及注册会计师邓超、刘静采取出具警示函措施的决定
行政监管措施〔2015〕53 号	关于对四川华信(集团)会计师事务所(特殊普通合伙)及注册会计师徐家敏、李洪彬采取出具警示函措施的决定
行政监管措施〔2015〕54 号	关于对深圳德正信国际资产评估有限公司及注册资产评估师黄琼、毛媛采取监管谈话措施的决定
行政监管措施〔2015〕55 号	关于对张昱、王义采取出具警示函措施的决定
行政监管措施〔2015〕56 号	关于对中审华寅五洲会计师事务所(特殊普通合伙)采取监管谈话措施的决定
行政监管措施〔2015〕57 号	关于对注册会计师杨敏兰、刘志民采取监管谈话措施的决定

续表

监管措施决定书文号	监管措施决定名称
行政监管措施〔2015〕58 号	关于对注册会计师梁雪萍、尹琳采取监管谈话措施的决定
行政监管措施〔2015〕59 号	关于对注册会计师胡斌、刘冰采取监管谈话措施的决定
行政监管措施〔2015〕60 号	关于对天职国际会计师事务所（特殊普通合伙）及注册会计师李雪琴、李雪旺采取出具警示函措施的决定
行政监管措施〔2015〕61 号	关于对北京卓信大华资产评估有限公司及注册资产评估师刘春茹、高亮采取出具警示函措施的决定
行政监管措施〔2015〕62 号	关于对北京华信众合资产评估有限公司及注册资产评估师刘宪强、李静义采取出具警示函措施的决定
行政监管措施〔2015〕63 号	关于对北京兴华会计师事务所（特殊普通合伙）及注册会计师张恩军、张燕飞采取监管谈话措施的决定
行政监管措施〔2015〕64 号	关于对瑞华会计师事务所（特殊普通合伙）采取监管谈话措施的决定
行政监管措施〔2015〕65 号	关于对上会会计师事务所（特殊普通合伙）采取责令改正措施的决定
行政监管措施〔2015〕66 号	关于对海南金海岸期货经纪有限公司采取撤销全部期货业务许可措施的决定
行政监管措施〔2015〕67 号	关于对大信会计师事务所（特殊普通合伙）采取监管谈话措施的决定
行政监管措施〔2015〕68 号	关于对大华会计师事务所（特殊普通合伙）采取监管谈话措施的决定
行政监管措施〔2015〕69 号	关于对中准会计师事务所（特殊普通合伙）采取责令改正措施的决定
行政监管措施〔2015〕70 号	关于对中勤万信会计师事务所（特殊普通合伙）采取监管谈话措施的决定
行政监管措施〔2015〕71 号	关于对北京兴华会计师事务所（特殊普通合伙）采取监管谈话措施的决定
行政监管措施〔2015〕72 号	关于对华普天健会计师事务所（特殊普通合伙）及注册会计师宋文、胡新荣、钱奕兵、王彩霞采取监管谈话措施的决定
行政监管措施〔2015〕73 号	关于对民生加银基金管理有限公司采取责令整改及暂不受理行政许可措施的决定
行政监管措施〔2015〕74 号	关于对李石玉、刘隆文采取出具警示函措施的决定
行政监管措施〔2015〕75 号	关于对钱伟琛、徐欣采取出具警示函措施的决定
行政监管措施〔2015〕76 号	关于对周文昊、尤麦燕采取出具警示函措施的决定
行政监管措施〔2015〕77 号	关于对中国银河证券股份有限公司采取暂停新开证券账户 1 个月措施的决定
行政监管措施〔2015〕78 号	关于对申万宏源证券有限公司采取暂停新开证券账户 1 个月措施的决定
行政监管措施〔2015〕79 号	关于对中信建投证券股份有限公司采取暂停新开证券账户 1 个月措施的决定
行政监管措施〔2015〕80 号	关于对富安达基金管理有限公司采取暂停办理相关业务措施的决定
行政监管措施〔2015〕81 号	关于对北京千石创富资本管理有限公司采取暂停办理相关业务措施的决定
行政监管措施〔2015〕82 号	关于对深圳市融通资本财富管理有限公司采取暂停办理相关业务措施的决定
行政监管措施〔2015〕83 号	关于对银河资本资产管理有限公司采取暂停办理相关业务措施的决定
行政监管措施〔2015〕84 号	关于对民生证券采取暂停新开证券账户六个月等措施的决定

(二)2015 年派出机构作出的监管措施决定书目录

监管措施决定书文号	监管措施决定名称
安徽监管局行政监管措施〔2015〕1 号	关于华泰证券股份有限公司合肥长江东大街证券营业部采取出具警示函措施的决定
安徽监管局行政监管措施〔2015〕2 号	关于太平洋产业投资资金管理有限公司采取监管谈话的决定
安徽监管局行政监管措施〔2015〕4 号	关于对孙云飞采取出示警示函措施的决定
北京监管局行政监管措施决定书〔2015〕1 号	关于对天相投资顾问有限公司采取出具警示函措施的决定
北京监管局行政监管措施决定书〔2015〕2 号	关于对和讯信息科技有限公司采取责令改正监管措施的决定
北京监管局行政监管措施决定书〔2015〕44 号	关于对中国民族证券有限责任公司副总经理何东采取谴责措施的决定
北京监管局行政监管措施决定书〔2015〕45 号	关于对中国民族证券有限责任公司合规总监蔡晓昕采取谴责措施的决定
北京监管局行政监管措施决定书〔2015〕46 号	关于对中国民族证券有限责任公司董事长赵大建采取谴责措施的决定
北京监管局行政监管措施决定书〔2015〕47 号	关于对中国民族证券有限责任公司财务总监杨英采取谴责措施的决定
北京监管局行政监管措施决定书〔2015〕48 号	关于对中国民族证券有限责任公司采取限制业务活动、暂停核准业务申请以及谴责措施的决定
福建监管局行政监管措施决定书〔2015〕1 号	关于对福建福晶科技股份有限公司采取责令改正措施的决定
福建监管局行政监管措施决定书〔2015〕2 号	关于对郭艺东采取责令改正措施的决定
福建监管局行政监管措施决定书〔2015〕4 号	关于对福建华兴会计师事务所(特殊普通合伙)采取出具警示函措施的决定
福建监管局行政监管措施决定书〔2015〕5 号	关于对宁德市国有资产投资经营有限公司采取出具警示函措施的决定
福建监管局行政监管措施决定书〔2015〕6 号	关于对福建众和股份有限公司采取出具警示函措施的决定
福建监管局行政监管措施决定书〔2015〕7 号	关于对许建成、詹金明、黄燕琴采取出具警示函措施的决定
广东监管局行政监管措施决定书〔2015〕10 号	关于对珠海市博元投资股份有限公司采取责令改正措施的决定
广东监管局行政监管措施决定书〔2015〕11 号	关于对庄春虹采取出具警示函措施的决定
广东监管局行政监管措施决定书〔2015〕13 号	关于对广东明珠集团股份有限公司采取责令改正措施的决定

续表

监管措施决定书文号	监管措施决定名称
广东监管局行政监管措施决定书〔2015〕14 号	关于对广州银闰投资顾问有限公司采取出具警示函措施的决定
广东监管局行政监管措施决定书〔2015〕31 号	关于对中辉期货有限公司广州营业部采取出具警示函措施的决定
广东监管局行政监管措施决定书〔2015〕35 号	关于对沈丹虹采取出具警示函措施的决定
广东监管局行政监管措施决定书〔2015〕36 号	关于对李琼采取出具警示函措施的决定
广东监管局行政监管措施决定书〔2015〕37 号	关于对冯艺康采取出具警示函措施的决定
广东监管局行政监管措施决定书〔2015〕38 号	关于对吴淑萍采取出具警示函措施的决定
广东监管局行政监管措施决定书〔2015〕39 号	关于对广州穗富投资管理有限公司采取公开谴责措施的决定
广东监管局行政监管措施决定书〔2015〕40 号	关于对广州安州投资管理有限公司采取出具警示函措施的决定
广西监管局行政监管措施决定书〔2015〕1 号	关于对广西桂东电力股份有限公司采取出具警示函措施的决定
广西监管局行政监管措施决定书〔2015〕2 号	关于对柳州化学工业集团有限公司采取出具警示函措施的决定
广西监管局行政监管措施决定书〔2015〕3 号	关于对吕奇伦采取出具警示函措施的决定
广西监管局行政监管措施决定书〔2015〕4 号	关于对黄伟采取出具警示函监管措施的决定
广西监管局行政监管措施决定书〔2015〕5 号	关于对莫瑞珧采取出具警示函措施的决定
广西监管局行政监管措施决定书〔2015〕6 号	关于对丰林国际有限公司采取出具警示函措施的决定
广西监管局行政监管措施决定书〔2015〕7 号	关于对北京辰元房地产开发有限公司采取出具警示函措施的决定
海南监管局行政监管措施决定书〔2015〕1 号	关于对海南金海岸期货经纪有限公司采取限制业务活动措施的决定
海南监管局行政监管措施决定书〔2015〕3 号	关于对海南金海岸期货经纪有限公司采取限制业务活动措施的决定
海南监管局行政监管措施决定书〔2015〕5 号	关于对海南亚太实业发展股份有限公司采取责令改正措施的决定
海南监管局行政监管措施决定书〔2015〕10 号	关于对天涯社区网络科技股份有限公司采取责令改正措施的决定
河南监管局行政监管措施决定书〔2015〕1 号	关于对利达光电股份有限公司实施责令改正措施的决定
河南监管局行政监管措施决定书〔2015〕2 号	关于对立信会计师事务所(特殊普通合伙)实施出具警示函措施的决定
河南监管局行政监管措施决定书〔2015〕3 号	关于对李智超采取出具警示函措施的决定
河南监管局行政监管措施决定书〔2015〕4 号	关于对张子民采取出具警示函措施的决定
河南监管局行政监管措施决定书〔2015〕5 号	关于对注册会计师李顺利、陈佳实施监管谈话措施的决定

续表

监管措施决定书文号	监管措施决定名称
河南监管局行政监管措施决定书〔2015〕6 号	关于对山西三立期货经纪有限公司郑州营业部实施出具警示函措施的决定
河南监管局行政监管措施决定书〔2015〕7 号	关于对郑玉立、范仁德等七人实施责令参加培训措施的决定
河南监管局行政监管措施决定书〔2015〕8 号	关于对郑玉力、范仁德等十人实施出具警示函措施的决定
河南监管局行政监管措施决定书〔2015〕9 号	关于对万达期货股份有限公司实施出具警示函措施的决定
河南监管局行政监管措施决定书〔2015〕10 号	关于对谢保军、焦耀中、张云红、李明采取出具警示函措施的决定
河南监管局行政监管措施决定书〔2015〕11 号	关于对河南恒星科技股份有限公司实施责令改正措施的决定
河南监管局行政监管措施决定书〔2015〕12 号	关于对谢保军、焦耀中、张云红、李明实施责令参加培训措施的决定
河南监管局行政监管措施决定书〔2015〕13 号	关于对瑞华会计师事务所(特殊普通合伙)采取出具警示函措施的决定
河南监管局行政监管措施决定书〔2015〕14 号	关于对注册会计师吴保娅、邹品爱、齐颖采取出具警示函措施的决定
河南监管局行政监管措施决定书〔2015〕15 号	关于对侯建芳实施监管谈话措施的决定
河南监管局行政监管措施决定书〔2015〕16 号	关于对瑞华会计师事务所(特殊普通合伙)实施出具警示函的决定
河南监管局行政监管措施决定书〔2015〕17 号	关于对朱文臣、张海杰实施出具警示函措施的决定
河南监管局行政监管措施决定书〔2015〕18 号	关于对辅仁药业集团实业股份有限公司实施责令改正措施的决定
河南监管局行政监管措施决定书〔2015〕19 号	关于对李世江、侯红军、陈相举、程立静实施监管谈话措施的决定
河南监管局行政监管措施决定书〔2015〕20 号	关于对多氟多化工股份有限公司实施出具警示函措施的决定
河南监管局行政监管措施决定书〔2015〕21 号	关于对瑞华会计师事务所(特殊普通合伙)注册会计师郭伟 徐东升实施监管谈话措施的决定
河南监管局行政监管措施决定书〔2015〕22 号	关于对瑞华会计师事务所(特殊普通合伙)注册会计师郭惠 靳红建实施监管谈话措施的决定
河南监管局行政监管措施决定书〔2015〕23 号	关于对中国铝业股份有限公司采取出具警示函措施的决定
河南监管局行政监管措施决定书〔2015〕24 号	关于对新开普电子股份有限公司实施出具警示函措施的决定
河南监管局行政监管措施决定书〔2015〕25 号	关于对杨维国、华梦阳实施出具警示函措施的决定
河南监管局行政监管措施决定书〔2015〕26 号	关于对立信会计师事务所(特殊普通合伙)实施出具警示函措施的决定
河南监管局行政监管措施决定书〔2015〕27 号	关于对立信会计师事务所(特殊普通合伙)注册会计师刘金进、李洪勇实施监管谈话措施的决定
河南监管局行政监管措施决定书〔2015〕28 号	关于对方海江 金宏峰采取出具警示函措施的决定

续表

监管措施决定书文号	监管措施决定名称
河南监管局行政监管措施决定书〔2015〕29 号	关于对河南四方达超硬材料股份有限公司实施责令改正措施的决定
河南监管局行政监管措施决定书〔2015〕30 号	关于对肖树彬、曹俊友采取责令参加培训措施的决定
河南监管局行政监管措施决定书〔2015〕31 号	关于对平顶山天安煤业股分有限公司实施责令改正措施的决定
河南监管局行政监管措施决定书〔2015〕32 号	关于对河南投资集团有限公司采取出具警示函措施的决定
河南监管局行政监管措施决定书〔2015〕33 号	关于对河南安彩高科股份有限公司采取出具警示函措施的决定
河南监管局行政监管措施决定书〔2015〕34 号	关于对河南森源电气股份有限公司实施责令改正措施的决定
河南监管局行政监管措施决定书〔2015〕35 号	关于对杨合岭、曹宏、崔付军、赵巧实施监管谈话措施的决定
河南监管局行政监管措施决定书〔2015〕36 号	关于对河南明泰铝业股份有限公司实施责令改正措施的决定
河南监管局行政监管措施决定书〔2015〕37 号	关于对立信会计师事务所（特殊普通合伙）实施责令改正监管措施的决定
河南监管局行政监管措施决定书〔2015〕38 号	关于对立信会计师事务所（特殊普通合伙）注册会计师胡彬、徐士宝实施监管谈话措施的决定
河南监管局行政监管措施决定书〔2015〕39 号	关于对神马实业股份有限公司实施责令改正措施的决定
河南监管局行政监管措施决定书〔2015〕40 号	关于对河南东达资产管理有限公司实施责令改正措施的决定
河南监管局行政监管措施决定书〔2015〕41 号	关于对河南省以马内利资产管理有限公司采取出具警示函措施的决定
黑龙江监管局行政监管措施决定书〔2015〕1 号	关于对黑龙江黑化股份有限公司采取出具警示函措施的决定
黑龙江监管局行政监管措施决定书〔2015〕2 号	关于对哈飞汽车股份有限公司采取出具警示函措施的决定
湖北证监局行政监管措施决定书〔2015〕2 号	湖北证监局关于对长江证券股份有限公司采取出具警示函监管措施的决定
湖北证监局行政监管措施决定书〔2015〕15 号	湖北证监局关于对湖北奥信创业投资管理有限公司采取责令改正措施的决定
湖北证监局行政监管措施决定书〔2015〕18 号	湖北证监局关于对申万宏源证券有限公司武汉珞瑜路证券营业部采取责令增加内部合规检查次数的监管措施的决定
湖北证监局行政监管措施决定书〔2015〕19 号	湖北证监局关于对顾地科技股份有限公司采取出具警示函措施的决定
湖北证监局行政监管措施决定书〔2015〕20 号	湖北证监局关于对邗建亚采取出具警示函措施的决定
湖北证监局行政监管措施决定书〔2015〕21 号	湖北证监局关于对广东顾地塑胶有限公司采取出具警示函措施的决定

续表

监管措施决定书文号	监管措施决定名称
湖北证监局行政监管措施决定书〔2015〕22 号	湖北证监局关于对邱丽娟采取出具警示函措施的决定
湖北证监局行政监管措施决定书〔2015〕23 号	湖北证监局关于对杭州德力西集团有限公司采取出具警示函措施的决定
湖北证监局行政监管措施决定书〔2015〕24 号	湖北证监局关于对林超群采取出具警示函措施的决定
湖北证监局行政监管措施决定书〔2015〕25 号	湖北证监局关于对林昌华采取出具警示函措施的决定
湖北证监局行政监管措施决定书〔2015〕26 号	湖北证监局关于对重庆涌瑞股权投资有限公司采取出具警示函措施的决定
湖北证监局行政监管措施决定书〔2015〕27 号	湖北证监局关于对长江出版传媒股份有限公司采取出具警示函措施的决定
吉证监决〔2015〕1 号	关于对东方汇金期货有限公司白建华、徐国强、李泽侯采取监管谈话措施的决定
吉证监决〔2015〕2 号	关于对长春燃气股份有限公司采取责令改正措施的决定
吉证监决〔2015〕3 号	关于对吉林成城集团股份有限公司采取出具警示函措施的决定
江西监管局行政监管措施决定书〔2015〕2 号	关于对东兴证券南昌抚河北路滕王阁证券营业部采取责令改正措施的决定
江西监管局行政监管措施决定书〔2015〕3 号	关于对凤凰光学股份有限公司采取责令改正措施的决定
江西监管局行政监管措施决定书〔2015〕4 号	关于对泰豪科技有限公司及相关人员采取责令改正措施的决定
江西监管局行政监管措施决定书〔2015〕6 号	关于对九江市北门旅游开发建设有限公司采取出具警示函监管措施的决定
辽宁监管局行政监管措施决定书〔2015〕9 号	关于对广州证券股份有限公司辽阳新华路证券营业部采取出具警示函监管措施的决定
内蒙古监管局行政监管措施决定书〔2015〕1 号	关于对内蒙古兰太实业股份有限公司控股股东中盐吉兰泰盐化集团有限公司采取出具警示函措施的决定
内蒙古监管局行政监管措施决定书〔2015〕2 号	关于对内蒙古和信园蒙草抗旱绿化股份有限公司董事孙先红采取出具警示函措施的决定
内蒙古监管局行政监管措施决定书〔2015〕3 号	关于对内蒙古西水创业股份有限公司有关董事、高级管理人员采取监管谈话的决定
内蒙古监管局行政监管措施决定书〔2015〕4 号	关于对内蒙古霍林河露天煤业股份有限公司采取出具警示函措施的决定
厦门监管局行政监管措施决定书〔2015〕1 号	关于对厦门三五互联科技股份有限公司采取责令改正措施的决定
厦门监管局行政监管措施决定书〔2015〕6 号	关于对盛屯矿业集团股份有限公司采取责令改正措施的决定
山西监管局行政监管措施决定书〔2015〕1 号	关于对丁磊采取出具警示函措施的决定

续表

监管措施决定书文号	监管措施决定名称
山西监管局行政监管措施决定书〔2015〕2号	关于对海通期货有限公司太原营业部采取出具警示函措施的决定
山西监管局行政监管措施决定书〔2015〕3号	关于对山水文化采取警示函措施的决定
山西监管局行政监管措施决定书〔2015〕4号	关于对山西安泰集团股份有限公司采取责令改正措施的决定
山西监管局行政监管措施决定书〔2015〕5号	关于对山西三立期货经纪有限公司白志华采取监管谈话措施的决定
山西监管局行政监管措施决定书〔2015〕6号	关于对山西三立期货经纪有限公司杨静采取监管谈话措施的决定
山西监管局行政监管措施决定书〔2015〕7号	关于对北京金海投资有限公司采取限制股东权利措施的决定
山西监管局行政监管措施决定书〔2015〕8号	关于对太原新晋商创业投资基金管理有限公司采取责令改正措施的决定
山西监管局行政监管措施决定书〔2015〕9号	关于对赵笑长、桂晋生、杜怀让采取出具警示函措施的决定
山西监管局行政监管措施决定书〔2015〕10号	关于对牛利平、田亚斌采取出具警示函措施的决定
山西监管局行政监管措施决定书〔2015〕11号	关于对中融金城投资担保有限公司采取出具警示函措施的决定
山西监管局行政监管措施决定书〔2015〕12号	关于对山西明坤科工贸集团有限公司采取出具警示函措施的决定
山西监管局行政监管措施决定书〔2015〕13号	关于对山西振东制药股份有限公司采取责令改正的决定
山西监管局行政监管措施决定书〔2015〕14号	关于对海通期货有限公司太原营业部采取出具警示函措施的决定
山西监管局行政监管措施决定书〔2015〕15号	关于对范君采取认定为不适当人选措施的决定
山西监管局行政监管措施决定书〔2015〕16号	关于对东营国际金融贸易港有限公司及孙承飞采取出具警示函措施的决定行政监管措施的决定
山西监管局行政监管措施决定书〔2015〕17号	关于对晋商世纪山西股权投资管理有限公司采取责令改正措施的决定
山西监管局行政监管措施决定书〔2015〕18号	关于对黄国忠、丁磊、康婷、李珍珍采取警示函措施的决定
山西监管局行政监管措施决定书〔2015〕19号	关于对太原化学工业集团有限公司采取出具警示函措施的决定
山西监管局行政监管措施决定书〔2015〕20号	关于对山西证券股份有限公司采取责令改正、出具警示函、责令定期报告措施的决定
山西监管局行政监管措施决定书〔2015〕21号	关于对山西焦化股份有限公司采取责令改正措施的决定
山西监管局行政监管措施决定书〔2015〕22号	关于对振兴生化股份有限公司采取出具警示函措施的决定
山西监管局行政监管措施决定书〔2015〕23号	关于对民生证券股份有限公司太原长风街证券营业部采取责令改正并暂停新开证券账户1年措施的决定

续表

监管措施决定书文号	监管措施决定名称
山西监管局行政监管措施决定书〔2015〕24 号	关于对许静采取认定为不适当人选措施的决定
陕证监措施字〔2015〕1 号	关于对陕西圣禹投资管理有限公司采取出具警示函措施的决定
陕证监措施字〔2015〕2 号	关于对西安博通资讯股份有限公司采取出具警示函措施的决定
陕证监措施字〔2015〕3 号	关于对西安宝德自动化股份有限公司采取责令改正监管措施的决定
陕证监措施字〔2015〕4 号	关于对宝鸡钛业股份有限公司采取监管谈话措施的决定
陕证监措施字〔2015〕5 号	关于对陕西宝光真空电器股份有限公司采取出具警示函措施的决定
陕证监措施字〔2015〕6 号	关于对西安宏盛科技发展股份有限公司采取责令改正措施的决定
陕证监措施字〔2015〕8 号	关于对陕西黑猫采取责令改正监管措施的决定
陕证监措施字〔2015〕10 号	关于对西安天和防务技术股份有限公司采取出具警示函措施的决定
陕证监措施字〔2015〕11 号	关于对黄永飞 顾萍 黄凯凯出具警示函措施的决定
陕证监措施字〔2015〕12 号	关于对西安宏盛科技发展股份有限公司及马婷婷、谢斌采取出具警示函措施的决定
陕证监措施字〔2015〕13 号	关于对金花企业(集团)股份有限公司采取监管谈话措施的决定
沪证监决〔2015〕4 号	关于对上海大智慧股份有限公司采取责令改正措施的决定
沪证监决〔2015〕27 号	关于对华宝证券有限责任公司采取责令改正措施的决定
沪证监决〔2015〕31 号	关于对上海多伦实业股份有限公司采取责令公开说明措施的决定
沪证监决〔2015〕32 号	关于对上海东证期货有限公司采取监管谈话措施的决定
沪证监决〔2015〕35 号	关于对华平信息技术股份有限公司采取责令改正措施的决定
沪证监决〔2015〕36 号	关于对上海多伦实业股份有限公司采取责令公开说明措施的决定
沪证监决〔2015〕38 号	关于对立信会计师事务所(特殊普通合伙)及注册会计师钱志昂、童冰薇、康吉言、丁陈隆、葛勤、姜维杰采取出具警示函措施的决定
沪证监决〔2015〕68 号	关于对上海钢联电子商务股份有限公司采取责令改正措施的决定
沪证监决〔2015〕75 号	关于对新湖期货有限公司采取出具警示函措施的决定
沪证监决〔2015〕77 号	关于对上海中技投资控股股份有限公司采取出具责令改正措施的决定

续表

监管措施决定书文号	监管措施决定名称
沪证监决〔2015〕78号	关于对国信期货有限责任公司采取出具警示函措施的决定
沪证监决〔2015〕80号	关于对上海凯利泰医疗科技股份有限公司采取责令改正措施的决定
沪证监决〔2015〕82号	关于对鹏欣环球资源股份有限公司采取责令改正措施的决定
沪证监决〔2015〕84号	关于对上海新华传媒股份有限公司采取责令改正措施的决定
深圳监管局行政监管措施决定书〔2015〕1号	关于对上海证券有限责任公司深圳福虹路证券营业部采取出具警示函措施的决定
深圳监管局行政监管措施决定书〔2015〕2号	关于对深圳市威廉金融控股有限公司采取责令改正措施的决定
深圳监管局行政监管措施决定书〔2015〕3号	关于对博时基金管理有限公司采取责令改正措施的决定
深圳监管局行政监管措施决定书〔2015〕4号	关于对张宁采取监管谈话措施的决定
深圳监管局行政监管措施决定书〔2015〕5号	关于对翟彩玉采取监管谈话措施的决定
深圳监管局行政监管措施决定书〔2015〕6号	关于对乾坤期货有限公司采取责令改正措施的决定
深圳监管局行政监管措施决定书〔2015〕7号	关于对李中秋采取出具警示函措施的决定
深圳监管局行政监管措施决定书〔2015〕8号	关于对翁小珏采取出具警示函措施的决定
深圳监管局行政监管措施决定书〔2015〕9号	关于对深圳中恒华发股份有限公司采取出具警示函措施的决定
深圳监管局行政监管措施决定书〔2015〕10号	关于对上海复星高科技（集团）有限公司采取出具警示函措施的决定
深圳监管局行政监管措施决定书〔2015〕11号	关于对舒晓东采取监管谈话措施的决定
深圳监管局行政监管措施决定书〔2015〕12号	关于对雅致集成房屋（集团）股份有限公司采取出具警示函措施的决定
深圳监管局行政监管措施决定书〔2015〕13号	关于对袁照云采取监管谈话措施的决定
深圳监管局行政监管措施决定书〔2015〕14号	关于对大华会计师事务所（特殊普通合伙）及注册会计师鄢国祥、曾小生、高德惠、丘运良、刘耀辉采取监管谈话措施的决定
深圳监管局行政监管措施决定书〔2015〕15号	关于对王海鹏采取出具警示函措施的决定
深圳监管局行政监管措施决定书〔2015〕16号	关于对王治军采取出具警示函措施的决定
深圳监管局行政监管措施决定书〔2015〕17号	关于对深圳市汇朋联银投资基金管理有限公司采取责令改正措施的决定
深圳监管局行政监管措施决定书〔2015〕18号	关于对深圳市零七股份有限公司采取责令改正措施的决定
深圳监管局行政监管措施决定书〔2015〕19号	关于对赵谦采取出具警示函措施的决定
深圳监管局行政监管措施决定书〔2015〕20号	关于对深圳丹邦投资集团有限公司采取出具警示函措施的决定

续表

监管措施决定书文号	监管措施决定名称
深圳监管局行政监管措施决定书〔2015〕21 号	关于对刘萍采取监管谈话措施的决定
深圳监管局行政监管措施决定书〔2015〕22 号	关于对深圳金赛银基金管理有限公司采取责令改正措施的决定
深圳监管局行政监管措施决定书〔2015〕23 号	关于对中航国际投资有限公司采取监管谈话措施的决定
深圳监管局行政监管措施决定书〔2015〕24 号	关于对招商证券股份有限公司采取出具警示函、责令整改并处分有关责任人员措施的决定
深圳监管局行政监管措施决定书〔2015〕25 号	关于对李英辉采取出具警示函措施的决定
深圳监管局行政监管措施决定书〔2015〕26 号	关于对何学忠采取出具警示函措施的决定
深圳监管局行政监管措施决定书〔2015〕27 号	关于对张莉采取出具警示函措施的决定
深圳监管局行政监管措施决定书〔2015〕28 号	关于对上海荣利纺织品有限公司采取出具警示函措施的决定
深圳监管局行政监管措施决定书〔2015〕29 号	关于对平安大华基金管理有限公司采取责令改正行政监管措施的决定
深圳监管局行政监管措施决定书〔2015〕30 号	关于对人人乐连锁商业集团股份有限公司采取责令改正措施的决定
深圳监管局行政监管措施决定书〔2015〕31 号	关于对何金明采取出具警示函措施的决定
深圳监管局行政监管措施决定书〔2015〕32 号	关于对蔡慧明采取出具警示函措施的决定
深圳监管局行政监管措施决定书〔2015〕33 号	关于对何宏斌采取出具警示函措施的决定
深圳监管局行政监管措施决定书〔2015〕34 号	关于对廖志勇采取出具警示函措施的决定
深圳监管局行政监管措施决定书〔2015〕35 号	关于对深圳市康达尔(集团)股份有限公司采取责令改正措施的决定
深圳监管局行政监管措施决定书〔2015〕36 号	关于对罗爱华采取出具警示函措施的决定
深圳监管局行政监管措施决定书〔2015〕37 号	关于对朱文学采取出具警示函措施的决定
深圳监管局行政监管措施决定书〔2015〕38 号	关于对立信会计师事务所(特殊普通合伙)及注册会计师宣宜辰、杨艳采取出具警示函措施的决定
深圳监管局行政监管措施决定书〔2015〕39 号	关于对深圳市零七股份有限公司采取责令公开说明措施的决定
深圳监管局行政监管措施决定书〔2015〕40 号	关于对中科招商采取责令改正措施的决定
深圳监管局行政监管措施决定书〔2015〕41 号	关于对单祥双采取出具警示函措施的决定
深圳监管局行政监管措施决定书〔2015〕42 号	关于对深圳市迪威视讯股份有限公司采取责令改正措施的决定
深圳监管局行政监管措施决定书〔2015〕43 号	关于对刘鹏采取出具警示函措施的决定
深圳监管局行政监管措施决定书〔2015〕44 号	关于对中德证券有限责任公司采取出具警示函措施的决定
深圳监管局行政监管措施决定书〔2015〕45 号	关于对深圳市宇顺电子股份有限公司采取出具警示函措施的决定
深圳监管局行政监管措施决定书〔2015〕46 号	关于对魏连速采取出具警示函措施的决定

续表

监管措施决定书文号	监管措施决定名称
深圳监管局行政监管措施决定书〔2015〕47 号	关于对林萌采取出具警示函措施的决定
深圳监管局行政监管措施决定书〔2015〕48 号	关于对李波采取出具警示函措施的决定
深圳监管局行政监管措施决定书〔2015〕49 号	关于对红塔红土基金管理有限公司采取责令改正措施的决定
深圳监管局行政监管措施决定书〔2015〕50 号	关于对深圳市卓翼科技股份有限公司采取出具警示函措施的决定
深圳监管局行政监管措施决定书〔2015〕51 号	关于对曾兆豪采取监管谈话措施的决定
深圳监管局行政监管措施决定书〔2015〕52 号	关于对吕航采取出具警示函措施的决定
深圳监管局行政监管措施决定书〔2015〕53 号	关于对深圳市特力(集团)股份有限公司采取责令改正措施的决定
津证监措施字〔2015〕1 号	关于对天津环球磁卡股份有限公司采取责令改正措施的决定
津证监措施字〔2015〕2 号	关于对中国第一汽车股分有限公司采取出具警示函措施的决定
津证监措施字〔2015〕3 号	关于对天津广宇发展股份有限公司采取出具警示函措施的决定
津证监措施字〔2015〕5 号	关于对天津泰达股份有限公司采取出具警示函措施的决定
津证监措施字〔2015〕6 号	关于对天津国恒铁路控股股份有限公司采取出具警示函措施的决定
津证监措施字〔2015〕11 号	关于对天津国恒铁路控股股份有限公司采取责令公开说明措施的决定
津证监措施字〔2015〕12 号	关于对天津津滨发展股份有限公司采取出具警示函措施的决定
津证监措施字〔2015〕13 号	关于对天津东丽湖能源科技有限公司采取出具警示函措施的决定
津证监措施字〔2015〕14 号	关于对天津鹏翎胶管股份有限公司采取出具警示函措施的决定
浙证监措施〔2015〕1 号	关于对渤海银行股份有限公司杭州分行采取责令改正监管措施的决定
浙证监措施〔2015〕2 号	关于对银信资产评估有限公司采取出具警示函措施的决定
浙证监措施〔2015〕3 号	关于对注册资产评估师陈景侠、曹琳采取出具警示函措施的决定
浙证监措施〔2015〕4 号	关于对普洛药业股份有限公司采取出具警示函措施的决定
浙证监措施〔2015〕5 号	关于对荣盛石化股份有限公司采取出具警示函措施的决定
浙证监措施〔2015〕6 号	关于对李水荣、全卫英采取出具警示函措施的决定
浙证监措施〔2015〕7 号	关于对陈大魁采取出具警示函措施的决定

续表

监管措施决定书文号	监管措施决定名称
浙证监措施〔2015〕8 号	关于对浙江凯喜雅国际股份有限公司采取出具警示函措施的决定
浙证监措施〔2015〕9 号	关于对浙江大东南集团有限公司、浙江大东南集团诸暨贸易有限公司采取出具警示函措施的决定
浙证监措施〔2015〕10 号	关于对浙江广厦股份有限公司采取责令改正措施的决定
浙证监措施〔2015〕11 号	关于对浙江宏磊铜业股份有限公司、章利全、赵毅采取出具警示函措施的决定
浙证监措施〔2015〕12 号	关于对楼明采取警示函措施的决定
浙证监措施〔2015〕13 号	关于对浙江宏磊铜业股份有限公司采取责令改正措施的决定
浙证监措施〔2015〕14 号	关于对绍兴市盛洋电器有限公司采取出具警示函措施的决定
浙证监措施〔2015〕15 号	关于对叶利明采取出具警示函措施的决定
浙证监措施〔2015〕16 号	关于对中原证券股份有限公司杭州新华路证券营业部采取责令改正措施的决定
重庆监管局行政监管措施〔2015〕1 号	关于对重庆永盟股权投资基金管理限公司采取责令改正的行政监管措施的决定
重庆监管局行政监管措施〔2015〕2 号	关于对黄勃采取出具警示函措施的决定
重庆监管局行政监管措施〔2015〕3 号	关于对五矿证券有限公司重庆中山三路证券营业部采取责令改正措施的决定
重庆监管局行政监管措施〔2015〕4 号	关于对张迎春采取出具警示函措施的决定
重庆监管局行政监管措施〔2015〕5 号	关于对新华基金有限公司采取出具警示函措施的决定
重庆监管局行政监管措施〔2015〕9 号	关于对重庆市迪马实业股份有限公司采取责令改正措施的决定
重庆监管局行政监管措施〔2015〕11 号	关于对新华基金管理有限公司采取出具警示函措施的决定
大连监管局行政监管措施决定书〔2015〕1 号	关于对誉霖恒信股权投资管理(大连)有限公司法定代表人采取监管谈话措施的决定
大连监管局行政监管措施决定书〔2015〕2 号	大连证监局关于对大连大显控股股份有限公司采取出具警示函措施的决定
大连监管局行政监管措施决定书〔2015〕3 号	关于对鼎立资产管理(大连)有限公司采取责令改正措施的决定
大连监管局行政监管措施决定书〔2015〕4 号	关于对大连大显控股股份有限公司采取出具警示函措施的决定
大连监管局行政监管措施决定书〔2015〕5 号	关于对大连星海湾金融商务区投资管理股份有限公司采取出具警示函措施的决定

续表

监管措施决定书文号	监管措施决定名称
大连监管局行政监管措施决定书〔2015〕6 号	关于对北京千石创富资本管理有限公司采取出具警示函措施的决定
江苏证监局行政监管措施决定书〔2015〕1 号	关于对广讯有限公司采取出具警示函措施的决定
江苏证监局行政监管措施决定书〔2015〕2 号	关于对广讯有限公司控股股东叶云宙、CHANG YJ－HUI 采取监管谈话措施的决定
江苏证监局行政监管措施决定书〔2015〕3 号	关于对北京非凡领驭投资管理有限公司采取出具警示函措施的决定
江苏证监局行政监管措施决定书〔2015〕4 号	关于对北京非凡领驭投资管理有限公司董事长杨至采取监管谈话措施的决定
江苏证监局行政监管措施决定书〔2015〕5 号	关于对江苏昆山农村商业银行股份有限公司采取责令改正措施的决定
江苏证监局行政监管措施决定书〔2015〕6 号	关于对歌斐资产管理有限公司采取责令限期改正措施的决定
江苏证监局行政监管措施决定书〔2015〕7 号	关于对汤海宁采取出具警示函措施的决定
江苏证监局行政监管措施决定书〔2015〕8 号	关于对锦泰期货有限公司采取责令改正措施的决定
江苏证监局行政监管措施决定书〔2015〕9 号	关于对凡豹采取出具警示函措施的决定
江苏证监局行政监管措施决定书〔2015〕10 号	关于对卜协荣采取出具警示函措施的决定
江苏证监局行政监管措施决定书〔2015〕11 号	关于对天风证券股份有限公司南京建邺路证券营业部采取责令改正措施的决定
江苏证监局行政监管措施决定书〔2015〕12 号	关于对任向敏采取出具警示函措施的决定
江苏证监局行政监管措施决定书〔2015〕13 号	关于对姚波采取监管谈话措施的决定
江苏证监局行政监管措施决定书〔2015〕14 号	关于对江瑜采取责令改正措施的决定
江苏证监局行政监管措施决定书〔2015〕15 号	关于对江苏舜天船舶股份有限公司采取出具警示函措施的决定
江苏证监局行政监管措施决定书〔2015〕16 号	关于对国信证券南京洪武路证券营业部采取责令改正措施的决定
江苏证监局行政监管措施决定书〔2015〕17 号	关于对姚建华采取出具警示函措施的决定
江苏证监局行政监管措施决定书〔2015〕18 号	关于对江苏太平洋石英股份有限公司采取出具警示函措施的决定
江苏证监局行政监管措施决定书〔2015〕19 号	关于对任向东等采取出具警示函措施的决定
江苏证监局行政监管措施决定书〔2015〕20 号	关于对国电南京自动化股份有限公司采取出具警示函措施的决定
江苏证监局行政监管措施决定书〔2015〕21 号	关于对冯金生采取出具警示函措施的决定
江苏证监局行政监管措施决定书〔2015〕22 号	关于对凌志环保股份有限公司、凌建军采取责令改正措施的决定
江苏证监局行政监管措施决定书〔2015〕23 号	关于对国联证券股份有限公司采取责令定期报告措施的决定

续表

监管措施决定书文号	监管措施决定名称
四川监管局行政监管措施决定书〔2015〕15 号	关于对长安期货有限公司成都营业部采取出具警示函措施的决定
四川监管局行政监管措施决定书〔2015〕21 号	关于对国都证券股份有限公司绵阳长虹大道证券营业部采取出具警示函监管措施的决定
四川监管局行政监管措施决定书〔2015〕23 号	关于对中国建设银行股份有限公司成都第六支行采取责令改正措施的决定
新证监行政监管措施决定书〔2015〕3 号	关于对新疆雪峰科技(集团)股份有限公司采取责令改正监管措施的决定
山东监管局行政监管措施决定书〔2015〕13 号	关于对山东民和牧业股份有限公司采取责令改正措施的决定
湖南监管局行政监管措施决定书〔2015〕1 号	关于对彭赏采取出具警示函措施的决定
湖南监管局行政监管措施决定书〔2015〕2 号	关于对曹运年采取出具警示函措施的决定
湖南监管局行政监管措施决定书〔2015〕3 号	关于对方正证券股份有限公司采取责令改正等监管措施的决定
湖南监管局行政监管措施决定书〔2015〕4 号	关于对苏文等人采取出具警示函措施的决定
湖南监管局行政监管措施决定书〔2015〕5 号	关于对中国华阳投资控股有限公司采取出具警示函措施的决定
湖南监管局行政监管措施决定书〔2015〕6 号	关于对郴州市人民政府国有资产监督管理委员会采取出具警示函措施的决定
湖南监管局行政监管措施决定书〔2015〕7 号	关于对中信信托有限责任公司采取出具警示函措施的决定
湖南监管局行政监管措施决定书〔2015〕8 号	关于对邮政科学研究规划院采取出具警示函措施的决定
湖南监管局行政监管措施决定书〔2015〕9 号	关于对湖南凯美特气体股份有限公司采取责令公开说明措施的决定
湖南监管局行政监管措施决定书〔2015〕10 号	关于对新疆汉森股权投资管理有限合伙企业采取警示函措施的决定
湖南监管局行政监管措施决定书〔2015〕11 号	关于对深圳市达晨创业投资有限公司采取责令改正措施的决定
湖南监管局行政监管措施决定书〔2015〕12 号	关于对德勤华永会计师事务所(特殊普通合伙)注册会计师徐璐、黄莺采取监管谈话措施的决定
湖南监管局行政监管措施决定书〔2015〕13 号	关于对德勤华永会计师事务所(特殊普通合伙)采取出具警示函措施的决定
湖南监管局行政监管措施决定书〔2015〕14 号	关于对湖南大康牧业股份有限公司采取出具责令改正措施的决定
湖南监管局行政监管措施决定书〔2015〕15 号	关于对方正证券股份有限公司采取出具警示函措施的决定
藏证监函〔2015〕23 号	监管函

续表

监管措施决定书文号	监管措施决定名称
云南监管局行政监管措施决定书〔2015〕1 号	关于对沈机集团昆明机床股份有限公司采取责令公开说明措施的决定
云南监管局行政监管措施决定书〔2015〕2 号	关于对云南省工业投资控股集团有限责任公司董事长、总经理采取监管谈话措施的决定
云南监管局行政监管措施决定书〔2015〕3 号	关于对云南沃森生物技术股份有限公司万宗举采取监管谈话措施的决定

第四部分 市场自律法治

一、上海证券交易所

（一）2015年采取的纪律处分决定书目录

序号	文件标题	文号	发文日期
1	关于对山西广和山水文化传播股份有限公司及有关责任人予以通报批评的决定	纪律处分决定书〔2015〕1号	2015-02-27
2	关于对海润光伏科技股份有限公司股东、董事长兼总经理YANG HUAIJIN（杨怀进）、股东江阴市九润管业有限公司、江苏紫金电子集团有限公司及有关责任人予以纪律处分的决定	纪律处分决定书〔2015〕2号	2015-04-24
3	关于对浙江阳光照明电器集团股份有限公司监事陈志刚予以通报批评的决定	纪律处分决定书〔2015〕3号	2015-04-24
4	关于对大连大显控股股份有限公司及有关责任人予以纪律处分的决定	纪律处分决定书〔2015〕4号	2015-04-28
5	关于对上海多伦实业股份有限公司及公司实际控制人、公司董事长兼董事会秘书鲜言予以纪律处分的决定	纪律处分决定书〔2015〕5号	2015-04-28
6	关于对山东江泉实业股份有限公司重大资产重组交易对方上海新北股权投资基金合伙企业和毛芳亮予以通报批评的决定	纪律处分决定书〔2015〕6号	2015-04-28
7	关于对力帆实业（集团）股份有限公司副总裁郝廷木予以通报批评的决定	纪律处分决定书〔2015〕7号	2015-07-06
8	关于对浙江华海药业股份有限公司副总经理王飚予以通报批评的决定	纪律处分决定书〔2015〕8号	2015-07-06
9	关于对柳州化工股份有限公司及其直接控股股东、间接控股股东和有关责任人予以通报批评的决定	纪律处分决定书〔2015〕9号	2015-07-06
10	关于对青海华鼎实业股份有限公司股东沈付兴予以通报批评的决定	纪律处分决定书〔2015〕10号	2015-07-07
11	关于对天津劝业场（集团）股份有限公司股东天津中商联控股有限公司予以限制证券账户交易的决定	纪律处分决定书〔2015〕11号	2015-07-10
12	关于对哈药集团人民同泰股份有限公司及有关责任人予以通报批评的决定	纪律处分决定书〔2015〕12号	2015-07-14
13	关于对陕西宝光真空电器股份有限公司及董事长杨天夫予以通报批评的决定	纪律处分决定书〔2015〕13号	2015-07-23

续表

序号	文件标题	文号	发文日期
14	关于对抚顺特殊钢股份有限公司股东东北特殊钢集团有限责任公司予以通报批评的决定	纪律处分决定书〔2015〕14 号	2015－07－24
15	关于对山西安泰集团股份有限公司及其实际控制人李安民、关联方山西新泰钢铁有限公司和相关责任人予以纪律处分的决定	纪律处分决定书〔2015〕15 号	2015－07－24
16	关于对四川浪莎控股股份有限公司财务负责人周宗琴予以通报批评的决定	纪律处分决定书〔2015〕16 号	2015－07－28
17	关于对柳州化工股份有限公司控股股东柳州化学工业集团有限公司予以通报批评的决定	纪律处分决定书〔2015〕17 号	2015－07－28
18	关于限制证券账户 B888512649 证券交易的决定	纪律处分决定书〔2015〕18 号	2015－07－31
19	关于限制证券账户 B880163263 证券交易的决定	纪律处分决定书〔2015〕19 号	2015－07－31
20	关于限制证券账户 B880163378 证券交易的决定	纪律处分决定书〔2015〕20 号	2015－07－31
21	关于限制证券账户 B883324384 证券交易的决定	纪律处分决定书〔2015〕21 号	2015－07－31
22	关于限制证券账户 B883145968 证券交易的决定	纪律处分决定书〔2015〕22 号	2015－07－31
23	关于限制证券账户 B883296604 证券交易的决定	纪律处分决定书〔2015〕23 号	2015－07－31
24	关于限制证券账户 B888358079 证券交易的决定	纪律处分决定书〔2015〕24 号	2015－07－31
25	关于限制证券账户 B883313163 证券交易的决定	纪律处分决定书〔2015〕25 号	2015－07－31
26	关于限制证券账户 B883303427 证券交易的决定	纪律处分决定书〔2015〕26 号	2015－07－31
27	关于限制证券账户 B883324164 证券交易的决定	纪律处分决定书〔2015〕27 号	2015－07－31
28	关于对银川新华百货商业集团股份有限公司股东上海宝银创赢投资管理有限公司予以通报批评的决定	纪律处分决定书〔2015〕28 号	2015－08－14
29	关于限制证券账户 E000522345 证券交易的决定	纪律处分决定书〔2015〕29 号	2015－08－01
30	关于限制证券账户 E009805245 证券交易的决定	纪律处分决定书〔2015〕30 号	2015－08－01
31	关于限制证券账户 E021351783 证券交易的决定	纪律处分决定书〔2015〕31 号	2015－08－01
32	关于限制证券账户 E034423874 证券交易的决定	纪律处分决定书〔2015〕32 号	2015－08－01
33	关于对卢佩芬名下证券账户实施限制交易纪律处分的决定	纪律处分决定书〔2015〕33 号	2015－09－24
34	关于对赵晨名下证券账户实施限制交易纪律处分的决定	纪律处分决定书〔2015〕34 号	2015－09－24
35	关于对赵强名下证券账户实施限制交易纪律处分的决定	纪律处分决定书〔2015〕35 号	2015－09－24
36	关于对太原化工股份有限公司控股股东太原化学工业集团有限公司予以通报批评的决定	纪律处分决定书〔2015〕36 号	2015－09－28
37	关于对广西丰林木业集团股份有限公司控股股东丰林国际有限公司予以通报批评的决定	纪律处分决定书〔2015〕37 号	2015－09－30
38	关于对西安宏盛科技发展股份有限公司和有关责任人予以通报批评的决定	纪律处分决定书〔2015〕38 号	2015－09－30
39	关于对西藏旅游股份有限公司股东胡波及其一致行动人胡彪予以通报批评的决定	纪律处分决定书〔2015〕39 号	2015－10－09

续表

序号	文件标题	文号	发文日期
40	关于对新疆亿路万源实业投资控股股份有限公司和有关责任人予以通报批评的决定	纪律处分决定书〔2015〕40 号	2015 - 10 - 15
41	关于对吉林成城集团股份有限公司和有关责任人予以通报批评的决定	纪律处分决定书〔2015〕41 号	2015 - 10 - 13
42	关于对珠海市博元投资股份有限公司股东庄春虹予以通报批评的决定	纪律处分决定书〔2015〕42 号	2015 - 10 - 13
43	关于对吉林森林工业股份有限公司及有关责任人予以通报批评的决定	纪律处分决定书〔2015〕43 号	2015 - 11 - 10
44	关于对大连大杨创世股份有限公司股东北京千石创富资本管理有限公司予以通报批评的决定	纪律处分决定书〔2015〕44 号	2015 - 11 - 18
45	关于对上海开创国际海洋资源股份有限公司股东华立集团股份有限公司予以通报批评的决定	纪律处分决定书〔2015〕45 号	2015 - 11 - 19
46	关于对安徽皖江物流(集团)股份有限公司和有关责任人予以纪律处分的决定	纪律处分决定书〔2015〕46 号	2015 - 11 - 19
47	关于对太原狮头水泥股份有限公司和有关责任人予以通报批评的决定	纪律处分决定书〔2015〕47 号	2015 - 12 - 11
48	关于对成都前锋电子股份有限公司及有关责任人予以通报批评的决定	纪律处分决定书〔2015〕48 号	2015 - 12 - 09
49	关于对有研新材料股份有限公司股东国华人寿保险股份有限公司予以通报批评的决定	纪律处分决定书〔2015〕49 号	2015 - 12 - 09
50	关于对福耀玻璃工业集团股份有限公司财务总监左敏予以通报批评的决定	纪律处分决定书〔2015〕50 号	2015 - 12 - 11
51	关于对上海金桥信息股份有限公司和有关责任人予以通报批评的决定	纪律处分决定书〔2015〕51 号	2015 - 12 - 09
52	关于对潍坊北大青鸟华光科技股份有限公司和有关责任人予以公开谴责的决定	纪律处分决定书〔2015〕52 号	2015 - 12 - 25
53	关于对沈机集团昆明机床股份有限公司及有关责任人予以通报批评的决定	纪律处分决定书〔2015〕53 号	2015 - 12 - 24
54	关于对上海物资贸易股份有限公司和有关责任人予以纪律处分的决定	纪律处分决定书〔2015〕54 号	2015 - 12 - 24
55	关于对湖北武昌鱼股份有限公司及其实际控制人翦英海和有关责任人予以通报批评的决定	纪律处分决定书〔2015〕55 号	2015 - 12 - 24
56	关于对安徽四创电子股份有限公司及有关责任人予以通报批评的决定	纪律处分决定书〔2015〕56 号	2015 - 12 - 24
57	关于对柳州化工股份有限公司及其直接控股股东、间接控股股东和有关责任人予以纪律处分的决定	纪律处分决定书〔2015〕57 号	2015 - 12 - 28
58	关于对河南莲花味精股份有限公司及有关责任人予以通报批评的决定	纪律处分决定书〔2015〕58 号	2015 - 12 - 29
59	关于对珠海市博元投资股份有限公司和有关责任人予以纪律处分的决定	纪律处分决定书〔2015〕59 号	2015 - 12 - 30

(二)2015年制定、修改的规则目录

编号	发文文号	规则标题	发文机构	发布时间
1	上证发〔2015〕2号	关于加强中小企业私募债券风险防控工作相关事项的通知	上海证券交易所	2015－01－07
2	上证发〔2015〕5号	关于发布《上市公司重大资产重组信息披露及停复牌业务指引》的通知	上海证券交易所	2015－01－08
3	上证发〔2015〕4号	关于并购重组反馈意见信息披露相关事项的通知	上海证券交易所	2015－01－08
4	上证发〔2015〕6号	关于修改《上海证券交易所交易规则》第3.1.5条的通知	上海证券交易所	2015－01－09
5	上证发〔2015〕11号	关于发布《上海证券交易所股票期权试点经纪合同示范文本》和《股票期权风险揭示书必备条款》的通知	上海证券交易所、中国证券登记结算有限责任公司	2015－01－09
6	上证发〔2015〕9号	关于发布《上海证券交易所股票期权试点投资者适当性管理指引》通知	上海证券交易所	2015－01－09
7	上证发〔2015〕8号	关于发布《上海证券交易所、中国证券登记结算有限责任公司股票期权试点风险控制管理办法》的通知	上海证券交易所、中国证券登记结算有限责任公司	2015－01－09
8	上证发〔2015〕7号	关于发布《上海证券交易所股票期权试点交易规则》的通知	上海证券交易所	2015－01－09
9	上证发〔2015〕12号	关于新网络投票系统上线及发布《上市公司股东大会网络投票实施细则(2015年修订)》的通知	上海证券交易所	2015－01－15
10	上证发〔2015〕13号	关于修订《香港中央结算有限公司参与沪股通上市公司网络投票实施指引》的通知	上海证券交易所	2015－01－15
11	中证协发〔2015〕7号	关于进一步明确债券评级信息披露规范的通知	中国证券业协会、上海证券交易所、深圳证券交易所	2015－01－16
12	上证发〔2015〕16号	关于股票期权试点初期暂免收取卖出开仓交易经手费的通知	上海证券交易所	2015－01－28
13	上证发〔2015〕17号	关于期货公司开展股票期权及相关证券现货经纪业务有关事项的通知	上海证券交易所	2015－01－28
14	上证发〔2015〕18号	关于发布《上海证券交易所股票期权交易取消审核委员会暂行规定》的通知	上海证券交易所	2015－01－28
15	上证发〔2015〕19号	关于期权合约结算价格计算方法的通知	上海证券交易所、中国证券登记结算有限责任公司	2015－01－28
16	上证发〔2015〕21号	上海证券交易所退市公司重新上市实施办法	上海证券交易所	2015－01－30
17	上证发〔2015〕21号	上海证券交易所退市整理期业务实施细则	上海证券交易所	2015－01－30

续表

编号	发文文号	规则标题	发文机构	发布时间
18	上证发〔2015〕21 号	上海证券交易所风险警示板股票交易管理办法	上海证券交易所	2015 - 01 - 30
19	上证发〔2015〕22 号	关于发布《上海证券交易所股票期权持仓限额管理业务指引》的通知	上海证券交易所	2015 - 02 - 03
20	上证发〔2015〕23 号	关于上证 50ETF 期权合约品种上市交易有关事项的通知	上海证券交易所	2015 - 02 - 03
21	上证发〔2015〕26 号	关于发布《上海证券交易所债券质押式协议回购交易暂行办法》的通知	上海证券交易所	2015 - 02 - 16
22	上证发〔2015〕27 号	关于发布《上海证券交易所债券质押式协议回购交易业务指引》的通知	上海证券交易所	2015 - 02 - 16
23	上证发〔2015〕30 号	关于上海证券交易所债券市场机构投资者接受货币经纪公司服务有关事项的通知	上海证券交易所	2015 - 03 - 02
24	上证发〔2015〕32 号	关于调整上证 50ETF 期权持仓限额有关事项的通知	上海证券交易所	2015 - 03 - 30
25	上证发〔2015〕34 号	关于投资者开立多个衍生品合约账户进行股票期权交易有关事项的通知	上海证券交易所	2015 - 04 - 10
26	中证协发〔2015〕80 号	关于促进融券业务发展有关事项的通知	中国证券业协会 中国证券投资基金业协会 上海证券交易所 深圳证券交易所	2015 - 04 - 17
27	上证发〔2015〕39 号	关于扩大上市公司信息披露直通车公告范围的通知	上海证券交易所	2015 - 04 - 23
28	上证发〔2015〕40 号	上海证券交易所上市公司董事会秘书管理办法(2015 年修订)	上海证券交易所	2015 - 04 - 27
29	上证发〔2015〕40 号	上海证券交易所上市公司信息披露工作评价办法(2015 年修订)	上海证券交易所	2015 - 04 - 28
30	上证发〔2015〕44 号	关于上证 50ETF 期权持仓限额调整有关事项的通知	上海证券交易所	2015 - 05 - 03
31	上证发〔2015〕45 号	关于投资者开立多个证券账户进行证券交易有关事项的通知	上海证券交易所	2015 - 05 - 07
32	上证发〔2015〕47 号	关于增加上市公司信息披露时段相关事项的通知	上海证券交易所	2015 - 05 - 24
33	上证发〔2015〕48 号	关于发布《上海证券交易所上市基金流动性服务业务指引》的通知	上海证券交易所	2015 - 05 - 26
34	上证发〔2015〕49 号	关于发布《上海证券交易所公司债券上市规则(2015 年修订)》的通知	上海证券交易所	2015 - 05 - 29
35	上证发〔2015〕50 号	关于发布《上海证券交易所非公开发行公司债券业务管理暂行办法》的通知	上海证券交易所	2015 - 05 - 29
36	上证发〔2015〕51 号	关于发布《上海证券交易所债券市场投资者适当性管理办法》的通知	上海证券交易所	2015 - 05 - 29
37	上证发〔2015〕52 号	关于股票期权试点初期暂免收取流量费的通知	上海证券交易所	2015 - 06 - 03

续表

编号	发文文号	规则标题	发文机构	发布时间
38	上证发〔2015〕56号	关于发布《上海证券交易所指定交易实施细则(2015年修订)》的通知	上海证券交易所	2015－06－12
39	上证发〔2015〕57号	关于发布《上海证券交易所证券异常交易实时监控细则(2015年修订)》的通知	上海证券交易所	2015－06－12
40	上证发〔2015〕58号	关于发布《上海证券交易所会员客户证券交易行为管理实施细则(2015年修订)》的通知	上海证券交易所	2015－06－12
41	上证发〔2015〕59号	关于新股上市初期交易监管有关事项的通知	上海证券交易所	2015－06－12
42	上证发〔2015〕64号	关于发布《上海证券交易所融资融券交易实施细则(2015年修订)》的通知	上海证券交易所	2015－07－01
43	上证发〔2015〕66号	关于沪市上市公司股东及其一致行动人、董事、监事和高级管理人员增持本公司股票相关事项的通知	上海证券交易所	2015－07－08
44	上证发〔2015〕67号	关于上海证券交易所收费标准调整有关事项的通知	上海证券交易所	2015－07－31
45	上证发〔2015〕69号	关于修改《上海证券交易所融资融券交易实施细则(2015年修订)》第十五条的通知	上海证券交易所	2015－08－03
46	上证发〔2015〕72号	关于发布《上海证券交易所股票期权试点做市商业务指引(2015年修订)》的通知	上海证券交易所	2015－08－27
47	上证发〔2015〕74号	关于加强上证50ETF期权持仓限额管理有关事项的通知	上海证券交易所	2015－09－07
48	上证发〔2015〕75号	上市公司行业信息披露指引第一号——一般规定	上海证券交易所	2015－09－11
49	上证发〔2015〕75号	上市公司行业信息披露指引第二号——房地产	上海证券交易所	2015－09－11
50	上证发〔2015〕75号	上市公司行业信息披露指引第三号——煤炭	上海证券交易所	2015－09－11
51	上证发〔2015〕75号	上市公司行业信息披露指引第四号——电力	上海证券交易所	2015－09－11
52	上证发〔2015〕75号	上市公司行业信息披露指引第五号——零售	上海证券交易所	2015－09－11
53	上证发〔2015〕75号	上市公司行业信息披露指引第六号——汽车制造	上海证券交易所	2015－09－11
54	上证发〔2015〕75号	上市公司行业信息披露指引第七号——医药制造	上海证券交易所	2015－09－11
55	上证发〔2015〕76号	关于发布《上市公司与私募基金合作投资事项信息披露业务指引》的通知	上海证券交易所	2015－09－11
56	上证发〔2015〕82号	关于扩大质押式报价回购业务质押券范围有关事项的通知	上海证券交易所	2015－10－09
57	上证发〔2015〕89号	关于修改《上海证券交易所融资融券交易实施细则(2015年修订)》第三十八条的通知	上海证券交易所	2015－11－13
58	上证发〔2015〕93号	关于发布《上海证券交易所非公开发行公司债券挂牌条件确认业务指引》的通知	上海证券交易所	2015－12－03
59	上证发〔2015〕94号	关于《上海证券交易所交易规则》增加第四章第五节“指数熔断”的通知	上海证券交易所	2015－12－04

续表

编号	发文文号	规则标题	发文机构	发布时间
60	上证发〔2015〕96 号	上市公司行业信息披露指引第八号——石油和天然气开采	上海证券交易所	2015 - 12 - 11
61	上证发〔2015〕96 号	上市公司行业信息披露指引第九号——钢铁	上海证券交易所	2015 - 12 - 11
62	上证发〔2015〕96 号	上市公司行业信息披露指引第十号——建筑	上海证券交易所	2015 - 12 - 11
63	上证发〔2015〕96 号	上市公司行业信息披露指引第十一号——光伏	上海证券交易所	2015 - 12 - 11
64	上证发〔2015〕96 号	上市公司行业信息披露指引第十二号——服装	上海证券交易所	2015 - 12 - 11
65	上证发〔2015〕96 号	上市公司行业信息披露指引第十三号——新闻出版	上海证券交易所	2015 - 12 - 11
66	上证发〔2015〕97 号	关于明确股票期权试点中与证券市场指数熔断相关的交易事项的通知	上海证券交易所	2015 - 12 - 14
67	上证发〔2015〕100 号	关于优化不活跃期权合约结算价格计算方法的通知	上海证券交易所	2015 - 12 - 28
68	上证发〔2015〕102 号	关于进一步明确指数熔断期间证券复牌有关事项的通知	上海证券交易所	2015 - 12 - 31

(三)2015 年作出的同意上市通知、暂停上市决定书、恢复上市决定书以及终止上市决定书目录

1. 股票类

同意上市通知书目录		
序号	标题	文号
1	关于江苏井神盐化股份有限公司人民币普通股股票上市交易的通知	自律监管决定书〔2015〕442 号
2	关于北京乾景园林股份有限公司人民币普通股股票上市交易的通知	自律监管决定书〔2015〕443 号
3	关于河南思维自动化设备股份有限公司人民币普通股股票上市交易的通知	自律监管决定书〔2015〕427 号
4	关于沈阳桃李面包股份有限公司人民币普通股股票上市交易的通知	自律监管决定书〔2015〕424 号
5	关于中新科技集团股份有限公司人民币普通股股票上市交易的通知	自律监管决定书〔2015〕425 号
6	关于苏州道森钻采设备股份有限公司人民币普通股股票上市交易的通知	自律监管决定书〔2015〕412 号
7	关于读者出版传媒股份有限公司人民币普通股股票上市交易的通知	自律监管决定书〔2015〕413 号
8	关于博敏电子股份有限公司人民币普通股股票上市交易的通知	自律监管决定书〔2015〕408 号

续表

序号	标题	文号
9	关于广东邦宝益智玩具股份有限公司人民币普通股股票上市交易的通知	自律监管决定书〔2015〕410 号
10	关于安记食品股份有限公司人民币普通股股票上市交易的通知	自律监管决定书〔2015〕411 号
11	关于新城控股集团股份有限公司人民币普通股股票上市交易的通知	自律监管决定书〔2015〕404 号
12	关于广东四通集团股份有限公司人民币普通股股票上市交易的通知	自律监管决定书〔2015〕285 号
13	关于金诚信矿业管理股份有限公司人民币普通股股票上市交易的通知	自律监管决定书〔2015〕282 号
14	关于恒通物流股份有限公司人民币普通股股票上市交易的通知	自律监管决定书〔2015〕283 号
15	关于浙江天成自控股份有限公司人民币普通股股票上市交易的通知	自律监管决定书〔2015〕284 号
16	关于浙江红蜻蜓鞋业股份有限公司人民币普通股股票上市交易的通知	自律监管决定书〔2015〕276 号
17	关于安徽口子酒业股份有限公司人民币普通股股票上市交易的通知	自律监管决定书〔2015〕277 号
18	关于江苏万林现代物流股份有限公司人民币普通股股票上市交易的通知	自律监管决定书〔2015〕278 号
19	关于国泰君安证券股份有限公司人民币普通股股票上市交易的通知	自律监管决定书〔2015〕274 号
20	关于广西绿城水务股份有限公司人民币普通股股票上市交易的通知	自律监管决定书〔2015〕251 号
21	关于南京音飞储存设备股份有限公司人民币普通股股票上市交易的通知	自律监管决定书〔2015〕248 号
22	关于上海宝钢包装股份有限公司人民币普通股股票上市交易的通知	自律监管决定书〔2015〕249 号
23	关于北京韩建河山管业股份有限公司人民币普通股股票上市交易的通知	自律监管决定书〔2015〕250 号
24	关于中国核能电力股份有限公司人民币普通股股票上市交易的通知	自律监管决定书〔2015〕247 号
25	关于浙江华铁建筑安全科技股份有限公司人民币普通股股票上市交易的通知	自律监管决定书〔2015〕221 号
26	关于杭州永创智能设备股份有限公司人民币普通股股票上市交易的通知	自律监管决定书〔2015〕222 号
27	关于山东石大胜华化工集团股份有限公司人民币普通股股票上市交易的通知	自律监管决定书〔2015〕223 号
28	关于浙江伟明环保股份有限公司人民币普通股股票上市交易的通知	自律监管决定书〔2015〕217 号
29	关于灵康药业集团股份有限公司人民币普通股股票上市交易的通知	自律监管决定书〔2015〕218 号
30	关于安徽迎驾贡酒股份有限公司人民币普通股股票上市交易的通知	自律监管决定书〔2015〕219 号
31	关于上海金桥信息股份有限公司人民币普通股股票上市交易的通知	自律监管决定书〔2015〕220 号
32	关于引力传媒股份有限公司人民币普通股股票上市交易的通知	自律监管决定书〔2015〕212 号
33	关于哈尔滨威帝电子股份有限公司人民币普通股股票上市交易的通知	自律监管决定书〔2015〕213 号
34	关于上海吉祥航空股份有限公司人民币普通股股票上市交易的通知	自律监管决定书〔2015〕214 号
35	关于上海润达医疗科技股份有限公司人民币普通股股票上市交易的通知	自律监管决定书〔2015〕215 号
36	关于上海新通联包装股份有限公司人民币普通股股票上市交易的通知	自律监管决定书〔2015〕187 号

续表

序号	标题	文号
37	关于普莱柯生物工程股份有限公司人民币普通股股票上市交易的通知	自律监管决定书〔2015〕188 号
38	关于浙江金海环境技术股份有限公司人民币普通股股票上市交易的通知	自律监管决定书〔2015〕189 号
39	关于南通醋酸化工股份有限公司人民币普通股股票上市交易的通知	自律监管决定书〔2015〕190 号
40	关于新疆雪峰科技(集团)股份有限公司人民币普通股股票上市交易的通知	自律监管决定书〔2015〕177 号
41	关于上海海利生物技术股份有限公司人民币普通股股票上市交易的通知	自律监管决定书〔2015〕178 号
42	关于湖南艾华集团股份有限公司人民币普通股股票上市交易的通知	自律监管决定书〔2015〕179 号
43	关于安徽广信农化股份有限公司人民币普通股股票上市交易的通知	自律监管决定书〔2015〕174 号
44	关于莱克电气股份有限公司人民币普通股股票上市交易的通知	自律监管决定书〔2015〕175 号
45	关于江苏省广电有线信息网络股份有限公司人民币普通股股票上市交易的通知	自律监管决定书〔2015〕154 号
46	关于星光农机股份有限公司人民币普通股股票上市交易的通知	自律监管决定书〔2015〕153 号
47	关于辽宁福鞍重工股份有限公司人民币普通股股票上市交易的通知	自律监管决定书〔2015〕146 号
48	关于大连派思燃气系统股份有限公司人民币普通股股票上市交易的通知	自律监管决定书〔2015〕147 号
49	关于黑龙江珍宝岛药业股份有限公司人民币普通股股票上市交易的通知	自律监管决定书〔2015〕148 号
50	关于老百姓大药房连锁股份有限公司人民币普通股股票上市交易的通知	自律监管决定书〔2015〕141 号
51	关于浙江盛洋科技股份有限公司人民币普通股股票上市交易的通知	自律监管决定书〔2015〕142 号
52	关于山东华鹏玻璃股份有限公司人民币普通股股票上市交易的通知	自律监管决定书〔2015〕143 号
53	关于北京大豪科技股份有限公司人民币普通股股票上市交易的通知	自律监管决定书〔2015〕138 号
54	关于曲美家具集团股份有限公司人民币普通股股票上市交易的通知	自律监管决定书〔2015〕139 号
55	关于深圳歌力思服饰股份有限公司人民币普通股股票上市交易的通知	自律监管决定书〔2015〕140 号
56	关于安徽九华山旅游发展股份有限公司人民币普通股股票上市交易的通知	自律监管决定书〔2015〕110 号
57	关于爱普香料集团股份有限公司人民币普通股股票上市交易的通知	自律监管决定书〔2015〕106 号
58	关于浙江鼎力机械股份有限公司人民币普通股股票上市交易的通知	自律监管决定书〔2015〕107 号
59	关于北部湾旅游股份有限公司人民币普通股股票上市交易的通知	自律监管决定书〔2015〕108 号
60	关于东方证券股份有限公司人民币普通股股票上市交易的通知	自律监管决定书〔2015〕103 号
61	关于上海龙韵广告传播股份有限公司人民币普通股股票上市交易的通知	自律监管决定书〔2015〕104 号
62	关于常州腾龙汽车零部件股份有限公司人民币普通股股票上市交易的通知	自律监管决定书〔2015〕97 号
63	关于上海创力集团股份有限公司人民币普通股股票上市交易的通知	自律监管决定书〔2015〕98 号

续表

序号	标题	文号
64	关于上海全筑建筑装饰集团股份有限公司人民币普通股股票上市交易的通知	自律监管决定书〔2015〕99号
65	关于广东松发陶瓷股份有限公司人民币普通股股票上市交易的通知	自律监管决定书〔2015〕94号
66	关于宁波拓普集团股份有限公司人民币普通股股票上市交易的通知	自律监管决定书〔2015〕95号
67	关于江苏立霸实业股份有限公司人民币普通股股票上市交易的通知	自律监管决定书〔2015〕93号
68	关于宁波弘讯科技股份有限公司人民币普通股股票上市交易的通知	自律监管决定书〔2015〕76号
69	关于广州维力医疗器械股份有限公司人民币普通股股票上市交易的通知	自律监管决定书〔2015〕74号
70	关于宁波继峰汽车零部件股份有限公司人民币普通股股票上市交易的通知	自律监管决定书〔2015〕75号
71	关于天津银龙预应力材料股份有限公司人民币普通股股票上市交易的通知	自律监管决定书〔2015〕73号
72	关于苏州柯利达装饰股份有限公司人民币普通股股票上市交易的通知	自律监管决定书〔2015〕72号
73	关于东兴证券股份有限公司人民币普通股股票上市交易的通知	自律监管决定书〔2015〕71号
74	关于深圳市共进电子股份有限公司人民币普通股股票上市交易的通知	自律监管决定书〔2015〕70号
75	关于广州好莱客创意家居股份有限公司人民币普通股股票上市交易的通知	自律监管决定书〔2015〕54号
76	关于浙江济民制药股份有限公司人民币普通股股票上市交易的通知	自律监管决定书〔2015〕55号
77	关于杭州电缆股份有限公司人民币普通股股票上市交易的通知	自律监管决定书〔2015〕56号
78	关于益丰大药房连锁股份有限公司人民币普通股股票上市交易的通知	自律监管决定书〔2015〕57号
79	关于浙江华友钴业股份有限公司人民币普通股股票上市交易的通知	自律监管决定书〔2015〕26号
80	关于浙江诺力机械股份有限公司人民币普通股股票上市交易的通知	自律监管决定书〔2015〕24号
81	关于航天长征化学工程股份有限公司人民币普通股股票上市交易的通知	自律监管决定书〔2015〕25号
82	关于浙江健盛集团股份有限公司人民币普通股股票上市交易的通知	自律监管决定书〔2015〕22号
83	关于上海晨光文具股份有限公司人民币普通股股票上市交易的通知	自律监管决定书〔2015〕23号
84	关于福建火炬电子科技股份有限公司人民币普通股股票上市交易的通知	自律监管决定书〔2015〕20号
85	关于福建龙马环卫装备股份有限公司人民币普通股股票上市交易的通知	自律监管决定书〔2015〕21号
86	关于浙江永艺家具股份有限公司人民币普通股股票上市交易的通知	自律监管决定书〔2015〕16号
87	关于重庆再升科技股份有限公司人民币普通股股票上市交易的通知	自律监管决定书〔2015〕14号
88	关于西部黄金股份有限公司人民币普通股股票上市交易的通知	自律监管决定书〔2015〕15号
89	关于春秋航空股份有限公司人民币普通股股票上市交易的通知	自律监管决定书〔2015〕13号
90	关于宁波高发汽车控制系统股份有限公司人民币普通股股票上市交易的通知	自律监管决定书〔2015〕12号

续表

暂停上市决定书目录		
序号	标题	文号
1	关于对珠海市博元投资股份有限公司股票实施暂停上市的决定	自律监管决定书〔2015〕216 号
终止上市决定书目录		
序号	标题	文号
1	关于二重集团(德阳)重型装备股份有限公司股票终止上市的决定	自律监管决定书〔2015〕191 号
2	关于中国北车股份有限公司股票终止上市的决定	自律监管决定书〔2015〕198 号
3	关于上海东方明珠(集团)股份有限公司股票终止上市的决定	自律监管决定书〔2015〕199 号
4	关于江苏新城地产股份有限公司股票终止上市的决定	自律监管决定书〔2015〕392 号

2. 债券类

同意上市通知目录		
序号	标题	文号
1	接受中小企业私募债券备案通知书	上证债备字〔2015〕1 号
2	接受中小企业私募债券备案通知书	上证债备字〔2015〕2 号
3	接受中小企业私募债券备案通知书	上证债备字〔2015〕3 号
4	接受中小企业私募债券备案通知书	上证债备字〔2015〕4 号
5	接受中小企业私募债券备案通知书	上证债备字〔2015〕5 号
6	关于首创证券有限责任公司 2014 年次级债券挂牌转让的函	上证函〔2015〕8 号
7	关于恒泰证券股份有限公司 2014 年次级债券(第二期)挂牌转让的函	上证函〔2015〕9 号
8	关于 2014 年黔西南州工业投资(集团)有限公司公司债券上市交易的通知	自律监管决定书〔2015〕2 号
9	关于 2014 年嘉峪关市城市基础设施建设投资开发(集团)有限公司公司债券上市交易的通知	自律监管决定书〔2015〕3 号
10	关于 2014 年大连融达投资有限责任公司公司债券上市交易的通知	自律监管决定书〔2015〕4 号
11	关于 2014 年第二期海南省发展控股有限公司公司债券上市交易的通知	自律监管决定书〔2015〕5 号
12	接受中小企业私募债券备案通知书	上证债备字〔2015〕6 号
13	关于东兴证券股份有限公司 2014 年度第一期次级债券挂牌转让的函	上证函〔2015〕37 号
14	关于天风证券股份有限公司 2014 年次级债券挂牌转让的函	上证函〔2015〕38 号
15	关于 2014 年福鼎市城市建设投资有限公司公司债券挂牌转让的函	上证函〔2015〕39 号
16	关于华安证券股份有限公司 2014 年次级债券挂牌转让的函	上证函〔2015〕40 号
17	关于中国银河证券股份有限公司 2014 年第八期次级债券挂牌转让的函	上证函〔2015〕41 号
18	关于 2015 年记账式附息(二期)国债(新发)预发行交易的通知	上证函〔2015〕42 号
19	接受中小企业私募债券备案通知书	上证债备字〔2015〕10 号
20	接受中小企业私募债券备案通知书	上证债备字〔2015〕11 号

续表

序号	标题	文号
21	接受中小企业私募债券备案通知书	上证债备字〔2015〕12 号
22	接受中小企业私募债券备案通知书	上证债备字〔2015〕13 号
23	接受中小企业私募债券备案通知书	上证债备字〔2015〕14 号
24	接受中小企业私募债券备案通知书	上证债备字〔2015〕15 号
25	接受中小企业私募债券备案通知书	上证债备字〔2015〕7 号
26	接受中小企业私募债券备案通知书	上证债备字〔2015〕8 号
27	接受中小企业私募债券备案通知书	上证债备字〔2015〕9 号
28	关于 2014 年西安国际陆港投资发展集团有限公司企业债券上市交易的通知	自律监管决定书〔2015〕10 号
29	关于 2014 年山东省博兴县鑫达建设投资开发有限公司公司债券上市交易的通知	自律监管决定书〔2015〕8 号
30	关于 2014 年遵义市投资（集团）有限责任公司公司债券上市交易的通知	自律监管决定书〔2015〕9 号
31	关于 2015 年记账式附息（一期）国债上市交易的通知	上证函〔2015〕51 号
32	关于 2012 年广州汽车集团股份有限公司公司债券（第二期）上市交易的通知	自律监管决定书〔2015〕11 号
33	关于对哈尔滨机场专用路通行费收入收益权资产支持证券挂牌转让无异议的函	上证函〔2015〕52 号
34	接受中小企业私募债券备案通知书	上证债备字〔2015〕16 号
35	接受中小企业私募债券备案通知书	上证债备字〔2015〕17 号
36	接受中小企业私募债券备案通知书	上证债备字〔2015〕18 号
37	关于 2014 年记账式附息（二十九期）国债（续发 1）预发行交易的通知	上证函〔2015〕127 号
38	关于北辰实业股份有限公司 2014 年公司债券上市交易的通知	自律监管决定书〔2015〕17 号
39	关于 2014 年中科招商投资管理集团股份有限公司公司债券上市交易的通知	自律监管决定书〔2015〕18 号
40	关于 2014 年第二期浙江省新昌县投资发展有限公司公司债券上市交易的通知	自律监管决定书〔2015〕19 号
41	接受中小企业私募债券备案通知书	上证债备字〔2015〕19 号
42	接受中小企业私募债券备案通知书	上证债备字〔2015〕20 号
43	关于对镇江优选小贷 1 号资产支持证券挂牌转让无异议的函	上证函〔2015〕154 号
44	关于对南京公交集团公交经营收费收益权资产支持证券挂牌转让无异议的函	上证函〔2015〕155 号
45	关于中国证券金融股份有限公司 2014 年第 41 期次级债券挂牌转让的函	上证函〔2015〕158 号
46	关于中国证券金融股份有限公司 2014 年第 43 期次级债券挂牌转让的函	上证函〔2015〕159 号
47	关于 2015 年记账式附息（二期）国债上市交易的通知	上证函〔2015〕160 号
48	接受中小企业私募债券备案通知书	上证债备字〔2015〕21 号

续表

序号	标题	文号
49	关于2014年绍兴柯桥经济开发区开发投资有限公司公司债券上市交易的通知	自律监管决定书〔2015〕27号
50	关于2014年准格尔旗国有资产投资经营有限责任公司公司债券上市交易的通知	自律监管决定书〔2015〕28号
51	关于2015年第一期天瑞集团股份有限公司公司债券上市交易的通知	自律监管决定书〔2015〕29号
52	关于内蒙古亿利能源股份有限公司2014年公司债券(第一期)上市交易的通知	自律监管决定书〔2015〕30号
53	关于2014年长兴城市建设有限公司公司债券上市交易的通知	自律监管决定书〔2015〕31号
54	关于内蒙古包钢钢联股份有限公司2013年公司债券(第二期)上市交易的通知	自律监管决定书〔2015〕32号
55	关于中炬高新技术实业(集团)股份有限公司2014年公司债券(第二期)上市交易的通知	自律监管决定书〔2015〕33号
56	关于康美药业股份有限公司2015年公司债券上市交易的通知	自律监管决定书〔2015〕34号
57	关于2015年沈阳市铁西区国有资产经营有限公司公司债券上市交易的通知	自律监管决定书〔2015〕35号
58	关于华福证券有限责任公司2014年次级债券(第一期)挂牌转让的函	上证函〔2015〕180号
59	关于中信建投证券股份有限公司2015年第一期永续次级债券挂牌转让的函	上证函〔2015〕181号
60	关于华鑫证券有限责任公司2015年次级债券(第一期)挂牌转让的函	上证函〔2015〕182号
61	关于中国证券金融股份有限公司2014年第36期次级债券挂牌转让的函	上证函〔2015〕183号
62	关于中国证券金融股份有限公司2014年第44期次级债券挂牌转让的函	上证函〔2015〕184号
63	关于中国证券金融股份有限公司2014年第45期次级债券挂牌转让的函	上证函〔2015〕185号
64	关于中国证券金融股份有限公司2014年第46期次级债券挂牌转让的函	上证函〔2015〕186号
65	关于中国证券金融股份有限公司2014年第47期次级债券挂牌转让的函	上证函〔2015〕187号
66	关于中国证券金融股份有限公司2014年第48期次级债券挂牌转让的函	上证函〔2015〕188号
67	关于中国证券金融股份有限公司2014年第49期次级债券挂牌转让的函	上证函〔2015〕189号
68	关于中国证券金融股份有限公司2014年第50期次级债券挂牌转让的函	上证函〔2015〕190号
69	关于中国证券金融股份有限公司2014年第51期次级债券挂牌转让的函	上证函〔2015〕191号
70	关于2015年记账式附息(三期)国债预发行交易的通知	上证函〔2015〕192号
71	关于2014年齐鲁证券有限公司债券上市交易的通知	自律监管决定书〔2015〕36号
72	关于对内蒙古哈伦能源集中供热合同债权资产支持证券挂牌转让无异议的函	上证函〔2015〕194号

续表

序号	标题	文号
73	接受中小企业私募债券备案通知书	上证债备字〔2015〕22 号
74	关于西南证券股份有限公司 2015 年第一期次级债券挂牌转让的函	上证函〔2015〕230 号
75	关于国泰君安证券股份有限公司永续次级债券挂牌转让的函	上证函〔2015〕231 号
76	关于对国正小贷一期资产支持证券挂牌转让无异议的函	上证函〔2015〕232 号
77	关于 2014 年登封电厂集团有限公司公司债券上市交易的通知	自律监管决定书〔2015〕37 号
78	关于 2014 年邳州市恒润城市投资有限公司公司债券上市交易的通知	自律监管决定书〔2015〕38 号
79	关于 2015 年鸡西市国有资产经营管理有限公司公司债券上市交易的通知	自律监管决定书〔2015〕39 号
80	接受中小企业私募债券备案通知书	上证债备字〔2015〕23 号
81	接受中小企业私募债券备案通知书	上证债备字〔2015〕24 号
82	接受中小企业私募债券备案通知书	上证债备字〔2015〕25 号
83	接受中小企业私募债券备案通知书	上证债备字〔2015〕26 号
84	接受中小企业私募债券备案通知书	上证债备字〔2015〕27 号
85	接受中小企业私募债券备案通知书	上证债备字〔2015〕28 号
86	关于中国银河证券股份有限公司 2014 年公司债券（第一期）上市交易的通知	自律监管决定书〔2015〕40 号
87	关于 2014 年浙商证券股份有限公司债券上市交易的通知	自律监管决定书〔2015〕41 号
88	关于 2014 年第一期阜新市城市基础设施建设投资有限责任公司公司债券上市交易的通知	自律监管决定书〔2015〕42 号
89	关于 2014 年第二期淮安清河新区投资发展有限公司小微企业扶持债券上市交易的通知	自律监管决定书〔2015〕43 号
90	接受中小企业私募债券备案通知书	上证债备字〔2015〕29 号
91	接受中小企业私募债券备案通知书	上证债备字〔2015〕30 号
92	关于 2015 年记账式附息（三期）国债上市交易的通知	上证函〔2015〕249 号
93	关于 2014 年第二期高安市城市建设投资有限责任公司公司债券上市交易的通知	自律监管决定书〔2015〕44 号
94	关于 2014 年松原市城市开发建设有限责任公司公司债券上市交易的通知	自律监管决定书〔2015〕45 号
95	关于 2015 年营口沿海开发建设有限公司公司债券上市交易的通知	自律监管决定书〔2015〕46 号
96	关于 2015 年萍乡市汇丰投资有限公司公司债券上市交易的通知	自律监管决定书〔2015〕47 号
97	关于山西证券股份有限公司 2015 年第一期次级债券挂牌转让的函	上证函〔2015〕260 号
98	关于安信证券股份有限公司 2015 年第一期次级债券挂牌转让的函	上证函〔2015〕261 号
99	关于 2015 年记账式附息（二期）国债（续发 1）预发行交易的通知	上证函〔2015〕262 号
100	关于 2015 年上海淀山湖新城发展有限公司公司债券上市交易的通知	自律监管决定书〔2015〕49 号
101	关于 2015 年烟台市牟平区国有资产经营公司企业债券上市交易的通知	自律监管决定书〔2015〕50 号

续表

序号	标题	文号
102	关于2015年铜陵大江投资控股有限公司公司债券上市交易的通知	自律监管决定书〔2015〕51号
103	关于2014年西安市保障性住房集合债券(第一期)上市交易的通知	自律监管决定书〔2015〕52号
104	关于浙商证券股份有限公司2015年第一期次级债券挂牌转让的函	上证函〔2015〕273号
105	关于中国中投证券有限责任公司2015年次级债券(第一期)挂牌转让的函	上证函〔2015〕274号
106	关于2015年新郑新区发展投资有限责任公司公司债券上市交易的通知	自律监管决定书〔2015〕58号
107	关于2014年陕西省西咸新区泾河新城开发建设(集团)有限公司公司债券上市交易的通知	自律监管决定书〔2015〕59号
108	关于2015年第一期达州发展(控股)有限责任公司公司债券上市交易的通知	自律监管决定书〔2015〕60号
109	关于2010年北京市顺义区国有资本经营管理中心企业债券上市交易的通知	自律监管决定书〔2015〕61号
110	关于2015年新郑新区发展投资有限责任公司公司债券(品种二)上市交易的通知	自律监管决定书〔2015〕62号
111	关于2015年铜仁市梵净山投资有限公司公司债券上市交易的通知	自律监管决定书〔2015〕63号
112	关于2015年盘锦市双台子区经济开发投资有限公司公司债券上市交易的通知	自律监管决定书〔2015〕64号
113	关于2015年湘潭市万楼新城开发建设投资有限公司公司债券上市交易的通知	自律监管决定书〔2015〕65号
114	关于2015年望城经开区建设开发公司公司债券上市交易的通知	自律监管决定书〔2015〕66号
115	关于2015年济宁市市中区城建投资有限公司公司债券上市交易的通知	自律监管决定书〔2015〕67号
116	关于2015年天津东方财信投资集团有限公司公司债券上市交易的通知	自律监管决定书〔2015〕68号
117	关于2015年郴州高科投资控股有限公司湘江流域重金属污染治理公司债券上市交易的通知	自律监管决定书〔2015〕69号
118	接受中小企业私募债券备案通知书	上证债备字〔2015〕31号
119	接受中小企业私募债券备案通知书	上证债备字〔2015〕32号
120	接受中小企业私募债券备案通知书	上证债备字〔2015〕33号
121	接受中小企业私募债券备案通知书	上证债备字〔2015〕34号
122	关于2014年记账式附息(二十九期)国债(续发二)预发行交易的通知	上证函〔2015〕282号
123	接受中小企业私募债券备案通知书	上证债备字〔2015〕35号
124	接受中小企业私募债券备案通知书	上证债备字〔2015〕36号
125	关于国联证券股份有限公司2015年第一期次级债券挂牌转让的函	上证函〔2015〕284号
126	关于2014年青岛胶州城市发展投资有限公司公司债券上市交易的通知	自律监管决定书〔2015〕77号
127	关于2014年郑州牟中发展投资有限公司公司债券上市交易的通知	自律监管决定书〔2015〕78号
128	关于2015年宁乡县城市建设投资集团有限公司公司债券上市交易的通知	自律监管决定书〔2015〕79号
129	关于2015年铜陵发展投资集团有限公司公司债券上市交易的通知	自律监管决定书〔2015〕80号

续表

序号	标题	文号
130	关于2015年第二期天瑞集团股份有限公司公司债券上市交易的通知	自律监管决定书〔2015〕81号
131	关于恒泰证券股份有限公司2014年次级债券(第三期)挂牌转让的函	上证函〔2015〕294号
132	关于中国银河证券股份有限公司2015年第一期次级债券挂牌转让的函	上证函〔2015〕296号
133	关于中国银河证券股份有限公司2015年第二期次级债券挂牌转让的函	上证函〔2015〕297号
134	关于2014年第二期泰康人寿保险股份有限公司次级定期债务挂牌转让的函	上证函〔2015〕298号
135	关于对中建投租赁一期资产支持证券挂牌转让无异议的函	上证函〔2015〕299号
136	关于2015年记账式附息(三期)国债(续发一)预发行交易的通知	上证函〔2015〕300号
137	关于2015年第一期福州市城乡建设发展总公司公司债券上市交易的通知	自律监管决定书〔2015〕82号
138	关于2015年贵州省物资集团有限责任公司公司债券上市交易的通知	自律监管决定书〔2015〕83号
139	关于2014年钦州市开发投资集团有限公司小微企业扶持债券上市交易的通知	自律监管决定书〔2015〕84号
140	关于2014年天安财产保险股份有限公司次级债券挂牌转让的函	上证函〔2015〕310号
141	关于湘财证券股份有限公司2015年第一期次级债券挂牌转让的函	上证函〔2015〕311号
142	关于华西证券股份有限公司2015年次级债券(第一期)挂牌转让的函	上证函〔2015〕312号
143	关于太平洋证券股份有限公司2014年公司债券上市交易的通知	自律监管决定书〔2015〕85号
144	关于对银河瑞阳供热资产支持证券挂牌转让无异议的函	上证函〔2015〕317号
145	关于2015年记账式附息二期国债(续发二)预发行交易的通知	上证函〔2015〕318号
146	关于对新北热电供暖收费收益权资产支持证券挂牌转让无异议的函	上证函〔2015〕319号
147	关于2010年乌鲁木齐城市建设投资有限公司公司债券上市交易的通知	自律监管决定书〔2015〕87号
148	关于2015年本溪市城市建设投资发展有限公司公司债券上市交易的通知	自律监管决定书〔2015〕88号
149	关于2015年盘山县国有资产经营有限公司公司债券上市交易的通知	自律监管决定书〔2015〕89号
150	关于2010年北京市顺义区国有资本经营管理中心企业债券上市交易的通知	自律监管决定书〔2015〕90号
151	接受中小企业私募债券备案通知书	上证债备字〔2015〕37号
152	接受中小企业私募债券备案通知书	上证债备字〔2015〕38号
153	接受中小企业私募债券备案通知书	上证债备字〔2015〕39号
154	关于华福证券有限责任公司2015年第一期次级债券挂牌转让的函	上证函〔2015〕330号
155	接受中小企业私募债券备案通知书	上证债备字〔2015〕40号
156	接受中小企业私募债券备案通知书	上证债备字〔2015〕41号
157	接受中小企业私募债券备案通知书	上证债备字〔2015〕43号
158	关于重庆路桥股份有限公司2014年公司债券(第一期)上市交易的通知	自律监管决定书〔2015〕91号
159	关于2014年第一期黑龙江省灾后重建集合债券上市交易的通知	自律监管决定书〔2015〕92号

续表

序号	标题	文号
160	接受中小企业私募债券备案通知书	上证债备字〔2015〕42 号
161	接受中小企业私募债券备案通知书	上证债备字〔2015〕44 号
162	关于对兴证资管 - 融信租赁一期资产支持证券挂牌转让无异议的函	上证函〔2015〕336 号
163	关于对宝信租赁二期资产支持证券挂牌转让无异议的函	上证函〔2015〕337 号
164	关于对泰兴市滨江污水处理有限公司污水处理收费权资产支持证券挂牌转让无异议的函	上证函〔2015〕338 号
165	关于 2015 年记账式附息(四期)国债预发行交易的通知	上证函〔2015〕344 号
166	接受中小企业私募债券备案通知书	上证债备字〔2015〕45 号
167	关于 2015 年常州天宁建设发展有限公司公司债券上市交易的通知	自律监管决定书〔2015〕100 号
168	关于 2015 年新沂市交通投资有限公司公司债券上市交易的通知	自律监管决定书〔2015〕101 号
169	关于 2014 年第二期抚顺市城建投资有限公司小微企业增信集合债券上市交易的通知	自律监管决定书〔2015〕102 号
170	关于中信证券股份有限公司 2015 年次级债券(第一期)挂牌转让的函	上证函〔2015〕370 号
171	关于中原证券股份有限公司 2015 年第一期次级债券挂牌转让的函	上证函〔2015〕371 号
172	关于华融证券股份有限公司 2015 年第一期次级债券挂牌转让的函	上证函〔2015〕372 号
173	关于对海南航空 1 期 BSP 票款债权资产支持证券挂牌转让无异议的函	上证函〔2015〕373 号
174	关于对宝钢集团新疆八一钢铁有限公司一期应收账款资产支持证券挂牌转让无异议的函	上证函〔2015〕374 号
175	关于 2015 年吉首华泰国有资产投资管理有限责任公司公司债券上市交易的通知	自律监管决定书〔2015〕109 号
176	关于 2015 年记账式附息(四期)国债上市交易的通知	上证函〔2015〕389 号
177	关于信达证券股份有限公司 2015 年次级债券挂牌转让的函	上证函〔2015〕390 号
178	接受中小企业私募债券备案通知书	上证债备字〔2015〕46 号
179	接受中小企业私募债券备案通知书	上证债备字〔2015〕47 号
180	接受中小企业私募债券备案通知书	上证债备字〔2015〕48 号
181	关于 2015 年临汾市尧都区投资建设开发有限公司公司债券上市交易的通知	自律监管决定书〔2015〕111 号
182	关于 2015 年毕节市建设投资有限公司公司债券上市交易的通知	自律监管决定书〔2015〕112 号
183	关于 2014 年北京昊华能源股份有限公司公司债券(第一期)上市交易的通知	自律监管决定书〔2015〕113 号
184	关于 2014 年第二期中国有色矿业集团有限公司公司债券上市交易的通知	自律监管决定书〔2015〕114 号
185	关于山东黄金矿业股份有限公司 2013 年公司债券(第二期)上市交易的通知	自律监管决定书〔2015〕115 号
186	关于 2015 年丰城市城市建设投资有限公司公司债券上市交易的通知	自律监管决定书〔2015〕116 号
187	关于 2014 年西安市保障性住房集合债券(第二期)上市交易的通知	自律监管决定书〔2015〕117 号

续表

序号	标题	文号
188	关于对包东高速公路通行费收入收益权资产支持证券挂牌转让无异议的函	上证函〔2015〕401 号
189	关于对海通恒信一期资产支持证券挂牌转让无异议的函	上证函〔2015〕402 号
190	接受中小企业私募债券备案通知书	上证债备字〔2015〕49 号
191	接受中小企业私募债券备案通知书	上证债备字〔2015〕50 号
192	接受中小企业私募债券备案通知书	上证债备字〔2015〕51 号
193	接受中小企业私募债券备案通知书	上证债备字〔2015〕52 号
194	接受中小企业私募债券备案通知书	上证债备字〔2015〕53 号
195	接受中小企业私募债券备案通知书	上证债备字〔2015〕54 号
196	关于兴业证券股份有限公司 2015 年次级债券（第一期）挂牌转让的函	上证函〔2015〕413 号
197	关于首创证券有限责任公司 2015 年次级债券挂牌转让的函	上证函〔2015〕414 号
198	关于 2015 年大同证券经纪有限责任公司次级债券挂牌转让的函	上证函〔2015〕415 号
199	关于 2015 年记账式附息（五期）国债预发行交易的通知	上证函〔2015〕416 号
200	关于中信建投证券股份有限公司 2015 年第二期永续次级债券挂牌转让的函	上证函〔2015〕417 号
201	接受中小企业私募债券备案通知书	上证债备字〔2015〕55 号
202	接受中小企业私募债券备案通知书	上证债备字〔2015〕56 号
203	接受中小企业私募债券备案通知书	上证债备字〔2015〕57 号
204	关于 2015 年南通苏通科技产业园控股发展有限公司公司债券上市交易的通知	自律监管决定书〔2015〕118 号
205	关于 2015 年黔南州投资有限公司公司债券上市交易的通知	自律监管决定书〔2015〕119 号
206	关于 2015 年四川天盈实业有限责任公司公司债券上市交易的通知	自律监管决定书〔2015〕120 号
207	关于 2015 年成都市兴城建实业发展有限责任公司公司债券上市交易的通知	自律监管决定书〔2015〕121 号
208	关于 2015 年第一期通辽市天诚城市建设投资有限公司公司债券上市交易的通知	自律监管决定书〔2015〕122 号
209	关于 2015 年咸宁市荣盛投资发展有限公司公司债券上市交易的通知	自律监管决定书〔2015〕123 号
210	关于 2015 年乳山市城市国有资产经营有限公司公司债券上市交易的通知	自律监管决定书〔2015〕124 号
211	关于 2015 年渭南市城市建设投资开发有限责任公司公司债券上市交易的通知	自律监管决定书〔2015〕125 号
212	关于 2015 年山西襄矿集团有限公司公司债券上市交易的通知	自律监管决定书〔2015〕126 号
213	关于 2015 年湘潭九华经济建设投资有限公司公司债券上市交易的通知	自律监管决定书〔2015〕127 号
214	关于财富证券有限责任公司 2014 年公司债券上市交易的通知	自律监管决定书〔2015〕128 号
215	关于 2014 年第二期南京紫金投资集团有限责任公司小微企业增信集合债券上市交易的通知	自律监管决定书〔2015〕129 号

续表

序号	标题	文号
216	接受中小企业私募债券备案通知书	上证债备字〔2015〕58号
217	关于2015年记账式附息(六期)国债预发行交易的通知	上证函〔2015〕422号
218	关于2015年记账式附息(七期)国债预发行交易的通知	上证函〔2015〕436号
219	关于华鑫证券有限责任公司2015年次级债券(第二期)挂牌转让的函	上证函〔2015〕437号
220	关于2014年东兴证券股份有限公司债券上市交易的通知	自律监管决定书〔2015〕131号
221	关于2015年绍兴县柯岩建设投资有限公司公司债券上市交易的通知	自律监管决定书〔2015〕132号
222	关于2015年广安发展建设集团有限公司公司债券上市交易的通知	自律监管决定书〔2015〕133号
223	关于对吉林水务供水收费权资产支持证券挂牌转让无异议的函	上证函〔2015〕447号
224	关于浙商证券股份有限公司2015年第二期次级债券挂牌转让的函	上证函〔2015〕449号
225	关于德邦证券股份有限公司2015年次级债券挂牌转让的函	上证函〔2015〕450号
226	关于2015年记账式附息(四期)国债(续发一)预发行交易的通知	上证函〔2015〕451号
227	关于2015年记账式附息(五期)国债上市交易的通知	上证函〔2015〕452号
228	关于2015年重庆市涪陵交通旅游建设投资集团有限公司公司债券上市交易的通知	自律监管决定书〔2015〕134号
229	关于上海实业发展股份有限公司2014年公司债券(第一期)上市交易的通知	自律监管决定书〔2015〕135号
230	关于东吴证券股份有限公司2015年次级债券(第一期)挂牌转让的函	上证函〔2015〕469号
231	关于华福证券有限责任公司2015年第二期次级债券挂牌转让的函	上证函〔2015〕470号
232	关于国泰君安证券股份有限公司2015年第二期永续次级债券挂牌转让的函	上证函〔2015〕471号
233	关于2015年记账式贴现(一期)国债上市交易的通知	上证函〔2015〕472号
234	关于2015年记账式附息(六期)国债上市交易的通知	上证函〔2015〕473号
235	关于2015年记账式附息(三期)国债(续发二)预发行交易的通知	上证函〔2015〕474号
236	关于2014年第二期重庆巴南经济园区建设实业有限公司公司债券上市交易的通知	自律监管决定书〔2015〕136号
237	关于对唐山鑫丰热力供热收费权资产支持证券挂牌转让无异议的函	上证函〔2015〕483号
238	关于对中信建投－津投信托受益权资产支持证券挂牌转让无异议的函	上证函〔2015〕484号
239	关于光大证券股份有限公司2015年第一期次级债券挂牌转让的函	上证函〔2015〕486号
240	关于中国中投证券有限责任公司2015年次级债券(第二期)挂牌转让的函	上证函〔2015〕487号
241	关于2015年记账式附息(七期)国债上市交易的通知	上证函〔2015〕488号
242	关于华融证券股份有限公司2014年公司债券上市交易的通知	自律监管决定书〔2015〕137号
243	关于对方正证券股份有限公司非公开发行短期公司债券挂牌转让无异议的函	上证函〔2015〕489号
244	接受中小企业私募债券备案通知书	上证债备字〔2015〕59号

续表

序号	标题	文号
245	接受中小企业私募债券备案通知书	上证债备字〔2015〕60 号
246	接受中小企业私募债券备案通知书	上证债备字〔2015〕61 号
247	接受中小企业私募债券备案通知书	上证债备字〔2015〕62 号
248	接受中小企业私募债券备案通知书	上证债备字〔2015〕63 号
249	接受中小企业私募债券备案通知书	上证债备字〔2015〕64 号
250	接受中小企业私募债券备案通知书	上证债备字〔2015〕65 号
251	接受中小企业私募债券备案通知书	上证债备字〔2015〕66 号
252	关于 2015 年记账式贴现(二期)国债上市交易的通知	上证函〔2015〕498 号
253	关于财通证券股份有限公司 2015 年第一期次级债券挂牌转让的函	上证函〔2015〕499 号
254	关于上海证券有限责任公司 2015 年第一期次级债券挂牌转让的函	上证函〔2015〕500 号
255	关于 2015 年民生证券股份有限公司第一期次级债券挂牌转让的函	上证函〔2015〕501 号
256	关于招商证券股份有限公司 2015 年第一期次级债券挂牌转让的函	上证函〔2015〕502 号
257	关于招商证券股份有限公司 2015 年第二期次级债券挂牌转让的函	上证函〔2015〕503 号
258	关于 2015 年江苏省国信资产管理集团有限公司公司债券上市交易的通知	自律监管决定书〔2015〕149 号
259	关于富贵鸟股份有限公司 2014 年公司债券上市交易的通知	自律监管决定书〔2015〕150 号
260	关于内蒙古包钢钢联股份有限公司 2013 年公司债券(第三期)上市交易的通知	自律监管决定书〔2015〕151 号
261	关于 2015 年东营市城市资产经营有限公司公司债券上市交易的通知	自律监管决定书〔2015〕152 号
262	关于舟山港集团有限公司面向合格投资者公开发行公司债券上市预审核意见的函	上证函〔2015〕517 号
263	关于对申万宏源证券有限公司短期公司债券挂牌转让无异议的函	上证函〔2015〕519 号
264	关于 2015 年第一期长沙市轨道交通集团有限公司公司债券上市交易的通知	自律监管决定书〔2015〕155 号
265	关于 2015 年宁波梅山岛开发投资有限公司公司债券上市交易的通知	自律监管决定书〔2015〕156 号
266	关于华远地产股份有限公司 2014 年公司债券上市交易的通知	自律监管决定书〔2015〕157 号
267	关于重庆路桥股份有限公司 2014 年公司债券(第二期)上市交易的通知	自律监管决定书〔2015〕158 号
268	关于 2015 年西宁经济技术开发区投资控股集团有限公司小微企业增信集合债券上市交易的通知	自律监管决定书〔2015〕159 号
269	关于中国民族证券有限责任公司 2015 年第一期次级债券挂牌转让的函	上证函〔2015〕536 号
270	关于海通证券股份有限公司 2015 年次级债券(第一期)挂牌转让的函	上证函〔2015〕537 号
271	关于齐鲁证券有限公司 2015 年第一期次级债券挂牌转让的函	上证函〔2015〕538 号
272	关于华西证券股份有限公司 2015 年次级债券(第二期)挂牌转让的函	上证函〔2015〕539 号
273	关于中国银河证券股份有限公司 2015 年第三期次级债券挂牌转让的函	上证函〔2015〕540 号
274	关于 2015 年记账式附息(八期)国债上市交易的通知	上证函〔2015〕541 号

续表

序号	标题	文号
275	关于2015年记账式附息(五期)国债(续发1)预发行交易的通知	上证函〔2015〕542号
276	关于2015年记账式附息(九期)国债预发行交易的通知	上证函〔2015〕543号
277	关于对民生加银资管先锋租赁1号资产支持证券挂牌转让无异议的函	上证函〔2015〕544号
278	关于2015年贵阳白云工业发展投资有限公司公司债券上市交易的通知	自律监管决定书〔2015〕163号
279	关于为2010年河南银鸽实业投资股份有限公司公司债券提供转让服务的函	上证函〔2015〕548号
280	关于方正证券股份有限公司2015年度第一期次级债券挂牌转让的函	上证函〔2015〕549号
281	关于对万家共赢皖投小贷一期资产支持证券挂牌转让无异议的函	上证函〔2015〕551号
282	关于对富阳水务资产收费收益权资产支持证券挂牌转让无异议的函	上证函〔2015〕552号
283	关于对福能租赁资产支持证券挂牌转让无异议的函	上证函〔2015〕553号
284	关于华福证券有限责任公司2014年公司债券挂牌转让的函	上证函〔2015〕556号
285	关于中原证券股份有限公司2015年第二期次级债券挂牌转让的函	上证函〔2015〕557号
286	关于东吴证券股份有限公司2015年次级债券(第二期)挂牌转让的函	上证函〔2015〕558号
287	关于2015年记账式附息(四期)国债(续发2)预发行交易的通知	上证函〔2015〕559号
288	关于2015年重庆市铜梁区金龙城市建设投资(集团)有限公司公司债券上市交易的通知	自律监管决定书〔2015〕167号
289	关于2015年江苏联峰实业股份有限公司公司债券上市交易的通知	自律监管决定书〔2015〕168号
290	关于国泰君安证券股份有限公司2015年第一期次级债券挂牌转让的函	上证函〔2015〕569号
291	关于2015年怀化经济开发区开发建设投资有限公司公司债券上市交易的通知	自律监管决定书〔2015〕169号
292	关于江苏连云港港口股份有限公司2014年公司债券上市交易的通知	自律监管决定书〔2015〕170号
293	关于2015年宜春市创业投资有限公司公司债券上市交易的通知	自律监管决定书〔2015〕172号
294	关于2015年益阳高新技术产业资产经营总公司企业债券上市交易的通知	自律监管决定书〔2015〕173号
295	关于对宝信租赁三期资产支持证券挂牌转让无异议的函	上证函〔2015〕630号
296	关于上海证券交易所与江苏省人民政府就资本市场发展相关合作事宜进行交流访问的函	上证函〔2015〕633号
297	关于浙商证券股份有限公司2015年第三期次级债券挂牌转让的函	上证函〔2015〕634号
298	关于湘财证券股份有限公司2015年第二期次级债券挂牌转让的函	上证函〔2015〕635号
299	关于太平洋证券股份有限公司2015年第一期次级债券挂牌转让的函	上证函〔2015〕636号
300	关于2014年新华人寿保险股份有限公司次级定期债券挂牌转让的函	上证函〔2015〕637号
301	关于2015年记账式附息(九期)国债上市交易的通知	上证函〔2015〕638号
302	关于对华科租赁一期资产支持证券挂牌转让无异议的函	上证函〔2015〕639号
303	关于2015年记账式附息(七期)国债(续发1)预发行交易的通知	上证函〔2015〕640号

续表

序号	标题	文号
304	关于2015年华南国际工业原料城(深圳)有限公司公司债券上市交易的通知	自律监管决定书〔2015〕180号
305	关于2015年九江市置地投资有限公司公司债券上市交易的通知	自律监管决定书〔2015〕181号
306	关于2015年石家庄国控投资集团有限责任公司公司债券上市交易的通知	自律监管决定书〔2015〕182号
307	关于2015年庐江县城市建设投资有限公司公司债券上市交易的通知	自律监管决定书〔2015〕183号
308	关于北汽福田汽车股份有限公司2014年公司债券上市交易的通知	自律监管决定书〔2015〕184号
309	关于2015年淳安县新安江开发总公司企业债券上市交易的通知	自律监管决定书〔2015〕185号
310	关于2015年文登金滩投资管理有限公司小微企业增信集合债券上市交易的通知	自律监管决定书〔2015〕186号
311	关于对摩山保理一期资产支持证券挂牌转让无异议的函	上证函〔2015〕646号
312	关于对汇通一期资产支持证券挂牌转让无异议的函	上证函〔2015〕647号
313	关于对国都证券有限责任公司次级债券挂牌转让无异议的函	上证函〔2015〕648号
314	关于宏信证券有限责任公司2015年次级债券挂牌转让的函	上证函〔2015〕652号
315	关于财通证券股份有限公司2015年第二期次级债券挂牌转让的函	上证函〔2015〕653号
316	关于中信建投证券股份有限公司2015年第一期次级债券挂牌转让的函	上证函〔2015〕654号
317	关于兴业证券股份有限公司2015年次级债券第二期挂牌转让的函	上证函〔2015〕655号
318	关于华泰证券股份有限公司2015年第二期次级债券挂牌转让的函	上证函〔2015〕656号
319	关于中国银河证券股份有限公司2015年第四期次级债券挂牌转让的函	上证函〔2015〕657号
320	关于对环球租赁资产支持证券挂牌转让无异议的函	上证函〔2015〕658号
321	关于对光大证券股份有限公司次级债券挂牌转让无异议的函	上证函〔2015〕660号
322	关于2015年丹阳市开发区高新技术产业发展有限公司公司债券上市交易的通知	自律监管决定书〔2015〕192号
323	关于2015年宜兴市城市建设发展有限公司公司债券上市交易的通知	自律监管决定书〔2015〕193号
324	关于2015年新泰市统筹城乡发展有限公司公司债券上市交易的通知	自律监管决定书〔2015〕194号
325	关于2015年泗洪县宏源公有资产经营有限公司公司债券上市交易的通知	自律监管决定书〔2015〕195号
326	关于2015年郴州市新天投资有限公司公司债券上市交易的通知	自律监管决定书〔2015〕196号
327	关于2010年湖南省高速公路建设开发总公司企业债券上市交易的通知	自律监管决定书〔2015〕197号
328	关于对中银国际－金坤小贷一期资产支持证券挂牌转让无异议的函	上证函〔2015〕666号
329	关于渤海证券股份有限公司2015年第一期次级债券挂牌转让的函	上证函〔2015〕668号
330	关于山西证券股份有限公司2015年第二期次级债券挂牌转让的函	上证函〔2015〕669号
331	关于上海证券有限责任公司2015年第二期次级债券挂牌转让的函	上证函〔2015〕670号
332	关于渤海证券股份有限公司2015年第二期次级债券挂牌转让的函	上证函〔2015〕671号
333	关于招商证券股份有限公司2015年第三期次级债券挂牌转让的函	上证函〔2015〕672号

续表

序号	标题	文号
334	关于招商证券股份有限公司 2015 年第四期次级债券挂牌转让的函	上证函〔2015〕673 号
335	关于中国银河证券股份有限公司 2015 年第五期次级债券挂牌转让的函	上证函〔2015〕674 号
336	关于 2015 年记账式贴现(三期)国债上市交易的通知	上证函〔2015〕675 号
337	关于 2015 年江苏省政府一般债券(一期)上市交易的通知	上证函〔2015〕676 号
338	关于 2015 年江苏省政府一般债券(二期)上市交易的通知	上证函〔2015〕677 号
339	关于 2015 年江苏省政府一般债券(三期)上市交易的通知	上证函〔2015〕678 号
340	关于 2015 年江苏省政府一般债券(四期)上市交易的通知	上证函〔2015〕679 号
341	关于上海证券交易所债券项目申报系统上线有关事项的通知	上证函〔2015〕692 号
342	关于 2015 年记账式附息(十一期)国债预发行交易的通知	上证函〔2015〕694 号
343	关于 2015 年绍兴市城北新城建设投资有限公司公司债券上市交易的通知	自律监管决定书〔2015〕200 号
344	关于 2015 年江苏洋口港建设发展集团有限公司公司债券上市交易的通知	自律监管决定书〔2015〕201 号
345	关于 2015 年武汉地铁集团有限公司公司债券上市交易的通知	自律监管决定书〔2015〕202 号
346	关于 2014 年第二期株洲高科集团有限公司公司债券上市交易的通知	自律监管决定书〔2015〕203 号
347	关于财通证券股份有限公司 2014 年公司债券上市交易的通知	自律监管决定书〔2015〕204 号
348	关于 2015 年郫县国有资产投资经营公司企业债券上市交易的通知	自律监管决定书〔2015〕205 号
349	关于 2015 年乌鲁木齐经济技术开发区建设发展总公司小微企业增信集合债券上市交易的通知	自律监管决定书〔2015〕206 号
350	关于对兴业证券股份有限公司 2015 年次级债券挂牌转让无异议的函	上证函〔2015〕714 号
351	关于对东吴证券股份有限公司 2015 年次级债券(第三期)挂牌转让无异议的函	上证函〔2015〕715 号
352	关于对江苏阳光股份有限公司非公开发行公司债券挂牌转让无异议的函	上证函〔2015〕716 号
353	关于招商证券股份有限公司 2014 年公司债券上市交易的通知	自律监管决定书〔2015〕208 号
354	关于 2015 年滨州市中海创业投资经营有限公司公司债券上市交易的通知	自律监管决定书〔2015〕209 号
355	关于 2015 年都江堰兴堰投资有限公司公司债券上市交易的通知	自律监管决定书〔2015〕210 号
356	关于 2014 年第二期玉环县交通投资集团有限公司公司债券上市交易的通知	自律监管决定书〔2015〕211 号
357	关于对洲际油气股份有限公司非公开发行公司债券挂牌转让无异议的函	上证函〔2015〕718 号
358	关于对财富证券有限责任公司 2015 年次级债券挂牌转让无异议的函	上证函〔2015〕719 号
359	关于 2015 年记账式贴现(四期)国债上市交易的通知	上证函〔2015〕720 号
360	关于 2015 年记账式附息(十期)国债上市交易的通知	上证函〔2015〕721 号
361	关于 2015 年记账式附息(五期)国债(续发二)预发行交易的通知	上证函〔2015〕722 号

续表

序号	标题	文号
362	关于对广州证券股份有限公司2015年第一期次级债券挂牌转让无异议的函	上证函〔2015〕723号
363	关于首创置业股份有限公司2015年公司债券上市交易的通知	自律监管决定书〔2015〕224号
364	关于2015年新疆维吾尔自治区政府一般债券(一期)上市交易的通知	上证函〔2015〕724号
365	关于2015年新疆维吾尔自治区政府一般债券(二期)上市交易的通知	上证函〔2015〕725号
366	关于2015年新疆维吾尔自治区政府一般债券(三期)上市交易的通知	上证函〔2015〕726号
367	关于2015年新疆维吾尔自治区政府一般债券(四期)上市交易的通知	上证函〔2015〕727号
368	关于对山东金茂纺织化工集团有限公司非公开发行公司债券挂牌转让无异议的函	上证函〔2015〕728号
369	关于方正证券股份有限公司2015年度第二期次级债券挂牌转让的函	上证函〔2015〕735号
370	关于信达证券股份有限公司2015年第二期次级债券挂牌转让的函	上证函〔2015〕736号
371	关于华泰证券股份有限公司2015年第二期次级债券挂牌转让的函	上证函〔2015〕737号
372	关于山西证券股份有限公司2015年第三期次级债券挂牌转让的函	上证函〔2015〕738号
373	关于中国证券金融股份有限公司2015年第2期次级债券挂牌转让的函	上证函〔2015〕739号
374	关于中国证券金融股份有限公司2015年第3期次级债券挂牌转让的函	上证函〔2015〕740号
375	关于中国证券金融股份有限公司2015年第5期次级债券挂牌转让的函	上证函〔2015〕741号
376	关于中国证券金融股份有限公司2015年第6期次级债券挂牌转让的函	上证函〔2015〕742号
377	关于中国证券金融股份有限公司2015年第7期次级债券挂牌转让的函	上证函〔2015〕743号
378	关于中国证券金融股份有限公司2015年第9期次级债券挂牌转让的函	上证函〔2015〕745号
379	关于中国证券金融股份有限公司2015年第10期次级债券挂牌转让的函	上证函〔2015〕746号
380	关于中国证券金融股份有限公司2015年第11期次级债券挂牌转让的函	上证函〔2015〕747号
381	关于中国证券金融股份有限公司2015年第12期次级债券挂牌转让的函	上证函〔2015〕748号
382	关于中国证券金融股份有限公司2015年第13期次级债券挂牌转让的函	上证函〔2015〕749号
383	关于中国证券金融股份有限公司2015年第14期次级债券挂牌转让的函	上证函〔2015〕750号
384	关于中国证券金融股份有限公司2015年第15期次级债券挂牌转让的函	上证函〔2015〕751号
385	关于中国证券金融股份有限公司2015年第16期次级债券挂牌转让的函	上证函〔2015〕752号
386	关于中国证券金融股份有限公司2015年第17期次级债券挂牌转让的函	上证函〔2015〕753号
387	关于中国证券金融股份有限公司2015年第18期次级债券挂牌转让的函	上证函〔2015〕754号

续表

序号	标题	文号
388	关于中国证券金融股份有限公司2015年第19期次级债券挂牌转让的函	上证函〔2015〕755号
389	关于中国证券金融股份有限公司2015年第20期次级债券挂牌转让的函	上证函〔2015〕756号
390	关于中国证券金融股份有限公司2015年第21期次级债券挂牌转让的函	上证函〔2015〕757号
391	关于2015年湖北省长江产业投资集团有限公司公司债券上市交易的通知	自律监管决定书〔2015〕225号
392	关于2010年大连装备制造投资有限公司公司债券上市交易的通知	自律监管决定书〔2015〕226号
393	关于2015年巢湖市城镇建设投资有限公司公司债券上市交易的通知	自律监管决定书〔2015〕227号
394	关于2015年绍兴市城市建设投资集团有限公司公司债券上市交易的通知	自律监管决定书〔2015〕228号
395	关于2015年淮安市城市资产经营有限公司公司债券上市交易的通知	自律监管决定书〔2015〕229号
396	关于2015年遵义市道路桥梁工程有限责任公司公司债券上市交易的通知	自律监管决定书〔2015〕230号
397	关于2015年湖北省政府一般债券(一期)上市交易的通知	上证函〔2015〕761号
398	关于2015年湖北省政府一般债券(二期)上市交易的通知	上证函〔2015〕762号
399	关于2015年湖北省政府一般债券(三期)上市交易的通知	上证函〔2015〕763号
400	关于2015年湖北省政府一般债券(四期)上市交易的通知	上证函〔2015〕764号
401	关于2015年记账式附息(十一期)国债上市交易的通知	上证函〔2015〕765号
402	关于2015年江门市高新技术工业园有限公司公司债券上市交易的通知	自律监管决定书〔2015〕231号
403	关于2015年迁安市兴源水务产业投资有限公司公司债券上市交易的通知	自律监管决定书〔2015〕232号
404	关于对正奇租赁一期资产支持证券挂牌转让无异议的函	上证函〔2015〕770号
405	关于对兴证资管-东海租赁一期资产支持证券挂牌转让无异议的函	上证函〔2015〕771号
406	关于对海通证券股份有限公司次级债券挂牌转让无异议的函	上证函〔2015〕781号
407	关于2015年广西壮族自治区政府一般债券(一期)上市交易的通知	上证函〔2015〕782号
408	关于2015年广西壮族自治区政府一般债券(二期)上市交易的通知	上证函〔2015〕783号
409	关于2015年广西壮族自治区政府一般债券(三期)上市交易的通知	上证函〔2015〕784号
410	关于2015年广西壮族自治区政府一般债券(四期)上市交易的通知	上证函〔2015〕785号
411	关于2015年山东省政府一般债券(一期)上市交易的通知	上证函〔2015〕786号
412	关于2015年山东省政府一般债券(二期)上市交易的通知	上证函〔2015〕787号
413	关于2015年山东省政府一般债券(三期)上市交易的通知	上证函〔2015〕788号
414	关于2015年山东省政府一般债券(四期)上市交易的通知	上证函〔2015〕789号
415	关于湘财证券股份有限公司2015年第三期次级债券挂牌转让的函	上证函〔2015〕791号
416	关于华融证券股份有限公司2015年第二期次级债券挂牌转让的函	上证函〔2015〕792号

续表

序号	标题	文号
417	关于东兴证券股份有限公司2015年度第一期次级债券挂牌转让的函	上证函〔2015〕793号
418	关于2015年民生证券股份有限公司第二期次级债券挂牌转让的函	上证函〔2015〕794号
419	关于2015年记账式附息（十二期）国债预发行交易的通知	上证函〔2015〕795号
420	关于对中信建投证券股份有限公司非公开发行公司债券挂牌转让无异议的函	上证函〔2015〕796号
421	关于2015年重庆市政府一般债券（一期）上市交易的通知	上证函〔2015〕798号
422	关于2015年重庆市政府一般债券（二期）上市交易的通知	上证函〔2015〕799号
423	关于2015年重庆市政府一般债券（三期）上市交易的通知	上证函〔2015〕800号
424	关于2015年重庆市政府一般债券（四期）上市交易的通知	上证函〔2015〕801号
425	关于安信证券股份有限公司2015年第二期次级债券挂牌转让的函	上证函〔2015〕802号
426	关于华鑫证券有限责任公司2015年次级债券（第3期）挂牌转让的函	上证函〔2015〕803号
427	关于招商证券股份有限公司2015年第五期次级债券挂牌转让的函	上证函〔2015〕804号
428	关于对广西金融投资集团有限公司非公开发行公司债券挂牌转让无异议的函	上证函〔2015〕805号
429	关于2015年吐鲁番地区国有资产投资经营有限责任公司公司债券上市交易的通知	自律监管决定书〔2015〕237号
430	关于北京首都开发股份有限公司2014年公司债券上市交易的通知	自律监管决定书〔2015〕239号
431	关于苏州新区高新技术产业股份有限公司2014年公司债券上市交易的通知	自律监管决定书〔2015〕240号
432	关于2013年湖北楚天高速公路股份有限公司公司债券（第二期）上市交易的通知	自律监管决定书〔2015〕241号
433	关于天士力控股集团有限公司2015年可交换公司债券上市交易的通知	自律监管决定书〔2015〕242号
434	关于2014年第二期阜新市城市基础设施建设投资有限责任公司公司债券上市交易的通知	自律监管决定书〔2015〕243号
435	关于2015年天津铁路建设投资控股（集团）有限公司公司债券上市交易的通知	自律监管决定书〔2015〕244号
436	关于2015年株洲市今添投资开发有限公司公司债券上市交易的通知	自律监管决定书〔2015〕245号
437	关于2015年乌鲁木齐国有资产投资有限公司公司债券上市交易的通知	自律监管决定书〔2015〕246号
438	关于对国都证券有限责任公司2015年第二期次级债券挂牌转让无异议的函	上证函〔2015〕811号
439	关于对大同证券有限责任公司2015年第二期次级债券挂牌转让无异议的函	上证函〔2015〕813号
440	关于2015年贵州省政府一般债券（一期）上市交易的通知	上证函〔2015〕822号
441	关于2015年贵州省政府一般债券（二期）上市交易的通知	上证函〔2015〕823号
442	关于2015年贵州省政府一般债券（三期）上市交易的通知	上证函〔2015〕824号
443	关于2015年贵州省政府一般债券（四期）上市交易的通知	上证函〔2015〕825号
444	关于2015年天津市政府一般债券（一期）上市交易的通知	上证函〔2015〕826号

续表

序号	标题	文号
445	关于2015年天津市政府一般债券(二期)上市交易的通知	上证函〔2015〕827号
446	关于2015年天津市政府一般债券(三期)上市交易的通知	上证函〔2015〕828号
447	关于2015年天津市政府一般债券(四期)上市交易的通知	上证函〔2015〕829号
448	关于2015年安徽省政府一般债券(一期)上市交易的通知	上证函〔2015〕830号
449	关于2015年安徽省政府一般债券(二期)上市交易的通知	上证函〔2015〕831号
450	关于2015年安徽省政府一般债券(三期)上市交易的通知	上证函〔2015〕832号
451	关于2015年安徽省政府一般债券(四期)上市交易的通知	上证函〔2015〕833号
452	关于2015年记账式附息(七期)国债(续发2)预发行交易的通知	上证函〔2015〕834号
453	关于对齐鲁证券有限公司非公开发行公司债券挂牌转让无异议的函	上证函〔2015〕835号
454	关于对华鑫证券有限责任公司非公开发行公司债券挂牌转让无异议的函	上证函〔2015〕836号
455	关于2015年济宁高新城建投资有限公司公司债券上市交易的通知	自律监管决定书〔2015〕252号
456	关于瀚华金控股份有限公司2014年公司债券(第一期)上市交易的通知	自律监管决定书〔2015〕253号
457	关于西南证券股份有限公司2014年公司债券(第一期)上市交易的通知	自律监管决定书〔2015〕254号
458	关于2015年上海闵行城市建设投资开发有限公司公司债券上市交易的通知	自律监管决定书〔2015〕255号
459	关于2015年桂林市经济建设投资总公司企业债券上市交易的通知	自律监管决定书〔2015〕256号
460	关于对2015年东方证券股份有限公司次级债券挂牌转让无异议的函	上证函〔2015〕837号
461	关于2015年浙江省政府一般债券(一期)上市交易的通知	上证函〔2015〕838号
462	关于2015年浙江省政府一般债券(二期)上市交易的通知	上证函〔2015〕839号
463	关于2015年浙江省政府一般债券(三期)上市交易的通知	上证函〔2015〕840号
464	关于2015年浙江省政府一般债券(四期)上市交易的通知	上证函〔2015〕841号
465	关于2015年湖北省政府一般债券(五期)上市交易的通知	上证函〔2015〕842号
466	关于2015年湖北省政府一般债券(六期)上市交易的通知	上证函〔2015〕843号
467	关于2015年湖北省政府一般债券(七期)上市交易的通知	上证函〔2015〕844号
468	关于2015年湖北省政府一般债券(八期)上市交易的通知	上证函〔2015〕845号
469	关于2015年记账式附息(十二期)国债上市交易的通知	上证函〔2015〕846号
470	关于对太平洋证券股份有限公司2015年第二期次级债券挂牌转让无异议的函	上证函〔2015〕847号
471	关于齐鲁证券有限公司2015年第一期永续次级债券挂牌转让的函	上证函〔2015〕848号
472	关于国都证券有限责任公司2015年第一期次级债券挂牌转让的函	上证函〔2015〕849号
473	关于中国国际金融有限公司2015年第一期次级债券挂牌转让的函	上证函〔2015〕850号
474	关于中国国际金融有限公司2015年第一期永续次级债券挂牌转让的函	上证函〔2015〕851号

续表

序号	标题	文号
475	关于2015年海丰县海业基础设施建设投资有限公司公司债券上市交易的通知	自律监管决定书〔2015〕258号
476	关于2015年陕西黄河矿业(集团)有限责任公司公司债券上市交易的通知	自律监管决定书〔2015〕259号
477	关于对华创证券有限责任公司2015年度第一期次级债券挂牌转让无异议的函	上证函〔2015〕858号
478	关于2015年河北省政府一般债券(一期)上市交易的通知	上证函〔2015〕859号
479	关于2015年河北省政府一般债券(二期)上市交易的通知	上证函〔2015〕860号
480	关于2015年河北省政府一般债券(三期)上市交易的通知	上证函〔2015〕861号
481	关于2015年河北省政府一般债券(四期)上市交易的通知	上证函〔2015〕862号
482	关于对乐视网信息技术(北京)股份有限公司非公开发行公司债券挂牌转让无异议的函	上证函〔2015〕863号
483	关于对江苏省长荡湖文化旅游发展有限公司非公开发行公司债券挂牌转让无异议的函	上证函〔2015〕864号
484	关于对资阳市诚兴建设有限责任公司非公开发行公司债券挂牌转让无异议的函	上证函〔2015〕875号
485	关于对中电投融和租赁一期资产支持证券挂牌转让无异议的函	上证函〔2015〕884号
486	关于对远东宏信(天津)三期资产支持证券挂牌转让无异议的函	上证函〔2015〕885号
487	关于对中银国际－金坤小贷二期资产支持证券挂牌转让无异议的函	上证函〔2015〕886号
488	关于对天富能源资产支持证券挂牌转让无异议的函	上证函〔2015〕887号
489	关于对汇富武汉住房公积金贷款1号资产支持证券挂牌转让无异议的函	上证函〔2015〕888号
490	关于2015年吉林省政府一般债券(一期)上市交易的通知	上证函〔2015〕890号
491	关于2015年吉林省政府一般债券(二期)上市交易的通知	上证函〔2015〕891号
492	关于2015年吉林省政府一般债券(三期)上市交易的通知	上证函〔2015〕892号
493	关于2015年吉林省政府一般债券(四期)上市交易的通知	上证函〔2015〕893号
494	关于2015年河北省政府专项债券(一期)上市交易的通知	上证函〔2015〕894号
495	关于2015年河北省政府专项债券(二期)上市交易的通知	上证函〔2015〕895号
496	关于2015年河北省政府专项债券(三期)上市交易的通知	上证函〔2015〕896号
497	关于2015年山西省政府一般债券(一期)上市交易的通知	上证函〔2015〕897号
498	关于2015年山西省政府一般债券(二期)上市交易的通知	上证函〔2015〕898号
499	关于2015年山西省政府一般债券(三期)上市交易的通知	上证函〔2015〕899号
500	关于2015年山西省政府一般债券(四期)上市交易的通知	上证函〔2015〕900号
501	关于2015年江西省政府一般债券(一期)上市交易的通知	上证函〔2015〕901号
502	关于2015年江西省政府一般债券(二期)上市交易的通知	上证函〔2015〕902号
503	关于2015年江西省政府一般债券(三期)上市交易的通知	上证函〔2015〕903号

续表

序号	标题	文号
504	关于2015年江西省政府一般债券(四期)上市交易的通知	上证函〔2015〕904号
505	关于2015年广东省政府一般债券(一期)上市交易的通知	上证函〔2015〕905号
506	关于2015年广东省政府一般债券(二期)上市交易的通知	上证函〔2015〕906号
507	关于2015年广东省政府一般债券(三期)上市交易的通知	上证函〔2015〕907号
508	关于2015年广东省政府一般债券(四期)上市交易的通知	上证函〔2015〕908号
509	关于2015年记账式贴现(五期)国债上市交易的通知	上证函〔2015〕909号
510	关于光大证券股份有限公司2015年第二期次级债券挂牌转让的函	上证函〔2015〕910号
511	关于兴业证券股份有限公司非公开发行2015年次级债券(第三期)挂牌转让的函	上证函〔2015〕911号
512	关于对华泰证券股份有限公司2015年次级债券挂牌转让无异议的函	上证函〔2015〕925号
513	关于对兴业证券股份有限公司2015年非公开发行证券公司短期公司债券(第一期)挂牌转让无异议的函	上证函〔2015〕926号
514	关于对江苏中能硅业科技发展有限公司非公开发行公司债券挂牌转让无异议的函	上证函〔2015〕927号
515	关于对云南路桥股份有限公司非公开发行公司债券挂牌转让无异议的函	上证函〔2015〕928号
516	关于对中城建第六工程局集团有限公司非公开发行公司债券挂牌转让无异议的函	上证函〔2015〕929号
517	关于对云南建工集团有限公司非公开发行公司债券挂牌转让无异议的函	上证函〔2015〕930号
518	关于对张家界天门旅游经济投资有限责任公司非公开发行公司债券挂牌转让无异议的函	上证函〔2015〕933号
519	关于2015年重庆大足工业园区建设发展有限公司公司债券上市交易的通知	自律监管决定书〔2015〕260号
520	关于2015年龙口市城乡建设投资发展有限公司公司债券上市交易的通知	自律监管决定书〔2015〕261号
521	关于2015年耒阳市城市和农村建设投资有限公司公司债券上市交易的通知	自律监管决定书〔2015〕262号
522	关于2015年梅州市新金叶发展公司企业债券上市交易的通知	自律监管决定书〔2015〕263号
523	关于2015年海门市城市发展投资有限公司公司债券上市交易的通知	自律监管决定书〔2015〕264号
524	关于2015年常熟东南资产经营投资有限公司公司债券上市交易的通知	自律监管决定书〔2015〕265号
525	关于2015年成都市蜀州城市建设投资有限责任公司公司债券上市交易的通知	自律监管决定书〔2015〕266号
526	关于2015年呼伦贝尔市投资有限责任公司公司债券上市交易的通知	自律监管决定书〔2015〕267号
527	关于对山东西王特钢有限公司非公开发行公司债券挂牌转让无异议的函	上证函〔2015〕931号
528	关于对大连普湾工程项目管理有限公司非公开发行公司债券挂牌转让无异议的函	上证函〔2015〕932号
529	关于2015年宁夏回族自治区政府一般债券(一期)上市交易的通知	上证函〔2015〕956号

续表

序号	标题	文号
530	关于2015年宁夏回族自治区政府一般债券(二期)上市交易的通知	上证函〔2015〕957号
531	关于2015年宁夏回族自治区政府一般债券(三期)上市交易的通知	上证函〔2015〕958号
532	关于2015年宁夏回族自治区政府一般债券(四期)上市交易的通知	上证函〔2015〕959号
533	关于2015年四川省政府一般债券(一期)上市交易的通知	上证函〔2015〕960号
534	关于2015年四川省政府一般债券(二期)上市交易的通知	上证函〔2015〕961号
535	关于2015年四川省政府一般债券(三期)上市交易的通知	上证函〔2015〕962号
536	关于2015年四川省政府一般债券(四期)上市交易的通知	上证函〔2015〕963号
537	关于2015年新疆维吾尔自治区政府一般债券(五期)上市交易的通知	上证函〔2015〕964号
538	关于2015年新疆维吾尔自治区政府一般债券(六期)上市交易的通知	上证函〔2015〕965号
539	关于2015年新疆维吾尔自治区政府一般债券(七期)上市交易的通知	上证函〔2015〕966号
540	关于2015年新疆维吾尔自治区政府一般债券(八期)上市交易的通知	上证函〔2015〕967号
541	关于东吴证券股份有限公司2015年次级债券(第三期)一期挂牌转让的函	上证函〔2015〕968号
542	关于东吴证券股份有限公司2015年次级债券(第三期)二期挂牌转让的函	上证函〔2015〕969号
543	关于2015年东方证券股份有限公司次级债券挂牌转让的函	上证函〔2015〕970号
544	关于对海南航空2期BSP票款债权资产支持证券挂牌转让无异议的函	上证函〔2015〕974号
545	关于对港联租赁一期资产支持证券挂牌转让无异议的函	上证函〔2015〕975号
546	关于对中信华夏股票质押债权一期资产支持证券挂牌转让无异议的函	上证函〔2015〕976号
547	关于对方正证券股份有限公司次级债券挂牌转让无异议的函	上证函〔2015〕977号
548	关于对2015年新时代证券有限责任公司次级债券挂牌转让无异议的函	上证函〔2015〕978号
549	关于对新疆广汇实业投资(集团)有限责任公司非公开发行公司债券挂牌转让无异议的函	上证函〔2015〕979号
550	关于对中国四联仪器仪表集团有限公司非公开发行公司债券挂牌转让无异议的函	上证函〔2015〕980号
551	关于对无锡锡东新城建设发展有限公司非公开发行公司债券挂牌转让无异议的函	上证函〔2015〕981号
552	关于对江苏伟驰建设发展有限公司非公开发行公司债券挂牌转让无异议的函	上证函〔2015〕982号
553	关于江苏亨通光电股份有限公司2014年公司债券(第一期)上市交易的通知	自律监管决定书〔2015〕270号
554	关于2015年九江市城市建设投资有限公司公司债券上市交易的通知	自律监管决定书〔2015〕271号
555	关于2015年河南省政府一般债券(一期)上市交易的通知	上证函〔2015〕983号
556	关于2015年河南省政府一般债券(二期)上市交易的通知	上证函〔2015〕984号
557	关于2015年河南省政府一般债券(三期)上市交易的通知	上证函〔2015〕985号
558	关于2015年河南省政府一般债券(四期)上市交易的通知	上证函〔2015〕986号

续表

序号	标题	文号
559	关于2015年辽宁省政府一般债券(一期)上市交易的通知	上证函〔2015〕987号
560	关于2015年辽宁省政府一般债券(二期)上市交易的通知	上证函〔2015〕988号
561	关于2015年辽宁省政府一般债券(三期)上市交易的通知	上证函〔2015〕989号
562	关于2015年辽宁省政府一般债券(四期)上市交易的通知	上证函〔2015〕990号
563	关于对光大证券股份有限公司2015年非公开发行次级债券(第五期)挂牌转让无异议的函	上证函〔2015〕991号
564	关于对浙商证券股份有限公司2015年第五期次级债券挂牌转让无异议的函	上证函〔2015〕992号
565	关于2015年石狮市城市投资建设有限公司公司债券上市交易的通知	自律监管决定书〔2015〕272号
566	关于2015年马鞍山经济技术开发区建设投资有限公司公司债券上市交易的通知	自律监管决定书〔2015〕273号
567	关于2015年云南省政府一般债券(一期)上市交易的通知	上证函〔2015〕993号
568	关于2015年云南省政府一般债券(二期)上市交易的通知	上证函〔2015〕994号
569	关于2015年云南省政府一般债券(三期)上市交易的通知	上证函〔2015〕995号
570	关于2015年云南省政府一般债券(四期)上市交易的通知	上证函〔2015〕996号
571	关于对浙江省浙商资产管理有限公司非公开发行公司债券挂牌转让无异议的函	上证函〔2015〕998号
572	关于京投银泰股份有限公司2014年公司债券上市交易的通知	自律监管决定书〔2015〕275号
573	关于对国泰君安证券股份有限公司永续次级债券挂牌转让无异议的函	上证函〔2015〕1000号
574	关于2015年青岛市政府一般债券(一期)上市交易的通知	上证函〔2015〕1002号
575	关于2015年青岛市政府一般债券(二期)上市交易的通知	上证函〔2015〕1003号
576	关于2015年青岛市政府一般债券(三期)上市交易的通知	上证函〔2015〕1004号
577	关于2015年青岛市政府一般债券(四期)上市交易的通知	上证函〔2015〕1005号
578	关于2015年记账式附息(十三期)国债上市交易的通知	上证函〔2015〕1006号
579	关于对大丰海港港口有限责任公司港口服务费收益权资产支持证券挂牌转让无异议的函	上证函〔2015〕1007号
580	关于对财富证券有限责任公司2015年第二期次级债券挂牌转让无异议的函	上证函〔2015〕1017号
581	关于对财通证券股份有限公司2015年第三期次级债券挂牌转让无异议的函	上证函〔2015〕1018号
582	关于对北京天恒置业集团有限公司非公开发行公司债券挂牌转让无异议的函	上证函〔2015〕999号
583	关于2015年安庆市城市建设投资发展(集团)有限公司公司债券上市交易的通知	自律监管决定书〔2015〕280号
584	关于2015年绍兴市城中村改造建设投资有限公司公司债券上市交易的通知	自律监管决定书〔2015〕281号
585	关于对兴光燃气天然气供气合同债权1号资产支持证券挂牌转让无异议的函	上证函〔2015〕1024号

续表

序号	标题	文号
586	关于对龙城旅游控股集团有限公司非公开发行公司债券挂牌转让无异议的函	上证函〔2015〕1023号
587	关于对福建漳龙集团有限公司非公开发行公司债券挂牌转让无异议的函	上证函〔2015〕1027号
588	关于2015年山东省政府一般债券(五期)上市交易的通知	上证函〔2015〕1028号
589	关于2015年山东省政府一般债券(六期)上市交易的通知	上证函〔2015〕1029号
590	关于2015年山东省政府一般债券(七期)上市交易的通知	上证函〔2015〕1030号
591	关于2015年山东省政府一般债券(八期)上市交易的通知	上证函〔2015〕1031号
592	关于2015年记账式贴现(六期)国债上市交易的通知	上证函〔2015〕1032号
593	关于2015年记账式附息(十四期)国债预发行交易的通知	上证函〔2015〕1033号
594	关于对无锡市新区发展集团有限公司非公开发行公司债券挂牌转让无异议的函	上证函〔2015〕1034号
595	关于2015年陕西省政府一般债券(一期)上市交易的通知	上证函〔2015〕1035号
596	关于2015年陕西省政府一般债券(二期)上市交易的通知	上证函〔2015〕1036号
597	关于2015年陕西省政府一般债券(三期)上市交易的通知	上证函〔2015〕1037号
598	关于2015年陕西省政府一般债券(四期)上市交易的通知	上证函〔2015〕1038号
599	关于对上海证券有限责任公司2015年第三期次级债券挂牌转让无异议的函	上证函〔2015〕1039号
600	关于武汉钢铁股份有限公司2014年公司债券上市交易的通知	自律监管决定书〔2015〕287号
601	关于2015年扬州市邗江城市建设发展有限公司公司债券上市交易的通知	自律监管决定书〔2015〕288号
602	关于2015年高要市国有资产经营有限公司公司债券上市交易的通知	自律监管决定书〔2015〕289号
603	关于对巴中经济开发区市政工程有限公司非公开发行公司债券挂牌转让无异议的函	上证函〔2015〕1041号
604	关于2015年记账式附息(十五期)国债预发行交易的通知	上证函〔2015〕1042号
605	关于对第一创业聚信租赁一期资产支持证券挂牌转让无异议的函	上证函〔2015〕1043号
606	关于对都江堰市集聚农业有限公司非公开发行公司债券挂牌转让无异议的函	上证函〔2015〕1044号
607	关于上海证券交易所债券项目申报系统接受资产支持证券挂牌转让申请材料有关事项的通知	上证函〔2015〕1048号
608	关于对湖南省高速公路投资集团有限公司非公开发行公司债券挂牌转让无异议的函	上证函〔2015〕1049号
609	关于对唐山市东出口路桥收费收益权资产支持证券挂牌转让无异议的函	上证函〔2015〕1050号
610	关于2015年大连市政府专项债券(一期)上市交易的通知	上证函〔2015〕1057号
611	关于2015年大连市政府专项债券(二期)上市交易的通知	上证函〔2015〕1058号
612	关于2015年大连市政府专项债券(三期)上市交易的通知	上证函〔2015〕1059号

续表

序号	标题	文号
613	关于2015年大连市政府专项债券(四期)上市交易的通知	上证函〔2015〕1060号
614	关于2015年大连市政府一般债券(一期)上市交易的通知	上证函〔2015〕1061号
615	关于2015年大连市政府一般债券(二期)上市交易的通知	上证函〔2015〕1062号
616	关于2015年大连市政府一般债券(三期)上市交易的通知	上证函〔2015〕1063号
617	关于2015年大连市政府一般债券(四期)上市交易的通知	上证函〔2015〕1064号
618	关于2015年内蒙古自治区政府一般债券(一期)上市交易的通知	上证函〔2015〕1065号
619	关于2015年内蒙古自治区政府一般债券(二期)上市交易的通知	上证函〔2015〕1066号
620	关于2015年贵州省政府一般债券(五期)上市交易的通知	上证函〔2015〕1067号
621	关于2015年贵州省政府一般债券(六期)上市交易的通知	上证函〔2015〕1068号
622	关于2015年贵州省政府一般债券(七期)上市交易的通知	上证函〔2015〕1069号
623	关于2015年贵州省政府一般债券(八期)上市交易的通知	上证函〔2015〕1070号
624	关于2015年新疆维吾尔自治区政府专项债券(一期)上市交易的通知	上证函〔2015〕1071号
625	关于2015年新疆维吾尔自治区政府专项债券(二期)上市交易的通知	上证函〔2015〕1072号
626	关于2015年新疆维吾尔自治区政府专项债券(三期)上市交易的通知	上证函〔2015〕1073号
627	关于2015年新疆维吾尔自治区政府专项债券(四期)上市交易的通知	上证函〔2015〕1074号
628	关于2015年内蒙古自治区政府一般债券(三期)上市交易的通知	上证函〔2015〕1075号
629	关于2015年内蒙古自治区政府一般债券(四期)上市交易的通知	上证函〔2015〕1076号
630	关于中原证券股份有限公司2015年第三期次级债券挂牌转让的函	上证函〔2015〕1077号
631	关于2015年记账式附息(十六期)国债预发行交易的通知	上证函〔2015〕1086号
632	关于对宝信租赁四期资产支持证券挂牌转让无异议的函	上证函〔2015〕1088号
633	关于对世茂天成物业资产支持证券挂牌转让无异议的函	上证函〔2015〕1089号
634	关于对华泰-金美-中联水泥二期租赁资产支持证券挂牌转让无异议的函	上证函〔2015〕1090号
635	关于对成都市龙泉现代农业投资有限公司非公开发行公司债券挂牌转让无异议的函	上证函〔2015〕1091号
636	关于对重庆黔江八方建筑工程有限责任公司非公开发行公司债券挂牌转让无异议的函	上证函〔2015〕1092号
637	关于对宝信国际融资租赁有限公司非公开发行公司债券挂牌转让无异议的函	上证函〔2015〕1093号
638	关于2015年赣州城市开发投资集团有限责任公司公司债券上市交易的通知	自律监管决定书〔2015〕292号
639	关于2015年包头市科教实业发展有限公司公司债券上市交易的通知	自律监管决定书〔2015〕293号
640	关于2015年潍坊高新城市建设投资开发有限公司公司债券上市交易的通知	自律监管决定书〔2015〕294号
641	关于2015年双鸭山市大地城市建设开发投资有限公司小微企业增信集合债券上市交易的通知	自律监管决定书〔2015〕295号

续表

序号	标题	文号
642	关于2015年新余市渝水区城区建设投资开发公司企业债券上市交易的通知	自律监管决定书〔2015〕296号
643	关于2015年邛崃市建设投资集团有限公司芦山地震灾后恢复重建债券上市交易的通知	自律监管决定书〔2015〕299号
644	关于对中建投工程技术有限公司非公开发行公司债券挂牌转让无异议的函	上证函〔2015〕1094号
645	关于对嘉禾县自来水有限责任公司非公开发行公司债券挂牌转让无异议的函	上证函〔2015〕1095号
646	关于对华夏幸福基业股份有限公司非公开发行公司债券挂牌转让无异议的函	上证函〔2015〕1096号
647	关于对江苏丹化集团有限责任公司非公开发行公司债券挂牌转让无异议的函	上证函〔2015〕1103号
648	关于2015年北京市政府一般债券(一期)上市交易的通知	上证函〔2015〕1104号
649	关于2015年北京市政府一般债券(二期)上市交易的通知	上证函〔2015〕1105号
650	关于2015年北京市政府一般债券(三期)上市交易的通知	上证函〔2015〕1106号
651	关于2015年北京市政府一般债券(四期)上市交易的通知	上证函〔2015〕1107号
652	关于2015年四川省政府一般债券(五期)上市交易的通知	上证函〔2015〕1108号
653	关于2015年四川省政府一般债券(六期)上市交易的通知	上证函〔2015〕1109号
654	关于2015年四川省政府一般债券(七期)上市交易的通知	上证函〔2015〕1110号
655	关于2015年四川省政府一般债券(八期)上市交易的通知	上证函〔2015〕1111号
656	关于2015年记账式附息(十四期)国债上市交易的通知	上证函〔2015〕1112号
657	关于安信证券股份有限公司2015年第三期次级债券挂牌转让的函	上证函〔2015〕1113号
658	关于浙商证券股份有限公司2015年第四期次级债券挂牌转让的函	上证函〔2015〕1114号
659	关于华西证券股份有限公司2015年次级债券(第三期)挂牌转让的函	上证函〔2015〕1115号
660	关于中原证券股份有限公司2015年第四期次级债券挂牌转让的函	上证函〔2015〕1116号
661	关于首创证券有限责任公司2015年第二期次级债挂牌转让的函	上证函〔2015〕1117号
662	关于首创证券有限责任公司2015年第三期次级债挂牌转让的函	上证函〔2015〕1118号
663	关于2015年上海东证期货有限公司次级债券挂牌转让的函	上证函〔2015〕1119号
664	关于东海证券股份有限公司非公开发行2015年次级债券挂牌转让的函	上证函〔2015〕1120号
665	关于永诚财产保险股份有限公司2014年次级定期债务挂牌转让的函	上证函〔2015〕1121号
666	关于对中国证券金融股份有限公司2015年第6期短期公司债券挂牌转让无异议的函	上证函〔2015〕1122号
667	关于对中国证券金融股份有限公司2015年第7期短期公司债券挂牌转让无异议的函	上证函〔2015〕1123号
668	关于对南京化学工业园有限公司非公开发行公司债券挂牌转让无异议的函	上证函〔2015〕1128号
669	关于2015年宁波市政府一般债券(一期)上市交易的通知	上证函〔2015〕1137号

续表

序号	标题	文号
670	关于2015年宁波市政府一般债券(二期)上市交易的通知	上证函〔2015〕1138号
671	关于2015年宁波市政府一般债券(三期)上市交易的通知	上证函〔2015〕1139号
672	关于2015年宁波市政府一般债券(四期)上市交易的通知	上证函〔2015〕1140号
673	关于2015年宁波市政府专项债券(一期)上市交易的通知	上证函〔2015〕1141号
674	关于2015年宁波市政府专项债券(二期)上市交易的通知	上证函〔2015〕1142号
675	关于2015年宁波市政府专项债券(三期)上市交易的通知	上证函〔2015〕1143号
676	关于2015年宁波市政府专项债券(四期)上市交易的通知	上证函〔2015〕1144号
677	关于2015年甘肃省政府一般债券(一期)上市交易的通知	上证函〔2015〕1145号
678	关于2015年甘肃省政府一般债券(二期)上市交易的通知	上证函〔2015〕1146号
679	关于2015年甘肃省政府一般债券(三期)上市交易的通知	上证函〔2015〕1147号
680	关于2015年甘肃省政府一般债券(四期)上市交易的通知	上证函〔2015〕1148号
681	关于2015年青海省政府一般债券(一期)上市交易的通知	上证函〔2015〕1149号
682	关于2015年青海省政府一般债券(二期)上市交易的通知	上证函〔2015〕1150号
683	关于2015年青海省政府一般债券(三期)上市交易的通知	上证函〔2015〕1151号
684	关于2015年青海省政府一般债券(四期)上市交易的通知	上证函〔2015〕1152号
685	关于2015年记账式附息(十一期)国债(续发一)预发行交易的通知	上证函〔2015〕1153号
686	关于2015年申万宏源证券有限公司次级债券挂牌转让的函	上证函〔2015〕1154号
687	关于华创证券有限责任公司2015年度第一期次级债券挂牌转让的函	上证函〔2015〕1155号
688	关于2015年中国电力投资集团公司可续期企业债券挂牌转让的函	上证函〔2015〕1156号
689	关于对彭州市统一建设集团有限公司非公开发行公司债券挂牌转让无异议的函	上证函〔2015〕1157号
690	关于2015年建发房地产集团有限公司公司债券上市交易的通知	自律监管决定书〔2015〕302号
691	关于2015年第二期通辽市天诚城市建设投资有限公司公司债券上市交易的通知	自律监管决定书〔2015〕303号
692	关于2015年大洼县城市建设投资有限公司公司债券上市交易的通知	自律监管决定书〔2015〕304号
693	关于2014年第二期三门县国有资产投资控股有限公司公司债券上市交易的通知	自律监管决定书〔2015〕305号
694	关于2015年第一期国家电网公司企业债券上市交易的通知	自律监管决定书〔2015〕306号
695	关于2015年邯郸市建设投资公司企业债券上市交易的通知	自律监管决定书〔2015〕307号
696	关于2015年天津环城城市基础设施投资有限公司公司债券上市交易的通知	自律监管决定书〔2015〕308号
697	关于2015年沈阳经济区城镇化保障性住房建设集合债券上市交易的通知	自律监管决定书〔2015〕309号
698	关于对大连棒棰岛海产股份有限公司非公开发行公司债券挂牌转让无异议的函	上证函〔2015〕1158号

续表

序号	标题	文号
699	关于2015年福建省政府一般债券(一期)上市交易的通知	上证函〔2015〕1160号
700	关于2015年福建省政府一般债券(二期)上市交易的通知	上证函〔2015〕1161号
701	关于2015年福建省政府一般债券(三期)上市交易的通知	上证函〔2015〕1162号
702	关于2015年福建省政府一般债券(四期)上市交易的通知	上证函〔2015〕1163号
703	关于2015年广东省政府专项债券(一期)上市交易的通知	上证函〔2015〕1164号
704	关于2015年广东省政府专项债券(二期)上市交易的通知	上证函〔2015〕1165号
705	关于2015年广东省政府专项债券(三期)上市交易的通知	上证函〔2015〕1166号
706	关于2015年记账式附息(十五期)国债上市交易的通知	上证函〔2015〕1167号
707	关于2015年记账式附息(十六期)国债上市交易的通知	上证函〔2015〕1168号
708	关于2015年第一期河北广电信息网络集团股份有限公司公司债券上市交易的通知	自律监管决定书〔2015〕310号
709	关于2015年漳州市经济发展有限公司公司债券上市交易的通知	自律监管决定书〔2015〕311号
710	关于对浏阳市水利建设投资有限公司非公开发行公司债券挂牌转让无异议的函	上证函〔2015〕1179号
711	关于对都江堰兴市水业有限公司非公开发行公司债券挂牌转让无异议的函	上证函〔2015〕1182号
712	关于对丰汇租赁一期资产支持专项计划资产支持证券挂牌转让无异议的函	上证函〔2015〕1191号
713	关于对大连黄海港务有限公司非公开发行公司债券挂牌转让无异议的函	上证函〔2015〕1190号
714	关于对湖北清能地产集团有限公司非公开发行公司债券挂牌转让无异议的函	上证函〔2015〕1193号
715	关于对重庆西永微电子产业园区租赁债权资产支持证券挂牌转让无异议的函	上证函〔2015〕1194号
716	关于对渤钢租赁资产支持证券挂牌转让无异议的函	上证函〔2015〕1195号
717	关于对江西省小额贷款公司2015年小额贷款资产支持证券挂牌转让无异议的函	上证函〔2015〕1196号
718	关于2015年湖南省政府一般债券(一期)上市交易的通知	上证函〔2015〕1197号
719	关于2015年湖南省政府一般债券(二期)上市交易的通知	上证函〔2015〕1198号
720	关于2015年湖南省政府一般债券(三期)上市交易的通知	上证函〔2015〕1199号
721	关于2015年湖南省政府一般债券(四期)上市交易的通知	上证函〔2015〕1200号
722	关于2015年湖北省政府专项债券(一期)上市交易的通知	上证函〔2015〕1201号
723	关于2015年湖北省政府专项债券(二期)上市交易的通知	上证函〔2015〕1202号
724	关于2015年湖北省政府专项债券(三期)上市交易的通知	上证函〔2015〕1203号
725	关于2015年湖北省政府专项债券(四期)上市交易的通知	上证函〔2015〕1204号
726	关于2015年湖北省政府一般债券(九期)上市交易的通知	上证函〔2015〕1205号

续表

序号	标题	文号
727	关于2015年湖北省政府一般债券(十期)上市交易的通知	上证函〔2015〕1206号
728	关于2015年湖北省政府一般债券(十一期)上市交易的通知	上证函〔2015〕1207号
729	关于2015年湖北省政府一般债券(十二期)上市交易的通知	上证函〔2015〕1208号
730	关于2015年广西壮族自治区政府专项债券(一期)上市交易的通知	上证函〔2015〕1209号
731	关于2015年广西壮族自治区政府专项债券(二期)上市交易的通知	上证函〔2015〕1210号
732	关于2015年广西壮族自治区政府一般债券(五期)上市交易的通知	上证函〔2015〕1211号
733	关于2015年广西壮族自治区政府一般债券(六期)上市交易的通知	上证函〔2015〕1212号
734	关于2015年广西壮族自治区政府一般债券(七期)上市交易的通知	上证函〔2015〕1213号
735	关于2015年广西壮族自治区政府一般债券(八期)上市交易的通知	上证函〔2015〕1214号
736	关于2015年记账式贴现(七期)国债上市交易的通知	上证函〔2015〕1215号
737	关于2015年记账式附息(十二期)国债(续发一)预发行交易的通知	上证函〔2015〕1216号
738	关于开源证券股份有限公司2015年第一期次级债券挂牌转让的函	上证函〔2015〕1217号
739	关于国金证券股份有限公司2015年次级债券(第一期)挂牌转让的函	上证函〔2015〕1218号
740	关于中信证券股份有限公司2015年次级债券(第二期)挂牌转让的函	上证函〔2015〕1219号
741	关于华西证券股份有限公司2015年次级债券(第四期)挂牌转让的函	上证函〔2015〕1220号
742	关于对天津市房地产发展(集团)股份有限公司非公开发行公司债券挂牌转让无异议的函	上证函〔2015〕1222号
743	关于对国金-金光一期资产支持证券挂牌转让无异议的函	上证函〔2015〕1223号
744	关于2015年第二期福州市城乡建设发展总公司公司债券上市交易的通知	自律监管决定书〔2015〕314号
745	关于2015年建湖县城市建设投资有限公司公司债券上市交易的通知	自律监管决定书〔2015〕315号
746	关于2015年阿克苏信诚资产投资经营有限责任公司公司债券上市交易的通知	自律监管决定书〔2015〕316号
747	关于西南证券股份有限公司2014年公司债券(第二期)上市交易的通知	自律监管决定书〔2015〕317号
748	关于2015年第七师国有资产经营有限公司小微企业增信集合债券上市交易的通知	自律监管决定书〔2015〕318号
749	关于2015年第一期西安投资控股有限公司小微企业增信集合债券上市交易的通知	自律监管决定书〔2015〕319号
750	关于对武汉新港建设投资开发集团有限公司非公开发行公司债券挂牌转让无异议的函	上证函〔2015〕1226号
751	关于对遵义市新区建筑安装有限公司非公开发行公司债券挂牌转让无异议的函	上证函〔2015〕1236号
752	关于对伊宁市国有资产投资经营有限责任公司非公开发行公司债券挂牌转让无异议的函	上证函〔2015〕1238号
753	关于2015年广东省政府一般债券(五期)上市交易的通知	上证函〔2015〕1242号
754	关于2015年广东省政府一般债券(六期)上市交易的通知	上证函〔2015〕1243号

续表

序号	标题	文号
755	关于2015年广东省政府一般债券(七期)上市交易的通知	上证函〔2015〕1244号
756	关于2015年广东省政府一般债券(八期)上市交易的通知	上证函〔2015〕1245号
757	关于2015年浙江瓯海城市建设投资有限公司公司债券上市交易的通知	自律监管决定书〔2015〕321号
758	关于2015年中国中投证券有限责任公司债券上市交易的通知	自律监管决定书〔2015〕322号
759	关于对云南省投资控股集团有限公司非公开发行公司债券挂牌转让无异议的函	上证函〔2015〕1237号
760	关于2015年黑龙江省政府一般债券(一期)上市交易的通知	上证函〔2015〕1249号
761	关于2015年黑龙江省政府一般债券(二期)上市交易的通知	上证函〔2015〕1250号
762	关于2015年黑龙江省政府一般债券(三期)上市交易的通知	上证函〔2015〕1251号
763	关于2015年黑龙江省政府一般债券(四期)上市交易的通知	上证函〔2015〕1252号
764	关于2015年黑龙江省政府专项债券(一期)上市交易的通知	上证函〔2015〕1253号
765	关于2015年黑龙江省政府专项债券(二期)上市交易的通知	上证函〔2015〕1254号
766	关于2015年黑龙江省政府专项债券(三期)上市交易的通知	上证函〔2015〕1255号
767	关于2015年山东省政府专项债券(一期)上市交易的通知	上证函〔2015〕1256号
768	关于2015年山东省政府专项债券(二期)上市交易的通知	上证函〔2015〕1257号
769	关于2015年山东省政府专项债券(三期)上市交易的通知	上证函〔2015〕1258号
770	关于2015年福建省政府专项债券(一期)上市交易的通知	上证函〔2015〕1259号
771	关于2015年福建省政府专项债券(二期)上市交易的通知	上证函〔2015〕1260号
772	关于2015年福建省政府一般债券(五期)上市交易的通知	上证函〔2015〕1261号
773	关于2015年福建省政府一般债券(六期)上市交易的通知	上证函〔2015〕1262号
774	关于2015年福建省政府一般债券(七期)上市交易的通知	上证函〔2015〕1263号
775	关于2015年福建省政府一般债券(八期)上市交易的通知	上证函〔2015〕1264号
776	关于2015年记账式附息(十六期)国债(续发一)预发行交易的通知	上证函〔2015〕1265号
777	关于2015年记账式附息(十七期)国债上市交易的通知	上证函〔2015〕1266号
778	关于2014年招金矿业股份有限公司公司债券上市交易的通知	自律监管决定书〔2015〕323号
779	关于2015年黄石市城市建设投资开发公司企业债券上市交易的通知	自律监管决定书〔2015〕324号
780	关于昆药集团股份有限公司2015年公司债券上市交易的通知	自律监管决定书〔2015〕325号
781	关于2015年台州市椒江区国有资产经营有限公司公司债券上市交易的通知	自律监管决定书〔2015〕326号
782	关于对镇江市风景旅游发展有限责任公司非公开发行公司债券挂牌转让无异议的函	上证函〔2015〕1268号
783	关于对中信产业投资基金管理有限公司非公开发行公司债券挂牌转让无异议的函	上证函〔2015〕1269号
784	关于对崇州市兴旅景区管理有限公司非公开发行公司债券挂牌转让无异议的函	上证函〔2015〕1270号

续表

序号	标题	文号
785	关于对鹤岗市热力公司热电收费收益权资产支持证券挂牌转让无异议的函	上证函〔2015〕1271 号
786	关于对山东东宇工贸集团股份有限公司商业物业租金合同债权资产支持证券挂牌转让无异议的函	上证函〔2015〕1272 号
787	关于对万家共赢丰源通达电力资产支持证券挂牌转让无异议的函	上证函〔2015〕1273 号
788	关于 2015 年云南省政府专项债券(一期)上市交易的通知	上证函〔2015〕1280 号
789	关于 2015 年云南省政府专项债券(二期)上市交易的通知	上证函〔2015〕1281 号
790	关于 2015 年云南省政府专项债券(三期)上市交易的通知	上证函〔2015〕1282 号
791	关于 2015 年云南省政府专项债券(四期)上市交易的通知	上证函〔2015〕1283 号
792	关于对天瑞集团水泥有限公司非公开发行公司债券挂牌转让无异议的函	上证函〔2015〕1284 号
793	关于对中国泛海控股集团有限公司非公开发行公司债券挂牌转让无异议的函	上证函〔2015〕1285 号
794	关于对百色百矿集团有限公司非公开发行公司债券挂牌转让无异议的函	上证函〔2015〕1286 号
795	关于 2015 年马鞍山市花山区城市发展投资集团有限责任公司公司债券上市交易的通知	自律监管决定书〔2015〕327 号
796	关于 2015 年湖南省娄底经济技术开发投资建设有限公司公司债券上市交易的通知	自律监管决定书〔2015〕328 号
797	关于 2015 年乌鲁木齐经济技术开发区建设投资开发有限公司公司债券上市交易的通知	自律监管决定书〔2015〕329 号
798	关于 2015 年内蒙古金融投资集团有限公司小微企业增信集合债券上市交易的通知	自律监管决定书〔2015〕330 号
799	关于对苏州高新区自来水有限公司非公开发行公司债券挂牌转让无异议的函	上证函〔2015〕1293 号
800	关于 2015 年记账式附息(十八期)国债预发行交易的通知	上证函〔2015〕1294 号
801	关于对大连星海湾金融商务区投资管理股份有限公司非公开发行公司债券挂牌转让无异议的函	上证函〔2015〕1296 号
802	关于对常德市金禹水利投资有限公司非公开发行公司债券挂牌转让无异议的函	上证函〔2015〕1297 号
803	关于对海晟租赁一期资产支持专项计划资产支持证券挂牌转让无异议的函	上证函〔2015〕1298 号
804	关于对国君华泰融出资金债权资产证券化 1 号资产支持证券挂牌转让无异议的函	上证函〔2015〕1299 号
805	关于对云南煤化工集团有限公司非公开发行公司债券挂牌转让无异议的函	上证函〔2015〕1300 号
806	关于对华泰国君融出资金债权 1 号资产支持证券挂牌转让无异议的函	上证函〔2015〕1302 号
807	关于对广发恒进 - 中关村科技租赁 1 期资产支持证券挂牌转让无异议的函	上证函〔2015〕1308 号
808	关于对济源市济康科技有限公司非公开发行公司债券挂牌转让无异议的函	上证函〔2015〕1323 号

续表

序号	标题	文号
809	关于对焦作市建设投资(控股)有限公司非公开发行公司债券挂牌转让无异议的函	上证函〔2015〕1324 号
810	关于对湖北省长江产业投资集团有限公司非公开发行公司债券挂牌转让无异议的函	上证函〔2015〕1325 号
811	关于湘财证券股份有限公司 2015 年第四期次级债券挂牌转让的函	上证函〔2015〕1326 号
812	关于 2015 年记账式附息(十一期)国债(续发二)预发行交易的通知	上证函〔2015〕1327 号
813	关于 2015 年喀什城建投资集团有限公司公司债券上市交易的通知	自律监管决定书〔2015〕332 号
814	关于 2015 年合肥兴泰控股集团有限公司公司债券上市交易的通知	自律监管决定书〔2015〕333 号
815	关于 2015 年重庆市政府专项债券(一期)上市交易的通知	上证函〔2015〕1338 号
816	关于 2015 年重庆市政府专项债券(二期)上市交易的通知	上证函〔2015〕1339 号
817	关于 2015 年重庆市政府一般债券(五期)上市交易的通知	上证函〔2015〕1340 号
818	关于 2015 年重庆市政府一般债券(六期)上市交易的通知	上证函〔2015〕1341 号
819	关于 2015 年重庆市政府一般债券(七期)上市交易的通知	上证函〔2015〕1342 号
820	关于 2015 年重庆市政府一般债券(八期)上市交易的通知	上证函〔2015〕1343 号
821	关于对远东控股集团有限公司非公开发行公司债券挂牌转让无异议的函	上证函〔2015〕1344 号
822	关于对山东泰丰矿业集团有限公司非公开发行公司债券挂牌转让无异议的函	上证函〔2015〕1346 号
823	关于 2015 年苏州市吴江城市投资发展有限公司公司债券上市交易的通知	自律监管决定书〔2015〕334 号
824	关于对天地源股份有限公司非公开发行公司债券挂牌转让无异议的函	上证函〔2015〕1349 号
825	关于对新疆生产建设兵团农八师天山铝业有限公司非公开发行公司债券挂牌转让无异议的函	上证函〔2015〕1350 号
826	关于对南京江宁滨江物流有限公司非公开发行公司债券挂牌转让无异议的函	上证函〔2015〕1347 号
827	关于对苏州园林发展股份有限公司非公开发行公司债券挂牌转让无异议的函	上证函〔2015〕1358 号
828	关于对太平洋证券股份有限公司 2015 年第一期短期公司债券挂牌转让无异议的函	上证函〔2015〕1359 号
829	关于对宜兴市城市发展投资有限公司非公开发行公司债券挂牌转让无异议的函	上证函〔2015〕1363 号
830	关于对成都铸康实业有限公司非公开发行公司债券挂牌转让无异议的函	上证函〔2015〕1364 号
831	关于对万达集团股份有限公司非公开发行公司债券挂牌转让无异议的函	上证函〔2015〕1365 号
832	关于对华泰－金美－中联水泥三期租赁资产支持证券挂牌转让无异议的函	上证函〔2015〕1366 号
833	关于对宇光能源供热收费收益权资产支持证券挂牌转让无异议的函	上证函〔2015〕1367 号

续表

序号	标题	文号
834	关于对潍坊水务投资有限责任公司非公开发行公司债券挂牌转让无异议的函	上证函〔2015〕1368 号
835	关于对扬中市中扬现代渔业产业发展有限公司非公开发行公司债券挂牌转让无异议的函	上证函〔2015〕1369 号
836	关于对云南省工业投资控股集团有限责任公司非公开发行公司债券挂牌转让无异议的函	上证函〔2015〕1381 号
837	关于对海航国际旅游岛开发建设(集团)有限公司非公开发行公司债券挂牌转让无异议的函	上证函〔2015〕1382 号
838	关于对浙江海洋租赁一期资产支持专项计划资产支持证券挂牌转让无异议的函	上证函〔2015〕1383 号
839	关于对德润租赁资产支持专项计划资产支持证券挂牌转让无异议的函	上证函〔2015〕1384 号
840	关于对永利热电电力上网收费权债权和供用热合同债权资产支持专项计划资产支持证券挂牌转让无异议的函	上证函〔2015〕1385 号
841	关于 2015 年上海市政府专项债券(一期)上市交易的通知	上证函〔2015〕1386 号
842	关于 2015 年上海市政府专项债券(二期)上市交易的通知	上证函〔2015〕1387 号
843	关于 2015 年上海市政府一般债券(一期)上市交易的通知	上证函〔2015〕1388 号
844	关于 2015 年上海市政府一般债券(二期)上市交易的通知	上证函〔2015〕1389 号
845	关于 2015 年上海市政府一般债券(三期)上市交易的通知	上证函〔2015〕1390 号
846	关于 2015 年上海市政府一般债券(四期)上市交易的通知	上证函〔2015〕1391 号
847	关于 2015 年辽宁省政府专项债券(一期)上市交易的通知	上证函〔2015〕1392 号
848	关于 2015 年辽宁省政府专项债券(二期)上市交易的通知	上证函〔2015〕1393 号
849	关于 2015 年辽宁省政府一般债券(五期)上市交易的通知	上证函〔2015〕1394 号
850	关于 2015 年辽宁省政府一般债券(六期)上市交易的通知	上证函〔2015〕1395 号
851	关于 2015 年辽宁省政府一般债券(七期)上市交易的通知	上证函〔2015〕1396 号
852	关于 2015 年辽宁省政府一般债券(八期)上市交易的通知	上证函〔2015〕1397 号
853	关于 2015 年新疆维吾尔自治区政府专项债券(五期)上市交易的通知	上证函〔2015〕1398 号
854	关于 2015 年新疆维吾尔自治区政府专项债券(六期)上市交易的通知	上证函〔2015〕1399 号
855	关于 2015 年新疆维吾尔自治区政府专项债券(七期)上市交易的通知	上证函〔2015〕1400 号
856	关于 2015 年新疆维吾尔自治区政府专项债券(八期)上市交易的通知	上证函〔2015〕1401 号
857	关于 2015 年新疆维吾尔自治区政府一般债券(九期)上市交易的通知	上证函〔2015〕1402 号
858	关于 2015 年新疆维吾尔自治区政府一般债券(十期)上市交易的通知	上证函〔2015〕1403 号
859	关于 2015 年新疆维吾尔自治区政府一般债券(十一期)上市交易的通知	上证函〔2015〕1404 号
860	关于 2015 年新疆维吾尔自治区政府一般债券(十二期)上市交易的通知	上证函〔2015〕1405 号
861	关于 2015 年记账式附息(十八期)国债上市交易的通知	上证函〔2015〕1406 号
862	关于 2014 年北京首都创业集团有限公司可续期公司债券挂牌转让的函	上证函〔2015〕1407 号

续表

序号	标题	文号
863	关于福建发展高速公路股份有限公司2015年公司债券上市交易的通知	自律监管决定书〔2015〕335号
864	关于2015年广东省路桥建设发展有限公司公司债券上市交易的通知	自律监管决定书〔2015〕336号
865	关于对重庆公路物流基地建设有限公司非公开发行公司债券挂牌转让无异议的函	上证函〔2015〕1409号
866	关于对天津东丽湖能源科技有限公司非公开发行公司债券挂牌转让无异议的函	上证函〔2015〕1410号
867	关于2015年记账式附息(十四期)国债(续发1)预发行交易的通知	上证函〔2015〕1411号
868	关于对常熟新材料产业园污水处理有限公司非公开发行公司债券挂牌转让无异议的函	上证函〔2015〕1417号
869	关于对重庆市德感建筑安装工程有限公司非公开发行公司债券挂牌转让无异议的函	上证函〔2015〕1418号
870	关于对成都元成建筑安装工程有限公司非公开发行公司债券挂牌转让无异议的函	上证函〔2015〕1419号
871	关于对海航基础产业集团有限公司非公开发行公司债券挂牌转让无异议的函	上证函〔2015〕1420号
872	关于对畅融资产支持专项计划资产支持证券挂牌转让无异议的函	上证函〔2015〕1427号
873	关于对畅通资产支持专项计划资产支持证券挂牌转让无异议的函	上证函〔2015〕1428号
874	关于对酉阳县桃花源旅游投资(集团)有限公司非公开发行公司债券挂牌转让无异议的函	上证函〔2015〕1429号
875	关于对南山集团有限公司非公开发行公司债券挂牌转让无异议的函	上证函〔2015〕1430号
876	关于对永城煤电控股集团有限公司非公开发行公司债券挂牌转让无异议的函	上证函〔2015〕1431号
877	关于对利辛县春蕾农业发展有限责任公司非公开发行公司债券挂牌转让无异议的函	上证函〔2015〕1432号
878	关于对靖江市滨江新城投资开发有限公司非公开发行公司债券挂牌转让无异议的函	上证函〔2015〕1433号
879	关于对眉山发展(控股)有限责任公司非公开发行公司债券挂牌转让无异议的函	上证函〔2015〕1434号
880	关于对淄博市临淄热电厂有限公司非公开发行公司债券挂牌转让无异议的函	上证函〔2015〕1436号
881	关于2015年青岛市政府专项债券(一期)上市交易的通知	上证函〔2015〕1438号
882	关于2015年青岛市政府专项债券(二期)上市交易的通知	上证函〔2015〕1439号
883	关于2015年青岛市政府专项债券(三期)上市交易的通知	上证函〔2015〕1440号
884	关于2015年青岛市政府一般债券(七期)上市交易的通知	上证函〔2015〕1441号
885	关于2015年青岛市政府一般债券(八期)上市交易的通知	上证函〔2015〕1442号
886	关于2015年民生证券股份有限公司第三期次级债券挂牌转让的函	上证函〔2015〕1443号
887	关于2015年天津津融投资服务集团有限公司公司债券挂牌转让的函	上证函〔2015〕1444号
888	关于对杭州富阳交通发展投资集团有限公司非公开发行公司债券挂牌转让无异议的函	上证函〔2015〕1445号

续表

序号	标题	文号
889	关于华远地产股份有限公司非公开发行公司债券挂牌转让无异议的函	上证函〔2015〕1447 号
890	关于对江苏爱康科技股份有限公司非公开发行公司债券挂牌转让无异议的函	上证函〔2015〕1448 号
891	关于对华融融德资产管理有限公司非公开发行公司债券挂牌转让无异议的函	上证函〔2015〕1449 号
892	关于 2015 年青岛市政府一般债券(五期)上市交易的通知	上证函〔2015〕1456 号
893	关于 2015 年青岛市政府一般债券(六期)上市交易的通知	上证函〔2015〕1457 号
894	关于 2015 年开封新区基础设施建设投资有限公司公司债券上市交易的通知	自律监管决定书〔2015〕342 号
895	关于 2015 年第二期长沙市轨道交通集团有限公司公司债券上市交易的通知	自律监管决定书〔2015〕343 号
896	关于对连徐公司车辆通行费资产支持专项计划资产支持证券挂牌转让无异议的函	上证函〔2015〕1450 号
897	关于对南山租赁一期资产支持专项计划资产支持证券挂牌转让无异议的函	上证函〔2015〕1451 号
898	关于对汇通二期资产支持专项计划资产支持证券挂牌转让无异议的函	上证函〔2015〕1452 号
899	关于对云南省城市建设投资集团有限公司非公开发行公司债券挂牌转让无异议的函	上证函〔2015〕1453 号
900	关于对浏阳生物医药园市政园林有限公司非公开发行公司债券挂牌转让无异议的函	上证函〔2015〕1454 号
901	关于 2015 年天津市政府专项债券(一期)上市交易的通知	上证函〔2015〕1458 号
902	关于 2015 年天津市政府专项债券(二期)上市交易的通知	上证函〔2015〕1459 号
903	关于 2015 年天津市政府专项债券(三期)上市交易的通知	上证函〔2015〕1460 号
904	关于 2015 年天津市政府一般债券(五期)上市交易的通知	上证函〔2015〕1461 号
905	关于 2015 年天津市政府一般债券(六期)上市交易的通知	上证函〔2015〕1462 号
906	关于 2015 年天津市政府一般债券(七期)上市交易的通知	上证函〔2015〕1463 号
907	关于 2015 年天津市政府一般债券(八期)上市交易的通知	上证函〔2015〕1464 号
908	关于 2015 年记账式附息(十二期)国债(续发二)预发行交易的通知	上证函〔2015〕1465 号
909	关于对金坛市交通工程有限公司非公开发行公司债券挂牌转让无异议的函	上证函〔2015〕1466 号
910	关于对无锡锡东新城建设发展有限公司非公开发行公司债券挂牌转让无异议的函	上证函〔2015〕1467 号
911	关于 2015 年鹰潭市龙岗资产运营有限公司公司债券上市交易的通知	自律监管决定书〔2015〕344 号
912	关于 2015 年长沙县通途公路建设投资有限公司公司债券上市交易的通知	自律监管决定书〔2015〕345 号
913	关于对北京首都航空有限公司 BSP 票款债权资产支持专项计划资产支持证券挂牌转让无异议的函	上证函〔2015〕1481 号
914	关于对华夏幸福基业股份有限公司非公开发行公司债券挂牌转让无异议的函	上证函〔2015〕1482 号

续表

序号	标题	文号
915	关于对金坛茅山景区资产经营有限公司非公开发行公司债券挂牌转让无异议的函	上证函〔2015〕1483 号
916	关于对连云港振兴实业集团有限公司非公开发行公司债券挂牌转让无异议的函	上证函〔2015〕1484 号
917	关于华泰期货有限公司 2015 年次级债券挂牌转让的函	上证函〔2015〕1485 号
918	关于对苏州历史文化名城保护集团有限公司非公开发行公司债券挂牌转让无异议的函	上证函〔2015〕1486 号
919	关于 2015 年厦门市政府一般债券(一期)上市交易的通知	上证函〔2015〕1488 号
920	关于 2015 年厦门市政府一般债券(二期)上市交易的通知	上证函〔2015〕1489 号
921	关于 2015 年厦门市政府一般债券(三期)上市交易的通知	上证函〔2015〕1490 号
922	关于 2015 年厦门市政府一般债券(四期)上市交易的通知	上证函〔2015〕1491 号
923	关于 2015 年厦门市政府专项债券(一期)上市交易的通知	上证函〔2015〕1492 号
924	关于 2015 年厦门市政府专项债券(二期)上市交易的通知	上证函〔2015〕1493 号
925	关于 2015 年甘肃省政府专项债券(一期)上市交易的通知	上证函〔2015〕1494 号
926	关于 2015 年甘肃省政府专项债券(二期)上市交易的通知	上证函〔2015〕1495 号
927	关于 2015 年甘肃省政府一般债券(五期)上市交易的通知	上证函〔2015〕1496 号
928	关于 2015 年甘肃省政府一般债券(六期)上市交易的通知	上证函〔2015〕1497 号
929	关于 2015 年甘肃省政府一般债券(七期)上市交易的通知	上证函〔2015〕1498 号
930	关于 2015 年甘肃省政府一般债券(八期)上市交易的通知	上证函〔2015〕1499 号
931	关于 2015 年安徽省政府专项债券(一期)上市交易的通知	上证函〔2015〕1500 号
932	关于 2015 年安徽省政府专项债券(二期)上市交易的通知	上证函〔2015〕1501 号
933	关于 2015 年安徽省政府一般债券(五期)上市交易的通知	上证函〔2015〕1502 号
934	关于 2015 年安徽省政府一般债券(六期)上市交易的通知	上证函〔2015〕1503 号
935	关于 2015 年安徽省政府一般债券(七期)上市交易的通知	上证函〔2015〕1504 号
936	关于 2015 年安徽省政府一般债券(八期)上市交易的通知	上证函〔2015〕1505 号
937	关于 2015 年安徽省政府一般债券(九期)上市交易的通知	上证函〔2015〕1506 号
938	关于 2015 年记账式贴现(八期)国债上市交易的通知	上证函〔2015〕1507 号
939	关于对内蒙古高新控股有限公司非公开发行公司债券挂牌转让无异议的函	上证函〔2015〕1509 号
940	关于对漳州市九龙江集团有限公司非公开发行公司债券挂牌转让无异议的函	上证函〔2015〕1510 号
941	关于对广西玉柴机器集团有限公司非公开发行公司债券挂牌转让无异议的函	上证函〔2015〕1511 号
942	关于 2015 年青海省政府专项债券(一期)上市交易的通知	上证函〔2015〕1513 号
943	关于 2015 年青海省政府专项债券(二期)上市交易的通知	上证函〔2015〕1514 号

续表

序号	标题	文号
944	关于2015年青海省政府专项债券(三期)上市交易的通知	上证函〔2015〕1515号
945	关于2015年青海省政府专项债券(四期)上市交易的通知	上证函〔2015〕1516号
946	关于2015年青海省政府一般债券(五期)上市交易的通知	上证函〔2015〕1517号
947	关于2015年青海省政府一般债券(六期)上市交易的通知	上证函〔2015〕1518号
948	关于2015年青海省政府一般债券(七期)上市交易的通知	上证函〔2015〕1519号
949	关于2015年青海省政府一般债券(八期)上市交易的通知	上证函〔2015〕1520号
950	关于对东方证券股份有限公司2015年证券公司短期公司债券挂牌转让无异议的函	上证函〔2015〕1508号
951	关于对上海大新华航运发展有限公司非公开发行公司债券挂牌转让无异议的函	上证函〔2015〕1521号
952	关于对新湖期货有限公司非公开发行2015年次级债券挂牌转让无异议的函	上证函〔2015〕1523号
953	关于对湖南平江常胜建设发展有限公司非公开发行公司债券挂牌转让无异议的函	上证函〔2015〕1530号
954	关于对镇江交通产业集团有限公司非公开发行公司债券挂牌转让无异议的函	上证函〔2015〕1531号
955	关于对山东焦化集团有限公司非公开发行公司债券挂牌转让无异议的函	上证函〔2015〕1532号
956	关于对天安数码城(集团)有限公司非公开发行公司债券挂牌转让无异议的函	上证函〔2015〕1533号
957	关于对云南城投置业股份有限公司非公开发行公司债券挂牌转让无异议的函	上证函〔2015〕1534号
958	关于对宁波市海城投资开发有限公司非公开发行公司债券挂牌转让无异议的函	上证函〔2015〕1535号
959	关于对贵州省福泉磷矿有限公司非公开发行公司债券挂牌转让无异议的函	上证函〔2015〕1536号
960	关于2015年北京市政府专项债券(一期)上市交易的通知	上证函〔2015〕1537号
961	关于2015年北京市政府专项债券(二期)上市交易的通知	上证函〔2015〕1538号
962	关于2015年北京市政府专项债券(三期)上市交易的通知	上证函〔2015〕1539号
963	关于2015年北京市政府专项债券(四期)上市交易的通知	上证函〔2015〕1540号
964	关于对山东钢铁集团有限公司非公开发行公司债券挂牌转让无异议的函	上证函〔2015〕1542号
965	关于对太仓港协鑫发电资产支持专项计划资产支持证券挂牌转让无异议的函	上证函〔2015〕1543号
966	关于对长安资产.东方证券股票质押式回购债权资产支持证券挂牌转让无异议的函	上证函〔2015〕1544号
967	关于2015年当涂县城乡建设投资有限责任公司公司债券上市交易的通知	自律监管决定书〔2015〕347号
968	关于对泰州华诚医学投资集团有限公司非公开发行公司债券挂牌转让无异议的函	上证函〔2015〕1546号

续表

序号	标题	文号
969	关于对镇江文化旅游产业集团有限责任公司非公开发行公司债券挂牌转让无异议的函	上证函〔2015〕1547号
970	关于对泰州市新滨江开发有限责任公司非公开发行公司债券挂牌转让无异议的函	上证函〔2015〕1548号
971	关于对远东四期资产支持专项计划资产支持证券挂牌转让无异议的函	上证函〔2015〕1558号
972	关于2015年陕西省政府专项债券(一期)上市交易的通知	上证函〔2015〕1559号
973	关于2015年陕西省政府专项债券(二期)上市交易的通知	上证函〔2015〕1560号
974	关于2015年陕西省政府专项债券(三期)上市交易的通知	上证函〔2015〕1561号
975	关于2015年陕西省政府专项债券(四期)上市交易的通知	上证函〔2015〕1562号
976	关于2015年陕西省政府专项债券(五期)上市交易的通知	上证函〔2015〕1563号
977	关于2015年陕西省政府专项债券(六期)上市交易的通知	上证函〔2015〕1564号
978	关于2015年陕西省政府专项债券(七期)上市交易的通知	上证函〔2015〕1565号
979	关于2015年陕西省政府专项债券(八期)上市交易的通知	上证函〔2015〕1566号
980	关于2015年陕西省政府一般债券(五期)上市交易的通知	上证函〔2015〕1567号
981	关于2015年陕西省政府一般债券(六期)上市交易的通知	上证函〔2015〕1568号
982	关于2015年陕西省政府一般债券(七期)上市交易的通知	上证函〔2015〕1569号
983	关于2015年记账式附息(十六期)国债(续发二)预发行交易的通知	上证函〔2015〕1571号
984	关于对呼和浩特春华水务开发集团有限责任公司非公开发行公司债券挂牌转让无异议的函	上证函〔2015〕1572号
985	关于对新湖中宝股份有限公司非公开发行公司债券挂牌转让无异议的函	上证函〔2015〕1573号
986	关于对山西煤炭进出口集团有限公司非公开发行公司债券挂牌转让无异议的函	上证函〔2015〕1574号
987	关于对常州市城市建设(集团)有限公司非公开发行公司债券挂牌转让无异议的函	上证函〔2015〕1575号
988	关于对河北省新合作控股集团有限公司非公开发行公司债券挂牌转让无异议的函	上证函〔2015〕1576号
989	关于对奥克斯租赁一期资产支持专项计划资产支持证券挂牌转让无异议的函	上证函〔2015〕1577号
990	关于2015年山东滕建投资集团有限公司公司债券上市交易的通知	自律监管决定书〔2015〕349号
991	关于2015年东港市城市建设投资有限公司公司债券上市交易的通知	自律监管决定书〔2015〕350号
992	关于2015年河南省政府专项债券(一期)上市交易的通知	上证函〔2015〕1578号
993	关于2015年河南省政府专项债券(二期)上市交易的通知	上证函〔2015〕1579号
994	关于2015年河南省政府专项债券(三期)上市交易的通知	上证函〔2015〕1580号
995	关于2015年河南省政府专项债券(四期)上市交易的通知	上证函〔2015〕1581号
996	关于2015年河南省政府一般债券(五期)上市交易的通知	上证函〔2015〕1582号

续表

序号	标题	文号
997	关于2015年河南省政府一般债券(六期)上市交易的通知	上证函〔2015〕1583号
998	关于2015年河南省政府一般债券(七期)上市交易的通知	上证函〔2015〕1584号
999	关于2015年河南省政府一般债券(八期)上市交易的通知	上证函〔2015〕1585号
1000	关于对重庆市迪马实业股份有限公司非公开发行公司债券挂牌转让无异议的函	上证函〔2015〕1587号
1001	关于对江苏句容福地生态科技有限公司非公开发行公司债券挂牌转让无异议的函	上证函〔2015〕1588号
1002	关于对泰州华信药业投资有限公司非公开发行公司债券挂牌转让无异议的函	上证函〔2015〕1589号
1003	关于对嘉实节能1号资产支持专项计划资产支持证券挂牌转让无异议的函	上证函〔2015〕1590号
1004	关于对巩义燃气供气合同债权资产支持专项计划资产支持证券挂牌转让无异议的函	上证函〔2015〕1591号
1005	关于2015年记账式附息(十九期)国债上市交易的通知	上证函〔2015〕1592号
1006	关于对天津兴实化工有限公司非公开发行公司债券挂牌转让无异议的函	上证函〔2015〕1603号
1007	关于对华容县鑫源农业发展有限公司非公开发行公司债券挂牌转让无异议的函	上证函〔2015〕1604号
1008	关于2015年第一期南昌轨道交通集团有限公司可续期公司债券上市交易的通知	自律监管决定书〔2015〕351号
1009	关于2015年丰县城市投资发展有限公司公司债券上市交易的通知v	自律监管决定书〔2015〕352号
1010	关于2015年新疆生产建设兵团第十师国有资产经营有限公司公司债券上市交易的通知	自律监管决定书〔2015〕353号
1011	关于2015黄山市城市建设投资(集团)有限公司公司债券上市交易的通知	自律监管决定书〔2015〕354号
1012	关于2015年江苏省锡山经济开发区开发总公司企业债券上市交易的通知	自律监管决定书〔2015〕355号
1013	关于2015年记账式附息(十四期)国债(续发2)预发行交易的通知	上证函〔2015〕1605号
1014	关于对浙江安吉修竹绿化工程有限公司非公开发行公司债券挂牌转让无异议的函	上证函〔2015〕1606号
1015	关于对扬州化工产业投资发展有限公司非公开发行公司债券挂牌转让无异议的函	上证函〔2015〕1607号
1016	关于对中房集团成都房地产开发有限公司非公开发行公司债券挂牌转让无异议的函	上证函〔2015〕1608号
1017	关于对上海城开(集团)有限公司非公开发行公司债券挂牌转让无异议的函	上证函〔2015〕1610号
1018	关于2015年宁夏回族自治区政府一般债券(五期)上市交易的通知	上证函〔2015〕1611号
1019	关于2015年宁夏回族自治区政府一般债券(六期)上市交易的通知	上证函〔2015〕1612号
1020	关于2015年宁夏回族自治区政府一般债券(七期)上市交易的通知	上证函〔2015〕1613号
1021	关于2015年宁夏回族自治区政府一般债券(八期)上市交易的通知	上证函〔2015〕1614号

续表

序号	标题	文号
1022	关于2015年内蒙古自治区政府专项债券(一期)上市交易的通知	上证函〔2015〕1615号
1023	关于2015年内蒙古自治区政府专项债券(二期)上市交易的通知	上证函〔2015〕1616号
1024	关于2015年内蒙古自治区政府专项债券(三期)上市交易的通知	上证函〔2015〕1617号
1025	关于2015年内蒙古自治区政府专项债券(四期)上市交易的通知	上证函〔2015〕1618号
1026	关于2015年内蒙古自治区政府一般债券(五期)上市交易的通知	上证函〔2015〕1619号
1027	关于2015年内蒙古自治区政府一般债券(六期)上市交易的通知	上证函〔2015〕1620号
1028	关于2015年内蒙古自治区政府一般债券(七期)上市交易的通知	上证函〔2015〕1621号
1029	关于2015年内蒙古自治区政府一般债券(八期)上市交易的通知	上证函〔2015〕1622号
1030	关于无锡锡东科技投资控股有限公司非公开发行公司债券挂牌转让无异议的函	上证函〔2015〕1557号
1031	关于对重庆新禹投资(集团)有限公司非公开发行公司债券挂牌转让无异议的函	上证函〔2015〕1623号
1032	关于对扬州绿色产业投资发展控股(集团)有限责任公司非公开发行公司债券挂牌转让无异议的函	上证函〔2015〕1624号
1033	关于对昆明滇池国家旅游度假区国有资产投资经营管理有限责任公司非公开发行公司债券挂牌转让无异议的函	上证函〔2015〕1626号
1034	关于对洛阳城市发展投资集团有限公司非公开发行公司债券挂牌转让无异议的函	上证函〔2015〕1635号
1035	关于对都匀市城市建设投资发展有限公司非公开发行公司债券挂牌转让无异议的函	上证函〔2015〕1636号
1036	关于对唐山市通顺交通投资开发有限责任公司非公开发行公司债券挂牌转让无异议的函	上证函〔2015〕1637号
1037	关于2015年记账式附息(二十期)国债预发行交易的通知	上证函〔2015〕1638号
1038	关于对濮阳热力供热资产支持专项计划资产支持证券挂牌转让无异议的函	上证函〔2015〕1639号
1039	关于对江门市新会银海发展有限公司非公开发行公司债券挂牌转让无异议的函	上证函〔2015〕1640号
1040	关于对山东宏河矿业集团有限公司非公开发行公司债券挂牌转让无异议的函	上证函〔2015〕1641号
1041	关于对中华企业股份有限公司非公开发行公司债券挂牌转让无异议的函	上证函〔2015〕1642号
1042	关于对郴州福升投资开发有限公司非公开发行公司债券挂牌转让无异议的函	上证函〔2015〕1645号
1043	关于对南京新城发展股份有限公司非公开发行公司债券挂牌转让无异议的函	上证函〔2015〕1647号
1044	关于2015年山东省政府专项债券(四期)上市交易的通知	上证函〔2015〕1648号
1045	关于2015年山东省政府专项债券(五期)上市交易的通知	上证函〔2015〕1649号
1046	关于2015年山东省政府一般债券(九期)上市交易的通知	上证函〔2015〕1650号
1047	关于2015年山东省政府一般债券(十期)上市交易的通知	上证函〔2015〕1651号

续表

序号	标题	文号
1048	关于 2015 年山东省政府一般债券(十一期)上市交易的通知	上证函〔2015〕1652 号
1049	关于 2015 年山东省政府一般债券(十二期)上市交易的通知	上证函〔2015〕1653 号
1050	关于 2015 年记账式贴现(九期)国债上市交易的通知	上证函〔2015〕1654 号
1051	关于对广西万通房地产有限公司非公开发行公司债券挂牌转让无异议的函	上证函〔2015〕1656 号
1052	关于 2015 年山东省政府专项债券(六期)上市交易的通知	上证函〔2015〕1657 号
1053	关于 2015 年山东省政府专项债券(七期)上市交易的通知	上证函〔2015〕1658 号
1054	关于 2015 年江苏省政府专项债券(四期)上市交易的通知	上证函〔2015〕1659 号
1055	关于 2015 年江苏省政府专项债券(五期)上市交易的通知	上证函〔2015〕1660 号
1056	关于 2015 年江苏省政府专项债券(六期)上市交易的通知	上证函〔2015〕1661 号
1057	关于 2015 年江苏省政府专项债券(七期)上市交易的通知	上证函〔2015〕1662 号
1058	关于 2015 年江苏省政府一般债券(五期)上市交易的通知	上证函〔2015〕1663 号
1059	关于 2015 年江苏省政府一般债券(六期)上市交易的通知	上证函〔2015〕1664 号
1060	关于 2015 年江苏省政府一般债券(七期)上市交易的通知	上证函〔2015〕1665 号
1061	关于 2015 年江苏省政府一般债券(八期)上市交易的通知	上证函〔2015〕1666 号
1062	关于 2015 年记账式附息(二十二期)国债预发行交易的通知	上证函〔2015〕1667 号
1063	关于对淮安园兴投资有限公司非公开发行公司债券挂牌转让无异议的函	上证函〔2015〕1668 号
1064	关于 2015 年北京未来科技城开发建设有限公司公司债券上市交易的通知	自律监管决定书〔2015〕356 号
1065	关于 2015 年福建漳龙集团有限公司公司债券上市交易的通知	自律监管决定书〔2015〕357 号
1066	关于 2015 年潍坊渤海水产综合开发有限公司公司债券上市交易的通知	自律监管决定书〔2015〕358 号
1067	关于对德邦证券先锋租赁一期资产支持专项计划资产支持证券挂牌转让无异议的函	上证函〔2015〕1669 号
1068	关于对西安高新热力供热资产支持专项计划资产支持证券挂牌转让无异议的函	上证函〔2015〕1670 号
1069	关于珠海华城环保科技有限公司非公开发行公司债券挂牌转让无异议的函	上证函〔2015〕1671 号
1070	关于对汇通三期资产支持专项计划资产支持证券挂牌转让无异议的函	上证函〔2015〕1682 号
1071	关于 2015 年广西壮族自治区政府专项债券(三期)上市交易的通知	上证函〔2015〕1684 号
1072	关于 2015 年广西壮族自治区政府专项债券(四期)上市交易的通知	上证函〔2015〕1685 号
1073	关于 2015 年广西壮族自治区政府一般债券(九期)上市交易的通知	上证函〔2015〕1686 号
1074	关于 2015 年广西壮族自治区政府一般债券(十期)上市交易的通知	上证函〔2015〕1687 号
1075	关于 2015 年广西壮族自治区政府一般债券(十一期)上市交易的通知	上证函〔2015〕1688 号
1076	关于 2015 年广西壮族自治区政府一般债券(十二期)上市交易的通知	上证函〔2015〕1689 号

续表

序号	标题	文号
1077	关于2015年新疆维吾尔自治区政府专项债券(九期)上市交易的通知	上证函〔2015〕1690号
1078	关于2015年新疆维吾尔自治区政府专项债券(十期)上市交易的通知	上证函〔2015〕1691号
1079	关于2015年新疆维吾尔自治区政府专项债券(十一期)上市交易的通知	上证函〔2015〕1692号
1080	关于2015年新疆维吾尔自治区政府专项债券(十二期)上市交易的通知	上证函〔2015〕1693号
1081	关于2015年新疆维吾尔自治区政府一般债券(十三期)上市交易的通知	上证函〔2015〕1694号
1082	关于2015年新疆维吾尔自治区政府一般债券(十四期)上市交易的通知	上证函〔2015〕1695号
1083	关于2015年新疆维吾尔自治区政府一般债券(十五期)上市交易的通知	上证函〔2015〕1696号
1084	关于2015年新疆维吾尔自治区政府一般债券(十六期)上市交易的通知	上证函〔2015〕1697号
1085	关于2015年浙江省政府专项债券(一期)上市交易的通知	上证函〔2015〕1698号
1086	关于2015年浙江省政府专项债券(二期)上市交易的通知	上证函〔2015〕1699号
1087	关于2015年浙江省政府专项债券(三期)上市交易的通知	上证函〔2015〕1700号
1088	关于2015年浙江省政府专项债券(四期)上市交易的通知	上证函〔2015〕1701号
1089	关于2015年浙江省政府一般债券(五期)上市交易的通知	上证函〔2015〕1702号
1090	关于2015年浙江省政府一般债券(六期)上市交易的通知	上证函〔2015〕1703号
1091	关于2015年浙江省政府一般债券(七期)上市交易的通知	上证函〔2015〕1704号
1092	关于2015年浙江省政府一般债券(八期)上市交易的通知	上证函〔2015〕1705号
1093	关于2015年贵州省政府一般债券(九期)上市交易的通知	上证函〔2015〕1706号
1094	关于2015年贵州省政府一般债券(十期)上市交易的通知	上证函〔2015〕1707号
1095	关于2015年贵州省政府一般债券(十一期)上市交易的通知	上证函〔2015〕1708号
1096	关于2015年贵州省政府一般债券(十二期)上市交易的通知	上证函〔2015〕1709号
1097	关于2015年河北省政府专项债券(四期)上市交易的通知	上证函〔2015〕1710号
1098	关于2015年河北省政府专项债券(五期)上市交易的通知	上证函〔2015〕1711号
1099	关于2015年河北省政府一般债券(五期)上市交易的通知	上证函〔2015〕1712号
1100	关于2015年河北省政府一般债券(六期)上市交易的通知	上证函〔2015〕1713号
1101	关于2015年河北省政府一般债券(七期)上市交易的通知	上证函〔2015〕1714号
1102	关于2015年河北省政府一般债券(八期)上市交易的通知	上证函〔2015〕1715号
1103	关于2015年云南省政府一般债券(五期)上市交易的通知	上证函〔2015〕1716号
1104	关于2015年云南省政府一般债券(六期)上市交易的通知	上证函〔2015〕1717号
1105	关于2015年云南省政府一般债券(七期)上市交易的通知	上证函〔2015〕1718号
1106	关于2015年云南省政府一般债券(八期)上市交易的通知	上证函〔2015〕1719号
1107	关于2015年云南省政府专项债券(五期)上市交易的通知	上证函〔2015〕1720号
1108	关于2015年云南省政府专项债券(六期)上市交易的通知	上证函〔2015〕1721号

续表

序号	标题	文号
1109	关于2015年云南省政府专项债券(七期)上市交易的通知	上证函〔2015〕1722号
1110	关于2015年云南省政府专项债券(八期)上市交易的通知	上证函〔2015〕1723号
1111	关于2015年记账式附息(二十期)国债上市交易的通知	上证函〔2015〕1724号
1112	关于2015年记账式附息(二十一期)国债上市交易的通知	上证函〔2015〕1725号
1113	关于2015年太仓市科教文化发展有限公司公司债券上市交易的通知	自律监管决定书〔2015〕360号
1114	关于对华夏幸福基业股份有限公司非公开发行公司债券挂牌转让无异议的函	上证函〔2015〕1726号
1115	关于对绵阳市投资控股(集团)有限公司非公开发行公司债券挂牌转让无异议的函	上证函〔2015〕1727号
1116	关于对新疆投资发展(集团)有限责任公司非公开发行公司债券挂牌转让无异议的函	上证函〔2015〕1728号
1117	关于对广西物资集团有限责任公司非公开发行公司债券挂牌转让无异议的函	上证函〔2015〕1729号
1118	关于对江阴市公有资产经营有限公司非公开发行公司债券挂牌转让无异议的函	上证函〔2015〕1730号
1119	关于对恒大地产集团有限公司非公开发行公司债券挂牌转让无异议的函	上证函〔2015〕1738号
1120	关于对山西潞安矿业(集团)有限责任公司非公开发行公司债券挂牌转让无异议的函	上证函〔2015〕1739号
1121	关于2015年福建省政府专项债券(三期)上市交易的通知	上证函〔2015〕1740号
1122	关于2015年福建省政府专项债券(四期)上市交易的通知	上证函〔2015〕1741号
1123	关于2015年福建省政府一般债券(九期)上市交易的通知	上证函〔2015〕1742号
1124	关于2015年福建省政府一般债券(十期)上市交易的通知	上证函〔2015〕1743号
1125	关于2015年福建省政府一般债券(十一期)上市交易的通知	上证函〔2015〕1744号
1126	关于2015年福建省政府一般债券(十二期)上市交易的通知	上证函〔2015〕1745号
1127	关于2015年记账式附息(二十二期)国债上市交易的通知	上证函〔2015〕1746号
1128	关于对厦门禹洲鸿图地产开发有限公司非公开发行公司债券挂牌转让无异议的函	上证函〔2015〕1747号
1129	关于对淮安市交通控股有限公司非公开发行公司债券挂牌转让无异议的函	上证函〔2015〕1748号
1130	关于2015年郑州经开投资发展有限公司公司债券上市交易的通知	自律监管决定书〔2015〕361号
1131	关于2015年青海省政府一般债券(九期)上市交易的通知	上证函〔2015〕1756号
1132	关于2015年青海省政府一般债券(十期)上市交易的通知	上证函〔2015〕1757号
1133	关于2015年青海省政府一般债券(十一期)上市交易的通知	上证函〔2015〕1758号
1134	关于2015年青海省政府一般债券(十二期)上市交易的通知	上证函〔2015〕1759号
1135	关于南华期货股份有限公司2015年度次级债券挂牌转让的函	上证函〔2015〕1760号
1136	关于永安期货股份有限公司2015年次级债券挂牌转让的函	上证函〔2015〕1761号

续表

序号	标题	文号
1137	关于对鞍山市鸿成实业有限公司非公开发行公司债券挂牌转让无异议的函	上证函〔2015〕1762 号
1138	关于对天津市海河建设发展投资有限公司非公开发行公司债券挂牌转让无异议的函	上证函〔2015〕1763 号
1139	关于对山西省经济建设投资集团有限公司非公开发行公司债券挂牌转让无异议的函	上证函〔2015〕1764 号
1140	关于 2015 年汝州市鑫源投资有限公司公司债券上市交易的通知	自律监管决定书〔2015〕362 号
1141	关于 2015 年温州市铁路与轨道交通投资集团有限公司可续期公司债券上市交易的通知	自律监管决定书〔2015〕363 号
1142	关于对财通资管－齐鲁证券－聚信租赁资产支持专项计划资产支持证券挂牌转让无异议的函	上证函〔2015〕1766 号
1143	关于对山东金鲁班集团有限公司非公开发行公司债券挂牌转让无异议的函	上证函〔2015〕1768 号
1144	关于对镇江城市建设产业集团有限公司非公开发行公司债券挂牌转让无异议的函	上证函〔2015〕1769 号
1145	关于对安徽九华山旅游(集团)有限公司非公开发行公司债券挂牌转让无异议的函	上证函〔2015〕1770 号
1146	关于对南通市崇川城市建设投资有限公司非公开发行公司债券挂牌转让无异议的函	上证函〔2015〕1771 号
1147	关于对北京首都开发控股(集团)有限公司非公开发行公司债券挂牌转让无异议的函	上证函〔2015〕1772 号
1148	关于对永泰控股集团有限公司非公开发行公司债券挂牌转让无异议的函	上证函〔2015〕1773 号
1149	关于对金茂一期资产支持专项计划资产支持证券挂牌转让无异议的函	上证函〔2015〕1774 号
1150	关于对海亮租赁一期资产支持专项计划资产支持证券挂牌转让无异议的函	上证函〔2015〕1775 号
1151	关于 2015 年江油鸿飞投资(集团)有限公司公司债券上市交易的通知	自律监管决定书〔2015〕364 号
1152	关于对新城控股集团股份有限公司非公开发行公司债券挂牌转让无异议的函	上证函〔2015〕1778 号
1153	关于对江苏海鑫新能源发展有限公司非公开发行公司债券挂牌转让无异议的函	上证函〔2015〕1779 号
1154	关于对首创置业股份有限公司非公开发行公司债券挂牌转让无异议的函	上证函〔2015〕1780 号
1155	关于对重庆市德感工业园区建设有限公司非公开发行公司债券挂牌转让无异议的函	上证函〔2015〕1781 号
1156	关于对广西正润发展集团有限公司非公开发行公司债券挂牌转让无异议的函	上证函〔2015〕1783 号
1157	关于对湖南德山建设投资股份有限公司非公开发行公司债券挂牌转让无异议的函	上证函〔2015〕1784 号
1158	关于对顺风光电投资(中国)有限公司非公开发行公司债券挂牌转让无异议的函	上证函〔2015〕1785 号

续表

序号	标题	文号
1159	关于对常熟市虞山尚湖旅游发展有限责任公司非公开发行公司债券挂牌转让无异议的函	上证函〔2015〕1786 号
1160	关于对长兴县永兴建设开发有限公司非公开发行公司债券挂牌转让无异议的函	上证函〔2015〕1787 号
1161	关于对金坛市国发国际投资发展有限公司非公开发行公司债券挂牌转让无异议的函	上证函〔2015〕1788 号
1162	关于对奥园集团有限公司非公开发行公司债券挂牌转让无异议的函	上证函〔2015〕1789 号
1163	关于对城发投资集团有限公司非公开发行公司债券挂牌转让无异议的函	上证函〔2015〕1802 号
1164	关于对银河大庆供热资产支持专项计划资产支持证券挂牌转让无异议的函	上证函〔2015〕1803 号
1165	关于对丰汇租赁二期资产支持专项计划资产支持证券挂牌转让无异议的函	上证函〔2015〕1804 号
1166	关于对贵州省物资集团有限责任公司非公开发行公司债券挂牌转让无异议的函	上证函〔2015〕1807 号
1167	关于对伊犁哈萨克自治州财通国有资产经营有限责任公司非公开发行公司债券挂牌转让无异议的函	上证函〔2015〕1808 号
1168	关于对云南锡业集团(控股)有限责任公司非公开发行公司债券挂牌转让无异议的函	上证函〔2015〕1809 号
1169	关于对广州市时代地产集团有限公司非公开发行公司债券挂牌转让无异议的函	上证函〔2015〕1810 号
1170	关于对浙江兴长资产经营有限公司非公开发行公司债券挂牌转让无异议的函	上证函〔2015〕1811 号
1171	关于对靖江市华宇投资建设有限公司非公开发行公司债券挂牌转让无异议的函	上证函〔2015〕1812 号
1172	关于对成都人居置业有限公司非公开发行公司债券挂牌转让无异议的函	上证函〔2015〕1813 号
1173	关于对九州证券有限公司 2015 年次级债券挂牌转让无异议的函	上证函〔2015〕1814 号
1174	关于对无锡市城市投资发展有限公司非公开发行公司债券挂牌转让无异议的函	上证函〔2015〕1818 号
1175	关于对北京首都开发股份有限公司非公开发行公司债券挂牌转让无异议的函	上证函〔2015〕1819 号
1176	关于对天风证券股份有限公司 2015 年次级债券挂牌转让无异议的函	上证函〔2015〕1820 号
1177	关于 2015 年记账式附息(二十六期)国债预发行交易的通知	上证函〔2015〕1821 号
1178	关于 2015 年广东省政府专项债券(四期)上市交易的通知	上证函〔2015〕1822 号
1179	关于 2015 年广东省政府专项债券(五期)上市交易的通知	上证函〔2015〕1823 号
1180	关于 2015 年广东省政府专项债券(六期)上市交易的通知	上证函〔2015〕1824 号
1181	关于 2015 年广东省政府一般债券(九期)上市交易的通知	上证函〔2015〕1825 号
1182	关于 2015 年广东省政府一般债券(十期)上市交易的通知	上证函〔2015〕1826 号
1183	关于 2015 年广东省政府一般债券(十一期)上市交易的通知	上证函〔2015〕1827 号

续表

序号	标题	文号
1184	关于 2015 年广东省政府一般债券（十二期）上市交易的通知	上证函〔2015〕1828 号
1185	关于 2015 年四川省政府一般债券（九期）上市交易的通知	上证函〔2015〕1829 号
1186	关于 2015 年四川省政府一般债券（十期）上市交易的通知	上证函〔2015〕1830 号
1187	关于 2015 年四川省政府一般债券（十一期）上市交易的通知	上证函〔2015〕1831 号
1188	关于 2015 年四川省政府一般债券（十二期）上市交易的通知	上证函〔2015〕1832 号
1189	关于 2015 年湖北省政府专项债券（五期）上市交易的通知	上证函〔2015〕1833 号
1190	关于 2015 年湖北省政府专项债券（六期）上市交易的通知	上证函〔2015〕1834 号
1191	关于 2015 年湖北省政府专项债券（七期）上市交易的通知	上证函〔2015〕1835 号
1192	关于 2015 年湖北省政府专项债券（八期）上市交易的通知	上证函〔2015〕1836 号
1193	关于 2015 年湖北省政府一般债券（十三期）上市交易的通知	上证函〔2015〕1837 号
1194	关于 2015 年湖北省政府一般债券（十四期）上市交易的通知	上证函〔2015〕1838 号
1195	关于 2015 年湖北省政府一般债券（十五期）上市交易的通知	上证函〔2015〕1839 号
1196	关于 2015 年湖北省政府一般债券（十六期）上市交易的通知	上证函〔2015〕1840 号
1197	关于 2015 年海南省政府专项债券（一期）上市交易的通知	上证函〔2015〕1841 号
1198	关于 2015 年海南省政府专项债券（二期）上市交易的通知	上证函〔2015〕1842 号
1199	关于 2015 年海南省政府专项债券（三期）上市交易的通知	上证函〔2015〕1843 号
1200	关于 2015 年海南省政府一般债券（五期）上市交易的通知	上证函〔2015〕1844 号
1201	关于 2015 年海南省政府一般债券（六期）上市交易的通知	上证函〔2015〕1845 号
1202	关于 2015 年海南省政府一般债券（七期）上市交易的通知	上证函〔2015〕1846 号
1203	关于 2015 年海南省政府一般债券（八期）上市交易的通知	上证函〔2015〕1847 号
1204	关于 2015 年记账式贴现（十期）国债上市交易的通知	上证函〔2015〕1848 号
1205	关于 2015 年记账式附息（二十三期）国债上市交易的通知	上证函〔2015〕1849 号
1206	关于中国五矿股份有限公司 2015 年公司债券（第一期）上市交易的通知	自律监管决定书〔2015〕366 号
1207	关于 2015 年重庆市涪陵国有资产投资经营集团有限公司小微企业增信集合债券上市交易的通知	自律监管决定书〔2015〕367 号
1208	关于对上海大名城企业股份有限公司非公开发行公司债券挂牌转让无异议的函	上证函〔2015〕1850 号
1209	关于对兴业证券股份有限公司非公开发行公司债券挂牌转让无异议的函	上证函〔2015〕1851 号
1210	关于对嘉兴市高等级公路投资有限公司非公开发行公司债券挂牌转让无异议的函	上证函〔2015〕1861 号
1211	关于对天瑞集团股份有限公司非公开发行公司债券挂牌转让无异议的函	上证函〔2015〕1855 号
1212	关于对北京新奥集团有限公司非公开发行公司债券挂牌转让无异议的函	上证函〔2015〕1866 号

续表

序号	标题	文号
1213	关于对杭州住房公积金贷款权益资产支持专项计划资产支持证券挂牌转让无异议的函	上证函〔2015〕1867号
1214	关于对天津融创置地有限公司非公开发行公司债券挂牌转让无异议的函	上证函〔2015〕1868号
1215	关于对新疆新业国有资产经营（集团）有限责任公司非公开发行公司债券挂牌转让无异议的函	上证函〔2015〕1869号
1216	关于对海航物流集团有限公司非公开发行公司债券挂牌转让无异议的函	上证函〔2015〕1870号
1217	关于2015年浙江省政府专项债券（五期）上市交易的通知	上证函〔2015〕1874号
1218	关于2015年浙江省政府专项债券（六期）上市交易的通知	上证函〔2015〕1875号
1219	关于2015年浙江省政府专项债券（七期）上市交易的通知	上证函〔2015〕1876号
1220	关于2015年浙江省政府专项债券（八期）上市交易的通知	上证函〔2015〕1877号
1221	关于2015年浙江省政府一般债券（九期）上市交易的通知	上证函〔2015〕1878号
1222	关于2015年浙江省政府一般债券（十期）上市交易的通知	上证函〔2015〕1879号
1223	关于2015年浙江省政府一般债券（十一期）上市交易的通知	上证函〔2015〕1880号
1224	关于2015年浙江省政府一般债券（十二期）上市交易的通知	上证函〔2015〕1881号
1225	关于2015年记账式贴现（十一期）国债上市交易的通知	上证函〔2015〕1882号
1226	关于2015年记账式附息（二十四期）国债上市交易的通知	上证函〔2015〕1883号
1227	关于2015年记账式附息（二十五期）国债上市交易的通知	上证函〔2015〕1884号
1228	关于对国金－先锋太盟一期资产支持专项计划资产支持证券挂牌转让无异议的函	上证函〔2015〕1888号
1229	关于对邦信资产管理有限公司非公开发行公司债券挂牌转让无异议的函	上证函〔2015〕1889号
1230	关于对绍兴市城北新城建设投资有限公司非公开发行公司债券挂牌转让无异议的函	上证函〔2015〕1890号
1231	关于对广东珠江投资管理集团有限公司非公开发行公司债券挂牌转让无异议的函	上证函〔2015〕1891号
1232	关于对兖矿集团有限公司非公开发行公司债券挂牌转让无异议的函	上证函〔2015〕1892号
1233	关于对金坛市交通产业集团有限公司非公开发行公司债券挂牌转让无异议的函	上证函〔2015〕1893号
1234	关于对邳州市恒润城市投资有限公司非公开发行公司债券挂牌转让无异议的函	上证函〔2015〕1894号
1235	关于2015年记账式附息（二十二期）国债（续发1）预发行交易的通知	上证函〔2015〕1895号
1236	关于2015年南平市武夷新区投资开发有限公司公司债券上市交易的通知	自律监管决定书〔2015〕368号
1237	关于对汇今一期资产支持专项计划资产支持证券挂牌转让无异议的函	上证函〔2015〕1896号
1238	关于对淄博宏达矿业有限公司非公开发行公司债券挂牌转让无异议的函	上证函〔2015〕1897号

续表

序号	标题	文号
1239	关于2015年甘肃省政府专项债券(三期)上市交易的通知	上证函〔2015〕1898号
1240	关于2015年甘肃省政府专项债券(四期)上市交易的通知	上证函〔2015〕1899号
1241	关于2015年江西省政府专项债券(一期)上市交易的通知	上证函〔2015〕1900号
1242	关于2015年江西省政府专项债券(二期)上市交易的通知	上证函〔2015〕1901号
1243	关于2015年江西省政府专项债券(三期)上市交易的通知	上证函〔2015〕1902号
1244	关于2015年江西省政府专项债券(四期)上市交易的通知	上证函〔2015〕1903号
1245	关于2015年江西省政府专项债券(五期)上市交易的通知	上证函〔2015〕1904号
1246	关于2015年江西省政府专项债券(六期)上市交易的通知	上证函〔2015〕1905号
1247	关于2015年江西省政府专项债券(七期)上市交易的通知	上证函〔2015〕1906号
1248	关于2015年江西省政府专项债券(八期)上市交易的通知	上证函〔2015〕1907号
1249	关于对摩山保理二期资产支持专项计划资产支持证券挂牌转让无异议的函	上证函〔2015〕1916号
1250	关于2015年江西省政府一般债券(五期)上市交易的通知	上证函〔2015〕1917号
1251	关于2015年江西省政府一般债券(六期)上市交易的通知	上证函〔2015〕1918号
1252	关于2015年江西省政府一般债券(七期)上市交易的通知	上证函〔2015〕1919号
1253	关于2015年江西省政府一般债券(八期)上市交易的通知	上证函〔2015〕1920号
1254	关于2015年江西省政府一般债券(九期)上市交易的通知	上证函〔2015〕1921号
1255	关于2015年江西省政府一般债券(十期)上市交易的通知	上证函〔2015〕1922号
1256	关于2015年江西省政府一般债券(十一期)上市交易的通知	上证函〔2015〕1923号
1257	关于2015年江西省政府一般债券(十二期)上市交易的通知	上证函〔2015〕1924号
1258	关于2015年记账式附息(二十六期)国债上市交易的通知	上证函〔2015〕1925号
1259	关于对重庆麻柳沿江开发投资有限公司非公开发行公司债券挂牌转让无异议的函	上证函〔2015〕1926号
1260	关于对长兴南太湖投资开发有限公司非公开发行公司债券挂牌转让无异议的函	上证函〔2015〕1927号
1261	关于对海安城市动迁改造有限公司非公开发行公司债券挂牌转让无异议的函	上证函〔2015〕1928号
1262	关于对中山城市建设集团有限公司非公开发行公司债券挂牌转让无异议的函	上证函〔2015〕1929号
1263	关于对建湖县近湖建设投资有限公司非公开发行公司债券挂牌转让无异议的函	上证函〔2015〕1930号
1264	关于对中国高科集团股份有限公司非公开发行公司债券挂牌转让无异议的函	上证函〔2015〕1931号
1265	关于对唐山曹妃甸发展投资有限公司非公开发行公司债券挂牌转让无异议的函	上证函〔2015〕1932号
1266	关于对成都兴城投资集团有限公司非公开发行公司债券挂牌转让无异议的函	上证函〔2015〕1933号

续表

序号	标题	文号
1267	关于对株洲循环经济投资发展集团有限公司非公开发行公司债券挂牌转让无异议的函	上证函〔2015〕1934 号
1268	关于对苏州汾湖投资集团有限公司非公开发行公司债券挂牌转让无异议的函	上证函〔2015〕1935 号
1269	关于对湘潭市两型社会建设投融资有限公司非公开发行公司债券挂牌转让无异议的函	上证函〔2015〕1936 号
1270	关于对都江堰兴堰投资有限公司非公开发行公司债券挂牌转让无异议的函	上证函〔2015〕1937 号
1271	关于对江西省省属国有企业资产经营(控股)有限公司非公开发行公司债券挂牌转让无异议的函	上证函〔2015〕1938 号
1272	关于对南京市溧水区昱达商贸集团有限公司非公开发行公司债券挂牌转让无异议的函	上证函〔2015〕1939 号
1273	关于 2015 年中关村发展集团股份有限公司公司债券上市交易的通知	自律监管决定书〔2015〕369 号
1274	关于 2015 年第一期广东省粤电集团有限公司公司债券上市交易的通知	自律监管决定书〔2015〕370 号
1275	关于对东兴证券股份有限公司 2015 年非公开发行证券公司短期公司债券挂牌转让无异议的函	上证函〔2015〕1941 号
1276	关于对上海海通证券资产管理有限公司 2015 年次级债券挂牌转让无异议的函	上证函〔2015〕1942 号
1277	关于对都江堰兴市投资有限公司非公开发行公司债券挂牌转让无异议的函	上证函〔2015〕1943 号
1278	关于对金红叶纸业集团有限公司非公开发行公司债券挂牌转让无异议的函	上证函〔2015〕1944 号
1279	关于对常高新集团有限公司非公开发行公司债券挂牌转让无异议的函	上证函〔2015〕1945 号
1280	关于对湘潭九华经济建设投资有限公司非公开发行公司债券挂牌转让无异议的函	上证函〔2015〕1946 号
1281	关于对建湖县开发区建设投资有限公司非公开发行公司债券挂牌转让无异议的函	上证函〔2015〕1947 号
1282	关于对马鞍山经济技术开发区建设投资有限公司非公开发行公司债券挂牌转让无异议的函	上证函〔2015〕1951 号
1283	关于对洛阳矿业集团有限公司非公开发行公司债券挂牌转让无异议的函	上证函〔2015〕1955 号
1284	关于对石河子城市建设投资经营有限公司非公开发行公司债券挂牌转让无异议的函	上证函〔2015〕1956 号
1285	关于对增城市碧桂园物业发展有限公司非公开发行公司债券挂牌转让无异议的函	上证函〔2015〕1957 号
1286	关于对广西来宾城建投资集团有限公司非公开发行公司债券挂牌转让无异议的函	上证函〔2015〕1958 号
1287	关于 2015 年上海市政府专项债券(三期)上市交易的通知	上证函〔2015〕1959 号
1288	关于 2015 年上海市政府专项债券(四期)上市交易的通知	上证函〔2015〕1960 号
1289	关于 2015 年上海市政府专项债券(五期)上市交易的通知	上证函〔2015〕1961 号
1290	关于 2015 年上海市政府专项债券(六期)上市交易的通知	上证函〔2015〕1962 号

续表

序号	标题	文号
1291	关于2015年上海市政府一般债券(五期)上市交易的通知	上证函〔2015〕1963号
1292	关于2015年上海市政府一般债券(六期)上市交易的通知	上证函〔2015〕1964号
1293	关于2015年上海市政府一般债券(七期)上市交易的通知	上证函〔2015〕1965号
1294	关于2015年记账式贴现(十二期)国债上市交易的通知	上证函〔2015〕1966号
1295	关于2015年记账式贴现(十三期)国债上市交易的通知	上证函〔2015〕1967号
1296	关于2015年重庆市万州三峡平湖有限公司公司债券上市交易的通知	自律监管决定书〔2015〕371号
1297	关于国电电力发展股份有限公司2014年公司债券(第二期)上市交易的通知	自律监管决定书〔2015〕372号
1298	关于2015年博尔塔拉蒙古自治州国有资产投资经营有限责任公司公司债券上市交易的通知	自律监管决定书〔2015〕373号
1299	关于2015年诸暨市越都投资发展有限公司公司债券上市交易的通知	自律监管决定书〔2015〕374号
1300	关于2015年海航基础产业集团有限公司公司债券上市交易的通知	自律监管决定书〔2015〕375号
1301	关于2015年防城港市港工基础设施建设开发投资有限责任公司小微企业增信集合债券上市交易的通知	自律监管决定书〔2015〕376号
1302	关于2015年记账式附息(二十三期)国债预发行交易的通知	上证函〔2015〕1971号
1303	关于2015年四川省政府专项债券(一期)上市交易的通知	上证函〔2015〕1972号
1304	关于2015年四川省政府专项债券(二期)上市交易的通知	上证函〔2015〕1973号
1305	关于2015年四川省政府专项债券(三期)上市交易的通知	上证函〔2015〕1974号
1306	关于2015年四川省政府专项债券(四期)上市交易的通知	上证函〔2015〕1975号
1307	关于对万家共赢英吉斯租赁一期资产支持专项计划资产支持证券挂牌转让无异议的函	上证函〔2015〕1976号
1308	关于对兴乾1号湖州住房公积金贷款资产支持专项计划资产支持证券挂牌转让无异议的函	上证函〔2015〕1977号
1309	关于对方正保理一期资产支持专项计划资产支持证券挂牌转让无异议的函	上证函〔2015〕1978号
1310	关于对太仓港协鑫发电资产支持专项计划资产支持证券挂牌转让无异议的函	上证函〔2015〕1979号
1311	关于对CHINA GAS HOLDINGS LIMITED非公开发行公司债券挂牌转让无异议的函	上证函〔2015〕1983号
1312	关于对齐鲁资管北京八达岭索道乘坐凭证资产支持专项计划资产支持证券挂牌转让无异议的函	上证函〔2015〕1985号
1313	关于对汇添富资本－世茂购房尾款资产支持证券挂牌转让无异议的函	上证函〔2015〕1986号
1314	关于对泸州市工业投资集团有限公司非公开发行公司债券挂牌转让无异议的函	上证函〔2015〕1987号
1315	关于对重庆经开区开发投资集团有限责任公司非公开发行公司债券挂牌转让无异议的函	上证函〔2015〕1988号
1316	关于对美都能源股份有限公司非公开发行公司债券挂牌转让无异议的函	上证函〔2015〕1989号

续表

序号	标题	文号
1317	关于对华林证券有限责任公司 2015 年次级债券挂牌转让无异议的函	上证函〔2015〕1990 号
1318	关于对泰州市海陵资产经营有限公司非公开发行公司债券挂牌转让无异议的函	上证函〔2015〕1992 号
1319	关于对内蒙古双欣能源化工有限公司非公开发行公司债券挂牌转让无异议的函	上证函〔2015〕1993 号
1320	关于对西部矿业集团有限公司非公开发行公司债券挂牌转让无异议的函	上证函〔2015〕1994 号
1321	关于 2015 年安徽省政府专项债券(三期)上市交易的通知	上证函〔2015〕1995 号
1322	关于 2015 年安徽省政府专项债券(四期)上市交易的通知	上证函〔2015〕1996 号
1323	关于 2015 年安徽省政府一般债券(十期)上市交易的通知	上证函〔2015〕1997 号
1324	关于 2015 年安徽省政府一般债券(十一期)上市交易的通知	上证函〔2015〕1998 号
1325	关于 2015 年安徽省政府一般债券(十二期)上市交易的通知	上证函〔2015〕1999 号
1326	关于 2015 年安徽省政府一般债券(十三期)上市交易的通知	上证函〔2015〕2000 号
1327	关于 2015 年福建省政府专项债券(五期)上市交易的通知	上证函〔2015〕2001 号
1328	关于 2015 年福建省政府专项债券(六期)上市交易的通知	上证函〔2015〕2002 号
1329	关于 2015 年福建省政府专项债券(七期)上市交易的通知	上证函〔2015〕2003 号
1330	关于 2015 年福建省政府专项债券(八期)上市交易的通知	上证函〔2015〕2004 号
1331	关于 2015 年福建省政府一般债券(十三期)上市交易的通知	上证函〔2015〕2005 号
1332	关于 2015 年福建省政府一般债券(十四期)上市交易的通知	上证函〔2015〕2006 号
1333	关于 2015 年福建省政府一般债券(十五期)上市交易的通知	上证函〔2015〕2007 号
1334	关于 2015 年福建省政府一般债券(十六期)上市交易的通知	上证函〔2015〕2008 号
1335	关于 2015 年记账式附息(二十七期)国债预发行交易的通知	上证函〔2015〕2009 号
1336	关于 2015 年彬县煤炭有限责任公司公司债券上市交易的通知	自律监管决定书〔2015〕377 号
1337	关于 2015 年沈阳大东国有资产经营有限公司公司债券上市交易的通知	自律监管决定书〔2015〕378 号
1338	关于对陕西黄河矿业(集团)有限责任公司非公开发行公司债券挂牌转让无异议的函	上证函〔2015〕2023 号
1339	关于 2015 年宁夏回族自治区政府专项债券(一期)上市交易的通知	上证函〔2015〕2024 号
1340	关于 2015 年宁夏回族自治区政府专项债券(二期)上市交易的通知	上证函〔2015〕2025 号
1341	关于 2015 年宁夏回族自治区政府专项债券(三期)上市交易的通知	上证函〔2015〕2026 号
1342	关于 2015 年宁夏回族自治区政府专项债券(四期)上市交易的通知	上证函〔2015〕2027 号
1343	关于 2015 年宁夏回族自治区政府专项债券(五期)上市交易的通知	上证函〔2015〕2028 号
1344	关于 2015 年宁夏回族自治区政府专项债券(六期)上市交易的通知	上证函〔2015〕2029 号
1345	关于 2015 年宁夏回族自治区政府一般债券(九期)上市交易的通知	上证函〔2015〕2030 号
1346	关于 2015 年宁夏回族自治区政府一般债券(十期)上市交易的通知	上证函〔2015〕2031 号

续表

序号	标题	文号
1347	关于2015年宁夏回族自治区政府一般债券(十一期)上市交易的通知	上证函〔2015〕2032号
1348	关于2015年宁夏回族自治区政府一般债券(十二期)上市交易的通知	上证函〔2015〕2033号
1349	关于2015年广东省政府一般债券(十三期)上市交易的通知	上证函〔2015〕2034号
1350	关于2015年广东省政府一般债券(十四期)上市交易的通知	上证函〔2015〕2035号
1351	关于2015年广东省政府一般债券(十五期)上市交易的通知	上证函〔2015〕2036号
1352	关于2015年广东省政府一般债券(十六期)上市交易的通知	上证函〔2015〕2037号
1353	关于2015年天津市政府专项债券(四期)上市交易的通知	上证函〔2015〕2038号
1354	关于2015年天津市政府专项债券(五期)上市交易的通知	上证函〔2015〕2039号
1355	关于2015年天津市政府专项债券(六期)上市交易的通知	上证函〔2015〕2040号
1356	关于2015年天津市政府一般债券(九期)上市交易的通知	上证函〔2015〕2041号
1357	关于2015年天津市政府一般债券(十期)上市交易的通知	上证函〔2015〕2042号
1358	关于2015年天津市政府一般债券(十一期)上市交易的通知	上证函〔2015〕2043号
1359	关于2015年天津市政府一般债券(十二期)上市交易的通知	上证函〔2015〕2044号
1360	关于2015年记账式贴现(十四期)国债上市交易的通知	上证函〔2015〕2045号
1361	关于江西赣粤高速公路股份有限公司2015年公司债券(第二期)上市交易的通知	自律监管决定书〔2015〕379号
1362	关于2015年丽水市城市建设发展有限公司公司债券上市交易的通知	自律监管决定书〔2015〕380号
1363	关于2015年福建省连江县国有资产营运有限公司公司债券上市交易的通知	自律监管决定书〔2015〕381号
1364	关于2015年昌邑市经济开发投资公司小微企业增信集合债券上市交易的通知	自律监管决定书〔2015〕382号
1365	关于2015年内江投资控股集团有限公司小微企业增信集合债券上市交易的通知	自律监管决定书〔2015〕383号
1366	关于对同信证券平安普惠小贷资产支持证券挂牌转让无异议的函	上证函〔2015〕2047号
1367	关于对天津临港投资控股有限公司非公开发行公司债券挂牌转让无异议的函	上证函〔2015〕2048号
1368	关于对遵义市道路桥梁工程有限责任公司非公开发行公司债券挂牌转让无异议的函	上证函〔2015〕2049号
1369	关于对江东控股集团有限责任公司非公开发行公司债券挂牌转让无异议的函	上证函〔2015〕2050号
1370	关于对南宁威宁投资集团有限责任公司非公开发行公司债券挂牌转让无异议的函	上证函〔2015〕2051号
1371	关于对嘉兴市湘家荡发展投资集团有限公司非公开发行公司债券挂牌转让无异议的函	上证函〔2015〕2052号
1372	关于对淮安市水利资产经营有限公司非公开发行公司债券挂牌转让无异议的函	上证函〔2015〕2053号
1373	关于对西宁特殊钢股份有限公司非公开发行公司债券挂牌转让无异议的函	上证函〔2015〕2054号

续表

序号	标题	文号
1374	关于对华夏幸福基业股份有限公司非公开发行公司债券挂牌转让无异议的函	上证函〔2015〕2055 号
1375	关于对五洋建设集团股份有限公司非公开发行公司债券挂牌转让无异议的函	上证函〔2015〕2056 号
1376	关于 2015 年记账式附息(十九期)国债(续发 1)预发行交易的通知	上证函〔2015〕2057 号
1377	关于对河南天辰环保科技股份有限公司非公开发行公司债券挂牌转让无异议的函	上证函〔2015〕2058 号
1378	关于对济南高新控股集团有限公司非公开发行公司债券挂牌转让无异议的函	上证函〔2015〕2059 号
1379	关于对长沙市望城区城市建设投资集团有限公司非公开发行公司债券挂牌转让无异议的函	上证函〔2015〕2060 号
1380	关于对湖南洞庭资源开发有限公司非公开发行公司债券挂牌转让无异议的函	上证函〔2015〕2061 号
1381	关于 2015 年山西省政府专项债券(一期)上市交易的通知	上证函〔2015〕2063 号
1382	关于 2015 年山西省政府专项债券(二期)上市交易的通知	上证函〔2015〕2064 号
1383	关于 2015 年山西省政府一般债券(五期)上市交易的通知	上证函〔2015〕2065 号
1384	关于 2015 年山西省政府一般债券(六期)上市交易的通知	上证函〔2015〕2066 号
1385	关于 2015 年山西省政府一般债券(七期)上市交易的通知	上证函〔2015〕2067 号
1386	关于 2015 年山西省政府一般债券(八期)上市交易的通知	上证函〔2015〕2068 号
1387	关于 2015 年河南省政府专项债券(五期)上市交易的通知	上证函〔2015〕2069 号
1388	关于 2015 年河南省政府专项债券(六期)上市交易的通知	上证函〔2015〕2070 号
1389	关于 2015 年河南省政府专项债券(七期)上市交易的通知	上证函〔2015〕2071 号
1390	关于 2015 年河南省政府专项债券(八期)上市交易的通知	上证函〔2015〕2072 号
1391	关于 2015 年河南省政府一般债券(九期)上市交易的通知	上证函〔2015〕2073 号
1392	关于 2015 年河南省政府一般债券(十期)上市交易的通知	上证函〔2015〕2074 号
1393	关于 2015 年河南省政府一般债券(十一期)上市交易的通知	上证函〔2015〕2075 号
1394	关于 2015 年河南省政府一般债券(十二期)上市交易的通知	上证函〔2015〕2076 号
1395	关于对中铁租赁一期资产支持证券挂牌转让无异议的函	上证函〔2015〕2077 号
1396	关于对中民国际租赁一期资产支持证券挂牌转让无异议的函	上证函〔2015〕2090 号
1397	关于对金坛市惠金建设投资发展有限公司非公开发行公司债券挂牌转让无异议的函	上证函〔2015〕2091 号
1398	关于对中山市城市建设投资集团有限公司非公开发行公司债券挂牌转让无异议的函	上证函〔2015〕2092 号
1399	关于对重庆市涪陵交通旅游建设投资集团有限公司非公开发行公司债券挂牌转让无异议的函	上证函〔2015〕2093 号
1400	关于对广西玉柴机器集团有限公司非公开发行公司债券挂牌转让无异议的函	上证函〔2015〕2094 号

续表

序号	标题	文号
1401	关于对江苏博融农业发展有限公司非公开发行公司债券挂牌转让无异议的函	上证函〔2015〕2095号
1402	关于对苏州科技城发展有限公司非公开发行公司债券挂牌转让无异议的函	上证函〔2015〕2096号
1403	关于对湖南南庭投资有限公司非公开发行公司债券挂牌转让无异议的函	上证函〔2015〕2097号
1404	关于对长春城投建设投资有限公司非公开发行公司债券挂牌转让无异议的函	上证函〔2015〕2098号
1405	关于对泰兴市智光环保科技有限公司非公开发行公司债券挂牌转让无异议的函	上证函〔2015〕2100号
1406	关于对无锡沪宁城铁惠山站区投资开发建设有限公司非公开发行公司债券挂牌转让无异议的函	上证函〔2015〕2101号
1407	关于对福建省莆田新美食品有限公司非公开发行公司债券挂牌转让无异议的函	上证函〔2015〕2102号
1408	关于对苏宁电器集团有限公司非公开发行公司债券挂牌转让无异议的函	上证函〔2015〕2103号
1409	关于对国君资管恒信3号资产支持证券挂牌转让无异议的函	上证函〔2015〕2104号
1410	关于对齐鲁资管先锋租赁一期资产支持证券挂牌转让无异议的函	上证函〔2015〕2105号
1411	关于对南京东南国资投资集团有限责任公司非公开发行公司债券挂牌转让无异议的函	上证函〔2015〕2106号
1412	关于对威海市国有资本运营有限公司非公开发行公司债券挂牌转让无异议的函	上证函〔2015〕2107号
1413	关于对开滦（集团）有限责任公司非公开发行公司债券挂牌转让无异议的函	上证函〔2015〕2108号
1414	关于对无锡惠憬城市发展有限公司非公开发行公司债券挂牌转让无异议的函	上证函〔2015〕2109号
1415	关于对新郑市政通投资控股有限公司非公开发行公司债券挂牌转让无异议的函	上证函〔2015〕2110号
1416	关于对苏州高新区经济发展集团总公司非公开发行公司债券挂牌转让无异议的函	上证函〔2015〕2111号
1417	关于对醴陵供水收费收益权资产支持证券挂牌转让无异议的函	上证函〔2015〕2112号
1418	关于对平安国际租赁一期资产支持证券挂牌转让无异议的函	上证函〔2015〕2113号
1419	关于对呼和浩特公共交通总公司公交经营收费收益权资产支持证券挂牌转让无异议的函	上证函〔2015〕2114号
1420	关于对津桥学院资产支持证券挂牌转让无异议的函	上证函〔2015〕2115号
1421	关于2015年江苏省政府一般债券（九期）上市交易的通知	上证函〔2015〕2116号
1422	关于2015年江苏省政府一般债券（十期）上市交易的通知	上证函〔2015〕2117号
1423	关于2015年江苏省政府一般债券（十一期）上市交易的通知	上证函〔2015〕2118号
1424	关于2015年江苏省政府一般债券（十二期）上市交易的通知	上证函〔2015〕2119号
1425	关于2015年江苏省政府专项债券（八期）上市交易的通知	上证函〔2015〕2120号

续表

序号	标题	文号
1426	关于2015年江苏省政府专项债券(九期)上市交易的通知	上证函〔2015〕2121号
1427	关于2015年江苏省政府专项债券(十期)上市交易的通知	上证函〔2015〕2122号
1428	关于2015年江苏省政府专项债券(十一期)上市交易的通知	上证函〔2015〕2123号
1429	关于2015年贵州省政府专项债券(一期)上市交易的通知	上证函〔2015〕2124号
1430	关于2015年贵州省政府专项债券(二期)上市交易的通知	上证函〔2015〕2125号
1431	关于2015年贵州省政府专项债券(三期)上市交易的通知	上证函〔2015〕2126号
1432	关于2015年贵州省政府专项债券(四期)上市交易的通知	上证函〔2015〕2127号
1433	关于2015年云南省政府一般债券(九期)上市交易的通知	上证函〔2015〕2128号
1434	关于2015年云南省政府一般债券(十期)上市交易的通知	上证函〔2015〕2129号
1435	关于2015年云南省政府一般债券(十一期)上市交易的通知	上证函〔2015〕2130号
1436	关于2015年云南省政府一般债券(十二期)上市交易的通知	上证函〔2015〕2131号
1437	关于2015年云南省政府专项债券(九期)上市交易的通知	上证函〔2015〕2132号
1438	关于2015年云南省政府专项债券(十期)上市交易的通知	上证函〔2015〕2133号
1439	关于2015年云南省政府专项债券(十一期)上市交易的通知	上证函〔2015〕2134号
1440	关于2015年云南省政府专项债券(十二期)上市交易的通知	上证函〔2015〕2135号
1441	关于2015年内蒙古自治区政府一般债券(九期)上市交易的通知	上证函〔2015〕2136号
1442	关于2015年内蒙古自治区政府一般债券(十期)上市交易的通知	上证函〔2015〕2137号
1443	关于2015年内蒙古自治区政府一般债券(十一期)上市交易的通知	上证函〔2015〕2138号
1444	关于2015年内蒙古自治区政府一般债券(十二期)上市交易的通知	上证函〔2015〕2139号
1445	关于2015年内蒙古自治区政府专项债券(五期)上市交易的通知	上证函〔2015〕2140号
1446	关于2015年内蒙古自治区政府专项债券(六期)上市交易的通知	上证函〔2015〕2141号
1447	关于2015年内蒙古自治区政府专项债券(七期)上市交易的通知	上证函〔2015〕2142号
1448	关于2015年内蒙古自治区政府专项债券(八期)上市交易的通知	上证函〔2015〕2143号
1449	关于2015年记账式贴现(十五期)国债上市交易的通知	上证函〔2015〕2144号
1450	关于2015年记账式附息(二十六期)国债(续发1)预发行交易的通知	上证函〔2015〕2145号
1451	关于2015年记账式附息(二十七期)国债上市交易的通知	上证函〔2015〕2146号
1452	关于对重庆市黔江区城市建设投资(集团)有限公司非公开发行公司债券挂牌转让无异议的函	上证函〔2015〕2149号
1453	关于对山东博汇纸业股份有限公司非公开发行公司债券挂牌转让无异议的函	上证函〔2015〕2150号
1454	关于2015年牡丹江新区城市投资有限公司公司债券上市交易的通知	自律监管决定书〔2015〕384号
1455	关于广东粤运交通股份有限公司2014年公司债券(第一期)上市交易的通知	自律监管决定书〔2015〕385号

续表

序号	标题	文号
1456	关于2015年阿拉尔市西北兴业城市建设投资有限公司公司债券上市交易的通知	自律监管决定书〔2015〕386号
1457	关于对汇富扬州汽运客运经营收费收益权资产支持证券挂牌转让无异议的函	上证函〔2015〕2157号
1458	关于对远东五期资产支持证券挂牌转让无异议的函	上证函〔2015〕2158号
1459	关于对余姚天然气收费收益权资产支持证券挂牌转让无异议的函	上证函〔2015〕2159号
1460	关于对兴证资管－奥克斯租赁2015年第二期资产支持证券挂牌转让无异议的函	上证函〔2015〕2176号
1461	关于对济源市济晋高速公路有限公司非公开发行公司债券挂牌转让无异议的函	上证函〔2015〕2177号
1462	关于对泗洪县宏源公有资产经营有限公司非公开发行公司债券挂牌转让无异议的函	上证函〔2015〕2178号
1463	关于对海安县力源投资有限公司非公开发行公司债券挂牌转让无异议的函	上证函〔2015〕2179号
1464	关于对绵阳科技城发展投资(集团)有限公司非公开发行公司债券挂牌转让无异议的函	上证函〔2015〕2180号
1465	关于对漳州市交通发展集团有限公司非公开发行公司债券挂牌转让无异议的函	上证函〔2015〕2181号
1466	关于对贵州长顺久安产业发展有限公司非公开发行公司债券挂牌转让无异议的函	上证函〔2015〕2182号
1467	关于2015年厦门市政府专项债券(三期)上市交易的通知	上证函〔2015〕2183号
1468	关于2015年厦门市政府专项债券(四)上市交易的通知	上证函〔2015〕2184号
1469	关于2015年厦门市政府一般债券(五期)上市交易的通知	上证函〔2015〕2185号
1470	关于2015年厦门市政府一般债券(六期)上市交易的通知	上证函〔2015〕2186号
1471	关于2015年厦门市政府一般债券(七期)上市交易的通知	上证函〔2015〕2187号
1472	关于2015年厦门市政府一般债券(八期)上市交易的通知	上证函〔2015〕2188号
1473	关于2015年宁波市政府一般债券(五期)上市交易的通知	上证函〔2015〕2189号
1474	关于2015年宁波市政府一般债券(六期)上市交易的通知	上证函〔2015〕2190号
1475	关于2015年宁波市政府一般债券(七期)上市交易的通知	上证函〔2015〕2191号
1476	关于2015年宁波市政府一般债券(八期)上市交易的通知	上证函〔2015〕2192号
1477	关于2015年宁波市政府专项债券(五期)上市交易的通知	上证函〔2015〕2193号
1478	关于2015年宁波市政府专项债券(六期)上市交易的通知	上证函〔2015〕2194号
1479	关于2015年宁波市政府专项债券(七期)上市交易的通知	上证函〔2015〕2195号
1480	关于2015年宁波市政府专项债券(八期)上市交易的通知	上证函〔2015〕2196号
1481	关于2015年陕西东岭工贸集团股份有限公司公司债券上市交易的通知	自律监管决定书〔2015〕387号
1482	关于对宝信租赁五期资产支持证券挂牌转让无异议的函	上证函〔2015〕2197号

续表

序号	标题	文号
1483	关于对哈尔滨物业供热集团热费收益权一期资产支持证券挂牌转让无异议的函	上证函〔2015〕2198 号
1484	关于对南通国有资产投资控股有限公司非公开发行公司债券挂牌转让无异议的函	上证函〔2015〕2199 号
1485	关于对甘肃刚泰控股(集团)股份有限公司非公开发行公司债券挂牌转让无异议的函	上证函〔2015〕2200 号
1486	关于对铜仁市水务投资有限责任公司非公开发行公司债券挂牌转让无异议的函	上证函〔2015〕2201 号
1487	关于对新沂市交通投资有限公司非公开发行公司债券挂牌转让无异议的函	上证函〔2015〕2202 号
1488	关于对广西铁路投资(集团)有限公司非公开发行公司债券挂牌转让无异议的函	上证函〔2015〕2203 号
1489	关于对融信(福建)投资集团有限公司非公开发行公司债券挂牌转让无异议的函	上证函〔2015〕2204 号
1490	关于对四川金鼎产融控股有限公司非公开发行公司债券挂牌转让无异议的函	上证函〔2015〕2206 号
1491	关于对南京市交通建设投资控股(集团)有限责任公司非公开发行公司债券挂牌转让无异议的函	上证函〔2015〕2207 号
1492	关于对山西能源交通投资有限公司非公开发行公司债券挂牌转让无异议的函	上证函〔2015〕2208 号
1493	关于对中安消股份有限公司非公开发行公司债券挂牌转让无异议的函	上证函〔2015〕2209 号
1494	关于对华融天泽投资有限公司非公开发行公司债券挂牌转让无异议的函	上证函〔2015〕2210 号
1495	关于对深圳市优凯思投资顾问有限公司非公开发行公司债券挂牌转让无异议的函	上证函〔2015〕2211 号
1496	关于对北京首都创业集团有限公司非公开发行公司债券挂牌转让无异议的函	上证函〔2015〕2212 号
1497	关于对富阳公交经营收费收益权资产支持证券挂牌转让无异议的函	上证函〔2015〕2213 号
1498	关于 2015 年黑龙江省政府专项债券(四期)上市交易的通知	上证函〔2015〕2214 号
1499	关于 2015 年黑龙江省政府专项债券(五期)上市交易的通知	上证函〔2015〕2215 号
1500	关于 2015 年黑龙江省政府一般债券(五期)上市交易的通知	上证函〔2015〕2216 号
1501	关于 2015 年黑龙江省政府一般债券(六期)上市交易的通知	上证函〔2015〕2217 号
1502	关于 2015 年黑龙江省政府一般债券(七期)上市交易的通知	上证函〔2015〕2218 号
1503	关于 2015 年黑龙江省政府一般债券(八期)上市交易的通知	上证函〔2015〕2219 号
1504	关于 2015 年陕西省政府专项债券(九期)上市交易的通知	上证函〔2015〕2220 号
1505	关于 2015 年陕西省政府专项债券(十期)上市交易的通知	上证函〔2015〕2221 号
1506	关于 2015 年陕西省政府专项债券(十一期)上市交易的通知	上证函〔2015〕2222 号
1507	关于 2015 年陕西省政府专项债券(十二期)上市交易的通知	上证函〔2015〕2223 号
1508	关于 2015 年陕西省政府一般债券(九期)上市交易的通知	上证函〔2015〕2224 号

续表

序号	标题	文号
1509	关于2015年陕西省政府一般债券(十期)上市交易的通知	上证函〔2015〕2225号
1510	关于2015年陕西省政府一般债券(十一期)上市交易的通知	上证函〔2015〕2226号
1511	关于2015年陕西省政府一般债券(十二期)上市交易的通知	上证函〔2015〕2227号
1512	关于2015年记账式贴现(十六期)国债上市交易的通知	上证函〔2015〕2228号
1513	关于2015年记账式贴现(十七期)国债上市交易的通知	上证函〔2015〕2229号
1514	关于对国都证券-金坤小贷一期资产支持证券挂牌转让无异议的函	上证函〔2015〕2230号
1515	关于对仁寿县资产经营有限公司非公开发行公司债券挂牌转让无异议的函	上证函〔2015〕2231号
1516	关于对成都市润弘投资有限公司非公开发行公司债券挂牌转让无异议的函	上证函〔2015〕2232号
1517	关于对浙江金汇五金产业有限公司非公开发行公司债券挂牌转让无异议的函	上证函〔2015〕2233号
1518	关于对重庆国信投资控股有限公司非公开发行公司债券挂牌转让无异议的函	上证函〔2015〕2234号
1519	关于对赫章县产业园区经营贸易有限公司非公开发行公司债券挂牌转让无异议的函	上证函〔2015〕2235号
1520	关于对遵义红色旅游(集团)有限公司非公开发行公司债券挂牌转让无异议的函	上证函〔2015〕2236号
1521	关于2015年徐州市新盛建设发展投资有限公司公司债券上市交易的通知	自律监管决定书〔2015〕388号
1522	关于2015年邳州经济开发区经发建设有限公司公司债券上市交易的通知	自律监管决定书〔2015〕389号
1523	关于2015年山东魏桥铝电有限公司公司债券上市交易的通知	自律监管决定书〔2015〕390号
1524	关于2015年南通高新技术产业开发区总公司企业债券上市交易的通知	自律监管决定书〔2015〕391号
1525	关于2015年记账式附息(二十二期)国债(续发2)预发行交易的通知	上证函〔2015〕2238号
1526	关于对华泰聚信租赁三期资产支持证券挂牌转让无异议的函	上证函〔2015〕2242号
1527	关于2015年大连市政府一般债券(五期)上市交易的通知	上证函〔2015〕2244号
1528	关于2015年大连市政府一般债券(六期)上市交易的通知	上证函〔2015〕2245号
1529	关于2015年大连市政府一般债券(七期)上市交易的通知	上证函〔2015〕2246号
1530	关于2015年大连市政府一般债券(八期)上市交易的通知	上证函〔2015〕2247号
1531	关于2015年大连市政府专项债券(五期)上市交易的通知	上证函〔2015〕2248号
1532	关于2015年大连市政府专项债券(六期)上市交易的通知	上证函〔2015〕2249号
1533	关于2015年大连市政府专项债券(七期)上市交易的通知	上证函〔2015〕2250号
1534	关于2015年大连市政府专项债券(八期)上市交易的通知	上证函〔2015〕2251号
1535	关于对黔南州投资有限公司非公开发行公司债券挂牌转让无异议的函	上证函〔2015〕2252号
1536	关于对北京建工环境发展有限责任公司非公开发行公司债券挂牌转让无异议的函	上证函〔2015〕2253号

续表

序号	标题	文号
1537	关于对江苏盛泽投资有限公司非公开发行公司债券挂牌转让无异议的函	上证函〔2015〕2254 号
1538	关于对武汉道博股份有限公司非公开发行公司债券挂牌转让无异议的函	上证函〔2015〕2255 号
1539	关于 2015 年贵阳公路桥梁工程有限公司公司债券上市交易的通知	自律监管决定书〔2015〕393 号
1540	关于对芜湖宜居投资(集团)有限公司非公开发行公司债券挂牌转让无异议的函	上证函〔2015〕2266 号
1541	关于对天津劝业场(集团)股份有限公司非公开发行公司债券挂牌转让无异议的函	上证函〔2015〕2267 号
1542	关于对华科租赁二期资产支持证券挂牌转让无异议的函	上证函〔2015〕2273 号
1543	关于对柳州东通投资发展有限公司非公开发行公司债券挂牌转让无异议的函	上证函〔2015〕2274 号
1544	关于对北京华业资本控股股份有限公司非公开发行公司债券挂牌转让无异议的函	上证函〔2015〕2275 号
1545	关于对吉林市铁路投资开发有限公司非公开发行公司债券挂牌转让无异议的函	上证函〔2015〕2276 号
1546	关于对美克投资集团有限公司非公开发行公司债券挂牌转让无异议的函	上证函〔2015〕2277 号
1547	关于对恒泰浩睿 - 海航浦发大厦资产支持证券挂牌转让无异议的函	上证函〔2015〕2282 号
1548	关于对广州番禺海怡房地产开发有限公司非公开发行公司债券挂牌转让无异议的函	上证函〔2015〕2283 号
1549	关于对贵州遵义高速公路建设投资有限公司非公开发行公司债券挂牌转让无异议的函	上证函〔2015〕2284 号
1550	关于对南京浦口城乡建设集团有限公司非公开发行公司债券挂牌转让无异议的函	上证函〔2015〕2285 号
1551	关于对山东高创建设投资集团有限公司非公开发行公司债券挂牌转让无异议的函	上证函〔2015〕2287 号
1552	关于对大连花园口投资有限公司非公开发行公司债券挂牌转让无异议的函	上证函〔2015〕2288 号
1553	关于对凉山州国有投资发展有限责任公司非公开发行公司债券挂牌转让无异议的函	上证函〔2015〕2289 号
1554	关于对毕节市碧海新区建设投资有限责任公司非公开发行公司债券挂牌转让无异议的函	上证函〔2015〕2290 号
1555	关于对广州金融控股集团有限公司非公开发行公司债券挂牌转让无异议的函	上证函〔2015〕2298 号
1556	关于对庞大汽贸集团股份有限公司非公开发行公司债券挂牌转让无异议的函	上证函〔2015〕2299 号
1557	关于对北京天恒置业集团有限公司非公开发行公司债券挂牌转让无异议的函	上证函〔2015〕2319 号
1558	关于对中信房地产股份有限公司非公开发行公司债券挂牌转让无异议的函	上证函〔2015〕2320 号

续表

序号	标题	文号
1559	关于对鼎立控股集团股份有限公司非公开发行公司债券挂牌转让无异议的函	上证函〔2015〕2321号
1560	关于对丹阳市开发区高新技术产业发展有限公司非公开发行公司债券挂牌转让无异议的函	上证函〔2015〕2322号
1561	关于对寿光市金海投资开发有限公司非公开发行公司债券挂牌转让无异议的函	上证函〔2015〕2323号
1562	关于2015年吉林省政府专项债券(一期)上市交易的通知	上证函〔2015〕2300号
1563	关于2015年吉林省政府专项债券(二期)上市交易的通知	上证函〔2015〕2301号
1564	关于2015年吉林省政府专项债券(三期)上市交易的通知	上证函〔2015〕2302号
1565	关于2015年吉林省政府专项债券(四期)上市交易的通知	上证函〔2015〕2303号
1566	关于2015年湖南省政府一般债券(五期)上市交易的通知	上证函〔2015〕2304号
1567	关于2015年湖南省政府一般债券(六期)上市交易的通知	上证函〔2015〕2305号
1568	关于2015年湖南省政府一般债券(七期)上市交易的通知	上证函〔2015〕2306号
1569	关于2015年湖南省政府一般债券(八期)上市交易的通知	上证函〔2015〕2307号
1570	关于2015年北京市政府一般债券(五期)上市交易的通知	上证函〔2015〕2308号
1571	关于2015年北京市政府一般债券(六期)上市交易的通知	上证函〔2015〕2309号
1572	关于2015年北京市政府一般债券(七期)上市交易的通知	上证函〔2015〕2310号
1573	关于2015年北京市政府一般债券(八期)上市交易的通知	上证函〔2015〕2311号
1574	关于2015年北京市政府专项债券(五期)上市交易的通知	上证函〔2015〕2312号
1575	关于2015年北京市政府专项债券(六期)上市交易的通知	上证函〔2015〕2313号
1576	关于2015年北京市政府专项债券(七期)上市交易的通知	上证函〔2015〕2314号
1577	关于2015年北京市政府专项债券(八期)上市交易的通知	上证函〔2015〕2315号
1578	关于2015年北京市政府专项债券(九期)上市交易的通知	上证函〔2015〕2316号
1579	关于2015年记账式贴现(十八期)国债上市交易的通知	上证函〔2015〕2317号
1580	关于2015年记账式附息(二十八期)国债上市交易的通知	上证函〔2015〕2318号
1581	关于对浙江西塘旅游文化发展有限公司非公开发行公司债券挂牌转让无异议的函	上证函〔2015〕2325号
1582	关于对力帆租赁一期资产支持证券挂牌转让无异议的函	上证函〔2015〕2326号
1583	关于2015年记账式附息(十九期)国债(续发2)预发行交易的通知	上证函〔2015〕2329号
1584	关于2015年吉林省政府一般债券(五期)上市交易的通知	上证函〔2015〕2330号
1585	关于2015年吉林省政府一般债券(六期)上市交易的通知	上证函〔2015〕2331号
1586	关于2015年吉林省政府一般债券(七期)上市交易的通知	上证函〔2015〕2332号
1587	关于2015年吉林省政府一般债券(八期)上市交易的通知	上证函〔2015〕2333号
1588	关于2015年第一期长沙天心城市建设投资开发集团有限公司公司债券上市交易的通知	自律监管决定书〔2015〕394号

续表

序号	标题	文号
1589	关于2015年茂名港集团有限公司公司债券上市交易的通知	自律监管决定书〔2015〕395号
1590	关于2015年山东任城融鑫发展有限公司小微企业增信集合债券上市交易的通知	自律监管决定书〔2015〕396号
1591	关于对中国银河证券股份有限公司2015年非公开发行证券公司短期公司债券(第五期)挂牌转让无异议的函	上证函〔2015〕2334号
1592	关于对中国银河证券股份有限公司2015年非公开发行次级债券(第六期)挂牌转让无异议的函	上证函〔2015〕2335号
1593	关于对杭州正才控股集团有限公司非公开发行公司债券挂牌转让无异议的函	上证函〔2015〕2336号
1594	关于对湖南财信投资控股有限责任公司非公开发行公司债券挂牌转让无异议的函	上证函〔2015〕2338号
1595	关于对双鸭山市大地城市建设开发投资有限公司非公开发行公司债券挂牌转让无异议的函	上证函〔2015〕2340号
1596	关于对广西桂东电力股份有限公司非公开发行公司债券挂牌转让无异议的函	上证函〔2015〕2341号
1597	关于对昆山花桥国际商务城资产经营有限公司非公开发行公司债券挂牌转让无异议的函	上证函〔2015〕2342号
1598	关于对宝龙地产控股有限公司非公开发行公司债券挂牌转让无异议的函	上证函〔2015〕2355号
1599	关于对湖北省铁路建设投资集团有限责任公司非公开发行公司债券挂牌转让无异议的函	上证函〔2015〕2356号
1600	关于对重庆大足国有资产经营管理集团有限公司非公开发行公司债券挂牌转让无异议的函	上证函〔2015〕2357号
1601	关于2015年上海市政府一般债券(八期)上市交易的通知	上证函〔2015〕2358号
1602	关于2015年上海市政府一般债券(九期)上市交易的通知	上证函〔2015〕2359号
1603	关于2015年山东省政府一般债券(十三期)上市交易的通知	上证函〔2015〕2360号
1604	关于2015年山东省政府一般债券(十四期)上市交易的通知	上证函〔2015〕2361号
1605	关于2015年山东省政府一般债券(十五期)上市交易的通知	上证函〔2015〕2362号
1606	关于2015年山东省政府一般债券(十六期)上市交易的通知	上证函〔2015〕2363号
1607	关于2015年贵州省政府专项债券(五期)上市交易的通知	上证函〔2015〕2364号
1608	关于2015年贵州省政府专项债券(六期)上市交易的通知	上证函〔2015〕2365号
1609	关于2015年贵州省政府专项债券(七期)上市交易的通知	上证函〔2015〕2366号
1610	关于2015年贵州省政府专项债券(八期)上市交易的通知	上证函〔2015〕2367号
1611	关于2015年贵州省政府一般债券(十三期)上市交易的通知	上证函〔2015〕2368号
1612	关于2015年贵州省政府一般债券(十四期)上市交易的通知	上证函〔2015〕2369号
1613	关于2015年贵州省政府一般债券(十五期)上市交易的通知	上证函〔2015〕2370号
1614	关于2015年贵州省政府一般债券(十六期)上市交易的通知	上证函〔2015〕2371号

续表

序号	标题	文号
1615	关于对碧桂园控股有限公司非公开发行关于对碧桂园控股有限公司非公开发行	上证函〔2015〕2373 号
1616	关于 2015 年大同市经济建设投资有限责任公司公司债券上市交易的通知	自律监管决定书〔2015〕397 号
1617	关于 2015 年浏阳市工业新城建设开发有限公司公司债券上市交易的通知	自律监管决定书〔2015〕398 号
1618	关于 2015 年淄博般阳城市资产经营有限公司公司债券上市交易的通知	自律监管决定书〔2015〕399 号
1619	关于 2015 年邵武市城建国有资产投资营运有限公司公司债券上市交易的通知	自律监管决定书〔2015〕400 号
1620	关于 2015 年第二期国家电网公司企业债券上市交易的通知	自律监管决定书〔2015〕401 号
1621	关于 2015 年贵州凯里经济开发区开元城市投资开发有限责任公司小微企业增信集合债券上市交易的通知	自律监管决定书〔2015〕402 号
1622	关于对瑞茂通供应链管理股份有限公司非公开发行公司债券挂牌转让无异议的函	上证函〔2015〕2375 号
1623	关于对泰州市姜堰城市建设投资发展有限公司非公开发行公司债券挂牌转让无异议的函	上证函〔2015〕2376 号
1624	关于对腾达建设集团股份有限公司非公开发行公司债券挂牌转让无异议的函	上证函〔2015〕2377 号
1625	关于对精工控股集团有限公司非公开发行公司债券挂牌转让无异议的函	上证函〔2015〕2378 号
1626	关于对复地物业资产支持证券挂牌转让无异议的函	上证函〔2015〕2379 号
1627	关于对郑州地产集团有限公司非公开发行公司债券挂牌转让无异议的函	上证函〔2015〕2381 号
1628	关于对郴州高科投资控股有限公司非公开发行公司债券挂牌转让无异议的函	上证函〔2015〕2382 号
1629	关于对启迪控股股份有限公司非公开发行公司债券挂牌转让无异议的函	上证函〔2015〕2383 号
1630	关于对洛阳市政建设集团有限公司非公开发行公司债券挂牌转让无异议的函	上证函〔2015〕2384 号
1631	关于对大连星海湾金融商务区投资管理股份有限公司非公开发行公司债券挂牌转让无异议的函	上证函〔2015〕2385 号
1632	关于对柳州东城投资开发有限公司非公开发行公司债券挂牌转让无异议的函	上证函〔2015〕2386 号
1633	关于对郑州市建设投资集团有限公司非公开发行公司债券挂牌转让无异议的函	上证函〔2015〕2387 号
1634	关于对中国银河证券股份有限公司非公开发行公司债券挂牌转让无异议的函	上证函〔2015〕2388 号
1635	关于对海通期货有限公司 2015 年次级债券挂牌转让无异议的函	上证函〔2015〕2389 号
1636	关于对中国电建地产集团有限公司非公开发行公司债券挂牌转让无异议的函	上证函〔2015〕2390 号
1637	关于 2015 年浙江省政府一般债券（十三期）上市交易的通知	上证函〔2015〕2392 号

续表

序号	标题	文号
1638	关于2015年浙江省政府一般债券(十四期)上市交易的通知	上证函〔2015〕2393号
1639	关于2015年浙江省政府一般债券(十五期)上市交易的通知	上证函〔2015〕2394号
1640	关于2015年浙江省政府一般债券(十六期)上市交易的通知	上证函〔2015〕2395号
1641	关于2015年记账式贴现(十九期)国债上市交易的通知	上证函〔2015〕2396号
1642	关于2015年河池市城市投资建设发展有限公司公司债券上市交易的通知	自律监管决定书〔2015〕405号
1643	关于2015年记账式附息(二十三期)国债(续发2)预发行交易的通知	上证函〔2015〕2397号
1644	关于对大同煤矿集团轩岗煤电有限责任公司非公开发行公司债券挂牌转让无异议的函	上证函〔2015〕2400号
1645	关于对贵州多彩贵州城建设经营有限公司非公开发行公司债券挂牌转让无异议的函	上证函〔2015〕2401号
1646	关于对常德公交客运收费权资产支持证券挂牌转让无异议的函	上证函〔2015〕2412号
1647	关于对高密天然气收费收益权资产支持证券挂牌转让无异议的函	上证函〔2015〕2413号
1648	关于对广发恒进－平安租赁资产支持证券挂牌转让无异议的函	上证函〔2015〕2414号
1649	关于对中银国际－金坤小贷三期资产支持证券挂牌转让无异议的函	上证函〔2015〕2415号
1650	关于安源煤业集团股份有限公司2014年公司债券上市交易的通知	自律监管决定书〔2015〕406号
1651	关于2015年任丘市建设投资集团有限公司公司债券上市交易的通知	自律监管决定书〔2015〕407号
1652	关于对昆明西公路枢纽客运代理费资产支持证券挂牌转让无异议的函	上证函〔2015〕2416号
1653	关于对常德市鼎力实业有限公司非公开发行公司债券挂牌转让无异议的函	上证函〔2015〕2417号
1654	关于对中期集团有限公司非公开发行公司债券挂牌转让无异议的函	上证函〔2015〕2418号
1655	关于对衡阳白沙洲开发建设投资有限公司非公开发行公司债券挂牌转让无异议的函	上证函〔2015〕2419号
1656	关于对锦州华信资产经营(集团)有限公司非公开发行公司债券挂牌转让无异议的函	上证函〔2015〕2420号
1657	关于对世茂房地产控股有限公司非公开发行公司债券挂牌转让无异议的函	上证函〔2015〕2421号
1658	关于对自贡市高新投资有限公司非公开发行公司债券挂牌转让无异议的函	上证函〔2015〕2422号
1659	关于对山东滕建投资集团有限公司非公开发行公司债券挂牌转让无异议的函	上证函〔2015〕2423号
1660	关于对北银丰业赣发租赁一期资产支持证券挂牌转让无异议的函	上证函〔2015〕2432号
1661	关于对东北证券－德善精选小贷一期资产支持证券挂牌转让无异议的函	上证函〔2015〕2433号
1662	关于对济钢租赁一期资产支持证券挂牌转让无异议的函	上证函〔2015〕2434号
1663	关于对大连长兴岛开发建设投资有限公司非公开发行公司债券挂牌转让无异议的函	上证函〔2015〕2437号

续表

序号	标题	文号
1664	关于对上海中城联盟投资管理股份有限公司非公开发行公司债券挂牌转让无异议的函	上证函〔2015〕2438号
1665	关于对苏州高新区自来水有限公司非公开发行公司债券挂牌转让无异议的函	上证函〔2015〕2439号
1666	关于对中龙建电力建设股份有限公司非公开发行公司债券挂牌转让无异议的函	上证函〔2015〕2440号
1667	关于对遂宁广利工业发展有限公司非公开发行公司债券挂牌转让无异议的函	上证函〔2015〕2441号
1668	关于2015年内蒙古自治区政府专项债券(九期)上市交易的通知	上证函〔2015〕2442号
1669	关于2015年内蒙古自治区政府专项债券(十期)上市交易的通知	上证函〔2015〕2443号
1670	关于2015年福建省政府专项债券(九期)上市交易的通知	上证函〔2015〕2444号
1671	关于2015年福建省政府专项债券(十期)上市交易的通知	上证函〔2015〕2445号
1672	关于2015年福建省政府一般债券(十七期)上市交易的通知	上证函〔2015〕2446号
1673	关于2015年福建省政府一般债券(十八期)上市交易的通知	上证函〔2015〕2447号
1674	关于2015年福建省政府一般债券(十九期)上市交易的通知	上证函〔2015〕2448号
1675	关于2015年福建省政府一般债券(二十期)上市交易的通知	上证函〔2015〕2449号
1676	关于2015年青岛市政府一般债券(九期)上市交易的通知	上证函〔2015〕2450号
1677	关于2015年青岛市政府一般债券(十期)上市交易的通知	上证函〔2015〕2451号
1678	关于2015年青岛市政府一般债券(十一期)上市交易的通知	上证函〔2015〕2452号
1679	关于2015年青岛市政府一般债券(十二期)上市交易的通知	上证函〔2015〕2453号
1680	关于2015年记账式贴现(二十期)国债上市交易的通知	上证函〔2015〕2454号
1681	关于2015年国泰租赁有限公司公司债券上市交易的通知	自律监管决定书〔2015〕414号
1682	关于2015年苍南县国有资产投资集团有限公司公司债券上市交易的通知	自律监管决定书〔2015〕415号
1683	关于对昆山经济技术开发区资产经营有限公司非公开发行公司债券挂牌转让无异议的函	上证函〔2015〕2455号
1684	关于对北京信威通信科技集团股份有限公司非公开发行公司债券挂牌转让无异议的函	上证函〔2015〕2456号
1685	关于对上海证券有限责任公司2015年非公开发行证券公司短期公司债券挂牌转让无异议的函	上证函〔2015〕2457号
1686	关于2015年内蒙古自治区政府一般债券(十三期)上市交易的通知	上证函〔2015〕2458号
1687	关于2015年内蒙古自治区政府一般债券(十四期)上市交易的通知	上证函〔2015〕2459号
1688	关于2015年内蒙古自治区政府一般债券(十五期)上市交易的通知	上证函〔2015〕2460号
1689	关于2015年内蒙古自治区政府一般债券(十六期)上市交易的通知	上证函〔2015〕2461号
1690	关于2015年记账式附息(二十六期)国债(续发2)预发行交易的通知	上证函〔2015〕2462号
1691	关于对汇通四期资产支持证券挂牌转让无异议的函	上证函〔2015〕2463号

续表

序号	标题	文号
1692	关于对兴乾2号三明住房公积金贷款资产支持证券挂牌转让无异议的函	上证函〔2015〕2464号
1693	关于对中国民生投资股份有限公司非公开发行公司债券挂牌转让无异议的函	上证函〔2015〕2465号
1694	关于对浙江长兴环太湖经济投资开发有限公司非公开发行公司债券挂牌转让无异议的函	上证函〔2015〕2466号
1695	关于对靖江市润新建设有限公司非公开发行公司债券挂牌转让无异议的函	上证函〔2015〕2467号
1696	关于对旭辉集团股份有限公司非公开发行公司债券挂牌转让无异议的函	上证函〔2015〕2468号
1697	关于对苏州市吴江城市投资发展有限公司非公开发行公司债券挂牌转让无异议的函	上证函〔2015〕2469号
1698	关于对中国铁建房地产集团有限公司非公开发行公司债券挂牌转让无异议的函	上证函〔2015〕2486号
1699	关于对无锡沪宁城铁惠山站区投资开发建设有限公司非公开发行公司债券挂牌转让无异议的函	上证函〔2015〕2487号
1700	关于对中华企业股份有限公司非公开发行公司债券挂牌转让无异议的函	上证函〔2015〕2488号
1701	关于对太原天然气燃气收费收益权资产支持证券挂牌转让无异议的函	上证函〔2015〕2489号
1702	关于2014年浙商财产保险股份有限公司次级定期债务(第一期)挂牌转让的函	上证函〔2015〕2491号
1703	关于2015年辽宁省政府一般债券(九期)上市交易的通知	上证函〔2015〕2492号
1704	关于2015年辽宁省政府一般债券(十期)上市交易的通知	上证函〔2015〕2493号
1705	关于2015年辽宁省政府一般债券(十一期)上市交易的通知	上证函〔2015〕2494号
1706	关于2015年辽宁省政府一般债券(十二期)上市交易的通知	上证函〔2015〕2495号
1707	关于对招商财富－中信富通租赁资产支持专项计划一号资产支持证券挂牌转让无异议的函	上证函〔2015〕2497号
1708	关于2015年天津市地下铁道集团有限公司公司债券上市交易的通知	自律监管决定书〔2015〕416号
1709	关于2015年曲靖市麒麟区城市建设投资开发有限公司公司债券上市交易的通知	自律监管决定书〔2015〕417号
1710	关于2015年内江市兴元实业有限责任公司小微企业增信集合债券上市交易的通知	自律监管决定书〔2015〕418号
1711	关于对贵阳凯宾斯基大酒店信托受益权资产支持证券挂牌转让无异议的函	上证函〔2015〕2498号
1712	关于对天津克林思达再生资源回收有限公司非公开发行公司债券挂牌转让无异议的函	上证函〔2015〕2499号
1713	关于对宝鸡市投资(集团)有限公司非公开发行公司债券挂牌转让无异议的函	上证函〔2015〕2500号
1714	关于对新光控股集团有限公司非公开发行公司债券挂牌转让无异议的函	上证函〔2015〕2501号

续表

序号	标题	文号
1715	关于对中国城市建设控股集团安徽有限公司非公开发行公司债券挂牌转让无异议的函	上证函〔2015〕2502 号
1716	关于对重庆市永川区兴永建设发展有限公司非公开发行公司债券挂牌转让无异议的函	上证函〔2015〕2503 号
1717	关于对云南保山苏帕河水电资产支持证券挂牌转让无异议的函	上证函〔2015〕2507 号
1718	关于对上饶市城市建设投资开发集团有限公司非公开发行公司债券挂牌转让无异议的函	上证函〔2015〕2508 号
1719	关于对重庆大足石刻国际旅游集团有限公司非公开发行公司债券挂牌转让无异议的函	上证函〔2015〕2509 号
1720	关于对安顺虹阳国有资产投资营运有限责任公司非公开发行公司债券挂牌转让无异议的函	上证函〔2015〕2510 号
1721	关于对重庆协信远创房地产开发有限公司非公开发行公司债券挂牌转让无异议的函	上证函〔2015〕2511 号
1722	关于对陕西旅游集团公司非公开发行公司债券挂牌转让无异议的函	上证函〔2015〕2512 号
1723	关于对瑞达期货股份有限公司 2015 年次级债券挂牌转让无异议的函	上证函〔2015〕2513 号
1724	关于对融创房地产集团有限公司非公开发行公司债券挂牌转让无异议的函	上证函〔2015〕2514 号
1725	关于对新余钢铁集团有限公司非公开发行可交换公司债券挂牌转让无异议的函	上证函〔2015〕2515 号
1726	关于对广东珠江投资股份有限公司非公开发行公司债券挂牌转让无异议的函	上证函〔2015〕2516 号
1727	关于对长沙先导投资控股有限公司非公开发行公司债券挂牌转让无异议的函	上证函〔2015〕2517 号
1728	关于对建水古城旅游投资有限公司非公开发行公司债券挂牌转让无异议的函	上证函〔2015〕2518 号
1729	关于对江苏索普(集团)有限公司非公开发行公司债券挂牌转让无异议的函	上证函〔2015〕2519 号
1730	关于对湘潭城乡创新实业有限公司非公开发行公司债券挂牌转让无异议的函	上证函〔2015〕2520 号
1731	关于对恒泰浩睿－彩云之南酒店资产支持证券挂牌转让无异议的函	上证函〔2015〕2522 号
1732	关于 2015 年甘肃省政府一般债券(十三期)上市交易的通知	上证函〔2015〕2524 号
1733	关于 2015 年甘肃省政府一般债券(十四期)上市交易的通知	上证函〔2015〕2525 号
1734	关于 2015 年甘肃省政府一般债券(十五期)上市交易的通知	上证函〔2015〕2526 号
1735	关于 2015 年甘肃省政府一般债券(十六期)上市交易的通知	上证函〔2015〕2527 号
1736	关于 2015 年记账式贴现(二十一期)国债上市交易的通知	上证函〔2015〕2528 号
1737	关于对北京首都旅游集团有限责任公司非公开发行公司债券挂牌转让无异议的函	上证函〔2015〕2529 号
1738	关于 2015 年第二期达州发展(控股)有限责任公司公司债券上市交易的通知	自律监管决定书〔2015〕419 号

续表

序号	标题	文号
1739	关于2015年内蒙古金隆工业园区开发建设有限公司公司债券上市交易的通知	自律监管决定书〔2015〕420号
1740	关于2015年黑山通和资产经营有限公司公司债券上市交易的通知	自律监管决定书〔2015〕421号
1741	关于2015年桂阳县城市建设投资有限公司公司债券上市交易的通知	自律监管决定书〔2015〕422号
1742	关于2015年云南省能源投资集团有限公司公司债券上市交易的通知	自律监管决定书〔2015〕423号
1743	关于对畅通二期资产支持证券挂牌转让无异议的函	上证函〔2015〕2535号
1744	关于对广发恒进－中山公交集团公交经营收费收益权资产支持证券挂牌转让无异议的函	上证函〔2015〕2536号
1745	关于对郎溪道其建设工程有限公司非公开发行公司债券挂牌转让无异议的函	上证函〔2015〕2537号
1746	关于对河南中孚实业股份有限公司非公开发行公司债券挂牌转让无异议的函	上证函〔2015〕2538号
1747	关于对鲁商置业股份有限公司非公开发行公司债券挂牌转让无异议的函	上证函〔2015〕2539号
1748	关于对承德市国控投资集团有限责任公司非公开发行公司债券挂牌转让无异议的函	上证函〔2015〕2540号
1749	关于对汝城县水电有限责任公司非公开发行公司债券挂牌转让无异议的函	上证函〔2015〕2541号
1750	关于对天津蓟州新城建设投资有限公司非公开发行公司债券挂牌转让无异议的函	上证函〔2015〕2543号
1751	关于对贵州思州润峰建设有限责任公司非公开发行公司债券挂牌转让无异议的函	上证函〔2015〕2544号
1752	关于对金辉集团股份有限公司非公开发行公司债券挂牌转让无异议的函	上证函〔2015〕2545号
1753	关于对佛山市三水区森城建设投资有限公司非公开发行公司债券挂牌转让无异议的函	上证函〔2015〕2546号
1754	关于对中国电子应收账款一期资产支持证券挂牌转让无异议的函	上证函〔2015〕2557号
1755	关于对广西金融投资集团有限公司非公开发行公司债券挂牌转让无异议的函	上证函〔2015〕2558号
1756	关于对金东纸业(江苏)股份有限公司非公开发行公司债券挂牌转让无异议的函	上证函〔2015〕2559号
1757	关于对方正证券皖新租赁1期资产支持证券挂牌转让无异议的函	上证函〔2015〕2562号
1758	关于对花园集团有限公司非公开发行公司债券挂牌转让无异议的函	上证函〔2015〕2563号
1759	关于对绵竹市金申投资有限公司非公开发行公司债券挂牌转让无异议的函	上证函〔2015〕2564号
1760	关于对华远地产股份有限公司非公开发行公司债券挂牌转让无异议的函	上证函〔2015〕2565号
1761	关于对驻马店市投资有限公司非公开发行公司债券挂牌转让无异议的函	上证函〔2015〕2566号
1762	关于对扬州市现代金融投资集团有限责任公司非公开发行公司债券挂牌转让无异议的函	上证函〔2015〕2567号

续表

序号	标题	文号
1763	关于对无锡市藕塘职教园区开发建设有限公司非公开发行公司债券挂牌转让无异议的函	上证函〔2015〕2568号
1764	关于对无锡惠开经济发展集团有限公司非公开发行公司债券挂牌转让无异议的函	上证函〔2015〕2569号
1765	关于对正源房地产开发有限公司非公开发行公司债券挂牌转让无异议的函	上证函〔2015〕2570号
1766	关于对平安博时畅融2号资产支持证券挂牌转让无异议的函	上证函〔2015〕2573号
1767	关于对申通资产地下通信空间收益权资产支持证券挂牌转让无异议的函	上证函〔2015〕2575号
1768	关于对淮安市交通控股有限公司非公开发行公司债券挂牌转让无异议的函	上证函〔2015〕2576号
1769	关于对海航集团有限公司非公开发行公司债券挂牌转让无异议的函	上证函〔2015〕2577号
1770	关于2015年山西省政府一般债券（九期）上市交易的通知	上证函〔2015〕2578号
1771	关于2015年山西省政府一般债券（十期）上市交易的通知	上证函〔2015〕2579号
1772	关于2015年山西省政府一般债券（十一期）上市交易的通知	上证函〔2015〕2580号
1773	关于2015年山西省政府一般债券（十二期）上市交易的通知	上证函〔2015〕2581号
1774	关于2015年记账式贴现（二十三期）国债上市交易的通知	上证函〔2015〕2582号
1775	关于2015年日照市城市建设投资集团有限公司公司债券上市交易的通知	自律监管决定书〔2015〕428号
1776	关于2015年洛阳城市发展投资集团有限公司公司债券上市交易的通知	自律监管决定书〔2015〕429号
1777	关于2015年泰兴市虹桥园工业开发有限公司公司债券上市交易的通知	自律监管决定书〔2015〕430号
1778	关于2015年海航集团有限公司公司债券上市交易的通知	自律监管决定书〔2015〕431号
1779	关于2015年第三期国家电网公司企业债券上市交易的通知	自律监管决定书〔2015〕432号
1780	关于对广发恒进－新皓租赁1期资产支持证券挂牌转让无异议的函	上证函〔2015〕2583号
1781	关于对中建三局应收账款资产支持证券挂牌转让无异议的函	上证函〔2015〕2584号
1782	关于对碧桂园应收款资产支持证券挂牌转让无异议的函	上证函〔2015〕2585号
1783	关于对泗阳县民康农村经济发展有限公司非公开发行公司债券挂牌转让无异议的函	上证函〔2015〕2586号
1784	关于对长沙麓谷实业投资有限公司非公开发行公司债券挂牌转让无异议的函	上证函〔2015〕2587号
1785	关于对福泉市国有资本营运有限责任公司非公开发行公司债券挂牌转让无异议的函	上证函〔2015〕2588号
1786	关于对信达地产股份有限公司非公开发行公司债券挂牌转让无异议的函	上证函〔2015〕2589号
1787	关于2015年义乌市城市投资建设集团有限公司公司债券上市交易的通知	自律监管决定书〔2015〕433号
1788	关于庆汇租赁一期资产支持证券挂牌转让无异议的函	上证函〔2015〕2594号

续表

序号	标题	文号
1789	关于对潍坊北大科技园建设开发有限公司商业物业租金合同债权资产支持证券挂牌转让无异议的函	上证函〔2015〕2595 号
1790	关于对中建材工程应收账款资产支持证券挂牌转让无异议的函	上证函〔2015〕2596 号
1791	关于对兴乾 3 号泸州住房公积金贷款资产支持证券挂牌转让无异议的函	上证函〔2015〕2597 号
1792	关于对国金－先锋太盟二期资产支持证券挂牌转让无异议的函	上证函〔2015〕2598 号
1793	关于对首创置业股份有限公司非公开发行公司债券挂牌转让无异议的函	上证函〔2015〕2599 号
1794	关于对重庆市江津区华信资产经营(集团)有限公司非公开发行公司债券挂牌转让无异议的函	上证函〔2015〕2600 号
1795	关于对苏州市吴江交通投资集团有限公司非公开发行公司债券挂牌转让无异议的函	上证函〔2015〕2601 号
1796	关于对连云港市工业投资集团有限公司非公开发行公司债券挂牌转让无异议的函	上证函〔2015〕2602 号
1797	关于对北京信中利投资股份有限公司非公开发行公司债券挂牌转让无异议的函	上证函〔2015〕2603 号
1798	关于对盐城海瀛实业投资有限公司非公开发行公司债券挂牌转让无异议的函	上证函〔2015〕2604 号
1799	关于对贵安新区开发投资有限公司非公开发行公司债券挂牌转让无异议的函	上证函〔2015〕2605 号
1800	关于对南京江宁城市建设集团有限公司非公开发行公司债券挂牌转让无异议的函	上证函〔2015〕2606 号
1801	关于 2015 年贵州省政府一般债券(十七期)上市交易的通知	上证函〔2015〕2607 号
1802	关于 2015 年贵州省政府一般债券(十八期)上市交易的通知	上证函〔2015〕2608 号
1803	关于 2015 年贵州省政府一般债券(十九期)上市交易的通知	上证函〔2015〕2609 号
1804	关于 2015 年贵州省政府一般债券(二十期)上市交易的通知	上证函〔2015〕2610 号
1805	关于 2015 年巴中市国有资产经营管理有限责任公司公司债券上市交易的通知	自律监管决定书〔2015〕434 号
1806	关于 2015 年湘江产业投资有限责任公司公司债券上市交易的通知	自律监管决定书〔2015〕435 号
1807	关于 2015 年泰州市海陵资产经营有限公司公司债券上市交易的通知	自律监管决定书〔2015〕436 号
1808	关于 2015 年沛县城市投资开发有限公司公司债券上市交易的通知	自律监管决定书〔2015〕437 号
1809	关于 2015 年天津市武清区国有资产经营投资公司企业债券上市交易的通知	自律监管决定书〔2015〕438 号
1810	关于 2015 年江西省陶瓷工业公司企业债券上市交易的通知	自律监管决定书〔2015〕439 号
1811	关于 2015 年福建省投资开发集团有限责任公司停车场专项债券上市交易的通知	自律监管决定书〔2015〕440 号
1812	关于 2015 年萍乡市汇丰投资有限公司小微企业增信集合债券上市交易的通知	自律监管决定书〔2015〕441 号
1813	关于对广发恒进－广东粤科租赁 1 期资产支持证券挂牌转让无异议的函	上证函〔2015〕2626 号

续表

序号	标题	文号
1814	关于嘉实资本－分期乐 1 号资产支持证券挂牌转让无异议的函	上证函〔2015〕2627 号
1815	关于上海人人租赁资产支持证券挂牌转让无异议的函	上证函〔2015〕2628 号
1816	关于对天津滨海新区建设投资集团有限公司非公开发行公司债券挂牌转让无异议的函	上证函〔2015〕2630 号
1817	关于对济宁矿业集团有限公司非公开发行公司债券挂牌转让无异议的函	上证函〔2015〕2631 号
1818	关于对安吉县资产经营有限公司非公开发行公司债券挂牌转让无异议的函	上证函〔2015〕2632 号
1819	关于对山西乡宁焦煤集团有限责任公司非公开发行公司债券挂牌转让无异议的函	上证函〔2015〕2633 号
1820	关于对江苏武进经济发展集团有限公司非公开发行公司债券挂牌转让无异议的函	上证函〔2015〕2634 号
1821	关于对遵义市红花岗区坪桥工业有限责任公司非公开发行公司债券挂牌转让无异议的函	上证函〔2015〕2637 号
1822	关于对武清经开供水信托受益权资产支持证券挂牌转让无异议的函	上证函〔2015〕2638 号
1823	关于对银河捷能供热资产支持证券挂牌转让无异议的函	上证函〔2015〕2639 号
1824	关于对银河青岛恒信小贷一期资产支持证券挂牌转让无异议的函	上证函〔2015〕2640 号
1825	关于对启东供水收费收益权资产支持证券挂牌转让无异议的函	上证函〔2015〕2641 号
1826	关于建议新疆维吾尔自治区在上海证券交易所发行地方债的函	上证函〔2015〕2642 号
1827	关于对绍兴市柯桥区国有资产投资经营有限公司非公开发行公司债券挂牌转让无异议的函	上证函〔2015〕2644 号
1828	关于 2015 年记账式贴现(二十四期)国债上市交易的通知	上证函〔2015〕2645 号
1829	关于 2015 年遂宁市富源实业有限公司公司债券上市交易的通知	自律监管决定书〔2015〕444 号
1830	关于 2015 年海航机场集团有限公司公司债券上市交易的通知	自律监管决定书〔2015〕445 号
1831	关于 2015 年蓬莱市城市建设投资集团有限公司公司债券上市交易的通知	自律监管决定书〔2015〕446 号
1832	关于 2015 年桓台县金海公有资产经营有限公司小微企业增信集合债券上市交易的通知	自律监管决定书〔2015〕447 号
1833	关于对华金证券－先锋租赁资产支持证券挂牌转让无异议的函	上证函〔2015〕2643 号
1834	关于对华创恒泰供热资产支持证券挂牌转让无异议的函	上证函〔2015〕2646 号
1835	关于对绿能高科集团有限公司非公开发行公司债券挂牌转让无异议的函	上证函〔2015〕2650 号
1836	关于对重庆市綦江区东部新城开发建设有限公司非公开发行公司债券挂牌转让无异议的函	上证函〔2015〕2651 号
1837	关于对昊华骏化集团有限公司非公开发行公司债券挂牌转让无异议的函	上证函〔2015〕2652 号
1838	关于对常熟市发展投资有限公司非公开发行公司债券挂牌转让无异议的函	上证函〔2015〕2653 号

续表

序号	标题	文号
1839	关于对苏州新区高新技术产业股份有限公司非公开发行公司债券挂牌转让无异议的函	上证函〔2015〕2655 号
1840	关于对江苏悦达资产管理有限公司非公开发行公司债券挂牌转让无异议的函	上证函〔2015〕2668 号
1841	关于对重庆商业投资集团有限公司非公开发行公司债券挂牌转让无异议的函	上证函〔2015〕2669 号
暂停上市决定书目录		
序号	名称	文号
1	关于对 2013 年山西煤炭运销集团有限公司公司债券实施暂停上市的决定	自律监管决定书〔2015〕164 号
2	关于对 2010 年沈阳煤业(集团)有限责任公司公司债券实施暂停上市的决定	自律监管决定书〔2015〕165 号
3	关于对 2013 年山西潞安矿业(集团)有限责任公司公司债券实施暂停上市的决定	自律监管决定书〔2015〕166 号
4	关于对 2013 年大同煤矿集团有限责任公司公司债券实施暂停上市的决定	自律监管决定书〔2015〕171 号
5	关于对 2013 年天津市房地产开发经营集团有限公司公司债券实施暂停上市的决定	自律监管决定书〔2015〕290 号
6	关于对 2013 年新疆金特钢铁股份有限公司公司债券实施暂停上市的决定	自律监管决定书〔2015〕291 号
恢复上市决定书目录		
序号	名称	文号
1	关于 2011 年江苏中能硅业科技发展有限公司公司债券恢复上市的通知	自律监管决定书〔2015〕160 号
2	关于 2010 年天脊煤化工集团股份有限公司公司债券恢复上市的通知	自律监管决定书〔2015〕257 号

3. 基金类

同意上市通知书目录		
序号	名称	文号
1	关于嘉实元和直投封闭混合型发起式证券投资基金上市交易的通知	自律监管决定书〔2015〕86 号
2	关于 MSCI 中国 A 股交易型开放式指数证券投资基金上市交易的通知	自律监管决定书〔2015〕96 号
3	关于易方达上证 50 指数分级证券投资基金上市交易的通知	自律监管决定书〔2015〕144 号
4	关于西部利得中证 500 等权重指数分级证券投资基金上市交易的通知	自律监管决定书〔2015〕145 号
5	关于中证 500 工业指数交易型开放式指数证券投资基金上市交易的通知	自律监管决定书〔2015〕161 号
6	关于中证 500 原材料指数交易型开放式指数证券投资基金上市交易的通知	自律监管决定书〔2015〕162 号
7	关于华夏中证 500 交易型开放式指数证券投资基金上市交易的通知	自律监管决定书〔2015〕207 号
8	关于国金通用上证 50 指数分级证券投资基金上市交易的通知	自律监管决定书〔2015〕233 号

续表

序号	名称	文号
9	关于长盛中证申万一带一路主题指数分级证券投资基金上市交易的通知	自律监管决定书〔2015〕234号
10	关于博时上证50交易型开放式指数证券投资基金上市交易的通知	自律监管决定书〔2015〕235号
11	关于华泰柏瑞中证500交易型开放式指数证券投资基金上市交易的通知	自律监管决定书〔2015〕236号
12	关于国寿安保中证500交易型开放式指数证券投资基金上市交易的通知	自律监管决定书〔2015〕268号
13	关于同意易方达国企改革指数分级证券投资基金上市交易的通知	自律监管决定书〔2015〕269号
14	关于同意大成互联网金融指数分级证券投资基金上市交易的通知	自律监管决定书〔2015〕286号
15	关于同意国金通用鑫新灵活配置混合型证券投资基金（LOF）上市交易的通知	自律监管决定书〔2015〕297号
16	关于同意中证500信息技术指数交易型开放式指数证券投资基金上市交易的通知	自律监管决定书〔2015〕298号
17	关于同意易方达证券公司指数分级证券投资基金上市交易的通知	自律监管决定书〔2015〕300号
18	关于同意易方达军工指数分级证券投资基金上市交易的通知	自律监管决定书〔2015〕301号
19	关于景顺长城交易型货币市场基金上市交易的通知	自律监管决定书〔2015〕312号
20	关于华泰柏瑞交易型货币市场基金上市交易的通知	自律监管决定书〔2015〕313号
21	关于广发中证医疗指数分级证券投资基金上市交易的通知	自律监管决定书〔2015〕320号
22	关于中海中证高铁产业指数分级证券投资基金上市交易的通知	自律监管决定书〔2015〕331号
23	关于长盛上证50指数分级证券投资基金上市交易的通知	自律监管决定书〔2015〕337号
24	关于长盛中证全指证券公司指数分级证券投资基金上市交易的通知	自律监管决定书〔2015〕338号
25	关于长信中证一带一路主题指数分级证券投资基金上市交易的通知	自律监管决定书〔2015〕339号
26	关于鹏华国证钢铁行业指数分级证券投资基金上市交易的通知	自律监管决定书〔2015〕340号
27	关于鹏华新丝路指数分级证券投资基金上市交易的通知	自律监管决定书〔2015〕341号
28	关于广发沪深300交易型开放式指数证券投资基金上市交易的通知	自律监管决定书〔2015〕346号
29	关于易方达中证500交易型开放式指数证券投资基金上市交易的通知	自律监管决定书〔2015〕348号
30	关于财通多策略精选混合型证券投资基金上市交易的通知	自律监管决定书〔2015〕359号
31	关于汇添富添富通货币市场基金E类份额上市交易的通知	自律监管决定书〔2015〕365号
32	关于富国收益宝交易型货币市场基金上市交易的通知	自律监管决定书〔2015〕403号
33	关于中融日日盈交易型货币市场基金上市交易的通知	自律监管决定书〔2015〕409号
34	关于嘉实机构快线货币市场基金H类份额上市交易的通知	自律监管决定书〔2015〕426号

(四)2015年代表性和指导性自律管理案例

监管案例决定书

1. 交易类

关于对赵甲名下证券账户实施限制交易纪律处分的决定

当事人:

赵甲。

经查明,你指定在YHZQ股份有限公司绍兴证券营业部的证券账户,在近期“ZHZB”、“ZGSH”、“SYZY”等一系列股票的交易过程中,存在频繁涨停板大额申报,且部分申报委托开始成交后即撤销等异常交易行为,严重影响了其他投资者的投资决策及证券市场的正常交易秩序。

你的上述交易行为属于《上海证券交易所交易规则》6.1条第(六)项和《上海证券交易所证券异常交易实时监控细则》第八条第(三)项所述的异常交易行为。为维护证券市场交易秩序,保护投资者合法权益,根据《上海证券交易所交易规则》6.5条、《上海证券交易所证券异常交易实时监控细则》第八条和《上海证券交易所纪律处分和监管措施实施办法》第八条的规定,经上海证券交易所(以下简称“本所”)纪律处分委员会审核,决定对你名下的所有证券账户实施限制交易1个月的纪律处分,即你名下的所有证券账户于2015年9月28日至2015年10月27日不得买卖在本所挂牌交易的所有证券。

如对上述纪律处分决定不服,你可自收到本决定之日起15个交易日内向本所申请复核,复核期间不停止本决定的执行。

本所重申,投资者从事证券交易活动,应严格遵守法律、行政法规和本所业务规则,自觉维护证券市场秩序。

上海证券交易所

二〇一五年九月二十四日

关于对赵乙名下证券账户实施限制交易纪律处分的决定

当事人:

赵乙。

经查明,你指定在ZXZQ股份有限公司上海溧阳路证券营业部的证券账户,在近期“MYJX”、“JTYH”、“BJCJ”等一系列股票的交易过程中,存在频繁申报和撤销申报、以涨幅限制价格大量申报等异常交易行为,严重影响了其他投资者的投资决策及证券市场的正常交易秩序。

你的上述交易行为属于《上海证券交易所交易规则》6.1条第(六)项和《上海证券交易所证券异常交易实时监控细则》第八条第(三)项所述的异常交易行为。为维护证券市场交易秩序,保护投资者合法权益,根据《上海证券交易所交易规则》6.5条、《上海证券交易所证券异常交易实时监控细则》第八条和《上海证券交易所纪律处分和监管措施实施办法》第八条的规定，经上海证券交易所（以下简称“本所”）纪律处分委员会审核，决定对你名下的所有证券账户实施限制交易1个月的纪律处分，即你名下的所有证券账户于2015年9月28日至2015年10月27日不得买卖在本所挂牌交易的所有证券。

如对上述纪律处分决定不服，你可自收到本决定之日起15个交易日内向本所申请复核，复核期间不停止本决定的执行。

本所重申，投资者从事证券交易活动，应严格遵守法律、行政法规和本所业务规则，自觉维护证券市场秩序。

上海证券交易所
二〇一五年九月二十四日

关于对卢某某名下证券账户实施限制交易纪律处分的决定

当事人：

卢某某。

经查明，你指定在HTZQ股份有限公司上海武定路证券营业部的证券账户，在近期“MYJX”、“HGGF”、“NFHK”、“ZGDJ”等一系列股票的交易过程中，存在频繁大额申报并撤单、日内反向交易等异常交易行为，严重影响了其他投资者的投资决策及证券市场的正常交易秩序。

你的上述交易行为属于《上海证券交易所交易规则》6.1条第（六）项和《上海证券交易所证券异常交易实时监控细则》第八条第（三）项所述的异常交易行为。为维护证券市场交易秩序，保护投资者合法权益，根据《上海证券交易所交易规则》6.5条、《上海证券交易所证券异常交易实时监控细则》第八条和《上海证券交易所纪律处分和监管措施实施办法》第八条的规定，经上海证券交易所（以下简称“本所”）纪律处分委员会审核，决定对你名下的所有证券账户实施限制交易1个月的纪律处分，即你名下的所有证券账户于2015年9月28日至2015年10月27日不得买卖在本所挂牌交易的所有证券。

如对上述纪律处分决定不服，你可自收到本决定之日起15个交易日内向本所申请复核，复核期间不停止本决定的执行。

本所重申，投资者从事证券交易活动，应严格遵守法律、行政法规和本所业务规则，自觉维护证券市场秩序。

上海证券交易所
二〇一五年九月二十四日

2. 上市公司监管类

关于对QNHG股份有限公司和有关责任人予以公开谴责的决定

当事人：

QNHG股份有限公司；

周某某，时任QNHG股份有限公司董事长；

侯某，时任QNHG股份有限公司副董事长；

任某某，时任QNHG股份有限公司董事、总经理；

张某某,时任 QNHG 股份有限公司董事、副总经理、财务总监;

刘某某,时任 QNHG 股份有限公司董事;

于某,时任 QNHG 股份有限公司董事;

刘某某,时任 QNHG 股份有限公司董事会秘书、副总经理;

钱某某,时任 QNHG 股份有限公司独立董事;

王某某,时任 QNHG 股份有限公司独立董事;

路某某,时任 QNHG 股份有限公司独立董事;

郭某,时任 QNHG 股份有限公司监事;

陈某,时任 QNHG 股份有限公司监事。

经查明,QNHG 股份有限公司(以下简称“QNHG”或“公司”)在履行信息披露义务等方面存在以下违规行为:

一、公司未如实披露实际股权控制关系,2007 至 2012 年年报中实际控制人披露不真实

QNHG2004 年至 2006 年期间的各年度报告显示,公司前两大股东分别是 QNTQ(12.28%)和 BDQN(5.34%),而 BDQN 为 QNTQ 的第一大股东。因此,QNHG 系由 BDQN 所控制。

2007 年 2 月,BDQN 持有的 QNTQ 股份和 QNHG 股份经依法拍卖过户给 DFGX。QNHG2007 年年报披露,DFGX 是 QNTQ 的第一大股东、实际控制人。2007 年 9 月,DFGX 以存续分立的方式新设 DFKJ,DFKJ 承接了 DFGX 持有的 QNTQ 股份和 QNHG 股份。QNHG2008 年至 2012 年期间各年报均显示,公司第一大股东为 DFKJ,实际控制人为 DFKJ 的股东朱某某、徐某某、孙某某。

经进一步查明,自 2007 年股东发生系列变化以来,QNHG 董事会和监事会成员构成、生产经营等重大事项决策管理模式等方面并未发生实质性变化。BDQN 通过委任董事、管理人员、控制资金、投资事项向 BDQN 报批等方式实际控制 QNHG 生产经营及财务等重大决策。DFKJ3 名股东均为 BDQN 员工,DFKJ 没有向 QNHG 推荐或派驻董事,不参与管理,不主张股东权利。因此,BDQN 仍为 QNHG 的实际控制人,但 QNHG 在 2007 年至 2012 年期间的各年度报告中均未如实披露前述情况,公司关于实际控制人的披露不真实。

二、公司未如实披露重要关联关系,通过关联交易非关联化虚增 2012 年净利润

2012 年,QNHG 及其控股子公司 GMGS 将持有的 BJHG 合计 100% 股权出售给 XJSSXT。通过该笔交易,QNHG 确认 43,139,116.90 元股权转让收益,并全部计入了 2012 年当期损益。

经进一步查明,该笔 GMGS 股权转让事项实为关联交易,形成的利得应当计入所有者权益,但 QNHG 隐瞒了上述事项的关联交易事实,并通过确认股权转让收益的方式,实现 QNHG2012 年度净利润由亏损变为盈利。而且,QNHG2010 年、2011 年已连续两年亏损,因此 QNHG 通过 GMGS 股权转让事项实现盈利,规避了公司股票被实施暂停上市。

三、公司未如实披露重要交易实质,通过无商业实质的购销交易虚增 2012 年营业收入

QNHG2012 年年报确认公司 2012 年度实现营业收入 12,791,747.53 元,前两名客户 HYSJ 公司和 HCSD 公司的销售收入合计 6,105,763.10 元,占年度营业收入的 47.73%,主要来源于其 2012 年新纳入合并报表范围的控股子公司 HGTX。

经进一步查明,HGTX 的销售收入系由 QNHG 通过关联方 QNAQ 公司进行配合,通过实施无商业实质的购销交易虚增形成,该做法违反了《企业会计准则》的基本规定,并由此规避了公司股票被实施退市风险警示处理。

公司上述行为严重违反《上海证券交易所股票上市规则》(以下简称“《股票上市规则》”)第 1.4 条、第 2.1 条、第 2.5 条、第 10.1.7 条、第 10.2.4 条、《企业会计准则》第十二条、《公开发行证券的公司信息披露内容与格式准则第 2 号——年度报告的内容与格式》等有关规定,性质恶劣,情节严重。

公司时任董事周某某、侯某、刘某某、任某某、于某,时任独立董事钱某某、王某某、路某某,时任监事郭某、陈某,时任董事会秘书刘某某,时任财务总监张某某均未能认真履行忠实、勤勉义务，对公司的上述违规行为负有不可推卸的责任，其行为严重违反了《股票上市规则》第2.2条、第3.1.4条、第3.1.5条、第3.2.2条的规定以及其在《董事（监事、高级管理人员）声明及承诺书》中做出的承诺。

鉴于上述违规事实和情节，经上海证券交易所（以下简称"本所"）纪律处分委员会审核通过，根据《股票上市规则》第17.2条、第17.3条、第17.4条和《上海证券交易所纪律处分和监管措施实施办法》的有关规定，本所做出如下纪律处分决定：对QNHG股份有限公司及其时任董事周某某、侯某、刘某某、任某某、于某，时任独立董事钱某某、王某某、路某某，时任监事郭某、陈某，时任董事会秘书刘某某，时任财务总监张某某予以公开谴责。

对于上述纪律处分，本所将通报中国证监会和SD省人民政府，并将记入上市公司诚信档案。

公司应当引以为戒，严格按照法律、法规和《股票上市规则》的规定，规范运作，认真履行信息披露义务；董事、监事、高级管理人员应当履行忠实勤勉义务，促使公司规范运作，并保证公司及时、公平、真实、准确和完整地披露所有重大信息。

上海证券交易所

二〇一五年十二月二十三日

关于对HRGF股份有限公司股东、董事长兼总经理杨某某、股东JRGY公司、ZJDZ公司及有关责任人予以纪律处分的决定

当事人：

杨某某，职务：时任HRGF股份有限公司股东、董事长兼总经理；

JRGY公司，HRGF股份有限公司股东；

ZJDZ公司，HRGF股份有限公司股东；

李某某，职务：时任HRGF股份有限公司董事；

任某某，职务：时任HRGF股份有限公司董事；

吴某某，职务：时任HRGF股份有限公司董事；

张某某，职务：时任HRGF股份有限公司董事；

张　某，职务：时任HRGF股份有限公司董事；

洪某某，职务：时任HRGF股份有限公司独立董事；

金某某，职务：时任HRGF股份有限公司独立董事；

徐某某，职务：时任HRGF股份有限公司独立董事。

经查明，HRGF股份有限公司（以下简称"HRGF"或"公司"）股东、董事长兼总经理杨某某、HRGF股东JRGY公司、ZJDZ公司和HRGF董事李某某、任某某、吴某某、张某某、张某，独立董事洪某某、金某某、徐某某在履行信息披露义务方面存在以下违规事项：

2015年1月23日，HRGF披露称，公司股东、董事长兼总经理杨某某与其他两位股东JRGY公司、ZJDZ公司共同向公司董事会提出：基于HRGF未来发展需要并结合HRGF2014年实际经营状况，为了积极回报股东，与所有股东分享公司未来发展的经营成果，在符合利润分配原则，保证正常经营和长远发展的前提下，提议HRGF2014年度利润分配及资本公积金转增股本预案为以HRGF2014年12月31日股本1,574,978,334股为基数，以资本公积金向全体股东每10股转增20股（以下简称"利润分配提议"）。

公司同时披露称，公司董事会在接到上述利润分配提议后，以现场及通讯方式与公司董事会全部董事进行了沟通，董事杨某某、李某某、任某某、吴某某、张某某、张某，独立董事洪某某、金某某、徐某某均已知悉并同意该利润分配提议。所有董事均签署了书面确认文件，并

承诺在公司召开董事会审议上述利润分配提议时投赞成票。

2015 年 1 月 31 日,公司披露了《2014 年年度业绩亏损公告》。公告称,经财务部门初步测算,预计 2014 年年度实现归属于上市公司股东的净利润为 –8 亿元左右。对此,公司上述股东表示,在提出该利润分配提议时并不知悉 HRGF2014 年业绩的有关情况;所有董事也表示在同意该利润分配提议并承诺投赞成票时,不知悉 HRGF2014 年业绩的有关情况。

杨某某作为公司股东,同时兼任公司董事长和总经理,在提出并审议相关利润分配提议时,应当知悉或者主动核实公司经营情况,并据以判断利润分配提议及相关披露内容是否与公司实际经营情况相符。杨某某在应当知悉或者未主动核实公司经营状况的情况下,以"结合 HRGF2014 年实际经营状况,积极回报股东,与所有股东分享公司未来发展的经营成果"为由,提出并同意相关利润分配提议。相关披露内容与公司数日后公告的业绩预亏情况明显不符,可能对投资者的判断产生重大影响。杨某某未勤勉尽责,其上述行为严重违反了《上海证券交易所股票上市规则》(以下简称"《股票上市规则》")第 2.1 条、第 2.2 条、第 2.5 条、第 2.6 条、第 3.1.4 条、第 3.1.5 条和《上海证券交易所上市公司董事选任与行为指引》的相关规定,以及在《董事(监事、高级管理人员)声明及承诺书》中做出的承诺。

JRGY 公司、ZJDZ 公司作为公司股东,在不知悉公司 2014 年实际经营状况的情况下,以"结合 HRGF2014 年实际经营状况,积极回报股东,与所有股东分享公司未来发展的经营成果"为由,提出高送转的利润分配提议。相关披露内容与数日后公司公告的业绩预亏情况明显不符,可能对投资者的判断产生重大影响。上述股东的行为违反了《股票上市规则》第 2.1 条、第 2.5 条、第 2.6 条等有关规定。

公司董事李某某、任某某、吴某某、张某某、张某,独立董事洪某某、金某某、徐某某在不知悉公司 2014 年实际经营的情况下,也以"该利润分配提议充分考虑了对广大投资者的合理投资回报,与公司实际情况相匹配等"为由,同意该利润分配提议,并承诺在公司召开董事会审议该利润分配提议时投赞成票。相关披露内容与数日后公司公告的业绩预亏情况明显不符,可能对投资者的判断产生重大影响。上述董事未勤勉尽责,其行为违反了《股票上市规则》第 2.2 条、第 3.1.4 条、第 3.1.5 条和《上海证券交易所上市公司董事选任与行为指引》的相关规定,以及在《董事(监事、高级管理人员)声明及承诺书》中做出的承诺。

鉴于上述违规事实和情节,经上海证券交易所(以下简称"本所")纪律处分委员会审核通过,根据《股票上市规则》第 17.2 条、第 17.3 条以及《上海证券交易所纪律处分和监管措施实施办法》的有关规定,本所作出如下纪律处分决定:对 HRGF 股份有限公司股东、董事长兼总经理杨某某予以公开谴责;对 HRGF 股份有限公司股东 JRGY 公司、ZJDZ 公司和 HRGF 股份有限公司董事李某某、任某某、吴某某、张某某、张某,独立董事洪某某、金某某、徐某某予以通报批评。

对于上述纪律处分,本所将抄报 JS 省人民政府,并将记入上市公司诚信档案。

公司股东应当引以为戒,严格遵守法律、法规和《股票上市规则》的规定,规范运作,积极配合公司做好信息披露工作;公司董事、监事、高级管理人员应当引以为戒,严格遵守法律、法规和《股票上市规则》的规定,履行忠实勤勉义务以及在《董事(监事、高级管理人员)声明及承诺书》中做出的承诺。

上海证券交易所

二〇一五年四月二十三日

关于对SXAT股份有限公司及其实际控制人李某某、关联方XTGT公司和相关责任人予以纪律处分的决定

当事人：

SXAT股份有限公司；

李某某，SXAT股份有限公司实际控制人；

XTGT公司，实际控制人李某某控制的关联法人；

李某，职务：时任SXAT股份有限公司董事长兼总经理；

赵某某，职务：时任SXAT股份有限公司财务负责人；

武某，职务：时任SXAT股份有限公司董事；

张某某，职务：时任SXAT股份有限公司董事；

冀某某，职务：时任SXAT股份有限公司董事；

郭某某，职务：时任SXAT股份有限公司董事兼董事会秘书。

经查明，SXAT股份有限公司（以下简称"SXAT"或"公司"）与实际控制人李某某控制的关联方在2014年发生金额巨大的非经营性资金往来，且公司在关联交易应收账款逾期时未履行信息披露义务。具体情况如下：

一、公司与关联方发生巨额非经营性资金往来

2014年度，公司在无真实交易背景的情况下，先向供应商支付用于采购原材料铁矿粉和精煤的预付款，后由关联方控股股东下属子公司XTGT公司（以下简称"XTGT"）从上述供应商处拆借资金，发生巨额非经营性资金往来。根据LX会计师事务所出具的《关于SXAT股份有限公司2014年度非经营性资金占用及其他关联资金往来情况汇总表》，公司与XTGT等关联方2014年度累计发生的非经营性资金占用金额为73.45亿元，占2014年末公司净资产的489%；截至2014年12月31日仍被占用的资金为17.69亿元，占公司2014年经审计净资产的118%。公司与关联方非经营性资金往来金额巨大，严重违反了中国证监会《关于规范上市公司与关联方资金往来及上市公司对外担保若干问题的通知》的有关规定。

二、公司关联交易应收账款重大逾期未及时公告

由于经营情况欠佳，XTGT未能按照公司与其签订的日常关联交易协议的约定，在下一季度末前将上季度的应付款项支付给公司。截至2014年12月31日，XTGT累计应付公司及关联方日常关联交易借款共计18.19亿元，其中逾期支付的款项达12.55亿元，占2014年末公司净资产的84%，金额巨大。但公司在XTGT未能按期支付货款的前提下，仍向其销售货物，且未及时披露前述货款重大逾期事项。

因上述两项事项，LX会计师事务所（特殊普通合伙）对公司2014年度财务报告出具了带强调事项段的非标准无保留意见，认为公司应收关联方款项金额较大，款项能否收回的结果具有不确定性；同时，对公司2014年度内部控制出具否定意见，认为公司未能按照《企业内部控制基本规范》和相关规定在所有重大方面保持有效的财务报告内部控制。

综上，公司与关联方发生非经营性资金往来，金额巨大，且在关联交易应收账款重大逾期时未履行信息披露义务，严重违反了《上海证券交易所股票上市规则》（以下简称"《股票上市规则》"）第1.4条、第2.1条、第11.12.5条等有关规定；实际控制人李某某、关联方XTGT公司作为资金占用方，其行为严重违反了《股票上市规则》第1.4条等有关规定。

在有关责任人方面，时任董事长兼总经理李某，董事武某、张某某、冀某某，财务负责人赵某某，董事兼董事会秘书郭某某未勤勉尽责，对公司的违规行为负有不可推卸的责任，其行为违反了《股票上市规则》第2.2条、第3.1.4条、第3.1.5条、第3.2.2条的规定以及在《董事

(监事、高级管理人员)声明及承诺书》中做出的承诺。其中,时任董事长兼总经理李某和财务负责人赵某某参与公司非经营性资金往来,对公司重大违规负有主要责任;时任董事武某、张某某、冀某某,董事兼董事会秘书郭某某在履职过程中虽不够勤勉,但对于关联方 XTGT 与公司供应商之间的资金拆借事项并不知情,对公司重大违规责任相对较轻,应负次要责任。

鉴于上述违规事实和情节,经上海证券交易所(以下简称"本所")纪律处分委员会审核通过,根据《股票上市规则》第 17.2 条、第 17.3 条、第 17.4 条及《上海证券交易所纪律处分和监管措施实施办法》的有关规定,本所作出如下纪律处分决定:对 SXAT 股份有限公司及其实际控制人李某某、关联方 XTGT 公司、时任董事长兼总经理李某、财务负责人赵某某予以公开谴责;对时任董事武某、张某某、冀某某,董事兼董事会秘书郭某某予以通报批评。

对于上述纪律处分,本所将通报中国证监会和 SX 省人民政府,并将记入上市公司诚信档案。

公司应当引以为戒,严格按照法律、法规和《股票上市规则》的规定,规范运作,认真履行信息披露义务;实际控制人及关联方应当遵守诚实信用原则,依照法律法规和上市公司章程的规定善意行使权利,谋求公司和全体股东利益的共同发展;董事、监事、高级管理人员应当履行忠实勤勉义务,促使公司规范运作,并保证公司及时、公平、真实、准确和完整地披露所有重大信息。

上海证券交易所

二〇一五年七月二十四日

关于对 LHGF 股份有限公司及其直接控股股东、间接控股股东和有关责任人予以纪律处分的决定

当事人:

LHGF 股份有限公司;

LHJT 公司,LHGF 股份有限公司直接控股股东;

LHKG 公司,LHGF 股份有限公司间接控股股东;

覃永强,时任 LHGF 股份有限公司董事长;

廖能成,时任 LHGF 股份有限公司副董事长、LHJT 公司和 LHKG 公司董事长;

袁志刚,时任 LHGF 股份有限公司董事兼总经理;

黄吉忠,时任 LHGF 股份有限公司董事兼财务总监;

李兆胜,时任 LHGF 股份有限公司董事;

冯国祥,时任 LHGF 股份有限公司董事;

龙立萍,时任 LHGF 股份有限公司董事会秘书。

经查明,2015 年 1 月 1 日至 2015 年 8 月 31 日期间,LHGF 股份有限公司(以下简称"LHGF"或"公司")及控股子公司,违反中国证监会《关于规范上市公司与关联方资金往来及上市公司对外担保若干问题的通知》的有关规定,在无交易背景的情况下,向公司直接控股股东 LHJT 公司(以下简称"LHJT")、间接控股股东 LHKG 公司(以下简称"LHKG")及其关联方多次提供非经营性资金,总计期间发生额约 11.8 亿元,占公司 2014 年经审计净资产近 90%,8 月 31 日的期末余额为 1.52 亿元,其中 2015 年 3 月 2 日资金占用余额达到最高为 4.93 亿元。前述资金占用资金本息迟至 2015 年 12 月 15 日才全部归还。

因上述事项,公司审计机构 DX 会计师事务所(特殊普通合伙)出具专项意见,认为 LHGF 未按照相关内控制度履行相应决策审批程序、关联交易事项未及时披露、内部监督无效、与之相关的内部控制运行失效。LHGF 监事会、独立董事均发表专项意见,认为公司内部控制存在重大缺陷。

另经查明,2014 年 LHGF 与 LHJT、LHKG 及其关联方曾在无交易背景的情况下发生大额非经营性资金往来。LHGF、LHJT、LHKG 及相

关责任人已因该违规事项被上海证券交易所（以下简称“本所”）通报批评，但违规各方并未引以为戒，2015 年度再次发生前述违规行为，情节恶劣，严重损害了上市公司和投资者权益。

公司及控股股东的上述行为严重违反了中国证监会《关于规范上市公司与关联方资金往来及上市公司对外担保若干问题的通知》和《上海证券交易所股票上市规则》（以下简称“《股票上市规则》”）第 1.4 条、第 2.1 条的规定；时任公司董事长覃某某、副董事长（兼 LHKG 和 LHJT 董事长）廖某某分别作为公司及控股股东主要负责人，对公司违规行为负有主要责任，时任公司董事兼总经理袁某某，董事兼财务总监黄某某，董事李某某、冯某某，董事会秘书龙某某作为公司日常经营决策和管理团队成员，未勤勉尽责，对公司的违规行为负有次要责任，其行为均违反了《股票上市规则》第 2.2 条、第 3.1.4 条、第 3.1.5 条和第 3.2.2 条的规定以及其在《董事（监事、高级管理人员）声明及承诺书》中做出的承诺。

鉴于上述违规事实和情节，经本所纪律处分委员会审核通过，根据《股票上市规则》第 17.2 条、第 17.3 条、第 17.4 条和《上海证券交易所纪律处分和监管措施实施办法》的有关规定，本所做出如下纪律处分决定：对 LHGF 及时任董事长覃某某、副董事长（兼 LHKG、LHJT 董事长）廖某某、直接控股股东 LHJT 公司、间接控股股东 LHKG 公司予以公开谴责；对时任 LHGF 董事兼总经理袁某某，董事兼财务总监黄某某，董事李某某、冯某某，董事会秘书龙某某予以通报批评。

对于上述纪律处分，本所将通报中国证监会和 GX 人民政府，并记入上市公司诚信档案。

公司应当引以为戒，严格按照法律、法规和《股票上市规则》的规定，规范运作，认真履行信息披露义务；董事、监事、高级管理人员应当履行忠实勤勉义务，促使公司规范运作，并保证公司及时、公平、真实、准确和完整地披露所有重大信息。

上海证券交易所

二〇一五年十二月二十五日

关于对 WJWL 股份有限公司和有关责任人予以纪律处分的决定

当事人：

WJWL 股份有限公司；

汪某某，时任 WJWL 股份有限公司董事、常务副总经理；

孔某某，时任 WJWL 股份有限公司董事长；

杨某，时任 WJWL 股份有限公司董事；

张某某，时任 WJWL 股份有限公司董事；

李某某，时任 WJWL 股份有限公司董事；

赖某某，时任 WJWL 股份有限公司董事；

牛某某，时任 WJWL 股份有限公司董事会秘书；

陈某某，时任 WJWL 股份有限公司独立董事；

卢某某，时任 WJWL 股份有限公司独立董事；

陈某某，时任 WJWL 股份有限公司独立董事；

张某某，时任 WJWL 股份有限公司独立董事；

江某某，时任 WJWL 股份有限公司监事会主席；

张某，时任 WJWL 股份有限公司监事；

艾某，时任 WJWL 股份有限公司监事；

杨某某，时任 WJWL 股份有限公司监事；

李某，时任 WJWL 股份有限公司总经理；

陈某某，时任 WJWL 股份有限公司副总经理；

彭某某，时任 WJWL 股份有限公司副总经理；

程某，时任 WJWL 股份有限公司副总经理；

于某某，时任 WJWL 股份有限公司副总经理；

毕某某,时任 WJWL 股份有限公司副总经理;

郑某,时任 WJWL 股份有限公司副总经理;

吕某某,时任 WJWL 股份有限公司副总经理。

经查明,WJWL 股份有限公司(以下简称“WJWL”或“公司”)在信息披露和规范运作等方面存在以下违规事实:

一、公司 2012 年及 2013 年虚增收入与利润,相关财务数据披露不真实

(一)2012 年,WJWL 子公司 HKWL 虚构其与 FP 系公司等之间的采购交易 42.16 亿元,虚构销售收入 45.51 亿元;2013 年,虚构与 HKWL 系公司之间的采购交易 41.25 亿元,虚构与 HKWL 系公司、YJY 公司、RTSY 公司等公司销售收入 43.99 亿元。

(二)2013 年,HKWL 通过签订阴阳合同的方式处理高价库存螺纹钢,合同销售价格比实际结算价格高出 2.39 亿元,HKWL 按合同销售价格确认相应的收入并结转成本,虚增 WJWL 销售收入 2.04 亿元,虚增利润 2.04 亿元。

(三)2012 年和 2013 年,HKWL 通过买方付息方式进行银行承兑汇票贴现,其中 2012 年有 321 万元、2013 年有 304 万元贴现费用未计入财务费用,导致 WJWL2012 年虚增利润 321 万元,2013 年虚增利润 304 万元。

(四)2012 年和 2013 年,HKWL 在对 HKWL 系公司债权计提坏账准备时,计提基数及账龄分析不当,未合理对 HKWL 系公司的债权计提坏账准备,并且存在通过调增应收票据(商业承兑汇票)、调减应收账款的方式来减少坏账准备计提,增加利润。HKWL2012 年应补提坏账准备 2.53 亿元、2013 年应调减坏账准备 98 万元,由此导致 WJWL2012 年年报多计利润 2.53 亿元、2013 年年报少计利润 98 万元。

上述事项导致 WJWL2012 年虚增收入 45.51 亿元,占 2012 年年报收入的 14.05%,虚增利润 2.56 亿元,占 2012 年年报利润总额的 51.36%;2013 年虚增收入 46.04 亿元,占 2013 年年报收入的 13.48%,虚增利润 2.34 亿元,占 2013 年年报利润总额的 64.64%。WJWL2012 年度、2013 年度收入及利润披露数据与实际情况存在重大差异,严重失实。

二、公司未按规定披露对外担保事项

(一)2011 年,HKWL 合计对外提供 16 亿元的动产差额回购担保,占 WJWL2010 年度经审计净资产的 50% 以上。WJWL 未履行股东大会决策程序,且未披露上述回购担保事项。

(二)2013 年至 2014 年,HKWL 合计对外提供 12.84 亿元的动产差额回购担保,占 WJWL2014 年度经审计净资产的 38%,WJWL 未按规定履行董事会审议程序,也未披露上述回购担保事项。

综上,WJWL2012 年、2013 年年报虚增销售收入和利润,导致相关财务数据严重失实;公司巨额对外担保未履行审议程序,也未及时对外披露,情节恶劣。公司上述行为严重违反了《上海证券交易所股票上市规则》(以下简称“《股票上市规则》”)第 1.4 条、第 2.1 条、第 2.5 条、第 9.11 条等有关规定;有关责任人中,时任董事、常务副总经理汪某某作为子公司 HKWL 的董事长,长期实际控制该子公司的经营管理,但其严重违反忠实、勤勉义务,对 HKWL 虚增收入及利润、隐瞒巨额担保等事项负有不可推卸的主要责任;而其他时任董事、监事和高管,包括董事长孔某某,董事杨某、张某某、李某某、赖某某,董事会秘书牛某某,独立董事陈某某、卢某某、陈某某、张某某,监事会主席江某某,监事张某、艾某、杨某某,总经理李某,副总经理陈某某、彭某某、程某、于某某、毕某某、郑某、吕某某未能勤勉尽责,督促公司建立健全并认真执行规范的公司治理和内控机制,致使对重要子公司 HKWL 的内部控制基本失灵,因此对 HKWL 重大违规行为的发生和持续也负有一定的间接责任。上述人员的行为严重违反了《股票上市规则》第 2.2 条、第 3.1.4 条、第 3.1.5 条、第 3.2.2 条的规定及在《董事(监事、高级管理人员)声明及承诺书》中做出的承诺。

鉴于上述违规事实,经上海证券交易所(以下简称“本所”)纪律处分委员会审核通过,根据《股票上市规则》第 17.2 条、第 17.3 条、第 17.4 条和《上海证券交易所纪律处分和监管措施实施办法》的有关规定,本所做出如下纪律处分的决定：对时任董事、常务副总经理汪某某予以公开谴责，并公开认定其5年内不得担任上市公司的董事、监事、高级管理人员；对WJWL股份有限公司及时任董事长孔某某，时任董事杨某、张某某、李某某、赖某某，时任董事会秘书牛某某，时任独立董事陈某某、卢某某、陈某某、张某某，时任监事会主席江某某，时任监事张某、艾某、杨某某，时任总经理李某，时任副总经理陈某某、彭某某、程某、于某某、毕某某、郑某、吕某某予以公开谴责。

对于上述纪律处分，本所将通中国证监会和AH省人民政府，并计入上市公司诚信档案。

公司应当引以为戒，严格按照法律、法规和《股票上市规则》的规定，规范运作，认真履行信息披露义务；董事、监事、高级管理人员应当履行忠实勤勉义务，促使公司规范运作，并保证公司及时、公平、真实、准确和完整地披露所有重大信息。

上海证券交易所

二〇一五年十一月十九日

关于对BYTZ股份有限公司和有关责任人予以纪律处分的决定

当事人：

BYTZ股份有限公司；

许某某，时任BYTZ股份有限公司董事长；

陈某，时任BYTZ股份有限公司董事兼总经理；

李某，时任BYTZ股份有限公司董事兼财务总监；

何某，时任BYTZ股份有限公司董事兼董事会秘书；

江某某，时任BYTZ股份有限公司董事；

杨某某，时任BYTZ股份有限公司董事；

金某某，时任BYTZ股份有限公司董事；

张某某，时任BYTZ股份有限公司独立董事；

曹某，时任BYTZ股份有限公司独立董事；

王某，时任BYTZ股份有限公司独立董事；

刘某，时任BYTZ股份有限公司监事；

徐某，时任BYTZ股份有限公司监事；

程某，时任BYTZ股份有限公司监事；

周某某，时任BYTZ股份有限公司监事；

黄某某，时任BYTZ股份有限公司监事；

黄某，时任BYTZ股份有限公司财务总监。

经查明，BYTZ股份有限公司（以下简称"BYTZ"或"公司"）在履行信息披露义务方面存在以下违规事项：

2015年4月30日，公司在发布的2014年年度报告和2015年第一季度报告中披露："本公司董事会、监事会及董事、监事、高级管理人员无法保证年度报告内容的真实、准确、完整，不存在虚假记载、误导性陈述或重大遗漏，并不承担个别和连带的法律责任。"同时，公司年报显示，2014年度归属于上市公司股东的净利润为－9885万元，与公司前期业绩预告中预计的－1000万元的净利润金额差异巨大。

董事、监事和高级管理人员作为上市公司的管理层，对上市公司及全体股东负有忠实义务和勤勉义务，理应遵守诚实信用原则，依照法律法规以及公司章程的规定认真履行职责，以合理、谨慎的态度勤勉行事，及时了解公司经营管理状况，持续关注公司发生的重大事项及其影响，对所议事项理应发表明确意见，而不应以不知悉有关情况为由推卸责任。同时，上市公司的定期报告是投资者全面获取公司信息的重要来源，也是投资者做出投资决策的重要依据。定期报告及相关业绩信息对证券价格及投资者的投资决策具有重大影响，历来为市场及投资者所高度关注。因此，做好定期报告的编制和披露工作，保证上市公司所披露的信息真实、准确、完整，是上市公司董事、监事、高级管理人员依法履职的重要内容，也是公司管理层对股东负有忠实、勤勉义务的应有之义。上市公司董事、监事、高级管理人员对定期报告保证责任的缺失，将导致信息披露失去信赖基础，进而严重影响投资者的知情权和投资决策权。对此,《证券法》第六十八条明确规定,上市公司董事、监事、高级管理人员应当保证上市公司所披露的信息真实、准确、完整。

BYTZ 董事会、监事会及董事、监事、高级管理人员公开披露表示不保证公司 2014 年年度报告和 2015 年第一季度报告的真实、准确、完整,不承担相关法律责任,其行为严重违反了《证券法》的前述规定,也违反了《上海证券交易所股票上市规则》(以下简称"《股票上市规则》")第 2.1 条所规定的信息披露基本要求,损害了投资者知情权,造成了十分严重的市场影响,性质恶劣。同时,公司业绩预告的亏损金额与实际亏损金额差异巨大,且未及时予以更正,其行为也违反了《股票上市规则》第 2.1 条、第 2.6 条、第 11.3.3 条等有关规定,公司时任董事、监事和高级管理人员对此负有不可推卸的责任。公司时任财务总监黄某在公司披露年度报告时已辞职,但仍须为公司业绩预告的净利润金额差异巨大承担责任。

鉴于上述违规事实和情节,经上海证券交易所(以下简称"本所")纪律处分委员会审核通过,根据《股票上市规则》第 17.2 条、第 17.3 条、第 17.4 条和《上海证券交易所纪律处分和监管措施实施办法》的有关规定,本所做出如下纪律处分决定:对公司予以公开谴责,对时任董事许某某、江某某、杨某某、金某某,独立董事张某某、曹某、王某,监事刘某、徐某、程某、周某某、黄某某,总经理兼董事陈某,董事会秘书兼董事何某,财务总监兼董事李某、予以公开谴责,对财务总监黄某予以通报批评。

对于上述纪律处分,本所将通报中国证监会和 GD 省人民政府,并记入上市公司诚信档案。

公司应当引以为戒,严格按照法律、法规和《股票上市规则》的规定,规范运作,认真履行信息披露义务;董事、监事、高级管理人员应当履行忠实勤勉义务,促使公司规范运作,并保证公司及时、公平、真实、准确和完整地披露所有重大信息。

上海证券交易所

二〇一五年十二月二十九日

关于对 DLGF 股份有限公司及公司实际控制人、公司董事长兼董事会秘书鲜某予以纪律处分的决定

当事人:

DLGF 股份有限公司;

鲜某,职务:时任 DLGF 股份有限公司董事长兼董事会秘书、DLGF 股份有限公司实际控制人。

经查明,DLGF 股份有限公司(以下简称"DLGF"或"公司")和公司实际控制人在履行信息披露义务方面存在以下违规事实:

一、公司实际控制人信息披露不及时

公司于 2014 年 11 月 13 日披露称,公司实际控制人鲜某持股 100% 的 H 公司及 O 公司与殷某签订股权转让协议,约定将公司控股股东 DLXG 公司 100% 股权转让给殷某,殷某应自 2014 年 12 月至 2015 年 2 月 15 日,将股权转让款分批支付完毕。上述协议的履行将导致公司实际控制人的变更。2014 年 11 月 15 日,鲜某、殷某分别披露了权益变动报告书。

2015 年 2 月 15 日,前述协议履行期届满,公司实际控制人鲜某未按期披露相关协议是否履行完毕、公司实际控制人是否发生变更等重大进展情况。2015 年 3 月 18 日,公司发布公告称,截至协议约定的最后付款日期,因殷某未能按照约定支付股权转让款,股权协议未能按照约定生效,公司实际控制人将不会变更。公司实际控制人鲜某未按规定及时披露协议履行的进展情况。

二、公司不配合向实际控制人核实情况并督促其履行信息披露义务

2015 年 3 月 11 日,上海证券交易所(以下简称"本所")向公司发出问询函(上证公函[2015]0189 号),要求公司于 2015 年 3 月 12 日之前,向实际控制人核实上述转让协议的履

行情况，并督促其及时公告。公司未按要求予以核实并督促实际控制人公告相关协议进展。2015年3月13日，本所向公司发出监管工作函（上证公函［2015］0201号），再次督促公司于2015年3月14日前落实前述函件要求，并对外披露工作函内容。公司未落实工作函要求，并迟至2015年3月18日才披露相关事项。

公司实际控制人鲜某兼任公司董事长和董事会秘书职务，应当对前述重大协议进展未及时披露和公司不配合本所监管要求承担主要责任，其行为严重违反了《上海证券交易所股票上市规则》（以下简称“《股票上市规则》”）第1.4条、第2.2条、第2.22条、第3.1.4条、第3.1.5条、第3.2.2条和第17.1条的规定以及在《董事（监事、高级管理人员）声明及承诺书》中做出的承诺。公司不配合本所监管要求的行为违反了《股票上市规则》第1.4条和第17.1条等有关规定。

鉴于上述违规事实和情节，经本所纪律处分委员会审核通过，根据《股票上市规则》第17.2条、第17.3条、第17.4条以及《上海证券交易所纪律处分和监管措施实施办法》有关规定，本所作出如下纪律处分决定：对公司实际控制人、公司董事长兼董事会秘书鲜某予以公开谴责；对DLGF股份有限公司予以通报批评。

对于上述纪律处分，本所将抄报中国证监会、SH市人民政府，并将记入上市公司诚信档案。

公司应当引以为戒，严格按照法律、法规和《股票上市规则》的规定，规范运作，认真履行信息披露义务；董事、高级管理人员应当履行忠实勤勉义务，促使公司规范运作，并保证公司及时、公平、真实、准确和完整地披露所有重大信息；公司股东应当按照有关规定积极配合公司做好信息披露工作，及时告知公司已发生或者拟发生的重大事件。

上海证券交易所
二〇一五年四月二十七日

关于对DLKG股份有限公司及有关责任人予以纪律处分的决定

当事人：

DLKG股份有限公司；

代某，职务：时任DLKG股份有限公司董事长；

姜某，职务：时任DLKG股份有限公司董事、总经理；

王某，职务：时任DLKG股份有限公司董事、董事会秘书；

周某某，职务：时任DLKG股份有限公司财务总监。

经查明，DLKG股份有限公司（以下简称“DLKG”或“公司”）在履行信息披露义务、重大事项内部审议程序及使用募集资金等方面存在以下违规事项：

一、与关联方共同投资和为关联方提供担保，未履行信息披露义务和内部审议程序

2013年7月30日，公司就3个地块分别与相关方签署项目合作协议，分别为：

（一）DL后革地块项目合作协议

协议甲方为公司和大股东DXJT（以下简称“DXJT”），乙方为HDJN，丙方TPY公司（DXJT子公司，公司关联人）和丁方代某（公司实际控制人）为甲方履约提供连带责任担保。根据协议，协议签订生效后3天内，乙方向甲方支付项目投资款3000万元；协议签订后3个月内，因甲方、丙方、丁方任何一方原因不能达到协议目的，甲方承诺在收到所得收入的10天内，保证乙方获得不少于1.5亿元的投资回报；同时，约定丙方和丁方对甲方履行协议提供连带责任担保。

（二）DL双D港项目合作协议

协议甲方为DXJT和DXDZ公司（DXJT子公司，公司关联人），乙方为HDJN，丙方DLKG和丁方代某为甲方履行协议提供连带责任担保。根据协议，协议签订生效后3天内，乙方向甲方支付项目投资款3000万元；协议签订后3个月内,因甲方、丙方、丁方任何一方原因不能达到协议目的,甲方承诺在收到所得收入的10天内,保证乙方获得不少于1.5亿元的投资回报;同时,约定丙方和丁方对甲方履行协议提供连带责任担保。

(三)DLTPY电子地块项目合作协议

协议甲方为TPY公司(公司关联人),乙方为HDJN,丙方DLKG和丁方代某为甲方履行协议提供连带责任担保。根据协议,协议签订生效后3天内,乙方向甲方支付项目投资款4000万元;协议签订后3个月内,因甲方、丙方、丁方任何一方原因不能达到协议目的,甲方承诺在收到所得收入的10天内,保证乙方获得不少于2亿元的投资回报;同时,约定丙方和丁方对甲方履行协议提供连带责任担保。

公司签署上述3项项目合作协议,涉及与关联方的重大关联投资和为关联方提供担保;签署协议前,未提交董事会或股东大会审议;签订协议后,未履行信息披露义务。

二、重大诉讼信息披露不及时

2014年10月27日,HDJN以协议相关当事人违反《DL双D港项目合作协议》为由,向SD省高级人民法院提起民事诉讼,要求判令DXJT和DXDZ公司返还项目投资款3000万元并支付1.5亿元投资回报及其利息,要求判令DLKG和代某对返还投资款和支付投资回报及其利息承担连带保证责任。11月27日,SD省高级人民法院向公司下达应诉通知书。公司对上述重大诉讼事项未及时披露。

三、违规使用募集资金

2014年6月,公司通过非公开发行股票募得13.64亿元资金,在募集资金的存放和使用上存在如下违规行为:

(一)将其中的2.5亿元作为公司全资子公司FMGJS公司向关联方DTTY公司(公司控股股东DXJT之控股孙公司)购买电解铜的贸易款。截至2014年4月7日,DTTY公司尚未履行交割义务,公司也未披露交易进展情况。

(二)在上述2.5亿元付款后,FMGJS公司未经保荐人同意,又向DTTY公司预付2.13亿元贸易款。对方至今未履行交割义务,公司也未披露交易进展情况。

(三)未经保荐人同意,将其中4.68亿元存放于FMGJS公司保证金账户,直至2015年1月20日才转回到募集资金专户。

(四)在未履行将暂时闲置募集资金进行现金管理的决策审批程序和披露义务,以及未取得保荐人同意的情况下,将3.4亿元募集资金由FMGJS公司转为定期存单。

(五)在未履行改变募集资金投向决策审批程序和披露义务,以及未取得保荐人同意的情况下,将0.23亿元用于参与远中租赁增资。

公司上述行为严重违反了《上海证券交易所股票上市规则》(以下简称"《股票上市规则》")第1.4条、第2.1条、第2.3条、第10.2.5条、第10.2.6条、第11.1.1条及《上海证券交易所上市公司募集资金管理办法(2013年修订)》等有关规定,性质恶劣,情节严重。董事长代某未能履行基本的忠实、勤勉义务,对公司的违规行为负有主要责任,严重违反了《股票上市规则》第2.2条、第3.1.4条、第3.1.5条等有关规定以及其出具的《董事声明与承诺》。公司董事兼总经理姜某、董事兼董秘王某、财务总监周某某未能勤勉尽责,对公司的募集资金使用违规负有相应责任。

鉴于上述违规事实和情节,经上海证券交易所(以下简称"本所")纪律处分委员会审核通过,根据《股票上市规则》第17.2条、第17.3条、第17.4条以及《上海证券交易所纪律处分和监管措施实施办法》有关规定,本所作出如下纪律处分决定:对DLKG股份有限公司予以公开谴责;对董事长代某予以公开谴责;对董事兼总经理姜某、董事兼董秘王某、财务总监周某某予以通报批评。

对于上述纪律处分,本所将抄报中国证监会、DL市人民政府,并记入上市公司诚信档案。

公司应当引以为戒,严格按照法律、法规和《股票上市规则》的规定,规范运作,认真履行信息披露义务;董事、监事、高级管理人员应当履行忠实勤勉义务,促使公司规范运作,并保证公司及时、公平、真实、准确和完整地披露所有重大信息。

上海证券交易所
二〇一五年四月二十七日

关于对SHWM股份有限公司和有关责任人予以纪律处分的决定

当事人：

SHWM股份有限公司；

孟某，时任SHWM股份有限公司监事（兼子公司SHRL公司董事长和总经理）；

贺某，时任SHWM股份有限公司董事长；

吴某某，时任SHWM股份有限公司副董事长兼总经理；

秦某某，时任SHWM股份有限公司董事兼副总经理；

杨某某，时任SHWM股份有限公司董事；

陈某某，时任SHWM股份有限公司董事；

浦某某，时任SHWM股份有限公司董事；

吴某，时任SHWM股份有限公司独立董事；

张某某，时任SHWM股份有限公司独立董事；

徐某某，时任SHWM股份有限公司独立董事；

李某，时任SHWM股份有限公司财务总监兼董事会秘书；

朱某某，时任SHWM股份有限公司副总经理；

韩某，时任SHWM股份有限公司副总经理；

宁某，时任SHWM股份有限公司副总经理；

成某某，时任SHWM股份有限公司副总经理；

吕某，时任SHWM股份有限公司监事；

吴某某，时任SHWM股份有限公司监事；

孙某，时任SHWM股份有限公司监事。

经查明，SHWM股份有限公司（以下简称“SHWM”）在信息披露等方面存在以下违规事实：

2008年至2011年期间，SHWM全资子公司SHRL公司（以下简称“SHRL”）采用多种方法少结转成本、虚增年末库存，导致SHWM2008年至2011年年度报告中资产和利润总额虚增，成本虚减，公司财务信息存在虚假记载。经核实，2008年至2011年，公司年度报告（合并）虚增资产分别为32,757,527.73元、148,419,905.81元、55,313,207.20元、30,307,583.67元，虚减营业成本分别为32,757,527.73元、148,419,905.81元、55,313,207.20元、30,307,583.67元，虚增利润总额分别为32,757,527.73元、148,419,905.81元、55,313,207.20元、30,307,583.67元。

按照《企业会计准则》的相关规定，SHWM应当在2012年年度报告中采用追溯重述法对2008年至2011年年度报告中披露的财务数据进行更正。但SHWM将2008年至2011年期间累计巨额亏损作为2012年当年发生的亏损反映在年度报告中，并将亏损原因归结为2012年国际、国内经济低迷，大宗商品市场价格大幅下降等原因，掩盖了上市公司重要子公司发生舞弊行为连续多年发生亏损、上市公司相应年度实际盈利远低于年度报告披露数据的事实。

综上，SHWM2008年至2012年的年度报告，均未能反映相关年度公司经营的真实情况，影响了投资者对公司财务状况、经营成果等进行正确判断，属于信息披露文件中记载的事实与真实情况不符情形，公司信息披露存在虚假记载。SHWM的上述行为严重违反了《上海证券交易所股票上市规则》（以下简称“《股票上市规则》”）第1.4条、第2.1条、第2.5条、第2.7条、第11.12.5条和《企业会计准则》第十二条、第十七条、第十八条、第十九条等有关规定。

在有关责任人方面，经查明，公司监事孟某当时兼任子公司SHRL董事长和总经理，是SHRL虚增收入及利润的直接责任人，是导致公司信息披露重大违规的主要责任人；另外，公司时任董事长贺某，副董事长兼总经理吴某某，董事兼副总经理秦某某，董事杨某某、陈某某、浦某某，独立董事吴某、张某某、徐某某，财务总监兼董事会秘书李某，副总经理朱某某、韩某、宁某、成某某，监事吕某、吴某某、孙某未能勤勉尽责，督促公司建立健全并认真执行规范的公司治理和内控机制，实现对子公司的有效控制，对公司的违规行为也负有不可推卸的责任。前述人员的行为严重违反了《股票上市规则》第2.2条、第3.1.4条、第3.1.5条、第3.2.2条的规定以及其在《董事（监事、高级管理人员）声明及承诺书》中做出的承诺。

鉴于上述违规事实和情节，经上海证券交易所（以下简称"本所"）纪律处分委员会审核通过，根据《股票上市规则》第17.2条、第17.3条、第17.4条和《上海证券交易所纪律处分和监管措施实施办法》的有关规定，对主要责任人时任监事兼SHRL董事长和总经理孟某予以公开谴责，并公开认定其5年内不得担任上市公司的董事、监事和高级管理人员；对违规责任主体SHWM及次要责任人时任董事长贺某，副董事长兼总经理吴某某，董事兼副总经理秦某某，董事杨某某、陈某某、浦某某，独立董事吴某、张某某、徐某某，财务总监兼董事会秘书李某，副总经理朱某某、韩某、宁某、成某某，监事吕某、吴某某、孙某予以公开谴责。

对于上述纪律处分，本所将通报中国证监会和SH市人民政府，并记入上市公司诚信档案。

公司应当引以为戒，严格按照法律、法规和《股票上市规则》的规定，规范运作，认真履行信息披露义务；董事、监事、高级管理人员应当履行忠实勤勉义务，促使公司规范运作，并保证公司及时、公平、真实、准确和完整地披露所有重大信息。

上海证券交易所

二〇一五年十二月二十三日

监管案例解析

关于BYTZ暂停上市的案例解析

韩逸颖*

2015年3月26日，BYTZ股份有限公司（以下简称BYTZ或公司）因涉嫌构成违规披露、不披露重要信息罪和伪造、变造金融票证罪被中国证监会移送公安机关。公司股票自3月31日被实施退市风险警示，并进入风险警示板交易。5月14日，公司股票结束30日的风险警示期交易并开始停牌，5月25日，上交所作出公司股票暂停上市的决定，公司股票自5月28日起正式暂停上市。至此，公司因涉嫌重大信息披露违法被暂停上市的主要工作顺利完成。

BYTZ是中国证监会2014年颁布的新退市制度实施后，沪深两市首家因涉嫌重大信息披露违法而启动退市机制的上市公司。在各方的协作下，BYTZ的处置过程总体平稳，但具体操作和执行中仍遇到一些新问题，有必要就相关情况和经验进行总结分析，为此后的退市工作提供借鉴。

一、BYTZ暂停上市的主要处理过程

BYTZ历史上曾多次发生控股股东及主业变更，一直以来都属于受重点监管的高风险公司。2010年6月，HXT通过司法拍卖取得公司股份，成为第一大股东。此后，公司一直无固定

* 上海证券交易所上市公司监管一部。

主业，最近两年主营收入主要来自于母公司的矿产品贸易及子公司的汽车销售。2012 年－2014 年，公司主营业务收入分别为 1.91 亿、2.54 亿和 4866.26 万元，归属母公司净利润分别为 1824.18 万元、1212.23 万元和－9885.32 万元。2014 年年度报告被会计师事务所出具无法表示意见审计报告。

（一）公司涉嫌信息披露违法被立案调查

2014 年 4 月，上交所在年报事后审核中发现，公司财务报告存在造假嫌疑，根据监管协作要求提请 GD 证监局现场核查。2014 年 6 月 18 日，BYTZ 因涉嫌信息披露违规行为被证监会立案调查。2014 年 12 月 9 日，公司披露了 GD 证监局《关于对 BYTZ 股份有限公司采取责令公开说明措施的决定》，同时按要求提示了退市风险。经查，公司存在部分银行收付交易未真实发生，以及公司账面记载的部分银行承兑汇票背书信息与银行记录不一致等情况。同日，上交所及时就上述事项发布新闻稿，提示公司不同于一般立案调查公司，存在较高的暂停上市风险，并督促公司此后每月至少披露一次可能被实施退市风险警示的风险提示公告。

（二）被立案期间筹划重大资产重组

2014 年 12 月 23 日，BYTZ 以筹划非许可类重大资产重组为由申请公司股票连续停牌，2015 年 3 月 20 日，公司披露了增资控股之重大资产重组暨关联交易预案，根据相关规定，在对公司预案进行审核期间，公司股票继续停牌不超过 10 个交易日。上交所于 2015 年 3 月 24 日向公司发送审核意见函，要求公司于 3 月 28 日回复并公告修改后的预案。

（三）公司被实施退市风险警示并进入风险警示期交易

2015 年 3 月 26 日，BYTZ 因涉嫌违规披露、不披露重要信息罪和伪造、变造金融票证罪，被中国证监会依法移送公安机关，成为首家因涉嫌重大信息披露违法行为启动退市机制的上市公司。2015 年 3 月 27 日下午，公司披露了案件被移送的公告。上交所同时暂停了公司信息披露直通车资格。根据《股票上市规则》，公司股票于 2015 年 3 月 30 日停牌 1 日，自 3 月 31 日起被实施退市风险警示并进入风险警示板交易，交易满 30 个交易日后将被暂停上市。

（四）年报披露存在瑕疵

2015 年 4 月 30 日，公司披露 2014 年年度报告与 2015 年一季报，董事、监事和高级管理人员均声称无法保证定期报告的真实、准确、完整性。上交所及时对该事项启动快速反应机制，要求公司充分说明原因，并及时予以纠正。公司股票于 4 月 30 日紧急停牌一天，交易所及时将相关情况通过官方微博向市场公开。根据相关规则要求，公司在风险警示板交易期间停牌累计不得超过 5 日，上交所督促公司于 5 月 4 日披露回函并承诺将尽快核查改正后，公司股票于 5 月 5 日复牌交易。

（五）新进第一大股东违规减持

2015 年 4 月 24 日，公司原第一大股东 HXT 所持股份被司法划转至自然人庄某某名下。此后，庄某某分别于 5 月 6 日和 5 月 8 日分别减持所持公司股票，累计减持股份的数量占公司总股本的 7.37%。因第一大股东在减持达到公司已发行股份的 5% 时，未按《证券法》第八十六条和《上市公司收购管理办法》第十三条的规定停止卖出行为并对外披露，上交所启动快速反应机制，对庄某某账户实施了盘中限制买卖的监管措施，要求其及时履行信息披露义务，说明并披露违规减持的原因，并启动了后续纪律处分程序。

（六）公司股票被暂停上市

2015 年 5 月 14 日，公司股票结束了 30 日的风险警示期交易后进入停牌程序，交易所于 5 月 25 日作出公司股票暂停上市的决定，公司及时披露相关公告，公司股票自 5 月 28 日起被正式暂停上市。

二、暂停上市处置过程中的主要工作

在 BYTZ 重大违法退市的处置过程中，主要涉及暂停上市程序衔接安排、风险揭示释放、舆情引导疏通三个方面工作。

（一）暂停上市程序的衔接安排

BYTZ 是沪深两市首单因重大信息披露违法被暂停上市公司。总结来看，整个工作过程呈现出情形复杂多变、处理环节较多、准备时间较短、工作执行较难的特性。在各方协调下，前后经历了对公司的立案调查、责令公司就违规事实公开说明、认定公司涉嫌重大信息披露违法并移送公安机关、对公司股票实施退市风险警示、公司股票进入风险警示板交易以及最终暂停上市等多个环节。

一是要求公司及时披露立案调查重要进展。自公司于 2014 年 6 月 18 日被立案调查后,交易所与 GD 局密切配合,就公司立案调查进展及时沟通。在调查结果初步明确后,于 2014 年 12 月 8 日对公司股票实施停牌。同日,GD 证监局下发《关于对 BYTZ 股份有限公司采取责令公开说明措施的决定》并要求公司公告。次日,公司披露退市风险警示以及暂停上市风险提示公告并复牌。

二是案件被移送后立即启动退市机制。证监会稽查局于 2015 年 3 月 26 日就公司信息披露违法下发移送通知,并于 3 月 27 日上午函告上交所及证监局。交易所及时启动退市机制,要求公司于 3 月 30 日公告公司重大信息披露违法并被移送公安的情况,并对公司股票予以停牌一天,自次日起实施退市风险警示,随即进入风险警示板交易。

三是做好风险警示期的交易监控和信息公开。鉴于 BYTZ 情况特殊,其交易期风险控制工作难度较大,在对二级市场交易进行了严密监控的同时,进一步强化了交易信息的对外公开,向投资者提示股票交易情况。

四是对公司股票实施暂停上市。在公司股票于 2015 年 5 月 14 日结束风险警示期交易,自 5 月 15 日起开始停牌后,第一时间召开上市委员会会议,通过了暂停 BYTZ 股票上市的决议,于 5 月 25 日正式发文通知公司上述决定。此后公司股票自 5 月 28 日起暂停上市。

(二)风险揭示释放

BYTZ 因涉嫌信息披露重大违法启动退市机制对投资者影响巨大,通过信息披露及时揭示和释放风险是保护投资者利益的重要手段。

一是立案调查直至责令公开说明期间的风险提示。在公司披露被立案调查的提示性公告后,经初步分析案情,预判公司可能触及重大违法退市标准。考虑到敏感信息难以保密和风险提示的需要,广东局采取了责令公司公开说明的行政监管措施,在其中明确披露公司主要违规事实,公开说明有关违法违规事项。同时,上交所督促公司发布退市风险警示以及暂停上市风险提示公告,要求公司在此后每月至少披露一次公司可能被退市的风险提示公告。并要求公司在公告内容和表述上与其他被立案调查公司予以区分。辅以发布新闻稿的方式,强调 BYTZ 违法违规行为的严重性,在此期间公司股票正常交易,股价持续下跌,初步释放风险。

二是在 2015 年 3 月 27 日获悉公司因重大信息披露违法被移送公安机关当日,督促公司及时披露其重大违法行为的具体情节及严重后果,尤其是结合退市相关程序和环节,向投资者说明后续暂停及终止上市的具体进程,并明确风险警示板交易的注意事项。

三是公司股票在风险警示板交易期间的风险提示工作。自 2015 年 3 月 27 日起暂停公司发布直通车公告业务,对重要公告予以审核把关,以提高信息披露准确性,并充分提示暂停上市风险。期间,就公司重大资产重组进展公告、股权被司法划转,权益变动提示性公告、暂停上市及退市风险提示公告等股价敏感公告进行事前把关,及时与公司沟通,确保公告中不存在可能引起投资者误解的不当表述,督促公司充分说明关键情况,保障风险提示充分、简洁、有针对性。据统计,在 2015 年 3 月 31 日至 5 月 14 日的 30 个交易日期间,公司共披露各类风险提示公告 22 份。

(三)舆情引导以及投资者教育工作

BYTZ 是退市制度改革后因涉嫌重大信息披露违法启动退市机制的首单实践,市场和投资者对退市新规下的制度安排、公司的后续处置环节和关键时间节点、恢复上市与重新上市条件等多个方面的了解尚待加强。同时,投资者(尤其是中小股东)可能质疑其中的公平性。为引导市场及广大投资者正确理解和对待相关工作,需要将舆情引导工作贯穿在整个退市工作进程之中。

一是风险爆发初期直至案件移送当日的舆情引导工作。在 2014 年 12 月 9 日公司首次提示退市风险时,及时以新闻稿的方式强调了公司违法行为的严重性,向市场提示公司触及退市标准的可能性较高。2015 年 3 月 27 日,在公司因涉嫌信息披露重大违法被移送公安机关后,及时召开新闻发布会,就对公司实施退市风险警示的依据、风险警示板交易期间的交易安排、公司重组与退市的关系等问题回答记者的提问,并撰写新闻稿在主流财经媒体发布,为后续处置工作创造了良好的舆论环境。

二是公司股票交易期间以及暂停上市初期的情况通报。鉴于官方微博的快捷性和方便性，在股票交易期间，上交所多次通过官方微博就重大问题作出快速反应，及时向市场通报情况，防止不实猜测的形成，如股票交易情况通报、对违规交易的处理、对于公司因年报问题停牌的通报等。并及时公开相关处置工作的进展，包括在交易期结束当日对投资者的提示、对整体风险警示期交易和处理的总结、公司股票暂停上市的通告等。

三是将投资者教育工作融入退市各阶段工作之中。为进一步强化投资者教育，在启动退市工作初期，通过问卷调查收集了投资者关心的问题，以营业部为渠道持续进行宣传，并采取投资者专页、投资者教育专栏文章等形式开展投资者教育工作，向投资者普及了退市制度规定和交易安排等相关知识，并多次提示了BYTZ的交易风险。

三、公司启动退市机制进程中的重点和难点

在BYTZ暂停上市进程中出现了多项重点难点工作，很多属于重大无先例事项，需要根据实际情况进行判断和反应，严格依法依规予以妥善处理，避免引起市场争议。

（一）对重大资产重组与风险警示期竞合情形的停复牌处理

BYTZ在公告GD局下发的行政监管措施并披露了公司可能被实施退市风险警示的风险提示公告后，于2015年12月23日即启动了重大资产重组。由此，公司被移送公安机关的时间可能正处于现金收购重大资产重组停牌期间。若公司股票长期停牌，将与BYTZ风险警示板交易期间停牌累计不得超过5个交易日的规定产生冲突。为此，在应对上作了两个方面的考虑。

一是在公司发布重组预案的情形下，若公司披露预案早于移送时间，交易所将力争在公司移送时间前完成预案审核工作，保障公司及时进入风险警示期复牌交易。若预案披露日期晚于公司被移送日，考虑到本所《股票上市规则》的效力高于《关于落实非许可类并购重组事项信息披露相关工作的通知》，将严格按照《股票上市规则》的规定，在BYTZ股票被实施退市风险警示后，无论公司重组进程如何，BYTZ的累计全天停牌时间不超过5个交易日。

二是在公司宣告筹划失败，终止重组的情形下，若公司在移送日前发布投资者说明会结果公告，则按照正常程序复牌交易，并将于移送公安机关后进入退市过程；若公司未能在移送日之前发布投资者说明会结果公告，公司股票的复牌日期最迟为公司被实施退市风险警示前一日，如公司不予配合，将启动强制复牌程序并发布相关公告。

在实际执行中，为避免股票停牌与30日风险警示板交易时间产生冲突，上交所督促公司于2015年3月20日提前披露重组预案，并在此后的停牌审核期间及时形成审核反馈意见函，督促公司于移送次日公布修改后的预案，保证了公司股票按期复牌交易。

（二）公司年报披露的处理

考虑到公司可能无法按期披露年报并因此触及退市风险警示，交易所对此种特殊情况进行了专门研究，经讨论决定采取“先触及先实施”的原则。若2015年4月30日公司无法按期披露定期报告，根据《股票上市规则》，公司股票应停牌至披露年报，若停牌2个月内仍无法按期披露定期报告，公司股票将被实施退市风险警示。若此后2个月内无法披露年报，公司股票将被暂停上市。上述情况与公司因信息披露重大违法退市情形出现竞合。在工作预案中初步预计，因BYTZ先触及信披重大违法退市被实施退市风险警示标准，将不要求公司停牌，而是继续完成风险警示期交易，并进入暂停上市流程。若此后在6个月内触及未按期披露定期报告终止上市标准，则公司股票将被终止上市。

2015年4月30日，公司对外披露2014年度年报以及2015年度一季报，但董事会、监事会和高级管理人员不保证所披露信息真实、准确、完整性，引起市场广泛关注。其中，是否可认定上市公司已披露年报成为焦点问题。根据《证券法》第66条的规定，披露年报的主体是上市公司，上市公司在规定期限内披露了年报即符合该项要求。同时，根据《证券法》第68条规定，上市公司董事、监事、高级管理人员应当对定期报告签署书面确认意见或者审核意

见,并保证年报的真实、准确、完整。BYTZ 董事、监事、高级管理人员未能作出该项保证,不符合法律要求。综合判断下,上市公司已披露年报,但该年报不符合法定要求,应当要求相关责任人予以纠正。据此,上交所及证监局分别出具了相关函件,要求公司董事、监事、高级管理人员就前述事项作出解释,并予以改正。

(三)大股东违规减持事宜的认定

上交所在盘中监控中发现,公司第一大股东庄某某于2015 年 5 月 8 日通过本所交易系统减持股份占公司总股本 4.75%,与 5 月 6 日减持股数合计共占公司总股本的 7.87%,但未在减持股份触及 5% 时停止交易并履行信息披露义务,违反了《证券法》第八十六条和中国证监会《上市公司收购管理办法》第十三条规定。对此,交易所立即对庄某某采取了盘中暂停账户继续卖出 BYTZ 股票的监管措施。同时向庄某某发送监管工作函,要求庄某某就减持事项提交专项说明并对外披露、在 3 日内编制并披露权益变动报告书,且公告披露后 2 日内,不得再行买卖公司股票,同时对庄某某的违规减持行为启动纪律处分程序。

(四)股票交易期间的判断和处理

BYTZ 股票在风险警示期交易过程中股价波动性较强,频现连续涨停和跌停的极端行情,期间 3 次触及日换手率超过 30% 的情形,同时呈现中小投资者持股增多,机构和大户投资者减少的趋势。根据交易情况和舆情走向判断是否需要侧面干涉股价走势,何时需要提示风险,如何把握监管介入的"度"成为了工作中的难点。总体上可将相关工作根据股票交易情况分为以下几个阶段:

一是股票复牌初期的连续跌停阶段,主要督促公司进行常规风险提示,结合公司情况对后续退市环节等相关知识进行普及。

二是 2015 年 4 月 10 日跌停打开后的持续涨停阶段,主要以维护交易秩序和强化风险提示为工作重点。4 月 10 日下午 1 点 50 分,市场上出现多笔大单,6 分钟内大量成交,使股票换手率达到 30% 并触及盘中临时停牌标准。交易所当日及时进行交易核查,发现一名投资者违规超买行为,对其采取了要求卖出以及签署合规交易承诺书的监管措施,并对相关券商进行处罚。同时为保障中小投资者利益,防止过度炒作,采取了每日公开投资者结构的措施,以明确市场预期。并在此期间提高了风险提示频率,明确重组与恢复上市的关系,以防市场对股价过度解读。

三是在公司股票连续涨停 7 日,风险警示期交易时间过半以后。出于提示风险,遏制投资者炒作情绪的考虑,自 2015 年 4 月 28 日起要求公司每日提示公司的暂停上市风险。在此期间,交易所坚持对违规行为的监控和处理标准。

EZZZ 退市的主要经过及监管体会
——兼论主动退市制度的完善

张小义*　王东勋**

长期以来,退市处置工作一直是困扰证券市场的"老大难"问题,各方矛盾多,维稳压力大。证监会、证券交易所甚至地方政府均要为此投入较大的人力、物力和财力。2015 年 5 月 21 日,EZZZ 股票被上交所摘牌,成为沪深两市首家通过主动退市化解各方利益冲突的公司。退市的整个过程中,投资者通过自身持有的表决权行使权力,表达合理诉求,媒体则站在中立客观的角度,分析公司退市方案的利弊得失,整个过程无不展现了证券市场理性的一面。本文简要回顾了 EZZZ 退市的成因及主要过程,分析了市场对两种退市方案态度截然相反的原

* 上海证券交易所上市公司监管一部。

** 上海证券交易所上市公司监管一部。

因，继而分析了EZZZ主动退市的积极影响及监管中的思考，最后提出了完善主动退市制度的几点建议

一、公司基本情况及退市主要过程

EZZZ于2010年2月2日在上交所上市，属机械加工行业，主要产品包括清洁能源发电设备、冶金成套设备及备件、重型石油化工容器等，总股本为22.93亿股，实际控制人为国务院国资委，控股股东ZGEZ持股16.39亿股，占公司总股本的71.47%。2013年7月，经国资委批准，ZGEZ成为GJJT的全资子公司，GJJT成为公司实际控制人。

因2011年至2013年连续三年亏损，EZZZ股票于2014年5月26日暂停上市。2014年度，公司营业收入为39亿元，净利润为-79亿元，触及连续四年亏损的强制退市指标。

2014年下半年，公司预计当年仍将亏损，可能因此被强制退市，原控股股东ZGEZ考虑到公司2010年上市后次年起即亏损，市场影响较大，各方关注度高，曾积极推动公司进行资产重组。后因GJJT有不同意见，重组以失败告终。2015年2月，GJJT综合考虑退市成本及社会影响，决定启动公司主动退市，推出了要约收购主动退市方案。考虑到主动退市符合退市新规的市场化精神，有利于化解各方矛盾，对中小投资者利益保护也有正面影响，上交所对此在政策咨询和技术保障方面给予了积极支持。但投资者认为，该方案的收购价格远低于持股成本，市场又对公司存在重新上市预期，该次要约收购于4月3日宣告失败。

2015年4月，公司按照2014年退市新规的规定，再度推出了召开股东大会决定主动退市的方案。为取得投资者的支持，方案同时给予全体股东现金选择请求权。最终，该方案取得全体股东和中小股东所持表决权的2/3以上通过。5月15日，上交所根据上市委员会的审核意见，依法作出了同意公司主动终止公司申请的决定并公告。5月21日，上交所对公司股票予以摘牌，公司股票终止上市。

EZZZ退市处置工作之所以如此顺利平稳，公司采取了主动终止上市方式是最根本的原因。作为2014年退市制度改革后的首单实践，EZZZ此次的主动退市，实现了退市制度市场化改革的预期目标，将对证券市场今后的退市工作产生积极的示范作用。一方面，EZZZ退市树立了以公司自治为基本原则的退市样本。此次退市过程中，公司自治原则贯穿始终，实际控制人、控股股东与中小股东多次主动交流，在各方利益得到平衡的基础上，最终使优化后的主动退市方案获得股东大会的通过。另一方面，EZZZ退市也提供了化解退市难、实现退市工作常态化的解决方案。退市期间，股东积极行使权利，通过合理途径表达自己意见，没有采取群访等传统“维权”手段，各方矛盾得以缓和甚至化解。公司的此次实践表明，主动退市制度可以成为化解退市过程中各方利益冲突，实现退市工作常态化的有效手段。

二、公司两种退市方案的选择分析

EZZZ在退市进程中，先后推出了全面要约收购方案和股东大会终止上市方案，但最终前一方案未获通过，而后一方案取得投资者认同。两个方案内容相似，但结果迥异，投资者对两方案的取舍，有其深层、内在的市场逻辑。

（一）全面要约收购方案

EZZZ以全面要约收购方式实现主动退市方案的主要内容为：实际控制人GJJT以终止公司上市地位为目的，向全体股东发出收购要约。要约收购价格为2.59元/股，较EZZZ暂停上市停牌前30个交易日均价2.35元/股溢价10.21%。要约生效条件是收购后社会公众股东持有的股份低于公司总股本的10%。如要约收购期满，前述比例仍超过总股本的10%，本次主动退市方案失败。要约收购期满，预受要约股份数量为12,596,748股，未达到要约收购生效所需的171,995,048股，因此该方案失败。综合分析，以要约收购方式实现主动退市之所以失败的原因主要有三个方面：

一是股东普遍认为2.59元的收购价格偏低，与IPO发行价8.5元均相差太大，显失公平。另外，据上交所信息中心测算，股东平均持股成本6.84元，如接受要约，将发生较大实际损失。

二是股东对公司重新上市存在较强预期。GJJT在要约收购报告书中承诺支持EZZZ在符合重新上市条件后重新上市，由于GJJT有较强的资源整合能力，股东对公司重新上市有较

强期待,普遍有惜售心态。

三是受限于国资管理体制,GJJT 无法根据股东诉求及时完善要约收购方案。上交所曾建议 GJJT 充分关注要约收购价格偏低问题和给予投资者重新上市时股份回售权问题,但均因需履行国资委审批程序,无法在规定期限内对要约收购方案作出修改。

以全面要约收购方式实现主动退市方案虽未成功,但公司通过与投资者的持续互动交流,倾听到了投资者的真实诉求,即大部分投资者希望公司在 GJJT 的支持下,尽快重新上市;通过要约收购申报结果,探明了可能选择现金的股份数量范围。这使公司有信心和动力推出新的主动退市方案,继续推动主动退市工作。

(二)股东大会审议终止上市方案

公司通过股东大会决议方式主动退市方案主要内容为:以股东大会决议方式主动撤回股票在上海证券交易所的交易,方案须取得股东大会出席会议的股东所持表决权的 2/3 以上通过,同时须经出席会议的中小股东所持表决权的 2/3 以上通过。同时,实际控制人 GJJT 为全体股东提供现金选择权,价格为 2. 59 元。公司同步披露了退市后的发展战略、经营计划、并购重组及重新上市安排。

4 月 23 日股东大会表决结果为:全体股东同意主动终止上市的比率为 99. 54%,中小股东同意主动终止上市的比率为 77. 02%。主动终止上市的议案获得通过。

公司第二次提出的主动退市方案中,其现金选择权的价格与前次要约收购价格相同,但最终却获得股东大会同意。具体分析,主要有两个方面原因:

一是方案兼顾投资者多种利益诉求,投赞成票可以使其自身利益最大化。与要约收购方案相比,新方案给予了投资者多重选择。原方案下,如股东同意主动退市,则需接受收购要约并出售其所持股票;如股东选择继续持有其股票,则需持反对意见,即不接受收购要约。而根据新方案,公司股东大会通过主动退市议案后,全体股东还可以根据自愿原则申报现金选择权,将自己股份出售给实际控制人。由此,对于那些同意主动退市,但是同时又愿意继续持股的股东而言,新方案无疑是最优选择;即使不愿意继续持股的公司股东,也倾向于考虑对此方案表示赞同,以获得此后的现金选择权。

二是上市公司主动退市,可以享受符合条件后"随时申请重新上市"的政策优惠。公司同步披露的未来发展战略事项也强化了投资者对公司重新上市的预期。由此,愿意继续持有公司股票的投资者对该方案投赞成票的意愿大大增强。

三、公司退市过程中的监管思考

EZZZ 公司为大型央企,是当地经济发展的主要力量,共有股东 53000 户左右,分布全国各地。公司退市牵涉面广,各方诉求不一,市场影响较大。自公司 2014 年暂停上市起,上交所即启动退市工作机制,做好各项风险应对处置工作。经过各方努力,最终实现了公司主动退市,从自律监管的角度来看,主要有以下几方面体会。

一是思想重视,组织保障,建立高效的退市工作机制。会领导、上交所党委和总办对 EZZZ 工作高度重视,多次对退市工作的指导方针、工作方式和具体要求作出指示。为保障公司退市工作顺利进行,上交所成立了退市工作小组,由分管所领导担任组长,上市公司监管一部牵头负责,所内 10 个相关部门参与。退市工作小组多次召开专题会议,明确任务分工、业务流程,制定了信息披露、突发事件应急处置、舆情应对、快速反应等多项工作机制,保障退市工作有序进行。

二是宣讲政策,积极引导,推动公司形成主动退市方案。针对 EZZZ 面临的退市实际情况,上交所分管所领导在公司暂停上市后,多次专程到北京拜访公司实际控制人 GJJT,宣讲 2014 年退市制度改革的主要内容,要求其妥善处理因 EZZZ 退市可能导致的各方利益冲突,鼓励公司认真研究包括主动退市方案在内的各种化解退市风险的措施。2014 年年底,上交所桂敏杰理事长在接待 GJJT 董事长来访时,再次介绍了主动退市的实现路径和操作程序,认为主动退市更有利于保护投资者利益。经过综合考虑,GJJT 决定响应 2014 年退市制度改革,在触发强制退市条件前,启动主动退市程序。

三是及时提示,严格要求,督促公司持续披露重大信息。退市工作中,认真保护投资者尤其是中小投资者合法权益是核心要求。上交所坚持以信息披露为中心，要求公司根据实际情况增加信息披露和风险提示频次，并督促其通过投资者说明会和投资者关心问题解答公告等方式，对投资者普遍关心的重大问题进行公开说明，保证了投资者行使股东权利时能获得足够的必要的重要信息。据统计，EZZZ 在主动退市期间共发布主动退市提示公告 8 份，终止上市风险提示公告 2 份，对投资者问询问题答复的公告 3 份，期间公司进行了投资者说明会 3 次。

四是早作预判，快速应对，化解公司风险和市场疑问。EZZZ 暂停上市期间，上交所认真梳理过往公司信息披露情况，排查是否存在监管疑点。针对公司 2013 年 12 月筹划重大资产出售过程中存在的信息披露瑕疵，及时作出了通报批评处理，提前化解市场可能出现的质疑。公司启动主动退市期间，针对市场较为关注的要约收购价格偏低、公司是否已筹划资产重组方案、是否已制定重新上市计划等热点问题，及时向公司反馈，建议公司及时关注研究，或要求公司通过公告、投资者说明会等途径进行回应，起到了稳定投资者预期的效果。

五是跟踪舆情，及时响应，主动回应市场和投资者关切。EZZZ 进入退市进程后，上交所安排了专人跟踪分析相关舆情。总体上看，媒体对 EZZZ 主动退市报道持续时间长、分析相对客观中立，未对公司信息披露和证券监管部门日常监管提出质疑。期间，上交所针对媒体提出给予股东重新上市时股份回购请求权和以股东大会决议方式实现主动退市的建议，两次向公司发出监管工作函，建议公司予以研究关注。同时，上交所在公共媒体上组织刊发多篇投资者教育文章，有针对性地宣传 2014 年退市制度改革的主要内容，介绍主动退市制度的相关规定，引导投资者理性对待公司主动退市行为。

六是主动服务，细致安排，做好政策咨询和技术保障。EZZZ 主动退市过程中，上交所主动与 GJJT 退市工作团队对接，就主动退市规则执行、流程衔接、业务操作做好技术保障，并就相关政策事项进行充分沟通。期间，还与会上市部密切沟通，协调豁免 GJJT 的因股东行使现金选择权而触发的全面要约收购义务等事项。退市实施过程中，上交所认真做好公司现金选择权申报和公司摘牌工作，在流程和技术保障方面做了细致安排。

七是及时汇报，密切配合，发挥各方监管协作合力。在 EZZZ 退市过程中，上交所与会上市部、SC 证监局及其他单位等建立了顺畅的信息互通和工作协作机制。上交所将公司动态、监管动态等信息通过退市工作日报、周报、重大事项专报等形式，及时报告证监会上市公司监管部。对于重大事项、突发事项和疑难事项，第一时间向证监会请示汇报。同时保持与 SC 证监局等的协调沟通，及时通报终止上市工作进展。会、局、所三方密切的监管协作，保证了公司各项退市工作的顺利推进。

四、完善主动退市制度的几点建议

从本次主动退市工作看，相关制度安排及技术实施流程均相对比较完备，为公司及投资者作出合理决策提供了明确预期。尤其是证监会 2014 年发布的《关于改革完善并严格实施上市公司退市制度的若干意见》（以下简称《退市意见》）和上交所相应修订的《股票上市规则》，对主动退市的具体方式和主要流程做了明确安排，保证了公司此次退市工作的顺利进行。

在公司实施主动退市方案过程中，我们也注意到在个别政策安排方面还可以进一步优化细化，主要有三项：

一是明确个别情形下的要约豁免安排，避免因在主动退市中提供现金选择权被动触发强制要约义务。EZZZ 召开股东大会通过主动退市方案后，投资者可以行使现金选择权将股份转售公司实际控制人 GJJT，理论上可能导致公司的社会公众股比例不符合最低 10% 的要求，由此触发 GJJT 的全面要约收购义务。后因实际未触及全面要约标准，公司退市工作未受影响。

关于因现金选择权行使而触发强制要约收购义务，是否属于《收购办法》第六十二条（三）"中国证监会为适应证券市场发展变化和保护投资者合法权益的需要而认定的其他情形"而可以向证监会申请要约豁免，目前相关规定比较原则，未予明确。对此，建议通过以下方式予以解决：一是在制度层面，考虑到公司向全体股东的现金选择权实际效果已经类似于全面要约，建议对相关规则予以修订，明确在主动终止上市方案实施过程中,因异议股东和其他股东行使现金选择权,导致相关投资者触发要约收购义务的,属于应予豁免发出要约的情形。二是在作出上述制度安排外,鉴于现金选择权的实施期最短为三个交易日,而要约收购期至少为三十日以上,为给投资者行使权利提供更足够的时间,建议现金选择权的实施期延长为三十日以上,以充分保护投资者的合法权益。

二是适时修订主动退市公司申请重新上市的条件,将公司可随时申请重新上市落在实处。按照上交所《退市公司重新上市实施办法》规定,主动退市公司符合重新上市条件后,可随时提出重新上市申请。但因现行重新上市条件中包括连续三个会计年度盈利的刚性要求,主动退市公司实际无法“随时”重新上市。以 EZZZ 为例,公司满足重新上市条件的最早时间为 2018 年,距今尚有三年之久。建议待《证券法》修改,对公司 IPO 时不再设置连续盈利指标等客观指标后,适时修改重新上市条件时,也一并取消相应的盈利指标要求。同时,也可作些限制性规定,避免出现“任性”主动退市和“任性”重新上市的情况。

三是完善主动退市的业务操作流程和配套安排。EZZZ 退市过程中,现金选择权的实施及股转系统挂牌等业务操作和配套安排事项,关乎整体方案的可行性。结合此次主动退市实践,建议形成完善的相关业务流程。具体而言,一是要进一步完善要约收购及现金选择权提供履约保证的操作指引。EZZZ 本次选择的履约保证方式为保证金,下一步规则可以明确规定保证金、保函和财务顾问承诺等作为履约保证方式。二是要进一步为实施现金选择权提供便利。目前股转系统尚不支持退市公司实施现金选择权,今后可以加强系统更新与技术升级,包括股转系统可以支持退市公司实施现金选择权、交易所支持对摘牌公司在其他交易场所挂牌交易前实施现金选择权等,这样有利于公司分层次、更合理地向异议股东、其他股东分批实施现金选择权。三是要明确主动退市公司转往股转系统挂牌交易的程序衔接。现有安排下,强制退市的公司直接享有确权代码,在摘牌日后 30 日一次性向股转公司报送全套申请材料,45 个工作日内完成挂牌程序。而主动退市的公司需要在摘牌后单独递交申请,等待批准,获取确权代码后方可报送,挂牌效率难以保证。建议优化主动退市公司转板程序,提高挂牌效率。

对市场有重大影响的信息披露敏感事件的处理与思考——基于 HRGF 监管案例分析

常　乐*

HRGF 股份有限公司(以下简称“HRGF”或“公司”)案件,是近期一起上市公司涉嫌利用对市场有重大影响的信息披露,配合相关利益人获取收益的典型案例。公司及相关股东的行为引起了舆论的广泛关注和质疑,证监会在新闻发布会上就相关情况进行了解答。监管过程中,上交所积极采取自律监管措施,运用快速反应机制,发挥监管协作的作用,并坚持监管公开,妥善处理了这起对证券市场有重大影响的敏感案件。总结来看,本案监管中所遇到的监管难点、监管盲区以及如何在今后进一步改进,值得我们进一步思考。

一、案例基本情况

2015 年 1 月 23 日,HRGF 披露称,公司股东、董事长兼总经理杨某某与其他两位股东 JRGY 公司、ZJDZ 公司共同向公司董事会提出:基于 HRGF 未来发展需要并结合 HRGF2014 年实际经营状况,为了积极回报股东,与所有股东分享公司未来发展的经营成果,

* 上海证券交易所上市公司监管一部。

在符合利润分配原则，保证正常经营和长远发展的前提下，提议 HRGF2014 年度利润分配及资本公积金转增股本预案为以 HRGF2014 年 12 月 31 日股本 1,574,978,384 股为基数，以资本公积金向全体股东每 10 股转增 20 股（以下简称“利润分配提议”）。公司同时披露称，公司董事会在接到上述利润分配提议后，以现场及通讯方式与公司董事会全部董事进行了沟通，董事杨某某、李某某、任某某、吴某某、张某某、张某、洪某某、金某某、徐某某均已知悉并同意该利润分配提议。所有董事均签署了书面确认文件，并承诺在公司召开董事会审议上述利润分配提议时投赞成票。

上述股东在提出利润分配提议时，虽然表示将在审议利润分配预案的股东大会上投赞成票，但同时也表示，将在股东大会前可能大幅减持所持股票，甚至一度称可能减持至零。而且，从 2014 年 12 月底开始直至公布利润分配提议后，公司的股东、董事和数位高管持续大幅减持公司股票。公司原第一大股东 ZJDZ 减持了 12.84%，原第二大股东 JRGY 减持 9.97%，董事长杨某某及其一致行动人 WT 合计减持了 2.15%，财务总监周某某减持 0.01%，副总裁张某某、WRP、郝某某合计减持 0.16% 等。

正当市场对公司股东一边提出高送转提议，一边联合公司高管大幅减持的行为纷纷表示质疑和不满时，2015 年 1 月 31 日，公司突然披露了《2014 年年度业绩亏损公告》。称经财务部门初步测算，预计 2014 年度实现归属于上市公司股东的净亏损为 8 亿元左右。公告一经发布，市场一片哗然，对公司存在内幕交易的报道和质疑不断，引起了监管层的高度关注。

二、主要监管过程

年报披露时间，上市公司“高送转”总是资本市场追捧的热点题材，也容易引发股价的大幅波动，但像 HRGF 这样以“高送转”、大幅减持、大幅预亏连环上演的案例却不多见，事件发生后，交易所主要从以下几方面进行监管。

（一）快速反应，及时处置热点和高风险问题

自 2014 年底公司股东和高管减持开始，该公司便引起了监管层的关注，“高送转”提议公告后，我部对其采取了重点监管。公司在提交业绩预告期限的最后一天，突然披露了大幅亏损的直通车公告。考虑到公告发布后可能对市场和公司股价产生重大影响，且次日为休息日，舆论可能持续发酵，如不及时回应，容易造成监管被动，我部当日立即启动快速反应机制：一是结合公司前期的信息披露情况，当晚向公司发出监管工作函，要求相关信息披露义务人自查业绩预亏信息形成和知悉的具体时间，并要求公司立即披露交易所的监管函件全文，向市场表明监管立场和态度，化解舆论压力；二是为避免公司股价异动，决定公司股票自下一交易日起停牌，待核查结果公告后复牌。期间，我部多次督促公司及相关主体认真核实并答复我们的监管问询，同时向市场公开。从监管效果看，由于处置及时、信息公开，舆论和市场对监管行动予以了肯定。

（二）以监管公开为抓手，加强事中事后合监管

HRGF 提出“高送转”后，我们关注到股东和高管的减持行为，但目前制度上并没有上市公司在提议高送转前后股东不得减持公司股份的相关规定，经初步研判，交易所从事中、事后监管的角度，多次发函督促公司充分披露股东的减持计划。对于股东可能在股东大会召开前，全部减持所持有的公司股票，导致无法履行承诺的情形，我们要求股东向市场充分揭示风险，说明其行为是否涉嫌通过滥用股东权利损害上市公司及其他股东的利益。在整个信息披露监管过程中，监管函件及公司回复均予以公开，向投资者充分提示公司股东行为所带来的投资风险，同时向上市公司及相关方施加事后监管压力。

（三）监管协作，进行多维度监管

在公司预告巨额亏损之前，股东及高管先提议“高送转”，同时大比例减持公司股票，由于公司股价在“高送转”提议发布前的 20 天内上涨了近 50%，相关人员存在利用“高送转”利好消息抬高股价，并借机在重大利空消息发布前减持套现的内幕交易嫌疑。针对以上情形，我们一方面要求公司填报内幕知情人信息，提请本所市场监察部核查内幕交易情况；另一方面开展监管协作，以重大事项报告证监会，并提请 JS 证监局进行现场核查。在对公司股票复牌时，除了要求公司披露自查结果及对交易所

问询函回复以外,还要求公司同步披露被证监会立案调查和启动核查等重要监管信息。

(四)事后及时采取自律监管措施

虽然现行制度层面未禁止大股东在提议"高送转"后减持,但从信息披露监管的角度来看,公司相关股东和董事以"结合公司 2014 年实际经营状况"为前提提出"高送转"利润分配预案,但事后又表示在同意转增预案时不知悉公司 2014 年业绩情况。因前后公告披露的内容明显不符,可能对投资者判断产生重大影响及误导,监管公司及相关责任人员的行为已违反了《股票上市规则》等有关规定,交易所采取自律监管措施,对相关股东和董事采取了公开谴责和通报批评的纪律处分措施。

三、监管思考与建议

在整个案件的处理过程中,交易所充分运用自律监管措施,并与证监会、证监局密切开展监管协作,通过快速反应,舆论引导以及提示风险,取得了一定的监管效果。但是,监管过程中仍发现一些监管难点。第一,自律监管手段有限。根据监管协作的要求,对于涉嫌内幕交易的调查主要以证监局现场调查取证为主,交易所负责非现场监管,往往仅能根据上市公司所披露的信息为依据,发现违规线索,技术手段相对有限。第二,二级市场监管效果不明显。监管过程中,交易所通过信息披露自律监管、监管公开等措施充分向市场揭示风险,提醒投资者,关注公司信息披露存在的问题,但由于当前市场投机氛围浓重,情绪化投资仍难以遏制,仍有许多投资者把股东大幅减持视为"重组"信号,公司股价在预亏公告披露后短暂下跌,随后便大幅上涨,在近 30 个交易日中涨幅近 70%。通过对本案的监管总结,现提出如下监管建议。

(一)完善对敏感案件的处理机制

目前,随着信息披露直通车范围的进一步扩大,以及多时段信息披露机制的推出,事中事后监管对快速反应提出了更高的要求,不仅体现在及时性上,还要充分考虑监管效果。如此,要求我们一方面要不断完善信息披露事中、事后审核的工作流程,建立流畅、高效的会商机制,对敏感事件的判断和把握要迅速、准确、充分;另一方面,也需要分管人员不断提高自身的监管水平,提升对敏感事件的判断和处置能力,"以点带面"形成对敏感案件处理的整体工作机制。

(二)及时引导舆论,及时表明监管态度

敏感案件的发生往往伴随公司股价的大幅波动,如果处理不及时,容易引发投资者不满情绪和大量投诉,以及对监管机构监管能力的质疑。因此,监管过程中,需要随时关注舆论动向,及时向媒体表达监管立场,采取适当的引导和宣传,督促相关方严格履行信息披露义务,充分提示风险。

(三)从个案中提炼共性,完善监管制度

每一个敏感事件的背后,都会给信息披露规则带来或多或少的启示或者"挑战",我们应当善于从中找出共性问题,分析原因,完善制度和监管手段。本案中,由于现有规则并未禁止上市公司股东在提议"高送转"前后减持公司股份,而事实上,如股东在提议"高送转"后大幅减持,很难避免内幕交易或者操纵股价的嫌疑和猜测。因此,可以考虑在公告类别中增加一项"提议利润分配预案",通过格式指引对相关信息披露要素予以细化。

壳公司信息披露监管难题与思考
——基于 DLGF 更名"PTP"案例

朱家安*

DLGF 是一家典型的壳公司,房地产主营业务已基本停滞,实际控制人频繁变动,治理和

* 上海证券交易所上市公司监管一部。

信息披露不规范，属于监管中的“老大难”公司。2015 年 5 月，DLGF 公告拟变更证券简称为“PTP”一事，引发市场和媒体的广泛关注。监管中，交易所采取了多项针对性措施，及时督促公司向投资者充分揭示风险。但从效果来看，股价炒作依旧。股价的涨跌不是唯一的监管目标，但这凸显出壳公司信息披露监管面临的困境。本文结合 DLGF 更名信息披露监管案例，分析在当前市场环境下，公司更名是否需要监管、应如何进行监管、如何实现股价异动和信息披露的联动监管等难题，并形成相应监管认识。

一、DLGF 具有壳公司特征

（一）主营业务基本停滞

DLGF 主业已基本停滞，具体表现为以下方面：(1)公司已无可用房地产土地储备；(2)公司营业规模逐年减少，2015 年上半年营业收入不足 1 万元；(3)公司利润主要来源于非经常性损益，2014 年净利润为 7,107.63 万元，其中出售参股公司股权实现投资收益 7,154.57 万元，如扣除该资产处置收益，公司 2014 年净利润实为亏损。公司主要会计数据见下表。

表 1　2013 –2015 年上半年 DLGF 主要财务数据

主要会计数据	2015 年上半年（万元）	2014 年（万元）	2013 年（万元）
营业收入	–0.36	1,004.83	10,984.45
归属于上市公司股东的净利润	–2,340.12	7,107.63	882.82
扣除非经常性损益的净利润	–2,320.17	1,882.36	951.31
经营活动产生的现金流量净额	–4,553.29	–13,110.43	3,377.26
	2015 年 6 月末（万元）	2014 年末（万元）	2013 年末（万元）
归属于上市公司股东的净资产	57,218.82	59,558.93	52,451.30
总资产	135,434.77	139,720.00	106,719.25

（二）实际控制人经常变动

DLGF 近三年实际控制人变更三次，且实际控制人的变动并未给公司经营状况带来任何变化。2011 年 12 月，DLGF 原实际控制人陈某某将所持有的公司 11.74% 的股权转让给李某某；2012 年 5 月，原实际控制人李某某又将所持公司 11.74% 的股权转让给鲜某；其后，鲜某多次减持，2014 年 11 月，实际控制人鲜某拟将所持公司 5.87% 股权转让给殷某，因后者未能按照约定支付股权转让款，股权协议未能生效，公司实际控制人没有变更。截至 2015 年 6 月 30 日，公司的实际控制人仍为鲜某，持有公司股份 2,000 万股，占上市公司总股本的 5.87%。

（三）信息披露与日常运作不规范

DLGF 公司治理不规范。公司董秘长期缺位，实际控制人、董事长鲜某自 2012 年 9 月以来代行董秘职责至今。2015 年 4 月，因公司董事和独立董事提出辞职，公司董事会人数不足法定人数的最低要求。同时，公司信息披露多次违规。2013 年 3 月 –2015 年 4 月，公司、股东以及公司董事和高管因信息披露违规被交易所多次处罚。据统计，在此期间，交易所对公司及相关责任方共进行了 3 次公开谴责，2 次通报批评，3 次监管关注。2015 年 4 月，公司因信息披露多次违规，公司治理缺陷明显等情况，被交易所暂停公司的直通车业务资格。

二、DLGF 更名的难题及监管应对

2015 年 5 月，DLGF 公告拟变更证券简称为“PTP”，相关事项披露后，引发市场和媒体的广泛关注。在对 DLGF 更名的实践处置中，一方面受到当前市场环境制约，是否需对上市公司更名进行监管存在争议；另一方面，受限于监管手段不足，面临如何有效监管的难题。

（一）在市场化的背景下，上市公司更名是否需要监管

上市公司的更名往往与公司经营范围变更联系在一起，根据《证券法》第六十七条，上市

公司经营范围的重大变化属于对上市公司股票交易价格产生较大影响的重大事件;因此,上市公司更名为公司股价敏感信息,交易所应当对公司更名进行信息披露监管。在实践中,甚至有部分上市公司会利用更名来吸引眼球,达到炒作公司股价的目的;因此,交易所还会根据上市公司以往信息披露、公司治理等规范运作情况综合判断公司更名的动机,是否存在利用公司更名来炒作股价的嫌疑,并决定是否需对公司进行重点监管。

在本案中,DLGF 在更名的同时变更了公司经营范围,其更名属于股价敏感信息;但公司提交的公告存在信息披露不完整,风险揭示不充分等问题,如果直接公布,将严重误导投资者,助长投机炒作。公司名称选择"PTP",是取 p2p 的谐音,可能就是为了追逐市场热点互联网金融,炒作公司股价。同时,从 DLGF 近几年主营业务已基本停滞、实际控制人多次变动未给公司经营带来实质性变化、信息披露屡次违规等以往规范运作情况来看,DLGF 的更名就具有明显的市场炒作嫌疑。因此,交易所第一时间对公司股票实施停牌处理,避免敏感信息泄露引起股价异动,保障公平交易,这为后续采取自律监管措施留下了必要时间。

(二)上市公司更名应如何进行信息披露监管

通常而言,公司更改名称属于自治事项,公司更什么名,更名需要履行的程序由上市公司自行决定或安排,监管部门不宜过度介入。但是,正如前述,公司更名为股价敏感信息,相关信息会对股价产生影响。交易所会从信息披露角度,要求公司说明更名与主营业务的关系,是否配置相关专业人员,并督促公司作风险提示。具体而言,如果公司名称变更反映公司新业务,公司尚未实际开展的,交易所将督促公司披露拟开展新业务的筹备情况及发展前景,并予以风险提示;公司已经开展但尚未成为公司的主营业务的,交易所将督促公司披露相关业务的开展情况或实施进展,并予以风险提示。同时,对于重点监管公司,交易所还会运用媒体等手段,如以发布新闻稿解读公告的方式,揭示风险以引导市场舆论。

在本案中,交易所在对 DLGF 更名公告事前审核中,发现公司此次更名与其拟转型互联网金融相关联,但公司未完整披露是否已就转型进行可行性论证、是否已有正式业务及相关的人员配备等关键信息,经发函询问,公司拟实施的转型,无可行性论证、无正式业务、无相应人员配备。为最大限度保护投资者的知情权,交易所加大了监管公开力度,督促公司将问询函、公司回复和公司更名公告同步披露;同时配发新闻稿解读,解读了公司转型的不确定性以及其内部治理和信息披露所存在的问题,并说明交易所监管问询的出发点和基本逻辑。在公司更名公告挂网披露时,该新闻稿同步公布,为引导市场舆论发挥了重要作用。

(三)针对股价的大幅变动,如何进行联动监管

在公司披露更名公告,提示相关风险后,公司股价仍持续上涨;且公司股价的上涨缺乏逻辑,有明显的市场炒作成分,交易所有必要加强二级市场股价异动和信息披露的联动监管。在采取联动监管时,一是要求公司停牌核查是否存在应披露未披露事项,是否存在内幕交易的情况;二是向证监会报告情况,汇报相关情况及后续应对措施,同时向证监局通报情况及关注事项,加强与证监会、证监局的信息共享,以提高监管的有效性;三是向市场监察部通报公司更名情况及相关内幕信息知情人名单,由市场监察部核查公司股票交易情况,是否存在市场操纵。

在本案中,DLGF 披露更名公告,并按交易所要求进行了风险揭示,但公司股价仍连续涨停。针对公司股票交易波动情况,交易所要求公司停牌核查是否存在应披露未披露事项,并提交本次更名的内幕知情人名单;加强与证监会、证监局的信息共享,及时通报公司更名进展情况;针对公司前十大股东信托计划的异常变化情况,结合年报审核情况,向所市场监察部及时通报更名情况,提请对公司更名前后股票交易情况进行核查。在信息披露监管过程中,交易所向证监会发出 6 份重大事项专报,1 份报告,向证监局发出联合监管函 2 份,向所市场监察部发出股票交易情况通报函 2 份,相关函件对监管部门统一协调监管动作,快速反应,形成监管合力起到了一定的效果。

(四)实际控制人不配合监管,如何进行监管

对实际控制人监管也是交易所一项重点任

务，但在实际控制人不配合监管时，如何对其进行监管面临难题。实际控制人作为公司的控制人，对公司负有诚实信用义务，在追求自身股东权益的同时，应当积极配合公司做好信息披露工作，按照有关规定履行信息披露义务。此外，实际控制人以自身的意志支配、控制着公司的经营和发展，公司的董事会成员多数是由实际控制人指派，若实际控制人仅考虑自身利益，指派的董事听其行事，则公司的决策和行为则仅反应实际控制人的个人意志。在实践中，存在部分公司实际控制人滥用公司的控制权，不配合监管，对信息披露进行选择性披露的情形。

在本案中，DLGF 实际控制人为鲜某，其为公司的董事长并兼任董事会秘书，对公司信息披露具有绝对的控制权。公司在信息披露中多次出现不配合监管、不及时履行信息披露义务或进行选择性披露的情形。如在 DLGF 更名过程中，交易所要求公司提供本次更名等事项的内幕信息知情人名单，但公司公告称本次更名不属于内幕信息，不存在内幕信息知情人。又比如证监局对公司进行了立案调查，要求公司履行信息披露义务；但公司不配合监管，拒不履行信息披露义务。对此，交易所及时督促公司履行信息披露义务，并对公司、实际控制人采取了监管关注、通报批评、公开谴责等几乎全部的自律监管措施，但公司依旧屡次违规，信息披露质量难有较大改观。究其原因，交易所的自律监管措施是诚信惩戒，不具有实质上的惩罚意义。

总体上看，通过对 DLGF 更名的信息披露监管，公司主营业务转型的重大不确定性、更换名称的动机以及交易风险，已经十分清晰，并为市场和投资者所知晓。自 2015 年 5 月 10 日至 5 月 13 日，共有 63 家核心媒体对 DLGF 更名事项进行了报道。舆论普遍质疑上市公司利用更名炒作股价，提醒投资者理性投资，避免因盲目跟风炒作发生不必要的损失。期间，为避免误导投资者，交易所两次要求公司股票停牌，就本次更名对公司经营业务的影响作出有针对性的解释说明。但是，公司股票仍然连续六个涨停，后续出现急速下跌后又导致不少追涨投资者损失惨重，这使信息披露监管的有效性大打折扣。当然，股价的涨跌不是唯一的监管目标。在监管中，需要关注股价，但不是将股价作为单一的目标。

三、监管认识与思考

综上，基于对 DLGF 更名的信息披露监管分析，形成以下的监管认识：

1. 上市公司更改证券简称属于公司自治范围，但对与主业无关、股价炒作嫌疑明显的更名行为，需要强化相应的信息披露监管。通常而言，上市公司更名有其客观需要，也属于公司自治范畴。交易所在其中的职责，主要是业务办理。但是，在前期市场加速上涨的过程中，也有个别上市公司在主营业务并未发生明显变化时提出更名，其主要意图在于迎合市场热点，进行股价炒作。DLGF 即为其中的典型。在“无相关主营业务、无人员配备、无可行性研究报告”的情况下，公司将其简称变更为属于互联网金融的“PTP”，其简称变更与公司实际情况相割裂，对中小投资者产生严重误导。对此类情况，交易所综合运用及时停牌、发函问询、监管公开、要求召开投资者说明会和媒体引导等配套手段，强化风险揭示，以遏制跟风炒作。

2. 信息披露传导机制仍不尽畅通，单纯的信息披露监管尚不足以遏制市场炒作行为。在本案中，交易所共发出了 18 份监管问询函件，并多次督促公司通过信息披露，向市场和投资者充分提示了公司“三无”的重大风险，辖区证监局也对公司前后两次进行立案调查。DLGF 主营业务转型的重大不确定性、更换名称的动机以及交易风险，已经十分清晰，并为市场和投资者所知晓。但公司股价仍多次出现连续涨停，后续又出现急速下跌后导致不少追涨投资者损失惨重。由此可见，信息披露传导机制不畅这一问题仍然存在，在以散户为主的市场环境下，不少投资者习惯了跟风炒作，对于信息披露不信、不听、不看、不用。上市公司信息披露已经比较充分，风险提示已经十分到位，但对投资者的影响还比较有限。要真正发挥好信息披露投资决策和揭示风险的功能，解决信息披露的市场约束机制和内生动力问题，还有很长的路要走。

3. 监管转型过程中要做到有收有放，对部分高风险问题公司的监管须有针对性地加强。在监管转型背景下，公司监管已全面由事前审核转向事中事后监管。但对于个别市场关注度高、风险大的公司,有针对性地加强事前监管仍有必要。在此次 DLGF 更名案的监管过程中,考虑到公司内部治理极不规范、信息披露违规情形频发这一实际情况,为防范公司频繁发布可能造成严重不良影响的公告,交易所根据业务规则的规定暂停了其直通车业务资格,在非交易时间对其所披露的所有公告实施事前审核。从执行效果看,这为争取监管主动提供了重要条件。正是由于设置了事前审核机制,监管人员得以及时要求公司对公告进行补充完善,尽可能向投资者更加充分地提示风险。总体来看,在事后监管手段依然有限的情况下,根据市场实际情况和投资者实际需要进行适时微调,做到有收有放,能更好地提高监管效能。

4. 针对类似壳公司不配合监管的行为,信息披露自律监管手段相对有限,须综合发挥行政、司法等机制的作用。DLGF 因信息披露屡次违规、日常运作极不规范,被证券监管部门多次处罚,已进入处罚"麻木期"。无论是行政措施还是自律手段,都难以触动其切身利益,监管的权威性和威慑力都受到很大影响。以 DLGF 为例,公司多次拒绝配合落实本所的信息披露监管要求,对证监局的立案调查也拒不配合。总体来看,在目前事后监管手段有限、违规成本过低、司法介入不足的环境下,如何进一步加强监管威慑,提升监管的有效性和针对性,仍是上市公司监管条线亟需解决的重要课题。从本案的经验看,需要在稽查查处、行政处罚、司法追责等机制方面进一步优化完善,并加以统筹解决。

对空壳公司进行信息披露事后监管的若干思考——以"SSWH"案为视角

易　琦*

SSWH 是一家缺乏主营业务,频繁以信披方式炒作股价和资本运作的空壳公司。2014 年初开始,公司为摆脱困境,主营业务拟转型为文化旅游产业,曾先后多次以信息披露方式发布市场关注热点较高的业务转型公告,且多次启动重组或非公开发行,均无功而返。期间,公司股价因此出现大幅波动,投资者对此颇有意见,舆论也高度关注。本文分析了该公司存在的主要问题,并结合日常监管实践,集中讨论如何加强对实际控制人监管、如何认识投资者需求、以及如何看待对中介机构的监管等事项,并提出了思考和建议。

一、案例简况

自 2013 年 9 月黄某某通过股份转让方式成为公司第一大股东后,公司不断进行资本运作,股价随之大幅波动,这为信息披露的事后监管带来了一系列难题和挑战。

(一)公司实际控制人的一致行动人关系认定复杂

自从 2013 年 11 月黄某某成为公司第一大股东,关于黄某某是丁某的"马仔",黄和丁是一致行动人的传闻不断,媒体曾多次对此质疑,称丁某一直控制黄某某操控公司的运作,双方通过隐瞒关系,炒高股价、质押圈钱。媒体质疑的依据是黄担任董事长的公司隶属于丁担任董事长的集团,丁最初介入 SSWH 的时间即为黄完成股权转让之时,彼时丁是 SSWH 重组方 GLGW 的实际控制人,后因公司涉诉重组终止。直至 2014 年 5 月,丁控制的 LHFC 成为公司第二大股东后,经过上交所问询,黄和丁才披露双方刚签订战略合作协议,确认双方的一致行动人关系。在此之前,公司的实际控制人一直不明确,上交所曾多次发函问询,公司均以澄清否认两人的一致行动关系。但从黄卸任董事长职务、丁担任公司总经理,公司后续的重组、非公开发行均为丁主导,以及媒体报道黄之前一直在丁的公司任职等情况来看,先前两人否

* 上海证券交易所上市公司监管一部。

认存在一致行动关系的说法可信度很低。

（二）利用各种热点题材炒作股价

SSWH 前身为 TYTL。自 2014 年 2 月下旬开始，公司拟全面转型为文化旅游产业公司，围绕市场关注热点和题材，披露了一系列吸引眼球的公告，包括变更主营业务范围为旅游文化及相关产业、变更公司证券简称为“SSWH”、设立并购基金、设立两个全资子公司开展文化传媒和影视表演等业务、拟租赁国家体育馆并投资设备从事常年室内大型驻场演出项目等。期间股价从 5.21 元最高涨至 19.19 元，最高区间涨幅达 268.33%。公司信息披露时点和股价走势高度契合，市场予以高度关注。但至今，公司转型之路仍为纸上谈兵，遥遥无期。根据公司披露的 2014 年年报，公司主营业务仍为自有房屋租赁收入，国家体育馆项目已终止，新设立的子公司业务未能按原定计划展开，并购基金也没有任何进展。

（三）屡次资本运作均无功而返

自黄、丁二人 2013 年底进驻公司至今，共筹划两次重组、两次非公开发行，均围绕市场高度关注的“文化产业”、“手游行业”等热点行业，均以失败告终，但期间公司股价出现大幅波动，操纵股价嫌疑明显。

1. 支付现金和发行股份收购文化旅游产业。在黄某某成为公司第一大股东股权登记的同时，即筹划第一次重组，标的是 YLP 公司 100% 股权、丁某控制的 GLGW 公司等文化产业，后因公司涉诉，交易谈判未能继续，重组终止。

2. 向控股股东发行股份。公司上述重组终止的同时，即筹划非公开发行，拟向黄某某控制的 ZDYS 发行股份募集资金 5.16 亿元，用于偿还公司债务和补充流动资金。但此次非公开发行最终因黄某某个人严重负债而无法继续。

3. 现金收购游戏类公司。公司不筹划重大资产重组承诺期刚届满，公司再次启动重大资产重组，拟以支付现金方式分期购买 ZWWX 公司（游戏类公司）100% 股权。由于公司预案披露存在重大遗漏和不完整，公司及独立财务顾问受到上交所纪律处分或监管关注，财务顾问终止了对公司的中介服务，公司再现“忽悠式”重组。

4. 发行股份收购游戏类公司。公司披露“忽悠式”重组预案后，随即又推出非公开发行方案，募集资金 40.3 亿元收购 GZCS100% 股权（游戏类公司）和偿还公司债务以及补充流动资金。后因公司内控问题，GZCS 股东认为本次收购存在重大不确定性，向公司提出终止该事项。

（四）公司治理存在重大缺陷

自 2015 年 2 月开始，公司内部治理暴露出重大缺陷，主要包括以下几方面：

1. 印鉴不在现任管理层处。公司自前任总经理丁某 2015 年 1 月辞职至今，一直未进行印鉴（公司公章、法定代表人名章以及财务专用章）交接，公司印鉴不在公司现任管理层处，存在管控隐患，并对日常经营、对外联络产生较大影响。

2. 借款、用款无审批流程。2014 年 6 月，公司向某银行申请借款 2000 万元，但该笔借款未按照公司财务支出审批权限履行相应的程序，亦未按照借款合同约定的用途使用，随后入账至实际控制人黄某某及其指定账户，公司解释是用于归还借款。此外，公司还存在处置参股子公司未履行决策程序亦未进行信息披露、公司使用个人账户、资金支付未按照公司管理制度的规定履行审批程序等问题。

SSWH 是上交所重点监管的高风险公司。2014 年以来，公司因上述事项公司股价多次异动，相关媒体对前述事项已有较多的质疑和报道，交易所对此高度关注，并围绕公司上述事项采取了一系列事后监管措施，包括督促信息披露、强调风险揭示、对违规行为及时予以纪律处分等。但就实际效果而言，对该公司的监管也集中反映出当前信息披露事后监管中存在的难点，值得深入分析探讨。

二、监管思考之一：如何加强对实际控制人的监管

细究 SSWH 案可以发现，诸多事项均与实际控制人有关，尽管交易所先后采取了相应的自律监管措施，甚至对公司及相关人员进行了处分，但对公司实际控制人黄和丁的影响较为有限，由此引申出的一个监管思考，便是交易所如何有效地对实际控制人进行监管。

（一）实际控制人与上市公司信息披露监管的差异

1. 是否为直接信息披露义务主体。从交易

所的信息披露自律监管角度来看,上市公司作为最直接的信息披露义务人,直接负有真实、准确、完整、及时地披露应当披露信息的义务。实际控制人的义务包括在其对上市公司的股权或控制权发生变动时的信息披露义务、发生对上市公司有重大影响的事项时及时告知上市公司的义务、严格履行承诺的义务以及保持上市公司独立性、不利用控制权损害公司利益等义务。其中,仅有当股权或控制权发生变动时,实际控制人才成为直接信息披露义务主体。除此之外,实际控制人仅根据其所处地位对公司的影响,对上市公司负有配合的间接信息披露义务,以及由规范运作引申出的保护上市公司利益的义务。

2. 监管威慑力不同。资本市场是诚信市场,交易所的自律监管措施主要是对相关信息披露义务主体进行诚信惩戒,不具有实质上的惩罚意义。当上市公司受到上交所监管措施及纪律处分时,一方面对其在资本市场的声誉产生影响,间接影响投资者的决策及其与商业对手方的合作等;另一方面可能会对其再融资产生影响,对上市公司的经营发展造成阻碍。但就实际控制人而言,对于那些顾及中小投资者利益、公司利益的实际控制人,自律监管措施可能具有一定的威慑力,但对于自己利益至上,无视公司和中小股东利益的实际控制人而言,交易所的自律监管措施中除了不接受相关股东申报外,几乎没有手段可以影响到其实际控制人的身份、地位及权利。

(二)实际控制人的信息披露监管难点

1. 实际控制人认定困难。根据《公司法》等相关定义,实际控制人是指虽不是公司股东,但通过投资关系、协议或者其他安排,能够实际支配公司行为的人。从信息披露的角度来看,是否有相关协议或安排完全依托于公司的披露,真实情况无法核实,公司披露的实际控制人是否是真实、准确的,监管层无从得知。结合本案,SSWH 前期披露的实际控制人为黄某某,媒体和市场虽然均质疑丁某才是其真正的实际控制人,但双方矢口否认,即使丁确实享有公司的实际控制权,也仍然没有依据认定其为实际控制人。

2. 对实际控制人信息披露监管缺乏有效性。实际控制人作为公司的控制人,对公司负有诚实信用义务,在追求自身股东权益的同时,应当谋求与公司及其他股东利益的匀衡发展,特别是谨慎运用对上市公司的影响力和控制力,同时确保上市公司在资产、人员、财务、机构、业务上的独立。这是实际控制人在上市公司规范运作方面的义务。

此外,实际控制人以自身的意志支配、控制着公司的经营和发展,公司的董事会成员多数是由实际控制人指派,若实际控制人仅考虑自身利益,指派的董事听其行事,则公司的决策和行为则仅反应实际控制人的个人意志。若公司实际控制人利用对公司的控制,通过信息披露操纵股价,则损害了中小投资者平等的交易权和信息知情权。结合本案,SSWH 前前后后发布了一系列公告,称要转型、要资本运作,均由实际控制人发起和筹划,但持续了一年半,并未取得任何进展。从信息披露角度来看,实际控制人并未违反相关信息披露规则,但其事实上导致了公司股价随公司信息披露涨跌起伏,变相地操纵了股价,交易所对实际控制人此类行业的监管缺乏有效性和威慑力。

(三)现行规则下如何从信披角度加强实际控制人的监管

结合 SSWH 案,在现有规则下,对实际控制人的监管,从信息披露角度可以在以下方面加以关注:一是直接关注公司控股股东、实际控制人的信息披露,关注其权益变动、股权质押等信息,判断其对公司控制权的掌控、经济实力等;二是关注公司治理、规范运作方面的信息,从日常监管中关注公司是否涉嫌违规担保、违规关联交易、资金占用以及其他内部控制严重缺失的情况等;三是关注公司筹划的重大事项是否与公司及实际控制人的实力相匹配,是否符合实际控制人的利益,是否存在涉嫌炒作;四是结合市场反应和公司股价,以及实际控制人的利益诉求,关注公司的信息披露是否涉嫌炒作、是否有二级市场圈钱的嫌疑。此外,还可以通过关注舆论媒体、加强与监管局的合作、二级市场交易核查等手段,加强对实际控制人涉嫌违规的监管。

三、监管思考之二:如何认识投资者需求

SSWH 案引发的又一监管思考是,对公司信息披露的监管是否达到了投资者预期,形成

的监管信息是否能够成为投资者决策参考的重要信息。在 SSWH 案例中,可以发现,虽然监管部门为督促公司充分揭示风险做了很多工作,但公司的股票交易依然呈现出跟风炒作的特征。究其原因,可能是因为理性投资、价值投资的市场环境仍未形成,投资者的实际需求具有多样性。

(一)监管目标应当以投资者需求为导向

在当前监管转型背景下,以投资者需求为导向,已经成为各方共识。在理性环境下,投资者的需求应当是及时、公平地获得公司重大信息。信息披露监管的主要目标,也是要督促上市公司真实、准确、完整、及时地披露对公司具有重大影响的信息,对违反信息披露相关规则的公司及责任人采取自律监管措施,保证所有投资者享有平等的信息知情权和交易权,获得有效的投资决策信息。

实践中,交易所的信息披露监管始终围绕投资者需求开展。在 SSWH 案中,针对公司信息披露、媒体质疑等事项,交易所以投资者需求为导向强化信息披露、以监管公开为抓手强化风险揭示,尽量充分地保证投资者对信息披露的需求。例如,公司在没有主营业务的情况下变更公司名称、变更经营范围,上交所当日发函要求其就更名、变更主营业务范围的原因进行补充披露。公司变更证券简称为"SSWH",造成股价异动,上交所及时要求公司就目前主要营业务、业务转型、后续是否拟继续推进重大资产重组等事项进行核查并披露。

(二)当前市场环境下的投资者需求具有多样性

从 SSWH 的事后监管中发现,投资者的需求存在多样性。监管中,虽然通过各种方式将投资风险充分传递给投资者,但对于部分以跟风炒作、只盼股价上涨谋取短期利益的投机者来说,可能认为交易所督促充分揭示风险是不必要的过度监管。

在 SSWH 案中,交易所对公司信息披露采取多项监管措施,包括多次发函询问、督促补充或澄清披露、要求停牌核查、公开函件和回复,耗费了大量人力和时间,充分向市场揭示公司转型的"不靠谱"及其存在的风险和不确定性,但对公司股价的抑制作用并不明显,公司股价大幅上涨,交易成交量仍持续异常放大。投资者似乎对公司转型预期强烈,投机情绪不减。

因此,现行的监管目标是以投资者秉持价值投资理念为假设前提的。但客观上看,市场上投资者的理念差异较大,其需求也不尽相同,交易所现行的信披监管目标与投资者的需求并不完全一致。

(三)提高监管目标与投资者需求的契合度

监管目标与投资者需求存在脱节,主要是由于市场机制不完善,股票炒作行为不能得到有效遏制。当投资者基于二级市场的交易信息追涨杀跌获得高额收益时,交易信息对投资者的影响就将大于监管信息。信息披露监管传递的风险警示信息也难以达到促进投资者理性投资的目标。SSWH 一案中,不少投资者利用交易信息跟风炒作,根据交易规律、交易习惯、市场热点进行投资决策。他们往往忽视监管层传递的风险信息,以谋取短期利益为目标。尽管监管部门一再督促公司充分披露信息、揭示风险,但在收益面前,投资者似乎更容易忽略监管层传递的各类风险提示。

因此,需要高度重视二级市场过度炒作甚至违规交易对整个信息披露监管制度造成的冲击。有必要进一步打击市场操纵、内幕交易等交易违规行为,努力提升上市公司披露的重大信息对投资者的影响,使其真正能在市场交易中得到反应,使投资者回归理性。

四、监管思考之三:如何看待对中介机构的监管

当上市公司期待从市场上获利远大于其违规失信失去的声誉价值时,交易所的信披监管威慑力就相对减弱。例如,在 SSWH 案中,即使公司披露预案有明显的忽悠痕迹,存在大量的疑点,甚至受到交易所的纪律处分,但公司仍"硬着头皮"继续推进,因为其从重组能谋取的利益远超过其受到交易所处分失去的信誉价值。由此,也反映出信息披露监管威慑力有限的问题。从 SSWH 案例来看,强化中介机构的监管将是推动市场归位尽责的重要路径。

(一)中介机构的违规失信成本远高于上市公司

对于上市公司或实际控制人而言,其在资本市场的运作可能并不频繁,其一次违规行为

获得的利益可能大于其违规的成本,但对于中介机构而言,其作为资本市场的专业服务机构,需要长期在资本市场服务,诚信和声誉对其长期经营具有重大影响。因此,中介机构违规失信成本远高于公司或实际控制人等信披义务人,他们有动力去维护自身的声誉。在 SSWH 案中,公司及相关责任人虽因重组信披问题受到纪律处分,但对其能否推进重组并无实质影响。同期,交易所对中介机构不勤勉尽责行为采取了监管措施,因此中介机构在出具专业意见时非常审慎。可见,加强对中介机构的监管,对提高监管有效性可以起到重要作用。

(二)中介机构有能力作为信息披露的外部监督者

中介机构作为资本市场的看门人,具备良好的专业知识和技能,也能投入相应的资源对公司进行尽职调查,有能力及时发现和识别违规行为。中介机构对上市公司进行可现场尽职调查,弥补了监管机构信息不对称的缺陷,更有机会发现违规行为。在此基础上,中介机构可以通过发表专业意见揭示公司及相关信息披露义务人的信披违规行为,也可以通过不发表意见、不合作或不同意来阻止违规行为。由此,通过中介机构专业判断来净化市场环境,确保公司信息披露的真实、准确、完整,能够有效地发挥市场主体的能动性,起到相互制衡、相互促进的作用,可以为信息披露监管提供助力。

(三)强化对中介机构的监管需要落在实处

从监管实践看,目前在上市公司的持续监管中,对中介机构的监管尚在探索阶段,方式、手段、力度都有较大的改进余地。通过对 SSWH 案件的总结,可以从三个方面加以完善:一是划清中介机构的责任边界。中介机构与上市公司的责任应当有所区分。上市公司是直接信息披露义务人,中介机构可以被理解为辅助信息披露义务人,对其责任的要求应当主要落在是否勤勉尽责上面;二是明确中介机构承担责任的方式。落实中介机构的责任方式,既可以通过行政规章规定诸如警告、罚款、暂停执业等各类惩戒方式,也可以由自律机构予以批评或者谴责,或由相关主体依过错责任向其主张民事赔偿;三是细化对中介机构的监管标准。中介机构提供的服务不同,其勤勉尽责的标准也有所不同。在实践中,可以考虑与中介机构的执业标准相衔接,区分其在并购重组、非公开发行等重大事项中应当承担的职责,细化不同的监管标准,明确市场预期,将其勤勉尽责的要求落在实处。

(上海证券交易所供稿)

二、深圳证券交易所

(一)2015 年作出的纪律处分决定目录

序号	发文日期	文号	文件名称
1	2015 - 01 - 06	深证上〔2015〕2 号	关于对苏州宝馨科技实业股份有限公司控股股东广讯有限公司等相关当事人给予通报批评处分的决定
2	2015 - 01 - 09	深证上〔2015〕10 号	关于对獐子岛集团股份有限公司及相关当事人给予通报批评处分的决定
3	2015 - 01 - 30	深证上〔2015〕45 号	关于对林志给予处分的决定
4	2015 - 02 - 03	深证上〔2015〕51 号	关于对北大资源集团控股有限公司及北京政泉控股有限公司给予公开谴责处分的决定

续表

序号	发文日期	文号	文件名称
5	2015－02－10	深证上〔2015〕58 号	关于对江西赣锋锂业股份有限公司及相关当事人给予通报批评处分的决定
6	2015－02－11	深证上〔2015〕64 号	关于对福建三木集团股份有限公司及相关当事人给予公开谴责处分的决定
7	2015－02－13	深证上〔2015〕66 号	关于对厦门金英马影视文化有限公司及相关当事人给予公开谴责处分的决定
8	2015－03－17	深证上〔2015〕98 号	关于对浙江大东南集团有限公司给予通报批评处分的决定
9	2015－03－19	深证上〔2015〕107 号	关于对深圳市零七股份有限公司及相关当事人给予处分的决定
10	2015－03－27	深证上〔2015〕115 号	关于对利达光电股份有限公司相关当事人给予通报批评处分的决定
11	2015－04－09	深证上〔2015〕134 号	关于对天津长荣印刷设备股份有限公司控股股东、实际控制人李莉给予通报批评处分的决定
12	2015－04－16	深证上〔2015〕142 号	关于对中国中期投资股份有限公司及相关当事人给予通报批评处分的决定
13	2015－04－20	深证上〔2015〕151 号	关于对孟凯、克州湘鄂情投资控股有限公司给予公开谴责处分的决定
14	2015－04－22	深证上〔2015〕158 号	关于对珠海中富实业股份有限公司及相关当事人给予纪律处分的决定
15	2015－04－22	深证上〔2015〕159 号	关于对北京恒信德律资产评估有限公司及注册资产评估师徐沛、陈志勇、石松给予纪律处分的决定
16	2015－04－27	深证上〔2015〕170 号	关于对江苏舜天船舶股份有限公司及相关当事人给予处分的决定
17	2015－05－08	深证上〔2015〕187 号	关于对山东齐星铁塔科技股份有限公司及相关当事人给予处分的决定
18	2015－08－25	深证会〔2015〕266 号	关于对大华会计师事务所有限公司注册会计师丘运良、高德惠和刘耀辉给予通报批评的决定
19	2015－06－15	深证上〔2015〕280 号	关于对广东伊立浦电器股份有限公司及相关当事人给予通报批评处分的决定
20	2015－06－18	深证上〔2015〕284 号	关于对启明信息技术股份有限公司时任监事任明给予通报批评处分的决定
21	2015－06－18	深证上〔2015〕285 号	关于对露笑科技股份有限公司及相关当事人给予公开谴责处分的决定
22	2015－06－18	深证上〔2015〕288 号	关于对顾地科技股份有限公司及相关当事人给予处分的决定
23	2015－06－23	深证上〔2015〕294 号	关于对华仁世纪集团有限公司给予通报批评的决定
24	2015－06－23	深证上〔2015〕296 号	关于对广东威华股份有限公司董事长、控股股东、实际控制人李建华给予公开谴责处分的决定
25	2015－06－29	深证上〔2015〕316 号	关于对兰州亚太工贸集团有限公司及魏军、赵伟给予纪律处分的决定
26	2015－07－30	深证上〔2015〕372 号	关于对王伟给予通报批评处分的决定
27	2015－08－05	深证上〔2015〕374 号	关于对上海圣熙投资发展有限公司给予公开谴责处分的决定
28	2015－07－31	深证上〔2015〕375 号	关于对银基烯碳新材料股份有限公司及相关当事人给予纪律处分的决定

续表

序号	发文日期	文号	文件名称
29	2015－08－05	深证上〔2015〕376 号	关于对深圳市零七股份有限公司股东刘榕给予公开谴责处分的决定
30	2015－07－31	深证上〔2015〕377 号	关于对新疆中基实业股份有限公司及相关当事人给予通报批评纪律处分的决定
31	2015－08－04	深证上〔2015〕381 号	关于对浙江大东南集团有限公司及一致行动人浙江大东南集团诸暨贸易有限公司给予通报批评处分的决定
32	2015－08－04	深证上〔2015〕382 号	关于对中科云网科技集团股份有限公司股东孟凯、孟庆偿给予公开谴责处分的决定
33	2015－08－07	深证上〔2015〕386 号	关于对中科云网科技集团股份有限公司及相关当事人给予通报批评处分的决定
34	2015－08－11	深证上〔2015〕391 号	关于对东方时代网络传媒股份有限公司时任董事李佳蔓给予通报批评处分的决定
35	2015－08－12	深证上〔2015〕393 号	关于对江苏宏达新材料股份有限公司控股股东及实际控制人给予公开谴责处分的决定
36	2015－08－17	深证上〔2015〕396 号	关于对东莞勤上光电股份有限公司及相关当事人给予处分的决定
37	2015－08－19	深证上〔2015〕398 号	关于对武汉金运激光股份有限公司控股股东、实际控制人梁伟及其一致行动人易淑梅、梁萍、新余全盛通投资管理有限公司给予通报批评处分的决定
38	2015－08－25	深证上〔2015〕403 号	关于对深圳市迪威视讯股份有限公司及相关当事人给予通报批评的决定
39	2015－08－26	深证上〔2015〕406 号	关于对中科汇通(深圳)股权投资基金有限公司给予通报批评的决定
40	2015－08－31	深证上〔2015〕409 号	关于对索芙特股份有限公司及相关当事人给予纪律处分的决定
41	2015－09－01	深证上〔2015〕410 号	关于对新东北电气投资有限公司给予通报批评处分的决定
42	2015－09－02	深证上〔2015〕412 号	关于对北京融达投资有限公司给予通报批评处分的决定
43	2015－09－02	深证上〔2015〕414 号	关于对仁和药业股份有限公司实际控制人杨文龙给予通报批评处分的决定
44	2015－09－07	深证上〔2015〕416 号	关于对珠海中富实业股份有限公司及相关当事人给予纪律处分的决定
45	2015－09－07	深证上〔2015〕417 号	关于对深圳键桥通讯技术股份有限公司及相关当事人给予通报批评处分的决定
46	2015－09－14	深证上〔2015〕421 号	关于对人人乐连锁商业集团股份有限公司及相关当事人给予通报批评处分的决定
47	2015－09－18	深证上〔2015〕427 号	关于对长春奥普光电技术股份有限公司持股 5% 以上股东施玉庆给予通报批评处分的决定
48	2015－09－22	深证上〔2015〕428 号	关于对荣盛房地产发展股份有限公司董事兼副总裁鲍丽洁给予通报批评处分的决定
49	2015－10－20	深证上〔2015〕447 号	关于对深圳中青宝互动网络股份有限公司及相关当事人给予通报批评的决定
50	2015－11－17	深证上〔2015〕466 号	关于对广州穗富投资管理有限公司及其法定代表人给予公开谴责的决定

续表

序号	发文日期	文号	文件名称
51	2015－11－18	深证上〔2015〕468 号	关于对宝莕实业股份有限公司及相关当事人给予通报批评处分的决定
52	2015－11－18	深证上〔2015〕469 号	关于对锐奇控股股份有限公司及相关当事人给予纪律处分的决定
53	2015－11－18	深证上〔2015〕470 号	关于对华中数控股东北京瑞富时代投资有限公司给予公开谴责处分的决定
54	2015－11－23	深证上〔2015〕473 号	关于对银亿房地产股份有限公司及相关当事人给予通报批评处分的决定
55	2015－11－24	深证上〔2015〕477 号	关于对金宇车城股份有限公司相关当事人给予公开谴责处分的决定
56	2015－11－24	深证上〔2015〕478 号	关于对湖北金环股份有限公司及相关当事人给予通报批评处分的决定
57	2015－11－25	深证上〔2015〕480 号	关于对顾地科技股份有限公司及相关当事人给予处分的决定
58	2015－11－30	深证上〔2015〕489 号	关于对东方时代网络传媒股份有限公司及相关当事人给予通报批评处分的决定
59	2015－12－21	深证上〔2015〕528 号	关于对湛江国联水产开发股份有限公司及相关当事人给予通报批评的决定
60	2015－12－21	深证上〔2015〕529 号	关于对深圳市特力（集团）股份有限公司及相关当事人给予通报批评处分的决定
61	2015－12－23	深证上〔2015〕535 号	关于对北京深华新股份有限公司及相关当事人给予通报批评处分的决定
62	2015－12－23	深证上〔2015〕537 号	关于对铜陵有色金属集团股份有限公司副总经理杨黎升给予通报批评处分的决定

（二）2015 年作出的限制交易措施目录

编号	发文时间	文号	限制对象
1	2015－01－07	深圳证券交易所限制交易决定书〔2015〕1 号	王东辉、吴敏
2	2015－01－08	深圳证券交易所限制交易决定书〔2015〕2 号	吕泽伟、孙剑、吴海宙
3	2015－01－12	深圳证券交易所限制交易决定书〔2015〕3 号	李建华、李晓奇
4	2015－01－15	深圳证券交易所限制交易决定书〔2015〕4 号	广州穗富投资管理有限公司
5	2015－01－28	深圳证券交易所限制交易决定书〔2015〕5 号	中国铝业股份有限公司
6	2015－02－10	深圳证券交易所限制交易决定书〔2015〕6 号	华仁世纪集团有限公司
7	2015－02－12	深圳证券交易所限制交易决定书〔2015〕7 号	黄敏、叶荔、黄其森、福建泰禾投资有限公司

续表

编号	发文时间	文号	限制对象
8	2015-02-27	深圳证券交易所限制交易决定书〔2015〕8 号	陈大魁、陈晨、何雪平、陈全林、李明华、何雪英、陈群英、沈彩凤、新疆新众嘉股权投资有限合伙企业
9	2015-03-04	深圳证券交易所限制交易决定书〔2015〕9 号	孙屹峥、张菀、孙晶晶
10	2015-03-18	深圳证券交易所限制交易决定书〔2015〕10 号	深圳丹邦投资集团有限公司
11	2015-03-19	深圳证券交易所限制交易决定书〔2015〕11 号	杨泽文、杨子善、杨子江
12	2015-03-23	深圳证券交易所限制交易决定书〔2015〕12 号	梁伟、易淑梅、梁萍、新余全盛通投资管理有限公司
13	2015-03-23	深圳证券交易所限制交易决定书〔2015〕13 号	吕奇伦
14	2015-03-30	深圳证券交易所限制交易决定书〔2015〕14 号	浙江大东南集团有限公司、浙江大东南集团诸暨贸易有限公司
15	2015-03-31	深圳证券交易所限制交易决定书〔2015〕15 号	西湖电子集团有限公司
16	2015-03-31	深圳证券交易所限制交易决定书〔2015〕16 号	沈阳银基集团有限责任公司
17	2015-04-01	深圳证券交易所限制交易决定书〔2015〕17 号	王传华、尹月荣、王文一、王文博
18	2015-04-07	深圳证券交易所限制交易决定书〔2015〕18 号	新筑投资集团有限公司、新津聚英科技发展有限公司、新津新联投资管理中心(普通合伙)、黄志明
19	2015-04-14	深圳证券交易所限制交易决定书〔2015〕19 号	周信钢、李欣、周晨
20	2015-04-24	深圳证券交易所限制交易决定书〔2015〕20 号	陈旭东
21	2015-04-30	深圳证券交易所限制交易决定书〔2015〕21 号	袁海林
22	2015-05-04	深圳证券交易所限制交易决定书〔2015〕22 号	成晓华
23	2015-05-04	深圳证券交易所限制交易决定书〔2015〕23 号	中科汇通(深圳)股权投资基金有限公司
24	2015-05-05	深圳证券交易所限制交易决定书〔2015〕24 号	任向敏
25	2015-05-20	深圳证券交易所限制交易决定书〔2015〕25 号	吴国政
26	2015-05-20	深圳证券交易所限制交易决定书〔2015〕26 号	银禧集团有限公司
27	2015-05-21	深圳证券交易所限制交易决定书〔2015〕27 号	中巨国际有限公司、沈阳蓝英自动控制有限公司
28	2015-05-26	深圳证券交易所限制交易决定书〔2015〕28 号	陈福成
29	2015-05-29	深圳证券交易所限制交易决定书〔2015〕29 号	商晓波、邓烨芳
30	2015-05-29	深圳证券交易所限制交易决定书〔2015〕30 号	上海圣熙投资发展有限公司
31	2015-06-01	深圳证券交易所限制交易决定书〔2015〕31 号	科泰控股有限公司
32	2015-06-01	深圳证券交易所限制交易决定书〔2015〕32 号	湖北化纤开发有限公司
33	2015-06-02	深圳证券交易所限制交易决定书〔2015〕33 号	浙江凯喜雅国际股份有限公司
34	2015-06-03	深圳证券交易所限制交易决定书〔2015〕34 号	北京融达投资有限公司
35	2015-06-03	深圳证券交易所限制交易决定书〔2015〕35 号	东兆长泰投资集团有限公司

续表

编号	发文时间	文号	限制对象
36	2015－06－09	深圳证券交易所限制交易决定书〔2015〕36 号	何学忠、张莉、上海荣利纺织品有限公司
37	2015－06－10	深圳证券交易所限制交易决定书〔2015〕37 号	江苏伟伦投资管理有限公司
38	2015－06－11	深圳证券交易所限制交易决定书〔2015〕38 号	烟台金业投资有限公司
39	2015－06－15	深圳证券交易所限制交易决定书〔2015〕39 号	问泽鸿、问泽鑫
40	2015－06－23	深圳证券交易所限制交易决定书〔2015〕40 号	张田、黄昌华、肖东华
41	2015－06－23	深圳证券交易所限制交易决定书〔2015〕41 号	南昌联泰投资有限公司、深圳市联泰房地产开发有限公司
42	2015－06－23	深圳证券交易所限制交易决定书〔2015〕42 号	深圳市投资控股有限公司
43	2015－06－23	深圳证券交易所限制交易决定书〔2015〕43 号	山西明坤科工贸集团有限公司
44	2015－06－29	深圳证券交易所限制交易决定书〔2015〕44 号	侯建芳、侯建业、侯杰
45	2015－06－30	深圳证券交易所限制交易决定书〔2015〕45 号	王明旺、王威、新余市欣明达投资有限公司
46	2015－07－07	深圳证券交易所限制交易决定书〔2015〕46 号	董树林、张国祥、张秋凤
47	2015－07－14	深圳证券交易所限制交易决定书〔2015〕47 号	朱双全、朱顺全
48	2015－07－30	深圳证券交易所限制交易决定书〔2015〕48 号	中国对外经济贸易信托有限公司
49	2015－07－30	深圳证券交易所限制交易决定书〔2015〕49 号	兴业国际信托有限公司
50	2015－07－30	深圳证券交易所限制交易决定书〔2015〕50 号	顾晓峰
51	2015－07－30	深圳证券交易所限制交易决定书〔2015〕51 号	黄长华
52	2015－07－30	深圳证券交易所限制交易决定书〔2015〕52 号	姜龙
53	2015－07－30	深圳证券交易所限制交易决定书〔2015〕53 号	梁文峰
54	2015－07－30	深圳证券交易所限制交易决定书〔2015〕54 号	国信期货有限责任公司
55	2015－07－30	深圳证券交易所限制交易决定书〔2015〕55 号	中国对外经济贸易信托有限公司
56	2015－07－30	深圳证券交易所限制交易决定书〔2015〕56 号	深圳市盈峰量化投资管理合伙企业（有限合伙）
57	2015－07－30	深圳证券交易所限制交易决定书〔2015〕57 号	上海新方程股权投资管理有限公司
58	2015－07－30	深圳证券交易所限制交易决定书〔2015〕58 号	盈峰资本管理有限公司
59	2015－07－30	深圳证券交易所限制交易决定书〔2015〕59 号	盈峰资本管理有限公司
60	2015－07－30	深圳证券交易所限制交易决定书〔2015〕60 号	中融国际信托有限公司
61	2015－07－30	深圳证券交易所限制交易决定书〔2015〕61 号	周丽鹏
62	2015－07－31	深圳证券交易所限制交易决定书〔2015〕62 号	北京千石创富资本管理有限公司
63	2015－07－31	深圳证券交易所限制交易决定书〔2015〕63 号	北京千石创富资本管理有限公司
64	2015－07－31	深圳证券交易所限制交易决定书〔2015〕64 号	北京千石创富资本管理有限公司
65	2015－07－31	深圳证券交易所限制交易决定书〔2015〕65 号	瑞士信贷（香港）有限公司

续表

编号	发文时间	文号	限制对象
66	2015－07－31	深圳证券交易所限制交易决定书〔2015〕66号	杨友庆
67	2015－07－31	深圳证券交易所限制交易决定书〔2015〕67号	赵晨
68	2015－08－05	深圳证券交易所限制交易决定书〔2015〕68号	国信证券股份有限公司
69	2015－08－05	深圳证券交易所限制交易决定书〔2015〕69号	国信证券股份有限公司
70	2015－08－17	深圳证券交易所限制交易决定书〔2015〕70号	徐文建、温树宏、徐开举、刘益民、陈礼兵、张红梅、李慧、陆玉东、夏邦荣、温宗道、江杨阳、高微微、叶明莉、孙洁、杨玉婵、刘玉杰、合肥兆业咨询服务有限公司
71	2015－09－10	深圳证券交易所限制交易决定书〔2015〕71号	紫光集团有限公司、北京紫光通信科技集团有限公司
72	2015－09－29	深圳证券交易所限制交易决定书〔2015〕72号	广州穗富投资管理有限公司
73	2015－10－14	深圳证券交易所限制交易决定书〔2015〕73号	徐秀芝
74	2015－11－03	深圳证券交易所限制交易决定书〔2015〕74号	广州穗富投资管理有限公司
75	2015－11－04	深圳证券交易所限制交易决定书〔2015〕75号	褚连江
76	2015－11－11	深圳证券交易所限制交易决定书〔2015〕76号	施玉庆
77	2015－11－12	深圳证券交易所限制交易决定书〔2015〕77号	广东新价值投资有限公司
78	2015－11－17	深圳证券交易所限制交易决定书〔2015〕78号	广东新价值投资有限公司
79	2015－11－24	深圳证券交易所限制交易决定书〔2015〕79号	刘榕、刘乐、王铮铮
80	2015－11－27	深圳证券交易所限制交易决定书〔2015〕80号	上海升阳资产管理有限公司
81	2015－11－30	深圳证券交易所限制交易决定书〔2015〕81号	广州穗富投资管理有限公司
82	2015－12－03	深圳证券交易所限制交易决定书〔2015〕82号	司度(上海)贸易有限公司
83	2015－12－14	深圳证券交易所限制交易决定书〔2015〕83号	广东省电子信息产业集团有限公司、深圳市广晟投资发展有限公司、广晟投资发展有限公司
84	2015－12－16	深圳证券交易所限制交易决定书〔2015〕84号	北京宏道投资管理有限公司
85	2015－12－16	深圳证券交易所限制交易决定书〔2015〕85号	施玉庆

（三）2015 年制定、修改的主要自律规则目录

序号	时间	文号	自律规则名称	备注
1	2015－01－07	深证会〔2014〕152 号	关于加强中小企业私募债券风险防控工作相关事项的通知	制定
2	2015－01－16	中证协发〔2015〕7 号	关于进一步明确债券评级信息披露规范的通知	制定
3	2015－01－30	深证上〔2015〕46 号	深圳证券交易所退市公司重新上市实施办法（2015 年修订）	修订
4	2015－01－30	深证上〔2015〕46 号	深圳证券交易所退市整理期业务特别规定（2015 年修订）	修订
5	2015－02－11	深证上〔2015〕65 号	深圳证券交易所主板上市公司规范运作指引（2015 年修订）	修订
6	2015－02－11	深证上〔2015〕65 号	深圳证券交易所中小企业板上市公司规范运作指引（2015 年修订）	修订
7	2015－02－11	深证上〔2015〕65 号	深圳证券交易所创业板上市公司规范运作指引（2015 年修订）	修订
8	2015－02－25	深证上〔2015〕85 号	创业板行业信息披露指引第 1 号——上市公司从事广播电影电视业务（2015 年修订）	修订
9	2015－02－25	深证上〔2015〕85 号	创业板行业信息披露指引第 2 号——上市公司从事药品、生物制品业务（2015 年修订）	修订
10	2015－03－02	深证会〔2015〕46 号	关于深圳证券交易所债券市场机构投资者接受货币经纪公司服务有关事项的通知	制定
11	2015－04－17	中证协发〔2015〕80 号	关于促进融券业务发展有关事项的通知	制定
12	2015－04－29	深证会〔2015〕90 号	深圳证券交易所会员管理规则（2015 年修订）	修订
13	2015－05－20	深证上〔2015〕563 号	深圳证券交易所公司债券上市预审核工作流程	制定
14	2015－05－26	深证上〔2015〕231 号	深圳证券交易所上市公司信息披露直通车业务指引（2015 年修订）	修订
15	2015－05－29	深证上〔2015〕239 号	深圳证券交易所公司债券上市规则（2015 年修订）	修订
16	2015－05－29	深证上〔2015〕240 号	深圳证券交易所非公开发行公司债券业务管理暂行办法	制定
17	2015－05－29	深证会〔2015〕124 号	深圳证券交易所关于公开发行公司债券投资者适当性管理相关事项的通知	制定
18	2015－07－01	深证会〔2015〕191 号	深圳证券交易所融资融券交易实施细则（2015 年修订）	修订
19	2015－07－03	深证上〔2015〕329 号	深圳证券交易创业板行业信息披露指引第 3 号——上市公司从事光伏产业链相关业务	制定
20	2015－07－03	深证上〔2015〕329 号	深圳证券交易所创业板行业信息披露指引第 4 号——上市公司从事节能环保服务业务	制定
21	2015－07－08	深证上〔2015〕340 号	关于上市公司控股股东、实际控制人及董事、监事、高级管理人员增持本公司股票相关事项的通知	制定
22	2015－07－16	深证会〔2015〕213 号	关于加强分级基金风险警示维护市场稳定运行的通知	制定

续表

序号	时间	文号	自律规则名称	备注
23	2015－08－03	深证会〔2015〕240 号	关于关于修改《深圳证券交易所融资融券交易实施细则(2015 年修订)》第 2.13 条的通知	修订
24	2015－08－21	深证会〔2015〕263 号	深圳证券交易所债券质押式协议回购交易暂行办法	制定
25	2015－09－02	深证上〔2015〕413 号	深圳证券交易所创业板行业信息披露指引第 5 号——上市公司从事互联网游戏业务	制定
26	2015－09－02	深证上〔2015〕413 号	深圳证券交易所创业板行业信息披露指引第 6 号——上市公司从事互联网视频业务	制定
27	2015－09－02	深证上〔2015〕413 号	深圳证券交易所创业板行业信息披露指引第 7 号——上市公司从事电子商务业务	制定
28	2015－11－04	深证上〔2015〕455 号	深圳证券交易所主板上市公司公开谴责标准	制定
29	2015－11－13	深证会〔2015〕360 号	关于修改《深圳证券交易所融资融券交易实施细则(2015 年修订)》第 4.5 条的通知	修订
30	2015－11－13	深证会〔2015〕361 号	关于做好融资保证金比例调整相关准备工作的通知	制定
31	2015－12－04	深证会〔2015〕389 号	关于修订《深圳证券交易所交易规则》新增第四章第六节的通知	修订
32	2015－12－28	深证上〔2015〕544 号	深圳证券交易所行业信息披露指引第 1 号——上市公司从事畜禽、水产养殖业务	制定
33	2015－12－28	深证上〔2015〕544 号	深圳证券交易所行业信息披露指引第 2 号——上市公司从事固体矿产资源相关业务	制定
34	2015－12－28	深证上〔2015〕544 号	深圳证券交易所行业信息披露指引第 3 号——上市公司从事房地产业务	制定
35	2015－12－30	深证会〔2015〕428 号	深圳证券交易所限制交易实施细则(2015 年修订)	修订
36	2015－12－31	深证会〔2015〕435 号	关于做好指数熔断期间场内基金申赎业务安排的通知	制定

(四)2015 年作出的同意上市决定目录

序号	发文日期	文号	文件标题
1	2015－01－19	深证上〔2015〕24 号	关于北京昆仑万维科技股份有限公司人民币普通股股票在创业板上市的通知
2	2015－01－19	深证上〔2015〕22 号	关于北京中文在线数字出版股份有限公司人民币普通股股票在创业板上市的通知
3	2015－01－19	深证上〔2015〕23 号	关于快乐购物股份有限公司人民币普通股股票在创业板上市的通知
4	2015－01－20	深证上〔2015〕32 号	关于北京浩丰创源科技股份有限公司人民币普通股股票在创业板上市的通知
5	2015－01－20	深证上〔2015〕30 号	关于深圳市爱迪尔珠宝股份有限公司人民币普通股股票上市的通知

续表

序号	发文日期	文号	文件标题
6	2015－01－20	深证上〔2015〕31 号	关于苏州苏试试验仪器股份有限公司人民币普通股股票在创业板上市的通知
7	2015－01－20	深证上〔2015〕29 号	关于万达电影院线股份有限公司人民币普通股股票上市的通知
8	2015－01－21	深证上〔2015〕35 号	关于佛山市南华仪器股份有限公司人民币普通股股票在创业板上市的通知
9	2015－01－21	深证上〔2015〕34 号	关于广东伊之密精密机械股份有限公司人民币普通股股票在创业板上市的通知
10	2015－01－21	深证上〔2015〕14 号	关于申万宏源集团股份有限公司人民币普通股股票上市的通知
11	2015－01－23	深证上〔2015〕41 号	关于利民化工股份有限公司人民币普通股股票上市的通知
12	2015－02－12	深证上〔2015〕67 号	关于广东光华科技股份有限公司人民币普通股股票上市的通知
13	2015－02－12	深证上〔2015〕68 号	关于山东仙坛股份有限公司人民币普通股股票上市的通知
14	2015－02－12	深证上〔2015〕69 号	关于四川环能德美科技股份有限公司人民币普通股股票在创业板上市的通知
15	2015－02－13	深证上〔2015〕73 号	关于安徽富煌钢构股份有限公司人民币普通股股票上市的通知
16	2015－02－13	深证上〔2015〕78 号	关于广西博世科环保科技股份有限公司人民币普通股股票在创业板上市的通知
17	2015－02－13	深证上〔2015〕77 号	关于江苏力星通用钢球股份有限公司人民币普通股股票在创业板上市的通知
18	2015－02－13	深证上〔2015〕74 号	关于木林森股份有限公司人民币普通股股票上市的通知
19	2015－02－13	深证上〔2015〕81 号	关于厦门红相电力设备股份有限公司人民币普通股股票在创业板上市的通知
20	2015－02－13	深证上〔2015〕79 号	关于山东鲁亿通智能电气股份有限公司人民币普通股股票在创业板上市的通知
21	2015－02－13	深证上〔2015〕75 号	关于苏州天孚光通信股份有限公司人民币普通股股票在创业板上市的通知
22	2015－02－13	深证上〔2015〕76 号	关于徐州五洋科技股份有限公司人民币普通股股票在创业板上市的通知
23	2015－02－13	深证上〔2015〕80 号	关于浙江唐德影视股份有限公司人民币普通股股票在创业板上市的通知
24	2015－02－13	深证上〔2015〕72 号	关于重庆三圣特种建材股份有限公司人民币普通股股票上市的通知
25	2015－03－16	深证上〔2015〕95 号	关于蓝思科技股份有限公司人民币普通股股票在创业板上市的通知
26	2015－03－17	深证上〔2015〕102 号	关于北京诚益通控制工程科技股份有限公司人民币普通股股票在创业板上市的通知
27	2015－03－17	深证上〔2015〕100 号	关于北京恒通创新赛木科技股份有限公司人民币普通股股票在创业板上市的通知
28	2015－03－17	深证上〔2015〕101 号	关于河北四通新型金属材料股份有限公司人民币普通股股票在创业板上市的通知
29	2015－03－17	深证上〔2015〕99 号	关于江西世龙实业股份有限公司人民币普通股股票上市的通知

续表

序号	发文日期	文号	文件标题
30	2015-03-17	深证上〔2015〕103号	关于绵阳富临精工机械股份有限公司人民币普通股股票在创业板上市的通知
31	2015-03-18	深证上〔2015〕105号	关于南京埃斯顿自动化股份有限公司人民币普通股股票上市的通知
32	2015-03-18	深证上〔2015〕106号	关于四川国光农化股份有限公司人民币普通股股票上市的通知
33	2015-03-20	深证上〔2015〕110号	关于北京暴风科技股份有限公司人民币普通股股票在创业板上市的通知
34	2015-03-20	深证上〔2015〕109号	关于常州强力电子新材料股份有限公司人民币普通股股票在创业板上市的通知
35	2015-03-20	深证上〔2015〕108号	关于昆明龙津药业股份有限公司人民币普通股股票上市的通知
36	2015-03-24	深证上〔2015〕113号	关于杭州中泰深冷技术股份有限公司人民币普通股股票在创业板上市的通知
37	2015-04-20	深证上〔2015〕150号	关于北京汉邦高科数字技术股份有限公司人民币普通股股票在创业板上市的通知
38	2015-04-20	深证上〔2015〕145号	关于福建广生堂药业股份有限公司人民币普通股股票在创业板上市的通知
39	2015-04-20	深证上〔2015〕147号	关于广州航新航空科技股份有限公司人民币普通股股票在创业板上市的通知
40	2015-04-20	深证上〔2015〕149号	关于南京全信传输科技股份有限公司人民币普通股股票在创业板上市的通知
41	2015-04-20	深证上〔2015〕146号	关于宁波美康生物科技股份有限公司人民币普通股股票在创业板上市的通知
42	2015-04-20	深证上〔2015〕148号	关于山东莱芜金雷风电科技股份有限公司人民币普通股股票在创业板上市的通知
43	2015-04-20	深证上〔2015〕144号	关于昇兴集团股份有限公司人民币普通股股票上市的通知
44	2015-04-21	深证上〔2015〕157号	关于保定乐凯新材料股份有限公司人民币普通股股票在创业板上市的通知
45	2015-04-21	深证上〔2015〕156号	关于北京双杰电气股份有限公司人民币普通股股票在创业板上市的通知
46	2015-04-21	深证上〔2015〕154号	关于成都运达科技股份有限公司人民币普通股股票在创业板上市的通知
47	2015-04-21	深证上〔2015〕153号	关于河南清水源科技股份有限公司人民币普通股股票在创业板上市的通知
48	2015-04-21	深证上〔2015〕155号	关于宁波鲍斯能源装备股份有限公司人民币普通股股票在创业板上市的通知
49	2015-04-22	深证上〔2015〕165号	关于北京康斯特仪表科技股份有限公司人民币普通股股票在创业板上市的通知
50	2015-04-22	深证上〔2015〕161号	关于广州博济医药生物技术股份有限公司人民币普通股股票在创业板上市的通知
51	2015-04-22	深证上〔2015〕163号	关于广州鹏辉能源科技股份有限公司人民币普通股股票在创业板上市的通知

续表

序号	发文日期	文号	文件标题
52	2015－04－22	深证上〔2015〕166号	关于广州市浩云安防科技股份有限公司人民币普通股股票在创业板上市的通知
53	2015－04－22	深证上〔2015〕164号	关于上海普丽盛包装股份有限公司人民币普通股股票在创业板上市的通知
54	2015－04－22	深证上〔2015〕160号	关于深圳市易尚展示股份有限公司人民币普通股股票上市的通知
55	2015－04－22	深证上〔2015〕162号	关于四川金石东方新材料设备股份有限公司人民币普通股股票在创业板上市的通知
56	2015－05－11	深证上〔2015〕189号	关于四川中光防雷科技股份有限公司人民币普通股股票在创业板上市的通知
57	2015－05－12	深证上〔2015〕193号	关于北京耐威科技股份有限公司人民币普通股股票在创业板上市的通知
58	2015－05－12	深证上〔2015〕192号	关于创业软件股份有限公司人民币普通股股票在创业板上市的通知
59	2015－05－12	深证上〔2015〕194号	关于深圳市赢合科技股份有限公司人民币普通股股票在创业板上市的通知
60	2015－05－13	深证上〔2015〕197号	关于安徽山河药用辅料股份有限公司人民币普通股股票在创业板上市的通知
61	2015－05－13	深证上〔2015〕195号	关于北京东方新星石化工程股份有限公司人民币普通股股票上市的通知
62	2015－05－13	深证上〔2015〕199号	关于北京康拓红外技术股份有限公司人民币普通股股票在创业板上市的通知
63	2015－05－13	深证上〔2015〕202号	关于广东惠伦晶体科技股份有限公司人民币普通股股票在创业板上市的通知
64	2015－05－13	深证上〔2015〕198号	关于江西三鑫医疗科技股份有限公司人民币普通股股票在创业板上市的通知
65	2015－05－13	深证上〔2015〕196号	关于永兴特种不锈钢股份有限公司人民币普通股股票上市的通知
66	2015－05－13	深证上〔2015〕201号	关于浙江金科过氧化物股份有限公司人民币普通股股票在创业板上市的通知
67	2015－05－13	深证上〔2015〕200号	关于珠海全志科技股份有限公司人民币普通股股票在创业板上市的通知
68	2015－05－14	深证上〔2015〕206号	关于无锡先导自动化设备股份有限公司人民币普通股股票在创业板上市的通知
69	2015－05－15	深证上〔2015〕209号	关于山西永东化工股份有限公司人民币普通股股票上市的通知
70	2015－05－15	深证上〔2015〕210号	关于浙江田中精机股份有限公司人民币普通股股票在创业板上市的通知
71	2015－05－25	深证上〔2015〕225号	关于东莞市南兴家具装备制造股份有限公司人民币普通股股票上市的通知
72	2015－05－25	深证上〔2015〕227号	关于上海华铭智能终端设备股份有限公司人民币普通股股票在创业板上市的通知
73	2015－05－25	深证上〔2015〕229号	关于深圳四方精创资讯股份有限公司人民币普通股股票在创业板上市的通知

续表

序号	发文日期	文号	文件标题
74	2015-05-25	深证上〔2015〕228 号	关于四川迅游网络科技股份有限公司人民币普通股股票在创业板上市的通知
75	2015-05-25	深证上〔2015〕226 号	关于浙江华通医药股份有限公司人民币普通股股票上市的通知
76	2015-05-26	深证上〔2015〕234 号	关于高伟达软件股份有限公司人民币普通股股票在创业板上市的通知
77	2015-05-26	深证上〔2015〕232 号	关于广东天际电器股份有限公司人民币普通股股票上市的通知
78	2015-05-26	深证上〔2015〕235 号	关于赛摩电气股份有限公司人民币普通股股票在创业板上市的通知
79	2015-05-26	深证上〔2015〕233 号	关于四川迈克生物科技股份有限公司人民币普通股股票在创业板上市的通知
80	2015-06-08	深证上〔2015〕256 号	关于安徽聚隆传动科技股份有限公司人民币普通股股票在创业板上市的通知
81	2015-06-08	深证上〔2015〕257 号	关于北京合纵科技股份有限公司人民币普通股股票在创业板上市的通知
82	2015-06-08	深证上〔2015〕252 号	关于多喜爱家纺股份有限公司人民币普通股股票上市的通知
83	2015-06-08	深证上〔2015〕255 号	关于广东星徽精密制造股份有限公司人民币普通股股票在创业板上市的通知
84	2015-06-08	深证上〔2015〕258 号	关于杭州高新橡塑材料股份有限公司人民币普通股股票在创业板上市的通知
85	2015-06-08	深证上〔2015〕253 号	关于金发拉比妇婴童用品股份有限公司人民币普通股股票上市的通知
86	2015-06-08	深证上〔2015〕254 号	关于深圳汇洁集团股份有限公司人民币普通股股票上市的通知
87	2015-06-09	深证上〔2015〕260 号	关于安徽省凤形耐磨材料股份有限公司人民币普通股股票上市的通知
88	2015-06-09	深证上〔2015〕264 号	关于北京万向新元科技股份有限公司人民币普通股股票在创业板上市的通知
89	2015-06-09	深证上〔2015〕263 号	关于成都华气厚普机电设备股份有限公司人民币普通股股票在创业板上市的通知
90	2015-06-09	深证上〔2015〕262 号	关于上海中信信息发展股份有限公司人民币普通股股票在创业板上市的通知
91	2015-06-09	深证上〔2015〕261 号	关于深圳市索菱实业股份有限公司人民币普通股股票上市的通知
92	2015-06-09	深证上〔2015〕265 号	关于胜宏科技(惠州)股份有限公司人民币普通股股票在创业板上市的通知
93	2015-06-10	深证上〔2015〕270 号	关于阜新德尔汽车部件股份有限公司人民币普通股股票在创业板上市的通知
94	2015-06-10	深证上〔2015〕268 号	关于杭州先锋电子技术股份有限公司人民币普通股股票上市的通知
95	2015-06-10	深证上〔2015〕271 号	关于山东神思电子技术股份有限公司人民币普通股股票在创业板上市的通知
96	2015-06-10	深证上〔2015〕269 号	关于四川日机密封件股份有限公司人民币普通股股票在创业板上市的通知

续表

序号	发文日期	文号	文件标题
97	2015－06－10	深证上〔2015〕267 号	关于重庆蓝黛动力传动机械股份有限公司人民币普通股股票上市的通知
98	2015－06－24	深证上〔2015〕301 号	关于北京赛升药业股份有限公司人民币普通股股票在创业板上市的通知
99	2015－06－24	深证上〔2015〕299 号	关于成都康弘药业集团股份有限公司人民币普通股股票上市的通知
100	2015－06－24	深证上〔2015〕300 号	关于广东柏堡龙股份有限公司人民币普通股股票上市的通知
101	2015－06－24	深证上〔2015〕298 号	关于天水众兴菌业科技股份有限公司人民币普通股股票上市的通知
102	2015－06－25	深证上〔2015〕306 号	关于北京真视通科技股份有限公司人民币普通股股票上市的通知
103	2015－06－25	深证上〔2015〕305 号	关于深圳市普路通供应链管理股份有限公司人民币普通股股票上市的通知
104	2015－06－25	深证上〔2015〕307 号	关于深圳文科园林股份有限公司人民币普通股股票上市的通知
105	2015－06－26	深证上〔2015〕313 号	关于广州万孚生物技术股份有限公司人民币普通股股票在创业板上市的通知
106	2015－06－26	深证上〔2015〕311 号	关于河南科迪乳业股份有限公司人民币普通股股票上市的通知
107	2015－06－26	深证上〔2015〕312 号	关于濮阳惠成电子材料股份有限公司人民币普通股股票在创业板上市的通知
108	2015－06－26	深证上〔2015〕310 号	关于青岛国恩科技股份有限公司人民币普通股股票上市的通知
109	2015－06－26	深证上〔2015〕315 号	关于山西东杰智能物流装备股份有限公司人民币普通股股票在创业板上市的通知
110	2015－06－26	深证上〔2015〕314 号	关于上海沃施园艺股份有限公司人民币普通股股票在创业板上市的通知
111	2015－06－29	深证上〔2015〕318 号	关于哈尔滨中飞新技术股份有限公司人民币普通股股票在创业板上市的通知
112	2015－06－29	深证上〔2015〕317 号	关于恒锋工具股份有限公司人民币普通股股票在创业板上市的通知
113	2015－06－30	深证上〔2015〕324 号	关于西安蓝晓科技新材料股份有限公司人民币普通股股票在创业板上市的通知
114	2015－06－30	深证上〔2015〕323 号	关于郑州光力科技股份有限公司人民币普通股股票在创业板上市的通知
115	2015－10－27	深证上〔2015〕450 号	关于广东温氏食品集团股份有限公司人民币普通股股票上市的通知
116	2015－12－07	深证上〔2015〕500 号	关于北京三夫户外用品股份有限公司人民币普通股股票上市的通知
117	2015－12－07	深证上〔2015〕501 号	关于湖北凯龙化工集团股份有限公司人民币普通股股票上市的通知
118	2015－12－07	深证上〔2015〕499 号	关于浙江中坚科技股份有限公司人民币普通股股票上市的通知
119	2015－12－08	深证上〔2015〕502 号	关于上海润欣科技股份有限公司人民币普通股股票在创业板上市的通知

续表

序号	发文日期	文号	文件标题
120	2015－12－08	深证上〔2015〕503 号	关于中科创达软件股份有限公司人民币普通股股票在创业板上市的通知
121	2015－12－18	深证上〔2015〕523 号	关于江苏美尚生态景观股份有限公司人民币普通股股票在创业板上市的通知
122	2015－12－18	深证上〔2015〕524 号	关于江西富祥药业股份有限公司人民币普通股股票在创业板上市的通知
123	2015－12－18	深证上〔2015〕522 号	关于深圳可立克科技股份有限公司人民币普通股股票上市的通知
124	2015－12－18	深证上〔2015〕521 号	关于深圳市奇信建设集团股份有限公司人民币普通股股票上市的通知
125	2015－12－21	深证上〔2015〕530 号	关于厦门万里石股份有限公司人民币普通股股票上市的通知
126	2015－12－21	深证上〔2015〕531 号	关于深圳市银宝山新科技股份有限公司人民币普通股股票上市的通知
127	2015－12－21	深证上〔2015〕532 号	关于四川山鼎建筑工程设计股份有限公司人民币普通股股票在创业板上市的通知
128	2015－12－24	深证上〔2015〕539 号	关于招商局蛇口工业区控股股份有限公司人民币普通股股票上市的通知
129	2015－12－29	深证上〔2015〕552 号	关于湖北盛天网络技术股份有限公司人民币普通股股票在创业板上市的通知
130	2015－12－29	深证上〔2015〕550 号	关于华自科技股份有限公司人民币普通股股票在创业板上市的通知
131	2015－12－29	深证上〔2015〕551 号	关于石家庄通合电子科技股份有限公司人民币普通股股票在创业板上市的通知
132	2015－12－29	深证上〔2015〕548 号	关于四川久远银海软件股份有限公司人民币普通股股票上市的通知
133	2015－12－29	深证上〔2015〕549 号	关于苏州华源包装股份有限公司人民币普通股股票上市的通知

(五)2015 年作出的暂停上市、恢复上市、终止上市决定目录

1. 2015 年作出的暂停上市决定目录

序号	发文日期	文号	文件标题
1	2015－05－19	深证上〔2015〕190 号	关于深圳新都酒店股份有限公司股票暂停上市的决定

2. 2015 年作出的恢复上市决定目录

序号	发文日期	文号	文件标题
1	2015－07－30	深证上〔2015〕370 号	关于同意长航凤凰股份有限公司股票恢复上市的决定
2	2015－08－03	深证上〔2015〕380 号	关于同意协鑫集成科技股份有限公司股票恢复上市的决定

3. 2015 年作出的终止上市决定目录

序号	发文日期	文号	文件标题
1	2015－01－21	深证上〔2015〕13 号	关于宏源证券股份有限公司股票终止上市的决定
2	2015－05－21	深证上〔2015〕214 号	关于天津国恒铁路控股股份有限公司股票终止上市的决定
3	2015－05－21	深证上〔2015〕215 号	关于武汉锅炉股份有限公司股票终止上市的决定
4	2015－10－27	深证上〔2015〕449 号	关于广东大华农动物保健品股份有限公司股票终止上市的决定
5	2015－12－09	深证上〔2015〕504 号	关于招商局地产控股股份有限公司 B 股终止上市的决定
6	2015－12－24	深证上〔2015〕538 号	关于招商局地产控股股份有限公司人民币普通股股票终止上市的决定

(六)2015 年自律监管典型案例

1. 纪律处分决定书

关于对珠海中富实业股份有限公司及相关当事人给予纪律处分的决定

当事人:

珠海中富实业股份有限公司,住所:广东省珠海市香洲区湾仔南湾南路 6006 号;

深圳市捷安德实业有限公司,住所:深圳市福田区深南大道中国有色大厦 615、616,珠海中富实业股份有限公司控股股东;

刘某某,珠海中富实业股份有限公司实际控制人;

陈某某,珠海中富实业股份有限公司时任董事长;

何某某,珠海中富实业股份有限公司时任董事;

韩某某,珠海中富实业股份有限公司时任董事;

林某某,珠海中富实业股份有限公司时任董事;

麦某某,珠海中富实业股份有限公司时任董事;

王某某,珠海中富实业股份有限公司时任董事总经理;

RHJ,珠海中富实业股份有限公司时任独立董事;

赵某某,珠海中富实业股份有限公司时任独立董事;

葛某某,珠海中富实业股份有限公司时任独立董事;

陈某某,珠海中富实业股份有限公司时任董事会秘书。

经查明,珠海中富实业股份有限公司(以下简称"珠海中富")存在以下违规事实:

1. 珠海中富2012年7月5日与以交通银行珠海分行作为牵头行和贷款代理行的银团所签订的《人民币20亿元中期流动资金银团贷款协议》第14.2条"消极承诺"第七点"维持实际控制"约定:"借款人代表应当确保,CVC Capital Partners Asia II Limited维持其对借款人代表享有的实际控制人地位,并且,实际控制人转让借款人代表股权的,需征得全体贷款人同意。"作为珠海中富原实际控制人CVC Capital Partners Asia II Limited的下属企业,珠海中富原控股股东ASIA BOTTLES (HK) COMPANY LIMITED(以下简称"ABHK")与深圳市捷安德实业有限公司(以下简称"捷安德")于2014年3月20日签订股份转让协议,ABHK将持有的珠海中富146,473,200股、占珠海中富总股本11.39%的股份转让给捷安德。ABHK对外转让其所持有的珠海中富股权,其过程并未征得银团全体贷款人同意;珠海中富未满足银团借款协议中的限制性条款,从而导致贷款人有权随时要求珠海中富提前全额偿还该项借款。对上述事项及其可能导致的风险,珠海中富未及时进行信息披露。

2. 珠海中富控股股东捷安德持有公司146,473,200股,占珠海中富总股本的11.39%,其持有的股份于2015年3月19日被司法冻结,4月27日至6月10日期间又发生8笔轮候冻结,珠海中富未及时披露,直至6月4日、6月17日才就上述情况进行披露。

珠海中富的上述行为违反了本所《股票上市规则(2012年修订)》第1.4条、第2.1条、第7.6条、第11.11.2条和本所《股票上市规则(2014年修订)》第1.4条、第2.1条、第7.6条、第11.11.4条的规定;珠海中富时任董事长陈某某、时任董事何某某、韩某某、林某某、麦某某、时任董事总经理王某某未能恪尽职守、履行诚信勤勉义务,违反了本所《股票上市规则(2012年修订)》第1.4条、第3.1.5条的规定,对上述第一项违规行为负有重要责任;珠海中富时任董事会秘书陈某某未能恪尽职守、履行诚信勤勉义务,违反了本所《股票上市规则(2012年修订)》第1.4条、第3.1.5条、第3.2.2条的规定,对上述第一项违规行为负有重要责任;珠海中富时任独立董事RHJ、赵某某、葛某未能恪尽职守、履行诚信勤勉义务,违反了本所《股票上市规则(2012年修订)》第1.4条、第3.1.5条的规定,对上述第一项违规行为负有重要责任;捷安德作为珠海中富控股股东、刘某某作为珠海中富实际控制人,未就捷安德所持珠海中富股份被司法冻结及轮候冻结的情况及时告知珠海中富,违反了本所《股票上市规则(2014年修订)》第1.4条、第2.3条的规定,对上述第二项违规行为负有重要责任。

鉴于上述违规事实及情节,依据本所《股票上市规则(2014年修订)》第17.2条、第17.3条、第17.4条与第19.3条的规定,经本所纪律处分委员会审议通过,本所作出如下处分决定:

1. 对珠海中富实业股份有限公司给予公开谴责的处分;

2. 对珠海中富时任董事长陈某某、时任董事何某某、韩某某、林某某、麦某某、时任董事总经理王某某、时任董事会秘书陈某某给予公开谴责的处分;

3. 对珠海中富时任独立董事RHJ、赵某某、葛某给予通报批评的处分;

4. 对珠海中富控股股东深圳市捷安德实业有限公司、公司实际控制人刘某某给予通报批评的处分。

对于珠海中富及相关当事人的上述违规行为及本所给予的处分,本所将记入上市公司诚信档案,并向社会公布。

2. 案件分析

珠海中富未及时披露控股股东ABHK签署股权转让协议中存在的重大风险,经发函督促后,仍不及时予以信息披露,且给上市公司自身造成了重大不良影响,属于严重违反信息披露要求的行为,本所对珠海中富及相关当事人给予相应纪律处分措施。

(深圳证券交易所供稿)

三、上海期货交易所

（一）2015 年采取的纪律措施决定目录

序号	文号	发文日期	处分对象	违规事实	处分依据
1	〔2015〕1 号	02－16	自然人客户	对敲转移资金	《上海期货交易所违规处理办法》第二十九条
2	〔2015〕2 号	02－16	法人客户	自成交	《上海期货交易所违规处理办法》第二十九条
3	〔2015〕3 号	03－26	自然人客户	对敲转移资金	《上海期货交易所违规处理办法》第二十九条
4	〔2015〕4 号	03－26	自然人客户	对敲转移资金	《上海期货交易所违规处理办法》第二十九条
5	〔2015〕5 号	03－26	自然人客户	对敲转移资金	《上海期货交易所违规处理办法》第二十九条
6	〔2015〕6 号	03－26	法人客户	对敲转移资金	《上海期货交易所违规处理办法》第二十九条
7	〔2015〕7 号	07－21	自然人客户	对敲转移资金	《上海期货交易所违规处理办法》第二十九条
8	〔2015〕8 号	09－23	法人客户 自然人客户	对敲转移资金（法人账户资金转移至自然人账户）	《上海期货交易所违规处理办法》第二十九条
9	〔2015〕9 号	11－03	自然人客户	对敲转移资金	《上海期货交易所违规处理办法》第二十九条
10	〔2015〕10 号	11－03	自然人客户	对敲转移资金	《上海期货交易所违规处理办法》第二十九条
11	〔2015〕11 号	12－18	法人客户 自然人客户	对敲转移资金（法人账户资金转移至自然人账户）	《上海期货交易所违规处理办法》第二十九条

(二)2015 年制定、修改的主要自律规则目录

序号	发文号和文件名称	制定、修订规则项目
1	上期所公告〔2015〕4 号《关于印发上海期货交易所镍、锡期货标准合约及相关规则的公告》	1.《上海期货交易所镍期货标准合约》 2.《上海期货交易所锡期货标准合约》 3.《上海期货交易所风险控制管理办法》修订案 4.《上海期货交易所交割细则》修订案 5.《上海期货交易所套期保值交易管理办法》修订案 6.《上海期货交易所套利交易管理办法》修订案
2	上期所公告〔2015〕6 号《关于印发〈上海期货交易所黄金期货标准合约〉和〈上海期货交易所风险控制管理办法〉修订案的公告》	1. 上海期货交易所黄金期货标准合约(修订案) 2. 上海期货交易所风险控制管理办法(修订案)
3	上期所公告〔2015〕8 号《关于印发〈上海期货交易所热轧卷板期货标准合约〉修订案的公告》	上海期货交易所热轧卷板期货标准合约(修订案)

(上海期货交易所供稿)

四、郑州商品交易所

(一)2015 年作出的纪律处分决定目录

查处期货市场违规行为,是期货市场自律监管的重要环节,也是维护期货市场“三公”的重要举措。2015 年,郑商所牢牢把握服务实体经济根本要求,持续推进市场监管转型,坚持以防控风险为主、查处违规行为为辅,查处并审理违规交易案件共 61 起。其中复议案件 5 起,免予处分案件 10 起,合并审理案件 2 起,变更处理案件 7 起.对 37 起违规行为较重的违规交易案件作出正式纪律处分决定,对 81 名当事人给予纪律处分并计入资本市场诚信档案,对违规行为较轻并主动消除不良影响的 20 名当事人给予书面警示等自律监管处分。

序号	处分时间	处分对象	处分原因
1	2015 - 02 - 02	法人客户	实际控制关系组超仓
2	2015 - 02 - 02	自然人客户	违规持仓进入交割月
3	2015 - 02 - 02	自然人客户	违规持仓进入交割月
4	2015 - 02 - 03	自然人及法人客户	实际控制关系组超仓

续表

序号	处分时间	处分对象	处分原因
5	2015－02－03	自然人客户	对敲交易行为
6	2015－02－03	自然人客户	对敲交易行为
7	2015－02－06	法人客户	扰乱市场秩序
8	2015－02－06	法人客户	扰乱市场秩序
9	2015－02－06	法人客户	对敲交易行为
10	2015－02－12	自然人客户	对敲交易行为
11	2015－02－12	法人客户	违反交易所管理规定
12	2015－02－12	自然人客户	违规持仓进入交割月
13	2015－03－06	法人客户	违规未缴纳保证金
14	2015－03－06	自然人及法人客户	隐瞒实际控制关系
15	2015－03－06	自然人及法人客户	隐瞒实际控制关系
16	2015－03－30	自然人客户	异常交易行为
17	2015－04－20	自然人客户	对敲交易行为
18	2015－06－30	法人客户	对敲交易行为
19	2015－06－30	自然人客户	对敲交易行为
20	2015－06－30	自然人客户	对敲交易行为
21	2015－06－30	自然人客户	对敲交易行为
22	2015－07－07	法人客户	扰乱市场秩序
23	2015－07－20	自然人客户	异常交易行为
24	2015－08－25	自然人客户	对敲交易行为
25	2015－10－21	自然人客户	对敲交易行为
26	2015－10－21	自然人客户	对敲交易行为
27	2015－10－21	自然人客户	对敲交易行为
28	2015－10－21	自然人客户	对敲交易行为
29	2015－10－21	自然人客户	对敲交易行为
30	2015－10－22	自然人客户	对敲交易行为
31	2015－10－22	自然人客户	对敲交易行为
32	2015－10－22	自然人客户	对敲交易行为
33	2015－12－03	自然人客户	对敲交易行为
34	2015－12－03	自然人客户	扰乱市场秩序
35	2015－12－07	自然人客户	扰乱市场秩序
36	2015－12－07	自然人客户	对敲交易行为
37	2015－12－07	自然人客户	实际控制关系组超仓

(二)2015 年制定、修订的自律规则目录

期货市场是规则导向型市场，做好期货交易所的业务规则建设工作对于优化自律监管体系以及保障期货市场的稳定运行至关重要。

2015 年度，郑商所积极修订自身业务规则，结合期货市场发展实际情况，遵照放松管制、加强监管的工作思路，充分考虑降低交易成本、提高市场运行效率，方便产业客户、机构投资者进行套保参与交易，先后修订了《郑州商品交易所期货交易风险控制管理办法》和《郑州商品交易所套期保值管理办法》，主要修订内容包括：减少保证金调整梯度，降低近月合约保证金水平；减少限仓调整梯度；下调一号棉、菜籽粕、油菜籽 3 个品种交割月保证金标准；提高甲醇、PTA、白糖、玻璃和菜籽粕 5 个品种限仓标准；统一非期货公司会员与客户限仓标准；取消"一般月份套保额度自动转化为临近交割月份套保额度"。

序号	名称	实施时间	备注
1	《郑州商品交易所期货交易风险控制管理办法》	2015 - 06 - 10	修改
2	《郑州商品交易所套期保值管理办法》	2015 - 06 - 10	修改

(三)2015 年具有代表性或指导意义的自律管理案例

本案涉及自然人陈某、成都某化工 A 公司等 4 名当事人，涉嫌存在具有实际控制关系账户但不如实申报、隐瞒事实真相、提供虚假信息。经调查，郑商所给予四名当事人暂停甲醇品种开仓交易 6 个月的纪律处分，将此次违规行为计入中国资本市场诚信信息数据库。

1. 案件基本情况

2014 年 12 月，郑商所在交易监控中发现，当事人陈某，成都某化工 A 公司，成都某化工 B 公司，成都某化工 C 公司在甲醇 1501 合约上的交易行为疑似存在关联性，其间可能存在实际控制关系。经询问，上述当事人否认存在实际控制关系。郑商所正式启动调查程序后，调取了相关客户的 IP/MAC 地址记录、客户开户申请表、身份证复印件(法人为营业执照副本复印件)等材料传真件，进行排查分析。根据案情核查需要，郑商所还派出调查人员，分赴上海、宁波、成都、重庆四地进行实地调查。

经过调查发现，其一，陈某为成都某化工 B 公司的监事；陈某、成都某化工 B 公司的交易记录显示其在建仓时间、建仓方向、持仓变动情况方面存在一致性；陈某与成都某化工 B 公司存在使用同一 IP/MAC 登录系统情况。其二，成都某化工 B 公司与成都某化工 C 公司具有相同的法定代表人许某。其三，成都某化工 A 公司与成都某化工 B 公司存在使用同一 IP/MAC 登录系统情况；成都某化工 B 公司、成都某化工 C 公司在建仓时间、建仓方向、持仓变动情况方面存在一致性；工商登记资料显示，姜某是成都某化工 A 公司的高级管理人员；其他资料显示，姜某是成都某化工 B 公司操盘人员。

根据《关于〈郑州商品交易所异常交易行为监管工作指引(试行)〉有关实际控制关系账

户认定标准及报备制度的通知》的规定，可以认定陈某、成都某化工A公司、成都某化工B公司、成都某化工C公司账户之间存在实际控制关系但不如实申报、隐瞒事实真相、提供虚假信息。

2. 案件处理情况

郑商所在2015年3月6日依据《郑州商品交易所违规处理办法》第三十八条第(三)项规定，给予四名当事人暂停甲醇品种开仓交易6个月的纪律处分。本案当事人此次违规行为纪律处分结果记入中国资本市场诚信信息数据库。

(郑州商品交易所供稿)

五、大连商品交易所

(一)2015年采取的纪律措施决定目录

序号	处罚日期	处分对象	违规事实	处分依据	处罚措施
1	2015-11-18	自然人客户	通过对敲转移资金	《大连商品交易所违规处理办法》第二十九条	暂停开仓10个交易日并处警告
2	2015-11-18	自然人客户	通过对敲转移资金	《大连商品交易所违规处理办法》第二十九条	暂停开仓1个月并处警告

(二)2015年制定、修改的自律规则目录

序号	发文日期	文号	文件标题
1	2015-01-15	大商所发〔2015〕8号	关于明确玉米交割相关规则的通知
2	2015-03-17	大商所发〔2015〕62号	关于发布施行聚氯乙烯注册品牌相关规则制度的通知
3	2015-04-10	大商所发〔2015〕95号	关于调整焦炭、焦煤、铁矿石品种合约最小变动价位的通知
4	2015-05-4	大商所发〔2015〕114号	关于调整夜盘交易时间相关事项的通知
5	2015-06-11	大商所发〔2015〕135号	关于修改交割违约处理相关规则的通知
6	2015-08-10	大商所发〔2015〕188号	关于合并两部仓单管理办法及仓单管理、期货保证金存管银行等相关规则修改的通知
7	2015-10-23	大商所发〔2015〕248号	关于修改铁矿石提货单交割申请数量相关规则的通知
8	2015-12-22	大商所发〔2015〕290号	关于修改鸡蛋合约及相关规则的通知
9	2013-12-23	大商所发〔2015〕292号	关于设立玉米延伸库区相关规则修改的通知

(大连商品交易所供稿)

六、中国金融期货交易所

(一)2015 年制定、修改的主要自律规则目录

序号	文件标题	生效日期
1	中国金融期货交易所交易细则(第三次修订)	2015－01－26
2	中国金融期货交易所 10 年期国债期货合约交易细则	2015－03－06
3	关于 10 年期国债期货合约上市交易有关事项的通知	2015－03－09
4	关于 5 年期国债期货最小变动价位和交易保证金有关事项的通知	2015－03－10
5	中国金融期货交易所 5 年期国债期货合约交易细则(第二次修订)	2015－03－16
6	关于上证 50、中证 500 股指期货合约上市交易有关事项的通知	2015－03－30
7	中国金融期货交易所指定存管银行管理办法(第一次修订)	2015－04－03
8	中国金融期货交易所期货异常交易监控指引(试行)(第一次修订)	2015－04－10
9	关于 5 年期国债期货和 10 年期国债期货跨品种双向持仓按照交易保证金单边较大者收取交易保证金的通知	2015－06－12
10	中国金融期货交易所国债期货合约交割细则	2015－07－01
11	关于调整中证 500 股指期货交易保证金的通知	2015－07－08
12	中国金融期货交易所结算细则(第五次修订)	2015－07－10
13	中国金融期货交易所风险控制管理办法(第五次修订)	2015－07－10
14	关于调整股指期货手续费标准的通知	2015－07－31
15	中国金融期货交易所沪深 300 股指期货合约交易细则(第三次修订)	2015－08－03
16	中国金融期货交易所上证 50 股指期货合约交易细则(第一次修订)	2015－08－03
17	中国金融期货交易所中证 500 股指期货合约交易细则(第一次修订)	2015－08－03
18	关于国债期货交割业务有关事项的通知	2015－08－07
19	关于调整沪深 300、上证 50、中证 500 股指期货交易保证金的通知	2015－09－02
20	关于调整股指期货手续费标准的通知	2015－09－02
21	关于调整 5 年期国债期货平今仓手续费的通知	2015－11－20

（二）2015年自律管理案例

2015年9月18日，中国金融期货交易所（以下简称“中金所”）发布公告，为维护市场“三公”、加强市场诚信建设，对违反实际控制关系报告备案管理规定、未切实履行市场诚信义务的18组、146名客户给予通报批评、采取限制开仓的监管措施。

我国期货市场实行实名开户、一户一码制度。中金所于2011年发布《实际控制关系账户报备指引》，重点加强实际控制关系管理，以此维护市场公平公正，防范违法违规行为。按照规定，实际使用、控制他人期货账户或者期货账户被他人使用、实际控制的，必须切实履行诚信义务，主动向期货公司和中金所予以申报，相关账户的合并持仓不得超过规定的限度。

近期，中金所在有关方面支持下，经全面仔细排查，发现18组、共计146名客户未履行实际控制关系的报备义务，违反了《中国金融期货交易所实际控制关系账户报备指引》第四条的规定；部分客户还存在合并持仓超限情况，违反了交易所限仓规定。依据《中国金融期货交易所违规违约处理办法》第二十八条、第三十条和《中国金融期货交易所实际控制关系账户报备指引》第九条的规定，中金所决定对上述违反诚信义务的行为予以通报批评，并对其中存在合并持仓超限、不配合报备工作情形的13组客户采取限制开仓6个月的处罚措施，对另外5组未履行报备义务的客户采取限制开仓3个月的处罚措施。

中金所已将上述客户列入重点监控名单，对其未来的交易行为重点监控，一旦发现可疑行为将一查到底，绝不姑息。

中金所呼吁投资者切实履行实际控制账户报告与备案义务，诚信参与市场，合规、理性交易，并敦促期货公司会员加强客户管理，严格落实实际控制关系报备管理要求。中金所将继续加强市场监管，严肃查处各类违法违规违约行为，切实维护市场健康稳定发展。

（中国金融期货交易所供稿）

七、中国证券登记结算有限责任公司

（一）2015年法治建设工作综述

2015年，中国结算深入贯彻党的十八大、十八届三中、四中、五中全会精神及习近平总书记系列讲话精神，紧紧围绕资本市场服务实体经济发展和市场化、法治化、国际化改革方向，继续高度重视法制建设工作，进一步夯实证券登记结算机构作为资本市场最重要金融基础设施的地位，不断完善集中统一的证券登记结算制度，大力支持多层次资本市场发展。

一、《证券法》修订推动工作

继续密切关注并积极参与全国人大常委会财经委和法工委、证监会法律部的《证券法》修改工作，多次就证券登记结算相关问题向全国人大财经委《证券法》修订工作组、证监会证券法修改工作小组积极反馈意见。

4月20日至24日，第十二届全国人民代

表大会常务委员会第十四次会议对《证券法(修订草案)》进行了第一次审议。一审之后,中国结算多次派员参加了由全国人大常委会法工委和全国人大法律委员会组织的有关证券法修改的调研会。6月至7月,根据证监会《关于征求证券法修订草案修改意见的通知》和《关于在证券法修改中增加应对系统性风险制度征求意见的函》的要求,中国结算组织认真研究,积极向证监会报送了相关意见建议。

在历次反馈建议中,中国结算提出的坚持集中统一的登记结算制度、坚持直接持有为主和间接持有为辅的证券持有体系,完善中央对手方、交收最终性、结算财产履约优先、簿记形式证券、证券登记效力、名义持有人、证券担保(质押、让与担保、共同担保)等意见和建议均在《证券法(修订草案)》中得到了体现。

通过配合和参与《证券法》修改工作,力争推动完善登记结算法律制度顶层设计,体现立法的科学性、系统性和前瞻性。坚持和完善集中统一的登记结算制度,有利于强化登记结算基础设施建设,大力支持多层次资本市场建设和实体经济的发展,服务我国资本市场互联互通与对外开放。

二、业务规则清理整合与对外发布工作

在积极研究、贯彻证监会印发的《资本市场法律体系建设规划意见》基础上,中国结算加强各项制度建设,夯实拓展业务和经营管理的制度基础。根据公司总经理办公会议对业务规则清理工作要"理清现状、科学安排、有序推进"的要求,按照公司法律工作专题会议的部署,公司法律部起草了《关于业务规则清理第一阶段工作完成情况的报告》和《业务规则清理第二阶段工作实施方案》,经公司总经理办公会议审议通过并印发,正式启动了业务规则清理第二阶段工作。

随着资本市场内外部环境的快速变化、市场的不断创新发展,中国结算的业务规则制定工作面临新的要求:一方面,业务规则应当具有更高的适应性和开放度;另一方面,也应当具备更好的前瞻性和清晰性。按照依法治司的要求,中国结算在充分总结工作经验的基础上,研究制定了《公司业务规则制定办法》,并已印发执行,为进一步规范业务规则制定工作完善制度基础。此外,修订了《中国证券登记结算有限责任公司证券登记结算业务参与机构自律管理措施实施细则》和《公司证券登记结算业务自律管理措施实施程序》,目前仍在进一步完善。

2015年,中国结算共制定及修订了证券登记结算业务规则50余件,目录详见附表一。

三、法律法规、部门规章等征求意见工作

向证监会等上级机关反馈了约四十余件法律法规征求意见稿的意见和建议,包括《中华人民共和国价格法(修订征求意见稿)》、《信托公司条例(征求意见稿)》、《现金管理条例(修订送审稿)》、《中华人民共和国网络安全法(草案)》、《关于做好行政和解试点相关规则贯彻执行有关工作的通知(征求意见稿)》、《中国证券监督管理委员会派出机构监管工作职责规定》、《证券公司场外质押业务试点办法》、《深圳证券交易所交易规则(2015年送审稿)》、《中国证监会行政处罚办法(代拟稿)》等。

此外,根据证监会来文要求,组织公司各分支机构和总部各部门开展自查清理,分别向证监会报送了《关于涉及证券期货经营机构的限制约束类部函废止后续自查清理情况的报告》和《关于注册资本登记制度改革配套规章、规范性文件集中清理工作反馈意见的函》。

四、协助执法工作

2014年12月,最高人民法院与中国证监会联合下发《关于加强信用信息共享及司法协助机制建设的通知》。为具体落实该通知的要求,中国结算在2015年多次与最高人民法院、中国证监会沟通协调、深入研究部署,强调协助司法查询与信息同享分开处理、证监会与最高法院"总对总"管理机制、一案一查一用、信息保密等原则,并草拟了《最高法院与证监会关于通过网络查控系统查询、冻结证券的通知(代拟稿)》及起草说明。

目前,最高人民法院与中国证监会已联合下发了《关于试点法院通过网络查询、冻结被执行人证券有关事项的通知》,明确最高人民法院与中国证监会建立"总对总"网络执行查控工作机制,中国证券登记结算有限责任公司与最高人民法院之间建立网络查控专线联接,通过专线实现对被执行人证券的查控。证券查

询功能已开通上线,提高了法院执行效率。

五、公司运营合法合规审核工作

继续大力贯彻“依法治司”理念,加强制度建设,推动科学管理。一是根据证监会党委关于加强会管单位“三重一大”决策事项指导意见,发布实施公司“三重一大”决策事项实施办法。二是进一步规范公司合同管理工作,对合同、备忘录等法律文件进行合法性审查,尤其重点加强对“三重一大”事项的合规性审核与把关,严控法律风险。三是健全完善财务管理制度体系,完善财务管理制度,加强日常财务和资产管理,积极发挥财务审核监督制约作用。四是举办了多场法律知识讲座,涉及合同事务、股权众筹等方面,提升了公司员工的法律意识和法治思维。

通过以上措施,全公司上下牢固树立了依法合规运营的理念,并贯彻于公司日常运营和员工个人行为之中,公司依法合规管理、运营水平进一步得到提高。

六、多层次市场发展与业务创新支持工作

根据证监会关于资本市场改革开放和创新发展的各项工作部署,中国结算积极支持服务多层次市场体系加快发展。一是积极配合做好新股 IPO 重启各项业务技术准备,关注注册制改革所涉配套事项的研究。二是大力支持沪、深交易所市场发展,配合沪市推出上证 50ETF 期权项目并实现平稳运行。三是大力支持全国股转系统加快发展,积极做好做市商、优先股、挂牌股票质押式回购等创新项目支持工作。四是成立公司债券领导小组和债券工作组,加强对交易所债券市场发展的支持力度,积极防范债券质押式回购风险,研究精细化风控体系。五是积极支持资管行业发展壮大,配合上交所推出上证 LOF、跨市场 ETF 实物申赎等创新业务;配合深交所推出跨境、跨市场 ETF 现金申购逐笔实时交收模式;加强与基金业协会合作,推进资管行业数据集中,为行业监管提供支持。六是做好融资融券和证券转融通相关业务、国债期货交割业务支持服务工作,与证券业协会共同推进完善机构间报价系统。七是积极参与区域股权市场建设,探索场内场外基础设施互连互通。八是积极参与股权众筹业务管理办法制定,完成股权众筹登记存管业务和技术方案设计等。九是完成陆港基金互认项目上线前各项业务、技术准备,确保项目如期推出。

七、国债回购纠纷处理等风险处置遗留事项收尾工作

2015 年,涉及国债回购纠纷的所有诉讼案件均已经审理结案,目前仅剩河南公安厅曾经要求冻结的 1.78 亿资金等三起因各种因素暂时无法了结的事宜,将根据进展情况,逐步协调解决。

此外,继续修改完善《国债回购风险处置工作总结报告》,着手梳理 32 家被处置证券公司在结算系统透支、留存资产情况及相关遗留事项。撰写关于 32 家被处置证券公司在结算系统透支、留存资产情况报告以及协助账户处理等遗留事项的方案,力争尽快全面了结风险处置工作。

八、诚信档案建设工作

为维护证券登记结算诚信秩序,增强证券登记结算行为的监管效能,中国结算于 2015 年对《公司诚信档案数据库工作制度》进行了修订并发布实施。

此外,参加证监会法律部组织的关于资本市场诚信建设工作的培训班,学习信用建设相关理论及境外经验、市场相关机构诚信建设工作经验、诚信数据库的管理使用与维护等;开展资本市场诚信建设宣传活动,并在 2015 年登记结算业务培训班上宣讲资本市场诚信建设宣传活动内容;汇编资本市场诚信建设政策文件,在中国结算 OA“主题宣传专栏”发布,供员工学习。

九、法律研究工作

为加强金融基础设施建设,促进金融市场安全高效运行和整体稳定,履行国际组织成员职责,中国结算积极配合做好《金融市场基础设施原则》相关的自评估、外部评估和实施研究等工作。

此外,先后组织参加由证监会组织的全国人大常委会法工委信春鹰副主任所作的有关行政诉讼法专题讲座、全国人大常委会法工委郑淑娜副主任所作的有关立法法专题讲座等学习活动。派员参加民事诉讼法 2015 年年会,学习

和研究新民事诉讼法司法解释的理论和内容。组织撰写《证券登记结算业务规则体系构建的思考及建议》等研究文章。

十、普法工作和投资者教育保护工作

2015 年是实施“六五”普法规划的收官之年,国家宪法日暨全国法制宣传日系列宣传活动主题为“弘扬宪法精神,推动创新、协调、绿色、开放、共享发展”。12 月 4 日,中国结算通过三地视频与证券公司营业部直接对接的形式,整合京、沪、深三地的力量,共同合作举办了“12 · 4”全国法制宣传日暨投资者教育活动。活动邀请了全国六家证券营业部近二百名投资者参加。活动中,中国结算业务骨干向参加座谈会的投资者介绍了普法和法制宣传活动、投资者保护与教育、资本市场诚信建设等,并针对投资者关心的登记结算业务及法制宣传活动的问题进行了交流。

同时,中国结算继续积极落实证监会关于加强中小投资者保护工作会议的要求和部署,加强投资者特别是中小投资者权益保护,推进建设投资者教育基地,落实证监会“公平在身边”专项活动配套工作。加大投资者诉求处理力度,加强市场培训,全年共开展 4 场现场培训,43 场在线视频培训,积极落实各项法制宣传与投资者保护工作。

此外,2015 年,中国结算对信达证券股份有限公司、爱建证券有限责任公司、太平洋证券股份有限公司、中投证券有限责任公司、华创证券有限责任公司作出了暂停在 2015 年 11 月 28 日至 2015 年 12 月 27 日期间非现场开户业务资格的自律管理措施决定。

(二)2015 年制定、修订的业务规则目录

类别	发布日期	业务规则名称
账户管理	2015 - 07 - 18	中国证券登记结算有限责任公司特殊机构及产品证券账户业务指南
	2015 - 07 - 14	关于贯彻落实《关于清理整顿违法从事证券业务活动的意见》有关事项的通知
	2015 - 05 - 25	关于进一步加强账户规范管理有关事项的通知
	2015 - 04 - 12	中国证券登记结算有限责任公司证券账户业务指南
	2015 - 04 - 12	关于取消自然人投资者 A 股等证券账户一人一户限制的通知
	2015 - 01 - 15	中国证券登记结算有限责任公司开户代理机构管理业务指南
登记与存管	2015 - 10 - 15	关于发布《中国证券登记结算有限责任公司深圳分公司非公开发行新股登记业务指南(2015 年 9 月修订)》的通知
	2015 - 09 - 29	中国结算上海分公司证券发行人业务指南
	2015 - 09 - 24	中国结算上海分公司参与人证券托管业务指南
	2015 - 08 - 19	中国证券登记结算有限责任公司国债跨市场转托管业务操作指引(2015 修订版)
	2015 - 06 - 09	关于对《证券登记及服务协议》、《证券持有人大会网络投票服务协议》中国结算签字事项进行更新的通知
	2015 - 04 - 13	关于简化《证券登记及服务协议》及《证券持有人大会网络投票服务协议》签署流程相关事宜的通知
	2015 - 02 - 11	中国结算上海分公司上市公司收购及现金选择权登记结算业务指南
	2015 - 01 - 22	中国结算上海分公司营业大厅业务指南

续表

类别	发布日期	业务规则名称
清算与交收	2015－06－12	关于修改《关于调整公司债券结算业务有关事项的通知》的通知
	2015－03－19	中国证券登记结算有限责任公司深圳分公司证券资金结算业务指南
结算参与人管理	2015－03－17	关于发布《中国证券登记结算有限责任公司结算银行港股通跨境资金结算业务指引》的通知
	2015－01－19	关于发布《中国证券登记结算有限责任公司结算参与人管理工作指引》的通知
	2015－01－09	中国证券登记结算有限责任公司结算银行期权资金结算业务指引
	2015－01－09	中国证券登记结算有限责任公司结算参与人期权结算业务管理指引
创新类业务	2015－12－30	关于优化不活跃期权合约结算价格计算方法的通知
	2015－12－01	关于修订《中国结算上海分公司股票质押式回购交易登记结算业务指南》的通知
	2015－09－08	关于发布《中国结算深圳分公司债券质押式协议回购登记结算业务指南》的通知
	2015－07－23	关于发布《中国证券登记结算有限责任公司非公开发行公司债券登记结算业务实施细则》的通知
	2015－06－15	关于发布《中国证券登记结算有限责任公司债券登记、托管与结算业务细则(2015年修订)》的通知
	2015－04－15	关于修订并发布《中国结算深圳分公司债券登记结算业务指南》的通知
	2015－04－15	关于修订并发布《中国证券登记结算有限责任公司深圳分公司股票质押式回购登记结算业务指南》的通知
	2015－04－03	关于修订发布《中国证券登记结算有限责任公司深圳分公司交易型开放式基金登记结算业务指南》的通知
	2015－03－23	中国结算上海分公司股票期权试点结算业务指南
	2015－03－09	关于发布《上市公司员工持股计划试点登记结算业务指引》的通知
	2015－02－16	关于发布《中国证券登记结算有限责任公司债券质押式协议回购登记结算业务实施细则》的通知
	2015－02－16	中国结算上海分公司债券质押式协议回购登记结算业务指南
	2015－02－09	中国结算上海分公司港股通存管结算业务指南
	2015－01－29	关于做好股票期权业务上线相关工作的通知
	2015－01－29	关于股票期权试点初期暂免收取卖出开仓交易结算费的通知
	2015－01－27	中国结算上海分公司交易型开放式基金登记结算业务指南
	2015－01－13	关于开通股票期权结算业务相关事项的通知
	2015－01－09	关于发布《上海证券交易所股票期权试点经纪合同示范文本》和《股票期权风险揭示书必备条款》的通知
	2015－01－09	关于发布《上海证券交易所、中国证券登记结算有限责任公司股票期权试点风险控制管理办法》的通知
	2015－01－09	关于发布《中国证券登记结算有限责任公司关于上海证券交易所股票期权试点结算规则》的通知

续表

类别	发布日期	业务规则名称
开放式基金	2015－12－25	关于发布《香港互认基金在内地销售登记结算业务指引(暂行)》、《内地互认基金在香港销售登记结算业务指引(暂行)》的通知
	2015－04－13	证券投资基金登记结算服务协议(上证 LOF)
	2015－03－09	资产管理计划电子合同相关协议文本
	2015－02－25	关于发布《资产管理计划份额转让登记结算业务指引(暂行)》的通知
	2015－01－19	关于发布《中国证券登记结算有限责任公司开放式基金登记结算系统登记产品在机构间私募产品报价与服务系统同柜转让业务指引》的通知
其他	2015－12－07	上海市场证券交易资金清算各项收费标准一览表
	2015－08－10	深圳证券交易市场交易类业务收费标准
	2015－07－29	中国结算上海分公司协助司法执行业务指南
	2015－06－23	中国证券登记结算有限责任公司上海分公司协助冻结流通证券业务指引
	已修订尚未正式公布	中国证券登记结算有限责任公司证券登记结算业务参与机构自律管理措施实施细则

(中国证券登记结算有限责任公司供稿)

八、中国证券金融公司

2015年修订的主要自律规则目录

1. 中国证券金融公司转融通业务信用评价及授信管理办法。

(中国证券金融公司供稿)

九、中国证券业协会

(一)2015年作出的纪律处分决定目录

序号	标题与文号	惩戒事由	惩戒种类	发布日期
1	关于对谢爱民采取自律惩戒措施的决定(〔2015〕1号)	考试严重违纪	注销执业证书并在三年内不受理本人执业注册申请	2015－01－09

续表

序号	标题与文号	惩戒事由	惩戒种类	发布日期
2	关于对王玥采取自律惩戒措施的决定(〔2015〕2 号)	考试严重违纪	注销执业证书并在三年内不受理本人执业注册申请	2015－01－09
3	关于对吴瑜曦采取自律惩戒措施的决定(〔2015〕3 号)	虚假注册	注销执业证书并在三年内不受理本人执业注册申请	2015－01－16
4	关于对刘乐采取自律惩戒措施的决定(〔2015〕4 号)	虚假注册	注销执业证书并在三年内不受理本人执业注册申请	2015－01－16
5	关于对刘训聪采取自律惩戒措施的决定(〔2015〕5 号)	虚假注册	注销执业证书并在三年内不受理本人执业注册申请	2015－01－16
6	关于对杨海采取自律惩戒措施的决定(〔2015〕9 号)	虚假注册	注销执业证书并在三年内不受理本人执业注册申请	2015－03－06
7	关于对黎志杰采取自律惩戒措施的决定(〔2015〕10 号)	虚假注册	注销执业证书并在三年内不受理本人执业注册申请	2015－04－17
8	关于对黄晓芝采取自律惩戒措施的决定(〔2015〕12 号)	考试严重违纪	注销执业证书并在三年内不受理本人执业注册申请	2015－05－18
9	关于对熊波采取自律惩戒措施的决定(〔2015〕13 号)	考试严重违纪	注销执业证书并在三年内不受理本人执业注册申请	2015－07－09
10	关于对蔡涵采取自律惩戒措施的决定(〔2015〕14 号)	考试严重违纪	注销执业证书并在三年内不受理本人执业注册申请	2015－07－09
11	关于对孔亮采取自律惩戒措施的决定(〔2015〕15 号)	考试严重违纪	注销执业证书并在三年内不受理本人执业注册申请	2015－07－09
12	关于对谷明聪采取自律惩戒措施的决定(〔2015〕16 号)	考试严重违纪	注销执业证书并在三年内不受理本人执业注册申请	2015－07－14
13	关于对赵东程采取自律惩戒措施的决定(〔2015〕17 号)	考试严重违纪	注销执业证书并在三年内不受理本人执业注册申请	2015－07－14
14	关于对陶宁采取自律惩戒措施的决定(〔2015〕18 号)	考试严重违纪	注销执业证书并在三年内不受理本人执业注册申请	2015－07－14
15	关于对高铂睿采取自律惩戒措施的决定(〔2015〕19 号)	考试严重违纪	注销执业证书并在三年内不受理本人执业注册申请	2015－07－14
16	关于对孙燕燕采取自律惩戒措施的决定(〔2015〕20 号)	考试严重违纪	注销执业证书并在三年内不受理本人执业注册申请	2015－07－14
17	关于对刘燕兰采取自律惩戒措施的决定(〔2015〕21 号)	考试严重违纪	注销执业证书并在三年内不受理本人执业注册申请	2015－07－14
18	关于对黄志强采取自律惩戒措施的决定(〔2015〕22 号)	考试严重违纪	注销执业证书并在三年内不受理本人执业注册申请	2015－07－14
19	关于对苏晓玲采取自律惩戒措施的决定(〔2015〕23 号)	考试严重违纪	注销执业证书并在三年内不受理本人执业注册申请	2015－07－14
20	关于对薛金娟采取自律惩戒措施的决定(〔2015〕24 号)	考试严重违纪	注销执业证书并在三年内不受理本人执业注册申请	2015－07－14
21	关于对陈彪采取自律惩戒措施的决定(〔2015〕25 号)	考试严重违纪	注销执业证书并在三年内不受理本人执业注册申请	2015－07－14
22	关于对朱世强采取自律惩戒措施的决定(〔2015〕26 号)	考试严重违纪	注销执业证书并在三年内不受理本人执业注册申请	2015－07－14

续表

序号	标题与文号	惩戒事由	惩戒种类	发布日期
23	关于对刘黎采取自律惩戒措施的决定(〔2015〕27 号)	考试严重违纪	注销执业证书并在三年内不受理本人执业注册申请	2015－07－14
24	关于对聂艳萍采取自律惩戒措施的决定(〔2015〕28 号)	考试严重违纪	注销执业证书并在三年内不受理本人执业注册申请	2015－07－14
25	关于对陈晗青采取自律惩戒措施的决定(〔2015〕29 号)	考试严重违纪	注销执业证书并在三年内不受理本人执业注册申请	2015－08－18
26	关于对朗需满采取自律惩戒措施的决定(〔2015〕30 号)	虚假注册	注销执业证书并在三年内不受理本人执业注册申请	2015－08－29
31	关于对刘恒采取自律惩戒措施的决定(〔2015〕31 号)	虚假注册	注销执业证书并在三年内不受理本人执业注册申请	2015－10－08
32	关于对顾振采取自律惩戒措施的决定(〔2015〕32 号)	考试严重违纪	注销执业证书并在三年内不受理本人执业注册申请	2015－10－08
33	关于对史芳采取自律惩戒措施的决定(〔2015〕33 号)	考试严重违纪	注销执业证书并在三年内不受理本人执业注册申请	2015－10－27
34	关于对李彦泽采取自律惩戒措施的决定(〔2015〕34 号)	考试严重违纪	注销执业证书并在三年内不受理本人执业注册申请	2015－10－27
35	关于对李云采取自律惩戒措施的决定(〔2015〕35 号)	考试严重违纪	注销执业证书并在三年内不受理本人执业注册申请	2015－10－27
36	关于对张帆采取自律惩戒措施的决定(〔2015〕36 号)	考试严重违纪	注销执业证书并在三年内不受理本人执业注册申请	2015－10－27
37	关于对付艳丽采取自律惩戒措施的决定(〔2015〕37 号)	考试严重违纪	注销执业证书并在三年内不受理本人执业注册申请	2015－10－27
38	关于对闵雪华采取自律惩戒措施的决定(〔2015〕39 号)	虚假注册	注销执业证书并在一年内不受理本人执业注册申请	2015－12－03
39	关于对陈友良采取自律惩戒措施的决定(〔2015〕40 号)	虚假注册	注销执业证书并在一年内不受理本人执业注册申请	2015－12－25
40	关于对王静采取自律惩戒措施的决定(〔2015〕41 号)	虚假注册	注销执业证书并在三年内不受理本人执业注册申请	2015－12－25

(二)2015 年制定、修订的自律规则目录

序号	标题	发布日期	备注
1	中国证券业协会诚信管理办法	2015－01－05	修订
2	证券市场资信评级机构评级业务实施细则(试行)	2015－01－06	制定
3	关于进一步明确债券评级信息披露规范的通知	2015－01－16	制定(与上海证券交易所、深圳证券交易所联合发布)
4	关于拓宽证券投资咨询公司业务范围的通知	2015－01－19	制定

续表

序号	标题	发布日期	备注
5	证券公司信息隔离墙制度指引	2015－03－11	修订
6	关于证券公司做好利益冲突管理工作的通知	2015－03－11	制定
7	证券公司网上证券信息系统技术指引	2015－03－13	修订
8	证券公司参与支付业务信息系统技术指引	2015－03－13	制定
9	证券公司股票质押式回购交易业务风险管理指引（试行）	2015－03－16	制定
10	基金参与融资融券及转融通证券出借业务指引	2015－04－17	制定（与中国证券投资基金业协会共同制定）
11	关于促进融券业务发展有关事项的通知	2015－04－17	制定（与中国证券投资基金业协会、上海证券交易所和深圳证券交易所联合发布）
12	非公开发行公司债券备案管理办法	2015－04－23	制定
13	非公开发行公司债券项目承接负面清单指引	2015－04－23	制定
14	公司债券受托管理人执业行为准则	2015－06－05	制定
15	证券公司外部接入信息系统评估认证规范	2015－06－12	制定
16	机构间私募产品报价与服务系统管理办法（试行）	2015－06－26	修订
17	关于证券业从业人员资格考试测试制度改革有关问题的通知	2015－07－09	制定
18	证券公司开展场外股权质押式回购交易业务试点办法	2015－07－24	制定
19	场外证券业务备案管理办法	2015－08－10	制定
20	中国证券期货市场场外衍生品交易商品衍生品定义文件（2015年版）	2015－08－11	制定（与中国期货业协会、中国证券投资基金业协会联合制定）
21	公司债券承销业务规范	2015－10－16	制定
22	公司债券承销业务尽职调查指引	2015－10－16	制定
23	关于调整证券业从业人员执业注册有关事项的通知	2015－10－19	修订

（中国证券业协会供稿）

十、中国期货业协会

(一)2015 年采取的纪律措施决定目录

序号	惩戒对象	从业公司	姓名/名称	违规事由	纪律惩戒措施	文号	发布日期
1	公司	江南期货(被中航期货合并)	江南期货(被中航期货合并)	任用无期货从业资格人员从事期货业务	训诫	中期协字〔2015〕10 号	2015-01-28
2	个人	宝城期货	厉涌	违规从事期货交易	暂停从业资格 6 个月	中期协字〔2015〕11 号	2015-01-28
3	个人	银河期货	刘雯慧	配资交易	撤销从业资格并在 3 年内拒绝受理其从业资格申请	中期协字〔2015〕12 号	2015-01-28
4	个人	大地期货	宋晓萍	配资交易	撤销从业资格并在 3 年内拒绝受理其从业资格申请	中期协字〔2015〕13 号	2015-01-28
5	个人	瑞达期货	谢家优	代客理财	撤销从业资格并在 3 年内拒绝受理其从业资格申请	中期协字〔2015〕14 号	2015-01-28
6	个人	安粮期货	宁玉龙	代客理财	撤销从业资格并在 3 年内拒绝受理其从业资格申请	中期协字〔2015〕50 号	2015-05-19
7	个人	安粮期货	李涛涛	未谨慎履职	暂停从业资格 12 个月	中期协字〔2015〕50 号	2015-05-19
8	个人	申银万国	葛勇	代客理财	撤销从业资格并在 3 年内拒绝受理其从业资格申请	中期协字〔2015〕47 号	2015-05-19
9	个人	西部期货	徐晶烨	代客理财	撤销从业资格并在 3 年内拒绝受理其从业资格申请	中期协字〔2015〕51 号	2015-05-19
10	个人	弘业期货	曹运年	代客理财	撤销从业资格并在 3 年内拒绝受理其从业资格申请	中期协字〔2015〕26 号	2015-03-23
11	个人	南证期货	汤海宁	代客理财	撤销从业资格并在 3 年内拒绝受理其从业资格申请	中期协字〔2015〕28 号	2015-03-23

续表

序号	惩戒对象	从业公司	姓名/名称	违规事由	纪律惩戒措施	文号	发布日期
12	个人	五矿期货	李红宇	居间人	撤销从业资格并在3年内拒绝受理其从业资格申请	中期协字〔2015〕27号	2015－03－23
13	个人	锦泰期货	凡豹	伪造客户签字	撤销从业资格并在3年内拒绝受理其从业资格申请	中期协字〔2015〕49号	2015－05－19
14	个人	弘业期货	卜协荣	代客理财	撤销从业资格并在3年内拒绝受理其从业资格申请	中期协字〔2015〕48号	2015－05－19
15	个人	方正中期	余更祥	配资交易	暂停从业资格12个月	中期协字〔2015〕112号	2015－11－18
16	个人	瑞达期货	黄伟	配资交易	撤销从业资格并在3年内拒绝受理其从业资格申请	中期协字〔2015〕100号	2015－10－19
17	公司	金瑞期货	金瑞前海资本	将自有证券、期货账户提供给客户使用。	1. 限期整改。自惩戒决定生效之日起六个月内完成整改，并向我会提交书面报告，我会将组织检查验收； 2. 整改期间不得开展各项风险管理业务； 3. 自惩戒决定生效之日起，两年内暂停享有协会的选举权、被选举权和表决权。	中期协字〔2015〕111号	2015－11－18

（二）2015年制定、修订的主要自律规则目录

序号	文件标题	文号	发布日期	备注
1	《期货公司资本补充指引》	中期协字〔2015〕8号	2015－01－29	制定类
2	《期货公司互联网开户规则》及配套文件	中期协字〔2015〕37号	2015－04－07	制定类
3	《期货公司发行次级债管理规则》	中期协字〔2015〕39号	2015－04－07	制定类
4	《关于建立全国期货行业自律协作机制的若干意见》	中期协字〔2015〕59号	2015－06－12	制定类
5	《中国证券期货市场场外衍生品交易商品衍生品定义文件（2015年版）》及其交易确认书	中期协字〔2015〕70号	2015－08－11	制定类

续表

序号	文件标题	文号	发布日期	备注
6	《期货公司资产管理业务投资者适当性评估程序》(试行)	中期协字〔2015〕36 号	2015 - 04 - 03	修订类
7	《中国期货业协会联系会员管理办法(试行)》	中期协字〔2015〕60 号	2015 - 06 - 12	废止类

(三)2015 年纪律惩戒案例

从业人员 H 违规参与配资交易案

2015 年 1 月至 5 月,在某期货公司任职的从业人员 H 违规与 R 公司和 D 公司两家配资公司达成协议,为这两家公司提供服务,收取商业提成并获取不当利益,具体事实如下:

首先,在 R 公司和 D 公司合作开展配资业务过程中,两家公司一直通过从业人员 H 进行联系,资金往来也是通过从业人员 H 实现。在此期间,从业人员 H 共开发了 5 位配资客户。

其次,在 R 公司和 D 公司合作开展配资业务的过程中,从业人员 H 按比例获得一定的提成。在合作期间,从业人员 H 累计获得不低于 2 万元的提成。

第三,在 R 公司向投资者提供配资交易的过程中,从业人员 H 接受 R 公司指示,为投资者安装相应系统,并通过远程协助投资者处理系统故障。

最后,在投资者与配资公司发生纠纷之后,从业人员 H 将其收取的相应提成退还给投资者,并以见证人的身份在调解承诺书上签字。

经调查,中国期货业协会(以下简称"协会")认为,涉案从业人员 H 在任职期间通过自身职务便利和技术能力为配资公司介绍业务提供服务并收取商业提成。对于此类参与配资的行为,证监会发布的《关于防范期货配资业务风险的通知》(证监办〔2011〕49 号)中已明确禁止。协会在《关于加强期货市场投资者教育工作、防范期货配资业务风险的通知》(中期协字〔2011〕55 号)中对"自觉抵制配资业务,不为配资公司和客户牵线搭桥,不利用自身资源为配资活动提供条件和便利"也作出了明确要求。

综上所述,协会决定给予违规从业人员 H "撤销从业资格并在 3 年内拒绝受理从业资格申请"的纪律惩戒。

从业人员 X 违规代客理财案

2014 年,在某期货公司任职的从业人员 X 以个人名义接受自己开发客户的全权委托,从事期货交易,具体事实如下:

从业人员 X 在开展业务的过程中经朋友介绍认识了客户 Q,客户 Q 一直从事现货贸易,对期货比较陌生,因此从业人员 X 在客户 Q 开户后一直对其进行培训和指导。但一段时间后,客户 Q 始终感觉不能掌握和胜任期货交易，故提出让从业人员X全权代其下单，并表示所有后果都由客户Q自己承担。起初从业人员X坚持在操作前征询客户Q的意见，但一段时间的磨合后客户Q逐渐将期货交易交由从业人员X一人全权办理，同时将期货交易的联系电话修改为从业人员X的电话号码。

经调查，协会认为，从业人员X在期货公司从业期间，违规以个人名义接受客户委托代理客户从事期货交易，违反了《期货从业人员管理办法》、《期货从业人员执业行为准则（修订）》等关于禁止从业人员以个人名义接受客户委托代理客户从事期货交易的规定。

综上所述，协会决定给予从业人员X"撤销从业资格并在3年内拒绝受理其从业资格申请"的纪律惩戒。

从业人员L违规设立居间公司获取居间收益案

2014年，W期货公司前营业部负责人L利用职务便利，通过设立公司以居间人的身份违规获取收益，具体事实如下：

从业人员L在担任W期货公司营业部负责人期间，出资参与成立Y公司并从事经营性活动。从业人员L利用营业部负责人的身份帮助Y公司成为营业部居间人，并将期货公司已开发客户转为Y公司名下的居间客户，从而通过居间人的身份获取收益。

经调查，协会认为，从业人员L的上述行为违反了《期货公司董事、监事和高级管理人员任职资格监管办法》第33条中"期货公司高级管理人员不得在其他营利性机构兼职或者从事其他经营活动"和《期货从业人员管理办法》第14条中关于职业操守的要求。

综上所述，协会对从业人员L作出了"撤销从业资格并在3年内拒绝受理其从业资格申请"的纪律惩戒。

（中国期货业协会供稿）

十一、中国上市公司协会

（一）2015年作出的纪律措施决定

上市公司协会联合上海证券交易所和深圳证券交易所共同发布《上市公司相关主体承诺履行失信榜》，以自律监管营造"守信激励、失信受限"的诚信市场环境。榜单以《证券期货市场诚信监督管理暂行方法》和《上市公司监管指引第4号——上市公司实际控制、股东、关联方、收购人以及上市公司承诺及履行》为基本评价准则，用于评价上市公司及其相关主体承诺未履行行为的评价榜单，共有22家上市公司涉及25次承诺失信。

(二)2015年制定的主要自律规则目录

序号	文件名称	生效时间
1	《上市公司监事会工作指引》	2015－10
2	《中国上市公司诚信守则》	2015年12月制定完成,2016年会员代表大会后生效

(中国上市公司协会供稿)

十二、中国基金业协会

(一)2015年采取的纪律措施决定目录

1. 纪律处分决定书(北京中益汇金投资基金管理有限公司、北京中农德金投资基金管理有限责任公司、北京中富知金股权投资管理有限公司、唐群雁、隋欣、付强)(中基协字〔2015〕14号,2015－01－20)

2. 纪律处分决定书(中财鼎盛(北京)投资基金管理有限公司、高培峰)(中基协字〔2015〕15号,2015－01－20)

3. 纪律处分决定书(上银基金管理有限公司)(中基协处分〔2015〕1号,2015－02－13)

4. 纪律处分决定书(东海证券股份有限公司)(中基协处分〔2015〕2号,2015－02－13)

5. 纪律处分决定书(兴业全球基金管理有限公司、上海兴全睿众资产管理有限公司)(中基协处分〔2015〕3号, 2015－02－13)

6. 纪律处分决定书(九泰基金管理有限公司)(中基协处分〔2015〕4号,2015－02－13)

7. 纪律处分决定书(瑞元资本管理有限公司)(中基协处分〔2015〕5号,2015－02－13)

8. 纪律处分决定书(首誉光控资产管理有限公司)(中基协处分〔2015〕6号,2015－02－13)

(二)2015年制定、修改的主要自律规则目录

制定类

1.《证券期货经营机构落实资产管理业务“八条底线”禁止行为细则(2015年3月版)》(中基协字〔2015〕44号,2015－03－05)

2.《基金参与融资融券及转融通证券出借业务指引》(中基协发〔2015〕4号,2015－04－17)

3.《基金从业资格考试管理办法(试行)》(中基协字〔2015〕155号,2015－07－24)

4.《中国证券期货市场场外衍生品交易商品定义文件(2015年版)》系列文件(中基协发〔2015〕10号,2015-08-11)

5.《证券投资基金参与同业存单会计核算和估值业务指引(试行)》(中基协发〔2015〕12号,2015-08-28)

6.《证券投资基金港股通投资资金清算和会计核算估值业务指引(试行)》(中基协发〔2015〕17号,2015-11-11)

(三)2015年典型自律管理案例

纪律处分决定书(北京ZY投资基金管理有限公司、北京ZN投资基金管理有限责任公司、北京ZF股权投资管理有限公司、唐某、隋某、付某)

中基协字〔2015〕14号

当事人:

北京ZY投资基金管理有限公司

北京ZN投资基金管理有限责任公司

北京ZF股权投资管理有限公司

唐某,男,北京ZY投资基金管理有限公司法定代表人

隋某,男,北京ZN投资基金管理有限责任公司法定代表人

付某,男,北京ZF股权投资管理有限公司法定代表人

经查明,北京ZY投资基金管理有限公司(以下简称ZY公司)、北京ZN投资基金管理有限责任公司(以下简称ZN公司)、北京ZF公司股权投资管理有限公司(以下简称ZF公司)存在以下违规情形:

一、未按规定如实填报登记信息。ZY公司、ZN公司、ZF公司是直接或间接由某担保有限公司控股的公司,在北京城建大厦相邻楼层办公,实际控制人均为该担保公司董事长唐某,ZY公司的办公室主任付某同时担任ZF公司的法定代表人。ZY公司、ZN公司、ZF公司在登记时未能如实填报关联方信息,填报的高级管理人员、员工和产品信息也与实际情况不相符。

二、未按规定报告重大事项。ZY公司、ZN公司管理的6只有限合伙基金发生了未按照合伙协议约定支付投资本金和约定收益为合伙人办理退伙的重大事项,ZY公司、ZN公司未按规定向本会报告。

三、未按规定配合本会检查。唐某不接受检查组的约谈,不接听检查组的电话。隋某在ZY公司办公场所接待检查组,但拒绝透露自己的姓名,隐瞒自己担任ZN公司法定代表人的事实。ZY公司也未按检查组要求提供相关资料。

四、投资者向本会投诉反映,ZY公司、ZN公司管理的上述6只有限合伙基金未按规定为合伙人办理工商登记,合伙协议约定投资的武汉市汉阳区汤家山七杆一场城中村改造项目与ZY公司、ZN公司及唐某实际控制的相关项目公司无关,涉嫌诈骗。由于唐某、ZY公司不配合本会检查,本会无法对此进行查证。

ZY公司、ZN公司、ZF公司上述行为违反了《私募投资基金管理人登记和基金备案办法(试行)》第四条、第六条、第十二条、第二十三条、第二十六条以及《自律检查规则(试行)》第十二条的规定,违背了登记时向本会提交的承

诺,唐某、隋某、付某作为上述三家机构法定代表人应当负主要责任。同时,唐某、ZY 公司和 ZN 公司涉嫌诈骗的情形侵害了投资者合法权益,扰乱了行业秩序,损害了行业声誉。

鉴于上述违规事实和情节,根据《私募投资基金管理人登记和基金备案办法(试行)》第三十条,《纪律处分实施办法(试行)》第五条、第六条的规定,本会决定:对 ZY 公司及其法定代表人唐某、ZN 公司及其法定代表人隋某和 ZF 公司作出公开谴责、加入黑名单的纪律处分;对 ZF 公司法定代表人付某作出公开谴责的纪律处分。有关当事人在停止或改正违规情形并消除不良影响后,可以申请移出黑名单。上述纪律处分记入资本市场诚信档案。

二〇一五年一月二十日

纪律处分决定书
(ZC 投资基金管理有限公司、高某)

中基协字〔2015〕15 号

当事人:

ZC 投资基金管理有限公司

高某,男,登记时为法定代表人

经查明,ZC 投资基金管理有限公司(以下简称 ZC 公司)存在以下违规情形:

一、未按规定如实填报登记信息。ZC 公司登记时填报的高级管理人员、员工、产品信息与实际情况不符。

二、未按规定报告重大事项。ZC 公司的法定代表人在 2014 年 6 月 4 日由高某变更为孟某。ZC 公司管理的 3 只有限合伙基金未按照合伙协议约定支付投资本金和约定收益为合伙人办理退伙。以上重大事项未按规定向本会报告。

三、未按规定配合本会检查。高某不接受检查组的约谈,ZC 公司未按检查组要求提供相关资料。

四、投资者向本会投诉反映,上述 3 只有限合伙基金未按规定及时办理工商登记,约定投资的相关保障房项目公司未与 ZC 公司进行合作,募集资金以高某个人名义对外借款,涉嫌挪用资金和诈骗。由于高某、ZC 公司不配合本会检查,本会无法对此进行查证。

ZC 公司上述行为违反了《私募投资基金管理人登记和基金备案办法(试行)》第四条、第六条、第七条、第十二条、第二十三条、第二十六条以及《自律检查规则(试行)》第十二条的规定,也违背了登记时向本会提交的承诺,高某作为时任 ZC 公司法定代表人应当负主要责任。同时高某、ZC 公司涉嫌挪用资金、诈骗的情形严重侵害了投资者合法权益,扰乱了行业秩序,损害了行业声誉。

鉴于上述违规事实和情节,根据《私募投资基金管理人登记和基金备案办法(试行)》第三十条,《纪律处分实施办法(试行)》第五条、第六条的规定,本会决定:对 ZC 公司及其法定代表人高某作出公开谴责、加入黑名单的纪律处分。有关当事人在停止或改正违规情形并消除不良影响后,可以申请移出黑名单。上述纪律处分记入资本市场诚信档案。

二〇一五年一月二十日

纪律处分决定书(SY基金管理有限公司)

中基协处分〔2015〕1号

当事人:SY基金管理有限公司(以下简称SY基金)

根据《中华人民共和国证券投资基金法》、《中国证券投资基金业协会章程》和《中国证券投资基金业协会纪律处分实施办法(试行)》等法律和相关自律规则,基金业协会于1月28日下达了暂停当事人资产管理业务三个月备案的纪律处分事先告知书。SY基金于2月2日向基金业协会提出复核申请。基金业协会自律监察委员会按照规定程序对SY基金的纪律处分进行了复核。本次纪律处分案现已终结。

一、基本事实

2014年11月26日,SY基金设立"SY基金-创金成长1号资产管理计划"(以下简称创金1号),按照"29:1"分成A类份额和B类份额。资产管理合同中对收益分配的规定为:"在本合同结束并清算时,将根据计划资产份额收益率(R)的不同收益情况,按以下方式对A类份额和B类份额进行分配。

(1)$R<0$ 当本计划的资产份额收益率R小于0时,本计划所受亏损按照初始份额配比(即初始获配比例)由A类份额和B类份额共同承担。

(2)$0\leqslant R\leqslant 10\%$ 当本计划的资产份额收益率R大于等于0小于等于10%时,A类份额获取本计划的全部收益。

(3)$R>10\%$ 当本计划的资产份额收益率R大于10%时,本计划对于小于等于10%的收益部分按照本节(2)分配,超过10%的收益部分A类份额获取10%,B类份额获取90%。"

二、前期认定

基金业协会前期认定,SY基金设立创金1号,A、B两类份额之比为29倍,违反了中国证监会关于杠杆倍数不得超过10倍的监管要求。根据相关自律规则,拟从2月16日起暂停受理当事人资产管理计划备案,暂停期限为三个月。

三、申辩意见

SY基金在认可以上基本事实的基础上,认为创金1号不存在杠杆倍数超过10倍的情况,提出以下申辩意见:

一是创金1号不存在B类份额为A类份额提供风险补偿的情况。在投资收益率为负,即$R<0$时,创金1号A类份额和B类份额具有相同的风险收益特征。$0\leqslant R\leqslant 10\%$时,风险补偿不利于B份额,$R>10\%$时风险补偿不利于A份额,不能简单用$R>10\%$时的情形来计算杠杆倍数。二是创金1号不存在B类为A类份额提供收益保障,资产管理计划未设置预期收益率,B类份额不存在向A类份额支付优先收益。

四、复核意见

自律监察委员会审理复核后,一致认为:

一是创金1号的资产管理合同明确约定该资产管理计划是"混合型结构分级"资产管理计划。

二是分析R在不同区间时A、B两类份额的风险、收益分配,在$0\leqslant R\leqslant 10\%$时以及$R>10\%$时,该资产管理计划A、B类份额具有提供风险补偿或收益分配保障的特征,特别是$R>10\%$时"以小撬大"的杠杆特征明显。SY基金在《复核申请书》中也承认了这一点。

三是在中国证监会提出杠杆倍数不得超过10倍的监管要求之后,其他公司已不再设立类似结构、类似倍数的资产管理计划,说明有关监管要求是清晰的。

五、处分决定

鉴于以上基本事实、情节和复核情况,基金业协会决定自 2015 年 2 月 16 日起暂停受理 SY 基金资产管理计划备案,暂停期限为三个月。暂停期满,当事人应当提交专项整改报告和恢复受理资产管理计划备案的申请,经审查认可后,恢复受理当事人资产管理计划备案。

二〇一五年二月十三日

纪律处分决定书(DH 证券股份有限公司)

中基协处分〔2015〕2 号

当事人:DH 证券股份有限公司(以下简称 DH 证券)

根据《中华人民共和国证券投资基金法》、《中国证券投资基金业协会章程》和《中国证券投资基金业协会纪律处分实施办法(试行)》等法律和相关自律规则,基金业协会于 1 月 28 日下达了暂停当事人资产管理业务三个月备案的纪律处分事先告知书。DH 证券于 2 月 2 日向基金业协会提出复核申请。基金业协会自律监察委员会按照规定程序对 DH 证券的纪律处分进行了复核。本次纪律处分案现已终结。

一、基本事实

2013 年 3 月 27 日,DH 证券设立"翔龙 2 号定增分级集合资产管理计划"、" 翔龙 3 号定增分级集合资产管理计划"参与认购 JR 新材料科技股份有限公司(以下简称 JR 科技)定向增发股票。时任 DH 证券长沙市韶山北路营业部总经理杜某认购了"翔龙 2 号定增分级集合资产管理计划"的劣后级份额,金额约 134 万元。杜某现任 JR 科技董事兼总经理。2014 年 4 月 2 日,JR 科技定向增发股票解禁。DH 证券于 2014 年 4 月 4 日至 2014 年 4 月 16 日陆续卖出 JR 科技股票。上述资产管理计划实现的收益率达到 98.43%。

二、前期认定

基金业协会前期认定,以上情形因涉嫌违法违规,已被移送中国证监会进行调查。根据相关自律规则,拟从 2 月 16 日起暂停受理当事人资产管理计划备案,暂停期限为三个月。

三、申辩意见

DH 证券在认可以上基本事实的基础上,提出以下申辩意见:

一是 DH 证券积极参与定向增发是公司制定的投资战略。二是 JR 科技股价上涨主要受国内外市场热炒特斯拉概念股影响。三是 DH 证券各部门参与 JR 科技定向增发项目的过程符合法律法规及公司制度要求,不存在违法违规情形。长沙韶山北路营业部是 JR 科技项目推荐营业部,时任营业部总经理杜某带头认购了劣后级份额;杜某已于 2013 年 8 月离职,之后的从业行为与 DH 证券无关。四是除参与定向增发外,DH 证券从未在二级市场买卖过 JR 科技股票。

四、复核意见

自律监察委员会审理复核后,一致认为:

一是有关资产管理计划一旦因涉嫌违法违规被移送中国证监会调查,DH 证券即使不是违法违规行为的施行主体,也不论有关情形是否确实构成违法违规,根据中国证监会的要求和相关自律规则,基金业协会可以暂停 DH 证券新业务的备案。

二是"翔龙 2 号定增分级集合资产管理计划"专门用于认购 JR 科技的定向增发股票,杜某作为 DH 证券的工作人员参与认购劣后级份额的行为,涉嫌违反《证券法》有关规定。DH

证券对杜某上述行为的合法性未能进行谨慎论证，未及时向监管部门报告，对杜某疏于管理，应当承担相应的责任。

五、处分决定

鉴于以上基本事实、情节和复核情况，基金业协会决定自2015年2月16日起暂停受理DH证券资产管理计划备案，暂停期限为三个月。暂停期满，当事人应当提交专项整改报告和恢复受理资产管理计划备案的申请，经审查认可后，恢复受理当事人资产管理计划备案。

二〇一五年二月十三日

纪律处分决定书（XY基金管理有限公司、XQ资产管理有限公司）

中基协处分〔2015〕3号

当事人：XY基金管理有限公司（以下简称XY基金）、上海XQ资产管理有限公司（以下简称XQ资管）

根据《中华人民共和国证券投资基金法》、《中国证券投资基金业协会章程》和《中国证券投资基金业协会纪律处分实施办法（试行）》等法律和相关自律规则，基金业协会于1月28日下达了暂停当事人资产管理业务三个月备案的纪律处分事先告知书。XY基金及其子公司XQ资管于2月5日向基金业协会提出复核申请。基金业协会自律监察委员会按照规定程序对XY基金、XQ资管的纪律处分进行了复核。本次纪律处分案现已终结。

一、基本事实

2014年7月23日，XQ资管设立“XQ特定策略6号分级资产管理计划”（以下简称特定6号），募集规模1.2亿元，优先级投资者为XQ资管设立的“XQ12号资产管理计划”，劣后级投资者为单一法人。2014年7月29日，XY基金设立“XQ25号分级资产管理计划”（以下简称特定25号），募集规模1亿元，劣后级投资者为单一自然人。两只资产管理计划均约定由劣后级投资人下达投资建议。2014年8月6日，根据劣后级投资人的建议，特定25号通过大宗交易平台买入某只上市公司股票964.5万股，成交价格10.16元。2014年8月11日，根据劣后级投资人的建议，特定6号通过大宗交易平台买入前述同一只上市公司的股票1177万股，成交价格9.94元。2014年10月，该上市公司发布公告称正在筹划非公开发行股票事宜并停牌。股票复牌后股价出现异常波动。

二、前期认定

基金业协会前期认定，以上情形因涉嫌违法违规，已被移送中国证监会进行调查。根据相关自律规则，拟从2月16日起暂停受理当事人资产管理计划备案，暂停期限为三个月。

三、申辩意见

XY基金、XQ资管在认可以上基本事实的基础上，对于基金业协会拟采取的纪律处分表示理解并愿意接受相应的连带责任，但建议减轻纪律处分，改为谈话提醒或书面警示，提出如下申辩意见：

一是XY基金、XQ资管已按照公司有关制度对特定6号、特定25号进行必要的项目尽职调查，未发现上述产品劣后级投资者与该上市公司存在任职关系、关联关系等可能引致利益输送、内幕交易嫌疑的情况。二是特定6号、特定25号成立后，已根据相关法律法规要求向基金业协会备案，基金业协会未提出异议。三是相关资产管理计划成立后，劣后级投资者根据合同约定,向资产管理人发出了投资建议,建议买入有关股票,并在投资建议书中声明不存在任何利益输送、利用内幕消息、操作证券市场价格等违法违规行为。

四、复核意见

自律监察委员会审理复核后,一致认为:

一是有关资产管理计划一旦因涉嫌违法违规被移送中国证监会调查,XY 基金、XQ 资管即使不是违法违规行为的施行主体,也不论有关情形是否确实构成违法违规,根据中国证监会的要求和相关自律规则,基金业协会可以暂停受理 XY 基金、XQ 资管新业务的备案。

二是基金业协会对资产管理计划的备案采用电子化备案系统,备案证明由系统根据填报情况自动生成。通过备案并不代表基金业协会对有关资产管理计划作出了合规性认可。事实上,基金业协会正是通过事后审查,发现特定 6 号、特定 25 号存在异常情况,并将有关线索移送中国证监会。

三是根据有关规定,XY 基金、XQ 资管应当建立有效的投资监控制度和报告制度,以便及时发现异常交易行为。但是,XY 基金、XQ 资管未对特定 6 号、特定 25 号的异常交易保持足够警觉,也未向监管部门进行报告。

四是考虑到特定 25 号交易发生在先,异常交易识别难度高于交易发生在后的特定 6 号,因此对 XY 基金、XQ 资管的纪律处分也应相应有所区分,可以适当减轻对 XY 基金的纪律处分。

五、处分决定

鉴于以上基本事实、情节,根据审理复核情况,基金业协会决定自 2015 年 2 月 16 日起,暂停受理 XY 基金资产管理计划备案,暂停期限为一个月;暂停受理 XQ 资管资产管理计划备案,暂停期限为三个月。暂停期满,当事人应当提交专项整改报告和恢复受理资产管理计划备案的申请,经审查认可后,恢复受理当事人资产管理计划备案。

二〇一五年二月十三日

纪律处分决定书(JT 基金管理有限公司)

中基协处分〔2015〕4 号

当事人:JT 基金管理有限公司(以下简称 JT 基金)

根据《中华人民共和国证券投资基金法》、《中国证券投资基金业协会章程》和《中国证券投资基金业协会纪律处分实施办法(试行)》等相关自律规则,基金业协会于 1 月 28 日下达了暂停当事人资产管理业务三个月备案的纪律处分事先告知书。JT 基金于 2 月 5 日向基金业协会提出复核申请。基金业协会自律监察委员按照规定程序对 JT 基金的纪律处分进行了复核。本次纪律处分案现已终结。

一、基本事实

2014 年 12 月 8 日,中国中投证券有限责任公司(以下简称中投证券)收到 JT 基金管理的"JT 基金 3 号资产管理计划"、"JT 基金增发 4 号资产管理计划"、"JT 基金定向增发分级资产管理计划"参与南京华东电子信息科技股份有限公司(以下简称华东科技)非公开发行股票申购报价单。2014 年 12 月 9 日,以上 3 只资产管理计划和"JT 基金 - 华东科技定向增发资产管理计划"、"JT - 久赢 - 定向增发 1 号资产管理计划"和"JT - 通赢 - 定向增发 1 号资产管理计划"募集资金到账。2014 年 12 月 10 日,以上 6 只资产管理计划备案后正式成立。同日,JT 基金收到华东科技和中投证券的《缴款通知书》和《认购协议》。2014 年 12 月 11 日，JT 基金完成缴款。由于 JT 基金在询价时提供的 3 只资产管理计划名单与实际缴款的 6 只资产管理计划账户不符，中投证券取消 JT 基金认购资格。

二、前期认定

基金业协会前期认定，JT 基金上述行为违反了资产管理计划备案成立前不得开展投资运作的规定。根据相关自律规则，拟从 2 月 16 日起暂停受理当事人资产管理计划备案，暂停期限为三个月。

三、申辩意见

JT 基金在认可以上基本事实的基础上，要求减轻纪律处分，改为谈话提醒或书面警示，提出如下申辩意见：

一是 JT 基金不存在“未募先投”的情况。在参与华东科技定向增发询价前，全部资产管理计划已在托管银行开立托管账户和股东账户，且与投资人、托管银行签署资产管理合同，即从法律意义上已经确认了参与定向增发的具体投资人和具体投资金额。二是中国证监会现行法律法规和《华东科技非公开发行股票认购邀请书》未明确要求资产管理计划在参与上市公司定增询价前完成资产管理计划备案。而且，类似行为也是“行业惯例”，认定为违规可能引发行业争议。三是 JT 基金参与定向增发的询价是作为潜在投资者对中投证券发出的参与询价这个“要约邀请”的回应，不构成实质性投资行为。

四、复核意见

自律监察委员会审理复核后，一致认为：

一是 JT 基金代表相关资产管理计划参与华东科技定向增发询价的行为，其实质是资产管理人下达资产管理计划的投资指令，已构成投资运作。

二是有关监管法规和资产管理计划合同都明确规定，在资产管理计划初始销售行为结束前，任何机构和个人不得动用资金。同时，资产管理合同明确约定，完成备案后资产管理合同才能成立生效。JT 基金作为资产管理人，在资产管理合同未成立生效的情况下，下达资产管理计划的投资指令，已经违反了有关规定。

三是“行业惯例”不是基金业协会的执纪依据，不能据此减轻对 JT 基金的纪律处分。基金业协会如果发现其他公司出现违反相关规定的类似情况，也会予以处理。

四是基金业协会在前期作出纪律处分决定时，曾收到中投证券的书面报告，表示“接到了投资者的举报，JT 基金凭借已经获配的资格，以向投资者收取高额管理费用为条件在市场上募集产品，造成了恶劣的影响”。但是，中投证券目前无法提供证据证明以上举报的真实性。由于举报事项未予查实，可以减轻对 JT 基金的纪律处分。

五、处分决定

鉴于以上基本事实、情节和复核情况，基金业协会决定自 2015 年 2 月 16 日起暂停受理 JT 基金资产管理计划备案，暂停期限为两个月。暂停期满，当事人应当提交专项整改报告和恢复受理资产管理计划备案的申请，经审查认可后，恢复受理当事人资产管理计划备案。

二〇一五年二月十三日

纪律处分决定书（RY 资本管理有限公司）

中基协处分〔2015〕5 号

当事人：RY 资本管理有限公司（以下简称 RY 资本）

根据《中华人民共和国证券投资基金法》、《中国证券投资基金业协会章程》和《中国证券投资基金业协会纪律处分实施办法(试行)》等相关自律规则,基金业协会于1月28日下达了暂停当事人资产管理业务三个月备案的纪律处分事先告知书。如当事人对有关纪律处分存在异议,应当于2月6日前提出复核申请。截止2月6日,RY资本未提出复核申请,接受有关纪律处分决定。本次纪律处分案现已终结。

一、基本事实

2014年11月28日,RY资本设立"RY-广发投资14号专项资产管理计划",杠杆倍数为20倍。RY资本上述行为违反了中国证监会关于杠杆倍数不得超过10倍的监管要求。

二、处分决定

鉴于以上基本事实和情节,基金业协会决定自2015年2月16日起暂停受理RY资本资产管理计划备案,暂停期限为三个月。暂停期满,当事人应当提交专项整改报告和恢复受理资产管理计划备案的申请,经审查认可后,恢复受理当事人资产管理计划备案。

二〇一五年二月十三日

纪律处分决定书(SY资产管理有限公司)

中基协处分〔2015〕6号

当事人:SY资产管理有限公司(以下简称SY资管)

根据《中华人民共和国证券投资基金法》、《中国证券投资基金业协会章程》和《中国证券投资基金业协会纪律处分实施办法(试行)》等法律和相关自律规则,基金业协会于1月28日下达了暂停当事人资产管理业务三个月备案的纪律处分事先告知书。SY资管于2月2日向基金业协会提出复核申请。基金业协会自律监察委员会按照规定程序对SY资管的纪律处分进行了复核。本次纪律处分案现已终结。

一、基本事实

2013年8月29日,SY资管设立"境外专项资产管理计划",募集资金5.06亿元,投资于某金融有限公司(以下简称ZJ公司)定向发行的某QDII定向资产管理计划并定向投资于香港某公司非公开发行的私募债券,最终投向LCW公司的油气田资产。天津HH股权投资基金管理有限公司(以下简称天津HH)为上述资产管理计划出具了收益补足的承诺函。某银行北京分行(以下简称某行北分)作为客户理财顾问向天津HH收取2.5%的理财顾问费,推荐了优先级份额客户;ZJ公司作为定向计划管理人收取管理费1%,同时按私募债券金额收取佣金0.2%。目前,该资产管理计划出现违约情况,天津HH因涉嫌非法集资已被公安机关调查。

二、前期认定

基金业协会前期认定,以上情形因涉嫌违法违规,已被移送中国证监会进行调查。根据相关自律规则,拟从2月16日起暂停受理当事人资产管理计划备案,暂停期限为三个月。

三、申辩意见

SY在认可以上基本事实的基础上,请求不予作出纪律处分,提出以下申辩意见:

一是SY资管已经根据《资产管理合同》履行了职责。SY资管认为,该笔业务为"通道业务","投资顾问为天津HH","本产品项目端由天津HH、ZJ公司发起设计;某行北分经审批后负责向其客户推荐"。二是天津HH的违法违规行为与SY资管和有关资产管理计划无关。三是SY资管已经充分向资产委托人揭示了交易结构和风险。四是 SY 资管在风险发生后积极采取了措施,有关纪律处分可能给投资者带来不必要的混淆,加剧处置工作的困难。

四、复核意见

自律监察委员会审理复核后,一致认为:

一是有关资产管理计划一旦因涉嫌违法违规被移送中国证监会调查,SY 资管即使不是违法违规行为的施行主体,也不论有关情形是否确实构成违法违规,根据中国证监会的要求和相关自律规则,基金业协会可以暂停 SY 资管新业务的备案。

二是天津 HH、某行北分、ZJ 公司在"境外专项资产管理计划"中的角色和作用不能作为 SY 资管免除责任的理由。而且,SY 资管未与天津 HH 签订任何投资顾问合作协议,存在失职的情况。

三是基金业协会作出的纪律处分,不改变、不加重 SY 资管应当承担的责任,但是为了稳妥做好有关风险处置工作,保护好投资者合法权益,可以相应调整纪律处分的执行时间。

五、处分决定

鉴于以上基本事实、情节和复核情况,基金业协会决定自 2015 年 4 月 1 日起暂停受理 SY 资管资产管理计划备案,暂停期限为三个月。暂停期满,当事人应当提交专项整改报告和恢复受理资产管理计划备案的申请,经审查认可后,恢复受理当事人资产管理计划备案。

二〇一五年二月十三日

天津 HH 起诉基金业协会侵犯名誉权案
北京市西城区人民法院民事判决书

(2015)西民初字第 22784 号

原告天津 HH 股权投资基金管理有限公司。

法定代表人刘某,总经理。

委托代理人王某,男,天津 HH 股权投资基金管理有限公司经理。

委托代理人陈某,男,天津 HH 股权投资基金管理有限公司经理,住址同单位。

被告中国证券投资基金业协会,住所地北京市西城区金融大街 20 号交通银行大厦 B 座 9 层。

法定代表人洪磊,会长。

委托代理人刘某,北京市君合律师事务所律师。

委托代理人朱某,北京市金杜律师事务所律师。

原告天津 HH 股权投资基金管理有限公司(以下简称天津 HH)与被告中国证券投资基金业协会(以下简称基金业协会)名誉权纠纷一案,本院受理后,依法由审判员林涛独任审判,不公开开庭进行了审理。原告天津 HH 委托代理人王某、陈某及基金业协会委托代理人刘某、朱某到庭参加了诉讼。本案现已审理终结。

原告天津 HH 诉称:2015 年 5 月 27 日,被告通过其网站发布了《重拳打击非法私募促进行业健康发展》及《纪律处分决定书(SY 资管资产管理有限公司)》,在这两篇文章中多处提及原告名称,并明确指出原告"因涉嫌非法集资已被公安机关调查"。同时还将这一言论透露给财新网记者,导致财新网在其新闻页面发布该消息,并被各大网站转载。到起诉为止,原告未接到公安机关明确的关于"非法吸收公众存款"的立案通知。被告作为行业协会在没有深入调查的情况下,武断的披露会员单位的负面消息,是非常不负责任的行为。给原告造成了很坏的影响,导致投资人产生心理恐慌,原告投入了大量的人力物力向投资人进行解释工作。被告的行为贬损了原告的社会形象,降低了原告的社会评价,侵害了原告的名誉权。基金业协会是自律组织,不是行政机关,基金业协会所做的行为不是行政行为,即使基金业协会是享有行政管理职权的单位,也应当履行保密义务,为自己管理的单位保护相关信息。请求法院判令被告删除对原告的不利言论,消除影响,恢复名誉。请求删除的内容包括:1. 被告于2015 年 5 月 27 日在其官方网站上发布的《重拳打击非法私募 促进行业健康发展》文中第二段倒数第二行“另外,经调查核实,SY 资管因其合作机构涉及非法私募活动已被基金业协会暂停备案 3 个月”的内容。2. 被告于 2015 年 5 月 27 日在其官方网站上发布的《纪律处分决定书(SY 资管资产管理有限公司)》文中基本事实段落最后一句“目前,该资产管理计划出现违约情况,天津 HH 因涉嫌非法集资已被公安机关调查”的内容。诉讼费由原告负担。

被告基金业协会辩称:1. 基金业协会对 SY 资管资产管理有限公司(以下简称 SY 资管)的纪律处分和《重拳打击非法私募 促进行业健康发展》的新闻稿是根据法律授权和行政委托,履行公共管理职能的行为,天津 HH 的诉讼请求实质在于改变基金业协会的公共管理行为,不属于平等民事主体之间的纠纷,天津 HH 无权提起本案诉讼。2. 基金业协会公开发布的 SY 资管的纪律处分书(中基协处分〔2015〕6 号)和新闻稿中涉及天津 HH 的内容具有充分的事实依据。根据上海经侦总队向基金业协会通报的情况,天津 HH 已经因涉嫌非法吸收公众存款被上海市经侦总队立案侦查。根据北京市公安局朝阳分局向基金业协会通报的情况,该局已经于 2015 年 1 月 25 日对天津 HH 涉嫌非法吸收公众存款进行了立案调查。基金业协会在调查 SY 资管时发现天津 HH 有关情况,于 2015 年初通知天津 HH 可以申请注销登记,否则基金业协会将按照规定开展相应的调查。天津 HH 副总裁梁君明代表天津 HH 到基金业协会谈话时表示,天津 HH 不会申请注销登记,欢迎基金业协会进行检查。3. 基金业协会对 SY 资管实施纪律处分并公布有关纪律处分决定书以及发布新闻稿是按照法律授权和中国证监会行政委托履行公共管理职责的行政行为,于法有据。4. 基金业协会对 SY 资管的纪律处分和有关新闻稿的发布严格履行了相应的程序。综上所述,基金业协会通过网站发布对 SY 资管的纪律处分以及新闻稿,是依法履行公共管理职责的行为。基金业协会通过如实、适时地向社会披露天津 HH 的有关情况,起到了防止风险进一步扩大,并警示行业的作用。天津 HH 的诉讼请求没有任何事实和法律依据,故不同意原告诉讼请求。

经审理查明:2015 年 5 月 27 日基金业协会在其网站(www. amac. org. cn)上发布《重拳打击非法私募促进行业健康发展》的信息,对于涉及本案原告业务部分内容摘录如下:前期,中国证监会在“两个加强,两个遏制”专项检查中发现,由个别机构或者业务合作对象涉嫌以私募基金为名从事非法集资活动,给人民群众的财产造成巨大损失。对社会金融秩序造成不良影响,严重损害了行业的声誉和形象,影响了首都经济社会的稳定发展。其中,中金信安、中金赛富、中投金汇、山西和利已因涉嫌非法集资被公安机关立案侦查,华兴泰达已被中国证监会移送北京市打非办进一步调查。基金业协会拟对上述机构依照规定撤销管理人登记,并对有关责任人员加入黑名单。另外,经调查核实,SY 资管因其合作机构涉及非法私募活动已被基金业协会暂停备案 3 个月,纪律处分决定全文已在基金业协会网站公布……同日,基金业协会在该网站发布了纪律处分决定书(SY 资管资产管理有限公司)。一、基本事实 2013 年 8 月 29 日,SY 资管涉及“境外专项资产管理计划”,募集资金 5.06 亿元,投资于某金融有限公司(以下简称 ZJ 公司)定向发行的 QDII 定向资金管理计划并定向投资于香港某公司非公开发行的私募债券,最终投向 LCW 公司的油气田资产。天津 HH 股权投资基金管理有限公司(以下简称天津 HH)为上述资产管理计划出具了收益补足的承诺函。中国某银行北京分行(以下简称某行北分)作为客户理财顾问向天津 HH 收取 2.5% 的理财顾问费,推荐了优先级份额客户;ZJ 公司作为定向计划管理人收取管理费 1%,同时按私募债券金额收取佣金 0.2%。目前,该资产管理计划出现违约情况,天津 HH 因涉嫌非法集资已被公安机关调查。二、前期认定 基金业协会前期认定,以上情形因涉嫌违法违规,已被移送中国证监会进行调查。根据相关自律规则，拟从 2 月 16 日起暂停受理当事人资产管理计划备案，暂停期限为三个月。三、申辩意见 SY 资管在认可以上基本事实的基础上，请求不予作出纪律处分，提出以下申辩意见：一是 SY 资管已经根据《资产管理合同》履行了职责。SY 资管认为，该笔业务为"通道业务"，"投资顾问为天津 HH"、"本产品项目端由天津 HH、ZJ 公司发起设计"；"某行北分经审批后负责向其客户推荐"。二是天津 HH 的违法违规行为与 SY 资管有关资产管理计划无关。三是 SY 资管已经充分向资产委托人揭示了交易结构和风险。四是 SY 资管在风险发生后积极采取了措施，有关纪律处分可能给投资者带来不必要的混淆，加剧处置工作的困难。四、复核意见……二是天津 HH、某行北分、ZJ 公司在"境外专项资产管理计划"中的角色和作用不能作为 SY 资管免除责任的理由。而且，SY 资管未与天津 HH 签订任何投资顾问合作协议，存在失职的情况……

针对处分的依据，被告提供如下证据：《私募投资基金监督管理办法》第五条："中国证监会及其派出机构依照《证券投资基本法》、本办法和中国证监会的其他有关规定，对私募基金业务活动实施监督管理。设立私募基金管理机构和发行私募基金不设行政审批，允许各类发行主体在依法合规的基础上，向累计不超过法律规定数量的投资者发行私募基金。建立健全私募基金发行监管制度，切实强化事中事后监管，依法严厉打击以私募基金为名的各类非法集资活动。建立促进经营机构规范开展私募基金为名的各类非法集资活动。建立促进经营机构规范开展私募基金业务的风险控制和自律管理制度，以及各类私募基金的统一监测系统。"第六条："中国证券投资基金业协会（以下简称基金业协会）依照《证券投资基本法》、本办法、中国证监会其他有关规定和基金业协会自律规则，对私募基金开展行业自律，协调行业关系，提供行业服务，促进行业发展。"第二十九条："基金业协会应当制定和实施私募基金行业自律规则，基金业协会可以视情节轻重采取自律管理措施，并通过网站公开相关违法违规信息。会员及其从业人员涉嫌违法违规的，基金业协会应当及时报告中国证监会。"被告出示了原告在其处申请私募基金业务的《私募基金登记备案承诺函》，其内容如下："本机构承诺向中国证券投资基金业协会申请登记、备案及信息更新中所提供的所有材料及信息真实、准确、完整，不存在任何虚假记载、误导性陈述或重大遗漏，并愿意承担全部的法律责任；本机构的高级管理人员及从业人员符合《私募基金管理人登记和基金备案办法（试行）》的相关规定。"

关于公安机关对天津 HH 开展侦查的情况，查明情况如下：2015 年 10 月 20 日，上海市公安局经济犯罪侦查总队给中国证券监督管理委员会上海稽查局的复函：一、我队已于 2014 年 11 月 25 日以涉嫌非法吸收公众存款罪对上海泓澄股权投资基金管理公司立案侦查；二、现查明，上海泓澄股权投资基金管理公司所募集的资金均由天津 HH 股权投资基金管理有限责任公司实际支配使用；三、我队已于 2014 年 12 月 15 日对天津 HH 股权投资基金管理有限责任公司法定代表人刘扬采取了取保候审的强制措施。2015 年 1 月 17 日，北京市公安局朝阳分局作出立案决定书，根据《中华人民共和国刑事诉讼法》第一百零七条、第一百一十条之规定，决定对天津 HH 股权基金管理有限公司涉嫌非法吸收公众存款案立案侦查。此外，2014 年 12 月 11 日，原告向 SY 资管资产管理有限公司发出《紧急情况通报》，内容为"我公司法定代表人、总裁刘某先生，于 2014 年 12 月 10 日晚 18:30 左右，准备搭乘香港航空航班飞往香港时，在首都机场 2 号航站楼被边检人员劝返，并被告知，因其涉嫌经济案件，公安机关正在调查，不能出境。显然，这对我公司属于意外重大事件，结合 12 月 4 日公众媒体接到通知，声称某银行北京分行"汉红系"产品事件，公安机关已经介入调查的事实，我公司有理由相信，刘扬被限制出境不是因为其个人原因……"

上述事实，有原告出示的基金业协会网站刊登的信息，被告出示的公安机关的立案决定书、复函、中国证监会的相关法规等法律文件以及当事人当庭陈述等证据在案佐证。

本院认为：根据《私募投资基金监督管理暂行办法》的规定，各类私募基金管理人应当根据基金业协会的规定，向基金业协会申请登记。被告基金业协会依照《证券投资基金法》、《私募投资基金监督管理暂行办法》、中国证监会相关规定和基金业协会自律规则，负有对私募基金业务监督、管理的职能。基金业协会对于原告等一些私募基金管理人的违法违规行为及时调查,并将处罚决定通过网站进行公示,符合《私募投资基金监督管理暂行办法》及《中国证券投资基金业协会纪律处分实施办法(试行)》的相关规定。

《最高人民法院关于审理名誉权案件若干问题的解释》相关规定:国家机关、社会团体、企事业单位等部门对其管理的人员作出的结论或者处理决定,当事人以其侵害名誉权向人民法院提起诉讼的,人民法院不予受理。基金业协会依据相关法律授权以及行业自律规定对SY资管及合作机构作出的处罚决定,本院依法不予审理,且处罚依据以及相应结果亦不属于名誉权纠纷案件审理范围。

对于天津HH涉嫌非法集资等刑事犯罪被公安机关侦查,并限制其法定代表人刘扬离境的事实,基金业协会出示了京、沪两地公安机关的证明文件,此外,天津HH在给SY资管的通报中,亦表述了法定代表人被限制离境的事实,故被告披露的上述情况属实。综上,被告在其网站刊登的信息内容属实,非但不侵犯原告的名誉权,而且是依法履职之体现。原告的诉讼请求无法律及事实依据,本院不予支持。综上所述,依据《中华人民共和国侵权责任法》第二条以及《最高人民法院关于审理名誉权案件若干问题的解释》第五条之规定,判决如下:

驳回原告天津HH股权投资基金管理有限公司的诉讼请求。

案件受理费一百五十元,由原告天津HH股权投资基金管理有限公司负担(已缴纳)。

如不服本判决,可在判决书送达之日起十五日内,向本院递交上诉状,并按对方当事人的人数提出副本,交纳上诉案件的受理费,上诉于北京市第二中级人民法院。上诉期届满七日内未交纳上诉案件受理费,按照撤回上诉处理。

二〇一五年十二月十六日

(中国基金业协会供稿)

第五部分　司法案例

广东省广州市中级人民法院刑事判决书

（2015）穗中法刑二初字第138号

公诉机关广东省广州市人民检察院。

被告人陈志民，男，1971年11月10日出生，汉族，文化程度硕士研究生，居民身份证号码350425197111100014，户籍所在地广东省广州市清风北街12号505号，现住广州珠江新城凯旋新世界32栋12号505室，原任易方达基金管理有限公司副总裁，先后担任易方达基金管理有限公司旗下科翔、科瑞、科汇、积极成长等基金经理。其中，2004年9月9日至2011年4月20日，担任易方达基金管理有限公司积极成长基金经理。2013年12月，陈志民从易方达基金管理有限公司辞职，并长期滞留香港。2014年11月28日，陈志民主动从香港经深圳皇岗口岸入境投案自首，并于当日因本案被公安部证券犯罪侦查局第三分局依法取保候审。2015年11月28日被本院决定继续取保候审。

委托辩护人朱薛峰，上海瀚元律师事务所律师。

广州市人民检察院以穗检公二刑诉〔2015〕138号起诉书指控被告人陈志民犯利用未公开信息交易罪，于2015年9月10日向本院提起公诉。本院依法组成合议庭，公开开庭审理了本案。广州市人民检察院检察员邵红岚出庭支持公诉，被告人陈志民及其辩护人等到庭参加诉讼。本案现已审理终结。

广州市人民检察院指控，2005年5月至2009年2月，被告人陈志民在易方达基金管理有限公司（以下简称易方达公司）担任易方达积极成长证券投资基金（以下简称积极成长基金）经理期间，利用未公开信息进行股票交易牟利。被告人陈志民先后控制曾丽娟、郑陈庆、洪永捍等人的证券账户和银行账户，并指使他人筹集资金转入上述银行账户和证券账户，同时被告人陈志民通过平安证券某营业部管理人员宋某乔安排人根据其电话指令代理下单交易股票，上述账户交易一直延续至2009年2月27日。从2009年2月28日至2011年4月20日，陈志民继续利用担任易方达公司投资总监及积极成长基金经理的职务便利，获取股票投资的未公开信息，筹集资金并实际控制和使用洪永捍、郑陈庆、黄淑缓、王秀凤等人的证券账户和银行账户，以上述同样作案方式，通过宋某乔安排人根据其指令下单，先于或同步于积极成长基金买入或卖出格力电器、万科A等87只股票，趋同交易金额累计人民币2006112491.95元，非法获利29016649.37元。被告人陈志民利用未公开信息交易股票获利后，从2009年年底开始，指使他人将黄淑缓、王秀凤等人账户的资金，陆续通过其亲友的银行账户转到其本人及其关系人控制的账户取走。2013年12月被告人陈志民从易方达公司辞职。2014年11月28日，被告人陈志民从香港特别行政区入境时，主动投案，如实供述自己的犯罪事实。

为指控上述事实，广州市人民检察院当庭出示被告人陈志民的身份材料、公司营业执照、任职证明、股票交易明细、银行账户资料、易方达公司《交易指令及成交表》等相关书证；证人何某峰等人的证言；被告人陈志民的供述与辩解等。

根据上述事实与证据，广州市人民检察院认为被告人陈志民无视国家法律，利用其担任易方达基金管理有限公司投资总监、积极成长基金经理的职务便利，获取公司投资股票的未公开信息，违反规定，从事与该信息相关的股票交易，情节特别严重，其行为触犯了《中华人民共和国刑法》第一百八十条第四款的规定，犯罪事实清楚，证据确实、充分，应当以利用未公开信息交易罪追究其刑事责任。被告人陈志民犯罪后自动投案，如实供述自己的罪行，根据《中华人民共和国刑法》第六十七条第一款的规定，系自首，可以从轻或者减轻处罚。

被告人陈志民对起诉书指控其利用未公开信息交易犯罪的事实无异议。

被告人陈志民的辩护人提出如下辩护意见：被告人陈志民响应猎狐感召归国投案自首，2014年12月1日之前回国投案的，在主动自首期限之内自首，对其应充分从轻减轻处罚。涉案账户交易与积极成长另一具有独立下单权的基金经理何云峰下单交易形成交易趋同涉及的75余万元交易获利，不应界定为非法获利。不能机械地把所有趋同交易，都认定为利用未公开信息交易，涉案账户交易涉及的天地科技、万科A、格力电器等十一只股票合计获利额人民币1380余万元应从犯罪数额中予以剔除；陈志民主观恶性较轻，2011年4月，其主动中止了涉案犯罪行为。陈志民主动退赃人民币2700多万元；被取保期间，说服其他案件的犯罪嫌疑人前往公安机关自首，构成立功。依法可以减轻处罚。请求法庭对陈志民适用缓刑。

经审理查明，2005年5月至2009年2月，被告人陈志民在易方达基金管理有限公司（以下简称易方达公司）担任易方达积极成长证券投资基金（以下简称积极成长基金）经理期间，利用未公开信息进行股票交易牟利。被告人陈志民先后控制曾丽娟、郑陈庆、洪永捍等人的证券账户和银行账户，并指使他人筹集资金转入上述银行账户和证券账户，同时被告人陈志民通过平安证券某营业部管理人员宋某乔安排人根据其电话指令代理下单交易股票，上述账户交易一直延续至2009年2月27日。

从2009年2月28日至2011年4月20日，陈志民继续利用担任易方达公司投资总监及积极成长基金经理的职务便利，获取股票投资的未公开信息，筹集资金并实际控制和使用洪永捍、郑陈庆、黄淑缓、王秀凤等人的证券账户和银行账户，以上述同样作案方式，通过宋某乔安排人根据其指令下单，先于或同步于积极成长基金买入或卖出格力电器、万科A等87只股票，趋同交易金额累计人民币1884084756.25元，非法获利总额为28260587.27元。被告人陈志民利用未公开信息交易股票获利后，从2009年年底开始，指使他人将黄淑缓、王秀凤等人账户的资金，陆续通过其亲友的银行账户转到其本人及其关系人控制的账户取走。2013年12月被告人陈志民从易方达公司辞职。2014年11月28日，被告人陈志民从香港特别行政区入境时，主动投案，如实供述自己的犯罪事实。

上述事实，有经公诉机关当庭举证并经庭审质证的下列证据证实：

一、书证、物证

（一）公安部经济犯罪侦查局公经〔2014〕141号《关于对陈志民涉嫌经济犯罪线索核查的通知》、中国证券监督管理委员会稽查局〔2014〕161号《关于商请协查陈志民涉嫌证券犯罪事宜的函》，证实2014年3月11日中国证监会在行政调查中，发现陈志民涉嫌利用未公开信息交易违法犯罪，并将陈志民涉嫌犯罪的线索移送公安部证券犯罪侦查局核查，并要求对陈志民涉嫌利用未公开信息交易犯罪线索依法核查。

（二）公安部证券犯罪侦查局第三分局2014年11月28日出具的《陈志民抓获经过》，证实2014年4月2日，公安部证券犯罪侦查局第三分局对该案立案侦查。案发前，陈志民已在香港长期滞留未归，于2014年11月28日下午从香港出发，经深圳皇岗口岸入境，到该分局投案自首。

（三）1.根据公安部犯罪侦察局第三分局公证（第三）调证字〔2014〕43号《公安部犯罪侦察局第三分局调取证据通知书》，上海证券交易所法律部盖章出具：（1）《来函指定账户2009年2月28日至2011年4月21日与易方达积极成长趋同情况》；（2）《来函指定账户开户至2014年12月19日期间股票总体交易情况》；（3）《来函指定账户2009年2月28日至2014年4月21日与易方达积极成长基金趋同成交明细（按日统计）》；（4）《来函指定账户开户日至2014年12月19日沪市股票交易明细

(按日统计)》;(5)《来函指定账户 2009 年 2 月 28 日至 2011 年 4 月 21 日与易方达积极成长基金趋同交易盈利明细(先进先出法)》。

2. 根据公安部犯罪侦察局第三分局公证(第三)调证字〔2014〕44 号《公安部犯罪侦察局第三分局调取证据通知书》,深圳证券交易所市场监管部出具的:(1)《相关个人深市股东账户开户信息》;(2)《来函指定账户开户日至 2014 年 12 月 30 日深市股票总体交易情况》;(3)《来函指定账户开户日至 2014 年 12 月 30 日深市股票交易明细》;(4)《来函指定账户 2009 年 2 月 28 日至 2011 年 4 月 21 日与"易方达积极成长"基金账户总体趋同情况(前 5 后 0)》;(5)《来函指定账户 2009 年 2 月 28 日至 2011 年 4 月 21 日与"易方达积极成长"基金账户趋同交易明细(前 5 后 0)》;(6)《来函指定账户 2009 年 2 月 28 日至 2011 年 4 月 21 日与"易方达积极成长"基金账户趋同交易盈利(前 5 后 0)》。

上述书证,证实上海证券交易所股东姓名:郑陈庆、洪永捍、黄淑缓、王秀凤,趋同买入金额占比分别为 90.55%、99.08%、85.69%、78.47%;深圳证券交易所股东姓名:郑陈庆、洪永捍、黄淑缓、王秀凤,趋同买入金额占比分别为 88.85%、77.12%、74.47%、76.66%。同时,根据上海证券交易所法律部出具的表 5 最后一栏相加得出的趋同交易犯罪总额,加上深圳证券交易所市场监察部表 6 最后给出的趋同交易获利总额,计算出实际获利为 29016649.37 元。

(四)中华人民共和国公安部经济犯罪侦查局公经证侦〔2015〕21 号《关于转有关认定意见的通知》、公安部证券犯罪侦查局公证券〔2015〕30 号《关于商请对陈志民涉嫌利用未公开信息交易行为进行认定的函》、中国证券监督管理委员会证监函〔2015〕100 号《关于陈志民涉嫌利用未公开信息交易案有关问题的认定函》,证实:

1. 本案所涉及的"未公开信息"是指陈志民担任易方达基金管理有限公司易方达积极成长证券投资基金(以下简称"积极成长")经理期间,因管理该基金而掌握的有关投资决策、交易等方面的重要信息,包括"积极成长"投资股票的名称、数量、价格、盈利预期以及投资(买卖)时点等。

2. 在陈志民管理的"积极成长"公告持仓情况后,该基金再次买入已经持仓股票的投资决策、交易等信息在未公开前属于未公开信息。

3. "郑陈庆"等相关涉案证券账户与陈志民管理的"积极成长"投资交易的关联性是指涉案账户和"积极成长"在股票交易品种及交易时机上的关联,即涉案账户先于或同步于"积极成长"买入或卖出同一支股票。

(五)易方达基金管理有限公司盖章出具的《营业执照》(副本号 2-1,副本号 2-2),易方达基金管理有限公司盖章出具的基金管理资格证书,证实易方达基金管理有限公司于 2001 年 4 月 17 日经中国证券监督管理委员会批准设立,法定代表人叶俊英,总经理刘晓艳,注册资本人民币壹亿贰仟万元;可以从事基金管理及相关业务。

(六)易方达基金管理有限公司盖章出具的制度及制度修改历史沿革情况[包括《易方达基金管理有限公司基金投资部管理制度》及历年沿革(2009—2011);易方达《内部信息管理与保密制度》;《股票备选库管理制度》及历年沿革(2009—2011)],证实根据《易方达基金管理有限公司基金投资部管理制度》第三部分第五章基金经理行为规范、道德风险与控制制度第二十三条第(六)款规定,基金经理不得利用工作中获得的内部投资信息为自己或者他人谋福利;《内部信息管理与保密制度》第五章第十九条第(三)款规定,违规使用公司非公开的密级信息为本人或者他人获取利益属于泄密行为。

(七)易方达基金管理有限公司出具的《被告人陈志民工作履历(案发期间任基金投资总监、首席投资官、公司副总裁)及历年来与陈志民有关任职通知或公司决议、决定等》、陈志民历年《劳动合同或聘任书(共 11 份)》、《易方达基金管理有限公司第三届董事会 2013 年第七次会议文件(表决时间:2013 年 12 月 13 日)》、《易方达关于陈志民在公司投资决策用信息接触权限的说明》、《易方达基金管理有限公司易方达积极成长证券投资基金招募说明书》、《基金经理聘任、变更公告、基金经理(投资经理)基本情况登记表》等书证,证实被告人陈志民在 2008 年至 2013 年期间。在易方达基金管理有限公司投资管理方面担任易方达基金管理有限公司积极成长基金经理。在担任公司管理职务方面，陆续担任基金投资总监、基金首席投资官、公司副总裁。查看交易方面具有公募基金查询权限（含查看实时交易数据）；查看股票池权限方面可以查看全部备选库名单；在决定股票出入备选库权限方面参与表决。陈志民因身体健康原因提出辞职申请，提交书面辞职报告，董事会2013年12月13日经过表决同意他辞去公司副总经理职务。2013年12月16日，易方达基金管理有限公司正式出函同意其辞职并免去副总裁的职务。

（八）易方达基金管理有限公司出具《涉及积极成长基金的投资决策审批文档（2009－2011）》、《个股投资权限审批表》共99份书证，证实积极成长基金的投资决策均由证人何云峰在投资经理处签名，被告人陈志民在投资总监或投资委员会意见处签名。99份审批的个股拟投资方案中，涵盖了买入后总投资金额占基金资产净值的比例、总持有数量占该股票总股本的比例及申请授权的有效时间为12个月。

（九）平安证券有限责任公司深圳蛇口招商路招商大厦证券营业部盖章出具的《郑陈庆、洪永捍证券开户，销户资料复印件》、《黄淑缓、王秀凤证券账户信息及开户复印件》、《黄淑缓、王秀凤证券账户交易明细》、《郑陈庆、洪永捍证券账户信息及银行账户开户资料》、《曾丽娟证券账户和银行账户的开户资料及交易流水》，证实2001年12月25日曾丽娟在联合证券开户，2003年9月3日曾丽娟在平安证券开户，2007年10月18日销户；2007年7月11日洪永捍在平安证券开户，2008年7月7日销户，2008年7月8日再次开户；2007年6月11日郑陈庆在平安证券开户，2008年6月3日销户，2008年7月8日再次开户；2009年4月20日王秀凤在平安证券开户；2009年4月23日黄淑缓在平安证券开户。与被告人供述的“2007年，我把曾丽娟账户本金及炒股所得共4000多万元转到了洪永捍、郑陈庆账户。2008年二、三季度左右，我把郑陈庆、洪永捍账户里的股票全部清空。”“在2009年年初，陈福伟知道我还在用原来的郑陈庆、洪永捍账户在炒股，觉得不安全，也不想账户资金跟以前的资金产生关联，就要求我换账户。我就把郑陈庆、洪永捍账户的钱转到新开的黄淑缓、王秀凤账户里。”涉及的开户、销户时间相吻合。

（十）中国建设银行深圳市分行盖章出具的《黄伟彬银行开户资料及交易流水》、中国农业银行深圳市分行盖章出具的《曾荣萱、陈琼琼、王颖银行开户资料及交易流水》、招商银行深圳分行盖章出具的《徐进澜银行开户资料及交易流水》、光大银行东莞分行盖章出具的《陈峻涛银行开户资料及流水》、工商银行东莞分行盖章出具的《陈峻涛银行开户资料及流水》、招商银行东莞分行盖章出具的《陈峻涛银行开户资料及流水》、中国工商银行深圳市分行盖章出具的《汪丽琼、郑陈庆、洪永捍、黄淑缓、王秀凤、曾丽娟工商银行开户资料》、招商银行泉州分行盖章出具的《黄淑缓、陈志民招商银行开户资料及交易流水》，证实被告人陈志民在其供述中表示“从2009年年底开始，先后将账户里全部资金约8000多万元，转到周卓和、王黎明、林金国、汪丽琼、吴昊、徐峻波、徐峻涛、黄伟彬、张智能、曾荣萱、刘强东、陈琼琼、王颖等人的账户里，再由这些人将资金转到我和陈福伟控制的账户里”，上述流水在时间上和资金往来对象上相一致且资金往来数额较大。

（十一）工商银行泉州分行盖章出具的《陈志民、郑陈庆、黄淑缓、洪永捍、王秀凤、曾丽娟、陈永强等人在工商银行泉州分行开户资料及交易流水（一）（二）（三）》、中国农业银行深圳分行盖章出具的《柯秀娟银行开户资料》、招商银行广州分行盖章出具的《周卓和、徐进澜、王黎明的银行交易流水》、工商银行深圳分行盖章出具的《黄淑缓的银行交易流水》、工商银行泉州支行盖章出具的《曾丽娟、范桂兰、郑爱琴、陈永强开户资料及交易流水》、中国农业银行莆田分行盖章出具的《林金国开户资料及交易流水》、中国农业银行北京分行盖章出具的《刘强东开户资料及银行流水》、中国工商银行深圳分行盖章出具的《王秀凤、郑陈庆、洪永捍.宋丹乔、曾丽娟的银行交易流水》、中国工商银行泉州分行盖章出具的《曾丽娟银行账户和交易流水》、中国工商银行南平分行盖章出具的《徐俊波开户资料和银行流水》、招商银行厦门分行盖章出具的《吴昊银行交易流水》、中国工商银行深圳分行盖章出具的王秀凤、黄淑缓的交易流水；中国工商银行泉州分行盖章出具的《郑陈庆、洪永捍的交易流水》证实上述账号之间有多笔大额资金往来。与被告人的供述时间和具体情况相一致。

（十二）《平安证券蛇口营业部涉案 MAC 地址使用情况及相关说明》，证实通过 NOVELL 操作系统调取 00E04C83CB90、00E04C840FBE、00E04C841007、00E04CS4142A、00E04C841608、00E04C841728、00E04C8417CD、00E04C8417E2、00E04C841B2C、00E04C881334、00E04C901481 地址均在平安证券蛇口营业部场内使用过。

（十三）易方达基金管理有限公司盖章出具的《易方达公司关于何云峰的任职履历》、《投资权限》、《业绩考核情况》、《积极成长基金投资情况披露报告（一）（二）》，证实何云峰于 2007 年 2 月 9 日至 2007 年 12 月 31 日之间，由陈志民授权并经公司审批，担任易方达积极成长的基金经理助理，此时需要向基金经理汇报工作并完成基金经理布置的相关工作；2008 年 1 月至 2011 年 4 月 20 日期间被增聘为易方达积极成长的基金经理，与陈志民共同管理该基金。从该公司提供的相关资料来看，没有体现出二人的具体分工和从属关系。

（十四）易方达基金管理公司盖章出具的《交易指令及成交表》复印件 2 页，证实积极成长基金于 2009 年 7 月 24 日买入万科 A（000002）、塔牌集团（002233）；2009 年 12 月 4 日买入七匹狼（002029）。

（十五）平安证券有限责任公司盖章出具的《郑陈庆（身份证号 350425401006001）、洪永捍（身份证号 350425641210001）、黄淑缓（身份证号 350583198204231340）、王秀凤（身份证号 35050019511023452X）的证券账户于 2007 年 1 月 1 日至 2013 年 12 月 31 日期间的委托交易记录）、关于《调取证据通知书（副本）》（公证（第三）调证字［2014］23 号）的补充说明，证实 2009 年 7 月 20 日，王秀凤账号买入并卖出万科 A 股票，2009 年 7 月 22 日，黄淑缓账号买入塔牌集团股票，2009 年 7 月 24 日，黄淑缓账号卖出塔牌集团股票；2009 年 12 月 1 日，黄淑缓账号买入七匹狼股票，上述股票已经造成趋同交易。

（十六）易方达基金管理有限公司盖章出具的《积极成长基金自 2009 年 2 月 28 日至 2011 年 4 月 20 日的全部下单指令记录》，证实该期间的积极成长基金的下单情况。

（十七）被告人陈志民《个人自述》、《关于交易情况的补充说明》、《关于界定"非法获利额"的解释说明》，证实与其本人的供述相吻合。

（十八）被告人的二姐夫陈永强亲笔手写的《关于我跟陈志民交往情况的说明》（附：陈永强代陈志民开立银行账户清单及陈永强按照陈志民要求操作的各账户之间的转账），证实郑陈庆、洪永捍、黄淑缓、王秀凤、曾丽娟及陈永娘的银行账户由陈永强控制，证券账户由陈志民控制，账户之间的资金往来都是陈永强按照陈志民的要求进行的。

（十九）徐进澜出具的《声明书》（附：徐进澜本人香港居民身份证复印件、中华人民共和国护照复印件、中华人民共和国结婚证复印件），证实徐进澜对于陈志民参与的证券买卖并不知情，本人并未参与，只是盲目代别人签字。

（二十）林金国手写的《情况说明》（附：林金国身份证复印件），证实 2010 年至 2012 年陈志民曾主张几笔资金转入林金国账户过账，但是林金国没有追问资金来源和用途，也没有盈利或资金截留。

（二十一）曾荣萱出具的《情况说明》（附：曾荣萱港澳居民来往内地通行证），证实 2013 年至 2014 年被告人陈志民曾主张几笔资金转入曾荣萱账户过账，但是曾荣萱没有追问资金来源和用途，也没有盈利或资金截留。

（二十二）阮秀丽出具的《情况说明》（附：阮秀丽护照），证实 2005 年至 2006 年阮秀丽帮助被告人陈志民下单、2009 年至 2012 年林莉为主阮秀丽为辅帮助被告人陈志民委托报单，2008 年至 2009 年听说陈先生名字为陈志民，期间帮忙陈志民转账，无其他交往。

（二十三）陈志民位于广东省广州市天河区北街 10 号 1604 房的房产和徐进澜位于广东省广州市天河区北街 12 号 505 房依法查封的《查封决定书》、《协助查封通知书》及《情况说明》（附：房产局查册情况），证实陈志民位于广东省广州市天河区北街 10 号 1604 房的房产和徐进澜位于广东省广州市天河区北街 12 号 505 房被依法查封。

（二十四）陈志民在招商银行广州分行天河支行的账号 524011205926888 被依法冻结

(冻结时间从 2014 年 5 月 15 日至 2015 年 5 月 13 日)、徐俊涛在光大银行东莞分行的账号 6226681201302066 被依法冻结(冻结时间从 2014 年 11 月 13 日至 2015 年 5 月 12 日)、徐俊涛在招商银行东莞形成支行的账号 6214867694655888 被依法冻结,证实陈志民在招商银行广州分行天河支行的账号 5240111205926888 被依法冻结,冻结时间从 2014 年 5 月 15 日至 2015 年 5 月 13 日;徐峻涛在光大银行东莞分行的账号 6226681201302066 被依法冻结,冻结时间从 2014 年 11 月 13 日至 2015 年 5 月 12 日;徐峻涛在招商银行东莞形成支行的账号 6214867694655888 被依法冻结。无冻结金额。

(二十五)由公安部证券犯罪侦查局第三分局调取、易方达基金管理有限公司出具的《关于陈志民任投资总监期间工作职责说明》、《陈志民劳动合同及补充协议》、《个人承诺书》、《关于陈志民、何云峰同时担任积极成长基金经理的情况说明》,证实陈志民自 2008 年 6 月 23 日起担任易方达基金管理有限公司任投资总监,负有保密职责。陈志民任积极成长基金经理的时间 2004 年 9 月 9 日至 2011 年 4 月 20 日,何云峰任积极成长基金经理的时间 2008 年 1 月 1 日至 2014 年 12 月 5 日,二人共同管理积极成长的时间 2008 年 1 月 1 日至 2011 年 4 月 20 日。多个基金经理共同管理同一个基金的,其职责没有差异。具体陈志民和何云峰二人在共同管理积极成长基金期间的分工,由二人协商处理。

(二十六)公安部证券犯罪侦查局第三分局盖章出具的《关于"1 · 13"案非法交易金额、非法获利金额的说明》,证实本案非法交易金额合计 2006112491.95 元人民币,其中上交所 989262131.84 元人民币,深交所 1016850360.10 元人民币;非法获利金额合计 29016649.37 元人民币,其中上交所 7690257.53 元人民币,深交所 21326391.84 元人民币。

(二十七)公安部证券犯罪侦查局第三分局盖章出具的《涉案账户趋同交易中积极成长基金方面非陈志民直接下单情况统计表》,证实涉案账户与何云峰(2009 年 5 月至 2011 年 4 月)下单交易趋同的非法交易金额为 104652461.80 元,非法获利金额为 888619.14 元;与倪勇下单趋同的涉案非法交易金额共计 17375273.90 元,非法获利金额 -132557.04 元。基金非陈志民下单汇总非法交易金额 122027735.70 元,非法获利汇总 756062.10 元;基金由陈志民下单汇总非法交易金额 1884084756.25 元,非法获利汇总 28260587.27 元。

(二十八)公安部证券犯罪侦查局第三分局盖章出具的《关于我局调取相关涉案 MAC 地址的情况说明》,证实涉案账户委托下单的电脑留存的 MAC 地址在平安证券蛇口营业部使用过。涉案账户委托记录、嫌疑人供述及证人证言、MAC 地址在营业部使用情况,印证了被告人陈志民通过电话指使林莉等人在平安证券蛇口营业部使用营业部电脑下单交易这一情节。

(二十九)公安部证券犯罪侦查局第三分局盖章出具的《关于陈志民主动退还赃款的情况说明》、《三个退款账户最新冻结资金情况》,证实截至 2015 年 10 月 30 日陈志民通过三个银行账户(陈志民在招商银行广州分行天河支行的账号 5240111205926888,退赃 22580481.01 元;其妻姐徐峻涛在光大银行东莞分行的账号 6226681201302066,退赃 100438.59 元;徐峻涛在招商银行东莞星城支行的账号 6214867694655888,退赃 4366948.06 元),共计退还赃款 27047867.66 元。

(三十)被告人陈志民提供的《情况说明》、福建省公安厅经侦总队《关于对陈志民立功情节核查情况》、大田县公安局出具的《关于被告人林伯鼎到案情况的说明》、《林伯鼎的讯问笔录》、林伯鼎起诉书、林伯鼎刑事判决书、侦查部门复函,证实被告人陈志民在取保候审期间 2015 年 1 月 18 日劝说通缉在逃的犯罪嫌疑人林伯鼎投案自首,后林伯鼎被大田县人民法院以聚众斗殴罪判处有期徒刑一年三个月,缓刑一年六个月。被告人陈志民具有立功情节。

二、证人证言

(一)证人陈永强的证言,证实陈永强帮助被告人提供郑陈庆、洪永捍、黄淑缓、王秀凤、范桂兰、郑爱琴、陈永娘、曾丽娟等人的身份证开立银行账户、证券账户并协助其开立账户,同时帮助被告人转款、资金往来。

(二)证人郑陈庆、洪永捍、王秀凤、黄淑

缓、范桂兰的证言,证实他们的身份证借给陈永强使用过,被陈永强用他们的名义开立银行账户转账或证券账户。

(三)证人张智能的证言,证实其曾经想和徐进澜(被告人的妻子)一起开立公司,徐曾经用黄淑缓的账号向他打款156万元,后来投资项目没有做成,其分多次将款项打回给了徐进澜本人开立的一个招商银行账户,黄淑缓的账户由徐进澜控制及使用。附:股权转让及代持协议(委托方:张智能;受托方:缪秦)。

(四)证人徐峻涛的证言,证实徐峻涛名下只有七八个银行账户,其他账户不是她本人开立和使用,徐峻涛和黄淑缓、王春生及王廷春之间的转账是陈志民或徐进澜让她帮忙转的。徐峻涛的很多账户是陈志民、徐进澜夫妇控制并使用。

(五)证人吴昊的证言,证实《"1·13"案涉案账户与吴昊账户转账明细》上的转账操作系陈志民让吴昊帮忙做的,这350万元是陈志民的,陈志民也说过对手账户是他控制的。2014年年底陈志民退赃所需要的300多万元也是经陈志民授意由吴昊转给他的。

(六)证人徐峻波的证言,证实陈志民是通过黄淑缓的账户(工行深圳分行,账号5240115921957788)把约80万元转到徐峻波在工商银行福建浦城支行的账户(账号622202140600826295)上,再转回给陈志民,徐俊波账户里的资金往来是陈志民让他帮忙做的。

(七)证人宋丹乔的证言,证实宋丹乔帮助陈志民开立曾丽娟、洪永捍、郑陈庆、王秀凤及黄淑缓的证券账户及银行账户,协助其操作下单等,设立单独的电话沟通和并安排人员跟进具体的下单指令,协助转移资金。曾丽娟、洪永捍、郑陈庆、王秀凤及黄淑缓的证券账户及银行账户都由陈志民控制并使用。

(八)证人梅桢的证言,证实陈志民在梅桢负责的营业部按照非标准开户程序开户并有专人跟进协助下单交易。

(九)证人林莉的证言,证实曾丽娟、郑陈庆、洪永捍、黄淑缓、王秀凤这5个账户的资金账号都是陈志民控制的。曾丽娟、郑陈庆、洪永捍、黄淑缓、王秀凤,这5个账户没有同时存在过。阮秀丽和林莉负责按陈志民指令在这5个账号下单。

(十)证人崔澍的证言,证实郑陈庆、洪永捍、王秀凤以及黄淑缓的证券账户和银行账户都是宋丹乔交代崔澍办理的,开户资料也是由崔澍代签代填。上述开户的本人没有到场。

(十一)证人谭凯翔的证言,证实郑陈庆、王秀凤以及黄淑缓的证券账户和银行账户都是宋丹乔交代谭凯翔办理的。上述开户的本人没有到场。

(十二)证人朱穗芳的证言,证实郑陈庆、洪永捍、王秀凤以及黄淑缓的证券账户开立的复核工作由朱穗芳进行,但朱并不清楚上述账户开设过程中本人是否到场,朱只负责事后负责。

(十三)证人焦松涛的证言,证实宋丹乔和陈志民、徐进澜的关系很好,私底下很熟悉,宋丹乔曾经给过曾丽娟的资料让焦帮助银行开户和转账。

(十四)证人何云峰证言,证实2008年以前积极成长基金由陈志民负责,2008年以后何云峰与陈志民共同负责该基金。何云峰如果买卖量比较大(金额超过基金总资产的1%—2%),就会跟陈志民汇报,说明投资意见,包括股票名称、所需资金占基金总资产的比例,具体下单时何不会向陈汇报。2008年开始陈志民担任投委会成员,他有单只股票投资金额超2亿元审批权,可以监看公司所有基金实时交易情况和资产配置情况,也可以召集每个月的投委会,对公司所有基金股票大方向投资配置有建议权。陈和何下单时,都是使用办公电脑里的恒生交易系统,用自己个人在恒生系统的账号密码来下单,交易指令包含股票代码、价格、交易量、交易紧急程度等。陈出差时,一般是用手机打电话给集中交易室下单,下单的电话会自动录音保存。陈出差时也会打何电话帮他下单。何不会打电话给陈志民让他帮忙下单。在何云峰与陈志民共同负责该基金期间,基金主要的投资决策和交易是陈志民完成的,何云峰也独立完成了一些交易。在积极成长基金上比较重大的投资上,何云峰会跟陈志民面谈交流是否要投资一些股票及大致的投资比例,这种交流没有做记录,如果陈志民没有异议,何云峰就进行相应的操作,在需要取得某些较大投资权限时,向陈志民提请审批,何云峰有自己提交,也有代陈志民填报,最终下单交易情况以基金交易记录为准。审批通过后有效期一年,但具体买多少,什么时候买进由基金经理自己确定。

(十五)证人叶俊英的证言,证实何云峰和陈志民共同担任积极成长基金经理期间,公司没有硬性分工,协商确定。前期,陈志民负责的比重大一些,在后期,何云峰负责得多一点。何云峰和陈志民共同担任积极成长基金经理期间,从公司制度规定上,两人的投资权限是完全一致的。在积极成长基金的投资及管理上,两人都是积极成长基金的基金经理,地位是平等的,何云峰具有独立投资的权限,没有向陈志民汇报其投资及操作情况的义务。但私底下可能有主有辅,因为陈志民在这支基金上做了很多年,当时也任基金投资总监、首席投资官等职,何云峰还是会主动和陈志民沟通交流其投资情况。

(十六)证人倪勇的证言,证实积极成长基金自 2009 年至 2013 年的交易指令是主基金经理下指令为主,有些是主经理授权辅助经理下的指令。积极成长这只基金在陈志民为主经理时,多数是由陈志民下单为主,何云峰做主经理时,以何下单为主,交易日志有具体下指令的记录。正常情况辅助经理下的指令应该与主基金经理沟通,主经理有无授权,我们系统上看不出这一过程。在积极成长基金有 2 位基金经理的情况下,他们任一位都可以签字,主要是确认这些指令的确是由他们 2 人代表的积极成长基金下达,所以何云峰签字并不一定代表当时是何云峰打电话给其下达了交易指令。

(十七)证人温仲杰的证言,证实积极成长的基金经理是陈志民和何云峰,如果是积极成长基金购买的股票,下达指令只能是他们两个基金经理。在指令记录上显示是陈志民下达的指令,那应该就是陈志民本人下达的。基金经理不可以直接打电话给交易员买、卖股票,只能由恒生交易系统随机分配给交易员,基金经理和交易员在交易时间段的手机是被公司监察部收起来的,需要通话的都是在公司录音的固定电话通话。公司交易员在接到系统分配的指令之前,基金经理不能事先通知交易员。

三、视听资料

(一)2009 年被告人陈志民登录涉案账户录像,证实黄淑缓证券账户账号为 301500025504,密码为 197110,该账户由陈志民实际控制,并用于利用未公开信息牟利;王秀凤证券账户账号为 301500088868,密码为 197110,该账户由陈志民实际控制,并用于利用未公开信息牟利。

(二)被告人陈志民到案审讯视频,证实 2014 年 11 月 28 日,陈志民到公安部证券犯罪侦查局第三分局投案自首。

四、被告人陈志民的供述

2005 年 6 月左右,市场行情较好,我、陈福伟一起投资 1000 万元左右,由我操作,部分交易利用了未公开信息炒股,我让二姐夫陈永强用其帮我控制的银行账户(陈永强、郑爱琴、范桂兰、曾丽娟等银行账户)出了 260 万元,陈福伟刚开始出 600 多万元,后来加 100 多万元,共计 1000 万元,约定投资收益我占三分之一,陈福伟占三分之二。证券从业人员炒股是证监会明文禁止的,我借别人身份炒股。1998 年开始,因为工作关系我认识平安证券蛇口营业部的总经理宋丹乔,2004 年或 2005 年左右,宋丹乔给我提供了曾丽娟的股票账户(当时没有资金账户)。后来,我又找了二姐夫陈永强借了几个身份证开了股票账户和银行账户,主要有洪永捍、郑陈庆、王秀凤、黄淑缓。我让陈永强把这些人的身份证寄给宋丹乔,由宋丹乔去开股票账户和银行账户,陈永强也用这些人的身份证在福建开银行账户用于拉存款,洪永捍、郑陈庆、王秀凤、黄淑缓的股票账户和银行账户都由我控制。2008 年 10 月,陈福伟不想再做,我们进行了清算,这时洪永捍、郑陈庆股票账户的资产约有 5000 万元,其中归我的有 2000 万元左右,归陈福伟的有 3000 万元左右。之后,我俩停止了合作,分割了资产,我并把归属陈福伟的 3000 万元,以年息 24% 的价格借过来操作,只负责向他支付利息和本金。我操作这些股票基本都是利用到了我担任易方达积极成长基金经理所获得的基金买卖股票的未公开信息,形成了与积极成长基金的趋同交易。从 2009 年 2 月 28 日开始,我利用未公开信息交易的股票主要有格力电器、万科、天地科技、民生银行、中国平安等 70 - 80 只股票,具体交易情况、交易金额、获利情况以交易所、证监部门核实的情况为准。我买的股票是我任职基金的重仓股或提前买入了的股票,后来我负责的基金一般也会跟着买,2004年刚开始进行股票交易的时候,宋丹乔把营业部客户经理阮秀丽、林莉的电话号码告诉我,让她们按我的指令下单买某只股票、买多少、以什么价格买,我用神州行的号码打电话下单,一般不会超过3个月就会换一个下单的电话号码,手机半年左右也会换,我下单的手机及在家里用于登录查看股票情况的iphone和ipad、笔记本电脑扔到珠江里了。极少数情况下我用无线网卡查询过股票或者下过单。2011年4月停止了自己利用未公开信息交易的行为。陈永强对我利用未公开信息交易的行为不知情,只是帮我管理相关炒股账户的银行账户,负责转账。猎狐行动后,我也积极响应通告,2014年11月28日下午2点半左右,我经深圳皇岗口岸从香港回到境内,到公安部证券犯罪侦查局第三分局自首。自首后,我尝试过各种方式去联系陈福伟,但联系不上陈福伟。2014年5月13日开始,我通过三个账户开始主动退赃:一个是徐峻涛招商银行东莞星城支行账户(6214867694655888),一个是徐峻涛光大银行东莞分行账户(6226681201302066),一个是我本人的招商银行广州天河支行账户(5240111205926888)。截至2015年7月28日,累计退赃80余笔,共计约2701万元。

对本案指控的事实证据结合被告人陈志民及其辩护人的辩解辩护意见评判如下:

被告人陈志民及其辩护人提出涉案账户交易与积极成长另一具有独立下单权的基金经理何云峰下单交易形成交易趋同涉及的75万余元交易获利不应界定为非法获利以及中央交易员倪勇下单交易形成交易趋同的数额且亏损卖出的数额应从交易总数额扣除的辩解辩护意见,经审查,虽然被告人陈志民控制的户名为郑陈庆、王秀凤、黄淑缓交易账户于2009年5月13日至2011年4月13日期间买入燕京啤酒等8只股票与积极成长基金经理何云峰下单交易形成交易趋同,但是由于此时非被告人陈志民下单交易,无法知道具体交易时间是否处于(5+0)时段内,且被告人陈志民否认明知何云峰下单交易时间,何云峰也没有证言证实告诉过被告人下单数量、时间,这种偶然性非必然性应予以排除,且此期间,郑陈庆、王秀凤、黄淑缓交易账户又7笔卖出后出现较大亏损,虽然另外6笔盈利卖出弥补前面亏损,总数盈利为888619.8元,交易金额实为122027735.7元;被告人陈志民控制的户名为王秀凤、黄淑缓交易账户于2009年7月22日至2009年12月1日期间买入万科A、塔牌集团、七匹狼3只股票与积极成长基金中央交易员倪勇下单交易形成交易趋同,卖出后亏损－132557.04元,交易金额实为17375273.9元;由于证明被告人陈志民上述趋同交易的主观明知证据不足,为排除偶然性,应予从总得交易数额中扣除122027735.7元,非法获利总额中扣除756062.1元,该相关辩解辩护意见理由充足,予以采纳。故只采信书证(三)、(二十六)与上述数额相符的部分。对公诉机关指控全案交易数额、非法获利总额依法予以纠正为总计全集交易数额为1884084756.25元,非法获利总额为28260587.27元。

被告人陈志民及其辩护人提出涉案账户交易涉及的天地科技,万科A、格力电器等十一只股票合计获利额1380余万元,是在基金公告持仓后买入的,没有利用未公开信息交易,应从犯罪数额中予以剔除,不能机械地把所有趋同交易都认为是利用未公开信息交易的辩解辩护意见,经审查,被告人陈志民控制的户名为王秀凤、黄淑缓交易账户,虽是在基金公告持仓后买入的,但是这些买入的行为都处于基金后续买入的(5+0)交易日之内,应属于利用未公开信息交易的行为,故该辩解辩护意见与事实不符,不予采纳。

本院认为,被告人陈志民于2005年5月至2009年2月期间,利用担任易方达积极成长证券投资基金经理,掌握的未公开信息进行股票交易牟利,违反证券行业管理规定,《中华人民共和国刑法修正案(七)》第二条第二款增订利用未公开信息交易罪,且该《修正案》在公布之日2009年2月28日生效后,被告人陈志民于2009年2月28日至2011年4月20日期间,仍无视国家法律,利用其担任易方达基金管理有限公司投资总监、积极成长基金经理的职务便利,获取公司投资股票的未公开信息,从事与该信息相关的股票交易,其《修正案》生效后的行为已构成利用未公开信息交易罪,且情节特别严重,应依法予以惩处。公诉机关指控被告人陈志民犯利用未公开信息交易罪基本事实清楚,证据确实、充分,应予支持。被告人陈志民犯罪后自动投案,如实供述自己的罪行,系自首,依法予以减轻处罚。被告人陈志民认罪态度较好,应予以酌情从轻处罚。被告人陈志民具有在取保候审期间劝说通缉在逃犯罪嫌疑人林伯鼎投案自首的立功情节,予以从轻处罚。被告人陈志民具有归案后积极主动退还绝大多数赃款的情节,予以酌情从轻处罚。依照《中华人民共和国刑法》第一百八十条第四款、第五十二条、第五十三条、第六十七条第一款、第六十八条、第六十一条、第六十二条、第六十四条之规定,判决如下:

一、被告人陈志民犯利用未公开信息交易罪,判处有期徒刑四年,并处罚金人民币2830万元(刑期从判决执行之日起计算,判决执行以前先行羁押的,羁押一日折抵刑期一日,即自2015年12月31日起至2019年12月30日止。罚金于判决生效之日起30日内向本院缴纳)。

二、追缴被告人陈志民本案违法所得,即被告人陈志民已通过在招商银行广州分行天河支行的账号5240111205926888,退赃人民币22580481.01元;通过其妻姐徐峻涛在光大银行东莞分行的账号6226681201302066,退赃人民币100438.59元;通过其妻姐徐峻涛在招商银行东莞星城支行的账号6214867694655888,退赃人民币4366948.06元,三个账户内共计退还赃款人民币27047867.66元,均予以追缴,不足部分继续追缴,追缴数额以被告人陈志民违法所得人民币2826.058727万元为限(由本院执行)。

如不服本判决,可在接到判决书的第二日起十日内,通过本院或者直接向广东省高级人民法院提出上诉,书面上诉的,应当提交上诉状正本一份,副本二份。

二〇一五年十二月十九日

浙江省台州市中级人民法院刑事判决书

(2015)浙台刑二初字第1号

公诉机关浙江省台州市人民检察院。

被告单位诸暨某某商贸有限公司。

诉讼代表人李某乙。

被告人李某甲。因本案于2013年12月12日被浙江省公安厅刑事拘留,2014年1月17日被逮捕。现羁押于三门县看守所。

辩护人田日韦,浙江六和律师事务所律师。

辩护人蒋宇,浙江司正律师事务所律师。

被告人钟某。因本案于2013年12月12日被浙江省公安厅取保候审。2015年2月5日被本院取保候审。

辩护人陈登仁,浙江振邦律师事务所律师。

被告人徐某甲。副总经理。因本案于2013年12月12日被浙江省公安厅取保候审。2015年2月5日被本院取保候审。

辩护人方炼、袁游星,浙江永大律师事务所律师。

浙江省台州市人民检察院以台检诉二刑诉(2015)2号起诉书指控被告单位诸暨某某商贸有限公司、被告人李某甲、钟某、徐某甲犯内幕交易罪,于2015年1月27日向本院提起公诉。本院依法组成合议庭,公开开庭审理了本案。台州市人民检察院指派检察员王荣军出庭支持公诉。被告单位诉讼代表人李某乙、被告人李某甲及其辩护人田日韦、蒋宇、被告人钟某及其辩护人陈登仁、被告人徐某甲及其辩护人方炼到庭参加诉讼。现已审理终结。

台州市人民检察院指控,2013年1月,某某科技股份有限公司(以下简称某某科技)拟进行非公开发行股票。2013年1月29日,某某证券项目组正式进场开展非公开发行项目。某某科技随之进行相关准备工作,并于3月7日确定了非公开发行计划。2013年3月28日,某某科技初步形成公司2012年度利润分配预案,并于4月18日经董事会审议通过。2013年4月22日,某某科技披露了每10股派发现金红利人民币1元(含税,以下币种均为人民币),并转增5股的利润分配预案,4月25日披露了非公开发行a股股票的预案。经中国证券监督管理委员会浙江监管局认定,上述非公开发行、年度利润分配预案等事项在未公开披露前属于《证券法》规定的内幕信息,敏感期分别为2013年1月29日至4月25日及2013年3月28日至4月22日。被告人李某甲参与并知悉露笑科技非公开发行事项,系该内幕信息知情人,被告人徐某甲参与并知悉上述两个事项,系内幕信息知情人。

被告人李某甲作为诸暨某某商贸有限公司(以下简称某某商贸)负责人,在获悉上述内幕信息后,决定用某某商贸资金交易某某科技股票为公司谋利,具体如下:

2013年3月初,被告人李某甲指使被告人钟某为其交易某某科技股票,钟某明知李某甲系内幕信息知情人,仍按其要求在内幕信息敏感期内,使用"钟某"、"章某"、"王某甲"三个证券账户,先后买入某某科技股票368603股,交易金额4453510.9元,全部抛售后获利632864.58元。

2013年2月,被告人李某甲指使其驾驶员俞某在内幕信息敏感期内,使用"俞某"、"杨某"、"王某乙"三个证券账户,先后买入某某科技股票457047股,交易金额5486519.22元,全部抛售后获利708227.16元。

被告人徐某甲在内幕信息敏感期内,控制并使用"傅忠某"证券账户,先后买入某某科技股票156600股,交易金额1810711元,全部抛售后获利86655.13元。

2013年12月2日,被告人李某甲、徐某甲主动到浙江省公安厅投案。被告单位某某商贸、被告人徐某甲分别于2014年10月16日、2014年6月23日退缴全部违法所得。

公诉机关出示相关证据以证实上述事实,认为被告单位某某商贸、被告人李某甲、钟某、徐某甲之行为均已构成内幕交易罪,提请依法判处。同时认为被告单位某某商贸、被告人李某甲、徐某甲有自首情节,被告人钟某系从犯,依法可从轻或减轻处罚。

被告单位某某商贸对指控的犯罪事实无异议,其诉讼代表人请求从轻处罚。

被告人李某甲对起诉指控的犯罪事实无异议。其辩护人认为,李某甲案发后能投案自首,单位已全部退赃,且系初犯、偶犯,有悔罪表现,请求对其从轻处罚。

被告人钟某对起诉指控的犯罪事实无异议。其辩护人认为,钟某系从犯,单位已全部退赃,且系初犯、偶犯,有悔罪表现,请求对其从轻处罚并适用缓刑。

被告人徐某甲对起诉指控的犯罪事实无异议。其辩护人认为,徐某甲案发后能投案自首,已退赃,且系初犯、偶犯,确有悔罪表现,请求对其从轻处罚并适用缓刑。

经审理查明,2013年1月,某某科技拟进行非公开发行股票。2013年1月29日,某某证券项目组正式进场开展非公开发行项目。某某科技随之进行相关准备工作,并于3月7日确定了非公开发行计划。2013年3月28日,某某科技初步形成公司2012年度利润分配预案,并于4月18日经董事会审议通过。2013年4月22日,某某科技披露了每10股派发现金红利1元(含税),并转增5股的利润分配预案,4月25日披露了非公开发行a股股票的预案。经中国证券监督管理委员会浙江监管局认定,上述非公开发行、年度利润分配预案等事项在未公开披露前属于《证券法》规定的内幕信息,敏感期分别为2013年1月29日至4月25日及2013年3月28日至4月22日。被告人李某甲参与并知悉某某科技非公开发行事项,系该内幕信息知情人,被告人徐某甲参与并知悉上述两个事项,系内幕信息知情人。

被告人李某甲作为某某商贸负责人,在获悉上述内幕信息后,决定用某某商贸资金交易某某科技股票为公司谋利,具体如下:

2013年3月初,被告人李某甲指使被告人钟某为其交易某某科技股票,钟某明知李某甲系内幕信息知情人,仍按其要求在内幕信息敏感期内,使用"钟某"、"章某"、"王某甲"三个证券账户,先后买入某某科技股票368603股,交易金额4453510.9元,全部抛售后获利632864.58元。

2013年2月,被告人李某甲指使其驾驶员俞某在内幕信息敏感期内,使用"俞某"、"杨某"、"王某乙"三个证券账户,先后买入某某科技股票457047股,交易金额5486519.22元,全部抛售后获利708227.16元。

被告人徐某甲在内幕信息敏感期内,控制并使用"傅忠某"证券账户,先后买入某某科技股票156600股,交易金额1810711元,全部抛售后获利86655.13元。

2013年12月2日,被告人李某甲、徐某甲主动到浙江省公安厅投案。被告单位某某商贸、被告人徐某甲分别于2014年10月16日、2014年6月23日退缴全部违法所得。

认定上述事实的证据如下:

一、书证

1.某某商贸的工商资料和章程,证实该公司为有限责任公司,法定代表人是李某乙,其中某某集团有限公司占股份的51%,李某甲占47.53%,鲁某占1.47%。

2.某某商贸股东会决议,证实2010年1月5日某某商贸经股东会决议,决定由李某甲实行经营责任制,全权负责公司经营工作,确保公司资产增值;由李某甲对于经营过程中涉及的经营效益与经营风险(含法律风险)负责。

3.某某科技出具的情况说明、某某科技历届董事会股东大会会议情况及会议记录、某某证券工作人员金国某、徐某电脑中提取的邮件、华某未来基金管理有限公司工作人员李某电脑中提取的邮件、某某科技工作人员詹燕某发给李某甲的关于对非公开发行股票事宜的承诺书、李某甲电脑中提取的邮件、徐某甲电脑中提取的邮件、某某科技董事高级管理人员情况表,证实某某科技非公开增发及2012年度利润分配预案两个事项在未公开披露前属于内幕信息,李某甲参与并知悉非公开发行事项属于该内幕信息知情人,徐某甲参与并知悉上述两个内幕信息属于内幕信息知情人。

4.浙江证监局出具的证明,证实上述非公开发行、2012年度分配预案等事项在未公开披露前属于《证券法》规定的内幕信息,敏感期分别是2013年1月29日至4月25日及2013年3月28日至4月22日,李某甲、徐某甲系内幕信息知情人。

5.俞某、杨某、王某乙、钟某、章某、王某甲、徐某乙、某某商贸、某某农业生产资料有限公司的农业银行、工商银行、中国银行、农村合作银行账户明细及相关存款凭证;某某商贸汇款给石某、俞某、王某乙、徐某乙、某某农业生产资料有限公司及对应还款的会计凭证和账簿,证实李某甲操作的涉案1000万元左右的资金全部来源于某某商贸,期间通过相关账户汇入到股票账户,之后股票卖出所得资金也最终流入某某商贸,同时证明资金从某某商贸流转至实际买卖某某科技股票账户的时间均发生在本案内幕信息敏感期。

6.傅忠某的银行账户交易明细及凭证,证实傅忠某农业银行账户自2013年3月28日至4月7日存入现金88.69万元,其中48.7万元由赵某存入,30万元由赵某妻子郑某存入。

7.涉案股票交易账户的账户资料、交易明细记录等,证实"俞某"、"杨某"、"王某乙"、"钟某"、"章某"、"王某甲"、"傅忠某"七个账户的开户情况及在本案内幕信息敏感期内交易某某科技股票的情况、具体交易金额及获利情况。

8.深圳证券交易所出具的涉案相关账户的实际获利情况表,证实"俞某"、"杨某"、"王某乙"三个账户在敏感期内买入某某科技共计457047股,交易金额5486519.22元,全部卖出实际获利708227.16元;"钟某"、"章某"、"王某甲"三个账户在敏感期内买入某某科技共计368603股,交易金额4453510.9元,全部卖出实际获利632864.58元;"傅忠某"账户在敏感期内买入某某科技共计156600股,交易金额1810711元,全部卖出实际获利86655.13元。

9.徐某甲电脑提取交易记录、IP地址等,证实2013年3月29日至5月6日用"傅忠某"股票账户买卖露笑科技股票是通过徐某甲的办公电脑操作的。

10.被告人李某甲、钟某、徐某甲的身份证明。

11.违法所得缴纳凭证、银行凭证、浙江省农村信用社扣款通知书,证实2014年6月23日徐某甲向侦查机关缴纳违法所得86655.13元;某某商贸向台州市检察院退缴违法所得1341091.74元。

二、证人证言

1.证人章某证言,证实其名下有一个股票账户是2010年左右钟某让其开的,其本人一直没有操作过。2013年6月钟某让其从其工商银行的卡内取款194.4万元交给一指定的人。

2.证人王某甲证言,证实某某商贸法人代表是李某乙,实际经营者是李某甲。2013年3、4月份,李某甲让其和钟某一起去开了一个股票账户和关联的银行账户,并将所有资料及密码都交给了钟某。2013年7、8月,李某甲让其和钟某去注销该股票账户。几天后,李某甲让其将银行卡中的160多万元全部取出,十几天后李某甲让其将该笔钱以本票方式转到某某商贸,其开好本票后就交给某某商贸的财务金某。

3.证人徐某乙(某某农资公司老板)证言,证实2013年3、4月份,李某甲告诉其有钱要从其公司过账,后有200万元从某某商贸转账到某某农资公司,有200万元转账到其个人账户,再根据李某甲指示转账到钟某账户,李某甲称该钱是以其名义借给钟某的并按每月1%计息。7月份,李某甲和钟某找到其称本金已还,并支付10万元利息,该10万元还没有还给李某甲。

4.证人朱某(某某农资公司会计)证言,证实2013年4月3日某某商贸打款200万元到公司账户,并在当天将该笔钱款转账到钟某账户,该笔款项没有实际贸易往来,只是一笔资金走账。

5.证人俞某证言,证实其受李某甲指使用三个账户买卖某某科技股票,所用资金全部由李某甲提供,卖出后款项也全部交给李某甲,打入某某商贸以李某甲个人名义开设的账户,部分最后用于某某商贸支付货款。

6.证人石某证言,证实其用名下的华夏银行卡帮李某甲倒过资金。

7.证人杨某证言,证实2013年俞某叫其开设一个股票账户并绑定了银行卡,之后将所有资料和账户、银行卡都交给俞某在操作。

8.证人王某乙证言,证实2013年4月其女儿金某要其开设股票账户供同事使用,后来过了一段时间,又去把账户销户了。

9.证人金某(某某商贸出纳)证言,证实其某商贸日常管理都是李某甲负责,资金进出也由李某甲说了算。2013年4月,俞某要求其帮忙开一个股票账户,其就用母亲王某乙身份证开设一个账户。到6月下旬,根据俞某要求销户,里面的200多万全部交给俞某。某某商贸公司除了公司账户还用李某甲的个人账户供公司使用。李某甲名下的一个农行账户8518和农村信用社账户0888账户平时就当做其某商贸的公司账户使用。并对某某商贸记账凭证进行了核对。

10.证人沈某(某某商贸业务内勤)证言,证实某某商贸和某农资公司是一个公司两个牌子,都是由李某甲负责经营。2013年3月29日、4月9日,根据李某甲要求分别填写借款结算单经李某甲签字后借款100万元和300万元给石某。2013年4月2日,根据李某甲指示做账,分别给某某农资公司和该公司老总徐某乙打款200万元,后再让某某农资公司将上述400万元打到钟某账上。2013年4月9日根据李某甲指示制作借款给俞某150万元的借款结算单。

11.证人赵某证言,证实2013年3月,家里有一笔资金准备炒股,因其对股票不懂,考虑到小姨徐某甲在上市公司某某科技做副总经理,就找到徐某甲让她帮其买卖他们公司的股票,徐某甲当时告诉其,因为她在某某科技担任高管,按照法律规定她和她的直系亲属都是不能交易某某科技的股票的。后来其就找了妻子郑某的舅舅傅忠某,以他的名义开设银行账户和股票账户。然后再次找到徐某甲让她帮其炒股票,她同意了。最后赚了9万多元。

12.证人李某乙证言,证实某某商贸是由李某甲一人经营管理,某某集团及其他股东均不参与管理经营,且该公司与某某集团也无关就是挂名,资金调动是李某甲一个人说了算,不需要征求其他股东意见。

13.证人鲁某证言,证实某某商贸是李某甲负责经营的,其与李某乙所占股份很少也不参与管理,平时也不过问,曾签署过一个授权书,授权李某甲全权负责公司的经营。

14.抓获经过,证实李某甲于2013年12月2日到浙江省公安厅经侦总队投案,12月12日被该厅传唤至绍兴市公安局讯问并于当日对其宣布刑事拘留。钟某于2013年12月12日被省公安厅传唤至绍兴市公安局讯问,并于当日被取保候审。徐某甲于2013年12月2日到浙江省公安厅经侦总队投案自首,并于12月12日被取保候审。

三、被告人李某甲、钟某、徐某甲供认不讳的供述

上述证据经法定程序取得,其来源、形式

合法,内容客观真实,并经庭审质证,能互相印证,足以认定。本案事实清楚,证据确实、充分。

本院认为,被告单位诸暨某某商贸有限公司及其直接负责的主管人员被告人李某甲作为内幕信息知情人员,在对证券交易价格有重大影响的信息尚未公开前,伙同被告人钟某买卖该证券,其行为均已构成内幕交易罪。被告人徐某甲作为内幕信息知情人,在对证券交易价格有重大影响的信息尚未公开前,买卖该证券,情节严重,其行为已构成内幕交易罪。公诉机关指控的罪名成立。被告单位诸暨某某商贸有限公司、被告人李某甲、徐某甲有自首情节,被告人钟某在共同犯罪中起次要、辅助作用,系从犯,被告单位诸暨某某商贸有限公司、被告人徐某甲能积极退赃,依法均予以从轻处罚,并对被告人李某甲、钟某、徐某甲适用缓刑。各辩护人所提的辩护意见与事实相符,本院予以采纳。依照《中华人民共和国刑法》第一百八十条、第二十五条第一款、第二十七条、第六十七条第一款、第七十二条第一、三款、第六十四条之规定,判决如下:

一、被告单位诸暨某某商贸有限公司犯内幕交易罪,判处罚金人民币二百万元(罚金已预缴)。

二、被告人李某甲犯内幕交易罪,判处有期徒刑二年,缓刑三年(缓刑考验期限,从判决确定之日起计算)。

三、被告人钟某犯内幕交易罪,判处有期徒刑一年,缓刑一年(缓刑考验期限,从判决确定之日起计算)。

四、被告人徐某甲犯内幕交易罪,判处有期徒刑一年六个月,缓刑二年,并处罚金人民币十二万元(缓刑考验期限,从判决确定之日起计算,罚金已预缴)。

五、被告单位诸暨某某商贸有限公司已退出的违法所得1341091.74元、被告人徐某甲已退出的违法所得86655.13元,予以没收,由扣押单位上缴国库。

如不服本判决,可在接到判决书的第二日起十日内,通过本院或者直接向浙江省高级人民法院提出上诉,书面上诉的,应当提交上诉状正本一份,副本二份。

二〇一五年二月十二日

浙江省杭州市中级人民法院刑事判决书

(2015)浙杭刑初字第78号

公诉机关浙江省杭州市人民检察院。

被告人陈建龙,富阳美久食品有限公司实际控制人。因涉嫌犯内幕交易、泄露内幕信息罪于2014年9月23日被刑事拘留,同年10月30日被逮捕。现押于浙江省看守所。

辩护人徐宗新、孙立波。

浙江省杭州市人民检察院以杭检刑诉(2015)69号起诉书指控被告人陈建龙犯内幕交易、泄露内幕信息罪,于2015年5月5日向本院提起公诉。本院依法组成合议庭,公开开庭审理了本案。浙江省杭州市人民检察院指派代理检察员李春斌、沈佩颖出庭支持公诉,被告人陈建龙及其辩护人徐宗新、孙立波到庭参加诉讼。现已审理终结。

浙江省杭州市人民检察院指控:浙江富春环保热电股份有限公司(以下简称:富春环保)系深圳证券交易所上市公司(证券代码002479)。2013年1月25日,富春环保董事长吴某、董事会秘书张某根据公司2012年度业绩情况,共同商议在当期实施股票高送转的利润分配计划:拟定利润方案为“每10股转增10股派发3元”,并由张某起草了《关于高送转预期(利润分配方案)对富春环保的影响》的书面说明以及《年度利润分配预期披露公告》。后因该公司相关领导持有不同意见，该利润分配方案未立即实施。之后，张某又根据吴某的要求拟定了5套高送转的利润分配预案，并于2013年2月25日提交富春环保董事会审议，最终公司审议通过了“每10股转增7股派发3元”的利润分配方案，并于2013年2月26日正式对外发布公告。

经中国证券监督管理委员会认定：富春环保实施2012年度利润分配方案在公开披露前属于《证券法》规定内幕信息，该内幕信息敏感期为2013年1月25日至发布公告前，吴某、张某等人属于《证券法》规定的内幕信息知情人员。

被告人陈建龙与富春环保相关领导相识多年。自2011年以来，被告人陈建龙持有“程某”等他人证券账户，使用自有资金和他人资金以合作理财、代为炒股的方式进行股票投资。2013年1月底，陈建龙在与富春环保公司高管人员接触过程中，了解到富春环保可能即将实施高送转的利润分配方案，遂于2013年2月初，主动到富春江通信集团公司8楼办公室向相关领导刺探信息。被告人陈建龙在确认富春环保将在2013年实施高送转的方案后，于2013年2月8日，指示操盘手朱某将其使用的“程某、彭某、陈某丁、陈某乙”四个账户内的所有股票清仓，全部资金买入富春环保股票。2013年2月中旬，陈建龙又要求程某（另案处理）、彭某两人开通证券账户“约定购回式”融资业务。同月21日，陈建龙使用“程某”、“彭某”两账户以已购买的富春环保股票作质押又融资得款559万元，并再次全部买入富春环保股票。2013年2月26日，富春环保公告2012年度利润分配方案后，被告人陈建龙指令朱某将上述证券账户中的富春环保股票抛出。被告人陈建龙买卖富春环保股票的行为从时间吻合程度、交易背离程度等方面均存在明显异常情形。

经统计，被告人陈建龙使用的“程某、彭某、陈某丁、陈某乙”四个证券账户在内幕信息敏感期内累计买入富春环保股票共计1183330股，成交金额17095654.37元，实际违法所得2464258.33元。

自2012年2月以来，被告人陈建龙和程某以合作理财方式代为炒股。2013年2月中旬，陈建龙在要求程某协助开通“约定式回购”融资业务时向程某泄露富春环保将实施高送转的利润分配方案，程某在获知该内幕信息后，使用其控制的“倪某”证券账户，买入富春环保股票103659股，交易金额1465437.74元，实际违法所得约115637.92元。

2014年9月23日，被告人陈建龙经传唤后归案。

为证明上述指控事实，公诉人在法庭上出举了证人张某、吴某、朱某、程某等人的证言，合作理财协议、股票交易明细、户籍证明等书证以及被告人陈建龙的供述等证据。认为被告人陈建龙的行为构成内幕交易、泄露内幕信息罪，提请本院依法判处。

被告人陈建龙辩称其没有关于富春环保的内幕信息，购入富春环保股票系基于自己的专业判断；其未告知程某有关富春环保的内幕信息。其辩护人提出起诉书指控事实不清，证据不足，陈建龙不构成内幕交易、泄露内幕信息罪，理由如下：1.陈建龙认罪的相关供述系在公安机关威胁、引诱、欺骗之下做出，且本案存在指供情形，故陈建龙的供述系非法证据，应当予以排除。2.2013年1月25日的高送转利润分配动议被否决，已非内幕敏感信息；2月20日吴某和张某私下拟定新的高送转方案之后，仅吴、张系内幕信息的知情人。3.陈建龙未主动对他人实施刺探，也不可能获取到实质性的内幕敏感信息并进而借此实施内幕交易；在案没有充分证据证明陈建龙向程某泄露内幕信息，导致程某从事相关股票交易。4.陈建龙投资富春环保股票的动因系基于自己的分析判断；从时间吻合程度和交易背离程度来看，不能推断出陈建龙实施了内幕交易行为；陈建龙开通融资融券功能与是否存在内幕交易的犯罪事实不具有关联性；陈建龙在证监会调查时找人顶包，系不想让债权人知晓其拥有资金，并非为了掩盖指控的犯罪事实。

经审理查明：浙江富春环保热电股份有限公司（以下简称富春环保）系深圳证券交易所上市公司（证券代码002479）。2013年1月25日，富春环保董事长吴某根据公司2012年度业绩情况，向董事会秘书张某提出在当期实施股票高送转的利润分配动议，经商议，拟定利润方案为“每10股转增10股派发3元”，并由张某起草了《关于高送转预期（利润分配方案）对富春环保的影响》的书面说明以及《年度利润分配预期披露公告》。后因该公司相关领导持有不同意见，该利润分配方案未进行预披露。之后，张某又根据吴某的要求拟定了新的高送转利润分配预案。2013年2月25日，富春环保召开董事会，投票通过“每10股转增7股派发3元”的利润分配方案，并于次日正式对外发布公告。

经中国证券监督管理委员会认定：富春环保实施2012年度利润分配方案在公开披露前属于《证券法》规定的内幕信息，该内幕信息敏感期为2013年1月25日至发布公告前，富春环保董事长等人属于《证券法》规定的内幕信息知情人员。

被告人陈建龙与富春环保相关领导相识多年。自2011年以来，陈建龙持有“程某”等他人证券账户，使用自有资金和他人资金以合作理财、代为炒股的方式进行股票投资。2013年1月底，陈建龙在与富春环保公司高管人员接触过程中，了解到富春环保可能即将实施高送转的利润分配方案，遂于2013年2月初到富春江通信集团公司向相关领导刺探信息。陈建龙在确认富春环保将在2013年实施高送转的方案后，于2013年2月8日指示操盘手朱某将其使用的“程某”、“彭某”、“陈某丁”、“陈某乙”四个账户内的所有股票清仓，全仓买入富春环保股票。当月中旬，陈建龙又要求程某（另案处理）、彭某两人开通证券账户“约定购回式”融资业务，同时将富春环保将实施高送转的内幕信息泄露给程某。后陈建龙将融资款全仓买入富春环保股票。同年2月26日，富春环保公告2012年度利润分配方案，之后陈建龙指令朱某将上述证券账户中的富春环保股票抛出。

经深圳证券交易所统计，被告人陈建龙使用“程某”、“彭某”、“陈某丁”、“陈某乙”四个证券账户在内幕信息敏感期内累计买入富春环保股票共计1183330股，交易成交额人民币17095654.37元，获利数额人民币2464258.33元。2013年2月中旬，程某从陈建龙处获知富春环保要实施高送转的内幕信息后，使用其控制的“倪某”证券账户全仓买入富春环保股票103659股，交易成交额人民币1465437.74元，获利数额人民币115637.92元。综上，陈建龙通过非法获取富春环保高送转的内幕信息后买入富春环保股票以及泄露该内幕信息，导致他人买入富春环保股票交易成交额共计人民币18561092.11元，获利数额人民币2579896.25元。

2014年9月23日，被告人陈建龙被公安机关传唤归案。同年10月8日，倪某代程某向浙江省公安厅退缴违法所得人民币80万元。

上述事实，有公诉机关当庭出举的下列证据予以证明：

（1）证人孙某（富春江通信集团有限公司董事，富春环保董事）证言，证明其原系富春环保的董事长，2011年辞去董事长职务，担任公司董事，由吴某接任董事长。富春江通信集团有限公司是富春环保的大股东。富春环保2012三季度业绩出来之后，就曾披露过全年的业绩公告，预测全年的业务可能会有好的增长。2012年12月或2013年1月份的时候，董事长吴某曾向其报告过富春环保的利润数据，和当时业绩预测的数据相差不大。其觉得业绩可以支撑分红，而且富春环保上市以来，一直有分红的惯例，偶尔会送配股份，所以2012年度富春环保可以进行利润分配，这个想法和董事长吴某、董事会秘书张某一致。2013年1月29日或者30日，张某送给其一份分红送股情况的文件，是关于高送转预期对富春环保股价影响的说明和2012年度利润分配方案的预披露公告，方案是10股转增10股送3元股利。其对现金分红没有异议，但对10股转增10股的方案有不同意见，其宁可分红多一点。故其于2月1日在张某送的材料上批示“春节前不要动作　孙某　2.1”。在此期间，张某也曾经跟其沟通过，富春环保管理层坚持认为10股转增10股的提议是合理的，既然他们坚持，其也不好意思打击他们工作的积极性。2月7日，张某打电话通知其召开董事会。2月25日，富春环保召开董事会，投票确定10股转增7股，现金分派股利3元，其在会上投票同意了该方案。其和陈建龙认识20余年，经常联系。陈建龙在富阳美久食品有限公司销售酒水，酒生意很依赖其。在一起吃饭的时候，陈建龙经常向其打听其的几个企业的情况，包括整个富春江集团的经营情况，富春环保的财务状况和未来的发展规划。2013年1月31日晚，其开完省人代会回富阳，邀请富阳籍的人大代表到其公司聚餐，其还让秘书通知陈建龙送酒来。当天,其回到公司有点迟,公司的高管和陈建龙都在公司里等着,后来大家就一起聚餐。2月1日下午还是过了1、2天,陈建龙到集团公司8楼的办公室找其,问其富春环保年底是否要“放炮”,其说这个事情要富春环保董事会来定,富春环保已经有人向其征求过意见,但其对这个事情有不同意见。同年2月份春节前几天,其请退休的老领导陈某甲吃饭,吃饭的地点在富阳青少年宫十三楼的空中花园,参加聚餐的有金某、汪某、陈建龙等人。吃饭的时候,有人向其打听,富春环保2012年度效益那么好,今年会不会分红啊?其当时说公司效益不错,近两年一直有分红,上级部门和股民也有要求,但今年具体怎么分红由董事会来确定。

(2)证人张某(富春环保董事会秘书)证言,2013年1月25日左右,富春环保董事长吴某提出富春环保2012年度实施高送转的想法,让其做方案,预测高送转对富春环保股价的影响。其找到国泰基金的徐某,让他帮其找几个类似的上市公司高送转案例参考,但其并未向他透露富春环保也有这样的打算。徐某在1月29日发给其一份资料,意思是年底实施高送转比较好,会导致公司股价上涨。其根据徐提供的资料,起草了一份《关于高送转预期对富春环保股价影响的说明》,并同时让其助理胡斌起草了一份关于2012年利润分配预案的预披露公告。这两份材料从电脑上最终的修改时间就是2013年1月29日,内容是10转10并派3元现金。其将这两份材料送到孙某这里,让他审阅,他于2月1日在材料上批示“春节前不要动作”,按照批示,那份预披露公告就没有发出去。孙某做出这个批示后,一直到其于2月7日通知他参加董事会期间,其找过他询问他对送转利润分配的意见,同时也向他表达了吴某本人认为这样的送转合理的意思。大概2月20日,吴某又让其做了新的利润分配方案,其做完方案后及时向吴某做了汇报。2月25日,富春环保召开董事会,在会上确定了10转7派3元的分配方案,并于当天通知深交所,当晚就在深交所网站上进行公告。

(3)证人吴某(富春环保董事长)证言,证明富春环保2012年度财务报表出来的时间为2013年1月20日左右,报表显示富春环保的业绩不错,账面资本公积金金额也比较大。因为其刚刚当董事长一年,考虑到公司在2011年度没有送股,其就想在2012年度转送股回报股东。1月25日当天,其找到张某,让他去做方案。后来张某将方案拿来给其看过。因孙某是控股公司的老总,又是富春环保的前董事长,其想征求他的意见,就让张某去向孙某汇报一下。到2月2、3号的样子,张某把孙某看完签字后的富春环保转送方案拿回来给其,说这个方案孙总好像不太同意,其两人也推测孙某的意思对高转送不太赞同,可能是希望多分红。因孙总在2月1日还签字指示“春节前不要动”,2月9日就农历春节了,这件事情就先搁下来了。春节后,其让张某又重新做了分配方案,准备拿到董事会上去讨论决定。富春环保2012年度要高送转及利润分配除了其和张某之外,孙某也知情,但是具体怎么送、如何利润分配需要董事会审议通过确定。在25日董事会会议上,最后审议通过的分配方案是10转7派3元的分配方案。其知道陈建龙跟孙某比较熟悉,他们联系比较多,当时富春江集团的酒都由陈建龙供应。

(4)证人骆某(富春环保财务总监)证言,证明2012年12月中旬,富春环保审计机构天健会计师事务所开始进场对富春环保及下面的子公司进行预审,后在元旦前完成了预审工作。根据制度规定,富春环保自公司在2013年1月10日前将各自财务报表报送给财务部杨某,杨某进行合并报表,在1月15日晚完成了富春环保2012年合并财务报告初稿的编制工作。次日,审计人员进场开展第二阶段的审计工作。其于16日将未经审计的合并报表向公司董事长吴某进行汇报,除此之外,其未向其他人透露过公司财务指标情况。

(5)证人王某(富春江通信集团党委副书记)、陆某(富春江通信集团董事)、章某(富春江通信集团董事)证言,证明2013年1月底,孙某开完浙江省人代会返回的当天晚上,安排宴请富阳的省人大代表在富春江通信集团公司餐厅吃饭,公司的高管陪同,还让陈建龙送酒过来并参加聚餐。因孙某回来得迟,高管在等待孙某的过程中,聊过富春环保当年生产经营、经济指标完成情况,陈建龙在场。

(6)证人邵某(富春江通信集团董事会秘

书)证言,证明2013年1月31日浙江省人代会结束后,孙某请富阳的省人大代表在富春集团公司食堂聚餐,让其通知公司的高管一起吃饭,还通知陈建龙安排酒水。2012年底到2013年初陈建龙经常来公司,在聚餐后的第二天也到公司找过孙某,还在其办公室里等了很长时间,孙某因为客人比较多没有见他。富春环保在孙某参加人代会期间递交了一份2012年度利润分配方案方面的文件,其于2月1日拿过去给孙某,孙当天签批了意见,其再通知富春环保的董秘张某过来取走文件。

(7)证人陈某甲证言,证明2013年初的一天,孙某在富阳一个大楼的顶楼宴请其,同时吃饭的有一个做酒生意的老板以及一个姓金的老板等7、8个人。

(8)证人汪某证言,证明2013年春节前,孙某在富阳青少年宫楼上的空中花园餐厅宴请其、金某、陈建龙等人。

(9)证人金某证言,证明2013年年初,孙某、陈建龙、汪某以及孙某的几个朋友在其经营的富阳的空中花园餐厅聚餐。

(10)证人程某证言,证明2012年年初,其母亲陈某丙的一个朋友介绍陈某丙认识陈建龙,建议陈某丙为陈建龙配资炒股。其认为风险可以控制,就答应了,后由其出面签协议。其和陈建龙谈好双方以3∶1的出资比例将资金打到其的证券账户里,由陈建龙操作买卖股票,每年其从中收取10%的利息作为配资利润,除此之外的账户盈利其和他按照48∶52的比例进行分成。其投入300万元,陈建龙投入100万元。如果账户账面资金少于330万元,必须由陈建龙及时补仓,否则由其平仓。其不负责具体股票操作,但可以浏览,而且陈某丙也知道密码,可以登录查看这个合作股票账户。刚开始合作的时候,陈建龙建仓的主要是水泥行业的股票,基本就是“四川金顶”、“秦岭水泥”等几只股票,当时其还问过陈建龙这些股票有没有利好消息,陈建龙说他原来是华伦集团的老总,收购过“四川金顶”,这个公司是做水泥的,所以他对水泥行业比较熟悉,同时告诉其“四川金顶”有重组的可能。但当时其看了账户里的炒股情况,也没有赚什么钱。后来,账户里的炒股情况日趋好转,也赚了不少钱。大概在2012年12月份,陈建龙说急着用钱,就分了一次红,分完红后签订了第二份理财协议。2013年2月初,其去陈建龙在富阳青少年宫的办公室找他,聊起富春环保股票的事情。其问陈建龙为何把账户里的其他股票割掉,甚至有些赚得好的也卖了,买入富春环保,是不是有利好消息,可以让其也做一把。陈建龙告诉其,富春环保近期会公布年报,年报可能有高送转的利好消息,而且消息比较可靠,他还让其将合作账户开通融资融券业务,可以融到更多的资金来做股票。当时因为其不懂融资融券的具体内容,没有当场答应他。过了几天,陈建龙打电话给其,要其去开通融资融券业务,其就问他富春环保的利好消息是否牢靠,陈建龙称消息牢靠,其就答应了。陈建龙让其去开通融资融券来放大交易,同时他在合作账户里全仓买入富春环保,如果消息不准确,亏损起来金额很大,陈建龙不会这么大手笔去买。其当时很确信富春环保肯定有高配送利好消息,所以其决定自己也买点富春环保股票。之后,其从银行账户转了80余万元钱到其妻子倪某的股票账户,加上账户里原有的几十万块钱,总共140余万元钱全部买进富春环保。后来富春环保年报公告“10送7”,之后其把倪某账户里的股票全部卖掉,共计赚了10余万元。合作账户其获利60余万元。

(11)证人朱某证言,证明2011年8月,陈建龙跟其说他手头有几十万闲余资金在做股票,让其去帮他炒股,当时因为之前的案子,陈建龙借用他人的账户炒股。到2012年年初,陈建龙通过财通证券朋友的介绍认识程某,由陈建龙负责操作股票。之后,陈建龙陆续找来陈某丁、彭某、陈某乙三个账户让其一起操作。程某账户里的资金是程某和陈建龙合作理财的资金;陈某丁账户是陈建龙亲戚的,陈建龙拿过来帮忙操作;彭某、陈某乙两个账户里的钱全部都是陈建龙的。当时买的股票都是一些水泥行业的股票,陈建龙说他对这行比较熟悉,其就给他提供操作的参考。之前的操作都比较正常,一直到2013年春节前,陈建龙先来办公室问其,股票搞“10送几”这个价格如何计算,然后其跟他解释了一下。之后陈建龙让其到他办公室,询问其对富春环保这只股票的看法。其看了富春环保的行情之后对陈建龙说,现在账户是满仓的,尚未赚钱,富春环保当时已经从底部涨了近20个点上来,对这种已经涨了一段时间的股票不建议换仓购买。陈建龙跟其说富春环保今年业绩比较好，可能会有利好消息。其对他讲从富春环保三季度的业绩以及预期全年业绩公告来看，业绩好众所周知，不是说业绩好股价就会涨。但陈建龙并未听从其的建议，让其将程某、陈某丁、彭某、陈某乙四个账户里的股票全数卖出，然后全仓买入富春环保。这次买入富春环保后第二天就过年了。过年之后，陈建龙还到证券公司办理了股票质押融资业务，融来的资金陈建龙也全部让其买了富春环保股票，其才感觉到陈建龙可能真有什么利好消息。后来富春环保确实出来高配送的利好消息，其按照陈建龙的指令，在3月初的时候将4个账户里所有富春环保的股票卖出。2013年证监会来调查内幕交易的事情，陈建龙交代彭某、何某和其，说上述四个证券账户交易富春环保的事情都是李某让其等人做的。后来陈建龙和赵某到其家中，让其把事情扛下来，并允诺给其一百万元的好处费，其未答应陈建龙。

（12）证人何某证言，证明2012年初，其到陈建龙的富阳美久食品有限公司工作，担任出纳以及做陈建龙炒股的数据统计。陈建龙除了卖酒之外，平常就在公司里炒股，主要由朱某负责操作。朱某每天在股市收盘后将每个账户里的股票数量、金额、盈亏情况报给其做报表统计。陈某乙、彭某的证券账户绑定的银行卡均由其保管，陈建龙需要转账的话，就由朱某把资金转到银行卡上，再由其或者彭某到银行转账或者取现。

（13）证人彭某证言，证明2012年9月份左右，其到陈建龙的富阳美久食品有限公司工作。陈建龙让其把股票账户借给他用，并让其把账户和密码交给朱某，同时把证券账户绑定的第三方银行的账号和密码交给何某。据其了解，陈建龙和朱某他们起初在炒像四川金顶、秦岭水泥、祁连山等一些水泥股，后来也炒过富春环保股票，具体其账户里面买入什么股票，数额多少，其不清楚。除了其的账户外，陈建龙还借过程某、陈某丁、陈某乙的账户。其把股票账户和银行账户借给陈建龙之后，需要资金转出或者取现时，陈建龙会叫其去办理或者叫何某拿着其的身份证去办。2013年2月中下旬，陈建龙还让其去财通证券办理了融资融券业务。同年7月17日，赵某打电话给其，说证监会的人到公司找其。其心里没底，就打电话问陈建龙，陈建龙让其能不去就不要去，如果去了，不要把他说出来，公司的事情就说是陈某乙负责的。

（14）证人陈某乙证言，证明其于2011年到富阳美久食品有限公司工作，陈建龙是公司的老板，让其挂名担任公司的股东。其到公司工作之后，陈建龙将其的证券账户借走炒股，朱某在帮陈建龙炒股。2012年、2013年期间，陈建龙要借钱炒股，让其与程某签过理财协议。证监会来公司调查的时候，陈建龙交代其说美久公司是李某的，不要将他说出来。

（15）证人俞某证言，证明2012年初，其听说陈建龙股票做得好，朱某在帮陈建龙炒股，就想让陈建龙帮其炒股，陈建龙也答应其。同年4月份，其将妻子陈某丁的证券账户交给陈建龙，并投入200万元本金，委托陈建龙代为炒股。

（16）证人赵某证言，证明其于2012年进入陈建龙的富阳美久食品有限公司担任销售经理。2013年7月份，证监会来公司调查的次日，陈建龙让其开车去朱某的老家，找朱某谈事情。陈建龙让朱某不要向证监会说炒股是陈下的指令，让朱某顶包，但朱某未答应。

（17）证人夏某（朱某之妻）证言，证明朱某在帮陈建龙炒股票，听从陈建龙的指令买卖股票。2013年夏天的一天晚上，陈建龙和赵某到其家来找朱某，陈建龙说证监会在调查内幕交易的事情，他愿意出100万元加一套房子，希望朱某把事情背过去，但朱某当即表示反对。

（18）证人陈某丙（程某之母）证言，证明2011年底，其和程某委托陈建龙炒股，并由程某出面签订协议。根据协议约定，陈建龙使用程某的证券账户炒股，程某将他的账户密码告诉其，其平时用程某乙的账户炒股，看陈建龙买什么股票，其就跟着买。2013年2月份，其看到程某账户里买进大量富春环保的股票，后来基本满仓，其就跟着大量买进富春环保的股票，但并未和陈建龙联系过，程某也未告诉其有关富春环保的利好消息。

（19）证人倪某（程某之妻）证言，证明2012年底至2013年4月期间，其的证券账户由程某实际使用。

（20）富春环保2012年度财务报表、审计报告，证明2012年度富春环保的财务状况。

(21)富春环保公司章程、股东大会议事规则、董事会议事规则、监事会议事规则、总经理工作细则、重大信息内部报告制度、财务管理制度、信息披露制度,证明富春环保的章程等内部管理、工作制度。

(22)富春环保2011年第一次临时股东大会决议、富春环保第二届董事会第一次会议决议,证明孙某、吴某于2011年1月19日当选富春环保第二届董事会董事,任期三年;孙某当选董事长,吴某、张某经孙某提名分别聘任为总经理、董事会秘书。

(23)富春环保第二届董事会第二十四次会议材料,证明富春环保于2013年2月25日召开董事会,审议通过了2012年度利润分配预案为每10股转增7股并派发现金红利3元,孙某、吴某等作为公司董事出席董事会并进行表决。

(24)富春环保2012年度报告,证明富春环保于2013年2月25日发布2012年度报告,其中通过的利润分配预案为每10股转增7股并派发现金红利3元。

(25)内幕交易案有关问题的认定函,证明经中国证监会认定,富春环保2012年度高送转利润分配方案属于《证券法》规定的内幕信息,形成于2013年1月25日,至2013年2月26日公开,富春环保董事长等人属于上述内幕信息的知情人。

(26)合作理财协议,证明甲方程某(程某乙)和乙方陈某乙(代陈建龙出面)于2012年、2013年期间签订三份合作理财协议,约定由程某提供资金进行配资炒股,所得收益按照甲方48%、乙方52%的比例进行分配。

(27)股票交易明细(含IP地址与MAC)、浙江省公安厅经济犯罪侦查总队出具的情况说明,证明程某、彭某、陈某丁、陈某乙四账户交易富春环保股票地点位于杭州市富阳区青少年宫市心北路58号10楼即富阳美久食品有限公司,交易使用同一台电脑。

(28)财通证券开户申请表、证券交易委托代理协议、结算资金银行存管协议书,证明程某、陈某丁、彭某、陈某乙、倪某在财通证券股份有限公司开立证券账户的情况。

(29)财通证券客户资金信息情况表、证券库存信息表及交易记录、深圳证券交易所出具的股票盈利情况统计表,证明在富春环保内幕信息敏感期(2013年1月25日至2013年2月25日),程某证券账户(资金账号15×××88)买入富春环保700774股,成交金额人民币10161329.98元,盈利金额人民币1491659.38元;陈某乙证券账户(资金账号15×××05)买入富春环保19200股,成交金额人民币270499.69元,盈利金额人民币30756.69元;陈某丁证券账户(资金账号15×××02)买入富春环保67476股,成交金额人民币947765.46元,盈利金额人民币202663.08元;彭某证券账户(资金账号15×××52)买入富春环保395880股,成交金额人民币5716059.24元,盈利金额人民币739179.18元;倪某证券账户(资金账号15×××91)买入富春环保103659股,成交金额人民币1465437.74元,盈利金额人民币115637.92元。

(30)银行交易明细及相关凭证,证明涉案的程某、彭其、陈某丁、陈某乙、倪某五个账户的第三方资金存管银行交易明细情况。

(31)手机通话、短信详单,证明2013年1月至2月期间,孙某(138××××6198)与陈建龙(135××××2298)之间存在多次手机通话、发送短信的情况。

(32)工商登记资料,证明富阳市美久食品有限公司的工商登记情况,股东为陈某乙和唐某。

(33)财通证券约定购回式证券交易协议书、购回交易委托单,证明2013年2月20日,程某与财通证券股份有限公司签订约定购回式证券交易协议,质押富春环保股票467200股,得款358万元,并于2013年3月22日购回;2013年2月20日,彭某与财通证券股份有限公司签订约定购回式证券交易协议,质押富春环保股票263100股,得款201万元,并于2013年3月22日购回。

(34)富春环保股票价格走势图,证明富春环保股票在2013年1月25日至4月3日之间的价格走势,对比同期中小板指数的走势,富春环保的价格在内幕信息价格敏感期内处于上涨趋势。其中1月25日价格13.26元,2月8日价格14.09元,2月25日价格16.68元,3月27日除权日价格16.90元。

(35)扣押决定书,证明2014年10月8日,倪某代程某向浙江省公安厅退缴违法所得人民币80万元。

(36)中国证监会行政处罚决定书,证明2010年12月3日,被告人陈建龙因由其担任董事长的华伦集团减持上市公司四川金顶的股份以及由其担任董事长的四川金顶均未按照《证券法》的相关规定进行信息披露,两次被证监会处罚。

(37)归案经过,证明被告人陈建龙系被动归案的情况。

(38)户籍证明,证明被告人陈建龙的基本身份情况。

(39)被告人陈建龙供述在案,供认2011年下半年,其找朱某帮其炒股。2012年2月份,其经人介绍与程某合作理财,双方约定按照1:3比例出资合作炒股,其支付10%的保底收益给程某,炒股收成按照52%:48%的比例。后来其又帮俞某炒股票,也就是用陈某丁的账户炒股,其帮俞某是免费炒的。2012年整年,其基本买的都是水泥行业的股票。到2012年12月份,其跟程某结算过一次,因为赚了很多钱,其分红得到的钱就放到后来借来的彭某、陈某乙的证券账户上继续炒股。2012年到2013年年初那段时间,孙某在安徽宿州有个电缆厂项目,想叫其去管理,所以当时跟他联系比较多。其跟孙某聊天的时候也会问一下他的几家公司包括富春环保的经营情况,因为其在炒股,富春环保是富阳唯一的两家上市公司之一,所以其还是比较关注的。2013年春节前,孙某在杭州开完省人大会议回来,富春江集团公司高管们准备给孙总接风,其也被通知参加聚餐。其到富春江集团的时候,因为孙某还没有回来,其就陪同富春江集团、富春环保的领导层等待孙某。在等的过程当中,其听到有人在讲富春环保马上要开董事会了,会不会放原来一样的"炮弹"。听到"炮弹"这话其就上心了,其当时就想富春环保到时开董事会是不是会有什么利好消息。"炮弹"就是指高送转。后来孙某回来,大家就在集团9楼的食堂聚餐。回家之后,其去查询了富春环保之前搞的配送情况,富春环保在上一年度就搞过一次10送10。其又看了当年度的半年报、三季度报业绩增长,发现当年的业绩增长得比较多,而且公司预计的年度业绩也会有很好的增长。综合电脑上查到的情况,其分析富春环保今年再搞高配送的可能性会比较大。为了印证其的分析,过了一两天的样子,其到孙某办公室找他探听情况,问富春环保是不是要搞高送转。孙总告诉其说这个事情是吴某他们在做的,报告有一份送上来了,他有不同的意见,但是最后还是要开董事会才能确定。其从孙总这里回去之后,就跟朱某讲,富春环保今年效益不错,估计有利好消息,让朱某买入富春环保,朱某炒股水平不错,他告诉其他不看好富春环保,该公司的利润很多都靠政府补贴。当时因为快过年了,其坚持先让朱某把账户里的股票卖掉部分,账户里的资金全部买入富春环保股票。过年之后其又让朱某把账户里的股票都清掉,资金都买入富春环保股票。后来又让程某、彭某去把各自账户的融资融券功能开通,这样就能放大交易。因为要程某帮忙去开通融资融券功能,所以当时其也把富春环保高配送的利好消息告诉了程某,融资融券来的资金其让朱某全部买入富春环保股票。富春环保年报公告的利润分配方案是10股送7股派3元,公告之后其让朱某逐步将富春环保股票全都卖出。富阳美久食品有限公司实际控制人是其,资金也都是其出的,法人挂陈某乙的名字。炒股的盈利一部分支付给程某了,还有一部分用于美久公司的生意和发放员工工资了。

上列证据经庭审质证无异议,证据间能相互支持,本院予以确认。

关于辩护人所提侦查机关对陈建龙采用威胁、引诱、欺骗以及指供等非法手段取证,陈建龙的口供应予排除的辩护意见。经审理认为,辩护人所提上述非法手段并无实质性证据,且均不符合刑事诉讼法规定的非法证据排除的条件,于法无据,不予采纳。

关于辩护人所提2013年1月25日的高送转利润分配动议被否决,已非内幕敏感信息;2月20日吴某和张某私下拟定新的高送转方案,仅吴、张二人系内幕信息知情人的辩护意见。经审理认为,其一,富春环保董事长吴某于2013年1月25日提出高送转利润分配的动议,之后张某拟定10送10派3元的分配方案,并拟将该高送转方案进行预披露,从孙某对该方案批示"春节前不要动作"的行为以及张某另行制作了利润分配方案来看,孙某并非不同意进行利润分配,而是对如何高送转以及预披露有不同意见,不构成否决高送转利润分配动议。其二,从内幕信息的动议、筹划、决策到执行来看,往往会经历一个发展变化的过程,但是无论如何变化,该内幕信息必将对股价产生重大影响的性质未发生改变。证人吴某的证言证明,在召开董事会之前,孙某对富春环保 2012 年度要高送转及利润分配是知情的;证人孙某的证言亦证明,其对 10 送 10 的高送转方案有不同意见,但张某曾经和其沟通过,富春环保管理层坚持认为 10 股转增 10 股的提议是合理的。从以上证言来看,孙某对于富春环保 2012 年度高送转的方案具备一定程度的了解。综上,上述辩护意见与查明事实不符,不予采信。

关于陈建龙及其辩护人所提陈建龙未主动实施刺探,也不可能获取到实质性的内幕敏感信息并进而借此实施内幕交易;在案没有充分证据证明陈建龙向程某泄露内幕信息,导致程某从事相关股票交易的辩护意见。经审理认为,其一,根据孙某的证言以及陈建龙的供述,孙某和陈建龙联系频繁,经常聚餐,陈建龙常向孙某询问上市公司富春环保的经营情况;陈建龙还向孙某直接打听富春环保 2012 年度是否会高送转,这一行为显然构成刺探。其二,根据程某的证言以及陈建龙的供述,陈建龙鼓动程某去办理融资融券业务时,告诉程某富春环保 2012 年要高送转的利好信息,且从程某之后股票交易情况来看,符合得知股票高送转的内幕信息后的股票交易特征。综上,上述辩解和辩护意见与查明事实不符,均不予采信。

关于辩护人所提陈建龙投资富春环保股票的动因系基于自己的分析判断;从时间吻合程度和交易背离程度来看,不能推断出陈建龙实施了内幕交易行为;陈建龙开通融资融券功能与是否存在内幕交易的犯罪事实不具有关联性的辩护意见。经审理认为,从陈建龙股票投资的交易情况来看,在购入富春环保之前,其雇佣朱某作为操盘手进行其他股票的炒卖确实获得了一定收益,但从在案证据来看,其从其他股票上获取的收益正是建立在对投资的股票所属行业的熟悉程度以及听取朱某的建议的基础上,且股票建仓采取的交易手法并非短时间全仓购买。而陈建龙在投资富春环保股票时,在朱某明确表示不看好富春环保的情况下,不仅将股票账户内的股票全部卖出,违背原来的交易习惯短时间全仓购买富春环保,甚至还融资全仓购买富春环保。虽然在这个过程中,陈建龙对富春环保做过一定程度的了解,但是从其购入富春环保的时间节点来看,其炒卖富春环保的时间与富春环保 2012 年度高送转利润分配内幕信息的形成、变化、公开时间基本一致,结合其具有利用刺探手段获取该内幕信息的行为,以及在该内幕信息敏感期内,与内幕信息知情人频繁联系,足以认定其实施了内幕交易行为。故上述辩护意见与查明事实不符,不予采信。

关于辩护人所提陈建龙在证监会调查时找人顶包,系不想让债权人知晓其拥有资金,并非为了掩盖指控的犯罪事实的辩护意见。经审理认为,根据陈建龙的供述,其因华伦集团破产重整背负巨额民事债务,但是证监会调查其时具有明确的针对性,其找人顶包显然是为了逃避承担内幕交易的责任,故以上辩护意见与查明事实不符,不予采信。

本案事实清楚,证据确实、充分,足以认定。

本院认为,被告人陈建龙非法获取富春环保 2012 年度高送转利润分配的内幕信息,在该内幕信息敏感期内大量买入富春环保股票,以及故意向他人泄露该内幕信息,导致他人买入富春环保股票,情节特别严重,其行为已构成内幕交易、泄露内幕信息罪。被告人陈建龙的辩护人所提陈建龙不构成该罪的辩护意见与法律规定不符,不予采纳。据此,依照《中华人民共和国刑法》第一百八十条第一款、第三款、第六十四条和最高人民法院、最高人民检察院《关于办理内幕交易、泄露内幕信息刑事案件具体应用法律若干问题的解释》第七条之规定,判决如下:

一、被告人陈建龙犯内幕交易、泄露内幕信息罪,判处有期徒刑六年,并处罚金人民币 300 万元。(刑期从判决执行之日起计算。判决执行以前先行羁押的,羁押一日折抵刑期一日,即自 2014 年 9 月 23 日起至 2020 年 9 月 22 日止。罚金限判决生效后一个月内缴纳)。

二、责令被告人陈建龙退赔犯罪所得人民币 2579896.25 元(含现扣押在浙江省公安厅、未随案移送本院的人民币 80 万元),予以没收,上缴国库。

如不服本判决，可在接到判决书的第二日起十日内，通过本院或者直接向浙江省高级人民法院提出上诉。书面上诉的，应当提交上诉状正本一份，副本二份。

二〇一五年九月十五日

最高人民法院刑事判决书

(2015)刑抗字第1号

抗诉机关中华人民共和国最高人民检察院。

原审被告人马乐，男，汉族，1982年8月3日出生于河南省南阳市，硕士研究生文化，原博时基金管理有限公司博时精选股票证券投资基金经理，户籍地北京市东城区和平里中街甲七号，住广东省深圳市福田区农园香榭丽花园8栋602室。2013年8月21日被逮捕，2014年3月28日被取保候审。2014年10月20日因犯利用未公开信息交易罪被判处有期徒刑三年，缓刑五年。现在深圳市福田区司法局接受社区矫正。

指定辩护人张青松，北京尚权律师事务所律师。

广东省深圳市中级人民法院审理深圳市人民检察院指控被告人马乐犯利用未公开信息交易罪一案，于2014年3月24日以(2014)深中法刑二初字第27号刑事判决，认定被告人马乐犯利用未公开信息交易罪，判处有期徒刑三年，缓刑五年，并处罚金人民币1884万元；违法所得人民币18 833 374.74元依法予以追缴，上缴国库。宣判后，深圳市人民检察院以原判适用法律错误，量刑明显不当为由提出抗诉，广东省人民检察院支持抗诉。广东省高级人民法院经依法公开开庭审理，于2014年10月20日以(2014)粤高法刑二终字第137号刑事裁定，驳回抗诉，维持原判。裁判发生法律效力后，广东省人民检察院认为生效裁判确有错误，提请最高人民检察院按照审判监督程序提出抗诉。最高人民检察院于2014年12月8日以高检审刑抗〔2014〕1号刑事抗诉书向本院提出抗诉。本院依法组成合议庭，公开开庭审理了本案。最高人民检察院代理检察员张志强、罗曦出庭履行职务。原审被告人马乐及其辩护人张青松到庭参加诉讼。现已审理终结。

广东省深圳市中级人民法院一审认定，2011年3月9日至2013年5月30日期间，被告人马乐担任博时基金管理有限公司旗下的博时精选股票证券投资经理，全权负责投资基金投资股票市场，掌握了博时精选股票证券投资基金交易的标的股票、交易时间和交易数量等未公开信息。马乐在任职期间利用其掌控的上述未公开信息，从事与该信息相关的证券交易活动，操作自己控制的“金晶”、“严维进”、“严晓雯”三个股票账户，通过临时购买的不记名神州行电话卡下单，先于(1—5个交易日)、同期或稍晚于(1—2个交易日)其管理的“博时精选”基金账户买卖相同股票76只，累计成交金额人民币10.5亿余元，非法获利人民币18 833 374.74元。2013年7月17日，马乐主动到深圳市公安局投案。

上述事实，有博时精选股票交易流水账单，金晶、严维进、严晓雯三人的证券账户交易流水账单，金晶、严维进、严晓雯账户情况说明及开户资料，博时基金管理公司人事调整通知，关于基金经理注册通知，基金经理授权表，博时基金管理公司出具的《关于博时精选基金投资指令下达人的说明》，博时精选基金投资指令记录，中国证券监督管理委员会出具的《马乐利用未公开信息交易案案情说明》、《关于马乐涉嫌利用未公开信息交易案有关问题的认定函》，中国证券监督管理委员会深圳监管局出具的《关于马乐涉嫌利用未公开信息交易股票案情况的函》、《马乐涉嫌利用未公开信息交易股票案案件调查终结报告》，协助冻结财产通知书，马乐书写的《关于主动退缴非法所得的申请书》，深圳市公安局经济犯罪侦查局出具的《投案经过》和《马乐投案自首的认定》,李宇华的《员工入职表》,马乐出差记录等书证,证人金晶、严维进、严晓雯、李宇华、曹静等人的证言及被告人马乐的供述等证据证实。

广东省深圳市中级人民法院认为,被告人马乐作为基金管理公司从业人员,利用其职务便利所获取的未公开信息,违反规定,从事与该信息相关的证券交易活动,情节严重,其行为已构成利用未公开信息交易罪。公诉机关指控的罪名成立,依法应予惩处。但刑法中并未对利用未公开信息交易罪规定"情节特别严重"的情形,因此,依法只能认定马乐的行为属于"情节严重"。马乐具有自动投案的情节,且到案之后能如实供述其所犯罪行,是自首,依法可以从轻处罚。马乐认罪态度良好,其违法所得能从扣押冻结的财产中全额返还,判处的罚金亦能全额缴纳,确有悔罪表现,另经深圳市福田区司法局社区矫正和安置帮教科调查评估,对马乐宣告缓刑对其所居住的社区没有重大不良影响,符合适用缓刑的条件,决定对其适用缓刑。依照《中华人民共和国刑法》第一百八十条第四款、第一款,第六十七条第一款、第七十二条、第七十三条、第五十二条、第五十三条、第六十四条之规定,判决:一、被告人马乐犯利用未公开信息交易罪,判处有期徒刑三年,缓刑五年,并处罚金人民币1884万元;二、违法所得人民币18 833 374.74元依法予以追缴,上缴国库。

一审宣判后,广东省深圳市人民检察院抗诉提出,被告人马乐的行为应认定为犯罪情节特别严重,依照"情节特别严重"的量刑档次处罚;马乐的行为不属于退赃,应当认定为被司法机关追赃。一审判决适用法律错误,量刑明显不当,应当依法改判。

广东省人民检察院支持抗诉认为,刑法第一百八十条第一款规定的内幕交易、泄露内幕信息罪存在"情节严重"和"情节特别严重"两种情形和两个量刑档次,该条第四款规定,利用未公开信息交易情节严重的,依照第一款的规定处罚。从刑法设置上来说,同一法条的不同款项在处罚上应该有一个协调性,这种处罚的参照不可能只是部分参照,应该是全部参照。本案中,马乐的证券交易成交额为10.5亿余元,获利1800多万元.应认定其犯罪"情节特别严重",一审判决认定其犯罪"情节严重",属于认定情节错误,应予纠正。马乐有自首情节,且积极退赃,一审对其作出判三缓五的处罚,基本符合法定的量刑幅度。

广东省高级人民法院二审查明的事实和采信的证据与一审相同。

广东省高级人民法院认为,刑法第一百八十条第四款规定,证券交易所、期货交易所等金融机构从业人员以及有关监管部门或者行业协会的工作人员,利用未公开信息交易,情节严重的,依照第一款的规定处罚,该条款并未对利用未公开信息交易罪规定有"情节特别严重"情形;而根据第一百八十条第一款的规定,情节严重的,处五年以下有期徒刑或者拘役,并处或者单处违法所得一倍以上五倍以下罚金,故本案马乐利用未公开信息,非法交易股票76只,累计成交金额人民币10.5亿余元,从中获利人民币1883万余元,属于犯罪情节严重,应在该量刑幅度内判处刑罚。原审判决认定事实清楚,证据确实、充分,量刑适当,审判程序合法。抗诉机关的抗诉理由不成立,不予采纳。依照《中华人民共和国刑法》第一百八十条第四款、第一款,第六十七条第一款、第七十二条、第七十三条、第六十四条以及《中华人民共和国刑事诉讼法》第二百二十五条第一款第(一)项之规定,裁定驳回抗诉,维持原判。

二审裁定生效后,广东省人民检察院提请最高人民检察院按照审判监督程序向本院提出抗诉。最高人民检察院抗诉提出,刑法第一百八十条第四款属于援引法定刑的情形,应当引用第一款处罚的全部规定;利用未公开信息交易罪与内幕交易、泄露内幕信息罪的违法与责任程度相当,法定刑亦应相当;马乐的行为应当认定为犯罪情节特别严重,对其适用缓刑明显不当。本案终审裁定以刑法第一百八十条第四款未对利用未公开信息交易罪规定有"情节特别严重"为由,对此情形不作认定,降格评价被告人的犯罪行为,属于适用法律确有错误,导致量刑不当,并且对类似案件及法律适用有重大误导,应当依法纠正。

原审被告人马乐对原审认定的事实和定罪量刑均无异议。其辩护人提出,刑法第一百八十条第四款未规定利用未公开信息交易罪有"情节特别严重"的情形,从法条文义、立法本意和“有利于被告人”的司法理念来看,原审裁判理解法律正确;马乐具有自首、积极全额退赃并足额缴纳罚金等从轻、减刑处罚情节,原审裁判量刑适当,对马乐适用缓刑符合罪刑相适应原则;目前能查阅到的所有案例均依法按“情节严重”量刑,为保障司法统一、维护司法权威、彰显司法公正,应依法驳回最高人民检察院抗诉。

本院再审查明,原审被告人马乐在担任博时基金管理有限公司博时精选股票证券投资经理期间,利用其掌控的未公开信息,从事与该信息相关的证券交易活动,买卖股票76只,累计成交金额人民币10.5亿余元,案发后马乐投案自首的事实与原审认定一致。证实以上事实的书证、证人证言、被告人供述等证据已经原审庭审举证、质证,再审予以确认。

另查明,原审被告人马乐利用未公开信息从事证券交易活动,非法获利数额应为人民币19 120 246.98元。证明该事实的证据有再审中本院依职权调取的中国证券监督管理委员会深圳监管局出具的《深圳证监局关于马乐利用未公开信息交易案的复函》。该证据已在再审庭审中经出庭检察员和辩护人双方质证并予确认,马乐亦认可。原审认定马乐非法获利数额人民币18 833 374.74元属计算错误,应予以更正。

对最高人民检察院抗诉理由和辩护人辩护意见评判如下:

刑法第一百八十条第四款援引法定刑的情形,应当是对第一款全部法定刑的引用,即利用未公开信息交易罪应有“情节严重”、“情节特别严重”两种情形和两个量刑档次。从立法目的上理解,由于我国基金、证券、期货等领域中,利用未公开信息交易行为比较多发,行为人利用公众投入的巨额资金做后盾,以提前买入或者提前卖出的手段获得巨额非法利益,将风险与损失转嫁到其他投资者,不仅对其任职单位的财产利益造成损害,而且严重破坏了公开、公正、公平的证券市场原则,严重损害客户投资者或处于信息弱势的散户利益,严重损害金融行业信誉,影响投资者对金融机构的信任,进而对资产管理和基金、证券、期货市场的健康发展产生严重影响。为此,《中华人民共和国刑法修正案(七)》新增利用未公开信息交易罪,并将该罪与内幕交易、泄露内幕信息罪规定在同一法条中,说明两罪的违法与责任程度相当。利用未公开信息交易罪也应当适用“情节特别严重”。从法条文意理解,首先,刑法第一百八十条第四款中的“情节严重”是入罪条款,《最高人民检察院、公安部关于公安机关管辖的刑事案件立案追诉标准的规定(二)》对利用未公开信息交易罪规定了追诉的情节标准,说明该罪需达到“情节严重”才能被追诉。利用未公开信息交易罪属情节犯,立法要明确其情节犯属性,就必须借助“情节严重”的表述,以避免“情节不严重”的行为入罪。其次,本条款中“情节严重”并不兼具量刑条款的性质,刑法条文中大量存在“情节严重”兼具定罪条款及量刑条款性质的情形,但无一例外均在其后列明了具体的法定刑,刑法第一百八十条第四款中“情节严重”之后,并未列明具体的法定刑,而是参照内幕交易、泄露内幕信息罪的法定刑,因此本款中的“情节严重”仅具有定罪条款的性质,而不具有量刑条款的性质。从立法技术上理解,援引法定刑是指对某一犯罪并不规定独立的法定刑,而是援引其他犯罪的法定刑作为该犯罪的法定刑。刑法第一百八十条第四款援引法定刑的目的是为了避免法条文字表述重复,并不属于法律规定不明确的情形。综上,刑法第一百八十条第四款虽然没有明确表述“情节特别严重”,但是根据本条款设立的立法目的、法条文意及立法技术,应当包含“情节特别严重”的情形和量刑档次。法条没有重复表述不等同于法律没有明确规定。在法律已有明确规定的情况下,应当适用该法律规定,而不再适用有利于被告人的原则。

基于上述对刑法第一百八十条第四款援引法定刑的理解,在明确利用未公开信息交易罪有“情节严重”、“情节特别严重”两种情形和两个量刑档次的前提下,本案应对马乐的行为是否属于情节特别严重予以评价。目前虽然没有关于利用未公开信息交易罪“情节特别严重”认定标准的专门规定,但鉴于刑法规定利用未公开信息交易罪是参照内幕交易、泄露内幕信息罪的规定处罚,最高人民法院、最高人民检察院《关于办理内幕交易、泄露内幕信息刑事案件具体应用法律若干问题的解释》将成交额250万元以上、获利75万元以上等情形认定为内幕交易、泄露内幕信息罪“情节特别严重”的标准,利用未公开信息交易罪也应当遵循相同的标准。马乐利用未公开信息进行交易活动,累计成交额达人民币10.5亿余元,非法获利人民币达1912万余元,已远远超过上述标准,且在案发时属全国查获的该类犯罪数额最大者,参照最高人民法院、最高人民检察院《关于办理内幕交易、泄露内幕信息刑事案件具体应用法律若干问题的解释》,马乐的犯罪情节应当属于"情节特别严重"。

综上,最高人民检察院对刑法第一百八十条第四款援引法定刑的理解及原审被告人马乐的行为属于犯罪情节特别严重的抗诉意见正确,应予采纳;辩护人的辩护意见不能成立,不予采纳。原审裁判因对刑法第一百八十条第四款援引法定刑的理解错误,导致降格认定了马乐的犯罪情节,进而对马乐判处缓刑确属不当,应予纠正。

本院认为,原审被告人马乐作为基金管理公司从业人员,利用因职务便利获取的未公开信息,违反规定,从事与该信息相关证券交易活动的行为已构成利用未公开信息交易罪。马乐利用未公开信息交易股票76只,累计成交额人民币10.5亿余元,非法获利人民币1912万余元,属于情节特别严重,应当依法惩处。鉴于马乐主动从境外回国投案自首;在未受控制的情况下,将股票兑成现金存在涉案三个账户中并主动向中国证券监督管理委员会说明情况,退还了全部违法所得;认罪悔罪态度好;赃款未挥霍,原判罚金刑得已全部履行等情节,对马乐可予减轻处罚。第一审判决、第二审裁定认定事实清楚,证据确实、充分,定罪准确,但因对法律条文理解错误,导致量刑不当,应予纠正。依照《中华人民共和国刑法》第一百八十条第四款、第一款,第六十七条第一款、第五十二条、第五十三条、第六十四条及《最高人民法院关于适用〈中华人民共和国刑事诉讼法〉的解释》第三百八十九条第(三)项的规定,判决如下:

一、维持广东省高级人民法院(2014)粤高法刑二终字第137号刑事裁定和深圳市中级人民法院(2014)深中法刑二初字第27号刑事判决中对原审被告人马乐的定罪部分;

二、撤销广东省高级人民法院(2014)粤高法刑二终字第137号刑事裁定和深圳市中级人民法院(2014)深中法刑二初字第27号刑事判决中对原审被告人马乐的量刑及追缴违法所得部分;

三、原审被告人马乐犯利用未公开信息交易罪,判处有期徒刑三年,并处罚金人民币1913万元;

四、违法所得人民币19 120 246.98元依法予以追缴,上缴国库。

本判决为终审判决。

二〇一五年十一月二十三日

上海市第二中级人民法院民事判决书

(2014)沪二中民六(商)初字第8号

原告张晓捷,男,1975年3月9日出生,汉族,住上海市松江区坍牌楼97弄2号303室。

委托代理人许峰,上海市华荣律师事务所律师。

被告光大证券股份有限公司,住所地上海市新闸路1508号。

法定代表人薛峰,该公司总裁。

委托代理人刘凌云,北京市金杜律师事务所上海分所律师。

委托代理人李阿敏,北京市金杜律师事务所上海分所律师。

原告张晓捷与被告光大证券股份有限公司(以下简称"光大证券公司")证券内幕交易责任纠纷一案,本院于2014年1月13日受理后,依法组成合议庭进行审理。本院于2014年6月9日组织了证据交换,并于2014年8月4日、2015年9月30日公开开庭,并与同类案件合并审理。双方当事人的委托代理人到庭参加了诉讼。本案现已审理终结。

原告张晓捷诉称:2013年8月16日11时

05 分，光大证券公司在进行交易型开放式指数基金（以下简称“ETF”）申赎套利交易时，因程序错误，其所使用的策略交易系统以人民币234 亿元（以下币种均为人民币）的巨量资金申购 180ETF 成分股，实际成交 72.7 亿元。上述行为发生后，中国证券监督管理委员会（以下简称“中国证监会”）对光大证券公司立案调查。2013 年 11 月，中国证监会正式作出[2013]59 号行政处罚决定书，认定光大证券公司在异常交易行为发生后，掌握了内幕信息。光大证券公司为挽回损失，在 2013 年 8 月 16 日（以下简称“当日”）13 时开市后至 14 时 22 分之间（以下简称“内幕交易时间段”），将所持股票转换为 ETF 卖出和卖空股指期货合约对冲风险，该行为构成《中华人民共和国证券法》（以下简称“《证券法》”）第二百零二条和《期货交易管理条例》第七十条所述内幕交易行为。据此，中国证监会对光大证券公司及相关责任人员作出了行政处罚。

除此之外，当日光大证券公司异常交易行为发生之后，光大证券公司董事会秘书梅键向媒体否认当日发生了乌龙指，该信息披露与光大证券公司实际掌握的信息不符，构成《证券法》所禁止的虚假陈述行为。在未披露乌龙指发生的情况下，光大证券公司集中资金优势，大幅度操纵了股价，获得了巨额利益，构成《证券法》所禁止的操纵市场行为。

光大证券公司错单交易过程中，原告买入了方正证券股票，结果内幕消息公开之后又不得不卖出相关股票，总共造成损失 25,450 元。

原告认为，光大证券公司在异常交易发生后，不及时披露相关情况造成信息误导，而且进行上述违法行为，与原告的损失存在因果关系。依照相关法律规定，应当依法承担赔偿责任。故原告起诉至法院，请求判令：1. 光大证券公司赔偿原告损失 25,450 元；2. 本案诉讼费用由光大证券公司承担。

被告光大证券公司辩称：1. 本案原告投资所受损失属于纯粹经济利益损失，只有在法律或司法解释有明确规定的情况下才受法律保护。2. 光大证券公司的行为不构成内幕交易。（1）我国法律法规规定的内幕信息是指针对某个证券的价格有重大影响的信息，并不包括影响整个证券市场的信息。光大证券公司错单交易影响的是整个证券市场，不应属于内幕信息。（2）错单交易信息在当日 11 时 32 分即在各媒体披露，并且光大证券公司当日 13 时申请临时停牌并发布提示性公告，对投资者和整个市场已经产生了提示性作用。3. 光大证券公司没有主观过错。（1）光大证券公司根本无法判断错单交易信息属于内幕信息，并非故意隐瞒，并且已经于 14 时 22 分进行了公告，应属及时。（2）光大证券公司的对冲交易是根据既定的、公开的交易策略和《策略投资部业务管理制度》进行的，具有合规性和正当性。4. 光大证券公司内幕交易行为与原告所受损失之间没有因果关系。（1）当日 13 时，相应证券和期货合约价格开始快速下跌，14 时 22 分光大证券公司发布公告前后，价格走势呈平稳下跌趋势，故是否存在公告行为，并不影响价格走势，因此投资者交易受损并非光大证券公司内幕交易行为所致。（2）内幕交易期间，光大证券公司交易的 IF1309 和 IF1312 的数量远低于市场成交总量，而且每分钟交易量较为平均，并不会导致大盘价格下降，也未造成原告受损。5. 原告交易品种受损与光大证券公司无关。证监会认定内幕交易品种为 50ETF、180ETF、IF1309、IF1312，这些交易品种的价格变动并不会影响 50ETF、180ETF 的成分股，也不会影响股指期货标的沪深 300 指数的成分股，更不会影响其他个股的价格，故原告所交易的品种与光大证券公司内幕交易之间没有因果关系。6. 原告主张的损失计算方法缺乏法律依据。原告以其交易品种买入与卖出价格之间的差额计算损失，没有法律依据，并不合理。原告交易证券或期货产生的手续费、经手费、管理费、过户费和印花税等费用，属于其交易所必然产生的成本，不应计入赔偿范围。

除此之外，光大证券公司的错单交易不构成对其他投资者的侵权。1. 投资者（包括光大证券公司在内）错误下单导致某证券和市场的异常波动是证券市场的固有风险。投资者盲目跟风炒作应当自担风险。2. 光大证券公司不构成虚假陈述侵权。光大证券公司当日于 11:40 开始召集内部会议，会议持续了 1 小时，梅键对外发布时会议结果尚未形成，且中国证监会对梅键的行政处罚中也认定其在向记者发布信息时对会议内容尚不知情，且其也没有参加公司内部会议,对会议通报内容也不知情,故不存在虚假陈述的故意。3. 光大证券公司不构成操纵市场侵权。错单交易事件的起因是系统技术缺陷,中国证监会调查没有发现光大证券公司及相关人员组织、策划、促使这一事件的证据。因突发事故导致相关证券、期货价格和交易异常波动的,不构成操纵市场。

原告为证明自己的主张,提供了下列证据材料:1. 身份证明材料诸如身份证件、账户卡、交易开户合同。2. 原告当日交易记录以及损失具体计算方式。3. 中国证监会处罚决定书及相关媒体报道。上述证据材料用于证明原告在当日参与交易并受光大证券公司内幕交易影响导致损失,应获得赔偿。

被告光大证券公司为证明自己的主张,提供了下列证据材料(其中证据材料2－8经过公证):

1. 光大证券公司《策略投资部业务管理制度》,该制度规定了在各种原因导致交易异常时,策略投资部应考虑采用合适的对冲工具进行对冲交易,以保持市场中性。该证据用于证明光大证券公司涉案交易符合《策略投资部业务管理制度》的规定。2. 21世纪网报道《A股暴涨:光大证券自营盘70亿乌龙指》以及各网站转载情况。该证据用于证明光大证券公司异常交易相关信息于当日11时32分被21世纪网披露,并迅速被各大网络媒体广泛转载,该信息实质上已于当日13时之前公开。3. 上海证券交易所官方网站当日发布的光大证券公司临时停牌提示性信息。4. 大智慧网站报道《重磅:光大证券正核实市场传闻,下午临时停牌》。5. 各网站关于光大证券公司当日下午临时停牌的报道。上述3份证据用于证明光大证券公司当时因重要事项未公告临时停牌。6. 当日上证综合指数和沪深300指数走势图。该证据用于证明上证综合指数和沪深300指数均在当日13时开市后立即快速下跌,光大证券公司当日14时22分发布公告前后,上证综合指数和沪深300指数呈现平稳下跌趋势,无明显变化。7. 当日180ETF、50ETF、IF1309和IF1312市场行情走势图。该证据用于证明光大证券公司当日14时22分发布公告前后,180ETF、50ETF、IF1309和IF1312的价格走势呈现平稳下跌趋势,无明显变化。8. 当日内幕交易时间段IF1309和IF1312市场成交总量图表。9. 当日内幕交易时间段光大证券公司卖空IF1309和IF1312交易量图表。该证据用于证明该时段内光大证券公司交易IF1309和IF1312的数量远远低于市场成交总量,每分钟交易IF1309和IF1312的数量较为平均。

对于原告提供的证据材料,光大证券公司经质证认为:1. 光大证券公司不构成内幕交易,亦不应赔偿原告损失。2. 原告所提交的交易记录可能进行了"选择性打印"。3. 原告应提交当日前后各十天的交易记录,才能证明完整的交易过程以判断损失。对于光大证券公司提供的证据材料,原告经质证认为:1. 光大证券公司内部制定的《策略投资部业务管理制度》与本案无关,且无法判断文件或者制定时间的真实性。2. 新闻报道可能存在错单并不等于光大证券公司履行了依法披露的义务。3. 指数表现与光大证券公司股指期货交易量无法证明光大证券公司观点,与本案无关联性。针对各方意见,本院认为,关于交易记录的真实性,光大证券公司仅仅是推测可能存在问题,未提供反驳证据,而且光大证券公司已经对该批案件中的部分投资者的交易记录进行了抽样验证,并未发现有异常之处。故本院不予采信光大证券公司这一观点。交易记录的具体天数要求,除有必要外,亦不应加重原告的负担。关于光大证券公司《策略投资部业务管理制度》的真实性,与中国证监会调查结果相互印证,应予认可。至于证据关联性、证明力问题,应结合整个案情认定。

结合双方当事人质证意见,本院经审理查明以下事实:

1. 中国证监会对光大证券公司内幕交易行为的行政处罚决定

中国证监会在〔2013〕59号行政处罚决定书中认定:2013年8月16日11时05分,光大证券公司在进行交易型开放式指数基金申赎套利交易时,因程序错误,其所使用的策略交易系统以234亿元的巨量资金申购180ETF成分股,实际成交72.7亿元。经测算,180ETF与沪深300指数在2013年1月4日至8月21日期间的相关系数达99.82%,即巨量申购和成交180ETF成分股对沪深300指数,180ETF、50ETF和股指期货合约价格均产生重大影响。同时,巨量申购和成交可能对投资者判断产生重大影响，从而对沪深300指数，180ETF、50ETF和股指期货合约价格产生重大影响。根据《证券法》第七十五条第二款第（八）项和《期货交易管理条例》第八十二条第（十一）项的规定，“光大证券公司在进行ETF套利交易时，因程序错误，其所使用的策略交易系统以234亿元的巨量资金申购180ETF成分股，实际成交72.7亿元”为内幕信息。光大证券公司是《证券法》第二百零二条和《期货交易管理条例》第七十条所规定的内幕信息知情人。上述内幕信息自当日11时05分交易时产生，至当日14时22分光大证券公司发布公告时公开。

同日不晚于11时40分，徐浩明召集杨赤忠、沈诗光和杨剑波开会，达成通过做空股指期货、卖出ETF对冲风险的意见，并让杨剑波负责实施。因此，光大证券公司知悉内幕信息的时间不晚于当日11时40分。

当日13时，光大证券公司称因重大事项停牌。当日14时22分，光大证券公司发布公告，称“公司策略投资部自营业务在使用其独立套利系统时出现问题。”但在当日13时开市后，光大证券公司即通过卖空股指期货、卖出ETF对冲风险，至14时22分，卖出股指期货空头合约IF1309、IF1312共计6240张，合约价值43.8亿元，获利74,143,471.45元；卖出180ETF共计2.63亿份，价值1.35亿元，卖出50ETF共计6.89亿份，价值12.8亿元，合计规避损失13,070,806.63元。

光大证券公司在内幕信息公开前将所持股票转换为ETF卖出和卖出股指期货空头合约的交易，构成《证券法》第二百零二条和《期货交易管理条例》第七十条所述内幕交易行为。徐浩明为直接负责的主管人员，杨赤忠、沈诗光、杨剑波为其他直接责任人员。

对于上述事实，中国证监会认为：光大证券公司因程序错误以234亿元的巨量资金申购180ETF成分股，实际成交72.7亿元，可能影响投资者判断，对沪深300指数，180ETF、50ETF和股指期货合约价格均可能产生重大影响，同时这一信息在一段时间内处于未公布状态，符合内幕信息特征。中国证监会据此依法认定其为内幕信息。光大证券公司自身就是信息产生的主体，对内幕信息知情。按照光大证券公司《策略投资部业务管理制度》的规定和策略投资的原理，光大证券公司可以进行正常的对冲交易，但是光大证券公司决策层了解相关事件的重大性之后，在没有向社会公开之前进行的交易，并非针对可能遇到的风险进行一般对冲交易的既定安排，而是利用内幕信息进行的交易。此时公司具有进行内幕交易的主观故意，符合《证券法》中“利用”要件，应当认定为内幕交易。光大证券公司内幕交易行为性质恶劣，影响重大，对市场造成了严重影响，应当依法予以处罚。据此，中国证监会决定没收光大证券公司ETF内幕交易违法所得13,070,806.63元，并处以违法所得5倍的罚款；没收光大证券公司股指期货内幕交易违法所得74,143,471.45元，并处以违法所得5倍的罚款。上述两项罚没款共计523,285,668.48元。此外，中国证监会对于徐浩明、杨剑波等相关责任人员还给予警告并处以罚款。

2. 杨剑波与中国证监会行政诉讼情况

作为被行政处罚对象，杨剑波不服上述行政处罚决定，向北京市第一中级人民法院起诉中国证监会，请求该院撤销上述处罚决定中对其作出的处罚。主要理由为错单交易信息不构成内幕信息，光大证券公司并未利用错单交易信息从事证券或期货交易活动，杨剑波并非直接责任人员，处罚决定对光大证券公司违法所得数额认定错误等。经过审理，北京市第一中级人民法院于2014年12月作出（2014）一中行初字第2438号行政判决，驳回杨剑波的诉讼请求。杨剑波不服上诉至北京市高级人民法院，北京市高级人民法院于2015年5月判决驳回上诉，维持原判。

3. 中国证监会对光大证券公司董事会秘书梅键信息误导的行政处罚决定

中国证监会在〔2013〕59号行政处罚决定书中认定：2013年8月16日11时05分，光大证券公司在进行交易型开放式指数基金申赎套利交易时，因程序错误，其所使用的策略交易系统以234亿元的巨量资金申购180ETF成分股，实际成交72.7亿元。11时59分左右光大证券公司董事会秘书梅键在与大智慧记者高欣通话时否认了市场上“光大证券自营盘70亿元乌龙指”的传闻，而此时梅键对相关情况并不知悉。随后，高欣发布《光大证券就自营盘70亿乌龙传闻回应：子虚乌有》一文。12时13

分,梅键向高欣表示需进一步核查情况,要求删除文章。但此时该文已无法撤回,于12时47分发布并被其他各大互联网门户网站转载。梅键的相关行为违反了《证券法》第七十八条第二款关于禁止信息误导的规定。中国证监会认为,梅键作为光大证券公司董事会秘书,在对具体事实不知情的情况下,明知对方为新闻记者,轻率地对未经核实的信息予以否认,构成信息误导。大智慧当日13时04分发布的报道与光大证券公司13时公告的"重要事项未公开,8月16日下午停牌"内容基本一致,未披露当天上午交易的真实原因,不能视为对大智慧于当日12时47分发布信息的更正。据此,中国证监会决定责令梅键改正,并处以20万元罚款。

4. 光大证券公司2013年7月修订的《策略投资部业务管理制度》第3章第3.1条第15项关于市场中性策略型交易管理制度指引规定:"如果因市场出现流动性急剧下降、市场压力、系统故障,以及其他原因而导致交易异常,应考虑采用合适的对冲工具(包括但不限于股指期货、ETF等)及时控制风险,进行对冲交易,以保证部门整体风险敞口处于可控范围,保持市场中性"。

5. 当日11时32分,21世纪网刊发了标题为《A股暴涨:光大证券自营盘70亿乌龙指》的报道称:"据21世纪网独家获悉,今天上午的A股暴涨,源于光大证券公司自营盘70亿的乌龙指。对上述消息,光大证券公司董秘梅键对大智慧通讯社表示自营盘70亿乌龙纯属子虚乌有。光大证券公司权威人士对大智慧通讯社表示,有上述相关传闻说明他们不了解光大证券公司严格的风控,不可能存在70亿元乌龙情况,称传闻纯属子虚乌有。21世纪网已从多个渠道获悉,上午巨额买盘的资金的确是走的光大证券公司自营席位的通道"。该报道随后由多家网站转载。

6. 当日13时,光大证券公司因重要事项未公告,向上海证券交易所申请临时停牌,该消息随后由多家网站转载。

7. 2013年8月16日全天,50ETF的交易量为17.64亿份,180ETF的交易量为16.49亿份。

8. 原告在上海证券某营业部开立账户进行交易。本案中,原告诉请所涉及的具体交易情况及损失计算方式如下:(如有省略号,则表示列明记录的前后仍存在交易)

序号	买卖方向	股数	成交价	成交日期时间	交易品种
A	买入	23000	6.55	2013年8月16日13:00	方正证券
B	买入	10000	6.29	2013年8月16日13:18	方正证券
C	卖出	33000	5.7	2013年8月19日9:25	方正证券

原告对该账户的损失计算方式为:(A股数×成交价+B股数×成交价)-C股数×成交价=25450元。另对于上述交易,原告未主张手续费损失。

9. 经本院依据股票交易软件及市场公开信息查询,原告所交易的方正证券在当日之后五个交易日的平均收盘价为5.88元,该股票在当日系180ETF成分股。

本院认为,根据查明的事实以及双方辩诉意见,本案争议焦点可归纳为以下几点:

一、光大证券公司是否存在内幕交易行为

对此,原告认为中国证监会已经作出行政处罚决定,确认光大证券公司的行为构成内幕交易,该行政处罚决定未被推翻。被告光大证券公司认为,其行为不构成内幕交易。光大证券公司错单交易影响的是整个证券市场,不应属于证券市场的内幕信息。由于光大证券公司异常交易发生在证券市场,因此也不构成期货市场的内幕信息。错单交易信息在当日11时32分即在各媒体披露,不具有"未公开性"。光大证券公司于当日13时申请临时停牌并发布提示性公告,对投资者和整个市场已经产生了提示性作用。另外,被处罚对象之一杨剑波也已经提出行政诉讼,诉讼结果有可能影响本案定性。

本院认为,首先,中国证监会在〔2013〕59号行政处罚决定书中已经认定,光大证券公司

在内幕信息公开前将所持股票转换为ETF卖出和卖出股指期货空头合约的交易，构成《证券法》第二百零二条和《期货交易管理条例》第七十条所述内幕交易行为。而且光大证券公司作为被行政处罚的对象，并未针对该处罚决定提起相应的行政诉讼，应视为认同该处罚决定。其次，杨剑波提出的行政诉讼，相关法院审理之后，认为被诉行政处罚认定事实清楚，作出处罚决定的程序合法，一、二审判决驳回了杨剑波的诉请。上述行政及司法认定，具有约束力，本院据此确认光大证券公司存在内幕交易行为。

本案中，光大证券公司还提出，媒体已经披露了错单交易信息，信息已经公开，主要依据是当日11时32分21世纪网刊所发表的《A股暴涨：光大证券自营盘70亿乌龙指》报道以及相关网站转载。本院认为这一问题既涉及到内幕交易是否构成的认定，也涉及到投资者损失因果关系的认定，应当加以审查。鉴于中国证监会行政处罚中并未涉及该情节，本院认定如下：首先，从报道的主体来看，该报道并非由光大证券公司主动披露，而是由财经媒体自主报道，不能视为光大证券公司履行了法律法规以及证券监管部门、证券交易所要求的公开披露义务。其次，从报道的消息来源来看，该报道提及"独家获悉"，该用语往往体现了财经媒体报道的消息来源为私下、非公开渠道，未经官方确认，不具有权威性，受众未必对此产生信赖。再次，从报道的内容来看，该报道既提到了A股暴涨原因为"乌龙指"，同时也提到了光大证券公司董秘梅键称"乌龙纯属子虚乌有"，对同一件事件的两种截然不同观点均予以报道，只能为受众提供参考，受众无法从中得到准确答案。基于以上原因，不能视为内幕信息已经具有公开性。

二、光大证券公司作为内幕交易行为人是否具有主观过错

原告认为，光大证券公司在错单交易发生后，不及时披露相关情况造成信息误导，还违法进行内幕交易行为，具有主观过错。光大证券公司认为，首先，错单交易发生时，光大证券公司根本无法判断错单信息属于整个证券和期货市场的内幕信息，并非故意隐瞒。光大证券公司于14时22分对错单交易事件进行了公告。从事件发生到公告间隔只有三个多小时，完全符合我国《上市公司信息披露管理办法》第七十一条对信息披露及时性的标准。其次，错单交易发生后，光大证券公司进行对冲交易，该交易行为是根据既定的、公开的交易策略和《策略投资部业务管理制度》进行的，具有合规性和正当性。

本院认为，首先，光大证券公司的错单交易行为引起市场暴涨，可能影响投资者判断，对市场上众多的交易品种价格可能产生影响。暂且抛开对市场的影响，光大证券公司应认识到该信息至少对于光大证券公司本身股票价格的重要影响，因为错单成交量巨大，作为自营业务，足以对光大证券公司的经营业绩产生重大影响，并且因当天的交割结算会引发巨额债务。此类事件已经成为《证券法》第六十七条所规定的可能对上市公司股票交易价格产生较大影响的重大事件，在这种情况下，无论是否能够判断该信息为内幕信息，无论是否进行对冲交易，均应"立即"披露。本院认为，"立即"，根据《现代汉语词典》的解释，为立刻、马上，紧接着某个时候，应当是一个较短的时间段。本案中，应考虑两方面的因素。第一，从技术层面而言，考虑到目前传播沟通技术的便捷性，光大证券公司有足够的时间在下午13时开市前在监管部门指定媒体以及其他媒体平台广而告之，比如光大证券公司因重要事项未公开向上海证券交易所申请临时停牌，上海证券交易所也在当日13:00发布了盘中停牌提示性信息。这说明"立即披露"在技术上无任何障碍。第二，从主观层面而言，根据本院查明的事实，当日11时40分，光大证券公司已经开会准备进行对冲，这说明光大证券公司此时完全知晓其上午的交易属于错单交易，因此才有对冲交易的需要。在此时真相已经明了的情况下，光大证券公司完全可以立即披露，但光大证券公司并未遵守监管部门的信息披露要求，而是实施对冲交易以规避自己的损失，主观上具有过错。

至于光大证券公司提出，光大证券公司进行的对冲交易是根据既定的、公开的交易策略和《策略投资部业务管理制度》进行的，具有合规性和正当性。本院认为，任何公司的内部规定均不能违反国家的法律规定，如果违反，应承担相应的法律责任。对冲交易策略本身并不违法，即便因系统故障引起的微量错单交易，可以

通过对冲交易规避损失,但在特定情况下,尤其是本案中因巨量错单交易进而产生内幕信息的情况下,因为国家法律法规、监管部门的要求,此时公司就具有更高的义务来确保自己的行为合法,而不仅仅是考虑公司内部的规定。因此,光大证券公司以存在公司内部规定为由主张其无过错,本院不予支持。

三、原告经济损失与光大证券公司内幕交易是否存在因果关系

原告认为,其所交易的品种因光大证券公司的对冲行为造成价格下跌,因此其经济损失与光大证券公司内幕交易自然存在因果关系。光大证券公司认为,从光大证券公司对冲的总成交量、交易手法、市场价格变化来看,均不会影响市场价格,不会造成原告损失,故不存在因果关系。原告的交易品种、交易模式也表明原告所受损失与内幕交易之间没有因果关系。

本院认为,证券市场中因果关系不同于传统的民事因果关系。首先,证券市场主体人数众多、交易迅速、成交量大。作为一个以计算机网络技术为基础的市场,大多数证券交易是通过集合竞价和连续竞价,采取交易所主机撮合方式而完成的,内幕交易行为人与受害人并不直接对应或接触。因此,投资者交易的股票无法与内幕交易行为人交易的股票完全一一对应。其次,在证券市场中,投资者的损害主要表现为证券价格的下降或上升,但是影响证券价格的因素非常多,往往是多种原因相互交织引起证券价格波动。在这种情况下,由投资者通过证据去证明内幕交易的因果关系几乎不可能,相当于架空了内幕交易惩罚制度,不符合立法的本意。

本院注意到,我国目前法律法规或者司法解释并未对内幕交易与投资者损失的因果关系方面作出具体明确规定,但与此最相类似、同样涉及证券市场投资者民事赔偿的《最高人民法院关于审理证券市场因虚假陈述引发的民事赔偿案件的若干规定》第十八条对因果关系作出如下规定:"投资人具有以下情形的,人民法院应当认定虚假陈述与损害结果之间存在因果关系:(一)投资人所投资的是与虚假陈述直接关联的证券;(二)投资人在虚假陈述实施日及以后,至揭露日或者更正日之前买入该证券;(三)投资人在虚假陈述揭露日或者更正日及以后,因卖出该证券发生亏损,或者因持续持有该证券而产生亏损"。根据该规定,具备一定条件的情况下,推定因果关系的成立。

考虑到上述因素,本院认为,在认定内幕交易与投资者损失的因果关系方面,亦应采用推定因果关系的做法。基于有效市场理论,假定证券及期货市场的价格受所有投资公众可获知的公开信息的影响,交易时不披露内幕信息,会在极大程度上影响市场价格的真实性。因此,存在内幕交易行为应当推定为会影响到投资者所投资的交易品种价格,进而造成投资者的损失。具体而言,本院认为,在内幕信息具有价格敏感性的情况下,在内幕交易行为人实施内幕交易行为的期间,如果投资者从事了与内幕交易行为主要交易方向相反的证券交易行为,而且投资者买卖的是与内幕信息直接关联的证券、证券衍生产品或期货合约,最终遭受损失,则应认定内幕交易与投资者损失具有因果关系。

光大证券公司还提出,当日内幕交易时间段,光大证券公司交易 IF1309 和 IF1312 的数量远远低于市场成交总量,每分钟交易 IF1309 和 IF1312 的数量又较为平均,因此并不会导致大盘价格下降,与原告损失之间没有因果关系。另外,光大证券公司于 14 时 22 分发布公告前后,相关市场价格走势呈平稳下跌趋势,没有明显的突变,说明无论光大证券公司是否公开内幕信息,对市场价格走势不会产生较大影响,故投资者交易受损并非光大证券公司内幕交易行为所致。本院认为,内幕交易中,交易总量的大小、交易数量是否平均,对因果关系的认定并无影响,因为立法禁止从事内幕交易行为,并未区分上述具体实施因素,而是考虑到内幕交易破坏证券市场交易制度的公平性,影响到一般投资人对证券市场公开、公正、公平的信赖。在采用推定因果关系的情况下,上述具体交易数量与具体交易模式,对于与内幕信息直接关联的交易品种,并不影响因果关系的认定,最多在赔偿责任限额方面对内幕交易行为人有影响。另外,在本案较短的内幕交易期间内,光大证券公司也没有举证证明存在其他市场风险因素的明显介入,故其以自身交易模式为由否认因果关系存在的观点本院不予支持。

与因果关系密切相关的一个问题是交易品

种直接关联性问题。本案中,原告所交易的方正证券系 180ETF 成分股,与光大证券公司所交易的股指期货空头合约 IF1309、IF1312 以及 50ETF 以及 180ETF 并不相同。本院认为,在交易品种不同的情况下,需要进一步区分认定交易品种之间的关联关系。如果一种交易品种以内幕交易信息相关品种的价格为基础的,或者两者之间存在明显的价格互动关系的,可以认定两个投资品种之间存在直接关联性。如果缺乏上述条件,则应认定为不存在直接关联性。

本院认为,本案中光大证券公司所交易的 ETF 品种是一种跟踪标的指数变化、且在证券交易所上市交易的基金。50ETF 与 180ETF 分别跟踪的指数为上证 50 指数、上证 180 指数。ETF 组合中的股票种类和相关指数包含的成分股相同,股票数量比例和该指数成分股构成权重一致。ETF 与股票投资者的开户要求并无不同,买卖制度类似。就价格互动性而言,由于 ETF 价格与一揽子成分股价格按比例相关,成分股的价格变动会直接影响 ETF 的价格变动。ETF 的申购赎回,可以用一揽子成分股互换,这个过程中会发生成分股的直接买卖,而不仅仅是心理影响。在 ETF 套利方面,也存在价格互动性,大量卖出 ETF 会导致 ETF 市场价格下降,与 ETF 的份额净值产生偏离,偏离到一定程度便会产生套利机会,市场套利者通常会低价买入 ETF,再赎回换成一揽子股票,然后在股票市场抛售,赚取差价。

在本案中,本院注意到,光大证券公司在内幕交易时间段交易的 50ETF 为 6.89 亿份,与当日 50ETF 全天市场总交易量 17.64 亿份相比所占比例为 39.06%,180ETF 为 2.63 亿份,与当日 180ETF 全天市场总交易量 16.49 亿份相比所占比例为 15.95%。上述数据说明,光大证券公司内幕时间段的交易量即便与全天市场总交易量相比,已经是占相当大的比例,更何况单独对内幕交易时间段内的成交量进行比较。在如此大的交易量的情况下,本院认为足以引起成分股的价格变动。基于以上原因,本院认为本案原告交易的股票,由于系 ETF 的成分股,与光大证券公司内幕交易所涉及的 50ETF、180ETF 具有直接关联性,因此本案原告交易股票受到损失与光大证券公司的内幕交易行为之间具备法律上可以认定的因果关系。

四、原告具体经济损失的认定

本院认为,在内幕交易引起投资者具体经济损失的计算方面,由于目前我国法律法规尚无详细规定,应由人民法院根据内幕交易所涉及交易品种的特点、市场的状况,参照类似的国内外规定予以酌情认定。根据本案的特定情况,本院认为应以投资者在内幕交易时间段内的交易价格与基准价格的差额,乘以交易的具体数量,计算损失金额。对于基准价格如何确定,应当以内幕信息公开后的一段合理时间,相关交易品种价格对相关信息的反应结束后的价格为基准价格。

光大证券公司内幕交易涉及到不同交易品种,在认定基准价格方面,本院认为应考虑以下因素:一是光大证券公司内幕交易事件属于市场首例,经由新闻媒体的大规模报道,消息应能较快在市场上传递;二是不同品种的交易规则区别较大(比如保证金交易、T+1 还是 T+0 等等),对适格投资者的标准亦不相同,投资者的交易频率也有所差别,故确定基准价格的办法应根据交易品种均不同而有所区别。对于 ETF 成分股的投资者,本院酌情认定内幕信息公开后的合理时间为十个交易日(自次日起算,基准日应为 2013 年 8 月 30 日),上述期间足以使交易品种价格对相关信息的反应结束,故可以十个交易日平均收盘价作为股票的基准价格。但由于方正证券股票于 2013 年 8 月 26 日至 2014 年 1 月 13 日因收购原因停止交易,该股票计算十个交易日价格会引起失真,故本院以当日至 2013 年 8 月 26 日之间的五个交易日平均收盘价作为基准价格。在计算损失的公式方面,由于股票实行 T+1 交易规则,且本案内幕交易时间段较短,故本院采用以下简便计算原则:原告投资人在基准日及以前卖出证券的,其损失为买入证券总成交额与实际卖出证券总成交额之差。原告投资人在基准日之后卖出或者仍持有证券的,其损失为买入证券总成交额与以基准价格计算的卖出证券总成交额之差。总成交额以股数 × 交易价格计算,多次买入的累计计算。

具体至本案而言,本案原告的所有股票在内幕时间段内买入,在基准日之前卖出,损失计算方式为 23000 × 6.55 + 10000 × 6.29 − 33000 ×

5.7 = 25,450 元。

综上所述,光大证券公司的行为构成内幕交易,具有主观过错,与原告的投资损失具有因果关系,故应依法赔偿因此所造成的原告损失25,450元。依照《中华人民共和国证券法》第五条、第六十七条、第七十条、第七十五条、第七十六条,《期货交易管理条例》第三条、第八十二条之规定,判决如下:

被告光大证券股份有限公司于本判决生效之日起十日内赔偿原告张晓捷损失人民币25,450元。

如果未按本判决指定的期间履行给付金钱义务,应当按照《中华人民共和国民事诉讼法》第二百五十三条之规定,加倍支付迟延履行期间的债务利息。

本案案件受理费人民币436.25元,由被告光大证券股份有限公司负担。

如不服本判决,可在判决书送达之日起十五日内向本院递交上诉状,并按对方当事人的人数提出副本,上诉于上海市高级人民法院。

二〇一五年九月三十日

上海市第三中级人民法院行政判决书

(2015)沪三中行终字第116号

上诉人(原审原告)蒋波,男,1975年11月3日出生,汉族,住重庆市渝北区金开大道1006号11-10-3。

被上诉人(原审被告)中国证券监督管理委员会上海监管局,住所地上海市浦东新区迎春路555号。

法定代表人严伯进,中国证券监督管理委员会上海监管局局长。

委托代理人尹文泽,中国证券监督管理委员会上海监管局工作人员。

委托代理人郭佳鑫,中国证券监督管理委员会上海监管局工作人员。

上诉人蒋波因要求履行法定职责一案,不服上海市浦东新区人民法院(2015)浦行初字第119号行政判决,向本院提起上诉。本院于2015年7月29日受理后,依法组成合议庭审理了本案。现已审理终结。

原审认定,2006年6月19日,蒋波与上海中期期货有限公司(以下简称"中期公司")签订《期货经纪合同》,在中期公司开立期货账户。2014年6月2日,蒋波向中国证券监督管理委员会上海监管局(以下简称"上海证监局")邮寄行政投诉文书,投诉中期公司,具体投诉请求包括:1.行政处罚被投诉人;2.责令被投诉人支付其因不正当及非法行为给蒋波造成的期货投资直接损失150万元、间接损失1000万元,精神损害赔偿金1亿元。上海证监局于同年6月6日收到蒋波的行政投诉文书,于同年6月11日作出受理告知书。上海证监局受理后,依法对中期公司进行调查,对当时为蒋波开户的经办人员进行电话询问,并调查了蒋波期货账户开户以及交易情况,未发现中期公司及其从业人员存在诱导、诱骗、欺诈等蒋波投诉的违规行为,遂于同年7月10日向蒋波作出沪证监办访复字〔2014〕243号《信访答复函》,主要内容为"您于2014年6月6日来信反映的情况知悉。经调查核实,现答复如下:中期公司接受您的委托为您进行期货交易,事先履行了实名制审核、风险揭示及签订书面合同等法定义务,无证据证明该公司及其从业人员存在诱导、欺骗、欺诈等违规行为。若您对期货交易亏损的责任承担仍存异议,请您通过司法途径解决。"蒋波不服,向中国证券监督管理委员会(以下简称"证监会")申请行政复议,证监会作出〔2014〕70号行政复议决定书,维持了上海证监局作出的《信访答复函》。蒋波不服,先向北京市第一中级人民法院提起行政诉讼,要求撤销证监会作出的〔2014〕70号行政复议决定书,后经北京市第一中级人民法院释明，诉至原审法院，要求撤销上海证监局于2014年7月10日作出的沪证监办访复字〔2014〕243号《信访答复函》。

原审认为，《期货交易管理条例》第四十七条第(七)项规定，国务院期货监督管理机构对期货市场实施监督管理。依法履行下列职责：……(七)对违反期货市场监督管理法律、行政法规的行为进行查处。据此，上海证监局对蒋波的第一项投诉请求有调查处理的职权，对蒋波的第二项投诉请求无相关的处理职权。上海证监局经过对被投诉人中期公司的调查，认为中期公司接受蒋波委托为蒋波进行期货交易，事先已经履行了实名制审核、风险揭示及签订书面合同等法定义务，符合相关法律的规定，不存在蒋波投诉的违法行为，遂在规定的期限内对蒋波作出被诉《信访答复函》并送达蒋波，认定事实清楚，适用法律正确，执法程序合法，上海证监局已经充分履行了其法定职责。蒋波的诉讼请求无事实和法律依据，不予支持。依据《最高人民法院关于执行〈中华人民共和国行政诉讼法〉若干问题的解释》第五十六条第(四)项之规定，判决驳回蒋波的诉讼请求，案件受理费人民币50元(已预缴)由蒋波负担。判决后，蒋波不服，上诉于本院。

上诉人蒋波上诉称，上诉人投诉事项应当由证监会管辖，被上诉人没有管辖权。上诉人所作调查是“走过场”，认定事实不清。被上诉人未依《中华人民共和国行政处罚法》予以立案受理，而是依据信访条例受理投诉，适用法律错误。上诉人患有精神病型中度抑郁症精神病，无诉讼行为能力，原审法院应当责令上海证监局对上诉人提出特别程序申请和司法医学鉴定申请，并应当依职权或上诉人的申请通知中期公司作为第三人参加诉讼及通知证人出庭作证。原审审判程序违法，原审法院所作判决错误，要求撤销原审判决，判令支持上诉人的原审诉讼请求。

被上诉人上海证监局辩称，上诉人向其提出信访投诉，被上诉人有权作出信访答复。被上诉人作为期货交易的监督管理机构，对于提出信访投诉的上诉人是否具有诉讼行为能力，没有法律上的利害关系，不同意上诉人提出的司法医学鉴定申请。被上诉人经过调查，作出的《信访答复函》认定事实清楚，适用法律正确，请求驳回上诉人的诉讼请求，维持原审判决。

经审理查明，原审判决认定事实清楚，本院依法予以确认。

本院认为，根据《期货交易管理条例》第四十七条的规定，被上诉人上海证监局作为期货监督管理机构依法具有对期货市场进行监督管理的法定职责。《中华人民共和国行政处罚法》第三十条规定，公民、法人或者其他组织违反行政管理秩序的行为，依法应当给予行政处罚的，行政机关必须查明事实；违法事实不清的，不得给予行政处罚。本案中，被上诉人经调查认定中期公司接受上诉人蒋波委托为其进行期货交易，事先已经履行了实名制审核、风险揭示及签订书面合同等法定义务，无证据证明中期公司存在诱导、诱骗、欺诈等违规行为，被上诉人作出被诉行政行为有向原中期公司从业人员马晓飞进行电话询问的录音及录音文字记录、《期货经纪合同》、身份证复印件、《期货交易风险说明书》、中期公司关于蒋波相关资料的说明及蒋波期货账户交易结算报告等证据予以证明，所作《信访答复函》符合相关法律法规的规定，并无不当。上诉人对被上诉人的管辖即职权依据提出异议，与上诉人向被上诉人邮寄行政投诉文书的行为存在矛盾，本院难以支持。上诉人认为其不具有诉讼行为能力及被上诉人认定事实不清、原审审判程序违法的主张，缺乏事实和法律依据，本院不予支持。原审法院判决驳回上诉人的诉讼请求正确。

需要指出，原审判决书存在笔误，判决书第6页第5行“于同年7月7日作出”应为“于同年7月10日作出”，对此瑕疵，本院予以纠正。

据此，依据《中华人民共和国行政诉讼法》第八十九条第一款第(一)项之规定，判决如下：

驳回上诉，维持原判。

二审案件受理费人民币50元，由上诉人蒋波负担。

本判决为终审判决。

二〇一五年九月八日

福建省福州市鼓楼区人民法院行政判决书

(2015)鼓行初字第128号

原告隋笑峰,男,1967年5月22日出生,汉族,住北京市西城区白广路4号钢院。

委托代理人黄乐,福建名仕律师事务所律师。

委托代理人李敏,福建名仕律师事务所实习律师。

被告中国证券监督管理委员会福建监管局,住所地福州市铜盘路福州软件园B区10号楼A栋。

法定代表人陈小澎,局长。

出庭行政机关负责人苏文贤,副局长。

委托代理人许永东、刘晨璐,福建拓维律师事务所律师。

原告隋笑峰不服被告中国证券监督管理委员会福建监管局行政处罚决定,于2015年5月25日向本院提起行政诉讼。本院于当日受理后,于2015年6月6日向被告送达了起诉状副本及应诉通知书。本院依法组成合议庭,于2015年9月8日公开开庭审理了本案。原告隋笑峰委托代理人黄乐、李敏,被告中国证券监督管理委员会福建监管局负责人苏文贤、委托代理人许永东、刘晨璐到庭参加诉讼。本案经福建省高级人民法院批准延长审理期限3个月。本案现已审理终结。

被告中国证券监督管理委员会福建监管局于2015年4月23日作出〔2015〕2号《行政处罚决定书》,查明的主要事实及行政处罚决定如下:……高鸿股份收购高阳捷迅股权并增资事项,是公司的重大投资行为,属于《证券法》第六十七条规定可能对上市公司股票交易价格产生重大影响的“重大事件”,根据《证券法》第七十五条在未公开前属于内幕信息。该内幕信息形成不晚于2013年1月28日。姚某专门为曾某某就此次收购事项提供联络、协助、撮合等居间服务和咨询服务,知悉收购事项的进展情况,为内幕信息知情人。……隋笑峰与姚某同为北京某影视文化有限公司股东,分别任总经理与副总经理。隋笑峰的配偶“赵某”的证券账户于2007年3月21日开立于中银国际证券,该账户由隋笑峰实际控制。2013年4月至5月,隋笑峰与姚某进行了数次通讯联系。2013年5月31日(该内幕信息公开前的最后一个交易日)12:07分,隋笑峰与姚某进行了长达11分32秒的电话联络。随后于13:00至14:18分,隋笑峰操作“赵某”证券账户卖出该账户所持有的其他6只股票中的4只,并共计买入207000股高鸿股份股票,买入金额为1645057元。交易资金来源于三方存管账户转入和当日卖出股票资金。该账户自开立后从未交易过高鸿股份股票。当日收市后,“赵某”证券账户资金余额仅为1646.75元,持有高鸿股份股票市值占比52.96%(以当日收盘价计算的高鸿股份股票市值除以所持有的所有股票市值与资金余额之和计算)。2013年10月23日至2014年4月9日,“赵某”证券账户所持有的上述高鸿股份股票被全部卖出,违法所得为1054426.63元。我局认为,隋笑峰的行为违反了《证券法》第七十三、七十六条的规定,构成了《证券法》第二百零二条规定的行为。上述违法事实,有相关公告、当事人及相关人员询问笔录、“赵某”证券账户开户资料、证券账户交易记录、资金划转凭证、通讯记录、高鸿股份会议纪要等证据证明。……经复核,我局认为,关于隋笑峰基于高鸿股份利润分配实施公告而购买高鸿股份的动因,在其本人询问笔录和听证会召开前其本人提交的陈述申辩材料中均未提及,而在听证会当日才提出这个购买理由。2013年5月31日,隋笑峰卖出的海亮股份每10股派送1元,买入的高鸿股份每10股仅派送0.6元,分配比例远低于海亮股份。隋笑峰卖出海亮股份、电广传媒、五矿发展、福建南纸4支股票合计亏损近40万元，买入高鸿股份后仅获得分红11799元，其辩称因为高鸿股份的利润分配公告令其作出股价将要上涨的预判而做出购买决定的理由不可采信。本案所涉内幕信息为高鸿股份收购高阳捷迅股权并增资事项，隋笑峰与姚某联络的时间与其交易高鸿股份的时间高度吻合，同时也与收购事项的进展时间高度吻合。此外，隋笑峰从未买过该股，亏损卖出其他股票的资金几乎全部用来买入该股，交易行为明显异常。综上，隋笑峰提出的申辩理由不能对其异常交易行为作出合理说明，其提供的证据不能排除其利用内幕信息从事证券交易活动。因此，对隋笑峰提出的申辩理由不予采纳。根据当事人违法行为的事实、性质、情节与社会危害程度，依据《证券法》第二百零二条的规定，我局决定：没收隋笑峰违法所得1054426.63元，并处以1054426.63元罚款。

被告中国证券监督管理委员会福建监管局向本院提交以下证据、依据：证据一、(一)2013年1月28日高阳捷迅与高鸿股份签署《保密协议》，证明收购意向成立；(二)《高阳捷迅尽职调查报告》部分文稿，证明上市公司进行的收购前期工作；(三)2013年5月8日，高阳捷迅曾东卫收到任一凡发送邮件的附件《会议纪要》，证明收购方案已大体确定；(四)2013年5月31日签署的《股权投资条款初步清单》，证明股权收购协议主要条款已确定；(五)2013年6月3日，高鸿股份发布的拟收购目标企业重大资产重组事项的《重大资产重组停牌公告》；(六)2013年6月18日，高鸿股份披露的收购并增资高阳捷迅的《关于变更部分募集资金投向暨对外投资关联交易的公告》，证明高鸿股份正式公告；证据一证明高鸿股份收购高阳捷迅股权并增资，属于重大投资行为。自2013年1月28日至6月18日是内幕信息敏感期，该收购高阳捷迅的信息属于内幕信息。证据二、(一)《并购居间合同》；(二)2013年7月30日，福建证监局向曾东卫制作的《询问笔录》；(三)2013年9月24日，福建证监局向曾东卫制作的《询问笔录》，证明姚东虽不参与谈判，但其知晓收购进展情况，且说明《并购居间合同》甲乙方以公司名义签订的原因；(四)2014年2月11日，福建证监局向姚东制作的《询问笔录》，证明2010年姚东和隋笑峰系同一公司股东及姚东承认曾东卫会电话告知其并购重组障碍、困难和进展情况；(五)2013年9月25日，曾东卫向福建证监局提供的通话记录和短信记录(时间:2013年4月1日至5月31日)，证明曾东卫与姚东联系大约40次，其中5月8日会议开完之后曾东卫就向姚东致电。证据二证明曾东卫与姚东签订《并购居间合同》后，姚东为曾东卫提供居间和咨询服务，双方就高鸿股份收购高阳捷迅事项保持联络。姚东通过曾东卫了解收购信息，为内幕信息知情人。证据三、(一)2014年2月13日，福建证监局向隋笑峰制作的《询问笔录》，证明隋笑峰和姚东的联系。(二)中海东坤影视文化(北京)有限公司工商注册信息及登记资料，证明姚东与隋笑峰系中海东坤影视文化(北京)有限公司股东，并在该公司任职。(三)2013年9月23日，隋笑峰向福建证监局提供的通话记录和短信记录(时间:2013年4月1日至5月31日)，证明该期间隋笑峰与姚东联系较为频繁，其中2013年5月31日12点7分10秒姚东致电隋笑峰，通话11分钟许。证据三证明姚东与隋笑峰系中海东坤影视文化(北京)有限公司股东，并在该公司任职。结合证据二(四)，证明了隋笑峰在内幕信息公开前与内幕信息知情人姚东联络、接触。证据四、(一)2013年9月23日，福建证监局向隋笑峰制作的《询问笔录》；(二)2013年9月23日，福建证监局向赵梅制作的《询问笔录》；证据四证明隋笑峰控制赵梅证券账户在内幕消息公开前买入高鸿股份，赵梅的账户实际为隋笑峰控制，在买入高鸿股份时间段系其本人操作。证据五、(一)2013年8月1日，福建证监局向中银国际证券北京宣外大街证券营业部调取的赵梅证券账户《情况说明》、《成交明细表》和《委托汇总表》；(二)2013年9月24日，高鸿股份发布《关于资产重组的一般风险提示暨复牌公告》；(三)2014年2月12日，福建证监局向中银国际证券北京宣外大街证券营业部调取的赵梅证券账户《成交明细表》；(四)2014年8月13日，福建证监局向中银国际证券北京宣外大街营业部调取的赵梅证券账户《成交明细表》；(五)2014年11月10日，福建证监局向深圳证券交易所发出的《福建证监局关于商请协助提供相关账户交易高鸿股份获利情况的函》及深圳证券交易所提供的赵梅证券账户盈利统计;证据五证明隋笑峰在与内幕信息知情人姚东的通话过程中,开始委托申报买入高鸿股份,隋笑峰于2013年5月31日卖出4只股票买入高鸿股份,该证券交易活动发生在内幕信息公开前的最后一个交易日,与内幕信息高度吻合,2013年10月23日至2014年4月9日,“赵梅”证券账户卖出所持有的高鸿股份,违法所得为1,054,426.63元。证据六、(一)高鸿股份的《企业法人营业执照》、《组织机构代码证》;(二)高阳捷迅的《企业法人营业执照》、《组织机构代码证》;(三)2013年7月29日,福建证监局向付景林制作的《询问笔录》;(四)2013年7月29日,福建证监局向赵德胜制作的《询问笔录》;(五)2013年9月24日,福建证监局向任一凡制作的《询问笔录》;(六)赵梅的证券账户开户资料、资金划转凭证;证据六证明福建证监局全面调查了本案事实,行政处罚决定书中认定的其他事实,均有相应的事实依据。证据七、(一)2013年7月9日,中国证监会稽查局向福建证监局作出的《关于请调查“高鸿股份”异常交易案的函》及附件1《初步调查事项》、附件2《市场监控报告异动快报》、附件3诚信档案信息表;(二)2013年7月25日,福建证监局制作的《“高鸿股份”异常交易案初步调查方案》;(三)福建证监局向高鸿股份、高阳捷迅、中银国际证券北京宣外大街证券营业部、隋笑峰、赵梅出示的《监督检查通知书》、《调查通知书》及调查人员行政执法证;(四)2013年11月19日,福建证监局向中国证监会稽查局上报的《关于报送隋笑峰涉嫌内幕交易“高鸿股份”案初步调查报告的函》;证据七证明福建证监局根据中国证监会的授权,对“高鸿股份”异常交易进行调查。证据八、(一)2013年11月27日,中国证监会稽查局向福建证监局下发的《关于立案调查“高鸿股份”内幕交易案的函》;(二)2013年12月2日,福建证监局制作的《“高鸿股份”内幕交易案立案调查方案》;(三)福建证监局向中银国际证券北京宣外大街证券营业部、隋笑峰、姚东出示的《监督检查通知书》、《调查通知书》及调查人员行政执法证;(四)2014年3月24日,福建证监局向中国证监会稽查局上报的《关于报送隋笑峰和章怡涉嫌“高鸿股份”内幕交易案调查终结报告的函》;证据八证明福建证监局根据中国证监会的要求,对“高鸿股份”内幕交易案进行调查。证据九、(一)2014年5月4日,中国证监会稽查局向福建证监局下发的《关于将隋笑峰和章怡涉嫌内幕交易“高鸿股份”案转为自办案件的函》;(二)2014年5月12日,福建证监局作出的《证券期货违法违规案件立案审批表》;证据九证明福建证监局对隋笑峰涉嫌内幕交易案进行立案。证据十、(一)2014年5月26日,福建证监局作出的《隋笑峰和章怡涉嫌内幕交易“高鸿股份”案件复核报告》;(二)2014年6月18日,福建证监局形成的《隋笑峰和章怡涉嫌“高鸿股份”内幕交易案调查终结报告》;证据十证明福建证监局对隋笑峰涉嫌内幕交易案进行了调查、复核。证据十一、(一)2014年6月18日,福建证监局稽查处向法制处移交案件的《隋笑峰和章怡涉嫌内幕交易“高鸿股份”案移送审理单》;(二)2014年7月2日,福建证监局作出的《中国证监会福建监管局行政处罚案件审理人员名单审批单》及审理人员行政执法证;证据十一证明福建证监局稽查处向法制处移送隋笑峰涉嫌“高鸿股份”内幕交易案。证据十二、(一)2014年7月18日,福建证监局法制处制作的《补充调查审批单》和《行政处罚案件补充调查通知书》;(二)2014年7月21日,福建证监局稽查处制作的《“高鸿股份”内幕交易案补充调查方案》;(三)福建证监局向中银国际证券北京宣外大街证券营业部出示的《监督检查通知书》及调查人员行政执法证;(四)2014年8月22日,福建证监局稽查处作出的《关于反馈案件补充调查情况的函》;证据十二证明福建证监局法制处要求就隋笑峰涉嫌内幕交易案进行补充调查。证据十三、(一)2014年9月3日和10月22日,福建证监局作出的两份《中国证监会福建监管局行政处罚案件延长审理期限审批单》;(二)2014年11月14日,中国证监会行政处罚委员会向福建证监局作出的《关于对隋笑峰等人涉嫌内幕交易案的复函》;(三)2014年11月18日,福建证监局法制处作出的《隋笑峰、章怡内幕交易案审理报告》及《审理报告审批单》;(四)2014年11月19日,福建证监局对案件进行讨论的《隋笑峰涉嫌内幕交易高鸿股份案集体讨论会议记录》;证据十三证明中国证监会行政处罚委员会决定本案由福建证监局审理，福建证监局对隋笑峰内幕交易案进行了审理，并进行了集体讨论。证据十四、(一)2014年12月1日，福建证监局作出的《行政处罚事先告知书》、《行政处罚事先告知书回执》及送达回证；(二)2014年12月26日，隋笑峰提交福建证监局的陈述申辩意见和证据；(三)2015年1月19日，福建证监局作出的《听证通知书》及送达回证；(四)2015年1月30日，福建证监局举行听证会的《听证笔录》；(五)2015年1月30日，隋笑峰代理人提供的《陈述和申辩意见书》、证据和授权委托书；(六)2015年2月4日，隋笑峰代理人提供的《代理词》；(七)2015年4月3日，听证人员对听证会情况进行合议的《隋笑峰涉嫌内幕交易高鸿股份案听证会合议会议纪要》及参考资料《浙江海亮股份有限公司2012年度股东大会决议公告》、《浙江海亮股份有限公司2012年年度报告》节选；(八)2015年4月17日，福建证监局对案件进行听证复核的《隋笑峰涉嫌内幕交易高鸿股份案复核意见》和《听证复核意见审批单》；(九)2015年4月20日，福建证监局再次进行集体讨论，并作出的《隋笑峰涉嫌内幕交易高鸿股份案集体讨论会议记录》；证据十四证明福建证监局履行了处罚前告知义务，并举行了听证会，充分听取了相对人的陈述申辩意见；听证会后进行了听证合议、听证复核以及集体讨论。证据十五、(一)2015年4月23日，福建证监局作出的《行政处罚决定书》和送达回证、授权委托书；(二)2015年4月28日，福建证监局制作的《中国证监会福建监管局行政执法现场笔录》及相关材料；证据十五证明福建证监局依法向当事人送达了行政处罚决定书，福建证监局电话通知隋笑峰领取《行政处罚决定书》，照片证明工作人员上门送达未果，经短信联系由隋笑峰代理律师前来签收。证据十六、(一)《中华人民共和国证券法》第七条、第六十七条、第七十三条、第七十四条、第七十五条、第七十六条；(二)证监发〔2013〕45号中国证券监督管理委员会《关于印发〈中国证券监督管理委员会派出机构行政处罚工作规定〉的通知》；(三)法〔2011〕225号最高人民法院《关于审理证券行政处罚案件证据若干问题的座谈会纪要》第五条第(五)项；(四)证监公司字〔2007〕128号中国证券监督管理委员会《关于规范上市公司信息披露及相关各方行为的通知》第三点。

原告隋笑峰诉称，2015年1月30日，在被告召开的行政处罚听证会上，就被告闽证监函〔2014〕354号《行政处罚事先告知书》中所告知的拟予处罚的事实认定，原告向被告提交了23份证据并发表陈述申辩意见。2015年5月13日，被告向原告送达〔2015〕2号《行政处罚决定书》。原告认为，一、被告未将原告在听证会上的陈述申辩证据纳入其据以作出被诉行政处罚的证据体系之内，证明被告在实质上未听取原告陈述申辩意见，即为未尽复核职责，构成行政处罚上的实质违法。二、原告在听证会上提出“大唐高鸿公司董事会于2013年5月30日公告了公司分配股利的计划”事实主张，并在该事实主张基础上进一步提出原告系基于该已公开披露信息而购买高鸿股票的合理购买的陈述申辩理由，即，重大信息公开披露在前(2015年5月30日)，原告购买股票在后(2015年5月31日)。1.被告在被诉行政处罚决定书关于“一、内幕信息的形成和公开过程”之事实认定中，将原告提交的陈述申辩可以证明“大唐高鸿公司在2013年5月30日公告了公司股利分配的计划”、且原告在听证会上反复申明强调的这一事实，不作认定。仅此一项，被告“未听取原告陈述申辩意见”、“未尽复核职责”的程序违法已然构成。《中华人民共和国证券法》第七十五条规定“公司分配股利”属于内幕信息之一。原告已经提交证据来说明“其系在知悉大唐高鸿公司分配股利”的重大消息后迅速购买该公司股票的合理性，但是，被告却故意隐去“2015年5月30日大唐高鸿公司公布分配股利计划”的重要事实的认定，把“2015年5月31日大唐高鸿与北京高阳捷迅签订初步清单”的事件强行认定为高鸿股票价值上升的唯一“内幕信息”。被告一方面故意隐瞒有利于原告的事实，另一方面又强人所难地扭曲认定事实，已然构成被诉行政处罚“主要证据不足”的违法情形。2.听证会是行政处罚法定程序之一，行政相对人于听证会上的所有陈述申辩意见，证据效力等同于听证会之前的调查询问记录，且应当被纳入整个行政处罚的证据体系之内。如果询问记录与听证记录之间存在不一致，那也必须通过全案证据的证明力大小比较规则来作取舍,而不得“舍听证而取询问”。3. 被告以“2013 年 5 月 31 日隋笑峰卖出的海亮股份每 10 股派送 1 元,买入的高鸿股份每 10 股仅派送 0.6 元……卖出的海亮股份、电广传媒、五矿发展、福建南纸 4 支股票合计亏损近 40 万元,买入高鸿股份后仅获得分红 11,799 元”的理由进而作出“其辩称因为高鸿股份的利润分配公告令其作出股份将要上涨的预判而做出购买决定的理由不可采信”的判断结论是错误的。4. 被告关于“2013 年 5 月 31 日隋笑峰卖出的海亮股份每 10 股派送 1 元,买入的高鸿股份每 10 股仅派送 0.6 元……”的事实认定在听证会上未向原告出示相应证据,即该事实认定及证据未向原告出示,听证程序违法。三、关于“隋笑峰经由姚东内幕知情人而知悉内幕信息”事实认定,主要证据不足。1. 姚东是否为内幕信息知情人,与原告是无关联的。只有当姚东以内幕信息知情人的身份泄露内幕信息给原告时,姚东是否为内幕信息知情人才对原告有意义。因此,被告必须提供有效证据来证明姚东以内幕信息知情人的身份向原告泄露高阳捷迅初步清单事宜中的“姚东泄露”的事实。被告对姚东的调查笔录,根本不足以证明姚东向原告泄露的事实。2. 原告已就提交了解 12 至 28 号陈述申辩证据来对被告所告知的“原告与姚东 4 月至 5 月之间 7 次通话、三次短信”的事实作了合理解释。(1)被诉处罚书中对于原告与姚东之间的联系活动不再具体陈述为“7 次通话与 3 次短信联系”。因为,原告提交的 12 至 28 号证据已明确证明原告与姚东同为公司股东,同样负责销售,原告作为公司的负责人,在四五月间与姚东之间“通话 7 次、短信 3 次”,联系频率是“少得不合理”而非“多得不合理”。(2)既然被告可以知道原告与姚东之间的短信联系 3 次,那么被告就应当可以提取到短信内容。然而,被告始终未出示短信内容。根据证据规则,被告对其持有的有利于原告的证据但无正当理由拒不出示的,应当推定原告的主张成立。(3)被告在处罚决定书中仅仅列举了原告与姚东之间的通话行为,但没有认定姚东在哪一天的通话或者短信中告诉了原告内幕信息。被告把有通话行为直接认定为通话内容就是内幕信息,显然犯了一个“可能性”等同于“必然性”的逻辑思维错误。四、关于高鸿股票占股比的事实认定。被告在《行政处罚事先告知书》告知“隋笑峰操纵的赵梅股票中,高鸿股票市值占比为 82.46%”;听证会之后,被告对此认定为“赵梅股票中高鸿股票市值占比为 52.96%”。1. 被告的此项认定说明,被告已经确认原告用赵梅股票账户购买高鸿股票并非“满仓交易”。然而,被告在事实认定方面,从原先告知的“满仓交易”变化为“非满仓交易”,事实认定的改变,也未能改变被告对“隋笑峰交易行为异常”的认定。2. 听证会上,原告反复申辩说“隋笑峰自有账户上的资金更多,如果真的存在内幕信息,那么就不会仅动用赵梅的账户来购买高鸿股票,而是连同隋笑峰的股票账户上的资金也用来购买高鸿股票”。但是,被告对此充耳不闻。既然被告认定原告是内幕交易行为人,既然被告要用涉案股票的占比这个数据来考量交易行为的异常性,那么,被告就应当全面考量原告所有可控制账户上的高鸿股票占股比。鉴于原告自有股票账户的资金、股票价值要比赵梅的资金、股票价值都高,权且就简单地把原告可控制的赵梅股票账户设定为原告所有可控股票账户的 50%,依被告所认定的赵梅股票中高鸿股票占股比 52.96%,那么,原告所有可控股票中的高鸿股票占股比不过是 26.48%。前述三个方面的合法性异议,就足以证明被诉行政处罚主要证据不足、行政程序违法以及适用法律错误。故请求:1. 依法判令撤销被告作出的〔2015〕2 号《行政处罚决定书》;2. 判令被告承担本案全部诉讼费用。

原告隋笑峰向本院提交以下证据:1.〔2015〕2 号《行政处罚决定书》,证明原告诉权;2. 2015 年 1 月 30 日听证会上原告提交给被告《陈述申辩意见书》,证明原告听证会上的陈述申辩意见;3. 2015 年 1 月 30 日听证会上原告提交给被告的《关于隋笑峰证券行政处罚听证证据清单》,证明原告于听证会上向被告提交了二十八份共计 137 页陈述申辩证据;4. 2015年 2 月 4 日原告代理律师发出的《代理词》;5.《代理词》特快专递邮寄单;6.《代理词》寄达凭证;证据 4 - 6 证明原告代理律师于听证会后对陈述申辩意见进一步夯实。2015 年 9 月 8 日补充提交的材料;7. 原告根据被告的证据三(三)及二(五)所制作的《“曾→姚←隋”通话事件分析表》,用以证明原告与姚东系常态的工作联系，并非被告所认定的内幕信息沟通联系；8.隋笑峰股票交易行为分析表；9.内幕信息敏感期的司法认定；10.《关于审理证券行政处罚案件证据若干问题的座谈会纪要》解析。

被告中国证券监督管理委员会福建监管局辩称，一、我局对隋笑峰内幕交易案具有管辖权。《中华人民共和国证券法》第七条规定"国务院证券监督管理机构依法对全国证券市场实行集中统一监督管理。国务院证券监督管理机构根据需要可以设立派出机构，按照授权履行监督管理职责"。同时，中国证券监督管理委员会（以下简称中国证监会）《关于印发〈中国证券监督管理委员会派出机构行政处罚工作规定〉的通知》（证监发〔2013〕45 号）第二点规定："派出机构按照规定对管辖范围内的案件进行审理，实施行政处罚"。作为中国证监会的派出机构，我局可以对管辖范围内的案件进行审理，实施行政处罚。2013 年 11 月 23 日，中国证监会决定对隋笑峰涉嫌内幕交易立案调查，并交由我局承办。2014 年 5 月 4 日，中国证监会决定将隋笑峰等人内幕交易案变更为我局自办案件。二、我局对隋笑峰作出的行政处罚决定事实清楚，证据确凿。（一）姚东是内幕信息知情人。本案内幕信息为大唐高鸿数据网络技术股份有限公司（以下简称高鸿股份）收购北京高阳捷迅信息技术有限公司（以下简称高阳捷迅）股权并增资事项，姚东为高阳捷迅董事长曾东卫就本次收购事项提供联络、协助、撮合等居间服务和咨询服务，知悉收购事项的进展情况。根据《证券法》第七十四条第（七）项、证监公司字〔2007〕128 号中国证监会《关于规范上市公司信息披露及相关各方行为的通知》第三点的规定，姚东属于内幕信息知情人。（二）隋笑峰知悉内幕信息并进行内幕交易。隋笑峰与姚东同为中海东坤影视文化（北京）有限公司股东，分别任总经理与副总经理。隋笑峰的配偶赵梅的证券账户于 2007 年 3 月 21 日开立于中银国际证券北京宣外大街证券营业部，该账户由隋笑峰实际控制。2013 年 5 月 31 日（该内幕信息公开前的最后一个交易日）12:07分，隋笑峰与姚东进行了 11 分 32 秒的电话联络，12:16:35 秒（即在通话的同时）隋笑峰开始委托申报买入高鸿股份股票。随后 13:00 至 14:18 分，隋笑峰操作赵梅证券账户卖出该账户所持有的其他 6 只股票中的 4 只，共计买入 207000 股高鸿股份股票，买入金额为 1645057 元。隋笑峰与姚东联络的时间与其交易高鸿股份的时间高度吻合，同时也与本次收购事项的进展时间高度吻合。2013 年 10 月 23 日至 2014 年 4 月 9 日，"赵梅"证券账户所持有的上述高鸿股份股票被全部卖出，违法所得为 1054426.63 元。法〔2011〕225 号最高人民法院《关于审理证券行政处罚案件证据若干问题的座谈会纪要》明确规定，在证券行政处罚案件中由监管机构承担主要违法事实的证明责任，并适当向原告、第三人转移部分特定事实的证明责任。该《座谈会纪要》第五点第（五）项规定了监管机构能够证明被处罚人在内幕信息公开前与内幕信息知情人或知晓该内幕信息的人联络、接触，其证券交易活动与内幕信息高度吻合。且被处罚人不能作出合理说明或者提供证据排除其存在利用内幕信息从事相关证券交易活动的，可以确认内幕交易行为成立。综上，内幕信息公开前隋笑峰与内幕信息知情人姚东存在联络，其证券交易活动与本案内幕信息高度吻合，隋笑峰的行为违反了《证券法》第七十三条关于"禁止证券交易内幕信息的知情人和非法获取内幕信息的人利用内幕信息从事证券交易活动"和第七十六条第一款"证券交易内幕信息的知情人和非法获取内幕信息的人，在内幕信息公开前，不得买卖该公司的证券，或者泄露该信息，或者建议他人买卖该证券"的规定，构成了《证券法》第二百零二条规定的行为。三、我局对隋笑峰作出的行政处罚决定程序合法。我局在调查隋笑峰内幕交易案过程中依法履行了调查程序，向隋笑峰、姚东、赵梅、中银国际证券北京宣外大街证券营业部、高鸿股份、高阳捷迅出示了调查法律文书和执法证。2014 年 12 月 1 日，我局向隋笑峰送达了行政处罚事先告知书。根据隋笑峰申请，我局于 2015 年 1 月 30 日举行听证会，充分听取了其申辩意见。我局对隋笑峰提出的证据和陈述申辩意见依法履行了复核职责。经过我局负责人集体讨论，2015 年 4 月 23 日，我局对隋笑峰作出行政处罚决定。四、我局对隋笑峰作出的行政处罚决定适用法律正确。《证券法》第二百零二条明确规定，证券交易内幕信息的知情人或者非法获取内幕信息的人,在涉及证券的发行、交易或者其他对证券的价格有重大影响的信息公开前,买卖该证券,或者泄露该信息,或者建议他人买卖该证券的,责令依法处理非法持有的证券,没收违法所得,并处以违法所得一倍以上五倍以下的罚款。我局基于上述事实,对隋笑峰的内幕交易行为没收非法所得 1054426.63 元,并处一倍罚款 1054426.63 元适用法律正确。综上,请求驳回隋笑峰的诉讼请求。

针对被告提交的证据,原告庭审质证认为,一、关于证据资格质证意见。(1)对于被告制作的调查笔录证据,无证据表明其向被调查人出示了执法证件,违反《行政处罚法》第三十七条的规定,不但导致笔录证据的非法性,同时构成被告调查程序违法。具体有如下证据:证据二(二)、(四)、证据三(一)、证据四、证据六(三)、(五)。此外,证据八(三)说明被告知道应当出示执法证,但该证据仅有执法证的复印件而无出示的证据。(2)对于被告从他方调取到的书证,首先,违反《证据规则》第十条第一款第(二)项的规定,未注明出处,并经提交人确认,该证据与原件核对无异,即不具备法定的形式要件,而为非法证据。其次,由于这些书证上无执法人员签注取得来源、取得时间,因此,这些书证是否是在行政程序中取得,并不明确,被告并不能证明这些证据是真实地在行政程序中取得的;从关联性的角度来讲,由于被告不能证明这些证据是在行政程序中取得,故,这些证据与本行政处罚案件程序是否有关联,无法确认。具体有如下证据:证据一、证据二(一)、(五)、证据三(二)、(三)、证据五(一)、(二)、(三)、(四)、证据六(一)、(二)、(六)。(3)对涉密证据的三性均予以确认,但不足以证明其观点。(4)对于被告及其上级机关自行制作的内部程序文书,三性皆予认可。但是,只能证明被告在名义上作了一个程序事件,在实质上是否尽到程序职责,比如听与取的职责,不具有证明作用。二、关于证明对象的统一质证意见。(1)被告混淆事实认定与法律定性的思维错误。证据一关于内幕敏感期的认定,属于法律定性;证据二姚东是内幕信息知情人的认定,属于法律定性;证据三内幕信息公、内幕信息知情人也是法律定性;证据五关于违法所得、内幕信息知情人这两项认定均为法律定性。证据七关于交易异常是法律定性。证据,对于法律定性,不存在证明与被证明关系。(2)被告扩大证据的证明对象。证据三、四、五不能证明“内幕信息公开日”这个事实。证据六不能证明“全面调查”以及所谓的“处罚中认定的其他事实”。(3)被告未尽调查职责。表现在:证据七(一)附件一,中国证监会要求被告就价格敏感期展开初步调查,此项事实涉及内幕信息敏感期的法律定性,被告对此未尽到调查职责。2013 年 5 月 31 日初步清单的签订,是在上午、下午,还是晚上,这个事实未调查;根据证据一(三),2013 年 5 月 8 日双方高层达成收购的初步意向,发送的会议纪要邮件是在当天晚上 23:42,那么,原告只能就此推测,双方高层大约会喜欢在晚上议事,所以猜测,2013 年 5 月 31 日的初步清单,大约也是晚上签订的,但最迟不超过当晚七点。关于占股比,也就是起诉状“原告认为三”的理由。既然被告觉得占股比是一件很重要的事情,那么,被告不但要调查赵梅股票账户,也要调查隋笑峰自己的股票账户,才能作出正确的占股比事实认定。但是,被告没有对此尽到调查职责。(4)被告的证据可以证明,被告拒绝听取陈述申辩意见。主要表现在被告对待隋笑峰已提交的购买高鸿股票的陈述申辩理由的态度上。证据十四(二)、(四)、(五)可以体现,听证会上,隋笑峰已经陈述并提交证据,言明其是基于高鸿股份在 5 月 30 日的利润分配公告,该信息至今在网络上仍然可以查找到,且提供了证明相应交易习惯的证据,所以,原告已经完成了“说明正当理由”的证明责任。隋笑峰已经说明与姚东均为同一家公司的股东,交流是正常的。被告应当对“是否真的存在利润分配信息”以及“该信息的公告”展开调查,但被告未尽该项听取职责。相反,被告内部讨论文件及处罚决定书,可以证明,被告以“在听证会前没有说”为由直接决定拒绝“采取”这个陈述申辩理由。(5)被告所认定的事实与其证据反映事实自相矛盾。被告的证据,除其内部上下沟通的程序文件之外,其他证据,特别是通话记录证据,调查笔录证据,以及由其他单位提供的书证证据,恰恰可以证明,被告所认定的事实并不成立。被告在举证中证明 2013 年 1 月 28 日高阳捷迅与高鸿股份签署《保密协议》,证明收购意向成立,与证据二(二)证明对象相冲突。(6)被告证据可以证明被告行政处罚程序违法。大致言为:拒绝听取陈述申辩而程序违法,听证主持人的不适格而导致听证程序无效,未出示执法证件的调查程序违法,未移送刑事而超越权限。

针对原告提交的证据,被告庭审质证认为,对证据1无异议;对证据2－6,鉴于原告提交的陈述申报材料被告已在听证会后进行复核合议,最后认为原告未对其不属内幕交易进行合理说明,因此本案成立内幕交易;证据7－10不属于证据,而是原告的意见和分析,不予质证。

经庭审质证,本院对上述证据认证如下:《最高人民法院关于行政诉讼证据若干问题的规定》第十八条规定,证据涉及国家秘密、商业秘密或者个人隐私的,提供人应当作出明确标注,并向法庭说明,法庭予以审查确认。第三十七条规定,涉及国家秘密、商业秘密和个人隐私或者法律规定的其他应当保密的证据,不得在开庭时公开质证。被告中国证券监督管理委员会福建监管局依据上述规定对其向本院提交的涉及个人隐私、秘密文件的证据予以标注并说明,并在庭审时宣读该内容,本院确认被告中国证券监督管理委员会福建监管局提交的此部分证据可以作为定案依据。本院认为原告所提出的异议并不影响被告提供的证据的真实性、客观性和关联性,被告提供的证据可以作为本案认定事实的依据。原告提供的证据2－6与被告提供的证据十四(五)、(六)系同一内容,原告提供的证据10与被告提供的证据十六(三)系同一内容,本院认可原告提供的上述证据可以作为本案认定事实的依据。原告提供的证据7、8仅是原告的庭审说明,不是证据。原告提供的证据9与本案无关。

根据上述有效的证据,本院确认以下法律事实:

2013年1月14日,北京高阳捷迅信息技术有限公司(以下简称高阳捷迅)董事长曾东卫与姚东签订《并购居间合同》,约定由姚东为高阳捷迅及关联公司出让部分或全部股权提供并购居间服务,期限为一年。2013年1月28日,高阳捷迅及其关联公司与大唐高鸿数据网络技术股份有限公司(以下简称高鸿股份)等公司签订《保密协议》,约定对高阳捷迅及其关联公司开展尽职调查。《保密协议》签约一方高阳捷迅的授权代表系曾东卫。2013年5月8日,高鸿股份与高阳捷迅开会洽谈收购事项,就收购价格、业绩承诺、支付时间、停牌安排等主要条款达成一致。2013年5月31日,高阳捷迅与高鸿股份签订《北京高阳捷迅信息技术有限公司股权投资条款初步清单》。同日,高鸿股份董事会作出重大资产重组停牌公告,于2013年6月3日发布。2013年6月18日,高鸿股份发布《关于变更部分募集资金投向暨对外投资关联交易的公告》,拟以1.69亿元收购高阳捷迅部分股权并在收购完成后向其增资1亿元。2013年4月24日,海亮股份公告2012年年度报告,每10股派1元人民币。2013年5月30日,高鸿股份发布2012年度利润分配实施公告,每10股派0.6元人民币。

隋笑峰与姚东同为中海东坤影视文化(北京)有限公司股东。隋笑峰之妻赵梅于2007年3月21日在中银国际证券开立账户,该账户由隋笑峰实际控制。2013年4月至5月,隋笑峰与姚东进行了7次电话联系和3次短信联系。2013年5月31日(该内幕信息公开前的最后一个交易日)12:07分 隋笑峰与姚东进行了长达11分32秒的电话联络,通话期间,隋笑峰已经委托买入高鸿股份。随后于13:00至14:18分,隋笑峰操作赵梅的证券账户卖出该账户所持有的其他6只股票中的海亮股份、电广传媒、五矿发展、福建南纸,共计买入207000股高鸿股份股票,买入金额为1645057元,卖出的4只股票合计亏损近40万元。2013年5月31日买入的高鸿股份于2013年6月6日获得分红11799元。当日收市后,赵梅证券账户资金余额为1646.75元,持有高鸿股份股票市值占比52.96%(以当日收盘价计算的高鸿股份股票市值除以所持有的所有股票市值与资金余额之和计算)。该账户自开立后从未交易过高鸿股份股票。深圳证券交易所提供赵梅账户于2013年5月31日至2014年4月9日期间交易高鸿股份账面收益为1054426.63元。

中国证券监督管理委员会稽查局于2013年7月9日对被告作出《关于请调查“高鸿股份”异常交易案的函》。被告遂于2013年7月30日,9月23日、24日,2014年2月11日、13日分别对曾卫东、姚东、赵梅、原告隋笑峰的上述行为进行询问调查，并于2014年12月20日向原告送达了行政处罚事先告知书，告知了原告拟对其作出处罚的基本事实、理由和依据，并享有陈述、申辩及要求听证的权利。原告向被告提交了申辩意见书，并申请听证。2015年1月30日被告举行了听证会。原告出席了听证会，并发表了意见。同年4月23日，被告作出〔2015〕2号处罚决定，并于同年5月13日送达给原告。原告不服该决定，诉至本院。

另查明，被告于2014年3月24日向证监会稽查局报送了《调查终结报告》及相关资料，证监会稽查局于同年4月9日与公安部证券犯罪侦察局就本案进行移送会商，公安部门目前暂未接收。

还查明，2014年6月18日，隋笑峰涉嫌内幕交易高鸿股份案调查及复核工作已办结，移送法制处审理。刘芳系被告法制处签收人，即隋笑峰涉嫌内幕交易高鸿股份案的案件主审人。2014年7月18日，被告法制处向稽查处作出《行政处罚案件补充调查通知书》。调查组于2014年7月21日制作高鸿股份内幕交易案补充调查方案，刘芳并非调查组成员。

本院认为，依据《中华人民共和国证券法》第七条第二款："国务院证券监督管理机构根据需要可以设立派出机构，按照授权履行监督管理职责。"以及证监发〔2013〕45号《关于印发〈中国证券监督管理委员会派出机构行政处罚工作规定〉的通知》"中国证监会各监管局：……依据《中华人民共和国证券法》和《中华人民共和国行政处罚法》等规定，决定授权中国证监会各监管局(以下统称派出机构)开展行政处罚工作，派出机构按照授权对管辖范围内的案件进行审理，实施行政处罚。……"的规定，被告中国证券监督管理委员会福建监管局是中国证券监督管理委员会设立的派出机构，履行监督管理职责，根据授权管辖原告涉嫌内幕交易案件，符合法律规定。

根据《中华人民共和国证券法》第一条的规定，《中华人民共和国证券法》的主要立法目的在于规范证券发行和交易行为、保护投资者的合法权益以及维护社会经济秩序和社会公共利益，促进社会主义市场经济的发展。为确保上述立法目的的实现，《中华人民共和国证券法》第五条确立了证券的发行、交易活动，必须遵守法律、行政法规；禁止欺诈、内幕交易和操纵证券市场的行为。该法第七十三条规定："禁止证券交易内幕信息的知情人和非法获取内幕信息的人利用内幕信息从事证券交易活动。"并在该法第七十六条第一款规定了证券交易内幕信息的知情人和非法获取内幕信息的人，在内幕信息公开前，不得买卖该公司的证券，或者泄露该信息，或者建议他人买卖该证券。本案争议的焦点是原告买入高鸿股份207000股是否构成非法获取内幕信息的人在内幕信息公开前买卖该证券的违法行为。

被告提供的证据一、二可以证实本案内幕信息为大唐高鸿数据网络技术股份有限公司(以下简称高鸿股份)收购北京高阳捷迅信息技术有限公司(以下简称高阳捷迅)股权并增资事项，姚东为高阳捷迅董事长曾东卫就本次收购事项提供联络、协助、撮合等居间服务和咨询服务，知悉收购事项的进展情况，其属于《中华人民共和国证券法》第七十四条第(七)项及证监公司字〔2007〕128号中国证监会《关于规范上市公司信息披露及相关各方行为的通知》第三点"对于正在筹划中的可能影响公司股价的重大事项，……以及提供咨询服务、由于业务往来知悉或可能知悉该事项的相关机构和人员等(以下简称内幕信息知情人)在相关事项依法披露前负有保密义务。……"规定的内幕信息知情人。从原告与姚东同属中海东坤影视文化(北京)有限公司股东及原告自述与姚东因公司事务保持联系的关系，可以认定原告与内幕信息知情人姚东关系密切。本案所涉内幕信息为高鸿股份收购高阳捷迅股权并增资事项，原告与姚东联络的时间与其交易高鸿股份的时间高度吻合，同时也与收购事项的进展时间高度吻合，具备内幕交易特征，足以认定原告非法获取了内幕信息进行内幕交易。在此情形下，原告需要合理说明或者提供证据排除利用高鸿股份内幕信息从事交易活动，原告在行政程序中陈述其基于高鸿股份利润分配实施公告，并根据该公告预判高鸿股份股价将要上涨而购买高鸿股份，且本人有满仓操作单一股票的习惯。但是，原告于2013年5月31日卖出的海亮股份每10股派送1元，买入的高鸿股份每10股仅派送0.6元，分配比例远低于海亮股份。而且事实上原告于2013年5月31日卖出海亮股份、电广传媒、五矿发展、福建南纸4只股票合计亏损近40万元,同日买入高鸿股份后仅获得分红11799元,原告上述交易行为明显异常,原告不能合理解释上述交易行为的异常,也不能合理解释上述交易行为与姚东联络时间高度吻合,同时也与收购事项的进展时间高度吻合的原因,明显不能达到足以合理说明的程度,不具有客观证据排除其交易行为的内幕交易特征,被告对其辩解不予采信并无不当,本院亦认为原告的辩解和证据不构成合理说明或可以排除内幕交易特征。

原告主张如果真的存在内幕信息,原告不仅动用赵梅账户购买高鸿股份,亦会操作自己的股票账户购买高鸿股份,而且假定其可控制的赵梅股票账户为原告所有可控股票账户的50%,依被告所认定的赵梅股票中高鸿股份占股比52.96%,那么,原告所有可控股票中的高鸿股份占股比不过是26.48%,原告的上述主张系对自己交易行为的陈述,本案涉及内幕交易的账户系原告所操作的赵梅账户,不是原告的自有账户,鉴于原告不能对所操作的赵梅账户购买高鸿股份交易行为作出合理说明,且客观上亦无证据排除其交易行为的内幕交易特征,原告以未动用自己账户购买高鸿股份且所购买的高鸿股份占股比值不高来说明原告交易并无异常的主张,本院不予采纳。本案系被告依据《证券法》对原告作出的行政处罚案件,是否构成刑事犯罪应由公安机关侦察认定,故庭审中原告以其交易高鸿股份成交额达到50万元以上,属于《最高人民法院、最高人民检察院关于办理内幕交易、泄露内幕信息刑事案件具体应用法律若干问题的解释》第六条规定的"情节严重"的情形,应当移送公安机关但公安部门未立案否认其内幕交易行为的主张,本院不予支持。庭审中原告主张听证主持人刘芳系被诉行政处罚案件的调查人员,故依照《中华人民共和国行政处罚法》第四十二条之规定听证程序无效。根据《中华人民共和国行政处罚法》第四十二条第一款第(四)项"听证由行政机关指定的非本案调查人员主持;当事人认为主持人与本案有直接利害关系的,有权申请回避"之规定,刘芳系被诉行政处罚案件主审人,并非调查人员,原告该主张缺乏依据,本院不予支持。

综上,被告已举证证明原告买入高鸿股份的行为符合内幕交易特征,原告不能作出合理说明或者提供证据排除其存在利用内幕信息从事相关证券交易活动。被告对原告作出的行政处罚决定,证据确凿,适用法律、法规正确,符合法定程序。原告的诉讼请求不成立。为此,依照《中华人民共和国证券法》第七十三条、第七十六条第一款、第二百零二条和《中华人民共和国行政诉讼法》第六十九条之规定,判决如下:

驳回原告隋笑峰的诉讼请求。

本案诉讼费50元由原告负担。

如不服本判决,可在判决书送达之日起十五日内提起上诉,向本院递交上诉状,并按对方当事人的人数递交上诉状副本,上诉于福建省福州市中级人民法院。

二〇一五年十二月三一日

北京市第一中级人民法院行政裁定书

(2015)一中行初字第758号

原告杭灵建,男,1975年8月15日出生,汉族,户籍所在地浙江省杭州市西湖区大诸桥村9号。

委托代理人杨帅杰,浙江广政律师事务所律师。

委托代理人潘远彬,浙江广政律师事务所实习律师。

被告中国证券监督管理委员会,住所地北

京市西城区金融大街19号。

法定代表人肖钢,主席。

委托代理人马云星,男,中国证券监督管理委员会干部。

委托代理人施金晶,女,中国证券监督管理委员会干部。

第三人江苏维尔利环保科技股份有限公司,住所地江苏省常州市汉江路156号。

法定代表人李月中,董事长。

委托代理人袁嘉妮,北京市君合(深圳)律师事务所律师。

原告杭灵建不服被告中国证券监督管理委员会于2014年7月29日作出的《关于核准江苏维尔利环保科技股份有限公司向蔡昌达等发行股份购买资产并募集配套资金的批复》中的第一项内容(以下简称被诉批复内容),向本院提起行政诉讼。本院受理后,依法组成合议庭,于法定期限内向被告中国证券监督管理委员会送达了起诉状副本及应诉通知书,并通知江苏维尔利环保科技股份有限公司作为第三人参加诉讼。2015年5月26日,本院公开开庭审查了本案。原告杭灵建的委托代理人杨帅杰、潘远彬,被告中国证券监督管理委员会的委托代理人马云星、施金晶,第三人江苏维尔利环保科技股份有限公司的委托代理人袁嘉妮到庭参加了诉讼。

经查,2014年7月29日,被告向第三人作出被诉批复内容:"江苏维尔利环保科技股份有限公司:你公司报送的《江苏维尔利环保科技股份有限公司现金及发行股份购买资产并募集配套资金报告书》及相关文件收悉。根据《公司法》、《证券法》、《上市公司重大资产重组管理办法》(证监会令第73号)等有关规定,你公司发行股份购买资产并募集配套资金方案已经我会上市公司并购重组审核委员会审核通过,现批复如下:一、核准你公司向蔡昌达发行8,186,643股股份、向蔡卓宁发行646,313股股份,向石东伟发行646,313股股份、向蔡磊发行646,313股股份、向寿亦丰发行646,313股股份、向吉林省现代农业和新兴产业投资基金有限公司发行1,994,796股股份购买相关资产。"该批复内容中第三人向蔡昌达发行股份所购买的资产为蔡昌达所持杭州能源环境工程有限公司(以下简称杭能公司)的股权。

原告不服被诉批复内容,向本院提起本案诉讼称:原告系杭能公司原股东,持有杭能公司6%的股权。蔡昌达系杭能公司的法定代表人。2012年8月,原告与蔡昌达签署《股权转让协议》,原告将其所持杭能公司6%的股权全部转让给蔡昌达,并办理了股权变更登记。同时,根据双方约定,蔡昌达向原告出具了加盖杭能公司公章的《股权转让协议附带说明》,该附带说明载明:"杭州能源环境工程有限公司品牌及其他无形资产,因无法估计其价值不在转让之内,今后如公司转让或者出售给第三方,杭灵建可按原先持有股份比例分配其产生的经济价值"。据此,原告就其转让给蔡昌达的杭能公司股权仍然享有一定权利。在未征得原告同意的情况下,蔡昌达无权决定将相关股权转让给第三人。被诉批复内容核准蔡昌达将所持杭能公司股权转让给第三人,侵害了原告的合法权益,故请求法院撤销被诉批复内容。

本院认为:《中华人民共和国行政诉讼法》第二十五条第一款规定:"行政行为的相对人以及其他与行政行为有利害关系的公民、法人或者其他组织,有权提起诉讼"。该法第四十九条第(一)项同时规定:"提起诉讼应当符合下列条件:(一)原告是符合本法第二十五条规定的公民、法人或者其他组织"。本案中,原告认可在被诉批复内容作出前,其已将所持杭能公司股权全部转让给蔡昌达,并办理了股权变更登记。而被诉批复内容系被告同意蔡昌达等人将所持杭能公司股权转让给第三人所作。被诉批复内容未对原告的权利义务产生实质影响,原告与该批复内容之间不具有利害关系,其提起的本案诉讼不符合法定起诉条件。

据此,依照《最高人民法院关于适用〈中华人民共和国行政诉讼法〉若干问题的解释》第三条第一款第(一)项之规定,裁定如下:

驳回原告杭灵建的起诉。

预交的案件受理费50元,于本裁定生效后退还原告杭灵建。

各方当事人如不服本裁定,可于收到本裁定之日起10日内向本院递交上诉状,并按对方当事人的人数提交副本,上诉于北京市高级人民法院。

二〇一五年六月十九日

第六部分　法律意见书选编

一、非公开发行类

关于上海吉祥航空股份有限公司非公开发行股票的法律意见书

致：上海吉祥航空股份有限公司

国浩律师（上海）事务所（以下简称“本所”）接受上海吉祥航空股份有限公司的委托，担任上海吉祥航空股份有限公司非公开发行A股股票的特聘专项法律顾问，根据《中华人民共和国公司法》、《中华人民共和国证券法》、《上市公司证券发行管理办法》、《上市公司非公开发行股票实施细则》、《公开发行证券公司信息披露的编报规则第12号——公开发行证券的法律意见书和律师工作报告》、《律师事务所从事证券法律业务管理办法》、《律师事务所证券法律业务执业规则（试行）》等有关规定，并按照律师行业公认的业务标准、道德规范和勤勉尽责精神，现为上海吉祥航空股份有限公司非公开发行A股股票出具法律意见书如下：

第一部分　引　　言

一、律师事务所及经办律师简介

（一）律师事务所简介

国浩律师（上海）事务所，系注册于上海的合伙制律师事务所，前身为1993年7月成立的上海市万国律师事务所。1998年6月，经司法部批准，上海市万国律师事务所与北京张涌涛律师事务所、深圳唐人律师事务所联合发起设立中国首家律师集团——国浩律师集团事务所，2011年据此更名为国浩律师（上海）事务所。

国浩律师（上海）事务所以法学及金融、经济学硕士、博士为主体组成，荣获全国优秀律师事务所、上海市文明单位、上海市直机关系统文明单位、上海市司法局文明单位、上海市司法局优秀律师事务所等多项荣誉称号。

国浩律师（上海）事务所提供的法律服务包括：参与企业改制及股份有限公司首次发行上市、再融资，担任发行人或承销商律师，出具法律意见书及律师工作报告，为上市公司提供法律咨询及其他服务；参与企业资产重组，为上市公司收购、兼并、股权转让等事宜提供法律服务；参与各类公司债券的发行，担任发行人或承销商律师，出具法律意见书；担任证券公司及证券投资者的常年法律顾问，为其规范化运作提供法律意见，并作为其代理人，参与有关证券纠纷的诉讼、仲裁和非诉讼调解；担任期货交易所、经纪商及客户的代理人，参与有关商品期货、金融期货的诉讼、仲裁和非诉讼调解；接受银行、非银行金融机构、工商企业、公民个人的委托，代理有关贷款、信托及委托贷款、融资租赁、票据等纠纷的诉讼、仲裁和非诉讼调解；为各类大型企业集团、房地产投资、外商投资企业提供全方位的法律服务，代理客户参加其他各类的民事、经济方面的非诉讼事务及诉讼和仲裁；司法行政机关允许的其他律师业务。

（二）签字律师简介

国浩律师（上海）事务所为上海吉祥航空股份有限公司非公开发行股票，由邵禛、江子扬、胡瑜、李丹宁等律师及律师助理共同组建律师工作小组,提供相关法律咨询与顾问工作。负责出具本法律意见书的签字律师的主要联系方式如下:

邵禛律师,国浩律师(上海)事务所律师,持有上海市司法局颁发的证号为13101201010513206的《中华人民共和国律师执业证》。办公地址:上海市静安区北京西路968号嘉地中心23－25层,办公电话:021－52341668,传真:021－52341670。

江子扬律师,国浩律师(上海)事务所律师,持有上海市司法局颁发的证号为13101201110499917的《中华人民共和国律师执业证》。办公地址:上海市静安区北京西路968号嘉地中心23－25层,办公电话:021－52341668,传真:021－52341670。

(三)联系方式

本所及签字律师的联系方式如下:

电话:021－52341668　传真:021－62675187

地址:上海市静安区北京西路968号嘉地中心23－25层

邮政编码:200041

二、律师应声明的事项

(一)本所律师已严格履行法定职责,遵循了勤勉尽责和诚实信用原则,对与出具本法律意见书有关的所有文件资料及证言进行了审查判断,对发行人的行为以及本次非公开发行申请的合法、合规、真实、有效进行了充分的核查验证,保证本法律意见书不存在虚假记载、误导性陈述及重大遗漏。

(二)本所律师同意将本法律意见书作为发行人本次非公开发行申请的法律文件,随同其他申报材料一同上报,并愿意对本法律意见书的真实性、准确性、完整性承担相应的法律责任。

(三)本所律师同意发行人部分或全部在本次非公开发行申请文件中自行引用或按中国证监会审核要求引用本法律意见书的内容。

(四)发行人保证:其已经向本所律师提供了为出具本法律意见书所必需的真实、完整、有效的原始书面材料、副本材料或者口头证言。

(五)对于本法律意见书至关重要而又无法得到独立的证据支持的事实,本所律师依赖于有关政府部门、发行人或其他有关单位出具的证明文件。

(六)本所律师仅就发行人本次非公开发行的合法性及相关法律问题发表意见,不对发行人参与本次非公开发行所涉及的会计、审计、资产评估等专业事项发表意见。本所在本法律意见书中对有关会计报表、审计和资产评估报告中某些数据或结论的引用,除本所律师明确表示意见的以外,并不意味着本所对这些数据、结论的真实性和准确性做出任何明示或者默示的保证,对于这些文件内容,本所律师并不具备核查和做出评价的适当资格。

(七)本所律师未授权任何单位或个人对本法律意见书作任何解释或说明。

(八)本法律意见书,仅供发行人为本次非公开发行申请之目的使用,不得用作其他任何用途。

第二部分　正　文

一、发行人本次非公开发行的批准和授权

(一)董事会对本次非公开发行的审议

2015年7月14日及2015年7月31日,发行人分别召开了第二届董事会第六次会议及第二届董事会第七次会议,会议审议通过了与本次非公开发行有关的如下议案,并决定将该等议案提交发行人股东大会讨论决定:

1.《关于上海吉祥航空股份有限公司符合非公开发行股票条件的议案》;

2.《关于上海吉祥航空股份有限公司非公开发行A股股票方案的议案》;

3.《关于上海吉祥航空股份有限公司非公开发行A股股票预案的议案》;

4.《关于上海吉祥航空股份公司非公开发行A股股票募集资金使用的可行性报告的议案》;

5.《关于上海吉祥航空股份有限公司非公开发行股票募集资金对外投资设立公司并签署相关投资文件的议案》;

6.《关于提请股东大会授权董事会及其授权人士全权办理本次非公开发行股票具体事宜的议案》;

7.《关于前次募集资金使用情况报告的议案》;

8.《关于召开2015年第一次临时股东大会的议案》。

本所律师核查后认为，发行人审议本次发行议案的董事会会议的召集、召开和表决程序符合《公司法》和《公司章程》的有关规定；董事会决议中确定了本次发行的定价基准日、发行对象的范围和资格、发行数量、发行价格和定价原则、限售期等。以上本次发行的相关董事会决议内容和有关信息披露履行情况均符合《管理办法》第四十条、第五十三条、《实施细则》第十三条、第十四条等规定，本次发行已经发行人董事会审议通过，董事会决议合法、有效。

（二）股东大会对本次非公开发行方案的审议

2015年8月18日，依照第二届董事会第六次会议及第二届董事会第七次会议决议，发行人召开2015年第一次临时股东大会。根据发行人2015年第一次临时股东大会审议通过的《关于上海吉祥航空股份有限公司非公开发行A股股票方案的议案》，发行人本次非公开发行方案具体概述如下：

1.发行股票的种类和面值

本次公司非公开发行股票的种类为境内上市人民币普通股（A股），每股面值为1.00元。

2.发行方式

本次非公开发行股票全部非公开发行股票的方式。公司将在中国证监会核准后6个月内择机向不超过10名特定对象发行股票。

3.发行对象和认购方式

本次非公开发行A股股票的发行对象为包括证券投资基金管理公司、证券公司、保险机构投资者、信托投资公司、财务公司及合格境外机构投资者等符合相关规定条件的法人、自然人或其他合法投资者在内的不超过十名特定投资者。具体发行对象由公司董事会在股东大会授权范围内根据具体情况与保荐机构（主承销商）协商确定。特定对象均以现金方式认购本次发行的股份。

4.定价基准日、发行价格及定价原则

本次发行的定价基准日为公司第二届董事会第六次会议决议公告日，即2015年7月15日。

本次发行的价格不低于定价基准日前20个交易日公司股票交易均价的90%，即不低于61.58元/股（定价基准日前20个交易日股票交易均价＝定价基准日前20个交易日股票交易总额/定价基准日前20个交易日股票交易总量）。

最终发行价格将在公司获中国证监会发行核准后，按照《上市公司非公开发行股票实施细则》的规定，根据竞价结果由公司董事会根据股东大会的授权与保荐机构（主承销商）协商确定。

在定价基准日至发行日期间，若公司发生派发现金股利、送红股或转增股本等除权除息事项，本次非公开发行的发行价格将作相应调整，调整公式如下：

派发现金股利：$P_1 = P_0 - D$

送红股或转增股本：$P_1 = P_0/(1+N)$

两项同时进行：$P_1 = (P_0 - D)/(1+N)$

其中，P_0为调整前发行价格，每股派发现金股利为D，每股送红股或转增股本数为N，调整后发行价格为P_1。

5.募集资金总额及发行数量

本次非公开发行预计募集资金总额不超过356,500.00万元（含356,500.00万元），发行股票数量合计不超过5,800.00万股。公司在定价基准日至发行日期间因资本公积金转增股本、派送股票股利或派发现金股利的除权、除息或其他事项导致总股本发生变动及/或本次发行底价发生调整的，若以调整后的发行底价乘以调整前的发行数量上限所得金额，大于本次发行拟募集资金总额上限（即356,500.00万元），则发行数量上限不作调整；若以调整后的发行底价乘以调整前的发行数量上限所得金额，小于本次发行拟募集资金总额上限，则发行数量上限可做相应调整。在上述范围内，董事会将提请股东大会授权董事会根据实际情况与本次非公开发行的保荐机构（主承销商）协商确定最终发行数量。

6.募集资金使用计划

本次非公开发行募集资金总额不超过356,500.00万元（含356,500.00万元），募集资金扣除发行费用后的净额将全部用于以下项目：

单位:万元

项目	投资项目总额	拟投入募集资金金额
购买4架A320系列飞机及3台备用发动机	274,410.60	270,000.00
购买2台飞行模拟机	21,153.06	20,000.00
"淘旅行"休闲旅游平台项目	16,500.00	16,500.00
偿还银行贷款	53,488.22	50,000.00
合计	365,551.88	356,500.00

在本次发行募集资金到位之前,公司可根据募集资金投资项目实施进度的实际情况以自筹资金先行投入,并在募集资金到位后按照相关法规规定的程序予以置换。本次募集资金净额不足上述项目拟投入募集资金额时,缺额部分由公司自筹解决。

7. 限售期

本次非公开发行的股份自发行结束之日起十二个月内不得转让。

8. 本次发行前滚存未分配利润的安排

本次非公开发行前公司滚存的未分配利润,由本次发行完成后的新老股东共享。

9. 上市地点

本次非公开发行的股票将申请在上交所上市交易。

10. 决议的有效期

本次非公开发行股票的决议自公司股东大会审议通过之日起12个月内有效。

经本所律师核查,《关于公司非公开发行A股股票方案的议案》已经2015年第一次临时股东大会审议通过。本所律师核查后认为,发行人股东大会审议通过的发行人本次非公开发行股票的方案符合我国《公司法》、《证券法》、《管理办法》、《实施细则》等法律、法规,合法有效。

(三)股东大会对本次非公开发行方案的授权

根据发行人2015年第一次临时股东大会审议通过的《关于提请股东大会授权董事会及其授权人士全权办理本次非公开发行股票具体事宜的议案》,为合法、高效地完成发行人本次非公开发行股票工作,根据《公司法》、《证券法》、《管理办法》等法律法规及发行人《公司章程》的有关规定,股东大会授权董事会在本次非公开发行股票决议范围内全权办理与本次非公开发行股票的相关事宜,包括但不限于:

1. 依据国家法律法规、证券监管部门的有关规定和股东大会决议,制定和实施本次非公开发行A股股票的具体方案,包括但不限于发行时间、发行数量、发行价格、发行对象的选择、认购比例以及与发行定价有关的其他事项;

2. 办理本次发行的申报事宜,包括但不限于根据监管部门的要求,制作、修改、签署、呈报、补充递交、执行和公告本次发行的相关申报文件及其他法律文件;回复中国证监会等相关政府部门的反馈意见;

3. 决定并聘请保荐机构、律师事务所、会计师事务所等中介机构,制作、修改、签署与本次发行有关的一切协议和文件,包括但不限于承销协议、保荐协议、中介机构聘用协议等;

4. 制定、修改、补充、签署、递交、呈报、执行本次募集资金投资项目运作过程中的所有协议以及其他重要文件,以及处理与此有关的其他事宜;指定或设立本次发行的募集资金专项存储账户;根据有关部门要求和市场的实际情况,在股东大会授权范围内对本次发行募集资金投资项目及具体安排进行调整;

5. 在符合中国证监会和其他监管部门的监管要求的前提下,在股东大会通过的本次非公开发行方案范围之内,在需要时与作为本次发行对象的投资者签署其他必要法律文件;

6. 依据本次发行情况,增加公司注册资本、对公司章程有关条款进行修改,并报有关政府部门和监管机构核准或备案,办理工商变更登记事宜;

7. 在本次非公开发行股票完成后,办理本次非公开发行股票在上海证券交易所及中国证券登记结算有限责任公司上海分公司登记、锁定和上市等相关事宜;

8. 如证券监管部门在发行前有新的法规和政策要求或市场情况发生变化,董事会可根据国家规定、有关政府部门和监管机构的要求及市场情况对非公开发行方案进行适当调整(法律法规和公司章程规定须由股东大会重新表决的事项除外);

9. 在相关法律法规允许的情况下,办理其认为与本次发行有关的其他事项。

上述授权自公司股东大会审议通过之日起

12 个月内有效。

经本所律师核查,《关于提请股东大会授权董事会及其授权人士全权办理本次非公开发行股票具体事宜的议案》已经 2015 年第一次临时股东大会审议通过。本所律师核查后认为:发行人股东大会对董事会的授权符合我国《公司法》、《证券法》、《管理办法》、《实施细则》以及《公司章程》的规定,授权的范围、程序合法有效。

(四)股东大会对本次非公开发行相关的其他议案的审议

发行人 2015 年第一次临时股东大会审议的与本次非公开发行相关的其他议案如下:

1.《关于上海吉祥航空股份有限公司符合非公开发行股票条件的议案》;

2.《关于上海吉祥航空股份有限公司非公开发行 A 股股票方案的议案》;

3.《关于上海吉祥航空股份有限公司非公开发行 A 股股票预案的议案》;

4.《关于上海吉祥航空股份有限公司非公开发行 A 股股票募集资金使用可行性分析报告的议案》;

5.《关于上海吉祥航空股份有限公司非公开发行股票募集资金对外投资设立公司并签署相关投资文件的议案》;

6.《关于提请股东大会授权董事会及其授权人士全权办理本次非公开发行 A 股股票的相关事宜的议案》;

7.《关于前次募集资金使用情况报告的议案》。

经本所律师核查后认为,上述议案均已经 2015 年第一次临时股东大会审议通过,符合《公司法》、《证券法》、《管理办法》、《实施细则》等法律法规和其他规范文件以及《公司章程》的规定。

(五)民航局对本次非公开发行的批复

2015 年 8 月 25 日,民航华东局下发民航华东政[2015]005 号《民航企业机场联合重组改制准予许可决定书》,准予吉祥航空关于向十名以内特定对象非公开发行数量不超过 5800 万股 A 股的民航企业机场联合重组改制申请。该许可决定书许可事项应在一年内实施。

(六)综上所述,本所律师核查后认为

1. 发行人第二届董事会第六次会议、第二届董事会第七次会议以及 2015 年第一次临时股东大会的召集、召开和表决程序符合《公司法》、《公司章程》的有关规定;该等决议所包含的事项和内容、信息披露情况等均符合《管理办法》、《实施细则》等法律法规,因此该等决议内容合法有效。

2. 发行人 2015 年第一次临时股东大会授权发行人董事会办理本次非公开发行的相关事宜,该等授权的授权范围及程序合法有效。

综上,根据《公司法》、《证券法》、《管理办法》、《实施细则》等有关法律法规、部门规章的规定,发行人本次非公开发行已经董事会审议通过,并取得了中国民航华东局的批准和股东大会的批准及授权,发行人本次非公开发行尚需获得中国证监会的核准。

二、发行人本次非公开发行的主体资格

(一)发行人是依法成立并上市的股份有限公司

发行人现时持有上海市工商行政管理局于 2015 年 8 月 13 日核发的注册号为 310225000502571 的《营业执照》。根据该《营业执照》记载,截至本法律意见书出具之日,目前发行人的基本情况如下:

公司名称:上海吉祥航空股份有限公司

住所:中国(上海)自由贸易试验区康桥东路 8 号

法定代表人:王均金

注册资本:人民币 56,800 万元

公司类型:股份有限公司(上市)

经营范围:国内航空客、货运输业务;内地至香港、澳门特别行政区和周边国家的航空客货运输业务,航空配餐;飞机零配件的制造;日用百货,五金交电,纺织品,电子产品,家用电器,文化用品,工艺美术品,化工原料(除危险品),金属材料,仪器仪表,机械设备,汽车配件的销售;从事货物及技术的进出口业务(依法须经批准的项目,经相关部门批准后方可开展经营活动)。

营业期限:2006 年 3 月 23 日至无期限。

(二)发行人是合法存续的股份有限公司

发行人自设立之日起,未发生任何国家法律、法规、规范性文件以及《公司章程》规定需要终止的情形,即不存在下列情形:

1. 股东大会决议解散；

2. 因合并或者分立而解散；

3. 不能清偿到期债务依法宣告破产；

4. 违反法律、法规被依法责令关闭；

5. 人民法院依照《公司法》的规定予以解散。

(三)综上所述,本所律师核查后认为

截至本法律意见书出具之日,发行人为依法设立并有效存续的股份有限公司(上市),不存在根据法律、法规以及《公司章程》规定需要终止的情形。发行人本次非公开发行的主体资格合法有效。

三、发行人本次非公开发行并上市的实质条件

(一)本次非公开发行符合《公司法》相关规定

发行人本次非公开发行的股票均为人民币普通股,每股的发行条件和价格均相同,本次非公开发行的股票种类与发行人已发行上市的股份相同,均为人民币普通股,每一股份具有同等权利,符合《公司法》第一百二十七条之规定。

(二)本次非公开发行符合《管理办法》、《实施细则》相关规定

1. 根据发行人 2015 年第一次临时股东大会审议通过的《关于公司非公开发行 A 股股票方案的议案》,本次非公开发行对象为包括证券投资基金管理公司、证券公司、保险机构投资者、信托投资公司、财务公司及合格境外机构投资者等符合相关规定条件的法人、自然人或其他合法投资者在内的不超过十名特定投资者。最终发行对象将在本次非公开发行申请获得中国证监会的核准后,根据发行对象申购报价的情况,遵照价格优先或监管机构规定的原则和方法予以确定所有发行对象均以现金方式认购本次非公开发行的 A 股股票。

本所律师核查后认为本次非公开发行对象的范围和资格符合《管理办法》第三十七条和《实施细则》第八条之规定。

2. 根据发行人 2015 年第一次临时股东大会审议通过的《关于公司非公开发行 A 股股票方案的议案》,本次非公开发行的定价基准日为公司第二届董事会第六次会议决议公告日,即 2015 年 7 月 15 日。本次发行的价格不低于定价基准日前 20 个交易日公司股票交易均价的 90%,即不低于 61.58 元/股(定价基准日前 20 个交易日股票交易均价 = 定价基准日前 20 个交易日股票交易总额/定价基准日前 20 个交易日股票交易总量)。

最终发行价格将在公司取得本次发行核准批文后,按照有关规则由公司董事会与保荐机构(主承销商)根据市场化询价情况协商确定。

本所律师核查后认为本次非公开发行价格符合《管理办法》第三十八条第(一)款、《实施细则》第七条之规定。

3. 根据发行人 2015 年第一次临时股东大会审议通过的《关于公司非公开发行 A 股股票方案的议案》,本次非公开发行的股份自发行结束之日起 12 个月内不得转让。

本所律师核查后认为本次非公开发行限售期符合《管理办法》第三十八条第(二)款,《实施细则》第九条、第十条之规定。

4. 根据发行人 2015 年第一次临时股东大会审议通过的《关于公司非公开发行 A 股股票方案的议案》,本次非公开发行募集资金总额不超过 356,500.00 万元(含 356,500.00 万元),募集资金扣除发行费用后的净额将全部用于以下项目：

单位:万元

项目	投资项目总额	拟投入募集资金额
购买 4 架 A320 系列飞机及 3 台备用发动机	274,410.60	270,000.00
购买 2 台飞行模拟机	21,153.06	20,000.00
“淘旅行”休闲旅游平台项目	16,500.00	16,500.00
偿还银行贷款	53,488.22	50,000.00
合计	365,551.88	356,500.00

本所律师核查后认为本次非公开发行募集资金用途符合《管理办法》第三十八条第(三)款、第十条第(一)项、第(二)项之规定。

5. 根据发行人 2015 年第一次临时股东大会审议通过的《关于公司非公开发行 A 股股票方案的议案》,经本所律师核查,本次非公开发行股票募集资金的使用将不会与控股股东或实

际控制人产生同业竞争,也不会影响公司生产经营的独立性。

本所律师核查后认为本次非公开发行募集资金的使用符合《管理办法》第三十八条第(三)款及第十条第(四)项之规定。

6. 根据发行人2015年第一次临时股东大会审议通过的《关于公司非公开发行A股股票方案的议案》,经本所律师核查,发行人已建立募集资金专项存储制度,本次非公开发行募集资金将存放于公司董事会决定的专项账户。

本所律师核查后认为本次非公开发行募集资金的管理符合《管理办法》第三十八条第(三)款及第十条第(五)项之规定。

7. 根据发行人2015年第一次临时股东大会审议通过的《关于公司非公开发行A股股票方案的议案》,本次非公开发行不会导致发行人控制权发生变化,具体详见本法律意见书第六部分"(四)本次非公开发行对发行人控制权的影响"。本所律师核查后认为符合《管理办法》第三十八条第(四)款之规定。

8. 根据立信会计出具的信会师报字[2015]第110222号《上海吉祥航空股份有限公司2012年度至2014年度审计报告及财务报表》、发行人出具的《上海吉祥航空股份有限公司2015年半年度报告》,以及发行人董事、监事、高级管理人员填写的《调查问卷》等相关文件,并经本所律师的核查,发行人不存在《管理办法》第三十九条规定的不得非公开发行股票的下列情形:

(1)本次非公开发行申请文件有虚假记载、误导性陈述或重大遗漏;

(2)发行人的权益被控股股东或实际控制人严重损害且尚未消除;

(3)发行人及其附属公司违规对外提供担保且尚未解除;

(4)现任董事、高级管理人员最近三十六个月内受到过中国证监会的行政处罚,或者最近十二个月内受到过证券交易所公开谴责;

(5)发行人或其现任董事、高级管理人员因涉嫌犯罪正被司法机关立案侦查或涉嫌违法违规正被中国证监会立案调查;

(6)最近一年及一期财务报表被注册会计师出具保留意见、否定意见或无法表示意见的审计报告;

(7)严重损害投资者合法权益和社会公共利益的其他情形。

(三)综上所述,本所律师核查后认为

本次非公开发行符合《公司法》、《管理办法》及《实施细则》等法律和部门规章中各项实质性条件。

四、发行人的设立

(一)2011年整体变更为股份公司

1. 2011年3月30日,立信会计师事务所有限公司出具了信会师报字[2011]第11429号《审计报告》,根据该审计报告,截至2011年2月28日,吉祥有限所有者权益(净资产)账面价值人民币586,051,401.68元。

2. 2011年3月30日,上海银信汇业资产评估有限责任公司出具了沪银信汇业评报字[2011]第238号《上海吉祥航空有限公司改制为股份有限公司涉及的股东全部权益价值评估报告》,根据该评估报告,截至2011年2月28日,吉祥有限净资产评估值为676,599,203.73元。

3. 2011年4月8日吉祥有限召开临时股东会并作出决议,同意公司由有限公司变更为股份有限公司。

4. 2011年6月12日,吉祥有限全体股东签署了《关于将上海吉祥航空有限公司整体变更为上海吉祥航空股份有限公司的发起人协议》,一致商定由上述吉祥有限股东共同以发起设立方式设立吉祥航空。该《发起人协议》约定了股份公司的组建方式、组织形式,股份公司的名称、住所,股份公司的宗旨、经营范围,股份公司的股份总额、发起人认购股份的数额、形式,股份公司的股份种类及面值,发起人认缴股份的缴付,权利义务之承继,发起人的权利和义务,股份公司设立不成的后果,股份公司设立费用,股份公司章程,违约责任,适用法律,争议的解决等相关协议内容。

5. 2011年6月12日吉祥航空创立大会暨第一次股东大会审议通过了《上海吉祥航空股份有限公司章程(草案)》,选举产生了第一届董事会董事和第一届监事会监事及通过了其他设立股份有限公司的有关议案。

6. 2011年6月15日立信会计师事务所有限公司出具了信会师报字[2011]第12906号

《上海吉祥航空股份有限公司(筹)验资报告》:截至2011年2月28日(基准日),吉祥有限经审计的所有者权益(净资产)账面价值人民币586,051,401.68元,按1.27:1的比例折合股本,共计折合股本46,000万股,每股面值1元,净资产大于股本的部分即126,051,401.68元计入资本公积。

7.2011年6月2日,民航局出具民航函[2011]609号《民航企业机场联合重组改制许可决定书》,准予此次改制。2011年7月1日民航局出具了民航函[2011]709号《关于变更上海吉祥航空有限公司公共航空运输企业经营许可证所载企业名称、企业类别和注册资本的批复》,同意公司的公共航空运输企业经营许可证做相应变更。

8.2011年7月25日,发行人完成了工商变更登记,上海市工商行政管理局向发行人核发了注册号为310225000502571的《企业法人营业执照》。发行人设立时,其股东及股本结构如下表:

序号	股东	股份数额(万份)	持股比例(%)
1	上海均瑶(集团)有限公司	40,510.4	88.07
2	王均豪	2,760	6
3	上海均瑶航空投资有限公司	1,729.6	3.76
4	大众交通(集团)股份有限公司	1,000	2.17
	合计	46,000	100%

(二)综上所述,本所律师核查后认为

发行人的设立,系根据中国证监会的相关规定与核准文件而进行,并已获得相关法律、法规规定的证券业监督管理部门、工商行政管理部门以及国有资产监督管理部门的审核批准。

发行人创立大会暨首次股东大会的内容、召开及表决程序,均符合《公司法》等相关法律、法规的规定;《发起人协议》、《公司章程》等有关公司设立、规范法人治理结构的文件,均合法有效。发行人的《发起人协议》、《公司章程》以及其他有关发行人设立的批准文件、协议及设立情况,均不存在导致发行人设立无效或影响其合法设立并有效存续的法律障碍。

发行人发起人的出资,均已经履行了必要的评估和验资手续,发行人发起人的股东资格并已经证券业监督管理部门予以审验,符合《公司法》及相关证券监管法律、法规以及规范性文件的规定,符合发行人的设立方案。

发行人在设立过程中已按照《公司法》及相关证券监管法律、法规以及规范性文件的要求,履行了必要的审计、评估等程序。发行人的设立符合《公司法》及相关证券监管法律、法规以及规范性文件的规定。

五、发行人的独立性

(一)业务独立

根据发行人现行有效的营业执照及《公司章程》记载,发行人的经营范围为:国内航空客、货运输业务;内地至香港、澳门特别行政区和周边国家的航空客货运输业务,航空配餐;飞机零配件的制造;日用百货,五金交电,纺织品,电子产品,家用电器,文化用品,工艺美术品,化工原料(除危险品),金属材料,仪器仪表,机械设备,汽车配件的销售;从事货物及技术的进出口业务(企业经营涉及行政许可的,凭许可证件经营)。

经发行人书面确认并经本所律师核查,发行人拥有完整的法人财产权、经营决策权和实施权,从事的经营业务独立于控股股东及其控制的其他企业;拥有从事业务经营所需的相关资质;拥有独立生产经营场所,开展业务所必需的人员、资金、设备和配套设施,以及在此基础上建立起来的独立完整的业务体系,具有面向市场独立经营的能力,不存在依赖控股股东、实际控制人及其控制的其他企业进行生产经营的情况;与控股股东、实际控制人及其控制的其他企业间不存在同业竞争,也不存在显失公平的关联交易(发行人的业务的详细情况参见本法律意见书第八部分“发行人的业务”,发行人的关联交易和同业竞争的详细情况参见本法律意见书第九部分“发行人的关联交易和同业竞争”)。

(二)资产独立完整

经本所律师核查,如本法律意见书第十部分“发行人的主要资产”所述发行人拥有独立的经营和办公场所,拥有经营所需的设备和其他资产,与发起人股东的资产完全分离,产权关系清晰,发行人的资产独立完整。

（三）人员独立

经本所律师核查发行人相关董事会、股东大会会议材料,以及本所律师对发行人董事、监事和高级管理人员发出的调查问卷:

1. 经本所律师核查,公司实行劳动合同制度,依国家或地方相关法律、行政法规制定了独立的人事管理制度,有关劳动、人事、工资管理等诸方面均独立于控股股东均瑶集团;

2. 经本所律师核查,发行人的董事、监事以及高级管理人员均按照法定程序产生,不存在任何股东超越董事会和股东大会作出发行人人事任免的情况;发行人的总裁、副总裁、财务总监、董事会秘书、总工程师、总飞行师等高级管理人员没有在发行人的控股股东及其控制的其他企业中担任除董事、监事以外的其他职务,也没有在控股股东及其控制的企业领薪;

3. 经本所律师核查,发行人的财务人员未在控股股东及其控制的其他企业中兼职。发行人的人员独立。

（四）财务独立

经发行人确认并经本所律师核查:发行人建立了独立的财务部门以及独立的财务核算体系,能够独立作出财务决策,具有规范、独立的财务会计制度和对分支机构的财务管理制度,并拥有独立的财务会计账簿;发行人拥有独立的银行账户,未与其控股股东、实际控制人及其控制的其他企业共用银行账户。

（五）机构独立

经本所律师核查:

1. 发行人按照有关法律、法规、公司章程所设立的董事会、监事会,均分别对发行人股东大会负责;

2. 发行人董事会下设战略委员会、审计委员会、提名委员会及薪酬与考核委员会;

3. 发行人建立了独立董事制度,使公司在治理结构上更加独立、完善;

4. 发行人总裁、副总裁、财务总监和董事会秘书均系根据法律法规和公司章程的规定由董事会聘任;

5. 发行人的机构独立于股东机构,不存在与股东合署办公的情况;

6. 发行人的相应部门与股东的相应部门并不存在上下级关系,后者无权通过下发文件等形式影响发行人机构的独立性;

7. 发行人已建立健全内部经营管理机构,独立行使经营管理职权,不存在与股东机构混同的情形。

截至本法律意见书出具之日,发行人的组织结构图如下:

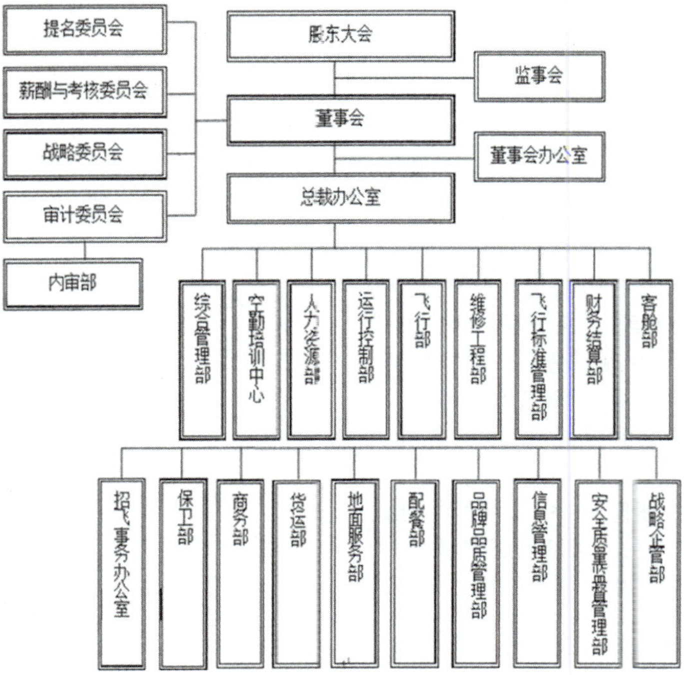

(六)综上所述,本所律师核查后认为

发行人符合资产、人员、机构、业务和财务独立的要求,发行人具有独立面向市场进行自主经营的能力。

六、发行人的发起人和股东

(一)发行人设立时的股东情况

根据发行人的章程、发行人各股东持有的企业法人营业执照和公司章程等文件,发行人的发起人股东共有四名,具体如下:

序号	股东	股份数额(万份)	持股比例(%)
1	上海均瑶(集团)有限公司	40,510.4	88.07
2	王均豪	2,760	6
3	上海均瑶航空投资有限公司	1,729.6	3.76
4	大众交通(集团)股份有限公司	1,000	2.17
	合计	50,000	100%

在上述股东中,王均豪为自然人股东,系持有《中华人民共和国居民身份证》之中国公民,在中华人民共和国境内有住所。上海均瑶(集团)有限公司、上海均瑶航空投资有限公司、大众交通(集团)股份有限公司系持有境内公司法人营业执照的法人。

1.上海均瑶(集团)有限公司

均瑶集团成立于2001年2月14日,持有上海市工商行政管理局核发的注册号310000000091961的《企业法人营业执照》。注册资本为:两亿元整,住所为:浦东新区康桥工业区横沔园区2#、4#、5#地块,法定代表人为:王均金,公司类型为有限责任公司(自然人投资或控股),经营范围为:实业投资,项目投资,海上、航空、陆路国际货物运输代理,国内贸易(除专项规定),房地产开发经营,经营各类商品和技术的进出口,但国家限定公司经营或禁止进出口的商品及技术除外(依法须经批准的项目,经相关部门批准后方可开展经营活动)。

截至2015年6月30日,均瑶集团股权结构如下:

股东	注册资本(万元)	股权比例(%)
王　瀚	7,100.00	35.50
王均金	7,000.00	35.00
王均豪	5,000.00	25.00
王　超	800.00	4.00
王滢滢	100.00	0.50
合计	20,000.00	100.00

注:王瀚系王均瑶之子、王均金之侄,王均豪系王均金之弟,王超系王均瑶之子、王均金之侄,王滢滢系王均瑶之女、王均金之侄女。

2.上海均瑶航空投资有限公司

均瑶航投成立于2002年7月4日,持有上海市工商行政管理局核发的注册号310104000221727的《企业法人营业执照》。注册资本为:10,800万元整,住所为:肇嘉浜路789号,法定代表人为:王均金,公司类型为有限责任公司(自然人投资或控股),经营范围为:实业投资(涉及许可经营的凭许可证经营)。营业期限为2002年7月4日至2022年7月3日。

截至2015年6月30日,均瑶航投的控股股东为温州均瑶,均瑶航投股权结构如下:

股东	注册资本(万元)	股权比例(%)
温州均瑶	5,400.00	50.00
王　瀚	2,598.75	24.0625
王均金	1,620.00	15.00
王均豪	1,080.00	10.00
王宝弟	33.75	0.3125
王　超	33.75	0.3125
王滢滢	33.75	0.3125
合计	10,800.00	100.00

3.大众交通(集团)股份有限公司

大众交通现为境内上市公司,A股代码为600611。大众交通成立于1994年6月6日,持有上海市工商行政管理局核发的注册号为310000400085115的《企业法人营业执照》,注册资本为157,608.190900万元整,住所为:上海市徐汇区中山西路1515号12楼,法定代表人：杨国平，公司类型为股份有限公司（中外合资、上市），经营范围：企业经营管理咨询、现代物流、交通运输（出租汽车、省际包车客运）、相关的车辆维修（限分公司经营）、洗车场、停车场、汽车旅馆业务（限分公司经营）、机动车驾驶员培训（限分公司经营）；投资举办符合国家产业政策的企业（具体项目另行报批）。（依法须经批准的项目，经相关部门批准后方可开展经营活动）营业期限至不约定期限。

4. 王均豪

发起人股东王均豪先生系发行人实际控制人王均金先生之弟，该股东基本情况如下：

国籍：中国

身份证号码：330327197210＊＊＊＊＊＊

永久境外居留权：无

住所：上海市黄浦区河南南路 398 弄 3 号

（二）发行人设立后进行后续增资所涉新增股东情况

1. 上海磐石宝骐投资合伙企业（有限合伙）

磐石宝骐成立于 2011 年 2 月 28 日，现持有上海市工商行政管理局卢湾分局核发的注册号为 310103000210806 的《合伙企业营业执照》，注册资本为：35000 万元整，住所为：上海市黄浦区绍兴路 17 弄 3－4 号 A30 室，执行事务合伙人为：上海磐石元成投资有限公司（委派代表：王力群），经济性质为有限合伙企业，经营范围：实业投资、投资管理、投资咨询（除经纪）、资产管理、企业管理咨询（企业经营涉及行政许可的，凭许可证件经营）。合伙期限为 2011 年 2 月 28 日至 2016 年 2 月 27 日。

截至本法律意见书出具之日，磐石宝骐的合伙人以及出资比例如下：

序号	合伙人	出资额（万元）	出资比例（%）
1	上海傲英一期股权投资中心（有限合伙）	4,000	11.42857
2	上海磐石金池投资合伙企业（有限合伙）	2,500	7.14286
3	陈瑛	2,500	7.14286
4	陆文虎	2,000	5.714286

续表

序号	合伙人	出资额（万元）	出资比例（%）
5	林凯文	2,000	5.714286
6	沈飞宇	2,000	5.714286
7	孙婉英	2,000	5.714286
8	张显东	2,000	5.714286
9	邓凯元	2,000	5.714286
10	上海君翼博盈创业投资中心（有限合伙）	1,500	4.28571
11	黄枫	1,500	4.28571
12	上海永达投资管理有限公司	1,000	2.85714
13	卓星煜	1,000	2.85714
14	上海致达投资有限公司	1,000	2.85714
15	上海华亮投资管理有限公司	1,000	2.85714
16	武舸	1,000	2.85714
17	上海汉理前景股权投资合伙企业（有限合伙）	1,000	2.85714
18	湖北东亚实业有限公司	1,000	2.85714
19	赵璧	1,000	2.85714
20	徐荷芳	1,000	2.85714
21	苏州翔宇股权投资中心（有限合伙）	1,000	2.85714
22	华坤商业集团有限公司	1,000	2.85714
	合计	35,000	100%

2. 上海容银投资有限公司

容银投资成立于 2009 年 11 月 25 日，现持有上海工商行政管理局核发的注册号为 310104000449893 的《企业法人营业执照》，注册资本为 10,000 万元整，住所为：上海市杨浦区武川路 111 号 140 幢 606－1 室，法定代表人：陈章银，公司类型为有限责任公司（国内合资），经营范围：股权投资，股权投资管理，实业投资，投资管理，资产管理，投资咨询（除经纪）。（企业经营涉及行政许可的，凭许可证件经营)营业期限为:2009 年 11 月 25 日至 2029 年 11 月 24 日。

截至本法律意见书出具之日,容银投资的股权结构如下:

序号	股东	出资额(万元)	持股比例(%)
1	报喜鸟集团有限公司	6,000	60
2	陈章银	2,000	20
3	陈一帆	2,000	20
	合计	10,000	100

本所律师核查后认为,均瑶集团、均瑶航投、大众交通、容银投资均为依法成立且合法存续的有限责任公司或股份有限公司;磐石宝骐为依法成立且合法存续的有限合伙企业;王均豪为具有中国国籍且在中国境内有住所的、具有完全民事行为能力及完全民事权利能力的自然人。发行人的上述发起人或股东具备法律、法规和规范性文件的规定担任股份公司股东的主体资格。

(三)目前发行人的股本结构和前十大股东

截至 2015 年 6 月 30 日,发行人总股本 568,000,000 股,股本结构如下:

股份类型	股份数量(股)	股份比例(%)
一、有限售条件股份		
均瑶集团	405,104,000	71.32
磐石宝骐	3,500,000	6.16
王均豪	27,600,000	4.86
均瑶航投	17,296,000	3.05
大众交通	10,000,000	1.76
容银投资	5,000,000	0.88
二、无限售条件股份		
社会公共股	6,800.00	11.97
三、股份总数	568,000,000	100%

根据《上海吉祥航空有限公司 2015 年半年度报告》及《中国证券登记结算有限责任公司上海分公司发行人证券登记查询证明》,截至 2015 年 6 月 30 日,发行人前十名股东持股情况如下:

序号	股东名称	股份数量(股)	股份比例	股份质押/冻结情况
1	上海均瑶(集团)有限公司	405,104,000	71.32	0
2	上海磐石宝骐投资合伙企业(有限合伙)	35,000,000	6.16	0
3	王均豪	27,600,000	4.86	0
4	上海均瑶航空投资有限公司	17,296,000	3.05	0
5	大众交通(集团)股份有限公司	10,000,000	1.76	0
6	上海容银投资有限公司	5,000,000	0.88	0
7	中融国际信托有限公司——融新 366 号	1,330,244	0.23	0
8	上海朱雀股权投资管理股份有限公司——金享 13 号——朱雀证券投资基金	1,094,620	0.19	0
9	郭长聚	805,700	0.14	0
10	中信信托有限责任公司——朱雀 9 期	669,200	0.12	未知
	合计	503,899,764	88.71	

(四)控股股东及实际控制人

1. 均瑶集团为发行人控股股东

根据现行有效的《公司法》第二百一十七条的规定,股份有限公司的控股股东是指持有的股份占股份有限公司股本总额百分之五十以上的股东,以及出资额或者持有股份的比例虽然不足百分之五十但依其出资额或者持有的股份所享有的表决权已足以对股东会、股东大会的决议产生重大影响的股东;股份有限公司的实际控制人是指虽不是公司的股东,但通过投资关系、协议或者其他安排,能够实际支配公司行为的人。经本所律师核查,均瑶集团持有发行人71.32%的股份,为发行人的控股股东。

均瑶集团的基本情况详见本法律意见书第六部分"发行人的发起人和股东"之"(一)发行人设立时的股东情况"。

2. 王均金为发行人实际控制人

经本所律师核查,发行人的实际控制人王均金先生。其基本信息如下:

国籍:中国

身份证号码:330327196812＊＊＊＊＊＊

永久境外居留权:无

住所:上海市徐汇区桂平路218弄牡丹园

截至本法律意见书出具之日,王瀚为均瑶集团第一大股东,其持有均瑶集团35.5%的股权;王均金系均瑶集团第二大股东,其持有均瑶集团35%的股权;王均豪系均瑶集团第三大股东,其持有均瑶集团25%的股权。王瀚、王均金、王均豪三人在均瑶集团、温州均瑶、均瑶航投中持股情况如下图所示:

序号	股东	持有均瑶集团股权情况		持有温州均瑶股权情况		持有均瑶航投股权情况	
		出资额(万元)	持股比例(%)	出资额(万元)	持股比例(%)	出资额(万元)	持股比例(%)
1	王瀚	7,100	35.50	3,407.25	38.5	2.598.75	24.0625
2	王均金	7,000	35.00	3,097.5	35	1620	15
3	王均豪	5,000	25.00	2,212.5	25	1080	10
4	王宝弟	-	-	44.25	0.5	33.75	0.3125
5	王超	800	4.00	44.25	0.5	33.75	0.3125
6	王滢滢	100	0.50	44.25	0.5	33.75	0.3125
7	温州均瑶	-	-	-	-	5400	50
	合计	20,000	100	8,850	100	10800	100

王瀚与王均瑶为父子关系,与王均金、王均豪系叔侄关系。王均瑶于2004年11月去世后,王瀚依法承继王均瑶所持均瑶集团、均瑶航投、温州均瑶的主要股权,成为均瑶集团、均瑶航投、温州均瑶的主要股东。鉴于其当时尚未成年,其所持有的均瑶集团等公司股权委托王均金、王均豪管理,在受委托管理过程中,王均金独立行使对上述股权的召集权、提案权、表决权等股东权利,王均豪对王均金行使委托管理权利提出建议并进行监督。

基于对发行人以及均瑶集团等公司经营稳定和持续发展的考虑,2010年8月,王瀚、王均金、王均豪签署了《股权委托管理协议》,不仅对王瀚自承继股权以来的股权委托管理事实进行了确认,而且明确了王瀚所持有股权进行委托管理的相关事项。《股权委托管理协议》的主要内容为:王瀚将其所持有的均瑶集团、温州均瑶、均瑶创投的所有股权委托王均金管理,王均豪对王均金行使委托管理权利提出建议并进行监督;委托管理的标的和范围包括:王瀚对委托管理标的所拥有的除股权权益和处置以外的全部股东权利;委托管理期限为协议生效之日起至2016年8月24日止。2014年9月王均金、王均豪、王瀚三人又将2010年8月签署的《股权委托管理协议》的股权委托管理期限延长至2018年8月24日,使发行人的控制权在未来三年内保持长期稳定有效,有利于吉祥航空未来的持续发展。

经本所律师核查,王均金自吉祥有限2006年设立以来一直为公司的董事,并担任董事长,对发行人具有至关重要的影响。同时,王均金自均瑶集团2001年1月设立以来一直担任均瑶集团的董事,2004年10月至今王均金一直担任均瑶集团的董事长,对均瑶集团具有至关重要的影响。由于王瀚持有均瑶集团 35.5% 的股权,王均金持有均瑶集团 35% 的股权,在股权委托管理后,王均金已经实际控制了均瑶集团合计 70.5% 的表决权,控制了温州均瑶合计 73.50% 的表决权,为均瑶集团和温州均瑶的实际控制人;王均金通过均瑶集团、温州均瑶及均瑶航投合计控制了吉祥航空 74.37% 的股权表决权。截至 2015 年 6 月 30 日,王均金对发行人的股权控制关系如下图所示:

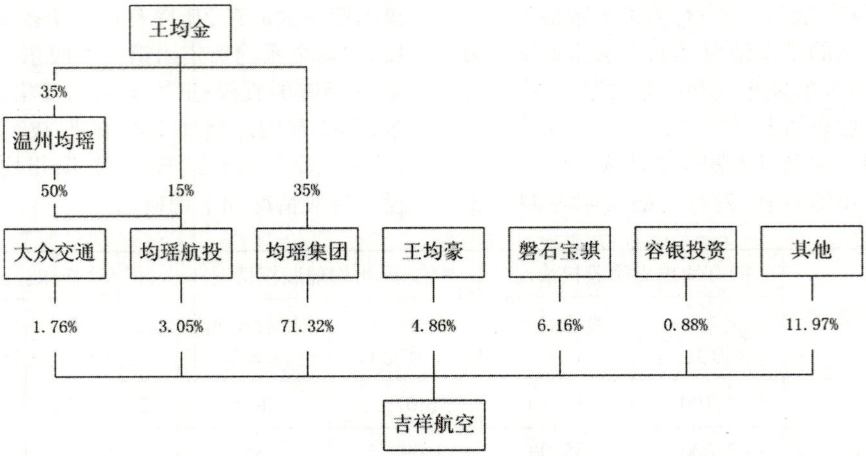

综上所述, 本所律师认为,最近三年内王均金始终直接或间接控制发行人超过 50% 的股权,并且担任发行人董事长职务,对发行人的经营运作具有重大影响力,王均金与王瀚、王均豪签署的《股权委托管理协议》使发行人在未来可预期期限内的控制关系将是长期稳定有效的。发行人最近 3 年内实际支配公司股份表决权比例最高的人从未发生变化,股权和控制结构一直处于稳定状态,因此,发行人的实际控制人为王均金。

(五)本次非公开发行对发行人控制权的影响

根据发行人第二届董事会第六次会议决议,公司本次非公开发行对象为不超过十名特定投资者,具体发行对象将在公司取得中国证监会核准本次发行的批文后,按照《上市公司非公开发行股票实施细则》等有关规定以竞价方式确定。本次非公开发行前,均瑶集团直接持有公司 71.32% 的股份,为公司控股股东;王均金先生通过均瑶集团、均瑶航投间接合计控制公司 74.37% 的股份,为公司实际控制人。按本次发行股数上限 5,800.00 万股测算,本次非公开发行完成后,均瑶集团直接持股比例将不低于 64.71%,仍为公司控股股东,王均金先生间接合计控制公司股份比例将不低于 67.48%,仍为公司实际控制人。

本所律师核查后认为,本次非公开发行不会导致发行人实际控制人发生变化,不会导致公司实际控制人的控制地位发生变化,因此,本次非公开发行符合《管理办法》、《实施细则》等相关法律法规和行政规章的规定。

(六)实际控制人股份质押、司法冻结等权利限制情况

经本所律师核查,根据《中国证券登记结算有限责任公司上海分公司发行人证券登记查询证明》,截至 2015 年 6 月 30 日,发行人实际控制人王均金不存在股份质押、司法冻结等权利限制情况。

(七)综上所述,本所律师核查后认为

发行人的发起人人数、住所、出资比例均符合法律、法规和规范性文件的规定;股份公司设立时,发起人投入股份公司的资产已经过验资,相关资产投入股份公司不存在法律上的障碍。

发行人股权结构清晰,控制权稳定,发行人控股股东、实际控制人对发行人的控制权不会受到本次非公开发行的影响。

七、发行人的股本演变

(一)吉祥有限的设立

1. 2005 年 6 月 29 日,民航局出具了民航运

函[2005]403 号《关于同意筹建东部快线航空有限公司的批复》，同意东部快线航空有限公司（因东部快线航空有限公司于 2006 年 5 月 8 日办理公司名称变更为上海吉祥航空有限公司，故以下统称为：吉祥有限）以上海机场为基地开展公共航空运输企业筹建工作。

2. 2006 年 3 月 17 日召开股东会并作出决议，同意设立吉祥有限并审议通过公司章程，章程约定：公司注册资本为 15,000 万元，股东的出资额、出资方式和出资时间如下：

序号	股东	出资额（万元）	2006 年 3 月出资额（万元）	2008 年 2 月出资额（万元）	持股比例（%）
1	均瑶集团	8,000	2,400	5,600	53.33
2	均瑶航投	7,000	2,100	4,900	46.67
	合计	15,000	4,500	10,500	100

3. 2006 年 3 月 17 日，上海汇中伟宏会计师事务所有限公司出具了汇伟会司验（2006）第 31－28 号《验资报告》，确认截至 2006 年 3 月 16 日止，吉祥有限已收到全体股东缴纳的注册资本合计人民币 4500 万元整。

4. 2006 年 3 月 23 日，上海市工商行政管理局南汇分局作出《准予设立登记通知书》，同意吉祥有限的设立并核发了注册号为 3102252033894 的《企业法人营业执照》。

5. 2006 年 7 月 25 日，吉祥有限召开股东会并作出决议，同意注册资本由原来的二期到位变更为三期到位：

序号	股东	出资额（万元）	2006 年 3 月 16 日出资额（万元）	2006 年 7 月 26 日出资额（万元）	2008 年 2 月 28 日（万元）	持股比例（%）
1	均瑶集团	8,000	2,400	3,733.1	1,866.55	53.33
2	均瑶航投	7,000	2,100	3,266.9	1,633.45	46.67
	合计	15,000	4500	7000	3500	100

6. 2006 年 7 月 27 日，上海汇中伟宏会计师事务所有限公司出具了汇伟会司验（2006）第 31－082 号《验资报告》，确认截至 2006 年 7 月 26 日止，吉祥有限已收到全体股东缴纳的第二期注册资本合计人民币 7000 万元整。各股东均以货币方式出资。股权结构如下：

序号	股东	出资额（万元）	实缴出资额（万元）	持股比例（%）
1	均瑶集团	8,000	6,133.10	53.33
2	均瑶航投	7,000	5,366.90	46.67
	合计	15,000	11,500	100

7. 2006 年 8 月 16 日吉祥有限召开股东会并作出决议，同意将第三期注册资本提前到位，并通过了章程修正案，第三期出资时间变更为 2006 年 8 月 23 日。2006 年 8 月 23 日上海汇中伟宏会计师事务所有限公司出具了汇伟会司验（2006）第 31－082－1 号《验资报告》，确认截至 2006 年 8 月 23 日止，吉祥有限已收到全体股东缴纳的第三期注册资本合计人民币 3500 万元整，各股东均以货币方式出资。股权结构如下：

序号	股东	出资额（万元）	实缴出资额（万元）	持股比例（%）
1	均瑶集团	8,000	8,000	53.33
2	均瑶航投	7,000	7,000	46.67
	合计	15,000	15,000	100

8. 上海市工商行政管理局南汇分局于 2006 年 8 月 28 日作出《准予变更登记通知书》，本次出资完成后，吉祥有限各股东出资额及持股比例如下：

序号	股东	出资额（万元）	持股比例（%）
1	均瑶集团	8,000	53.33
2	均瑶航投	7,000	46.67
	合计	15,000	100

本所律师注意到:公司2006年7月25日股东会决议以及签署的章程明确的股东各期认缴出资额合计数与公司股东原认缴出资额产生了差异,具体情况如下:

序号	股东名称	第一期出资（万元）	第二期出资（万元）	第三期出资（万元）	股东出资合计数（万元）	股东原认缴出资额（万元）
1	均瑶集团	2,400	3,733.10	1,866.55	7,999.65	8,000
2	均瑶航投	2,100	3,266.90	1,633.45	7,000.35	7,000
	合计	4,500	7,000	3,500	15,000	15,000

经核查,吉祥有限第三期出资时,汇伟会司验(2006)第31－082－1号《验资报告》附件中,除均瑶集团及均瑶航投按调整后的出资额安排缴纳款项的转账凭证外,还包括均瑶集团向吉祥有限转账3500元的银行凭证,但是该3500元出资资金并未在《验资报告》中予以体现。均瑶航投在吉祥有限设立出资时多缴纳的3500元款项,由吉祥有限予以返还。

2011年2月16日,吉祥有限召开股东会对公司设立时股东出资问题进行了确认:2006年8月23日均瑶集团的出资应该包括3500元,而均瑶航投多缴的3500元予以返还。吉祥有限针对此事项,也已于2011年5月4日向上海市工商行政管理局浦东新区分局提交《关于上海吉祥航空有限公司之历史沿革相关事项的情况说明》。2011年6月30日,浦东新区工商局对此事进行了备案。

据此,本所律师认为,吉祥有限成立之初的出资虽存在瑕疵,但该事项已经公司的全体股东进行了事后确认,并获得了有权的工商主管部门的核准,至今未产生任何纠纷,也未对公司正常生产经营构成任何不利影响,因此不构成发行人本次发行申请的实质性法律障碍。

(二)吉祥有限的名称变更

2006年4月25日,吉祥有限召开股东会并作出决议,同意公司名称由东部快线航空有限公司变更为上海吉祥航空有限公司,2006年4月29日,上海市工商行政管理局南汇分局作出《企业名称变更预先核准通知书》,核准企业使用的名称。2006年5月8日上海市工商行政管理局南汇分局核准了此次名称变更,并且核发了《企业法人营业执照》。

2006年9月15日,民航局出具民航函[2006]613号《关于上海吉祥航空有限公司经营许可的通知》,同意发行人的公共航空运输企业经营许可证作相应变更。

(三)吉祥有限第一次增资(2008年)

1. 2008年11月8日,吉祥有限股东会作出决议,同意将公司注册资本由人民币15,000万元增加至人民币20,000万元,增资部分由均瑶集团以其持有的均瑶国际广场6%股权认缴,均瑶国际广场6%股权对应净资产评估值不足5,000万元部分由均瑶集团以现金补足,超过部分由吉祥有限有限以现金返还。

2. 2008年11月24日,上海信达资产评估有限公司出具了沪信评报字(2008)第B035号《上海均瑶国际广场有限公司企业价值评估报告》,对上海均瑶国际广场有限公司资产价值进行评估,截至2008年9月30日止,均瑶国际广场净资产账面价值737,085,117.86元,净资产评估值为人民币838,300,070.79元,均瑶集团持有的均瑶国际广场6%的股权评估价值为50,298,004.25元。该等评估价值超过新增出资5000万元的部分,则由吉祥有限以现金返还。

3. 鉴于上海信达资产评估有限公司不具有证券期货相关业务评估资质证书,上海银信资产评估有限公司对该评估报告进行了复核,并于2011年12月5日出具沪银信核报字(2011)第012号《关于对"沪信评报字[2008]B035号"〈上海均瑶国际广场有限公司企业价值评估报告书〉的复核报告》,确定原评估结果基本合理。

4. 2008 年 11 月 26 日，上海龙凯会计师事务所有限公司出具了龙凯验字（2008）第 100 号《验资报告》，对上述增资后股东缴纳出资的情况进行了验资，截至 2008 年 11 月 26 日止，吉祥有限已收到上海均瑶（集团）有限公司缴纳的新增注册资本合计人民币 5000 万元，出资方式为均瑶集团持有的上海均瑶国际广场有限公司 6% 的股权。变更后的累计注册资本为 20,000 万元人民币。

5. 2008 年 12 月 23 日，上海市工商行政管理局南汇分局作出《准予变更登记通知书》，吉祥有限本次增资完成后的股本结构变更为：

序号	股东	出资额（万元）	持股比例（%）
1	均瑶集团	13,000	65
2	均瑶航投	7000	35
	合计	20,000	100

（四）吉祥有限第二次增资（2009 年）

1. 2009 年 2 月 16 日，吉祥有限股东会作出决议将公司注册资本由人民币 20,000 万元增加至人民币 25,000 万元，增资的 5000 万元由均瑶集团以其所持均瑶国际广场 6% 的股权认缴该次增资。

2. 同样以吉祥有限 2008 年增资时上海信达资产评估有限公司出具之沪信评报字[2008]第 035 号《上海均瑶国际广场有限公司企业价值评估报告》为依据，该评估报告评估基准日为 2008 年 9 月 30 日，确认均瑶国际广场的净资产评估值为 838,300,070.79 元。

3. 2009 年 2 月 28 日，上海龙凯会计师事务所有限公司出具龙凯验字（2009）第 002 号《验资报告》，对上述增资后股东缴纳出资的情况进行了验资，截至 2009 年 2 月 28 日止，公司已收到上海均瑶（集团）有限公司缴纳的新增注册资本合计人民币 5000 万元，系以均瑶集团持有的上海均瑶国际广场有限公司 6% 的股权出资。均瑶集团持有的均瑶国际广场 6% 的股权评估价值为人民币 50,298,004.25 元，股权评估价值的超额部分，确认为吉祥有限其他应付款应付均瑶集团。

4. 银信评估对该评估报告进行了复核，并于 2011 年 12 月 5 日出具沪银信核报字（2011）第 012 号《关于对“沪信评报字[2008]B035 号”〈上海均瑶国际广场有限公司企业价值评估报告书〉的复核报告》，确定原评估结果基本合理。

5. 2009 年 3 月 29 日，上海市工商行政管理局南汇分局作出《准予变更登记通知书》，吉祥有限本次增资完成后的股本结构为：

序号	股东	出资额（万元）	持股比例（%）
1	均瑶集团	18,000	72
2	均瑶航投	7000	28
	合计	25,000	100

本所律师注意到：2009 年 2 月 16 日，均瑶集团与吉祥有限曾经签订《股权转让协议》，将均瑶集团将其所持有的均瑶国际广场 6% 的股权作价 480 万元转让给吉祥有限。该等文件与均瑶集团将其所持均瑶国际广场 6% 股权作价 5000 万元对吉祥有限进行增资的相关股东会决议、验资报告等实际操作均不相符。

本所律师核查后认为，该等《股权转让协议》与吉祥有限增资的实际操作情况不符。为此，吉祥有限于 2011 年 2 月 16 日召开股东会已经确认：该次增资，均瑶集团将其所持均瑶国际广场 6% 的股权系作价 5000 万元。立信会计师事务所有限公司亦出具了信会师报字[2012]第 110152 号《关于上海吉祥航空有限公司 2009 年至 2011 年部分股本验资报告的复核报告》，对公司 2009 年以来包括该次增资在内的注册资本和股权变动情况作出了复核确认。此外，吉祥有限于 2011 年 5 月 4 日向上海市工商行政管理局浦东新区分局提交了《关于上海吉祥航空有限公司之历史沿革相关事项的情况说明》，并获得了有权工商主管部门的认可。本所律师同时认为，该等情形至今未产生任何纠纷，也未对公司正常生产经营构成任何不利影响，因此该等瑕疵不致构成发行人本次上市的实质性法律障碍。

（五）吉祥有限第一次股权转让（2009 年）

1. 2009 年 4 月 2 日，吉祥有限召开股东会并作出决议，同意均瑶航投将其持有的吉祥有限 24% 的股权作价 6000 万元转让给均瑶集团。同日,均瑶航投与均瑶集团签订了《股权转让协议》。

2.2009年6月15日,民航华东局出具民航华东政[2009]002号《民航企业机场联合重组改制许可决定书》,准予公司将注册资本增至25,000万元,股权比例变更为均瑶集团占96%,均瑶航投占4%。

3.2009年4月28日上海市工商行政管理局南汇分局作出《准予变更登记通知书》,此次股权转让完成后,公司股权结构如下:

序号	股东	出资额(万元)	持股比例(%)
1	均瑶集团	24,000	96
2	均瑶航投	1000	4
	合计	25,000	100

(六)吉祥有限第三次增资(2010年)

1.2009年12月18日,吉祥有限作出股东会决议,同意将公司注册资本由人民币25,000万元增加至人民币30,000万元。

2.2009年12月25日,上海龙凯会计师事务所有限公司出具沪龙审字[2009]第019号《专项审计报告》,确认截至2009年11月30日止,公司未分配利润为11,375.74万元。

3.2009年12月25日,上海龙凯会计师事务所有限公司出具沪龙验字[2009]第007号《验资报告》,确认截至2009年11月30日止,公司将未分配利润5000万元转增股本。其中,均瑶集团转增4800万元,均瑶航投转增200万元。

4.2010年3月8日上海市工商行政管理局南汇分局作出《准予变更登记通知书》。此次增资完成后,公司股权结构如下:

序号	股东	出资额(万元)	持股比例(%)
1	均瑶集团	28,800	96
2	均瑶航投	1,200	4
	合计	30,000	100

(七)吉祥有限第四次增资(2010年)

1.2010年10月15日,吉祥有限召开临时股东会并作出决议,同意关于增资的事宜,将注册资本由人民币30,000万元增加至31,914.893617万元,新增自然人股东王均豪以现金2,297.872340万元出资,其中1,914.893617万元计入注册资本,其余作为股本溢价计入资本公积。

2.2010年12月10日,上海龙凯会计师事务所有限公司出具龙凯验字[2010]第019号《验资报告》,确认截至2010年12月9日止,公司已收到新增股东王均豪的新增注册资本1,914.893617万元,均以货币方式出资。

3.2010年12月20日,民航华东局出具民航华东政[2010]003号《民航企业机场联合重组改制准予许可决定书》,准予该次变更。

4.2010年12月30日上海市工商行政管理局浦东新区分局作出《准予变更登记通知书》。此次增资完成后,公司股权结构如下:

序号	股东	出资额(万元)	持股比例(%)
1	均瑶集团	28,800	90.24
2	王均豪	1,914.893617	6
3	均瑶航投	1,200	3.76
	合计	31,914.893617	100

(八)吉祥有限第二次股权转让(2011年)

1.2011年2月18日,吉祥有限召开临时股东会并作出决议,同意均瑶集团转让其所持有的吉祥有限2.173913%的股权(对应注册资本为693.802021万元)给大众交通,股权转让价格为14.41元/每1元注册资本。同日,均瑶集团与大众交通签订了《股权转让协议》。

2.2011年2月24日,民航华东局出具民航华东政[2011]001号《民航企业机场联合重组改制准予许可决定书》,准予此次变更。

3.2011年2月25日上海市工商行政管理局浦东新区分局作出《准予变更登记通知书》。此次股权转让完成后,吉祥有限股权结构如下:

序号	股东	出资额(万元)	持股比例(%)
1	均瑶集团	28,106.1980	88.066
2	王均豪	1,914.8936	6
3	均瑶航投	1,200	3.76
4	大众交通	693.802	2.174
	合计	31,914.8936	100

（九）上海吉祥航空股份有限公司的设立

吉祥有限整体变更为股份公司的情况，具体详见本法律意见书“四、发行人的设立”。

（十）吉祥航空第五次增资（2011年）

1.2011年8月15日，吉祥航空召开第一次临时股东大会并作出决议，同意公司注册资本由46,000万元增至50,000万元，由公司新增股东上海磐石宝骐投资合伙企业（有限合伙）、上海容银投资有限公司以10元/股的价格认购公司新增股份4000万股，新增股东投资款共计4亿元，4,000万元计入注册资本，36,000万元计入公司资本公积。增资完成，磐石宝骐持股比例为7%，容银投资持股比例为1%。

2.2011年9月7日，立信会计师事务所有限公司出具信师报字（2011）第13413号《验资报告》，截至2011年9月6日止，公司已收到磐石宝骐的认缴出资额35,000万元（其中注册资本为3,500万元，31,500万元计入资本公积）和容银投资认缴出资额5,000万元（其中注册资本500万元，4,500万元计入资本公积），均以货币出资。

3.2011年10月12日，民航华东局出具民航华东政[2011]007号《民航企业机场联合重组改制准予许可决定书》对此次变更予以同意。

4.2011年10月28日，上海市工商行政管理局作出《准予变更（备案）登记通知书》，本次增资完成后，公司股权结构如下：

序号	股东	股份数额（万份）	持股比例（%）
1	均瑶集团	40,510.4	81.0208
2	磐石宝骐	3,500	7
3	王均豪	2,760	5.52
4	均瑶航投	1,729.6	3.4592
5	大众交通	1,000	2
6	容银投资	500	1
	合计	50,000	100

（十一）吉祥航空首发上市（2015年）

1.2015年5月8日，中国证监会出具证监许可[2015]835号《关于核准上海吉祥航空股份有限公司首次公开发行股票的批复》，核准发行人于2015年5月27日向社会公众公开发行人民币普通股（A股）6,800万股，每股面值1.00元，发行价格为11.18元/股，扣除发行费用后，实际募集资金为71,422.33万元。

2.2015年5月22日，立信会计出具了信会师报字[2015]第114115号《验资报告》，对该次发行的资金到位情况进行了审验。2015年8月13日，发行人完成了工商变更登记手续，注册资本变更为568,000万元。

3.首次公开发行股票完成后，发行人的注册资本变更为56,800.00万元，股权结构变更为：

股份类型	持股数量（万股）	持股比例（%）
一、有限售条件股		
均瑶集团	40,510.40	71.32
磐石宝骐	3,500.00	6.16
王均豪	2,760.00	4.86
均瑶航投	1,729.60	3.05
大众交通	1,000.00	1.76
容银投资	500.00	0.88
二、无限售条件股		
社会公共股	6,800.00	11.97
合计	56,800.00	100.00

（十二）综上所述，本所律师核查后认为

发行人上述历次股本变更均符合《公司法》、《证券法》等相关法律、法规、其他规范性文件的规定，并履行了法律、法规以及《公司章程》所规定的必要审批程序，获得了相关监管部门的批准，均合法有效。

八、发行人的业务

（一）发行人的经营范围和主营业务

根据发行人现行有效的《企业法人营业执照》及《公司章程》记载，发行人的经营范围为国内航空客、货运输业务；内地至香港、澳门特别行政区和周边国家的航空客货运输业务，航空配餐；飞机零配件的制造；日用百货、五金交电，纺织品，电子产品，家用电器，文化用品，工艺美术品，化工原料（除危险品），金属材料，仪器仪表,机械设备,汽车配件的销售;从事货物及技术的进出口业务(依法须经批准的项目,经相关部门批准后方可开展经营活动)。

经本所律师核查,公司最近三年及一期实际所从事的业务与上述经营范围一致,公司的主营业务为事国内、国际及港澳航空客货运输业务及与航空运输业务相关的服务。根据立信会计出具的信会师报字[2015]第110222号《审计报告》和发行人出具的《上海吉祥航空股份有限公司2015年半年度报告》,发行人的收入和利润主要来自其主营业务,本所律师认为,公司的主营业务突出。

(二)发行人持有的业务许可文件

根据发行人公开披露的公告材料和发行人提供的批复、证照等材料,截至本法律意见书出具之日,发行人持有的业务资质及经营许可如下:

主体	许可证名称	发证机关	证照编号	发证时间	有效期限	许可范围
吉祥航空	航空承运人运行合格证	中国民用航空华东地区管理局	DKH-A-019-HD	2011年8月22日	2011年8月22日-长期	承运人符合相关规定允许其按照运行规范实施国内定期载客运行、国际定期载客运行、补充运行
	公共航空运输企业经营许可证	中国民用航空局	民航运企字第048号	2015年8月14日	2015年8月14日-2018年8月13日	国内航空客货运输业务;内地至香港、澳门特别行政区和周边国家的航空客货运输业务
	维修许可证	中国民用航空局华东管理局	D.200085	2011年12月27日	2006年9月21日-长期	航空器/机体,特种作业
	保险兼业代理业务许可证	中国保险监督管理委员会	机构编码:31000078672261002	2014年12月9日	2014年12月9日-2017年12月8日	保险公司授权代理范围
	中华人民共和国国境口岸食品生产经营单位卫生许可证	中华人民共和国上海机场出入境检验检疫局	检验检疫证字A31030013166号	2013年12月20日	2013年12月20日-2016年12月19日	航空配餐、机供生活饮用水,经营地址:上海市华洲路1号
	中华人民共和国国境口岸食品生产经营单位卫生许可证	中华人民共和国上海机场出入境检验检疫局	检验检疫证字A31030013166-1号	2013年12月20日	2013年12月20日-2016年12月19日	航空配餐,经营地址:上海市华洲路1号
	中华人民共和国国境口岸食品生产经营单位卫生许可证	中华人民共和国上海机场出入境检验检疫局	检验检疫证字A31030013166-2号	2013年12月20日	2013年12月20日-2016年12月19日	机供生活饮用水(水车:民航B7931)

续表

主体	许可证名称	发证机关	证照编号	发证时间	有效期限	许可范围
吉祥航空	中华人民共和国国境口岸食品生产经营单位卫生许可证	中华人民共和国上海机场出入境检验检疫局	检验检疫证字A31030013166－3号	2013年12月20日	2013年12月20日－2016年12月19日	机供生活饮用水（水车：民航B7928）
	中华人民共和国国境口岸食品生产经营单位卫生许可证	中华人民共和国上海机场出入境检验检疫局	检验检疫证字第A31030013067号	2013年6月9日	2013年6月9日－2016年9月5日	食堂（不含熟食卤味）
	国内经营人危险品航空运输许可	中国民用航空华东地区管理局	H0－HD－2015－0731	2015年7月29日	2015年7月29日－2017年7月31日	批准发行人许可范围内在国内航空客货运输业务；内地至香港、澳门和周边国家的航空客运输业务从事运输自用航材1－9类危险品
	中华人民共和国道路运输经营许可证	上海市浦东新区城市交通运输管理署	沪交运管许可浦字310115013022号	2014年11月17日	2014年11月17日－2018年11月30日	普通货运
均瑶旅行社	旅行社业务经营许可证	上海市旅游局	编号：L－SH－00565	2009年9月1日	2009年9月1日－长期	国内旅游、入境旅游业务
	中国民用航空运输销售代理业务资格认可证书	中国航空运输协会	经营认可号第HD22680号	2014年6月13日	2014年6月13日－2017年6月13日	国际航线或者香港、澳门台湾地区航线的航空客运销售代理业务
			经营认可号HD54319号	2015年3月18日	2015年2月23日－2018年2月22日	国内航线除香港、澳门台湾地区航线外的航空客运销售代理业务
君瑞宾馆	上海市特种行业许可证	上海市公安局	沪公特机（2012）字第001号	2012年3月23日	2012年3月23日－长期	住宿
	中华人民共和国国境口岸服务行业卫生许可证	上海机场出入境检验检疫局	检验检疫证字第B31030011036号	2012年1月6日	2012年1月6日－2014年1月5日	宾馆、茶室、理发店、美容店、足浴
	中华人民共和国国境口岸食品生产经营单位卫生许可证	上海机场出入境检验检疫局	检验检疫证字第A31030031290号	2012年12月31日	2012年12月31日－2013年12月30日	大型饭店（含熟食卤味）、食堂（不含熟食卤味）、预包装食品销售[不含熟食卤味、含冷冻（藏）食品]

续表

主体	许可证名称	发证机关	证照编号	发证时间	有效期限	许可范围
吉宁文化传媒	中华人民共和国国境口岸服务行业卫生许可证	上海机场出入境检验检疫局	检验检疫证字第A31030014203号	2014年9月11日	2014年9月11日-2017年9月10日	食品销售管理(非实物方式)、食品储运
九元航空	航空承运人运行合格证	中国民用航空局中南地区管理局	JYH-A-088-ZN	2014年12月1日	2014年12月1日-长期	按照相应的法规、标准和局方颁发的运行规范实施国内运行
	公共航空运输企业经营许可证	中国民用航空局	民航运企字第072号	2014年11月14日	2014年11月14日-2017年11月13日	国内航空客货运输业务
	维修许可证	中国民用航空局	D.320051	2014年12月1日	长期有效	按许可证所列维修类别或维修项目限定
	食品流通许可证	广州市白云区食品药品监督管理局	SP4401111511008659	2015年2月3日	2015年2月3日-2017年4月2日	批发:预包装食品(含酒精饮料);散装食品(不含现场销售);乳制品(含婴幼儿配方乳粉)

注:发行人上述经营许可证书将在到期前按相关规定依法办理续期。截至本法律意见书出具之日,君瑞宾馆相关许可证照已经到期,由于目前君瑞宾馆处于歇业装修状态,故未办理续期。经上海机场出入境检验检疫局同意,待君瑞宾馆装修完毕后,该公司将重新办理相关许可执照。

(三)发行人分支机构持有的业务许可文件

1.发行人的境内分支机构

截至本法律意见书出具之日,发行人设有21家境内分支机构,具体情况如下:

序号	分支机构名称	营业场所	注册号
1	上海吉祥航空股份有限公司太原营业部	太原市小店区亲贤苑6号楼4单元301	140100106717402
2	上海吉祥航空股份有限公司长沙营业部	长沙市开福区蚌塘街37号航线大厦1314室	430192000024397
3	上海吉祥航空股份有限公司天津营业部	南开区东马路新安花园2-1-1601	120104000040026
4	上海吉祥航空股份有限公司三亚营业部	三亚市凤凰路南方航空城18栋18-103A室	460200000042683
5	上海吉祥航空股份有限公司青岛营业部	青岛市市南区徐州路3号8号楼3单元601户	370202329038980-A
6	上海吉祥航空股份有限公司成都营业部	成都市武侯区人民南路四段19号	510107000426430
7	上海吉祥航空股份有限公司大连营业部	大连市西岗区民政街53号1单元6层1号	210200000202785
8	上海吉祥航空股份有限公司沈阳营业部	沈阳市和平区青年大街332-1号C座2-1-1	210102100004243

续表

序号	分支机构名称	营业场所	注册号
9	上海吉祥航空股份有限公司深圳营业部	深圳市福田区红荔西路园心苑7栋1单元202	440301103648459
10	上海吉祥航空股份有限公司哈尔滨营业部	哈尔滨市南岗区黄河绿园小区B区1栋25－26层3号	230199100076646
11	上海吉祥航空股份有限公司武汉营业部	武汉市江汉区唐家墩路13号武汉菱角湖万达广场B.C区6栋2单元10层D室	420103000163817
12	上海吉祥航空股份有限公司西安营业部	西安市莲湖区桃园南路锦园小区3D－509室	610104200006983
13	上海吉祥航空股份有限公司桂林营业部	桂林市七星区穿山东路29号东晖国际公馆3栋392号	450305000016442
14	上海吉祥航空股份有限公司厦门营业部	厦门市思明区嘉禾路25号2706室	350200180017138
15	上海吉祥航空股份有限公司昆明营业部	昆明市拓东路石家巷9号4幢1单元501房	530111100117733
16	上海吉祥航空股份有限公司南宁营业部	南宁市青秀区金浦路6号金湖帝景2号楼B1401室	450103000018741
17	上海吉祥航空股份有限公司乌鲁木齐营业部	乌鲁木齐市天山区光明路58号金碧华府B座B2－2703房	650102150007212
18	上海吉祥航空股份有限公司温州营业部	温州市温州车站大道733号13楼	330300000077720
19	上海吉祥航空股份有限公司北京营业部	北京市朝阳区朝阳北路237号楼23层2708	110105014684775
20	上海吉祥航空股份有限公司珠海营业部	珠海市拱北迎宾南路1155号中建大厦8楼868房	440400000332226
21	上海吉祥航空股份有限公司重庆营业部	重庆市江北区建新北路16号31－5	500105300034333

2. 发行人的境外分支机构

截至本法律意见书出具之日，发行人设有5家境外分支机构，具体情况如下：

A. 上海吉祥航空股份有限公司驻澳门分公司

就上海吉祥航空股份有限公司驻澳门分公司，公司已取得了中国商务部颁发的编号为"商境外机构证第3100201100026号"的《企业境外机构证书》和登记编号为39724（SO）的《商业登记证》。

B. 上海吉祥航空股份有限公司驻香港办事处

就上海吉祥航空股份有限公司驻香港办事处，公司已取得了中国商务部颁发的编号为"商境外机构证第3100201100027号"的《企业境外机构证书》和号码为53339604－000－11－14－A的《商业登记证》。

C. 上海吉祥航空股份有限公司日本冲绳支店

就上海吉祥航空股份有限公司日本冲绳支店，公司已经取得了会社法人等番号3600－03－005865的《印鉴证明书》、《履历事项全部证明书》，和编号为"商境外机构证第310020120009"号的《企业境外机构证书》。

D. 上海吉祥航空股份有限公司泰国分公司

就上海吉祥航空股份有限公司泰国分公司，公司已经取得了编号为099－3－00029668－1的《税务登记证书》和中国商务部颁发的编号为"商境外机构证第3100201200013号"的《企业境外机构证书》。

E. 上海吉祥航空股份有限公司(台湾分公司)

就上海吉祥航空股份有限公司(台湾分公司),公司已取得了中国商务部颁发的编号为"商境外机构证第3100201400006号"的《企业境外机构证书》及台湾经济部颁发的经授商字号第10301130290号的经济部函。

(四)综上所述,本所律师核查后认为

发行人及其子公司已经取得了相关所有经营所需的许可。发行人的经营范围和经营方式符合有关法律、法规和规范性文件的规定。发行人主要业务自成立以来始终未发生实质变更。发行人自设立以来的主营业务为国内航空客、货运输业务等,发行人主要经营一种业务。发行人可以在其营业执照所载的经营范围内开展相关业务和经营活动,不存在持续经营的法律障碍。

九、关联交易和同业竞争

(一)关联方的界定

本法律意见书中对于关联方的界定,系主要根据现行有效的《公司法》、《上海证券交易所股票上市规则》、《上市公司信息披露管理办法》等相关规定作为界定关联方的标准。以该等法律法规以及规范性文件为主要根据,根据发行人及其发行人控股股东和实际控制人、发行人董事、监事和高级管理人员填写的《询证函》、《调查问卷》,经本所律师核查,截至本法律意见书出具之日,关联方情况如下:

1. 发行人控股股东、其他主要关联股东及实际控制人

关联人名称	与发行人关系	控制权比例
王均金	发行人实际控制人	74.37%
均瑶集团	发行人控股股东	71.32%
均瑶投资	发行人主要股东、实际控制人控制的企业	3.05%
磐石宝骐	持股5%以上股东	6.16%

注:股东基本情况详见原法律意见书第六部分"发行人的发起人和股东"。

2. 实际控制人以及控股股东控制的其他法人

报告期内,发行人实际控制人王均金先生以及控股股东均瑶集团控制的除公司及公司下属企业、公司股东均瑶航投以外的其他企业,如下表所示:

序号	公司名称	与实际控制人或控股股东的关系	注册资本(元)	成立日期	经营范围
1	上海均瑶创业投资有限公司	实际控制人控制的一级企业	2,000万	2003.6.10	实业投资、项目投资、企业资产委托管理、企业购并及相关业务的咨询服务
2	温州均瑶集团有限公司	实际控制人控制的一级企业	8,850万	1995.8.23	住宿服务(限下设分支机构经营);实业项目的投资。(上述经营范围不含国家法律法规规定禁止、限制和许可经营的项目)
3	上海均瑶集团置业投资有限公司	实际控制人控制的二级企业	3,000万	2003.6.5	房地产开发、经营,物业管理
4	上海均瑶国际广场有限公司	实际控制人控制的二级企业	8,000万	2002.5.10	实业投资,物业租赁,物业管理,停车收费,国内贸易,餐饮管理
5	上海派瑞物业管理有限公司	实际控制人控制的二级企业	100万	2003.7.17	物业管理,停车收费
6	均瑶集团航空服务有限公司	实际控制人控制的二级企业	1,000万	2000.1.12	国际航线或者香港、澳门、台湾地区航线的航空客运销售代理业务(限分支机构经营);航空用品的销售

续表

序号	公司名称	与实际控制人或控股股东的关系	注册资本（元）	成立日期	经营范围
7	上海派瑞文化发展有限公司	实际控制人控制的二级企业	500万	2002.3.29	展览、会议服务，企业形象策划，经济信息咨询服务，各类美术模型设计、制作，有机玻璃制品、工艺美术品、办公用品、日用百货、建筑材料、通信设备及相关产品、通讯器材、电子计算机及配件、家电销售
8	上海均瑶如意文化发展有限公司	实际控制人控制的二级企业	2,000万	2011.3.15	文化艺术交流策划（除经纪），企业形象策划，市场营销策划，会展服务，金银首饰、珠宝首饰、贵金属礼品、工艺美术品、家用电器、办公用品、装饰装潢材料、家具、灯饰灯具、计算机的销售，从事货物进出口及技术进出口业务
9	上海世外教育服务发展有限公司	实际控制人控制的二级企业	1000万	2012.1.5	教育用品开发与销售，电子商务（不得从事增值电信、金融业务），教育信息咨询（不得从事教育培训、中介、家教）
10	武汉均瑶房地产开发有限公司	实际控制人控制的二级企业	6,000万	1992.8.29	房地产开发，房地产营销策划，房地产管理，房地产经纪，物业管理，门窗制造，房屋拆迁。（国家有专项规定的项目取得许可证后方可经营）
11	上海市世界外国语小学	实际控制人控制的二级企业	200万	1993	全日制小学学历教育
12	上海市世界外国语中学	实际控制人控制的二级企业	300万	1996.8	初中、高中学历教育
13	江苏无锡商业大厦集团有限公司	实际控制人控制的二级企业	11,322.53万	1987.3.17	自有资产经营与管理；国内商业及日用工业品的修理服务（涉及专项规定的经批准后方可经营）；经批准后的进出口贸易及进出口业务代理；物资储存；场地出租；汽车（不含乘用车）的销售；停车场服务；电梯的维修保养
14	均瑶集团乳业股份有限公司	实际控制人控制的二级企业	5,000万	1998.8.5	乳制品生产（液体乳：巴氏杀菌乳、灭菌乳、酸乳）；饮料（蛋白饮料、其他饮料类）生产；食品用塑料容器生产；预包装食品（含乳制品）批发兼零售；鲜牛奶收购
15	温州市天龙包机实业有限公司［注1］	实际控制人控制的二级企业	600万	1991.12.29	民航包机业务及代订机票、经营国内航线除香港、澳门、台湾地区航线外的航空客运销售代理业务，民航纪念品及旅游日用品加工、销售

续表

序号	公司名称	与实际控制人或控股股东的关系	注册资本(元)	成立日期	经营范围
16	均瑶集团出租汽车有限公司	实际控制人控制的二级企业	1,000万	1998.11.7	客运:出租车客运、汽车零配件的销售
17	杭州上海世界外国语小学	实际控制人控制的二级企业	500万	2013.6	小学学历教育
18	上海国卿企业管理咨询有限公司	实际控制人控制的二级企业	500万	2011.10.26	企业管理咨询、商务咨询、市场信息咨询和调研(不得从事社会调查、社会调研、民意调查、民意测验)
19	上海风寻科技有限公司	实际控制人控制的二级企业	2500万	2014.5.29	从事网络科技、计算机技术、电子技术领域内的技术开发、技术咨询、技术服务、技术转让、计算机系统集成、商务咨询、新能源开发、生物技术开发
20	上海世外智慧教育科技股份有限公司	实际控制人控制的三级企业	1000万	2014.11.20	从事教育科技产业领域内技术开发、技术咨询、技术转让、技术服务,计算机硬件及耗材、办公设备租赁、销售,销售办公用品。(依法须经批准的项目,经相关部门批准后方可开展经营活动)
21	宜昌均瑶国际广场有限公司	实际控制人控制的三级企业	10,000万	2003.2.19	商场经营管理;接待演出服务;设计、制作、发布、代理发行人自有媒介广告业务;房屋、柜台租赁;以下经营项目限取得许可的分支机构经营:住宿、中西式餐饮、咖啡厅服务,卷烟、雪茄零售
22	上海国瑞投资管理中心(有限合伙)	实际控制人控制的三级企业	20,000万	2014.1.14	创业投资、实业投资、投资咨询、投资管理、仓储服务(除危险品)
23	武汉均阳物业管理有限公司	实际控制人控制的三级企业	300万	1999.1.6	物业管理,建筑装饰、管道施工,铁艺加工、销售
24	武汉均阳拆迁有限公司	实际控制人控制的三级企业	50万	2003.10.30	房屋拆迁,房地产中介服务,房屋咨询服务
25	武汉均阳经贸有限责任公司	实际控制人控制的三级企业	500万	2003.12.3	建筑材料、金属材料、日用百货、文化用品、五金交电、化工产品(不含化学危险品)批发、零售;钢结构工程设计、施工,铁艺设计、制作、安装、销售,装饰工程设计、施工、管道工程施工,房屋维修,物业管理、家政服务、房屋中介、装饰材料生产、销售,服装加工、制作、销售,广告设计、机电产品、家用电器维修
26	武汉均阳房地产管理有限公司	实际控制人控制的三级企业	50万	2003.7.25	房地产管理,房屋租赁,房屋维修,房屋置换服务

续表

序号	公司名称	与实际控制人或控股股东的关系	注册资本（元）	成立日期	经营范围
27	武汉均阳房屋置换经纪有限公司	实际控制人控制的三级企业	100万	2001.1.5	从事房地产买卖、租赁、调换及信息经纪服务
28	无锡商业大厦大东方股份有限公司	实际控制人控制的三级企业	52,171.1813万	1998.1.20	预包装食品兼散装食品，乳制品（含婴幼儿配方奶粉），散装食品的零售；综合货运站（场）（仓储），普通货运；以下限分支机构经营：电子游戏，游艺娱乐服务。 国内贸易，金饰品的修理改制；家用电器的安装、维修；服装、眼镜的加工服务；商品包装；自有场地出租；经济信息咨询服务；利用本厦自身媒介设计、制作、发布国内广告；网络技术咨询、转让；计算机软件开发销售；美容；停车场服务；黄金、珠宝销售；验光、配镜服务；摄影；钟表修理；卷烟、雪茄烟的零售
29	均瑶集团上海食品有限公司	实际控制人控制的三级企业	1,000万	2000.1.5	预包装食品（含酒、不含熟食卤味、冷冻冷藏）、乳制品（含婴幼儿配方乳粉）、食品机械、塑料及制品的销售，农副产品收购，从事货物及技术的进出口业务，电子商务（不得从事增值电信、金融业务）
30	当阳市均瑶乳品有限公司	实际控制人控制的三级企业	500万	2001.6.4	塑料制品加工；预包装食品、乳制品（不含婴幼儿配方奶粉，有效期至2014年6月7日）；房屋租赁
31	唐山均瑶乳品有限公司	实际控制人控制的三级企业	1,000万	2002.4.3	预包装食品批发（有效期至2015年5月9日）；普通货运，货物专用运输（食品流通许可证有效期至2015年5月9日，道路运输经营许可证有效期至2016年5月20日）；厂房、场地对外租赁
32	北京标准时航空机票服务有限公司	实际控制人控制的三级企业	150万	1996.7.1	国内航线除香港、澳门、台湾地区航线外的航空客运销售代理业务；销售工艺美术品、针纺织品、土产品、百货；航空客运咨询
33	上海冠英股权投资管理合伙企业	实际控制人控制的三级企业	500万	2012.1.19	股权投资管理，企业管理咨询，投资咨询，商务咨询
34	宜昌均瑞房地产开发有限公司	实际控制人控制的三级企业	10,000万	2012.10.16	房地产开发、建设、销售、出租和管理自建商品房及配套设施等相关业务

续表

序号	公司名称	与实际控制人或控股股东的关系	注册资本(元)	成立日期	经营范围
35	宜昌新世界商业管理有限公司	实际控制人控制的四级企业	1,000 万	2005.10.18	商场经营管理;物业管理;日用百货、服装、鞋帽、箱包、家用饰品、针纺织品、化妆品、五金交电、钟表、眼镜、照相器材、家用电器、文化办公用品、工艺美术品、电子产品、通信器材、健身器材、土特产品销售
36	冠英一期股权投资(上海)合伙企业(有限合伙)	实际控制人控制的四级企业	25,800 万	2012.9.18	股权投资、投资管理、资产管理、投资咨询
37	Sino Glory Capital Co., Ltd(耀中国瑞资本管理有限公司)	实际控制人的四级企业	1,100 万美元	2014.1.24	股权投资
38	无锡新区景信农村小额贷款有限公司	实际控制人控制其他企业	20,000 万	2008.11.24	面向"三农"发放贷款、提供融资性担保,开展金融机构业务代理以及其他业务
39	上海仪瑞投资管理有限公司	实际控制人控制的其他企业	100 万	2014.7.1	投资管理、企业管理咨询、贸易咨询、投资咨询,市场营销策划、展览展示服务、会展服务(主办、承办展览除外)
40	上海华瑞银行股份有限公司	实际控制人控制的其他企业	300000 万	2015.1.28	吸收公众存款;发放短期、中期和长期贷款;办理国内外结算;办理票据承兑与贴现;发行金融债券;代理发行、代理兑付、承销政府债券;买卖政府债券、金融债券;从事同业拆借;买卖、代理买卖外汇;从事银行卡业务;提供信用证服务及担保;代理收付款及代理保险业务;提供保管箱服务;经国务院银行业监督管理机构批准的其他业务
41	温州均瑶物业服务有限公司	实际控制人控制的二级企业	50 万	2015.7.14	自有房产租赁服务,物业管理服务,停车场管理服务(依法须经批准的项目,经相关部门批准后方可开展经营活动)
42	上海风寻信息技术有限公司	实际控制人控制的三级企业	1700 万	2014.2.11	计算机网络科技、电子科技领域内的技术开发、技术咨询、技术服务和技术转让,计算机系统集成,商务信息咨询(依法须经批准的项目,经相关部门批准后方可开展经营活动)
43	上海智邦创业投资有限公司	实际控制人控制的二级企业	15000 万	2014.1.15	实业投资、项目投资,企业资产受托管理,企业购并及以上相关业务的咨询服务(依法须经批准的项目,经相关部门批准后方可开展经营活动)

续表

序号	公司名称	与实际控制人或控股股东的关系	注册资本（元）	成立日期	经营范围
44	广州风寻科技有限公司	实际控制人控制的三级企业	25000万	2014.9.28	研究和试验发展（具体经营项目请登录广州市上市主体信息公示平台查询。依法须经批准的项目，经相关部门批准后方可开展经营活动）
45	上海华瑞金融科技有限公司	实际控制人控制的二级企业	10000万	2015.2.13	金融信息服务（除金融业务），市场信息咨询与调查（不得从事社会调研、社会调查、民意调查、民意测验），计算机软件开发，电子商务（不得从事增值电信、金融业务），日用百货、文化办公用品、工艺品、电子产品、通讯器材的销售，票务代理，代理各类广告，利用须经批准的项目，经相关部门批准后方可开展经营活动）
46	上海均瑶汽车贸易有限公司	实际控制人控制的二级企业	3000万	2015.2.15	汽车、汽车配件、机械设备的销售，汽车、机械设备的租赁，从事货物及技术的进出口业务

注：1. 2013年2月28日，天龙包机原股东温州均瑶、王均金、王均豪、倪细伦、钱克流分别与自然人李君、张丽洁签订了《股权转让协议书》，将其持有的天龙包机全部股权转让予李君、张丽洁，转让总价为500万元。自《股权转让协议》签订后，由于各方对天龙包机自有物业的处置以及相关税费的承担存在分歧，无法达成一致意见，致使前述《股权转让协议》无法继续履行。截至2013年2月，该等股权转让的工商变更登记尚未办理，李君、张丽洁亦未完成股权转让价款的支付。2014年3月1日，经过充分讨论和友好协商后各方签署了《解除股权转让协议》，同意解除2013年2月28日由各方签订的《股权转让协议》。

3. 其他与实际控制人曾存在关联关系的关联方

报告期内，为彻底消除关联方与吉祥航空之间的机票、货运代理销售关联交易，控股股东、实际控制人及其他关联方通过股权转让、注销等形式对该等关联交易的关联方予以处置，以彻底消除发行人与该等关联方之间的关联交易。具体情况如下：

序号	公司名称	原来与实际控制人或控股股东的关系	注册资本（元）	成立日期	主营业务	处置方式
1	温州均瑶商务服务有限公司（原温州均瑶旅游）	实际控制人控制的一级企业	50万	1997.5.23	主营票务代理、汽车租赁、企业管理咨询、企业营销策划，投资咨询（不含证券期货咨询）会务服务、展览展示服务	已注销
2	均瑶集团天龙航空服务有限公司	实际控制人控制的二级企业	500万	1999.2.23	航空意外伤害保险兼业代理，经营国内航线除香港、澳门、台湾地区航线外的民用航空运输客运销售代理业务	已转让予李君、张丽洁
3	厦门均瑶货运代理有限公司	实际控制人控制的三级企业	50万	2001.3.29	厦门地区，主要从事航空货物运输代理业务	已转让予邵红梅
4	福州银燕货运代理有限公司	实际控制人控制的三级企业	60万	2001.10.18	航空货运以及到达货派送业务	已转让予邵红梅、林春成

续表

序号	公司名称	原来与实际控制人或控股股东的关系	注册资本(元)	成立日期	主营业务	处置方式
5	瑞安市金燕航空服务有限公司	实际控制人控制其他企业	100 万	2000.5.18	瑞安市,经营国内航线除香港、澳门、台湾地区航线外的民用航空运输客运销售代理业务	已转让予李君、张丽洁
6	昆明凌云航空服务有限公司	实际控制人控制的三级企业	150 万	2001.6.14	民用航空国内客运销售代理业务(香港、澳门、台湾航线除外);文化用品、建筑材料、装饰材料、普通机械、塑料管材的销售	已转让予苟晓梅、何泽
7	杭州博大航空旅游有限公司	实际控制人控制的三级企业	150 万	1998.5.22	代理意外伤害保险,航空运输销售代理,代订火车票、客房,承办会务;批发、零售工艺美术品	天龙航服全资控股子公司,随着天龙航服的股权转让而消除
8	温州联翔航空物流有限公司	实际控制人控制其他企业	200 万	2006.9.13	温州地区航空货运项目	随着天龙航服的股权转让而消除

4. 发行人控股子公司及其参股公司

企业名称	与发行人关系	持股比例(%)
吉宁文化传媒	发行人全资子公司	100
吉祥航服	发行人全资子公司	100
君瑞宾馆	发行人全资子公司	100
均瑶旅行社	发行人全资子公司	100
吉祥香港	发行人全资孙公司	100
华瑞租赁	发行人控股子公司	75
九元航空	发行人控股子公司	79

上述发行人控股子公司及其参股公司具体情况如下:

(1)上海吉宁文化传媒有限公司

吉宁文化传媒于 2011 年 2 月 15 日成立,注册资本为 200 万元整;现持有上海市工商行政管理局机场分局核发的注册号为 310104000092406 的《企业法人营业执照》;住所为上海市迎宾二路 123 号二号楼 1 楼;法定代表人:徐骏民;公司类型:一人有限责任公司(法人独资);股东为吉祥航空;经营范围为:民航航空器上的相关(包括期刊)广告设计、制作、代理、发布,文化艺术交流策划,营销策划,会展服务,商务咨询,管理咨询,市场信息咨询与调查,形象策划,电脑图文设计、制作,文体、办公用品,工艺美术品,家用电器,手表,珠宝饰品,日用百货,化妆品,五金交电,玩具,厨房用品,计算机,汽车租赁、照相机,票务代理业务,食品销售管理(非实物方式)、食品储运。(依法须经批准的项目,经相关部门批准后方可开展经营活动)营业期限为 2011 年 2 月 15 日至 2060 年 12 月 31 日。

(2)上海吉祥航空服务有限公司

吉祥航服于 2011 年 6 月 20 日成立,注册资本为 1,000 万元整;现持有上海市工商行政管理局自由贸易试验区分局核发的注册号为 310104000092764 的《企业法人营业执照》;住所为中国(上海)自由贸易试验区正定路 530 号 A5 库区集中辅助区 465 室;法定代表人:赵宏亮;公司类型:一人有限责任公司(法人独资);股东为吉祥航空;经营范围为:飞机、飞机发动机、航空器材的销售,从事货物及技术的进出口业务,飞行文化体验,商务咨询(除经纪),航空地面代理服务。(依法须经批准的项目,经相关部门批准后方可开展经营活动)营业期限为 2011 年 6 月 20 日至 2061 年 6 月 19 日。

（3）上海均瑶国际航空旅行社有限公司

均瑶旅行社于 2001 年 5 月 15 日成立，注册资本为 500 万元整；现持有上海市工商行政管理局徐汇分局核发的注册号为 310104000188977 的《企业法人营业执照》；住所为徐汇区肇嘉浜路 789 号 3101 部位 A 座；法定代表人：徐骏民；公司类型：一人有限责任公司（法人独资）；股东为吉祥航空；经营范围为：国内旅游，入境旅游业务，经营国内航线除香港、澳门、台湾地区航线外的民用航空运输客运销售代理业务。（依法须经批准的项目，经相关部门批准后方可开展经营活动）营业期限为 2001 年 5 月 15 日至 2021 年 5 月 14 日。

（4）上海君瑞宾馆有限公司

君瑞宾馆于 2012 年 4 月 27 日成立，注册资本为 1,000 万元整；现持有上海市工商行政管理局机场分局核发的注册号为 310104000093533 的《企业法人营业执照》；住所为上海市空港一路 398 号；法定代表人：朱红燕；公司类型：一人有限责任公司（法人独资）；股东为吉祥航空；经营范围为：大型饭店、食堂、预包装食品销售（不含熟食卤味，含冷冻冷藏）、宾馆、茶室、理发店、美发店、足浴、国产卷烟、雪茄烟、工艺美术品、服装、日用百货、洗衣服务；停车场。（依法须经批准的项目，经相关部门批准后方可开展经营活动）营业期限为 2012 年 4 月 27 日至 2022 年 4 月 26 日。

（5）九元航空有限公司

九元航空于 2014 年 4 月 2 日成立，注册资本为 60,000 万元整；现持有上海市工商行政管理局核发的注册号为 440111000606280 的《企业法人营业执照》；住所为广州市白云区人和镇西成村路口自编 1 号；法定代表人：纪广平；公司类型为：其他有限责任公司；股东为：吉祥航空、亿利资源集团有限公司、纪广平，各方出资比例分别为 79%、15%、6%；经营范围为：航空旅客运输；航空货物运输；航空、航天相关设备制造；商品批发贸易（许可审批类商品除外）；商品零售贸易（许可审批类商品除外）；货物进出口（专营专控商品除外）；技术进出口；软件开发；信息技术咨询服务；数据处理和存储服务；数字动漫制作；游戏软件设计制作；充值卡销售；广告业；航空技术咨询服务；佣金代理；新材料技术开发服务；节能技术开发服务；机械技术开发服务；飞机座椅设计开发。营业期限为 2014 年 4 月 2 日至 2017 年 4 月 2 日。

（6）上海华瑞融资租赁有限公司

华瑞租赁于 2014 年 8 月 15 日成立，注册资本为 17,000 万元整；现持有上海市工商行政管理局核发的注册号为 310000400743695 的《企业法人营业执照》；住所为中国（上海）自由贸易试验区正定路 530 号 A5 集中辅助区三层 215 室；法定代表人：王均金；公司类型为：有限责任公司（台港澳与境内合资）；股东为：吉祥航空、宝创控股集团有限公司，各方出资比例分别为 75%、25%；经营范围为：融资租赁业务，租赁业务，向国内外购买租赁资产，租赁财产的残值处理及维修，租赁交易咨询和担保，从事与主营业务有关的商业保理业务。（依法须经批准的项目，经相关部门批准后方可开展经营活动）营业期限为 2014 年 8 月 15 日至 2044 年 8 月 14 日。

（7）发行人孙公司：上海吉祥航空香港有限公司（Shanghai Juneyao Airline Hong Kong Limited）

上海吉祥航空香港有限公司于 2014 年 8 月 25 日设立，注册资本为 1 港币，现持有编号为 2136555 的《公司注册证明书》；公司住所为香港湾仔轩尼诗道 253－361 号依时商业大厦 1202 室，发行人全资子公司上海吉祥航空服务有限公司持有上海吉祥航空香港有限公司 100% 股权。该子公司主要业务为进出口贸易、投资、咨询服务，从事吉祥航空国际业务拓展及管理。

5. 其他关联方

(1)对发行人有重大影响的关联自然人

姓　名	关联关系	兼职单位	在兼职单位所任职务或者对外投资的出资额	兼职单位与发行人关系
王均金	发行人董事长	江苏无锡商业大厦集团有限公司	董事长	关联公司
		上海均瑶(集团)有限公司	董事长	控股股东
		上海均瑶航空投资有限公司	执行董事兼总经理	股东
		均瑶集团航空服务有限公司	董事长	关联公司
		上海均瑶创业投资有限公司	董事长兼总经理	关联公司
		均瑶集团乳业股份有限公司	董事	关联公司
		上海均瑶集团置业投资有限公司	董事	关联公司
		上海国卿企业管理咨询有限公司	执行董事	关联公司
		温州均瑶集团有限公司	董事长	关联公司
		宜昌均瑶国际广场有限公司	董事长	关联公司
		当阳市均瑶乳品有限公司	董事	关联公司
		上海世外教育服务发展有限公司	执行董事兼总经理	关联公司
		上海仪瑞投资管理有限公司	执行董事	关联公司
		上海风寻科技有限公司	董事长	关联公司
		上海华瑞融资租赁有限公司	董事长	子公司
		上海世外智慧教育科技股份有限公司	董事长	关联公司
		九元航空有限公司	董事长	子公司
		上海华瑞金融科技有限公司	执行董事兼总经理	关联公司
董力加	发行人副董事长	-	-	-
赵宏亮	发行人董事、总裁	九元航空有限公司	董事	子公司
		上海吉祥航空服务有限公司	执行董事	子公司
		Shanghai Juneyao Airline HongKong Limited	董事	孙公司
林乃机	发行人董事	上海均瑶(集团)有限公司	战略投资部总经理、董事会秘书	控股股东
		上海华瑞金融科技有限公司	监事	关联公司
		上海均瑶汽车贸易有限公司	监事	关联公司

续表

姓　名	关联关系	兼职单位	在兼职单位所任职务或者对外投资的出资额	兼职单位与发行人关系
高兵华	发行人董事	江苏无锡商业大厦集团有限公司	董事	关联公司
		上海均瑶(集团)有限公司	副总裁、战略投资部总监	控股股东
		无锡商业大厦大东方股份有限公司	董事长	关联公司
		上海风寻科技有限公司	董事、持有3%的出资额	关联公司
		九元航空有限公司	董事	子公司
		上海华瑞银行股份有限公司	董事	关联公司
		上海国卿企业管理咨询有限公司	监事	关联企业
王昭炜	发行人董事	上海均瑶航空投资有限公司	常务副总裁	关联公司
周忠惠	发行人独立董事	上海东方明珠新媒体股份有限公司	监事	无
		中国太平洋保险(集团)股份有限公司	独立非执行董事	无
		上海复旦张江生物医药股份有限公司	独立非执行董事	无
		高盛高华证券有限公司	独立董事	无
段祺华	发行人独立董事	段和段律师事务所	律师、管理合伙人	无
		上海华谊(集团)公司	外部董事	无
		上海人金文化传播有限公司	持有80%的出资额	无
		上海宝竞实业有限公司	持有90%的出资额	无
		上海段和段咨询有限公司	持有100%的出资额	无
		上海叠鑫投资管理有限公司	持有90%的出资额	无
		华梦宇宙(上海)影视文化传媒有限公司	持有90%的出资额并担任执行董事	无
		九州星空(北京)影视传媒有限公司	持有90%的出资额并担任执行董事	无
杨家保	发行人独立董事	-	-	-
蒋海龙	发行人监事会主席	上海均瑶(集团)有限公司	副总裁	控股股东
		无锡商业大厦大东方股份有限公司	董事	关联公司
		江苏无锡商业大厦集团有限公司	董事	关联公司
		均瑶集团乳业股份有限公司	董事	关联公司
		九元航空有限公司	监事会主席	子公司
		上海华瑞融资租赁有限公司	监事	子公司
		上海华瑞银行股份有限公司	董事	参股公司
		上海均瑶创业投资有限公司	监事	关联公司

续表

姓　名	关联关系	兼职单位	在兼职单位所任职务或者对外投资的出资额	兼职单位与发行人关系
蒋海龙	发行人监事会主席	宜昌均瑶国际广场有限公司	监事	关联公司
		温州均瑶集团有限公司	监事	关联公司
史慧萍	发行人监事	大众交通(集团)股份有限公司	顾问	股东
朱红燕	发行人职工监事	上海君瑞宾馆有限公司	执行董事、总经理	子公司
李　兵	发行人财务负责人(财务总监)	上海华瑞融资有限公司	副总经理	子公司
徐骏民	发行人董事会秘书兼总裁助理	上海均瑶国际航空旅行社有限公司	执行董事兼总经理	子公司
		上海吉宁文化传媒有限公司	执行董事兼总经理	子公司
		九元航空有限公司	董事	子公司
张建钢	发行人副总裁	–	–	–
郭有虎	发行人副总裁	–	–	–
于成吉	发行人副总裁	九元航空有限公司	董事	子公司
贾　勇	发行人总飞行师	–	–	–

(2)与实际控制人关系密切的家庭成员

姓名	与实际控制人之亲属关系	持有股份公司名称	出资额(元)	持股比例(%)
王均豪	王均金之弟	上海均瑶(集团)有限公司	5,000 万	25
		上海均瑶航空投资有限公司	1,080 万	10
		上海均瑶创业投资有限公司	2,500 万	25
		上海派瑞文化有限公司	40 万	8
		均瑶集团乳业股份有限公司	300 万	6
		均瑶集团出租汽车有限公司	50 万	5
		温州均瑶集团有限公司	2,212.5 万	25
		温州市天龙包机实业有限公司	87 万	14.5
王瀚	王均金之侄子	上海均瑶(集团)有限公司	7100 万	35.5
		上海均瑶航空投资有限公司	2,598.75 万	24.0625
		上海均瑶创业投资有限公司	3,850 万	38.5
		均瑶集团乳业股份有限公司	721.875 万	14.4375
		温州均瑶集团有限公司	3,407.25 万	38.5

续表

姓名	与实际控制人之亲属关系	持有股份公司名称	出资额(元)	持股比例(%)
王超	王均金之侄子	上海均瑶(集团)有限公司	800 万	4
		上海均瑶航空投资有限公司	33.75 万	0.3125
		上海均瑶创业投资有限公司	50 万	0.5
		均瑶集团乳业股份有限公司	9.375 万	0.1875
		温州均瑶集团有限公司	44.25 万	0.5
王滢滢	王均金之侄女	上海均瑶(集团)有限公司	100 万	0.5
		上海均瑶航空投资有限公司	33.75 万	0.3125
		上海均瑶创业投资有限公司	50 万	0.5
		均瑶集团乳业股份有限公司	9.375 万	0.1875
		温州均瑶集团有限公司	44.25 万	0.5
王宝弟	王均金之母	上海均瑶航空投资有限公司	33.75 万	0.3125
		上海均瑶创业投资有限公司	50 万	0.5
		均瑶集团乳业股份有限公司	9.375 万	0.1875
		温州均瑶集团有限公司	44.25 万	0.5
纪广平	王均金之连襟	九元航空有限公司	3,600 万	6
		上海先榜投资有限公司	500 万	100
钱克流	王均金之姐夫	温州市天龙包机实业有限公司	60 万	10
		宜昌均瑞房地产开发有限公司	500 万	5
倪细伦	王均金之姐夫	温州市天龙包机实业有限公司	60 万	10
		宜昌均瑞房地产开发有限公司	300 万	3

(3)上海均瑶文化传播有限公司(简称“均瑶文化”)

原为发行人控股股东均瑶集团下属企业。2012 年 2 月,均瑶集团已转让其持有的全部均瑶文化股权。

(4)发行人控股股东均瑶集团的董事、监事、高级管理人员

序号	姓名	在均瑶集团担任职务
1	王均金	董事长
2	王均豪	副董事长、总裁
3	王瀚	董事
4	钱克流	董事
5	赵佳曾	董事
6	陈体理	监事

续表

序号	姓名	在均瑶集团担任职务
7	许彪	副总裁
8	尤永石	副总裁
9	蒋海龙	副总裁
10	高兵华	副总裁
11	林乃机	董事会秘书

(二)发行人的重大关联交易

依据本所律师核查以及立信出具的信会师报字[2015]第 110222 号《审计报告》及发行人出具的《上海吉祥航空股份有限公司 2015 年半年度报告》,发行人与关联方之间最近三年及一期的关联交易情况如下:

1. 经常性关联交易情况

(1)与关联方之间的机票销售代理关联交易

在报告期内,吉祥航空与关联方之间的机票销售代理关联交易的销售收入情况如下:

单位:万元

关联方名称	2015 年 1 - 6 月	2014 年金额	2013 年金额	2012 年金额
均瑶航服	-	-	-	2,214.08
凌云航服	-	-	-	340.94
天龙航服	-	-	101.02	357.95
天龙包机	-	11.13	177.51	101.85
金燕航服	-	-	41.21	97.09
温州均瑶旅游	-	-	-	3.83
北京标准时	-	-	-	-
杭州博大	-	-	1,065.57	1,654.64
合计	-	11.13	1,385.31	4,770.38

在报告期内,吉祥航空与关联方之间的机票销售代理关联交易的销售代理费用情况:

单位:万元

关联方名称	2015 年 1 - 6 月金额	2014 年金额	2013 年金额	2012 年金额
均瑶航服	-	-	-	150.43
凌云航服	-	-	-	28.72
天龙航服	-	-	7.86	26.02
天龙包机	-	0.48	10.62	5.98
金燕航服	-	-	2.94	6.77
温州均瑶旅游	-	-	-	0.15
北京标准时	-	-	-	-
杭州博大	-	-	89.74	114.05
合计	-	0.48	111.16	332.12

(2)与关联方之间的航空货运销售代理关联交易

在报告期内,吉祥航空与关联方之间的航空货运代理关联交易的情况:

单位:万元

关联方	2015 年 1 - 6 月金额	2014 年金额	2013 年金额	2012 年金额
均瑶物流	-	-	-	-
厦门均瑶	-	-	-	77.5
温州联翔	-	-	-	-

续表

关联方	2015 年 1－6 月金额	2014 年金额	2013 年金额	2012 年金额
银燕货运	－	－	－	10.52
合计	－	－	－	88.02

（3）减少、规范与关联方之间机票、航空货运代理关联交易的措施

为彻底消除关联方与吉祥航空之间的机票、货运代理销售关联交易，吉祥航空控股股东、实际控制人及其他关联方通过股权转让、注销等形式对该等关联交易的关联方予以处置，以彻底消除公司与该等关联方之间的关联交易，具体情况如下：

	关联方名称	关联关系	原股东情况	关联方处置情况	关联交易消除情况
机票代理销售关联交易	均瑶航服	实际控制人控制下企业	均瑶集团 98%、均瑶置业 2%	收购其下属子公司及其机票销售相关业务和资产	已消除
	凌云航服	原实际控制人控制下企业	均瑶航服 90%、叶进洁 10%	已转让予苟晓梅、何泽	已消除
	天龙航服	原实际控制人控制下企业	温州均瑶 80%、王均金 10%、王均豪 10%	已转让予李君、张丽洁	已消除
	天龙包机	原实际控制人控制下企业	温州均瑶 51%，王均金 14.5%，王均豪 14.5%，倪细伦 10%，钱克流 10%	天龙包机的股东温州均瑶、王均金、王均豪、倪细伦、钱克流承诺不再进行关联交易	天龙包机与吉祥航空之间不再进行机票代理销售关联交易，该等关联交易已停止、承诺未来不会发生交易，该等关联交易已消除
	金燕航服	原实际控制人控制下企业	徐可扬 97%、孙兆宏 3%	已转让予李君、张丽洁	已消除
	温州均瑶旅游	原实际控制人控制下企业	王均金 60%、均瑶集团 20%、倪细伦 20%	已于 2013 年 2 月 18 日注销	已消除
	杭州博大	原实际控制人控制下企业	天龙航服 100%	天龙航服全资控股子公司，随着天龙航服的股权转让而消除了关联关系	已消除
货运代理销售关联交易	银燕货运	原实际控制人控制下企业	均瑶航服 70%，王均豪 30%	已转让予邵红梅、林春成	已消除
	厦门均瑶	原实际控制人控制下企业	均瑶航服 70%，林春成 30%	已转让予邵红梅	已消除

经本所律师核查，吉祥航空控股股东、实际控制人及其他关联方通过股权转让、注销等形式对该等关联交易的关联方予以处置，具体处置方式如下：

①股权转让

为消除发行人与凌云航服、金燕航服等关联企业的机票、货运代理关联交易,发行人控股股东、实际控制人及其他关联方分别就上述关联企业签订了《股权转让协议书》。

经本所律师核查,凌云航服、金燕航服等关联企业的股权转让已经全部履行完毕,受让方与该等公司的原股东之间不存在股权代持、信托持股行为,该等股权转让真实有效,不存在关联交易非关联化的情形。该等公司的受让方荀晓梅、何泽、李君、张丽洁、邵红梅、林春成与发行人之实际控制人王均金先生、发行人之董事、监事、高级管理人员之间不存在亲属关系、关联关系以及其他利益输送关系。

②注销公司

为消除发行人与温州均瑶旅游的机票代理关联交易,温州均瑶旅游已于2013年2月18日注销。

③避免关联交易的承诺

为消除发行人与天龙包机的机票代理销售关联交易,天龙包机的股东温州均瑶、王均金、王均豪、倪细伦、钱克流承诺天龙包机与吉祥航空之间不再进行机票代理销售关联交易,承诺未来亦不会发生关联交易。经本所律师核查,该等关联交易已消除。

2. 偶发性关联交易情况

发行人报告期内的偶发性关联交易主要情况如下:

(1)向关联方租赁资产

自2011年4月1日起,吉祥航空向均瑶广场租赁其位于上海市徐家汇肇嘉浜路789号均瑶国际广场大厦1楼的一处房屋作为机票销售厅,双方签署了相关《房屋租赁合同》,具体情况如下:

租赁期限	租赁面积	2012年度租金	2013年度租金	2014年度租金	2015年1-6月租金
至2016年3月31日	69.89平方米	280,608.35元	306,118.20元	306,118.20元	153,059.10元

自2012年2月1日起,吉祥航空向温州均瑶租赁其拥有的温州均瑶宾馆一处房屋作为公司温州营业部办公用房,双方签署了相关《房屋租赁合同》,具体情况如下:

租赁期限	租赁面积	2012年度租金	2013年度租金	2014年度租金	2015年1-6月租金
至2018年1月31日	50平方米	16,500元	18,000元	18,000元	9,000元

自2009年1月1日起,均瑶旅行社向均瑶广场租赁其位于上海市徐家汇肇嘉浜路789号均瑶国际广场大厦的一处房屋作为办公用房,双方签署了相关《房屋租赁合同》,报告期内具体的租赁情况如下:

租赁期限	租赁面积	2012年度租金	2013年度租金	2014年度租金	2015年1-6月租金
2009.1.1-2012.6.30	133平方米	136,800元	57,600元	57,600元	28,800元
2012.7.1-2021.2.29	55平方米				

自2012年9月10日起,吉祥航空向均瑶集团租赁位于上海市浦东新区康桥东路8号的房屋设施作为员工培训使用,双方签署了相关《房屋租赁合同》,具体情况如下:

租赁期限	租赁面积	2012年度租金	2013年度租金	2014年度租金	2015年1-6月租金
至2017年9月9日	1470平方米	165,000元	540,000元	540,000元	270,000元

本所律师经核查后认为，公司向关联方租赁上述房屋是基于市场化原则进行，公司租赁上述房屋的价格系依据市场价格情况确定，关联交易定价公允；同时，发行人租赁的该等房屋面积较小，主要系作为办公、销售、培训场地，该等场地对于吉祥航空日常生产经营没有重大影响，对公司独立性没有不利影响。

（2）向关联方采购货物和服务

发行人报告期内，公司向关联方采购、销售少量货物及劳务服务，具体情况如下：

单位：万元

关联方	关联交易内容	2015 年 1－6 月	2014 年	2013 年	2012 年
均瑶集团	销售 VIP 销售券	4.08	27.09	17.56	11.79
均瑶集团	提供旅游服务	–	–	–	11.20
均瑶集团	提供广告服务	–	0.32	16.46	1.97
宜昌广场	提供广告服务	–	–	–	1.50
均瑶广场	提供广告服务	–		22.54	–
均瑶广场	提供餐饮服务	–	0.65	–	–
均瑶集团	提供餐饮服务	–	–	7.85	1.17
均瑶集团	销售商品	–	0.39	–	–
均瑶乳业	提供餐饮服务	–	–	–	0.60
均瑶文化	提供仓储服务	–	–	–	35.25
均瑶集团	采购机上销售品	–	20.66		
均瑶食品	采购商品	5.84	18.54	68.37	–
均瑶食品	采购电力	–	–	24.00	40.00
均瑶乳业	采购饮品	–	–	143.75	174.26
均瑶航服	采购其他航空公司机票	–	–	–	9.92
均瑶文化	采购纪念品	–	–	0.48	7.72
温州均瑶	机组宾馆住宿	–	–	4.96	–
均瑶集团	采购机上销售品	–	–	–	0.53
银燕货运	委托运输服务	–	–	–	0.05
均瑶物流	采购设备	–	–	–	92.27
厦门均瑶	派送费	–	–	–	0.01

（3）关联方对公司借款提供保证和担保

报告期内，发行人控股股东、关联方王均金、纪广平为发行人及子公司银行融资、飞机租赁提供担保，报告期各期末关联方为发行人提供担保的总额情况如下：

单位:万元/万美元

担保方	被担保方	担保额度			
		2015.6.30	2014.12.31	2013.12.31	2012.12.31
均瑶集团	发行人	USD93,382.20	USD28,693.67	USD37,161.65	USD20,836.00
	发行人	RMB45,500.00	RMB179,422.96	RMB177,834.20	RMB316,478.03
纪广平	九元航空	RMB5,000.00		-	-
		USD2,735.00	USD3,050.00		
王均金	发行人	-	-	RMB8,000.00	RMB8,000.00

报告期内,关联方为发行人飞机经营/融资租赁提供无偿保证情况如下:

发行人飞机经营/融资租赁合同情况		关联方提供保证情况				
合同编号	合同相对方	签订时间	合同名称	合同编号	担保/保证方式	是否解除
YHZL(08)01HZ001	中航国际租赁有限公司	2008.7.7	保证合同	YHZL(08)01HZ001-BZ001	均瑶集团连带责任保证	是
ZHZL(09)01ZL023	中航国际租赁有限公司	2009.12.18	公司保证合同	ZHZL(09)01ZL023-BZ001	均瑶集团连带责任保证	否
ZHZL(10)01ZL010	中航国际租赁有限公司	2010.3.4	CFM56-5B发动机保证合同	ZHZL(10)01ZL010-BZ001	均瑶集团连带责任保证	否
交银租赁字20120069号	交银金腾(上海)飞机租赁有限公司	2012.4.26	保证合同	交银租赁保字20120069号	均瑶集团连带责任保证	否
CLC018-WH10888-v3-exe-serviceagreement	国银金融租赁有限公司	2010.7.15	保证合同	国金租2010保证字第A-009号	均瑶集团连带责任保证	是
ZHZL(10)01ZL021	中航国际租赁有限公司	2010.9.25	保证合同	ZHZL(10)01ZL021-BZ001	均瑶集团连带责任保证	是
ZHZL(11)01ZL016	中航国际租赁有限公司	2011.9.23	保证合同	ZHZL(11)01ZL016-BZ001	均瑶集团连带责任保证	否
CLC018-融资租赁合同MSN4981	国银金融租赁有限公司	2012.1.10	保证合同	CLC018A-JL01872-v1-Guarantee(MSN4981)	均瑶集团连带责任保证	是
CLC018-融资租赁合同MSN4840	国银金融租赁有限公司	2012.1.11	保证合同	CLC018A-JL01905-v1-exe-Guarantee(MSN4840)	均瑶集团连带责任保证	是

(4)2012年收购均瑶旅行社100%股权

为消除公司主要存在于与均瑶航服之间的机票销售代理关联交易,同时结合公司拟依托旅游业务的稳定客流推动航空业务持续发展的策略,公司于2012年2月12日与均瑶航服及均瑶集团、均瑶置业、均瑶旅行社签署了《业务重组及收购均瑶旅行社的协议》,约定在均瑶航服将其机票销售代理资产、业务及相关人员纳入均瑶旅行社后,吉祥航空将以评估结果为作价依据向均瑶集团、均瑶置业收购均瑶旅行社100%股权。

根据《业务重组及收购均瑶旅行社的协

议》的约定，银信资产评估有限公司以2012年4月30日为评估基准日，对均瑶旅行社拟收购的与均瑶航服机票销售代理业务相关资产进行了评估，并出具了相关资产评估报告，上述资产评估值为14.55万元；均瑶旅行社以上述资产评估值为作价依据收购了与均瑶航服机票销售代理业务相关的资产，相关资产权属变更手续已办理完毕。

在均瑶旅行社完成上述资产收购后，立信对均瑶旅行社截至2012年5月31日的资产状况进行了审计并出具了《审计报告》(信会师报字[2012]第113430号)，银信资产评估有限公司以2012年5月31日为评估基准日对均瑶旅行社股东全部权益价值进行了评估并出具了《评估报告》(银信资评报[2012]沪第388号)。

经吉祥航空于2012年6月21日召开的董事会、均瑶旅行社于2012年6月21日召开的股东会审议通过，就吉祥航空收购均瑶旅行社100%股权事宜，吉祥航空、均瑶集团、均瑶置业于2012年6月21日签署了《股权收购协议》，约定吉祥航空收购均瑶集团及均瑶置业持有均瑶旅行社合计100%股权，收购价格以上述资产评估结果为准。2012年6月28日，吉祥航空收购均瑶旅行社100%股权事宜相关的工商变更登记手续已办理完毕，均瑶旅行社成为吉祥航空全资子公司，均瑶航服的《中国民用航空运输销售代理业务资格认可证书》已取消，公司原主要存在于与均瑶航服之间的机票销售代理关联交易得以消除。

3. 其他关联交易情况

2012年、2013年、2014年及2015年1－6月，发行人向董事、监事和高级管理人员支付的薪酬总额分别为639.16万元、559.73万元、672.29万元、370.9万元。

4. 关联方应收应付款项余额

单位：万元

项目	关联方	2015.6.30	2014.12.31	2013.12.31	2012.12.31	备注
应收账款						
	均瑶集团	2.8800	5.0806	–	1.77	飞行乘客VIP销售券销售款
	银燕货运	–	–	–	1.19	货运代理销售款
	均瑶文化	–	–	–	14.69	仓储服务款
	天龙航服	–	–	–	0.27	机票代理销售款
预付账款						
	温州均瑶	0.15	0.15	0.15		机组酒店住宿预付款
	均瑶文化	–	–	–	0.07	纪念品采购预付款
	均瑶上海食品	0.000008	0.004			
其他应收款						
	均瑶置业	–	–	–	0.71	2012年末余额为公司收购均瑶旅行社中应由均瑶置业支付予公司的期间损失款项
应付账款						
	均瑶食品	–	–	23.92	40.00	采购机上饮品货款
	天龙航服	–	–	–	0.25	机票代理销售代理费
	均瑶集团	–	–	16.50	16.50	房屋租金

续表

项目	关联方	2015.6.30	2014.12.31	2013.12.31	2012.12.31	备注
	杭州博大	-	-	-	3.42	机票代理销售代理费
	均瑶乳业	-	-	-	0.60	采购机上饮品货款
	均瑶文化	-	-	0.48	-	采购会员积分兑换礼品货款
预收款项						
	天龙包机	-	-	-	0.000002	机票代理销售款结算差额
	厦门均瑶	-	-	-	0.01	厦门均瑶多支付的货运代理销售款
	凌云航服	-	-	-	1.23	凌云航服多支付的机票代理销售款
其他应付款						
	均瑶广场	20.88	18.00	-	4.68	均瑶旅行社应付的房屋租金
	均瑶集团	27.00	54.00	51.12	0.71	2012年末余额为公司收购均瑶旅行社中均瑶集团多支付予公司的期间损失款项;2013年末及2014年6月末余额为应付的房屋租金

本所律师核查后认为,报告期内公司偶发性关联交易主要是转让/受让股权、采购货物和服务、接受关联方提供担保和保证等,该等偶发性关联交易有利于优化公司的资产及业务结构、且交易定价公允。报告期内公司的偶发性关联交易未对公司及其他非关联股东的利益造成重大损害,对公司正常的生产经营活动没有重大不利影响。

(三)关联交易的公允合规

根据立信出具的信会师报字[2015]第110222号《审计报告》及发行人出具的《上海吉祥航空股份有限公司2015年半年度报告》,针对发行人与关联方在最新三年一期所发生的关联交易,发行人履行如下决策程序并获得相关结论意见:

2015年2月4日,发行人召开的第二届董事会第二次会议审议通过了《关于审核确认公司最新三年关联交易事项》,关联董事依法回避了表决。

发行人独立董事已根据《公司法》等有关法律、法规和《公司章程》的规定,对发行人上述关联交易的公允性等情况进行审核并发表了如下独立意见:"公司2012年1月1日至2014年12月31日所发生的关联交易事项,遵循了公平、公正、公开的原则,基于公司实际经营情况、根据市场化原则进行,符合公司经营发展的需要;该等关联交易的定价依据和定价方法符合公平、公允、合理的原则,不存在损害公司和全体股东利益的情形。"

经本所律师核查,发行人报告期内发生的关联交易均履行了法定的批准程序,除前述已披露情形外均依照规定履行了信息披露义务,关联方董事和关联股东回避了表决,不存在损害公司和股东利益的行为。

(四)《公司章程》及公司其他内部制度对关联交易事项的规定

根据《上市公司章程指引》及《上海证券交易所股票上市规则》的相关规定,发行人现行的《公司章程》、《股东会议事规则》、《董事会议事规则》及《关联交易控制与决策制度》等制度对关联交易事项均作出了明确规定。

《公司章程》规定:股东大会审议有关关联

交易事项时，关联股东不应当参与投票表决，其所代表的有表决权的股份数不计入有效表决总数，股东大会决议应当充分披露非关联股东的表决情况；公司董事与董事会会议决议事项所涉及的企业有关联关系的，不得对该项决议行使表决权，也不得代理其他董事行使表决权，该董事会会议由过半数的无关联关系董事出席即可举行，董事会会议所作决议须经无关联关系董事过半数通过；出席董事会的无关联关系董事人数不足三人的，应将该事项提交股东大会审议。

《股东大会议事规则》规定：股东大会审议有关关联交易事项时，关联股东不应当参与投票表决，其所代表的有表决权的股份数不计入有效表决权总数；股东大会决议的公告应当充分披露非关联股东的表决情况；股东大会对提案进行表决前，应当推举两名股东代表参加计票和监票。审议事项与股东有关联关系的，相关股东及代理人不得参加计票、监票。

《董事会议事规则》规定：在审议关联交易事项时，非关联董事不得委托关联董事代为出席；关联董事也不得接受非关联董事的委托；在董事回避表决的情况下，有关董事会会议由过半数的无关联关系董事出席即可举行，形成决议须经无关联关系董事过半数通过。出席会议的无关联关系董事人数不足三人的，不得对有关提案进行表决，而应当将该事项提交股东大会审议。

《关联交易管理制度》对公司关联交易的定义和范围、关联交易遵循的原则、披露与豁免、决策程序等事项进行了明确规定，其中对于公司关联交易披露及审批权限的规定为：公司与关联自然人拟发生的交易金额在30万元以上的关联交易（公司提供担保除外），应当及时披露；公司与关联法人拟发生的交易金额在300万元以上的，且占公司最近一期经审计净资产绝对值0.5%以上的关联交易（公司提供担保除外），应当及时披露。关联交易（公司提供担保、受赠现金资产、单纯减免公司义务的债务除外）金额在3,000万元以上、且占公司最近一期经审计净资产绝对值5%以上的重大关联交易以及公司为关联人提供担保，除应当及时披露外，还应当提交董事会和股东大会审议。公司为关联人提供担保的，不论数额大小，均应当在董事会审议通过后提交股东大会审议；公司为关联股东提供担保的，关联股东应当在股东大会上回避表决。

《独立董事工作制度》规定：重大关联交易（指公司拟与关联人达成的总额高于300万元或高于公司最近经审计净资产值的5%的关联交易）应由独立董事认可后，提交董事会讨论；独立董事作出判断前，可以聘请中介机构出具独立财务顾问报告，作为其判断的依据。

（五）关于关联交易，本所律师核查后认为

发行人通过《公司章程》、《关联交易管理制度》、《独立董事工作制度》对关联交易的决策权限、程序和披露按照有关法律法规和监管机构的要求进行了明确规定，有助于规范关联交易，保护公司及其他非关联股东、特别是中小股东的利益不受侵害。发行人与关联方之间的关联交易履行了相应的批准程序，发行人对关联交易进行了充分、准确、及时的信息披露。报告期内发行人关联交易公平合理，不存在损害发行人及其他股东利益的情况。发行人业务和盈利来源不存在依赖于控股股东、实际控制人的情形。

（六）同业竞争

1. 本所律师核查了发行人控股股东均瑶集团的《营业执照》和主营业务，均瑶集团及其除发行人以外的其他下属企业主要从事百货零售、汽车销售、品牌营销、物流、机票销售代理、教育等业务，上述业务与发行人所从事的航空客货运输业务不同。

发行人控股股东及其控制的其他企业与发行人不存在同业竞争。

2. 经本所律师核查，发行人实际控制人王均金除均瑶集团及发行人以外的其他下属企业主要从事乳业、食品、出租车运营等业务，上述业务与发行人从事的航空客运输业务不同。

发行人实际控制人控制的其他企业与发行人不存在同业竞争。

3. 经本所律师核查，发行人子公司均瑶旅行社主要从事国内、国际旅游业务，依托旅游业务的稳定客流推动公司航空业务的持续发展。截至本法律意见书出具之日，控股股东均瑶集团及实际控制人王均金先生控制的其他企业中，无其他从事旅游业务的企业，发行人在旅游业务方面不存在同业竞争情况。

发行人子公司吉宁文化、吉祥航服、君瑞宾

馆、上海华瑞融资租赁有限公司、上海吉祥航空香港有限公司实际所从事的业务主要均是系为公司航空客货运输主营业务提供配套服务,吉宁文化主要为公司提供航空器上相关的文化策划等配套服务,吉祥航服主要为公司提供航空器材进出口等服务,君瑞宾馆主要为公司提供机组人员、延误旅客住宿及接待配套服务,上海华瑞融资租赁有限公司主要从事飞机租赁业务,上海吉祥航空香港有限公司主要业务为进出口贸易、投资、咨询服务,从事吉祥航空国际业务拓展及管理。公司子公司吉宁文化、吉祥航服、君瑞宾馆、上海华瑞融资租赁有限公司、上海吉祥航空香港有限公司所从事的业务与公司控股股东均瑶集团及实际控制人王均金先生控制的其他企业不同,不存在同业竞争情况。

发行人控股子公司九元航空有限公司主要从事低成本航空客货运输业务。截至本法律意见书出具之日,公司控股股东均瑶集团及实际控制人王均金先生控制的除发行人外的其他企业中,无其他从事航空客货运输的企业,与九元航空有限公司不存在同业竞争情况。

4. 为避免今后的同业竞争,发行人控股股东均瑶集团和实际控制人王均金出具了《关于避免同业竞争的承诺函》,承诺:

(1)本承诺人目前没有、将来也不直接或间接从事与发行人及其控股子公司现有及将来从事的业务构成同业竞争的任何活动,并愿意对违反上述承诺而给发行人造成的经济损失承担赔偿责任。

(2)对于本承诺人直接和间接控股的其他企业,本承诺人将通过派出机构和人员(包括但不限于董事、总经理等)以及本承诺人在该等企业中的控股地位,保证该等企业履行本承诺函中与本承诺人相同的义务,保证该等企业不与发行人进行同业竞争,本承诺人并愿意对违反上述承诺而给发行人造成的经济损失承担全部赔偿责任。

(3)本人承诺如从第三方获得的任何商业机会与发行人经营的业务存在竞争或潜在竞争,将立即通知发行人,并尽力将该商业机会让予发行人。

(七)综上所述,本所律师核查后认为

发行人对有关关联交易进行了充分的披露,且无重大遗漏或重大隐瞒,发行人的关联交易行为遵循了平等、自愿、等价、有偿的原则,有关协议或者合同定价公允,不存在损害发行人及其股东的利益的情况,也不会对发行人本次非公开发行构成法律障碍。发行人与实际控制人、控股股东及关联方之间均不存在同业竞争。

十、发行人的主要资产

(一)发行人的主要生产经营设备

发行人主要的生产经营设备主要是其实际拥有及租赁的飞机,其他设备还包括备用发动机等。

1. 实际拥有的飞机

(1)截至本法律意见书出具之日,公司实际拥有飞机 13 架,具体情况如下:

序号	飞机型号	国籍和登记标志	出厂序号 MSN	交付日期	引进方式	备注
1	A320-200	B-6572	3967	2009 年 7 月 16 日	自购	已抵押
2	A320-200	B-6640	4064	2010 年 2 月 8 日	自购	已抵押
3	A320-200	B-6717	4401	2010 年 8 月 20 日	自购	已抵押
4	A320-200	B-6735	4429	2011 年 1 月 13 日	自购	已抵押
5	A320-200	B-6736	4573	2011 年 2 月 15 日	自购	已抵押
6	A320-200	B-6788	4652	2011 年 7 月 15 日	自购	已抵押
7	A320-214	B-6901	5070	2012 年 3 月 13 日	自购	已抵押
8	A320-214	B-6921	5013	2012 年 7 月 3 日	自购	已抵押
9	A320-214	B-6922	5071	2012 年 9 月 5 日	自购	已抵押

续表

序号	飞机型号	国籍和登记标志	出厂序号 MSN	交付日期	引进方式	备注
10	A320－214	B－6860	4981	2012 年 1 月 11 日	自购	已抵押
11	A320－214	B－6861	4840	2012 年 1 月 12 日	自购	已抵押
12	A321－211	B－9957	5674	2013 年 7 月 1 日	自购	已抵押
13	A321－211	B－1646	6435	2015 年 1 月 26 日	自购	已抵押

注：上述第 10、11 架飞机原为发行人向国银新天飞机租赁（上海）有限公司融资租赁使用，2013 年 7 月发行人付清所有融资租赁款后转为通过银行贷款自购使用。

（2）发行人实际拥有的上述 13 架飞机，发行人取得了如下批准、许可和证照：

序号	飞机型号	标准适航证				国籍登记证		飞机引进批文	所有权证证号
		证号	证号	国籍和登记标志	出厂序号	证号	有效期至		
1	A320－214	AC3122	NR3117	B－6572	3967	N－2012－979	2015.10.16	发改交运[2007]1398 号	OI01288
2	A320－214	AC3321	NR3290	B－6640	4064	N－2012－1292	2016.2.8	发改交运[2007]1398 号	OI01353
3	A320－214	AC3480	NR3475	B－6717	4401	N－2013－1305	2016.11.20	发改基础[2010]1282 号	OI01587
4	A320－214	AC3641	NR3608	B－6735	4429	N－2014－043	2017.1.13	发改交运[2007]1398 号	OI01896
5	A320－214	AC3648	NR3617	B－6736	4573	N－2011－318	2017.5.15	发改交运[2007]1398 号	OI01900
6	A320－214	AC3845	NR3786	B－6788	4652	N－2011－589	2017.7.15	发改基础[2009]2495 号	OI02173
7	A320－214	AC4122	NR4076	B－6901	5070	N－2015－945	2018.6.12	发改基础[2011]924 号	OI02259
8	A320－214	AC4292	NR4219	B－6921	5013	N－2015－804	2018.7.3	发改基础[2011]924 号	OI02195
9	A320－214	AC4416	NR4342	B－6922	5071	N－2012－781	2015.9.5	发改交运[2007]1398 号	OI02423
10	A320－214	AC4042	NR3998	B－6860	4981	N－2015－432	2018.4.10	发改基础[2011]924 号	OI02609
11	A320－214	AC4077	NR3999	B－6861	4840	N－2014－1664	2018.1.16	发改基础[2009]2495 号	OI02610
12	A321－211	AC4848	NR4787	B－9957	5674	N－2013－974	2016.10.1	发改基础[2009]2495 号	OI02735
13	A321－211	AC5901	NR5815	B－1646	6435	N－2015－430	2018.4.26	发改基础[2011]2206 号	OI03292

2. 租赁飞机

（1）截至本法律意见书出具之日，发行人通过融资租赁方式租赁使用以下共计 3 架飞机：

序号	国籍和登记标志	出厂序号 MSN	出租方	交付日期	租期
1	B－6787	4587	中航国际租赁有限公司	2011.6.1	12 年
2	B－6966	5131	中航国际租赁有限公司	2012.11.2	12 年
3	B－6965	5226	中兴旭航飞机租赁(上海)有限公司	2013.1.18	12 年

(2)截至本法律意见书出具之日,发行人通过经营性租赁方式租赁使用以下共计 29 架飞机:

序号	飞机型号	国籍和登记标志	出厂序号 MSN	出租方	交付日期	租期
1	A320－200	B－6298	2975	GE CAPITAL AVIATION SERVICE[注 1]	2006 年 12 月 8 日	12 年
2	A320－200	B－6311	3027	AerFunding Leasing 3027 Limited[注 2]	2007 年 2 月 8 日	12 年
3	A320－200	B－6340	3234	国银租赁[注 3]	2007 年 9 月 19 日	12 年
4	A320－200	B－6341	3268	国银租赁	2007 年 10 月 17 日	12 年
5	A320－200	B－6338	3368	AWAS 2 IRELAND LIMITED[注 4]	2008 年 1 月 15 日	12 年
6	A320－200	B－6381	3485	AWAS 2 IRELAND LIMITED	2008 年 5 月 16 日	12 年
7	A320－200	B－6395	3596	GE CAPITAL AVIATION SERVICE	2008 年 9 月 5 日	12 年
8	A320－200	B－6396	3605	CIT Aerospace International	2008 年 9 月 23 日	12 年
9	A320－200	B－6602	3984	AerDragon Aviation Partners Limited	2009 年 8 月 27 日	12 年
10	A320－200	B－6618	4102	AerDragon Aviation Partners Limited	2009 年 11 月 23 日	12 年
11	A320－200	B－6619	4154	AerDragon Aviation Partners Limited	2009 年 12 月 22 日	12 年
12	A320－200	B－6670	4276	AerDragon Aviation Partners Limited	2010 年 4 月 30 日	12 年
13	A320－200	B－6768	4833	AerDragon Aviation Partners Limited	2011 年 11 月 18 日	12 年
14	A320－214	B－6948	5329	GE CAPITAL AVIATION SERVICE	2012 年 10 月 19 日	12 年
15	A320－214	B－6949	5339	GE CAPITAL AVIATION SERVICE	2012 年 10 月 31 日	12 年
16	A320－214	B－6963	5455	GE CAPITAL AVIATION SERVICE	2013 年 3 月 8 日	12 年
17	A320－214	B－6962	5491	GE CAPITAL AVIATION SERVICE	2013 年 3 月 19 日	12 年
18	A320－214	B－9978	5737	GE CAPITAL AVIATION SERVICE	2013 年 8 月 30 日	12 年
19	A321－211	B－1808	5876	中航蓝泰租赁(天津)有限公司	2013 年 11 月 21 日	12 年
20	A321－200	B－1857	6172	GECAS	2014 年 6 月 30 日	12 年
21	A321－200	B－1872	6221	GECAS	2014 年 7 月 31 日	12 年
22	A320－214	B－1870	6315	SMBC Aviation Capital Limited	2014 年 11 月 3 日	12 年

续表

序号	飞机型号	国籍和登记标志	出厂序号 MSN	出租方	交付日期	租期
23	A320－214	B－1871	6392	中国飞机租赁有限公司(China Aircraft Leasing Company Limited)	2014 年 12 月 22 日	12 年
24	A321－211	B－1645	6433	GE Capital Aviation Service	2015 年 1 月 21 日	12 年
25	A321	B－1647	6477	GECAS	2015 年 2 月 12 日	12 年
26	A320	B－1681	6542	SMBC Aviation Capital Limited	2015 年 4 月 14 日	12 年
27	A320－214	B－8035	6637	SMBC Aviation Capital Limited	2015 年 6 月 17 日	12 年
28	A321－211	B－8036	6627	Celestial Aviation Trading 13 Limited	2015 年 6 月 1 日	12 年
29	A321－200	B－8068	6701	Celestial Aviation Trading 51 Limited	2015 年 7 月 23 日	12 年

注:1. 原名 GE COMMERCIAL AVIATION SERVICES LIMITED,以下简称"GECAS";

2. 2006 年 9 月 20 日发行人前身与 AerFunding Leasing 3027 Limited 签订协议,向其租赁出厂序列号为 3027 的空客 A320 飞机一架,2007 年 3 月 26 日 AerFunding Leasing 3027 Limited 更名为 AerDragon Zhang Zi LIMITED,双方权利义务不变;

3. 上述国籍和登记标志分别为 B－6340(出厂序列号为 3234)、B－6341(出厂序列号为 3268)的两架飞机分别于 2013 年 6 月由 GECAS 下属的飞机经营租赁项目公司转让予国银金融租赁有限公司(以下简称"国银租赁")下属的飞机经营租赁项目公司,公司改由向国银租赁经营租赁使用该等飞机,原租赁期限不变;

4. 上述国籍和登记标志分别为 B－6338(出厂序列号为 3368)、B－6381(出厂序列号为 3485)的两架飞机分别于 2013 年 12 月由 GECAS 下属的飞机经营租赁项目公司转让予 AWAS 2 IRELAND LIMITED(以下简称 AWAS 2 IRELAND),公司改由向 AWAS 2 IRELAND 租赁使用该等飞机,原租赁期限不变。

(3)发行人租赁的 32 架飞机,发行人取得了如下批准、许可和证照:

序号	型号	标准适航证				国籍登记证		飞机引进批文	占有权证登记证证号
		证号	证号	国籍和登记标志	出厂序号	证号	有效期至		
1	A320－214	AC2389	NR2414	B－6298	2975	N－2012－1289	2016.3.8	发改交运[2006] 1442 号	PI00553
2	A320－214	AC2440	NR2456	B－6311	3027	N－2013－458	2016.5.8	发改交运[2007] 239 号	PI00314
3	A320－214	AC2723	NR2736	B－6338	3368	N－2011－319	2017.4.26	发改交运[2008] 231 号	PI00654
4	A320－214	AC2637	NR2655	B－6340	3234	N－2013－1304	2016.12.19	发改交运[2007] 2158 号	PI00652
5	A320－214	AC2649	NR2664	B－6341	3268	N－2014－045	2017.1.17	发改交运[2006] 2158 号	PI00655
6	A320－214	AC2845	NR2849	B－6381	3485	N－2014－999	2017.10.2	发改交运[2008] 1535 号	PI00657
7	A320－214	AC2956	NR2962	B－6395	3596	N－2014－046	2017.2.24	发改基础[2008] 3123 号	PI00656
8	A320－214	AC2957	NR2963	B－6396	3605	N－2015－138	2018.2.22	发改基础[2008] 3123 号	PI00681

续表

序号	型号	标准适航证				国籍登记证		飞机引进批文	占有权证登记证证号
		证号	证号	国籍和登记标志	出厂序号	证号	有效期至		
9	A320－214	AC3166	NR3154	B－6602	3984	N－2012－981	2015.11.27	发改基础[2009]1814号	PI00683
10	A320－214	AC3248	NR3241	B－6618	4102	N－2012－1290	2016.2.23	发改基础[2009]2938号	PI00682
11	A320－214	AC3264	NR3252	B－6619	4154	N－2012－1291	2016.3.22	发改基础[2009]2938号	PI00705
12	A320－214	AC3363	NR3353	B－6670	4276	N－2013－457	2016.7.30	发改交运[2007]1398号	PI00694
13	A320－214	AC3997	NR3957	B－6768	4833	N－2014－044	2017.2.18	发改基础[2009]2426号	PI00691
14	A320－214	AC4466	NR4410	B－6948	5329	N－2012－1203	2016.1.19	发改基础[2012]3119号	正在办理
15	A320－214	AC4477	NR4419	B－6949	5339	N－2012－1202	2016.1.30	发改基础[2012]3119号	正在办理
16	A320－214	AC4815	NR4756	B－6963	5455	N－2013－977	2016.9.6	发改基础[2013]978号	PI00760
17	A320－214	AC4814	NR4755	B－6962	5491	N－2013－976	2016.9.7	发改基础[2013]978号	PI00719
18	A320－214	AC4959	NR4897	B－9978	5737	N－2013－1306	2016.11.30	发改基础[2013]1460号	PI00730
19	A320－214	AC3790	NR3745	B－6787	4587	N－2011－432	2017.6.1	发改交运[2007]1398号	正在办理
20	A320－214	AC4490	NR4411	B－6966	5131	N－2012－1000	2015.11.1	发改基础[2009]2495号	PI00704
21	A320－214	AC4591	NR4517	B－6965	5226	N－2013－001	2016.1.18	发改基础[2009]2495号	PI00738
22	A321－211	AC5070	NR5015	B－1808	5876	N－2014－047	2017.2.21	发改基础[2011]2206号	PI00804
23	A321－200	AC5523	NR5440	B－1857	6172	N－2014－1000	2017.9.30	发改基础[2014]634号	PI00761
24	A321－200	AC5584	NR5512	B－1872	6221	N－2014－1433	2017.10.31	发改基础[2014]634号	PI00805
25	A320－214	AC5756	NR5663	B－1870	6315	N－2015－137	2018.2.3	发改基础[2014]634号	PI00808
26	A320－214	AC5839	NR5753	B－1871	6392	N－2015－339	2018.3.21	发改基础[2014]634号	PI00809
27	A321－211	AC5900	NR5814	B－1645	6433	N－2015－431	2018.4.21	发改基础[2014]634号	PI00806
28	A321	AC5951	NR5855	B－1647	6477	N－2015－577	2018.5.12	发改基础[2014]2790号	PI00807

续表

序号	型号	标准适航证				国籍登记证		飞机引进批文	占有权证登记证证号
		证号	证号	国籍和登记标志	出厂序号	证号	有效期至		
29	A320	AC6064	NR5924	B－1681	6542	N－2015－803	2018.7.14	发改基础［2014］2790 号	正在办理
30	A320－214	AC6183	NR6044	B－8035	6637	T－2015－309	2015.9.15	发改基础［2015］461 号	正在办理
31	A321－211	AC6149	NR6008	B－8036	6627	T－2015－280	2015.9.1	发改基础［2015］461 号	正在办理
32	A321－200	AC6252	NR6114	B－8068	6701	T－2015－420	2015.10.23	发改基础［2015］461 号	正在办理

（4）发行人子公司九元航空通过经营性租赁方式租赁使用5架飞机，具体情况如下：

序号	飞机型号	国籍和登记标志	出厂序号 MSN	出租方	交付日期
1	B737－8GP	B－1715	39819	AZURE SKY INVESTMENTS 23 PTE. LTD	2014 年 7 月 18 日
2	B737－8GP	B－1719	39820	AZURE SKY INVESTMENTS 24 PTE. LTD	2014 年 8 月 12 日
3	B737－8GP	B－1716	39829	TRANSPORTATION PARTNERS PTE. LTD	2014 年 12 月 16 日
4	B737－86N	B－6989	38041	Celestial Aviation Trading 29 Limited	2015 年 7 月 7 日
5	B737－86N	B－6990	41259	Celestial Aviation Trading 2 Limited	2015 年 7 月 7 日

（5）发行人子公司九元航空就上述租赁的5架飞机取得了如下批准、许可及证照：

序号	型号	标准适航证				国籍登记证		飞机引进批文	占有权登记证证号
		证号	证号	国籍和登记标志	出厂序号	证号	有效期至		
1	B737－8GP	AC5623	NR5534	B－1715	39819	N－2015－180	2017/11/27	发改基础［2014］1182 号	正在办理
2	B737－8GP	AC5629	NR5547	B－1719	39820	N－2014－1721	2017/12/3	发改基础［2014］1182 号	正在办理
3	B737－8GP	AC5849	NR5766	B－1716	39829	N－2015－357	2018/5/2	发改基础［2014］1182 号	正在办理
4	B737－86N	AC6217	NR6072	B－6989	38041	T－2015－377	2015/10/8	发改基础［2015］1490 号	正在办理
5	B737－86N	AC6218	NR6073	B－6990	41259	T－2015－376	2015/10/8	发改基础［2015］1490 号	正在办理

3. 备用发动机

截至本法律意见书出具之日，公司租赁使用如下共计3台备用发动机：

序号	出厂序号	出租人	租赁方式	租赁期限
1	699823	中航国际租赁有限公司	融资租赁	8 年
2	645106	交通金腾(上海)飞机租赁有限公司	融资租赁	6 年
3	569933	CASC Willis Engnie Lease Company Limited	经营租赁	10 年

(二)发行人自有土地使用权和房屋

经本所经办律师核查,发行人没有自有的土地使用权和房屋。

(三)发行人租赁使用的房屋

1. 发行人本部租赁房屋情况

(1)截至本法律意见书出具之日,发行人本部租赁使用如下 6 项房屋:

序号	出租方/所有方	房地产所有权证	租赁房屋地址	面积(m^2)	房屋租金	租赁期间
1	上海机场(集团)有限公司[注 1]	沪房地闵字(2011)第034981 号	虹桥机场西区虹翔三路80 号	地上:38489.6 地下:8240.3	免租期 50 日; 地上:2011. 9. 1 - 2014. 8. 31,32,752,822. 40 元/年;2014. 9. 1 - 2017. 8. 31,35,373,048. 19 元/年;2017. 9. 1 - 2019. 8. 31,38,202,892. 05 元/年 地下:375,702. 72 元/年 食堂:259,594. 38 元/年 停车场:277,200 元/年	2011. 9. 1—2019. 8. 31
2	上海震鑫实业公司	沪集建(闵华93)字第000015 号	上海吴漕路996 号 C、D 区域	建筑面积 5400 空场地 1500	2010 年 2 月 1 日起计租金,前三年 210. 5 万元,每三年分别递增 9%、10%、10%	2009. 11. 15—2020. 1. 31
			上海吴漕路996 号 E 区域	建筑面积 1550 空场地 300	2010 年 5 月 1 日起计租金,至 2013 年 1 月 31 日计租金198696 元,之后每三年分别递增 9%、10%、10%	2010. 4. 8—2020. 1. 31
3	民航华东局上海华龙迎宾馆	沪房地长字(1998)第016120 号	上海虹桥机场迎宾二路123 号	5431. 4	2014. 8. 20 - 2016. 8. 19 344. 52 万元/年 2016. 8. 20 - 2018. 8. 19 361. 74 万元/年 2018. 8. 20 - 2020. 8. 19 379. 83 万元/年 2020. 8. 20 - 2022. 8. 19 398. 82 万元/年	2014. 8. 20—2022. 8. 19
4	上海浦东凌空农艺大观园有限公司	711 集建(91)字第03772 号	浦东新区华州路 1 号(加工车间)	1590	2014 年 6 月 15 日至 2015 年 6 月 14 日的租金为 417,339 元;2015 年 6 月 15 日至 2016 年 6 月 14 日的租金为 429,859 元	2014. 6. 15—2016. 6. 14
			浦东新区华州路 1 号(红楼)	2664,配套用房免费提供	四个月免租期,前三年 45 万元,第四年 50 * 106% 万元,之后每年递增 6%	2010. 5. 1—2025. 4. 30

续表

序号	出租方/所有方	房地产所有权证	租赁房屋地址	面积（m^2）	房屋租金	租赁期间
4			浦东新区机场镇新龙宅新龙村100号2号楼、3号楼	51间房实测建筑面积1496	年租金289,818.52元，每年递增3%	2014.8.8－2017.8.7
			大观园内奇石馆和机场镇新龙村新龙宅100号301室	515	月租金12,333元	2014.6.21－2016.6.20
			浦东新区华州路1号（江镇路沿街房）［注2］	230	年租金56000元	2011.6.1－2013.5.31期满自动续租三年
			浦东新区华州路1号鸵鸟餐厅	合同未载明	年租金50000元	2014.1.1－2015.12.31
5	上海均瑶国际广场有限公司	沪房地徐字（2004）第031963号	上海市肇嘉浜路789号1层第A0部分	69.89	25509.85元/月	2015.4.1－2016.3.31
6	上海均瑶（集团）有限公司［注3］	－	上海市浦东新区康桥东路8号	1470	45000元/月	2012.9.10—2017.9.9

注：1.2013年7月18日合同双方签署补充协议，协商同意延长租赁期限两年，并约定2012年9月1日至2013年8月31日的总租金调整为2,576.13万元，2013年9月1日至2014年8月31日的总租金调整为2,576.13万元，2019年9月1日至2020年8月31日的租金为5,046.82万元，2020年9月1日至2021年8月31日的租金为5,046.82万元，其他期间租金按原主合同执行。

2.双方已根据合同约定自动续期三年。

3.第七项上海市浦东新区康桥东路8号的房屋没有房屋产权证。

（2）发行人子公司均瑶旅行社租赁的房屋情况如下：

序号	出租方	房地产所有权证	租赁房屋地址	面积（m^2）	房屋租金	租赁期间
1	上海均瑶国际广场有限公司	沪房地徐字（2004）第031963号	肇嘉浜路789号3101部位A座	55	4800元/月	2011.3.1—2021.2.28

（3）发行人子公司君瑞宾馆租赁的房屋情况如下：

序号	出租方	房地产所有权证	租赁房屋地址	面积（m^2）	房屋租金	租赁期间
1	上海民航华茂宾馆	沪房地长字（2002）第019136号	上海市空港一路388号	12000	2012年5月1日至2013年7月1日每年200万元，2013年8月1日起开始每年环比递增5%	2012.5.1—2021.7.31

(4)发行人子公司吉祥航服及华瑞租赁的房屋情况如下:

序号	出租方	房地产所有权证	租赁房屋地址	面积(m^2)	房屋租金	租赁期间
1	上海浦东现代产业开发有限公司	沪房地浦字(2008)第060594号	自贸区A5库区465室	20	10,000元/年	2014.5.15—2015.5.14[注]
2	上海浦东现代产业开发有限公司		自贸区正定路530号三层215室	20	–	2014.10.8—2015.10.7

注:吉祥航服现正办理租赁合同续签。

(5)发行人子公司九元航空租赁房屋具体情况如下:

序号	出租方/所有方	房地产所有权证	租赁房屋地址	面积(m^2)	房屋租金	租赁期间
1	广州市白云区土木建设工程公司	–	广州市白云区人和镇西成村路口自编1号	8512	月租金500,000元	2014.4.2-2019.4.2

注1:上述租赁房屋所在地块为广州市白云区人和镇人和村委员会所有,由广州市白云区土木建筑工程公司通过租赁取得,后转租给九元航空有限公司作为办公室使用。目前该房屋的所有权证正在办理中。

2.发行人境内外分支机构的租赁房屋情况

截至本法律意见书出具之日,发行人境内及境外分支机构共租赁使用63处房屋,具体情况如下:

序号	营业部	面积(㎡)	地址	出租人	租赁期限	租金
1	澳门	–	澳门船澳巷海擎天第一座28楼E单位	自然人:胡威、匡广群	2014年4月1日至2016年3月31日	港币12,000元/月
2	包头	160.55	包头市青山区青年路26号万达广场5-1505	自然人:李国臣	2014年11月2日至2015年11月1日	3,750元/月
3	北海	156	北海市北部湾西路机场综合楼1单元1401室	自然人:孙传斌	2014年10月1日至2015年9月30日	3,500元/月
4	北京	85.22	北京市朝阳区农展南里14号楼901	自然人:严杰	2014年9月1日至2015年8月31日	7,100元/月
5	北京	54.23	北京市朝阳区朝阳北路235号6F727	自然人:冯雁	2015年1月1日至2015年8月31日	7,000元/月
6	长春	122.05	长春市二道区东盛大街万科蓝山小区E17号楼1单元18层1801室	自然人:陈伟华	2014年10月20日至2016年10月19日	4,000元/月

续表

序号	营业部	面积(㎡)	地址	出租人	租赁期限	租金
7	长沙	93.58	长沙市开福区蚌塘街37号航线大厦1314房	自然人:彭文婷	2015年7月15日至2016年7月14日	2,500元/月
8	长沙	66.33	长沙市黄花镇木马村06栋206	自然人:郑军	2014年12月1日至2015年11月30日	2,000元/月
9	成都	175.81	成都市高新区府城大道中段188号时代晶科名苑21栋1单元301室	自然人:陈美如	2014年1月15至2016年1月14日	5,000元/月
10	池州	173.44	池州市贵池区城北花园C区15楼501室	自然人:洪小龙	2015年8月1日至2016年7月31日	2,500元/月
11	大连	181.52	辽宁省大连市西岗区民政街53号1单元6层1号	自然人:谢燕妮	2015年6月1日至2018年5月31日	100,000元/年
12	福州	160	福州市仓山区金山街道金康路156号中庚城9#301,302单元	自然人:郑新永	2015年4月1日至2016年3月31日	5,000元/月
13	贵阳	152.98	贵阳市南明区石岭街9号金豪大厦30楼7号	自然人:刘晓波	2015年7月1日至2016年5月30日	4,500元/月
14	贵阳	–	贵州空港服务有限公司3号公寓楼521号房	贵州空港服务有限公司	2015年3月30日至2016年3月29日	51,100元/年
15	桂林	142.58	桂林市七星区穿山东路29号东晖国际公馆3栋3－9－2号	自然人:李艳	2014年9月26日至2016年9月25日	3,900元/月
16	哈尔滨	201.52	哈尔滨市南岗区黄河绿园小区B区1栋25－26层3号	自然人:刘人飞	2014年9月10日至2015年9月9日	7,750元/月
17	海口	185.59	海口市世贸东路2号世贸雅苑L栋18G	自然人:田雅兰	2014年10月15日至2015年10月14日	5,000元/月
18	韩国济州	93	济州市莲洞328－1号502室	自然人:李任华	2015年6月12日至2016年6月12日	韩元1,100,000元/月
19	杭州	147.18	杭州市上城区望江家园西园9幢1单元602室	自然人:张咬哰	2015年2月20日至2016年2月19日	9,300元/月
20	杭州	141.47	杭州市江干区钱塘航空大厦1幢1707室	自然人:余辉	2015年3月14日至2016年3月13日	6,300元/月

续表

序号	营业部	面积(㎡)	地址	出租人	租赁期限	租金
21	惠州	188.5	惠州市东平半岛环岛1路1号东方威尼斯1期B2栋502室	自然人:丁明光	2015年2月1日至2016年1月31日	4,000元/月
22	昆明	94.2	昆明市拓东路石家巷9号4幢1单元501房	自然人:杨文泽	2014年1月1日至2015年12月31日	2,400元/月
23	兰州	155.3	兰州市城关区大教梁省委家属院6号楼1楼A座	自然人:张敬立	2015年3月23日至2016年3月22日	5,500元/月
24	绵阳	101.67	绵阳市涪城区长虹国际城20栋23楼1号	自然人:雷小倩	2015年1月8日至2016年1月7日	3,000元/月
25	南宁	143.97	南宁市金浦路6号金湖帝景2号楼B1401室	自然人:吴伟亮	2015年4月11日至2016年4月10日	4,500元/月
26	青岛	147.71	青岛市市南区3号8栋3单元601户	自然人:尹志红	2015年6月15日至2016年6月14日	6,250元/月
27	青岛	16	青岛国际机场二号航站楼内1039房间	青岛国际机场集团有限公司	2015年5月1日至2016年4月30日自动续签	3,200元/月
28	日本冲绳	26.45	冲绳县那霸市前岛2丁目21番13号	冲绳扶桑汽车股份有限公司	2012年8月1日至2014年7月30日自动续约	10万日元/月
29	日本冲绳	-	冲绳县那霸市前岛2丁目2番地16号4楼401号房	有住产业有限公司	2012年9月1日至2014年8月31日自动续约	10万日元/月
30	日本大阪	184.29	大阪市西区江户堀一丁目10番8号	ユナイテッド・アーバン投資法人	2014年7月1日至2017年6月30日	270,896日元/月
31	日本大阪	22	大阪市淀川区東三国5-13-6	AYA三国	2014年3月30日至2015年3月29日自动续约	129,000日元/月
32	日本福岡	66.65	福岡県福岡市博多区店屋町1番31号	株式会社アサヒ緑健リアルエステート	2015年8月1日至2017年7月31日	195,552日元/月
33	日本東京	32.2	東京都大田区羽田空港二丁目6番3号	東京国際エアカーゴターミナル株式会社	2015年7月27日至2018年7月31日	273,700日元/月

续表

序号	营业部	面积(㎡)	地址	出租人	租赁期限	租金
34	日本東京	24.62	東京都大田区南蒲日1－22－1	株式会社シティハウジング	2015年7月20日至2015年10月24日	165,600日元/月
35	三亚	201.23	三亚市凤凰路南方航空城18栋18－103室	自然人:张玉斌	2015年7月29日至2016年7月28日	5,780元/月
36	深圳	145	深圳市福田区红荔路园心苑	自然人:曾敏	2014年9月15日起至2015年9月14日	3,000元/月
37	深圳	50	深圳市宝安机场福围社区福围东街155号602号	自然人:林桂圩	2014年9月2日至2015年9月1日	1,500元/月
38	沈阳	187.72	辽宁省沈阳市和平区青年大街332－1号C211室	自然人:魏来	2015年4月5日至2016年4月4日	5,800元/月
39	台湾高雄	52.54	高雄市苓雅区新光路38号23楼之4	铨诚资产管理股份有限公司	2013年10月15日至2015年10月14日	新台币30,000元/月
40	台湾台北	44.02	台北市民生东路三段132号寰宇大楼4楼D室	国泰人寿保险股份有限公司	2014年1月1日至2015年12月31日	新台币85,839元/月
41	台湾台北	合同未载明	台北市松山区敦化北路199巷8－2号9F	自然人:林铭辉	2014年11月18日至2015年11月17日	新台币50,000元/月
42	太原	170.58	太原市学府街华宇绿洲小区38号楼1601号	自然人:王帅	2014年4月1日至2015年9月30日	6,000元/月
43	泰国曼谷	－	10C, 10th Fl., Mahajak Building, 46 Sukhumvit Soi 3 (Nana Nua), Klongtoey－Nua Wattana, Bangkok 10110	Mahajak-Enterprise Co.,ltd	2013年12月28日至2014年6月27日(自动续约)	40,000泰铢/月
44	泰国曼谷	70	RM1707, The Millennia Tower, 62 Langsuan Rd, Kwaeng Lumpini, Bangkok10330	SG LAND Co.,Ltd	2013年1月9日至2016年1月8日	43,400泰铢/月
45	泰国普吉	200	80/42 Moo.5 T.Vichit A.Muang, Phuket Thailand	Mrs. KhuanjalJaib anjoet	2014年10月9日至2015年10月8日	27,000泰铢/月
46	天津	174.6	天津市河东区华捷道60号新天地家园19号楼501室	自然人:周凤贤	2015年4月10日至2016年4月9日	6,000元/月

续表

序号	营业部	面积(㎡)	地址	出租人	租赁期限	租金
47	温州	50	温州市鹿城区车站大道733号均瑶宾馆13楼	温州均瑶集团有限公司	2015年2月1日至2018年1月30日	1,500元/月
48	乌鲁木齐	149.12	乌鲁木齐二工地区1街1栋18号	自然人:白晨昕	2014年9月1日至2016年8月31日	5,000元/月
49	乌鲁木齐	22	乌鲁木齐市新市区迎宾路1341号	中国民用航空新疆管理局机关服务中心	2013年10月15日至2015年10月14日	100,000元/年
50	武汉	143.55	武汉市江汉区菱角湖万达广场BC区6栋2单元10层D号房	自然人:黄八一	2015年5月31日至2016年5月30日	5,000元/月
51	西安	187.27	西安市莲湖区桃园南路锦园小区3号楼D单元5层509号	自然人:杨和平	2015年4月1日至2015年9月30日	5,000元/月
52	西宁	150.01	西宁市城中区营房巷4号2号楼2单元2131室	自然人:李素梅	2015年5月23日至2016年5月22日	4,500元/月
53	厦门	185.75	厦门市湖里区嘉禾路376号东方巴黎广场1105室	自然人:肖文欺	2014年10月15日至2015年10月14日	6,300元/月
54	香港	–	Room 1202 on 12th floor, Easey Commercial Building 253 – 261 Hennessy Road, Wanchai, Hong Kong	EASEY GARMENT FACTORY LIMITED	2014年10月22日至2016年10月21日	15,054.00港币/月
55	香港	–	Flat A, 20/Fl, Hoi Sing Mansion, No. 10, Taikoo Shing Road, HK	Chen Robin ZhaoYu	2013年11月15日至2015年11月14日	22,500港币/月
56	襄阳	111.5	樊城区大庆西路11号锦绣数码城1幢A座7层3号	自然人:张丽华	2015年3月27日至2016年3月26日	2,500元/月
57	银川	149.93	银川市金凤区聚和苑3号商住楼2单元1103室	自然人:蔡秀萍	2015年6月11日至2016年6月10日	4,000元/月
58	郑州	175.49	郑州市金水区金水路299号7号楼2单元3层78号	自然人:刘艳萍	2014年12月23日至2015年12月22日	4,600元/月
59	重庆	130.49	重庆市渝北区金州大道5号5幢27–6	自然人:陈小洪　谭鑫	2015年7月8日至2016年7月7日	4,300元/月

续表

序号	营业部	面积(㎡)	地址	出租人	租赁期限	租金
60	珠海	152.6	珠海市拱北区岭南路8号岭秀城18栋2003房	珠海乐无忧房产投资有限公司	2014年12月21日至2015年12月20日	5,400元/月
61	福州	142.98	台江区五一中路138号金钻公寓3座2206单元	自然人：曹浩兴	2014年10月16至2016年10月15日	4,500元/月
62	福冈	24.6	福冈市中央区地行2丁目2番16号7阶701	株式会社玄南庄	2015年6月1日至2016年5月31日	63,200日元/月
63	福冈	24.6	福冈市中央区地行2丁目2番16号7阶703	株式会社玄南庄	2015年6月1日至2016年5月31日	63,200日元/月

经本所律师核查，发行人及其子公司的部分租赁房屋产权证书尚未取得，鉴于存在瑕疵的租赁房屋情况很少，并且主要用于办公用房等，并不涉及主要运营资产飞机的停放及运营，且在公司的过往经营中，均能正常使用该等租赁房屋，公司的持续经营不会因此而遭受重大不利影响。因此，该等租赁房屋存在瑕疵的情形不会构成本次发行的实质性法律障碍。除此之外，发行人及其下属营业部所租赁物业的出租方均合法拥有相关物业的产权，有权出租该等房屋，租赁合同的内容符合中国法律、法规规定，对合同双方具有约束力，发行人租赁该等房屋的行为合法有效。

（四）发行人拥有的注册商标

截至本法律意见书出具之日，根据发行人现持有的、国家工商行政管理局总局商标局核发的商标注册证及律师核查，发行人及子公司九元航空共拥有28项注册商标，具体情况如下：

序号	权利人	商标	注册证号	类号	有效日期
1	吉祥航空		5254549	14	2009.6.21－2019.6.20
2	吉祥航空		5254548	16	2009.6.21－2019.6.20
3	吉祥航空		5254547	35	2009.6.14－2019.6.13
4	吉祥航空		5254546	39	2009.6.21－2019.6.20
5	吉祥航空		5254545	14	2009.6.21－2019.6.20
6	吉祥航空		5254544	16	2009.6.21－2019.6.20

续表

序号	权利人	商标	注册证号	类号	有效日期
7	吉祥航空		5254543	35	2010. 3. 7 – 2020. 3. 6
8	吉祥航空		5254542	39	2009. 6. 21 – 2019. 6. 20
9	吉祥航空		5254540	12	2009. 4. 14 – 2019. 4. 13
10	吉祥航空		5254541	6	2009. 4. 14 – 2019. 4. 13
11	吉祥航空		5254550	35	2010. 3. 7 – 2020. 3. 6
12	吉祥航空		5254551	34	2009. 3. 28 – 2019. 3. 27
13	吉祥航空		5254552	32	2009. 3. 28 – 2019. 3. 27
14	吉祥航空		5254554	24	2009. 12. 7 – 2019. 12. 6
15	吉祥航空		5254555	21	2009. 6. 21 – 2019. 6. 20
16	吉祥航空		5254556	20	2009. 6. 21 – 2019. 6. 20
17	吉祥航空		5254558	16	2009. 6. 21 – 2019. 6. 20
18	吉祥航空		5254559	14	2009. 6. 21 – 2019. 6. 20
19	吉祥航空		5254460	43	2009. 11. 21 – 2019. 11. 20
20	吉祥航空		5254461	40	2009. 9. 21 – 2019. 9. 20
21	吉祥航空		5254462	39	2009. 6. 21 – 2019. 6. 20
22	吉祥航空		5254463	37	2009. 9. 21 – 2019. 9. 20

续表

序号	权利人	商标	注册证号	类号	有效日期
23	吉祥航空	吉祥航空·如意俱乐部	5737666	39	2012.6.21－2022.6.20
24	吉祥航空	吉祥航空·如意俱乐部	5737668	41	2012.6.21－2022.6.20
25	吉祥航空		12754965	36	2014.10.28－2024.10.27
26	吉祥航空	九元航空	13168211	39	2015.4.21－2025.4.20
27	吉祥航空	九元航空	13168145	37	2015.4.21－2025.4.20
28	九元航空		14343887	37	2015.5.21－2025.5.20

（五）发行人拥有的专利

截至本法律意见书出具之日，发行人拥有的专利如下：

序号	专利名称	专利号	专利申请日	授权公告日	类型
1	毛绒飞机玩具	ZL200630046064.1	2006.11.30	2008.4.30	外观设计

（六）发行人全资及控股子公司

1.上海吉宁文化传媒有限公司

详见本法律意见书第九部分“关联交易和同业竞争”之“发行人控股子公司及其他联营企业”。

2.上海吉祥航空服务有限公司

详见本法律意见书第九部分“关联交易和同业竞争”之“发行人控股子公司及其他联营企业”。

3.上海均瑶国际航空旅行社有限公司

详见本法律意见书第九部分“关联交易和同业竞争”之“发行人控股子公司及其他联营企业”。

4.上海君瑞宾馆有限公司

详见本法律意见书第九部分“关联交易和同业竞争”之“发行人控股子公司及其他联营企业”。

5.九元航空有限公司

详见本法律意见书第九部分“关联交易和同业竞争”之“发行人控股子公司及其他联营企业”。

6.上海吉祥航空香港有限公司（Shanghai Juneyao Airline Hong Kong Limited）

详见本法律意见书第九部分“关联交易和同业竞争”之“发行人控股子公司及其他联营企业”。

7.上海华瑞融资租赁有限公司

详见本法律意见书第九部分“关联交易和同业竞争”之“发行人控股子公司及其他联营企业”。

（七）综上所述，本所律师核查后认为

1.发行人实际拥有飞机13架并合法拥有这13架飞机的所有权，并且取得了13架自购飞机的所有权证。发行人及其子公司九元航空通过租赁方式取得37架飞机及3台备用发动机的占有权和使用权，并已办理了25架飞机的占有权证登记，剩余12架的占有权证正在办理中，发行人及九元航空有权依法使用该等租赁的飞机和备用发动机。

2.发行人无自有的土地使用权和房屋。经

本所律师核查,部分租赁房屋产权证书尚未取得,鉴于存在瑕疵的租赁房屋主要用于办公用房等,并不涉及主要运营资产飞机的停放及运营,且在公司的过往经营中,均能正常使用该等租赁房屋,公司的持续经营不会因此而遭受重大不利影响。因此,该等租赁房屋存在瑕疵的情形不会构成本次发行的实质性法律障碍。除此之外,发行人及其下属营业部所租赁物业的出租方均合法拥有相关物业的产权,有权出租该等房屋,租赁合同的内容符合中国法律、法规规定,对合同双方具有约束力,发行人租赁该等房屋的行为合法有效。

3. 发行人合法取得其拥有的注册商标、专利的所有权,发行人已取得了注册商标、专利的权利凭证。

4. 除发行人将其实际拥有的13架飞机设置了抵押之外,发行人及其控股子公司的主要财产不存在冻结、查封、保全或者设定抵押、质押、担保或其他第三者权益的情况,不存在产权纠纷或者潜在争议。

十一、发行人的重大债权、债务

(一)重大业务合同

经发行人提供资料并经本所律师核查,报告期内发行人正在履行的金额在1,000万元以上的重大业务合同如下:

1. 飞机购买协议

2012年5月25日,发行人作为购买方,空客公司作为出售方签署了2架A321飞机的购买协议,交机日期为2013年1月及2015年1月,具体交付时间可根据吉祥航空机队规划情况而定,目前已交付一架,由发行人转售中航蓝泰后向其经营租赁使用。

2014年3月31日,发行人作为购买方,波音公司作为出售方分别签订两份飞机购买协议:《PA-04162号协议》和《PA-04163号协议》。《PA-04162号协议》约定,向波音公司购买20架波音737-800型号飞机,预计交付时间为2016年至2018年。《PA-04163号协议》约定,发行人向波音公司购买30架波音737-8型号飞机,预计交付时间为2018年至2020年。2014年6月26日,发行人作为转让方,九元航空作为受让方分别签订两份《购买协议之转让协议》,分别约定发行人向九元航空转让发行人所享有和负担的《PA-04162号协议》和《PA-04163号协议》下所有权利义务。同日,波音公司签署同意函,同意前述两份转让协议。

2014年7月15日,发行人作为购买方,空客公司作为出售方签订《A320 FAMILY PURCHASE AGREEMENT》,约定发行人未来向空客公司购买17架A320-CEO飞机、21架A320-NEO飞机和7架A321-NEO飞机,预计交付时间为2015年至2021年。截至本法律意见书出具日,该等飞机尚未交付。

2. 飞机融资租赁合同

2009年12月18日,发行人与中航租赁签订《飞机租赁协议》,以融资方式租用一架空客A320-200飞机(出厂序号4587,国籍和登记标志为B-6787),该飞机已于2011年6月1日交付,租赁期限为12年,公司按月支付租金。

2011年9月23日,发行人与中航租赁签订《飞机租赁协议》,租赁一架空客A320-200飞机(出厂序号5131),该飞机已于2012年11月交付,租赁期限为12年,公司按季度支付租金。

2013年1月15日,发行人与中兴旭航租赁签订《飞机租赁协议》,租赁一架空客A320-214飞机(出厂序号5226),该飞机已于2013年1月交付,租赁期限为10年,公司每半年支付租金。

3. 飞机经营租赁协议

2006年3月24日,发行人与GECAS签订《AIRCRAFT LEASE COMMON TERMS AGREEMENT》,在此共同条款协议下,双方签署《AIRCRAFT SPECIFIC LEASE AGREEMENT》,以经营租赁方式租赁八架飞机,租期均为12年,具体信息如下表所示:

飞机型号	飞机出厂序列号	国籍和登记标志	交付日期
A319-100注1	2879	B-6232	2006年9月
A319-100注1	2913	B-6233	2006年10月
A320-200	2975	B-6298	2006年12月
A320-200注2	3234	B-6340	2007年9月
A320-200注2	3268	B-6341	2007年10月
A320-200注3	3368	B-6338	2008年1月
A320-200注3	3485	B-6381	2008年5月
A320-200	3596	B-6395	2008年9月

注1:2006年交付的两架A319飞机租赁合同中拥有选

择置换条款，发行人已于2013年3月将其退租并置换成租赁两架空客A320飞机，置换的两架A320飞机分别已于2012年10月先期交付发行人。

注2：上述国籍和登记标志分别为B－6340（出厂序列号为3234）、B－6341（出厂序列号为3268）的两架飞机分别于2013年6月由GECAS下属的飞机经营租赁项目公司转让予国银金融租赁有限公司（以下简称“国银租赁”）下属的飞机经营租赁项目公司，公司改由向国银租赁经营租赁使用该等飞机，原租赁期限不变。

注3：上述国籍和登记标志分别为B－6338（出厂序列号为3368）、B－6381（出厂序列号为3485）的两架飞机分别于2013年12月由GECAS下属的飞机经营租赁项目公司转让予AWAS 2 IRELAND LIMITED（以下简称AWAS 2 IRELAND），公司改由向AWAS 2 IRELAND租赁使用该等飞机，原租赁期限不变。

2011年5月4日，发行人在与GECAS于2006年3月24日签订的《AIRCRAFT LEASE COMMON TERMS AGREEMENT》之下，以经营租赁方式租用五架空客A320－200飞机，飞机交付日期为2012年10月至2013年8月，租赁期限均为12年，目前均已交付。

2012年11月5日，发行人在与GECAS于2006年3月24日签订的《AIRCRAFT LEASE COMMON TERMS AGREEMENT》之下，以经营租赁方式租用两架空客A321－200飞机，租赁期限均为12年，目前均已交付。

2012年11月28日，发行人在GECAS于2006年3月24日签订的《AIRCRAFT LEASE COMMON TERMS AGREEMENT》之下，以经营租赁方式租用一架空客A321－200飞机，租赁期限为12年，目前已交付。

2013年6月27日，发行人在GECAS于2006年3月24日签订的《AIRCRAFT LEASE COMMON TERMS AGREEMENT》之下，以经营租赁方式租用四架空客A321－200飞机，飞机交付日期为2014年11月至2015年9月，租赁期限均为12年，截至目前已交付3架（B－1645、B－8036及B－8068）。

2006年9月20日，发行人与AerFunding Leasing 3027 Limited签订《AIRCRAFT OPERATING LEASE AGREEMENT》，以经营租赁方式租用一架空客A320－200飞机（出厂序列号3027，国籍和登记标志为B－6311），该飞机已于2007年2月交付，租赁期限为12年。2007年3月26日AerFunding Leasing 3027 Limited更名为AerDragon Zhang Zi LIMITED，双方权利义务不变。

2007年12月12日，发行人与CIT签订《AIRCRAFT LEASE AGREEMENT》，以经营租赁方式租用一架空客A320－200飞机（出厂序列号3605，国籍和登记标志为B－6396），该飞机已于2008年9月交付，租赁期限为12年。

2008年3月，发行人与AerDragon分别签订四份《AIRCRAFT OPERATING LEASE AGREEMENT》，以经营租赁方式租用四架空客A320－200飞机，租期均为12年（B－6618、B－6619、B－6670及B－6768）。

2009年6月3日发行人与AerDragon签订《AIRCRAFT OPERATING LEASE AGREEMENT》，以经营租赁方式租用一架空客A320－200飞机（出厂序列号3984，国籍和登记标志为B－6602），该飞机已于2009年8月交付，租赁期限为12年。

2013年11月15日，发行人与中航蓝泰租赁（天津）有限公司签订《飞机经营租赁协议》，以经营租赁方式租用一架空客A321－211飞机（出厂序号5876，国籍和登记标志为B－1808），该飞机已于2013年11月交付，租赁期限为12年，该架飞机系2012年5月25日发行人与空客签订的2架A321飞机购买协议中的一架，2013年11月21日，公司与中航蓝泰租赁（天津）有限公司签订《purchase agreement assignment》，将该架飞机转让予中航蓝泰租赁（天津）有限公司，由其支付飞机购买款项购得飞机后，经营租赁予发行人使用。

2013年11月，发行人与SMBC Aviation Capital Limited（以下简称“SMBC AC”）签订《LETTER OF INTENT》，发行人将以经营租赁方式向SMBC AC或其附属关联公司租用一架空客A320－214飞机，交付时间为2014年11月，租赁期限为自飞机实际交付之日起12年。2014年2月，SMBC AC作为出租人，发行人作为承租人，签订了《AIRCRAFT LEASE AGREEMENT》对该等飞机租赁事宜进行了具体约定。截至本法律意见书出具之日，该飞机已经交付（出厂序号6315，国籍和登记标志为B－1870）。

2013年12月，发行人与中国飞机租赁有限公司（China Aircraft Leasing Company Limited)签订《LETTER OF INTENT》,发行人将以经营租赁方式向中国飞机租赁有限公司或其附属公司租用一架空客 A320－200 飞机,交付时间为 2014 年 12 月,租赁期限为自飞机实际交付之日起 12 年。2014 年 2 月,中飞如意租赁(天津)有限公司(中国飞机租赁有限公司下属飞机租赁项目公司)作为出租人,发行人作为承租人,签订了《AIRCRAFT OPERATING LEASE AGREEMENT》,对该等飞机租赁事宜进行了具体约定,截至目前该飞机已经交付(出厂序号 6392,国籍和登记标志为 B－1871)。

2014 年 7 月 15 日,发行人、九元航空与 AZURE SKY INVESTMENTS 23 PTE. LTD(以下简称"AZURE SKY23")签订《AIRCRAFT OPERATING LEASE AGREEMENT》,九元航空作为承租人,发行人作为共同承租人,将以经营租赁方式向 AZURE SKY23 租用一架波音 737－800 飞机(MSN39819),租期为 12 年。截至本法律意见书出具之日,该飞机已交付。

2014 年 7 月 15 日,发行人、九元航空与 AZURE SKY INVESTMENTS 24 PTE. LTD(以下简称"AZURE SKY24")签订《AIRCRAFT OPERATING LEASE AGREEMENT》,九元航空作为承租人,发行人作为共同承租人,将以经营租赁方式向 AZURE SKY24 租用一架波音 737－800 飞机(MSN39820),租期为 12 年。截至本法律意见书出具之日,该飞机已交付。

2014 年 6 月 13 日,发行人与 SMBC AVIATION CAPITAL LIMITED(以下简称"SMBC")分别签订两份《AIRCRAFT LEASE AGREEMENT》,吉祥航空作为承租人,将以经营租赁方式向 SMBC 租用两架空客 A320－214 飞机,交付日期分别为 2015 年 4 月和 2015 年 6 月。前述协议均适用英国法。截至本法律意见书出具之日,两架飞机均已交付(B－1681 及 B－8035)。

2014 年 7 月 15 日,发行人、九元航空与 TRANSPORTATION PARTNERS PTE. LTD 签订《AIRCRAFT OPERATING LEASE AGREEMENT》,九元航空作为承租人,发行人作为共同承租人,将以经营租赁方式向 TRANSPORTATION PARTNERS PTE. LTD 租用一架波音 737－800 飞机(MSN39829)。截至本法律意见书出具之日,该飞机已经交付。

2015 年 1 月 8 日,发行人、九元航空与 Celestial AviationTrading 29 Limited 分别签订了两份《AIRCRAFT SPECIFIC LEASE AGREEMENT》,九元航空作为承租人,发行人作为共同承租人,将以经营租赁方式向 Celestial Aviation Trading 29 Limited 租用两架波音 737－800 飞机(MSN38041 和 MSN41261)。截至本法律意见书出具之日,已交付一架(出厂序号为 38041,国籍和登记标志为 B－6989)。

2015 年 1 月 8 日,发行人、九元航空与 Celestial AviationTrading 2 Limited 分别签订了两份《AIRCRAFT SPECIFIC LEASE AGREEMENT》,九元航空作为承租人,发行人作为共同承租人,将以经营租赁方式向 Celestial Aviation Trading 2 Limited 租用两架波音 737－800 飞机(MSN41259 和 MSN41260)。截至本法律意见书出具之日,已交付一架(出厂序号为 41259,国籍和登记标志为 B－6990)。

4. 航空燃料采购合同

报告期内发行人签署且正在履行的重大航空燃料采购合同情况如下:

序号	签约对方名称	起始日期	终止日期
1	中国航空油料有限责任公司	2014 年 6 月 29 日	2016 年 6 月 28 日
2	上海浦东国际机场航空油料有限责任公司	2014 年 6 月 29 日	2016 年 6 月 28 日
3	深圳承远航空油料有限公司	2014 年 7 月 1 日	2016 年 6 月 30 日
4	China Aviation Oil(HongKong)company limited	2015 年 1 月 1 日	2016 年 12 月 31 日
5	台湾中油股份有限公司	2015 年 1 月 1 日	2015 年 12 月 31 日
6	Idemitsu Kosan Co. Ltd	2015 年 1 月 1 日	2015 年 12 月 31 日

续表

序号	签约对方名称	起始日期	终止日期
7	World Fuel Services(Singapore)Pte Ltd	2015年9月1日	2016年8月31日
8	PTT Public Company Limited	2014年6月1日	2015年12月31日
9	华南蓝天航空油料有限公司	2014年7月1日	2016年6月30日
10	南京空港油料有限公司	2014年7月1日	2016年6月30日
11	海南太平洋石油实业股份有限公司	2015年6月29日	2016年6月28日
12	海南美亚实业有限公司	2015年6月29日	2016年6月28日
13	南光石油化工有限公司	2014年7月1日	2016年6月30日
14	MERCURY FUELS	2014年4月1日	2016年3月31日
15	KOREA AIRPORT SERVICE CO.,LTD	2015年3月1日	2016年2月28日
16	中航油烟台有限公司	2015年6月29日	2016年6月28日
17	JX Nippon Oil & Energy Corporation	2014年4月1日	2016年3月31日

5. 贷款及担保合同

报告期内,发行人及其子公司签署且尚在履行中的金额大于1000万元的贷款/授信以及所涉及担保合同基本情况如下:

序号	借款合同编号	贷款/授信银行	借款金额/授信额度	借款期限	担保合同编号	担保方式
1	57612702009005	建设银行浦东分行	36,057,409.20美元	2009.7.8－2021.7.7	57612702009005	－
2	2210239100001	上海银行白玉支行	199,000,000.00人民币	2010.1.29－2022.1.28	2210239100001	－
3	FL10000ZBY	上海银行白玉支行	9,000,000.00美元	2010.1.29－2022.1.28	2210239100001	－
4	57612702010003	建设银行浦东分行	36,283,785.48美元	2010.8.16－2022.8.15	57612702010003	－
5	3100202011M100000800	交通银行徐汇支行	37,319,045.07美元	2011.1.10－2016.1.8	－	－
6	2011年中字第1110904号	招商银行上海分行	37,000,000.00美元	2011.10.9－2019.10.8	2011年中字第23110911号	－
7	57612702012004	中国建设银行上海浦东分行	37,300,000美元	2012.8.31－2022.8.30	57612702012004	－
8	3100202012M100001800	交通银行徐汇支行	38,360,000美元	2012.2.27－2017.2.24	3100202012A100001800	均瑶集团连带责任保证
9	07155010019	中国工商银行长宁支行	－	2015.4.1－2016.4.1	07145010032101	均瑶集团连带责任保证

续表

序号	借款合同编号	贷款/授信银行	借款金额/授信额度	借款期限	担保合同编号	担保方式
10	3310201301100000357	国家开发银行浙江省分行	3150万美元	从首次提款日起10年	3310201301100000356、3310201301100000357号外汇贷款合同的保证合同	-
11	3310201301100000356	国家开发银行浙江省分行	3150万美元	从首次提款日起10年	3310201301100000356、3310201301100000357号外汇贷款合同的保证合同	-
12	3310201301100000353	国家开发银行浙江省分行	4680万美元	从首次提款日起12年	3310201301100000353号外汇贷款合同的保证合同	-
13	3310201301100000456	国家开发银行浙江省分行	3206万美元	2013.10.28-2023.10.28	3310201301100000456号外汇贷款合同的保证合同	-
14	31263154360323	上海农商银行普陀支行	1,134,921.02美元	汇款对外付款之日起2015.8.31	31263154070323	均瑶集团连带责任保证
15	31263154360324	上海农商银行普陀支行	1,330,294.19美元	汇款对外付款之日起至2015.9.14	31263154070324	均瑶集团连带责任保证
16	31263154360325	上海农商银行普陀支行	2,296,821.51美元	汇款对外付款之日起至2015.9.21	31263154070325	均瑶集团连带责任保证
17	3100202014M100013000	交通银行徐汇支行	4000万元人民币	2014.10.27-2015.10.23	3100202014A100013000	均瑶集团连带责任保证
18	3100202014M100012100	交通银行徐汇支行	5500万元人民币	2014.9.23-2015.9.22	3100202014A100012100	均瑶集团连带责任保证
19	57612302014017	中国建设银行浦东分行	23,478,714美元	2014.9.26-2015.9.25	57612302014017	均瑶集团连带责任保证
20	57612302014018	中国建设银行浦东分行	23,478,714美元	2014.10.24-2015.10.23	57612302014018	均瑶集团连带责任保证
21	建穗空港商流字(2014)010号	中国建设银行广州空港支行	3050万美元	2014.10.17-2017.10.16	建穗空港自最保(2014)003号、建穗空港最保字(2014)004号	均瑶集团、纪广平连带责任保证
22	3300559342012021109	国家开发银行浙江省分行	4545万美元	首次提款日起12年	3300559352012021110,3300559362012021111的贷款合同的抵押合同-02	均瑶集团连带责任保证、发行人

续表

序号	借款合同编号	贷款/授信银行	借款金额/授信额度	借款期限	担保合同编号	担保方式
23	3300559362012021110		4545 万美元		3300559362012021109，3300559362012021110，3300559362012021111 号外汇贷款合同的抵押合同－01	均瑶集团连带责任保证
24	3300559362012021111		39，100，000 美元			均瑶集团连带责任保证
25	3100201501100000994	国家开发银行	157，216，169.55 美元	2015.6.15－2018.6.15	3100201501100000994 号贷款合同的保证合同	均瑶集团连带责任保证
26	SJAHK2015－1	交通银行新加坡分行	68，000，000 美元	2015.3.25－2017.3.24	Z1503LC1561252 开立保函合同，001 保证金合同	交通银行徐汇支行担保吉祥航空保证金反担保
27	90112015280531	浦发银行温州分行	12，392，865 美元	2015.5.20－2016.11.22	ZB9011201500000105	均瑶集团连带责任保证
28	平银穗营贷字第 20150625001 第 001 号	平安银行广州分行	805 万美元	2015.6.28－2016.6.27	平银穗营额保字 20150625 第 001－1 号	均瑶集团连带责任保证
29	2312008201500012	广州农村商业银行股份有限公司人和支行	5000 万元人民币	2015.3.25－2016.3.24	2312073201500010	均瑶集团、纪广平连带责任保证
30	Z1505LN15615971	交通银行徐汇支行	5000 万元人民币	2015.5.7－2016.5.6	C1505GR3109346	均瑶集团连带责任保证
31	31263154010304	农商银行普陀支行	3000 万元人民币	2015.1.30－2016.1.29	31263154070304	均瑶集团连带责任保证
32	（2014）沪银贷字第 713411140024 号	中信银行上海分行	4000 万元人民币	2015.1.16－2015.12.25	（2014）沪银保字第 71341114002401 号	均瑶集团连带责任保证
33	（2014）沪银贷字第 7134115001 号	中信银行上海分行	3，328，445.11 元美元	2015.3.16－2015.9.16	（2014）沪银保字第 7134115001001 号	均瑶集团连带责任保证
34	3100202015M100000100	交通银行徐汇支行	30000 万元人民币	2015.1.6－2015.12.30	3100202015A100000100	均瑶集团连带责任保证

注 1：本表第 9 项为进口 T/T 融资总协议，在此协议下，发行人只需向中国工商银行股份有限公司上海市长宁支行提出

申请即可分批获得进口 T/T 融资,其担保合同额度为 7.5 亿元;

注 2:本表第 21、27 - 29 项为九元航空新增贷款合同;

注 3:本表第 26 项为上海吉祥航空香港有限公司与交通银行新加坡分行签订的授信合同;

注 4:本表第 27 项为汇出汇款融资业务协议;

注 5:本表第 1 - 8 项、10 - 13 项、22、23 项均以发行人自有飞机抵押担保,飞机型号分别为 B - 6572、B - 6640、B - 6640、B - 6717、B - 6735、B - 6736、B - 6901、B - 1646、B - 6922、B - 6860、B - 6861、B - 9957、B - 6788 及 B - 6921。

6. 委托培养飞行员协议

报告期内,发行人仍在履行期内的合计金额大于 1000 万元以上或预计将会大于 1000 万元人民币的委托培养飞行学员协议情况如下:

序号	合同相对方	合同名称	签订日期	训练费(合计)
1	中国民用航空飞行学院	关于 2011 级飞行养成学生培训的合同	2011 年 12 月 13 日	2,236.8 万元
2	中国民用航空飞行学院	关于 2012 级飞行养成学生培训的合同	2012 年 10 月 8 日	2,166.9 万元
3	ST Aviation Training Academy Pte Ltd	PILOT Training Contract	2012 年 9 月 11 日	实际发生费用根据实际培训人数确定
4	Sierra Academy Of Aeronautics International Training Center	PILOT Training Agreement	2012 年 9 月 12 日	实际发生费用根据实际培训人数确定
5	FLIGHTSAFETY INTERNATIONAL Inc.	PILOT TRAINING Contract	2012 年 7 月 6 日	实际发生费用根据实际培训人数确定
6	MONCTON FLIGHT COLLEGE	PILOT TRAINING AGREEMENT	2013 年 6 月 24 日	实际发生费用根据实际培训人数确定
7	FALCON AVIATION ACADEMY,LLC.,	FLIGHT TRAINING AGREEMENT	2013 年 6 月 28 日	实际发生费用根据实际培训人数确定
8	南航艾维国际飞行学院(南京)有限公司	飞行学员国外培训合作协议	2013 年 8 月 14 日	实际发生费用根据实际培训人数确定
9	中国民用航空飞行学院	关于 2013 级飞行养成学生培训的合同	2013 年 10 月 23 日	3,355.2 万元
10	中国民用航空飞行学院	2014 级飞行养成学生培训合同	2014 年 9 月 3 日	实际发生费用根据实际培训人数确定
11	南京航空航天大学	飞行学员国外培训合作协议	2014 年 10 月 9 日	实际发生费用根据实际培训人数确定

7. 机场使用协议/机场地面代理服务协议

报告期内,发行人尚在履行中的发生金额大于 1000 万元的机场使用协议/机场地面代理服务协议基本情况如下:

序号	机场	签约对方	合同名称	期限	备注
1	浦东机场	上海国际机场股份有限公司	上海浦东国际机场机场使用协议	2008 年 1 月 1 日 - 2017 年 12 月 31 日	-
2	虹桥机场	上海机场(集团)有限公司	上海虹桥国际机场机场使用协议	2010 年 3 月 16 日 - 2010 年 12 月 31 日	如双方均未作出不续约的通知,则视为双方同意届满后自动延期
3	三亚凤凰国际机场	三亚凤凰国际机场有限责任公司	地面服务代理协议	2012 年 6 月 1 日 - 2013 年 6 月 1 日	协议期满后,双方如无异议,则有效期自动顺延

续表

序号	机场	签约对方	合同名称	期限	备注
4	深圳宝安国际机场	深圳市机场股份有限公司	地面服务代理协议	2014 年 1 月 1 日 - 2014 年 12 月 31 日	协议期满后，双方如无异议，则有效期自动顺延
5	哈尔滨太平国际机场	黑龙江省机场管理集团有限公司	地面服务代理协议	2012 年 4 月 1 日 - 2013 年 4 月 1 日	协议期满后，双方如无异议，则有效期自动顺延
6	长沙机场	湖南机场股份有限公司	机场使用协议	2011 年 2 月 15 日 - 2013 年 2 月 15 日	到期后双方无异议，协议则自动顺延
7	西安咸阳国际机场	西部机场集团航空地勤（西安）有限公司	地面服务代理协议	2015 年 6 月 1 日 - 2016 年 5 月 31 日	协议期满后，双方如无异议，则有效期自动顺延壹年
8	昆明长水国际机场	云南机场集团有限责任公司、云南机场地面服务有限公司	地面服务代理协议	2009 年 2 月 24 日 - 2015 年 2 月 23 日	每次到期前，若双方无异议，则顺延一年
9	青岛流亭机场	青岛国际机场集团有限公司	地面服务代理协议	2013 年 9 月 1 日 - 2014 年 8 月 31 日	到期后双方无异议，协议则自动顺延

8. 其他合同

（1）计算机服务协议

2006 年 7 月 8 日，发行人与中国民航信息网络股份有限公司签订了《航空公司服务协议》，约定发行人使用其提供的航班控制系统服务、计算机分销系统服务、订座系统延伸服务等服务并按实际发生量每月支付费用。该协议初始有效期为 2006 年 7 月 8 日至 2009 年 12 月 31 日，若双方无异议，该协议一直自动续延，每次续延期为三年。

（2）发动机租赁合同

2008 年 6 月 19 日，发行人与 CFM International, Inc. 签订编号为 NO. CFM - 1 - 1215630474 的《General Terms Agreement》以及《Letter Agreement No. 1》，约定由其提供公司所采购飞机的配套发动机，并约定公司向其采购 6 台 CFM56 - 5B4/3 备用发动机，交付时间为 2009 年 2 月至 2014 年 4 月，具体时间根据实际情况可做调整，2012 年 5 月 25 日，发行人与 CFM International, Inc. 签订《Amendment Number 1》，为适应发行人引进 A321 飞机的计划，双方约定《General Terms Agreement》项下 CFM International, Inc. 对发行人服务支持发动机的型号根据公司机队需求进行变动。目前该等合同项下已交付 3 台，其中 2 台采用融资租赁方式使用、1 台采用经营租赁方式使用。

2010 年 3 月 4 日，发行人与中航国际租赁有限公司签订《CFM56 - 5B 发动机融资租赁合同》，以融资租赁方式向其租用一台 CFM56 - 5B 发动机，租期 8 年，公司按季度支付租金。

2012 年 4 月，发行人与交银金腾（上海）飞机租赁有限公司签订《发动机融资租赁合同》，合同编号为交银租赁字 20120069 号，以融资租赁方式租用一台 CFM56 - 5B4/3 发动机，该发动机为发行人与 CFM International, Inc. 于 2008 年 6 月 19 日签订的《General Terms Agreement》及《Letter Agreement No. 1》项下发动机，租期 6 年，公司按季度支付租金。

2015 年 6 月 25 日，发行人与 CASC Willis Engine Lease Company Limited 签订了《Aircraft Engine Purchase Agreement》，约定发行人将编号为 569933 的发动机以 9,582,341 美元出售给 CASC Willis Engine Lease Company Limited。同日，双方签订了《Aircraft Engine Lease Agreement》，约定 CASC Willis Engine Lease Company Limited 将该发动机出租给发行人使用，租期为十年。截至本法律意见书出具之日，该备用发动机已交付。

（3）模拟机融资租赁合同

发行人于 2014 年 12 月 11 日与上实融资租赁有限公司签订了《设备购买合同》[（2014）设购 7313411401 号]设备总价款为人民币 1 亿

元,合同约定合同项下设备为融资租赁售后回租标的物,租赁期内设备所有权归上实融资租赁有限公司,设备使用权归发行人,设备仍然留在发行人经营场所。

发行人于 2014 年 12 月 11 日与上实融资租赁有限公司签订了《融资租赁合同》[(2014)融租第 7313411401 号],合同约定上实融资租赁有限公司支付价款受让发行人自有的设备作为租赁物出租给发行人使用,发行人按照合同约定条款租入租赁物。合同项下融资总额为人民币 1 亿元。同日,发行人与上实融资租赁有限公司签署了《补充协议》以及《提前回购申请》,约定设备租赁期限为 1 年。

9. 对外担保

2013 年 1 月,发行人向中兴旭航租赁以融资租赁方式租入一架空客 A320 - 214 飞机(序列号为 5226,国籍标志和登记标志为 B - 6965)。融资租赁出租方中兴旭航租赁以该架飞机办理抵押借款并向空客公司支付购机款项;公司作为该架飞机的实际使用方,为中兴旭航租赁该架飞机抵押贷款提供 39,328,747.20 美元连带责任担保及人民币金额为 1,365.00 万元的保证金质押担保。上述对外担保事项已经公司第一届董事会第十一次会议、2013 年第一次临时股东大会审议通过。

(二)其他重大债权债务

1. 经本所律师的核查,截至本法律意见书出具之日,发行人不存在因环境保护、劳动安全、人身权利、知识产权和产品质量等原因产生的重大侵权之债。

2. 根据发行人的承诺并经本所律师核查,截至本法律意见书出具之日,除已在本法律意见书第九部分"关联交易和同业竞争"中描述的重大关联交易外,发行人与关联方之间不存在其他重大债权债务关系;发行人与关联方之间不存在违规提供担保的情况。

3. 根据立信出具的《审计报告》及发行人的承诺,发行人审计报告中所列的发行人金额较大的其他应收、应付款均因正常的生产经营活动而发生,其性质合法有效并应受到法律的保护。

经本所律师核查,发行人的上述重大债权、债务合同合法有效,不存在重大违法违规现象或潜在重大法律风险。

(三)综上所述,本所律师核查后认为

发行人的上述重大债权、债务合同合法有效,不存在亘大违法违规情况以及潜在的重大法律风险。

十二、发行人重大资产变化及收购

(一)重大资产变化

发行人及其前身自 2006 年设立以来,共经历了增资扩股、首次公开发行股票并上市等重大资产变化事宜,详见本法律意见书第七部分"发行人的股本演变"。

发行人的上述增资扩股和首次公开发行股票并上市事宜均分别由董事会和股东大会审议通过,分别依法获得了相关主管部门的核准或批复,并分别由有关的会计师事务所审验并出具验资报告,办理完成了相关工商变更登记手续。

本所律师核查后认为,上述增资扩股、首次公开发行股票并上市等重大资产变化事宜符合法律法规和规范性文件的规定,已履行必要的法律手续。

(二)重大对外收购或参股行为

经本所律师核查,报告期内,发行人的重大对外收购或参股行为如下:

1. 发行人 2012 年购买均瑶旅行社 100% 股权

(具体情况参见本法律意见书第九章第二部分"发行人的重大关联交易")

2. 发行人 2012 年设立君瑞宾馆

吉祥航空于 2012 年决议设立全资子公司君瑞宾馆,出资 100 万元人民币,经营范围为:大型饭店、食堂、预包装食品销售(不含熟食卤味,含冷冻冷藏)、宾馆、茶室、理发店、美发店、足浴、国产卷烟、雪茄烟、工艺美术品、服装、日用百货、洗衣服务、停车场。

2012 年 4 月 20 日,上海骁天城会计师事务所有限公司出具了上骁审内验(2012)164 号《验资报告》,确认截至 2012 年 4 月 19 日,已收到吉祥航空缴纳的注册资本 100 万元,均以货币出资。

2012 年 4 月 27 日,上海市工商行政管理局机场分局核发了注册号为 310140000093533 的《企业法人营业执照》。

3. 发行人 2013 年增资君瑞宾馆

2013 年 4 月 24 日,君瑞宾馆作出股东决定，决定增加公司注册资本，由100万元增至1000万元。

2013年5月16日，上海骁天城会计师事务所有限公司出具了上骁审内验（2013）162号《验资报告》，确认截至2013年5月13日，已收到吉祥航空新缴纳的注册资本900万元，均以货币出资。变更后的累计注册资本为人民币1000万元。

4. 发行人2014年设立九元航空

2014年3月25日，九元航空（筹）召开了2014年第一次股东会，审议通过了《关于九元航空有限公司筹建工作的报告》等7项议案，由吉祥航空出资41400万元人民币，占注册资本69%；亿利资源集团有限公司出资9000万元人民币，占注册资本15%；新华联控股有限公司出资6000万元，占注册资本10%；纪广平出资3600万元，占注册资本6%，由上述四方共同设立九元航空。

2014年4月2日，广州市工商行政管理局白云分局核发了注册号为440111000606280的《企业法人营业执照》。

5. 发行人2014年及2015年受让九元航空部分股权

2014年5月5日，九元航空召开股东会，同意新华联控股有限公司将其所有的5940万元出资权转让于吉祥航空，吉祥航空认缴出资额变更为47340万元，占注册资本78.9%，新华联控股有限公司认缴出资变更为60万元，占注册资本0.1%。

2014年5月8日，广州市工商行政管理局白云分局核发了注册号为440111000606280的《企业法人营业执照》。

2015年1月11日，九元航空召开股东会，同意新华联控股有限公司将其持有的60万元股权转让于发行人。2015年1月12日，双方签订了《股权转让协议》，约定新华联控股有限公司将其持有的60万元股权作价60万元转让于发行人。吉祥航空的认缴出资额变更为47400万元，占注册资本的79%。

6. 发行人设立华瑞租赁

为保障航空业务发展，发行人投资控股设立上海华瑞融资租赁有限公司。公司注册资本为17000万元人民币，其中吉祥航空以人民币现金出资12750万元，占注册资本的75%，香港的宝创控股集团有限公司以跨境人民币现汇方式出资4250万元，占注册资本的25%。公司经营范围为：融资租赁业务，租赁业务，向国内外购买租赁资产，租赁财产的残值处理及维修，租赁交易咨询和担保，从事与主营业务有关的商业保理业务（涉及行政许可的凭许可证经营）。

2014年8月11日，中国（上海）自由贸易试验区管理委员会出具了中（沪）自贸管经项章［2014］105号的《关于设立上海华瑞融资租赁有限公司的批复》，同意宝创控股集团有限公司和发行人共同设立华瑞租赁。2014年8月8日，上海市人民政府核发了商外资中（沪）自贸合资字［2014］0190号《中华人民共和国台港澳侨投资企业批准证书》。

2014年8月15日，上海市工商行政管理局核发了注册号为310000400743695的《企业法人营业执照》。

7. 发行人本次非公开发行股票募集资金拟设立上海淘旅行网络科技有限公司

2015年7月14日、2015年8月18日，发行人第二届董事会第六次临时会议和2015年第一次临时股东大会分别审议通过了《关于上海吉祥航空股份有限公司非公开发股票募集资金对外投资设立公司并签署相关投资文件的议案》，同意发行人与上海雀沃信息技术有限公司、自然人股东刘运利及新设立公司的创始人团队共同投资设立上海淘旅行网络科技有限公司，拟投资设立企业的出资为此次非公开发行股票的部分募集资金，拟投资设立企业的有关具体方案如下：

（1）投资设立企业名称

上海淘旅行网络科技有限公司（以工商局最终核准的为准）

（2）拟投资设立的公司的经营范围

入境旅游业务；国内旅游业务；出境旅游业务；第一类增值电信业务中的在线数据处理与交易处理业务（上海）；第二类增值电信业务中的因特网信息服务业务（不含固定网电话声讯服务、移动网和固定网信息服务）、因特网接入服务业务（按《增值电信业务经营许可证》核定范围经营）；代理意外伤害保险、航空意外伤害保险。提供计算机网络服务、会务服务、商务服务、订房服务、票务服务、机票销售代理、软件研发与技术服务;设计、代理、制作、发布国内各类广告。(依法须经批准的项目,经相关部门批准后方可开展经营活动)(经营范围最终以工商登记核准为准)

(3)拟投资设立企业股权结构

吉祥航空拟出资1.65亿元,持股比例55%;雀沃信息拟出资6000万元,持股比例20%;刘运利拟出资3000万元,持股比例10%;唐一波、谭锋、杨继伟、鲍晓松拟合计出资4500万元,合计持股比例15%。

(4)拟投资设立企业注册资本:人民币3亿元整

(5)拟投资设立企业类别:有限责任公司

发行人与上述各方已于2015年7月15日签订了《投资协议书》,截至本法律意见书出具之日,该公司正在办理工商注册登记中。

(三)综上所述,本所律师核查后认为

报告期内,发行人上述受让子公司相关股权、向子公司增资或设立子公司的行为符合法律、行政法规以及规范性文件的规定,已履行了必要的法律手续,取得了有权部门的批准文件,并依法完成了工商变更登记,不会构成发行人本次非公开发行的法律障碍。

十三、发行人公司章程的制定与修改

(一)发行人报告期内对公司章程的修改

1. 发行人2012年对公司章程的修改

2012年3月3日,发行人召开2011年度股东大会,会议审议通过《关于修订〈上海吉祥航空股份有限公司章程(草案)〉的议案》。依据该等议案,发行人对公司首次公开发行股票并上市后实施的章程(草案)第一百六十一条、一百六十二条、一百六十三条分别进行了修订,明确了发行人本次发行上市后有关利润分配政策。

2. 发行人2014年对公司章程的修改

2014年2月28日,发行人召开了2013年度股东大会,为进一步保证投资者合法权益,对《上海吉祥航空股份有限公司章程(草案)》中有关公司利润分配政策进行了修改,其中调整了以下内容:利润分配原则;利润分配形式;现金、股票分红具体条件和比例;利润分配的期间间隔;公司留存未分配利润的使用计划安排或原则;利润分配政策的决策程序;现金分红方案的决策程序;利润分配政策的调整;利润分配政策的披露;公司可以依法发行优先股、回购股份的情形。

3. 发行人上市对公司章程的修改

发行人于2015年5月27日在上交所上市,根据发行人2014年年度股东大会会议审议通过的《关于延长首次公开发行相关决议有效期的议案》有关内容,发行人股东大会授权董事会在首次公开发行股票并上市完成后,对公司章程中涉及注册资本及股份变动等的有关条款进行修订并办理工商变更登记手续。2015年6月29日,发行人第二届董事会第五次会议审议通过了对《公司章程(草案)》的修改。

4. 发行人2015年对公司章程的修改

2015年8月18日,发行人召开2015年第一次临时股东大会,审议通过《关于变更公司经营范围及修改〈公司章程〉的议案》,将公司经营范围变更为"国内(含港澳台)航空客货运输业务;国际航空客货运输业务"。

(二)综上所述,本所律师核查后认为

发行人上述公司章程的修改已经履行了《公司法》、《上市公司章程指引》等法律法规规定的程序。发行人现行有效的章程内容符合我国现行《公司法》、《上市公司章程指引》和其它相关法律、法规和规范性文件的规定。

十四、发行人股东大会、董事会、监事会及规范运作

(一)发行人组织机构及生产经营管理机构

发行人依法设立股东大会,由全体股东组成,是公司的权力机构,保障股东权利的行使,切实保护中小股东的利益。

发行人依法设立董事会,由全体董事组成,作为决策机构,对发行人股东大会负责。

发行人依法设立监事会,由全体监事组成,作为监督机构,对发行人股东大会负责。

发行人现设有董事会办公室、总裁办公室、综合管理部、空勤培训中心、人力资源部、运行控制部、飞行部、维修工程部、飞行标准管理部、财务结算部、客舱部、招飞事务办公室、保卫部、商务部、货运部、地面服务部、配餐部、品牌品质管理部、信息管理部、安全质量监督管理部、战略企管部等21个职能部门。

本所律师核查后认为，发行人已按照《公司法》等有关法律法规的规定，建立健全了法人治理机构、内部经营管理机构及组织机构。

（二）股东大会、董事会、监事会议事规则的制定与修改

1. 报告期内，发行人三会规则的制定、修改及规范运作

2. 报告期内，发行人其他内部制度的制定、修改及规范运作

本所律师核查后认为，发行人历次股东大会、董事会、监事会对于《股东大会议事规则》、《董事会议事规则》、《监事会议事规则》及上述相关内部制度的审议程序及内容均合法合规，真实有效。

（三）报告期内，历次股东大会的召开及规范运作

报告期内，发行人股东大会在2012年共召开了1次会议，在2013年共召开了2次会议，在2014年共召开了3次会议，自2015年1月1日至本法律意见书出具之日，共召开了2次会议。

经本所律师核查，报告期内，发行人历次股东大会的召开、决议内容均合法合规、真实有效。

（四）报告期内，历次董事会、监事会的召开及规范运作

报告期内，发行人董事会在2012年共召开了5次会议，在2013年共召开了5次会议，在2014年共召开了4次会议，自2015年1月1日至本法律意见书出具之日，共召开了7次会议。

报告期内，发行人监事会在在2012年共召开了2次会议，在2013年共召开了2次会议，在2014年共召开了3次会议，自2015年1月1日至本法律意见书出具之日，共召开了5次会议。

经本所律师核查，报告期内，发行人董事会、监事会的召开、决议内容是合法、合规、真实、有效的。

（五）综上所述，本所律师核查后认为

经本所律师核查，发行人报告期内历次股东大会、董事会、监事会的召开，决议内容及签署合法、合规、真实、有效。上述会议的召集召开程序、出席会议的人员资格、审议表决事项、对各议案的表决程序及会议形成的决议，符合《公司法》、《公司章程》的规定。发行人具有健全的治理结构，完备有效的内部控制制度，三会及内部运作规范。

十五、发行人董事、监事和高级管理人员及其变化

（一）发行人现任董事、监事及高级管理人员的任职情况

1. 发行人董事

发行人现有董事9名，其中独立董事3名，发行人独立董事人数不少于董事人数的三分之一。上述董事具体任职情况如下：

序号	姓名	职务	任期起讫日
1	王均金	董事长	2014.6.29－2017.6.28
2	董力加	副董事长	2014.6.29－2017.6.28
3	赵宏亮	董事、总裁	2014.6.29－2017.6.28
4	王昭炜	董事	2014.6.29－2017.6.28
5	林乃机	董事	2014.6.29－2017.6.28
6	高兵华	董事	2014.6.29－2017.6.28
7	周忠惠	独立董事	2014.6.29－2017.6.28
8	段祺华	独立董事	2014.6.29－2017.6.28
9	杨家保	独立董事	2014.6.29－2017.6.28

2. 发行人监事

发行人现有监事3名，其中职工代表监事1名，发行人由职工代表担任的监事不少于监事总人数的三分之一。上述监事任职情况如下：

序号	姓名	职务	任期起讫日
1	蒋海龙	监事会主席	2014.6.29－2017.6.28
2	史慧萍	监事	2014.6.29－2017.6.28
3	朱红燕	职工监事	2014.6.29－2017.6.28

3. 发行人高级管理人员

发行人现有高级管理人员7名，包括总裁1名，副总裁3名。上述人员任职资格情况如下：

序号	姓名	职务	任期起讫日
1	赵宏亮	董事、总裁	2014.7.29－2017.7.28
2	张建钢	副总裁	2014.7.29－2017.7.28
3	于成吉	副总裁	2014.7.29－2017.7.28
4	郭有虎	副总裁	2015.3.16－2017.7.28
5	贾勇	总飞行师	2014.7.29－2017.7.28
6	李兵	财务总监	2014.7.29－2017.7.28
7	徐骏民	董事会秘书	2014.7.29－2017.7.28

根据上述发行人董事、监事及高级管理人员填写的《调查问卷》,并经本所律师核查,截至本法律意见书出具之日,发行人上述董事、监事、高级管理人员不存在《公司法》、《证券法》规定的禁止任职情形。

根据发行人股东大会、董事会、监事会决议,并经本所律师核查,发行人选举上述董事、监事,聘任上述高级管理人员的决议程序及内容符合《公司法》、《证券法》及《公司章程》的规定。

(二)发行人近三年来董事、监事及高级管理人员的任免程序及其变化

1.发行人董事的任免及其变化情况

2014年2月20日,纪广平因工作调整辞去公司董事、副总裁任职,公司于2014年2月27日召开第一届董事会第十七次会议增选高兵华为公司董事,该事宜已经2014年3月14日召开的公司2014年第一次临时股东大会审议通过。

2014年6月29日,因股份公司第一届董事会任期届满,公司召开2014年第二次临时股东大会,选举王均金、董力加、赵宏亮、高兵华、王昭炜、林乃机、周忠惠、段祺华、杨家保为公司第二届董事会董事,其中周忠惠、段祺华、杨家保为独立董事。

2014年7月29日,公司召开第二届董事会第一次会议,选举王均金为公司第二届董事会董事长,选举董力加为公司第二届董事会副董事长。

2.发行人监事的任免及其变化情况

2014年6月12日,公司召开2014年第二次职工代表大会,选举朱红燕为公司第二届监事会职工代表监事。

2014年6月29日,因股份公司第一届监事会任期届满,公司召开2014年第二次临时股东大会,选举蒋海龙和史慧萍为公司第二届监事会监事,与职工代表监事朱红燕共同组成公司第二届监事会。

3.发行人高级管理人员的任免及其变化情况

2012年5月14日,公司召开第一届董事会第七次会议通过决议,因挂职期满,丁志平不再担任公司运行副总裁,根据民航华东函[2012]136号文件,提名王世军为公司运行副总裁。

2012年6月12日,公司召开第一届董事会第八次会议通过决议,根据总裁提名任命贾振修为公司副总裁,不再兼任安全总监,任命张建钢兼任公司安全总监,不再兼任总工程师。根据华东局发明电[2012]1478号文的批复,经审查,同意发行人暂时偏离CCAR121－R4第43条(a)款的规定,由公司副总工程师履行总工程师职责,偏离期限至2013年6月30日;根据华东局民航华东函[2013]196号的批复,经审查,同意发行人总工程师职位偏离期限延长至2014年6月30日。

2013年4月24日,公司召开第一届董事会第十三次会议,决议通过任良田先生不再担任公司总飞行师的议案。根据华东局发明电[2013]835号文的批复,经评估,同意发行人总飞行师职位偏离的请示,由副总飞行师代行公司总飞行师职责,协助公司运行副总裁负责飞行人员训练和技术管理工作。

2013年12月31日,公司召开第一届董事会第十五次会议,审议同意王世军不再担任公司运行副总裁,任命郭有虎担任公司运行副总裁。根据总裁提名,任命公司副总裁贾振修兼任公司安全总监,张建钢不再兼任安全总监。

2014年2月20日,纪广平向公司董事会辞去公司董事、副总裁职务。

2014年7月29日,公司召开第二届董事会第一次会议,聘任赵宏亮为公司总裁;根据总裁提名,聘任郭有虎、张建钢和于成吉为公司副总裁,张建钢兼任总工程师,贾勇为公司总飞行师,李兵为公司财务负责人,徐骏民为公司董事会秘书。

2014年12月31日,郭有虎向公司董事会

送达辞去公司副总裁报告。

2015年3月16日,公司召开第二届董事会第三次会议,聘任郭有虎先生担任公司运行副总裁。

2015年4月20日,公司召开第二届董事会第四次会议,聘任李江石先生担任公司总工程师,张建钢先生不再兼任公司总工程师。

2015年6月8日,李江石先生向公司董事会送达辞去公司总工程师职务报告。

本所律师经核查后认为,发行人董事、监事、高级管理人员因换届、岗位调整、完善公司治理等原因发生调整,没有给发行人的经营管理造成实质性影响;最近三年及一期内,发行人董事、监事、高级管理人没有发生重大变化。

(三)发行人独立董事情况

发行人已设立独立董事。根据独立董事填写的《调查问卷》并经本所律师核查,发行人现任3名独立董事的任职资格符合《公司法》、《证券法》、《关于在上市公司建立独立董事的指导意见》等法律、法规和规范性文件的规定。发行人《公司章程》、《独立董事工作制度》所规定的独立董事的职权范围符合《关于在上市公司建立独立董事的指导意见》等有关法律、法规和规范性文件的规定。

(四)综上所述,本所律师核查后认为

经本所律师核查,发行人的董事、监事及高级管理人员的任职资格符合《公司法》和《公司章程》的规定。董事、监事及高级管理人员的变动均履行了必要的法律程序,符合相关法律、法规和发行人章程的规定,合法有效。

发行人设立以来董事、监事及其他高级管理人员任职情况稳定,未发生重大变化,符合《管理办法》的相关规定。

十六、发行人的税务

(一)税务登记

经本所律师核查,发行人已经在办理国税登记和地税登记,发行人现持有上海市国家税务局、地方税务局核发的编号为310115786722610号的《税务登记证》。

(二)发行人目前执行的税种与税率

根据立信出具的《审计报告》、发行人出具的《上海吉祥航空股份有限公司2015年半年度报告》与纳税申报表,发行人目前执行的主要税种、税率如下:

1.发行人主要流转税和税率

税种	计税依据	税率
增值税[注]	应税销售额	3%、4%、5%、6%、11%、17%
营业税	应税营业额	5%

注:根据国家相关税务法规的规定,公司进口的飞机等需缴纳进口环节增值税,2011年1月1日—2013年8月29日增值税税率为4%;2013年8月30日起,根据国家相关税务法规的规定,增值税税率调整为5%。

航材等材料销售及机上销售,适用的税率为17%。

根据财政部、国家税务总局2011年11月16日颁发的财税[2011]111号文《财政部国家税务总局关于在上海市开展交通运输业和部分现代服务业营业税改征增值税试点的通知》,公司客货运等业务自2012年1月1日起改征增值税,适用税率11%。

全资子公司上海吉宁文化传媒有限公司广告等业务自2012年1月1日起改征增值税,2012年1—8月为小规模纳税人,适用税率3%,自2012年9月1日起,经上海市长宁区国税局认定为一般纳税人资格,适用税率6%。

2.合并范围内发行人及子公司企业所得税税率

纳税主体名称	所得税税率
上海吉祥航空股份有限公司	25%
上海吉宁文化传媒有限公司	25%
上海吉祥航空服务有限公司	25%
上海均瑶国际航空旅行社有限公司	25%
上海君瑞宾馆有限公司	25%
九元航空有限公司	25%
上海华瑞融资租赁有限公司	25%
Shanghai Juneyao Airline Hong Kong Limited	16.5%

(三)税收优惠及补贴

1.发行人的税收优惠

根据立信会计出具的信会师报字[2015]第110222号《审计报告》、发行人出具的《上海吉祥航空股份2015年半年度报告》,发行人在报告期内未享受税收优惠。

2.发行人财政补贴情况

根据立信出具的信会师报字[2015]第110222号《审计报告》以及发行人出具的《上海

吉祥航空股份2015年半年度报告》,并经本所律师核查,发行人及其子公司于2012、2013、2014年度及2015年1-6月财政补贴具体情况如下:

单位:元

项　目	2015年1-6月	2014年	2013年度	2012年度	说　明
起降费补贴	-	-	-	4,008,000.00	三亚市人民政府文件《三亚市人民政府关于对进出三亚航线航班起降费实行财政补贴的通知》(三府[2008]109号)、中共三亚市委文件《中共三亚市委三亚市人民政府关于三亚市2011年促进经济平稳较快发展财政补贴政策的决定》(三发[2011]6号)、中共三亚市委三委[2012]40号
三亚财政局奖励	-	-	576,000.00	-	三亚市人民政府文件《三亚市人民政府关于促进凤凰国际机场旅客年吞吐量突破1000万人次做出突出贡献的单位进行奖励的决定》(三府[2011]217号)、《三亚市航空企业财政补贴实施办法》
财政返回款	22,900,000.00	87,888,100.00	90,214,137.00	86,675,999.72	上海市南汇区人民政府文件《上海市南汇区人民政府关于印发促进产业发展和结构优化相关扶持政策的实施办法的通知》(南府[2007]282号)
浦东新区补贴款	-	3,361,000.00	-	-	上海市浦东新区财政局文件《关于认定上海吉祥航空股份有限公司为浦东新区国内大企业总部的批复》(浦商委投管字[2012]16号)
税务局奖励	42,981.21	2,360,321.38	914,918.46	-	上海市浦东新区国家税务局三十六所《关于上海吉祥航空股份有限公司代扣代缴个人所得税手续费情况说明》

续表

项　目	2015 年 1－6 月	2014 年	2013 年度	2012 年度	说　明
航线补贴收入	4,169,747.96	8,525,000.00	7,626,370.02	－	《北海至上海航线〈合作运输协议〉》、《北海市旅游局与上海吉祥航空公司关于北海至上海航线〈合作运输协议〉》、《北海市旅游局与上海吉祥航空股份有限公司运输合同(客运补贴类)》
财政部补贴	－	－	－	1,934,435.59	民航总局文件《关于印发民航机场管理建设费代征手续费管理暂行办法的通知》(民航发[2008]14 号)
航线运营补贴	－	－	－	3,000,000.00	龙岩市人民政府文件《龙岩市人民政府关于支持冠豸山机场营运的实施意见》(龙政综[2008]431 号)
航线补贴	－	－	－	675,675.68	黑河人民政府
机场服务费奖励	－	－	－	236,535.41	中国民用航空局清算中心
航线补贴	－	－	1,384,213.05	5,257,477.47	龙岩市旅游局
宜昌市航线航班补贴	－	－	－	721,000.00	宜昌市财政局 市政府办公室[2012]541 号
节能减排补贴	－	1,349,200.00	1,360,000.00	3,790,000.00	中国民用航空局局发明电[2012]3097 号
中小企业发展扶持资金	－	－	－	10,000.00	上海市长宁区招商中心
珠海机场补贴	－	－	568,275.00	－	珠海市交通运输局 珠海市财政局《关于印发珠海市民用航空运输发展专项资金管理暂行办法的通知》(珠交字[2010]396 号)、《珠海市民用航空运输发展专项资金管理暂行办法》
民航建设基金	－	－	3,516,474.76	－	中华人民共和国财政部关于印发《民航发展基金征收使用管理暂行办法》的通知(财综[2012]17 号)、财政部《关于机场管理建设费和旅游发展基金政策等有关问题的通知》(财综[2010]123 号)

续表

项　目	2015 年 1－6 月	2014 年	2013 年度	2012 年度	说　明
海口航班增量补贴	84,000.00	479,000.00	3,668,500.00	－	《海口市鼓励航空客运市场开发暂行办法》、《海口市人民政府关于印发我市鼓励航空客运市场开发暂行办法的通知》(海府[2011]86 号)
支线补贴	－	2,850,00.00	－	－	《民航局关于修订印发支线航空补贴管理暂行办法的通知》(民航发[2013]28 号)
贵阳市航线补贴	－	－	724,000.00	－	《贵阳市人民政府办公厅关于批转贵阳市新开航线航班培育专项资金管理使用暂行办法的通知》(筑府办发[2009]119 号、《贵阳市新开航线航班培育专项资金管理使用暂行办法》
新增航班奖励	－	855,800.00	－	－	《湖南省人民政府办公厅关于印发湖南省国内航线航班开发专项资金奖励暂行办法的通知》(湘政办发[2014]28 号)
那霸税务署退款	451,383.30	376,155.57	－	－	《中华人民共和国政府和日本国政府关于对所得避免双重征税和防止偷漏税的协定》
冲绳观光局航线补贴款	390,405.60	2,209,310.29	－	－	冲绳观光局
教育费附加返还	－	1,350,373.00	－	－	上海市浦东新区财政局浦教材[2011]9 号
航线补贴	－	240,800.00	－	－	武汉市财政局
航线补贴	－	1,189,100.00	－	－	《湖南省人民政府办公厅关于印发湖南省国内航线航班开发专项资金奖励暂行办法的通知》(湘政办发[2014]28 号)
财政直接拨款	－	14,000.00	－	－	上海市财政收付中心
2013 年民航建设基金返还	－	3,115,179.27	－	－	中国民用航空总局清算中心

续表

项　目	2015年1-6月	2014年	2013年度	2012年度	说　明
反劫机补贴	-	150,000.00			中国民用航空局 局发明电(2014)3133号
上海著名商标奖励基金	-	300,000.00	-	-	海市浦东新区财政局《关于印发〈浦东新区促进自主品牌和标准化建设实施办法〉的通知》(浦经信委工字[2012]75号)
2014年交通节能和ETC	-	1,178,700.00	-	-	《上海市交通委员会关于印发上海市交通节能减排专项扶持资金申请指南(2014年度)的通知》(沪交科[2014]24号)
连城补贴款	5,300,000.00	5,049,000.00	-	-	龙岩市人民政府办公室《龙岩市人民政府办公室关于确认上海航班时刻优化及补贴相关事宜的复函》(龙政办函[2013]106号)
航线补贴	-	2,968,000.00	-	-	吉林省旅游局
合　　计	42,713,537.46	138,289,039.51	110,552,888.29	106,309,123.87	

(四)依法纳税的确认

1. 发行人

上海市浦东新区国家税务局和上海市浦东新区地方税务局于2015年8月10日出具的《税务证明》确认:发行人自2015年1月1日至2015年6月30日期间,能按税法的规定办理纳税申报,暂未发现有欠税、偷税之重大违反税收管理法规的情形。

2. 发行人控股子公司

经本所律师核查,并经上海市徐汇区国家税务局、上海市地方税务局徐汇分局于2015年7月27日出具的《证明》确认:均瑶旅行社自2015年1月至2015年6月,能自行申报、缴纳各项税金,暂未发现有税收违法行为。

上海市长宁区国家税务局和上海市地方税务局长宁分局于2015年7月31日出具了《证明》确认:吉宁文化2015年1月至2015年6月能按时申报纳税,无欠税情况,未发现有重大违反税收法律法规的行为而受行政处罚的纪录。

上海市自由贸易试验区国家税务局和上海市自由贸易区地方税务局于2015年7月24日出具了《证明》确认:吉祥航服在2015年1月1日至2015年6月30日期间,能按税法规定按期办理纳税申报,暂未发现有欠税、偷逃税款和重大违反税收管理法规的情形。

上海市长宁区国家税务局和上海市地方税务局长宁区分局于2015年7月31日出具了《证明》确认:君瑞宾馆2015年1月至2015年6月能按时申报纳税,无欠税情况,未发现有重大违反税收法律法规的行为而受行政处罚的纪录。

广州市白云区国家税务局于2015年7月23日出具了《纳税征信情况》确认:九元航空在2015年1月1日至2015年6月30日期间暂未发现该纳税人在查询年度内存在税收违法违章行为。

广州市地方税务局人和税务所于2015年7月23日出具了《纳税人、扣缴义务人涉税保密信息告知书》确认:九元航空于2015年1月1日至2015年6月30日期间,在我所缴纳印花税21,867.83元,城市维护建设税396,406.53元,至今暂未发现违反地方税收有关法规的行为。

上海市自由贸易试验区国家税务局和上海市地方税务局自由贸易试验区分局出具了《税务证明》确认,华瑞租赁已依法办理了税务登记,在2015年1月1日至2015年6月30日期间,能按税法规定按期办理纳税申报,暂未发现有欠税、偷逃税款和重大违反税收管理法规的情形。

十七、发行人环境保护、质量技术等标准及合规性

(一)工商合规性核查

经本所律师核查,并经上海市工商行政管理局于2015年7月21日出具《证明》确认,发行人自2015年1月1日起至开具证明之日,没有发现因违反工商行政管理法律法规的违法行为而受到工商行政处罚的记录。

上海市徐汇区市场监督管理局于2015年7月30日出具《证明》确认,均瑶旅行社,自2015年1月1日至2015年6月30日期间,没有因违反工商行政管理法律法规的违法行为而受到工商机关行政处罚的记录。

上海市工商行政管理局机场分局于2015年7月20日出具了《证明》确认:君瑞宾馆,自2015年1月1日至2015年6月30日期间,没有因违反工商行政管理法律法规的违法行为而受到工商机关行政处罚的记录。

上海市工商行政管理局机场分局于2015年7月20日出具了《证明》确认:吉宁文化传媒,自2015年1月1日至2015年6月30日期间,没有因违反工商行政管理方面的法律法规而受到工商行政处罚的情形。

上海市工商行政管理局自由贸易试验区分局于2015年7月23日出具《证明》确认,吉祥航服,自2015年1月1日至2015年6月30日期间,没有因违反工商行政管理法律法规的违法行为而受到工商机关行政处罚的记录。

上海市工商行政管理局于2015年7月30日出具《证明》确认,华瑞租赁,自2015年1月1日至开具证明之日,没有因违反工商行政管理法律法规的违法行为而受到工商机关行政处罚的记录。

广州市工商行政管理局白云分局于2015年7月23日出具《证明》确认,九元航空,自成立至今暂未发现有违反工商行政管理法律、法规的经营行为纪录。

(二)劳动社保和公积金缴存合规性核查

经本所律师核查,并经上海市公积金管理中心于2014年7月18日出具《证明》确认,发行人于2006年5月建立住房公积金账户,为职工缴存住房公积金,2014年6月发行人住房公积金账户正常缴存人数2804人,发行人开户缴存以来未受到上海市公积金管理中心的行政处罚。

上海市公积金管理中心于2014年7月3日出具了《住房公积金缴存情况证明》确认:君瑞宾馆于2012年6月建立住房公积金账户,为职工缴存住房公积金。经查,2014年5月该单位住房公积金账户正常缴存人数为42人。该单位开户缴存以来未受到该中心的行政处罚。

上海公积金管理中心于2015年7月30日出具了《住房公积金缴存情况证明》确认:均瑶旅行社于2012年4月建立住房公积金账户,为职工缴存住房公积金。经查,2015年6月该单位住房公积金账户正常缴存人数为26人。该单位开户缴存以来未受到该中心的行政处罚。

上海公积金管理中心于2015年7月6日出具了《住房公积金缴存情况证明》确认:吉宁文化传媒于2012年9月建立住房公积金账户,为职工缴存住房公积金。经查,2014年12月该单位住房公积金账户正常缴存人数为27人。该单位开户缴存以来未受到该中心的行政处罚。

广州住房公积金管理中心于2015年7月29日出具了《住房公积金缴存情况证明》确认:九元航空于2014年4月设立住房公积金账户,单位登记号为059145,单位缴存比例为7%、职工缴存比例为7% －20%。至今,住房公积金已缴存至2015年6月,登记的缴存职工人数为453人。另自九元航空开户办理住房公积金缴存业务以来未曾受到该中心的行政处罚。

经本所律师核查,并经上海市浦东新区人力资源和社会保障局于2015年8月3日出具的证明,发行人自2006年6月起2015年6月期间共有21期劳动仲裁案件,处理结果分别为3起调解,5起撤诉,13起裁决。裁决案件中,3起单位胜诉,6起要求单位为劳动者办理退工手续,1起要求单位向劳动者支付工资差额,1

起要求单位向劳动者支付绩效工资、工资并为其办理退工手续,1 起要求单位向劳动者支付赔偿金,1 起要求单位向劳动者支付违约金,1 起仍在处理中尚未结案。除上述记录外,未发现因社会保险少缴、欠缴而受到行政处罚或仲裁败诉的情况。

上海市长宁区人力资源和社会保障局于 2015 年 2 月 2 日出具了《征询回复函》确认:证明 2014 年 6 月 1 日至 2014 年 12 月 31 日期间,君瑞宾馆未受过该局劳动用工和社会保险方面的行政处罚。

上海市徐汇区人力资源和社会保障局于 2015 年 8 月 4 日出具了《证明》确认:证明 2015 年 1 月 1 日至 2015 年 6 月 30 日期间,徐汇区人力资源和社会保障局未对均瑶旅行社作出过行政处理或行政处罚。

上海市长宁区人力资源和社会保障局于 2015 年 8 月 19 日出具了《征询回复函》确认:证明 2015 年 1 月 1 日至 2015 年 6 月 30 日期间,未发现吉宁文化传媒有劳动用工和社会保险方面的行政处罚记录。

广州市人力资源和社会保障局于 2015 年 8 月 6 日出具《证明》确认,九元航空有限公司自 2015 年 1 月 1 日至 2015 年 6 月 30 日期间,在广州市参加基本养老、医疗、失业、工伤和生育保险,未发现该公司存在违反劳动保障法律法规的行为。

(三)外汇合规性核查

经本所律师核查,并经国家外汇管理局上海市分局于 2014 年 7 月 14 日出具《证明》确认,未发现发行人在 2014 年 1 月至 2014 年 6 月 30 日期间存在被该分局处罚的记录。

经本所律师核查,并经国家外汇管理局广东省分局外汇综合处于 2015 年 8 月 3 日出具《证明》(粤汇综字[2015]173 号)确认,2015 年 1 月 1 日至 2015 年 6 月 30 日,该分局未发现九元航空因违法外汇管理法规行为而受到行政处罚的记录。

(四)海关合规性核查

经本所律师核查,并经上海海关于 2014 年 2 月 12 日出具的《上海海关关于企业守法状况查询结果的复函》确认,发行人及其子公司吉祥航服、吉宁文化于2013年7月1日至2013年12 月 1 日期间,在上海关区无违反海关法律、行政法规的违法行为记录。

(五)检验检疫合规性核查

经本所律师核查,并经上海机场出入境检验检疫局于 2015 年 8 月 7 日出具的《证明》确认,发行人于 2015 年 1 月 1 日至 2015 年 8 月 7 日,未发现发行人因违反国家和地方检验检疫监督管理相关的法律、法规而被行政处罚的情形。

经本所律师核查,并经上海机场出入境检验检疫局于 2015 年 1 月 29 日出具的《证明》确认于 2014 年 7 月 1 日至 2014 年 12 月 31 日,未发现君瑞宾馆因违反国家和地方检验检疫监督管理相关的法律、法规而被行政处罚的情形。

(六)旅行社业务合规性核查

经本所律师核查以及上海市徐汇区旅游局于 2015 年 7 月 29 日出具的《证明》确认:未发现上海均瑶国际旅行社在 2015 年 1 月 1 日至 2015 年 6 月 30 日期间存在违反旅游法律法规的记录。

(七)环保合规性核查

经本所律师对上海市环境保护局网站行政处罚信息的查询,发行人及其下属控股子公司在报告期内,不存在违反环境保护法律、法规、规章和标准的行为,未因违反有关环保法规、条例或标准而受到有关部门的处罚。

(八)综上所述,本所律师核查后认为

发行人的经营活动在最近三十六个月内不存在因违反环保、工商、海关、外汇、安全生产、社保以及住房公积金方面的相关规定而受到处罚的情况,发行人的经营活动符合相关法律、法规和规范性文件的要求。

十八、本次募集资金的运用

(一)本次募集资金投向

根据发行人 2015 年第一次临时股东大会审议通过的《关于公司非公开发行 A 股股票方案的议案》,本次非公开发行募集资金总额不超过 356,500.00 万元(含 356,500.00 万元),募集资金扣除发行费用后的净额将全部用于以下项目:

单位:万元

项　目	投资项目总额	拟投入募集资金额
购买4架A320系列飞机及3台备用发动机	274,410.60	270,000.00
购买2台飞行模拟机	21,153.06	20,000.00
"淘旅行"休闲旅游平台项目	16,500.00	16,500.00
偿还银行贷款	53,488.22	50,000.00
合计	365,551.88	356,500.00

在本次发行募集资金到位之前,公司可根据募集资金投资项目实施进度的实际情况以自筹资金先行投入,并在募集资金到位后按照相关法规规定的程序予以置换。本次募集资金净额不足上述项目拟投入募集资金额时,缺额部分由公司自筹解决。

截至本法律意见书出具之日,发行人已取得民航局计划发展司下发的民航计发[2014]21号《关于下发上海吉祥航空股份有限公司2014－2018年运输机队规划滚动调整方案的通知》及国家发改委核发的发改基础[2015]461号《国家发展改革委关于同意吉祥航空股份有限公司2015年引进5架A320系列飞机的批复》,尚未取得国家发改委关于发行人购买3架A320系列飞机的批文。

(二)前次募集资金情况

根据2015年第一次临时股东大会审议通过的、公司董事会出具的《前次募集资金使用情况报告》,发行人前次募集资金到位后已全部用于引进7架A320系列飞机和2台备用发动机;发行人前次募集资金不存在变更前次募集资金投资项目的情况;发行人前次募集资金项目的实际投资总额与承诺差异为21.69万,系募集资金账户利息收入21.73万元及扣除银行手续费支出0.04万元的净额;发行人前次募集资金投资项目的对外转让或置换情况为募投项目中的一架飞机及一台备用发动机在购入后以售后回租的融资租赁方式使用,一架飞机及一台备用发动机在购入后以售后回租的经营租赁方式使用。

2015年7月31日,立信会计出具信会师报字[2015]第114696号《前次募集资金使用情况鉴证报告》,认为发行人董事会编制的上述《前次募集资金使用情况报告》符合中国证监会发布的《关于前次募集资金使用情况报告的规定》的规定,如实反映了发行人截至2015年6月30日的前次募集资金使用情况。

(三)本次非公开发行设立募集资金专项账户

发行人于2011年12月2日召开的2011年第二次临时股东大会,审议通过了《募集资金管理制度》,建立了募集资金专项存储制度,对募集资金专户存储、募集资金使用、募集资金投向变更、募集资金管理与监督以及信息披露等进行了详细严格的规定。

根据发行人2015年第一次临时股东大会审议通过的《关于公司非公开发行A股股票方案的议案》,公司已建立募集资金专项存储制度,本次非公开发行募集资金将存放于公司董事会决定的专项账户。

(四)综上所述,本所律师核查后认为

经本所律师核查,发行人前次募集资金使用情况与相关承诺和信息披露文件内容相符;发行人本次非公开发行募集资金投资的项目符合国家产业政策的要求,且属于其主营业务范围,不存在跨行业投资的情形;发行人本次非公开发行募集资金投资项目实施后,发行人不会与实际控制人王均金及其控制的其他企业产生同业竞争,也不会对发行人的独立性产生不利影响。

十九、发行人业务发展目标

根据2015年第一次临时股东大会通过的《上海吉祥航空股份有限公司非公开发行A股股票预案》:"本次发行募集资金将用于发行人引进飞机、备用发动机以及飞行模拟机,构建休闲旅游平台以及偿还银行贷款。项目实施后,公司运力和业务规模将得到有效提升,公司安全运营保障进一步巩固,公司在旅游产品、机票周边产品等领域的综合服务能力显著增强。本次发行有助于加强公司运输服务能力、安全保障能力和综合服务能力,增强公司抵御风险的能力,对实现发行人长期可持续发展具有重要的战略意义。"

本所律师核查后认为,发行人业务发展目标与主营业务一致,符合国家法律、法规和规范性文件的规定,符合国家产业政策。

二十、诉讼、仲裁或行政处罚

（一）发行人及其控股子公司的诉讼、仲裁或行政处罚

根据发行人及其控股子公司出具的相关书面确认文件并经本所律师核查，截至本法律意见书出具之日，发行人及其控股子公司并不存在尚未了结的或可预见的可能影响发行人正常经营的重大诉讼、仲裁及行政处罚案件。

（二）发行人实际控制人的诉讼、仲裁或行政处罚

根据本所律师对发行人实际控制人住所地人民法院、仲裁委员会的走访核查，截至本法律意见书出具之日，发行人实际控制人不存在尚未了结的或可预见的重大诉讼、仲裁或行政处罚案件。

（三）发行人董事、监事与高级管理人员的诉讼、仲裁或行政处罚

根据发行人董事、监事与高级管理人员填写的《调查问卷》，经本所律师本所律师对发行人及其董事、监事与高级管理人员住所地人民法院、仲裁委员会的走访核查，截至本法律意见书出具之日，发行人董事、监事与高级管理人员不存在尚未了结的或可预见的重大诉讼、仲裁或行政处罚案件。

二十一、对本次非公开发行申请文件的审查

本所律师参与了发行人本次非公开发行申请文件部分内容的讨论，特别对发行人引用本法律意见书相关内容进行了审阅。根据发行人董事及发行人保荐人（承销商）及其他中介机构的书面承诺和确认，发行人本次非公开发行申请文件不存在虚假记载、误导性陈述或重大遗漏引致的法律风险。

二十二、结论意见

本所律师对发行人提供的材料及有关事实审查后认为，发行人本次非公开发行的申请，符合《公司法》、《证券法》、《管理办法》、《实施细则》及其他有关法律、法规和中国证监会颁布的规范性文件规定的非公开发行的有关条件，其非公开发行不存在法律障碍。发行人本次非公开发行尚需获得中国证监会的核准。

——本法律意见书正文结束——

第三部分　签　署　页

［本页无正文，为国浩律师（上海）事务所关于上海吉祥航空股份有限公司非公开发行股票之法律意见书签署页］

国浩律师（上海）事务所

负责人：黄宁宁

经办律师：邵禛、江子扬

关于平安银行股份有限公司非公开发行优先股项目的法律意见书

致：平安银行股份有限公司

北京大成律师事务所（以下简称“本所”）是具有中华人民共和国（以下简称“中国”）法律执业资格的律师事务所。本所受平安银行股份有限公司（原名称为“深圳发展银行股份有限公司”，于2012年7月更名为“平安银行股份有限公司”，以下简称“发行人”）的委托，就发行人拟根据其第九届董事会第五次会议、2014年第二次临时股东大会的批准，向包括发行人关联方平安资产管理有限责任公司（以下简称“平安资管”）在内的符合《优先股试点管理办法》规定的合格投资者非公开发行数量不超过2亿股（含2亿股）的优先股（以下简称“本次发行”）事宜，出具本法律意见书。

为出具本法律意见书，本所依据《中华人民共和国公司法》（以下简称“《公司法》”）、

《中华人民共和国证券法》(以下简称“《证券法》”)、《中华人民共和国商业银行法》(以下简称“《商业银行法》”)、《上市公司证券发行管理办法》(以下简称“《管理办法》”)、《上市公司非公开发行股票实施细则》(以下简称“《实施细则》”)、《国务院关于开展优先股试点的指导意见》(国发〔2013〕46号)(以下简称“《指导意见》”)和《优先股试点管理办法》(中国证券监督管理委员会令第97号)等中国有关法律、行政法规以及规范性文件的规定,按照中国律师行业公认的业务标准、道德规范和勤勉尽责精神,对发行人申请本次发行的法定资格及条件进行了调查,查阅了相关文件,就有关事项向发行人及其高级管理人员进行了必要的询问和讨论,并就有关事项取得了发行人的确认。

在前述调查过程中,本所得到发行人如下保证,即其已提供了本所认为出具本法律意见书所必需的、真实完整的原始书面材料、副本材料或者复印件、电子资料或口头证言,有关材料上的签字和/或印章均是真实的;有关副本材料或者复印件均与正本材料或者原件一致。对于出具本法律意见书至关重要而又无法得到独立的证据支持的事实,本所依赖于政府有关主管部门、发行人或者其他有关机构出具的证明文件或口头陈述而出具相应的意见。

本所发表法律意见所依据的是本法律意见书出具之日以前已经发生或存在的有关事实和正式颁布实施的有关法律、行政法规以及规范性文件的规定,本所基于对有关事实的了解和对有关法律的理解而发表法律意见。本所认定某些事项是否合法有效是以该等事项发生之时所应适用的法律、行政法规为依据,同时也充分考虑了政府有关主管部门给予的相关批准和确认以及发行人已进行的公开信息披露。

本所仅就与发行人申请本次发行有关的法律问题发表法律意见,并不对有关会计审计、信用评级、资产评估、盈利预测、投资决策等专业事项发表评论。在本法律意见书中如涉及会计审计、信用评级、资产评估、盈利预测、投资决策等内容时,均为严格按照有关中介机构出具的报告或发行人提供的文件引述,并不表示本所对该等内容的真实性和准确性做出任何明示或默示的保证。

本所及经办律师依据《证券法》、《律师事务所从事证券法律业务管理办法》和《律师事务所证券法律业务执业规则(试行)》等规定及本法律意见书出具之日以前已经发生或者存在的事实,严格履行了法定职责,遵循了勤勉尽责和诚实信用原则,进行了充分的核查验证,保证本法律意见所认定的事实真实、准确、完整,所发表的结论性意见合法、准确,不存在虚假记载、误导性陈述或者重大遗漏,并承担相应法律责任。

本法律意见书仅供发行人为申请本次发行之目的使用。本所同意将本法律意见书作为发行人申请本次发行的必备文件,随同其他申报材料提呈中国证券监督管理委员会(以下简称“证监会”)审查。本法律意见书不得由任何其他人使用,或用于任何其他目的。

基于上述,本所出具法律意见如下:

一、发行人本次发行的批准和授权

1. 本次发行的主要发行对象为平安资管,发行人和平安资管同为中国平安保险(集团)股份有限公司(以下简称“中国平安”)的控股子公司。根据《深交所上市规则》第10.1.3条的规定,发行人向平安资管的本次发行构成《深交所上市规则》定义的关联交易。

2. 发行人于2014年7月15日召开第九届董事会第五次会议,审议批准了与本次发行相关的议案。关联董事回避了对相关议案的表决,独立董事一致同意相关议案,并发表了独立董事意见。

本所经核查后认为,发行人第九届董事会第五次会议的召开程序、议案表决程序和决议内容均符合法律、法规、规范性文件及发行人公司章程的相关规定,合法有效。

3. 发行人于2014年8月4日召开2014年第二次临时股东大会,审议批准了与本次发行相关的议案。中国平安和中国平安人寿保险股份有限公司(以下简称“平安寿险”)作为关联股东,回避了对相关议案的表决。

本所同时作为发行人2014年第二次临时股东大会的见证律师,对会议的召开程序、议案表决程序、决议内容等进行了见证,认为会议的召开、表决及其决议符合法律、法规、规范性文件的规定,符合发行人公司章程的相关规定,合法有效。

4. 根据发行人第九届董事会第五次会议决议和2014年第二次临时股东大会决议，发行人股东大会授权董事会，或在适当情形下由董事会授权董事长，在有关法律法规、股东大会决议许可的范围内，全权处理本次非公开发行优先股的全部事宜。

本所认为，上述授权范围、程序合法有效。

5. 发行人于2015年7月31日召开2015年第一次临时股东大会，审议通过了《平安银行股份有限公司关于非公开发行优先股方案的议案》，将本次非公开发行优先股决议的有效期延长了12个月。中国平安和平安寿险作为关联股东，回避了对该项议案的表决。

本所同时作为该次股东大会的见证律师，对会议的召开程序、表决程序和决议内容等进行了见证，认为会议的召开、议案表决及其决议符合法律、法规、规范性文件的规定，符合发行人公司章程的相关规定，合法有效。

6. 2015年8月31日，中国银行业监督管理委员会（以下简称“银监会”）出具《中国银监会关于平安银行非公开发行优先股及修改公司章程的批复》（银监复〔2015〕539号），同意平安银行非公开发行不超过2亿股的优先股，募集金额不超过人民币200亿元，并按照有关规定计入其他一级资本。

7. 2015年10月15日，银监会以银监函〔2015〕277号文《中国银监会关于平安银行监管意见书的函》，批准发行人本次发行股份具备的条件和资格。

8. 根据《管理办法》等相关规定，发行人本次发行优先股尚待获得证监会的核准。

综上所述，本所认为，本次发行已获得：发行人董事会、股东大会的批准和授权，银监会对发行人本次非公开发行优先股的核准，尚待获得证监会的核准。

二、发行人本次发行的主体资格

1. 发行人目前持有银监会于2012年7月29日核发的机构编码为B0014H144030001的《中华人民共和国金融许可证》。

2. 发行人目前持有深圳市市场监督管理局于2013年7月22日核发的注册号为440301103098545号的《企业法人营业执照》。根据该营业执照的记载，发行人的企业类型为：股份有限公司（上市）。

3. 根据有关法律、行政法规及发行人的公司章程，截至本法律意见书出具之日，发行人并无需要终止的情形出现。

综上所述，本所认为，截至本法律意见书出具之日，发行人为有效存续的股份有限公司，其股票在深圳证券交易所上市交易，具备申请本次发行的主体资格。

三、本次发行的实质条件

根据发行人的书面确认并经本所适当核查，本所认为，本次发行符合《证券法》、《指导意见》以及《优先股试点办法》规定的相关条件：

1. 如本法律意见书第二章“发行人本次发行的主体资格”所述，发行人为上市公司，符合《指导意见》第二条第（八）款之规定。

2. 如本法律意见书第五章“发行人的独立性”所述，发行人与控股股东或实际控制人的人员、资产、财务分开，机构、业务独立，符合《优先股试点办法》第十七条之规定。

3. 根据发行人2012年至2014年《内部控制自我评价报告》和《内部控制审计报告》，发行人内部控制制度健全，能够有效保证公司运行效率、合法合规和财务报告的可靠性，内部控制的有效性不存在重大缺陷，符合《优先股试点办法》第十八条之规定。

4. 根据发行人关于本次非公开发行优先股的方案（以下简称“《发行方案》”，本次优先股的计划融资规模不超过人民币200亿元（含200亿元），采取固定股息率（其具体方式和定价水平提请股东大会授权董事会，采取询价方式，与保荐人（主承销商）协商确定），票面股息率不得高于发行前公司最近两个会计年度的年均加权平均净资产收益率①，符合《优先股试点办法》第十九条之规定。

5. 根据发行人2012年至2014年年度报告、发行人2012年至2014年年度股东大会批准的利润分配方案并经本所核查，发行人2012

① 加权平均净资产收益率，指根据《公开发行证券公司信息披露编报规则第9号——净资产收益率和每股收益的计算及披露（2010年修订）》确定，以归属于公司普通股股东的口径进行计算。

年、2013 年、2014 年现金分红情况符合发行人公司章程及证监会的有关监管规定,符合《优先股试点办法》第二十条之规定。

6. 根据发行人 2012 年至 2014 年年度报告、2015 年半年度报告及近三年《审计报告》,发行人报告期不存在重大会计违规事项,注册会计师对发行人最近一年财务报表出具了标准无保留意见审计报告,符合《优先股试点办法》第二十一条之规定。

7. 根据《发行方案》,本次发行募集资金在扣除发行费用后,全部用于补充公司其他一级资本,提高发行人资本充足率。根据《平安银行股份有限公司资本管理规划(2014 年 - 2016 年)》、发行人的说明并经本所核查,本次发行募集资金有明确用途,与发行人业务范围、经营规模相匹配,募集资金用途符合国家产业政策,符合《优先股试点办法》第二十二条之规定。

8. 根据发行人 2015 年半年度报告和 2014 年 4 月 7 日发布的《平安银行股份有限公司 2014 年年度权益分派实施公告》,发行人普通股股份总数为 14,308,676,139 股,归属于发行人股东普通股股东的净利润为 115.85 亿元,扣除非经常性损益后归属于发行人股东普通股股东的净利润为 115.91 亿元;根据《发行方案》,本次发行的优先股总额不超过 2 亿股,计划融资规模不超过 200 亿元。本所认为,本次发行的优先股不超过发行人普通股股份总数的百分之五十,且筹资金额不超过本次发行前净资产的百分之五十,符合《优先股试点办法》第二十三条以及《指导意见》第二条第(九)款之规定。

9. 根据《发行方案》、发行人的说明与确认并经本所核查,发行人同一次发行的优先股,条款相同,每次优先股发行完毕前,不会再次发行优先股,符合《优先股试点办法》第二十四条之规定。

10. 根据发行人全体董事对本次发行申请文件真实性、准确性和完整性的承诺书,发行人 2012 年至 2014 年年度报告、发行人 2015 年半年度报告及其他相关信息披露文件,发行人现任董事、高级管理人员签署的向深交所报备的《声明及承诺书》,控股股东及其他关联方占用资金情况专项报告以及发行人的说明与确认,发行人不存在以下情形,符合《优先股试点办法》第二十五条之规定:

(1)本次发行申请文件有虚假记载、误导性陈述或重大遗漏;

(2)最近十二个月内受到过中国证监会的行政处罚;

(3)因涉嫌犯罪正被司法机关立案侦查或涉嫌违法违规正被中国证监会立案调查;

(4)发行人权益被控股股东或实际控制人严重损害且未消除;

(5)发行人及其附属公司违规对外提供担保且尚未解除;

(6)存在可能严重影响发行人持续经营的担保、诉讼、仲裁、市场重大质疑或其他重大事项;

(7)发行人董事和高级管理人员不符合法律、行政法规和规章规定的任职资格;

(8)严亘损害投资者合法权益和社会公共利益的其他情形。

11. 根据《发行方案》,本次发行的优先股每股票面金额为 100 元人民币,以票面金额平价发行;本次优先股为非公开发行方式,采取固定股息率,其具体方式和定价水平提请股东大会授权董事会,采取询价方式,与保荐人(主承销商)协商确定。票面股息率不得高于发行前公司最近两个会计年度的年均加权平均净资产收益率。本所认为,本次优先股发行价格和票面股息率公允、合理,不会损害股东或其他利益相关方的合法利益,发行价格不低于优先股票面金额,票面股息率不高于最近两个会计年度的年均加权平均净资产收益率,符合《优先股试点办法》第三十二条之规定。

12. 根据《发行方案》,发行人本次发行优先股设置强制转股条款,在出现强制转股触发事件的情况下,本次优先股将强制转换为 A 股普通股。强制转股的触发条件是:(1)当其他一级资本工具触发事件发生时,即核心一级资本充足率降至 5.125%(或以下)时,届时尚在存续的本次优先股将全部或部分转为普通股,并使公司的核心一级资本充足率恢复到触发点以上;(2)当二级资本工具触发事件发生时,本次优先股将全部转为普通股。其中,二级资本工具触发事件是指以下两种情形的较早发生者:①中国银监会认定若不进行转股或减记,公司将无法生存。②相关部门认定若不进行公共部门注资或提供同等效力的支持,公司将无法生存。本所认为，发行人作为商业银行，本次发行设置触发事件发生时强制转换为普通股的条款，符合《优先股试点办法》第三十三条之规定。

13. 本次《发行方案》符合银监会、证监会《关于商业银行发行优先股补充一级资本的指导意见》（银监发〔2014〕12 号）规定的条件，并已获得银监会的核准。

14. 根据《发行方案》，本次优先股的发行对象为符合《优先股试点办法》规定的合格投资者，每次发行对象不得超过二百人，且相同条款优先股的发行对象累计不超过二百人，符合《优先股试点办法》第三十四条第一款之规定。

综上，本所认为，发行人本次发行具备法律、法规和监管部门规定的发行优先股的实质条件。

四、发行人的设立

（一）发行人设立时的基本情况

发行人的前身为深圳信用银行。1987 年 5 月，经中国人民银行深圳经济特区分行以（87）深人融管字第 39 号文批准，深圳信用银行筹备组向社会公开发行深圳信用银行普通股股票 50 万股，每股面值人民币 20 元，社会公众实际认购股票 396,894 股。

1987 年 9 月，经中国人民银行以银复〔1987〕305 号《关于在深圳筹建一家商业银行问题的批复》批准，深圳信用银行更名为“深圳发展银行”。1987 年 11 月，中国人民银行以银复〔1987〕365 号文批准设立深圳发展银行。

基于上述，本所认为，发行人为依据其设立当时的有关法律、行政法规和规范性文件的规定而设立，其设立取得了有权主管部门的批准。

（二）发行人境内外分支机构的情况

根据发行人境内相关分支机构提供的《金融许可证》、《营业执照》等相关文件，截至 2015 年 6 月 30 日，发行人共有机构数 855 家，含总行、45 家分行、576 家传统支行、17 家小微支行、212 家社区支行、4 家专营机构。所有营业机构均依法设立并合法存续。

根据发行人的书面确认及经本所适当核查，截至本法律意见书出具之日，发行人未在中国大陆以外从事经营活动。

五、发行人的独立性

1. 根据发行人的书面确认及经本所适当核查，本所认为，截至本法律意见书出具之日，发行人在业务、资产、人员、机构和财务方面独立于控股股东及其控制的其他企业。

（1）业务独立

发行人通过其总行和下属各分支机构开展业务，具有独立的业务体系，发行人具有独立从事其业务的能力，其业务独立于控股股东及其控制的其他企业。

（2）资产独立

发行人拥有独立的经营和办公场所，拥有经营所需的设备和其他资产，其资产独立于控股股东及其控制的其他企业。

（3）人员独立

发行人与控股股东及其控制的其他企业在劳动、人事及工资管理方面均相互独立；行长、副行长等高级管理人员均在发行人处领取薪酬；发行人有权自主招聘经营管理人员和其他职员。发行人的人员独立于控股股东及其控制的其他企业。

（4）机构独立

发行人按照有关法律、法规设立了董事会、监事会，分别对股东大会负责；行长、副行长、财务负责人等高级管理人员根据法律、法规和公司章程的规定由董事会聘任；董事会下设了审计委员会、关联交易控制委员会、薪酬与考核委员会、提名委员会、风险管理委员会、战略发展委员会 6 个专门委员会；董事会和监事会成员中还分别设有独立董事和外部监事。发行人的机构独立于控股股东及其控制的其他企业。

（5）财务独立

发行人设立了独立的财务会计部门，建立了独立的财务管理制度和会计核算体系；发行人单独核算，独立纳税，设有独立的财务会计帐簿，其财务独立于控股股东及其控制的其他企业。

2. 根据发行人的书面确认及经本所适当核查，本所认为，截至本法律意见书出具之日，发行人具有独立面向市场的自主经营能力。

六、发行人的主要股东

截至本法律意见书出具之日，对发行人的

持股占发行人发行在外总股份5%以上的主要股东有中国平安和平安寿险两家,具体情况如下:

1. 中国平安直接持有并通过其控股子公司平安寿险间接控制发行人发行在外总股本中约58%的股份,为发行人的控股股东。中国平安成立于1988年3月21日,是一家A股、H股上市公司,公司注册地为广东省深圳市福田中心区福华三路星河发展中心办公15、16、17、18层,组织机构代码为10001231-6。注册资本为人民币7,916,142,092元,法定代表人为马明哲。经营范围为:许可经营项目:投资保险企业;监督管理控股投资企业的各种国内、国际业务;开展保险资金运用业务;经批准开展国内、国际保险业务;经中国保险监督管理委员会及国家有关部门批准的其他业务。一般经营项目:无。

2. 平安寿险直接持有发行人发行在外总股本中约8.38%的股份。平安寿险于2002年12月17日在国家工商行政管理总局登记注册。公司注册地为深圳市福田中心区福华三路星河发展中心办公9、10、11层;组织机构代码为71093073-9。注册资本为人民币338亿元;法定代表人为丁新民。公司经营范围是:承保人民币和外币的各种人身保险业务,包括各类人寿保险、健康保险、意外伤害保险等保险业务;办理上述业务的再保险业务;办理各种法定人身保险业务;代理国内外保险机构检验、理赔及其委托的其他有关事宜;依照有关法律法规从事资金运用业务;经中国保险监督管理委员会批准的其他业务。

根据发行人的书面确认及经本所适当核查,中国平安及平安寿险均为现时依法有效存续的企业法人,截至本法律意见书出具之日,该等股东持有的发行人股份不存在设定质押的情形。

七、发行人的股本及演变

1. 发行人设立时的股本情况

发行人的前身为深圳信用银行。1987年5月,经中国人民银行深圳经济特区分行以(87)深人融管字第39号文批准,深圳信用银行筹备组向社会公开发行深圳信用银行普通股股票50万股,每股面值人民币20元,社会公众实际认购股票396,894股。

1987年9月,经中国人民银行以银夏〔1987〕305号《关于在深圳筹建一家商业银行问题的批复》批准,深圳信用银行更名为"深圳发展银行"。1987年11月,中国人民银行以银复〔1987〕365号文批准设立深圳发展银行。深圳信用银行筹备组发行的深圳信用银行普通股股票原则上全部转为深圳发展银行(即发行人)普通股股票。发行人设立时的股份总数为396,894股。

2. 发行人设立后历次股本变更情况

2.1 1988年发行优先股和增发新股

1988年3月,经国家外汇管理局深圳分局以(88)深外管字第46号文批准,发行人向国营、集体企业(不含金融机构)和境内居民发行港币优先股票10万股,每股面值100元港币。该优先股未计入发行人股本。

1988年5月,经中国人民银行深圳经济特区分行以(88)深人融管字第12号文批准,发行人发行普通股股票253,106股,每股面值人民币20元。

前述发行完成后,发行人的普通股股份总数变更为650,000股,优先股100,000股(每股面值100元港币)。

2.2 1989年发行优先股和增发新股

1989年3月,经国家外汇管理局深圳分局以(89)深外管字第037号文批准,发行人向国内企业和个人发行外汇优先股票71,358股(每股面值100元港币)。该优先股未计入发行人股本。

1989年3月,经中国人民银行深圳经济特区分行以(89)深人银复字第014号文批准,发行人发行第三期普通股票67.5万股,每股面值人民币20元。

前述发行完成后,发行人的普通股股份总数变更为1,325,000股,优先股变更为171,358股(每股面值100元港币)。

2.3 1990年股票拆细、送红股及配股

1990年3月,经中国人民银行深圳经济特区分行以〔1990〕深人银复字第015号文批准,(1)发行人将原有的每股面值人民币20元的132.5万股人民币普通股拆细为每股面值人民币1元的2,650万股人民币普通股;(2)发行人增发人民币普通股2,200万股,每股面值人民

币1元，其中：按每2股送1股比例向原普通股股东送红股1,325万股；按照每10股配1股比例向原普通股股东配售265万股人民币普通股；按每1股配10股的比例向优先股股东配售171.358万股人民币普通股；并定向发售给深圳的基金会组织438.642万股。

前述股票拆细及配送、发行完成后，发行人的普通股总数变更为48,500,000股（每股面值人民币1元），优先股为171,358股（每股面值100港元）。

2.4　1991年送红股、配股及优先股转为普通股

1991年，发行人按照每10股送4股的比例分配利润，共送红股19,400,000股，发行人股份总数变为67,900,000股。

1991年7月，经中国人民银行深圳经济特区分行以〔1991〕深人银复字第062号文批准，发行人按照每10股配3股的比例向原普通股股东配售股票，共配售20,370,000股；按照每1股优先股转换为9股普通股的比例，将164,627股优先股转换为1,481,643股普通股。

前述送红股、配股及优先股转为普通股完成后，发行人的普通股总数变更为89,751,643股，优先股减少至6,731股（每股面值100港元）。

2.5　1992年优先股转为普通股及送红股

1992年，发行人5,123股优先股转换为46,107股普通股。经中国人民银行深圳经济特区分行以深人银复字（1992）第023号文批准，发行人按照每2股送1股的比例分配利润，共派发红股44,898,875股。

前述转换及送红股完成后，发行人的普通股总数变更为134,696,625股，优先股减少至1,608股（每股面值100港元）。

2.6　1993年优先股转换为普通股、公积金转增股本、送红股及配股

1993年，发行人1,450股优先股转换为13,050股普通股。经中国人民银行深圳经济特区分行以深人银复字（1993）第112号文批准，发行人按照10股转增5股的比例以公积金转增股本67,354,837股；按照10股送3.5股的比例送红股47,148,386股；按照每10股普通股配1股的比例配售新股，实际配售13,470,000股；向发行人员工配售6,735,000股。

前述转换、转增、送红股及配股完成后，发行人的普通股总数变更为269,417,899股，优先股减少至158股（每股面值100港元）。

2.7　1994年送红股、公积金转增股本及配股

1994年7月，经深圳市证券管理办公室以深证〔1994〕166号文批准，发行人按照每10股送3股的比例分配利润，并按照每10股转增2股的比例以公积金转增股本，共增加股本134,708,950股；按照每10股配1股的比例配售新股，共配售26,941,789股。

前述送红股、转增及配售完成后，发行人的普通股总数变更为431,068,638股，优先股仍为158股（每股面值100港元）。

2.8　1995年送红股

1995年9月，经深圳市证券管理办公室以深证〔1995〕89号文批准，发行人按照每10股送2股的比例分配利润，共送红股86,213,727股，发行人的普通股股本变更为517,282,364股。同年，经发行人董事会决议通过，发行人将剩余158股优先股赎回，发行人不再有优先股。

2.9　1996年送红股及公积金转增股本

1996年5月，经深圳市证券管理办公室以深证〔1996〕16号文批准，发行人按照每10股送5股的比例分配利润，共送红股258,641,182股；按照每10股转增5股的比例以公积金转增股本，共转增股本258,641,182股。前述送红股和公积金转增股本完成后，发行人股份总数变更为1,034,564,728股，均为普通股。

1996年12月6日，中国人民银行印发银复〔1996〕420号《关于核准深圳发展银行注册资本及章程的批复》。根据该批复，核准发行人的注册资本调整为人民币1,034,564,728元。

2.10　1997年送红股

1997年8月，经深圳市证券管理办公室以深证办复〔1997〕109号文批准，发行人按照每10股送5股的比例分配利润，共送红股517,282,364股，发行人股份总数变更为1,551,847,092股。

2.11　2000年配股

经中国人民银行以银复〔1999〕79号文、证监会以证监公司字〔2000〕154号文批准，发行人配售393,975,057股普通股，其中，向国家股股东和国有法人股股东配售852,595股，向社会法人股股东配售71,632,132股，向社会公众

股股东配售 321,490,330 股,发行人股份总数变更为 1,945,822,149 股。

2.12 2001 年非流通股转为流通股

经证监会以证监公司字〔2000〕163 号文批准,2001 年,发行人第一大股东深圳市投资管理公司所持发行人 16,237,201 股法人股转为流通股。前述转换完成后,发行人股本总额未发生变化。

2.13 2004 年大股东变更

2004 年,经银监会《关于深圳发展银行引进境外战略投资者的批复》(银监复〔2004〕146 号)、证监会《关于 Newbridge Asia AIV III, L. P. 收购深圳发展银行股份有限公司信息披露的意见》(证监公司字〔2004〕63 号)和国务院国有资产监督管理委员会《关于转让深圳发展银行股份有限公司国有股的批复》(国资产权〔2004〕957 号)的批准,Newbridge Asia AIV III, L. P. (以下简称"新桥投资")分别受让深圳市投资管理公司、深圳国际信托投资有限责任公司、深圳市城市建设开发(集团)公司、深圳市劳动和社会保障局所持有的原深发展13,170.5685万股国有股、11,230.1783万股国有法人股、2,575.722 万股国有法人股、7,833.8617万股国有法人股,合计受让348,103,305 股。转让完成后,新桥投资成为发行人第一大股东,占总股本的 17.89%,其股份性质为外资法人股。

2.14 2007 年股权分置改革

经发行人于 2007 年 6 月 8 日召开的 2007 年第一次临时股东大会暨相关股东会议表决通过,并经银监会以银监复〔2007〕236 号文批准,发行人于 2007 年 6 月实施了股权分置改革。股权分置改革实施完成后,发行人的股份总数变更为 2,086,758,345 股。

2.15 2007 年认股权证发行

经发行人于2007 年6 月8 日召开的2007 年第一次临时股东大会暨相关股东会议表决通过,并经银监会以银监复〔2007〕236 号文和证监会以证监发行字〔2007〕145 号文的批准,发行人按股权分置改革实施后的股本数量为基数,向认股权证发行股权登记日(2007 年6 月25 日)登记在册的全体股东按 10:1 的比例免费派发存续期为六个月的认股权证 208,675,834 份,按 10:0.5 的比例免费派发存续期为十二个月的认股权证 104,337,917 份,共计 313,013,751 份。前述认股权证行权完毕后,发行人的股份总数变更为 2,388,795,202股。

2.16 2008 年送红股

经发行人于 2008 年 10 月 15 日召开的 2008 年第一次临时股东大会表决通过,发行人以分红前总股本为基数,每 10 股送红股 3 股,共送红股 716,638,560 股,发行人的股份总数变更为 3,105,433,762 股。

2.17 2010 年大股东变更

经中华人民共和国保险监督管理委员会(以下简称"保监会")《关于中国平安保险(集团)股份有限公司投资深圳发展银行股份有限公司的批复》(保监发改〔2010〕231 号)、银监会《关于深圳发展银行股权转让及相关股东资格的批复》(银监复〔2010〕147 号)的批准,中国平安于 2010 年 5 月受让新桥投资持有的发行人 520,414,439 股股份。前述股份转让完成后,中国平安直接持有并通过平安寿险间接控制了发行人合计 665,742,687 股股份,约占发行人当时发行在外股份总额的 21.44%;新桥投资不再持有发行人股份;发行人总股本仍为 3,105,433,762 股。

2.18 2010 年非公开发行

经发行人第七届董事会第十六次会议和 2009 年第二次临时股东大会审议通过,并经银监会《关于深圳发展银行非公开发行 A 股普通股的批复》(银监复〔2009〕389 号)、银监会《关于深圳发展银行股权转让及相关股东资格的批复》(银监复〔2010〕147 号)和证监会《关于核准深圳发展银行股份有限公司非公开发行股票的批复》(证监许可〔2010〕862 号)批准,发行人于 2010 年 6 月向平安寿险非公开发行 379,580,000 股股份。前述发行完成后,中国平安直接持有并通过平安寿险间接控制了发行人合计 1,045,322,687 股股份,约占发行人当时发行在外股份总额的 29.99%;发行人股份总数变更为 3,485,013,762 股。

2.19 2011 年发行股份购买资产

经发行人第七届董事会第二十七次会议、第七届董事会第二十九次会议和 2010 年第一次临时股东大会审议通过,并经银监会《关于深圳发展银行、平安银行重大交易及有关事项的批复》(银监复〔2011〕9 号)、证监会《关于核准深圳发展银行股份有限公司向中国平安保险(集团)股份有限公司发行股份购买资产的批复》(证监许可〔2011〕1022号)、《关于核准中国平安保险(集团)股份有限公司公告深圳发展银行股份有限公司收购报告书并豁免其要约收购义务的批复》(证监许可〔2011〕1023号)以及《关于核准中国平安保险(集团)股份有限公司重大资产重组方案的批复》(证监许可〔2011〕1024号)批准,发行人于2011年7月向中国平安非公开发行1,638,336,654股股份,中国平安以其所持原平安银行股份有限公司(以下简称"原平安银行",原平安银行于2012年被发行人吸收合并,并于2012年6月12日办理了工商注销登记)的7,825,181,106股股份(约占原平安银行总股本的90.75%)以及等额于原平安银行约9.25%股份评估值的现金269,005.23万元认购。前述交易完成后,中国平安直接持有并通过平安寿险间接控制了发行人合计2,683,659,341股股份,约占发行人发行在外总股本的52.38%,成为发行人的控股股东;发行人的股份总数变更为5,123,350,416股。

2.20　2013年送红股

经发行人于2013年5月23日召开的2012年年度股东大会表决通过,发行人以分红前总股本为基数,每10股送红股6股,共送红股3,074,010,249股,发行人的股份总数变更为8,197,360,665股。

2.21　2013年非公开发行

经发行人于2013年9月6日召开的第八届董事会第二十九次会议及2013年9月24日召开的2013年第一次临时股东大会审议通过,并经银监会《中国银监会关于平安银行非公开发行股票方案的批复》(银监复〔2013〕534号文)和证监会《关于核准平安银行股份有限公司非公开发行股票的批复》(证监许可〔2013〕1642号)批准,发行人于2013年12月向中国平安非公开发行1,323,384,991股股份。前述发行完成后,发行人股份数量由8,197,360,665股增至9,520,745,656股。

2.22　2014年资本公积金转增股本

经发行人于2014年5月22日召开的2013年年度股东大会审议通过的《平安银行股份有限公司2013年利润分配方案》:以发行人2013年12月31日的总股本9,520,745,656股为基数,每10股派发现金股利人民币1.60元(含税),并以资本公积金转增股本每10股转增2股。该次利润分配股权登记日为2014年6月11日,除权除息日为2014年6月12日。根据发行人2014年6月6日发布的《平安银行股份有限公司2013年年度权益分派实施公告》,本次利润分配实施完毕后,发行人总股本由9,520,745,656股增至11,424,894,787股。

2.23　2015年资本公积金转增股本

经发行人于2015年4月2日召开的2014年年度股东大会审议通过的《平安银行股份有限公司2014年度利润分配方案》:以发行人2014年12月31日的总股本11,424,894,787股为基数,每10股派发现金股利人民币1.74元(含税),并以资本公积转增股本每10股转增2股。该次利润分配股权登记日为2015年4月10日,除权除息日为2015年4月13日。根据发行人2015年4月7日发布的《平安银行股份有限公司2014年年度权益分派实施公告》,本次利润分配实施完毕后,发行人总股本由11,424,894,787股增至13,709,873,744股。

2.24　2015年非公开发行

经发行人于2014年7月15日召开的第九届董事会第五次会议及2014年8月4日召开的2014年第二次临时股东大会审议通过,并经银监会《中国银监会关于平安银行非公开发行A股股票方案及股权变更事项的批复》(银监复〔2014〕718号)、银监会《中国银监会关于平安银行监管意见书的函》(银监复〔2014〕198号)和证监会《关于核准平安银行股份有限公司非公开发行股票的批复》(证监许可〔2015〕697号)批准,发行人于2015年5月向包括发行人控股股东中国平安在内的符合证监会规定条件的7名的特定对象非公开发行598,802,395股股份。前述发行完成后,发行人股份数量由13,709,873,744股增至14,308,676,139股。

本所认为,发行人设立当时及设立后历次股本变更在实质方面符合当时有关法律、行政法规和规范性文件的规定。

八、发行人的业务

1.发行人的经营范围

发行人目前持有银监会颁发的机构编码为

B0014H144030001 的《中华人民共和国金融许可证》和深圳市市场监督管理局颁发的注册号为 440301103098545 的《企业法人营业执照》。

根据发行人的公司章程,发行人的经营范围为:吸收公众存款;发放短期、中期和长期贷款;办理国内外结算;办理票据承兑与贴现;发行金融债券;代理发行、代理兑付、承销政府债券;买卖政府债券、金融债券;从事同业拆借;买卖、代理买卖外汇;从事银行卡业务;提供信用证服务及担保;代理收付款项及代理保险业务;提供保管箱服务;结汇、售汇业务;离岸银行业务;资产托管业务;办理黄金业务;财务顾问、资信调查、咨询、见证业务;经有关监管机构批准的其他业务。

本所认为,发行人的上述经营范围符合有关法律、行政法规和规范性文件的规定。

2. 发行人在中国大陆以外的经营情况

根据发行人的书面确认及经本所适当核查,截至本法律意见书出具之日,发行人未在中国大陆以外从事经营活动。

3. 发行人业务变更情况

尽管随着发行人自身的发展及整个商业银行业务领域的不断拓展,发行人所开办的业务种类不断增多,发行人目前登记的经营范围相对于发行人设立时《企业法人营业执照》中记载的经营范围有所增加,但其主营业务未发生变更,一直主要从事商业银行业务。

经本所适当核查,发行人目前登记的经营范围增加的内容已经获得中国人民银行、银监会或其他有权监管部门的核准,符合有关法律、法规和规范性文件的规定。

有关发行人近年来所取得的主要业务批复或备案情况,请见本所为本次所出具的律师工作报告之附件一。

4. 发行人的主营业务及持续经营

根据发行人提供的资料(包括发行人 2012 年至 2014 年年度报告、2015 年半年度报告等)并经本所适当核查,本所认为,发行人的主营业务突出,主要为商业银行业务。

根据发行人 2014 年年度报告及 2015 年半年度报告并经本所核查,发行人的主要财务指标良好,不存在不能支付到期债务的情况,发行人依法存续,不存在影响其持续经营的法律障碍。

九、关联交易和同业竞争

1. 持有发行人股份 5% 以上的关联方

截至本法律意见书出具之日,持有发行人发行在外总股份 5% 以上的股东有两家,即中国平安和平安寿险。

2. 重大关联交易

根据《商业银行与内部人和股东关联交易管理办法》,重大关联交易是指发行人与一个关联方之间的单笔交易金额占发行人资本净额 1% 以上,或发行人与一个关联方发生交易后发行人与该关联方的交易余额占发行人资本净额的 5% 以上的交易。

2.1　发行人正在履行的重大持续性日常关联交易

2014 年 5 月 22 日,发行人 2013 年年度股东大会审议通过了《平安银行股份有限公司关于与平安集团持续性日常关联交易的议案》,关联股东回避了表决。根据该议案,关联交易的具体交易条款根据业务性质、交易金额及期限、市场状况、国家相关政策规定及适用行业惯例,在对具体业务的定价政策、定价依据、定价公允性进行分析审查的基础上,按照合规、公平原则协商订立,定价以不优于对非关联方同类交易的条件进行。根据该议案,股东大会同意在该议案规定的额度上限内开展持续性日常关联交易,并授权发行人管理层按照发行人日常业务审批权限审批及执行以上各类日常关联交易,并处理与此相关的其他事宜,发行人管理层每年向董事会报告关联交易年度执行情况。上述额度限额需要调整的,按监管规定提交董事会、股东大会审议。

根据发行人 2014 年年度报告、2015 年半年度财务报告及其书面确认,并经本所适当核查,截至 2015 年 6 月 30 日,发行人与前述关联方之间发生的日常关联交易金额未超过发行人 2013 年年度股东大会审议通过的《平安银行股份有限公司关于与平安集团持续性日常关联交易的议案》预计的持续性日常关联交易额度上限。

2.2　发行人正在履行的重大偶发性关联交易

根据发行人与平安资管于 2014 年 7 月 15 日签署的《平安银行股份有限公司和平安资产

管理有限责任公司关于优先股之认购协议》，平安资管同意以与其他发行对象相同的发行价格和票面股息率参与认购，认购比例为本次发行数量的50% - 60%（具体比例以相关监管部门批复为准）。平安资管不参与本次发行定价的市场询价过程，但接受市场询价结果。该股份认购协议作为发行人非公开发行优先股预案的一部分，由发行人第九届董事会第五次会议审议通过，其中独立董事一致通过，同时发表了独立董事意见，并由发行人董事会提交2014年第二次临时股东大会审议通过。

此外，根据发行人的书面确认及经本所适当核查，截至2015年6月30日，发行人还有3笔正在履行的重大关联交易，分别为与平安寿险的协议存款交易、给予国信证券股份有限公司65亿元的同业授信额度和给予中国信托业保障基金有限责任公司25亿元的同业授信额度。有关该等关联交易的具体情况，请见本所为本次发行所出具的律师工作报告之附件二。

3. 关联交易的公允决策程序

3.1 根据《商业银行法》、银监会《商业银行与内部人和股东关联交易管理办法》、证监会《上市公司信息披露管理办法》和《公开发行证券的公司信息披露编报规则第26号 - 商业银行信息披露特别规定》、深圳证券交易所《深圳证券交易所股票上市规则》和财政部《企业会计准则》等法律、法规、规章、规范性文件，以及发行人的公司章程、《平安银行股份有限公司关联交易管理办法》对有关关联交易的决策程序作出了明确规定。

3.2 发行人董事会设立了关联交易控制委员会，并制定了《关联交易控制委员会工作细则》。

4. 关于关联交易的承诺

为减少和规范中国平安及其控制的其他企业与发行人的关联交易，维护发行人及其中小股东的合法权益，中国平安已作出承诺：就中国平安及中国平安控制的其他企业与发行人之间发生的构成发行人关联交易的事项，中国平安及中国平安控制的其他企业将遵循市场交易的公开、公平、公正的原则，按照公允、合理的市场价格与发行人进行交易，并依据有关法律、法规及规范性文件的规定履行决策程序，依法履行信息披露义务。中国平安保证中国平安及中国平安控制的其他企业将不通过与发行人的交易取得任何不正当的利益或使发行人承担任何不正当的义务。

综上，本所认为，就关联交易方面，发行人已采取必要的措施对发行人及其中小股东的合法利益进行保护，发行人的公司章程和其他内部规定中已就关联交易的公允决策程序作出了规定，该等规定符合有关法律、法规及规范性文件的要求。

5. 同业竞争

5.1 同业竞争现状

根据发行人提供的资料及经本所适当核查，发行人主要从事商业银行业务。经本所适当核查，发行人的经营范围是：吸收公众存款；发放短期、中期和长期贷款；办理国内外结算；办理票据承兑与贴现；发行金融债券；代理发行、代理兑付、承销政府债券；买卖政府债券、金融债券；从事同业拆借；买卖、代理买卖外汇；从事银行卡业务；提供信用证服务及担保；代理收付款项及代理保险业务；提供保管箱服务；结汇、售汇业务；离岸银行业务；资产托管业务；办理黄金业务；财务顾问、资信调查、咨询、见证业务；经有关监管机构批准的其他业务。

根据发行人的控股股东中国平安《企业法人营业执照》的记载，中国平安的经营范围为：投资保险企业；监督管理控股投资企业的各种国内、国际业务；开展保险资金运用业务；经批准开展国内、国际保险业务；经保监会及国家有关部门批准的其他业务。

根据发行人的书面确认及经本所适当核查，截至本法律意见书出具之日，发行人的控股股东中国平安及其控制的其他企业与发行人的经营范围不同，并未从事与发行人构成同业竞争的业务，也未控制中国其他商业银行，故与发行人之间不存在同业竞争。

5.2 避免同业竞争的承诺

为有效避免未来中国平安及其控制的其他企业可能与发行人产生的同业竞争，维护发行人及其中小股东的合法权益，中国平安已作出承诺：在中国平安作为发行人的控股股东期间，针对中国平安以及中国平安控制的其他企业未来拟从事或实质性获得与发行人同类业务或商业机会，且该等业务或商业机会所形成的资产与业务与发行人可能构成潜在同业竞争的情况,中国平安将不从事并尽力促使中国平安控制的其他企业不从事与发行人相同或相近的业务,以避免与发行人的业务经营构成直接或间接的竞争。

综上,发行人与其控股股东中国平安已采取必要措施,避免将来可能产生的同业竞争。

6. 关联交易和同业竞争的披露

本所认为,发行人已就有关重大关联交易和避免同业竞争的承诺或措施进行了相应的披露,无重大遗漏和重大隐瞒。

十、发行人的主要财产

(一)发行人自有物权类

1. 发行人位于深圳的自有物业

根据发行人提供的资料,截至2015年6月30日,发行人在深圳共有548项房产,总建筑面积约213,285.36平方米;其中408项房产已取得房地产权证,总建筑面积约195,747.99平方米;另外140项房产未取得房地产权证,总建筑面积约17,537.37平方米。就548项房产的具体情况,请参见本所为本次发行出具的律师工作报告"十、发行人的主要财产"的有关内容。

本所经核查认为,就上述发行人在深圳的自有物业,发行人拥有该等物业的有效产权,且该等物业上不存在权利瑕疵、权利负担或产权纠纷,除非有关权利瑕疵、权利负担或产权纠纷已在本所为本次发行出具的律师工作报告中予以说明,或者该等权利瑕疵、权利负担或产权纠纷不会单独地或共同地对本次发行产生重大不利影响。此外,由于发行人于2012年7月办理了更名手续(由"深圳发展银行股份有限公司"更名为"平安银行股份有限公司"),发行人正在相应办理前述位于深圳的自有物业的权利人名称变更手续。截至2015年6月30日,发行人已完成402项自有物业的权利人名称变更手续。

2. 发行人在深圳之外的自有物业

根据发行人提供的资料,截至2015年6月30日,发行人在深圳之外拥有的物业的主要情况为:(1)发行人在北京市拥有2处建筑面积合计约为8,131.25平方米的房产;(2)发行人在上海市拥有1处建筑面积约为1,639.43平方米的房产;(3)发行人在天津市拥有53处建筑面积合计约为12,691.73平方米的房产。此外,发行人在天津市有1处建筑面积为934.08平方米的房产未取得房地产权证;(4)发行人在重庆市拥有11处建筑面积合计约为5,447.30平方米的房产;(5)发行人在广州市拥有32处建筑面积合计约为6,386.35平方米的房产。此外,发行人在广州市有2处建筑面积分别为1,079.72平方米和1,937.87平方米(该处由17项房产构成)未取得房地产权证;(6)发行人在大连市拥有1处建筑面积约为3,902.79平方米的房产;(7)发行人在南京市拥有10处建筑面积合计约为11,633.66平方米的房产;(8)发行人在杭州市拥有10处建筑面积合计约为2,565.79平方米的房产;(9)发行人在宁波市拥有3处建筑面积合计约为337.71平方米的房产;(10)发行人在济南市拥有18处建筑面积合计约为15,913.14平方米的房产;(11)发行人在青岛市拥有1处建筑面积约为4,909.96平方米的房产;(12)发行人在成都市拥有294处建筑面积合计约为54,041.31平方米的房产;(13)发行人在海口市拥有14处建筑面积合计约为11,396.07平方米的房产;(14)发行人在珠海市拥有5处建筑面积合计约为1,983.40平方米的房产;(15)发行人在佛山市拥有27处建筑面积合计约为4,664.88平方米的房产;(16)发行人在温州市拥有6处建筑面积合计约为1771.39平方米的房产。

本所经核查认为,就上述发行人在深圳之外的自有物业,发行人拥有该等物业的有效产权,且该等物业上不存在权利瑕疵、权利负担或产权纠纷,除非有关权利瑕疵、权利负担或产权纠纷已在本所为本次发行出具的律师工作报告中予以说明。根据发行人的书面确认及经本所适当核查,发行人前述未取得部分房地产权证及土地使用权证的情况不会对发行人的生产经营和本次发行构成重大不利影响。此外,由于发行人于2012年7月办理了更名手续,发行人正在相应办理前述位于深圳之外的部分自有物业的权利人名称变更手续。

(二)发行人的知识产权类

1. 商标

根据发行人提供的资料并经本所适当核查,截至2015年6月30日,发行人在中国大陆主要拥有注册商标共计59项,并在香港、澳门、台湾地区取得了6项商标的注册核准,该等注册商标的具体情况请见本所为本次发行出具的律师工作报告之附件三。经核查，由于发行人于2012年7月办理了更名手续，除注册号3874896和3874897的商标现暂未变更在发行人名下外，前述其余57项在中国大陆注册的商标权利人均已登记为发行人；在香港、台湾地区各取得的2项商标根据主管部门的办理要求暂未完成变更；在澳门注册的2项商标现已变更至发行人名下。本所认为，发行人拥有的前述在中国大陆以及香港、澳门、台湾地区的注册商标均处于合法有效状态。

除上述已取得的注册商标外，发行人目前正在使用中国平安拥有的13项注册商标，该等注册商标的具体情况请见本所为本次发行所出具的律师工作报告之附件三。就该等发行人正在使用的注册商标，中国平安已分别于2010年9月8日和2011年10月15日与发行人签署《商标使用许可合同》，同意无偿许可发行人在该等商标的有效期及商品或服务项目范围内使用，并同意一旦中国平安在中国注册了其他商标，若适用，中国平安将通知发行人并许可其使用。

2. 专利

根据发行人提供的资料并经本所适当核查，截至2015年6月30日，发行人在中国大陆主要拥有1项专利，该项专利的具体情况请见本所为本次发行所出具的律师工作报告之附件三。

3. 软件著作权

根据发行人提供的资料并经本所适当核查，截至2015年6月30日，发行人拥有4项计算机软件著作权，该等计算机软件著作权的具体情况请见本所为本次发行所出具的律师工作报告之附件三。

（三）发行人的对外投资

根据发行人的说明及经本所适当核查，截至2015年6月30日，发行人的对外投资情况①如下：

1. 参股其他上市公司的情况

（货币单位：人民币百万元）

证券代码	证券简称	初始投资金额	年末占该公司股权比例	年末账面值	报告期投资损益	报告期所有者权益变动	会计核算科目	股份来源
400061	长油5	314	4.02%	392	–	78	可供出售	抵债股权
–	VisaInc.	–	0.01%	4	–	–	可供出售	历史投资
合计		314		396	–	78		

2. 参股非上市金融企业、拟上市公司的情况

（货币单位：人民币百万元）

被投资单位名称	投资金额	减值准备	年末净值
中国银联股份有限公司	74	–	74
SWIFT会员股份	1	–	2
城市商业银行资金清算中心	1	–	1
浙商银行股份有限公司②	59	–	59
合计	135	–	136

本所认为，上述发行人的对外投资中虽存在不符合《商业银行法》规定的对外投资情况，但该项对外投资为抵债股权，且发行人已采取措施逐步处置该项对外投资，该项对外投资不会对本次发行造成实质性不利影响。

（四）抵债资产

根据发行人提供的资料，截至2015年6月30日，发行人尚有未处置的抵债资产约169

① 根据发行人于2014年10月24日刊登在《中国证券报》、《证券时报》、《上海证券报》、《证券日报》和巨潮资讯网（www.cninfo.com.cn）上的《平安银行股份有限公司关于会计政策变更的公告》，变更后，发行人将其对被投资单位不具有控制、共同控制或重大影响，且在活跃市场中没有报价、公允价值不能可靠计量的权益性投资，纳入可供出售金融资产核算。

② 2014年，发行人以抵债方式获得浙商银行股份有限公司股权1000万股。

项,账面价值总计约人民币20.38亿元,均以法院裁定或者协议抵债的方式取得。

发行人存在对部分抵债资产超过2年未予处置的情况,不符合《商业银行法》的有关规定。据发行人说明,其计划在未来逐步对抵债资产进行处置。本所认为,发行人存在对部分抵债资产超过2年未处置的情况不会对本次发行造成实质性不利影响。

十一、发行人重大债权债务

1. 本所律师审查了发行人提供的有关其重大债权债务的合同资料,该等资料包括:截至2015年6月30日贷款(含进/出口押汇)余额最大的前10位借款人的相关贷款合同以及进/出口押汇申请书,存款金额最大的前10位协议存款客户的相关存款合同,已发行未到期债券文件以及金额最大的前5笔保函合同等。

2. 根据发行人的书面确认及经本所适当核查,发行人上述重大债权债务合法,不存在对本次发行构成重大不利影响的情形。

3. 根据发行人的书面确认,截至本法律意见书出具之日,发行人没有因环境保护、知识产权、产品质量、劳动安全、人身权等原因产生的重大侵权之债。

4. 根据发行人的书面确认,截至2015年6月30日,除已在本所为本次发行出具的律师工作报告之“九、关联交易和同业竞争”中描述的重大关联交易外,发行人与其关联方之间不存在其他重大债权债务;截至本法律意见书出具之日,发行人与其关联方之间不存在违规提供担保的情形。

5. 根据发行人提供的资料并经向发行人有关人士核查,截至2015年6月30日,发行人金额最大的前10项其他应收、应付款均系因正常的经营活动而发生。

十二、关于发行人的重大资产变化及收购兼并

1. 2012年,经发行人第八届董事会第十一次会议和2012年第一次临时股东大会审议通过,并经银监会《中国银监会关于深圳发展银行吸收合并平安银行的批复》(银监复〔2012〕192号)批准,发行人吸收合并原平安银行。2012年6月13日,原平安银行收到深圳市市场监督管理局出具的《企业注销通知书》,深圳市市场监督管理局核准原平安银行于2012年6月12日注销登记。原平安银行注销登记后,其分支机构成为发行人的分支机构,其全部资产、负债、证照、许可、业务以及人员均由发行人依法承继,附着于其资产上的全部权利和义务亦由发行人依法享有和承担。

2. 根据发行人的书面确认及经本所适当核查,除前述合并事项外,发行人自设立以来未发生其他合并、分立或减少注册资本的情形;发行人设立以来发生的增资扩股行为详见本法律意见书第七部分。

3. 根据发行人的书面确认及经本所适当核查,截至本法律意见书出具之日,除本法律意见书第七部分披露的2011年发行股份购买资产交易外,发行人近三年未发生《上市公司重大资产重组管理办法》规定的重大收购或出售资产的行为,发行人亦无拟进行的《上市公司重大资产重组管理办法》规定的重大收购或出售资产行为。

十三、发行人公司章程的制定与修改

1. 发行人设立时制定的《深圳发展银行章程》由发行人首届股东大会审议通过,并经中国人民银行银复〔1987〕365号文批准,已履行适当的法定程序。

2. 截至本法律意见书出具之日,发行人近三年来对公司章程共进行了五次修订。根据《商业银行法》,发行人修改公司章程应经银监会批准。经本所核查,发行人现行公司章程已取得《中国银监会关于平安银行非公开发行优先股及修改公司章程的批复》(银监复〔2015〕539号文)的批准。

本所核查后认为,发行人现行公司章程是依据《公司法》、《上市公司章程指引(2014年修订)》、《商业银行公司治理指引》、《指导意见》和《优先股试点管理办法》等法律、法规和规范性文件修订的,其内容符合现行法律、法规和规范性文件的规定。

十四、发行人股东大会、董事会、监事会议事规则及规范运作

1. 发行人依据有关法律、法规和规范性文件及发行人公司章程的规定设立了以股东大

会、董事会、监事会和高级管理层为主体的内部组织结构，本所核查后认为，该组织结构合法有效。

2. 发行人依据《公司法》、《上市公司章程指引（2014年修订）》和《商业银行公司治理指引》等法律、法规和规范性文件及发行人公司章程修订了《股东大会议事规则》、《董事会议事规则》和《监事会议事规则》，其现行《股东大会议事规则》、《董事会议事规则》和《监事会议事规则》的内容符合有关法律、法规和规范性文件及发行人公司章程的规定。

3. 根据发行人提供的资料并经向发行人核查，截至本法律意见书出具之日，发行人近三年共召开过11次股东大会、39次董事会和25次监事会，相关运作规范有序，符合公司章程的规定。有关会议情况请参见本所为本次发行出具的律师工作报告之附件四。

十五、关于发行人董事、监事和高级管理人员及其变化

1. 根据发行人提供的资料并经本所核查，截至本法律意见书出具之日，发行人董事会由14名董事组成，其中5名为独立董事；监事会由7名监事组成，其中3名为职工监事；发行人高级管理人员包括行长、副行长、财务负责人和董事会秘书，共9名。2015年1月以来，发行人共有1名执行董事、1名高级管理人员和1名独立董事发生变化①。

2. 根据有关法律、法规及规范性文件的规定，发行人董事和高级管理人员的任职资格需获得银监会的核准或备案。截至本法律意见书出具之日，发行人董事和高级管理人员的任职资格均已获得银监会的核准或备案。本所认为，发行人现任董事、监事和高级管理人员不存在《公司法》第147条所述的有关禁止任职的情形，亦不存在被证监会确定为市场禁入者的情形，其任职符合《公司法》等法律、法规、规范性文件及发行人公司章程的规定。

3. 截至本法律意见书出具之日，发行人近三年来董事、监事和高级管理人员的更换程序符合更换当时法律、法规、规范性文件及当时有效的发行人公司章程的规定，履行了必要的法律程序。

4. 发行人公司章程和其他公司治理文件中关于独立董事设置及职权的规定符合有关法律、法规和规范性文件的要求。

十六、关于发行人的税务

1. 发行人目前执行的税种、税率符合有关法律、法规的规定。

2. 发行人享受的主要财政补贴

报告期内，发行人享受的主要财政补贴集中在26个分行，统计共46项，补贴金额约5249.55万元。有关发行人近年来所享受的主要财政补贴情况，请见本所为本次发行所出具的律师工作报告第十六章“发行人的税务”之“（二）发行人享受的主要财政补贴”。

经核查，本所认为，发行人所享受的上述财政补贴、补偿或奖励政策取得了国家有权部门的批准，符合法律、法规的有关规定。

十七、发行人的环境保护和产品质量、技术等标准

1. 根据发行人的书面确认及经本所适当核查，截至本法律意见书出具之日，发行人的经营活动在一切重大方面符合有关法律、行政法规关于环境保护的要求。

2. 根据发行人的书面确认及经本所适当核查，截至本法律意见书出具之日，发行人近三年没有因违反环境保护的法律、行政法规而受到重大处罚的情形。

3. 发行人属于金融服务企业，不存在违反有关产品质量和技术监督方面的法律、行政法规而受到重大处罚的情况。

十八、发行人募集资金的运用

1. 本次发行募集资金的运用及有关授权和

---

① 陈伟女士因个人原因，于2015年1月5日辞去发行人执行董事、董事会审计委员会委员及副行长职务，辞任后将不在发行人处继续任职。叶望春先生因个人原因，于2015年7月11日辞去发行人副行长职务，辞任后在发行人处担任顾问。马林先生因个人原因，于2015年8月22日向发行人提交书面辞职函，辞去发行人独立董事职务。马林先生辞职生效后将不在发行人处任职。马林先生的辞职导致发行人独立董事人数少于董事会总人数的三分之一。根据相关监管规定，马林先生的辞职将在下任独立董事补选产生后生效，在此之前，马林先生将继续履行其独立董事职责。

批准

本次发行募集资金在扣除发行费用后拟全部用于补充公司其他一级资本,符合国家产业政策和有关环境保护、土地管理等法律和行政法规的规定。根据发行人的书面确认,本次发行的募集资金数额不超过发行人对资本金的需求量。

本次发行募集资金的用途已经发行人第九届董事会第五次会议、2014 年第二次临时股东大会审议通过。

发行人第七届董事会第四次会议批准了《募集资金管理制度》,该制度中建立了募集资金专项存储制度,并规定非公开发行股票的募集资金应当存放于公司董事会决定设立的专项账户;同时,根据发行人的书面确认,发行人已按照《管理办法》和《募集资金管理制度》的要求设立本次发行的募集资金专项账户。

2. 发行人本次发行募集资金的运用不涉及与他人进行合作

3. 发行人前次募集资金使用情况

经发行人第九届董事会第五次会议和 2014 年第二次临时股东大会审议通过,并经《中国银监会关于平安银行非公开发行 A 股股票方案及股权变更事项的批复》(银监复〔2014〕718 号)、《关于中国平安保险(集团)股份有限公司投资平安银行股份有限公司普通股的批复》(保监许可〔2014〕745 号)以及《关于核准平安银行股份有限公司非公开发行股票的批复》(证监许可〔2015〕697 号)的批准,发行人向包括其控股股东中国平安在内的符合证监会规定条件的 7 名的特定对象非公开发行数量 598,802,395 股,未超过证监会核准的上限 1,070,663,811 股。每股发行价格为人民币 16.70 元,股款以人民币缴足,计人民币 9,999,999,996.50 元,扣除发行费用人民币 60,000,000 元后,募集股款共计人民币 9,939,999,996.50 元。上述资金已于 2015 年 5 月 6 日到位,经普华永道中天会计师事务所(特殊普通合伙)予以验证,并于 2015 年 5 月 8 日出具了普华永道中天审字(2015)第 447 号验资报告。

基于上述,本所认为,发行人不存在改变前次募集资金用途的情形。

十九、关于发行人的诉讼、仲裁或行政处罚

1. 根据发行人提供的资料及经本所适当核查,截至本法律意见书出具之日,发行人不存在未公开披露的尚未了结的、如作出不利判决或裁决将可能实质性地影响发行人财务、正常经营、资产状况及本次发行的重大诉讼、仲裁。

2. 根据发行人的书面确认及经本所适当核查,截至本法律意见书出具之日,不存在相关监管部门对发行人作出的可能对发行人造成重大影响的重大行政处罚。

3. 根据发行人的书面确认,截至本法律意见书出具之日,发行人持股 5% 以上的股东在中国不存在可能对发行人造成重大影响的重大诉讼、仲裁或行政处罚案件。

4. 根据发行人的书面确认,截至本法律意见书出具之日,发行人的董事长、行长不存在尚未了结的或可预见的重大诉讼、仲裁及行政处罚案件。

二十、结论性意见

综上所述,本所认为,截至本法律意见书出具之日,发行人为有效存续的股份有限公司,其股票在深圳证券交易所上市交易,具备申请本次发行的主体资格;根据《公司法》、《证券法》、《管理办法》、《实施细则》、《指导意见》和《优先股试点管理办法》等的相关规定,发行人符合本次发行的实质条件;发行人本次发行已获得发行人董事会和股东大会的批准和授权,以及银监会对发行人非公开发行优先股的核准,尚待获得证监会的核准。

本法律意见书正本一式四份。

特此致书。

(以下无正文)

(此页无正文,为《北京大成律师事务所关于平安银行股份有限公司非公开发行优先股的法律意见书》签署页)

北京大成律师事务所

负责人:王隽

经办律师:段爱群、于绪刚、燕慧依

二、境内发行上市类

(一)上市公司首次公开发行

关于广西绿城水务股份有限公司首次公开发行股票并上市的法律意见

广西绿城水务股份有限公司:

本所,北京市天元律师事务所,接受广西绿城水务股份有限公司委托,根据本所与广西绿城水务股份有限公司签订的《委托协议》,担任广西绿城水务股份有限公司首次公开发行股票并上市的专项法律顾问,为其本次发行上市出具法律意见书。

本所律师依据《中华人民共和国证券法》、《中华人民共和国公司法》、《首次公开发行股票并上市管理办法》、《律师事务所从事证券法律业务管理办法》、《律师事务所证券法律业务执业规则(试行)》等有关法律、法规和中国证券监督管理委员会的有关规定,按照律师行业公认的业务标准、道德规范和勤勉尽责精神,出具本法律意见书。

本法律意见书仅供广西绿城水务股份有限公司本次发行上市之目的使用,不得用作任何其他目的。

声 明

为出具本法律意见,本所律师特作如下声明:

1. 本所及经办律师依据《证券法》、《律师事务所从事证券法律业务管理办法》和《律师事务所证券法律业务执业规则(试行)》等规定及本法律意见书出具日以前已经发生或者存在的事实,严格履行了法定职责,遵循了勤勉尽责和诚实信用原则,对发行人的行为以及本次申请的合法、合规、真实、有效进行了充分的核查验证,保证本法律意见所认定的事实真实、准确、完整,所发表的结论性意见合法、准确,不存在虚假记载、误导性陈述或者重大遗漏,并承担相应法律责任。

2. 本所律师在出具本法律意见时,对与法律相关的业务事项应当履行法律专业人士特别的注意义务,对其他业务事项履行普通人一般的注意义务。对从国家机关、具有管理公共事务职能的组织、会计师事务所、资产评估机构、资信评级机构、公证机构等公共机构直接取得的文书,本所律师按照前述原则履行必要的注意义务后,作为出具法律意见的依据;对于不是从公共机构直接取得的文书,本所律师经查验后作为出具法律意见的依据。对于从公共机构抄录、复制的材料,经该机构确认后,本所律师按照前述原则履行必要的注意义务后,作为出具法律意见的依据;如未取得公共机构确认的,本所律师对相关内容进行查验后作为出具法律意见的依据。从不同来源获取的证据材料或者通过不同查验方式获取的证据材料,对同一事项所证明的结论不一致的,本所律师以追加必要查证程序后确认的事实为出具法律意见的依据。对于对出具本法律意见至关重要而又无法得到其他的证据支持的事实,本所履行必要注意义务后,依赖政府有关部门、发行人或者其他有关机构单位出具的证明或说明文件作出判断。

3. 本所律师依据中国证监会发布实施的

《公开发行证券公司信息披露的编报规则第12号——公开发行证券的法律意见书和律师工作报告》格式编制本法律意见书。

4. 本法律意见书仅供发行人本次发行上市之目的使用,不得用作任何其他目的。本所律师同意发行人部分或全部在招股说明书中自行引用或按中国证监会审核要求引用本法律意见书的内容,但发行人作上述引用时,不得因引用而导致法律上的歧义或曲解,并需经本所律师对招股说明书的有关内容进行审阅和确认。本所同意将本法律意见书作为发行人本次发行上市所必备的法定文件,随其他公开发行股票申请材料一起上报中国证监会。

正　文

一、本次发行上市的授权和批准

(一)发行人2012年第三次临时股东大会已审议通过《关于公司首次公开股票并上市的议案》、《关于首次公开发行股票募集资金拟投资项目的议案》、《关于授权董事会办理首次公开发行股票并上市具体事宜的议案》、《关于公司首次公开发行股票前滚存未分配利润分配方案的议案》、《关于制定〈广西绿城水务股份有限公司股东分红回报规划〉的议案》及《关于制定〈广西绿城水务股份有限公司章程(草案)〉的议案》等与本次发行上市相关的议案,发行人已依法定程序作出批准发行上市的决议。

(二)发行人2012年第三次临时股东大会通过的与本次发行上市相关的决议的内容合法有效。

(三)发行人2012年第三次临时股东大会通过《关于授权董事会办理首次公开发行股票并上市具体事宜的议案》授权董事会办理本次发行上市相关事宜的范围、程序合法有效。

二、发行人本次发行上市的主体资格

(一)发行人具备《管理办法》等相关法律法规规定的发行上市的主体资格,已通过上市辅导;发行人本次发行上市的股票已获得有资质的保荐和承销机构的保荐与承销。

(二)发行人目前依法有效存续,根据法律、法规、规范性文件及公司章程,发行人不存在终止的情形出现。

三、本次发行上市的实质条件

根据《公司法》、《证券法》以及《管理办法》等法律法规和规范性文件规定,发行人本次发行上市具备的实质条件情况如下:

(一)发行人本次发行上市符合《公司法》规定的条件的情况

本次发行人拟公开发行的股票为人民币普通股股票,每股面值1元,具有同等权利,每股的发行条件和发行价格相同,任何单位或者个人所认购的股份,每股支付相同价额,符合《公司法》第一百二十七条规定。

(二)发行人本次发行上市符合《证券法》规定的条件的情况

1. 发行人符合《证券法》第十三条规定的公开发行新股的以下条件:

(1)具备健全且运行良好的组织机构;

(2)具有持续盈利能力,财务状况良好;

(3)最近三年财务会计文件无虚假记载,无其他重大违法行为;

(4)经国务院批准的国务院证券监督管理机构规定的其他条件。

2. 除还需要取得中国证监会关于公开发行股票的核准外,发行人符合《证券法》第五十条规定的股票上市的以下条件:

(1)发行人股本总额不少于3,000万元;

(2)发行人公开发行的股份达到发行人股份总数的25%以上;

(3)发行人最近三年无重大违法行为,财务会计报告无虚假记载。

3. 发行人已聘请具备股票发行上市保荐机构资格和公开发行股票主承销资格的机构担任本次发行上市的保荐人和主承销商,本次发行上市符合《证券法》第十一条、第二十八条和第四十九条规定的由保荐机构和承销机构进行保荐和承销的条件。

(三)发行人本次发行上市符合《管理办法》规定条件的情况

1. 发行人的主体资格

(1)发行人应当是依法设立且合法存续的股份有限公司,符合《管理办法》第八条的规定。

(2)发行人自股份有限公司成立后,持续经营时间应当在三年以上,符合《管理办法》第

九条的规定。

(3)发行人的注册资本已足额缴纳,除经置换处置的部分实物资产(出资置换情况详见本法律意见正文第"四、(一)、2、(1)"部分)外,发起人或者股东用作出资的主要资产的财产权转移手续已办理完毕,发行人的主要资产不存在重大权属纠纷,符合《管理办法》第十条的规定。

(4)发行人的生产经营符合法律、行政法规和公司章程的规定,符合国家产业政策,符合《管理办法》第十一条的规定。

(5)发行人最近三年内主营业务和董事、高级管理人员没有发生重大变化,实际控制人没有发生变更,符合《管理办法》第十二条的规定。

(6)发行人的股权清晰,控股股东和受控股股东、实际控制人支配的股东持有的发行人股份不存在重大权属纠纷,符合《管理办法》第十三条的规定。

2. 发行人的独立性

(1)发行人具有完整的业务体系和直接面向市场独立经营的能力,符合《管理办法》第十四条规定。

(2)发行人的资产完整,具备与生产经营有关的生产系统、辅助生产系统和配套设施,合法拥有与生产经营有关的土地、厂房、机器设备以及商标的所有权或者使用权,符合《管理办法》第十五条规定。

(3)发行人人员独立,总经理、副总经理、总会计师、总工程师和董事会秘书等高级管理人员未在控股股东、实际控制人及其控制的其他企业中担任除董事以外的其他职务或在控股股东、实际控制人及其控制的其他企业领薪,发行人的财务人员未在控股股东、实际控制人及其控制的其他企业中兼职,符合《管理办法》第十六条规定。

(4)发行人财务独立,建立了独立的财务核算体系,能够独立作出财务决策,制定了规范的财务会计制度和对分公司、子公司的财务管理制度,发行人未与控股股东、实际控制人及其控制的其他企业共用银行账户,符合《管理办法》第十七条规定。

(5)发行人机构独立,建立健全了内部经营管理机构,独立行使经营管理职权,与控股股东、实际控制人及其控制的其他企业间不存在机构混同的情形,符合《管理办法》第十八条规定。

(6)发行人的业务独立于包括控股股东、实际控制人及其控制的其他企业在内的其他方,与控股股东、实际控制人及其控制的其他企业间不存在同业竞争及显失公平的关联交易,符合《管理办法》第十九条规定。

(7)发行人在独立性方面不存在其他严重缺陷,符合《管理办法》第二十条规定。

3. 发行人的规范运行

(1)发行人目前已经依法建立健全股东大会、董事会、监事会、独立董事、董事会秘书制度,相关机构和人员能够依法履行职责,符合《管理办法》第二十一条的规定。

(2)经上市辅导,发行人的董事、监事和高级管理人员已经了解与股票发行上市有关的法律法规,知悉上市公司及其董事、监事和高级管理人员的法定义务和责任,符合《管理办法》第二十二条的规定。

(3)发行人的董事、监事和高级管理人员符合《公司法》第一百四十七条和《管理办法》第二十三条及其他相关法律、行政法规和规章规定的任职资格,不存在下列情形:

A. 无民事行为能力或者限制民事行为能力;

B. 因贪污、贿赂、侵占财产、挪用财产或者破坏社会主义市场经济秩序,被判处刑罚,执行期满未逾五年,或者因犯罪被剥夺政治权利,执行期满未逾五年;

C. 担任破产清算的公司、企业的董事或者厂长、经理,对该公司、企业的破产负有个人责任的,自该公司、企业破产清算完结之日起未逾三年;

D. 担任因违法被吊销营业执照、责令关闭的公司、企业的法定代表人,并负有个人责任的,自该公司、企业被吊销营业执照之日起未逾三年;

E. 个人所负数额较大的债务到期未清偿;

F. 被中国证监会采取证券市场禁入措施尚在禁入期的;

G. 最近三十六个月内受到中国证监会行政处罚,或者最近十二个月内受到证券交易所公开谴责;

H. 因涉嫌犯罪被司法机关立案侦查或者涉嫌违法违规被中国证监会立案调查，尚未有明确结论意见。

(4)发行人的内部控制制度健全且被有效执行，能够合理保证财务报告的可靠性、生产经营的合法性、营运的效率与效果，符合《管理办法》第二十四条的规定。

(5)发行人不存在下列情形，符合《管理办法》第二十五条的规定：

A. 最近三十六个月内未经法定机关核准，擅自公开或者变相公开发行过证券；或者有关违法行为虽然发生在三十六个月前，但目前仍处于持续状态；

B. 最近三十六个月内违反工商、税收、土地、环保、海关以及其他法律、行政法规，受到行政处罚，且情节严重；

C. 最近三十六个月内曾向中国证监会提出发行申请，但报送的发行申请文件有虚假记载、误导性陈述或重大遗漏；或者不符合发行条件以欺骗手段骗取发行核准；或者以不正当手段干扰中国证监会及其发行审核委员会审核工作；或者伪造、变造发行人或其董事、监事、高级管理人员的签字、盖章；

D. 本次报送的发行申请文件有虚假记载、误导性陈述或者重大遗漏；

E. 涉嫌犯罪被司法机关立案侦查，尚未有明确结论意见；

F. 严重损害投资者合法权益和社会公共利益的其他情形。

(6)发行人现行有效的公司章程和《上市章程(草案)》中已明确对外担保的审批权限和审议程序，不存在为控股股东、实际控制人及其控制的其他企业进行违规担保的情形，符合《管理办法》第二十六条的规定。

(7)发行人有严格的资金管理制度，目前不存在资金被控股股东、实际控制人及其控制的其他企业以借款、代偿债务、代垫款项或者其他方式无偿占用的情形，符合《管理办法》第二十七条的规定。

4. 发行人的财务与会计

(1)发行人资产质量良好，资产负债结构合理，盈利能力较强，现金流量正常，符合《管理办法》第二十八条的规定。

(2)发行人的内部控制在所有重大方面是有效的，并由注册会计师出具了无保留结论的内部控制鉴证报告，符合《管理办法》第二十九条的规定。

(3)发行人会计基础工作规范，财务报表的编制符合企业会计准则和相关会计制度的规定，在所有重大方面公允地反映了发行人的财务状况、经营成果和现金流量，并由注册会计师出具了无保留意见的审计报告，符合《管理办法》第三十条的规定。

(4)发行人编制财务报表以实际发生的交易或者事项为依据；在进行会计确认、计量和报告时保持了应有的谨慎，对相同或者相似的经济业务，选用一致的会计政策，不存在随意变更的情形，符合《管理办法》第三十一条的规定。

(5)发行人已完整披露了关联方关系并按重要性原则恰当披露了关联交易，发行人关联交易价格公允，不存在通过关联交易操纵利润的情形，符合《管理办法》第三十二条的规定。

(6)发行人具备下列条件，符合《管理办法》第三十三条的规定：

A. 最近三个会计年度的净利润(以扣除非经常性损益前后较低者为计算依据)均为正数且累计超过3,000万元；

B. 最近三个会计年度经营活动产生的现金流量净额累计超过5,000万元，营业收入累计超过3亿元；

C. 发行前股本不少于3,000万元；

D. 最近一期末无形资产(扣除土地使用权等)占净资产的比例不高于20%；

E. 最近一期末时，不存在未弥补亏损。

(7)发行人依法纳税，各项税收优惠符合相关法律法规的规定。发行人的经营成果对税收优惠不存在严重依赖，符合《管理办法》第三十四条的规定。

(8)发行人不存在重大偿债风险，不存在影响持续经营的担保、诉讼以及仲裁等重大或有事项，符合《管理办法》第三十五条的规定。

(9)发行人申报文件中不存在下列情形，符合《管理办法》第三十六条的规定：

A. 故意遗漏或虚构交易、事项或者其他重要信息；

B. 滥用会计政策或者会计估计；

C. 操纵、伪造或篡改编制财务报表所依据的会计记录或者相关凭证。

(10)发行人不存在下列影响持续盈利能力的情形,符合《管理办法》第三十七条的规定:

A. 发行人的经营模式、产品或服务的品种结构已经或者将发生重大变化,并对发行人的持续盈利能力构成重大不利影响;

B. 发行人的行业地位或发行人所处行业的经营环境已经或者将发生重大变化,并对发行人的持续盈利能力构成重大不利影响;

C. 发行人最近一个会计年度的营业收入或净利润对关联方或者存在重大不确定性的客户存在重大依赖;

D. 发行人最近一个会计年度的净利润主要来自合并财务报表范围以外的投资收益;

E. 发行人在用的商标、专利、专有技术以及特许经营权等重要资产或技术的取得或者使用存在重大不利变化的风险;

F. 其他可能对发行人持续盈利能力构成重大不利影响的情形。

5. 发行人的募集资金运用

(1)发行人本次发行募集资金具有明确的使用方向且用于主营业务,募集资金使用项目不属于持有交易性金融资产和可供出售的金融资产、借予他人、委托理财等财务性投资,未直接或间接投资于以买卖有价证券为主要业务的公司,符合《管理办法》第三十八条的规定。

(2)本次募集资金数额和投资项目与发行人现有生产经营规模、财务状况、技术水平和管理能力等相适应,符合《管理办法》第三十九条的规定。

(3)本次募集资金投资项目符合国家产业政策、投资管理、环境保护、土地管理以及其他法律、法规和规章的规定,符合《管理办法》第四十条的规定。

(4)发行人董事会对本次募集资金投资项目的可行性进行了认真分析,确信投资项目具有较好的市场前景和经济效益,能够有效防范投资风险,提高募集资金使用效益,符合《管理办法》第四十一条的规定。

(5)本次募集资金投资项目实施后不会产生同业竞争或者对发行人的独立性产生不利影响,符合《管理办法》第四十二条的规定。

(6)发行人已建立募集资金专项存储制度,本次发行募集资金将依此存放于董事会决定的专项账户,符合《管理办法》第四十三条的规定。

四、发行人的设立

(一)发行人设立的程序、资格、条件、方式及有权部门的批准

1. 根据南宁市人民政府国有资产监督管理委员会的批准,建宁集团和上海神亚企业管理有限公司依法共同发起设立发行人,发行人设立的程序符合当时法律、法规和规范性文件的规定,并得到有权部门的批准。

2. 发行人设立出资的后续调整完善

发行人设立时,建宁集团以供水、污水处理主业实物资产及其他相关净资产出资合计35,600万元。根据发行人确认及本所律师核查,建宁集团的上述出资后续存在部分调整完善,具体情况如下:

(1)部分出资资产的置换

根据发行人确认及本所律师核查,发行人设立时建宁集团用于出资的实物资产中的琅东污水处理厂综合楼和9辆清污车在发行人设立后始终未办理权证至发行人名下。依据发行人设立时中通诚资产评估有限公司就出资资产出具的评估报告,琅东污水处理厂综合楼和9辆清污车作价合计约953.18万元。

根据发行人和建宁集团确认,琅东污水处理厂综合楼由于建设在划拨土地,而划拨土地未作为出资资产注入发行人,因此琅东污水处理厂综合楼无法单独办理过户至发行人名下;9辆清污车由于事前已被南宁市建设局划拨给南宁市市政部门占有和使用,且车辆行驶证已由市政部门办理,因此也无法过户给发行人。

为解决上述建宁集团出资资产出现的问题,发行人于2009年9月9日召开2009年第三次临时股东大会,审议通过了《关于南宁建宁水务投资集团有限责任公司调整对公司出资资产的议案》。全体股东一致同意建宁集团调整对发行人的出资资产,以等价货币(共计9,531,772.75元)置换上述无法过户的出资资产投入发行人。

2010年8月2日,南宁市国资委作出南国资批[2010]180号《关于同意南宁建宁水务投资集团有限责任公司调整对广西绿城水务股份有限公司出资资产的批复》,同意了上述建宁

集团出资调整方案。

2010 年 9 月 2 日,上海东华会计师事务所有限公司出具东华桂验字(2010)28 号《验资报告》,验证截至 2010 年 8 月 31 日,建宁水务已将置换出资的货币 9,531,772.75 元缴存至发行人账户。

综上,本所律师认为,发行人设立时虽有部分实物资产未能办理过户手续,但出资方已用等值现金对该等资产予以出资置换,该部分资产对应的出资义务已补充履行完毕,该部分资产未过户的情况及出资调整情况不会对发行人注册资本充足性、整体资产状况和实际经营状况造成实质性不利影响,不会对发行人及其股东和债权人的利益造成重大损害。

(2)邕宁供水公司 100% 权益的出资问题

根据发行人设立时中通诚资产评估有限公司出具的中通桂评报字(2006)第 005 号《南宁建宁水务集团有限责任公司拟出资组建股份有限公司(名称待定)评估项目资产评估报告书》和上海东华会计师事务所有限公司出具的东华桂验字(2010)28 号《验资报告》显示,发行人设立时,建宁集团出资资产中包括邕宁供水公司 100% 独立法人产权,发行人成立后邕宁供水公司 100% 独立法人产权应过户至发行人名下,邕宁供水公司将以独立法人形式成为发行人下属全资企业。但实际操作中,建宁集团未将邕宁供水公司 100% 法人产权过户给发行人,而是将邕宁供水公司的相关资产负债全部转移给发行人,邕宁供水公司的相关业务和人员全部交由发行人承接,邕宁供水公司的法人产权则仍保留在建宁集团名下,不再从事供水相关业务。

2010 年 12 月 20 日,南宁市国资委出具《关于南宁建宁水务集团有限责任公司以邕宁供水公司资产出资事项的确认函》,同意建宁集团与发行人就邕宁供水公司权益出资的操作方式;同时确认,由于邕宁供水公司整体权益评估值即是其净资产评估价值,因此建宁集团以邕宁供水公司净资产代替邕宁供水公司 100% 独立法人产权作为出资资产亦是实际履行了出资义务,改变出资资产交付方式的行为没有导致出资不到位的情形,不影响发行人的利益,也不影响其他股东的利益,无实质性差异,对此无异议。

根据发行人确认及本所律师核查,发行人设立时除建宁集团外的另一家发起人上海神亚企业管理有限公司及后续加入的发行人股东均未对上述出资调整情况提出异议。

根据南宁市国资委《关于同意南宁建宁水务投资集团有限责任公司注销邕宁供水公司的批复》(南国资批[2010]307 号),南宁市国资委已批准邕宁供水公司进行注销。根据发行人确认及本所律师核查,目前邕宁供水公司正在履行清算注销程序。

综上,本所律师认为,虽然发行人设立过程中邕宁供水公司 100% 权益出资的方式与评估、验资情况不一致,但邕宁供水公司相关业务、资产、人员仍完整的全部投入了发行人;基于同样的评估方法,并经主管国有资产监督管理部门确认,邕宁供水公司相关资产、负债、业务、人员并入发行人的方式并未影响建宁集团的出资义务履行和出资资产价值。因此,邕宁供水公司法人产权未过户至发行人名下而采用资产、负债、业务、人员整体并入发行人的方式未影响发行人注册资本的充足性以及资产的独立完整性,不会使发行人与建宁集团遗留同业竞争情况,不会对发行人的整体资产状况和生产经营活动产生实质性不利影响,不会对发行人及其股东和债权人的利益造成重大损害。

(3)需要办理财产权变更登记手续的资产过户手续问题

根据上海东华会计师事务所有限公司出具的东华桂验字[2006]58 号《验资报告》及本所律师核查,发行人设立时建宁集团以供水、污水处理主业实物资产及其他相关资产(其中货币资金 99,529,587.16 元)负债出资合计 35,600 万元,相关资产已相应移交给发行人,但有部分实物资产的权属转移手续并未及时办理。

根据发行人确认及安永华明会计师事务所和本所律师核查,截至目前,建宁集团出资资产中需要办理财产权变更登记手续的主要资产(包括房屋建筑物、车辆所有权等),除部分于 2010 年被现金出资置换及发行人在使用过程中正常拆迁报废外(出资置换情况详见本法律意见正文第“四、(一)、2、(1)”部分),其余部分的权属手续均已登记至发行人名下。

综上,本所律师认为,虽然发行人设立时建宁集团出资部分资产的权属未及时办理至发行人名下，但相关资产在发行人设立时即已交由发行人实际占有、使用和收益，且后续经相关机构核验，权属已陆续变更至发行人名下或被等值资产置换或处置，因此上述资产权属后续过户的情况不会对发行人的注册资本充足性、整体资产状况和实际经营状况造成实质性重大不利影响，不会对发行人及其股东和债权人的利益造成重大损害。

3. 关于发起人资格

根据本所律师核查，发行人设立时的两方发起人股东均具有发起设立股份有限公司的资格。

4. 关于设立的条件

经本所律师核查，发行人以发起方式设立，符合《公司法》规定的设立股份有限公司的以下条件：

（1）发起人符合法定人数；

（2）发起人认购的股本总额达到法定资本最低限额；

（3）股份发行、筹办事项符合法律规定；

（4）发起人依法制订了公司章程；

（5）有公司名称，建立了符合股份有限公司要求的组织机构；

（6）有公司住所。

5. 关于设立的方式

发行人系采取发起方式设立的，其设立方式符合法律规定。

（二）发行人发起设立过程中全体发起人股东签订的发起人协议书符合有关法律、法规和规范性文件规定，不会因此引致发行人设立行为存在潜在纠纷。

（三）发行人设立过程中履行了有关资产评估、验资等必要程序，符合当时法律、法规和规范性文件的规定，部分出资资产的后续调整完善已进行了补充验资和核验。

（四）发行人创立大会的程序及所议事项符合法律、法规和规范性文件的规定。

五、发行人的独立性

（一）发行人的业务独立于股东单位及其他关联方，与控股股东、实际控制人及其控制的其他企业间不存在同业竞争及显失公平的关联交易。

（二）发行人的资产独立完整，具备与生产经营有关的独立完整的生产、输送、管理业务系统、辅助系统和配套设施，合法拥有与生产经营有关的土地、厂房、机器设备以及商标的所有权或者使用权。

（三）发行人的人员独立，高级管理人员未在控股股东、实际控制人及其控制的其他企业中担任除董事以外的其他职务或在控股股东、实际控制人及其控制的其他企业领薪，发行人的财务人员未在控股股东、实际控制人及其控制的其他企业中兼职。

（四）发行人的机构独立，建立健全了内部经营管理机构，独立行使经营管理职权，与控股股东、实际控制人及其控制的其他企业间不存在机构混同的情形。

（五）发行人的财务独立，建立了独立的财务核算体系，能够独立作出财务决策，制定了规范的财务会计制度和对分公司、子公司的财务管理制度，发行人未与控股股东、实际控制人及其控制的其他企业共用银行账户。

（六）发行人作为独立的法人实体，具有独立自主的法人行为能力和意志，拥有独立完整的业务体系及经营所需的主要资产和经营资质，拥有独立的人员、机构和财务体系，法人治理和内部控制结构完整，经营和运转不依赖其股东、实际控制人或其他关联方，因此具有直接面向市场独立经营的能力。

六、发起人和股东

（一）发行人的发起人及股东均合法存续，具有担任发起人或进行出资的资格。

（二）自发行人设立以来，发行人的控股股东始终为建宁集团，实际控制人始终为南宁市国资委，近三年未发生过变更。

（三）发行人的发起人及股东的人数、住所、出资比例符合有关法律、法规和规范性文件的规定。

（四）如本法律意见正文第“四、（一）”部分所述，除部分被置换处置的资产外，发行人设立时发起人作为出资投入的主要资产已经全部移交或过户至发行人，产权关系清晰，不存在法律障碍，已经有资质的会计师事务所验资和核验。

（五）根据发行人确认并经本所律师核查，发行人不存在发起人将其全资附属企业或其他企业先注销再以其资产折价入股的情形。建宁集团以其下属企业资产出资的情况已经南宁市国资委南国资批[2006]65号《关于同意南宁建宁水务集团有限责任公司将全资下属企业的供水、污水处理国有产权无偿划转至集团公司的批复》批准。

(六)发行人设立时,建宁集团以生源供水40%的股权作价出资发行人,已征得生源供水其他出资人的同意,并已履行了相应的法律程序。

(七)发起人投入发行人的资产或权利的权属证书转移

如本法律意见正文第"四、(一)"部分所述,除部分被置换处置的资产外,发行人设立时发起人投入发行人的主要资产或权利的权属证书已由发起人转移给发行人。

七、发行人的股本及演变

(一)发行人设立时的股权设置、股本结构合法有效,产权界定和确认不存在纠纷及风险。

(二)发行人历次股权变动情况

根据本所律师核查,发行人历次股权变动已履行相关内部决策程序和法律程序并获得必要政府批准文件,所增加的注册资本均已经有资质的验资机构核验缴足;历史上虽存在股东上海神亚企业管理有限公司为其他部分股东代持股份情况,但该等代持情况持续时间较短,并已通过解除予以规范,股份代持及其解除为相关各方真实、自由意思表示,不存在法律纠纷或争议,已获得发行人其他股东及相关政府部门的认可,且未对发行人及其他股东造成损害。因此,本所律师认为,发行人历史沿革中的股份代持情况不会对发行人目前股权状况的真实性和产权清晰性造成实质性不利影响,除此之外发行人历次股权变动合法、合规、真实、有效。

(三)发行人的股份目前均不存在质押。

八、发行人的业务

(一)发行人的经营范围和经营方式符合有关法律、法规和规范性文件的规定;除个别经营资质正在办理展期外,发行人及其子公司就各自主营业务所需的重要经营资质均已取得。

(二)发行人未在中国大陆以外开展经营。

(三)发行人自设立以来业务发生过变更。

(四)发行人主营业务突出。

(五)发行人不存在持续经营的障碍。

九、关联交易及同业竞争

(一)发行人的主要关联方

除发行人的股东及董事、监事、高级管理人员外,目前发行人主要关联方如下:

序号	关联方名称/姓名	与发行人的关联关系
1	南宁市排水有限责任公司	发行人控股股东的全资子公司
2	广西金水建设开发有限公司	发行人控股股东的全资子公司
3	南宁市凉元帅工贸有限公司	发行人控股股东的全资子公司
4	南宁市流量仪表检测有限责任公司	发行人控股股东的全资子公司
5	南宁市三好物业服务有限公司	发行人控股股东的全资子公司
6	邕宁供水公司	发行人控股股东的全资下属企业
7	南宁水城旅游开发有限公司	发行人控股股东的全资子公司
8	南宁开通塑管有限公司	发行人控股股东持有其32%股权,为其第一大股东
9	德信丰益(北京)资本管理中心(有限合伙)	发行人股东温州信德丰益资本运营中心(有限合伙)的执行事务合伙人,同时发行人董事胡煜鐄担任其执行事务合伙人
10	南宁五象新区建设投资有限责任公司	发行人董事彭宾雄担任其董事、总经理

续表

序号	关联方名称/姓名	与发行人的关联关系
11	广西信达友邦会计师事务所有限责任公司	发行人董事任丽华持有其55%股权，担任其法定代表人
12	光达国际发展有限公司(BRIGHTOP INTERNATIONAL DEVELOPMENT LIMITED)	持有发行人子公司生源供水30%的股权
13	南宁产业投资有限责任公司	持有发行人子公司生源供水10%的股权

(二)发行人近三年与关联方之间的关联交易主要包括产品和服务采购、资产交易、资产租赁、资金往来、关联方为发行人担保等，定价公允，不存在损害发行人及其他股东利益的情况，发行人及相关股东已采取必要措施对其他股东的利益进行保护。

(三)发行人公司章程及其他内部规定中明确了关联交易公允决策的程序。

(四)发行人与关联方之间不存在同业竞争的情况，发行人及其相关关联方已采取有效措施或承诺采取有效措施避免同业竞争。

(五)发行人已对有关关联交易和解决同业竞争的承诺或措施进行了充分披露，无重大遗漏和重大隐瞒。

十、发行人的主要财产

(一)房产

发行人及其子公司生源供水目前共有96处房产已取得房屋所有权证书。

(二)无形资产

1. 土地使用权

发行人及其子公司生源供水目前共有31宗国有土地使用权已取得国有土地使用权证书，其中生源供水的一宗国有土地使用权通过划拨方式取得。

2. 商标

发行人目前拥有12个注册商标。

(三)主要生产经营设备

发行人拥有的主要生产经营设备是供水及污水处理相关的生产设备，资产权属清晰，处于有效使用期内。

(四)发行人及其子公司现有的上述主要财产不存在产权纠纷及已知或可预见的潜在纠纷。

(五)发行人及其子公司拥有的上述资产主要通过股东出资、自行购置等合法方式取得，已取得完备的权属证书。

(六)除发行人因从交通银行股份有限公司广西壮族自治区分行贷款而于2012年3月31日起将子公司南宁市水建工程有限公司100%的股权质押给该行用于担保外，发行人及其子公司对其主要财产的所有权或使用权的行使不存在担保或其他权利受到限制的情况。

(七)发行人及其子公司对外部房屋或土地使用权的主要租赁情况合法有效。

十一、发行人的重大债权债务

(一)发行人及其子公司正在履行的重大合同的合法、有效，不存在潜在风险；已履行完毕的重大合同不存在潜在纠纷。

(二)上述合同均是以发行人或其子公司的名义对外签署，合同的履行不存在法律障碍。

(三)发行人没有因环境保护、知识产权、产品质量、劳动安全、人身权等原因产生的重大侵权之债。

(四)除建宁集团为发行人部分贷款提供无偿担保以及发行人子公司南宁市水建工程有限公司从建宁集团拆借部分资金外，发行人及其子公司与关联方之间不存在重大债权债务关系和相互提供担保的情况。

(五)发行人及其子公司金额较大其他应收款、其他应付款均因正常的生产经营活动发生，合法有效。

十二、发行人的重大资产变化及收购兼并

(一)发行人设立至今无合并、分立或减少注册资本的情况；发行人设立以来增资扩股及重大资产交易符合当时法律、法规和规范性文件的规定，已履行必要的法律手续。

(二)发行人目前不存在正在进行的资产置换、资产剥离、资产出售或收购等行为。

十三、发行人章程的制定与修改

(一)发行人公司章程的制定和近三年的修改以及《上市章程(草案)》的制定已履行法定程序。

(二)发行人的公司章程和《上市章程(草案)》的内容均符合现行法律、法规和规范性文件的规定。

(三)发行人的公司章程、《上市章程(草案)》系参照《上市公司章程指引》等有关制定上市公司章程的规定起草。

十四、发行人股东大会、董事会、监事会议事规则及规范运作

(一)发行人具有健全的组织机构。

(二)发行人具有健全的股东大会、董事会、监事会议事规则,该议事规则符合相关法律、法规和规范性文件的规定。

(三)发行人近三年以来历次股东大会、董事会、监事会的召开、决议内容及签署合法、合规、真实、有效。

(四)发行人近三年以来历次股东大会或董事会历次授权或重大决策等行为均合法、合规、真实、有效。

十五、发行人董事、监事和高级管理人员及其变化

(一)发行人的董事、监事和高级管理人员的任职符合法律、法规和规范性文件以及公司章程的规定。

(二)发行人的董事、监事和高级管理人员在近三年未发生重大变化,其变化符合有关规定,已履行了必要的法律程序。

(三)发行人设立了独立董事,其任职资格符合有关规定,其职权范围不违反有关法律、法规和规范性文件的规定。

十六、发行人的税务

(一)发行人及其子公司执行的主要税种、税率符合现行法律、法规和规范性文件的要求,享受的优惠政策、财政补贴等政策合法、合规、真实、有效。

(二)发行人及其子公司近三年依法纳税,不存在受到税务部门重大行政处罚的情形。

十七、发行人的环境保护和产品质量、技术等标准

(一)发行人及其子公司的生产经营活动和拟投资项目符合有关环境保护的要求,有权部门已出具意见。

(二)发行人及其子公司近三年未因严重违反环境保护方面的法律、法规和规范性文件而受到行政处罚。

(三)发行人及其子公司近三年以来遵守国家质量技术监督管理法律、法规和规范性文件,未有因违反质量技术监督有关法律法规而受到处罚的情形。

十八、发行人募股资金的运用

(一)发行人本次募股资金拟投资项目已得到有权部门的批准或授权。

(二)发行人本次募集资金投资项目均由发行人为主体完成,不涉及与他人进行合作。

(三)本次发行上市为发行人首次公开发行股票,不涉及原募集资金使用问题。

十九、发行人业务发展目标

发行人业务发展目标与主营业务一致,符合国家法律、法规和规范性文件的规定,不存在潜在的法律风险。

二十、诉讼、仲裁或行政处罚

(一)发行人及持有发行人5%以上股份的主要股东不存在尚未了结的或可预见的重大诉讼、仲裁及行政处罚案件。

(二)发行人董事长和总经理不存在尚未了结的或可预见的重大诉讼、仲裁及行政处罚案件。

二十一、发行人《招股说明书》法律风险的评价

本所律师未参与发行人本次发行上市《招股说明书》的编制,但在《招股说明书》编制过程中,本所律师参与了法律问题的讨论,并已审阅该《招股说明书》,特别对发行人引用本所就本次发行上市出具的本法律意见书和工作报告相关内容进行重点审阅。本所律师确认,发行人《招股说明书》不会因上述引用而存在虚假记载、误导性陈述或重大遗漏引致的法律风险。

二十二、律师认为需要说明的其他问题

2010年12月,发行人曾向中国证监会提交首次公开发行股票申请,中国证监会予以受理。

经审核,2011年12月7日,中国证监会作出证监许可[2011]1931号《关于不予核准广西绿城水务股份有限公司首次公开发行股票申请的决定》,不核准发行人提出的首次公开发行股票申请。

根据《管理办法》规定,股票发行申请未获核准的,自中国证监会作出不予核准决定之日起6个月后,发行人可再次提出股票发行申请。

截至目前,自上述中国证监会对发行人首次公开发行股票申请作出不予核准决定之日2011年12月7日起算,已满6个月。且根据中国证监会的不予核准决定文件显示及发行人确认,发行人不存在之前向中国证监会报送的发行申请文件有虚假记载、误导性陈述或者重大遗漏,或不符合发行条件以欺骗手段骗取发行核准,或以不正当手段干扰中国证监会及其发行审核委员会审核工作,或发行人或其董事、监事、高级管理人员的签字、盖章系伪造或者变造的情况。

因此,本所律师认为,发行人有权依法向中国证监会再次提交首次公开发行股票的申请。

除上述情况外,本所律师确认,对发行人本次发行上市的重大事项均进行了核查和披露,不存在需要说明的其他问题。

二十三、结论意见

综上所述,本所律师认为:发行人符合股票发行上市条件,不存在重大违法违规的情形,申请首次公开发行股票并上市不存在法律障碍;《招股说明书》引用本所就发行人本次发行上市出具的本法律意见书和工作报告的内容已经本所律师审阅,引用的内容适当。

(本页以下无正文)

(本页无正文,为北京市天元律师事务所《关于广西绿城水务股份有限公司首次公开发行股票并上市的法律意见》签署页)

北京市天元律师事务所

负责人:朱小辉

经办律师:史振凯、刘冬、刘晓芳

(二)上市公司再融资

关于东北证券股份有限公司 A股配股发行并上市的法律意见书

致:东北证券股份有限公司

德恒根据与发行人签订的《专项法律服务协议》,接受发行人的委托,担任发行人本次配股的特聘专项法律顾问,并根据《公司法》、《证券法》、《发行管理办法》、《重组管理办法》、《关于修改上市公司现金分红若干规定的决定》等有关法律、行政法规、部门规章及其他规范性文件的有关规定,按照中国律师行业公认的业务标准、道德规范和勤勉尽责精神,为本次配股出具本法律意见。

对本法律意见,本所律师声明如下:

1. 为出具本法律意见,本所得到发行人如下保证:发行人已经向本所提供了本所认为出具本法律意见所必须的、真实的、完整的原始书面材料、副本材料或口头及书面的证言,一切足以影响本法律意见出具的事实和文件均已向本所披露,并无任何隐瞒、虚假或误导之处,所有副本与正本、复印件与原件是一致的。

2. 本所及经办律师依据《证券法》、《律师事务所从事证券法律业务管理办法》和《律师事务所证券法律业务执业规则》等规定及本法律意见出具之日以前已经发生或者存在的事实,严格履行了法定职责,遵循了勤勉尽责和诚实信用原则,进行了充分的核查验证,保证本法律意见所认定的事实真实、准确、完整,所发表的结论性意见合法、准确,不存在虚假记载、误导性陈述或者重大遗漏,并承担相应法律责任。

3. 对于会计、审计、投资决策等专业事项,本所在本法律意见中只作引用且不发表法律意见;本所律师在本法律意见中对于发行人有关报表、数据、审计报告中某些数据和结论的引用,并不意味着本所律师对这些数据、结论的真实性、准确性、合法性做出任何明示或默示的判断和保证,且对于这些内容本所律师并不具备核查和作出判断的合法资格。

4. 对于出具本法律意见至关重要而又无独立证据支持的事实,本所依赖有关政府部门、发行人和其他有关单位或有关人士出具的证明文件出具本法律意见。

5. 本法律意见仅供发行人本次配股申报之目的使用,未经本所书面同意,不得用作任何其他目的。

6. 本所同意发行人在本次配股申请材料中部分或全部引用本法律意见的内容,但发行人做上述引用不得引致法律上的歧义或曲解。

7. 本所同意将本法律意见作为发行人本次配股申报的必备法律文件,随其他申报材料一起上报,并愿意承担相应的法律责任。

综上,本所出具法律意见如下:

一、本次配股的批准和授权

(一)发行人董事会的批准

1. 2015 年 5 月 5 日,发行人召开第八届董事会 2015 年第三次临时会议,审议通过了本次配股的相关议案。

2. 发行人第八届董事会 2015 年第三次临时会议决议于 2015 年 5 月 6 日在深交所网站上进行了公告。

(二)发行人股东大会的批准

1. 2015 年 5 月 25 日,发行人召开 2015 年第三次临时股东大会,逐项审议通过了《关于公司 2015 年度配股方案的议案》及其他与本次配股相关的议案。

2. 该次股东大会决议于 2015 年 5 月 26 日在深交所网站上进行了公告。

3. 根据发行人 2015 年第三次临时股东大会审议通过的《关于提请公司股东大会授权办理本次配股具体事宜的议案》,发行人股东大会已经授权董事会,并同意董事会进一步转授权公司经营层依照《公司法》、《证券法》、《发行管理办法》等法律、法规和《公司章程》的有关规定,以及届时的市场条件,从维护发行人股东利益最大化的原则出发,办理本次配股的相关事宜。

(三)行业主管部门的批准

2015 年 5 月 26 日,中国证监会证券基金机构监管部出具《关于东北证券股份有限公司配股的监管意见书》(机构部函[2015]1978 号),对发行人申请配股无异议,并同意发行人因本次配股涉及的变更注册资本事项。

综上,本所律师认为:

1. 发行人第八届董事会 2015 年第三次临时会议、2015 年第三次临时股东大会已依照法定程序作出批准发行人本次配股的决议;上述董事会和股东大会的召集、召开、表决程序、相关决议内容及出席董事会、股东大会的参会人员资格均符合法律、法规和规范性文件及《公司章程》的有关规定,决议内容合法有效。

2. 发行人 2015 年第三次临时股东大会已授权董事会并转授权经营层办理与本次配股有关的具体事宜,授权范围、程序符合法律、法规、规范性文件的规定,合法有效。

3. 发行人本次配股已获行业监管部门中国证监会证券基金机构监管部出具的无异议函。

4. 根据《公司法》、《证券法》、《发行管理办法》、《重组管理办法》等有关法律、法规的规定,本次配股已经获得发行人内部必要的批准和授权以及行业主管部门批准。发行人本次配股尚须取得中国证监会的核准。

二、发行人本次配股的主体资格

经本所律师核查,发行人现持有吉林省工商行政管理局于 2015 年 6 月 17 日颁发的注册号为 220000000005183 的《营业执照》和中国证监会于 2014 年 6 月 19 日颁发的编号为 10150000 的《经营证券业务许可证》。

经核查,发行人已公开发行A股股票并在深交所上市,股票简称"东北证券",股票代码为"000686"。

根据发行人《营业执照》的记载和《公司章程》的规定,发行人为合法存续的股份有限公司。截至本法律意见出具之日,发行人不存在因营业期限届满、股东大会决议、合并或分立而解散,不能清偿到期债务依法宣告破产、违反法律法规被依法吊销营业执照、责令关闭或者被撤销等需要终止的情形。

本所律师认为,发行人为依法设立并合法存续的股份有限公司,其公开发行的股票已在深交所上市;截至本法律意见出具之日,发行人不存在根据法律、法规、规范性文件及《公司章程》需要终止的情形,具备本次配股的主体资格。

三、本次配股的实质条件

根据发行人第八届董事会2015年第三次临时会议决议、发行人2015年第三次临时股东大会决议、发行人2012-2014年《年度报告》、《审计报告》、2015年第一季度报告,并经本所律师核查,发行人本次配股符合《公司法》、《证券法》、《发行管理办法》、《重组管理办法》、《关于修改上市公司现金分红若干规定的决定》等法律法规、规范性文件规定的配股的实质条件。

(一)《证券法》规定之相关条件

1. 经本所律师核查,发行人具备健全且运行良好的组织机构,已经依法制定了《股东大会议事规则》、《董事会议事规则》、《监事会议事规则》、《独立董事工作规则》、《董事会战略决策管理委员会工作规则》、《董事会提名与薪酬委员会工作规则》、《董事会审计委员会工作规则》、《董事会风险控制委员会工作规则》、《经理层工作规则》等公司治理制度,相关机构和人员能够依法履行职责,符合《证券法》第十三条第一款第(一)项之规定。

2. 根据发行人2012-2014年《年度报告》、《审计报告》、2015年第一季度报告,发行人在最近三年内连续盈利,并向股东实际支付了股利。发行人具有持续盈利能力,财务状况良好,符合《证券法》第十三条第一款第(二)项之规定。

3. 根据发行人2012-2014年《年度报告》、《审计报告》、2015年第一季度报告、发行人承诺并经本所律师核查,发行人最近三年无重大违法行为,财务会计报告无虚假记载,符合《证券法》第十三条第一款第(三)项之规定以及《证券法》第五十条第一款第(四)项之规定。

4. 发行人本次配股前股本总额为1,957,166,032元,不少于3,000万元,符合《证券法》第五十条第一款第(二)项之规定。

5. 本次配股完成后,发行人向社会公众发行的股份数不少于本次配股后股份总数的10%,符合《证券法》第五十条第一款第(三)项之规定。

(二)《发行管理办法》规定之相关条件

1. 上市公司组织机构健全、运行良好。

(1)经本所律师核查,发行人《公司章程》及历次修订已经中国证监会或其派出机构吉林监管局核准,《公司章程》内容符合《公司法》、中国证监会《上市公司章程指引(2014年修订)》的要求,合法有效;发行人已经依法制定了《股东大会议事规则》、《董事会议事规则》、《监事会议事规则》、《独立董事工作规则》、《董事会战略决策管理委员会工作规则》、《董事会提名与薪酬委员会工作规则》、《董事会审计委员会工作规则》、《董事会风险控制委员会工作规则》、《经理层工作规则》,发行人股东大会、董事会、监事会和独立董事制度健全,能够依法有效履行职责,符合《发行管理办法》第六条第(一)项之规定。

(2)根据立信出具的2012-2014年度发行人《内部控制审计报告》(信会师报字[2013]第110844号、信会师报字[2014]第110549号、信会师报字[2015]第110801号),立信认为发行人已经按照《企业内部控制基本规范》和相关规定在所有重大方面保持了有效的财务报告内部控制,符合《发行管理办法》第六条第(二)项之规定。

(3)根据发行人现任董事、监事和高级管理人员出具的声明和承诺,并经本所律师核查,发行人现任董事、监事和高级管理人员具备任职资格,能够忠实和勤勉地履行职务,不存在违反《公司法》第一百四十七条、第一百四十八条的行为,且最近三十六个月内未受到中国证监会的行政处罚、最近十二个月内未受到过证券交易所的公开谴责,符合《发行管理办法》第六条第(三)项之规定。

(4)经本所律师核查,发行人与其大股东的人员、资产、财务分开,机构、业务独立,能够自主经营管理,符合《发行管理办法》第六条第(四)项之规定。

(5)经本所律师核查,发行人最近十二个月内不存在违规对外提供担保的行为,符合《发行管理办法》第六条第(五)项之规定。

2. 发行人具有持续盈利能力。

(1)根据发行人 2012 - 2014 年《年度报告》、《审计报告》、2015 年第一季度报告及相关材料并经本所律师核查,发行人 2012 年度归属母公司股东的净利润为 150,595,137.38 元、扣除非经常性损益后归属于母公司股东的净利润为 132,420,541.52 元;发行人 2013 年度归属于母公司股东的净利润为 480,057,377.95 元、扣除非经常性损益后归属于母公司股东的净利润为 472,108,324.67 元;发行人 2014 年度归属于母公司股东的净利润为 1,060,025,355.59 元、扣除非经常性损益后归属于母公司股东的净利润为 1,053,979,813.11 元;发行人 2015 年 1 - 3 月份归属于母公司股东的净利润为 548,682,537.34 元、扣除非经常性损益后归属于母公司股东的净利润为 548,814,607.16 元。发行人最近三个会计年度连续盈利,符合《发行管理办法》第七条第(一)项之规定。

(2)根据发行人的说明,发行人主营业务为证券经纪业务、证券承销与保荐业务、证券自营业务、证券资产管理业务、信用交易业务等,盈利主要来源于上述业务,业务和盈利来源稳定,不存在严重依赖于大股东的情形,符合《发行管理办法》第七条第(二)项之规定。

(3)根据发行人的说明并经本所律师核查,发行人现有主营业务或投资方向能够可持续发展,经营模式和投资计划稳健,主要产品或服务的市场前景良好,行业经营环境和市场需求不存在现实或可预见的重大不利变化,符合《发行管理办法》第七条第(三)项之规定。

(4)根据发行人的说明并经本所律师核查,发行人的高级管理人员和核心人员稳定,最近十二个月内未发生重大不利变化,符合《发行管理办法》第七条第(四)项之规定。

(5)如本法律意见“十、发行人的主要财产”所述,发行人土地房产、知识产权、对外投资或其他重大权益的取得合法,能够持续使用,不存在现实或可预见的重大不利变化,符合《发行管理办法》第七条第(五)项之规定。

(6)如本法律意见“二十、诉讼、仲裁或行政处罚”所述,发行人不存在可能严重影响发行人持续经营的担保、诉讼、仲裁或其他重大事项,符合《发行管理办法》第七条第(六)项之规定。

(7)经本所律师核查,发行人最近二十四个月内不存在公开发行证券的情形,符合《发行管理办法》第七条第(七)项之规定。

3. 发行人财务状况良好。

(1)根据《审计报告》中的审计意见描述,发行人财务报表已按照企业会计准则和《企业会计制度》的规定编制,在所有重大方面公允反映了发行人近三年的财务状况以及经营成果和现金流量。发行人会计基础工作规范,严格遵循国家统一会计制度的规定,符合《发行管理办法》第八条第(一)项之规定。

(2)根据《审计报告》并经本所律师核查,发行人最近三年财务报表未被注册会计师出具保留意见、否定意见或无法表示意见的审计报告,符合《发行管理办法》第八条第(二)项之规定。

(3)根据《审计报告》、2014 年《年度报告》并经本所律师核查,截至 2014 年 12 月 31 日,发行人资产总额为 34,655,899,160.96 元,其中,自有资产总额为 22,634,323,703.15 元,归属于母公司的净资产为 8,677,276,278.99 元;扣除客户交易结算资金及代销基金款后,资产负债率为 61.01%,资产负债率较低,长短期债务期限较合理,未来面临的财务风险小。

发行人 2012 年末、2013 年末、2014 年末、2015 年 3 月末净资本及相关控制指标为:净资本分别为 4,936,861,821.73 元、4,108,969,203.63 元、6,789,648,698.35元、7,573,681,200 元;净资本/各项风险资本准备之和分别为 568.28%、333.99%、422.91%、408.15%;净资本/净资产分别为 68.90%、55.79%、80.26%、82.84%;净资本/负债分别为 187.51%、65.61%、49.43%、39.38%;净资产/负债分别为 272.13%、117.60%、61.60%、47.53%;自营权益类证券及证券衍生品/净资产分别为 12.72%、30.90%、37.32%、47.31%,公司资产

流动性较强，资产结构合理，各项风险控制指标均符合要求。因此，发行人资产质量良好，不良资产不足以对发行人财务状况造成重大不利影响，符合《发行管理办法》第八条第（三）项之规定。

（4）根据2012－2014年《年度报告》、《审计报告》、2015年第一季度报告并经本所律师核查，发行人2012年、2013年、2014年、2015年1－3月份的营业收入分别为1,200,272,711.34元、1,767,040,160.70元、3,090,984,262.41元、1,210,132,183.22元；发行人经营成果真实，现金流量正常，营业收入和成本费用的确认严格遵循国家有关企业会计准则的规定，最近三年资产减值准备计提充分合理，不存在操纵经营业绩的情形，符合《发行管理办法》第八条第（四）项之规定。

（5）根据《审计报告》、发行人2012、2013、2014年度利润分配实施情况并经本所律师核查，发行人于2012年度、2013年度、2014年度分别向股东分配现金股利（含税）195,716,603.20元、78,286,641.28元和117,429,961.92元，占发行人2012年度至2014年度实现的归属于母公司股东的净利润的比例分别为129.96%、16.31%和11.08%。发行人最近三年以现金方式累计分配的利润不少于最近三年实现的年均可分配利润的百分之三十，符合《发行管理办法》第八条第（五）项、《关于修改上市公司现金分红若干规定的决定》之规定。

（6）根据《审计报告》、发行人承诺并经本所律师核查，发行人最近三年财务会计文件无虚假记载，且不存在下列重大违法行为，符合《发行管理办法》第九条的规定。

①违反证券法律、行政法规或规章，受到中国证监会的行政处罚，或者受到刑事处罚；

②违反工商、税收、土地、环保、海关法律、行政法规或规章，受到行政处罚且情节严重，或者受到刑事处罚；

③违反国家其他法律、行政法规且情节严重的行为。

4. 发行人募集资金的数额和使用符合下列条件：

（1）根据发行人本次配股方案，发行人本次配股预计募集资金数额不超过50亿元，将全部用于增加公司资本金，补充公司营运资金，扩充公司业务，扩大公司规模。因此，发行人本次配股预计募集资金数额不超过项目需要量，募集资金用途符合国家产业政策和有关环境保护、土地管理等法律和行政法规的规定，符合《发行管理办法》第十条第（一）项、第（二）项之规定。

（2）经本所律师核查，发行人作为金融企业，对募集资金的使用项目上不存在《发行管理办法》第十条第三款规定的“本次募集资金使用项目不得为持有交易性金融资产和可供出售的金融资产、借予他人、委托理财等财务性投资，不得直接或间接投资于以买卖有价证券为主要业务的公司”的限制性情形，符合《发行管理办法》第十条第（三）项之规定。

（3）根据发行人本次配股方案，发行人本次募集资金用于增加公司资本金，补充公司营运资金，扩充公司业务，扩大公司规模，将不会与发行人的大股东产生同业竞争或影响发行人经营的独立性，符合《发行管理办法》第十条第（四）项之规定。

（4）经本所律师核查，发行人已建立募集资金专项存储制度，本次募集资金将存放于发行人董事会决定的专项账户，符合《发行管理办法》第十条第（五）项之规定。

5. 经本所律师核查，发行人不存在下列情形之一，符合《发行管理办法》第十一条之规定：

（1）本次配股申请文件有虚假记载、误导性陈述或重大遗漏；

（2）擅自改变前次公开发行证券募集资金的用途而未作纠正；

（3）最近十二个月内受到过证券交易所的公开谴责；

（4）发行人及其控股股东最近十二个月内存在未履行向投资者作出的公开承诺的行为；

（5）发行人或其现任董事、高级管理人员因涉嫌犯罪被司法机关立案侦查或涉嫌违法被中国证监会立案调查；

（6）严重损害投资者的合法权益和社会公共利益的其他情形。

6. 根据发行人本次配股方案并经本所律师核查：

（1）发行人本次配股以实施本次配股方案的股权登记日收市后的股份总数为基数，按每10股不超过2股的比例向全体股东配售，拟配

售股份数量不超过本次配售股份前股本总额的30%,符合《发行管理办法》第十二条第(一)项之规定;

(2)发行人大股东亚泰集团在关于本次配股的股东大会召开前向发行人出具《承诺函》,承诺以现金全额认购本次配股中的可配股份,符合《发行管理办法》第十二条第(二)项之规定;

(3)本次配股由联席主承销商以代销方式承销。同时,发行人承诺,如果股东不履行认配股份的承诺,或者代销期限届满,原股东认购股票的数量未达到拟配售数量百分之七十的,发行人将按照发行价并加算银行同期存款利息返还已经认购的股东,符合《证券法》第三十五条及《发行管理办法》第十二条第二款之规定。

(三)《重组管理办法》第五十一条第二款规定之相关条件

经本所律师核查,发行人实施完成定向回购股份暨吸收合并东北有限、股权分置改革一系列交易,并在深圳证券交易所复牌的日期为2007年8月27日。该日期距本次配股不少于一个完整会计年度,符合《重组管理办法》第五十一条第二款之规定。

综上,本所律师认为,发行人本次配股符合《证券法》、《公司法》、《发行管理办法》、《重组管理办法》、《关于修改上市公司现金分红若干规定的决定》等有关规定,具备本次配股的实质条件。

四、发行人的设立

发行人是经中国证监会核准由锦州六陆定向回购股份暨以新增股份换股吸收合并东北有限而设立。

(一)锦州六陆的设立

经核查,本所律师认为,锦州六陆的设立符合当时有关法律、法规和规范性文件的规定,股权设置、股份结构合法有效,并得到有权部门的批准。

(二)东北有限的设立

经核查,本所律师认为,东北有限的设立符合当时有关法律、法规和规范性文件的规定,股权设置、股份结构合法有效,并得到有权部门的批准。

(三)锦州六陆定向回购股份暨吸收合并东北有限重大资产重组

经核查,本所律师认为,锦州六陆定向回购股份暨吸收合并东北有限的重大资产重组行为取得了必要的授权和批准,符合有关法律、法规和规范性文件的规定。

五、发行人的独立性

(一)发行人业务独立

经核查,发行人不存在与大股东及其控制的其他企业从事相同或相近的业务的情形,不存在与大股东及其控制的其他企业同业竞争的情形,不存在显失公平的关联交易。

本所律师认为,发行人业务独立。

(二)发行人资产独立

经核查,截至本法律意见出具之日,发行人具有开展证券业务所必备的完整资产,对该等资产的占有和使用不存在潜在权属纠纷;发行人不存在资产、资金被股东、实际控制人及其控制的其他企业违规占用而损害公司利益的情况。

本所律师认为,发行人资产独立完整。

(三)发行人的人员独立

经核查,截至本法律意见出具之日,发行人董事、监事及高级管理人员均通过合法程序推选和任免,不存在超越股东大会和董事会职权作出认识任免决定的情形;发行人总裁、副总裁、财务总监、合规总监和董事会秘书等高级管理人员不存在在大股东及其控制的其他企业中担任除董事、监事以外的其他任何职务的情形,也不存在在大股东及其控制的其他企业领薪的情形;发行人的财务人员不存在在大股东及其控制的其他企业中兼职的情形;发行人的劳动、人事及工资管理与股东单位完全分离,独立执行劳动、人事及工资管理制度。

本所律师认为,发行人的人员独立。

(四)发行人的财务独立

经核查,发行人设有独立的财务会计部门;建立了独立的会计核算体系和财务管理制度,配备有相关的专业财务人员,发行人的财务运作不依赖于大股东,不受大股东的控制;发行人的财务人员不存在在大股东及其控制的其他企业中兼职的情形;发行人已独立开立银行账户,不存在与大股东及其控制的其他企业共用银行账户的情形;发行人依法办理税务登记,依法独立进行纳税申报和缴纳税款，不存在与大股东混合纳税的情况；发行人不存在大股东及其所控制的其他企业占用发行人资金情况，也无以前期间发生但延续到报告期的资金占用事项；不存在发行人为股东、股东的控股子公司、股东的附属企业及发行人持股50%以下的其他关联方、任何非法人单位或个人提供担保的情况，也无以前期间发生但延续到报告期的对外担保事项。

本所律师认为，发行人财务独立。

（五）发行人机构独立

经核查，具有独立的办公场所和办公系统，按照公司治理、内部控制和经营需要设置内部组织机构，各部门职责明确，完全独立于大股东及其控制的企业，不存在受大股东及其控制的其他企业干预公司机构设置的情形。

本所律师认为，发行人机构独立。

（六）发行人具有直接面向市场独立经营的能力

经核查，发行人独立从事《营业执照》所核定的经营范围中的业务，其业务收入来源于自身所经营业务。

本所律师认为，发行人具有完整的业务体系和直接面向市场独立经营的能力。

（七）发行人不存在影响其独立性的其他严重缺陷情形

经核查，截至本法律意见出具之日，发行人独立性方面不存在其他严重缺陷情形。

综上所述，本所律师认为，发行人在业务、资产、人员、财务和机构等方面独立于大股东及其控制的其他企业，具有完整的业务体系和面向市场自主经营的能力。

六、发行人持股5%以上的主要股东

（一）持股5%以上的主要股东及持股情况

经核查，截至本法律意见出具之日，截至2015年3月31日，持有发行人5%以上股份的股东为亚泰集团、吉林信托。其中，亚泰集团为发行人的第一大股东。

（二）持股5%以上的主要股东情况介绍

经核查，发行人上述持股5%以上股东资格已经中国证监会以2007年7月23日出具的《关于核准锦州经济技术开发区六陆实业股份有限公司定向回购股份暨以新增股份换股吸收合并东北证券有限责任公司的通知》（证监公司字[2007]117号）核准。

经核查，截至2015年3月31日，持有发行人5%以上股份的主要股东中，除亚泰集团因正常经营贷款有529,000,000股被质押外，其他持有发行人5%以上股份的主要股东吉林信托所持发行人的股份不存在质押的情形。

经核查，本所律师认为：

1. 截至本法律意见出具之日，持有发行人5%以上股份的主要股东依法存续；

2. 持有发行人5%以上股份的主要股东具有法律、法规和规范性文件规定担任发行人股东的资格；

3. 亚泰集团存在因正常经营向银行贷款将所持发行人股份质押的情形，不会对本次配股造成法律障碍。

七、发行人的股本及演变

（一）锦州六陆的设立

经核查，本所律师认为，锦州六陆的设立符合当时有关法律、法规和规范性文件的规定，股权设置、股本结构合法有效，并得到有权部门的批准。

（二）发行人的设立及历次股本演变过程

经核查，本所律师认为，发行人的设立及历次股本演变符合当时有关法律、法规和规范性文件的规定，股权设置、股本结构合法有效，并得到有权部门的批准。

综上，本所律师认为：

1. 锦州六陆、东北有限的设立符合当时有关法律、法规和规范性文件的规定，股权设置、股本结构合法有效。

2. 东北有限历次股本变动、锦州六陆定向回购股份暨吸收合并东北有限重大资产重组事项及股权分置改革而导致的股权变动、发行人历次股本变动均取得了必要的授权和批准，符合有关法律、法规和规范性文件的规定，真实、有效，不存在法律纠纷。

3. 发行人已按照当时法律、法规及规范性文件的要求，就锦州六陆定向回购股份暨吸收合并东北有限重大资产重组事项及股权分置改革后的历次股本变动事项履行了信息披露义务，信息披露真实、合法、有效。

八、发行人的业务

(一)发行人的经营范围和业务资质

1. 发行人的经营范围

经核查发行人现持有的《营业执照》以及《公司章程》,发行人实际从事的经营与《营业执照》核准的经营范围一致。

经核查发行人控股子公司《营业执照》以及各自公司章程,发行人各控股子公司实际从事的经营与其《营业执照》核准的经营范围一致。

本所律师认为,发行人及其控股子公司子公司在其经核准的经营范围内从事业务,发行人及其控股子公司的经营范围符合有关法律、法规和规范性文件的规定。

2. 发行人及控股子公司的业务资质

经核查,本所律师认为,发行人对东北有限证券业务及相关业务资质的承继已经有权机构批准;发行人及其控股子公司新取得的相关业务资质已经有权机构批准;发行人及其控股子公司合法拥有相关证券业务资质,并在其经核准的范围内从事业务。

(二)发行人经营范围及主营业务的变更

本所律师认为,自锦州六陆吸收合并东北有限至本法律意见出具之日,发行人的业务范围未发生实质性变更。

(三)发行人的主营业务

经核查,本所律师认为,发行人主营业务突出。

(四)发行人在中国大陆以外的经营活动

经核查,本所律师认为,发行人自东北有限成立之日起至今在中国大陆以外没有经营活动。

(五)发行人的持续经营能力

经核查,本所律师认为,截至本法律意见出具之日,发行人不存在影响其持续经营的法律障碍。

九、关联交易及同业竞争

(一)发行人主要关联方

根据《公司法》等有关法律、法规、规范性文件以及《深圳证券交易所股票上市规则》(2014年修订)等的相关规定,并经本所律师核查,截至本法律意见出具之日,发行人主要关联方如下:

1. 持有发行人5%以上股份的股东;

经核查,截至2015年3月31日,持有发行人5%以上股份的股东为亚泰集团、吉林信托;

2. 亚泰集团所控制的其他企业;

3. 发行人的控股公司及参股公司;

4. 发行人的董事、监事、高级管理人员;

5. 发行人的董事、监事、高级管理人员及其关系密切的家庭成员控制的企业(发行人及其控股子公司除外)。

(二)发行人的关联交易

1. 发行人报告期内与日常经营相关的关联交易

经核查,发行人报告期内与日常经营相关的关联交易主要包括代销金融产品和资产出租;发行人报告期内发生的偶发性关联交易主要包括发行人股东认购发行人非公开发行股份事项、发行人偿还向股东借入次级债务事项。

(三)大股东及关联方资金占用和担保情况

经核查,本所律师认为,截至本法律意见出具之日,发行人不存在大股东及关联方资金占用情况,不存在为大股东及大股东所属企业提供担保的情况。

综上所述,本所律师认为:

1. 发行人上述关联交易公平合理,不存在损害发行人及股东利益的情形。

2. 发行人上述关联交易均按照法律、法规、规范性文件和发行人当时有效的公司章程的相关规定履行了必要的审批程序,独立董事发表独立意见。

3. 发行人对关联交易进行了充分、准确、及时的信息披露,不存在重大遗漏和重大隐瞒。

(四)关联交易的决策机制

经核查,发行人在《公司章程》、《股东大会议事规则》、《董事会议事规则》、《独立董事工作规则》和《关联交易制度》等制度中建立了关联股东及关联董事在关联交易表决中的回避制度及回避程序,并明确了关联交易公允决策的程序。发行人的上述规定,对关联交易的公允性提供了决策程序上的保障,体现了保护中小股东利益的原则,发行人的上述关联交易的决策程序是合法有效的。

（五）同业竞争及避免措施

1. 发行人与大股东及其控制的其他企业不存在同业竞争

经核查，本所律师认为，截至本法律意见出具之日，发行人与大股东及其控制的企业之间不存在同业竞争。

2. 关于避免同业竞争的承诺

为了避免和消除与发行人之间可能产生的同业竞争问题，持有发行人5%以上股份的股东亚泰集团和吉林信托向发行人出具了避免同业竞争的承诺。

经核查，本所律师认为，截至本法律意见出具之日，发行人大股东及其控制的其他企业与发行人不存在同业竞争，且发行人大股东已作出有效承诺以避免同业竞争，该承诺真实、合法、有效。

十、发行人的主要财产

（一）发行人所拥有的房产及对应土地使用权情况

经核查，截至本法律意见出具之日，发行人拥有22处房产及对应11宗土地使用权。

经核查，本所律师认为，发行人上述房产及所对应的土地目前不存在抵押、查封、扣押、冻结等权属限制情形；发行人并没有因暂未取得上述土地的权属证明文件而影响使用上述资产并进行相应业务活动，亦不存在有关政府部门或其他任何人告知发行人无权使用、停止使用、罚款或要求作出任何赔偿的情形，不会对发行人财务状况和业务经营造成重大不利影响，亦不会对本次配股构成重大法律障碍。

（二）发行人长期股权投资

经核查，截至本法律意见出具之日，发行人拥有2家全资子公司东证融通和东证融达；2家控股子公司渤海期货和东方基金；1家参股公司银华基金；2家孙公司东证融成和东方汇智。

（三）发行人拥有的无形资产

1. 交易席位

经核查，截至本法律意见出具之日，发行人拥有上交所席位38个（其中A股交易席位37个，B股交易席位1个）、深交所席位15个（其中A股交易席位16个，A、B股共用席位1个）。

2. 域名

经核查，截至本法律意见出具之日，发行人拥有域名10项，系合法取得且在有效期内。

3. 商标

经核查，截至本法律意见出具之日，发行人拥有商标8项，系合法取得且在有效期内。

（四）证券投资

1. 经核查，截至2015年3月31日，发行人证券投资情况如下：

单位：（人民币）元

序号	证券品种	证券代码	证券简称	初始投资金额（元）	持有数量（股）	期末账面值	占期末证券总投资比例（%）	报告期损益
1	债券	1480099	14汕投资	290,464,602.74	2,500,000.00	268,252,250.00	4.44	-22,212,352.74
2	债券	1580069	15洞庭新城债	250,294,057.38	2,500,000.00	248,300,750.00	4.11	-1,993,307.38
3	债券	1580010	15宁乡城建债	200,000,000.00	2,000,000.00	202,238,000.00	3.34	2,238,000.00
4	债券	31570002	15山煤PPN001	200,024,965.03	2,000,000.00	198,942,600.00	3.29	-1,082,365.03
5	债券	1580012	15盘山债	150,197,317.80	1,500,000.00	151,555,800.00	2.51	1,358,482.20
6	债券	1580043	15天宁债	150,000,000.00	1,500,000.00	149,047,800.00	2.46	-952,200.00

续表

序号	证券品种	证券代码	证券简称	初始投资金额(元)	持有数量(股)	期末账面值	占期末证券总投资比例(%)	报告期损益
7	债券	101456059	14 云能投 MTN003	126,987,526.30	1,200,000.00	125,691,360.00	2.08	-1,296,166.30
8	债券	1480204	14 奉化债	111,761,479.45	1,000,000.00	111,116,500.00	1.84	-644,979.45
9	债券	1480301	14 合肥高新债 01	100,000,000.00	1,000,000.00	109,082,100.00	1.80	9,082,100.00
10	债券	980130	09 伊城投债	103,828,875.34	1,000,000.00	104,849,800.00	1.73	1,020,924.66
报告期持有的其他证券投资				4,316,780,289.64	67,293,504.00	4,379,024,160.65	72.40	319,481,541.28
报告期已出售证券投资损益				-	-	-	-	305,254,789.12
合计				6,000,339,113.68	83,493,504.00	6,048,101,120.65	100.00	610,254,466.36

2. 经核查,截至 2015 年 3 月 31 日,发行人持有其他上市公司股权情况如下:

单位:(人民币)元

证券代码	证券简称	初始投资金额	占该公司股权比例	期末账面值	报告期损益	报告期所有者权益变动	会计核算科目	股份来源
600195	中牧股份	43,593,364.98	0.67%	60,481,519.86	2,263,617.48	9,960,757.12	可供出售金融资产	购入
002618	丹邦科技	35,105,663.89	0.63%	45,761,816.50	1,373,936.30	9,978,208.94	可供出售金融资产	购入
600527	江南高纤	22,797,217.48	0.58%	27,471,834.80		3,505,962.99	可供出售金融资产	购入
002220	天宝股份	21,445,185.94	0.45%	25,293,347.20	275,461.78	2,886,120.95	可供出售金融资产	购入
000916	华北高速	31,984,347.68	0.44%	32,009,001.76	63,064.21	18,490.56	可供出售金融资产	购入
002100	天康生物	23,435,577.56	0.41%	30,781,402.20	2,744,453.63	5,704,564.13	可供出售金融资产	购入
600810	神马股份	13,571,245.31	0.40%	18,478,304.00	1,718,758.30	3,680,294.02	可供出售金融资产	购入
600251	冠农股份	26,507,228.54	0.35%	34,666,400.00	662,940.86	6,119,378.60	可供出售金融资产	购入
002060	粤水电	14,742,016.12	0.33%	17,065,169.18		1,742,364.80	可供出售金融资产	购入
300236	上海新阳	10,058,363.60	0.27%	15,250,394.00	11,684,679.31	3,915,960.72	可供出售金融资产	购入
		717,238,041.87		868,454,676.06	130,696,894.58	51,870,926.48		
合计		960,478,252.97		1,175,713,865.56	151,483,806.45	99,383,029.31		

（五）发行人拥有主要经营设备的情况

经核查，发行人从事经营所用的其他资产主要包括机器及电子通讯设备、运输设备等。

经核查，截至2015年3月31日，发行人未对该等主要经营设备设定任何形式的担保，该等经营设备亦不存在被司法机关查封、冻结之情形。

（六）上述财产的产权状况

经核查，除上述部分土地需办理分割手续之外，发行人拥有的其他土地、房产以及交易席位、域名、商标等无形资产、长期股权投资、证券投资和主要经营设备均已登记、注册或列置在发行人或其下属单位的名下，为发行人或其下属单位合法拥有；发行人已取得产权的资产权属清晰，不存在产权纠纷或潜在纠纷；发行人对其主要财产的所有权或使用权的行使不存在被抵押、被查封、扣押、冻结等权属限制情形。

（七）发行人的分支机构

经核查，截至本法律意见出具之日，发行人现拥有85家证券营业部，其中吉林省内40家，吉林省外45家；23家分公司。

本所律师认为，发行人分支机构的设立履行了必要的法律程序和审批程序，分支机构的设立合法、有效；分支机构负责人的任职资格合法、有效。

（八）发行人及其控股子公司、分支机构租赁房屋的情况

经核查，截至本法律意见出具之日，发行人及其控股子公司、85家证券营业部、23家分公司合计租赁房屋113项；出租房屋13项。

经核查，截至本法律意见出具之日，安徽分公司、白山分公司、辽源分公司、上海浦东分公司、四平分公司、松原分公司、通化分公司、延边分公司分别与合肥祁门路证券营业部、白山通江路证券营业部、辽源人民大街证券营业部、上海迎春路证券营业部、四平辽河农垦管理区东文明路证券营业部、松原文化路证券营业部、通化新华大街证券营业部、延吉光明街证券营业部共用经营场所；长春建设街证券营业部、吉林光华路证券营业部、长春解放大路证券营业部、上海永嘉路证券营业部、重庆铜梁证券营业部共5家营业部及北京分公司经营场所使用的是自有房产，其中重庆铜梁证券营业部使用的房产权属仍为新华证券有限公司重庆铜梁证券营业部，尚未变更至发行人名下。

未签署租赁协议分支机构有：

（1）白城分公司持有吉林白城工业园区招商局于2013年8月27日出具的白工招证字[2013]33号《关于东北证券股份有限公司白城分公司证券销售项目的入园证明》，该项目属于招商引资项目，项目注册地址在白城工业园区洮儿河路1号。

（2）上海分公司、上海证券自营分公司、上海证券研究咨询分公司及上海代表处共同使用租赁房产一处，房屋坐落于上海源深路305号，房屋所有权人为中国银河投资管理有限公司，房产证号为沪房地浦字（2004）第048518号。

（3）根据公司提供的说明，重庆分公司原租赁合同已经到期，其注册地址将迁至重庆科园一路营业部，营业部的房产为新华清算组无偿提供给重庆分公司使用。

本所律师认为，发行人已签署并仍在租赁期间的租赁合同是相关各方的真实意思表示，并经各方授权代表签署，租赁关系合法有效。

十一、发行人的重大债权债务

（一）发行人正在履行的重大合同

除上述“九、关联交易及同业竞争”涉及的关联交易合同外，本所律师对发行人截至本法律意见出具之日正在履行的金额在1,000万元以上且对发行人生产经营活动有重大影响的合同，包括承销协议、保荐协议、房屋租赁合同、资产管理合同及托管协议等。

经核查，本所律师认为，上述重大合同的形式、内容符合《中华人民共和国合同法》等有关法律、法规及规范性文件的规定，合法、有效，对合同当事人具有约束力，合同的履行不存在法律上的障碍和潜在风险。

（二）根据发行人说明并经本所律师核查，截至本法律意见出具之日，发行人不存在因环境保护、知识产权、产品质量、劳动安全、人身权等原因产生的重大侵权之债。

（三）根据发行人2014年《审计报告》并经本所律师核查，截至本法律意见出具之日，除本法律意见“九、关联交易及同业竞争”所述情况外，发行人与关联方之间不存在其他对本次配股构成重大影响的重大债权债务关系及相互提供担保的情况。

十二、发行人重大资产变化及收购兼并

(一)发行人资产收购及对子公司增资

经核查,截至本法律意见出具之日,发行人资产收购及对子公司增资包括收购东方基金18%的股权、向东方基金增资、设立东证融达、向东证融通增资、向东证融达增资、向渤海期货增资。

(二)发行人分支机构的变更

经核查,报告期内发行人在全国范围新设18家营业部,撤销2家营业部;发行人在全国范围新设19家分公司。

另外,发行人近期取得相关批复,拟设立5家分公司,撤销1家证券营业部。截至本法律意见出具之日,上述事宜正在进行中。

本所律师认为,发行人的上述资大资产变化及资产收购、出售,子公司的设立、增资,分支机构的变更等行为符合法律、法规和规范性文件的规定,已经履行了必要的法律手续。参照中国证监会《上市公司重大资产重组管理办法》(中国证券监督管理委员会令第53号),上述资产收购及出售不构成重大资产重组行为。

十三、发行人公司章程的制定与修改

(一)发行人章程的制定

经本所律师核查,发行人公司章程于2000年5月17日经东北有限(筹)第一次股东会审议通过,该公司章程已经过中国证监会证监机构字[2000]132号文核准。

(二)发行人对章程的修改

报告期内,发行人对《公司章程》共计进行了11次修改;2014年12月1日股东大会审议通过了《设立资产管理子公司并变更公司经营范围的议案》,因资产管理子公司尚未设立,该次章程尚未修改。

本所律师认为:

1. 发行人现行有效的公司章程已包含了《上市公司章程指引(2014年修订)》所规定的主要内容及监管部门要求规定的相关的分红条款。

2. 发行人章程的制定及上述历次修改均已履行相关法定程序,修改内容均符合《公司法》、《上市公司章程指引(2014年修订)》及相关法律法规、规范性文件的规定。

十四、发行人组织机构、股东大会、董事会、监事会议事规则及规范运作

(一)发行人具有健全的组织机构

经核查,本所律师认为,发行人具有健全的组织机构,其机构设置的程序合法,并完全独立于大股东及其他关联方,符合《公司法》、《上市公司治理准则》、《证券公司监督管理条例》及《关于在上市公司建立独立董事制度的指导意见》等有关法律法规和规范性文件的规定。

(二)股东大会、董事会和监事会议事规则

经审查,本所律师认为,发行人具有健全的股东大会议事规则、董事会议事规则和监事会议事规则,上述规则的内容符合有关法律、法规和规范性文件的规定,相关机构和人员能够依法履行职责。

(三)发行人独立董事、董事会秘书制度

经核查,本所律师认为,发行人已依法建立健全了独立董事、董事会秘书制度。独立董事和董事会秘书均能够依法并按照公司制定的相关制度履行职责。

(四)报告期内股东大会会议、董事会会议、监事会会议

经核查,本所律师认为,发行人报告期内股东大会、董事会、监事会的召开、决议内容及签署均合法合规、真实、有效。

十五、发行人董事、监事和高级管理人员及其变化

(一)发行人董事、监事和高级管理人员任职的合法性

1. 发行人的董事(包括独立董事)

截至本法律意见出具日,发行人现有13名董事,其中5名为独立董事。

经核查,本所律师认为:

(1)发行人现任董事不存在《公司法》第一百四十六条,《证券法》第一百三十一条第二款、第一百三十二条、第一百三十三条,《证券公司董事、监事和高级管理人员任职资格监管办法》第七条规定的不得担任公司董事的情形;不存在董事兼任高级管理人员超过董事成员半数的情形。

(2)发行人现任董事已取得中国证监会或其派出机构核准的任职资格,任职符合法律、法

规、规范性文件和中国证监会的规定。

2. 发行人的监事

截至本法律意见出具日，发行人现有9名监事，其中3名为职工监事。

经核查，本所律师认为：

(1)上述发行人监事不存在《公司法》第一百四十六条，《证券法》第一百三十一条第二款、第一百三十二条、第一百三十三条以及《证券公司董事、监事和高级管理人员任职资格监管办法》第七条规定的不得担任证券公司监事的情形。

(2)发行人现任监事已经取得中国证监会或其派出机构核准的任职资格。

(3)发行人现有职工代表监事3名，总人数达到监事会成员总数的1/3，符合《公司法》关于职工监事人数比例的基本要求；不存在董事、高级管理人员出任监事的情形；发行人现任监事的任职符合法律、法规、规范性文件和中国证监会的规定。

3. 发行人的高级管理人员

截至本法律意见出具日，发行人现任高级管理人员8人，其中总裁1名，副总裁4名，财务总监1名，合规总监1名，董事会秘书1名。

经核查，本所律师认为：

(1)发行人现任高级管理人员不存在《公司法》第一百四十六条，《证券法》第一百三十一条第二款、第一百三十二条、第一百三十三条，《证券公司董事、监事和高级管理人员任职资格监管办法》第七条规定的不得担任证券公司高级管理人员的情形。

(2)发行人现任高级管理人员均已取得中国证监会或其派出机构核准的任职资格，符合法律、法规、规范性文件和现行《公司章程》的规定。

(二)发行人董事、监事和高级管理人员任职的变化情况

经核查，本所律师认为，发行人近三年董事、监事和高级管理人员变化均符合法律、法规和规范性文件的规定，履行了必要的法律程序。董事、监事、高级管理人员基本保持稳定，部分董事、高级管理人员的变更不会对发行人持续经营造成影响，不影响发行人经营业绩的连续性。

(三)发行人的独立董事

经核查，发行人建立了独立董事工作制度，独立董事的任职资格符合中国证监会《关于在上市公司建立独立董事制度的指导意见》的规定，发行人《公司章程》所规定的独立董事的职权范围符合有关法律、法规和规范性文件的规定。

综上，本所律师认为：

1. 发行人董事、监事和高级管理人员的任职符合《公司法》等有关法律、法规和规范性文件以及《公司章程》的规定。

2. 发行人董事、监事和高级管理人员的更换均符合有关法律、法规和规范性文件以及发行人当时有效的公司章程的规定，并已履行必要的法律程序，上述董事、监事和高级管理人员的更换对公司的经营管理没有产生重大影响。

3. 发行人聘请的独立董事任职资格符合《关于在上市公司建立独立董事制度的指导意见》等有关法律法规和规范性文件及发行人《公司章程》、《独立董事工作制度》的规定，其职权范围不存在违反有关法律法规和规范性文件规定的情形。

十六、发行人的税务及财政补贴

(一)发行人的合法纳税资格

经本所律师核查，发行人目前为独立合法纳税的主体。

(二)税种、税率

经本所律师核查，发行人及控股子公司所执行的税种、税率符合国家现行法律、法规和规范性文件的要求。

(三)税收优惠

经核查，发行人及其控股子公司不享受税收优惠政策。

(四)财政补贴

经核查，报告期内发行人所享受的财政补贴政策具有相应的法律依据，并已履行相关的批准程序，合法、合规、真实、有效。

综上所述，本所律师认为：

1. 发行人及其控股子公司目前所执行的税种及税率符合国家法律、法规及规范性文件要求，所享受的财政补贴政策具有相应的法律依据，并已履行相关的批准程序，合法、合规、真实、有效。

2. 经核查发行人2012－2014年《年度报告》、《审计报告》、2015年第一季度报告、发行

人信息披露文件、发行人出具的承诺,发行人自2012年1月1日以来未发生欠税、偷税、漏税及其他违反税务法律、法规、规章和规范性文件的行为,未曾受到税务行政处罚。

十七、发行人的环境保护和产品质量、技术等标准

根据发行人说明并经本所律师核查,本所律师认为,发行人近三年均从事证券业务经营,不涉及生产性环境保护和产品质量、技术等事项,亦未因其业务经营活动受过相应环境保护和产品质量、技术等方面的处罚。

十八、发行人募集资金的运用

(一)前次募集资金的使用情况

经核查,本所律师认为,发行人前次募集资金的使用与原募集计划一致,发行人不存在变更前次募集资金用途的情形。

(二)发行人本次募集资金运用基本情况

根据发行人提供的材料,发行人本次配股募集资金拟全部用于增加公司资本金,补充营运资金,扩大公司业务规模、优化业务结构,提升公司的市场竞争力和抗风险能力。

经核查,本所律师认为,发行人本次配股募集资金用途符合国家产业政策,《关于公司本次配股募集资金运用可行性分析报告的议案》已经发行人2015年年第三次临时股东大会审议通过,该等决策程序合法有效。

十九、发行人业务发展目标

经核查,本所律师认为,发行人的业务发展目标与发行人的主营业务及发行人本次募集资金用途一致;发行人的业务发展目标符合国家法律、法规和规范性文件的规定,不存在潜在的法律风险。

二十、诉讼、仲裁或行政处罚

(一)经核查,截至本法律意见出具之日,发行人尚未了结的标的金额500万元以上的重大诉讼、仲裁事项包括:

1. 沈阳东宇药业有限公司借款合同纠纷案;

2. 东证融通与吉林省九春肥业有限公司合同纠纷;

3. 东证融通与安徽蓝博旺机械集团下属三家企业合同纠纷。

本所律师认为,本所律师认为,上述案件第1项为历史遗留问题,已逐步予以处置;第2、3项为新增诉讼、仲裁,相关金额占发行人最近一期经审计的净资产的比例较小,且有相关担保人提供连带责任担保,不会对发行人的正常经营及财务情况造成重大不利影响,亦不会对本次配股造成重大法律障碍。

(二)经核查,发行人目前不存在尚未了结的或可预见的重大行政处罚。

(三)经核查,截至本法律意见出具之日,持有发行人5%以上股份的主要股东目前不存在涉及金额占其最近一期经审计净资产绝对值10%以上,且绝对金额超过1,000万元的尚未了结的或可预见的重大诉讼、仲裁及行政处罚。

(四)经核查,截至本法律意见出具之日,发行人董事、监事和高级管理人员不存在尚未了结的或可预见的重大诉讼、仲裁及行政处罚案件。

二十一、结论

综上所述,本所律师认为,发行人本次配股符合《公司法》、《证券法》、《发行管理办法》及《重组管理办法》以及其他相关法律、法规和规范性文件规定的关于向特定对象非公开发行股票的实质条件,但发行人本次配股尚需获得中国证监会核准。

本法律意见正本一式陆(6)份,经本所盖章并经本所负责人及承办律师签字后生效。

(以下无正文)

(本页无正文,为《北京德恒律师事务所关于东北证券股份有限公司A股配股发行并上市法律意见》之签署页)

北京德恒律师事务所

负责人:王丽

经办律师:徐建军、杨继红

关于长江精工钢结构(集团)股份有限公司公开发行可转换公司债券的法律意见书

致:长江精工钢结构(集团)股份有限公司

国浩律师(上海)事务所依据与长江精工钢结构(集团)股份有限公司签署的《非诉讼法律服务委托协议》,指派唐银锋律师和鄯颖律师担任发行人本次公开发行可转债的特聘专项法律顾问。

本所律师根据《中华人民共和国公司法》、《中华人民共和国证券法》及《管理办法》等法律、法规和中国证监会的有关规定,按照《公开发行证券公司信息披露的编报规则第12号——公开发行证券的法律意见书和律师工作报告》、《律师事务所从事证券法律业务管理办法》和《律师事务所证券法律业务执业规则(试行)》的要求,按照律师行业公认的业务标准、道德规范和勤勉尽责精神,以事实为依据,以法律为准绳,开展核查工作,出具本法律意见书。

第一部分　律师应当声明的事项

本所律师依据本法律意见书出具日以前已发生或存在的事实和我国现行法律、法规和中国证监会的有关规定发表法律意见,并声明如下:

(一)本所及经办律师依据《证券法》、《律师事务所从事证券法律业务管理办法》和《律师事务所证券法律业务执业规则(试行)》等规定及法律意见书出具日以前已经发生或者存在的事实,严格履行了法定职责,遵循了勤勉尽责和诚实信用原则,进行了充分的核查验证,保证法律意见所认定的事实真实、准确、完整,所发表的结论性意见合法、准确,不存在虚假记载、误导性陈述或者重大遗漏,并承担相应法律责任。

(二)本所律师同意将法律意见书和律师工作报告作为发行人本次发行所必备的法律文件,随同其他申报材料一同上报,并愿意承担相应的法律责任。

(三)本所律师同意发行人部分或全部在申请文件中自行引用或按中国证监会审核要求引用法律意见书的内容。

(四)发行人保证:其已经向本所律师提供了为出具法律意见书所必需的真实、完整、有效的原始书面材料、副本材料或者口头证言。

(五)对于本法律意见书和律师工作报告至关重要而又无法得到独立的证据支持的事实,本所律师依赖于有关政府部门、发行人或其他有关单位出具的证明文件。

(六)本所律师仅就发行人本次发行的合法性及相关法律问题发表意见,不对发行人参与本次发行所涉及的会计、审计、资产评估等专业事项发表任何意见,本所在本法律意见书以及律师工作报告中对有关会计报表、审计和资产评估报告中某些数据或结论的引用,除本所律师明确表示意见的以外,并不意味着本所对这些数据、结论的真实性和准确性做出任何明示或者默示的保证,对于这些文件内容,本所律师并不具备核查和做出评价的适当资格。

(七)本所律师未授权任何单位或个人对本法律意见书和律师工作报告作任何解释或说明。

(八)本法律意见书和律师工作报告,仅供发行人为本次发行申请之目的使用,不得用作其他任何用途。

第二部分　正　　文

一、本次发行的批准和授权

(一)本次发行已经按照《公司法》、《证券法》、《管理办法》和发行人公司章程的规定,获得发行人股东大会的批准。

本所律师认为,发行人已依照法定程序作

出批准本次发行的决议,该决议的内容符合有关法律、法规、规范性文件和发行人《公司章程》的规定,该决议合法有效。

(二)发行人2015年度第一次临时股东大会已通过特别决议,授权公司董事会在决议有效期内,全权办理与本次发行有关的事宜。

本所律师审查后认为,该项授权程序合法、有效,授权内容及范围不违反现行相关法律的规定。

(三)根据《证券法》、《管理办法》等相关规定,发行人本次发行尚需由保荐机构保荐并报中国证监会核准。

综上,本所律师认为,发行人本次发行已依法完成内部批准程序,本次发行待取得中国证监会的核准后即可实施。

二、发行人本次发行的主体资格

(一)发行人系依法设立的股份有限公司,其股票已在上海证券交易所上市。

1. 发行人原名为安徽长江农业装备股份有限公司,系由六安手扶拖拉机厂作为主发起人,联合六安市精工齿轮总厂、安徽强力新型模具总厂、六安市龙兴工业公司、河南省商城县通用机械制造有限公司等四家单位以发起方式于1999年6月设立的股份有限公司。

2. 经中国证监会《关于核准安徽长江农业装备股份有限公司公开发行股票的通知》(证监发行字[2002]22号)核准,发行人于2002年5月22日向社会公众发行4,000万股人民币普通股,每股面值1元,发行价格为3.61元/股,共计募集资金14,440万元,募集资金已于2002年5月28日实际收到。首次公开发行后,发行人总股本变更为11,000万股,注册资本增至人民币11,000万元。发行人向社会公众公开发行的4,000万股人民币普通股于2002年6月5日在上海证券交易所挂牌交易,股票简称:长江股份;股票代码:600496。

3. 2004年11月26日,发行人召开2004年第三次临时股东大会,审议通过了《关于变更公司名称、住所暨修改章程的议案》等议案,同意将公司名称变更为“长江精工钢结构(集团)股份有限公司”,股票代码不变,股票简称变更为“长江精工”。2008年10月22日,发行人召开第三届董事会2008年度第八次临时会议,审议通过了《关于变更公司简称的议案》等议案,同意将股票简称变更为“精工钢构”。

(二)发行人依法有效存续,其股票在证券交易所持续交易。

1. 截至本法律意见书出具日,发行人不存在法律、法规以及《公司章程》规定的需要解散的情形,即未出现:(1)《公司章程》规定的营业期限届满或者规定的其他解散事由;(2)股东大会决议解散;(3)因公司合并或者分立需要解散;(4)依法被吊销营业执照、责令关闭或者被撤销;(5)公司经营管理发生严重困难,继续存续会使股东利益受到重大损失,通过其他途径不能解决的,持有公司全部股东表决权10%以上的股东请求人民法院解散公司。

2. 经本所律师核查,发行人股票现仍在上交所上市交易,股票代码:600496;股票简称:精工钢构;截至本法律意见书出具日,发行人不存在法律法规及《上市规则》规定的暂停上市、终止上市的情形。

综上,本所律师认为,发行人系一家依法设立并有效存续的上市公司,具备本次发行的主体资格。

三、本次发行的实质条件

根据发行人近三年的审计报告及财务报表、发行人提供的文件及发行人的确认并经本所律师核查,发行人具备《证券法》、《管理办法》等法律法规和规范性文件规定的申请公开发行可转债的实质条件,具体情况如下:

(一)发行人本次发行符合《证券法》规定的条件

1. 发行人符合《证券法》第十三条规定的公开发行新股的条件:

(1)具备健全且运行良好的组织机构;

(2)具有持续盈利能力,财务状况良好;

(3)最近三年财务会计文件无虚假记载,无其他重大违法行为;

(4)经国务院批准的国务院证券监督管理机构规定的其他条件。

2. 发行人符合《证券法》第十六条规定的公开发行公司债券的条件:

(1)根据立信会计出具的信会师报字[2015]第610267号《审计报告》,发行人截至2014年12月31日经审计的净资产为

3,370,871,325.98元，不低于人民币三千万元，符合《证券法》第十六条第一款第（一）项的规定；

（2）本次发行前公司发行的债券已兑付完毕，公司无债券余额。公司股东大会已审议批准公司公开发行债券的方案，拟发行债券规模不超过6亿元，公司本次发行可转债券的规模不超过7亿元，即全部发行后累计债券余额不会超过公司截至2014年12月31日经审计净资产的百分之四十，符合《证券法》第十六条第一款第（二）项的规定；

（3）根据立信会计出具的信会师报字[2013]第610139号《审计报告》、信会师报字[2014]第610123号《审计报告》、信会师报字[2015]第610267号《审计报告》，发行人2012年、2013年和2014年度分别实现归属于母公司的净利润209,818,775.17元、237,133,029.58元和266,510,908.25元，最近三年平均可分配利润为237,820,904.30元，足以支付公司债券一年的利息，符合《证券法》第十六条第一款第（三）项的规定；

（4）本次发行募集的资金投向符合国家产业政策，符合《证券法》第十六条第一款第（四）项的规定；

（5）债券的利率不超过国务院限定的利率水平，符合《证券法》第十六条第一款第（五）项的规定；

（6）公开发行公司债券筹集的资金，用于核准的用途，未用于弥补亏损和非生产性支出，符合《证券法》第十六条第二款的规定。

3. 发行人不存在《证券法》第十八条规定的不得再次公开发行债券的情形：

（1）前一次公开发行的公司债券尚未募足；

（2）对已公开发行的公司债券或者其他债务有违约或者延迟支付本息的事实，仍处于继续状态；

（3）违反《证券法》规定，改变公开发行公司债券所募资金的用途。

（二）发行人本次发行符合《管理办法》规定的条件

1. 发行人的组织机构健全、运行良好，符合《管理办法》第六条的规定：

（1）发行人《公司章程》合法有效，股东大会、董事会、监事会和独立董事制度健全，能够依法有效履行职责；

（2）发行人内部控制制度健全，能够有效保证其运行的效率、合法合规性和财务报告的可靠性；内部控制制度的完整性、合理性、有效性不存在重大缺陷；

（3）发行人现任董事、监事和高级管理人员具备任职资格，能够忠实和勤勉地履行职务，不存在违反《公司法》第一百四十八条规定的行为，且最近三十六个月内未受到过中国证监会的行政处罚、最近十二个月内未受到过证券交易所的公开谴责；

（4）发行人与其控股股东或实际控制人的人员、资产、财务分开，机构、业务独立，能够自主经营管理；

（5）发行人最近十二个月内不存在违规对外提供担保的行为。

2. 发行人盈利能力具有可持续性，符合《管理办法》第七条的规定：

（1）根据立信会计出具的信会师报字[2013]第610139号《审计报告》、信会师报字[2014]第610123号《审计报告》、信会师报字[2015]第610267号《审计报告》，扣除非经常性损益后的净利润与扣除前的净利润相比，以低者作为计算依据，发行人2012年度、2013年度及2014年度的净利润为206,882,001.29元、227,503,899.97元、216,341,542.74元，发行人2012年度、2013年度及2014年度三个会计年度连续盈利；

（2）发行人的业务和盈利来源相对稳定，不存在严重依赖于控股股东、实际控制人的情形；

（3）发行人的现有主营业务或投资方向能够可持续发展，经营模式和投资计划稳健，主要产品或服务的市场前景良好，行业经营环境和市场需求不存在现实或可预见的重大不利变化；

（4）发行人的高级管理人员和核心技术人员稳定，最近十二个月内未发生重大不利变化；

（5）发行人的重要资产、核心技术及其他重大权益的取得合法，能够持续使用，不存在现实或可预见的重大不利变化；

（6）发行人不存在可能严重影响公司持续经营的担保、诉讼、仲裁或其他重大事项；

（7）发行人最近二十四个月内曾公开发行

证券,不存在发行当年营业利润比上年下降百分之五十以上的情形。

3. 发行人财务状况良好,符合《管理办法》第八条以及《关于修改上市公司现金分红若干规定的决定》的规定:

(1)发行人的会计基础工作规范,严格遵循国家统一会计制度的规定;

(2)发行人最近三年财务报表未被注册会计师出具保留意见、否定意见或无法表示意见的《审计报告》;

(3)发行人的资产质量良好,不存在足以对公司财务状况造成重大不利影响的不良资产;

(4)发行人的经营成果真实,现金流量正常。营业收入和成本费用的确认严格遵循国家有关企业会计准则的规定,最近三年资产减值准备计提充分合理,不存在操纵经营业绩的情形;

(5)发行人最近三年以现金方式累计分配的利润不少于最近三年实现的年均可分配利润的百分之三十。

4. 发行人最近三十六个月内财务会计文件无虚假记载,且不存在下列重大违法行为,符合《管理办法》第九条的规定:

(1)违反证券法律、行政法规或规章,受到中国证监会的行政处罚,或者受到刑事处罚;

(2)违反工商、税收、土地、环保、海关法律、行政法规或规章,受到行政处罚且情节严重,或者受到刑事处罚;

(3)违反国家其他法律、行政法规且情节严重的行为。

5. 发行人募集资金的数额和使用,符合《管理办法》第十条的规定:

(1)募集资金数额不超过项目需要量;

(2)募集资金用途符合国家产业政策和有关环境保护、土地管理等法律和行政法规的规定;

(3)本次募集资金使用项目非为持有交易性金融资产和可供出售的金融资产、借予他人、委托理财等财务性投资,未直接或间接投资于以买卖有价证券为主要业务的公司;

(4)拟投资项目实施后,不会与控股股东或实际控制人产生同业竞争或影响公司生产经营的独立性;

(5)公司建立了募集资金专项存储制度,募集资金将存放于发行人董事会决定的专用账户。

6. 发行人不存在下列不得公开发行证券之情形,符合《管理办法》第十一条的规定:

(1)本次发行申请文件有虚假记载、误导性陈述或重大遗漏;

(2)擅自改变前次公开发行证券募集资金的用途而未作纠正;

(3)最近十二个月内受到过证券交易所的公开谴责;

(4)发行人及其控股股东或实际控制人最近十二个月内存在未履行向投资者作出的公开承诺的行为;

(5)发行人或其现任董事、高级管理人员因涉嫌犯罪被司法机关立案侦查或涉嫌违法违规被中国证监会立案调查;

(6)严重损害投资者的合法权益和社会公共利益的其他情形。

7. 发行人本次发行符合《管理办法》第十四条的规定:

(1)发行人最近三个会计年度按照《管理办法》第十四条第(一)款规定计算的加权平均净资产收益率平均不低于百分之六;

(2)发行人本次发行后累计公司债券余额不超过最近一期末净资产额的百分之四十;

(3)发行人最近三个会计年度实现的年均可分配利润不少于公司债券一年的利息。

8. 发行人本次发行的可转债期限为自发行之日起6年,符合《管理办法》第十五条的规定。

9. 发行人本次发行的可转债每张面值100元,可转债的利率由发行人与保荐人及主承销商协商确定,符合国家的有关规定,符合《管理办法》第十六条的规定。

10. 发行人已经委托具有资格的资信评级机构进行信用评级,并对跟踪评级作出了相应的安排,符合《管理办法》第十七条的规定。

11. 根据发行人本次发行的方案,发行人将在本次发行的可转债期满后五个工作日内办理完毕偿还债券余额本息的事项,符合《管理办法》第十八条的规定。

12. 根据发行人本次发行的方案,有下列情形之一的,公司董事会应召集债券持有人会议:

(1)拟变更募集说明书的约定;

(2)公司不能按期支付本息;

(3)公司减资、合并、分立、解散或者申请破产;

(4)拟变更、解聘本期可转债债券受托管理人;

(5)担保人(如有)或担保物(如有)发生重大变化;

(6)公司董事会书面提议召开债券持有人会议;

(7)单独或合计持有本期可转债10%以上未偿还债券面值的持有人书面提议召开债券持有人会议;

(8)债券受托管理人书面提议召开债券持有人会议;

(9)发生其他对债券持有人权益有重大实质影响的事项;

(10)根据法律、行政法规、中国证券监督管理委员会、上海证券交易所及《公司A股可转换公司债券持有人会议规则》的规定,应当由债券持有人会议审议并决定的其他事项。

发行人在本次发行之《募集说明书》约定了保护债券持有人权利的办法,以及债券持有人会议的权利、程序和决议生效条件,符合《管理办法》第十九条的规定。

13. 发行人截至2014年12月31日经审计、归属于上市公司股东的净资产不低于十五亿元,根据《管理办法》第二十条"公开发行可转换公司债券,应当提供担保,但最近一期末经审计的净资产不低于人民币十五亿元的公司除外"的规定,发行人本次发行可以不提供担保。

14. 本次发行的可转债自发行结束之日起满六个月后的第一个交易日起方可转换为公司股票,符合《管理办法》第二十一条的规定。

15. 本次发行的可转债的转股价格不低于《募集说明书》公告日前二十个交易日发行人股票交易均价和前一交易日的均价,符合《管理办法》第二十二条的规定。

16. 经本所律师核查,发行人本次发行之《募集说明书》,约定了赎回条款,规定上市公司可按事先约定的条件和价格赎回尚未转股的可转债,符合《管理办法》第二十三条的规定。

17. 经本所律师核查,发行人本次发行之《募集说明书》,约定了回售条款,规定债券持有人可按事先约定的条件和价格将所持债券回售给上市公司,并同时约定上市公司改变公告的募集资金用途的,赋予债券持有人一次回售的权利,符合《管理办法》第二十四条的规定。

18. 经本所律师核查,发行人本次发行之《募集说明书》约定了转股价格调整的原则及方式。同时约定发行可转债后,因配股、增发、送股、派息、分立及其他原因引起上市公司股份变动的,应当同时调整转股价格,符合《管理办法》第二十五条的规定。

19. 经本所律师核查,发行人本次发行之《募集说明书》约定了转股价格向下修正条款的,并同时约定:(1)公司董事会有权提出转股价格向下修正方案并提交公司股东大会表决,该方案须经出席会议的股东所持表决权的三分之二以上通过方可实施。股东大会进行表决时,持有本可转债的股东应当回避;(2)修正后的转股价格应不低于该次股东大会召开日前20个交易日公司股票交易均价和前一交易日的公司股票交易均价,同时修正后的转股价格不低于最近一期经审计的每股净资产值和股票面值,符合《管理办法》第二十六条的规定。

综上,本所律师认为,发行人具备《证券法》及《管理办法》等有关法律、法规和规范性文件规定的公开发行可转债的的各项实质条件。

四、发行人的独立性

(一)发行人业务独立

经本所律师核查,发行人独立从事业务经营,业务结构完整,并有独立的采购和生产、销售系统,与控股股东、实际控制人及其控制的其他企业不存在同业竞争,具有自主经营能力,无须依赖股东单位及其他关联方进行生产经营活动,主要经营业务均独立于控股股东、实际控制人及其控制的其他企业。

本所律师认为,发行人业务独立。

(二)发行人资产独立完整

经本所律师核查,发行人与控股股东、实际控制人及其控制的其他企业产权关系明晰。发行人对资产独立登记、建账、核算和管理,与控股股东、实际控制人及其控制的其他企业资产完全分开。发行人及其境内子公司拥有生产经营所需要的生产经营场所、生产系统、配套设施、生产经营资质等有形和无形资产。不存在控股股东及其他关联方无偿占用公司资产的情况。发行人及其境内子公司拥有或使用的商标、专利、房产、土地使用权等主要财产的取得方式合法、已办理相关权属凭证,且发行人及其境内子公司生产经营所需要的机器、设备等其他资产完整。

本所律师认为,发行人的资产独立完整。

(三)发行人的人员独立

经本所律师核查,发行人按照《公司法》有关规定设立了健全的法人治理结构。公司与控股股东、实际控制人及其控制的其他企业在劳动、人事及工资管理等方面均独立,设立了独立的劳动人事机构,建立了完善的劳动人事制度,做到独立运作,公司总经理、副总经理、董事会秘书等高级管理人员均在发行人处领取报酬,不存在在控股股东、实际控制人及其控制的其他企业单位领取报酬及担任除董事、监事以外的其他职务的情形。

本所律师认为,公司董事、监事、高级管理人员的任职情况均符合《公司法》和《上市公司治理准则》的相关规定,发行人的人员独立。

(四)发行人的机构独立

经本所律师核查,发行人严格按照《公司法》等相关法律法规及《公司章程》的规定,建立了由股东大会、董事会、监事会、经营管理层构成的规范的法人治理结构,各司其职、各负其责,保证了公司生产经营的正常进行,公司经营和决策不受控股股东的影响。发行人拥有独立的决策管理和完整的生产经营单位,与控股股东、实际控制人及其控制的其他企业间没有机构混同的情形。

本所律师认为,发行人的机构独立。

(五)发行人财务的独立性

经本所律师核查,发行人设置了独立的财务会计部门,建立了独立的会计核算体系和财务管理制度,符合有关会计制度的要求,独立进行财务运作。发行人拥有独立的银行账户,未与实际控制人及其控制的其他企业或其他任何单位或人士共用银行账户。发行人依法独立进行纳税申报和履行缴纳义务。

本所律师认为,发行人财务独立。

综上,本所律师认为,发行人业务、资产、人员、机构、财务独立,具有完整的业务体系和直接面向市场独立经营的能力,在独立性方面不存在重大缺陷。

五、发行人的控股股东及实际控制人

(一)控股股东

截至本法律意见书出具日,精工控股持有发行人195,940,729股股份,占发行人总股本的28.54%,为发行人的第一大股东。经核查,发行人不存在其他持股5%以上的股东。本所律师认为,精工控股依其持有的股份所享有的表决权已足以对发行人的股东大会决议产生重大影响,为发行人的控股股东。

经核查,精工控股系依法成立并合法存续的有限公司,截至本法律意见书出具日,不存在根据有关法律、法规及其公司章程规定需要终止的情形。本所律师认为,精工控股具备有关法律、法规和规范性文件规定的作为上市公司股东的资格。其所持公司股份权利受到限制的情形不会对本次发行构成法律障碍。

(二)实际控制人

经本所律师核查发行人控股股东的股权控制关系结构图如下:

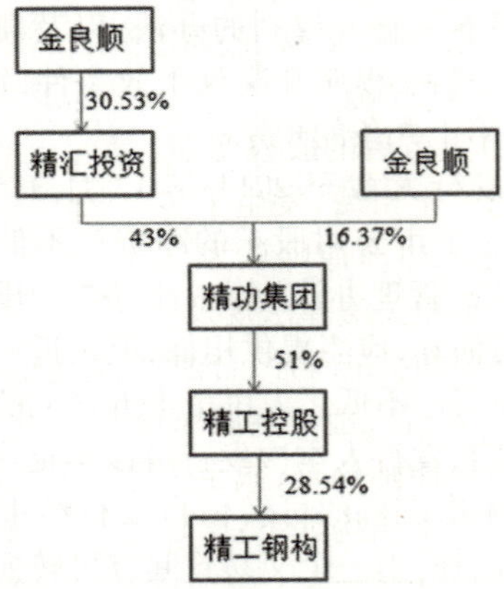

综上,金良顺先生直接持有精功集团16.37%的股权,并通过精汇投资间接控制精功集团43%的股权,合计控制精功集团59.37%的股份,为精功集团的实际控制人,亦为发行人的实际控制人。

根据发行人提供的材料,金良顺现持有绍兴县公安局核发的《居民身份证》,身份证号为33062119541029 * * * *,中国国籍,无境外居留权。

本所律师认为,金良顺是具有完全民事权利能力和民事行为能力的自然人,其通过精工控股间接控制发行人28.54%的股份，为发行人的实际控制人，不违反现行有关法律、法规和规范性文件的规定。

六、发行人的股本及其演变

（一）公司设立时的股本设置及股权结构

发行人原名为安徽长江农业装备股份有限公司，系经安徽省经济体制改革委员会皖体改函[1999]25号《关于同意设立安徽长江农业装备股份有限公司的批复》、安徽省人民政府皖府股字[1999]第11号文批准，由六安手扶拖拉机厂作为主发起人，联合六安市精工齿轮总厂、安徽强力新型模具总厂、六安市龙兴工业公司、河南省商城县通用机械制造有限公司等四家单位以发起方式于1999年6月设立。1999年6月28日，安徽长江农业装备股份有限公司在安徽省工商行政管理局注册登记。

（二）首次公开发行并上市

经中国证监会证监发行字[2002]22号《关于核准安徽长江农业装备股份有限公司公开发行股票的通知》核准，发行人向社会公众发行人民币普通股4000万股，于2002年6月5日起在上交所挂牌交易，股票代码“600496”，股票简称“长江股份”。

（三）上市后的股权变动

发行人上市后，发生了多次股权变动。

经核查，本所律师认为，发行人历次股权变动均已根据相关法律法规及《公司章程》的规定履行了必要的批准程序，合法、合规、真实、有效。

（四）发行人前十名股东情况

经本所律师核查，截至2015年3月31日，发行人的股本结构如下：

股份性质	股份数量（股）	股份比例（%）
一、有限售条件流通股份	100,000,000	14.57
其中：境内法人持股	100,000,000	14.57
境内自然人持股		
二、无限售条件流通股份	586,566,000	85.43
其中：人民币普通股	586,566,000	85.43
三、股份总额	686,566,000	100.00

截至2015年3月31日，发行人前十名股东持股情况如下：

序号	股东名称	股份数量（股）	股份比例（%）
1	精工控股	195,940,729	28.54
2	财通基金－民生银行－曙光1号资产管理计划	24,674,556	3.59
3	交银施罗德资产－交通银行－交银施罗德资管进取3号资产管理计划	20,000,000	2.91
4	国元证券股份有限公司约定购回式证券交易专用证券账户	19,900,978	2.90
5	赵嘉馨	19,546,098	2.85
6	深圳平安大华汇通财富－浦发银行－平安汇通浦发广州汇垠澳丰3号特定客户资产管理	15,000,000	2.18
7	中融国际信托有限公司－中融－长江红荔1号结构化证券投资集合资金信托计划	13,998,574	2.04
8	财通基金－工商银行－富春99号资产管理计划	12,307,692	1.79
9	百年人寿保险股份有限公司－自有资金	10,000,000	1.46
10	兴业国际信托有限公司－福建中行新股申购资金信托项目<6期>	5,800,011	0.84

综上所述，本所律师认为，自2012年1月1日以来发行人的控股股东、实际控制人均未发生变化。发行人的设立、发行上市后的历次股本及股权的变动均已履行必要的法定批准、登记等程序，历次股本变动均合法、合规、真实、有效。

七、发行人的业务

（一）发行人的经营范围和经营方式

经核查，发行人及其境内子公司的经营范围和经营方式符合有关法律、法规和规范性文件的规定，发行人具备从事业务所必须的资质证书。本所律师认为，发行人及其境内子公司的经营不存在法律障碍和潜在风险。

（二）发行人在中国大陆以外的经营情况

根据发行人的书面声明并经本所律师核查,截至2015年3月31日,发行人直接或间接控制的境外公司包括:新加坡精工、精工国际、精工工程(澳门)有限公司、香港精工、浙江精工钢结构(澳门)有限公司、开曼公司、美建亚洲、中望香港、亚洲建筑、金刚国际控股(集团)有限公司、精工钢结构阿塞拜疆有限公司、精工钢结构巴西有限公司、精工钢结构马来西亚有限公司等,上述公司具体情况参见本法律意见书正文第九部分"发行人的主要财产(三)发行人的股权投资"。

此外,发行人及其控制的境内企业浙江精工、美建建筑、精工工业建筑、金刚幕墙均持有《对外承包工程经营资格证书》。

本所律师认为,发行人及其控制的上述境内企业对外承包工程已取得相关主管部门的批准,合法有效;发行人及其控制的上述境内企业具备境外承包工程的资格,依法可在境外开展相关业务。

(三)发行人业务的变化

经本所律师核查,发行人报告期内经营范围未发生变化。

(四)发行人的主营业务

发行人目前的主营业务为钢结构业务。

根据立信出具的信会师报字[2013]第610139号、信会师报字[2014]第610123号、信会师报字[2015]第610267号《审计报告》,发行人2012年度、2013年度、2014年度主营业务收入分别为608,675.03万元、747,774.14万元、684,410.95万元,分别占当年营业收入的99.27%、99.44%、99.39%。

本所律师认为,发行人主营业务突出。

(五)发行人持续经营

根据发行人现行有效的《企业法人营业执照》以及经工商行政管理机关核准的发行人《公司章程》,本所律师经核查认为,发行人为永久存续的股份有限公司,其依照法律的规定在其经营范围内开展经营,不存在持续经营的法律障碍。

八、关联交易及同业竞争

(一)关联方

根据《公司法》、《上市公司信息披露管理办法》、《上市规则》的规定,结合本所律师核验的发行人的实际情况,本所律师认为发行人的关联方主要有:

1. 关联自然人

(1)发行人的实际控制人金良顺

(2)发行人的董事、监事、高级管理人员

2. 关联法人

(1)直接或间接控制上市公司的法人或其他组织

公司名称	与公司关系	法定代表人
精工控股	发行人的控股股东	方朝阳
精功集团	精工控股的控股股东	金良顺
精汇投资	精功集团的控股股东	金良顺

(2)精工控股控制的除发行人外的主要企业

本部分所称"主要企业"是指精工控股直接控制的子公司,以及报告期内与发行人及其控制企业发生过交易的由精工控股控制的其他企业,具体如下:

序号	关联方名称	与公司关系
1	香港精工控股有限公司	精工控股直接控制的公司
2	浙江墙煌	精工控股直接控制的公司
3	安徽彩铝	精工控股直接控制的公司
4	安徽精工控股集团有限公司	精工控股直接控制的公司
5	安徽皖西宾馆有限公司	精工控股直接控制的公司
6	精工商业地产投资有限公司	精工控股直接控制的公司
7	浙江绿筑住宅科技开发有限公司	精工控股直接控制的公司
8	精工振能石油投资有限公司	精工控股直接控制的公司
9	浙江新纵横投资有限公司	精工控股直接控制的公司
10	浙江佳宝新纤维集团有限公司	精工控股间接控制的公司
11	浙江佳宝聚酯有限公司	精工控股间接控制的公司

续表

序号	关联方名称	与公司关系
12	安徽长江农业机械有限责任公司	精工控股间接控制的公司
13	安徽长江精工电工机械制造有限公司	精工控股间接控制的公司

(3)精功集团控制的除精工控股外的主要企业

本部分所称"主要企业"是指精功集团直接控制的子公司,以及报告期内与发行人及其控制企业发生过交易的由精功集团控制的其他企业,具体如下:

序号	关联方名称	与公司关系
1	浙江精功科技股份有限公司	精功集团直接控制的公司
2	会稽山绍兴酒股份有限公司	精功集团直接控制的公司
3	精功集团(香港)有限公司	精功集团直接控制的公司
4	绍兴县精功物业管理有限公司	精功集团直接控制的公司
5	湖北精功楚天投资有限公司	精功集团直接控制的公司
6	浙江精功控股有限公司	精功集团直接控制的公司
7	浙江精功置业开发有限公司	精功集团直接控制的公司
8	上海雏鹰科技有限公司	精功集团直接控制的公司
9	浙江金聚投资有限公司	精功集团直接控制的公司
10	精功通用航空股份有限公司	精功集团直接控制的公司
11	绍兴金聚投资管理有限公司	精功集团直接控制的公司
12	精功(绍兴)复合材料有限公司	精功集团直接控制的公司
13	浙江庆盛集团景观房地产开发有限公司	精功集团直接控制的公司
14	绍兴县春风投资有限公司	精功集团直接控制的公司

续表

序号	关联方名称	与公司关系
15	精功(绍兴)复合材料技术研发有限公司	精功集团直接控制的公司
16	上海越信投资有限公司	精功集团直接控制的公司
17	会稽山(北京)商贸有限公司	精功集团间接控制的公司

(4)关联自然人控制的主要企业

本部分所披露的关联自然人控制的主要企业是指关联自然人直接控制的企业及在报告期内与发行人及其控制的企业发生过或正在发生关联交易的关联自然人控制的其他企业,具体情况如下:

序号	关联方名称	与公司关系
1	中建信	控股股东管理层控制的公司
2	绍兴绿筑光伏有限公司	中建信控制的公司
3	绍兴建信能源开发有限公司	中建信控制的公司
4	上海旭筑能源开发有限公司	中建信控制的公司
5	上海绿筑住宅系统科技有限公司	中建信控制的公司
6	厦门立思科技有限公司	中建信控制的公司
7	六安世纪房地产开发有限公司	中建信控制的公司
8	九仙尊霍山石斛股份有限公司(原安徽圣农生物科技股份有限公司)	中建信控制的公司
9	杭州精筑能源开发有限公司	中建信控制的公司
10	杭州建信新能源科技有限公司	中建信控制的公司
11	精工建设	中建信控制的公司
12	精工能源	中建信控制的公司

(5)报告期内曾与发行人存在关联关系并发生过关联交易的公司

公司名称	现与发行人关系	备注
绍兴县精诚物流有限公司	第三方控制的公司	原为精功集团间接控制的公司
精功镇江汽车制造有限公司	第三方控制的公司	原为精功集团间接控制的公司
绍兴精工机电有限公司	第三方控制的公司	原为精功集团间接控制的公司
湖北精功科技有限公司	第三方控制的公司	原为精功集团间接控制的公司
浙江绿筑检测技术有限公司	第三方控制的公司	原为精功集团间接控制的公司
湖北精功液压件有限公司	第三方控制的公司	原为精功集团间接控制的公司

(二)报告期内的关联交易情况

本所律师通过核查发行人 2012 年、2013 年、2014 年的《审计报告》以及 2015 年 1－3 月的财务报表、相关董事会文件、股东会文件及公开披露的关联交易公告等有关资料,确认报告期内发行人发生的关联交易如下:

1. 经常性关联交易

(1)购买商品、接受劳务、采购固定资产的关联交易。

(2)销售商品、提供劳务的关联交易。

2. 偶发性关联交易

(1)购买或者出售资产、股权形成的关联交易:2013 年 8 月,发行人购买浙江佳宝聚酯有限公司持有的浙江重钢的股权。

(2)因接受担保形成的关联交易。

(3)因共同投资形成的关联交易:2012 年 12 月,发行人与中建信联合开发商业办公楼,该项目已经终止;2013 年 12 月,发行人与中建信合资设立浙江精工新能源集团有限公司。

(4)关联租赁。

(5)其他关联交易事项:浙江精工与精工建设债权转让形成的关联交易。

(三)上述关联交易的公允性及对发行人及其他股东的影响

经核查,发行人上述关联交易事项已按照《公司法》、《证券法》、《上市规则》等法律、法规及发行人制定的《公司章程》、《关联交易制度》等内部制度的相关规定,履行了必要的批准、披露等程序,且公司独立董事已对交易主体的关联关系、交易背景、交易定价等事项在进行审慎判断基础上发表了相关独立意见。

本所律师认为,上述关联交易的定价原则均按市场价格或公平交易价格确定,交易公允,不存在损害发行人及其他股东利益的情况,被担保事项系公司受益性事项,不损害上市公司及其中小股东的权利。

(四)规范关联交易采取的措施

发行人已采取措施,并制定相应的制度保障关联交易的公允性。经本所律师核查,发行人已根据有关法律、法规及规范性文件的规定,建立了健全的法人治理结构,为规范和减少关联交易,保证关联交易的公开、公平、公正,发行人在《公司章程》、《股东大会议事规则》、《董事会议事规则》、《关联交易制度》等内部规定中对关联交易进行了进一步的规范,明确规定了关联交易公允决策的程序。

本所律师认为,发行人的上述规定符合国家有关法律、法规、规范性文件的要求,上述制度的有效实施能够保证发行人在关联交易中进行公允决策,保护发行人及其他股东的合法权利。

(五)同业竞争

1. 与控股股东、实际控制人的同业竞争

经核查,发行人与控股股东、实际控制人控制的其他企业不存在实际从事相同或类似业务的情形,不存在同业竞争。

2. 避免同业竞争的有关措施

为维护公司利益,避免将来可能发生的同业竞争,精功集团、精工控股在 2004 年取得发行人控制权时已向发行人出具《承诺函》,作出如下承诺:“公司及公司所持有权益达 50% 以上的子公司将尽可能避免以任何方式参与或进行与长江股份拟定经营范围内的业务存在直接或间接竞争的任何业务活动。凡公司及其附属公司有任何商业机会可从事、参与或入股任何可能会与股份公司生产经营构成竞争的业务,公司会将上述商业机会让予股份公司”。精功集团、精工控股切实履行了避免同业竞争的承诺。

金良顺先生也已就避免同业竞争事项向发行人出具《声明函》,作出如下承诺:“本人目前未以任何形式直接或间接从事与精工钢构相同或相似的业务，未拥有与精工钢构业务相同或相似的控股公司、联营公司、合营公司及其他企业，且在实际控制精工钢构期间亦不会从事与精工钢构相同或相似的业务。本人不会直接投资、收购与精工钢构业务相同或相似的企业和资产，不会以任何方式为竞争企业提供帮助。凡本人及本人所控制公司有任何商业机会可从事、参与或入股任何可能会与精工钢构生产经营构成竞争的业务，公司会将上述商业机会让予精工钢构”。

综上，本所律师经核查认为：

1. 通过对发行人提供的材料及有关年度财务报告和相关财务资料、发行人与关联方签订的有关协议、合同等文件进行审查，发行人与关联方之间存在关联交易；本所律师认为，发行人已根据有关法律、法规和规范性文件的规定在《公司章程》及其他公司内部规定中明确了关联交易公允性决策的程序。上述关联交易均履行了必要的内部决策程序，是基于市场公平、公允的原则进行的，不存在损害公司及其他股东利益的情形；

2. 公司控股股东及实际控制人为避免与发行人的同业竞争，已做出避免同业竞争的承诺；

3. 发行人对有关关联交易和控股股东避免同业竞争的承诺及措施进行了披露，不存在重大遗漏或重大隐瞒。

九、发行人的主要财产

（一）发行人及其境内子公司拥有、使用的房产

1. 经本所律师核查，截至2015年3月31日，发行人及其境内子公司共拥有118处房产。

2. 经本所律师核查，截至2015年3月31日，除本法律意见书第八部分“关联交易及同业竞争”中披露的关联租赁外，发行人及其境内子公司共有5处租赁房产。

（二）发行人及其境内子公司拥有的无形资产

1. 经本所律师核查，截至2015年3月31日，发行人及其境内子公司拥有23处土地使用权。

2. 经本所律师核查，截至2015年3月31日，发行人及其境内子公司已取得25项在中国境内注册的商标，拥有292项已授权的专利，拥有7项计算机软件著作权。

（三）发行人的股权投资

1. 经本所律师核查，截至2015年3月31日，发行人直接控股的境内子公司13家，间接控股的境内子公司15家，参股的境内企业3家。

2. 经本所律师核查，截至2015年3月31日，发行人的境外子公司有：香港精工、新加坡精工、精工工程（澳门）有限公司、精工国际、浙江精工钢结构（澳门）有限公司、开曼公司、美建亚洲、中望香港、亚洲建筑、金刚国际控股（集团）有限公司、精工钢结构阿塞拜疆有限公司、精工钢结构马来西亚有限公司、精工钢结构巴西有限公司。

根据发行人提供的有关材料并经本所律师核查，本所律师认为：

1. 发行人及其境内子公司拥有的上述财产的所有权或使用权不存在潜在纠纷；发行人及其境内子公司系通过合法途径取得上述财产的所有权或使用权；除本法律意见书已披露抵押等权利受限制的事项外，发行人及其境内下属子公司对上述主要财产的所有权或使用权的行使没有其他权利受到限制的情况；

2. 发行人所持直接或间接控制的企业、参股企业的股权清晰，不存在纠纷或潜在纠纷。

十、发行人的重大债权债务

（一）发行人的重大合同

本法律意见书中所称的重大合同是指截至2015年3月31日，发行人已签订的正在履行或将要履行的金额超过5000万元的借款合同和金额超过3亿元的业务合同以及已经履行完毕但存在潜在纠纷的重大合同。

本所律师经核查认为，发行人正在履行或将要履行的重大合同均合法、有效，在合同当事人严格履行合同的前提下不存在法律障碍，亦不存在潜在纠纷和法律风险。

（二）发行人侵权之债

根据发行人确认并经本所律师核查，截至2015年3月31日，发行人没有因环境保护、知识产权、产品质量、劳动安全、人身权等原因产生的侵权之债。

（三）发行人与关联方之间的债权债务及担保

发行人与关联方之间债权债务关系及相互

提供担保的情况参见本法律意见书正文第八部分“关联交易及同业竞争”之“(二)报告期内的关联交易情况”。经本所律师核查,截至2015年3月31日,除本法律意见书正文第八部分“关联交易及同业竞争”已披露的事项外,发行人与其关联方之间不存在重大债权债务关系及相互提供担保的情况。

(四)发行人其他应收、应付款

截至2012年末、2013年末、2014年末和2015年3月31日,公司的其他应付款金额分别为12,485.59万元、12,420.64万元、15,561.32万元和8,685.03万元。

报告期内,公司的其他应付款主要内容为应付外部单位各类保证金、项目经理分包公司安装项目所缴纳的履约保证金及工程质量保证金。

截至2012年末、2013年末、2014年末和2015年3月31日,公司的其他应收款金额分别为23,033.60万元,23,623.07万元、49,346.75万元和52,850.73万元。

报告期内公司其他应收款类型主要为履约保证金和投标保证金等。履约保证金一般会在项目结算后退回,投标保证金在中标签约支付履约保证金后退回,个别项目投标保证金直接转成履约保证金。2014年末及2015年3月31日的其他应收款中对精工建设的26,616.23万元其他应收款系因浙江精工和精工建设签署的《债权债务转让协议》而产生。

十一、发行人报告期内重大资产变化及收购兼并

报告期内,发行人或者发行人及其控股子公司发生的重大资产变化及收购兼并行为是指金额超过5,000万元,或者金额虽未达到5,000万元,但对发行人的生产经营、未来发展或者财务状况具有重大影响的资产变化及收购兼并情况如下:

(一)发行人报告期内收购、出售资产情况

1. 主要收购情况

2012年1月收购金刚幕墙100%股权。本所律师经核查认为,发行人的该次重大资产收购签署了相关的协议,经过了内部批准,且已按照当时有关的法律、法规、规范性文件及公司章程履行了必要的法律程序,该等行为均符合当时当地有效法律、法规和规范性文件的规定。

2. 主要出售情况

报告期内,发行人无重大资产出售情况。

(二)报告期内,发行人的对其子公司重大增资情况

报告期内,发行人分别于2012年3月增资上海精锐、2012年8月增资浙江精工、2014年5月增资金刚幕墙、2014年11月增资浙江精工。

本所律师经核查认为,发行人上述对子公司的重大增资均经过了内部批准,且已按照当时有关的法律、法规、规范性文件及公司章程履行了必要的法律程序,该等行为均符合当时当地有效法律、法规和规范性文件的规定。

(三)报告期内,发行人重大对外投资情况

报告期内,发行人分别于2014年2月设立绍兴绿筑、2014年5月设立绍兴绿筑材料。

本所律师经核查认为,发行人上述设立子公司的行为均经过了内部批准,且已按照当时有关的法律、法规、规范性文件及公司章程履行了必要的法律程序,该等行为均符合当时当地有效法律、法规和规范性文件的规定。

(四)发行人拟进行的资产变化行为

经发行人确认及本所律师核查,截至2015年3月31日,发行人不存在拟进行的资产置换、资产剥离、资产出售或收购等行为。

十二、发行人章程的制定与修改

(一)发行人章程的制定

发行人1999年6月28日召开的创立大会暨首届股东大会审议通过了《公司章程》,该《公司章程》的制定履行了必要的法律程序,其制定和内容符合当时法律、法规和规范性文件的规定,并履行了必要的工商登记备案程序。

(二)报告期内发行人章程的修订情况

本所律师经核查后认为,报告期内发行人对其《公司章程》共进行了3次修订。

本所律师认为,发行人报告期内《公司章程》的历次修订均履行了必要的法定程序;发行人现行有效的《公司章程》的内容包括了《公司法》要求载明的全部事项,并符合相关法律、法规和《上市公司章程指引(2014年修订)》(2014年10月修订)的相关规定。

十三、发行人股东大会、董事会、监事会议事规则及规范运作

（一）发行人具有健全的组织机构

经本所律师核查，发行人根据法律法规和《公司章程》规定，依法建立了健全的股东大会、董事会、监事会、独立董事、董事会秘书，董事会下设战略委员会、审计委员会、提名委员会、薪酬与考核委员会。据《公司章程》规定，股东大会为公司的最高权力机构；董事会对股东大会负责；公司设总经理1名，对董事会负责，主持公司的日常经营管理工作；设副总经理若干名；设项目运营中心、项目管理中心、营销管理中心、制造管理中心、采购管理中心、技术中心、反舞弊办、安监办、总裁办、行政事务部、信息及管理部、财务管理部、人力资源部、证券投资部、总师办及内部审计部等内部机构，发行人具有健全的组织机构。

本所律师认为，发行人具有健全的组织机构，上述组织机构的设置符合《公司法》及其他法律法规和规范性文件的规定。

（二）发行人依法建立健全了公司规范运作的制度、规则

经本所律师核查，发行人具有健全的《股东大会议事规则》、《董事会议事规则》、《监事会议事规则》和《董事会专门委员会工作细则》，并已依法建立健全了独立董事、董事会秘书制度等规范运作的制度、规则，相关内容符合有关法律、法规和规范性文件的规定。

（三）发行人股东大会、董事会及监事会的召开情况

经核查，自2012年1月1日以来，发行人共召开股东大会15次，董事会33次、监事会17次。

经本所律师核查发行人的会议通知、议案、会议记录、会议决议等公告文件、律师见证法律意见书、授权委托书等文件资料，本所律师认为，发行人自2012年1月1日以来，历次股东大会、董事会、监事会的召开程序、决议内容及签署是合法、合规、真实、有效的；股东大会或董事会的授权及重大决策行为符合有关法律、法规、规范性文件的规定，是合法、合规、真实、有效的。发行人独立董事和董事会秘书均能够依法并按照公司制定的相关制度履行职责。

十四、发行人董事、监事和高级管理人员及其变化

（一）发行人现任董事、监事及高级管理人员的任职情况

1. 经发行人确认和本所律师核查，发行人的现任董事、监事以及董事会秘书、总经理、副总经理和财务总监等高级管理人员的任职资格符合《公司法》及其他相关法律、行政法规和规范性文件以及《公司章程》的规定，具备法律法规规定的任职资格；独立董事的任职资格符合中国证监会的相关规定；

2. 发行人现任监事中不存在兼任发行人董事或总经理、副总经理、财务总监和董事会秘书等高级管理人员职务的情形；职工代表出任的监事占监事人数的三分之一，符合《公司法》有关监事任职的规定；

3. 发行人现任董事兼任高级管理人员的人数少于董事总人数的二分之一；独立董事三人占董事总人数三分之一，且包括一名会计专业人士，符合法律法规规范性文件的规定；

4. 发行人的董事和监事每届任期均为三年，高级管理人员采用合同聘任制，其任职期限均符合《公司法》、《公司章程》等的相关规定。

5. 发行人现有9名董事，其中3名为独立董事，符合《关于在上市公司建立独立董事制度的指导意见》及《公司章程》规定的关于独立董事比例的要求。报告期内，发行人独立董事按照《公司章程》、《独立董事工作制度》的相关规定，忠实履行职责，不存在连续三次未亲自参会的情况；独立董事均按要求对重大关联交易等议案发表了专业意见。

综上，本所律师认为，发行人的董事、监事和高级管理人员的任职符合法律、法规、规范性文件和《公司章程》的规定。不存在《公司法》、《证券法》等法律法规规定的禁止任职情形；发行人独立董事的任职资格符合中国证监会的相关规定，其职权范围符合有关法律法规和规范性文件的规定。

（二）发行人报告期内董事、监事和高级管理人员变化情况

本所律师经核查认为，发行人高级管理人员的变更，符合《公司法》及《公司章程》的规定，并履行了必要的法律程序。

十五、发行人的税务

(一)经核查,本所律师认为,发行人及其境内控股子公司目前执行的税种、税率符合我国现行法律、法规和规范性文件的要求。

(二)根据发行人的确认并经核查,本所律师认为,发行人及其境内控股子公司所享受的税收优惠政策合法、合规、真实、有效。

(三)本所律师通过网络公开查询核查,根据部分子公司所在地的相关主管税务机关的证明及发行人的确认,本所律师认为发行人及其境内子公司均能依法纳税,不存在因违反税收法律、法规而受到重大行政处罚的情形。

十六、发行人的环境保护、产品质量和技术等标准

根据发行人的说明、相关主管部门出具的证明及本所律师核查:

(一)环境保护情况

根据发行人的确认、发行人及部分境内子公司主管环境保护机关出具的证明文件并经本所律师适当核查,发行人及其境内子公司的生产经营活动以及本次募集资金投资项目符合国家环境保护相关法律、法规的要求,报告期内,发行人未因违反环境保护方面的法律、法规而受到重大行政处罚。

(二)安全生产情况

根据发行人的确认、发行人及部分境内子公司所在地安全生产主管部门出具的证明并经本所律师适当核查,发行人及其境内子公司遵守国家建筑质量、安全管理方面的法律法规,报告期内未因违反有关建筑质量、安全方面的法律法规而受到重大行政处罚,未发生重大生产安全事故。

(三)质量控制情况

根据发行人的确认、发行人及部分境内子公司所在地主管质量技术监督机关出具的证明并经本所律师适当核查,报告期内,发行人及其境内子公司依法经营,产品符合国家质量和技术监督标准,无因违反质量管理相关法律、法规而受到重大行政处罚的情形。

经核查,本所律师认为,发行人及其境内子公司在环境保护、安全生产和质量控制等方面符合现行法律、法规和规范性文件的规定,未因违反相关规定而受到重大行政处罚。

十七、发行人本次募集资金的运用

(一)募集资金投资项目

本所律师经核查认为:

1. 发行人本次发行募集资金的用途符合国家产业政策,不直接涉及投资审批或核准或备案、环境影响评估、用地等事宜;募集资金的金额不超过项目需要量;募投项目不存在为持有交易性金融资产和可供出售的金融资产、借予他人、委托理财等财务性投资,以及直接或间接投资于以买卖有价证券为主要业务的公司的情形;

2. 本次募投项目相关协议的签署不违反有关法律法规及规范性文件的规定;

3. 本次募投项目实施后,不会与控股股东或实际控制人产生同业竞争或影响公司生产经营的独立性。

(二)前次募集资金使用情况

本所律师经核查认为,发行人前次募集资金的使用符合中国证监会及上交所关于上市公司募集资金使用的有关规定。

十八、发行人业务发展目标

根据发行人的说明,并经本所律师核查后认为,发行人业务发展目标与主营业务一致,发行人业务发展目标符合国家法律、法规和规范性文件的规定,不存在潜在的法律风险。

十九、诉讼、仲裁或行政处罚

(一)本法律意见书中重大诉讼、仲裁、行政处罚的标准

本法律意见书中所称"重大诉讼、仲裁"是指涉及法人的金额超过5,000万元,或者涉及自然人的金额超过500万元的诉讼或仲裁案件,"重大行政处罚"是指涉及较大事故或罚款金额较大的行政处罚事项,或其他虽未达到上述标准,但对发行人造成或可能造成重大不利影响的事项。

(二)发行人及有关关联方不存在重大诉讼、仲裁及行政处罚事项

1. 根据发行人书面确认,并经本所律师核查,截至2015年3月31日,发行人及其控制的企业不存在尚未了结的或可预见的重大诉讼、

仲裁及行政处罚事项。

2. 根据精工控股书面确认，并经本所律师核查，截至2015年3月31日，发行人控股股东精工控股不存在尚未了结的或可预见的重大诉讼、仲裁及行政处罚事项。

3. 根据精功集团书面确认，并经本所律师核查，截至2015年3月31日，精工控股的控股股东精功集团不存在尚未了结的或可预见的重大诉讼、仲裁及行政处罚事项。

4. 根据精汇投资书面确认，并经本所律师核查，截至2015年3月31日，精功集团的控股股东精汇投资不存在尚未了结的或可预见的重大诉讼、仲裁及行政处罚事项。

5. 根据金良顺先生书面确认，并经本所律师核查，截至2015年3月31日，发行人实际控制人金良顺先生不存在尚未了结的或可预见的重大诉讼、仲裁及行政处罚事项。

6. 根据发行人现任董事长方朝阳、总经理孙关富书面确认，并经本所律师核查，截至2015年3月31日，发行人现任董事长及总经理均不存在尚未了结的或可预见的重大诉讼、仲裁及行政处罚事项。

二十、需要说明的其他问题

公司委托新世纪资信评估对本次发行可转债的信用情况进行评级。新世纪资信评估持有现时有效的《企业法人营业执照》、《证券市场资信评级业务许可证》(编号ZPJ003)。经本所律师核查，新世纪资信评估是合法存续的有限责任公司，其从事证券市场资信评级业务已取得中国证监会核准，符合《证券市场资信评级业务管理暂行办法》的要求。

新世纪资信评估于2015年5月18日出具了本次可转债的《信用评级报告》，确定发行人主体信用等级为AA，本次拟发行不超过7亿元可转债的评级结果为AA，该等级反映了可转债安全性很高，违约风险很低。

新世纪资信评估制定了跟踪评级安排，将在本次可转债全部转换为公司股票前的有效存续期内每年出具一次正式的定期跟踪评级报告，跟踪评级结果和报告将予以公告。

综上所述，本所律师认为，新世纪资信评估具备进行本次信用评级的主体资格，其对发行人和本次发行进行的信用评级合法有效。

二十一、结论意见

本所律师认为，发行人的主体资格合法，本次发行已获得发行人股东大会的必要批准和授权，符合《证券法》、《管理办法》等法律、法规和规范性文件所规定的上市公司公开发行可转换公司债券的实质条件；发行人不存在影响本次发行的违法违规行为；发行人本次发行申请文件中引用的法律意见书和律师工作报告的内容是适当、准确的；发行人本次发行申请尚需获得中国证监会的核准。

(以下无正文)

第三部分　签　署　页

(本页无正文，为《国浩律师(上海)事务所关于长江精工钢结构(集团)股份有限公司公开发行可转换公司债券之法律意见书》之签署页)

国浩律师(上海)事务所
负责人：黄宁宁
经办律师：唐银锋、鄯颖

关于上海国有资产经营有限公司公开发行2015年公司债券的法律意见书

致：上海国有资产经营有限公司

作为具有从事法律业务资格的律师事务所，国浩律师(上海)事务所依据与上海国有资产经营有限公司签署的《非诉讼法律服务委托协议》,担任上海国有资产经营有限公司本次公开发行2015年公司债券(以下简称“本次债券发行”)的特聘专项法律顾问。

本所律师根据《中华人民共和国证券法》(以下简称“《证券法》”)、《中华人民共和国公司法》(以下简称“《公司法》”)、《公司债券发行与交易管理办法》(以下简称“《管理办法》”)、《上海证券交易所公司债券上市规则》(以下简称“《上市规则》”)及《公司债券受托管理人执业行为准则》(以下简称“《受托管理人执业准则》”)等法律、法规和规范性文件的规定,按照《律师事务所从事证券法律业务管理办法》和《律师事务所证券法律业务执业规则(试行)》的要求,按照律师行业公认的业务标准、道德规范和勤勉尽责精神,以事实为依据,以法律为准绳,开展核查工作,并出具本法律意见书。

第一节　法律意见书引言

律师应当声明的事项

1. 本所及经办律师依据《证券法》、《律师事务所从事证券法律业务管理办法》和《律师事务所证券法律业务执业规则(试行)》等法律、法规和规范性文件及本法律意见书出具日以前已经发生或者存在的事实,严格履行了法定职责,遵循了勤勉尽责和诚实信用原则,进行了充分的核查验证,保证本法律意见所认定的事实真实、准确、完整,所发表的结论性意见合法、准确,不存在虚假记载、误导性陈述或者重大遗漏,并承担相应法律责任。

2. 本所律师同意将本法律意见书作为发行人本次债券发行所必备的法律文件,随同其他申报材料一同上报,并愿意承担相应的法律责任。

3. 本所律师同意发行人部分或全部在本次债券发行的《募集说明书》中自行引用或按中国证监会审核要求引用法律意见书的内容,但发行人作上述引用时,不得因引用而导致法律上的歧义或曲解,本所律师已对截止至本法律意见书签署之日最终经签署的《募集说明书》(申报稿)的内容进行再次审阅并确认。

4. 发行人已向本所保证:其已经向本所律师提供了为出具本法律意见书所必需的真实、完整、有效的原始书面材料、副本材料或者口头证言,上述保证系本所律师出具本法律意见书的重要依据。同时,对于本法律意见书至关重要而又无法得到独立的证据支持的事实或某些会计、评估等非法律专业的事项,本所律师依赖有关政府部门、发行人或其他有关单位出具的证明文件出具本法律意见书。

5. 本所律师未授权任何单位或个人对本法律意见书作任何解释或说明。

6. 本法律意见书仅供发行人为本次债券发行之目的使用,不得用作任何其他目的。

第二节　法律意见书正文

一、本次债券发行的主体资格

(一)发行人的股本及演变

1. 设立

经本所律师核查,发行人系经上海市人民政府“沪府[1999]53号”《上海市人民政府关于同意组建上海国有资产经营公司的批复》批准,于1999年9月24日依法成立的国有独资的有限责任公司,设立时的出资人为上海市国有资产管理办公室(以下简称“上海国资办”),注册资本为人民币1亿元,经营范围为“实业投资、资本运作、资产收购、包装和出让、企业托管、债务重组、财务顾问及其咨询服务”。

2. 第一次增资

2000年1月11日,上海国资办下发“沪国资秘[2000]5号”《关于增加上海国有资产经营有限公司资本金的批复》,同意发行人增加注册资本人民币2亿元。2000年4月4日,根据上海市财政局召集上海国际信托投资公司和发行人召开投资上海国际集团有限公司(以下简称“国际集团”)会议的纪要,上海市财政局将价值人民币15.95亿元的资产划拨至发行人,上海国资办将部队划转产业人民币0.42亿元划拨至发行人。2000年5月17日,经上海市工商行政管理局核准登记,发行人的注册资本增至人民币19.95亿元。该等注册资本变动已记载于发行人的《企业国有资产变动产权登记表》。

3. 第二次增资

根据“沪重组办[1999]68号”文和“沪国资预[2000]287号”《关于增加上海国有资产经

营有限公司资本金的批复》，并经工商行政管理部门核准登记，发行人的注册资本金增加至人民币25亿元。该等注册资本变动已记载于发行人的《企业国有资产变动产权登记表》。2001年5月17日，发行人完成本次注册资本变更的工商登记。

4. 第三次增资

2002年5月20日，上海国资办下发“沪国资预[2002]139号”《关于同意上海国有资产经营有限公司变更工商登记的批复》，同意发行人的注册资本金增加至人民币50亿元，该等注册资本变动已记载于发行人的《企业国有资产变动产权登记表》。2002年6月4日，发行人完成本次注册资本变更的工商登记。

5. 国有资产无偿划转

2007年10月10日，上海国资委下发“沪国资委产[2007]689号”《关于上海国有资产经营有限公司整体国有资产无偿划转的批复》，决定将上海国资委持有的发行人100%股权划入国际集团。2007年10月12日，发行人完成本次股东变更工商登记。

本所律师认为，发行人上述股本变动均已根据相关法律、法规之规定履行了必要的批准程序，合法、合规、真实、有效。

（二）发行人的现状

发行人目前持有上海市工商行政管理局颁发的注册号为310000000072316的《企业法人营业执照》，住所位于上海市徐汇区天钥桥路329号807室，法定代表人傅帆，注册资本人民50亿元，经营范围为“实业投资、资本运作、资产收购、包装和出让、企业和资产托管、债务重组、产权经纪、房地产中介、财务顾问、投资咨询及与经营范围相关的咨询服务，与资产经营、资本运作业务相关的担保”。

本所律师认为，发行人系按照中国法律、法规和规范性文件依法设立并有效存续的一人有限责任公司，具备独立的法人资格，并依法独立承担民事责任；发行人不存在根据法律、法规和规范性文件或其《公司章程》规定需要终止的情形，其具备本次债券发行的主体资格。

二、本次债券发行的批准与授权

（一）经本所律师核查，发行人于2015年6月24日召开的第三届董事会2015年第一次会议已作出决议，同意公司面向合格投资者及一般公众公开发行期限不超过10年，金额不超过40亿元公司债券，募集资金用于补充流动资金、偿还各类借款等到期债务。

（二）经本所律师核查，发行人股东国际集团于2015年7月27日作出沪国际（2015）82号《关于上海国有资产经营有限公司申请发行公司债券的批复》，同意发行人发行规模不超过40亿元的公司债券，期限不超过10年，募集资金用于偿还各类贷款及补充营运资金。

本所律师认为，发行人本次债券发行已获得必需的批准与授权，尚需取得中国证监会的核准。

三、本次债券发行的实质条件

（一）发行人的净资产达到法定最低要求

根据瑞华会计对发行人最近三年合并财务报告审计并出具的“瑞华审字（2015）第01260037号”《审计报告》及发行人最近一期（截至2015年6月30日）未经审计的合并财务报表，发行人截至2014年12月31日的经审计的净资产、2015年6月30日的未经审计的净资产分别为人民币22 215,455,321.97元及人民币69,383,277,944.37元，均不少于人民币6,000万元，符合《证券法》第十六条第一款第（一）项的规定。

（二）发行人的累计债券余额未超过法定最高限额

根据《募集说明书》（申报稿），本次债券发行的发行规模为不超过人民币40亿元。根据瑞华会计对发行人最近三年合并财务报告审计并出具的“瑞华审字（2015）第01260037号”《审计报告》，截至2014年12月31日发行人经审计的净资产为22,215,455,321.97元；根据发行人最近一期（截至2015年6月30日）未经审计的合并财务报表，截至2015年6月30日，发行人未经审计的净资产为69,383,277,944.37元。

本次债券发行后，发行人累计债券余额（扣除各项发行费用后）不超过人民币40亿元，占发行人截至2014年12月31日经审计净资产的比例以及占发行人截至2015年6月30日未经审计净资产的比例均未超过40%，符合《证券法》第十六条第一款第（二）项的规定。

(三)发行人最近三年平均可分配利润足以支付本次公司债券一年的利息

根据《募集说明书》(申报稿),本次债券的票面利率为固定利率,在债券存续期内固定不变,本次债券采取网上与网下相结合的发行方式,票面利率将由发行人与主承销商根据网下利率询价结果在预设利率区间内协商确定。

根据瑞华会计对发行人最近三年合并财务报告审计并出具的标准无保留意见的"瑞华审字(2015)第01260037号"《审计报告》,发行人2012、2013和2014年度分别实现归属于母公司的净利润人民币175,234,862.73元、人民币374,223,294.20元和人民币435,887,483.65元,据此计算发行人最近三年平均可分配利润约为人民币3.28亿元。

本所律师认为,发行人最近三年平均可分配利润足以支付发行人本次公司债券一年的利息,符合《证券法》第十六条第一款第(三)项规定。

(四)募集资金用途符合国家规定

根据《募集说明书》(申报稿),本次发行债券的募集资金扣除发行费用后,拟用于偿还各类贷款及补充营运资金,符合《证券法》第十六条第一款第(四)项和第二款以及《管理办法》第十五条第一款的规定。

(五)债券利率不超过限定水平

根据《募集说明书》(申报稿),本次债券票面利率将由公司与主承销商根据网下利率询价结果在预设利率区间内协商确定。本次债券票面利率采取单利按年计息,不计复利,债券的利率将不超过国务院限定的利率水平,符合《证券法》第十六条第一款第(五)项的规定。

(六)根据发行人所作的确认并经本所律师合理查验,发行人不存在《证券法》第十八条、《管理办法》第十七条规定的不得公开发行公司债券的下列情形:

1. 最近三十六个月内公司财务会计文件存在虚假记载,或公司存在其他重大违法行为;

2. 本次报送的发行申请文件有虚假记载、误导性陈述或者重大遗漏;

3. 已发行的公司债券或者其他债务有违约或者迟延支付本息的事实,仍处于继续状态;

4. 严重损害投资者合法权益和社会公共利益的其他情形;

5. 前一次公开发行的公司债券尚未募足;

6. 违反《证券法》规定,改变公开发行公司债券所募资金的用途。

(七)根据发行人所作的确认并经本所律师合理查验,本次债券的资信状况符合向公众投资者公开发行公司债券的法定标准,符合《管理办法》第十八条以及《上市规则》第2.1.2条的规定:

1. 发行人最近三年无债务违约或者延迟支付本息的事实。

2. 发行人最近三个会计年度实现的年均可分配利润不少于债券一年利息的1.5倍。

根据《募集说明书》(申报稿),本次债券的票面利率为固定利率,在债券存续期内固定不变,债券的利率将不超过国务院限定的利率水平。根据瑞华会计对发行人最近三年合并财务报告审计并出具的"瑞华审字(2015)第01260037号"《审计报告》,发行人2012、2013和2014年度实现归属于母公司的净利润分别为人民币175,243,862.73元、人民币374,223,294.2元和人民币435,887,483.65元,据此计算发行人最近三年平均可分配利润约为人民币3.28亿元,将不少于本次债券一年利息的1.5倍。

3. 根据新世纪资信出具的《信用评级报告》,本次债券信用等级为AAA级。

经本所律师核查,发行人委托新世纪资信为本次债券发行进行信用评级。新世纪资信是经中国证监会认定的、具有证券服务业务资格的资信评级机构。

根据新世纪资信出具的《信用评级报告》,发行人的主体信用等级为AAA级,本次债券信用等级为AAA级。在本次债券的有效存续期内,新世纪资信将对本次债券的信用等级进行持续跟踪,每年至少向市场公布一次定期跟踪评级报告。

综上,本所律师认为,发行人本次债券发行符合《公司法》、《证券法》、《管理办法》和《上市规则》等法律、法规和规范性文件规定的公开发行公司债券的实质条件。

四、本次债券发行的基本情况及主要发行条款

根据《募集说明书》(申报稿)的披露,本次债券发行的主要发行条款如下:

(一)本次发行证券的种类

本次发行债券的种类为公司债券。

(二)债券名称

上海国有资产经营有限公司 2015 年公司债券(第一期)。

(三)发行主体

上海国有资产经营有限公司。

(四)发行规模

本次债券发行总额不超过人民币 40 亿元,采用分期发行方式,其中首期债券的发行规模为人民币 20 亿元。

(五)票面金额及发行价格

本次债券每张面值人民币 100 元,按面值发行。

(六)债券期限

本次债券期限不超过 10 年,可以为单一品种或数个不同的品种。本次债券的具体品种、各品种的期限和发行规模将由发行人和主承销商根据市场情况确定。

(七)债券形式

实名制记账式公司债券。投资者认购的本次债券在债券登记机构开立的托管账户登记托管。本次债券发行结束后,债券持有人可按照有关主管机构的规定进行债券的转让、质押等操作。

(八)还本付息的方式

本次债券按年付息、到期一次还本。利息每年支付一次,最后一期利息随本金一起支付。本次债券本息支付将按照债券登记机构的有关规定来统计债券持有人名单,本息支付的具体事项按照债券登记机构的相关规定办理。

(九)票面利率及确定方式

本次债券票面利率将由公司与主承销商根据网下利率询价结果在预设利率区间内协商确定。本次债券票面利率采取单利按年计息,不计复利。

(十)担保情况

本次债券无担保。

(十一)募集资金专项账户

公司将根据相关法律法规的规定指定募集资金专项账户,用于本次债券募集资金的接收、存储、划转与本息偿付。

(十二)信用级别及资信评级机构

经新世纪信用综合评定,公司的主体信用等级为 AAA,本次债券的债项信用等级为 AAA。

(十三)牵头主承销商、独家簿记管理人、债券受托管理人

本次债券的牵头主承销商、独家簿记管理人、债券受托管理人为中金公司。

(十四)联席主承销商

本次债券的联席主承销商为海通证券和东方花旗。

(十五)发行方式及配售规则

本次债券发行采取网上面向公众投资者公开发行和网下面向机构投资者询价配售相结合的方式。本次债券具体的发行方式及配售规则详见本次债券发行公告。

(十六)发行对象

1. 网上发行:持有在证券登记机构开立首位为 A、B、D、F 证券账户的公众投资者(法律、法规禁止购买者除外)。

2. 网下发行:持有在证券登记机构开立合格证券账户的机构投资者(法律、法规禁止购买者除外)。

(十七)向公司股东配售的安排

本次债券不向公司股东优先配售。

(十八)承销方式

本次债券由牵头主承销商中金公司与联席主承销商海通证券和东方花旗负责组建承销团,以主承销商余额包销的方式承销。

(十九)拟上市地及上市安排

本次债券拟于上交所上市。本次发行结束后,发行人将尽快向上交所提出关于本次债券上市交易的申请,具体上市时间将另行公告。

(二十)募集资金用途

本次债券募集资金扣除发行费用后,拟用于偿还各类贷款及补充营运资金。

(二十一)新质押式回购

公司主体信用等级为 AAA,本次债券的信用等级为 AAA,符合进行新质押式回购交易的基本条件。发行人拟向上交所及证券登记机构申请进行新质押式回购。本次债券新质押式回购相关申请尚需有关部门最终批复。如获批准,具体折算率等事宜按上交所及证券登记机构的相关规定执行。

五、本次债券发行的中介机构

(一)本次债券发行的承销机构

中金公司担任本次债券发行牵头主承销商、债券受托管理人、独家簿记管理人,海通证券、东方花旗担任联席主承销商。

1. 中金公司

经本所律师核查,中金公司目前持有注册号为100000400005994的《营业执照》,为合法存续的股份有限公司,其经营范围为"一、人民币特种股票、人民币普通股票、境外发行股票,境内外政府债券、公司债券和企业债券的经纪业务;二、人民币普通股票、人民币特种股票、境外发行股票,境内外政府债券、公司债券和企业债券的自营业务;三、人民币普通股票、人民币特种股票、境外发行股票,境内外政府债券、公司债券和企业债券的承销业务;四、基金的发起和管理;五、企业重组、收购与合并顾问;六、项目融资顾问;七、投资顾问及其他顾问业务;八、外汇买卖;九、境外企业、境内外商投资企业的外汇资产管理;十、同业拆借;十一、客户资产管理;十二、网上证券委托业务;十三、融资融券业务;十四、代销金融产品;十五、证券投资基金代销;十六、为期货公司提供中间介绍业务;十七、证券投资基金托管业务;十八、经金融监管机构批准的其他业务"。中金公司持有中国证券监督管理委员会于2014年3月27日核发的《经营证券业务许可证》,可从事经营"一、人民币特种股票、人民币普通股票、境外发行股票,境内外政府债券、公司债券和企业债券的经纪业务;二、人民币普通股票自营、人民币特种股票、境外发行股票,境内外政府债券、公司债券和企业债券的自营业务;三、人民币普通股票、人民币特种股票、境外发行股票,境内外政府债券、公司债券和企业债券的承销业务;四、基金的发起和管理;五、企业重组、收购与合并顾问;六、项目融资顾问;七、投资顾问及其他顾问业务;八、外汇买卖;九、境外企业、境内外商投资企业的外汇资产管理;十、同业拆借;十一、客户资产管理;十二、融资融券;十三、代销金融产品;十四、证券投资基金代销;十五、证券投资基金托管"。根据中国证券业协会公示的会员单位名单,中金公司为中国证券业协会会员。

2. 海通证券

经本所律师核查,海通证券目前持有注册号为310000000016182的《营业执照》,为合法存续的股份有限公司,其经营范围为"证券经纪;证券自营;证券承销与保荐;证券投资咨询;与证券交易、证券投资活动有关的财务顾问;直接投资业务;证券投资基金代销;为期货公司提供中间介绍业务;融资融券业务;代销金融产品;股票期权做市业务;中国证监会批准的其他业务,公司可以对外投资设立子公司从事金融产品等投资业务"。海通证券持有中国证券监督管理委员会于2015年2月4日核发的《经营证券业务许可证》,可从事经营"证券经纪;证券投资咨询;与证券交易、证券投资活动有关的财务顾问;证券承销与保荐;证券自营;融资融券;证券投资基金代销;代销金融产品;股票期权做市"。根据中国证券业协会公示的会员单位名单,海通证券为中国证券业协会会员。

3. 东方花旗

经本所律师核查,东方花旗目前持有注册号为100000400012233的《营业执照》,为合法存续的有限公司,其经营范围为"(一)证券(不含国债、政策性银行金融债、短期融资券及中期票据)承销与保荐;(二)中国证监会批准的其他业务"。东方花旗持有中国证券监督管理委员会于2014年1月15日核发的《经营证券业务许可证》,可从事经营"证券(不含国债、政策性银行金融债、短期融资券及中期票据)承销与保荐"。根据中国证券业协会公示的会员单位名单,东方花旗为中国证券业协会会员。

根据本所律师的适当核查,中金公司、海通证券、东方花旗是依法设立并有效存续的企业法人,符合担任本次债券发行承销商的主体资格要求。

(二)本次债券发行的审计机构

为本次债券发行,发行人聘请了瑞华会计作为本次债券发行的审计机构。

根据瑞华会计持有的注册号为110000013615629号《营业执照》,并经本所律师核查,瑞华会计成立于2011年2月22日,营业场所为北京市海淀区西四环中路16号2号楼4层,负责人为杨剑涛、顾仁荣,经营范围为"审查企业会计报表、出具审计报告,验证企业资本,出具验资报告,办理企业合并、分立、清算事宜中的审计业务,出具有关报告,基本建设年度财务决算审计,会计咨询、税务咨询、管理咨询"。

瑞华会计目前持有财政部及证监会于2015年7月1日核发的编号为000453号《会计师事务所证券、期货相关业务许可证》,可从事执行证券、期货相关业务。

根据瑞华会计出具的《证监会对瑞华会计师事务所执业质量监管及涉及项目情况的说明》,瑞华会计承担公司公司债项目的审计报告签字注册会计师郭俊艳和曹智春并未参与勤上光电股份有限公司项目,郭俊艳和曹智春与勤上光电股份有限公司项目无任何联系,且勤上光电股份有限公司项目注册会计师亦未参与公司本次公司债项目,因此中国证监会广东证监局对瑞华会计的立案调查对其出具本次公司债项的审计报告无任何影响。

鉴于此,本所律师核查后确认,瑞华会计具有从事本次债券发行审计工作的法定资质。

(三)本次债券发行的信用评级机构

为本次债券发行,发行人聘请了新世纪资信对其主体和债券进行信用评级。

根据新世纪资信持有的注册号为310110000035996号《营业执照》,并经本所律师核查,新世纪是成立于1992年7月30日的国内合资有限责任公司,原名上海新世纪投资服务有限公司,2004年7月更名,现住所位于上海市杨浦区控江路1555号A座103室K-22,法定代表人朱荣恩,注册资本人民币3,000万元,公司类型为有限责任公司(国内合资),经营范围为"资信服务,企业资产委托管理,债券评估,为投资者提供投资咨询及信息服务,为发行者提供投资咨询服务"。根据中国人民银行核发的"银发(1997)547号"《关于中国诚信证券评估有限公司等机构从事企业债券信用评级业务资格的通知》,新世纪已获得企业债券资信评级资格;根据中国保险监督管理委员会保监发(2003)133号《关于增加认可企业债券信用评级机构的通知》,新世纪被确认为保监会认可的信用评级机构,保险公司可以买卖经该公司评级在AA级以上的企业债券;根据中国证券监督管理委员会核发的"证监机构字[2007]250号"《关于核准上海新世纪资信评估投资服务有限公司从事证券市场资信评级业务的批复》,新世纪被核准从事证券市场资信评级业务。

经对发行人的外部运营环境和产品竞争力、财务状况进行综合评估,新世纪资信出具了《信用评级报告》,确定发行人主体长期信用等级为AAA级,本次债券信用等级为AAA级,评级展望为稳定,评级结论为"偿还债务的能力极强,基本不受不利经济环境的影响,违约风险极低"。

新世纪资信制定了跟踪评级安排,将在本次债券发行有效存续期内每年出具一次正式的定期跟踪评级报告,跟踪评级结果和报告将予以公告。

综上,本所律师认为,新世纪资信具备进行本次信用评级的主体资格,其对发行人和本次债券发行进行的信用评级合法有效,本次债券发行的评级情况符合《管理办法》的有关规定。

(四)本次债券发行的发行人法律顾问

为本次债券发行,发行人聘请了国浩律师(上海)事务所(以下简称"国浩")担任发行人法律顾问。本所即原上海市万国律师事务所,于1993年7月22日在上海市注册成立。本所与北京张涌涛律师事务所、深圳唐人律师事务所于1998年6月发起组建中国首家律师集团——国浩律师集团事务所,因此更名为国浩律师(上海)事务所,现名为国浩律师(上海)事务所。本所现住所位于上海市静安区北京西路968号23楼,负责人黄宁宁,本所持有上海市司法局颁发的23101199320605523号《律师事务所执业许可证》,并已通过2014年度考核。

本所指派倪俊骥律师、余蕾律师、张小龙律师为本次债券发行的经办律师。倪俊骥律师持有上海市司法局于2014年5月9日颁发的13101200110177163号《律师执业证》,已通过2014年度考核,余蕾律师持有上海市司法局2014年5月9日颁发的13101200511916056号《律师执业证》,已通过2014年度考核;张小龙律师持有上海市司法局2014年5月9日颁发的13101201010218153号《律师执业证》,已通过2014年度考核。

本所律师认为,国浩具有担任发行人本次债券发行之法律顾问的法定资质。

六、本次债券发行的担保方式

根据《募集说明书》(申报稿),本次公司债券无担保。

七、本次债券发行的受托管理人

根据发行人与中金公司签订的《债券受托管理协议》,发行人聘请中金公司为本次债券发行的受托管理人,依法履行受托管理人职责。

根据中金公司提供的《企业法人营业执照》、《经营证券业务许可证》,本所律师认为,中金公司为合法存续的股份有限公司,其担任受托管理人符合《管理办法》的有关规定。

《债券受托管理协议》明确了受托管理事项,分别规定了双方的权利、职责和义务,并对受托管理事务报告、受托管理的期限和报酬、违约责任、变更债券受托管理人的条件和程序等事项作明确规定,其内容符合《管理办法》第四章关于债券持有人权益保护的规定,符合《上市规则》及《受托管理人执业准则》的规定。《债券受托管理协议》于本次债券发行之日生效。

综上,本所律师认为,中金公司具备担任本次债券受托管理人的主体资格,其与发行人签订的《债券受托管理协议》符合《管理办法》及《受托管理人执业准则》的相关规定。

八、债券持有人会议规则

发行人已就本次债券发行制定了《债券持有人会议规则》,明确规定了债券持有人会议的职权、债券持有人会议召开的情形、债券持有人会议的召集、债券持有人会议的通知、债券持有人会议的召开、债券持有人会议的决议的适用性等内容,符合《管理办法》、《上市规则》及《受托管理人执业准则》的相关规定。

九、其他需要说明事项

(一)根据《募集说明书》(申报稿)、瑞华会计出具的"瑞华审字(2015)第01260037号"《审计报告》及发行人向本所律师提供的相关资料,发行人于资产负债表日(2014年12月31日)至本法律意见书签署日有如下重要事项需特别说明:

1. 根据2015年1月7日上海市政府专题会议精神,要求G1501各段项目公司的国有股东将所持有的股权无偿划转至上海城投(集团)有限公司,根据上述专题会议精神,发行人子公司上海国智置业有限公司拟将所持有的上海南环高速公路建设发展有限公司21%的股权(账面价值为155,400,000.00元)无偿划转给上海城投(集团)有限公司,该事项尚在进行中。

2. 根据2015年1月17日上海市委召开的专题会议,上海东郊宾馆有限公司拟变更为一人有限责任公司,因此发行人拟将持有的上海东郊宾馆有限公司股权(账面价值为336,000,000.00元)进行无偿划转,该事项尚在进行中。

3. 根据上海国资委于2015年5月29日下发的"沪国资委产权(2015)142号"《关于上海同盛投资(集团)有限公司部分国有股权无偿划转有关问题的批复》,发行人拟将持有的上海同盛投资(集团)有限公司4%股权无偿划转给上海国资委,该事项尚在进行中。

4. 根据上海国资委于2015年6月15日下发的"沪国资委预算(2015)167号"《关于转报的上海国有资产经营有限公司两个专门事项有关处理意见的回复》,发行人应收上海国资委的10亿元轨道交通偿债资金,应视同于发行人向上海国资委上交国资盘活存量收益。根据发行人说明,发行人已按照利润分配进行相应的账务调整。

5. 根据国际集团于2015年8月20日下发的"沪国际[2015]90号"《关于浦银金融租赁股份有限公司10.17%股权无偿划转的批复》,国际集团将所持有浦银金融租赁股份有限公司10.17%的股权,即300,000,000股股份无偿划转至发行人。该事项尚在进行中。

6. 根据国际集团于2015年8月20日下发的"沪国际[2015]89号"《关于上海农村商业银行股份有限公司1.99%股权无偿划转的批复》,国际集团将所持有上海农村商业银行股份有限公司1.99%的股权,即99,539,286股股份无偿划转至发行人。该事项尚在进行中。

(二)发行人不属于地方融资平台

1. 根据《国务院关于加强地方政府融资平台公司管理有关问题的通知》(国发[2010]19号)及财政部、发展改革委、人民银行及银监会于2010年7月30日下发的《关于贯彻国务院关于加强地方政府融资平台公司管理有关问题的通知相关事项的通知》（财预[2010]412号），地方融资平台公司系指由地方政府及其部门和机构等通过财政拨款或注入土地、股权等资产设立，承担政府投资项目融资功能，具有政府公益性项目投融资功能，并拥有独立法人资格的经济实体。

2. 发行人系由国际集团持股100%的一人有限责任公司，是一家综合性国有资产经营有限公司，发行人具体业务范围包括：资产经营、参与国有资产的买卖、接受资产托管、对银行和企业的质押物进行管理和处置、受政府委托对上海市国有企业不实资产核销中相关资产进行处置等；发行人目前主要业务板块为"股权经营业务"、"金融企业不良资产收购处置业务"、"财务投资业务"。同时，发行人不存在因对外提供担保等信用支持形成的债务，亦不存在地方政府为发行人提供担保的情形。

故此，本所律师认为发行人非国发[2010]19号及财预[2010]412号所指地方融资平台公司，且发行人不存在替地方政府融资的行为；本次债券发行亦不存在新增地方政府债务的情形，本次债券募集资金不会用于偿还政府债务，亦不会用于地方政府的项目建设。

十、对《募集说明书》（申报稿）法律风险的评价

本所律师审阅了《募集说明书》（申报稿）及其摘要，特别是其中发行人引用本法律意见书的相关内容，确认其内容真实完整，符合《公司法》、《证券法》、《管理办法》及《上市规则》等法律、法规和规范性文件的规定，不存在因虚假记载、误导性陈述或重大遗漏可能引致的法律风险，亦不存在违反《公司法》和发行人《公司章程》的情形，《募集说明书》（申报稿）内容与本法律意见书不存在矛盾，本所律师对发行人在《募集说明书》（申报稿）及其摘要中引用的本法律意见书的内容无异议。

十一、结论意见

综上所述，本所律师认为，发行人具备本次债券发行的主体资格，本次债券发行符合《公司法》、《证券法》、《管理办法》及《上市规则》等相关法律、法规和规范性文件的规定的各项实质条件，本次债券发行的发行方案、主要发行条款合法，由具备资信评级资格的主体进行信用等级评定并作跟踪评级安排，依法聘请了债券受托管理人，制定了债券持有人会议规则，符合《公司法》、《证券法》、《管理办法》、《上市规则》及《受托管理人执业准则》等相关法律、法规和规范性文件的规定。本次债券发行已取得现阶段所必需的批准和授权，尚待获得中国证监会核准。

（本页以下无正文）

第三节　法律意见书结尾

一、本法律意见书出具的日期及签字盖章

本页无正文，为国浩律师（上海）事务所《关于上海国有资产经营有限公司公开发行2015年公司债券之法律意见书》之签署页。

本法律意见书于二〇一五年十月十九日由国浩律师（上海）事务所出具，经办律师为倪俊骥律师、余蕾律师、张小龙律师。

二、本法律意见书的正、副本份数

本法律意见书正本叁份，无副本。

国浩律师（上海）事务所
负责人：黄宁宁
经办律师：倪俊骥、余蕾、张小龙

三、境外发行上市类

(一)上市公司境外首次公开发行

关于华泰证券股份有限公司发行境外上市外资股并在香港联合交易所有限公司上市的法律意见书

致:华泰证券股份有限公司

北京市金杜律师事务所接受华泰证券股份有限公司委托,作为华泰证券股份有限公司本次发行上市的专项法律顾问,根据《中华人民共和国证券法》、《中华人民共和国公司法》、《律师事务所从事证券法律业务管理办法》、《律师事务所证券法律业务执业规则(试行)》等法律、法规、规章和规范性文件以及中国证券监督管理委员会的有关规定,就华泰证券股份有限公司本次发行上市事宜出具本法律意见。

为出具本法律意见,本所依据《律师事务所从事证券法律业务管理办法》和《律师事务所证券法律业务执业规则(试行)》等有关规定,编制和落实了查验计划,亲自收集证据材料,查阅了按规定需要查阅的文件以及本所认为必须查阅的其他文件。在华泰证券股份有限公司保证提供了本所为出具本法律意见要求华泰证券股份有限公司提供的原始书面材料、副本材料、复印材料、确认函或证明,提供给本所的文件和材料是真实、准确、完整和有效的,并无隐瞒记载、虚假陈述和重大遗漏之处,且文件材料为副本或复印件的,其与原件一致和相符的基础上,本所合理、充分地运用了包括但不限于面谈、书面审查、实地调查、查询、函证、复核等方式进行了查验,对有关事实进行了查证和确认。

本所及经办律师依据《中华人民共和国证券法》、《律师事务所从事证券法律业务管理办法》和《律师事务所证券法律业务执业规则(试行)》等规定及本法律意见出具日以前已经发生或者存在的事实,严格履行了法定职责,遵循了勤勉尽责和诚实信用原则,进行了充分的核查验证,保证本法律意见所认定的事实真实、准确、完整,所发表的结论性意见合法、准确,不存在虚假记载、误导性陈述或者重大遗漏,并承担相应法律责任。

本所仅就与华泰证券股份有限公司本次发行上市有关的法律问题发表意见,且仅根据现行中国法律发表法律意见,并不依据任何中国境外法律发表法律意见。本所不对有关会计、审计及资产评估等非法律专业事项发表意见,在本法律意见中对有关会计报告、审计报告和资产评估报告的某些数据和结论进行引述时,已履行了必要的注意义务,但该等引述并不视为本所对这些数据、结论的真实性和准确性作出任何明示或默示保证。

本法律意见仅供华泰证券股份有限公司为本次发行上市之目的使用,不得用作任何其他目的。本所同意将本法律意见作为华泰证券股份有限公司申请本次发行上市所必备的法律文件,随同其他材料一同上报,并承担相应的法律责任。本所同意华泰证券股份有限公司在其为本次发行上市所制作的招股说明书中自行引用或按照监管机构的审核要求引用本法律意见的相关内容,但华泰证券股份有限公司作上述引用时,不得因引用而导致法律上的歧义或曲解。

金杜按照律师行业公认的业务标准、道德规范和勤勉尽责精神，出具法律意见如下：

一、本次发行上市的批准和授权

（一）2014年11月25日，发行人召开第三届董事会第十三次会议审议通过了《关于公司发行H股股票并在香港上市的议案》、《关于公司发行H股股票并在香港上市方案的议案》、《关于公司转为境外募集股份有限公司的议案》、《关于公司发行H股股票并上市决议有效期的议案》、《关于授权董事会及其授权人士全权处理与本次H股股票发行和上市有关事项的议案》、《关于确定董事会授权人士的议案》、《关于公司发行H股并上市前滚存利润分配方案的议案》、《关于公司前次募集资金使用情况报告的议案》、《关于公司发行H股股票募集资金使用计划的议案》、《关于修订〈华泰证券股份有限公司章程〉（H股）的议案》等事项，并审议通过了《关于召开公司2014年第四次临时股东大会的议案》，同意将《关于公司发行H股股票并在香港上市的议案》、《关于公司发行H股股票并在香港上市方案的议案》、《关于公司转为境外募集股份有限公司的议案》、《关于公司发行H股股票并上市决议有效期的议案》《关于授权董事会及其授权人士全权处理与本次H股股票发行和上市有关事项的议案》、《关于公司发行H股并上市前滚存利润分配方案的议案》、《关于公司前次募集资金使用情况报告的议案》、《关于公司发行H股股票募集资金使用计划的议案》、《关于修订〈华泰证券股份有限公司章程〉（H股）的议案》等议案提交发行人2014年第四次临时股东大会审议。

（二）根据发行人所作的会议记录，会议决议及金杜核查，发行人于2014年12月11日召开了2014年第四次临时股东大会，会议审议通过与本次发行上市有关的以下议案：

1.《关于公司发行H股股票并在香港上市的议案》；

2.《关于公司发行H股股票并在香港上市方案的议案》；

3.《关于公司转为境外募集股份有限公司的议案》；

4.《关于公司发行H股股票并上市决议有效期的议案》；

5.《关于授权董事会及其授权人士全权处理与本次H股股票发行和上市有关事项的议案》；

6.《关于华泰证券股份有限公司发行H股并上市前滚存利润分配方案的议案》；

7.《关于华泰证券股份有限公司前次募集资金使用情况报告的议案》；

8.《关于华泰证券股份有限公司发行H股股票募集资金使用计划的议案》；

9.《关于修订〈华泰证券股份有限公司章程〉（H股）的议案》；

10.《关于修订〈华泰证券股份有限公司股东大会议事规则〉的议案》；

11.《关于修订〈华泰证券股份有限公司董事会议事规则〉的议案》；

12《关于修订〈华泰证券股份有限公司监事会议事规则〉的议案》。

根据上述议案，发行人本次发行上市方案的主要内容为：

1. 股票种类与面值：本次发行的股票为向境外专业机构、企业和自然人及其他符合资格的投资者募集并在香港联交所主板挂牌上市的境外上市外资股（H股），均为普通股，每股面值为人民币1元。

2. 发行时间：公司将在股东大会决议有效期内选择适当的时机和发行窗口完成本次发行上市，具体发行时间将由股东大会授权董事会或董事会授权人士根据国际资本市场状况和境内外监管部门审批进展情况决定。

3. 发行方式：本次发行方式为香港公开发行及国际配售。根据国际资本市场的惯例和情况，国际配售可包括但不限于：（1）依据美国1933年《证券法》及其修正案项下144A规则（或其他豁免）于美国向合格机构投资者进行的发售；（2）依据美国1933年《证券法》及其修正案项下S条例进行的美国境外发行；（3）日本非上市公开发行（POWL）。

4. 发行规模：本次发行的H股股数不超过发行后公司总股本的20%（超额配售权执行前），并授予簿记管理人不超过上述发行的H股股数15%的超额配售权。最终发行数量提请股东大会授权董事会或董事会授权人士根据法律规定、监管机构批准及市场情况确定。

5. 定价方式：本次发行价格将在充分考虑

公司现有股东利益、投资者接受能力以及发行风险等情况下,根据国际惯例,通过订单需求和薄记建档,根据发行时国内外资本市场情况、参照同类公司在国内外市场的估值水平确定。

6. 发行对象:本次发行的对象为境外专业机构、企业和自然人及其他符合资格的投资者。

7. 发售原则:香港 公开发售部分将根据接获认购者的有效申请数目而决定配发给认购者的股份数目。配发基准根据认购者在香港公开发售部分有效申请的股份数目而可能有所不同,但仍会严格按照比例分摊。在适当的情况下,配发股份也可通过抽签方式进行,即部分认购者可能会获配发比其他申请认购相同股份数目的认购者较多的股份,而未获抽中的认购者可能不会获配发任何股份,公开发售部分的比例将按照香港联交所《上市规则》规定的超额认购倍数以及香港联交所可能授予的有关豁免而设定"回拨"机制。

国际配售部分占本次发行的比例将根据香港公开发售部分比例(经回拨后)来决定。国际配售部分的配售对象和配售额度将根据累计订单,充分考虑各种因素来决定,包括但不限于:投资者下单的总量、投资者的质量、投资者的重要性和在过去交易中的表现、投资者下单的时间、订单的大小、价格的敏感度、预路演的参与程度、对该投资者的后市行为的预计等。

在本次国际配售分配中,将优先考虑基石投资者、战略投资者(如有)和机构投资者。

8. 根据国务院《减持国有股筹集社会保障资金管理暂行办法》及相关规定,公司本次发行上市时,公司国有股股东应按照 H 股融资额的 10% 进行国有股转(减)持,具体方案按国家有关部门批准的国有股确权方案及国有股转(减)持方案实施开展。

9. 募集资金用途:公司发行境外上市外资股(H 股)股票所得的募集资金在扣除发行费用后,将全部通过补充资本金,用于境内外业务发展及投资,主要包括:

(1)战略性发展,如综合性金融控股集团架构的构筑,海外业务开发与拓展等;

(2)应对快速增长的融资融券及相关创新业务,以满足客户日益增长的融资需求;

(3)自营金融产品投资及中国监管机构允许的其他新业务;

(4)补充营运资金和其他一般企业用途。

具体募集资金用途及投向计划以 H 股招股说明书的披露为准。

10. 有关授权事项:发行人股东大会已授权董事会及董事会授权人士全权处理与本次发行上市有关的事项,包括:

(1)授权董事会及董事会授权的人士,全权实施股东大会通过的发行 H 股股票并在香港上市的方案,包括但不限于:确定具体的 H 股发行规模、发行价格(包括币种、价格区间和最终定价)、发行时间、发行方式及发行对象、配售比例、超额配售事宜及募集资金使用计划。

(2)授权董事会及董事会授权的人士,在其认为必要或适当的情况下修改、签署、递交及刊发募集说明书;签署、执行、修改、中止任何与本次发行上市有关的协议、合同、招股文件或其他文件;聘请保荐人、承销商、境内外律师、收款银行及其他与本次发行上市有关的中介机构;全权处理制定国有股确权有关方案并报相关部门批准有关事宜;全权处理制定国有股转(减)持方案报相关部门批准并按照相关部门最终批复办理具体操作事宜和签署相关文件;以及其他与本次发行上市有关的事项。

(3)授权董事会及董事会授权的人士,根据股东在会通过的 H 股股票发行并在香港上市的方案,就发行 H 股股票并上市事宜向境内外政府有关部门、监管机构办理审批、登记、备案、核准、同意等手续;签署、执行、修改、完成须向境内外政府有关部门、机构、组织、个人提交的所有必要文件;完成与本次发行上市有关的必须、恰当或合适的所有行为及事项。

(4)在不限制上述第(1)、(2)、(3)点所述的一般性情况下,授权董事会及董事会授权的人士,根据香港联交所的有关规定,代表发行人批准保荐人适时向香港联交所提交 A1 表格,并于提交该表格时代表发行人作出载列于 A1 表格中的承诺,代表发行人按照 A1 表格中提及的《证券及期货(在证券市场上市)规则》第 5 条和第 7 条的规定批准香港联交所将相关文件副本送交香港证券及期货事务监察委员会存档。

(5)授权董事会及董事会授权的人士,根据境内外法律、法规的规定或者境内外政府有关机构和监管机构的要求与建议及本次发行上市实际情况，对经董事会审议和经股东大会批准修改的《发行人章程（H股）》、《华泰证券股份有限公司股东大会议事规则》、《华泰证券股份有限公司董事会议事规则》等进行调整和修改（包括但不限于对章程文字、章节、条款、生效条件、注册资本等进行调整和修改），并在H股发行前和发行完毕后向中国证监会、工商行政管理局及其他相关部门办理核准、变更登记、备案等事宜。

（6）授权董事会及董事会授权的人士，根据政府有关部门和监管机构的要求及有关批准文件，对股东大会审议通过的与本次发行上市相关的决议内容作出相应修改。

（7）授权董事会根据需要授权有关人士具体办理与本次发行上市有关的事务。

11. 决议有效期：本次发行上市的相关决议有效期为该等决议经发行人股东大会审议通过之日起十八个月。

根据《公司法》、《特别规定》等中国法律法规以及《公司章程》的有关规定，金杜认为，上述决议的内容以及本次发行上市的授权范围、程序合法有效。

（三）根据中国证监会证券基金机构监管部于2015年3月3日下发的《关于出具华泰证券股份有限公司公开发行境外上市外资股并在香港联合交易所主板挂牌上市监管意见书的函》（机构部函［2015］550号），中国证监会证券基金机构监管部对发行人本次发行上市无异议，并同意发行人因本次发行上市涉及的变更注册资本事项。

（四）发行人制定了《发行人章程（H股）》，并经发行人董事会于2014年11月25日审议通过，经发行人股东大会于2014年12月11日审议批准，并经江苏证监局于2015年2月13日下发了《关于核准华泰证券股份有限公司变更公司章程重要条款的批复》（苏证监机构字［2015］55号）核准。

（五）为本次发行上市之目的，发行人根据《减持办法》的有关规定向国资委提交了《关于华泰证券股份有限公司首次公开发行H股股票国有股转持方案的请示》、《关于调整华泰证券股份有限公司首次公开发行H股股票国有股减持方案的说明》；国资委于2015年2月11日下发了《关于华泰证券股份有限公司国有股转持有关问题的批复》（国资产权［2015］88号），批准了发行人国有股转持方案。

（六）发行人本次发行尚待获得中国证监会核准。

根据上述，金杜认为，发行人本次发行上市已获得必要的内部批准及授权，并已获得中国证监会机构部关于本次发行上市的行业监管意见、国资委关于国有股转持方案的核准，发行人本次发行上市尚待中国证监会核准。

二、发行人本次发行上市的主体资格

（一）发行人现持有中国证监会于2015年2月4日核发的《经营证券业务许可证》（编号：10430000）和江苏省工商局于2014年12月17日核发的《营业执照》（注册号：320000000000192）。根据发行人的《营业执照》，发行人住所为“南京市中山东路90号”，法定代表人为“吴万善”，公司类型为“股份有限公司（上市）”，经营范围为“证券经纪业务，证券自营，证券承销业务［限承销国债、非金融企业债务融资工具、金融债（含政策性金融债）］，证券投资咨询，为期货公司提供中间介绍业务，融资融券业务，代销金融产品业务，证券投资基金代销，证券投资基金托管，黄金等贵金属现货合约代理业务和黄金现货合约自营业务，中国证监会批准的其他业务。（依法须经批准的项目，经相关部门批准后方可开展经营活动）”；注册资本为“560,000万元”，成立日期为“1991年4月9日”。经核查，发行人已通过历次工商年检，是依法设立且合法存续的股份有限公司。

（二）经金杜适当核查，发行人自成立之日起至今依法有效存续，不存在根据法律、行政法规、部门规章及其他规范性文件及《公司章程》需要终止的情形。

（三）经中国证监会证监许可［2010］138号文核准，发行人于2010年首次公开发行不超过784,561,275股人民币普通股股票（A股），经上交所上证发字［2010］8号文批准，发行人A股股票于2010年2月26日在上交所上市交易，证券简称为“华泰证券”，股票代码为“601688”。经核查，发行人A股股票自上市交易以来，一直处于正常交易情形，不存在因违反《上海证券交易所股票上市规则》而导致的股票长期停牌，也不存在按照《上海证券交易所股票上市规则》需对其股票作特别处理或摘牌下市的情形。

据此,金杜认为,发行人具有本次发行上市的主体资格。

三、发行人的历史沿革

(一)发行人的设立

发行人的前身为江苏省证券公司,经中国人民银行总行下发的《关于成立江苏省证券公司的批复》(银复[1990]497 号)、中国人民银行江苏省分行下发的《关于报送成立"江苏省证券公司"方案的报告》(苏银管[90]47 号)批准设立。江苏证券于 1991 年 2 月领取《中华人民共和国经营金融业务许可证》(银金管字第 08 - 0371 号),并于 1991 年 4 月 9 日在国家工商局注册登记(注册号:13475424 - 6),注册资本为 1000 万元。经营范围为:代理证券发行业务;自营、代理证券买卖业务;代理证券还本付息和红利的支付业务;经中国人民银行批准经营的其他业务。

据此,华泰证券在改制为股份有限公司之前,已经中国人民银行批准设立,持有有效的《中华人民共和国经营金融业务许可证》和《企业法人营业执照》并合法有效存续。

(二)发行人改制为股份有限公司

经过历次增资后,在改制为股份有限公司之前,华泰证券有限的注册资本已增加至 220,000 万元。

华泰证券有限于 2007 年 11 月 5 日召开 2007 年第七次临时股东会,审议同意华泰证券有限以经审计的账面净资产值折股整体变更为股份有限公司,并按照 1:0.65898 的比例折股后确定股份有限公司的股份总额,共计 450,000 万股,所有股份均为人民币普通股,每股面值为人民币 1 元。

根据中国证监会于 2007 年 11 月 29 日下发的《关于华泰证券有限责任公司变更为股份有限公司的批复》(证监机构字[2007]311 号),华泰证券有限获准整体变更为"华泰证券股份有限公司",注册资本由 220,000 万元增至 450,000 万元。

根据江苏天衡会计师事务所有限公司于 2007 年 12 月 6 日出具的《验资报告》(天衡验字[2007]112 号),华泰证券有限各股东以经审计的华泰证券有限净资产,按 1:0.65898 的比例折合为华泰证券的股本;华泰证券股本总额为 450,000 万元,股份总额为 450,000 万股,每股面值为 1 元,均为普通股。

根据江苏省工商局于 2007 年 12 月 7 日核发的《企业法人营业执照》(注册号为 320000011003192),华泰证券有限已就上述变更事宜在江苏省工商局进行了变更登记。本次改制完成后,发行人的注册资本由 220,000 万元增加至 450,000 万元。

本次改制完成后,华泰证券的股东及其持股情况如下:

股东名称	持股数(股)	持股比例(%)*
江苏省国信资产管理集团有限公司	1,393,913,526	30.98
江苏交通控股有限公司	482,615,836	10.72
江苏汇鸿国际集团有限公司	448,017,453	9.96
江苏高科技投资集团有限公司	434,267,399	9.65
国华能源投资有限公司	372,048,515	8.27
江苏省丝绸进出口集团股份有限公司	347,965,110	7.73
江苏宏图高科技股份有限公司	147,618,708	3.28
南京钢铁联合有限公司	143,786,827	3.20
海澜集团有限公司	135,000,000	3.00

* 本列所述各比例存在加总后不等于 100% 的情形,系分别计算各股东持比例时已进行四舍五入的结果,下同。

续表

股东名称	持股数(股)	持股比例(%)
江苏苏豪国际集团股份有限公司	133,461,673	2.97
金城集团有限公司	113,274,321	2.52
富邦资产管理有限公司	84,023,685	1.87
江苏开元国际集团轻工业品进出口股份有限公司	54,348,010	1.21
江苏舜天国际集团有限公司	52,921,227	1.18
江苏三房巷实业集团总公司	45,345,980	1.00
江苏华西集团有限公司	45,345,980	1.00
江苏省海外企业集团有限公司	19,693,538	0.44
贵州赤天化集团有限公司	18,912,999	0.42
南京市国有资产经营(控股)有限公司	14,510,688	0.32
上海梅山集团(南京)矿业有限公司	7,225,454	0.16
江苏金盛实业投资公司	3,627,616	0.08
江苏省对外经贸股份有限公司	2,045,455	0.05
合计	4,500,000,000	100.00

*注:上表所述各比例存在加总后不等于100%的情形,系分别计算各股东持股比例时已进行四舍五入的结果,下同。

四、发行人重要股本演变及历次验资情况

(一)1997年增资

江苏证券于1997年6月2日召开股东会,同意增加注册资本。根据中国人民银行于1997年12月19日下发的《关于江苏省证券公司增资改制的批复》(银复[1997]501号),以及中国人民银行江苏省分行于1998年1月5日下发的《关于江苏省证券公司增资改制有关事项的批复》(苏银复[1998]14号),江苏证券获准将其注册资本从1000万元增加至40,400万元。

根据江苏会计师事务所于1998年2月9日出具的《验资报告》(苏会所二验字[98]第3号),江苏证券本次增资扩股后的实收资本为40,400万元,相关出资已全部到位。

根据江苏省工商局于1998年4月1日核发的《企业法人营业执照》(注册号:13475424-6),江苏证券已就上述注册资本增加在江苏省工商局进行了变更登记;本次增资完成后,江苏证券的注册资本变更为40,400万元。

本次增资完成后,江苏证券的股东及其持股情况变更为:

股东名称	出资额(万元)	持股比例(%)
江苏省财政厅财政信用资金管理局	11,702	28.97
江苏省国际信托投资公司	7164	17.73
江苏省丝绸进出口集团股份有限公司	5830	14.43
江苏汇鸿国际集团有限公司	2200	5.45
江苏华西集团有限公司	2000	5.00
南京钢铁集团有限公司	1600	3.96

续表

股东名称	出资额(万元)	持股比例(%)
江苏两江物业发展有限公司	1540	3.80
上海海基物业发展有限公司	1504	3.70
深圳市顺鑫达实业有限公司	1500	3.70
珠海国利工贸实业总公司	1500	3.70
江苏宏图电子信息集团有限公司	1000	2.48
利源实业有限公司	1000	2.48
南京市信托投资公司	320	0.79
上海梅山集团(南京)矿业有限公司	320	0.79
上海美术设计公司	320	0.79
贵州赤天化集团有限责任公司	258	0.64
江苏省海外企业集团有限公司	200	0.50
江苏金盛实业投资公司	160	0.40
江苏中保实业有限公司	132	0.32
江苏鑫苏投资公司	100	0.25
南通开发区南工贸易发展公司	50	0.12
合计	40,400	100.00

(二)1998年增资

江苏证券于1998年4月29日召开1997年度股东会,审议同意将江苏证券的注册资本由40,400万元增加至80,800万元。此后,江苏证券召开股东会,审议同意修改原增资方案,改为将江苏证券的注册资本由40,400万元增加至82,800万元。

根据江苏会计师事务所于1998年12月16日出具的《验资报告》(苏会所二验字〔98〕第56号),江苏证券本次变更前的实收资本为40,400万元,变更后的实收资本为人民币82,800万元,相关出资已全部到位。

根据江苏省工商局于1999年1月18日核发的《企业法人营业执照》(注册号:3200001100365),江苏证券已就上述注册资本增加在江苏省工商局进行了变更登记;本次增资完成后,江苏证券的注册资本变更为82,800万元。

本次增资完成后,江苏证券的股东及其持股情况如下:

股东名称	出资额(万元)	持股比例(%)
江苏省财政厅财政信用资金管理局	20,200	24.40
南京顺华隆投资发展有限公司	12,000	14.49
江苏省丝绸进出口集团股份有限公司	9,832	11.87
江苏汇鸿国际集团有限公司	7,400	8.94
江苏省国际信托投资公司	7,164	8.65
金城集团有限公司	4,996	6.03

续表

股东名称	出资额(万元)	持股比例(%)
南京华德丰投资有限公司	4,000	4.83
江苏交通投资公司	4,000	4.83
中国石化金陵石油化工公司	2,000	2.42
江苏三房巷实业集团总公司	2,000	2.42
江苏华西集团有限公司	2,000	2.42
江苏宏图高科技股份有限公司	2,000	2.42
南京钢铁集团有限公司	1,600	1.93
江苏省轻工业品进出口集团股份有限公司	1,000	1.21
上海美术设计公司	640	0.77
南京市信托投资公司	640	0.77
江苏省海外企业集团有限公司	400	0.48
贵州赤天化集团有限公司	348	0.42
上海梅山集团(南京)矿业有限公司	320	0.39
江苏金盛实业投资公司	160	0.19
江苏鑫苏投资公司	100	0.12
合计	82,800	100.00

(三)1999年增资

根据中国证监会于1999年3月颁布且当时有效的《关于印发〈进一步加强证券公司监管的若干意见〉的通知》(证监机构字〔1999〕14号),证券公司增资扩股必须报中国证监会审批,且新增股本的5%以上必须由公积金转增。据此,江苏证券于1999年9月23日召开股东会,审议同意对1998年的增资行为进行规范,改为将其注册资本从40,400万元增加至85,032万元,其中公积金转增资本2232万元,由新老股东按其出资比例共同享有。

根据江苏天衡会计师事务所有限公司于1999年9月21日出具的《验资报告》(天衡验字〔99〕39号),江苏证券本次变更前的实收资本为40,400万元,变更后的实收资本为85,032万元,截至1999年9月16日,相关出资已全部到位。

根据中国证监会于1999年12月9日下发的《关于核准江苏证券有限责任公司增资扩股并更名的批复》(证监机构字[1999]152号),江苏证券获准将其注册资本增加至85,032万元,同时将公司名称变更为“华泰证券有限责任公司”。

根据江苏省工商局于2001年9月19日核发的《企业法人营业执照》(注册号:3200001100365),江苏证券已就上述注册资本增加及名称变更事宜在江苏省工商局进行了变更登记;本次增资完成后,华泰证券有限的注册资本变更为85,032万元。

本次增资完成后,华泰证券有限的股东及其持股情况变更为:

股东名称	出资额(万元)	持股比例(%)
江苏省财政厅财政信用资金管理局	20,744.52	24.4
南京顺华隆投资发展有限公司	12,323,48	14.49

续表

股东名称	出资额(万元)	持股比例(%)
江苏省丝绸进出口集团股份有限公司	10,097.04	11.87
江苏汇鸿国际集团有限公司	7599.48	8.94
江苏省国际信托投资公司	7357.12	8.65
金城集团有限公司	5130.67	6.03
南京华德丰投资有限公司	4107.83	4.83
江苏交通投资公司	4107.83	4.83
中国石化金陵石油化工公司	2053.91	2.42
江苏三房巷实业集团总公司	2053.91	2.42
江苏华西集团有限公司	2053.91	2.42
江苏宏图高科技股份有限公司	2053.91	2.42
南京钢铁集团有限公司	1643.13	1.93
江苏省轻工业品进出口集团股份有限公司	1,026.96	1.21
上海美术设计公司	657.25	0.77
南京市信托投资公司	657.25	0.77
江苏省海外企业集团有限公司	410.78	0.48
贵州赤天化集团有限公司	348.38	0.42
上海梅山集团(南京)矿业有限公司	357.38	0.39
江苏金盛实业投资公司	164.31	0.19
江苏鑫苏投资公司	102.7	0.12
合计	85,032	100.00

(四)2001年增资

华泰证券有限于2001年4月27日召开2000年年度股东会,审议同意将华泰证券有限的注册资本由85,032万元增加至220,000万元;其中,以公积金转增资本6748.4万元,其余部分由现有股东以每股1.5元的价格以现金出资认购。

根据中国证监会于2002年4月16日下发的《关于同意华泰证券有限责任公司增资扩股的批复》(证监机构字[2002]96号),华泰证券有限获准将其注册资本由85,032万元增加至220,000万元。

根据江苏天衡会计师事务所有限公司于2002年4月30日出具的《验资报告》(天衡验字〔2002〕20号),截至2002年4月30日,华泰证券有限已收到各股东缴纳的新增注册资本134,968万元,其中各股东以货币出资128,219.60万元,以公积金转增资本6748.40万元,华泰证券有限变更后的累计注册资本实收金额为220,000万元。

根据江苏省工商局于2002年5月24日核发的《企业法人营业执照》(注册号:3200001100365),华泰证券有限已就上述注册资本增加事宜在江苏省工商局进行了变更登记;本次增资完成后,华泰证券有限的注册资本变更为220,000万元。

本次增资完成后,华泰证券有限的股东及其持股情况如下:

股东名称	出资额(万元)	持股比例(%)
江苏省国有资产经营(控股)有限公司	62,471.49	28.4
江苏省投资管理有限责任公司	35,146.88	15.98
江苏汇鸿国际集团有限公司	20,202.60	9.18
国华能源投资有限公司	18,189.04	8.27
江苏省丝绸进出口集团股份有限公司	17,011.63	7.73
江苏交通投资公司	15,243.06	6.93
江苏宏图高科技股份有限公司	7216.91	3.28
南京钢铁集团有限公司	7029.58	3.19
三毛集团公司	6600.00	3.00
江苏苏豪国际集团金陵石油化工有限责任公司	6524.79	2.96
金城集团有限公司	5537.86	2.52
中国石化金陵石油化工公司	4107.82	1.87
江苏省轻工业品进出口集团股份有限公司	2657.01	1.21
江苏舜天国际集团有限公司	2587.26	1.18
江苏三房巷实业集团总公司	2216.91	1.01
江苏华西集团有限公司	2216.91	1.01
上海美术设计公司	1700.48	0.77
江苏省海外企业集团有限公司	1062.80	0.48
贵州赤天化集团有限公司	924.64	0.42
南京市信托投资公司	709.41	0.32
上海梅山集团(南京)矿业有限公司	354.72	0.16
江苏金盛实业投资公司	177.35	0.08
江苏省高新技术风险投资公司	110.85	0.05
合计	220,000	100.00

(五)2007 年改制为股份有限公司

华泰证券有限于 2007 年改制为股份有限公司,注册资本变更为 450,000 万元,具体情况请见本法律意见第三部分。

(六)2009 年增资

经华泰证券于 2008 年 11 月 19 日召开的 2008 年第四次临时股东大会审议通过,并经中国证监会于 2009 年 7 月 30 日下发的《关于核准华泰证券股份有限公司变更注册资本并吸收合并信泰证券有限公司及变更业务范围的批复》(证监许可[2009]715 号)核准,华泰证券获准将其注册资本由 450,000 万元增加至 481,543.8725万元。

根据江苏天衡会计师事务所有限公司于 2009 年 7 月 31 日出具的《验资报告》(天衡验字〔2009〕45 号),截至 2009 年 7 月 31 日,华泰证券已收到常熟市发展投资有限公司等 26 家法人股东缴纳的新增注册资本 31,543.8725 万元,各股东均以股权出资,华泰证券变更后的注册资本为 481,543.8725 万元,实收资本为 481,543.8725万元。

根据江苏省工商局于 2009 年 7 月 31 日核

发的《企业法人营业执照》(注册号: 320000000000192),华泰证券已就上述注册资本增加事宜在江苏省工商局进行了变更登记;本次增资完成后,华泰证券的注册资本变更为481,543.8725万元。

本次增资完成后,华泰证券的股东及其持股情况如下:

股东名称	持股数(股)	持股比例(%)
江苏省国信资产管理集团有限公司	1,393,913,526	28.9468
江苏交通控股有限公司	484,943,423	10.0706
江苏汇鸿国际集团有限公司	448,017,453	9.3038
江苏高科技投资集团有限公司	434,267,399	9.0182
国华能源投资有限公司	372,048,515	7.7262
江苏省丝绸集团有限公司	347,965,110	7.2260
江苏宏图高科技股份有限公司	147,618,708	3.0655
南京钢铁联合有限公司	143,786,827	2.9860
海澜集团有限公司	135,000,000	2.8035
江苏苏豪国际集团股份有限公司	133,461,673	2.7715
金城集团有限公司	113,274,321	2.3523
富邦资产管理有限公司	84,023,685	1.7449
江苏开元国际集团轻工业品进出口股份有限公司	54,348,010	1.1286
江苏舜天国际集团有限公司	52,921,227	1.0990
常熟市发展投资有限公司	48,872,180	1.0149
江苏三房巷集团有限公司	45,345,980	0.9417
江苏华西村股份有限公司	45,345,980	0.9417
中国华闻投资控股有限公司	41,379,311	0.8593
常州投资集团有限公司	33,834,586	0.7026
中泰信托有限责任公司	33,827,587	0.7025
上海新华闻投资有限公司	32,068,966	0.6660
中国广东核电集团有限公司	30,594,828	0.6353
国航投资控股有限公司	23,146,552	0.4807
江苏省海外企业集团有限公司	19,693,538	0.4090
贵州赤天化集团有限责任公司	18,912,999	0.3928
南京市国有资产经营(控股)有限公司	14,510,688	0.3013
徐州市国盛投资控股有限公司	11,278,195	0.2342
深圳市特发投资有限公司	9,310,345	0.1933
中国原子能工业有限公司	7,741,380	0.1608

续表

股东名称	持股数(股)	持股比例(%)
上海梅山矿业有限公司	7,255,454	0.1507
天津渤海化工有限责任公司	4,655,173	0.0967
东方电气投资管理有限公司	4,655,173	0.0967
中山集团控股有限责任公司	3,879,311	0.0806
江苏金盛实业投资有限公司	3,627,616	0.0753
深圳市赛格集团有限公司	3,362,069	0.0698
江铃汽车集团财务有限公司	3,103,449	0.0644
中国银河投资管理有限公司	2,327,587	0.0483
华北制药集团有限责任公司	2,327,587	0.0483
锦江国际(集团)有限公司	2,327,587	0.0483
中国葛洲坝集团股份有限公司	2,327,587	0.0483
吉化集团公司	2,327,587	0.0483
西安飞机工业(集团)有限责任公司	2,327,587	0.0483
中国一拖集团有限公司	2,327,587	0.0483
中国有色金属工业沈阳公司	2,327,587	0.0483
湖南省有色金属工业总公司	2,068,965	0.0430
江苏省对外经贸股份有限公司	2,045,455	0.0425
中国一拖集团财务有限责任公司	712,371	0.0148
合计	4,815,438,725	100.0000

（七）2010年首次公开发行A股股票并上市

经发行人股东大会于2009年8月31日审议同意，并经中国证监会于2010年2月9日下发的《关于核准华泰证券股份有限公司首次公开发行股票的批复》（证监许可[2010]138号）核准，发行人于2010年向社会公开发行每股面值人民币1元的人民币普通股股票（A股）共计78,456.1275万股（含超额配售部分），每股发行价为人民币20元。发行人A股股票于2010年2月26日在上交所挂牌上市交易，股票代码为601688。A股首次公开发行完成后，发行人的注册资本变更为560,000万元。

根据江苏天衡会计师事务所有限公司于2010年2月12日出具的《验资报告》（天衡验字[2010]009号），截至2010年2月12日，发行人已发行人民币普通股股票（A股）78,456.1275万股，募集资金总额为15,691,225,500.00元，扣除发行费用165,797,636.15元，实际募集资金净额为15,524,427,863.85元，其中：新增注册资本784,561,275.00元，资本公积14,739,866,588.85元。

根据江苏省工商局于2010年6月9日核发的《企业法人营业执照》（注册号：320000000000192），发行人已就上述注册资本增加事宜在江苏省工商局进行了变更登记；本次增资完成后，华泰证券的注册资本变更为560,000万元。

首次公开发行完成时，发行人的股本结构如下表所示：

股东名称	持股数(股)	持股比例(%)
江苏省国信资产管理集团有限公司	1,367,687,495	24.4230
社会公众股	784,561,275	14.0000
江苏交通控股有限公司	475,819,370	8.4968
江苏汇鸿国际集团有限公司	439,588,150	7.8498
江苏高科技投资集团有限公司	365,048,543	7.6089
国华能源投资有限公司	372,048,515	6.5187
江苏省丝绸进出口集团股份有限公司	341,418,259	6.0968
江苏宏图高科技股份有限公司	147,618,708	2.6360
上海星聚投资管理有限公司	143,768,827	2.5676
海澜集团有限公司	135,000,000	2.4107
江苏苏豪国际集团股份有限公司	131,447,067	2.3473
金城集团有限公司	111,143,101	1.9847
富邦资产管理有限公司	51,925,531	1.5004
全国社会保障基金理事会	76,985,238	1.3747
江苏开元国际集团轻工业品进出口股份有限公司	53,568,528	0.9566
江苏舜天国际集团有限公司	51,925,531	0.9272
常熟市发展投资有限公司	47,925,666	0.8563
江苏三房巷实业集团总公司	45,345,980	0.8097
江苏华西集团有限公司	45,345,980	0.8097
中国华闻投资控股有限公司	40,600,773	0.7250
中泰信托有限责任公司	33,827,587	0.6041
常州投资集团有限公司	33,197,999	0.5928
上海新华闻投资有限公司	32,068,966	0.5727
中国广东核电集团有限公司	30,019,196	0.5361
国航投资控股有限公司	22,741,542	0.4061
江苏省海外企业集团有限公司	19,323,010	0.3451
贵州赤天化集团有限公司	18,577,157	0.3314
南京市国有资产经营(控股)有限公司	14,237,647	0.2542
徐州市国盛投资控股有限公司	11,065,999	0.1976
深圳市特发投资有限公司	9.135,174	0.1631
中国原子能工业有限公司	7,595,728	0.1356
上海梅山矿业有限公司	7,118,945	0.1271
天津渤海化工有限责任公司	4,567,587	0.0816

续表

股东名称	持股数(股)	持股比例(%)
东方电气投资管理有限公司	4,567,587	0.0815
中山集团控股有限责任公司	3,897,311	0.0693
江苏金盛实业投资公司	3.627,616	0.0648
深圳市赛格集团有限公司	3,298,813	0.0589
江铃汽车集团财务有限公司	3,627,616	0.0554
中国葛洲坝集团股份有限公司	2,327,587	0.0416
中国一拖集团有限公司	2,284,469	0.0408
锦江国际(集团)有限公司	2,283,794	0.0408
中国银河投资管理有限公司	2,283,794	0.0408
华北制药集团有限责任公司	2,283,794	0.0408
吉化集团公司	2,283,794	0.0408
西安飞机工业(集团)有限责任公司	2,283,794	0.0408
中国有色金属工业沈阳公司	2,283,794	0.0408
江苏省对外经贸股份有限公司	2,045,455	0.0365
湖南省有色金属工业总公司	2,030,039	0.0363
中国一拖集团财务有限责任公司	712,371	0.0127
合计	5,600,000,000	100.0000

综上所述,根据中国人民银行以及中国证监会等监管机构的批准文件并经金杜的适当核查,截至本法律意见出具日,发行人历次股本演变合法、合规、真实、有效。截至本法律意见出具日,发行人为依法设立、合法存续的股份有限公司。

五、发行人的独立性

(一)发行人独立从事其《营业执照》所核定的经营范围中的业务。发行人现持有中国证监会于 2015 年 2 月 4 日核发的《经营证券业务许可证》(编号:10430000)。金杜认为,发行人具有完整的业务体系和直接面向市场独立经营的能力。此外,截至本法律意见出具日,发行人与实际控制人及其控制的其他企业之间不存在显失公平的关联交易。金杜认为,发行人的业务独立。

(二)截至本法律意见出具日,除本法律意见书第九部分“发行人的主要财产”所述的权属瑕疵外,发行人拥有与其业务经营有关的土地、房屋的所有权或者使用权,拥有商标类知识产权并向商标局提出若干商标的注册申请;此外,发行人还持有域名类知识产权。金杜认为,发行人的资产独立完整。

(三)截至本法律意见出具日,发行人的高级管理人员未在发行人第一大股东、实际控制人及其控制的其他企业担任除董事、监事以外的其他职务,未在第一大股东、实际控制人及其控制的其他企业处领取薪酬;发行人的财务人员未在发行人第一大股东、实际控制人及其控制的其他企业中兼职。金杜认为,发行人的人员独立。

(四)发行人设立了独立的财务会计部门,建立了独立的财务会计核算体系和财务管理制度并独立进行财务决策;发行人具有规范的财务会计制度和对分支机构的财务管理制度;发行人依法独立设立账户,未与其第一大股东、实际控制人及其控制的其他企业共用银行账户。

金杜认为,发行人的财务独立。

(五)发行人已设立了股东大会、董事会、监事会等机构,聘请了包括总裁、副总裁、董事会秘书等人员在内的高级管理人员,根据自身经营管理的需要设置了理财服务中心、运营中心、信息技术部、计划财务部、稽查部、企划部、督导室、综合事务部、合规与风险管理部等职能机构/部门。发行人独立行使经营管理职权,发行人与其第一大股东、实际控制人及其控制的其他企业之间不存在机构混同的情形。金杜认为,发行人的机构独立。

(六)综上所述,发行人在业务、资产、人员、机构和财务等方面符合中国法律所要求的独立性。

六、发起人和股东(实际控制人)

(一)发起人股东

根据中国证监会于2007年11月29日下发的《关于华泰证券有限责任公司变更为股份有限公司的批复》(证监机构字[2007]311号),发行人的发起人股东共有22家,详见下表:

发起人股东名称	认购股份数(股)	所占比例(%)	股份性质
江苏省国信资产管理集团有限公司	1,393,913,526	30.9759	国有股
江苏交通控股有限公司	482,615,836	10.7248	国有股
江苏汇鸿国际集团有限公司	448,017,453	9.9559	国有股
江苏高科技投资集团有限公司	434,267,399	9.6504	国有股
国华能源投资有限公司	372,048,515	8.2677	国有股
江苏省丝绸集团有限公司	347,965,110	7.7326	国有股
江苏宏图高科技股份有限公司	147,618,708	3.2804	社会法人股
南京钢铁联合有限公司	143,786,827	3.1953	社会法人股
海澜集团有限公司	135,000,000	3.0000	社会法人股
江苏苏豪国际集团股份有限公司	133,461,673	2.9658	国有股
金城集团有限公司	113,274,321	2.5172	国有股
富邦资产管理有限公司	84,023,685	1.8672	社会法人股
江苏开元国际集团轻工业品进出口股份有限公司	54,348,010	1.2077	国有股
江苏舜天国际集团有限公司	52,921,227	1.1760	国有股
江苏三房巷集团有限公司	45,345,980	1.0077	社会法人股
江苏华西村股份有限公司	45,345,980	1.0077	社会法人股
江苏省海外企业集团有限公司	19,693,538	0.4376	国有股
贵州赤天化集团有限责任公司	18,912,999	0.4203	国有股
南京市国有资产经营(控股)有限公司	14,510,688	0.3225	国有股
上海梅山矿业有限公司	7,255,454	0.1612	国有股
江苏金盛实业投资有限公司	3,627,616	0.0806	国有股
江苏省对外经贸股份有限公司	2,045,455	0.0455	国有股
合计	4,500,000,000	100.0000	—

江苏国信作为发行人发起设立时的第一大股东，根据其所持有的《企业法人营业执照》（注册号：3200001105462），其当时的登记信息如下：

住所	南京市玄武区长江路88号
法定代表人	董启彬
注册资金	560,000万元
公司类型	有限责任公司（国有独资）
经营范围	省政府授权范围内的国有资产经营、管理、转让、投资、企业托管、资产重组以及经批准的其他业务

其他发起人股东当时的基本情况见本法律意见附件一。经金杜适当核查，发行人的发起人股东符合当时法律、法规、规章及其他规范性文件规定的投资入股资格。发起人已投入发行人的资产的产权关系清晰，发起人将上述资产投入发行人不存在法律障碍。

（二）发行人主要股东历次股份变动情况

1. 1998年上海海基物业发展有限公司受让股权

江苏证券于1998年9月9日召开股东会，审议通过原股东深圳顺鑫达投资发展有限公司将其持有的江苏证券1500万元出资额转让给上海海基物业发展有限公司；同意原股东珠海经济特区国立工贸发展总公司将其持有江苏证券1500万元出资额转让给上海海基物业发展有限公司；同意原股东利源实业有限责任公司苏州分公司将其持有的江苏证券1000万元出资额转让给上海海基物业发展有限公司；同意原股东南通开发区南工贸易有限公司将其持有的江苏证券50万元出资额转让给上海海基物业发展有限责任公司。至此，上海海基物业发展有限公司持有江苏证券的出资额由原来的1504万元达到5554万元，占总出资额的比例由3.7%增加至13.75%。

1998年9月18日，江苏证券召开第九次股东会，审议通过上海海基物业发展有限公司将其持有的江苏证券5554万元出资额转让给南京顺华隆投资发展有限公司，占总出资额13.75%，该次转让完成后，上海海基物业发展有限公司不再持有江苏证券股权。

2. 2001年南京顺华隆投资发展有限公司退出

根据江苏省人民政府《省政府关于成立江苏省国有资产经营（控股）有限公司的通知》（苏政发〔2001〕62号文），原江苏省财政信用资金管理局依法撤销，原江苏省财政信用资金管理局对华泰证券有限的投资为20,744.52万元，占总出资额的24.4%，转由江苏省国有资产经营（控股）有限公司持有。

中国证监会于2001年8月20日下发《关于华泰证券有限责任公司股权变更的批复》（证监机构部函［2001］62号），同意南京顺华隆投资发展有限公司将其持有的12,323.48万元出资额分别转让给国华能源投资管理有限公司4251.6万元、三毛集团公司2550.96万元、江苏省投资管理有限责任公司2119.64万元、江苏省国有资产经营（控股）有限公司3401.28万元。本次股权转让完成后，南京顺华隆投资发展有限公司不再持有华泰证券有限股权，江苏省国有资产经营（控股）有限公司对华泰证券有限的出资额增加至24,145.80万元，占当时总出资额的比例增加至28.40%。

3. 2001年江苏省投资管理有限责任公司受让股权

中国证监会于2001年8月20日下发的《关于华泰证券有限责任公司股权变更的批复》（证监机构部函［2001］62号）同意华泰证券有限股东南京华德丰投资有限责任公司将其持有的4107.83万元出资额（占总出资额的4.83%）、江苏国际信托投资公司将其持有7357.12万元出资额（占总出资额的8.65%）转让给江苏省投资管理有限责任公司。本次股权转让完成后，江苏省投资管理有限责任公司对华泰证券有限的出资额为13,584.59万元，占当时总出资额的比例为15.98%。

4. 2002年部分股东增资

根据中国证监会于2002年4月16日下发

《关于同意华泰证券有限责任公司增资扩股的批复》(证监机构字[2002]96号),江苏省丝绸集团有限公司获准以公积金转增出资额321.5791万元,同时以现金认购华泰证券有限新增出资额12,638.0485万元;江苏省交通控股有限公司获准以公积金转增出资额326.01万元,同时以现金认购华泰证券有限新增出资额10,809.2189万元;江苏苏豪国际集团股份有限公司获准以公积金转增出资额479.7529万元;金城集团有限公司获准以公积金转增出资额407.1857万元。

5. 2007年股权转让

中国证监会于2007年11月15日下发《关于核准华泰证券有限责任公司股权变更的批复》(证监机构字[2007]291号),核准了江苏国信及江苏省高科技投资集团有限公司的股东资格;并且批准了江苏国信受让江苏省国有资产经营(控股)有限公司持有的华泰证券有限的33,000万元出资额(占出资总额15%),以及江苏省高科技投资集团有限公司受让江苏省国有资产经营(控股)有限公司持有的华泰证券有限的21,120万元出资额(占出资总额9.6%)。该等股权转让完成后,江苏国信出资额为68,146.8835万元,持股比例为30.9759%;江苏省高科技投资集团有限公司出资额为21,230.8506万元,持股比例为9.6504%。

(三)发行人现有主要股东及其持股情况

根据发行人提供的截至2014年12月31日的股东名册,发行人现有股东中持股5%以上的股东如下表所示:

股东名称	持股数(股)	持股比例(%)
江苏省国信资产管理集团有限公司	1,337,687,431	23.8873
江苏交通控股有限公司	391,339,370	6.9882
江苏高科技投资集团有限公司	360,000,000	6.4286
江苏省苏豪控股集团有限公司	292,184,864	5.2176

上述主要股东的基本情况如下:

1. 江苏省国信资产管理集团有限公司

根据江苏省国信资产管理集团有限公司的《营业执照》,截至2014年12月31日,江苏省国信资产管理集团有限公司基本信息如下:

住所	南京市玄武区长江路88号
法定代表人	马秋林
注册资本	2,000,000万元
企业类型	有限责任公司(国有独资)
经营范围	省政府授权范围内的国有资产经营、管理、转让、投资、企业托管、资产重组及经批准的其他业务,房屋租赁。(依法须经批准的项目,经相关部门批准后方可开展经营活动)

2. 江苏交通控股有限公司

根据江苏交通控股有限公司的《营业执照》,截至2014年12月31日,江苏交通控股有限公司基本信息如下:

住所	南京市中山东路291号
法定代表人	常青
注册资金	1,680,000万元
企业类型	有限责任公司(国有独资)

续表

经营范围	从事国有资产经营、管理(在省政府授权范围内),交通基础设施、交通运输及相关产业的投资、建设、经营和管理,高速公路收费,实业投资,国内贸易。(依法须经批准的项目,经相关部门批准后方可开展经营活动)

3. 江苏高科技投资集团有限公司

根据江苏高科技投资集团有限公司的《企业法人营业执照》,截至2014年12月31日,江苏高科技投资集团有限公司基本信息如下:

住所	南京市山西路128号
法定代表人	徐锦荣
注册资金	150,000万元
企业类型	有限公司(国有独资)
经营范围	许可经营项目:无。一般经营项目:发起和设立创业投资公司,遴选创业投资管理公司,投资和投资管理,投资咨询,资产托管经营,实物租赁,国内贸易。

4. 江苏苏豪控股集团有限公司

根据江苏苏豪控股集团有限公司的《企业法人营业执照》,截至2014年12月31日,江苏苏豪控股集团有限公司基本信息如下:

住所	南京市软件大道48号
法定代表人	王正喜
注册资金	200,000万元
企业类型	有限公司(国有独资)
经营范围	许可经营项目:无。一般经营项目:金融、实业投资,授权范围内国有资产的经营、管理;国际贸易;房屋租赁;茧丝绸、纺织服装的生产、研发和销售。

(四)发行人持股5%以上股东所持股份质押及冻结情况

根据发行人提供的材料,并经金杜适当核查,截至2014年12月31日,发行人持股5%以上股东所持的股份不存在质押及冻结情况。

(五)发行人的实际控制人

根据发行人提供的材料,并经金杜适当核查,江苏省人民政府国有资产监督管理委员会为发行人的实际控制人。

(六)国有股减持

为本次发行上市之目的,发行人根据《减持办法》的有关规定向国资委提交了《关于华泰证券股份有限公司首次公开发行H股股票国有股转持方案的请示》、《关于调整华泰证券股份有限公司首次公开发行H股股票国有股减持方案的说明》。

根据国资委于2015年2月11日下发的《关于华泰证券股份有限公司国有股转持有关问题的批复》(国资产权[2015]88号),国资委同意:(1)在发行人境外发行H股时,按发行上限161,000万股的10%计算,将江苏国信等21家国有股东持有的发行人16,100万股股份划转给社保基金会,其中江苏汇鸿国际集团有限公司(以下简称"汇鸿集团")已启动与江苏汇鸿股份有限公司(以下简称"汇鸿股份")的资产重组事宜,若实际履行国有股转义务时,汇鸿集团已被汇鸿股份吸收合并及注销,则由汇鸿股份以其届时所持发行人股份履行国有股转持义务;(2)若发行人实际发行H股的数量低于发行上限161,000万股,国有股东应划转给社保基金会的发行人股份数量低于本次已划转的16,100万股,二者相抵后的差额部分在发行人发行H股结束后,相应从社保基金会自动回拨给各国有股东。

经核查发行人的国有股减持方案以及国资委的相关批准文件,金杜认为,发行人确定的本次国有股减持股份总数符合《减持办法》的有关规定;国有股减持方案所列明的需履行国有股减持义务的国有股东及其各自减持股数的确定方式及计算原则不违反《减持办法》的相关要求。

七、发行人的业务

(一)发行人的经营范围、经营方式

根据发行人《营业执照》,发行人经营范围为:证券经纪业务,证券自营,证券承销业务[限承销国债、非金融企业债务融资工具、金融债(含政策性金融债)],证券投资咨询,为期货公司提供中间介绍业务,融资融券业务,代销金融产品业务,证券投资基金代销,证券投资基金托管,黄金等贵金属现货合约代理业务和黄金现货合约自营业务,中国证监会批准的其他业务(依法须经批准的项目,经相关部门批准后方可开展经营活动)。

经金杜核查发行人及其各分支机构的《营业执照》及中国证监会、中国证券业协会、外管局等对发行人业务的批准或备案文件以及发行人相关业务授权文件,发行人及其各分支机构的经营范围和经营方式符合《证券法》及其他法律、法规、部门规章及其他规范性文件的规定,具体情况如下:

1. 营业执照

根据发行人提供的相关资料并经金杜核查,截至2014年12月31日,发行人已取得《营业执照》,240家营业部及29家分公司均已取得各地工商局核发的《营业执照》。发行人分支机构取得《营业执照》的具体情况见附件二。

2. 经营证券业务许可证

根据《证券法》及《证券公司监督管理条例》,证券公司在取得公司登记机关颁发或者换发的证券公司或者境内分支机构的营业执照后,应当向国务院证券监督管理机构申请颁发或者换发经营证券业务许可证。根据发行人提供的相关资料并经金杜核查,截至2014年12月31日,发行人及其下属240家营业部和29家分公司均已取得中国证监会及其各地派出机构核发的《经营证券业务许可证》。发行人分支机构取得《经营证券业务许可证》的具体情况见附件二。

3. 其他业务

根据发行人提供的相关资料并经金杜核查,截至本法律意见出具日,发行人已根据相关法律法规的规定,就其正在经营的其他有关业务取得必要的批准、备案或许可证明,具体情况见附件二。

(二)境外机构

根据发行人提供的相关文件,截至本法律意见出具日,发行人在中国境外有1家控股子公司:华泰金融控股(香港)有限公司。经核查,华泰证券有限于2006年8月8日及2006年11月7日分别取得中国证监会下发的《关于华泰证券有限责任公司设立华泰证券(香港)有限公司的批复》(证监机构[2006]183号)、《关于华泰证券(香港)有限公司更名的函》(机构部部函[2006]435号),获准以自有资金在香港设立全资子公司华泰金控。华泰金控设立时的注册资本为港币5000万元。

经核查,发行人上述境外机构的设立已按照中国法律法规获得必要的中国境内批准。

(三)发行人的主营业务

根据《审计报告》并经金杜适当核查,发行人的主营业务收入占其全部收入的绝大部分,且最近三年内主营业务没有发生重大变化。

(四)发行人的持续经营

根据江苏省工商局于2014年12月17日核发的《营业执照》(注册号:320000000000192)及金杜核查,发行人依法存续,不存在影响其持续经营的法律障碍。

八、关联交易及同业竞争

(一)关联方

1. 持有发行人5%以上股份的关联方

截至2014年12月31日,持有发行人5%以上股份的关联方及其持股情况如下:

股东名称	持股数(股)	持股比例(%)
江苏省国信资产管理集团有限公司	1,337,687,431	23.8873
江苏交通控股有限公司	391,339,370	6.9882
江苏高科技投资集团有限公司	360,000,000	6.4286
江苏省苏豪控股集团有限公司	292,184,864	5.2176

2. 发行人的控股子公司

截至本法律意见出具日，发行人共有 7 家控股子公司，即华泰联合、长城期货、江苏股权交易中心、紫金投资、华泰创新、华泰金控和华泰资管，该等控股子公司及其下属主要子公司的基本情况请见本法律意见第七部分和第九部分。

3. 发行人现任董事、监事和高级管理人员

截至本法律意见出具日，发行人共有 14 名董事，9 名监事，10 名高级管理人员。该等人员的具体情况见本法律意见第十四部分。

4. 董事、监事及高级管理人员直接、间接控制或有重大影响的其他企业

截至本法律意见出具日，发行人现任董事、监事及高级管理人员直接、间接控制或有重大影响的其他企业及其任职情况见本法律意见第十四部分。

5. 受董事、高级管理人员关系密切的家庭成员直接控制、间接控制或有重大影响的其他企业

根据发行人董事、高级管理人员的申报，发行人的董事、高级管理人员关系密切的家庭成员不存在直接控制、间接控制或对其有重大影响的并对发行人有重大影响的企业。

（二）关联交易

根据发行人提供的相关资料，截至 2014 年 12 月 31 日，发行人与关联方之间尚在履行的重大关联交易如下：

1. 与日常经营相关的关联交易

（1）出租席位获取交易佣金收入：

单位：元

关联方	关联交易内容	2014 年		2013 年	
		金额	占同类交易金额的比例（%）	金额	占同类交易金额的比例（%）
南方基金	席位费分仓佣金	17,043,933.42	8.12	12,886,576.97	14.85
华泰柏瑞	席位费分仓佣金	9,385,368.29	4.47	6,832,077.68	7.87
江苏国信	证券代理买卖交易佣金	947,718.46	—	91,184.13	—
江苏汇鸿国际集团有限公司	证券代理买卖交易佣金	839,575.46	—	637,268.53	—
江苏高科技投资集团有限公司	证券代理买卖交易佣金	441,304.76	—	219,658.48	—
江苏苏浩控股集团有限公司	证券代理买卖交易佣金	336,493.22	—	173,579.82	—

（2）关联租赁情况

单位：元

出租方名称	承租方名称	租赁资产种类	2014 年	2013 年
			本期确认租赁费	确认租赁费
江苏国信	华泰证券徐州青年路证券营业部	房屋建筑物	2,275,427.00	2,167,074.00
江苏汇鸿国际集团有限公司	华泰证券南京户部街证券营业部	房屋建筑物	1,039,464.00	—
华泰证券	南方基金	房屋建筑物	1,104,388.50	—

(3)持有关联方发行的基金

关联方名称	认购基金名称	2014年					2013年				
		年初持有份额(万份)	本年新增份额(万份)	本年减少份额(万份)	年末持有份额(万份)	年末余额(万元)	年初持有份额(万份)	本年新增份额(万份)	本年减少份额(万份)	年末持有份额(万份)	年末余额(万元)
南方基金	深成ETF	99.00	753.84	753.84	99.00	115.34	1320.20	—	1221.20	99.00	83.56
	中国梦	—	1,999.90	1,000.00	999.90	1,062.89	—	—	—	—	—
	中证500ETF	—	2817.95	—	2817.95	3529.77	—	—	—	—	—
	南方恒指ETF	—	500.00	—	500.00	500.40	—	—	—	—	—
	南方现金B	3000.00	110,085.89	30,085.89	110,000.00	110,000	—	30,000.00	—	30,000.00	30, 000.00
	南方薪金宝	—	3,061.81	0	3061.81	3061.81	—	—	—	—	—
	南方金砖	—	—	—	—	—	500	—	500	—	—
	南方中国LOF	—	—	—	—	—	141.39	—	141.39	—	—
	南方380联	—	—	—	—	—	200.06	—	200.06	—	—
	南方380ET	—	—	—	—	—	500	—	500	—	—
华泰柏瑞	华泰柏瑞增利	3000.13	—	—	3000.13	3159.13	3000.13	—	—	3000.13	2,970.12
	华泰柏瑞沪深300ETF	10,679.58	16,268.00	—	26,947.58	96,310.67	22,214.98	—	11,535.40	10.679.58	25,274.68
	华泰柏瑞量化	—	—	—	—	—	300.00	—	300	—	—
	华泰柏瑞上证红利ETF	154.52	—	—	154.52	405.62	154.52	—	—	10,679.58	269.02
	华泰柏瑞货币B	15,021.06	30,573.92	20,000	25,594.98	25,594.98	—	15,021.06	—	15,021.06	15,021.06

（4）与关联方相关取得的投资收益

单位：元

关联方	关联交易内容	2014年	2013年
南方基金	收到基金分红	81,000,000.00	81,000,000.00
南方基金	基金产品薪金宝分红	595,532.02	—
南方基金	基金产品薪金宝分红	858,850.53	—
华泰柏瑞	收到基金分红	19,600,000.00	—
华泰柏瑞	基金产品货币B分红	5,739,151.18	210,599.77
合计	—	107,793,524.73	81,210,599.77

（5）其他

单位：元

关联方	关联关系	关联交易内容	2014年	2013年
江苏高科技投资集团有限公司	持有本公司5%以上表决权股份的股东单位	投资本集团发行关定项资管计划	154,000,000.00	—
江苏金苏证投资发展有限公司	本公司监事高旭为江苏金苏证投资发展有限公司董事	权益互换投资收益	123,410.60	—

2. 关联债权债务往来

（1）应收关联方款项

单位：元

项目名称	关联方	2014年		2013年	
		账面余额	坏账准备	账面余额	坏账准备
基金分仓佣金	华泰柏瑞	5,218,983.99	15,656.95	—	—
基金分仓佣金	南方基金	8,957,462.22	26,872.39	—	—

（2）应收关联方款项

单位：元

项目名称	关联方	2014年		2013年	
		账面余额	坏账准备	账面余额	坏账准备
应付款项	江苏国信	3,211,190.78	—	3,200,912.98	—
代理买卖证券款	江苏国信	171,046.15	—	170,622.24	—
代理买卖证券款	江苏交通控股有限公司	3093.74	—	6664.00	—
代理买卖证券款	江苏汇鸿国际集团有限公司	22,223,608.12	—	440,472.05	—
代理买卖证券款	江苏高科技投资集团有限公司	—	—	500.00	—
代理买卖证券款	江苏苏豪控股集团有限公司	100.00	—	5.29	—

经适当核查，金杜认为，上述关联交易是基于市场公平、公正的原则，以正常的商业条件进行，不存在损害公司及其他股东利益的情况。

(三)关联交易决策程序

1. 发行人制定的《发行人章程(A股)》规定了关联董事及关联股东分别在董事会及股东大会审议关联交易时的回避制度和决策程序:

《发行人章程(A股)》第八十三条规定:股东大会审议有关关联交易事项时,关联股东不应当参与投票表决,其所代表的有表决权的股份数不计入有效表决总数;股东大会决议的公告应当充分披露非关联股东的表决情况。

《发行人章程(A股)》第一百二十三条规定:董事与董事会会议决议事项所涉及的企业有关联关系的,不得对该项决议行使表决权,也不得代理其他董事行使表决权。该董事会会议由过半数的无关联关系董事出席即可举行,董事会会议所作决议须经无关联关系董事过半数通过。独立董事应对重大关联交易发表独立意见,必要时有权向公司住所地中国证监会派出机构报告。出席董事会的无关联董事人数不足3人的,应将该事项提交股东大会审议。

2. 发行人制定的《发行人章程(H股)》规定了关联董事及关联股东分别在董事会及股东大会审议关联交易时的回避制度和决策程序:

《发行人章程(H股)》第一百一十一条规定:股东大会审议有关关联交易事项时,关联股东不应当参与投票表决,其所代表的有表决权的股份数不计入有效表决总数;股东大会决议的公告应当充分披露非关联股东的表决情况。

《发行人章程(H股)》第一百六十四条规定:董事与董事会会议决议事项所涉及的企业有关联关系的,不得对该项决议行使表决权,也不得代理其他董事行使表决权。该董事会会议由过半数的无关联关系董事出席即可举行,董事会会议所作决议须经无关联关系董事过半数通过。独立董事应对重大关联交易发表独立意见,必要时有权向公司住所地中国证监会派出机构报告。出席董事会的无关联董事人数不足3人的,应将该事项提交股东大会审议。

3. 发行人根据相关法律法规和《公司章程》的规定,制定了《关联交易管理制度》,该等办法对关联交易的决策权限与决策程序作出了详细的规定。

综上,金杜认为,发行人《发行人章程(A股)》、《发行人章程(H股)》及其他内部规范性文件中已明确了关联交易的决策权限与决策程序,符合有关法律、法规的规定。

(四)同业竞争

2010年7月,经江苏省人民政府同意,江苏省国资委决定将江苏舜天国际集团有限公司的国有股权整体划拨给公司第一大股东江苏国信,江苏国信由此直接和间接持有锦泰期货有限公司(以下简称"锦泰期货")78.5%的股权,成为锦泰期货的控股股东。锦泰期货主营业务为商品期货经纪、金融期货经纪、期货投资咨询、资产管理,与公司控股的长城期货存在同业竞争关系。

鉴于长城期货与锦泰期货有限公司虽存在同业竞争,但不构成对公司经营发展和中小股东利益的重大影响,同时考虑到江苏国信履行其在公司首次公开发行A股时的承诺存在实际困难,发行人制定了如下解决方案:1. 华泰证券放弃收购江苏国信直接和间接持有的锦泰期货股权。2. 江苏国信将其在公司首次公开发行A股时的承诺变更为:江苏国信及附属公司或者附属企业在今后的任何时间不会以任何方式(包括但不限于自营、合资或联营)参与或进行与华泰证券主营业务存在竞争的业务活动(锦泰期货有限公司除外);凡江苏国信及附属公司或者附属企业有任何商业机会可从事、参与或入股任何可能会与华泰证券生产经营构成竞争的业务,江苏国信会将上述商业机会让与华泰证券(锦泰期货有限公司除外)。

2014年6月10日,公司分别组织召开第三届董事会第六次会议、第三届监事会第四次会议,审议通过了《关于江苏国信与华泰证券期货业务同业竞争问题解决方案的议案》,并同意提交公司2014年第二次临时股东大会审议通过。

同时,公司独立董事也就上述同业竞争问题解决方案发表了独立意见,认为:(1)鉴于华泰长城期货与锦泰期货虽存在同业竞争,但不构成对华泰证券经营发展和中小股东利益的重大影响,同时,目前江苏国信在履行原有承诺过程中确实存在困难。华泰证券放弃收购江苏国信所持锦泰期货股权,并由江苏国信重新出具相关承诺的同业竞争问题解决方案符合中国证监会《上市公司监管指引第4号——上市公司实际控制人、股东、关联方、收购人以及上市公司承诺及履行》相关规定,有利于维护投资者尤其是中小投资者的合法权益，符合华泰证券股东利益最大化的要求；(2)关于江苏国信与华泰证券期货业务同业竞争问题解决方案的审议决策程序符合相关法律法规及《公司章程》的规定；(3)同意江苏国信与华泰证券期货业务同业竞争问题解决方案。

2014年6月26日，公司采用现场投票与网络投票相结合的方式召开2014年第二次临时股东大会，会议审议通过了《关于江苏国信与华泰证券期货业务同业竞争问题解决方案的议案》。本次会议表决过程中，关联股东江苏国信及其关联方、江苏汇鸿国际集团有限公司及其关联方、江苏宏图高科技股份有限公司及其关联方均按照《公司章程》的规定进行了回避。

2014年6月27日，江苏国信按相关规定及公司2014年第二次临时股东大会决议的要求，重新签署了《放弃同业竞争与利益冲突承诺函》。

综合上述，金杜认为，发行人股东大会通过的前述解决方案及江苏国信的上述承诺不会对发行人及中小股东利益造成重大不利影响。

九、发行人的主要财产

(一)房屋及土地使用权

截至本法律意见出具日，发行人拥有153处建筑面积为126,346.41平方米的房产及2宗使用权面积共计45,344.8平方米的土地。发行人取得该等物业的权属情况如下：

1.发行人已经取得102处合计建筑面积为95,781.23平方米房屋的房屋所有权证书，该等房屋所占用土地的土地使用权系通过出让方式获得，并且发行人已取得了相应的国有土地使用证。另外，发行人已经取得了3处建筑面积为572.29平方米房屋的房屋所有权证，该等房屋所占用土地的土地使用权系通过转让方式获得，并且发行人已取得相应的国有土地使用证。

经发行人承诺及金杜核查，目前不存在因发行人违反国家相关法律法规导致上述房屋及其占用土地的土地使用权被查封、收回的情形。据此，金杜认为，就发行人已经取得房屋所有权证及国有土地使用证的物业而言，发行人合法拥有该等房屋的所有权和所占用土地的使用权，有权在国有土地使用证有效期内合法占有、使用、转让、出租、抵押或以其他方式处置该等房屋。

2.发行人已取得5处合计建筑面积为1,296.15平方米房屋的房屋所有权证书，该等房屋所占用土地的土地使用权系通过划拨方式获得，并且发行人已取得相应的国有土地使用证。

金杜认为，根据《中华人民共和国城市房地产管理法》、《国有企业改革中划拨土地使用权管理暂行规定》、《划拨用地目录》等相关法律、行政法规、部门规章及其他规范性文件，发行人应办理该等土地使用权出让、租赁等有偿使用手续。鉴于发行人已经取得该等土地的划拨土地使用证，发行人通过出让、租赁方式取得该等国有土地使用证之前，其使用该等房产不存在重大法律障碍，但发行人转让、租赁、抵押该等房地产应当取得有关主管机关批准并缴纳土地出让金或土地收益金等费用；发行人通过出让、租赁方式取得该等国有土地使用证后方有权在国有土地使用证有效期内合法占有、使用、转让、出租、抵押或以其他方式处置该等房屋。

3.发行人已经取得31处合计建筑面积为22,664.31平方米房屋的房屋所有权证，但发行人尚未取得该等房屋所占土地的国有土地使用证。

金杜认为，鉴于发行人已依法取得了该等房屋的所有权，发行人有权依法作为该等房屋的合法使用权人。就上述房屋而言，(1)发行人已经取得了上述房屋的房屋所有权证，根据《中华人民共和国城市房地产管理法》的规定，发行人占用、使用该等房屋不存在法律障碍。发行人因开发商未协助办理相关手续、建房手续不健全、原房屋权利人不配合、项目整体未竣工无法办理权属分割等情形而尚未取得国有土地使用证，在取得相关国有土地使用证之前，发行人不能自由转让、抵押、处置该等房地产。(2)如果因土地使用权人的原因导致该等房屋所占用的土地被拍卖、处置，则该土地上的房屋也将一并被拍卖、处置。此种情形下，发行人存在丧失该等房屋所有权的风险，但其对被拍卖处置房屋的变现款项仍享有所有权。

4.发行人对2宗土地使用面积为45,344.8平方米的国有土地享有使用权，已取得土地性质为出让的国有土地使用证，并正在该等土地之上建设房屋。该2宗土地的基本情况如下：

(1)对于位于建邺区奥体大街与富春江西街之间、江东中路与巴山路之间的1宗土地，发行人已取得《国有土地使用证》[宁建国用(2010)第06464号]。根据该《国有土地使用证》的记载，该宗土地的使用面积为23,378.2平方米，土地使用权期限截至2048年5月8日，发行人已根据其与中国工商银行股份有限公司南京新街口支行签订的土地抵押合同及借款合同在该宗土地设立抵押权，并经土地利用管理部门备案确认[备案号：抵合(2014)字第217号]。

(2)对于位于建邺区奥体大街与富春江西街之间、江东中路与巴山路之间的另1宗土地，发行人已取得《国有土地使用证》[宁建国用(2010)第06466号]。根据该《国有土地使用证》的记载，该宗土地使用面积为21,966.6平方米，土地使用权限截至2048年5月8日，发行人已根据其与中国工商银行股份有限公司南京新街口支行签订的土地抵押合同及借款合同在该宗土地上设立抵押权，并经土地利用管理部门备案确认[备案号：抵合(2014)字第218号]。

金杜认为，就上述两宗土地而言，发行人合法拥有相关土地的国有土地使用权。

5. 发行人实际占用12处合计建筑面积为6032.43平方米的房屋，但未取得该等房屋的房屋所有权证和国有土地使用证，其中：

(1)对于位于上海市浦东新区乳山路229号1－3层的建筑面积为2,405.47平方米的房屋，发行人未取得房屋所有权证和国有土地使用证。根据发行人的说明，该处房屋主要为发行人的经营性用房，其证载权利人为上海紫金山大酒店，因历史原因无法办理相关权属分割手续。

(2)对于位于深圳市红树福苑5栋A座的5处房屋以及位于深圳市宝深路南松坪村的2处房屋，发行人未取得房屋所有权证和国有土地使用证。该7处房屋的建筑面积为358.32平方米，由发行人控股子公司华泰联合从相关住房和建设主管部门处购买并出租给其员工居住。根据相关购房合同及发行人的说明，该7处房屋为深圳市针对企业人才的保障性住房，无法以发行人为权利人办理房屋所有权证及国有土地使用证。

(3)对于位于南通环城西路18号的建筑面积为1,580.17平方米的1处房屋，发行人未取得房屋所有权证和国有土地使用证。根据发行人的说明，该处房屋的原有开发商目前已履行清算程序，无法协助发行人办理相关权属证书。

(4)对于位于深圳福田彩田路福源大厦裙楼1－2层的建筑面积为1,612.6平方米的2处房屋，发行人未取得房屋所有权证和国有土地使用证。根据发行人的说明，该两处房屋在集体土地上建造，根据目前国家及深圳地方政府的有关政策尚不能办理权属登记并取得权属证书。

(5)对于位于深圳市统建商住楼丙幢8D的建筑面积为76.27平方米的1处房屋，发行人尚未办理完成权属过户手续，未取得其房屋所有权证和国有土地使用证。

金杜在发行人依法取得上述12处房屋的所有权证以及国有土地使用证前无法确认发行人是否合法拥有该等物业的所有权及使用权。

6. 发行人认为，如果由上述第3项以及第5项所述物业的房屋所有权或土地使用权瑕疵导致发行人无法继续使用该物业且必须搬迁时，发行人可以在相关区域内找到替代性的合法经营场所继续办公营业，该等搬迁不会对发行人的经营和财务状况产生重大不利影响，金杜认为，亦不会对本次发行上市造成实质影响。

上述自有物业请见本法律意见附件三。

(二)在建工程

截至本法律意见出具日，发行人有1项在建工程：

发行人正在上述“房屋及土地使用权”部分第5项第(1)、(2)款所述土地上建设华泰证券广场，建筑面积为247,789.3平方米。截至本法律意见出具之日，发行人已取得该项在建工程的《建设工程规划许可证》、《建筑工程施工许可证》等。

金杜认为，发行人已取得建设上述在建工程所需的政府批准。待上述在建工程完成竣工验收后，发行人办理相关房屋所有权证不存在实质性法律障碍。

(三)抵债资产物业

发行人控股子公司华泰联合有1处位于西

安市碑林区友谊西路的抵债资产物业，其建筑面积为11,866.01平方米。根据发行人提供的相关资料，2006年6月，联合证券与四通集团公司、北京四通新技术产业有限公司（以下简称“北京四通”）、深圳众禄投资顾问有限公司（以下简称“深圳众禄”）签订相关协议，约定北京四通将其拥有的上述物业转让给深圳众禄，同时深圳众禄承接四通集团公司对联合证券全部债务中的4800万元。

经发行人确认，华泰联合已就出售上述物业事宜与深圳众禄及相关受让方达成意向，并将尽快签署相关转让协议。

上述抵债资产物业请见本法律意见附件三。

（四）租赁物业

截至2014年12月31日，发行人向第三方承租263处合计建筑面积约为167,826.741平方米的房屋用于发行人的办公、营业，其中：

1. 发行人承租227处合计建筑面积约为147,427.101平方米的房屋，出租方拥有该等房屋的房屋所有权证或其他权属证明，租赁协议合法有效。

2. 发行人承租的36处合计建筑面积约为20,399.64平方米的房屋，发行人与出租方签署了租赁合同，但出租方未提供该等房屋的产权证。

3. 发行人承租的上述房屋中，有4处合计4,458.06平方米的房屋办理了租赁备案手续，其余房屋未办理租赁备案手续。

金杜认为：(1)根据《中华人民共和国城市房地产管理法》等相关法律、行政法规、部门规章及其他规范性文件，若出租方未拥有该房屋的所有权或取得前述同意出租/转租的函件，则出租方无权出租上述房屋。此种情形下，若第三方对该等租赁事宜提出异议，则可能影响发行人继续承租该房屋，但发行人仍可依据租赁合同向出租方进行索赔；(2)根据最高人民法院关于《合同法》的解释，未办理租赁登记手续不影响租赁合同的有效性。但是，根据《商品房屋租赁管理办法》，房地产管理部门有权责令当事人补办租赁登记手续，单位逾期不办理的，将被处以1000元以上10,000元以下罚款。因此，发行人存在被房地产管理部门罚款的潜在风险；(3)最高人民法院《关于审理城镇房屋租赁合同纠纷案件具体应用法律若干问题的解释》规定，“出租人就同一房屋订立数份租赁合同，在合同均有效的情况下，承租人均主张履行合同的，人民法院按照下列顺序确定履行合同的承租人：（一）已经合法占有租赁房屋的；（二）已经办理登记备案手续的；（三）合同成立在先的”，根据该等规定，如发行人已合法占有租赁房屋，即使第三方已就同一处房产办理了租赁登记备案手续，发行人仍将被认定为该处房产的承租人；在发行人尚未合法占有租赁房屋同时亦未办理租赁登记备案手续的情况下，如第三方与租方的合同成立在先，则存在法院认定该第三方为承租人的法律风险。

发行人认为，如果因租赁房屋的权属瑕疵原因或未办理租赁合同备案手续或租赁无效而导致无法继续租赁关系，需要相关分支机构搬迁时，相关分支机构可以在相关区域内找到替代性的能够合法租赁的经营场所，金杜认为，该等搬迁不会对发行人的经营和财务状况产生重大不利影响，亦不会对本次发行上市造成实质性法律障碍。

上述租赁物业请见本法律意见附件四。

（五）发行人的境内控股子公司、参股子公司

1. 发行人的控股子公司

经核查，截至本法律意见出具日，发行人共有6家境内一级控股子公司和8家境内二级控股子公司。

（1）境内一级控股子公司

A. 华泰联合证券有限责任公司

根据发行人提供的相关资料，华泰联合的前身为联合证券有限责任公司，系经中国人民银行《关于同意成立联合证券有限责任公司的批复》（银复[1997]388号）批准设立，于1997年9月5日在深圳市工商行政管理局注册成立的从事证券业务的有限责任公司。

华泰联合现持有中国证监会于2013年9月25日核发的《经营证券业务许可证》（编号：Z26774000）和深圳市市场监督管理局福田分局于2013年8月29日核发的《营业执照》（注册号：440301103047195）。根据华泰联合的《营业执照》，华泰联合的住所为“深圳市福田区中心区中心广场香港中旅大厦第五层（01A、02、03、04）、17A、18A、24A、25A、26A”，法定代表

人为“吴晓东”，公司类型为“有限责任公司”，注册资本为“100,000 万元”，成立日期为“1997 年 9 月 5 日”。

根据现行有效的《华泰联合证券有限责任公司章程》，华泰联合目前的股东及其持股情况为：

股东名称	出资额(万元)	出资比例(%)
华泰证券股份有限公司	98,576	98.58
厦门建昌房地产开发有限公司	621	0.62
中国长城计算机集团公司	270	0.27
华诚投资管理有限公司	252	0.25
中国原子能工业有限公司	200	0.20
中国东方航空集团公司	81	0.08
合计	100,000	100.00

B. 华泰长城期货有限公司

根据发行人提供的相关文件，长城期货前身为天津兆通期货经纪有限公司，系经中国证监会《关于天津兆通期货经纪有限公司的批复》(证监期审[1995]31 号)批准设立，于 1995 年 7 月 10 日在广东省工商行政管理局注册成立的从事期货经纪业务的有限责任公司。

长城期货现持有中国证监会于 2014 年 1 月 3 日核发的《经营期货业务许可证》(许可证号:30100000)和广东省工商行政管理局于 2014 年 7 月 30 日核发的《营业执照》(注册号:440000000016459)。根据长城期货的《营业执照》，长城期货的住所为“广州市越秀区先烈中路 65 号东山广场东楼 5 层、11 层、12 层”，法定代表人为“张涛”，公司类型为“其他有限责任公司”，经营范围为“商品期货经纪、金融期货经纪、期货投资咨询、资产管理。(依法须经批准的项目，经相关部门批准后方可开展经营活动)”，注册资本为“80,900 万元”，成立日期为“1995 年 7 月 10 日”。

根据现行有效的《华泰长城期货有限公司章程》，长城期货目前的股东及其持股情况为：

股东名称	出资额(万元)	出资比例(%)
华泰证券股份有限公司	48,540	60.00
西藏华孚投资有限公司	32,360	40.00
合计	80,900	100.00

C. 江苏股权交易中心有限责任公司

根据发行人提供的相关资料，江苏股权交易中心系经江苏省人民政府金融工作办公室《关于同意设立江苏股权交易中心有限责任公司的批复》(苏金融办复[2013]64 号)批准设立，于 2013 年 7 月 4 日在江苏省工商局注册成立的有限责任公司。

江苏股权交易中心现持有江苏省工商局于 2014 年 11 月 25 日核发的《营业执照》(注册号:320000000110201)。根据江苏股权交易中心的《营业执照》，江苏股权交易中心的住所为“南京市庐山路 188 号 11 层”，法定代表人为“姜健”，公司类型为“有限责任公司”，经营范围为“许可经营项目:无，一般经营项目:为非上市公司股权、债券、资产和相关金融及其衍生品的批准募集挂牌、登记、托管、交易、融资、结算、过户、分红、质押等提供场所、设施和服务，组织和监督交易市场活动，发布市场信息，代理本交易市场内挂牌产品买卖服务，为市场参与方提供咨询服务”，注册资本为“20,000 万元”，成立日期为“2013 年 7 月 4 日”。

根据现行有效的《江苏股权交易中心有限

责任公司章程》，江苏股权交易中心目前的股东及其持股情况为：

股东名称	出资额(万元)	出资比例(%)
华泰证券股份有限公司	10,400	52.00
东吴证券股份有限公司	2400	12.00
南京证券股份有限公司	2400	12.00
国联证券股份有限公司	2400	12.00
东海证券有限责任公司	2400	12.00
合计	20,000	100.00

D. 华泰紫金投资有限责任公司

根据发行人提供的相关文件，紫金投资系经中国证监会《关于华泰证券股份有限公司开展直接投资业务试点的无异议函》(机构部部函[2008]381号)批准设立，于2008年8月12日在江苏省工商局注册成立的从事直接投资业务的有限责任公司。

紫金投资现持有江苏省工商局于2014年4月8日核发的《营业执照》(注册号：320000000075788)。根据紫金投资的《营业执照》，紫金投资的住所为"南京市汉中路180号"，法定代表人为"周易"，公司类型为"有限责任公司(法人独资)"，经营范围为"许可经营项目：无。一般经营项目：股权投资(自有资金或客户资金)，债券投资，投资于与股权投资、债券投资相关的其他投资基金；股权投资、债券投资的投资顾问、投资管理，财务顾问服务"，注册资本为"60,000万元"，成立日期为"2008年8月12日"。

根据现行有效的《华泰紫金投资有限责任公司章程》，目前发行人持有紫金投资的出资额为60,000万元，占其全部出资额的100%。

E. 华泰创新投资有限公司

根据发行人提供的相关文件，华泰创新系发行人依据其于2013年4月19日召开的华泰证券2012年度股东大会所做决议，以货币出资5亿元，于2013年11月21日在北京市工商行政管理局注册成立的全资子公司。

华泰创新现持有北京市工商行政管理局于2014年5月21日核发的《营业执照》(注册号：110000016495618)。根据华泰创新的《营业执照》，华泰创新的住所为"北京市西城区丰盛胡同28号楼15层1501"，法定代表人为"汇禹"，公司类型为"有限责任公司(法人独资)"，经营范围为"项目投资；投资管理；资产管理；投资咨询；企业管理咨询；财务咨询(不得开展审计、验资、查账、评估、会计咨询、代理记账等需经专项审批的业务，不得出具相应的审计报告、验资报告、查账报告、评估报告等文字材料)；酒店管理；货物进出口；技术进出口；销售有色金属、贵金属及其制品、金属材料、金属矿石、非金属矿石、建筑材料、燃料油、化工产品(不含危险化学品)、橡胶制品、煤炭(不在北京地区开展实物煤的交易、储运活动)、玻璃、沥青、农畜产品、饲料、食用油、珠宝首饰、工艺品；收购黄金制品；收购白银制品"，注册资本为"50,000万元"，成立日期为"2013年11月21日"。

根据现行有效的《华泰创新投资有限公司公司章程》，目前发行人持有华泰创新的出资额为50,000万元，占其全部出资额的100%。

F. 华泰证券(上海)资产管理有限公司

根据发行人提供的相关资料，华泰资管系经中国证监会《关于核准华泰证券股份有限公司设立资产管理子公司的批复》(证监许可[2014]679号)批准设立，于2014年10月16日在上海市工商行政管理局注册成立的全资子公司。

华泰资管现持有上海市工商行政管理局于2014年10月16日核发的《营业执照》(注册号：310000000131370)。根据华泰资管的《营业执照》，华泰资管的住所为"中国(上海)自由贸易试验区马吉路88号2幢3层"，法定代表人为"张海波"，公司类型为"一人有限责任公司"，经营范围为"证券资产管理业务。(依法须经批准的项目,经相关部门批准后方可开展经营活动)",注册资本为"30,000 万元",成立日期为"2014 年 10 月 16 日"。

根据现行有效的《华泰证券(上海)资产管理有限公司章程》,目前发行人持有华泰资管的出资额为 30,000 万元,占其全部出资额的 100%。

(2)境内二级控股子公司

A. 华泰长城资本管理有限公司

长城资管成立于 2013 年 12 月 6 日,系长城期货的全资子公司。

长城资管现持有深圳市市场监督管理局于 2014 年 8 月 28 日核发的《企业法人营业执照》(注册证号:440301108455001)。根据该《企业法人营业执照》,长城资管的住所为"深圳市前海深港合作区前湾一路鲤鱼门街一号前海深港合作区管理局综合办公楼 A 栋 201 室(入驻深圳市前海商务秘书有限公司)"法定代表人为"李杰",公司类型为"有限责任公司(法人独资)"。

B. 华泰瑞通投资管理有限公司

华泰瑞通成立于 2012 年 12 月 25 日。紫金投资作为华泰瑞通的控股股东,持有其 54% 的股权。

华泰瑞通现持有南京市工商行政管理局秦淮分局于 2014 年 1 月 27 日核发的《营业执照》(注册证号:320103000267885)。根据该《营业执照》,华泰瑞通的住所为"南京市秦淮区中山东路 90 号 25 层",法定代表人为"周易",公司类型为"有限公司",经营范围为"许可经营项目:无。一般经营项目:投资管理及咨询服务;资产受托管理;经济信息咨询;企业管理",注册资本为"5000 万元"。

C. 北京华泰同信投资基金管理有限公司

华泰同信成立于 2014 年 12 月 29 日。紫金投资作为华泰同信的控股股东,持有其 51% 的股权。

华泰同信现持有北京市工商行政管理局东城分局于 2014 年 12 月 29 日核发的《营业执照》(注册证号:110101018415413)。根据该《营业执照》,华泰同信的住所为"北京市东城区长青园 7 号 1 幢 3507 - 721 号",法定代表人为"张泉源",公司类型为"其他有限责任公司",经营范围为"非证券业务的投资管理、咨询;股权投资管理。(不得从事下列业务:1. 发放贷款;2. 公开交易证券类投资或金融衍生品交易;3. 以公开方式募集资金;4. 对除被投资企业以外的企业提供担保。)(依法须经批准的项目,经相关部门批准后方可开展经营活动);投资及投资管理 ;财务咨询(不得开展审计、验资、查账、评估、会计咨询、代理记账等需经专项审批的业务,不得出具相应的审计报告、验资报告、查账报告、评估报告等文字材料)",注册资本为"300 万元"。

D. 华泰瑞联基金管理有限公司

华泰瑞联成立于 2013 年 11 月 20 日。紫金投资作为华泰瑞联的控股股东,持有其 51% 的股权。

华泰瑞联现持有北京市工商行政管理局西城分局于 2014 年 1 月 20 日核发的《营业执照》(注册证号:110102016493305)。根据该《营业执照》,华泰瑞联的住所为"北京市西城区丰盛胡同 28 号楼 15 层 1501 室",法定代表人为"陈志杰",公司类型为"其他有限责任公司",经营范围为"许可经营项目:非证券业务的投资管理、咨询(不得从事下列业务:1. 发放贷款;2. 公开交易证券类投资或金融衍生品交易;3. 以公开方式募集资金;4. 对除被投资企业以外的企业提供担保)。一般经营项目:无,"注册资本为"5000 万元"。

E. 江苏省新兴产业投资管理有限公司

江苏新兴产业投资成立于 2013 年 6 月 9 日。紫金投资作为江苏新兴产业投资的控股股东,持有其 51% 的股权。

江苏新兴产业投资现持有江苏省工商行政管理局于 2014 年 4 月 10 日核发的《营业执照》(注册号:320000000109985)。根据该《营业执照》,江苏新兴产业投资的住所为"南京市建邺区江东中路 359 号",法定代表人为"周易",公司类型为"有限责任公司",经营范围为"股权投资管理及咨询,财务咨询服务,资产管理。(依法须经批准的项目,经相关部门批准后方可开展经营活动)",注册资本为"3000 万元"。

F. 深圳市华泰君信基金投资管理有限公司

华泰君信成立于 2014 年 7 月 4 日。紫金投资作为华泰君信的控股股东,持有其 51% 的股权。

华泰君信现持有深圳市市场监督管理局于2014年7月4日核发的《企业法人营业执照》(注册证号:440301109777540)。根据该《企业法人营业执照》,企业住所为“深圳市前海深港合作区前湾一路1号A栋201室(入驻深圳市前海商务秘书有限公司)”,法定代表人为“唐鹏飞”,公司类型为“有限责任公司”。

G. 华泰金控投资咨询(深圳)有限公司

金控咨询成立于2010年11月25日,系华泰金控在境内的全资子公司。

金控咨询现持有深圳市人民政府于2010年11月17日核发的《中华人民共和国台港澳侨投资企业批准证书》(商外资粤深福外资字[2010]0125号)以及深圳市市场监督管理局于2014年9月29日核发的《营业执照》(注册证号:440301503388065)。根据该《营业执照》,企业住所为“深圳市福田区中心区中心广场香港中旅大厦17栋01单元”,法定代表人为“孙磊”,公司类型为“有限责任公司(台港澳法人独资)”。

H. 华泰瑞新(上海)投资有限公司

华泰瑞新成立于2014年8月8日,系华泰创新的全资子公司。

华泰瑞新现持有上海市工商行政管理局自由贸易试验区分局于2014年8月8日核发的《营业执照》(注册证号:310141000097553)。根据该《营业执照》,企业住所为“中国(上海)自由贸易试验区马吉路88号2幢2层”,法定代表人为“杨俊虹”,公司类型为“一人有限责任华公司(法人独资)”,经营范围为“实业投资,投资管理,资产管理,投资咨询,企业管理咨询,财务咨询(不得从事代理记账)、(以上咨询均除经纪),从事货物及技术的进出口业务,转口贸易,区内企业间的贸易及贸易代理,区内仓储(除危险品),食用农产品(不含生猪、牛、羊等家禽产品),饲料 饲料添加剂,纺织品(除棉花收购),煤炭,焦炭,矿产品(除专控),有色金属,贵金属及其制品,建筑材料,化工产品(除危险化学品、监控化学品、烟花爆竹、民用爆炸物品、易制毒化学品),天然橡胶,燃料油(除危险品)、玻璃、沥青的销售,会务服务,从事计算机领域内的技术开发、技术咨询、技术服务、技术转让。(依法须经批准的项目,经相关部门批准后方可开展经营活动)”,注册资本为“人民币1亿元整”。

2. 发行人持股30%以上的主要参股企业

经核查,截至本法律意见出具日,发行人共有2家持股有30%以上的参股企业,其情况如下:

(1)南方基金管理有限公司

根据发行人提供的相关资料,南方基金系经中国证监会《关于同意筹建南方基金管理有限公司的批复》(证监基字[1998]2号)及《关于南方基金管理有限公司开业申请的批复》(证监基字[1998]4号)批准设立,以南方证券有限公司作为主要发行人于1998年3月6日在深圳市工商行政管理局注册成立的一家基金管理公司。

南方基金现持有深圳市市场监督管理局福田分局于2014年11月11日核发的《营业执照》(注册号:440301103129537)。根据南方基金的《营业执照》,南方基金的住所为“深圳市福田中心区福华一路六号免税商务大厦塔楼31、32、33层整层”,法定代表人为“吴万善”,公司类型为“有限责任公司”,注册资本为“30,000万元”,成立日期为“1998年3月6日”。

根据现行有效的《南方基金管理有限公司章程》,南方基金目前的股东及其持股情况为:

股东名称	出资额(万元)	出资比例(%)
华泰证券股份有限公司	13,500	45.00
深圳市投资控股有限公司	9000	30.00
厦门国际信托有限公司	4500	15.00
兴业证券股份有限公司	3000	10.00
合计	30,000	100.00

(2)华泰柏瑞基金管理有限公司

华泰柏瑞现持有上海市人民政府于2010年4月28日核发的《中华人民共和国外商投资企业批准证书》(批准号:商外资沪合资字[2009]0518号)以及上海市工商行政管理局于2010年4月28日核发的《企业法人营业执照》(注册号:310000400404609)。根据华泰柏瑞的《企业法人营业执照》,华泰柏瑞的住所为"上海市浦东新区民生路1199弄上海证大五道口广场1号17层",法定代表人为"齐亮",公司类型为"有限责任公司(中外合资)",注册资本为"20,000万元",经营范围为"基金管理业务;发行设立基金;中国证监会批准的其他业务(涉及许可经营的凭许可证经营)",成立日期为"2004年11月18日"。

根据现行有效的《华泰柏瑞基金管理有限公司章程》,华泰柏瑞目前的股东及其招股情况为:

股东名称	出资额(万元)	出资比例(%)
股东名称	出资额(万元)	出资比例(%)
华泰证券股份有限公司	9800	49.00
PINEBRIDGE INVESTMENT LLC.	9800	49.00
苏州新区高新技术产业股份有限公司	400	2.00
合计	20,000	100.00

3. 知识产权

(1)商标

截至2014年12月31日,发行人及其控股子公司享有商标专用权的注册商标共计39项,具体情况见本法律意见附件五。

截至2014年12月31日,发行人及其控股子公司正在申请注册的商标共计17项。具体情况见本法律意见附件五。

(2)专利

截至2014年12月31日,发行人及其控股子公司无专利类知识产权。

(3)著作权

截至2014年12月31日,发行人及其控股子公司无著作权类知识产权。

(4)域名

根据发行人提供的相关文件及金杜核查,截至2014年12月31日,发行人及其控股子公司为注册人(申请人)的域名共计56项,均在有效期限之内。具体情况见本法律意见附件五。

(5)非专利技术

截至2014年12月31日,发行人无非专利技术类知识产权。

十、发行人的重大债权、债务

金杜审阅了发行人截至2014年12月31日正在履行的重大合同,主要包括:

(一)发行人及其境内控股子公司正在履行且合同标的金额较大或对其经营产生重大影响的业务合同

1. 委托资产管理协议

根据发行人提供的资料并经金杜适当核查,截至2014年12月31日,发行人及其境内控股子公司尚在履行的专项资产管理计划共计2份,受托资金金额共计32.3亿元;尚在履行的集合资产管理计划共计45份,受托资金金额共计57.33亿元,其中单份合同金额排名前十位的集合资产管理计划的具体情况见本法律意见附件五。

2. 股票发行上市保荐及主承销协议

根据发行人提供的资料并经金杜适当核查,发行人及其境内控股子公司尚在履行中的股票发行上市保荐及主承销协议共29份。

3. 债券主承销协议

根据发行人提供的资料并经金杜适当核查,发行人及其境内控股子公司尚在履行中的债券主承销协议共10份。

4. 财务顾问协议

根据发行人提供的资料并经金杜适当核查,发行人及其境内控股子公司尚在履行中的财务顾问协议共31份。

根据发行人的书面确认,并经金杜适当核

查，发行人及其控股公司的上述重大业务合同的内容和形式均合法、有效，不存在与现行有效的法律、法规、规章及其他规范性文件相抵触的情形，其履行不存在实质性法律障碍。

（二）借款及担保协议

1. 与中国工商银行股份有限公司南京新街口支行的借款合同

根据华泰证券与中国工商银行股份有限公司南京新街口支行（以下简称“工行新街口支行”）于2014年7月31日签署的《固定资产借款合同》，工行新街口支行向华泰证券贷款5亿元，贷款期限为5年，贷款利息根据提款日于借款期限相对应档次的中国人民银行基准贷款利率确定，贷款用途为支付华泰证券广场项目尚未支付的工程款。

根据华泰证券与工行新街口支行于2014年8月13日签署的两份《国有土地使用权抵押合同》，华泰证券以其拥有的2宗土地的国有土地使用权（国有土地使用权证号：宁建国用[2010]第06464号、宁建国用[2010]第06466号）为上述贷款提供抵押担保，担保期自抵押登记之日起至2019年7月30日止。

2. 对中国银行股份有限公司的反担保函

根据华泰证券于2014年9月24日向中国银行股份有限公司澳门分行（以下简称“中国银行澳门分行”）出具的《维持承诺函》，中国银行澳门分行于2014年9月为华泰金控全资子公司Huatai International Finance I Limited境外发行美元/人民币债券提供备用信用证担保，担保金额不超过30亿元人民币，担保期限不超过5年，实际担保金额以开出的备用信用证为准。华泰证券同意Huatai International Finance I Limited占用公司在该行的授信额度，占用授信额度所做的业务视同对公司授信。

根据华泰证券于2014年9月24日向中国银行股份有限公司出具的《备用信用证反担保函》，华泰证券作为反担保人，为中国银行澳门分行作为担保人与华泰金控全资子公司Huatai International Finance I Limited之间签署的编号为ARD(M)－3/2014/500的押汇授信总协议及其附件提供连带保证责任，保证期间为主债权的清偿期届满之日起六个月，若主债权为分期清偿，则保证期间为自反担保函生效之日起至最后一期债务履行期届满之日起六个月。

经核查，金杜认为，发行人上述借款及担保协议的内容和形式均合法、有效，不存在与现行有效的法律、法规、规章及其他规范性文件相抵触的情形，其履行不存在实质性法律障碍。

（三）工程施工合同

1. 华泰证券广场施工总承包合同

华泰证券与中国江苏国际经济技术合作公司于2010年7月30日签订了《华泰证券广场施工总承包合同》约定由中国江苏国际经济技术合作公司为华泰证券广场工程提供土建工程、设备安装等施工总承包及现场施工总承包管理，合同总金额为113,285.18万元。截至2014年12月31日，发行人已按照合同约定向中国江苏国际经济技术合作公司累计支付总承包合同价款67,817.81874万元。

2. 华泰证券广场智能化施工公司

华泰证券与上海浩德科技股份有限公司于2012年3月2日签订了《华泰证券广场智能化施工合同》，约定由上海浩德科技股份有限公司负责华泰证券广场1－6楼楼宇的智能化设备采购、安装工程及数据中心设备采购、安装工程，合同总金额为19,889.97万元。截至2014年12月31日，发行人已按照合同约定向上海浩德科技股份有限公司累计支付总承包合同价款9903.103659万元。

3. 华泰证券广场室内装饰装修一标段工程施工合同

华泰证券与中国建筑装饰集团有限公司于2013年5月21日签订了《华泰证券广场室内装饰装修一标段工程施工合同》，约定由中国建筑装饰集团有限公司负责华泰证券广场5号楼（1－4层）级6号楼（电梯轿厢、－1层至3层）室内装饰装修施工及保修，合同总金额为7877.18万元。截至2014年12月31日，发行人已按照合同约定向中国建筑装饰集团有限公司累计支付总承包合同价款739.545349万元。

4. 华泰证券广场室内装饰装修二标段工程施工合同

华泰证券与浙江亚厦装饰股份有限公司于2013年5月21日签订了《华泰证券广场室内装饰装修一标段工程施工合同》，约定由浙江亚厦装饰股份有限公司负责华泰证券广场6号楼客房部分（4－14层）室内装饰装修施工及保修，合同总金额为11,758.45万元，截至2014

年12月31日,发行人已按照合同约定向浙江亚厦装饰股份有限公司累计支付总承包合同价款1910.491245万元。

5.华泰证券广场内装三标段工程施工合同

华泰证券与深圳市深装总装饰工程工业有限公司于2013年10月签订了《华泰证券广场内装三标段工程施工合同》,约定由深圳市深装总装饰工程工业有限公司负责华泰证券广场1号楼(电梯轿厢,1-13层)、2号楼(电梯轿厢,-1层至9层)及过街楼1的室内装饰装修施工及保修,合同总金额为13,158.63043万元。截至2014年12月31日,发行人已按照合同约定向深圳市深装总装饰工程工业有限公司累计支付总承包合同价款4,848.114892万元。

经核查,金杜认为,发行人上述工程施工合同的内容和形式均合法、有效,不存在与现行有效的法律、法规、规章及其他规范性文件相抵触的情形,其履行不存在实质性法律障碍。

(四)发行人根据有关法律、法规的规定,为在职员工缴纳住房公积金及基本养老保险、基本医疗保险、失业保险等社会保险,并建立了企业年金、补充医疗保险等员工福利保障制度。

经金杜核查,发行人已根据《劳动合同法》制定了劳动合同书范本,并下发到各分支机构统一执行,该劳动合同书范本内容符合《劳动法》、《劳动合同法》的相关规定。

(五)经核查及发行人承诺,发行人不存在因环境保护、知识产权、产品质量、劳动安全、人身权等原因产生的重大侵权之债。

(六)根据《审计报告》及发行人确认,发行人金额较大的其他应收、应付款均与发行人主营业务有关并合法有效。

十一、发行人重大资产变化及收购兼并

经核查,除发行人历次股本变动外,发行人最近三年未发生重大资产变化及收购兼并情况。

十二、发行人公司章程的制定与修改

发行人公司章程的制定及最近三年修订情况如下:

(一)华泰证券设立时的《公司章程》已由中国人民银行于1990年12月30日下发的《关于成立江苏省证券公司的批复》(银复[1990]497号)予以核准。

(二)发行人于2008年1月30日召开2008年第一次临时股东大会,审议通过《发行人章程(A股)》,并于2008年1月25日获中国证监会下发的《关于华泰证券股份有限公司变更公司章程的批复》(证监许可[2008]160号)核准。

(三)发行人于2012年9月5日召开2012年第一次临时股东大会,审议通过了关于《关于修订〈华泰证券股份有限公司章程〉的议案》,并于2012年10月17日获中国证监会下发的《关于核准华泰证券股份有限公司变更公司章程重要条款的批复》(苏证监机构字[2012]471号)核准。

(四)发行人于2012年9月5日召开2012年第一次临时股东大会,审议通过了关于增加公司经营范围并相应修改公司章程的议案。并于2013年6月4日获江苏证监局下发的《关于核准华泰证券股份有限公司增加金融债(含政策性金融债)承销业务资格的批复》(苏证监机构字[2013]219号)核准。

(五)发行人于2013年4月19日召开2012年度股东大会,审议通过《关于修订〈公司章程〉的议案》,并于2013年7月8日获中国证监会下发的《关于核准华泰证券股份有限公司变更公司章程重要条款的批复》(苏证监机构字[2013]262号)核准。

(六)发行人于2013年9月3日召开2012年第二次临时股东大会,审议同意《关于修订公司〈章程〉的议案》,并于2013年11月13日获江苏证监局下发的《关于核准华泰证券股份有限公司变更公司章程重要条款的批复》(苏证监机构字[2013]542号)核准。

(七)根据发行人于2013年11月29日召开2013年第三次临时股东大会,审议同意《关于修订公司〈章程〉的议案》,并于2014年1月14日获江苏证监局下发的《关于核准华泰证券股份有限公司变更公司章程重要条款的批复》(苏证监机构字[2014]26号)核准。

(八)发行人于2014年4月17日召开2013年度股东大会,审议通过《关于增加公司经营范围并相应修改公司章程的议案》,并将公司章程修改部分条款的申请材料上报江苏证监局备案。

（九）发行人于2014年8月9日召开2014年第三次临时股东大会，审议通过了《关于修订公司〈章程〉的议案》，并于2014年10月31日获江苏证监局下发的《关于核准华泰证券股份有限公司变更公司章程重要条款的批复》（苏证监机构字［2014］469号）核准。

（十）发行人于2014年12月11日召开2014年第四次临时股东大会，审议通过了《关于修订〈华泰证券股份有限公司章程〉（H股）的议案》，江苏证监局于2015年2月13日下发《关于核准华泰证券股份有限公司变更公司章程重要条款的批复》（苏证监机构字［2015］55号），核准了《发行人章程（H）股》。

据此，发行人设立、改制及最近三年的公司章程及历次修订已履行了必要的法定程序，其内容符合法律、行政法规、部门规章及其他规范文件的规定，《发行人章程（H股）》符合《到境外上市公司章程必备条款》的相关规定。

十三、发行人股东大会、董事会、监事会议事规则及规范运作

（一）发行人的组织结构

经核查，发行人具有健全的组织机构。发行人依照《公司法》、《证券法》等法律、法规并参照《证券公司治理准则》等文件，设立了股东大会、董事会、监事会，并在董事会下设合规与风险管理委员会、审计委员会、发展战略委员会、提名委员会、薪酬与考核委员会等5个专门委员会。《公司章程》对股东大会、董事会和监事会的职权进行了明确规定。发行人参照《关于在上市公司建立独立董事制度的指导意见》等有关文件建立了独立董事制度。

（二）发行人的议事规则

发行人专门制定了股东大会议事规则、董事会议事规则、监事会议事规则、独立董事工作制度、董事会秘书工作细则等内部制度，经金杜核查，上述规则符合《公司法》、《证券法》等法律、法规的规定。

（三）股东大会、董事会、监事会规范运作情况

经核查发行人股东大会、董事会以及监事会最近三年的会议通知、议案、决议、会议记录等文件，金杜认为，发行人最近三年的股东大会、董事会以及监事会的召开、决议内容及签署合法、合规、真实、有效。

十四、发行人董事、监事和高级管理人员及其变化

（一）截至本法律意见出具日，发行人共有董事15名，监事9名，高级管理人员10名，该等人员的任职及兼职情况如下：

姓名	职务	在其他单位任职情况
吴万善	董事长	南方基金管理有限公司董事长 华泰金融控股（香港）有限公司董事 南方资本管理有限公司董事长
周　易	董事、总裁	华泰金融控股（香港）有限公司董事 华泰紫金投资有限责任公司董事长 华泰瑞通投资管理有限公司董事长 江苏省新兴产业投资管理有限公司董事长 华泰瑞联基金管理有限公司董事长
孙　鲁	董事	国信（海南）龙沐湾投资控股有限公司监事长 江苏省电子商务证书认证中心有限责任公司董事 南京银行股份有限公司监事 沪宁城际铁路股份有限公司董事

续表

姓名	职务	在其他单位任职情况
王树华	董事	江苏省国际信托有限责任公司监事会主席 江苏省房地产投资有限责任公司董事 中国东方航空江苏有限公司董事 江苏省互联网新闻中心董事 南京中电熊猫信息产业有限公司董事 江苏舜天足球俱乐部有限公司董事 桦南协联报春热电有限公司董事 宜兴协联生物化学有限公司董事 江苏协联热电集团有限公司董事
浦宝英	董事	江苏淮阴发电有限责任公司监事会召集人 江苏新海发电有限公司监事 徐塘发电有限责任公司董事 江苏省投资管理有限责任公司监事 江苏国信瀛洲发电有限公司监事 华能南通发电有限责任公司董事 江苏省国际信托有限责任公司董事 江苏省广播电视信息网络投资有限公司监事 江苏省苏宿工业园区开发有限公司监事 江苏省软件产业股份有限公司监事 江苏国信龙沐湾置业有限公司监事 江苏省国信集团财务有限公司董事 江苏舜天国际集团有限公司监事会主席 盐城发电有限公司监事 江苏国信淮安新能源投资有限公司监事会主席 南京中国国际旅行社有限公司、中国国旅(江苏)国际旅行社有限公司董事
孙宏宁	董事	江苏远东海运有限公司董事长 南京协立创业投资有限公司监事会主席 伊犁苏新能源开发投资有限公司监事会主席 江苏宁沪高速公路股份有限公司监事 南通天生港发电有限公司董事长 江苏远洋运输有限公司董事长 江苏快鹿汽车运输股份有限公司董事长 苏州南林饭店有限责任公司董事长 太仓港集装箱船舶运输有限公司董事长 江苏太仓港港务集团有限公司副董事长 国电泰州发电有限公司董事 金陵饭店股份有限公司董事 江苏金融租赁有限公司监事会主席
周　勇	董事	江苏省苏豪控股集团有限公司总裁 江苏弘业国际集团有限公司董事长 弘业期货股份有限公司董事长 江苏爱涛文化产业有限公司董事长 江苏省文化产权交易所董事长 江苏弘业股份有限公司董事 江苏苏豪投资集团有限公司董事 航天晨光股份有限公司独立董事

续表

姓名	职务	在其他单位任职情况
蔡　标	董事	江苏汇鸿国际集团土产进出口股份有限公司监事 江苏汇鸿国际集团食品进出口有限公司董事 江苏汇鸿国际集团房地产开发有限公司董事 江苏汇鸿国际集团会展股份有限公司监事 江苏环保产业股份有限公司董事 中融信佳投资担保有限公司董事
应文禄	董事	南京钢铁股份有限公司独立董事
白　维	独立董事	北京市竞天公诚律师事务所合伙人 宁夏东方钽业股份有限公司独立董事 中国太平洋保险(集团)股份有限公司独立董事 上海证券交易所第三届上市委员会委员
沈坤荣	独立董事	南京大学经济学院教授 南京栖霞建设股份有限公司独立董事 江苏凤凰出版传媒股份有限公司独立董事 南京宏图高科技股份有限公司独立董事
刘红忠	独立董事	复旦大学经济学院国际金融系教授 上海农村商业银行股份有限公司独立董事 申银万国期货有限责任公司独立董事 东海期货有限责任公司独立董事 上投摩根基金管理有限公司独立董事 上海建工集团股份有限公司外部董事
王全洲	独立董事	北京兴华会计师事务所有限责任公司董事长 珠海华发实业股份有限公司独立董事 航天证券有限责任公司独立董事
张捷	独立董事	南京航空航天大学艺术学院院长 江苏弘业期货股份有限公司独立董事 溧水农村商业银行独立董事
余亦民	监事会主席	江苏苏豪创业投资有限公司董事长 江苏苏豪投资集团有限公司董事长 苏新能源(伊犁)有限公司董事
高旭	监事	江苏金东证投资发展有限公司董事 南京技术进出口有限责任公司副董事长 青铜峡铝业股份有限公司董事 江苏舜天国际集团有限公司董事 锦泰期货有限公司监事会主席

续表

姓名	职务	在其他单位任职情况
杜文毅	监事	江苏宁沪高速股份有限公司董事 江苏京沪高速公路有限公司董事 江苏交通控股集团财务有限公司董事长 江苏高速公路联网营运管理有限公司监事会主席 富安达基金管理有限公司监事 江苏沿江高速公路有限公司董事 江苏泰州大桥有限公司监事会主席 江苏远洋运输有限公司董事 江苏金融租赁有限公司董事 南京跃进汽车有限公司董事 恒泰保险经纪有限公司董事 江苏华宇通用航空有限公司监事会主席 国电泰州发电有限公司监事
宁卫斌	监事	江苏汇鸿国际集团有限公司资产财务部总经理助理
毛慧鹏	监事	江苏高科技投资集团有限公司投资部高级经理
董军政	监事	国华能源投资有限公司财务部副经理
彭敏	职工监事	无
周翔	职工监事	无
张辉	职工监事	无
张海波	副总裁	华泰金融控股(香港)有限公司董事
马昭明	副总裁	无
齐亮	副总裁	华泰柏瑞基金管理有限公司董事长
孙含林	副总裁	无
吴祖芳	副总裁	华泰柏瑞基金管理有限公司董事 华泰紫金投资有限责任公司董事
张涛	副总裁	华泰长城期货有限公司董事长 南方基金管理有限公司董事 华泰金融控股(香港)有限公司董事
姜健	副总裁、董事会秘书	华泰联合证券有限责任公司董事 华泰紫金投资有限责任公司董事 江苏股权交易中心有限责任公司董事长 南方基金管理有限公司董事 江苏银行股份有限公司董事 华泰瑞通投资管理有限公司董事
舒本娥	财务负责人	华泰联合证券有限责任公司监事会主席 南方基金管理有限公司董事 华泰长城期货有限公司副董事长 华泰紫金投资有限责任公司董事 华泰瑞通投资管理有限公司董事
李筠	合规总监、首席风险官	无

（二）根据发行人股东大会决议及金杜核查，发行人现有14名董事的任职资格均符合《公司法》、《证券法》和《证券公司董事、监事和高级管理人员任职资格监管办法》等法律法规及《公司章程》关于董事的有关规定，发行人董事均已取得中国证监会及派出机构对其任职资格的核准文件。根据金杜对发行人相关股东大会会议记录及决议所做的核查，选举前述董事之决议的表决程序和内容符合《公司法》及《公司章程》之规定。

（三）发行人现任董事中有5名独立董事，经核查，发行人独立董事的任职资格和职权范围符合《证券公司董事、监事和高级管理人员任职资格监管办法》、《关于在上市公司建立独立董事制度的指导意见》的有关规定。

经金杜适当核查，截至本法律意见出具日，发行人的独立董事正常履行职务，发行人董事会的规范运作及公司治理仍符合有关法律、行政法规的相关要求。

（四）根据发行人股东大会决议、职工代表大会决议通报文件及金杜核查，发行人监事的任职资格均符合《公司法》、《证券法》和《证券公司董事、监事和高级管理人员任职资格监管办法》等法律法规及《公司章程》关于监事资格的规定。根据金杜对发行人相关股东大会、职工代表大会会议文件所做的核查，选举前述监事之决议的表决程序及内容符合《公司法》及《公司章程》之规定。发行人的监事会共有9名监事，其中职工监事为3名，符合《公司法》关于监事会中职工监事比例不低于三分之一的规定。

（五）根据发行人董事会决议及金杜核查，发行人现有高级管理人员10名，上述人员任职均符合《公司法》、《证券法》和《证券公司董事、监事和高级管理人员任职资格监管办法》等法律法规及《公司章程》关于高级管理人员资格的规定。上述人员已取得中国证监会及派出机构对其任职资格的核准文件。根据金杜对发行人相关董事会会议文件所做的核查，选聘前述高级管理人员之决议的表决程序和内容符合《公司法》及《公司章程》之规定。

（六）根据发行人的股东大会、董事会和监事会决议及有关职工代表大会会议纪要，发行人董事、监事及高级管理人员自2012年以来的变化情况如下：

1. 董事变化情况

（1）根据发行人提供的《关于公司第三届董事会职工董事、第三届监事会职工监事选举结果的报告》，发行人职工代表大会选举周易担任华泰证券第三届董事会职工董事。

（2）2013年11月29日，发行人召开2013年第三次临时股东大会，选举吴万善、徐祖坚、王树华、浦宝英、孙宏宁、薛炳海、蔡标、应文禄、王会娟、白维、王世定、沈坤荣、刘红忠、张捷共14人为非职工董事，与发行人职工代表大会选举产生的职工董事周易共同组成华泰证券第三届董事会。第二届董事会成员中，潘剑秋、陆建萍、陈传明、范从来、吴晶妹、陈瑛明、王亿成共7人任期届满，不再继续担任发行人董事。

（3）2014年8月25日，发行人召开2014年第三次临时股东大会，选举王全州为发行人独立董事，王世定根据《关于进一步规范党政领导干部在企业兼职（任职）问题的意见》要求辞去发行人独立董事职务；选举孙鲁为发行人董事，徐祖坚因股东单位工作安排要求辞去发行人董事职务。

（4）2014年12月11日，发行人召开2014年第四次临时股东大会，选举周勇为发行人董事，薛炳海因股东单位工作安排要求辞去发行人董事职务。

（5）2015年2月16日，发行人董事会收到董事王会娟的书面辞职报告。根据工作需要，王会娟提请辞去发行人第三届董事会董事职务及董事会发展战略委员会委员职务。

2. 监事变化情况

（1）根据发行人提供的《关于第二届监事会职工监事增补选举结果的通知》，发行人职工大会增补选举周翔担任华泰证券第二届监事会职工监事，强莹因个人原因离职并辞去发行人职工监事职务。

（2）根据发行人提供的《关于公司第三届董事会职工董事、第三届监事会职工监事选举结果的报告》，发行人职工代表大会选举彭敏、周翔、张辉担任华泰证券第三届监事会职工监事。

（3）2013年11月29日，发行人召开2013年第三次临时股东大会，选举余亦民、高旭、杜文毅、宋卫斌、毛惠鹏、董军政共6人为非职工监事,与发行人职工代表大会选举产生的职工监事彭敏、周翔、张辉共同组成华泰证券第三届监事会。第二届监事会成员中,陈良训、徐世刚、王瑛、赵茂富共4人任期届满,不再继续担任发行人监事。

3. 高级管理人员变化情况

(1)发行人于2012年6月14日召开第二届董事会第十次会议,审议同意聘任李筠为发行人合规总监,姜健因正常职务变动不再代行合规总监职务。

(2)发行人于2013年6月21日召开第二届董事会第二十次会议,审议同意聘任马昭明为发行人副总裁。

(3)发行人于2014年8月28日召开第三届董事会第八次会议,审议同意聘任李筠为发行人首席风险官。

经金杜适当核查,金杜认为,自2012年以来,发行人董事、监事、高级管理人员的任职及变化符合《公司法》等法律法规及《公司章程》的有关规定。

十五、发行人的税务

(一)税务登记

发行人现持有江苏省国家税务局直属税务分局于2011年11月4日颁发的《税务登记证》(编号:苏国税直字320005134754246号),以及江苏省地方税务局直属税务局于2011年11月4日颁发的《税务登记证》(编号:苏地税字32000670401011号)。

(二)发行人执行的税种、税率

根据《审计报告》,截至本法律意见出具日,发行人适用的主要税种、税率为:

税项	计税基础	税率
企业所得税	应纳税所得额	25.00%/16.50%
营业税	应纳税营业额	5.00%
城市维护建设税	应缴流转税税额	7.00%/5.00%
教育费附加	应缴流转税税额	3.00%
地方教育附加	应缴流转税税额	2.00%
房产税	从价计征	按房产原值一次减30%后余值的1.2%计缴
	从租计征	按租金收入的12.00%计缴

经核查,金杜认为,发行人执行的税种、税率符合现行法律、行政、规章及其他规范性文件的要求。

(三)税款的依法缴纳情况

根据发行人、发行人分支机构及发行人控股子公司所在地的税务机关出具的证明及金杜核查,2012年、2013年、2014年,发行人、发行人分支机构及发行人控股子公司均依法纳税,不存在违反税收法律、法规而受到重大行政处罚的情形。

十六、发行人的环境保护和产品质量、技术等标准

(一)根据发行人提供的文件及金杜核查,发行人近三年不存在因经营活动违反环境保护法律、行政法规、部门规章及其他规范性文件而受到处罚的情况。

(二)根据发行人提供的文件及金杜核查,发行人近三年不存在因违反有关产品质量和技术监督方面的法律法规而受到处罚的情况。

据此,发行人在环境保护、产品质量和技术方面符合现行法律、行政法规、部门规章及其他规范性文件的有关规定。

十七、发行人的劳动管理、社会保险及住房公积金制度执行情况

(一)根据发行人确认,发行人及其控股子公司均与其员工签署了劳动合同。截至本法律意见出具日,发行人与其员工之间不存在未了结的重大劳资纠纷或劳动争议。

(二)根据发行人所在地的社会保险管理部门、住房公积金管理部门出具的相关证明文

件，截至2014年12月31日，发行人已经按规定缴纳各项社会保险和住房公积金，不存在欠缴的行为；根据发行人提供的自2012年以来的行政处罚相关文件，发行人自2012年1月1日至2014年12月31日期间不存在任何因与社会保险和住房公积金缴纳有关的事项而受到处罚的情形。

十八、发行人募集资金的运用

根据发行人于2014年12月11日召开的2014年第四次临时股东大会，发行人本次发行H股股票所得的募集资金在扣除发行费用后，将全部通过补充资本金，用于境内外业务发展及投资。

金杜认为，发行人本次发行的募集资金用途符合中国现行法律、行政法规、部门规章及其他规范性文件的规定。

十九、诉讼、仲裁及行政处罚

（一）诉讼、仲裁

1. 发行人作为原告的诉讼、仲裁

根据发行人提供的文件并经金杜核查，截至2014年12月31日，发行人及其分支机构作为原告且单笔争议标的在人民币1000万元以上的尚未了结的重大诉讼、仲裁案件共6宗，具体情况如下表所示：

序号	原告及代理人	被告及代理人	受理法院/仲裁机构	第三方	涉及争议金额（万元）	诉讼请求	诉讼阶段	诉讼/仲裁结果	执行情况
1	华泰长城期货	张晓东	上海市第一中级人民法院	无	2263.98	偿还代垫款项并支付诉讼费	已审结	胜诉：上海市第一中级人民法院民事判决书（2014）沪一中民六（商）初字第1号	执行中
2	华泰联合	中国华诚集团财务有限责任公司、华诚投资管理有限公司	深圳市中级人民法院	无	5458.4	偿还欠款、支付诉讼费	一审审结	胜诉：深圳市中级人民法院民事判决书（2004）深中法民二初字第32号	执行中
3	华泰联合	北京华资银团集团	深圳市福田区人民法院、深圳市中级人民法院	无	2430	偿还欠款、利息并支付诉讼费	已审结	胜诉：深圳市福田区人民法院民事判决书（2011）深福法民二初字第79号	执行中
4	华泰联合	四通集团公司、四通集团财务公司	深圳市中级人民法院	无	7345	偿还欠款、利息并支付诉讼费	已审结	胜诉：深圳市中级人民法院民事判决书（2001）深中法经一初第315号	执行中
5	华泰联合		深圳市中级人民法院	无	9940	偿还欠款、利息并支付诉讼费	调解结案	调解：深圳市中级人民法院民事调解书（2002）深中法经一初第430号	执行中
6	华泰联合		北京市高级人民法院	无	26,000	偿还欠款、利息并支付诉讼费	一审中	无	无

金杜认为,上述案件不会对发行人的经营及本次发行上市构成重大不利影响。

2. 发行人作为被告或被申请人的诉讼、仲裁

根据发行人提供的文件并经金杜核查,截至 2014 年 12 月 31 日,发行人及其分支机构不涉及作为被告或被申请人且单笔争议标的在人民币 1000 万元以上的尚未了结的重大诉讼、仲裁案件。

3. 经核查并根据发行人出具的承诺,发行人现任董事长、总裁不存在尚未了结的诉讼仲裁案件。

4. 持有发行人 50% 以上股份的股东

经金杜适当核查,持有发行人 5% 以上股份的股东不存在尚未了结的或可预见的、对发行人的经营活动有可能产生重大影响的诉讼、仲裁及行政处罚案件。

(二)行政处罚

根据发行人提供的文件及金杜核查,2012 年 1 月 1 日至 2014 年 12 月 31 日期间,发行人及其控股子公司因违反国内监管规定而被国内监管部门处罚共计 2 宗,具体情况如下:

1. 2013 年 4 月 10 日,因联合证券有限责任公司(以下简称"联合证券")在云南绿大地生物科技股份有限公司发行上市时未勤勉尽责,中国证监会出具《行政处罚决定书》(处罚字[2013]24 号),决定没收联合证券业务收入人民币 1200 万元,并处以罚款人民币 1200 万元的处罚;鉴于联合证券已于 2009 与华泰证券进行了业务整合,已更名为"华泰联合证券有限责任公司",上述罚没款由华泰联合支付。

2. 2014 年 5 月 12 日,因发行人金融市场业务相关管理和内部控制制度存在创新业务操作不合规,造成价格失真、多笔交易大幅偏离公允价格且未备案、债券远期业务未在规定系统模块内操作、不同资产管理计划之间存在关联交易,债券交易业务未报告的问题,中国人民银行南京分行出具《行政处罚决定书》[(南银)罚字[2014]第 2 号],对发行人处以罚款人民币 50 万元的处罚。

经金杜适当核查,上述第 1 项针对华泰联合的行政处罚系由其成为华泰证券控股子公司之前发生的事项导致,上述行政处罚均没有导致发行人或其下属分支机构之合法存续受到影响或业务经营所需之批准、许可、授权或备案被撤销,包括但不限于被吊销《经营证券业务许可证》或《营业执照》等重大后果。上述行政处罚所涉罚没款均已缴清且罚没款总金额占发行人资产总额的比例较小。因此,上述违法、违规行为不会对发行人的经营和财务状况产生重大不利影响,也不构成发行人本次发行上市的实质性法律障碍。

根据发行人提供的承诺及金杜核查,截至本法律意见出具日,除本法律意见披露的情况外,发行人不存在其他重大违法行为。

二十、发行人为本次发行上市聘请的中介机构

截至本法律意见出具日,参与发行人本次发行上市的投资银行为华泰金融控股(香港)有限公司、J. P. Morgan Securities (Far East) Limited、UBS Securities HongKong Limited;发行人境外律师为高伟绅律师行;发行人境内律师为金杜;承销商境外律师为美国盛信律师事务所;承销商境内律师为北京市通商律师事务所;发行人审计师为毕马威会计师事务所及毕马威华振会计师事务所(特殊普通合伙)。

经金杜核查,截至本法律意见出具日,参与本次发行上市的中介机构及其签字人员具有相应有效的从事上述相关业务的资质。

上述中介机构及其签字人员的相关业务资质请见本法律意见附件六。

二十一、本次发行上市的总体结论性意见

根据对发行人提供的材料及有关事项的核查,截至本法律意见出具日,金杜认为,发行人本次发行上市符合《证券法》、《特别规定》等中国法律规定的条件,尚需取得中国证监会核准。

(以下无正文,为本法律意见签字盖章页。)

（本页无正文，为《北京市金杜律师事务所关于华泰证券股份有限公司发行境外上市外资股并在香港联合交易所有限公司上市的法律意见》的签字页）

北京市金杜律师事务所
负责人：王玲
经办律师：高怡敏、苏峥

（二）上市公司境外再融资

关于中国东方航空股份有限公司非公开发行838,000,000股H股股票的法律意见书

致：中国东方航空股份有限公司

北京市通商律师事务所是经中华人民共和国北京市司法局批准成立，具有合法执业资格的律师事务所，有资格就中国法律问题发表法律意见。根据中国东方航空股份有限公司与北京市通商律师事务所签订的《单项委托协议》，本所接受发行人的委托，同意担任发行人向不超过10名（含10名）无关联关系的特定投资者非公开发行838,000,000股H股股票的特聘专项法律顾问，就发行人本次发行涉及的中国境内权益及相关法律问题出具本法律意见书。

本法律意见书根据《公司法》、《证券法》、《特别规定》和《意见》及国务院证券管理部门的其他有关规定而出具。

根据有关法律、法规及规范性文件的要求和发行人的委托，本所对发行人申请本次发行的主体资格、本次发行的条件、上报文件及相关事实的合法性进行了审查。在本法律意见书中，本所仅就与发行人本次发行有关的中国法律问题发表法律意见，并不对任何中国司法管辖区域以外的法律以及有关会计、审计、资产评估等专业事项发表意见。本所在本法律意见书中对有关会计报表、审计、盈利预测报告和资产评估报告书中某些数据和结论的引述，完全依赖于有关会计、审计、资产评估机构出具的有关会计、审计和资产评估报告；本所的引述并不意味着本所对这些数据、结论的真实性和准确性做出任何明示或默示的保证，对于这些文件的内容，本所并不具备核查和做出评价的适当资格。

为出具本法律意见书，本所对本法律意见书的出具特作如下声明：

1）在本次发行的工作过程中，本所及本所指派的律师均已按照《管理办法》第三条的要求，遵守法律、行政法规及相关规定的有关要求，遵循诚实、守信、独立、勤勉、尽责的原则，能够恪守律师职业道德和执业纪律，严格履行法定职责，并保证本所就本次发行所出具的文件系真实、准确和完整的。

2）本所已按照《管理办法》第十条的要求，依法对相关各方向本所提供的、作为本所出具与本次发行有关的法律文件所依据的全部文件资料内容的真实性、准确性和完整性进行了核查和验证。

3）本所在出具与本次发行有关的法律文件时，已按照《管理办法》第十四条的要求，对与法律相关的业务事项已履行了法律专业人士特别的注意义务，对其他业务事项也已履行了普通人一般的注意义务，本所制作、出具的该等法律文件不具有虚假记载、误导性陈述或者重大遗漏。

4）对于本所取得的、与本次发行有关的文书资料，本所已按照《管理办法》第十五条的要求，对凡自国家机关、具有管理公共事务职能的组织、会计师事务所、资产评估机构、资信评级机构、公证机构等公共机构（以下统称"公共机构"）直接取得的，本所在将其作为出具法律意见的依据时，已履行了《管理办法》第十四条规

定的注意义务并已加以说明;对于不是从公共机构直接取得的文书,本所在将其作为出具法律意见的依据之前已进行了核查和验证;而对于本所从公共机构抄录、复制材料,本所在将其作为出具法律意见的依据时,对于已获得该等公共机构的确认的,本所已履行了《管理办法》第十四条规定的注意义务并已加以说明,对于未取得该等公共机构确认的,本所在将其作为出具法律意见的依据之前已进行了核查和验证。

5)本所发表法律意见所依据的是本法律意见书出具日以前已经发生或存在的有关事实和中国的立法机构和行政部门正式颁布实施的法律、法规、行政规章和规范性文件;同时也是基于本所对有关事实的了解和对有关法律的理解而发表法律意见。

6)本法律意见书仅供发行人为本次发行上报中国证监会之目的使用,不得用作任何其他目的。

7)本所同意发行人在有关本次发行的认购协议中自行引用或按中国证券监督管理委员会及香港联交所审核要求引用本法律意见书的有关内容,但发行人作上述引用时,不得因引用而导致法律上的歧义或曲解。

8)本法律意见书中部分合计数与各明细数直接相加之和在尾数上有差异,这些差异是因四舍五入造成的。

本所根据《证券法》第二十条的要求,按照中国律师行业公认的业务标准、道德规范和勤勉尽责精神,对发行人提供的文件及有关事实进行了审查和验证,现出具法律意见如下:

一、发行人本次发行的批准和授权

1.1 2015年5月19日,国务院国资委以《关于中国东方航空股份有限公司非公开发行H股股票有关问题的批复》,批准了本次发行。

1.2 发行人于2014年6月26日召开了2013年度股东大会,审议通过了《关于公司发行股份的一般性授权议案》,授权董事会在有效期内批准发行不超过股东大会审议本议案时H股的20%的H股股票。

1.3 2015年4月24日,发行人召开第七届董事会第12次普通会议,审议通过了《关于中国东方航空股份有限公司发行H股股票方案的议案》,内容如下:

1.3.1 发行股票的种类和面值

本次发行的股票为境外上市外资股(H股),每股面值人民币1元。

1.3.2 发行数量

本次发行H股股票的数量不超过8.38亿股。具体发行数量由董事长和/或副董事长会同承销商根据发行时市场情况等因素最终确定。

1.3.3 发行对象和发行价格

本次发行的发行对象为不超过10名(含10名)特定投资者,且该等特定投资者系与公司及公司关联人士概无任何关连的独立人士,具体发行对象以及发行价格,由董事长和/或副董事长会同承销商根据发行时市场情况等因素最终确定。

1.3.4 募集资金用途

本次发行H股股票募集资金在扣除发行相关费用后将全部用于补充流动资金。

1.3.5 本次发行H股股票前公司滚存利润的安排

在本次发行H股股票前滚存的未分配利润由本次发行H股股票完成前后的新老股东共同享有或承担。

1.3.6 本次发行的授权

董事会授权公司董事长和/或副董事长:

(1)根据相关监管政策的要求和本次发行的需要聘请包括保荐机构在内的相关中介机构,办理本次股票发行的申报事项;

(2)会同承销商根据发行时市场情况等因素确定本次发行的发行数量、发行对象和发行价格等并签署相关法律文件;

(3)根据发行完成情况修订《公司章程》相关条款并办理工商变更登记;

(4)在法律法规和《公司章程》允许范围内,办理与本次股票发行有关的其他事项。

1.3.7 本次发行决议的有效期

本次发行决议的有效期与一般性授权的期限相同。

1.4 综上,本所认为:

1)本次发行已经获得国务院国资委的批准。

2)发行人股东大会已经依法定程序作出授权本次发行的决议,并且发行人董事会已经股东大会授权作出批准本次发行的决议。

3)根据有关法律、法规、规范性文件以及

发行人章程等文件，发行人股东大会及董事会召开的程序合法，作出的关于授权及批准发行人本次发行方案及其他相关事宜的决议合法有效。

4）发行人董事会已授权发行人董事长和/或副董事长办理本次发行的相关事宜，该等授权的授权范围及程序合法有效。

5）根据有关法律法规的规定，发行人本次发行尚需获得中国证监会的核准，本次发行的股票上市尚需获得香港联交所的核准。

二、发行人发行股票的主体资格

2.1　发行人为根据中国法律依法设立并有效存续的股份有限公司，其A股股票、H股股票和美国存托凭证分别在上海证交所、香港联交所和纽约证交所上市。发行人目前持有上海市工商局于2014年1月13日核发的注册号为310000400111686的《企业法人营业执照》。

2.2　发行人基本情况

根据发行人的上述《企业法人营业执照》，发行人的基本情况如下：

名称	中国东方航空股份有限公司
住所	上海市浦东新区国际机场机场大道66号
法定代表人	刘绍勇
注册资本	人民币12,674,268,860元
实收资本	人民币12,674,268,860元
公司类型	股份有限公司（台港澳与境内合资、上市）
经营范围	国内和经批准的国际、地区航空客、货、邮、行李运输业务及延伸业务；通用航空业务；航空器维修；航空设备制造与维修；国内外航空公司的代理业务；与航空运输有关的其他业务；保险兼业代理服务（意外伤害保险）。电子商务（不涉及第三方平台等增值电信业务）；空中超市（涉及许可证配额及专项许可的商品除外）；商品的批发、零售（涉及国家限制及许可证的除外）。
股东	东航集团、境外上市外资股、社会公众股
成立日期	1995年4月14日

2.3　经核查，发行人经合法程序注册成立，自成立之日起至本法律意见书出具之日，未发生根据国家法律、法规、规范性文件以及《公司章程》规定需要终止的情形，为合法设立并有效存续的股份有限公司。

2.4　综上，本所认为，发行人为依据中国法律合法设立并有效存续的股份有限公司，具有本次发行的主体资格。

三、本次发行的实质条件

经向发行人查证，本所认为：

3.1　发行人已按照《公司法》的规定设立了股东大会、董事会、监事会、总经理、副总经理和董事会秘书等内部机构，具有较规范的法人治理结构和较完善的内部管理制度，有较稳定的高级管理层，组织机构健全且运行良好，符合《意见》的规定。

3.2　经核查并经发行人确认，发行人最近三年及一期财务会计文件无虚假记载，无其他重大违法行为。

3.3　发行人现行有效的《公司章程》符合《公司法》和《必备条款》的规定。

3.4　发行人本次发行符合《公司法》、《证券法》、《特别规定》以及《必备条款》等法律法规和规范性文件的规定。

四、发行人的设立

4.1　发行人系经国家体改委体改生[1994]140号文批准，由东航集团作为其独家发起人于1995年4月14日按《公司法》的有关规定以发起设立的方式出资组建的股份有限公司。

4.2　发行人设立时的股份总数为3,000,000,000股，每股面值人民币1元，总股本为人民币3,000,000,000元，由东航集团全额认缴。

4.3　发行人设立的程序、资格、条件、方式符合当时法律、法规和规范性文件的规定和要求，并得到了有权部门的批准；发行人设立过程中有关资产评估、验资已履行必要程序，不违反法律、法规和规范性文件的规定；发行人召开创立大会的程序及所议事项符合法律、法规和规范性文件的规定；发行人的股本已经足额缴纳。

4.4　经核查，本所认为，发行人的设立已履行法定程序，并取得了中国有关政府主管部门的相应批准和备案,符合中国法律法规的有关规定,其设立合法、有效。

五、发行人的独立性

5.1　发行人是合法设立并有效存续的企业法人,依法独立享有权利并承担责任和风险。

5.2　发行人的独立性主要体现在以下几个方面:

5.2.1　发行人的业务独立于股东单位及其他关联方。

东航集团是发行人的控股股东,其经批准的经营范围为:经营集团公司及其投资企业中由国家投资形成的全部国有资产和国有股权。东航集团从事股权投资管理,本身无实际业务经营,下属控股子公司中除发行人从事航空运输业务之外,其他子公司从事金融、旅游酒店、航空食品、房地产、广告、代理进出口、通用航空、票务代理、综合服务等业务。发行人的业务独立于其控股股东及其他关联方,与控股股东及其他关联方之间不存在显失公允的关联交易。

5.2.2　发行人的资产独立完整。

发行人拥有独立的经营和办公场所,拥有经营所需的设备和其他资产,与控股股东的资产分离,产权关系清晰,发行人的资产完整。

5.2.3　发行人的人员独立。

发行人的总经理、副总经理、财务负责人和董事会秘书等高级管理人员不存在在股东单位或关联企业中担任除董事、监事以外的其他职务或领薪的情形;发行人的财务人员不存在在股东单位或关联企业中兼职的情形。

5.2.4　发行人的机构独立。

经核查,发行人依照有关法律、法规的规定设立了董事会和监事会,并分别对股东大会负责;总经理、财务负责人等高级管理人员则根据法律法规和《公司章程》的规定由董事会聘任;同时,董事会又下设了各专门委员会,引入了独立董事制度,使公司在治理结构上更加独立、完善。发行人的机构独立于股东机构,不存在与股东合署办公的情况。

5.2.5　发行人的财务独立。

经发行人确认,发行人建立了独立的财务部门以及独立的财务核算体系,能够独立作出财务决策,具有规范、独立的财务会计制度和对分支机构的财务管理制度,并拥有独立的财务会计账簿;发行人未与其股东或关联企业共用银行账户。

综上,本所认为,发行人符合业务、资产、人员、机构和财务独立的要求,具有面向市场自主经营的能力。

六、发起人和控股股东

6.1　发行人是由东航集团作为独家发起人发起设立的股份公司,目前东航集团为发行人的控股股东。根据发行人提供的资料,东航集团前身为中国东方航空公司,成立于1988年6月。1995年4月,中国东方航空公司分立重组为中国东方航空(集团)公司和中国东方航空股份有限公司。2002年8月3日,经国务院国函[2002]67号文批准,以中国东方航空(集团)公司为主体,兼并中国西北航空公司,联合云南航空公司组建成立了中国东方航空集团公司。东航集团的企业性质为全民所有制,注册资金为人民币14,876,320,791元,法定代表人为刘绍勇,注册地位于上海市虹桥路2550号,经批准的经营范围为:经营集团公司及其投资企业中由国家投资形成的全部国有资产和国有股权。

6.2　经本所核查,截至本法律意见书出具之日,东航集团直接和间接持有发行人64.35%的股份,为发行人的控股股东;并且,东航集团系依据我国法律法规合法设立并有效存续的企业法人,不存在根据法律法规及《公司章程》的规定需要终止的情形。

七、发行人的股本及演变

7.1　发行人设立时的股本

发行人设立时股份总数为3,000,000,000股,每股面值人民币1元,总股本为人民币3,000,000,000元,由东航集团全额认缴,东航集团持有发行人100%的股份。发行人设立时的股权设置、股本结构合法有效。

7.2　首次公开发行H股后的股本结构

1996年12月3日,国家体改委以体改生[1996]180号《关于中国东方航空股份有限公司转为境外发行股票并上市公司的批复》以及1997年1月7日,国务院证券委员会以证委发[1997]4号《关于同意中国东方航空股份有限公司发行境外上市外资股的批复》,批准发行人向境外投资者发行 1,566,950,000 股 H 股（其中部分 H 股以美国存托凭证方式在纽约证交所上市）。此次发行完成后，发行人的股权性质、股本结构如下所示：

持有人名称	持股数额（股）	持股比例（%）	股权性质
东航集团	3,000,000,000	65.69	国有法人股
公众人士	1,566,950,000	34.31	H 股
合计	4,566,950,000	100.00	

7.3　首次公开发行 A 股后的股本结构

1997 年 10 月 8 日，中国证监会以证监发字[1997]471 号《关于中国东方航空股份有限公司申请公开发行的批复》和证监发字[1997]472 号《关于中国东方航空股份有限公司 A 股发行方案的批复》，批准发行人向社会公众公开发行 300,000,000 股 A 股。此次发行完成后，发行人的股权性质、股本结构如下所示：

持有人名称	持股数额（股）	持股比例（%）	股权性质
东航集团	3,000,000,000	61.64	国有法人股（A 股）
公众人士	300,000,000	6.16	A 股
公众人士	1,566,950,000	32.20	H 股
合计	4,866,950,000	100.00	

7.4　股权分置改革后的股本结构

2006 年 12 月 8 日，国务院国资委以国资产权[2006]1490 号《国资委关于中国东方航空股份有限公司股权分置改革有关问题的批复》，批准发行人进行股权分置改革，东航集团将共计96,000,000股股份转让给社会公众。此次股权分置改革完成后的股权性质、股本结构如下所示：

持有人名称	持股数额（股）	持股比例（%）	股权性质
东航集团	2,904,000,000	59.67	国有法人股（A 股）
公众人士	396,000,000	8.14	A 股
公众人士	1,566,950,000	32.20	H 股
合计	4,866,950,000	100.00	

7.5　2009 年第一次定向增发 H 股和非公开发行 A 股后的股本结构

2009 年 5 月 19 日，中国证监会以证监许可[2009]413 号《关于核准中国东方航空股份有限公司增发境外上市外资股的批复》，批准发行人向东航国际定向增发 1,437,375,000 股 H 股股票。2009 年 6 月 5 日，中国证监会以证监许可[2009]487 号《关于核准中国东方航空股份有限公司非公开发行股票的批复》，批准发行人向东航集团非公开发行 1,437,375,000 股 A 股股票。发行人于 2009 年 7 月完成了上述发行。上述发行完成后，发行人的股权性质、股本结构如下所示：

持有人名称	持股数额（股）	持股比例（%）	股权性质
东航集团	4,341,375,000	56.08	国有法人股（A 股）
东航国际	1,437,375,000	18.57	H 股
公众人士	396,000,000	5.12	A 股
公众人士	1,566,950,000	20.24	H 股
合计	7,741,700,000	100.00	

7.6　2009 年第二次定向增发 H 股和非公开发行 A 股后的股本结构

2009 年 11 月 25 日，中国证监会以证监许可[2009]1248 号《关于核准中国东方航空股份有限公司增发境外上市外资股的批复》，批准发行人向东航国际定向增发不超过 490,000,000 股 H 股股票。

2009 年 11 月 30 日，中国证监会以证监许可[2009]1275 号《关于核准中国东方航空股份有限公司非公开发行股票的批复》，批准发行人非公开发行 1,350,000,000 股 A 股股票。发行人于 2009 年 12 月完成了上述发行。

上述发行完成后，发行人的股权性质、股本

结构如下所示：

持有人名称	持股数额（股）	持股比例（%）	股权性质
东航集团	4,831,375,000	50.42	国有法人股（A股）
东航国际	1,927,375,000	20.12	H股
公众人士	1,256,000,000	13.11	A股
公众人士	1,566,950,000	16.35	H股
合计	9,581,700,000	100	

7.7　2009年换股吸收合并上海航空股份后的股权结构

2009年12月30日，中国证监会以证监许可[2009]1483号《关于核准中国东方航空股份有限公司吸收合并上海航空股份有限公司的批复》，核准发行人以新增1,694,838,860股A股股票，换股吸收合并上海航空股份。发行人于2010年1月完成了上述发行。上述发行完成后，发行人的股权性质、股本结构如下所示：

持有人名称	持股数额（股）	持股比例（%）	股权性质
东航集团	4,831,375,000	42.84	国有法人股（A股）
东航国际	1,927,375,000	17.09	H股
公众人士	2,950,838,860	26.17	A股
公众人士	1,566,950,000	13.90	H股
合计	11,276,538,860	100.00	

7.8　2013年非公开发行A股和定向增发H股后的股本结构

2013年4月，经中国证监会证监许可[2013]297号文批准，发行人向东航集团和东航金控非公开发行698,865,000股A股股票。2013年6月，经中国证监会证监许可[2013]104号文批准，发行人向东航国际定向增发698,865,000股H股股票。此次发行完成后，发行人的股权性质、股本结构如下所示：

持有人名称	持股数额（股）	持股比例（%）	股权性质
东航集团	5,072,922,927	40.03	国有法人股（A股）
东航金控	457,317,073	3.61	国有法人股（A股）
东航国际	2,626,240,000	20.72	H股
公众人士	2,950,838,860	23.28	A股
公众人士	1,566,950,000	12.36	H股
合计	12,674,268,860	100.00	

除上述股权变动之外，发行人的股权未发生任何变动。发行人上述历次股权变更合法、合规、真实、有效。

7.9　控股股东所持股份质押情况

经发行人确认并经本所核查，截至2015年4月30日，控股股东东航集团所持发行人之股份未设有质押。

八、发行人的业务

8.1　发行人的经营范围为：国内和经批准的国际、地区航空客、货、邮、行李运输业务及延伸业务；通用航空业务；航空器维修；航空设备制造与维修；国内外航空公司的代理业务；与航空运输有关的其他业务；保险兼业代理服务（意外伤害保险）；电子商务（不涉及第三方平台等增值电信业务）；空中超市（涉及许可证配额及专项许可的商品除外）；商品的批发、零售（涉及国家限制及许可证的除外）。根据发行人的说明及本所的合理核查，发行人目前已经取得《公共航空运输企业经营许可证》、《保险兼业代理业务许可证》和《公共航空运输承运人运行合格证》，发行人目前经营的业务均在其经批准的营业范围内，发行人开展的经营活动与其法定权利能力相一致，不违反法律法规的有关规定，不存在持续经营方面的法律障碍。

8.2　发行人自设立以来的主营业务为公共航空运输业务，主营业务突出。

8.3　发行人《企业法人营业执照》所列的经营范围已获得相关政府部门的核准，发行人可以在其营业执照所载的经营范围内开展相关业务和经营活动，不存在持续经营的法律障碍。

九、关联交易和同业竞争

9.1　发行人的关联方

根据相关法律、法规和规范性文件的规定，发行人的主要关联方如下：

9.1.1　控股股东：截至本法律意见书出具之日，东航集团直接和间接持有发行人64.35%的股份，为发行人的控股股东。

9.1.2　根据公司提供的资料，东航集团除发行人及其控股子公司以外的其他主要控股下属企业如下：

序号	主要子公司名称
1	东航金控
2	中国东方航空云南公司
3	太原飞达航空实业总公司
4	中国东方航空西北公司
5	东方通用航空有限责任公司

续表

序号	主要子公司名称
6	东方航空杭州疗养院
7	东航租赁
8	东方航空传媒股份有限公司
9	东方航空进出口有限公司
10	东方航空食品投资有限公司
11	东航集团财务有限责任公司
12	上海东航投资有限公司
13	上海东方航空实业有限公司

9.2　发行人与关联方的重大关联交易

9.2.1　持续性关联交易

根据《审计报告》及我们的适当核查，发行人与关联方于2012－2014年度发生的持续性重大关联交易具体情况如下：

单位：千元人民币

关联交易协议名称	交易内容	所涉关联方	2014年度交易金额	2013年度交易金额	2012年度交易金额
《金融服务框架协议》	关联方向发行人提供存、贷款服务和其他金融服务	东航集团财务有限责任公司、东航金控			
		利息支出	约37,000	约42,000	87,457
		利息收入	约31,000	约25,000	45,996
		利息支出占同类交易金额比例	约1.89%	约3.69%	5.8%
		利息收入占同类交易金额比例	约35.46%	约17.51%	32.32%
《外贸进出口委托代理框架协议》	发行人委托关联方经营其所用航空器、发动机及相关设备的进出口业务，关联方收取相应的代理佣金	东方航空进出口有限公司	119,954	105,293	78,756
		占当年/期营业成本比重	0.151%	0.131%	0.105%

续表

关联交易协议名称	交易内容	所涉关联方	2014 年度交易金额	2013 年度交易金额	2012 年度交易金额
《航空食品供应框架协议》	关联方向发行人提供其航空运输所需的食品、饮料、相关餐具、食品和饮料的储存回收及其他相关劳务，并收取相应的餐食及机舱供应品的费用和服务费等费用	东方航空食品投资有限公司	851,136	919,051	783,384
		占当年/期营业成本比重	1.069%	1.144%	1.049%
《广告委托代理框架协议》	关联方向发行人提供广告宣传服务，并收取相应的广告费	东航传媒	4,755	10,099	38,846
		占当年/期销售费用比重	0.006%	0.013%	0.052%
《航空客票销售代理框架协议》	关联方向发行人提供客票代理销售服务并收取相应的手续费	上海东美	5,406	9,836	19,836
		占当年/期销售费用比重	0.007%	0.012%	0.027%
《物业管理服务框架协议》	发行人委托关联方管理物业，并支付物业管理费	上海东航投资有限公司	50,049	59,141	66,763
《物业租赁框架协议》	发行人自关联方租赁土地、房屋、建筑物、构筑物及其他相关辅助设施，并向关联方支付租金	东航集团			
		占当年/期营业成本比重	0.063%	0.074%	0.089%
《生产服务及设备供应框架协议》	关联方向发行人提供汽车修理生产、飞机维修生产、各种特种车辆或设备、机上供应品及仓储管理服务并收取相应的服务费	上海东方航空实业有限公司	141,864	142,569	121,854
		占当年/期营业成本比重	0.178%	0.177%	0.163%

续表

关联交易协议名称	交易内容	所涉关联方	2014年度交易金额	2013年度交易金额	2012年度交易金额
《媒体资源合作协议》	媒体资源独家经营使用费收入	东航传媒	——	14,908	36,030
		占年/期营业收入比重	——	0.019%	0.048%
《酒店住宿服务框架协议》	关联方向发行人相关人员提供酒店住宿服务并收取相应的服务费	东航旅业	506	——	——

9.2.2　偶发性关联交易

最近三年及一期发行人的重大偶发性关联交易如下：

1)2013年4月，经中国证监会证监许可[2013]297号文批准，发行人向东航集团和东航金控非公开发行698,865,000股A股股票，发行价格为3.28元/股。2013年6月，经中国证监会证监许可[2013]104号文批准，公司向东航国际定向增发698,865,000股H股股票，每股价格2.32港元。发行人2012年第一次临时股东大会以特别决议案批准通过上述发行方案，关联股东回避表决。

2)2013年9月27日，发行人与东航传媒签署了《媒体及广告资源特许使用权转让协议》，同意发行人及其下属控股子公司一次性向东航传媒及其下属控股子公司转让在约定范围内的媒体及广告资源特许使用权共计15年，自2014年1月1日至2028年12月31日，价格为人民币2.37亿元。东航传媒系东航集团的控股子公司。本次关联交易经发行人第六届董事会2013年第3次例会审议，关联董事回避表决。

3)发行人和东航集团原分别持有东航传媒45%和55%的股权。2013年12月24日，发行人与东航集团签署东航传媒之股东大会决议，同意股东双方按持股比例向东航传媒增资，发行人增资3,600万元。本次关联交易经发行人2013年第5次董事会例会会议批准，关联董事回避表决。

4)2014年7月17日，发行人的全资子公司东航海外与发行人的联营公司捷星香港航空有限公司签署了贷款协议，东航海外向捷星香港航空有限公司提供贷款6,000万美元。本次关联交易经发行人第七届董事会第7次普通会议审议通过，关联董事回避表决。

5)2014年11月14日，发行人与东航租赁签订了《飞机融资租赁框架协议》，约定发行人向东航租赁拟在上海自贸区或天津东疆保税港区设立的全资项目子公司以融资租赁方式承租14架飞机，租赁期限10年，租赁手续费合计不超过4,000万元人民币，租金总额(包含本金和利息)不超过9亿美元。本次交易经发行人第七届董事会第10次普通会议审议，关联董事回避表决；由于租金总额(包括本金和利息)已超过发行人最近一期经审计净资产绝对值的5%，本次关联交易亦经由发行人2015年第一次临时股东大会会议批准，关联股东回避表决。

6)发行人、东航集团和东航金控原分别持有东航集团财务有限责任公司25%、53.75%和21.25%的股权。2014年12月22日，三方签署东航集团财务有限责任公司增资协议，同比例对东航集团财务有限责任公司现金增资，发行人增资人民币3.75亿元。本次关联交易经发行人董事会2014年第2次例会批准，关联董事回避表决。

7)2015年4月29日，发行人经发行人董事会2015年第3次例会批准，关联股东回避表决，同意发行人与东航租赁签订了《飞机融资租赁框架协议》，23架飞机的租赁期限为120个月，租赁利率为6个月美元LIBOR加上100至300基点，租赁手续费合计不超过人民币7500万元，租金总额(包含本金和利息)不超过17亿美元。2015年5月5日，发行人与东航租赁签订了《飞机融资租赁框架协议》本次关联交易尚需经由发行人2014年年度股东大会会议批准,关联股东回避表决。

其他偶发性关联交易参见本法律意见书"十二、发行人重大资产变化及收购。"

经查,上述关联交易均已经董事会和/或股东大会审议,审议时,关联董事和/或关联股东均回避了表决,独立董事亦就关联交易发表了意见,认为上述持续性和偶发性关联交易均按一般商业条款达成,符合发行人和全体股东的利益,对发行人股东而言公平合理。

综上,本所认为,发行人的上述关联交易已经按照法律法规、《上市规则》以及《公司章程》的要求,履行了必要的审批和披露程序,不存在损害发行人及其他股东利益的情况。

9.3　关联交易的公允决策程序

根据相关法律、法规的规定,发行人的章程和《中国东方航空股份有限公司关联交易管理制度》对关联交易有关事项作出了明确规定。《中国东方航空股份有限公司关联交易管理制度》对关联人、关联关系和关联交易的认定、关联交易的决策权限和决策程序、关联交易的披露等进行了明确的规定,确立了关联股东和关联董事在股东大会或董事会审议与其相关的关联交易时的回避制度。因此,本所认为,发行人已确立了关联交易的公允决策程序,符合有关法律、法规的规定。

9.4　同业竞争

9.4.1　航空主营业务领域的同业竞争

经我们适当核查,发行人的经营范围为:国内和经批准的国际、地区航空客、货、邮、行李运输业务及延伸服务;通用航空业务;航空器维修;航空设备制造与维修;国内外航空公司的代理业务;与航空运输有关的其他业务;保险兼业代理服务(意外伤害保险);电子商务(不涉及第三方平台等增值电信业务);空中超市(涉及许可证配额及专项许可的商品除外);商品的批发、零售(涉及国家限制及许可证的除外)。

经我们适当核查,发行人控股股东东航集团的经营范围为:经营集团公司及其投资企业中由国家投资形成的全部国有资产和国有股权。东航集团从事股权投资管理,本身无实际业务经营,下属控股子公司中除发行人从事航空运输业务之外,其他子公司从事金融、旅游酒店、航空食品、房地产、广告、代理进出口、通用航空、票务代理、综合服务等业务。

因此,发行人与东航集团及其下属公司在航空主营业务领域不存在同业竞争情形。

9.4.2　其他辅业领域的同业竞争

发行人换股吸收合并上海航空股份前,上海航空股份及其下属公司除了经营航空运输主业外,还从事旅游酒店、票务代理、代理进出口、航空食品和广告业务等辅业业务,因此,发行人换股吸收合并上海航空股份后,上海航空股份及其下属公司经营的辅助业务进入发行人,与东航集团及其下属相关企业在少数辅业领域产生了一定的竞争关系。

为避免同业竞争,2010年7月28日,东航集团已与发行人签署股权购买协议,收购发行人航空食品、代理进出口以及广告业务。至此,发行人与东航集团在航空食品、代理进出口及广告业务上的同业竞争问题得以解决。

2012年10月30日,经发行人第六届董事会第5次例会决议通过并与东航集团协商同意,发行人将对上航国旅与东航旅业票务旅游业务实施重组整合,以解决旅游及票务代理方面的同业竞争。具体整合措施请见本法律意见书第12.1节"股权收购"中的相关内容。

2013年10月29日,经发行人第七届董事会第5次例会决议通过关于上航酒店股权处置的议案,同意将上航酒店100%股权转让给东航旅业。2013年12月28日,发行人、上航国旅、上海航空假期旅行社有限公司与东航旅业签订了股权转让合同,约定发行人、上航国旅、上海航空假期旅行社有限公司分别将其持有的上航酒店的89.8%、5.1%、5.1%的股权转让给东航旅业。

目前,发行人与东航集团在票务代理、代理进出口、航空食品、广告业务、旅游业务和酒店业务上存在的同业竞争问题已得以解决。

综上,本所认为,发行人与其控股股东东航集团及其下属公司在航空主营业务领域不存在实质性同业竞争;而对于因吸收合并上海航空而在辅业业务领域产生的竞争,发行人已经制定相应的同业竞争方案并付诸实施,截至本法律意见书出具日,发行人与东航集团及其下属公司在票务代理、代理进出口、航空食品、广告业务、旅游业务和酒店业务上存在的同业竞争问题已得以解决。

十、发行人的主要财产

10.1　物业

经我们适当核查及发行人确认，截至2015年4月30日发行人的物业情况如下：

10.1.1　土地

10.1.1.1　发行人的自有土地

截至2015年4月30日，发行人已取得国有土地使用权证的土地共计40宗，总面积为1,755,195.98平方米。

其中，出让的土地共计28宗，总面积为1,191,339.74平方米。发行人在国有土地使用权证所载使用期限内合法拥有该等土地的土地使用权，并有权依照法律、法规和规范性文件的规定自由转让、出租、抵押或以其他合法方式处分该等土地使用权。

划拨的土地共计12宗，总面积为563,856.24平方米，发行人已取得其划拨土地使用权。就该等划拨土地，发行人有权在持有该土地使用证期间，依法占有、使用或经批准转让、出租、抵押或以其他方式处置该处土地使用权，但发行人转让、出租、抵押该处土地时，须按照有关规定向土地管理部门办理出让手续、补交土地出让金或土地增值收益金。

10.1.1.2　发行人主要控股子公司的自有土地

截至2015年4月30日，上海飞培、东航物流、东航江苏、东航武汉、上海航空、东航云南、中联航和东航技术（以下合称为“主要控股子公司”）已取得国有土地使用权证的土地共计39宗，总面积为2,131,327.08平方米。我们认为，发行人主要控股子公司已合法取得该等土地的土地使用权，可以合法使用并依法处分该等土地的土地使用权。

10.1.2　房屋

10.1.2.1　发行人的自有房屋

截至2015年4月30日，发行人自有的房屋共有1,551项，总建筑面积为547,389.75平方米：

（1）取得房屋所有权证的房屋

发行人已经取得房屋所有权证的房屋共计1,458项，总建筑面积为398,689.08平方米。我们认为，发行人已经合法取得上述房屋所有权，可以合法使用并依法处分该等房屋。

（2）未取得房屋所有权证的房屋

发行人自有但尚未取得房屋所有权证的房屋共计93项、总建筑面积为148,700.67平方米的房屋，系由东航集团投入发行人，但由于民航重组后的历史遗留问题，尚未办理过户手续。对此，东航集团已经出具承诺函：

1）对于其中17项位于广州市和深圳市的房产（合计建筑面积约为1,996.51平方米），东航集团承诺：将在3年内（2014年6月27日至2017年6月30日），通过办理产权过户手续至发行人名下或者对外处置后将相关收益转至发行人等方式解决房屋产权瑕疵问题；如未能及时办理相关产权过户手续给发行人造成损失，则东航集团将承担相应责任。

2）对于其中76项位于上海虹桥机场东区的房产（相关土地权属已过户至发行人名下）（合计建筑面积约为146,704.16平方米），由于历史原因该等房屋欠缺相关报建手续，当前办理权属过户存在困难。因此，东航集团承诺：将力争借助虹桥机场东区开发的契机，在条件具备情况下分批次办理相关房屋产权过户手续至发行人名下或通过土地置换等方式解决相关房产权属瑕疵问题，预计最终完成时间约10－12年（2014年6月27日至2026年6月30日）。上述房产权属瑕疵的处理进展及结果受限于虹桥机场东区整体开发政策及实施进度的影响。如未能及时办理相关产权过户手续给发行人造成损失，则东航集团将承担相应责任。

10.1.2.2　发行人主要控股子公司的自有房屋

截至2015年4月30日，发行人主要控股子公司已经取得房屋所有权证的房屋共计186项，总建筑面积为337,215.98平方米。我们认为，发行人已经合法取得上述房屋所有权，可以合法使用并依法处分该等房屋。

10.1.3　发行人租赁东航集团的物业

根据发行人与东航集团签订的物业租赁协议，发行人在中国境内租赁东航集团的物业，其中土地39宗，总面积为756,890.19平方米；房屋（含建筑物和构筑物）总建筑面积为405,102.51平方米。租赁期间为2014年1月1日起至2016年12月31日止。

通过对上述租赁协议的审阅，我们认为，该

等租赁协议已经协议各方签署,内容根据中国法律法规合法有效并对订约各方具有约束力。

综上,对于发行人使用的未取得房屋所有权证的93处总建筑面积为148,700.67平方米的房屋,如上第10.1.3.2所述,东航集团已经出具承诺函,承诺该等房屋的产权归属于发行人,并将尽一切可能使发行人获得相关房屋产权证,完善相关产权过户的法律手续;如因未能办理相关产权过户手续而给发行人造成损失,则东航集团将承担相应责任。由此,我们认为,前述发行人使用的部分房产未取得相应的房屋所有权证的情形,不会对发行人业务造成实质性不利影响,因而亦不会对本次发行构成实质性法律障碍。

10.2　主要生产经营设备

除上述物业之外,发行人拥有的其他生产经营设备主要包括其用于业务经营的航空器。根据发行人提供的资料和我们的适当核查,截至2015年5月20日,发行人及其控股子公司自有航空器184架,其中有73架设定抵押;融资性租赁的航空器184架;经营性租赁的航空器143架,具体信息参见附件。

经发行人承诺及我们的合理核查,发行人对其主要生产经营设备依法拥有所有权或经营权。

10.3　知识产权

10.3.1　商标

经审查,截至2015年4月30日,发行人已办理了59项商标的《商标注册证》,具体信息参见附件。

本所认为,发行人已合法拥有该等59项注册商标。

10.4　发行人的对外投资

经核查并经发行人确认,截至2015年4月30日,发行人共合法拥有下述18家境内全资或控股子公司股权。具体情况如下:

10.4.1　中国东方航空武汉有限责任公司

企业注册号	420100000124680
公司住所	黄陂区盘龙城经济开发区巨龙大道188号
企业类型	有限责任公司
法定代表人	吴永良

续表

注册资本	人民币175,000万元
实收资本	人民币175,000万元
经营范围	国内航空客货运输业务(许可项目经营期限与许可证核定的期限一致);航空公司间的代理业务。
成立日期	2002年8月16日

东航武汉已取得《公共航空运输企业经营许可证》、《维修许可证》,发行人持有其60%的股权。

10.4.2　中国东方航空江苏有限公司

企业注册号	320000000005412
公司住所	南京市禄口国际机场
企业类型	有限责任公司
法定代表人	胡际东
注册资本	人民币200,000万元
实收资本	人民币200,000万元
经营范围	国内航空客货运输,将飞机湿租给中国东方航空股份有限公司经营批准的自江苏省内始发的国际(地区)航空客货运输业务。一般经营项目:航空运输地面服务。
成立日期	1993年4月7日

东航江苏已取得《公共航空运输企业经营许可证》、《维修许可证》,发行人持有其62.5625%的股权。

10.4.3　上海航空有限公司

企业注册号	310120000011609
公司住所	上海市长宁区空港三路92号6号楼二至六楼
企业类型	一人有限责任公司(法人独资)
法定代表人	唐兵
注册资本	人民币50,000万元
实收资本	人民币50,000万元
经营范围	国内(含港澳台)、国际航空客货运输业务。
成立日期	2010年3月26日

上海航空已取得《公共航空运输企业经营许可证》、《航空承运人运行合格证》,发行人持

有其100%的股权。

10.4.4　东方航空云南有限公司

企业注册号	530000000030415
公司住所	昆明市官渡区巫家坝机场
企业类型	有限责任公司(国有控股)
法定代表人	李养民
注册资本	人民币366,154万元
实收资本	人民币263,385万元
经营范围	国内(含港澳)、国际航空客货运输业务及相关服务业务;国内外航空公司的代理业务;与航空运输有关的其他业务。
成立日期	2010年7月27日

东航云南已取得《公共航空运输企业经营许可证》、《航空承运人运行合格证》,发行人持有其65%的股权。

10.4.5　中国联合航空有限公司

企业注册号	110000007821499
公司住所	北京市丰台区警备东路6号西区一号院
企业类型	有限责任公司(法人独资)
法定代表人	唐兵
注册资本	人民币132,000万元
实收资本	人民币132,000万元
经营范围	国内(含港澳台)航空客货运输业务;至周边国家的国际航空客货运输业务(公共航空运输企业经营许可证有效期至2017年06月26日);航空公司间的代理业务;与航空运输业务相关的服务业务;零售预包装食品(食品流通许可证有效期至2018年01月21日)旅游纪念品、航空服务用品的零售、利用自有媒介承办国内外广告并代理分支机构的广告业务;票务服务;仓储服务;企业管理咨询;投资管理、资产管理;设计、制作、代理发布广告;销售工艺品、化妆品、卫生用品、服装鞋包、文化用品、计算机、软件及辅助设备、电子产品、家用电器、首饰;汽车租赁(不含九座以上客车)。
成立日期	1984年9月21日

中联航已取得《公共航空运输企业经营许可证》、《航空承运人运行合格证》、《维修许可证》、《食品流通许可证》,发行人持有中联航100%的股权。

10.4.6　东方航空物流有限公司

企业注册号	310120000005489
公司住所	上海市浦东机场机场大道66号
企业类型	有限责任公司
法定代表人	李养民
注册资本	人民币115,000万元
实收资本	人民币115,000万元
经营范围	道路货物运输(普通货物),仓储,海上、航空、陆上国际货物运输代理,货物装卸,物业管理,停车场,会务服务,为国内企业提供劳务派遣服务,日用百货、办公用品的销售,商务咨询(除经纪)、机票代理、货物及技术的进出口业务、电子商务(不得从事增值电信、金融业务)。
成立日期	2004年8月23日

发行人持有东航物流100%的股权。

10.4.7　上海东方飞行培训有限公司

企业注册号	310115000314799
公司住所	上海市外高桥保税区法赛路518号
企业类型	一人有限责任公司(法人独资)
法定代表人	石富康
注册资本	人民币69,380万元
实收资本	人民币69,380万元
经营范围	飞行人员及其他与航空有关的各类人员的培训,货物和技术进出口,自有房屋租赁,航材设备的维修与研发,航空业务知识咨询(除培训),计算机软件开发及销售,会务服务。
成立日期	1995年12月18日

上海飞培已取得《飞行训练中心合格证》,发行人持有上海飞培100%的股权。

10.4.8　上海航空国际旅游(集团)有限公司

企业注册号	310140000012177
公司住所	上海市浦东国际机场大道100号

续表

企业类型	有限责任公司
法定代表人	吴永良
注册资本	人民币 5,009 万元
实收资本	人民币 5,009 万元
经营范围	国内旅游业务,跨省市客运,入境旅游业务,出境旅游业务,旅游工艺品,旅游咨询,办公用品,电脑,日用百货,工艺美术品及饰品,摩托车及助动车,针纺织品。
成立日期	1992 年 8 月 29 日

上航国旅已取得《旅行社业务经营许可证》,发行人持有上航国旅 100% 的股权。

10.4.9 上海上航实业有限公司

企业注册号	310120000000637
公司住所	上海市浦东机场机场大道 100 号
企业类型	有限责任公司(外商投资企业与内资合资)
法定代表人	朱益民
注册资本	人民币 728 万元
实收资本	人民币 728 万元
经营范围	洗涤服务(限分支经营),物业管理,建筑装潢(凭许可资质经营),水、电、暖通安装,房屋维修,空调维修及保养,航空客、货运地面保障服务,普通机械设备,针纺织品,化工产品及原料(除危险品)销售及以上相关业务的咨询服务。
成立日期	1993 年 11 月 12 日

发行人持有上海上航实业有限公司 88.32% 的股权。

10.4.10 东航大酒店有限公司

企业注册号	110000005126680
公司住所	北京市顺义区小天竺路 1 号(D 栋办公楼)
企业类型	其他有限责任公司(法人独资)
法定代表人	吴永良
注册资本	人民币 7,000 万元

续表

实收资本	人民币 7,000 万元
经营范围	住宿;经营中、西餐饮(含冷荤);理发、皮肤护理;二次供水;台球厅、棋牌室;零售卷烟;零售图书、期刊、报纸。清洁服务;花卉租摆;维修机械设备(不含特种设备)。
成立日期	1998 年 3 月 18 日

东航大酒店有限公司已取得《餐饮服务许可证》、《烟草专卖零售许可证》、《卫生许可证》、《接收卫星传送的境外电视节目许可证》,发行人持有东航大酒店有限公司 100% 的股权。

10.4.11 上海东方飞机维修有限公司

企业注册号	310000400323876(市局)
公司住所	中国上海市浦东机场大道 66 号浦东国际机场办公楼 101 – 102 室
企业类型	有限责任公司(台港澳与境内合资)
法定代表人	冯亮
注册资本	310 万美元
实收资本	310 万美元
经营范围	从事飞机航线修理业务。
股东	飞机工程投资(香港)有限公司;中国东方航空股份有限公司
成立日期	2002 年 11 月 27 日

上海东方飞机维修有限公司已取得《维修许可证》,发行人持有上海东方飞机维修有限公司 60% 的股权。

10.4.12 东方公务航空服务有限公司

企业注册号	310229001324935
公司住所	青浦区青湖路 1023 号 7 层 A 区 716 室
企业类型	一人有限责任公司(外商投资企业法人独资)
法定代表人	孙有文
注册资本	人民币 5,000 万元
实收资本	人民币 5,000 万元

续表

经营范围	医疗救护、公务飞行、私用或商用飞机驾驶执照培训、航空器代管业务、出租飞行、通用航空包机飞行，航空器及航空设备维修，航空代理业务，与航空运输代理有关的延伸业务，旅游咨询（不得从事旅行社业务），会展服务，汽车租赁，销售工艺礼品。
成立日期	2008年9月27日

东方公务航空服务有限公司已取得《航空承运人运行合格证》、《通用航空企业经营许可证》和《维修许可证》，发行人持有其100%的股权。

10.4.13　东方航空（汕头）经济发展有限公司

企业注册号	440500000004009
公司住所	汕头市珠池路珠池工业区珠业南街4号永兴大厦六楼
企业类型	有限责任公司
法定代表人	唐兵
注册资本	人民币1,000万元
实收资本	人民币1,000万元
经营范围	生产、销售：航空礼品、生活服务用品、纸制品、服装，销售：五金、交电、化工（化学危险物品除外）、化工原料（化学危险物品除外）、金属材料、建筑材料、普通机械、电器机械及器材、电话通信设备、百货（经营范围中凡涉及专项规定持有效专批证件方可经营）；批发：预包装食品（坚果）（食品流通许可证有效期限至2015年6月14日止）。
成立日期	1998年3月18日

发行人持有东方航空（汕头）经济发展有限公司55%的股权。

10.4.14　东航技术应用研发中心有限公司

企业注册号	310118002681638
公司住所	上海市青浦区香花桥街道北青公路8228号一区18号

续表

企业类型	一人有限责任公司（法人独资）
法定代表人	李养民
注册资本	人民币49,840万元
实收资本	人民币49,840万元
经营范围	筹建：航空领域内的技术和产品的研究开发，系统内员工培训，会务服务。
成立日期	2011年11月21日

发行人持有东航技术应用研发中心有限公司100%的股权。

10.4.15　上海普惠飞机发动机维修有限公司

企业注册号	310000400547038（市局）
公司住所	上海市青浦区北青公路8228号一区8号
企业类型	有限责任公司（中外合资）
法定代表人	冯亮
注册资本	3,950万美元
实收资本	3,950万美元
经营范围	飞机发动机及其相关零部件的修理、维护及大修服务的开发与提供；发动机在翼修理及现场修理支持服务，发动机拆卸、零部件管理及销售服务；发动机相关材料、工具及报废零件的批发；提供发动机租赁服务、发动机相关材料仓储及物流。
股东	美国联合技术国际公司； 中国东方航空股份有限公司
成立日期	2007年11月6日

上海普惠飞机发动机维修有限公司已取得《维修许可证》。发行人持有上海普惠飞机发动机维修有限公司51%的股权。

10.4.16　上海科技宇航有限公司

企业注册号	310000400399174
公司住所	上海市浦东机场机场大道66号
企业类型	有限责任公司（中外合资）
法定代表人	冯亮

续表

注册资本	7,300 万美元
实收资本	7,300 万美元
经营范围	飞机的检查、维护、大修及相关改装工作;零部件的维护、修理、返修、测试及相关的维修业务(涉及行政许可的,凭许可证经营)。
股东	新加坡科技宇航有限公司; 中国东方航空股份有限公司
成立日期	2004 年 9 月 28 日

上海科技宇航有限公司已取得《维修许可证》。发行人持有上海科技宇航有限公司 51% 的股权。

10.4.17　东方航空电子商务有限公司

企业注册号	310141000116295
公司住所	中国(上海)自由贸易试验区富特西一路 477 号二层 A47 室
企业类型	有限责任公司
法定代表人	董波
注册资本	人民币 5,000 万元
实收资本	人民币 5,000 万元
经营范围	电子商务,网络科技(不从事科技中介),计算机服务(除计算机上网营业场所),酒店管理,商务咨询(除经纪),票务代理,差旅管理,会展会务服务,海上、陆路、航空国际货运代理服务,工艺品(除文物)、日用百货、电子产品、服装鞋帽、五金交电、针纺织品、文化用品、办公用品、体育用品、通讯设备(除卫星电视广播地面接收设施)及相关产品的销售。
成立日期	2014 年 12 月 1 日

发行人持有东航电商 100% 的股权。

10.4.18　东方航空技术有限公司

企业注册号	310140000097081
公司住所	上海市长宁区虹桥机场空港三路 277 号
企业类型	有限责任公司
法定代表人	冯亮
注册资本	人民币 430,000 万元
实收资本	人民币 388,800 万元
经营范围	维修航空器/机体、动力装置、除整台发动机/螺旋桨以外的航空器部件、特种作业;民用航空器机型培训、民用航空器部件修理项目培训;工程服务,航材供应链管理,与机务维修相关的咨询、代理和投资类业务。
成立日期	2014 年 11 月 19 日

东航技术已取得《维修许可证》。发行人持有东航技术 100% 的股权。

经核查,发行人持有上述 18 家被投资企业的股权合法有效。

十一、发行人的重大债权、债务

发行人目前的重大债权、债务:

11.1　借款合同

11.1.1　发行人提供了其正在履行的、2015 年 4 月 30 日之前签订的单项合同标的金额超过人民币 5 亿元的借款合同,该等合同的主要内容如下:

序号	贷款银行	借款金额	借款期限	币种
1	中国工商银行上海长宁支行	102,000,000.00	2012.1.19 – 2022.1.19	美元
2	国家开发银行上海分行	102,000,000.00	2012.4.19 – 2022.4.18	美元
3	国家开发银行上海分行	102,000,000.00	2012.2.21 – 2022.2.20	美元
4	国家开发银行上海分行	574,740,000.00	2012.6.4 – 2015.6.3	美元
5	国家开发银行上海分行	102,000,000.00	2012.7.23 – 2022.7.22	美元

续表

序号	贷款银行	借款金额	借款期限	币种
6	国家开发银行上海分行	102,000,000.00	2012.12.20－2022.12.19	美元
7	国家开发银行上海分行	700,000,000.00	2013.2.28－2016.2.27	美元
8	国家开发银行上海分行	700,000,000.00	2013.8.20－2016.8.19	美元
9	国家开发银行上海分行	179,220,000.00	2014.1.29－2017.1.28	美元
10	国家开发银行上海分行	380,000,000.00	2014.5.5－2017.5.4	美元
11	国家开发银行上海分行	380,000,000.00	2014.9.26－2017.9.25	美元
12	中国银行上海分行	112,500,000.00	2015.1.30－2025.1.30	美元
13	国家开发银行上海分行	300,000,000.00	2015.2.13－2018.2.12	美元
14	中国银行上海分行	94,500,000.00	2015.2.17－2025.2.17	美元
15	国家开发银行上海分行	157,000,000.00	2015.3.23－2025.3.22	美元
16	国家开发银行上海分行	196,683,760.00	2015.4.30－2018.4.29	美元

经审阅，发行人的上述重大借款合同合法有效，我们未发现上述合同存在任何潜在的重大法律风险。

11.2　授信合同

11.2.1　除上述借款合同外，发行人提供了其目前正在履行的、2015年4月30日之前签订的综合授信合同，该等授信的主要情况如下：

序号	授信银行	授信额度	授信期限
1	上海浦东发展银行股份有限公司	RMB20,000,000,000	2012.6.21－2015.6.21
2	三井住友银行(中国)有限公司	USD45,000,000	2014.3.1－2015.9.1
3	汇丰银行(中国)有限公司上海分行	USD25,100,0000	2013.6.13－2015.7.8
4	东航集团财务有限责任公司	RMB1,500,000,000	2013.1.10－2016.1.10
5	中国建设银行股份有限公司	RMB20,000,000,000	2013.10.22－2018.10.21
6	澳大利亚西太平洋银行有限公司	USD90,000,000	2014.12.28－无期限

注：汇丰行授信起始日和到期日为授信年度审查完成日和下一年度审查到期日，此授信为循环额度，无具体授信起始和到期日。

经审阅，发行人的上述综合授信合同合法有效，我们未发现上述合同存在任何潜在的重大法律风险。

11.3　航油采购合同

11.3.1　发行人提供了其正在履行的、2015年4月30日之前签订的前五大航油采购合同(按2015年一季度采购金额计算)，具体信息如下：

序号	供应商	合同期限	2015年1－3月采购金额(百万元)
1	中国航空油料有限责任公司	2013.6.29－2015.6.28	3563.96
2	上海浦东国际机场航空油料有限责任公司	2011.8.29－2013.6.28[注]	1519.52

续表

序号	供应商	合同期限	2015 年 1 - 3 月采购金额(百万元)
3	华南蓝天航空油料有限公司	2011.7.1 - 2013.6.30[注]	439.25
4	Shell	长期	200.00
5	CHEVRON	长期	144.33

注:上述两份合同已到期,但据发行人确认,目前合同相关方仍按照其条款实际履行。

经审阅,发行人的上述航油采购合同合法有效,我们未发现上述合同存在任何潜在的重大法律风险。

11.4　飞机采购协议

11.4.1　发行人提供了其正在履行的、2015 年 4 月 30 日之前签订的飞机采购协议,具体情况如下:

1)发行人于 2008 年 1 月 30 日与波音公司签订了购买 30 架 B737NG 飞机的飞机采购协议。此次飞机采购已取得国家发改委发改基础[2011]727 号、发改基础[2011]1661 号以及发改基础[2011]3069 号文件的批准。

2)发行人于 2010 年 12 月 31 日与空客公司签订了购买 50 架 A320 飞机的飞机采购协议。此次飞机采购已取得国家发改委发改基础[2011]2206 号文件的批准。

3)发行人于 2011 年 10 月 17 日与空客公司签订《飞机购买协议》,向空客公司购买 15 架空客 A330 系列飞机。其中 8 架飞机采购已取得发改基础[2014]205 号、发改基础[2014]2722 号文件批准,其余 7 架飞机采购所需的相关批文正在办理过程中。

4)发行人于 2011 年 10 月 17 日与波音公司签订《飞机购买协议》,向波音公司购买 45 架 B737NG 飞机。此次飞机采购已取得国家发改委发改基础[2012]600 号文件的批准。

5)发行人于 2012 年 4 月 27 日与波音公司签订《飞机购买协议》,向波音公司购买 20 架 B777 飞机。其中 9 架飞机采购已取得国家发改委发改基础[2014]1415 号、发改基础[2014]3024 号批文,其余 11 架飞机采购所需的相关批文正在办理过程中。

6)发行人于 2012 年 11 月 23 日与空客公司签订《飞机购买协议》,向空客公司购买 60 架 A320 系列飞机,计划于 2014 年至 2017 年分批交付。此次飞机采购所需的相关批文正在办理过程中。

7)发行人于 2014 年 2 月 28 日与空客公司签订《A320NEO 飞机购买协议》,向空客公司购买 70 架 A320 系列 NEO 飞机,计划于 2018 年至 2020 年分批交付。此次飞机采购所需的相关批文正在办理过程中。

8)发行人于 2014 年 6 月 13 日与波音公司签订《波音 737 - 8 飞机购买协议》,向波音公司购买 60 架波音 737 - 8 系列飞机,计划于 2017 年至 2020 年分批交付。此次飞机采购所需的相关批文正在办理过程中。

9)发行人于 2014 年 6 月 13 日与波音公司签订《波音 737 - 800 飞机购买协议》,向波音公司购买 20 架波音 737 - 800 飞机,计划于 2016 年至 2018 年分批交付。此次飞机采购所需的相关批文正在办理过程中。

经审阅,除前述提及的部分飞机采购所需批文正在办理过程中外,发行人已就上述其他飞机采购事宜取得了必要的批准;该等采购合同的内容不存在违反中国法律法规的情形,我们亦未发现上述飞机采购协议存在任何潜在的重大法律风险。

11.5　短期融资券以及公司债券、境外债券

11.5.1　短期融资券

1)经发行人 2011 年度股东大会审议,发行人授予董事会根据生产经营、资本支出的需要及市场条件,发行金额不超过 100 亿元人民币、期限不超过 270 天的超短期融资券,并且在注册有效期内滚动发行。2012 年 8 月 13 日,公司收到中国银行间市场交易商协会的《接受注册通知书》(中市协注[2012]SCP27 号),协会接受公司发行超短期融资券注册金额为人民币 100 亿元,注册额度自通知书发出之日起 2 年内有效,在注册有效期内可分期发行。公司已于 2012 年 9 月 13 日完成了 2012 年度第一期

超短期融资券的发行，发行额为 40 亿元人民币，期限为 270 天，单位面值为 100 元人民币，发行利率为 4.1%。公司已于 2013 年 6 月 7 日完成了 2013 年第一期超短期融资券的发行，发行额为 40 亿元人民币，期限为 270 天，单位面值为 100 元人民币，发行利率为 3.95%。公司已于 2014 年 5 月 14 日完成了 2014 年第一期超短期融资券的发行，发行额为 40 亿元人民币，期限为 270 天，单位面值为 100 元人民币，发行利率为 4.95%。以上短期融资券均已到期偿还。

2)根据股东大会的授权，发行人董事会 2014 年第 2 次例会同意公司再次向银行间市场交易商协会申请注册发行超短期融资券，发行规模不超过 200 亿元人民币，融资券期限不超过 270 天，发行方式为分次滚动发行。2014 年 12 月 12 日，公司收到中国银行间市场交易商协会的《接受注册通知书》（中市协注[2014]SCP131 号），协会接受公司发行超短期融资券注册金额为人民币 200 亿元，注册额度自通知书发出之日起 2 年内有效，在注册有效期内可分期发行。公司已于 2015 年 2 月 12 日完成了 2015 年第一期超短期融资券的发行，发行额为 30 亿元人民币，期限为 180 天，单位面值为 100 元人民币，发行利率为 4.5%。公司已于 2015 年 3 月 26 日完成了 2015 年第二期超短期融资券的发行，发行额为 30 亿元人民币，期限为 180 天，单位面值为 100 元人民币，发行利率为 4.50%。

截至本法律意见书出具之日，公司已发行且未到期的超短期融资券共计 60 亿元。我们认为，公司发行超短期融资券已经取得了必要的批准，不存在违反中国法律法规的情形。

11.5.2 公司债券

经发行人 2011 年度股东大会审议，发行人授予董事长和/或副董事长根据公司的需求和发行时的市场情况，发行金额不超过 88 亿元人民币，期限不超过 10 年的公司债券。经 2012 年 12 月 11 日中国证监会证监许可[2012]1663 号文核准，公司获准向社会公开发行面值总额不超过 88 亿元(含 88 亿元)的公司债券。2013 年 4 月，发行人发行了 2012 年公司债券(第一期)人民币 48 亿元，债券利率 5.05%，到期日为 2023 年 3 月 18 日。

经发行人确认，截至本法律意见书出具之日，发行人已发行 48 亿元的公司债券。我们认为，公司发行债券已经取得了必要的批准，不存在违反中国法律法规的情形。

11.5.3 海外债券

1)2013 年 6 月 5 日，发行人的全资子公司东航海外于境外发行 22 亿元、利率为 3.875%、于 2016 年到期的人民币债券，债券于香港联合交易所上市。发行人为债券发行提供担保。

2)2014 年 3 月 13 日，发行人的全资子公司东航海外于境外发行 25 亿元、利率为 4.8%、于 2017 年到期的人民币债券，债券于香港联合交易所上市。发行人为债券发行提供担保。

3)2014 年 5 月 21 日，发行人的全资子公司东航海外于境外发行 8 亿元、利率为 4.8%、于 2017 年到期的人民币债券，债券于香港联合交易所上市。发行人为债券发行提供担保。

经发行人确认，截至本法律意见书出具之日，东航海外已发行 55 亿元的债券。我们认为，发行人为东航海外的债券发行提供担保已经取得了必要的批准，不存在违反中国法律法规的情形。

11.6 对外担保

经审阅，截至 2015 年 4 月 30 日，发行人的担保情况如下：

序号	受益人	被担保人	担保期限	担保限额
1	中国银行长宁支行	上海飞培	2018.11.28	USD10,800,000
2	国家开发银行云南分行	云南东方飞行培训有限公司	2019.11.23	USD14,380,000
3	东航集团财务有限责任公司	上海东培	2015.1.6	RMB55,000,000
4	DB Trustees (Hongkong) Limited	东航(海外)香港有限公司	2016.6.5	RMB2,200,000,000
5	DB Trustees (Hongkong) Limited	东航(海外)香港有限公司	2017.3.13	RMB3,300,000,000

经核查,上述被担保人均为发行人全资或控股下属企业,发行人前述担保分别取得了发行人董事会/股东大会的同意,并就第4、5项担保获得了上海市外管局的核准,符合相关法律法规。

11.7　根据上海市工商局机场分局于2015年5月15日出具的《证明》,发行人最近三年不存在因违反工商行政管理法律法规的违法行为而受到工商机关行政处罚的行为。

11.8　根据发行人的承诺以及本所的核查,截至本法律意见书出具之日,发行人最近三年不存在因环境保护、劳动安全、人身权、知识产权和产品质量等原因产生的重大侵权之债。

11.9　根据发行人的承诺以及本所核查,截至本法律意见书出具之日,除已在本法律意见书描述的重大关联交易外,发行人与关联方之间不存在其他重大债权债务关系;发行人与关联方之间不存在违规提供担保的情况。

11.10　根据《审计报告》及发行人的承诺,发行人《审计报告》中所列的发行人金额较大的其他应收、应付款均因正常的生产经营活动而发生,其性质合法有效并应受到法律的保护。

十二、发行人重大资产变化及收购

12.1　股权收购

发行人自2012年1月1日至2015年4月30日共进行了以下收购:

12.1.1　2012年向东航集团收购中联航股权

2012年8月22日,发行人与东航集团签订了股权转让协议,发行人以评估价83,951,873.97元向东航集团收购中联航20%的股权。本次股权收购已经发行人第六届董事会第16次普通会议审议通过。

转让完成后,发行人持有中联航100%的股权。

12.1.2　2012年向中国远洋运输(集团)总公司收购东航物流29.7%股权、向中货航收购东航物流1%股权

2012年12月6日,发行人与中国远洋运输(集团)总公司签订《上海市产权交易合同》以56,226.6万元收购中国远洋运输(集团)总公司持有的东航物流29.7%股权;与中货航签订《上海市产权交易合同》,以1,893.16万元收购中货航持有的东航物流1%股权。前述股权收购已经发行人第六届董事会2012年第5次例会审议通过。

转让完成后,发行人持有东航物流100%的股权。

12.1.3　2012年向上海航空进出口有限公司收购上航国旅13.98%股权

2012年12月6日,发行人与上海航空进出口有限公司签订了《上海市产权交易合同》,以2,069.39万元收购上海航空进出口有限公司持有的上航国旅13.98%股权。本次股权收购已经发行人第六届董事会2012年第4次例会审议通过。

收购完成后,发行人持有上航国旅100%的股权。

12.1.4　2012年上航国旅向东航旅业、上海东美收购西安东美航空旅游有限公司100%股权

2012年12月27日,东航旅业、上海东美与上航国旅签订《上海市产权交易合同》。上航国旅以人民币148.52万元受让东航旅业所持西安东美航空旅游有限公司45%股权;以人民币181.52万元受让上海东美所持西安东美航空旅游有限公司55%股权。前述股权转让已经发行人第六届董事会2012年第5次例会审议通过。

收购完成后,上航国旅持有西安东美航空旅游有限公司100%的股权。

12.1.5　2012年上航国旅向东航旅业、上海东美收购昆明东美航空旅游有限公司100%股权

2012年12月27日,东航旅业、上海东美与上航国旅签订《上海市产权交易合同》。上航国旅以人民币474.8万元受让东航旅业所持昆明东美航空旅游有限公司45%股权;以人民币580.3万元受让上海东美所持昆明东美航空旅游有限公司55%股权。本次股权收购已经发行人第六届董事会2012年第5次例会审议通过。

收购完成后,上航国旅持有昆明东美航空旅游有限公司100%的股权。

12.1.6　2013年上航国旅向东航旅业收购上海东航国际旅行社有限公司100%股权

2013年1月10日，东航旅业与上航国旅签订《上海市产权交易合同》，上航国旅以人民币11,876,200元收购东航旅业所持上海东航国际旅行社有限公司100%股权。本次股权收购已经发行人第六届董事会2012年第5次例会审议通过。

收购完成后，上航国旅持有上海东航国际旅行社有限公司100%的股权。

12.1.7　2014年上航国旅收购上海东美股权

2014年8月15日，发行人全资附属公司上航国旅与东航旅业签署了《产权交易合同》，东航旅业将其持有的上海东美72.84%的股权转让给上航国旅，转让价格为3,214.77万元。同日，发行人与上航国旅签订了《产权交易合同》，发行人将其持有的上海东美27.16%股权转让给上航国旅，转让价格为1,198.7万元。前述股权收购已经发行人第六届董事会2012年第5次例会审议通过。

收购完成后，上航国旅直接持有上海东美100%的股权。

12.2　转让股权

发行人自2012年1月1日至2015年4月30日共进行了以下股权转让：

12.2.1　2012年转让中货航51%股权

2013年发行人、东航物流、中国远洋运输（集团）总公司、新加坡货运航空公司和长荣航空股份有限公司共同签订《修改中外合资企业合同的协议》，一致同意发行人将所持有的中货航51%股权转让给东航物流。本次股权转让已经发行人第六届董事会2012年第5次例会审议通过。

转让完成后，发行人不再直接持有中货航的股权。

我们认为，发行人上述转让，已履行了必要的法律程序，符合法律法规的规定。

12.3　其他重大资产变化

除本法律意见书中所述以外，发行人最近三年及一期无其他重大资产变化和重大收购兼并的行为，也没有订立其他任何有关兼并收购企业的意向书或协议。

十三、发行人章程的制定与修改

13.1　发行人设立时的《公司章程》已由发行人创立大会暨第一次股东大会审议通过，并已于公司登记机关登记备案。

13.2　发行人的《公司章程》最近三年的修改情况如下：

13.2.1　2012年《公司章程》修改

2012年11月，根据中国证监会《关于进一步落实上市公司现金分红有关事项的通知》以及上海证监局《关于进一步做好上海辖区上市公司现金分红有关工作的通知》的规定，发行人对《公司章程》中现金分红的条款进行了修改。此次《公司章程》修改已经发行人2012年第一次临时股东大会审议通过。

13.2.2　2013年《公司章程》修改

2013年6月，为实现公司转型发展，增加非航收入，拓展公司经营范围，公司计划开展空中商城项目。为此，发行人增加了《公司章程》中的经营范围："电子商务；空中超市；商品批发、零售。"此次《公司章程》修改已经发行人2012年度股东大会特别决议审议通过。

13.2.3　2014年《公司章程》修改

2014年6月，根据《上市公司监管指引第3号——上市公司分红》以及《上市公司定期报告工作备忘录第七号——关于年报工作中与现金分红相关的注意事项》的要求，发行人修改了《公司章程》中涉及现金分红相对于股票股利在利润分配方式中的优先顺序和现金分红间隔的相应条款。此次《公司章程》修改已经发行人2013年度股东大会特别决议审议通过。

13.3　结论

综上所述，本所认为：

1）发行人的章程系按照《公司法》、《特别规定》、《必备条款》和其他相关法律法规制定；

2）发行人的章程内容符合我国现行《公司法》、《证券法》和其他有关法律、法规和规范性文件的规定；

3）发行人制定和修改章程已经履行了《公司法》、《证券法》等法律法规规定所需履行的法律程序。

十四、发行人股东大会、董事会、监事会议事规则及规范运作

14.1　发行人的组织机构

发行人依照《公司法》、《证券法》等法律、

法规并参照《上市公司章程指引》和《必备条款》等指引性文件,建立健全了股东大会、董事会、监事会和高级管理层,并在董事会下设了审计与风险管理委员会、规划发展委员会、提名与薪酬委员会和航空安全和环境委员会四个专门委员会。发行人章程对股东大会、董事会和监事会的职责进行了明确的规定。

14.2　发行人的股东大会、董事会、监事会议事规则

14.2.1　2009 年 2 月 9 日,发行人第五届董事会第 21 次会议审议通过《中国东方航空股份有限公司股东大会议事规则》。2009 年 2 月 26 日,发行人 2009 年第二次临时股东大会批准了该股东大会议事规则。

14.2.2　2009 年 2 月 9 日,发行人召开第五届董事会第 21 次会议,审议通过《中国东方航空股份有限公司董事会议事规则》。2009 年 2 月 9 日,发行人召开第五届监事会第 7 次会议,审议通过《中国东方航空股份有限公司监事会议事规则》。

14.2.3　2009 年 2 月 26 日,发行人 2009 年第二次临时股东大会批准了前述董事会议事规则和监事会议事规则。

本所认为,发行人具有健全的股东大会、董事会和监事会议事规则,上述议事规则符合相关法律、法规和规范性文件的规定。

14.3　股东大会、董事会、监事会的召开程序、决议内容及签署情况

根据发行人提供的资料并经本所适当审查,发行人最近三年内的历次股东大会、董事会、监事会的召开程序、决议内容及签署合法、合规、真实、有效。

十五、发行人董事、监事和高级管理人员及其变化

15.1　发行人目前的董事、监事和高级管理人员情况

截至本法律意见书出具之日,公司董事共 10 名,其中独立董事 4 名,刘绍勇担任公司董事长;公司监事共 5 名,于法鸣担任公司监事会主席;发行人高级管理人员 8 名,其中马须伦担任公司总经理,汪健担任董事会秘书。具体名单如下:

姓名	职务
刘绍勇	董事长
马须伦	副董事长、总经理
徐昭	董事
顾佳丹	董事
李养民	董事、副总经理
唐兵	董事、副总经理
刘克涯	独立董事
季卫东	独立董事
李若山	独立董事
马蔚华	独立董事
于法鸣	监事会主席
席晟	监事
巴胜基	监事
燕泰胜	职工代表监事
冯金雄	职工代表监事
田留文	副总经理
吴永良	副总经理、财务总监
冯亮	副总经理
孙有文	副总经理
汪健	董事会秘书

15.2　经核查,我们认为:

1)发行人的董事、监事及高级管理人员的任职资格符合《公司法》和《公司章程》的规定。

2)发行人的董事、监事及高级管理人员的任职情况于近三年内发生了一定变动,该等变动已经适当批准,并履行了必要的法律程序,符合相关规定。

十六、发行人的税务

16.1　发行人已办理了国税和地税登记,其税务登记证号码为国/地税沪字 310105741602981 号。

16.2　根据发行人的书面说明和资料,发行人及其境内主要控股子公司 2014 年度执行的主要税种、税率如下(东航技术因未营业尚未开始纳税):

16.2.1　企业所得税

除东航云南减按15%的税率缴纳企业所得税之外，发行人及其主要控股子公司适用的企业所得税税率为25%。

16.2.2　增值税

发行人、上海航空、中联航、东航云南、东航江苏以及东航武汉适用的增值税税率为11%；上海飞培、东航物流适用的增值税税率为6%。

根据财政部、国家税务总局关于印发《营业税改征增值税试点方案》的通知（财税[2011]110号）和财政部、国家税务总局《关于在上海市开展交通运输业和部分现代服务业营业税改征增值税试点的通知》（财税[2011]111号），自2012年1月1日起，发行人及控股子公司的运输收入将适用增值税，税率为11%。

根据财政部、国家税务总局《关于在北京等8省市开展交通运输业和部分现代服务业营业税改征增值税试点的通知》（财税[2012]71号），自2012年9月1日起，发行人及控股子公司在北京及其他八省市范围内发生的国内运输收入及物流辅助服务收入适用增值税，税率为6%或11%。

根据财政部、国家税务总局《关于在全国开展交通运输业和部分现代服务业营业税改征增值税试点税收政策的通知》（财税[2013]37号），自2013年8月1日起，发行人及控股子公司在全国范围内发生的国内运输收入及物流辅助服务收入适用增值税，税率为6%或11%。

根据财政部、国家税务总局《关于将铁路运输和邮政业纳入营业税改征增值税试点的通知》（财税[2013]106号），自2014年1月1日起，提供交通运输业服务、邮政业服务，税率为11%；提供现代服务业服务（有形动产租赁服务除外），税率为6%。

16.2.3　营业税

发行人及其控股子公司取得的运输、佣金收入及部分其他业务收入适用的营业税税率为3%及5%。

发行人及其控股子公司同时还依照国家有关规定缴纳城市维护建设税、教育费附加、民航基础设施建设基金、民航机场管理建设费、房产税、土地使用税、车船使用税等。

16.2.4　关税

根据海关总署于1998年8月12日颁布的《关于飞机及其零部件税则归类和进口税率调整后租赁飞机适用税率问题的通知》（税署[1998]472号文），对于1997年10月1日以后的租赁飞机及进口的飞机整机适用1%的暂定关税税率，对于飞机机载设备、机舱设备、零部件等按照《关于调整若干商品进出口关税税率的通知》（税委会[1999]1号）的税率征收。

2013年8月26日国务院关税税则委员会颁布《关于调整褐煤等商品进口关税税率的通知》，取消空载重量在25吨及以上但不超过45吨的客运飞机（税号：ex88024010）的1%进口暂定税率，恢复实施5%的最惠国税率。

16.3　发行人以及控股子公司的税收优惠

16.3.1　根据《财政部、海关总署、国家税务总局关于深入实施西部大开发战略有关税收优惠政策问题的通知》（财税[2011]58号文），自2011年1月1日至2020年12月31日，对设在西部的鼓励类产业企业减按15%的税率征收企业所得税。上述鼓励类企业产业是指以《西部地区鼓励类产业目录》中规定的产业项目为主营业务，且其主营业务收入占企业收入总额70%以上的企业。根据2014年8月20日颁布并于2014年10月1日起施行的《西部地区鼓励类产业目录》（国家发展和改革委员会令第15号），"民用机场运营（与机场运行直接相关的生产经营活动）"属于鼓励类产业。东航云南的主营业务符合前述规定，且满足享受西部大开发税收优惠的条件，经相关税务部门同意，其按15%企业所得税税率计算应缴纳的企业所得税。

16.3.2　根据财政部、国家税务总局《关于应税服务适用增值税零税率和免税政策的通知》（财税[2011]131号），自2012年1月1日起，营业税改征增值税试点地区的单位和个人提供的国际运输服务、向境外单位提供的研发服务和涉及服务适用增值税零税率。国际运输服务包括在境内载运旅客或者货物出境、在境外载运旅客或者货物入境及在境外载运旅客或者货物。此税收优惠自2013年8月1日起废止。

16.3.3　根据中华人民共和国财政部、国家税务总局于2010年4月23日发出的《财政部、国家税务总局关于国际运输劳务免征营业税的通知》（财税[2010]8号）的规定，自2010

年1月1日起,对中华人民共和国境内单位或者个人提供的国际运输劳务免征营业税。此税收优惠自2013年8月1日起废止。

16.4　根据上海市长宁区国家税务局和上海市地方税务局长宁区分局出具的完税证明,发行人自2012年1月1日至2015年4月30日依法进行纳税申报及税款缴纳,不存在偷税、漏税、欠交税款现象,没有违反税收有关法律、法规及规范性文件而受到行政处罚的情形。

16.5　根据各地税务局出具的完税证明以及我们的核查,发行人并表范围内的控股子公司自2012年1月1日至2015年4月30日期间能够依法纳税,不存在因违反税收有关法律、法规及规范性文件而受到行政处罚的情形。

16.6　综上,本所认为,发行人及其主要控股子公司执行的税种税率符合国家法律、法规及地方性法规的要求。发行人享受的上述税收优惠政策合法、合规、真实、有效;自2012年1月1日至2015年4月30日,发行人及其并表控股子公司已依法申报并缴纳有关税款,不存在因违反税收有关法律、法规及规范性文件而受到行政处罚的情形。

十七、发行人的环境保护和产品质量、技术等标准

17.1　发行人从事的行业为航空运输业,根据发行人的确认和本所适当审查,发行人近三年没有重大违反环境法律、法规的行为。

17.2　根据发行人的确认和本所适当审查,发行人近三年没有因违反有关产品质量和技术监督方面的法律法规而受到处罚。

十八、本次募集资金的运用

18.1　本次募集资金的运用

本次发行H股股票募集资金在扣除发行相关费用后将全部用于补充流动资金。

我们认为,发行人本次募集资金用途符合国家政策以及法律、法规和规章的规定。

18.2　前次募集资金使用情况

18.2.1　2013年第一期募集资金

2013年4月,经中国证监会证监许可[2013]297号批准,发行人非公开发行698,865,000股人民币普通股(A股)股票,每股发行价格为人民币3.28元,股款以人民币缴足,募集资金总额为人民币2,292,277,200.00元,扣除保荐、承销费用及其他各项发行费用后,实际募集资金净额为人民币2,286,181,841.80元(以下简称“2013年第一期募集资金”)。上述募集资金已于2013年4月12日全部存入发行人设立的募集资金专用账户,业经沪华众银会计师事务所有限公司验证并出具了沪众会验字(2013)第3741号验资报告。

根据发行人于2012年11月发出的《关于中国东方航空股份有限公司向特定对象非公开发行A股股票方案的议案》,上述2013年第一期募集资金将用于偿还金融机构贷款。

截至2014年12月31日止,发行人已按2013年第一期募集资金规定用途将2013年第一期募集资金人民币228,618.18万元用于偿还金融机构贷款。发行人2013年第一期募集资金项目不存在变更投向、对外转让或置换以及临时将闲置募集资金用于其他用途的情形。

18.2.2　2013年第二期募集资金

2013年6月,经中国证监会证监许可[2013]104号批准,发行人向东航国际定向增发境外上市的外资股(H股)股票698,865,000股,每股发行价格为港币2.32元,募集资金共计港币1,621,366,800.00元,按资金投入日国家外汇管理局港币兑换人民币汇率的中间价0.7953折合人民1,289,473,016.04元,扣除保荐、承销费用及其他各项发行费用后,实际募集资金净额为人民币1,286,209,317.64元(以下简称“2013年第二期募集资金”)。上述募集资金已于2013年6月20日全部存入发行人设立的募集资金专用账户,业经沪华众银会计师事务所有限公司验证并出具了沪众会验字(2013)第4737号验资报告。

根据发行人于2012年11月发出的《关于中国东方航空股份有限公司向特定对象非公开发行H股股票方案的议案》,上述2013年第二期募集资金将用于偿还金融机构贷款或补充流动资金。

截至2014年12月31日止,发行人已将2013年第二期募集资金人民币128,620.93万元用于补充流动资金。发行人2013年第二期募集资金项目不存在变更投向、对外转让或置换以及临时将闲置募集资金用于其他用途的情形。

根据安永华明会计师事务所于2015年4

月22日出具的《前次募集资金使用情况鉴证报告》[安永华明(2015)专字第61056687_B05号],截至2014年12月31日止发行人前次募集资金实际使用情况与发行人2013年度、2014年度财务报告中所披露的有关内容一致,发行人募集资金项目不存在变更投向、对外转让或置换以及临时将闲置募集资金用于其他用途的情形。

18.3　结论

上述发行人本次发行所募集的资金的使用计划符合国家法律、法规和政策,发行人本次发行募集资金的用途已经获得发行人股东大会的授权及董事会的批准。

十九、发行人业务发展目标

19.1　经适当核查,本所认为,发行人业务发展目标与主营业务一致,符合国家法律、法规和规范性文件的规定,符合国家产业政策。

19.2　尽本所律师具有的专业知识所能做出的判断,发行人的业务发展目标不存在潜在的法律风险。

二十、诉讼、仲裁或行政处罚

20.1　发行人的诉讼、仲裁及行政处罚

根据发行人的书面确认,发行人不存在其他尚未了结的或可预见的重大诉讼和仲裁案件。

20.2　发行人董事长、总经理的重大诉讼、仲裁及行政处罚

根据发行人董事长、总经理出具的书面说明及本所了解,发行人董事长、总经理不存在尚未了结的或可预见的重大诉讼、仲裁及行政处罚案件。

20.3　结论

本所认为,根据发行人的书面说明及本所适当核查,不存在会对发行人日常业务经营产生实质性影响,或会对发行人的本次发行构成实质性法律障碍的诉讼、仲裁及行政处罚。

二十一、本次发行的主要中介机构

参与本次发行的主要中介机构包括:

1)本次发行的联席配售代理为中国国际金融香港证券有限公司。根据本所审查,中国国际金融香港证券有限公司持有香港证监会于2012年10月25日核发的编号为AEN894的牌照,根据香港证券及期货条例,其被视为已持牌可进行证券及期货条例所界定之第1类(证券交易)、第2类(期货合约交易)、第3类(杠杆式外汇交易)、第4类(就证券提供意见)、第5类(就期货合约提供意见)和第6类(就机构融资提供意见)之持牌法团。

2)发行人的中国法律顾问为北京市通商律师事务所。本所持有有效的北京市司法局颁发的《律师事务所执业许可证》(证号:010092100040),本所具备向发行人出具本法律意见书的资格。

3)发行人的境外法律顾问为美国贝克麦坚时国际律师事务所。根据美国贝克麦坚时国际律师事务所提供的编号为04232643-000-07-14-2的《商业登记证》,其为于香港合法注册的律师事务所,其可为发行人提供在中国境外募集股份及在香港上市事宜的有关香港法律意见。

4)发行人的审计师为安永华明会计师事务所(特殊普通合伙)。安永华明会计师事务所(特殊普通合伙)作为国内规模最大的会计师事务所之一,于1996年7月5日获得财政部、证监会及中注协核发的会计师事务所证券、期货相关业务许可证,根据财协字[2000]第56号《注册会计师执行证券、期货相关业务许可证管理规定》,允许执行证券、期货相关机构的会计报表审计、净资产验证、实收资本(股本)的审验及盈利预测审核等业务。

二十二、结论意见

综上所述,本所通过对发行人提供的材料及有关事实进行核查后认为:

1)发行人是经政府有关部门批准成立并经工商行政管理部门核准注册的股份有限公司,具有中国企业法人的法律地位和申请本次发行的主体资格;

2)发行人已经根据《公司章程》的有关规定,就其申请本次发行的事宜履行了必要的内部授权手续;

3)发行人本次发行符合《公司法》、《证券法》、《特别规定》以及其他法律、法规和规范性文件规定,有关申报材料的法律手续完备、有效;以及

4)发行人本次发行尚需取得中国证监会核准,本次发行的股票上市尚需获得香港联交所的核准。

本法律意见书正本一式肆份,经本所经办律师签字并加盖本所公章后生效。

[此页无正文]

北京市通商律师事务所

负责人:李洪积

经办律师:陈巍、李明诗

图书在版编目(CIP)数据

中国资本市场法制发展报告. 2015 / 中国证券监督管理委员会编. —北京:法律出版社, 2016.12
ISBN 978-7-5197-0297-7

Ⅰ. ①中… Ⅱ. ①中… Ⅲ. ①证券法—研究报告—中国—2015 Ⅳ. ①D922.287.4

中国版本图书馆 CIP 数据核字(2016)第 277120 号

责任编辑/麦 锐　　**装帧设计**/贾丹丹

出版/法律出版社　　**编辑统筹**/法规出版分社
总发行/中国法律图书有限公司　　**经销**/新华书店
印刷/北京中科印刷有限公司　　**责任印制**/吕亚莉

开本/787 毫米×1092 毫米 1/16　　**印张**/51　**字数**/1419千
版本/2016 年 12 月第 1 版　　**印次**/2016 年 12 月第 1 次印刷

法律出版社/北京市丰台区莲花池西里 7 号(100073)
电子邮件/info@ lawpress. com. cn　　**销售热线**/010-63939792/9779
网址/www. lawpress. com. cn　　**咨询电话**/010-63939796

中国法律图书有限公司/北京市丰台区莲花池西里 7 号(100073)
全国各地中法图分、子公司电话:
第一法律书店/010-63939781/9782　**西安分公司**/029-85388843　**重庆公司**/023-65382816/2908
上海公司/021-62071010/1636　**北京分公司**/010-62534456　**深圳公司**/0755-83072995

书号:ISBN 978-7-5197-0297-7　　**定价:**250.00 元

(如有缺页或倒装,中国法律图书有限公司负责退换)